W0383311

LANDMANN

The Original

BARBECUE BIBLE

by Steven Raichlen

LANDMANN

The Original

BARBECUE BIBLE

by Steven Raichlen

FOTOGRAFIEN von BEN FINK

h.f.ullmann

First published in the United States under the title:
THE BARBECUE! BIBLE
ISBN der Originalausgabe: 978-0-7611-4943-9

Copyright der amerikanischen Originalausgabe
© 1998, 2008 by Steven Raichlen

Interior photographs copyright © 2008 by Ben Fink

Copyright © für diese deutsche Ausgabe:
h.f.ullmann publishing GmbH

Published by arrangement with Workman Publishing
Company Inc., New York

Alle Rechte vorbehalten. Dieses Buch darf ohne vorherige Zustimmung des Verlages weder ganz noch teilweise in elektronischer oder mechanischer Form reproduziert oder anderweitig verwertet werden.

Buchdesign: Lisa Hollander

Fotografien: Ben Fink

Foodstylist: Jamie Kimm

Requisiteur: Roy Finamore

Coverfotografien: © 2008 by Ben Fink
Autorenfoto: Workman Publishing Company Inc.

Übersetzung und Satz:
Redaktionsbüro Hilber & HabelDesign

Gesamtherstellung: h.f.ullmann publishing GmbH,
Potsdam

Sonderausgabe

Printed in Hungary, 2015

ISBN 978-3-8480-0862-9

10 9 8 7 6 5 4 3 2 1
X IX VIII VII VI V IV III II I

www.ullmann-publishing.com
newsletter@ullmann-publishing.com
facebook.com/hfullmann
twitter.com/hfullmann

Jede Familie braucht einen Patriarchen. Unserer war mein lieber Großvater.

Dieses Buch ist dem liebenden Gedenken an Samuel Israel Raichlen gewidmet.

VIELEN DANK

Der angenehmste Teil beim Schreiben eines Buches ist der, in dem man den Leuten, die geholfen haben, es zu verwirklichen, seinen Dank ausspricht. Beim Entstehen dieses Buches haben sprichwörtlich tausende mitgeholfen.

Zuerst und am allermeisten danke ich meiner Frau Barbara, die mich in eine Gegend gebracht hat, in der ich das ganze Jahr über grillen konnte (Miami), mich auf einem großen Teil meiner Grillreisen durch die Welt begleitet hat und den dreijährigen Wahnsinn eines Rezepttestens in unserem Garten miterlebt hat. Barb, du bist die Beste!

Als nächstes möchte ich meiner unermüdlichen Assistentin, Nancy Loseke, danken und der ganzen Mannschaft von Workman Publishing sowie den Leuten, die für sie gearbeitet haben.

Peter Workman hat mich dazu ermutigt, meine ursprünglich eher bescheidenen Vorstellungen über den Umfang dieses Buches in ein Projekt von biblischen Ausmaßen zu erweitern. Worte sind nicht genug, um meiner Lektorin, Suzanne Rafer, zu danken, die geduldig ein 2000-Seiten-Manuskript in ein Buch umgearbeitet hat, das zwischen zwei Umschlagseiten passt, und mit unerschütterlicher Sorgfalt, Hingabe und Begeisterung dafür sorgte, dass ein unmöglich scheinender Abgabetermin eingehalten wurde. Ich verstehe nun gut, weshalb andere Autoren töten würden, um mit ihr zusammenarbeiten zu dürfen.

Dann sind da noch die beeindruckende Barbara Mateer (Darf ich Sie „Falkenauge" nennen?), die mit ihrer gewohnten Gründlichkeit und einem Schuss Humor Korrektur las; der kreative David Matt, der das lebendige Cover der Neuauflage entworfen hat; die wunderbare Lisa Hollander, die mithilfe von Carolyn Casey die Innenseiten gestaltet hat; die Bildredakteurin Anne Kerman; der unfehlbare Fotograf Ben Fink, der von dem Foodstylisten Jamie Kimm und dem Requisiteur Roy Finamore unterstützt wurde; und Cathy Dorsey, deren Index dem Ganzen einen Sinn gab.

Es ist immer ein Vergnügen, mit den Presseagenten von Workman, Ron Longe und Jen Pare Neugeboren sowie der unbezwingbaren Susan Schwartzman zusammenzuarbeiten. Wie immer, geht mein Dank auch an Jenny Mandel, Pat Upton, Walter Weintz, David Schiller und alle meine anderen Kollegen bei Workman.

Ein spezielles Dankeschön gebührt auch der Niman Ranch für die großzügige Bereitstellung einiger ihrer besten Fleischstücke. Ihre wunderbaren Fleischzuschnitte halfen dabei, dass meine Rezepte appetitlich aussehen und gut schmecken. Auf der Webseite www.nimanranch.com können Sie deren Produkte bestellen.

Ebenfalls unterstützt haben mich eine ganze Reihe von Rezepttestern, darunter Elida Proenza und Roger Thrailkill. Boris Djokic sorgte dafür, dass die Computer liefen und gab mir Einblicke in die Grillmethoden seines Heimatlandes Jugoslawien. Mein Cousin David Raichlen half mir bei den anthropologischen Nachforschungen. In der Zeit, in der ich dieses Buch schrieb, beendeten mein Stiefsohn Jake seine Ausbildung als Koch und meine Stieftochter Betsy ihre als Diätberaterin. Deren Unterstützung war natürlich äußerst praktisch bei der Entwicklung der Rezepte für ein derart umfangreiches Buch. Jake vertauschte sein Sushi-Messer mit einer Grillzange und tauchte in die Welt von Rauch und Feuer ein. Betsy und ihr Ehemann, Gabriel Berthin, trugen Sorge dafür, dass alles ernährungstechnisch korrekt war und informierten mich über die Grillmethoden der Anden. Ich möchte mich auch bei meinen Mitautoren – sowohl in den USA als auch im Ausland – dafür bedanken, dass sie ihr enormes Fachwissen (und ihre Lieblingsgrillplätze) mit mir teilten: Burton Anderson, Najmieh Batmanglij, Giuliano Bugialli, Darra Goldstein, Jessica Harris, Madhur Jaffrey, Patsy Jamieson, Nancy Harmon Jenkins, Elizabeth Karmel, John Mariani, Joan Nathan, David Rosengarten, Nicole Routhier, Julie Sahni, Mimi Sheraton, Nina Simonds, Anya Von Bremsen, Patricia Wells und Anne Willan.

Ich hatte auch etliche großartige Köche bei diesem Projekt an meiner Seite. Eine kurze Liste beinhaltet Rick Bayless, Alain Ducasse, George Germon, Vinod Kapor, Johanne Killeen, Emeril Lagasse, Mark Miller, Mark Militello, Stephan Pyles, Charlie Trotter und, natürlich, Chris Schlesinger (der das Grillen in das 21. Jahrhundert führte). Don Hysko, vormals bei Peoples Woods, brachte mir die Feinheiten des Grillens mit Naturholz und Holzkohle bei.

Ein großer Dank auch an drei ganz spezielle Freunde: Kathleen Cornelia, Katherine Kenny und den verstorbenen Milton Eber.

Bei den Nachforschungen für dieses Buch hatte ich die Hilfe von hunderten von Mitarbeitern von Touristeninformationen und Grillfreunden in den USA und im Ausland. Ich kann niemals allen danken, die mir geholfen haben, aber ich möchte so viele aufzählen, wie ich kann.

Argentinien: Eduardo Piva, Enrique Capozzolo und Gloria Pacheca vom Nationalen argentinischen Fremdenverkehrsamt.

Australien: Peter Hackworth vom „Chili Queens“ und „New York Latin Restaurant“ in Brisbane.

Aserbaidschan: Peter Richards vom Hyatt Regency Baku.

Brasilien: Sara Widness von Kaufman Widness Communications; Marius Fontena von der Churrascaria „Marius“; Yara Castro Roberts und Belita Castro.

China/Hong Kong: Trina Dingler Ebert von „Aman Resorts“ in Hong Kong; Angela Herndon von Lou Hammond & Associates; Margaret Sheriden, vormals von der South China Morning Post.

Curaçao: Traci La Rosa und Mark Walsh von Peter Martin Associates, Inc.; das Büro zur Förderung des Tourismus in Curaçao.

Frankreich: Marion Fourestier und Robin Massee vom Staatlichen französischen Fremdenverkehrsamt.

Französische Antillen: Myron Clement und Joe Petrocik von Clement-Petrocik Co.; Fremdenverkehrsamt der Französischen Antillen; mein Freund Eric Troncani vom Carl Gustaf Hotel.

Indien: T. Balakrishnan, Y. K. Jain, Seema Schahi vom Staatlichen indischen Fremdenverkehrsamt; Chef Manjit S. Gill von der Welcomgroup; Chefs Nakkul Anand, Geeta Kranhke, Shishir Baijal, Gev Desai und J. P. Singh vom „Maurya Sheraton Hotel & Towers“ in New Delhi; Chefs Mohamed Farooq und Amitabh Devendra vom „Mughal Sheraton“ in Agra; Chefs Manu Mehta und Nisar Waris vom „Rajputana Palace Sheraton“ in Jaipur.

Indonesien: Fauzi Bowo, Madi Chusnun und Yuni Syafril vom Indonesischen Büro zur Förderung des Tourismus; William W. Wongso von der William F & B Management Co. in Djakarta.

Israel: Don Weitz vom Staatlichen israelischen Fremdenverkehrsamt; Ehud Yonay von Greater Galilee Gourmet, Inc.

Italien: Juliet Cruz von der Italienischen Handelskammer; Maria und Angelo Leocastre von der „Villa Roncalli“ in Foligno.

Jamaika: Patricia Hannan und Jackie Murray vom Fremdenverkehrsamt Jamaikas; Winston Stonar von der Busha Browne's Company, Ltd.

Japan: Eriko Kawaguchi, M. B. Maslowski, Osamu Akiyama und Nobuko Misawa von der japanischen National Tourist Organization; Lucy Seligman, Redakteurin der Gochiso-sama.

Korea: Sang-hoon Rah, Sean Nelan und Peter Jang von der Korea National Tourism Corporation; Mr. Park vom „Samwon Garden“.

Macao: Eric L. Chen vom Staatlichen Fremdenverkehrsamt in Macao.

Malaysia : Azizah Aziz von Tourism Malaysia.

Marokko: Pamela Windo (Freundin und herausragende Fremdenführerin).

Mexiko: Lori Jones und Patricia Echenique vom Mexikanischen Fremdenverkehrsamt; Tom Fisher und Alina Gambor von Burson Marsteller; Jesus Arroyo Bergeyre von „Arroy Restaurantes“.

Monaco: Emmanuelle Perrier vom Monegassischen Fremdenverkehrsamt.

Georgien: Meine Email-Freundin Betsy Haskell von „Betsy's Hotel“ in Tiflis.

Singapur: Mak Ying Kwan und Faizah Hanim Ahmad vom Büro zur Förderung des Tourismus in Singapur.

Südafrika: Heather Kowadla und Laura Morrill von Lou Hammond & Associates; Christina Martin von der Christina Martin School of Food & Wine in KuaZulu Natal;

Alicia Wilkinson von der Silwood Kitchen Cookery School in Kapstadt.

Spanien: Alejandro Gomez Marco und Maria Luisa Albacar vom Oficina Española de Turismo; Ana Rodriguez vom „Hotel Ritz“ in Madrid.

Thailand: Kim Vacher-Ta von der Touristenbehörde Thailands; Phenkhae Chattanont vom „Oriental Bangkok Hotel“; Ann Laschever von Lou Hammond & Associates.

Trinidad: Michael De Peaza, Nancy Pierre und Tony Poyer vom Büro zur Förderung des Tourismus auf Trinidad.

Türkei: Murat Barlas und Ayfer Unsal; Mustafa Siyahhan vom Türkischen Fremdenverkehrsamt in Washington, D.C.; Mehmet Dogan vom Fremdenverkehrsamt in Gaziantep.

Vereinigte Staaten von Amerika: Karen Adler von Pig Out Publications, Inc.; Judith Fertig, Danny Edwards von „Little Jake’s Eat It and Beat It“ und Lindsey Shannon von „BB’s Lawnside“ in Kansas City; Mike Alexander und Mike DeMaster von „Sonny Bryan’s“ in Dallas; Roy und Jane Barber und Barry Maxwell vom Memphis in May International Festival, Inc.

Uruguay : Alexis Parodi vom Ministerium für Tourismus in Uruguay.

Vietnam: Trai Thi Duong vom „Truc Orient Express“ und Binh Van Duong vom „Le Truc“.

Zu guter Letzt, ein riesiges Dankeschön an alle Grillmeister und Küchenchefs – sowohl erwähnt wie auch nicht erwähnt in diesem Buch –, dafür, dass sie mich an ihrem Wissen, ihren Fertigkeiten und ihrem Enthusiasmus für das Grillen haben teilhaben lassen, mir ihre Zeit geopfert haben und mich ihr Essen haben kosten lassen. Grillprofis genießen den Ruf, ihre Geheimnisse zu bewahren, aber überall, wo ich hinkam, öffneten mir die Menschen ihre Herzen und ihre Küchen. Ich danke ihnen allen für dreieinhalb außergewöhnliche Jahre auf dem Grillpfad.

INHALTSVERZEICHNIS

KAPITEL 1

DAS EINMALEINS DES GRILLENS

ANTWORTEN AUF DIE AM HÄUFIGSTEN GESTELLTEN FRAGEN

SEITE 1

Alles, was Sie wissen müssen, um wie ein Profi zu grillen und zu barbecuen – im Handumdrehen; wie man direktes und indirektes Grillen meistert sowie Pit Cooking, Grillen am Drehspieß und Grillen ohne Grillrost; welche Ausrüstung man braucht; wie man den richtigen Brennstoff kauft; wie man ihn anzündet und wie man ihn am Brennen hält; plus die Neuigkeiten auf dem Zubehörmarkt.

KAPITEL 2

DURSTLÖSCHER

SEITE 53

Die Zubereitung von Mahlzeiten über einem heißen Grill kann mächtigen Durst heraufbeschwören. Die Grillmeister weltweit wissen, dass es außer Bier noch etliche Möglichkeiten zu dessen Bekämpfung gibt. Hier finden Sie kühlende Getränke – mit und ohne Alkohol –, die zu jedem Barbecue passen.

KAPITEL 3

APPETITANREGER

SEITE 67

Starten Sie Ihr Barbecue mit einer großartigen Auswahl an Leckereien: Silberpapier-Hähnchen, In Honig glasierte Flügel nach Hongkong-Art und Garnelen-Mousse auf Zuckerrohr. Oder wie wäre es mit einem Eintopf aus gegrilltem Mais? Alle Gerichte sind so lecker wie die Hauptmahlzeit selbst.

SEITE 86

KAPITEL 4

FEURIGE SALATE

SEITE 95

Salate spielen zwei unterschiedliche Rollen in der Welt des Barbecues. Einige, wie Gegrillte Gemüse-Caponata und Gegrilltes Schweinefleisch mit einem süß-sauren Dressing, sind selbst Grillgerichte. Andere begleiten eine gegrillte Mahlzeit perfekt. In diesem Kapitel können Sie beide Arten kennen lernen.

KAPITEL 5

GEGRILLTES BROT

SEITE 125

Von den unwiderstehlichen gegrillten Knoblauchbrotstreifen über das Katalanische Tomatenbrot bis hin zum nach Tandoori-Art gebackenen Fladenbrot – ob gekauft oder selbstgemacht, der Grill verleiht Brot einen unübertroffenen Geschmack und eine unerreichte Knusprigkeit.

KAPITEL 6

RINDFLEISCH GEFÄLLIG?

SEITE 135

Gegrillte Rinderbrust nach Texas-Art und Gespickter brasilianischer Rostbraten; Steak nach Florentiner Art und Bengalisches Shish Kebab; Rindfleischspieße nach Saigoner-Art und Koreanische gegrillte dicke Rippe. Rindfleisch auf dem Grill – schmackhaft, saftig, sensationell –, da passen Fleisch und Feuer perfekt zueinander.

KAPITEL 7

VOLL AUF SCHWEIN

SEITE 173

Es ist an der Zeit, ganz auf Schwein zu setzen! Zaubern Sie den zartesten Gerupften Schweinebraten aus North Carolina oder das feurigste Jerk-Schweinefleisch. Zelebrieren Sie Schweinefleisch mit Schweinebraten nach Art der Mauren, Süßen Knoblauch-Schweinekoteletts oder Rippchen aus Memphis, nach denen man sich die Finger leckt.

KAPITEL 8

EIN BISSCHEN LAMM

SEITE 199

Da so viele Grillfreunde auf der ganzen Welt es lieben, Lamm zu grillen, ist es kein Wunder, dass die Auswahl an Rezepten außerordentlich ist. Versuchen Sie Kapstadt-Lamm aus Südafrika, „Zwiebelwasser"-Lammkoteletts aus Afghanistan und den original türkischen Shish Kebab (natürlich aus der Türkei!).

KAPITEL 9

HACKFLEISCH, BURGER & WÜRSTCHEN

SEITE 223

Die USA mögen die besten Hamburger herstellen, aber warten Sie ab, bis Sie probiert haben, was der Rest der Welt aus Hackfleisch zaubert – Flughund-Satés aus Indonesien, Oasen-Kebabs aus dem Nahen Osten und Das original „Karims" Seekh Kebab aus Indien. Sie alle beweisen, dass die Anziehungskraft von schmackhaftem Hackfleisch universell ist.

KAPITEL 10

GEFLÜGEL TRIFFT GRILL

SEITE 255

Die ganze Welt liebt ein großartig gegrilltes Hähnchen, und hier finden Sie Rezepte, die Ihnen helfen werden, diese Großartigkeit zu erreichen: Hähnchen-Satés im Kopfsalatwickel, Chicken Tikka nach pakistanischer Seemannsart und Gegrilltes Hähnchen nach Art der Bahamas, um nur einige zu nennen. Aber übersehen Sie dabei nicht andere Geflügelarten, die sich ebenfalls hervorragend auf dem Grill zubereiten lassen – testen Sie die Rezepte für Wachtel, Ente und Truthahn.

KAPITEL 11

WASSER TRIFFT FEUER:
FISCH AUF DEM GRILL

SEITE 303

Frischer Fisch, perfekt gegrillt, ist besonders saftig. Verpassen Sie nicht diese Rezepte: Ganzer gegrillter Schnapper mit südafrikanischen Gewürzen, Gegrillter Wolfsbarsch mit frischem Artischocken-Salat, Gegrillter Lachs „Kiew", Gegrillte Seezunge mit katalanischen Früchten und Nüssen.

KAPITEL 12

HEISSE SCHALEN:
HUMMER, SHRIMPS UND MUSCHELN

SEITE 353

Gegrillte Languste mit Basilikumbutter, Jacobsmuschel-Kebabs mit Pancetta, Zitronen und Basilikum, Austern mit Meerrettich-Sahne und genügend Shrimp-Rezepte, um den Grill für Wochen durchglühen zu lassen. Hier sind Schalentiere auf ihrem geschmacklichen Höhepunkt!!

SEITE 367

KAPITEL 13

VEGETARISCHES

SEITE 381

Es gibt mittlerweile nicht mehr nur Fleischgerichte für den Grill. Jetzt können Sie eine ganze Palette an vegetarischen Gerichten anbieten, einschließlich: gegrillter Pizza, Tandoori-Paprikaschoten, Belegtes Baguette Provençalische Art und Sandwich mit gegrillten Portobello-Pilzen und Basilikum-Aioli.

KAPITEL 14

GEMÜSE:
GRÜN TRIFFT GRILL

SEITE 395

Es gibt wahrscheinlich keine bessere Zubereitungsart, um den natürlichen Geschmack von Gemüse hervorzubringen, als das Grillen. Hier sind die Beweise: Georgische Gemüse-Kebabs, Katalanische gegrillte Artischocken, Argentinische gegrillte Auberginen, Gegrillte Chorizo-Pilze und wunderbar wämende Gegrillte Süßkartoffeln mit Sesamdip.

KAPITEL 15

REIS, BOHNEN UND ANDERE BEILAGEN

SEITE 423

Die meisten der besten Grillgerichte auf dieser Welt werden von schmackhaft zubereiteten Getreideprodukten oder Hülsenfrüchten begleitet. Tauchen Sie ein in: Persischer Dampfreis und Schnelle und rauchige „Gebackene Bohnen". Und wie wäre es einmal mit etwas Unerwartetem wie Yorkshire Pudding auf dem Grill?

KAPITEL 16

BEILAGEN:
PICKLES, RELISHS, SALSAS UND KRAUTSALATE

SEITE 441

Lasst mal die Würze ’ran – diese schmackhaften, feurigen, süßen und äußerst befriedigenden Beilagen putzen jedes Barbecue heraus. Zentralasiatische Pickles, Zwiebel-Relish mit Granatapfelsirup, Ananas-Chutney, „Hundeschnauzen"-Salsa und Tomate-Erdnuss-Sambal werden Pfiff an sogar die einfachste Art von Hühnchen, Steak oder Fisch bringen.

KAPITEL 17

SAUCEN

SEITE 463

Alle großen Grillchefs werden an ihren Saucen gemessen, und Sie werden den besten von ihnen mit dieser weitreichenden Sammlung gleichkommen. Von einer einfachen süß-sauren Barbecuesauce über eine zeitgenössische Ingwer-Pflaumen-Barbecuesauce bis hin zu einer den Gaumen verbrennenden scharfen portugiesischen Sauce finden Sie hier zu jeglicher Art von Gegrilltem eine passende Sauce.

KAPITEL 18

GEWÜRZMISCHUNGEN

SEITE 489

Gewürzmischung Memphis und Geröstetes Gewürzpulver; Geräucherte Chili-Marinade und Teriyaki-Marinade; Roquefort-Butter, Ketjap Butter und Bourbon-Buttersauce. Eine ganze Sammlung von Gewürzmischungen zum Einreiben, Marinaden, Butterzubereitungen und Saucen zum Begießen geben Geschmack an die einfachste Speise.

KAPITEL 19

FEUER UND EIS:
DESSERTS

SEITE 511

Kein großartiges Barbecue ist komplett ohne ein großartiges Dessert. Sie begehen keinen Fehler, ob sie nun mit einem letzten Tusch auf dem Grill oder mit einem köstlichen gefrorenen Dessert enden. Vergessen Sie nicht, Platz zu lassen für: Über dem Feuer geröstete Äpfel, Balinesische gegrillte Bananen in Kokosmilchkaramell, Persischer Limonen-Rosenwasser-Eisbecher mit Sauerkirschsirup und Kokosnusseiscreme.

SEITE 511

GEGRILLTES LAMM MIT KRÄUTERN DER PROVENÇE | SEITE 213

NOCH MEHR GROSSARTIGE GRILLGERICHTE AUS ALLER WELT

Für die vorliegende Ausgabe der Barbecue Bible haben sich der US-Grillchampion Steven Raichlen und Grillspezialist Landmann zusammengetan, um gemeinsam für Sie, liebe Leserinnen und Leser, das Grillfeuer neu zu entfachen!

Landmann ist ein echter Grillpionier, denn es war dieses deutsche Unternehmen, das amerikanisches Barbecue in den späten 60er Jahren nach Europa gebracht hat. Das erfuhr Buchautor Steven Raichlen von Landmann-CEO Andreas Krebs, als sie sich vor gar nicht langer Zeit in Florida trafen. Schnell wurde klar, was den erfolgreichen europäischen Markenanbieter und den amerikanischen Grillstar verbindet: die Begeisterung für das Grillen in seiner ganzen Bandbreite. Und man war sich einig, dass kulinarische Abwechslung das Grillen erst so richtig spannend macht.

500 Rezepte aus aller Welt von Steven Raichlen und die Grillvielfalt von Landmann: Die Idee für eine Landmann-Edition war geboren.

Landmann arbeitet nur mit ausgewiesenen Grillexperten zusammen, um Grillfans und Kunden neue Zubereitungsformen und kulinarische Erlebnisse zu bieten. Wer Lust darauf hat, unbekannte Grillwelten zu entdecken, wird an diesem anregenden Buch Freude haben.

Der Erfolgsautor seinerseits zeigte sich beeindruckt von der Landmann-Auswahl an modernen Grills und Barbecue-Smokern, die mit Gas, Holz oder Holzkohle betrieben werden. Ebenso wichtig für das Gelingen ist das passende Grillzubehör, das vor allem für die steigende Anzahl von Grillfreunden attraktiv ist, die gerne über den Tellerrand hinausgucken.

Seit der Erstausgabe der Barbecue Bible sind 15 Jahre ins Land gegangen. So wie sich die Welt des Grillens verändert hat, so hat sich auch dieses Buch weiterentwickelt. In der jetzigen Version erscheint der Bestseller erstmalig auch mit einer integrierten E-Bookversion – für noch mehr Grillspaß.

Wir freuen uns bereits auf viele noch vor uns liegende Jahre mit immer neuen Entdeckungen auf dem schier unerschöpflichen Gebiet des Grillens.

Steven Raichlen

www.barbecuebible.com

Andreas Krebs,
CEO Landmann

www.landmann.de

DREI JAHRE AUF DEM BARBECUEPFAD

Vor einer halben Million Jahren wurde die Welt Zeuge einer Revolution. Eine Kreatur, zu diesem Zeitpunkt noch mehr Affe als Mensch, kochte sich ihre erste warme Mahlzeit. Die durch den Homo erectus um 500.000 vor Christus eingeführte Herrschaft des Feuers mündete in nichts Geringerem als dem Beginn der Zivilisation. Anthropologen führen an, dass der primitive Akt des Garens von Fleisch über einem Feuer schlussendlich zu Sprache, Kunst, Religion und dem Bilden komplexer Sozialverbände geführt hat. In anderen Worten: Grillen hat unsere moderne Zivilisation überhaupt erst hervorgebracht.

Wie genau unsere Urahnen das Grillen erfunden haben, bleibt wohl ewig ein Anlass für Spekulationen. Möglicherweise war das erste Barbecue der Weltgeschichte das Ergebnis eines Waldbrandes, bei dem Hirsch, Bison und andere Wildtiere durch einen natürlichen Flächenbrand „gegrillt" wurden. Vielleicht ist auch einfach einem unserer Vorväter aus Versehen mal eine Rehkeule ins Lagerfeuer gefallen. Oder ein Blitz fuhr in einen Baum und verwandelte ihn wunderbarerweise in Holzkohle. Wie auch immer es gewesen sein mag, archäologische Funde weisen darauf hin, dass der Mensch um 125.000 vor Christus offenes Feuer zur Zubereitung von Fleisch verwendete und darüber hinaus zum Extrahieren eines in prähistorischen Zeiten besonders erlesenen Häppchens benutzte: dem Knochenmark.

In den folgenden Jahrtausenden entwickelte die Menschheit unzählige Verfeinerungen der Kunst des Kochens, angefangen bei der Erfindung der Töpferkunst über die Herstellung von Töpfen und Pfannen bis hin zu Brotbackautomaten und Mikrowellengeräten. Wenn es jedoch darum geht, einem Lebensmittel seinen ursprünglichen Geschmack zu entlocken, gibt es bis heute keine Methode, die es mit dem Grillen über einem offenen Feuer aufnehmen könnte.

Diese tiefe Wahrheit wurde über Jahrhunderte hinweg von so unterschiedlichen Kulturen wie der der Griechen, Japaner, Australier, Südafrikaner oder Argentinier bewahrt und weitergegeben. Grillen ist und bleibt die weltweit am meisten verbreitete und beliebteste Methode des Kochens.

Diese Erfahrungen, gepaart mit dem innigen Wunsch, mehr über all diese Kulturen zu erfahren, die so unendlich viele regionale Variationen des Grillens hervorgebracht haben, veranlassten mich dazu, dieses Buch zu schreiben.

WARUM ICH DIESES BUCH SCHRIEB

Die Idee zu diesem Buch kam mir kurz nach meinem Umzug von Boston nach Miami. Der Süden Floridas regt einfach jedermanns Appetit aufs Grillen an. Zunächst spielt natürlich das Klima eine Rolle. Die heißen Temperaturen legen das ganzjährige Grillen nicht nur nahe, sie machen es quasi zur Pflicht. (Was für ein Unterschied zu Boston, wo sich zum Grillen im Winter das Anlegen von arktischer Bekleidung empfiehlt!)

Dann ist da natürlich Miamis pulsierende kulturelle Vielfalt. In Dade County, zu dem auch Miami gehört, sind 50 % der Bevölkerung Lateinamerikaner und Miami selbst beheimatet Nordamerikas größte kubanische, nicaraguanische, kolumbianische und haïtianische Gemeinden. Doch „lateinamerikanisch" reicht bei weitem nicht aus, um die bunte Vielfalt auf Miamis Märkten und in seinen Restaurants zu beschreiben. Denn neben der Karibik und Südafrika sind hier praktisch alle Länder aus Europa, Afrika und Asien vertreten. Hier im Süden Floridas ist globale Küche weder ein Kuriosum, noch ein nur wenigen Menschen vorbehaltener Luxus, sondern eine Lebensart.

So reifte eine Idee in mir heran, die mehr und mehr Besitz von mir ergriff und meine Fantasie beflügelte: Ich wollte alle nur denkbaren Variationen der ältesten und am meisten verbreiteten Kochmethode der Welt kennen lernen und erforschen, von Land zu Land, von Region zu Region und von Kultur zu Kultur. Ich wollte den Barbecuepfad der Welt bereisen – falls ein solcher existieren sollte – und herausfinden, wie die Meister der Grillkunst aus aller Welt diesem jahrhundertealten Problem der Menschheitsgeschichte begegnen: Wie bereite ich ein Nahrungsmittel über einem offenen Feuer zu, ohne es zu verbrennen?

Ich beschloss, die Asados in Argentinien und Churrascos in Brasilien zu erforschen, ich wollte original jamaikanisches Jerk auf Jamaika und mexikanisches Barbacoa in Mexiko probieren. Ich würde Griechenland besuchen, um das Geheimnis von Souvlaki zu lüften und mich in Italien in die Zubereitung eines authentischen bistecca alla fiorentina (Beefsteak nach Florentiner Art) einweisen lassen. Meine Nachforschungen würden mir die Bekanntschaft mit marokkanischem Mechoui (einem ganzen Hammel am Spieß), mit Koftas (Fleisch- oder Gemüsebällchen) aus dem Mittleren Osten, Dönerkebab aus der Türkei und indischem Tandoori verschaffen. Ich würde die Geburtsstätten der japanischen Yakitori (gegrillte Spieße), indonesischer Satés (ebenfalls gegrillte Spieße, aber ganz anders) sowie des koreanischen kui und bool kogi besuchen.

Ganz nebenbei gäbe es natürlich auch in meinem eigenen Land unzählige Variationen des Kochens über offenem Feuer zu studieren: angefangen bei den Rippchen von Kansas City und Memphis über das Gezupfte Schweinefleisch in North und South Carolina bis hin zur langsam über Rauch gegarten Ochsenbrust in Texas. Ich würde die mit Holz betriebenen Grills in Kalifornien unter die Lupe nehmen, genau wie Neu-Englands Hearthside Cookery (eine traditionelle Zubereitungsweise von Speisen im Kaminofen). Je eingehender ich mich mit der Welt des Grillens beschäftigte, desto mehr gelangte ich zu der Überzeugung, dass es hier um mehr geht, als eine weitere Zubereitungsart im Repertoire eines guten Kochs. Grillen ist mehr als ein kulturelles Phänomen. Es ist eine weltumspannende Lebensart!

Die Tatsache, dass Grillen und Barbecues so wunderbar in unseren zeitgenössischen Lebensstil hineinpassen, kam mir bei der Planung meines Buches sehr gelegen. Diese althergebrachten Garmethoden gehen Hand in Hand mit den vier wichtigsten Trends der zeitgenössischen: unserer Leidenschaft für explodierende Aromen, unserem hektischen Lebensstil, der schnelle und einfache Zubereitungsmethoden erforderlich macht, unserem stetig wachsenden Gesundheitsbewusstsein, verbunden mit dem Wunsch, möglichst fettarme aber dennoch geschmacksreiche Lebensmittel zu uns zu nehmen, sowie nicht zuletzt unserem Wunsch, unser Zuhause in Unterhaltungsstätten zu verwandeln und die tägliche Notwendigkeit der Nahrungsmittelaufnahme zu einem einzigen großen Freizeitspaß werden zu lassen.

Wenn es eine Kochmethode gibt, die uns in diesem Jahrtausend begleitet, dann kann es nur das Grillen sein. Die stetig wachsende Beliebtheit zeigt sich nicht nur an den Schwindel erregenden Verkaufszahlen von Barbecuegrills aller Variationen (über 70 Prozent der amerikanischen Bevölkerung verfügen über einen eigenen Grill). Wir sehen es auch an der immer stärkeren Verbreitung von Grill-Wettbewerben und Restaurants mit Holzkohlegrills.

Sehen wir den Tatsachen ins Auge: In punkto Einfachheit, Geschwindigkeit und Geschmacksintensität ist und bleibt das Grillen ungeschlagen. Und je mehr Menschen sich auf den Barbecuepfad begeben, um regionale und überregionale Feinheiten des Grillens zu erforschen, desto weiter wird sich diese Bewegung ausdehnen.

Ich sprach mit Peter Workman und Suzanne Rafer von Workman Publishing und stellte fest, dass die beiden meiner Idee mit ähnlich großer Begeisterung entgegentraten wie ich selbst. Sie ermutigten mich sogar, den Umfang meines Buches noch erheblich auszudehnen und statt der zwölf ursprünglich geplanten Länder die ganze Welt des Grillens zu bereisen. (Die beiden hatten leicht reden. Mit Nebensächlichkeiten wie Jetlags, Visa, komplexen Reisevorbereitungen, Schutzimpfungen, die meine Arme in Nadelkissen verwandeln sollten sowie verdauungstechnischen Herausforderungen, die mich an die Grenzen meiner kulinarischen Neugier bringen würden, brauchten die zwei sich nicht weiter zu beschäftigen.)

Ich schrieb ein Exposé. Ich unterschrieb einen Vertrag.

Und dann kam die Panik.

Wie sollte ich im Zeitraum von nur drei Jahren fünfundzwanzig Länder bereisen? Wie sollte ich die Sprachbarrieren all dieser Länder überwinden? Und wie der möglicherweise nicht immer allzu großen Begeisterung begegnen, die amerikanischen Journalisten im Ausland entgegengebracht wird? Und selbst wenn es mir gelänge, eine einfache Kommunikation mit Straßenköchen und Küchenchefs aus aller Welt zu führen, wie sollte ich sie dazu bringen, ausgerechnet mir, einem völlig fremden dahergelaufenen Amerikaner, ihre intimsten Grillgeheimnisse anzuvertrauen? Wie sollte ich in Ländern, die ich gerade mal oberflächlich aus dem Reiseführer kannte, die besten und außergewöhnlichsten Grillgerichte aufspüren?

So langsam wurde mir klar, dass ich gerade die größte Herausforderung meines Lebens angenommen hatte.

WIE ICH DIESES BUCH SCHRIEB

Wie jeder gute Journalist begann auch ich mit der Recherche. Bis zur Erschöpfung las ich sowohl Koch- als auch Reisebücher. Kollegen, die als Experten für die Länder meiner Reiseroute galten, löcherte ich mit tausend Fragen. Ich nahm Kontakt zu Tourismusbüros und Kulturattachés auf. Ich sprach mit Importeuren von Lebensmitteln und Haushaltswaren, Reiseveranstaltern, Anthropologen, wildfremden Menschen im In- und Ausland – einfach mit jedem, der mir einen Einblick in das Grillverhalten der jeweiligen Länder verschaffen konnte.

Unter meinen Informanten befanden sich befreundete Journalisten, Universitätsprofessoren, Geschäftsreisende, Diplomaten und Flugbegleiter. Einige meiner besten Informationen erhielt ich von Taxifahrern (Unter allen Berufsgruppen verfügen tatsächlich die Taxifahrer über das größte Wissen, wo in einer Stadt die besten Barbecues aufgetischt werden). Ich plante so gut ich konnte, um zur richtigen Zeit am richtigen Ort zu sein und vertraute darauf, dass darüber hinaus Zufall und Glück meine Geschicke lenken würden.

Ich spreche Französisch und Spanisch sowie ein paar Brocken Italienisch, Portugiesisch und Deutsch (letzteres sehr hilfreich in der Türkei), so dass ich in Ländern, in denen diese Sprachen gesprochen werden, alleine operieren konnte. In Ländern, deren Sprache ich nicht beherrsche, suchte ich mir einen Reiseführer oder Dolmetscher. Darüber hinaus entwickelte ich meine eigene Zeichensprache, um mich vorzustellen:

„Ich“ (mit dem Finger auf mich zeigend)

„schreibe“ (mit den Fingern „Schreiben“ pantomimisch darstellend)

„übers Essen“ (eine imaginäre Gabel oder Essstäbchen zum Mund führend und mir dabei den Bauch reibend)

„Ich würde gerne“ (wieder auf mich zeigend)

„zuschauen“ (auf meine Augen zeigend)

„wie Sie kochen“ (pantomimisches Darstellen von Grillen, Rühren, Schneiden oder Anbraten)

Zur Sicherheit befand sich auch eines meiner bereits veröffentlichten Kochbücher im Reisegepäck. So konnte ich die Rezepte zeigen und anschließend mein Bild auf der Rückseite des Buches.

Trotz bestmöglicher Vorbereitungen blieb die Sorge, meine Anstrengungen könnten auf Misstrauen, Geheimniskrämerei oder gar Ablehnung stoßen. Doch fast überall, wo ich hinkam, wurde ich mit großer Offenheit, Wärme und Herzlichkeit empfangen. Nahezu alle Grillmeister, die mir auf meiner Reise begegnet sind, waren nicht nur bereit, sondern geradezu erfreut, ihr Wissen mit mir zu teilen. Bei vielen Gelegenheiten wurde ich in die Küche eingeladen. Ich gab mein Bestes, um eigenhändig das Fleisch für Kofta auf die Spießchen zu formen, Kohlen anzufachen oder Naan (eine Art indisches Fladenbrot) gegen die Innenwände eines lodernden Tandoori-Ofens zu schlagen. Nicht selten führten meine Bemühungen zu schallendem Gelächter seitens meiner Gastgeber.

Ich fand mich an Orten wieder, die der normale Durchschnitts-Reisende niemals zu Gesicht bekommt und durfte Erfahrungen machen, die auf einer Skala von faszinierend bis haarsträubend so ziemlich alles abdecken. In Mexiko knabberte ich an Kaktuswürmern und Grillen, die als Auftakt zu einem

Barbecue gereicht wurden. (Letztere schmecken übrigens wie Kartoffelchips mit Beinen.) In Uruguay probierte ich Hoden, Kutteln, Därme, Nieren und Blutwurst. In Bali besuchte ich um sechs Uhr morgens den örtlichen Händler von babi guli (Schweinebraten), der meine Pünktlichkeit mit der aktiven Teilnahme an der Schlachtung eines Milchferkels belohnte. In Bangkok war ich Ehrengast in einem isaanischen Restaurant (Isaan ist eine Bezeichnung für den Nordosten Thailands), dessen von Fliegen bevölkerte Küche einen wunderbaren Blick über einen trübe vor sich hin dümpelnden Kanal zu bieten hatte. (Ich zwang mich trotz allem, beim Essen den einem Ehrengast angemessenen Enthusiasmus an den Tag zu legen, und niemand war erstaunter als ich, dass ich an diesem Tag nicht krank wurde.)

Der Besuch einiger der weltbesten Barbecue-Plätze war aufgrund politischer Unruhen leider nicht möglich. Gerne hätte ich Afghanistan, Irak, Iran und einige ehemalige Sowjetrepubliken besucht. Stattdessen suchte ich Experten und Restaurants auf, die sich in Amerika auf die Kochkunst dieser Länder spezialisiert haben.

Barbecue-Fans eilt der Ruf voraus, ein geheimniskrämerisches Völkchen zu sein (zumindest in den USA), doch fast überall, wo der Barbecuepfad mich hinführte, stieß ich auf hilfsbereite Köche, die ihre Rezepte und ihr Können gerne mit anderen teilten. Manche kritzelten mir ihre Rezepte auf kleine Zettel, die ich mir dann später im Hotel übersetzen ließ. Andere zeichneten direkt in mein Notizbuch, um mir zu zeigen, von welchem Teil des Tieres ein bestimmtes Stück Fleisch kommen sollte oder wie ein bestimmter Schnitt ausgeführt werden muss. Soweit möglich, versuche ich, die Urheber der so gesammelten Rezepte namentlich zu nennen (oder zumindest auf ihr Restaurant oder ihre Wirkstätte zu verweisen).

Rezepte sind das Herzstück eines jeden Kochbuchs. In diesem Buch finden Sie über 500 Rezepte, angefangen bei brasilianischem Churrasco über balinesisches Shrimp-Saté bis hin zu Rippchen nach Memphis-Art. In kurzen Essays schildere ich Ihnen einige meiner Erfahrungen, die sowohl für Reisende (egal ob aktiv oder vom Lesesessel aus) als auch für Köche von Interesse sind.

Meine drei Jahre auf dem Barbecuepfad gingen wie im Flug vorbei.

Während ich hier sitze und dies niederschreibe, tauchen sie alle wieder vor meinem geistigen Auge auf: die bemerkenswerten Orte, die ich besucht habe, die freundlichen und großzügigen Menschen, die ich kennen gelernt habe und allem voran natürlich das großartige Essen, das ich kosten durfte. Und doch lässt mich dieses Gefühl nicht los. Das Gefühl, dass es da draußen noch viel mehr zu erkunden gibt und meine Mission noch längst nicht abgeschlossen ist. Die Welt des Grillens ist so komplex und variantenreich, dass jede Untersuchung von Natur aus lückenhaft bleiben muss. Ich glaube fest daran, dass ich den Rest meines Lebens damit verbringen könnte, über Grillen und Barbecue zu schreiben und es dabei trotz allem immer wieder Neues und Überraschendes zu entdecken gäbe.

ZU DEN REZEPTEN

Beim Schreiben der Rezepte habe ich versucht, so authentisch wie möglich zu bleiben. Trotzdem habe ich auch berücksichtigt, dass bestimmte Lebensmittel, Gewürze oder Kochutensilien bei uns nur sehr schwer oder gar nicht zu erwerben sind (ganz abgesehen von der Tatsache, dass unsere Geschmäcker und unser ästhetisches Empfinden zum Teil doch sehr von dem anderer Länder abweichen). Wann immer ich von einem traditionellen Rezept abweiche, weise ich darauf hin, wie das Rezept im Land seiner Herkunft zubereitet wird.

In meinen drei Jahren auf dem Barbecuepfad habe ich zahlreiche Gerichte kennen gelernt, deren Zubereitung den meisten Amerikanern nicht im Traum einfallen würde. (Ich denke da zum Beispiel an Uruguays choto (gegrillte Röllchen aus Lammdärmen) oder saté padang aus Indonesien (Kebabs mit Rinder-Innereien und einer feurig-scharfen Sauce). Gerichte dieser Art beschreibe ich in kurzen Essays, die Sie in den grün unterlegten Kästen dieses Buches finden. Ich hoffe, Sie probieren die Gerichte einmal selbst, wenn sich Ihnen auf Reisen die Gelegenheit dazu bietet.

Eines wurde mir beim Reisen auf dem Barbecuepfad sehr schnell bewusst: Grillen ist eine Kunst und keine Wissenschaft. Viele der Köche, die ich getroffen habe, arbeiten unter unglaublich einfachen Bedingungen. Ich denke, genau das ist einer der Gründe, warum ich mich so zum Grillen hingezogen fühle: Es ist so herrlich vergebend, was die Einhaltung von Maßeinheiten und Proportionen betrifft. Daher hoffe ich, dass Sie mit den Rezepten dieses Buches genau so umgehen werden wie ich es tue: Verwenden Sie sie als eine grobe Richtlinie. Wenn Sie keine Lust auf Rindfleisch haben, dann ersetzen Sie es einfach durch Huhn, Fisch oder Meeresfrüchte. Die meisten der in diesem Buch beschriebenen Marinaden und Gewürzmischungen – egal ob für sich stehende Rezepte oder Teilrezepte einer etwas aufwändigeren Vorbereitung – können für jede Art von Grillgut verwendet werden. Sie werden außerdem feststellen, dass es stets mehrere Arten gibt, ein bestimmtes Gericht zuzubereiten. Den Schülern meiner Kochkurse gebe ich gerne Folgendes mit auf den Weg: Es gibt keine Fehler in der Küche, nur neue Rezepte, die darauf warten, erfunden zu werden.

Würzen, Marinieren und Grillen sind die Eckpfeiler des Kochens mit offenem Feuer. Dies bringt uns zu dem, was ich die Barbecue Bible-Methode nenne, die, wie Sie sehen werden, ganz einfach ist.

Zuerst marinieren Sie das Fleisch oder reiben es mit Gewürzen ein. Dann lassen Sie die Gewürze so lange einziehen, wie es im Rezept vorgesehen ist oder einfach so lange Sie Zeit haben. Und schließlich grillen Sie das Fleisch auf was auch immer Ihnen am bequemsten erscheint. Fertig.

Natürlich hoffe ich darauf, mit diesem Buch Ihren Horizont zu erweitern und Sie zum Ausprobieren neuer Grilltechniken und bisher unbekannter Gewürzmischungen zu inspirieren. Mein Grundanliegen ist jedoch, dass Sie sich an diese Rezepte heranwagen. Denken Sie daran, dass Kochen keine Gehirnchirurgie ist. Dies gilt ganz besonders für die mit Sicherheit einfachste Kochmethode der Welt: das Grillen.

DER LANGE WEG ZUM BESTEN BARBECUE DER WELT

In nahezu allen Ländern dieser Erde wird auf die ein oder andere Art gegrillt. In manchen Regionen ist Grillen nur eine Randerscheinung, etwas, was man notgedrungen draußen tun muss, falls keine anständige Küche vorhanden ist. Oder es handelt sich um etwas, was nur die Besitzer von Straßenimbissen tun.

In anderen Ländern hingegen stellt die Grillkunst sozusagen das Herzstück der kulinarischen Identität ganzer Kulturkreise dar. Die verwendeten Grills reichen hierbei von den schuhkartongroßen Brazier-Grills, wie sie in Südostasien verwendet werden bis hin zu Feuerstellen ungeheuren Ausmaßes, wie sie in Südamerika sowie im Süden Nordamerikas zu finden sind. Die Vorbereitungen können so schlicht und einfach sein wie beim argentinischen bife de lomo (zarte, nur mit Salz gewürzte Filetstücke) oder aber so komplex und aufwändig wie beim vietnamesischen bo bun (hauchzart geschnittenes, mit Zitronengras mariniertes Rindfleisch, das mit Nudeln, Chilis, knackigem Gemüse, aromatischen Kräutern und Reispapier gegessen wird).

Bei den Vorbereitungen zu meiner Welttournee des Grillens stellte ich fest, dass es einen regelrechten „Grillgürtel" gibt, der unsere Welt umspannt. Genauer gesagt: Ich fand heraus, dass sich die Welt in sechs große Barbecue-Zonen einteilen lässt. Die Vereinigten Staaten bilden zusammen mit Mexiko und der Karibik Zone Nummer Eins. Die zweite Zone umfasst ganz Südamerika. Auf der anderen Seite des Atlantik erstreckt sich Zone Nummer Drei vom Mittelmeerbecken bis zum Mittleren Osten und Zone Nummer Vier vom arabischen Teil Nordafrikas entlang der Westküste des afrikanischen Kontinents bis hinunter nach Südafrika.

Die größte zusammenhängende Barbecue-Zone (Nummer Fünf) beginnt in der Türkei und verläuft durch den Kaukasus, Zentralasien, Irak, Iran, Afghanistan, Pakistan und Indien. Im 13. Jahrhundert brachten die von Dschingis Khan angeführten Mongolen ihre Liebe zu gegrilltem Fleisch bis in den Westen der Türkei. Die arabische Welt nahm die Ideen auf, verfeinerte sie und schickte sie zusammen mit den Herrschern des Mogulreiches zurück auf den indischen Subkontinent und möglicherweise bis hinunter nach Indonesien.

Die letzte große Barbecue-Zone (Nummer Sechs) folgt dem östlichen Rand des Pazifischen Ozeans und erstreckt sich von Australien und Indonesien bis nach Korea. Unterwegs trifft man auf die interessantesten Grill-Variationen der Welt in Ländern wie Singapur, Malaysia, Thailand, Vietnam, Macao und Japan.

Am häufigsten gegrillt wird also erwartungsgemäß in den tropischen Klimazonen dieser Erde, was bei der Neigung der meisten Menschen zum Draußenkochen bei wärmeren Temperaturen nicht weiter verwunderlich ist. (Abgesehen davon wachsen hier die meisten Gewürze der Welt, was natürlich für die Beschäftigung mit Marinaden, Würzsaucen und Zutaten, die traditionellerweise mit Grillen in Verbindung gebracht werden, extrem förderlich ist). Doch trotz alledem haben auch Gebiete, die gänzlich außerhalb der Tropen liegen, bemerkenswerten Anteil an den Grillrezepten dieser Welt. Man denke nur an Japan, Argentinien oder die Vereinigten Staaten.

Genauso interessant wie die Betrachtung der Völker, für die Kochen über offenem Feuer eine Selbstverständlichkeit darstellt, ist eine Betrachtung der Völker, bei denen dies nicht der Fall ist. Bei zwei der wichtigsten gastronomischen Supermächte dieses Planeten hat das Grillen noch nie eine besonders herausragende Rolle gespielt: Nordeuropa und China. Und auch wenn in Zentralafrika durchaus offene Feuerstellen zu finden sind – die Holzkohlefeuer werden hier vorwiegend zum Heizen von Töpfen und Bratpfannen verwendet und eher selten zum direkten Zubereiten von Mahlzeiten.

In meinem ersten Jahr auf dem Barbecuepfad konzentrierte ich mich auf meine eigene Hemisphäre. Meine erste Station machte ich in der jamaikanischen Stadt Boston Beach, der Geburtsstätte des Jerk.

Von hier aus ging es quer durch die Karibik mit Zwischenstopps für boucanée (über Zuckerrohr gegrilltes Huhn) auf den Französischen Antillen, choka (speziell gewürztes, gegrilltes Gemüse) in Trinidad oder lechon asado (lateinamerikanischer Schweinerostbraten). Die Ursprünge des nordamerikanischen Konzepts von Barbecue (die intensiven Gewürze sowie das langsame Garen über heißem Rauch) liegen hier in der Karibik, wo die Tradition bis heute lebendig gehalten wird.

Weiter ging es nach Südamerika, Heimat der heldenhaftesten Grillideen der Welt. Ich dinierte in edlen Churrascarias in Rio de Janeiro, in gemütlichen Grillbuden auf dem Mercado del Puerto in Montevideo und in landestypischen Steakhäusern in Buenos Aires. Ich besuchte eine Estancia (eine Ranch) in den Pampas, wo ganze Rinderhälften über einem offenen Lagerfeuer gegrillt wurden. Ich fand heraus, dass Grillen in Südamerika das eine Ende eines Barbecue-Spektrums darstellt, bei dem es vor allem um Einfachheit und Direktheit des Geschmacks geht. Argentinier halten sich nicht lange mit dem Zubereiten komplizierter Marinaden auf: Die Gewürze sind begrenzt auf Meersalz und den Duft des Holzrauches.

Im zweiten Jahr meiner Reise lenkte ich meine Aufmerksamkeit auf Asien. Ich besuchte Indonesien, die Geburtsstätte des Saté und Heimat der wahrscheinlich weltweit größten Auswahl an Grillgerichten. Ich habe dutzende verschiedene Arten von Satés probiert und dennoch nur einen Bruchteil dessen kennen gelernt, was in Indonesien auf den Tisch kommt. In Indonesien gilt die Regel „klein aber fein": Indonesische Satés werden auf Grills zubereitet, die kaum größer als ein Schuhkarton sind, und die verwendeten Spieße sind so dünn wie die Borsten eines Besens.

Indonesien und meine weiteren Reisestationen, Singapur und Malaysia, verfügen über einige der komplexesten Rezepte für Marinaden und Gewürzmischungen, die mir auf meiner Reise begegnet sind. Auf der im Norden Malaysias liegenden Insel Penang durfte ich beobachten, wie die Chefs am Grill Ingwer, Chili, Galgant, Zitronengras, Kaffirblätter, Garnelenpaste und Kokosmilch zu betörend duftenden Gewürzpasten für gegrilltes Fleisch und Fisch verarbeiteten. Ich verbrannte mir die Zunge an feurig-scharfen Achars (das sind Pickles, also eingelegte Gemüse oder Früchte) und Sambals (Würzpasten), die ein fester Bestandteil südostasiatischer Grillgerichte sind. Diese komplexe und aufwändige Art des Würzens bildet das andere Ende des Spektrums, das bei den einfachen Grillgerichten Südamerikas beginnt.

Ein in der westlichen Hemisphäre immer wieder auftauchender Vorwurf lautet, dass Grillen nur etwas für unbarmherzige Fleischfresser sei und Vegetarier dabei meist zu kurz kommen. Mit einem Blick nach Thailand und Vietnam kann dieser Vorwurf entkräftet werden: Die Kombination aus kleinen Portionen gegrillten Fleisches mit riesigen Bergen von Gemüse, Reis und Nudeln ist das perfekte Beispiel, wie man sich auch beim Barbecue gesundheitsbewusst und fleischarm ernähren kann. Die Thailänder wickeln ihr Grillgut zum Essen häufig in Salatblätter (eine Praxis, die auch in Korea Verbreitung gefunden hat), während man in Vietnam zum gleichen Zweck dünne Crêpe-artige Reispapierblätter verwendet. Die Kombination mit Dippsaucen auf der Basis von Fischsauce, gerösteten Erdnüssen, Chili-Ringen, duftendem Thai-Basilikum sowie frischer Minze lässt den Biss in ein gegrilltes Stück Fleisch zu einer wahrhaften Geschmacksexplosion werden.

Je weiter ich nach Norden kam, desto mehr wichen die im Süden verwendeten Marinaden aus Fischsauce und Kokosmilch der Sojasauce und den Fünf-Gewürze-Pulver-Mischungen Hongkongs und Macaos sowie den für Korea typischen süßen Sesam-

Marinaden. In Japan (meinem Geburtsland, nebenbei bemerkt) saß ich eingepfercht zwischen japanischen Geschäftsleuten in überfüllten Tokioer Yakitori-Imbissbuden und genoss süß-salzige Teriyaki-Sauce, scharfe aus Miso (Sojabohnenpaste) hergestellte Barbecuesauce und umeboshi (in Salz eingelegte japanische Pflaumen). Ich schlemmte sagenhaft gutes Kobe-Rindfleisch (das Fleisch des exklusivsten und teuersten Hausrindes der Welt) und tat mich gütlich an Zutaten, von denen ich zuvor nicht die leisteste Ahnung hatte, dass man sie grillen konnte, wie Okras oder Ginkgosamen. Auch hier lernte ich die Regel „klein, aber fein" zu schätzen und mir wurde klar, dass ein Barbecue so subtil wie ein Haiku (japanische Gedichtform) sein kann.

Im dritten Jahr meiner Reise konzentrierten sich meine Nachforschungen schließlich auf den Mittleren Osten und das Mittelmeerbecken. Türkische Köche stellten mir eine verblüffende Bandbreite verschiedenster Kebabs und gegrillter Gemüse vor. In Marokko entdeckte ich Mechoui (gegrilltes Lamm), ganz zu schweigen von den französisch anmutenden brochettes, genial verfeinert mit scharfen nordafrikanischen Gewürzen. In Frankreich erlebte ich die berauschenden Freuden des Grillens über dem Holz von Weinstöcken. (In einer Nacht fuhr ich rund 240 Kilometer, um in einem kleinen Dorf bei Perpignan gegrillte Weinbergschnecken (Escargots) zu probieren). Italien, Spanien und Portugal hinterließen einen bleibenden Eindruck mit ihrem Reichtum an einfachen Grillgerichten mit Meeresfrüchten und Gemüse.

Noch weitere Stationen habe ich in meine Reiseroute eingebaut: Mexiko mit seinen traditionellen Barbacoas und carne asados, Indien mit seinen sagenhaften Tandoori-Öfen, in denen Fladenbrote wie Naan und Chapati gebacken werden, Israel mit seinem köstlichen Shawarma, Kofta und gegrilltem foie gras. Abgesehen davon reiste ich kreuz und quer durch die USA, um in den Genuss von Gezupftem Schweinefleisch aus North und South Carolina, einem ordentlichen Stück Ochsenbrust aus Texas und natürlich den berühmten Rippchen von Kansas City und Memphis zu kommen.

Alles in allem habe ich in fünfundzwanzig Ländern auf fünf Kontinenten rund 250.000 Kilometer zurückgelegt.

Bitte fragen Sie mich nicht nach meinem Lieblings-Grillgericht. Es wäre ein bisschen so, als ob man die Eltern einer großen Kinderschar bittet, ihr Lieblingskind zu nennen.

Ich liebe die den Tellerrand überlappenden argentinischen Riesensteaks genauso wie die Feinheit der japanischen Yakitori (Hühnerspieße). Die Geradlinigkeit eines italienischen bistecca alla fiorentina (Beefsteak nach Florentiner Art) ist mir genauso sympathisch wie das komplexe Zusammenspiel der verschiedenen Gewürze, die zu einem traditionellen indischen Tandoori-Rezept gehören. Ich schätze die gemütliche „Iss mit den Fingern"-Mentalität eines nordamerikanischen Barbecues genauso wie den Besuch einer feinen brasilianischen Churrascaria. Ich liebe die asiatische Art des Grillens, die moderaten Fleischportionen im Verhältnis zu den großzügig bemessenen Portionen an stärkehaltigen Nahrungsmitteln und Gemüse. Gleichzeitig würde ich niemals die Nase rümpfen über einen dicken, saftigen Hamburger mit einem auf loderndem Hickory- oder Mesquiteholz gebrutzeltem Sirloin-Hacksteak.

Wenn ich darüber nachdenke, so gab es auf meiner ganzen dreijährigen Reise auf dem Barbecuepfad keine einzige Mahlzeit, die mir keine Freude bereitet hätte. In diesem Sinne wünsche ich auch Ihnen *buen provecho*, wie der Spanier sagen würde oder auf Vietnamesisch *chuc qui ban an ngon*, in Hindi *aap kha lijiya*, auf Japanisch *itadakimasu*, auf Arabisch *bessahaa*, auf Hebräisch *b'teavon*, auf Koreanisch *jharr chop su se yo*, auf Französisch *bon appétit* oder auf Chinesisch *man man chi*. Mit anderen Worten: *Hauen Sie rein!*

---Steven Raichlen

Die 5 am häufigsten gestellten Fragen

Mir werden viele Fragen gestellt über das Grillen und Grills, Barbecue und Räuchern. Dies sind die fünf Fragen, die ich am häufigsten zu hören bekomme. Die Seitenzahlen geben an, wo Sie meine Antworten finden können. Einige werden Sie sicher überraschen.

1. Was für einen Grill sollte ich mir kaufen?
Siehe Seite 5

2. Worin liegt der Unterschied zwischen grillen und barbecuen?
Siehe nächste Seite

3. Holzkohle, Gas oder Holz?
Siehe Seite 6

4. Wie räuchert man mit einem Gasgrill?
Siehe Seite 24

5. Warum werden meine Rippchen nicht butterzart?
Siehe Seite 39

KAPITEL 1

DAS EINMALEINS DES GRILLENS

ANTWORTEN AUF DIE AM HÄUFIGSTEN GESTELLTEN FRAGEN

Grillen ist die älteste, dankbarste und am weitesten verbreitete Methode des Kochens. Über die Jahrhunderte hinweg wurde das Kochen über dem Feuer immer weiter verfeinert, von Grills und Feuerrost über Spieße und Bratenwender bis hin zu Gas- und Infrarotgrills. Durch diese Weiterentwicklungen können wir ein immer umfangreicheres Repertoire an Speisen auf dem Grill zubereiten, doch die Grundprinzipien bleiben immer dieselben, ebenso wie die urtümliche Freude an Gegrilltem.

„Kochen kann man lernen, zum Grillen wird man geboren.“

—Französisches Sprichwort

DER GRILLVORGANG

Vielen Menschen ist der Unterschied zwischen Grillen und Barbecue unbekannt. Das rührt daher, dass wir mit dem Begriff Barbecue viele verschiedene Aspekte des Garens am offenen Feuer bezeichnen, vom Grillgerät (dem Grill) über eine oder mehrere Garmethoden in diesem Gerät bis hin zu speziellen Gerichten, wie z.B. Barbecue auf Texas- oder North Carolina-Art. Wir verwenden den Begriff auch im allgemeineren Sinn – für den Prozess der Essenszubereitung im Freien, für die Mahlzeiten, die im Freien zubereitet und eingenommen werden, und für das gesellige Beisammensein, bei dem gegrillte Speisen gereicht werden.

Die Verwirrung kommt zu einem großen Teil daher, dass wir für das direkte Grillen, bei dem das Grillgut über der Holzkohle gegart wird, für das echte Barbecue, bei dem das Grillgut bei niedriger Temperatur im Rauch gegart wird, und für das indirekte Grillen bei mittleren Temperaturen, häufig das gleiche Gerät verwenden, nämlich den Barbecue-Grill.

Obwohl sich alle drei Methoden ähneln, sind sie doch völlig verschieden. Wenn Sie die Unterschiede erst kennen und verstehen, wird es für Sie ein Leichtes sein, schmackhafte Speisen über dem Feuer zuzubereiten.

Worin liegt der Unterschied zwischen Grillen und Barbecuen?

Beim **GRILLEN** wird das Grillgut bei großer Hitze schnell über den Flammen oder den glühenden Kohlen gegart. Zum Grillen braucht man hohe Temperaturen – in der Regel über 315 °C (die Grills in einigen Restaurants erreichen auch Temperaturen zwischen 400 °C und 500 °C) – und die Garzeit dauert nur Minuten. Für das Grillen eignen sich vor allem kleine oder dünne Teile, die zart sind und schnell garen – alles von Steaks, Koteletts und Frikadellen über Fischfilet, Gemüse, Brot und Pizza bis hin zu Früchten. Das unmittelbare Erleben des Garungsprozesses (man kann dem Essen beim Garen zusehen) macht das Grillen zu einem großen Genuss. Durch das Anbraten des Grillguts bei hohen Temperaturen bildet sich die bei Grillgut so beliebte rauchige Kruste, wobei der Saft innen eingeschlossen wird.

Das Grillen ist bei Weitem die üblichste Garmethode am Feuer. Sie wird auf 6 Kontinenten in Restaurants, an Straßenständen und in den Gärten praktiziert, und zwar bei Arm und Reich gleichermaßen. Sei es über einer Schale in der Größe eines Lagerfeuers in Argentinien oder auf einem Saté-Grill in der Größe eines Schuhkartons. 95 Prozent der Grillmeister auf der ganzen Welt sprechen vom Grillen, wenn sie Barbecue sagen.

DAS BARBECUEN in seiner ursprünglichen Form ist eine langsame, indirekte Garmethode bei niedrigen Temperaturen, für die glimmende Holzscheite oder Holzkohle zusammen mit Holzstücken verwendet werden. In der Regel nimmt man Fleisch, das dann in reichlich Rauch gegart wird. Das Grillgut liegt nicht direkt an der Hitzequelle, sodass es indirekt gegart wird – es liegt daneben und nicht darüber. Obwohl es in der Karibik entstanden ist, wird das echte Barbecue heute hauptsächlich in den USA praktiziert – vor allem in Texas, Kansas City, Memphis und dem Süden. Beim traditionellen amerikanischen Pit-Barbecue besteht die Hitzequelle aus einem separaten Feuerbehälter, der an der eigentlichen Garkammer angebracht ist, ohne jedoch ein Bestandteil davon zu sein.

Wenn ich von langsamem Garen spreche, dann meine ich langsam. Die Grillmeister in Kansas City garen Baby Back Rippchen (Schweinerippchen vom Kotelettstück) sechs Stunden lang und Schweineschultern zehn bis zwölf Stunden lang. Wenn ich sage niedrig, dann meine ich niedrig. Die Temperatur in der Garkammer des ursprünglichen „Sonny Bryan's“ in Dallas überstieg niemals 100 °C. Niedrige Temperaturen erzeugen Rauch (das Holz schwelt, es brennt nicht), und dieser Rauch gibt dem Barbecue seinen charakteristischen Geschmack. Rauch ist ein natürliches Konservierungsmittel und zu der Zeit, da es noch keine Kühlschränke gab, war dies vermutlich die erste und am häufigsten verwendete Methode, Fleisch und Meeresfrüchte vor dem Verderben zu bewahren.

Die langsame, niedrige, indirekte Hitze beim Barbecue ist ideal für große Fleischteile, wie z.B. ganze Schweine und Truthähne. Es eignet sich auch perfekt für Fleischstücke mit vielen Längsfasern, die das Fleisch zäh machen, wie z.B. Rinderbrust oder Spareribs. Barbecue verband man früher mit den ärmeren Schichten der Gesellschaft, die eine Küche kreierten, die auf billigem Fleisch basierte – Fleischstücke, die heute als Barbecue verehrt werden.

Was versteht man unter direktem Grillen?

Beim direkten Grillen arbeitet man immer mit hohen Temperaturen. Als Gargut werden relativ dünne Fleischscheiben wie Steaks, Koteletts und Kebabs verwendet, ebenso Gemüse wie Paprika und Portobello-Pilze. Das Grillgut wird direkt über dem Feuer gegart. Durch die hohen Temperaturen wird das Grillgut außen knusprig, bleibt innen aber saftig. Die Garzeit liegt bei dieser Methode zwischen zwei und zwanzig Minuten. Das hängt im Wesentlichen von der Größe des Garguts ab (zwei Minuten bei kleinen Shrimps und dünnen Satés, bis zu zwanzig Minuten bei sogenannten spatchcocked chicken (ein aufgeschnittenes und aufgeklappt gegrilltes Hähnchen)). In vielen Ländern der Welt steigern die Griller die Temperatur der Holzkohlen, indem sie ihnen mit Hilfe eines Fächers oder eines elektrischen Gebläses Sauerstoff zuführen.

Verteilen Sie die Kohle beim direkten Grillen mit einer Zone gleichmäßig in der ganzen Feuerwanne. Bedecken Sie für das Grillen mit zwei Zonen nur Zweidrittel der Feuerschale gleichmäßig mit Kohle. Das verbleibende Drittel bleibt frei. Für das Grillen mit drei Zonen schichten Sie die Kohle auf der einen Seite in zwei Lagen übereinander und in der Mitte in einer Schicht. Die verbleibende Seite bleibt leer. (Für weitere Informationen zum Garen mit mehreren Zonen, siehe Seite 18).

Beim direkten Grillen wird der Grill in der Regel nicht abgedeckt – besonders wenn kleinere Fleischstückchen (z.B. Kebabs oder Satés) oder Lebensmittel, die leicht verbrennen (z.B. Brot), gegart werden. Um die Garzeit zu verkürzen, kann der Grill bei dickeren Steaks, z.B. T-Bone-Steaks oder Porterhouse-Steaks, abgedeckt werden.

Was ist dann indirektes Grillen?

Indirektes Grillen wurde erst im 20. Jahrhundert erfunden. Es handelt sich dabei um eine Mischung aus zwei Methoden und schlägt damit einen Bogen vom Barbecue zum Grillen. Genau wie beim Barbecue wird das Grillgut neben und nicht direkt über dem Feuer gegart. Der Garvorgang findet aber in der gleichen Kammer statt, in der sich auch die Hitzequelle befindet. Die Temperaturen liegen normalerweise höher als beim Barbecue – in der Regel um 180 °C. Häufig werden spezielle Holzspäne, die im Fachhandel auch unter dem Begriff Räucherspäne (auch Räuchermehl) zu kaufen sind, oder kleine Holzstücke auf die Holzkohle oder eine andere Hitzequelle gelegt, um wie beim Barbecue Rauch zu erzeugen. Aber ebenso oft wird auch ohne Rauch indirekt gegrillt.

Wenn für das indirekte Grillen ein Holzkohlegrill verwendet wird, wird die Kohle am Rand der Feuerwanne aufgehäuft; das Grillgut wird dann mittig auf den Grillrost gelegt. (siehe Kasten auf der nächsten Seite). Bei einem Gasgrill werden die Brenner einer Seite (oder die vorderen und die hinteren) angezündet und das Grillgut über den flammenlosen Bereich gelegt.

Das Schöne am indirekten Grillen ist, dass es aus Ihrem Grill eine Art Backofen macht. Dadurch haben Sie die Möglichkeit, große Stücke Fleisch, Geflügel, Fisch oder fettiges Fleisch zu garen, ohne es zu verbrennen. Beim indirekten Grillen genießen Sie die Vorzüge sowohl des Grillens als auch des Barbecues – die Holzkohle vom Grillen und das zarte, rauchige Grillgut vom Barbecue – und zwar ohne die Nachteile, die diese Methoden sonst mit sich bringen. Indirektes Grillen ist in Bezug auf das Timing und die Temperaturkontrolle viel einfacher als das direkte Grillen. Und es geht viel schneller als das echte Barbecue, das sechs bis zwölf Stunden in Anspruch nehmen kann.

Welche Lebensmittel sollte man indirekt grillen?

Lebensmittel, die zu groß, zu zäh oder zu fettig sind, um sie direkt zu grillen. Die Liste beinhaltet ganze Hähnchen, Enten und Truthähne; rib roast (Braten aus der Hohen Rippe), Schweineschultern und Lenden; Lammschulter und -keule; Baby Back Rippchen (Schweinerippchen vom Kotelettstück); Fisch und nicht zerkleinertes Gemüse und Obst wie gefüllte Zwiebeln, Kohl und Äpfel.

Worin liegt der Unterschied zwischen indirektem Grillen und Räuchern?

Beim Räuchern wird immer die indirekte Methode angewendet, aber nicht bei jedem indirekten Grillen handelt es sich auch um Räuchern. Ein Unterschied liegt auch in der Temperatur. Das indirekte Grillen geschieht in der Regel bei mittleren Temperaturen (meistens bei rund 180 °C, obwohl man auch bei nur 150 °C, aber auch bei 200 °C indirekt Grillen kann). Geräuchert wird normalerweise bei Temperaturen zwischen 100 °C und 130 °C.

INDIREKTES GRILLEN AUF EINEM HOLZKOHLEGRILL

Wenn Sie versuchen, ein ganzes Hähnchen oder einen Fisch von 2000 g über einem superheißen Feuer zu garen, wird das Ende vom Lied sein, dass das Essen außen verkokelt, während es innen noch roh ist. Dickere Fleischstücke sollten bei weniger Hitze und dafür über einen längeren Zeitraum gegart werden, so zwischen dreißig Minuten und zwei Stunden. Wie kann man eine solche Hitze bei einem Holzkohlegrill erzielen?

Wenden Sie die indirekte Methode an: Beim indirekten Grillen werden die Kohlen an den Rand der Feuerwanne geschoben und das Essen in der Mitte gegart – über einer Tropfschale, nicht über den Kohlen. Der Grill muss dabei auf jeden Fall abgedeckt werden. Zur Regulierung der Temperatur werden die Lüftungsschlitze im Deckel und im Boden des Grills verwendet (öffnen Sie sie, um die Temperatur zu erhöhen, schließen Sie sie, um sie zu senken). Die Temperatur beim indirekten Grillen (rund 180 °C) ist in der Regel niedriger als beim direkten Grillen.

Ein für das indirekte Grillen vorbereiteter Grill mit glühenden Holzkohlen auf beiden Seiten der Abtropfwanne.

Um den Grill für das indirekte Grillen vorzubereiten, zünden Sie die Holzkohle an, und wenn diese rot glüht, schichten Sie sie an zwei entgegengesetzten Seiten des Grills auf. Einige Grills verfügen über zwei halbkreisförmige Körbchen, die die Kohlen an ihrem Platz halten; andere verfügen über Drahtgitter, die an dem unteren Rost eingehakt werden können und die Kohlen einschließen. Lassen Sie die Kohlen brennen, bis sie mit einer dünnen Ascheschicht bedeckt sind. Stellen Sie eine Tropfschale aus Aluminium zwischen die Kohlehaufen in die Mitte des Grills. Legen Sie das Grillgut oberhalb der Tropfschale auf den Grillrost und decken Sie den Grill ab. Nach einer Stunde müssen Sie auf jeder Seite circa 10 bis 12 frische Kohlen oder Briketts nachfüllen.

Wenn Sie einen rauchigen Geschmack erzielen möchten, können Sie auf jeder Seite zwischen 30 g und 45 g eingeweichter Räucherspäne oder ein bis zwei Holzstücke auf die Kohlen legen, bevor Sie mit dem Garen beginnen, und immer dann noch einmal, wenn Sie Kohlen nachfüllen (etwa einmal pro Stunde).

Verschiedene Grilltypen

Da das Grillfieber auch weiterhin ansteigt, gibt es ein immer größer werdendes Angebot an Grills – von tragbaren Kugelgrills bis zu riesigen stationären Grills, von einfachen Hibachis zu High-Tech-Gasgrills. Ich gebe im Folgenden einen Überblick über die wesentlichen Modelle, beginnend mit dem kleinsten.

HIBACHI: Dieser kleine, tragbare Holzkohlegrill aus Japan gehört zu den best konstruierten Kochgeräten für offenes Feuer. Der Hibachi besticht durch seine Schlichtheit. Er besteht aus einer rechteckigen oder ovalen Brennkammer (die für eine gleichmäßige Wärmezufuhr traditionell aus Schwermetallen gearbeitet wird, z.B. aus Gusseisen), über der ein oder zwei Metallroste angebracht sind. Der Hibachi ist ausgelegt für das direkte Grillen von Teriyaki, Kebabs, Satés und kleinen Fleischstücken bei hohen Temperaturen. Die Temperatur wird durch Lüftungsschlitze kontrolliert, die in der Nähe des Grillbodens angebracht sind, und durch das Anheben und Absenken des Grillrosts. Die indonesischen Saté-Grills und die in der Türkei und in Nordafrika gebräuchlichen Braziers sind abgewandelte Formen des Hibachi. Der Hauptnachteil eines Hibachi besteht darin, dass er keinen Deckel hat, sodass man auf ihm weder indirekt Grillen noch Räuchern kann.

KUGELGRILL: Dieser in Amerika entwickelte Grill besteht aus einer tiefen, runden Schale, in der unten ein Gitterrost für die Kohle (oder Holzscheite) liegt und darüber ein Rost für das Essen. Auch die Abdeckung hat die Form einer Halbkugel. Mit ihrer Hilfe lässt sich aus dem Grill ein Räuchergerät machen (wenn Sie Räucherspäne verwenden) oder ein Outdoor-Backofen. Kugelgrills kann man für das direkte Grillen verwenden, aber sie sind so einzigartig, weil man sie ebenso für das indirekte Grillen und für Barbecues verwenden kann. Zu diesem Zweck haben die wirklich guten Kugelgrills klappbare Roste für das Gargut, sodass man einen leichten Zugang zu den Kohlen hat, und für das indirekte Grillen seitlich angebrachte Kohlehalter mit Schlitzen. Die Temperatur wird durch Lüftungsschlitze im Unterteil und in der Abdeckung kontrolliert. Kugelgrills sind sowohl in runden als auch in viereckigen Ausführungen erhältlich. Eine abgewandelte Form des Kugelgrills sind die Grills, die wie rechteckige Metallboxen mit einer Tür an der Vorderseite aussehen und die man von vorne mit Heizmaterial befüllen kann. Sie eignen sich hervorragend für das Grillen mit Holz.

GASGRILLS: Auch sie sind eine amerikanische Erfindung. Der Gasgrill besteht aus einer Metallbox, in der röhrenförmige Propangas-Brenner angebracht sind. Über diesen Brennern liegt die Heizoberfläche, manchmal bestehend aus einer Reihe von V-förmigen Metallstäben, manchmal aus Lavasteinen oder Keramik-Briketts. Propangas ist beim Brennen an sich geruchlos, ein rauchiger Geschmack entsteht aber, wenn die Fleischsäfte und das Fett auf die Steine oder Metallstäbe tropfen. Heutzutage verfügen die meisten Gasgrills über zwei oder drei separate Garzonen, sodass man sie auch für das indirekte Grillen verwenden kann.

KAMADO-GRILLS: Sie haben die Form überdimensionaler Eier aus Lehm. Der Kamado ist ein Holzkohlegrill mit einem ausgeklügelten Belüftungssystem, das es einem erlaubt, bei sehr niedrigen Temperaturen (100 °C), bei hohen Temperaturen (380 °C) und bei allen Temperaturen dazwischen zu grillen (bei geringer Luftzufuhr verbraucht der Kamado extrem wenig Brennstoff). Die dicken Keramikwände halten die Hitze und die Feuchtigkeit im Innern, sodass der Kamado ideal zum Garen von Lebensmitteln ist, die von Natur aus trocken sind, wie z.B. Wild oder Truthahn. (Siehe Seite 9 für mehr Informationen über Kamado-Grills).

AUSTRALIENGRILL: Dieser schmale, längliche Grill (1,20 m bis 1,80 m lang, 40 cm bis 60 cm breit) sieht aus wie ein Tisch mit einer Metallplatte. Er steht auf vier Beinen oder einem fahrbaren Unterbau, sodass er etwas über hüfthoch ist und bequem bedient werden kann. Modelle für Holzkohle haben eine flache Feuerschale für die Kohlen und einen in der Höhe verstellbaren Rost. Mit Gas betriebene Modelle verfügen über Temperaturregler. Australische Grills werden zum direkten Grillen einer großen Zahl von Steaks, Koteletts, Garnelen und Hummer verwendet. Man sieht sie häufig bei öffentlichen Veranstaltungen und sie sind immer dann gemeint, wenn Australier von Barbecue-

Grills sprechen. Noch einmal: ohne Abdeckung kein indirektes Grillen.

200-L-STAHLFASSGRILLS: Diese Abwandlung des Kugelgrills ist besonders bei professionellen Grillern beliebt. Man muss nur einige Stunden schweißen, um ein 200-l-Stahlfass der Länge nach zu zerteilen, Beine, einen Kamin und einen Rost anzubringen sowie Scharniere und Griffe an der Abdeckhaube zu befestigen, damit diese hoch- und runtergelassen werden kann. Die überdimensionale Größe dieser Grills erlaubt es, große Fleischstücke (inklusive ganzer Schweine) zu grillen. Man kann auch einfach auf einer Seite des Fasses (oder in einer separaten Box) ein Feuer entfachen, sodass man mit viel Rauch bei niedrigen Temperaturen indirekt Grillen kann und butterzartes Fleisch erhält. Abwandlungen des 200-l-Stahlfassgrills sind u. a. die aus kleineren 40-l-Propangasbehältern gefertigten Grills, die in der Karibik verbreitet sind, und die riesigen 800 - 2000 l-Versionen aus Öltanks, die besonders bei Barbecue-Festivals beliebt sind.

STATIONÄRE GRILLS: Diese aus Klinker- oder Ziegelsteinen gemauerten Riesen tauchten in den 1950er Jahren auf, dem goldenen Zeitalter des Grillens im eigenen Garten oder Hinterhof. Es gibt zwei unterschiedliche Typen: Grillkamine mit erhöhter Feuerstelle und eingebautem Kamin und die für den Süden der USA typischen Barbecue-Pits. Die erhöhte Feuerstelle ist für das direkte Grillen von Steaks, Hühnchen und Frikadellen gedacht. Der Barbecue-Pit ist für das langsame Garen im Rauch ausgelegt, einem unverzichtbaren Merkmal des Barbecue. Mit der zunehmenden Mobilität der amerikanischen Familien (die amerikanische Durchschnittsfamilie zieht alle vier Jahre um) sind die stationären Grills zum größten Teil verschwunden und ich muss sagen, ich vermisse sie. Sie gaben mir das Gefühl von Behaglichkeit und Gemeinschaft, das ich immer dann empfinde, wenn ich an einem Feuer sitze. Es ist jedoch eine neue Generation stationärer Grills auf dem Markt – wahrhafte High-Tech-Outdoor-Küchen oder Kochnischen, die sowohl mit Propan- und Naturgas als auch mit Holz oder Holzkohle betrieben werden können.

Ein weiterer Unterschied liegt natürlich im Rauch selbst. Beim indirekten Grillen kann man eingeweichte Räucherspäne oder Holzstücke auf die Hitzequelle legen, sodass ein rauchiger Geschmack erzielt wird, aber man kann dabei auch ganz auf Rauch verzichten (bei asiatischen Gerichten zum Beispiel wird bei der indirekten Methode oft ohne Rauch gegart). Beim Räuchern werden der Hitzequelle immer Räucherspäne oder Holzstücke beigefügt.

Worin liegt der Unterschied zwischen Barbecuen und Räuchern?

Theoretisch gibt es keinen. Beides geschieht bei niedrigen Temperaturen (100 °C - 130 °C). Bei beiden Methoden wird der charakteristische Geschmack durch jede Menge Holzrauch erzielt. Praktisch nimmt man für Barbecue jedoch große Fleischstücke, wie z.B. Schweineschultern (oder ganze Schweine) und Rinderbrust, während man Fisch, Geflügel, Wild und natürlich rotes Fleisch meist räuchert.

Wie wurde das Räuchern erfunden?

Das Räuchern ist eine der ältesten Methoden, Lebensmittel haltbar zu machen – sie ist vielleicht sogar älter als das Einlegen in Salz. Dank des Rauchs verderben die Lebensmittel nicht so schnell, da er das Wachstum der Bakterien verlangsamt oder sogar ganz verhindert und Fliegen und andere Insekten fern hält. Wenn man dies dann noch mit dem Salzen verbindet (z.B. wenn man Lachs oder Truthahn pökelt und räuchert), so ist dies eine höchst effektive Methode, Lebensmittel ohne Kühlung zu konservieren.

Worin liegt der Unterschied zwischen Warmräuchern und Kalträuchern?

Beim Warmräuchern sind die Temperaturen so hoch, dass die Lebensmittel geräuchert und gleichzeitig gegart werden.

Beim Kalträuchern werden die Lebensmittel weit genug von der Hitzequelle entfernt platziert, sodass sie geräuchert werden ohne zu garen. Typische kaltgeräucherte Esswaren sind z.B. Lachs nach schottischer Art und Dörrfleisch. Das Kalträuchern zu beschreiben würde jedoch den Rahmen dieses Buches sprengen.

DIE GRILLS

Was für eine Art von Grill sollte ich mir kaufen? Wie finde ich heraus, was für eine „Grillnatur“ ich bin?

Die Geburt des Kugelgrills

Dieser Gerätetyp hat die Entwicklung des Grillens wie vermutlich kein anderer beeinflusst. Seine Konstruktion hat es trotz des einfachen Aufbaus aus Feuerschüssel und Deckel in sich: Sie fasst die Techniken des Grillens und des Barbecues in einem einzigen Gerät zusammen und ist damit besonders vielseitig.

Anders als die bis dahin üblichen Flachgrills hält dieser tiefe, kugelige Grill mit der Abdeckung nicht nur Wind und Regen ab. Hauptvorteil für den Benutzer ist, dass er ihn auch als eine Art Ofen einsetzen kann, um Speisen mit Hilfe der Holzkohlenglut nach Barbecue-Art zu garen. Die Entstehung des Kugelgrills war also gleichzeitig die Geburtsstunde des indirekten Grillens.

LANDMANN hat den Kugelgrill mit dem Opti-Heat-System nochmals verbessert. Häufig wird der Kugelgrill auch dann eingesetzt, wenn es schnell gehen muss und Würstchen oder Kurzgebratenes zubereitetet werden sollen. Da Kugelgrills keinen Warmhalterost haben, muss man gerade als Anfänger sehr gut aufpassen, damit das Grillgut auf dem Rost nicht verbrennt. Mit der Höhenverstellung von LANDMANN geht man in diesem Punkt kein Risiko ein. Gleichzeitig kann der Grill in seiner Hauptverwendung für das indirekte Grillen eingesetzt werden.

Wenn ich jedes Mal einen Dollar (na gut, zehn Dollar) bekommen würde, wenn mir diese Frage gestellt wird, könnte ich mich zur Ruhe setzen. Es gibt nicht das perfekte Modell, das zu jedem Menschen passt. Welcher der richtige Grill für Sie ist, hängt von vielen Faktoren ab: Was möchten Sie auf dem Grill garen, für wie viele Personen grillen Sie normalerweise, wie oft werden Sie den Grill vermutlich nutzen (einmal pro Woche oder quasi rund um die Uhr?), und es hängt natürlich auch davon ab, wie viel Platz Sie haben (Würde sich dieser Supergrill aus rostfreiem Edelstahl fabelhaft in Ihrem Garten machen oder würde er größer sein als die ganze Terrasse?).

Es gibt sogar so etwas wie eine „Grillnatur“, und wenn Sie einen Grill aussuchen, der zu Ihrem Temperament passt, dann werden Sie den von Ihnen gekauften Grill auch wirklich nutzen. Wenn Sie zum Beispiel gerne Steaks, Koteletts und Frikadellen grillen (und ich hoffe wirklich, dass dieses Buch dazu beitragen wird, Ihr Repertoire zu erweitern), können Sie mit einem Gasgrill, der über zwei oder drei Brenner verfügt, oder einem einfachen Kugelgrill davonkommen. Wenn Ihnen eher nach butterzarter Rinderbrust oder knuspriger, saftiger Schweineschulter ist, brauchen Sie einen Smoker (Räuchergerät). Wenn Sie normalerweise nur für sich und Ihren Partner grillen, reichen ein Hibachi, ein Kugelgrill mit einem Durchmesser von 60 cm oder ein kleiner Gasgrill völlig aus. Wenn Sie jedes Wochenende für 20 bis 30 Ihrer Kumpel grillen möchten, hätten Sie vermutlich lieber einen Jumbo-Holzkohlegrill, einen Gasgrill mit sechs Brennern oder einen Australiengrill.

Wenn Sie zu den Menschen gehören, die an dem Grillvorgang Spaß haben – Feuer anzünden, das Essen immer wieder zwischen kalten und heißen Stellen hin- und herwenden und es mit dem einmaligen Geschmack des Rauchs durchtränken – dann liegt es in Ihrer Natur, mit Holzkohle oder Holz zu grillen. Wenn Sie eine zielgerichtete Person sind und Ihnen eher an Ergebnissen gelegen ist, wenn Sie beim Grillen weniger Wert auf den Vorgang und den Spaß dabei legen, sondern nur darauf, das Essen auf den Tisch zu bringen, werden Sie mit einem Gasgrill vermutlich glücklicher.

Irgendwann einmal möchten Sie wahrscheinlich mehrere Grills besitzen – einen Holzkohlegrill zum simplen Räuchern zum Beispiel und einen Gasgrill zum schnellen Garen von Steaks nach einem anstrengenden Arbeitstag und vielleicht noch einen Water Smoker oder einen Smoker mit getrennter Feuerkammer zum Räuchern von Lachs, Rippchen oder Schweineschultern. Manche Menschen glauben, dass man gar nicht dünn oder reich genug sein kann; ich glaube, man kann nie zu viele Grills haben (fragen Sie meine Frau Barbara, wir besitzen sechzig).

Holzkohle, Gas oder Holz?

Alle drei.

HOLZKOHLE hat den Vorteil, dass sie heißer und trockener brennt als Propangas. Dadurch ist sie für Fleisch, das schnell austrocknet, Meeresfrüchte und Gemüse unschlagbar. Es ist auch ganz einfach, mit einem Holzkohlegrill zu räuchern, was auf einem Gasgrill praktisch unmöglich ist. Holzkohle, die richtig angefeuert wurde, gibt keine eigenen Geschmacksstoffe ab. (Nicht zu verwechseln mit den halb angefeuerten, mit flüssigem Grillanzünder getränkten Kohlen, über denen wir in meiner Kindheit gegrillt haben. Viele Menschen, die in den 1950er und 1960er Jahren aufgewachsen sind, verbinden Barbecue mit diesem Geschmack. Zum Glück haben sich die Zeiten geändert.

PROPAN und **NATURGAS** haben den Vorteil, dass man sie per Knopfdruck entzünden kann und dass die Hitze mit einem Drehknopf reguliert werden kann. Und wenn man den Gasgrill fachmännisch anzündet und vorheizt, erhält man fast genauso knusprige Speisen wie mit Holzkohle. Dazu haben Sie noch die Annehmlichkeiten, die viele Griller (rund 68 Prozent der grillenden Familien in den USA) bevorzugen. Auch Gas gibt keine eigenen Geschmacksstoffe ab, aber viele Gasgrills verfügen über Räucherkammern, in die Räucherspäne gelegt werden können, wodurch ein leicht rauchiger Geschmack erzielt werden kann.

Für mich ist **HOLZ** der ultimative Brennstoff. Denken Sie nur an Holzstücke oder -scheite aus Hartholz, wie z.B. Hickory, Eiche oder Apfel. Entflammen Sie das Feuer genau wie bei einem Lagerfeuer oder entzünden Sie, so wie Sie es auch mit Holzkohle tun würden, kleine Holzstücke in einem Anzündkamin. Durch das Grillen über Holz erzielen Sie nicht nur ausreichend Hitze zum Anbraten, sondern auch einen leichten, unnachahmlich rauchigen Geschmack – nicht den starken Rauchgeschmack, den man bei echtem Barbecue oder beim Räuchern erhält. Über Holz gegrillte Speisen haben eine eher feine rauchige Note, weshalb die Grillmeister von Nord- bis Südamerika Holz als Brennmaterial bevorzugen.

Worauf sollte ich beim Kauf eines Grills achten?

Stellen Sie zunächst einmal fest, was für eine Grillnatur Sie sind (siehe Seite 5). Das hilft Ihnen bei der Entscheidung, ob Sie einen Grill kaufen sollten, der mit Holzkohle, Gas oder Holz geheizt wird, welche Größe der Grill haben sollte und so weiter. Egal, was für einen Grill Sie kaufen, achten Sie immer darauf, dass er einen stabilen Eindruck macht

Pit Cooking

Beim Pit Cooking handelt es sich um das Garen über offenen Erdgruben. Dies ist vermutlich die älteste Methode des Kochens am offenen Feuer. Nicht in jedem Land versteht man aber das Gleiche darunter. In Argentinien ist das Pit Cooking als Asado bekannt. Große Fleischstücke (sogar ganze Lämmer oder Schweine) werden auf T-förmige Bratspieße gesteckt. Diese werden in einem Kreis rund um das Lagerfeuer aufgestellt und geröstet. Ich habe solche Lagerfeuer sowohl auf Ranchs gesehen als auch im Zentrum von Buenos Aires. Es handelt sich dabei um eine Form des direkten Grillens, auch wenn das Fleisch nicht direkt über dem Feuer liegt und weniger stark erhitzt wird als beim Grillen auf dem Rost. Bei mittelgroßen Flammen werden eine Rinderhälfte oder eine komplette Gans innerhalb von vier bis sechs Stunden gar.

Barbecue-Fans in North und South Carolina, in Texas und im Mittleren Westen der USA nennen ihre Kochstellen „pits“, obwohl es sich meist um gemauerte Konstruktionen handelt, die nicht in der Erde liegen. Bei manchen handelt es sich um transportable Kochstellen auf Anhängern, die an Benzinfässer erinnern. Früher wurde ein Barbecue in diesen Gegenden zweifellos über flachen Erdlöchern im Rauch gegart.

Beim wirklichen Pit Cooking wird in einer Erdgrube gekocht. Wenn Sie schon einmal bei einem traditionellen clambake (Strandparty) in New England oder bei einem hawaiianischen luau waren, kennen Sie diese Zubereitungsform bereits. Pit Cooking ist auch in Mexiko sehr populär. Zu den bekannten Gerichten, die auf diese Weise hergestellt werden, gehören Barbacoa (in Kaktus- oder Avocadoblätter gewickelte Ziege oder Lamm) und pebil (in Bananenblätter gewickeltes Schwein).

Bei dieser Art von Pit Cooking wird ein großes Loch gegraben und dann mit Steinen und Feuerholz gefüllt. Das Feuer wird entzündet und man wartet so lange, bis es zu glühenden Kohlen niedergebrannt ist. Danach wird das Essen – in der Regel ein großes Stück Fleisch, etwa ein ganzes Schwein oder eine ganze Ziege – in ein feuerfestes Material, z.B. Bananenblätter oder Seegras, eingewickelt und in die Grube gelegt. Diese wird dann noch mit Erde, Sand, weiterem Seegras oder einer Plane bedeckt. Das Essen gart zwischen zwölf und vierundzwanzig Stunden in der Erde. Wenn es dann ausgegraben wird, ist es unglaublich schmackhaft und butterzart.

Aber ist das Barbecue?

Es stimmt, wir sprechen hier über eine indirekte Garmethode und die Glut gibt dem Essen zumindest einen geringfügig rauchigen Geschmack. Aber es stimmt auch, dass die niedrige Temperatur und die Feuchtigkeit eher an Räuchern oder Rösten erinnern. Wie um so vieles im Bereich des Kochens am offenen Feuer, kann man sich auch darüber streiten, ob es sich beim Pit Cooking um Barbecue handelt oder nicht.

und gut verarbeitet ist, und auch darauf, dass die Regler (Lüftungsschlitze bei einem Holzkohlegrill, Anzünd- und Regulierknöpfe bei einem Gasgrill) leichtgängig sind und nicht haken.

EIN HOLZKOHLEGRILL sollte einen Rost mit klappbaren Seitenteilen haben, sodass sich Holzkohle oder Holz leicht nachfüllen lassen, ohne den kompletten Rost mit dem Gargut wegnehmen zu müssen. Er sollte auch über einen Behälter zum Auffangen der Asche verfügen, damit diese leicht entfernt werden kann.

EIN GASGRILL sollte über ein eingebautes Thermometer verfügen (dies wäre auch ein tolles Zubehörteil für Holzkohlegrills), über ein Gasinhaltsmessgerät und vor allem über eine tiefe Tropfschale, die problemlos herausgenommen werden kann und leicht zu reinigen ist – das kann ich gar nicht nachdrücklich genug sagen. Versuchen Sie einen Grill mit seitlichen Tischchen zu kaufen, denn Arbeitsfläche kann man immer gebrauchen. Achten Sie auf eine mehrjährige Garantiezeit – denken Sie daran, Grills verbringen den größten Teil ihres Arbeitslebens im Freien, wo sie den Launen der Natur ausgesetzt sind.

Checkliste für den Grillkauf

Angesichts eines immer größer werdenden Angebots an Grills kann sich der Erwerb eines Grills genauso schwierig gestalten wie der Kauf eines Autos oder eines Computers. Auf folgende Dinge achte ich, wenn ich einen Grill kaufe:

Holzkohlegrills

Grundlegende Merkmale (bezieht sich auf Hibachis, Kugelgrills, Australiengrills und Stahlfassgrills)

- stabile, fest verschraubte Beine
- eine massive Metallwanne oder Feuerkammer mit einem dicht schließenden Deckel – außer bei Hibachis, da diese keine Deckel besitzen
- einen Rost im unteren Teil des Grills für die Holzkohle
- Lüftungsschlitze sowohl im Unterteil als auch im Deckel zur Regulierung der Temperatur
- einen soliden Grillrost; beim Hibachi und beim Australiengrill einen, der leicht in der Höhe zu verstellen ist
- hitzebeständige Griffe (z.B. aus Holz)

Weiteres wünschenswertes Zubehör

- eingebautes Thermometer
- Kohlehalter aus Drahtgeflecht oder geschlitztem Metall zum indirekten Kochen
- klappbarer Grillrost zum bequemen Nachfüllen der Kohle
- Schale zum Auffangen der Asche für die einfache Entsorgung und Reinigung
- ein seitlich angebrachtes Tischchen als zusätzliche Arbeitsfläche
- Halterungen für das Grillen am Spieß

Gasgrills

Grundlegende Merkmale

- stabile Konstruktion
- massive, schwere Feuerkammer und dicht schließender Deckel für eine gleichmäßige Verteilung der Hitze
- elektrische Zündung
- mindestens zwei, besser drei oder mehr separate Heizzonen
- einstellbare Regler zur genauen Kontrolle der Temperatur (hoch, mittel und niedrig). Bei der Einstellung „hoch" sollte die Grilltemperatur konstant bei 320 °C liegen. Dafür braucht man in der Regel (aber nicht immer) einen Grill mit 10.000 - 12.000 BTU pro Brenner
- Gasinhaltsmessgerät
- eingebautes Thermometer

Weiteres wünschenswertes Zubehör

- seitliche Tischchen als zusätzliche Arbeitsfläche
- seitlich angebrachter Gasbrenner zum Erhitzen von Saucen und Beilagen
- Halterungen für das Grillen am Spieß und für eine Räucherkammer
- Warmhalteplatte
- Insektenschutzgitter, die verhindern, dass Insekten in die Brenner geraten

Was bedeutet BTU und wie wichtig ist das?

BTU (British thermal unit) ist eine Einheit der Energie – insbesondere der Energie, die benötigt wird, um ein Gramm Wasser um ein Grad Celsius zu erwärmen. In der Praxis wird damit die Heizleistung eines Gasgrills angegeben. Die meisten Gasgrills liegen zwischen 10.000 und 12.000 BTU pro Brenner, einige sogar bei 15.000 BTU.

Ich wünschte, ich könnte Ihnen eine magische Zahl oder einen Mindestwert nennen, den ein Grill haben sollte (12.000 ist ein guter Ausgangspunkt), aber Tatsache ist, dass die Heizleistung und die Effizienz eines Grills ebenso wenig vom Design und den Hitzeverteilsystemen (Aromastäbe, Keramiksteine, Lavasteine und so weiter) abhängen wie vom BTU-Wert. Ich verwende häufig den Vergleich mit dem Motor in einem Auto. Ein Sportwagen mit einem 4-Zylinder-Motor kann schneller und wendiger sein als ein 6- oder 8-Zylinder-Motor in einem großen Geländewagen. Kaufen Sie einen Grill möglichst nur in einem Geschäft, in dem der, den Sie sich ausgesucht haben, in Aktion zu sehen ist. Kaufen Sie nur in Grillfachgeschäften. Achten Sie dabei auf Folgendes:

1. Anbringung des Grillrosts: Der Rost sollte sich 8 - 10 Zentimeter über den Hitzeverteilern befinden – wenn der Abstand geringer ist, verbrennt das Essen leicht.

2. Temperatur in Höhe des Rosts: Wie hoch auch immer der angegebene BTU-Wert sein mag, der Grill sollte innerhalb von 10 bis 15 Minuten Vorwärmzeit problemlos eine Temperatur von mindestens 350 °C erreichen. Sie können dies mit einem einfachen Test feststellen (halten Sie eine flache Hand ca. 10 cm über den Grillrost und zählen Sie die Sekunden). Man kann seine Hand nur ca. zwei Sekunden lang über einen 350 °C heißen Grill halten, bevor man „Aua" rufen und die Hand wegziehen muss.

3. Mindestens zwei separat regelbare Heizzonen: So viele brauchen Sie mindestens für indirektes Grillen. Mit drei, vier oder sechs Brennern können Sie die Temperatur noch genauer einstellen.

Welches Material eignet sich am besten für Grillroste?

Meiner Meinung nach ist Gusseisen das beste Material für Grillroste, danach kommen in der angegebenen Reihenfolge Stangen aus rostfreiem Edelstahl (mit einem Durchmesser von ca. 0,5 Zentimeter), gestanzter Stahl, Emaille und ganz zum Schluss verchromte Grillroste, die man häufig bei billigen Holzkohlegrills sieht.

Was ist so besonders an Gusseisen? Es hält die Hitze und verteilt sie gleichmäßig, und man bekommt dunkle, klare Grillmuster. (Schließlich verwendet ein Cowboy für die Brandzeichen bei Rindern Gusseisen und keine Emaille). Der einzige Nachteil von Gusseisen ist, dass es rostet, sodass es eingebrannt werden muss. Wenn Sie einen Grill mit einem emaillierten oder verchromten Rost haben, können Sie einen gusseisernen Toskanischen Grillrost kaufen und darauf legen (siehe Seite 10).

Was bedeutet Einbrennen des Grillrosts?

Beim Einbrennen wird mit Hilfe von Hitze eine feine Ölschicht in den Grillrost eingearbeitet. Dadurch wird einerseits der Rost gefettet und andererseits wird verhindert, dass er anfängt zu rosten. Traditionell wird diese Methode für gusseiserne Grillroste verwendet, aber man kann auch Roste aus anderen Materialien einbrennen. Immer, wenn Sie einen Grillrost erhitzen, abbürsten und ölen, brennen Sie ihn ein.

Wie brennt man einen gusseisernen Rost ein?

Zunächst einmal muss der Rost brüllend heiß sein. Bürsten Sie ihn dann mit einer harten Drahtbürste ab. Danach ölen Sie ihn mit Hilfe eines in Pflanzenöl (vorzugsweise Traubenkern-, Färberdistel- oder Erdnussöl, kein Maiskeimöl) getränkten Papiertuchs ein, das fest zusammengefaltet sein muss. Fassen Sie das Tuch mit einer Zange und ziehen Sie es über das Gestänge des Rosts (sie können einen Grillrost auch mit einen Stück Rinder- oder Schweinefett ölen). Wiederholen Sie diesen Vorgang vor dem ersten Grillen und auch danach noch einmal – das Verfahren sollte dabei zweitrangig sein. Je öfter Sie das Ganze wiederholen, um so besser wird Ihr Grill eingebrannt sein.

Was versteht man unter einem Kamado-Grill?

Der Kamado-Grill ist ein großer, eiförmiger, waldgrüner Holzkohlegrill aus Keramik. Er hat für Schlagzeilen gesorgt und bei seiner Fangemeinde Kultstatus erlangt. Seine Anhänger – und davon gibt es viele – kommen in Scharen zu „Eggtober"-Festen im ganzen Land (sogar auf der ganzen Welt), und ehren die Vorzüge des Kamado-Grills: sein bemerkenswert geringer Verbrauch an Brennmaterial (bei richtig eingestellten Lüftungsschlitzen brennt eine einzige Ladung Holzkohle 24 Stunden lang) und seine Fähigkeit, das Essen sowohl bei sehr niedrigen (80 °C) als auch bei sehr hohen Temperaturen (370 °C) und auch bei allen dazwischen liegenden Temperaturen zu garen. Dank seiner 2,5 cm dicken Keramikwände und einer einzigartigen Filzdichtung ist der Kamado-Grill konkurrenzlos, was die Speicherung von Feuchtigkeit betrifft. Dadurch ist er unübertroffen bei der Zubereitung des Thanksgiving-Truthahns. Mit Hilfe des Pizzasteins, den es als Zubehörteil gibt, lassen sich Pizzas bereiten, die den Steinofenpizzas in nichts nachstehen.

Der Kamado-Grill gehört zur Familie der Holzkohlegrills. Es gibt sowohl mit glänzendem Edelstahl ummantelte als auch rundherum mit Mosaiksteinen verzierte

Kamado-Grills. Alle verfügen über ein effizientes Belüftungssystem, mit dem die Temperatur geregelt werden kann, über dicke Keramikwände, die die Hitze und die Flüssigkeit im Innern halten, und über ein ansprechendes eiförmiges Design, das aus dem Grill garantiert ein Kultobjekt macht. Der einzige Nachteil? Sollten Sie bei einem Kamado-Grill einmal Brennmaterial nachfüllen müssen, müssen Sie den Grillrost mit dem Gargut darauf entfernen.

Was ist ein Infrarotgrill? Brauche ich Infrarotbrenner?

Man kann sich einen Infrarotgrill als gedopten Gasgrill vorstellen. Die Technologie basiert in der Regel auf einer Keramikplatte mit Wabenstruktur, die beim Erhitzen mit herkömmlichem Propan buchstäblich glutrot wird. Dank dieser einzigartigen Beschaffenheit kann der Grill Temperaturen von 430 °C - 540 °C erreichen. Dies kommt den Temperaturen nahe, die kommerzielle Steakhäuser zum Grillen von Steaks und Koteletts verwenden. Soweit die guten Nachrichten. Die schlechte Nachricht ist, dass Infrarotgrills sich perfekt zum Garen von Steaks eignen, aber dazu neigen, alles andere zu verbrennen – selbst beim indirekten Grillen.

Aus diesem Grund liefern immer mehr Hersteller zu den konventionellen Gasgrills spezielle Infrarotbrenner. Dadurch hat man von beidem das Beste: Temperaturen wie in einem Hochofen für Steaks und eine geringere Hitze für fast alle anderen Speisen.

Ich habe schon viel von Pellet-Grills gehört. Was halten Sie davon?

Der Pellet-Grill, oder, um genau zu sein, der Pellet-Smoker, ist ein Gerät, das zur Erzeugung von Hitze und Rauch mit Pellets aus gepresstem Sägemehl befeuert wird – anstelle von konventionellem Holz oder Holzkohle. Einige Modelle verwenden zum Entzünden der Pellets einen thermostatisch geregelten Metallheizstab, sodass man wie auf Knopfdruck präzise Temperatureinstellungen vornehmen kann. Die Barbecue-Legende John Willingham aus Kansas-City gewann mit einem auf die Bedürfnisse der Kunden zugeschnittenen Grill zahlreiche Preise bei den Barbecue-Weltmeisterschaften „Memphis in May“ (einer seiner Grills steht im Smithsonian Institut).

Der Vorteil eines Pellet-Grills ist die präzise Temperatur- und Rauchkontrolle (die Pellets werden über eine elektrische Förderschnecke zum Brennertopf geführt). Der Nachteil – zumindest für die Puristen – ist, dass man Strom verwendet, sodass die Handhabung, weiß Gott, viel zu einfach ist.

Was ist ein Toskanischer Grill?

Ein Toskanischer Grill besteht aus einem massiven Metallrost (in der Regel aus Gusseisen) auf Beinen. Er ist für die Anwendung über einem Lagerfeuer gedacht. Ein einfaches Modell besteht aus einem quadratischen oder rechteckigen Rost mit vier 10 - 15 cm hohen Beinen. Aufwändigere Modelle besitzen einen Rahmen, dank dem man den Rost zur Wärmeregulierung höher oder tiefer stellen kann.

Warum scheint das Essen vom Holzkohlegrill besser zu schmecken als das vom Gasgrill?

Viele Menschen schwören auf den „Holzkohlegeschmack“ der Speisen, die über Holzkohle oder Briketts gegrillt wurden. In Wirklichkeit rührt der besondere Geschmack von der Art und Weise her, wie die trockene, starke Hitze der entzündeten Holzkohle die Poren des Garguts schließt, und nicht von irgendwelchen geschmacksproduzierenden Komponenten, die von der Holzkohle oder den Briketts selbst aufsteigen. Eine hohe, trockene Hitze karamellisiert die Proteine in Fisch und Fleisch und den in Obst und Gemüse enthaltenen Zucker besser als eine niedrige, feuchte Hitze, an die man bei Gasgrills üblicherweise denkt. Viele der neueren Gasgrills brennen fast genauso heiß und trocken wie Holzkohle. Ausgenommen natürlich Kohlebriketts, die nicht komplett durchgeglüht oder falsch entzündet wurden, besonders wenn sie mit flüssigem Grillanzünder auf Petroleumbasis übergossen wurden. Diese Briketts erzeugen einen öligen oder unangenehmen Beigeschmack.

Wie kann ich einen Steingrill für meinen Garten mauern?

In meiner Kindheit, also in den1950er Jahren, waren diese gemauerten Schönheiten der Stolz der Vorstadtgärten. Die gemauerten Grills kamen mit dem Aufkommen freistehender Holzkohle- und Gasgrills aus der Mode. Den E-Mails nach zu urteilen, die ich erhalte, erleben diese gemauerten Grills ein Comeback. Zu erklären, wie man einen Steingrill baut, würde den Rahmen dieses Buches sprengen. Vielleicht kann Ihnen folgende englischsprachige Homepage weiterhelfen: www.backyardspaces.com/barbeque.html.

DIE BRENNSTOFFE

Was ist Holzkohle?

Holzkohle, oder auch Grillkohle oder Grillholzkohle, ist ein absolut natürliches Produkt, das durch das Verbrennen von Bäumen, Baumstämmen oder Holzscheiten in einem Brennofen ohne oder mit nur wenig Sauerstoff entsteht. Durch diesen Prozess wird dem Holz fast das gesamte Wasser entzogen und interessanterweise auch die meisten Aldehyde und andere Rauch und Geruchsstoffe produzierenden Komponenten. Auf diese Weise entsteht ein Brennstoff, der einfacher zu transportieren ist als Holz und der vergleichsweise leicht ist. Er brennt länger, heißer und bei einer gleichmäßigeren Temperatur als Holz, gibt aber nur wenige spezifische Geschmacksstoffe ab. Seine Zuverlässigkeit, Beschaffenheit, Reinheit und seine geschmacksneutralen Eigenschaften machen daraus für viele Griller auf der ganzen Welt den Brennstoff ihrer Wahl.

Holzkohle kann aus vielen verschiedenen Harthölzern hergestellt werden, z.B. aus Eiche, Hickory oder Süßhülsenbaum. Die aus dem Holz des Süßhülsenbaums hergestellte Holzkohle brennt am heißesten, ist aber unberechenbarer – häufig gibt es einen lauten Knall und Funken stieben. Verwenden Sie, wenn möglich, Holzkohle, die aus unregelmäßigen Brocken (von richtigen Bäumen) besteht und nicht die geradlinigen Blöcke, die aus Holzabfällen oder Bodendielen hergestellt werden.

Was sind Holzkohlebriketts?

Ende des 19. Jahrhunderts erfand ein Chemiker namens Ellsworth Zwoyer eine Methode, mittels derer er Kohlenstaub, Holzabfälle, Borax und Petroleum als Bindemittel zu einem Brennstoffgemisch vermengen konnte, das sich zu einem Quader formen ließ (er ließ sich diese Form 1897 patentieren). Aber erst als sich im 20. Jahrhundert ein Fabrikant einschaltete, entwickelten sich die Briketts zu einem Brennstoff, der in jedem Haushalt zu finden ist. Dieser Fabrikant war Henry Ford. Er sah darin die Möglichkeit, mit Hilfe der Briketts die Holzabfälle zu recyceln, die bei der Produktion des Ford Modell T anfielen. Er gründete prompt die Ford Charcoal Company (die Fabrik wurde von Thomas Edison konstruiert), die er schließlich an einen Verwandten namens Kingsford verkaufte.

Einigen Holzkohlebriketts werden Späne vom Süßhülsenbaum, Eiche oder anderen Hölzern beigemischt, um

Holzkohle – das schwarze Gold

Vor circa 200.000 Jahren, es mögen ein paar Tausend mehr oder weniger gewesen sein, haben unsere prähistorischen Vorfahren eine revolutionäre Entdeckung gemacht: verkohltes Holz (Holzkohle) brennt sauberer, heißer und effizienter als frisches Holz. Holzkohle wird hergestellt, indem man Holz entzündet, es aber nicht komplett verbrennen lässt (es hat nichts mit Kohle zu, die ein hauptsächlich aus Kohlenstoff bestehendes Mineral ist). Sie wurde vermutlich zufällig entdeckt, als jemand Erde oder Sand auf ein Lagerfeuer schaufelte. Das Holz schwelte unter Ausschluss von Sauerstoff weiter, lang genug, um das Wasser und die Baumharze zu verbrennen, aber nicht lang genug, um alle brennbaren Bestandteile zu vernichten.

Lufttrockenes Holz hat einen Wasseranteil von 20 - 30 Prozent; verkohltes Holz von 2 - 3 Prozent. Dadurch hat die Holzkohle viele Vorteile: Sie brennt schneller und heißer (ganze 100 °C heißer) und kann einfacher transportiert und gelagert werden. Mehr als die Hälfte der gesamten Weltbevölkerung bevorzugen Holzkohle als Brennmaterial. Sie wird in ganz Afrika, in der Karibik und in Asien verwendet. Mit der in Südostasien verwendeten Kokosnusskohle, die dort aus Kokosnussschalen hergestellt wird, erzielt man köstliche Ergebnisse.

In den meisten Ländern der Erde wird Holzkohle verwendet, aber in Nordamerika herrschen die Briketts vor. Der Vorteil von Holzkohlebriketts liegt darin, dass sie in Form, Größe und Festigkeit gleichmäßiger beschaffen sind als Holzkohle. Der Nachteil ist, genau wie bei einer Wurst, dass man nie weiß, was drin steckt. Einige Briketts werden aus verkohltem Hartholz mit natürlicher Pflanzenstärke als Bindmittel hergestellt. Andere Briketts bestehen aus Holzabfällen, Baumrinde, Sägemehl, Kohlenstaub, Borax, Kalkstein und/oder Sodiumnitrat. Diese Bestandteile werden durch ein Bindemittel auf Petroleumbasis zusammengehalten. Doch bevor Sie „Igitt" sagen, bedenken Sie bitte, dass die Grillmeister eben diese kommerziell gefertigten Briketts bei den großen Barbecue-Meisterschaften verwenden und damit hervorragende Speisen bereiten. Holzkohlebriketts sind gar nicht mal so schlecht, wenn Sie sie wirklich komplett durchglühen lassen.

ihnen eine rauchige Note zu verleihen. Andere, wie Landmann Holzkohlebriketts, werden mit flüssigem Grillanzünder angereichert, um die Entzündungsgeschwindigkeit zu erhöhen. Wenn Sie Holzkohlebriketts verwenden, dann stellen Sie sicher, dass die Kohlen gut durchgeglüht sind und bereits eine Ascheschicht sichtbar wird, bevor Sie mit dem Grillen beginnen – sonst könnte Ihr Essen leicht nach Petroleum schmecken.

Gibt es so etwas wie „natürliche" Briketts?

Ja. Ein Produkt wird von der Firma Landmann vertrieben. Es wird ohne Borax hergestellt und anstelle von Petroleum wird pflanzliche Stärke als Bindemittel verwendet, damit die Briketts nicht auseinander fallen.

Was ist also besser, Holzkohle oder Briketts?

Beides hat seine Anhänger. Ich persönlich bevorzuge wegen seiner natürlichen Inhaltsstoffe Holzkohle. Der Nachteil bei Holzkohle ist allerdings, dass sie am Anfang heiß brennt und dann nach 30 - 40 Minuten an Temperatur verliert und dass sie eine weniger beständige Hitze liefert als Briketts.

Die Briketts sind so beschaffen, dass sie über einen bestimmten Zeitraum (normalerweise eine Stunde lang) eine gleichbleibende Temperatur von 320 °C halten. Der Nachteil von Briketts ist, dass sie, wenn sie nicht komplett durchgeglüht sind, einen unangenehmen Beigeschmack erzeugen. Wie ich jedoch bereits erwähnt habe, die Teilnehmer an den großen Barbecue-Meisterschaften verwenden Briketts.

Welches Holz sollte man verwenden?

Macht es wirklich einen Unterschied, welches Holz Sie zum Grillen verwenden? Charlie Trotter ist dieser Meinung. Chicagos hervorragender Chefkoch variiert die Holzsorte in seinem Grill je nach Saison. „Im Winter verwenden wir schwereres Holz, wie zum Beispiel Eiche oder Hickory.", erklärt Trotter. „Im Frühjahr wechseln wir zu leichteren Hölzern wie Erle und Robinie und im Sommer zu Holz von Obstbäumen, wie zum Beispiel Kirsche."

Tatsache ist, dass das Holz beim Grillen das ist, was die Gewürze beim Einreiben von Fleisch sind. Sie geben den Speisen, die über ihnen gegart werden, Geschmack. Denken Sie daran, dass das Grillen über Holz nicht das Gleiche ist wie das Räuchern mit Holz – der Geschmack ist nicht so intensiv, eher zart.

ERLE: Ein gutes, sauberes Holz. Geeignet für Lachs, Truthahn und Huhn.

APFEL: Spritzig, mit einem reinen Geschmack. Passend für Huhn, Schwein und Wild.

KIRSCHE: Süß und fruchtig, gibt einen leichten, aber eindeutigen Kirschgeschmack. Verwenden Sie es für Lachs, Ente und anderes Geflügel.

WEINREBENSCHNITT: Das bevorzugte Brennmaterial in Frankreich. Weinreben verbrennen bei hoher Hitze und geben dem Essen einen sauberen, weinhaltigen, rauchigen Geschmack. Holz von Weinreben passt gut zu Steaks und anderem Fleisch, Meeresfrüchten und Schnecken.

HICKORY: Wird traditionell bei amerikanischen Barbecues im Süden und Mittleren Westen verwendet. Geeignet für Schwein.

AHORN: Lieblich, mild und süß. Verwenden Sie es für Geflügel, Meeresfrüchte und Schwein.

SÜSSHÜLSENBAUM: Gibt einen robusten und rauchigen Geschmack. Das ultimative Holz für Rindfleisch nach Texas- und Nordmexikanischer Art.

EICHE: Der Favorit in Europa und bei professionellen Köchen. Sein sauberer abgerundeter Geschmack eignet sich ebenso für Geflügel und Meeresfrüchte wie für Fleisch.

PEKANNUSS: Der Favorit in Südamerika. Ähnlich wie Hickory, nur milder.

Wie steht es mit Holz beim Grillen?

Holz ist mein persönlicher Favorit als Brennmaterial beim Grillen, besonders Harthölzer wie Eiche, Hickory, Buche, Apfel und andere Obsthölzer. Das Holz gibt sowohl Hitze als auch Geschmacksstoffe ab – einen nicht so intensiven rauchigen Geschmack wie bei Räucherspänen oder speziellem Räucherholz, aber man schmeckt, dass das Essen über Holz gegrillt wurde. Grillmeister von der Toskana bis Montevideo sind der gleichen Meinung, und wenn Sie jemals ein einfaches Würstchen, Steak oder S'more (ein Marshmallow und ein wenig Schokolade zwischen zwei Graham Crackern) über einem Lagerfeuer gegrillt haben, dann wissen Sie, wie viel Geschmack ein über Holzfeuer gegrilltes Essen haben kann.

Warum grillen dann nicht mehr Leute über Holz?

Über Holz gegrillte Speisen haben einen tollen Geschmack, aber das Grillen über Holz stellt auch eine Herausforderung dar. Zunächst einmal ist Holz schwieriger zu transportieren als Holzkohle, und man braucht mehr Lagerfläche. Es ist auch verzwickter und zeitintensiver, das Holz zu entzünden, und schwieriger, die Temperatur zu regulieren. Ein Holzfeuer ist anfangs mindestens ebenso heiß wie ein Holzkohlenfeuer, doch es verliert schnell an Wärme. Zudem lässt sich Holz leichter in einem Grill verfeuern, den man von vorne beladen kann anstatt von oben – und die meisten Menschen besitzen letztere Variante.

Kann man mit einem Holzkohlegrill einen Holzfeuergeschmack erzielen?

Es gibt zwei hervorragende Methoden. Zum einen kann man für das Feuer anstelle von Holzkohle normales Holz verwenden. Man kann dieses sackweise im Baumarkt oder im Grillshop kaufen. Stecken Sie das Holz in einen Anzündkamin und zünden Sie es genauso an, wie Sie es auch mit Holzkohle machen würden. Wenn es brennt, verteilen Sie es auf dem Grill. Lassen Sie es so lange brennen, bis nur noch Glut da ist, und wenn der Rauch nachlässt, beginnen Sie mit dem Grillen. Der tolle Geschmack wird Sie verblüffen.

Beim Grillen über Holz muss man zwei Sachen bedenken: Erstens, Holz glüht schneller aus als Holzkohle – der Inhalt eines Anzündkamins reicht für 20 - 30 Minuten (oder sogar weniger). Es ist von Vorteil, wenn man den Anzündkamin ein zweites Mal füllt und anzündet und den Inhalt dann in einen zweiten Grill schüttet. Zweitens, decken Sie einen Grill, in dem Sie Holz verbrennen, niemals ab, auch nicht wenn Sie die indirekte Grillmethode anwenden. Das Essen würde dadurch einen unerträglich rauchigen Geschmack bekommen.

Die zweite Möglichkeit, einen Holzfeuergeschmack auf einem Holzkohlegrill zu erzielen, ist, ganze Holzstücke oder ein bis zwei kleine Holzscheite auf die entzündete Holzkohle zu werfen. Das Holz beginnt zu brennen und gibt dem Essen einen feinen Holzgeschmack. Die eigentliche Hitze kommt von der Holzkohle. Bei dieser Methode sollte das Holz trocken sein und nicht eingeweicht werden.

Vollgepumpt mit Gas

Die meisten Gasgrills werden mit Propangas betrieben. Man kann es in Grillshops, im Baumarkt oder an Tankstellen bekommen. Propangas gibt es in verschiedenen Mengeneinheiten zu kaufen. 5 kg Propangas brennen ungefähr 8 - 12 Stunden, abhängig vom Modell, der Verwendung und der Temperatur des Grills. Die meisten neueren Gasgrills haben Gasinhaltsmessgeräte. Einige arbeiten mit dem Gewicht, andere mit dem Druck.

Wenn man neue Propangasflaschen füllen möchte, muss man zuerst die Luft entweichen lassen. Weisen Sie den Verkäufer darauf hin, dass es sich um eine neue Flasche handelt, sodass er den Behälter komplett entlüften kann. Transportieren Sie die gefüllte Flasche aufrecht stehend. Zu diesem Zweck habe ich immer einen Getränkekasten in meinem Auto.

Wie verwendet man Holz beim Räuchern und welches nimmt man am besten? Gibt es wirklich Holz, das zu bestimmten Speisen passt?

Bereiten Sie das Holz für das Räuchern vor, indem Sie es 30 - 60 Minuten in Wasser einweichen. Dadurch schwelt und raucht das Holz stärker und es dauert länger, bis es verbrannt ist. Werfen Sie das Holz auf glühende Holzkohle, die die eigentliche Hitze bringt (deshalb ist es so einfach, auf einem Holzkohlegrill zu räuchern).

Zum Räuchern eignet sich fast jedes Hartholz (Hartholz kommt von appetitlichen Bäumen – Bäumen, die im Winter ihre Blätter verlieren). Zu den wenigen Hölzern, die üblicherweise zum Räuchern verwendet werden, gehören Eiche, Hickory, Ahorn, Erle und Obstbäume wie Apfel, Birne und Kirsche. Verwenden Sie niemals Weichhölzer wie Kiefer oder Fichte – der Rauch würde unangenehm und ölig werden. Der Rauch einiger Weichhölzer ist sogar giftig. Und räuchern Sie auch niemals mit Sperrholz oder druckimprägniertem Holz, da diese giftige Chemikalien enthalten.

Was die Frage betrifft, ob es Hölzer gibt, die zu bestimmten Speisen passen, möchte ich sagen, dass Sie verschiedene Hölzer wie Gewürze verwenden können.

Eiche – und in geringerem Maße auch der Süßhülsenbaum – eignen sich gut für Fleischsorten mit einem ausgeprägten Geschmack wie Rindfleisch oder Lamm. Der starke, süßliche Rauch des Hickorybaums wird oft mit Schweinefleisch in Verbindung gebracht. Zu Geflügel oder Fisch, die insgesamt milder im Geschmack sind, passt gut der Rauch von Obstbäumen wie Apfel oder Kirsche. Doch genau wie bei Gewürzen gibt es keine allgemein gültigen Regeln. Ich experimentiere gern herum und Sie sollten das auch ruhig tun. Die Beschreibung der „Geschmacksrichtungen" der einzelnen Hölzer finden Sie auf Seite 12.

Worin liegt der Unterschied zwischen Räucherspänen und Holzscheiten und wann sollte man was verwenden?

Beide Sorten geben dem Gargut einen ähnlichen Geschmack: Bei Räucherspänen geht das wegen ihrer geringen Größe schneller als bei Scheiten. Ich verwende eingeweichte Räucherspäne auf kleineren Grills (z.B. Holzkohle-Kugelgrills) oder für schneller gar werdende Gerichte (z.B. Baby Back Rippchen). Holzscheite verwende ich in größeren Geräten, z.B. in Räuchergeräten mit seitlich angebrachter Feuerkammer, und für Speisen, die einen ganzen Tag lang geräuchert werden müssen (z.B. Brust oder Schweineschulter).

Ich habe jede Menge Kiefern auf meinem Grundstück. Ist es in Ordnung, über Kiefernholz zu grillen und/oder zu räuchern? Kann ich über Maiskolben räuchern? Über Hickorynüssen?

Wie im richtigen Leben hat auch beim Barbecue jede Regel ihre Ausnahme. In einigen Teilen Deutschlands werden Bratwürste über Kiefernzapfen gegrillt. Doch ganz allgemein sollte man beim Grillen und Räuchern Kiefern, Fichten und andere harzige Weichhölzer meiden. Maiskolben sind nicht nur hervorragend zum Räuchern geeignet, in einigen Gegenden werden sie sogar sehr geschätzt. Das gleiche gilt für Hickorynüsse und Walnussschalen.

Ich habe versucht, in meinem Kugelgrill mit Holz zu räuchern. Das Essen wurde unerträglich rauchig. Was habe ich falsch gemacht?

Wenn Sie in einem Kugelgrill räuchern wollen, dann legen Sie eingeweichte Räucherspäne oder Holzstücke auf die glühende Holzkohle. Wie ich bereits erwähnt habe: Räuchern Sie niemals nur mit Holz auf einem abgedeckten Grill, da auf diese Weise zu viel Rauch entsteht.

Worin liegt der Unterschied zwischen Propan- und Naturgas?

Beides sind Hydrocarbonderivate von Petroleum. Naturgas kommt, wie der Name bereits sagt, aus natürlichen unterirdischen Lagerstätten und kann so verwendet werden, wie es gewonnen wird. Propangas ist ein raffiniertes Destillat, das auf unterirdischen Naturgasen basiert. Es muss erst in einer Raffinerie bearbeitet werden, bevor es zum Grillen verwendet werden kann.

Beide können als Brennmaterial für Grills verwendet werden, aber sie verhalten sich unterschiedlich. Propangas brennt heißer und trockener als Naturgas: Propangas erreicht beim Verbrennen einen 2,5fach höheren BTU-Wert als die gleiche Menge Naturgas. Aus diesem Grund müssen mit Naturgas betriebene Grills mit speziellen Druckluftverteilern ausgestattet sein, die größere Löcher haben, sodass eine ähnliche Hitze wie bei einem Propangasgrill erreicht werden kann.

Naturgas brennt unwesentlich sauberer als Propangas und ist preiswerter. Außerdem kommt Naturgas über öffentliche Rohrleitungen bequem zu Ihnen nach Hause, d.h., Sie müssen keine Zeit für das Nachfüllen der Flaschen aufwenden, wie dies beim Propangas der Fall ist (wenden Sie sich wegen eines Anschlusses an das örtliche Gaswerk). Wir haben das Problem mit Hilfe eines dreieinhalbtausend Liter fassenden Propangastanks gelöst, der direkt mit meinem Grill verbunden ist.

Mein Grill hat kein Gasinhaltsmessgerät. Gibt es eine Möglichkeit festzustellen, wie viel Propangas noch im Tank ist?

Es gibt verschiedene Möglichkeiten, die Gasmenge zu bestimmen: mit einem Gasinhaltsmessgerät, mittels Kondensation und über das Gewicht. Im Folgenden werden die verschiedenen Alternativen beschrieben:

VERWENDUNG EINES GASINHALTSMESSGERÄTS: In Grillshops gibt es aufschraubbare Messgeräte zu kaufen, die man zwischen das Ventil oben auf dem Propangaszylinder und den Schlauch, durch den das Gas zum Grill geleitet wird, setzen kann. Gasinhaltsmessgeräte sind in Grillshops oder über das Internet erhältlich.

KONDENSATION: Schütten Sie eine Tasse kochendes Wasser außen über die Propangasflasche. Über dem Teil der Flasche, der noch gefüllt ist, wird das Wasser kondensieren und Tropfen bilden. Über dem leeren Teil wird es verdunsten. So können Sie sehen, wie viel Propangas Ihnen noch bleibt.

GEWICHT: Eine gefüllte Propangasflasche wiegt etwa 18 kg, eine leere circa 8 kg. Viele Grills haben eine eingebaute Anzeige – Sie können aber auch eine alte Körperwaage verwenden.

Wie kann man am besten verhindern, dass einem während des Grillens das Gas ausgeht?

Das ist ganz einfach: Halten Sie immer eine extra Propangasflasche bereit (natürlich eine gefüllte).

VORBEREITUNG DES GRILLS

Nachdem Sie einen Überblick über die verschiedenen gebräuchlichen Grills und Brennstoffe bekommen haben, müssen Sie als Nächstes lernen, wie man am offenen Feuer grillt. Sie bekommen hier Tipps zum Grillen mit Holzkohle und dann noch einige zum Grillen mit einem Gasgrill. Danach können Sie sich entscheiden, wo Sie weiterlesen möchten – es gibt Anleitungen und Tipps zum Räuchern auf dem Grill, für die Verwendung von Drehgrills und Räuchergeräten und für weitere ungewöhnliche Grilltechniken.

Grillen mit Holzkohle

Wie zündet man Holzkohle am besten an? Mein Vater hat immer flüssigen Grillanzünder genommen.

Mein Vater auch und wir haben oft Steaks gegessen, die den Beigeschmack von Petroleum hatten. Ich bin nicht strikt gegen flüssigen Grillanzünder, aber viele Griller versuchen, den Petroleum-Nebenprodukten aus dem Weg zu gehen, um kein Risiko einzugehen. Sie verwenden lieber einen Anzündkamin zum Entzünden der Kohle.

Ein Anzündkamin ist ein Gerät von eleganter Einfachheit – ein senkrecht stehender Metallzylinder oder -kasten, mit einer circa 15 cm großen Öffnung, einer Trennplatte mit Löchern in der Mitte und einem hitzebeständigen Griff. In den oberen Teil des Anzündkamins legt man Holzkohle oder Briketts und in den unteren Teil zerknülltes Zeitungspapier oder einen Paraffin-Grillanzünder (dieser sieht aus wie ein weißer Eiswürfel aus Wachs). Stellen Sie den Anzündkamin in die Kohlewanne Ihres Holzkohlegrills und zünden Sie das Zeitungspapier oder den Grillanzünder an. Rund 20 Minuten später haben Sie einen Kamin voll mit gleichmäßig glühenden Kohlen. Der Anzündkamin hat drei Vorteile gegenüber der traditionellen Methode mit dem flüssigen Grillanzünder:

1. Man vermeidet damit das Risiko, dass das Essen nach Petroleum schmeckt.

2. Durch den Kamineffekt wird die Hitze nach oben geleitet und man erhält gleichmäßig glühende Kohlen.

3. Durch den Anzündkamin lässt sich die Kohle leichter dahin schütten, wo man sie haben möchte – z.B. an den Rand der Kohlewanne für indirektes Grillen.

Tragen Sie immer Grillhandschuhe aus Wildleder, wenn Sie einen entzündeten Anzündkamin anfassen wollen, und zünden Sie ihn niemals auf einer hölzernen oder einer anderen brennbaren Unterlage an.

ENTZÜNDEN EINES HOLZKOHLEFEUERS

Das Grillen über Holzkohle war immer schon sowohl eine Kunst als auch eine Wissenschaft, denn es gibt keine perfekte Methode, mit der man die Temperatur präzise regulieren kann. Die Kohle muss zu Anfang eine Fläche bedecken, die ringsherum knapp 10 cm breiter ist als die Fläche, die für das Gargut benötigt wird. Wenn auf einem Kugelgrill mit 60 cm Durchmesser eine komplette Mahlzeit gekocht werden soll, benötigt man circa 50 Briketts.

Siehe Seite 2 zu direktem Grillen und Seite 3 zu indirektem Grillen. Verteilen Sie die Kohle mit Hilfe einer kurzstieligen Gartenhacke oder einer speziellen Grillhacke. Lassen Sie die Kohle solange brennen, bis sich eine dünne Ascheschicht darauf gebildet hat, d.h. drei bis fünf Minuten. Zum Anzünden und Vorheizen eines Holzkohlegrills brauchen Sie insgesamt circa 25 Minuten. Mehr Informationen zur Temperaturregulierung finden Sie auf Seite 16.

***1.** Zünden Sie die Kohle mit Hilfe einer der zuvor beschriebenen Methoden an. Lassen Sie die Kohlen solange im Anzündkamin (oder auf einem Haufen), bis alle glühend rot sind. Das wird ungefähr 20 Minuten dauern.*

***2.** Schütten Sie dann die Kohlen in die Kohlewanne und verteilen Sie sie nach Belieben. Für direktes Grillen eignet sich das Kochen auf zwei oder drei Zonen (siehe Seite 18).*

Das Anheizen

Wenn Sie die Rezepte in diesem Buch verwenden, erhalten Sie die Anweisung, den Grill auf eine bestimmte Temperatur vorzuheizen. Ich gebe Ihnen hier einige kurze Erläuterungen, wie Sie dies auf einem Holzkohle- bzw. einem Gasgrill tun können.

Wenn Sie einen Holzkohlegrill verwenden, dann zünden Sie die Holzkohle an und verteilen Sie die heißen Kohlen auf dem Grill. Beim direkten Grillen empfehle ich für eine bessere Temperaturregulierung ein Zwei- oder Dreizonenfeuer (Beschreibung Seite 18). Öffnen Sie komplett die oberen und unteren Lüftungsschlitze. Entscheiden Sie mit Hilfe eines einfachen Temperaturtests (siehe gegenüberliegende Seite), wann die Kohle die richtige Kochtemperatur erreicht hat. Sie sind heiß, wenn Sie Ihre Hand nur für ein bis drei Sekunden über die Kohle halten können. Wenn Sie ein Thermometer verwenden, sollte die Temperatur oberhalb der Kochzone mindestens 320 °C betragen. Geben Sie der Kohle 20 - 30 Minuten zum Erreichen der richtigen Kochtemperatur.

Wenn Sie einen Gasgrill verwenden, stellen Sie alle Knöpfe für die Brenner auf „hoch". Heizen Sie den Grill solange vor, bis die innere Temperatur mindestens 320 °C beträgt. Dies wird 10 - 15 Minuten dauern.

VORHEIZEN DES GRILLS AUF MITTEL BIS HEISS: Zünden Sie bei einem Holzkohlegrill die Kohle wie weiter oben beschrieben an, nehmen Sie aber weniger Kohlen und verteilen Sie sie zu einer dünneren Schicht oder lassen Sie sie noch 5 bis 10 Minuten länger brennen. Machen Sie bei einem Dreizonenfeuer den Test da, wo die heiße und mittlere Zone sich treffen. Sie sollten die Hand vier bis fünf Sekunden über die Kohle halten können.

Heizen Sie den Gasgrill mit der Einstellung „hoch" vor und stellen Sie die Knöpfe für die Brenner dann auf „mittel bis heiß". Die Temperatur in der Feuerkammer sollte 200 °C betragen.

VORHEIZEN DES GRILLS AUF MITTEL: Zünden Sie bei einem Holzkohlegrill die Kohle wie zuvor beschrieben an, nehmen Sie aber weniger Kohlen und verteilen Sie sie zu einer noch dünneren Schicht oder lassen Sie sie noch weitere 5 bis 10 Minuten länger brennen. Testen Sie die Temperatur bei einem Dreizonenfeuer über der mittleren Zone. Sie sollten Ihre Hand sechs bis sieben Sekunden über die Kohle halten können.

Heizen Sie den Gasgrill mit der Einstellung „hoch" vor und stellen Sie die Knöpfe für die Brenner dann auf „mittel". Die Temperatur in der Feuerkammer sollte ungefähr 180 °C betragen.

VORHEIZEN DES GRILLS AUF MITTEL BIS NIEDRIG: Zünden Sie bei einem Holzkohlegrill die Kohle wie zuvor beschrieben an, nehmen Sie aber weniger Kohlen und verteilen Sie sie zu einer nochmals dünneren Schicht oder lassen Sie sie 5 bis 10 Minuten länger brennen als für „mittel". Testen Sie die Temperatur bei einem Dreizonenfeuer zwischen der mittleren und der kühlen Sicherheitszone. Sie sollten Ihre Hand acht bis zehn Sekunden über das Feuer halten können.

Heizen Sie den Gasgrill mit der Einstellung „hoch" vor und stellen Sie die Knöpfe für die Brenner dann auf „mittel bis niedrig". Die Temperatur in der Feuerkammer sollte ungefähr 150 °C betragen.

VORHEIZEN DES GRILLS AUF NIEDRIG: Zünden Sie bei einem Holzkohlegrill die Kohle wie zuvor beschrieben an, nehmen Sie aber weniger Kohlen und verteilen Sie sie zu einer sehr dünnen Schicht oder lassen Sie sie 15 bis 20 Minuten länger brennen. Sie sollten Ihre Hand zwölf bis fünfzehn Sekunden über das Feuer halten können.

Heizen Sie den Gasgrill mit der Einstellung „hoch" vor und stellen Sie die Knöpfe für die Brenner dann auf „niedrig". Die Temperatur in der Feuerkammer sollte ungefähr 120 °C betragen.

Wofür ist die dünne silberne Klammer gut, die bei vielen Anzündkaminen am Griff befestigt ist?

Sie glauben gar nicht, wie viele Menschen sich diese Frage stellen. Diese Klammer nennt man Bügel – ein zweiter Griff, der dabei helfen soll, den Anzündkamin anzuheben und dorthin zu bringen, wo die Kohle ausgeschüttet werden soll.

Was muss ich tun, wenn ich flüssigen Grillanzünder zum Entzünden der Holzkohle verwenden möchte?

Zum Entzünden der Holzkohle mit flüssigem Grillanzünder häufen Sie die Kohle in der Mitte des Grills auf. Übergießen Sie die Kohle mit dem Grillanzünder und zünden

Wie man einen Holzkohlegrill *nicht* entzünden sollte

Als ich acht Jahre alt war, zeigte mir meine Mutter auf schockierende Weise die falsche Art, einen Holzkohlegrill anzuzünden. Sie warf ein Streichholz auf die Briketts und schüttete dann Benzin darüber. Nur das schnelle Eingreifen eines Nachbarn verhinderte eine Tragödie: Er schlug meiner Mutter den explodierenden Benzinkanister aus der Hand und zog sie vom Feuer weg. Wir alle haben eine nützliche Lektion gelernt: Wenn man einen Grillanzünder auf Petroleumbasis verwenden möchte, dann niemals Benzin. Schütten Sie den Grillanzünder gemäß der Gebrauchsanleitung auf die Kohle, verschließen Sie den Behälter und stellen Sie ihn weit genug vom Grill entfernt ab, und zwar bevor Sie das Streichholz anzünden.

Sie ihn mit einem Streichholz an. Schütten Sie keinen Grillanzünder mehr auf die Kohle, nachdem das Feuer entfacht wurde. Stellen Sie sicher, dass alle Kohlen komplett durchgeglüht sind (sie sollten orange glühen) und dass sich eine dünne Ascheschicht gebildet hat. Dadurch werden alle Petroleumrückstände verbrannt.

Kann man die Holzkohle auch anders anzünden?

Man kann auch einen elektrischen Grillanzünder verwenden, ein Heizelement aus Metall, das die Form eines Rings oder einer Gabel hat. Wenn er an die Steckdose angeschlossen wird, glüht er leuchtend orange. Legen Sie den Anzünder auf den Grill und schichten Sie die Kohle darauf. Stecken Sie dann den Stecker ein. Die Holzkohle wird innerhalb von Minuten brennen. Elektrische Grillanzünder kann man in Grillshops und Baumärkten kaufen. Sie sind besonders praktisch zum Anzünden von tiefen Grills wie dem Kamado-Grill. Sie eignen sich genauso gut für Holzscheite. Der Hauptnachteil bei diesem Gerät ist der, dass man in der Nähe des Grills einen Stromanschluss braucht.

Kann man, wenn es kalt wird, einen Holzkohlegrill in der Garage anzünden? Wie sieht es mit einer überdachten Veranda aus? Was ist mit einem Hibachi?

Nein, nein und nochmals nein. Ein Nebenprodukt brennender Holzkohle ist giftiges Gas namens Kohlenmonoxid. Zünden Sie niemals einen Grill in einem geschlossenen Raum an.

Gibt es Probleme, wenn ich einen Holzkohlegrill auf einer Holzterrasse verwende?

Zu den Plätzen, an denen ich grille, gehört auch eine Holzterrasse. Ich schütze die Terrasse, indem ich unter jeden Grill eine feuerfeste Unterlage lege. Grillunterlagen gibt es in vielen verschiedenen Größen, Formen und Farben. Es gibt sie in Grillshops, Baumärkten und Haushaltswarengeschäften und im Internet.

Ein Gasgrill hat Knöpfe zum Einstellen der Temperatur. Wie kann ich die Temperatur bei einem Holzkohlegrill regulieren?

Es gibt drei einfache Methoden:

1. Verändern Sie die Temperatur durch Öffnen oder Schließen der Lüftungsschlitze oben und unten im Grill. Mehr Luft bringt höhere Temperaturen, weniger Luft niedrigere Temperaturen.

2. Verändern Sie die Menge der Kohle auf dem Grill. Zum Räuchern bei niedriger Temperatur auf dem Kugelgrill fülle

Der Zähltest

Mein Grill hat kein Thermometer. Wie kann ich die Temperatur kontrollieren?

Machen Sie einen einfachen Test. Halten Sie eine Hand im Abstand von circa zehn Zentimetern über den Grillrost und zählen Sie die Sekunden (einundzwanzig, zweiundzwanzig usw.). Nach einer bestimmten Anzahl von Sekunden müssen Sie Ihre Hand wegziehen, da Sie die Hitze nicht mehr ertragen können. Die Anzahl der Sekunden, die Sie Ihre Hand über die Kohle halten können, entspricht in etwa folgenden Temperaturen:

ZEIT	HITZEGRAD	TEMPERATUR
1 Sekunde	sehr heiß	340 °C
2 - 3 Sekunden	heiß	320 °C
4 - 5 Sekunden	mittel-heiß	200 °C
6 - 7 Sekunden	mittel	180 °C
8 - 10 Sekunden	mittel-niedrig	150 °C
12 - 15 Sekunden	niedrig	120 - 135 °C

ich den Anzündkamin nur halb und zünde dann die Kohle an.

3. Grillen Sie mit drei Zonen. Auf diese Weise können Sie den Abstand des Grillguts zum Feuer verändern und so bestimmen, wie stark es der Hitze ausgesetzt sein soll.

Was ist ein Zweizonenfeuer? Was ist ein Dreizonenfeuer?

Bedecken Sie für das Grillen mit **ZWEI ZONEN** circa zwei Drittel der Feuerwanne gleichmäßig mit einer dünnen Kohleschicht. In das verbleibende Drittel kommen keine Kohlen (verwenden Sie zum Verteilen der Kohle eine Grill- oder Gartenhacke). Der Bereich mit der Kohle ist Ihre Grillzone. Verwenden Sie diese Methode zum Grillen von einfachen Speisen für nur wenige Personen. Die Zone ohne Kohle ist Ihre Abkühl- oder Sicherheitszone. Zur Regulierung der Temperatur verändern Sie den Abstand des Grillguts zum Feuer.

Für das Grillen mit **DREI ZONEN** schichten Sie die Hälfte der Kohle in zwei Lagen übereinander, sodass sie ein Drittel des Grills bedecken. In die Mitte kommt eine einfache Schicht Kohlen. Der übrige Teil bleibt ohne Kohlen. Durch diese Anordnung erhalten Sie eine Zone mit hohen Temperaturen zum Anbraten (über der doppelten Kohleschicht); eine Zone mit mittleren Temperaturen zum Garen (über der einfachen Kohleschicht) und eine kalte, kohlenfreie Zone. Braten Sie das Essen zunächst in der heißen Zone an und legen Sie es dann in die mittelheiße Zone, um es fertig zu garen. Sollte das Grillgut schon fast verbrennen oder sich Flammen bilden, legen Sie das Essen in die kalte Zone.

Tipps zum Grillen bei kaltem Wetter

Als ich klein war, räumten die Menschen, die in Regionen mit häufigem, starken Schneefall lebten, ihre Grills vom Labor Day (erster Montag im September) bis zum Memorial Day (letzter Montag im Mai) weg. Heute grillen immer mehr Menschen das ganze Jahr lang. Wie wir in Grillkreisen sagen: Das unterscheidet den Mann vom kleinen Jungen. Stellen Sie sich selbst mal diese Frage: Räumen Sie, wenn es schneit, zuerst den Weg zum Grill frei oder den zum Auto? Hier kommen neun einfache Maßnahmen für ein erfolgreiches Grillen bei kaltem Wetter:

1. Suchen Sie Speisen aus, die schnell über direkter Hitze gegart werden können, z.B. Steaks, Koteletts, Hühnerbrust, Frikadellen, Schweinefilet, Kebabs, Fischfilet und ähnliches. Wählen Sie kein allzu kompliziertes Menü.

2. Stellen Sie Ihren Outdoor-Grill immer an einen gut belüfteten Platz, der windgeschützt ist, aber nicht überdacht. Grillen Sie niemals in Garagen, Anbauten oder auf überdachten Veranden.

3. Fegen oder klopfen Sie, wenn nötig, den Schnee vom Grill und salzen Sie alle glatten Stellen rund um den Grill.

4. Wenn Sie mit Holzkohle grillen, dann kleiden Sie den Grill innen mit reißfester Aluminiumfolie aus, und zwar mit der glänzenden Seite nach oben. Stechen Sie zur Belüftung Löcher in die Folie (das ist sehr wichtig). Die reflektierende Folie wird dabei helfen, Hitze zu erzeugen und zu halten.

5. Heizen Sie den Grill wie immer auf die gewünschte Temperatur vor, bevor Sie das Essen drauflegen.

6. Minimieren Sie den Hitzeverlust, indem Sie so oft wie möglich den Deckel des Grills schließen, nachdem er angezündet wurde. Bei kaltem Wetter eignen sich Grills besser, die mit außen angebrachten Thermometern ausgestattet sind, da man den Grill dann nicht aufmachen muss, um die Innentemperatur ablesen zu können.

7. Wenn Sie mit Holzkohle grillen, müssen Sie eventuell häufiger Kohle nachlegen – jede halbe Stunde bei kalten Temperaturen im Vergleich zu jede Stunde bei wärmeren Temperaturen. Ich halte gerne einen zweiten Kugelgrill oder einen Anzündkamin mit heißer Kohle bereit, sodass ich das eigentliche Feuer nach Bedarf auffüllen kann.

8. Wenn es draußen kalt ist, passiert es häufiger als sonst, dass man, ohne darüber nachzudenken, heiße Gegenstände anfasst. Tragen Sie immer hitzebeständige Grillhandschuhe (keine Skihandschuhe), um Verbrennungen vorzubeugen.

9. Bedenken Sie: Essen hat bei kaltem Wetter eine (25 bis 80 Prozent) längere Garzeit.

Ein Zweizonenfeuer

Ein Dreizonenfeuer

Wie oft muss man frische Holzkohle nachfüllen? Kann man sie einfach so hinzugeben oder muss man sie erst anzünden?

Wenn Holzkohle brennt, erzeugt sie nach und nach immer weniger Hitze. In der Regel müssen Sie bei einer längeren Garzeit einmal pro Stunde Kohle nachfüllen. Holzkohlebriketts könnten ein wenig länger halten, kleinere Holzkohlestücke ein bisschen schneller runterbrennen. Wenn sie kleinere Holzkohlestücke verwenden, können Sie die frische Kohle direkt auf das Feuer geben. Decken Sie

Wann braucht man eine Tropfschale?

Wenn man mit der indirekten Methode grillt, Barbecue inklusive, ist es ratsam, eine Tropfschale zu verwenden. Die Tropfschale erfüllt drei Zwecke: Erstens markiert sie den Grillbereich. Zweitens nimmt sie das herabtropfende Fett von Rippchen, Ente und anderen fettigen Lebensmitteln auf. Und drittens füllen einige Leute die Tropfschale mit Wasser, Bier, Wein, Marinade und anderen schmackhaften Flüssigkeiten. Durch die verdampfende Flüssigkeit bleibt das Grillgut bei längerem Grillen feucht und saftig.

Die in Supermärkten erhältlichen Einweg-Aluminiumschalen eignen sich sehr gut als Tropfschalen. Wenn Sie auf einem Holzkohlegrill indirekt grillen, dann legen Sie die Schale zwischen die Holzkohlehügel unter den Grillrost.

Viele Gasgrills haben eingebaute Tropfschalen. Wenn Ihrer über eine verfügt, dann brauchen Sie keine zusätzliche Schale. Leeren Sie die Schale nach jeder Verwendung des Grills aus, sonst riskieren Sie, dass der Grill anfängt zu stinken.

den Grill die nächsten fünf bis zehn Minuten nicht ab, bis die Kohle glüht.

Wenn Sie Briketts verwenden, können Sie sie auch direkt auf das Feuer geben (lassen Sie den Deckel ab, bis die Kohle glüht). Ich bevorzuge es jedoch, sie in

Beide Seitenteile dieses Grillrosts lassen sich nach oben klappen. Das erleichtert das Nachfüllen von Kohlen und das Hinzufügen von Räucherspänen.

einem Anzündkamin, einem zweiten Grill oder auf dem Boden (aber nie auf einer Holzterrasse) anzufeuern. Dann gebe ich die glühenden Kohlen auf den Grill. Dadurch verhindert man, dass das Essen dem beißenden Rauch ausgesetzt wird, der während des Anfeuerns der Briketts entsteht.

Gibt es Vorschläge, wie man frische Kohle nachfüllen kann, ohne den Rost mit dem Essen anheben zu müssen?

Achten Sie beim Kauf eines Grills darauf, dass sich die Seitenteile des Grillrosts nach oben klappen lassen. Zum Nachfüllen der Kohle oder zum Hinzufügen von Räucherspänen klappen Sie die Seitenteile einfach hoch.

Wofür braucht man bei einem Holzkohlegrill die Lüftungsschlitze?

Mit Hilfe der Lüftungsschlitze können Sie die Temperatur regulieren. Wenn sie weit geöffnet sind, kommt mehr Luft an die Kohle. Dadurch brennt sie heißer. Wenn sie teilweise geschlossen sind, wird der Luftstrom gedrosselt. Dadurch brennen die Kohlen nicht ganz so heiß. Wenn Sie alle Lüftungsschlitze schließen (oben und unten), dann wird das Feuer irgendwann erlöschen.

Kochen mit Gas

Welches ist die sicherste Methode, einen Gasgrill anzuzünden? Können Gasgrills explodieren?

Öffnen Sie immer den Deckel, wenn Sie einen Gasgrill anzünden. Schalten Sie den ersten Brenner langsam ein, indem Sie den Anzündknopf gegen den Uhrzeigersinn drehen. (Bei einigen Grills müssen Sie den Knopf vor dem Drehen reindrücken. Bei einigen Grills müssen Sie nur einen Brenner anzünden – meist einen außen liegenden – der dann wiederum die anderen anzündet). Zum Schluss müssen Sie noch eine wichtige Aufgabe erfüllen: Sobald Sie denken, dass der Brenner an ist, sollten Sie Ihre Hand circa eine Minute lang etwa 10 cm über den Rost halten, um sicherzustellen, dass der Brenner wirklich angezündet ist.

Versuchen Sie niemals, einen Gasgrill bei geschlossenem Deckel zu entzünden. Das eventuell angestaute Gas und die plötzliche Entzündung können eine fatale Explosion auslösen.

Wie testen Sie einen Gasgrill auf undichte Stellen?

Stellen Sie eine einfache Flüssigkeit zur Leckbestimmung her. Mischen Sie dazu flüssigen Geschirrreiniger zu gleichen Teilen mit Wasser. Streichen Sie dieses Gemisch auf

DIE INBETRIEBNAHME EINES GASGRILLS

Sie brauchen kein Ingenieursstudium, um einen Gasgrill anzuzünden, aber es gibt einige Punkte, die Sie beachten sollten.

- **Stellen Sie zunächst einmal sicher, dass Sie genügend Gas haben (hier kommt das Gasinhaltsmessgerät ins Spiel). Es gibt nichts Schlimmeres, als ein ganzes Bruststück oder einen ganzen Schinken zu grillen und mittendrin geht Ihnen das Gas aus.**

- **Öffnen Sie den Deckel des Grills, stellen Sie den ersten Brenner auf „hoch“ ein und entzünden Sie ihn mit dem Anzündknopf. Prüfen Sie, ob der Brenner tatsächlich angezündet ist. Die meisten Gasgrills haben unter dem Kontrollknopf des Brenners ein Guckloch, durch das man den Brenner beobachten kann. Oder halten Sie die Hand 10 cm über den Grillrost und prüfen Sie, ob Sie die Hitze spüren können.**

- **Sollte sich das Gas, nachdem Sie einige Sekunden lang den Anzündknopf gedrückt haben, nicht entzünden, dann stellen Sie den Grill ab, damit er wieder durchgelüftet wird, und versuchen Sie es dann noch einmal. Einigen Menschen (und dazu gehöre auch ich) fehlt das Geduldsgen (ganz zu schweigen vom Gesundenmenschenverstandsgen). Für alle, die in diese Kategorie fallen, möchte ich Folgendes sagen: Lassen Sie das Gas nicht die ganze Zeit über ausströmen, während Sie immer wieder auf einen störrischen Anzündknopf drücken. Die Feuerwanne füllt sich mit Gas, und wenn der Funke dann schließlich doch überspringt, wird sich das Gas explosionsartig entzünden.**

- **Sobald der Hauptbrenner entzündet ist, können Sie die anderen Brenner anzünden. Stellen Sie sie dabei alle auf „hoch“. Heizen Sie den Grill auf die gewünschte Temperatur vor. Dies wird ungefähr 15 Minuten dauern – manchmal auch länger. Knausern Sie nicht mit der Vorheizzeit – das ist einer der häufigsten Fehler, die beim Grillen mit Gas gemacht werden (am besten lassen Sie den Grill erst ganz heiß werden und danach auf die gewünschte Temperatur abkühlen).**

Grillen ohne Rost

Für die meisten Amerikaner ist der Rost (der metallene Grillrost) das wichtigste (oder zumindest das entscheidende) Teil eines Grills. Da wird es Sie vielleicht überraschen zu hören, dass in vielen Teilen der Welt – von der Türkei über Japan bis Indien – den meisten Grills der Rost fehlt und dass direkt über dem Feuer gegrillt wird.

Fleischspieße aus Hackfleisch wie die indonesischen Saté-Spieße und persische Lula lassen sich wunderbar ohne Rost zubereiten, da das Fleisch gern am Rost kleben bleibt. Viele indische Tandoori-Gerichte werden mit einem Teig aus Kichererbsenmehl überzogen, der ebenfalls diese Tendenz hat. Das gleiche gilt für die in Japan so beliebte Miso-Glasur.

Die einfachste Methode in Bezug auf einen nach amerikanischer Art gebauten Grill (Holzkohle oder Gas) besteht darin, zwei flache 2,5 cm dicke Ziegelsteine, Pflastersteine oder Metallrohrstücke auf den Rost zu legen, und zwar so weit auseinander, dass die Enden der Spieße sicher darauf liegen können. Legen Sie die Enden der Spieße auf die Steine; das zubereitete Grillgut hängt dann über dem Rost und wird der Hitze ganz ausgesetzt.

Wenn Sie jemals mit Hackfleischspießen gekämpft haben, die am Rost klebten, dann werden Sie diese einfache Methode als eine Erleuchtung empfinden.

Diese Garnelen-Spieße werden ganz ohne Grillrost gegrillt. Dazu wurden die Kohlen gleichmäßig in der Mitte des Grills aufgetürmt und die Steine rechts und links davon platziert. Die Steine sind etwa 2,5 cm höher als die Lage Holzkohle, daher können die Garnelen über dem Feuer gegrillt werden.

die Schläuche und Anschlussstücke: Mögliche Lecks zeigen sich durch Blasenbildung.

Was ist zu tun, wenn der Grill nach Gas riecht?

Wenn Sie Gas riechen, stellen Sie sofort alle Brenner aus und schließen Sie das Ventil an der Gasflasche. Ziehen Sie den Schlauch von der Gasflasche ab. Warten Sie etwa 5 Minuten, bis sich das Propangas verflüchtigt hat. Schließen Sie den Schlauch wieder an. Öffnen Sie den Deckel des Grills. Drehen Sie die Brenner an, und zünden Sie den Grill. Sollten Sie wieder Gas riechen, stellen Sie den Grill sofort aus, drehen Sie die Gasflasche ab und rufen Sie den Hersteller an.

Wie grillt man nach der Methode des direkten Garens auf einem Gasgrill?

Drehen Sie die Schalter auf hoch und heizen Sie den Grill vor, bis die Temperatur im Grill mindestens 315 °C beträgt (Die Temperatur wird gewöhnlich auf der Höhe des Deckels gemessen, daher kann die angezeigte Temperatur etwas höher sein, als die auf dem Rost). Diese Temperatur erreichen Sie vermutlich nur, wenn Sie alle Brenner einschalten. Sobald die gewünschte Gradzahl erreicht ist, können Sie einen oder mehrere Brenner ausschalten, wenn Sie nicht die gesamte Fläche des Rosts nutzen möchten.

Wenn Sie auf mittlerer Hitze direkt Garen möchten, stellen Sie die Brenner auf die mittlere Einstellung, sodass die innere Temperatur des Grills mindestens 200 °C erreicht.

Wie grillt man nach der Methode des indirekten Garens auf einem Gasgrill?

Bei einem Gasgrill mit zwei Flammen stellen Sie einen Brenner an und legen das Grillgut auf die andere Seite. Bei einem dreiflammigen Gasgrill zünden Sie den vorderen und hinteren oder rechten und linken Brenner und legen das Grillgut in die Mitte. Bei vier- bis sechsflammigen Gasgrills zünden Sie die äußeren Brenner an und legen das

Grillgut in die Mitte des Rosts. Ungeachtet der Anzahl der Brenner ist der Deckel des Grills zu schließen.

Was macht man also, wenn der Grill nur eine Flamme hat? Wenn Sie nach der indirekten Garmethode verfahren möchten, muss die Hitze irgendwie vom Grillgut ferngehalten werden. Legen Sie eine umgedrehte Backform in eine noch größere Metallform oder einen hitzebeständigen Topf – dahinter steht der Gedanke, eine isolierte Luftblase zu schaffen. Legen Sie das Grillgut auf die umgekehrte Backform. Sollten Sie Besitzer eines einflammigen Gasgrills sein, fühlen Sie sich auf Grund der vorangegangenen Informationen vielleicht zu dem Kauf eines mehrflammigen Gasgrills bemüßigt.

Das Grillen am Drehspieß

Sie können sowohl über einem Holzkohle- als auch einem Gasgrill am Spieß grillen; die meisten Hersteller liefern das benötigte Zubehör. Wenn Sie sich für den Kauf eines Drehspießes entscheiden, schauen Sie nach einem Motor mit Ein-/Aus-Schalter (Geschwindigkeitsregler sind auch nicht schlecht) und stellen Sie sicher, dass das Kabel über eine ausreichende Länge verfügt. Vergewissern Sie sich, dass der Drehspieß mit einem Verbindungsteil geliefert wird, das an Ihren Grill passt. Der Drehspieß selbst sollte verstellbare Spieße haben, mit denen das Grillgut fixiert wird. Einen weiteren Vorteil bietet die Ausstattung mit einem Gegengewicht, das den Motor entlastet.

Für das Grillen am Drehspieß über einem Holzkohlegrill bereiten Sie den Grill für indirektes Garen vor und heizen ihn auf mittlere bis mittelhohe Temperatur vor. Harken Sie die heißen Kohlen in zwei parallele Reihen; eine davon etwa 10 cm vor der Stelle, an der sich der Spieß drehen wird und eine etwa 10 cm hinter der Stelle. Stellen Sie eine Tropfschale in die Mitte zwischen die beiden Reihen Holzkohle. Befestigen Sie das Grillgut auf dem Spieß, legen Sie den Spieß in den Mechanismus ein, und schalten Sie den Motor an (Hinweis: Wenn Sie den Drehspieß auf einem Kugelgrill benutzen möchten, brauchen Sie einen entsprechenden Ringaufsatz). Stündlich sind zehn bis zwölf Kohlen auf jeder Seite nachzulegen.

Die meisten neuen Gasgrillmodelle verfügen über einen Infrarot-Brenner in der hinteren Wand der Feuerkammer. Stellen Sie beim Grillen am Drehspieß eine Tropfschale dorthin, wo das Grillgut sein wird (dazu müssen Sie unter Umständen den Grillrost herausheben). Heizen Sie den Infrarot-Rotisserie-Brenner auf hohe Temperatur vor; dazu muss der Knopf eventuell 15 Sekunden gedrückt gehalten werden. Geben Sie das Grillgut auf den Spieß, legen Sie den Spieß ein, und stellen Sie den Motor an. Das ist schon alles. Wenn Sie einen 4- bis 6-flammigen Grill haben und den Garprozess etwas beschleunigen möchten, können Sie die äußeren Brenner ebenfalls einschalten. So kombinieren Sie das Grillen am Drehspieß mit der indirekten Garmethode.

Auf 3-flammigen Gasgrills, bei denen die Brenner von vorne nach hinten angeordnet sind, müssen für das Grillen am Drehspieß der vordere und hintere Brenner auf mittelhohe oder hohe Temperatur gestelltwerden. Der mittlere Brenner bleibt aus. Stellen Sie eine Auffangschale in die Mitte des Grillrosts. Geben Sie das Grillgut auf den Spieß, legen Sie den Spieß ein, und stellen Sie den Motor an. Sollte das Grillgut zu schnell braun werden, schalten Sie den vorderen Brenner aus.

Bei 3-flammigen Gasgrills mit Brennern, die von links nach rechts verlaufen, oder bei Gasgrills mit 4, 5 oder 6 Brennern zünden Sie die äußeren Brenner an und lassen Sie die mittleren aus. Stellen Sie eine Tropfschale unter das Grillgut. Dieses Verfahren kommt zwar nicht dem richtigen Grillen am Drehspieß gleich, denn das Grillgut ist der Flamme nicht direkt ausgesetzt, das Ergebnis wird Sie aber dennoch überzeugen.

Ungefähre Garzeiten für das Grillen am Drehspieß

1 Hähnchen (1400-1600 g)	40 Minuten bis 1 Stunde
1 Rebhuhn (800-1000 g)	25 bis 30 Minuten
1 Ente (1800-2200 g)	1¼ bis 1½ Stunden
1 Lammkeule, aufgeklappt (900-1400 g)	1 bis 1½ Stunden
1 Schweinelende ohne Knochen (900-1400 g)	1 bis 1½ Stunden
1 Rippenbraten ohne Knochen (etwa 1400 g)	1 bis 1½ Stunden

*Die Garzeiten gelten für einen geschlossenen Grill. Geben Sie 15 bis 20 Minuten bei offenem Grill hinzu.

Wann sollte man mit geschlossenem Deckel und wann mit geöffnetem Deckel grillen?

Schließen Sie den Deckel immer, wenn Sie nach der indirekten Garmethode vorgehen. Halten Sie sich beim indirekten Garen an die „Handflächenregel“: Wenn das Grillgut dünner als Ihre Handfläche ist (zum Beispiel enthäutete und entbeinte Hähnchenbrust, dünne Schweinekoteletts, Garnelen, viele verschiedenen Gemüsesorten, Knoblauchbrot, etc.), grillen Sie mit geöffnetem Deckel. Diese Lebensmittel sind alle schnell gar, daher muss man sie beobachten können und sicherstellen, dass sie nicht zu lange garen.

Wenn das Grillgut dicker ist als Ihre Handfläche (zum Beispiel Schwertfisch so dick wie die Bibel, Thunfisch oder ein dickes Porterhouse- oder T-Bone-Steak), decken Sie den Grill zu. So bleibt die Hitze gefangen und beschleunigt den Garprozess.

Die Zubereitung von Saté-Spießen

Saté ist wahrscheinlich der perfekteste Leckerbissen, den sich je ein Grillfan ausgedacht hat. Diese mundgerechten Fleischstückchen auf Bambusspießen sind in ganz Südostasien beliebt. Das japanische Yakitori und das Teriyaki sind enge Verwandte des Saté. Die Zubereitung birgt nur eine entfernte Herausforderung. Da Bambus brennbar ist, muss der Grill so vorbereitet werden, dass das Fleisch garen kann, ohne das die Enden der Spieße verbrennen. Es gibt drei Methoden.

1. Machen Sie es wie in Südostasien – arbeiten Sie mit einem schmalen Grill, der gerade breit genug für das Fleisch ist ohne die Spieße mit dem Feuer in Berührung zu bringen. Saté-Grills sind lange, schmale Metallkästen, die sehr klein und tragbar sind und eigens für diesen Zweck gebaut werden. Zwischen Djakarta, Kioto und Kuala Lumpur findet man die verschiedensten Bauformen (Ich habe einen Grill in Djakarta gekauft, der 30 cm lang und 8 cm breit ist, und aus einer großen Konservendose gefertigt wurde).

Ein japanischer Hibachi ist die nächste Entsprechung eines Saté-Grills. Darauf lassen sich Saté-Spieße ganz hervorragend zubereiten. Man schiebt die Kohlen einfach ganz an den Rand des Hibachi und legt das Fleisch auf den Grill, wobei die Enden der Spieße über die vordere Kante hinausreichen.

2. Die Enden der Bambusspieße können mit einer Lage Aluminiumfolie geschützt werden. Legen Sie die Folie ein-

Die Herstellung eines Aluminiumschutzes für Spieße

Einen Schutz für kleine Bambusspieße stellen Sie her, indem Sie ein Stück Aluminiumfolie wie einen Brief dreifach falten. Die glänzende Seite soll nach außen zeigen, damit die Hitze reflektiert wird. Bei kurzen Spießen reicht zunächst ein Stück Folie von 30 cm Breite und 45 cm Länge. Schieben Sie die gefaltete Folie unter die Enden der Spieße, nachdem Sie die Saté- oder Kebab-Spieße auf den Grillrost gelegt haben. Natürlich können Sie auch zuerst die Folie auf den Rost legen und dann erst die Spieße darauf arrangieren. Die Aluminiumfolie schützt das brennbare Holz vor den Flammen.

Das Einweichen der Bambusspieße schützt das Holz nicht so gut wie eine darunter platzierte Aluminiumfolie vor dem Verbrennen. Die letztere Methode ist sehr viel sicherer.

fach unter die Enden. Im Handel gibt es auch extra Schutzfolien für diesen Zweck. Alternativ können die Enden der Spieße auch einzeln in Aluminiumfolie gewickelt werden.

3. Es wird oft behauptet, man könne die Enden der Bambusspieße vor dem Verbrennen schützen, indem man sie mindestens 30 Minuten in kaltes Wasser legt. Diese Methode verlangsamt den Prozess des Anbrennens zwar, aber die beiden ersten Methoden sind sehr viel wirkungsvoller.

Räuchern

Was ist die ideale Räuchertemperatur?

Der Tradition nach werden die „großen Drei" (Bruststücke, Schweinenacken und Rippchen) auf niedriger Temperatur und langsam geräuchert – bei 110 bis 120 °C über mehrere Stunden. Meiner Meinung nach werden ganze Hähnchen und schnell garende Rippchen wie Kotelettrippchen knuspriger (in Bezug auf die Haut des Hähnchens) und die Textur des Fleisches wird angenehmer (in Bezug auf das Fleisch zwischen den Rippenknochen), wenn sie auf 176 °C mittels der indirekten Garmethode geräuchert werden.

Ich habe keinen Räuchermehlkasten. Kann man in einem Holzkohle-Kugelgrill räuchern?

Auf jeden Fall. Bereiten Sie den Grill wie für das indirekte Garen vor, nehmen Sie aber nur halb so viel Holzkohle wie gewöhnlich. Durch weniger Holzkohle wird die Temperatur auf die erforderliche niedrigere Höhe gebracht, die man zum langsamen Räuchern braucht. Sie können auch in eine metallene Trennwand investieren, die in konventionelle Grills passt. Die Trennwand kontrolliert die Strömung der heißen Luft in dem Grill und dämpft die Temperatur.

Wie räuchert man mit einem Gasgrill?

Die Antwort auf diese Frage lautet schlicht: Gar nicht. Gasgrills sind für viele Dinge hervorragend geeignet (direktes und indirektes Garen und Grillen am Drehspieß). Da in der Rückwand aber große Lüftungsschlitze sind (aus Sicherheitsgründen vorgeschrieben), machen sie beim Räuchern keine besonders gute Figur. Der gesamte Rauch zieht durch die Lüftungsschlitze ab, bevor das Aroma an das Grillgut weitergegeben werden kann. Außerdem wird der Grill nicht heiß genug, um das Holz zum Glimmen zu bringen, es sei denn, er läuft auf Höchsttemperatur (bei einem Holzkohlegrill ist das kein Problem, denn das Holz kommt in direkten Kontakt mit den glühenden Kohlen). Stellt man den Gasgrill auf höchste Temperatur, ist er für die indirekte Garmethode auch zu heiß.

Über die Jahre haben sich einige Grillexperten geniale Dinge einfallen lassen, um das Räuchern mit einem Gasgrill zu ermöglichen. Zum Beispiel kann man eine Pfanne mit glühender Holzkohle und eingeweichten Sägespänen oder Holzstückchen auf den Rost des heißen Gasgrills stellen, die Brenner ausschalten und die Luftschlitze blockieren. Man kann auch in ein Gerät mit Smokerbox investieren (eine flache Metallwanne, die mit Holzspänen gefüllt unter den Rost oder auf einen der Brenner gestellt wird).

Wenn Sie dennoch mit einem Gasgrill räuchern möchten, geben Sie die gesamte Menge eingeweichter Späne in den Räuchermehlkasten oder einen selbstgefertigten Beutel aus mehrlagiger Aluminiumfolie und legen ihn direkt über einen der Brenner. Heizen Sie den Grill auf hohe Temperatur an, bis Rauchwolken entstehen, reduzieren Sie die Temperatur dann auf die gewünschte Höhe für indirektes Garen (oder folgen Sie den Anweisungen des Herstellers).

Sollte ihr Grill nicht mit einem Räuchermehlkasten ausgestattet sein, können Sie ihn entweder kaufen oder durch eine kleine Brotbackform oder Kuchenform aus Metall ersetzen. Sie können auch einige Räuchermehlbeutel fertigen, indem Sie etwa 60 g eingeweichte Räucherspäne in dicke Aluminiumfolie wickeln und zu einem Kissen formen. Falten Sie die Enden gut zu, und stechen Sie dann mit einem Bambusspieß oder Thermometer 6 Löcher in die Folie, damit der Rauch entweichen kann.

Die beste Lösung? Selbst wenn Sie auf Gasgrills schwören oder sich gerade einen Supergrill aus rostfreiem Stahl zugelegt haben, der so viel wie ein Auto kostet: Wenn Sie wirklich das beseelte rauchige Aroma erreichen wollen, investieren Sie in einen günstigen Kugelgrill oder einen aufrecht stehenden Wasserdampf-Räuchergrill.

Was macht man, wenn das Räuchergerät kein Thermometer hat?

Wenn das Räuchergerät nicht mit einem Thermometer ausgestattet ist, kann man den metallenen Sensor eines Ofenthermometers (kein Bratenthermometer) in einen der Lüftungsschlitze oder die Räucherkammer stecken.

Wie oft muss man frische Holzspäne nachlegen? Sollte man nachlegen, bis das Grillgut gar ist?

In der Regel gebe ich zu Beginn des Räucherns Holzspäne hinzu und lege dann jeweils stündlich nach. Bei schnell Gegartem wie ganzen Hähnchen oder Kotelettsrippchen reicht eine Portion Holzspäne (45 g eingeweichte und abgetropfte Holzspäne oder ein bis zwei Stücke Hartholz pro Seite). Bei Fleisch mit einer längeren Garzeit, wie Schweineschulter und Bruststücke, fülle ich während der ersten Hälfte der Kochzeit stündlich Holz nach. In der zweiten Hälfte mache ich das nicht, denn zum einen scheint das Fleisch nach ein paar Stunden weniger Raucharoma aufzunehmen und zweitens, weil ich nicht möchte, dass das Essen zu sehr nach Rauch schmeckt.

Kann es zu viel Rauch geben?

Ja. Hier kommen wir zu einem der häufigsten Fehler beim Grillen: die Annahme, dass mehr auch besser ist. Überräuchertes Essen schmeckt unangenehm bitter und beißend.

Die letzten Male, die ich Bruststücke zubereitet habe, schmeckten sie zu sehr nach Rauch. Was mache ich falsch?

Um es kurz zu machen: Sie benutzen zu viel Holz. Geben Sie während der ersten Hälfte der Garzeit stündlich 60-90 g eingeweichte Holzspäne oder zwei bis drei eingeweichte Holzstücke auf die glühende Holzkohle. Nach fünf oder sechs Stunden müssen keine Späne mehr nachgelegt werden.

Welcher ist der bessere Brennstoff für einen Räuchergrill: Holzkohle oder Holz?

Es kommt auf den Grillmeister und den Räuchergrill an. Im Allgemeinen benutze ich große Stücke Holzkohle, um den Grill auf Temperatur zu bringen und Holzstücke, um für den Rauch zu sorgen.

Ich habe einen tonnenförmigen Räuchergrill und habe Schwierigkeiten ihn auf Temperatur zu bringen und die Temperatur zu halten. Wissen Sie Rat?

Das ist ein verbreitetes Problem dieser schweren Räuchergrills aus Eisen oder Stahl. Die schnellste Lösung ist, mehr einzuheizen. Ich benutze in meinem tonnenförmigen Räuchergrill zwei, manchmal drei Anzündkamine voll Holzkohle. Vergewissern Sie sich, dass die Lüftungsschlitze des Grills und des Kamins offen sind. Wenn etwas mehr Sauerstoff in der Feuerkammer benötigt wird (mehr Sauerstoff bedeutet mehr Hitze), können Sie die seitliche Klappe der Feuerkammer 5 mm bis 1 cm offen stehen lassen.

Wenn sie häufig bei kaltem Wetter räuchern, legen Sie sich einen Räuchergrill mit dicken Metallwänden zu (mindestens 6 mm dick). Im Winter können dünnwandigere Modelle die Hitze nicht halten.

Sollte man eine Wasserwanne benutzen und womit sollte man sie füllen?

Ihre Frage bezieht sich auf einen sogenannten Wasserräuchergrill – ein aufrechter Trommelgrill mit einer unten liegenden Feuerkammer und einer wassergefüllten Tropfschale in der Mitte unter dem Fleisch. Die hier angewandte Technik ist die, dass die Flüssigkeit in der Tropfschale eine feuchte Atmosphäre für das Räuchern schafft und das Fleisch vor zu hoher Hitze schützt.

Ich gebe beim Grillen von magerem Fleisch wie Putenbrust Wasser in die Schale. Wenn ich aber fetthaltigeres Fleisch wie Schweineschulter oder Rinderbrust grille, verzichte ich im Allgemeinen darauf. Jedoch lege ich die Schale mit Aluminiumfolie aus, denn dann ist sie leichter zu reinigen. Manche Leute geben Wein, Bier, Cidre oder andere aromareiche Flüssigkeiten in die Schale. Ich habe diesbezüglich keine Bedenken und bin der Meinung, dass das Fleisch so noch ein leichtes Aroma erhalten kann (insbesondere, wenn man während des Grillens die größte Menge des Biers oder Weins selbst trinkt).

Mein Räucher-Grill hat zwei Roste. Kann ich auf beiden Rosten gleichzeitig räuchern oder nur auf dem oberen? Würde das Grillgut auf dem unteren Rost nicht schneller gar, da es näher am Feuer liegt?

Sie besitzen wahrscheinlich einen aufrechten Trommelgrill oder Wasserräuchergrill. Ja, Sie können auf zwei Ebenen räuchern. Ich lege fettiges Grillgut für gewöhnlich auf den oberen Rost und mageres auf den unteren (zum Beispiel oben ein Stück Schweineschulter oder Rinderbrust und unten Putenfleisch), damit das herabtropfende Fett das magere Stück Fleisch begießt. Ja, das Grillgut auf dem unteren Rost ist schneller gar, achten Sie also auf die Garzeit.

Was halten Sie von elektrischen Räucheröfen?

Sie funktionieren wunderbar. Der einzige Nachteil ist, dass sie sich zu leicht bedienen lassen (Kein Einsatz, kein Ruhm).

Grillen im Innenbereich

Wie grillt man im Kamin? Und wie verhindert man, dass der Kamin mit Fett verschmutzt?

Die einfach Antwort lautet: Investieren Sie in einen Toskanischen Grill (auf Seite 10 finden Sie eine Beschreibung). Entfachen Sie in Ihrem Kamin ein großes Feuer, und lassen Sie es abbrennen, bis nur noch glühende Holzkohle übrig ist. Harken Sie die Kohlen auf einen Haufen, und stellen Sie den Toskanischen Grill darüber. Sie können darauf grillen, wie Sie es im Freien gewohnt sind.

Die Verschmutzung Ihres Kamins mit Fett lässt sich durch das Auskleiden mit Aluminiumfolie verhindern (glänzende Seite nach oben, damit die Hitze reflektiert wird).

„Grills" für den Innenbereich

Die Ankunft der elektrischen Grills brachte eine traditionelle Methode für das Kochen im Freien in die Küchen. Die Grills sind mit einem elektrischen Heizelement ausgestattet, das unter einem Rost angebracht ist – wie eine umgekehrte Grillspirale im Backofen. Kurz darauf folgten Gasgrills für den Innenbereich. Aber ist das noch wirklich Grillen? Im Falle eines Elektrogrills würde ein Purist die Frage mit „Nein." beantworten. Denn es fehlt doch ein ganz entscheidendes Element: das offene Feuer. Was Gasgrills für den Innenbereich betrifft, sie funktionieren genauso wie die Modelle für den Außenbereich.

Beide Arten von Grills für den Innenbereich bieten die Möglichkeit des Garens auf großer Hitze, was am Grillen im Freien so geliebt wird. Ich weiß nicht, ob man am gut marinierten und gegrillten Essen erkennen könnte, auf welchem Grill es zubereitet wurde, wenn man nicht zugeschaut hat. Zudem können sich die Kälteempfindlichen unter uns darauf freuen, das ganze Jahr über grillen zu können.

Dann gibt es noch die Grillpfannen mit Rillen im Boden, die dazu dienen, ein Grillmuster nachzuahmen. Auch dieses Utensil würde ein Purist wahrscheinlich links liegen lassen. Offenes Feuer ist nicht involviert, aber die Rillen im Pfannenboden sorgen für das Entstehen des typischen schwarz-braun gebrannten Grillmusters. Grillpfannen ersetzen die Zubereitung auf einem Grill im Freien nicht, erlauben es aber, in der Wohnung den Geschmack von Gegrilltem ein wenig nachzuempfinden.

Ich lebe in einer Wohnung in Manhattan und darf keinen Grill auf meine Feuerleiter stellen. Welches Ihrer Rezepte eignet sich für die Zubereitung in der Wohnung?

Fast alles, was im Freien gegrillt wird, kann auch in der Wohnung gegrillt werden; man muss nur die Technik anpassen. Es gibt ein ganzes Buch zu dem Thema – Indoor Grilling –, verfasst von meiner Wenigkeit. Denken Sie nur daran, dass Grills, die für den Außenbereich gedacht sind, nicht im Innenbereich benutzt werden können.

Das Grillen über einem Lagerfeuer

Was ist das Geheimnis des Grillens auf dem Lagerfeuer? Mein Mann lässt das Essen immer anbrennen.

In der Regel ist es besser über der glühenden Kohle zu grillen als über den lodernden Flammen. Entfachen Sie das Feuer 30 bis 40 Minuten bevor Sie grillen möchten. Schaufeln oder harken Sie die Kohlen auf einer Seite der Feuerstelle auf einen Haufen, und grillen Sie darüber. Auf der anderen Seite legen Sie frisches Holz nach, damit immer genug Nachschub an Holzkohle da ist.

Wie hält man das Grillgut über das Feuer?

Es gibt mindestens die folgenden drei Methoden:

1. GRILLEN AM STOCK: Halten Sie das Grillgut am Ende eines Stocks oder Spießes über das Feuer. Die Methode eignet sich gut für alles, was schnell gart, wie Würstchen und Co.

2. AUF DIE MEXIKANISCHE ART: Das Fleisch wird auf Spieße oder Stöcke gesteckt, die aufrecht vor dem Feuer stehen. Diese Methode eignet sich gut für ganzen Fisch, aufgeschnittene Lämmer und Ziegen, Rinderrippe und so weiter.

3. AUF DIE TOSKANISCHE ART: Man benutzt einen auf Steine oder Ziegel gestützten Rost oder Toskanischen Grill mit Füßen, der über die Kohlen zu liegen kommt. Diese Methode eignet sich hervorragend für Steaks und Koteletts.

Jede Regel kennt eine Ausnahme. Wenn deutsche Grillmeister einen Spießbraten zubereiten, garen sie ihn gewollt über den Flammen von Buchenholz, um ihn gleichzeitig zu räuchern.

Die zehn Gebote des perfekten Grillens

1. Bereiten Sie sich vor. Halten Sie alles, was Sie brauchen, am Grill bereit – das Grillgut, die Marinade, die Flüssigkeit zum Begießen, Gewürze und Zubehör – bevor Sie mit dem Grillen beginnen.

2. Berechnen Sie den Brennstoff. Es gibt nichts Schlimmeres, als wenn während des Grillens plötzlich der Brennstoff ausgeht. Bei der Verwendung von Holzkohle sollte man genügend Holzkohle anzünden, die für eine Lage glühender Kohle reicht, die an allen Seiten 8 cm größer ist als das Grillgut (Für einen 60 cm breiten Grill braucht man die Menge Kohle, die in einen Anzündkamin passt). Vergewissern Sie sich bei der Verwendung eines Gasgrills, dass die Gasflasche mindestens zu einem Drittel gefüllt ist.

3. Vorheizen auf die richtige Temperatur. Denken Sie daran: Das Grillen ist eine Hochtemperatur-Garmethode. Man muss über großer Hitze grillen, wenn man eine schöne Kruste, den charakteristischen Geschmack und ein appetitliches Grillmuster erhalten möchte. Wie hoch? Mindestens 315 °C bei direktem Grillen auf hoher Temperatur. Obwohl ich es schon an anderer Stelle beschrieben habe, möchte ich hier Folgendes wiederholen: Lassen Sie Holzkohle abbrennen, bis sich eine feine Schicht grauer Asche darauf gebildet hat. Halten Sie Ihre Hand etwa 8 cm über den Grillrost. Wenn der Grill heiß genug ist, werden Sie die Hand innerhalb von 2 bis 3 Sekunden schnell zurückziehen. Gasgrills müssen auf hohe Temperatur vorgeheizt werden (mindestens 315 °C); dies dauert 10 bis 15 Minuten.

Für die indirekte Garmethode heizen Sie den Grill auf 160 °C vor.

4. Sauberkeit. Es gibt nichts Unappetitlicheres als auf einem dreckigen Rost zu grillen, an dem noch Fleischreste kleben. Außerdem bleibt das Grillgut an nicht gereinigten Rosten hängen. Säubern Sie den Rost zwei Mal: ein Mal, nachdem Sie den Grill vorgeheizt haben und ein Mal nach dem Grillen. Bei der ersten Reinigung werden alle Reste entfernt, die Sie nach dem letzten Grillen übersehen haben. Kratzen Sie große Stücke mit einem Metallspatel vom Rost, und bürsten Sie ihn dann mit einer Drahtbürste ab.

5. Immer ölen. Ölen Sie den Rost kurz bevor Sie das Grillgut darauf legen. Nehmen Sie dazu ein fest gefaltetes und in Öl getauchtes Stück Küchenkrepp oder reiben Sie den Rost mit einer dicken Speckscheibe, Rinderfett oder Hähnchenhaut ein. Sie können den Rost auch aus dem Grill heben und mit Öl einsprühen – weg von den Flammen – und ihn wieder in den Grill einlegen.

6. Wenden, nicht durchlöchern. Die richtige Art des Wendens von Grillgut erfolgt mit einer Grillzange oder einem Spatel. Stechen Sie niemals mit einer Fleischgabel hinein – es sei denn, Sie möchten, dass die aromatischen Fleischsäfte auf die Kohlen tropfen.

7. Begießen. Saucen zum Begießen und Marinaden, die aus Öl, Essig, Zitrussäften oder Joghurt zubereitet werden, können während der gesamten Garzeit auf das Grillgut gegeben werden. Bei der Verwendung von Marinade für das Begießen sollten Sie eine bestimmte Menge vor dem Marinieren des Fleischs beiseitestellen, damit sie nicht verunreinigt wird. Begießen oder bestreichen Sie das Grillgut niemals mit einer Marinade, in der vorher rohes Fleisch gelegen hat.

Wenn Sie eine Barbecue-Sauce auf Zuckerbasis verwenden, geben Sie sie gegen Ende der Garzeit auf das Grillgut. Der Zucker in diesen Saucen brennt schnell an und sollte der Hitze zu nicht lange ausgesetzt werden.

8. Deckel schließen. Wenn große Stücke Fleisch oder Geflügel wie ganze Hähnchen, Lammkeule oder Rippenstücke zubereiten werden, wenden Sie die indirekte Garmethode an (siehe Seiten 2 und 3). Halten Sie den Grill fest geschlossen und widerstehen Sie der Versuchung, einen Blick zu wagen. Jedes Mal, wenn der Deckel geöffnet wird, verlängert sich die Garzeit.

9. Ruhen lassen. Rindfleisch, Steak, Hähnchen – fast alles, was gegrillt wird – schmeckt besser, wenn man es vor dem Servieren einige Minuten auf einem Schneidbrett ruhen lässt. Das Fleisch kann sich „entspannen“, wird saftiger und schmackhafter.

10. Niemals den Posten verlassen. Grillen ist eine einfache Kochmethode, aber es verlangt nach ständiger Aufmerksamkeit. Hat man erst einmal etwas auf den Grill gelegt (insbesondere wenn man auf direkter Hitze grillt), muss man dabei stehen bleiben, bis es gar ist. Dann ist nicht der rechte Zeitpunkt für das Beantworten des Telefons oder das Mischen der heißgeliebten Mojitos.

Vor allem sollten Sie Spaß haben. Grillen ist nicht Quantenphysik. Das war das Evangelium!

Kann man auf einem Lagerfeuer indirekt grillen?

Ja, es gibt dazu zwei Möglichkeiten. Die Erste besteht darin, das Grillgut an Spießen (oder auf einem Stein; im Fall von Zwiebeln und anderem runden Gemüse) vor das Feuer zu stellen (siehe „Die mexikanische Art", oben). Die Zweite ist, das Grillgut in einem holländischen Ofen zu garen. Dabei handelt es sich um einen großen, tiefen, gusseisernen Topf mit Deckel, der in die glühenden Kohlen gestellt wird und auf dessen Deckel weitere Kohlen gelegt werden.

Ich habe einmal gesehen, wie Sie Süßkartoffeln direkt auf den glühenden Kohlen gegrillt haben. Wie um alles auf der Welt sind Sie darauf gekommen, und gelingen die Kartoffeln?

Das Rösten von Lebensmitteln in den glühenden Kohlen ist wahrscheinlich die älteste Grillmethode der Menschheit. Bei manchen Lebensmitteln ist es auch die Beste – speziell bei Süßkartoffeln und Zwiebeln. Es gibt drei zwingende Gründe dafür: Erstens sieht es cool aus und wird Ihre Gäste beeindrucken. Zweitens gibt die angekohlte Schale der Kartoffel oder Zwiebel ein unglaubliches und unnachahmliches Aroma. Drittens tritt man mit dem Höhlenbewohner, der in einem lebt, in Kontakt – man kocht wie die Urmenschen. Ein gutes Beispiel für diese Technik ist das Rezept für In Kohlen geröstete Zwiebeln und Kartoffeln auf Seite 418.

INSTANDHALTUNG UND REINIGUNG DES GRILLS

Was muss ich zu Beginn der Grillsaison tun, damit mein Grill startklar ist?

Diese Frage lässt vermuten, dass Sie Ihren Grill während der Wintermonate abbauen – etwas, was immer weniger Leute machen (siehe Tipps zum Grillen bei kaltem Wetter auf Seite 18). Wenn Sie Ihren Grill für die kalten Monate einlagern, sollten Sie den Grill wie folgt auf den Beginn der Saison vorbereiten:

HOLZKOHLEGRILLS: Kratzen Sie alle Aschereste aus der Grillkammer, die Sie bei Saisonende hätten entfernen sollen. Vergewissern Sie sich, dass alle Metall-Lüftungsklappen oben und unten am Grill einwandfrei öffnen und schließen; bei Bedarf ölen. Zünden Sie den Grill an, und bringen Sie ihn auf Höchsttemperatur. Bürsten und ölen Sie den Grillrost.

GASGRILLS: Sollten Sie die Reinigung der Tropfschale bei Saisonende vergessen haben, reinigen Sie sie jetzt. Entnehmen Sie den Grillrost, und vergewissern Sie sich, dass die Brenner und Düsen nicht verstopft oder blockiert sind; insbesondere ist auf Spinnen und Spinnennetze zu achten. Verstopfte Düsen können mit einer Nadel gereinigt werden. Legen Sie den Rost wieder ein.

Überprüfen Sie die Zündschalter. Sie müssen beim Drücken ein Klickgeräusch und das Zünden hören. Wenn dem nicht so ist, müssen eventuell die Batterien erneuert werden. Schließen Sie dann die Propangasflasche an, und öffnen Sie das Ventil. Zünden Sie den Grill an. Bürsten und ölen Sie den Grillrost.

In dem unwahrscheinlichen Fall, dass Sie Gas riechen sollten, schalten Sie alle Brenner ab, lösen Sie die Verbindung zur Gasflasche, schließen Sie die Flasche wieder an, und versuchen Sie es erneut. Mit einem speziellen Spray lassen sich Lecks an den Verbindungen und dem Gasschlauch feststellen (siehe Seite 20). Sollten Sie auf ein Leck stoßen, schalten Sie den Grill sofort ab, und kontaktieren Sie den Hersteller.

Wie oft muss ich meinen Grill reinigen? Wie sauber muss er sein?

Ich finde, der Grillrost muss immer makellos sauber sein, und der Rest des Grills recht sauber. Saubere Grillroste bilden die Voraussetzung für eindrucksvolle Grillmuster und sorgen dafür, dass das Grillgut nicht kleben bleibt. Jedes Mal, wenn Sie den Grill anzünden, sollten Sie gute Grillhygiene walten lassen – zusammengefasst durch die einfache Formel: „Halte ihn heiß, sauber und geölt". Mit anderen Worten: Heizen Sie den Grill auf hohe Temperatur vor, bürsten Sie den Rost mit einer harten Drahtbürste, und ölen Sie den Rost mit fest zusammengefaltetem, in Öl getränktem Küchenkrepp, das Sie mit Hilfe einer Grillzange über den Rost ziehen. Versuchen Sie nicht einen kalten Grillrost mit Wasser, Seife und Stahlwolle zu reinigen. Es kostet sehr viel Zeit und Mühe und kann doch so viel schneller auf andere Art geschehen.

„Jungs, diese Fischhaut oder dieser Rest von den Schweinekoteletts, die letzte Woche gegrillt wurden und am Grill festgebrannt sind, sorgen nicht für zusätzlichen Geschmack. Es sieht ekelerregend aus und schmeckt wahrscheinlich auch so. Im Zweifel fragt Eure Frauen."

Wenn Sie einen Holzkohlegrill benutzen, sollten die Feuerkammer nach jedem Grillen ausgekratzt und der Aschekasten geleert werden. Manchmal muss man damit bis zum nächsten Morgen warten, bis die Asche völlig abgekühlt ist.

Bei Gasgrills sollte die Tropfschale nach jedem Grillen geleert und ausgespült werden. Sprühen Sie kein kaltes Wasser auf ein heißes Grillthermometer, das könnte das Glas zum Platzen bringen.

Meine Grillroste sind voller Rost. Wie kann ich sie am besten reinigen?

Heizen Sie Ihren Grill mit eingelegten Rosten auf hohe Temperatur (so heiß, wie es geht) vor, und bürsten Sie die Roste kräftig mit einer harten Drahtbürste ab. Ölen Sie den Rost mit fest zusammengefaltetem in Öl getränktem Küchenkrepp, das Sie mit Hilfe einer Grillzange über den Rost ziehen. Wiederholen Sie den Vorgang so oft, wie nötig. Je öfter Sie den Rost auf diese Weise reinigen, umso unwahrscheinlicher ist es, dass er Rost ansetzt.

Wie reinigt man emaillierte Grillroste am besten?

Die Oberfläche emaillierter Grillroste neigt eher zum Verkratzen und Abspringen als es bei massiven Metallrosten der Fall ist. Emaillierte Roste werden durch Vorheizen des Grills auf hohe Temperatur und Abbürsten der Roste mit einer Drahtbürste gereinigt. (Viele Leute bevorzugen dafür Messingbürsten gegenüber rostfreien Stahlbürsten, da die Messingborsten weicher sind. Vor dem Grillen den Rost ölen.

Mein Grillrost hat im Winter Rost angesetzt. Hätte ich den Rost besser im Haus aufbewahrt?

Idealerweise benutzt man den Grill den ganzen Winter hindurch, denn dann verrosten die Grillroste nicht. Wenn Sie jedoch nicht vorhaben, im Winter zu grillen, ist die Lagerung der Roste in der Garage immer eine gute Idee. Wenn Sie einen Gasgrill haben, stellen Sie sicher, dass der Anschluss zur Gasflasche ordnungsgemäß gelöst ist. Natürlich sollte man die Roste bei Saisonende abbürsten und ölen. Verrostete Roste können Sie wie oben angegeben reinigen.

Was ist ein Aschekasten, und wie oft sollte er geleert werden?

Der Aschekasten ist ein Behälter oder ein Tablett, das sich unterhalb der Grillkammer von Holzkohlegrills befindet und die herabfallende Asche sammelt. Es sollte nach jedem Gebrauch des Grills geleert werden. Es kann aber mehrere Stunden oder sogar über Nacht dauern, bis die Asche völlig abgekühlt ist. Daher sollte man mit dem Leeren bis zum nächsten Morgen warten. Oft befinden sich noch kleine Stücke glühender Kohlen in der Asche, die andernfalls das Feuer neu entflammen lassen können. Ich habe das schon oft beobachtet.

DIE AUSRÜSTUNG

Ich möchte meinem Vater zum Vatertag ein Grillbesteck schenken. Was gehört zur Grundausstattung?

Es gibt hunderte, wenn nicht tausende richtig coole Zubehörteile. Es sind aber nur drei wirklich wichtig.

1. Eine harte Drahtbürste mit langem Stiel zum Reinigen des Grillrosts.

2. Eine Grillzange mit Metallfeder und langen Griffen für das Wenden des Grillguts und das Ölen des Rosts.

3. Ein Garthermometer für das Überprüfen des Garzustands des Grillguts.

Praktisches Zubehör

- Anzündkamin (für Holzkohlegrills); siehe Seite 15
- Ein oder mehrere lange Spatel, vorzugsweise mit versetzten Zangen
- Zwei lange Pinsel zum Bestreichen (Naturborsten, bitte; Nylon schmilzt). Außerdem können Sie in ein Utensil zum Begießen investieren, das aussieht wie ein Miniatur-Wischmopp
- Ein Paar hitzebeständige Grillhandschuhe oder Ofenhandschuhe
- Drei scharfe Messer: ein großes Kochmesser (20 bis 30 cm lang), ein Schälmesser und ein Tranchiermesser
- Eine Tranchiergabel
- Einweg-Tropfschalen aus Aluminium. Sie sind unentbehrlich für indirektes Garen und Grillen und außerdem praktisch für das Einweichen von Holzspänen und das Aufbewahren von Marinaden. Sie sind in fast jedem Supermarkt erhältlich.
- Reißfeste Aluminiumfolie
- Küchenkrepp
- Latex- oder Gummihandschuhe (tragen Sie sie während des Einreibens von Schweinefleisch mit Gewürzen)

Ist es schon gar?

Der einzige Schwierigkeitsgrad beim Grillen besteht in dem Erkennen, ob das Grillgut wie gewünscht gegart ist. Profis drücken Steaks und Koteletts dafür ein (eine ziemlich akkurate Methode, wenn der Grillmeister erfahren ist). Bei größeren Fleischstücken geht aber nichts über die „wissenschaftliche" Methode zur Feststellung des Garungsgrads.

Die „künstlerischen" Methoden

Die Bestimmung des Garungsgrades von Steaks, Koteletts, Hähnchenbrüsten und Fisch-Steaks oder -Filets ist eine Kunst. Hier sind drei bewährte Methoden beschrieben.

Am besten ist die Methode des Drückens geeignet. Drücken Sie einfach die dickste Stelle des Steaks oder Koteletts mit Ihrem Zeigefinger.

- Wenn das Fleisch blutig ist, fühlt es sich weich und sogar matschig an – etwa so wie sich die Haut am Ansatz ihres Daumens anfühlt, wenn Sie mit dem Zeigefinger hineindrücken.
- Wenn das Fleisch blutig bis halbroh ist, fühlt sich das Fleisch halbfest und nachgiebig an – etwa so wie sich die Haut am Ansatz ihres Daumens anfühlt, wenn Sie mit dem Mittelfinger auf die Daumenspitze drücken.
- Wenn das Fleisch medium ist, gibt es nur ein wenig nach – etwa so wie sich die Haut am Ansatz ihres Daumens anfühlt, wenn Sie mit dem Ringfinger auf die Daumenspitze drücken.
- Wenn das Fleisch durchgegart (well-done) ist, fühlt es sich fest und elastisch an – etwa so wie sich die Haut am Ansatz ihres Daumens anfühlt, wenn Sie mit dem kleinen Finger auf die Daumenspitze drücken.

Den Garungsgrad eines ganzen Hähnchens stellt man (weniger künstlerisch aber immer noch nicht wissenschaftlich) fest, indem man einen Rouladenspieß oder anderen Spieß in den fleischigsten Teil einer Keule steckt. Der austretende Fleischsaft sollte klar sein. Sie können auch versuchen, die Hähnchenkeule im Gelenk zu bewegen; es sollte sehr leicht gehen. Außerdem kann man auch einen Schnitt zwischen Keule und Körper machen. Am Gelenk sollte kein rotes Fleisch mehr zu sehen sein (wenn Sie das Hähnchen nicht räuchern, denn der Rauch gibt dem Fleisch eine natürliche, leicht rötliche Farbe).

Den Garungsgrad von Fisch bestimmen Sie mittels des „Flockentests": Drücken Sie Ihren Finger auf die dickste Stelle. Das Fleisch sollte in große, feste Flocken zerfallen und sich leicht von den Gräten lösen lassen.

Die „wissenschaftliche" Methode

Hier geht es um größere Fleischstücke wie Braten aus der Hohen Rippe und Schweineschulter. Die einzige unfehlbare Testmöglichkeit besteht im Messen der Kerntemperatur des Fleisches mit einem Bratenthermometer. Dieses praktische Gerät ist ohne weiteres im Handel erhältlich. Stecken Sie es in die dickste Stelle des Fleischstücks ohne dabei Knochen zu berühren (Knochen sind ebenso wie Metall wärmeleitend). In den Kapiteln zu Fleisch, Geflügel und Meeresfrüchten finden Sie die entsprechenden Gartabellen. In den Rezepten sind die Kerntemperaturen gegebenenfalls vermerkt. Hier ist ein ungefährer Leitfaden:

RIND UND LAMM

BLUTIG	BLUTIG-MEDIUM	MEDIUM	WELL-DONE (GAR)
52 °C	63 °C	71 °C	77 - 90 °C

SCHWEIN

BLUTIG	WELL-DONE (GAR)
71 °C	77 - 88 °C

HÄHNCHEN, PUTER UND WACHTEL

WELL-DONE (GAR)
77 - 82 °C

ENTE UND JUNGE HÜHNCHEN

BLUTIG	BLUTIG-MEDIUM	MEDIUM	WELL-DONE (GAR)
52 °C	63 °C	71 °C	77 °C

- Eine Auswahl an Spießen aus Metall und Bambus
- Eieruhr oder Zeitschaltuhr
- Elektrische Lichtquelle für das Grillen am Abend (es gibt nichts Schwierigeres als das Grillen im Dunklen)
- Feuerlöscher mit Löschpulver

Luxusausrüstung

- Ein flacher Rost für Fisch oder Gemüse (ein Drahtrost oder eine gelochte Metallplatte, die Rauch und Hitze durchlassen, aber kleine oder fragile Stücke des Grillguts am Durchfallen oder Festkleben hindern)
- Ein Grillkorb mit Scharnieren, in dem Fisch oder fragiles Grillgut leicht gewendet werden kann, ohne es vom Rost lösen zu müssen
- Zeder- oder Erlenholz für das Grillen von Meeresfrüchten
- Ein Drehspieß mit Motor, der auf den Grill montiert werden kann (wunderbar für das Grillen von ganzen Hähnchen und Lammkeulen)
- Eine Harke, mit der die Kohlen herausgeharkt werden können
- Eine lange schmale Spicknadel mit v-förmigem Querschnitt, mittels derer Bratenfleisch mit Schinken-, Käse- oder Gemüsestreifen gefüllt werden kann
- Eine elektrische Gewürzmühle (sieht aus wie eine Kaffeemühle) – großartig geeignet für das Mahlen von ganzen Körnern und die anschließende Zubereitung von Gewürzmischungen, die so schmecken, wie sie sollten
- Ein Fleischwolf, wie ihn die Großmutter hatte (ein Fleischwolf ist viel besser für das Zerkleinern von Fleisch geeignet als eine Küchenmaschine)
- Eine Küchenspritze – praktisch für das Spritzen von Bratenflüssigkeit in Putenbrust, Schweinebraten und anderes trockenes Fleisch, damit es von innen saftig wird
- Eine Sprühflasche für das Besprühen von gegrilltem Fleisch mit Essig oder anderen Würzmitteln (für Essig oder Apfelessig die einfache Haushaltsvariante wählen)

DAS GRILLGUT

Sie haben das Werkzeug und sind mit den Techniken vertraut. Jetzt kommen wir zum Kern der Sache: dem Fleisch, Gemüse und den Gewürzen. Wozu den Grill anmachen, wenn kein Grillgut da ist?

Das Überprüfen des Garungsgrades

Woher weiß ich, dass das Grillgut gar ist?

Es gibt viele Methoden dies festzustellen.

NACH DEM AUSSEHEN: Sieht das Essen gar aus? Hat es eine Kruste und eine schöne braune Farbe?

NACH DEM ANFÜHLEN: Fühlt sich das Essen gar an, wenn man hineinrückt oder es zusammendrückt?

NACH DER KERNTEMPERATUR: Zeigt das Bratenthermometer einen Wert an, der darauf schließen lässt, dass das Fleisch innen blutig, blutig bis medium, medium oder well-done (gar) ist?

Ein wahrer Grillmeister wendet mehrere oder alle diese Methoden zur Feststellung des Garungsgrads an. Auf der gegenüberliegenden Seite finden Sie in dem Kasten weitere Angaben zu dem Thema und eine Liste aus der die Kerntemperaturangaben für verschiedene Fleischsorten hervorgehen.

Was ist der „Drücktest“? Was ist der „Flockentest“, und was ist der „Gemüsetest“?

Der „Drücktest“ ist nützlich für das Feststellen des Garungsgrades von Steak, Koteletts und anderem relativ dünnen Fleisch. Mit dem „Flockentest“ lässt sich bestimmen, ob Fisch gar ist. Nähere Angaben zu diesen beiden Testmethoden finden Sie in dem Kasten auf Seite 30.

Mittels des „Gemüsetests“ kann man feststellen, ob nach der indirekten Methode gegrilltes oder geräuchertes rundes Gemüse und Früchte wie Zwiebeln, Kohl und Äpfel gar sind, indem man sie von beiden Seiten mit Daumen und Zeigefinger eindrückt. Wenn sie sich weich anfühlen, sind sie gar.

Brauche ich unbedingt ein Bratenthermometer?

Wenn Sie nicht gerade über zwanzigjährige Erfahrung mit dem Räuchern von Fleisch haben, liegt die verlässlichste Methode der Feststellung des Garungsgrades von Schweineschulter oder Rippenbraten in der Benutzung eines Bratenthermometers. Stecken Sie es tief in das Fleisch ohne die Knochen zu berühren. (Knochen sind wärmeleitend und verfälschen das Messergebnis). Warten Sie etwa 15 Sekunden, dann können Sie die Kerntemperatur ablesen (siehe Tabelle auf Seite 30).

Mit einem Bratenthermometer lässt sich auch die Kerntemperatur von relativ dünnem Grillgut wie Porterhouse-Steaks messen. Stecken Sie das Thermometer seitlich in das Fleisch. Vergewissern Sie sich, dass es nicht an Knochen stößt.

Woher weiß ich, dass die Anzeige meines Bratenthermometers korrekt ist?

Ob die Messwerte eines Bratenthermometers akkurat sind, lässt sich überprüfen, indem man den Metallfühler in einen Topf kochendes Wasser hält. Wasser kocht bei Normalnull bei einer Temperatur von 100 °C, daher sollte ihr Bratenthermometer dann auch 100 °C anzeigen. Sollte die Anzeige abweichen, stellen Sie das Thermometer mittels der Justierschraube an der Rückseite ein.

Was halten Sie von den drahtlosen Thermometern mit Digitalanzeige und Signalton?

Sie sind ziemlich cool und sind eine große Hilfe in Bezug auf die Garzeiten. Für Ihre Augen, Ihr Gefühl und Ihren Geruchssinn gibt es allerdings keinen Ersatz – und natürlich auch nicht für ständige Aufmerksamkeit.

Wie bereitet man eine ganze Mahlzeit auf dem Grill zu, sodass alles gleichzeitig fertig ist?

Gute Frage! Zunächst einmal hilft es, wenn man mehrere Grills hat. Das ist gar nicht so extravagant wie es sich anhört, denn selbst wenn Sie ein passionierter Gasgrillfreund sind, möchten Sie doch sicher auch gelegentlich auf einem Holzkohlegrill räuchern können. Erst Recht nach der Lektüre dieses Buchs.

Hier sind ein paar Tipps zur Menüplanung:

1. Reichen Sie mindestens ein Gericht, dass im Voraus gegrillt und auf Raumtemperatur serviert werden kann. Beispielsweise macht eine gemischte Gemüseplatte wie nach dem Rezept Gegrilltes Gemüse à la Santa Margherita auf Seite 398 einiges her. Ein weiteres Gericht, das gut vorbereitet werden kann, ist ein Auberginen-Dip wie einer der auf den Seiten 82 bis 85 vorgestellten.

2. Reichen Sie mindestens ein Gericht, das indirekt gegrillt oder geräuchert wird, zum Beispiel ein Bruststück nach dem Rezept auf Seite 135, cochinita pibil – direkt gegrillte Schweineschulter nach Yucuatan-Art auf Seite 186 oder den Rindfleischbraten aus der Rippe auf Seite 137. Die lange Garzeit dieser Gerichte ist weitaus entspannender als das sekundengenaue Grillen von Steaks. Außerdem müssen Gerichte wie diese vor dem Servieren 15 bis 30 Minuten ruhen. Dies gibt Ihnen Zeit anderes, schnell garendes Grillgut zuzubereiten.

3. Beziehen Sie das Grillen in das Unterhaltungsprogramm des Abends ein. Zum Beispiel können Sie die Vorspeise grillen und den ankommenden Gästen heiß servieren. Dafür eignet sich Katalanisches Tomatenbrot (Seite 128), gegrilltes Knoblauchbrot (Seiten 126 und 127) oder auf japanischen Grills zubereitete Saté-Spieße. Den Hibachi kann man draußen auf einen zusätzlichen Tisch stellen (auf eine hitzebeständige Unterlage, versteht sich).

4. Grillen Sie zum Abschluss der Mahlzeit die Desserts auf Bestellung. Hier bietet sich die Gegrillte Ananas auf Seite 513 an. Bereiten Sie den Nachtisch vor Ihren Gästen zu; besser noch: Involvieren Sie Ihre Gäste.

Rindfleisch

STEAK

Was ist der Unterschied zwischen Rindfleisch der Güteklassen „Prime" und „Choice", und welche Güteklasse bevorzugen Sie?

Die US-amerikanischen Güteklassen orientieren sich anhand der Marmorierung des Fleisches. Mit Marmorierung sind die winzigen Stellen und Streifen Fett gemeint, die das Fleisch durchziehen. Dazu schneidet ein Lebensmittelprüfer das Fleisch zwischen der zwölften und dreizehnten Rippe durch und inspiziert es nach Augenschein. Außerdem wird das Fleisch auf die feine Muskeltextur und die helle rote Farbe hin geprüft.

„PRIME" ist die höchste Güteklasse. Das Fleisch ist reich marmoriert und verleiht einem daraus zubereiteten Steak die zarteste Konsistenz und den besten Geschmack. Da Fleisch dieses Gütegrades am seltensten ist, wird es in Steakhäusern, spezialisierten Metzgereien und auf exklusiven Märkten verkauft. Persönlich bevorzuge ich ein Steak dieser Güteklasse.

Rindfleisch der Güteklasse **„CHOICE"** ist etwas weniger marmoriert und nicht ganz so zart, aber trotzdem reich an Geschmack. Rindfleisch dieser Güteklasse wird gewöhnlich in Supermärkten angeboten, und ich bereite es häufig zu.

Es gibt noch weitere Güteklassen, die in absteigender Qualität von „Select" bis „Canner" reichen. Diese Fleischsorten sind für die industrielle Verarbeitung gedacht.

Barbecue Countdown

Beim Grillen hängt, wie auch im Leben, alles von der richtigen Zeit ab. Hier habe ich einen einfachen Zeitplan für Sie aufgestellt, anhand dessen es Ihnen gelingen sollte, den Grill anzuzünden, das Grillgut zu marinieren und zu garen und Ihre Gäste zu verköstigen – und all dies ohne Nervenzusammenbruch.

Vorbereitungen

- Geben Sie das Fleisch zwölf bis zwei Stunden vor der geplanten Zubereitung auf dem Grill in die Marinade oder reiben Sie es mit den Gewürzen ein.
- Decken Sie den Tisch.
- Bereiten Sie die Getränke und die Beilagen vor.

Bei Verwendung eines Holzkohlegrills

- Weichen Sie die Sägespäne oder Holzstücke eine Stunde vor der geplanten Zubereitung des Essens auf dem Grill in kaltem Wasser ein, falls Sie Räuchermehl verwenden sollten.
- Zünden Sie die Holzkohle 25 bis 30 Minuten vor dem Grillen der Speisen an.
- Sobald die Kohlen rot glühen (nach 15 bis 20 Minuten), schütten Sie sie aus dem Anzündkamin, und verteilen Sie sie unten im Grill. Ich lege dabei gern ein Holzkohlefeuer mit drei Zonen an (siehe Seite 18), damit mir eine heiße, weniger heiße und eine holzkohlefreie Zone zur Verfügung steht.

Sollten Sie eine hohe Temperatur benötigen, lassen Sie die Kohlen weitere drei bis fünf Minuten brennen, bis sie orange glühen und mit einer dünnen Lage grauer Asche bedeckt sind. Jetzt ist der Grill bereit. Sollte in dem jeweiligen Rezept nach einer niedrigeren Temperatur verlangt werden, folgen Sie den Anweisungen auf Seite 16.

- Reinigen Sie den Grillrost mit einer Drahtbürste und ölen Sie ihn wie in den Fragen zu den Gewürzen auf Seite 9 beschrieben.
- Falls Sie Holzspäne verwenden, lassen Sie sie gut abtropfen, und geben Sie sie auf die Kohlen. Legen Sie das Grillgut auf den Rost. Sollten Sie nach der indirekten Methode grillen und dafür eine längere Zeit benötigen, zünden Sie nach etwa 45 Minuten eine weitere Menge Kohlen in dem Anzündkamin an (etwa 15 Minuten bevor Sie die Kohlen brauchen).
- Vergessen Sie nach dem Grillen das Reinigen des Rosts mit einer Drahtbürste nicht.

Bei der Verwendung eines Gasgrills

Folgen Sie den bereits gegebenen Anweisungen, und heizen Sie den Grill etwa 15 Minuten vor. Sollten Sie Holzspäne verwenden, geben Sie sie während des Vorheizens des Grills in den Räuchermehlkasten. Belassen Sie die Brenner auf hoher Einstellung, bis die Späne zu qualmen beginnen. Drehen Sie die Temperatur dann wie benötigt herunter.

Was ist der Unterschied zwischen trocken abgehangenem und vakuumiertem Rindfleisch, und führen diese Reifeprozesse zu unterschiedlichen Qualitäten?

Frisch geschlachtetes Rindfleisch ist zäh und faserig. Alle Rindfleischsorten werden nach der Schlachtung abgehangen, damit das Fleisch zart und genießbar wird. Trocken abgehangenes Fleisch ist die ultimative Form der Fleischreifung. Trocken abgehangenes Fleisch reift bis zu vier Wochen in einer Spezialkammer unter kontrollierter Temperatur. Während der Zeit verdampft ein Teil des im Fleisch enthaltenen Wassers, konzentriert daher den Geschmack des Fleischs und verbessert die Textur. Die Reifung des Rindfleischs verleiht ihm auch ein reichhaltigeres, komplexes Aroma (so wie auch bei Käse und Wein). Der Nachteil dieser Reifungsmethode ist, dass das Fleisch bis zu 25 % des ursprünglichen Gewichts durch Verdampfen und Zuschneiden verlieren kann. Daher ist trocken abgehangenes Fleisch teuer. Wenn Sie aber besonders gutes Rindfleisch reichen möchten, ist dies das richtige.

Vakuumiertes Rindfleisch wird in Plastiksäcke verpackt. Durch diese Art der Reifung erhält das Fleisch nicht die samtige Textur und den konzentrierten Geschmack wie bei dem Abhängen. Allerdings schmeckt es besser als nicht gereiftes Fleisch.

Welche anderen Faktoren bestimmen die Qualität und den Geschmack von Steaks?

Nun, zunächst einmal hängt dies von der Rinderrasse ab. Das japanische Wagyu-Rind (Kobe-Rind) führt die Her-

Benutzen Sie zum Handhaben, Wenden oder Herunternehmen des Fleischs immer eine Grillzange. Das Hantieren mit spitzen Gegenständen würde dazu führen, dass der wertvolle Fleischsaft in die Kohlen tropft – und das möchte man bei so einem schön marmorierten Stück Fleisch doch verhindern.

de an. Das schwarze Angusrind liefert reichhaltiges, kräftig schmeckendes Fleisch. Außerdem wächst es schnell und setzt auch schnell Fett an. Deshalb ist es in den USA sehr beliebt.

Das Futter ist ein weiterer Aspekt. Das natürliche Futtermittel der Rinder ist Gras. Aber die amerikanischen Viehzüchter füttern Mais zu. Das Fleisch von Rindern, die mit Getreide ernährt wurden, schmeckt reichhaltig und hat ein köstlich fettiges (im guten Sinne) Aroma. In Südamerika werden die Rinder von Gras ernährt. Dieses Rindfleisch hat einen interessanten aber weniger opulenten Geschmack. Eine wachsende Anzahl alternativer Viehzüchter in den Vereinigten Staaten füttert ihre Rinder jetzt mit Gras. Es ist definitiv einen Versuch wert.

Dann gibt es noch die Fragen nach biologisch und nicht biologisch, unter Zugabe von Hormonen gezüchtetem Rind etc. Wenn ich daheim grille und die Wahl habe, kaufe ich Fleisch aus biologisch-organischer Züchtung – auch wenn das Fleisch zäher ist; mir ist es lieber, wenn ich weiß, dass es keine Chemikalien enthält.

Schließlich kommt es auf das Stück Fleisch selbst an. Filet Mignon hat den geringsten Fettgehalt und ist sehr zart. Für mich ist es aber nicht sehr interessant, denn der Geschmack könnte höchstens als mild, wenn nicht gar fad beschrieben werden. Ein Steak aus der Rippe hat die beste Marmorierung aller sogenannten edlen Steaks, was ihm einen köstlichen Geschmack verleiht. Mein persönlicher Favorit ist ein Steak aus dem flachen Roastbeef. Es ist zwar etwas zäher als Steak aus der Rippe, aber es hat einen wunderbar robusten Geschmack.

Das beste Steak findet man erst nach dem Testen einer Reihe verschiedener Züchtungen, die mit verschiedenen Futtermitteln ernährt werden, dem Probieren verschiedener Stücke des Rinds und nach Beantwortung der Frage nach der Güteklasse (Auf Seite 145 finden Sie einen Leitfaden zum Thema Steak).

Ich habe gehört, dass Fleisch am Knochen besser ist als entbeintes Fleisch. Gilt das auch für Rindfleisch, und welches Stück mögen Sie am liebsten?

Ich stimme dem zu. Deswegen bestelle ich auch wenn möglich Rippen-, T-Bone- und Porterhouse-Steaks (T-Bone- und Porterhouse-Steak unterscheiden sich hinsichtlich der Menge an Filet Mignon, die belassen wurde – etwas mehr Filet ist am Porterhouse-Steak) wie gewachsen. Manche Restaurants servieren Filet Mignon mit Knochen. Steaks mit Knochen haben mehr Geschmack. Außerdem macht das Abnagen der Knochen Spaß.

Was ist Kobe-Rindfleisch, und ist es den Preis wert?

Das Kobe-Rind ist nach einer Stadt im Südwesten Japans benannt und gehört zu den vielen erstklassigen japanischen Rinderzüchtungen. Das Fleisch selbst ist übernatürlich rot und sehr schön marmoriert (eine Scheibe rohes Kobe-Rindfleisch sieht aus wie ein Spitzendeckchen auf einer roten Tischecke). Das Fleisch zergeht förmlich auf der Zunge. Zum einen ist das Fleisch wegen der Rasse so besonders (das Wagyu-Rind), zum anderen wegen des Futters (in den Sommermonaten bekommt es Bier zu trinken) und wegen der außerordentlichen Fürsorge in der Aufzucht (Entgegen der allgemeinen Annahme werden Kobe-Rinder nicht massiert, sondern eher mit der gleichen Liebe gehalten, die Haustieren entgegengebracht wird). Derartige Fürsorge hat ihren Preis, und in Japan ist es nicht ungewöhnlich für ein 170 g schweres Steak von diesem Rind mehr als 70 Euro zu bezahlen.

Warum bestelle ich also kein Kobe-Rindfleisch in den USA? In den 1970er Jahren kam das Wagyu-Rind aus Züchtungszwecken in die USA. Heute ist in Amerika aufgezogenes Kobe-Rind oder Rindfleisch nach Kobe-Art im ganzen Land auf den Speisekarten der Restaurants vertreten. Manches davon schmeckt exzellent und hat einen butterzarten Geschmack, der an die japanischen Rinder erinnert (Er erinnert daran, ist aber nicht derselbe – selbst die Qualität des prächtigsten amerikanischen Kobe-Rinds verblasst im Vergleich zu den japanischen Rindern). Oft ist das Fleisch aber durchschnittlich und den astronomischen Preis nicht wert. Leider gibt es keine Gütetabelle für das Fleisch von in den USA gezüchteten Kobe-Rindern. Manche spezialisierten Metzgereien liefern Kobe-Fleisch, sollten Sie Interesse daran haben. Eine verlässliche Quelle ist die Niman Ranch (www.nimanranch.com).

Sollte man ein Steak vor oder nach dem Grillen würzen? Soll man es vorher Zimmertemperatur annehmen lassen oder aus dem Kühlschrank auf den Grill legen?

Ich empfehle Steaks unmittelbar vor dem Grillen zu würzen. Ich verwende meistens grobes Meersalz und frisch gemahlenen schwarzen Pfeffer. Ich würze das Fleisch nicht Stunden im Voraus, denn das Salz würde den Fleischsaft herausziehen (dieses Problem besteht nicht, wenn es einige Minuten vor dem Grillen gewürzt wird). Der Grund, warum ich das Würzen vor dem Grillen bevorzuge, ist der, dass ich finde, dass das Salz und der Pfeffer das Steak beim Grillen schön knusprig machen und ihm eine leckere Kruste verleihen.

Was das Aufwärmen vor dem Grillen auf Raumtemperatur betrifft: Ich mache das nicht. Es ist gefährlich Fleisch bei Raumtemperatur liegen zu lassen, und man wird diese Praktik in einem Steakhaus nie beobachten können. Wenn man ein Steak über einem Feuer von 340 bis 430 °C grillt, gart das Fleisch aus dem Kühlschrank in genau derselben Zeit wie ein auf Raumtemperatur aufgewärmtes Stück.

Wenn ich dicke Steaks grille, brennen sie außen immer an, bevor sie fertig gegart sind. Wissen Sie Rat?

Viele der weltbesten Steaks, vom toskanischen bistecca alla fiorentina bis zu einem texanischen T-Bone-Steak sind 5 bis 8 cm dick. Es gibt eine sehr einfache Methode sie zu grillen. Richten Sie drei Temperaturzonen in Ihrem Grill ein: eine heiße Zone, eine mittlere Zone und eine kohlenfreie Zone. Nachdem Sie den Grillrost gebürstet und geölt haben, legen Sie die Steaks in die heiße Zone (die diagonal zu den Stäben des Grillrosts verläuft). Grillen Sie die Steaks zwei Minuten kräftig an. Heben Sie die Steaks dann in die weniger heiße Zone, und drehen Sie sie um eine Vierteldrehung, wenn Sie ein attraktives Grillmuster auf dem Fleisch haben möchten. Grillen Sie die Steaks in der mittleren Zone weitere vier bis sechs Minuten, eben solange, bis die Unterseite knusprig und braun wird.

Wenden Sie die Steaks (nehmen Sie dazu immer eine Grillzange, stechen Sie niemals mit einer Gabel in das Fleisch), legen Sie sie dabei zurück in die heiße Zone, und grillen Sie sie zwei Minuten von dieser Seite. Die Steaks dann wieder mit einer Vierteldrehung in die mittlere Zone heben und nach Belieben fertig grillen. Bei der Zubereitung von Steaks können Sie ein Bratenthermometer verwenden, um den Garungsgrad festzustellen. Stecken Sie es seitlich in das Fleisch (eine Temperatur von 60 bis 63 °C heißt blutig bis medium). Sollten während des Grillens Flammen auflodern, heben Sie das Steak solange in die kohlefreie Zone.

Das Schöne an dieser Methode ist, dass die große Hitze das Fleisch schön anbrät und die mittlere Hitze es gart, ohne das Äußere anbrennen zu lassen.

Mein Vater isst gern durchgegartes Steak. Kann ich etwas tun, damit das Fleisch nicht austrocknet und zäh wird?

Machen Sie es wie in der Toskana: Begießen Sie es mit Olivenöl. Oder wie in New Orleans: Reiben Sie die Oberfläche mit etwas Butter ein, wenn das Steak vom Grill kommt.

Wie sorge ich dafür, dass ein Hüftsteak oder ein Steak aus der Spannrippe zart wird?

Nun, das Marinieren kann helfen. Der beste Weg ist aber das Schneiden des gegrillten Steaks in sehr dünne Scheiben diagonal zur Faser (Kürzere Fasern bedeuten, dass man weniger kauen muss und das Fleisch so zarter ist).

Was ist ein „Flat Iron Steak"? Was ist ein „Hanger Steak"?

Ein „Flat Iron Steak" ist eine der neuen Steak-Arten. In diesem Fall handelt es sich um langes, dünnes, flaches, aromatisches, zartes Steak (von leicht schwammiger Konsistenz aus einem Stück Rindfleisch, das normalerweise zu den zähen Stücken gehört, nämlich dem Rinderhals (der Rinderschulter).

Ein „Hanger Steak" ist ein langes, aromatisches faseriges Steak aus dem Bauch des Rinds. Es schmeckt ähnlich wie ein Stück aus der Spannrippe, ist aber zarter.

Ich habe bereits Rinderbruststücke gesehen, die nur 1000 g wiegen und andere, die fast 8000 g wogen. Welches Stück sollte ich nehmen?

Das hängt von verschiedenen Faktoren ab. Was ist in Ihrer Gegend leicht zu bekommen, wie viele Gäste erwarten Sie, welche Art von Grill oder Räuchergrill haben Sie, etc.? Außerdem helfen einige Kenntnisse der Anatomie der Rinderbrust. Das Bruststück ist ein großer rechteckiger Muskel aus dem Vorderviertel des Rinds. Eine ganze Brust wiegt etwa 8000 g und besteht aus den folgenden drei Teilen: Nachbrust (ein magerer, flacher Muskel von der Form einer Zigarrenschachtel am hinteren Teil der Brust), Brustspitze (das magere dreieckige Ende der Nachbrust) und Brustkern (ein faseriger Muskel mit einer dicken Fettschicht, der auf der Nachbrust sitzt und dessen Fasern in einem 45°-Winkel zu den Fasern der Nachbrust verlaufen). Über und unter dem Brustkern verlaufen dicke, weiße Fettschichten.

Sicherheit geht vor

Mein Freund lässt die Steaks, Barbecue-Saucen und die Mayonnaise für Stunden bei Raumtemperatur stehen. Er schneidet Fleisch, Fisch und Gemüse auf demselben Brett. Ich bin der Ansicht, dass dies ein Gesundheitsrisiko birgt. Habe ich Recht?

Ja. Ihr Freund verletzt zwei Kardinalregeln der Sicherheit beim Grillen. Die erste Regel besagt, dass verderbliche Waren gekühlt werden müssen, bis sie auf den Grill kommen. Wenn er die Zutaten gern in der Nähe des Grills stehen hat, sagen Sie ihm, er solle sie in eine gefüllte Eiskiste legen.

Die zweite Regel besagt, dass Kreuzkontamination zu vermeiden ist. Über 75 % (!) der in den USA verkauften Hähnchen sind mit Salmonellen infiziert. Ausbrüche von Kolibakterien auf Grund von kontaminiertem Rinderhackfleisch sind erschreckenderweise nicht selten. Das Schneiden dieser Lebensmittel auf demselben Brett, auf dem Gemüse oder Fisch geschnitten wird, ohne das Schneidbrett mit Seife (oder besser einem Desinfektionsmittel) zu reinigen, heißt eine wahre Krankheitswelle heraufzubeschwören. Da macht Grillen wirklich keinen Spaß.

Die Nachbrust wird als das beste Stück der Rinderbrust betrachtet, da sie am magersten und am besten zu schneiden ist. Eine ganze Nachbrust wiegt etwa 3600 g. Die meisten Supermärkte verkaufen Stücke aus der Mitte der Nachbrust, die im Allgemeinen 900-2200 g wiegen. Die gute Nachricht in Bezug auf Nachbrust ist, dass sie nur aus Fleisch besteht; die schlechte Nachricht ist, dass sie aufgrund des mageren Fleischs zum Austrocknen neigt.

Ich bereite am liebsten eine ganze Rinderbrust zu, die etwa zu 40 % aus Fett besteht. Das Fett schmilzt während des Garens, begießt so das magerere Fleisch und hält es saftig. Wahrscheinlich müssen Sie eine ganze Rinderbrust bei Ihrem Metzger vorbestellen, Sie brauchen einen ziemlich großen Räuchergrill für die Zubereitung und es wird vermutlich den ganzen Tag dauern, bis die Brust gar ist. Deswegen habe ich das Rezept auf Seite 135 dieses Buchs für ein Stück Rinderbrust von 2200-2700 g angelegt.

RINDERBRUST

Ich möchte ein Stück Rinderbrust räuchern und frage mich, wie lange das wohl dauern wird.

Die Zubereitung von Rinderbrust ist gleichzeitig das einfachste und schwierigste Gericht der Welt. Es ist das Einfachste, weil es nur des Fleisches (und das Fleisch ist auch recht günstig), der Gewürze (Salz und Pfeffer können schon reichen) und des Räuchermehls bedarf. Es ist das Schwierigste, weil man am Ende ein Stück Schuhsohle im Mund hat, wenn die Zutaten nicht exakt abgemessen werden und, was am Wichtigsten ist, wenn man sich nicht genug Zeit nimmt.

Ich lüfte jetzt das Geheimnis in zwei Worten: niedrig und langsam. Wie niedrig? Zwischen 107 und 135 °C (Ich bin immer bemüht, die Temperatur auf 121 °C zu halten) Wie langsam? Ein kleines Stück aus der Mitte der Brust von 1500-1800 g Gewicht benötigt vier bis fünf Stunden Garzeit. Eine ganze Rinderbrust (wie gewachsen, mit Brustkern und Brustspitze; siehe oben) braucht zehn bis zwölf Stunden. Die Kerntemperatur der Rinderbrust sollte 88 bis 90 °C betragen, aber Sie müssen langsam dabei vorgehen. Die Garzeit zu beschleunigen würde garantieren, dass das Fleisch ungenießbar zäh oder trocken wird – oder beides.

Ich habe gerade meine erste Rinderbrust auf dem Grill geräuchert und war sehr enttäuscht von dem Ergebnis. Das Fleisch war zäh und trocken. Habe ich ein schlechtes Stück Fleisch erwischt?

Vermutlich nicht. Rinderbrust ist von Natur aus ein „schlechtes" Stück Fleisch. Das heißt, es ist zäh, störrisch und wurde einst als „Abfall" betrachtet. Wahrscheinlich haben Sie ein relativ mageres Stück Nachbrust genommen und es bei zu hoher Temperatur zu schnell gegart. Ich habe vier Strategien entwickelt, die mir helfen, sehr saftige Rinderbrust zuzubereiten. Jede einzeln oder alle zusammen werden Ihnen ebenfalls helfen.

1. Kaufen Sie das Stück mit dem meisten Fett – idealerweise sollte die obere Fettschicht gute 5 mm dick sein. Wenn das Stück sehr fetthaltig ist und Sie etwas von dem Fett entfernen möchten, stellen Sie sicher, dass Sie gute 5 mm stehen lassen.

2. Grillen Sie das Bruststück flach mit der Fettschicht nach oben (Fleisch nach unten) in einer Aluminiumschale. Die Schale schützt den mageren Teil vor der Hitze und sammelt das abschmelzende Fett, das das Fleisch saftig hält.

3. Sollte Ihr Stück Nachbrust sehr mager aussehen, legen Sie Schinkenspeckstreifen darauf. Das schmelzende Fett hält das Fleisch saftig.

4. Wickeln Sie die Rinderbrust nach der Hälfte der Garzeit (nach zweieinhalb Stunden bei einer Gesamtgarzeit von vier Stunden; nach fünf Stunden bei einer Gesamtgarzeit von zehn Stunden, usw.) in Aluminiumfolie (glänzende Seite nach außen). Die Folie verhindert, dass der Dampf entweichen kann, der die zähen Fleischfasern weich gart. Der Prozess ähnelt dem des Schmorens. Wickeln Sie das Bruststück erst in der zweiten Hälfte der Garzeit ein, damit es genug Zeit hat, ein rauchiges Aroma anzunehmen.

Ich möchte für eine Party eine Rinderbrust zubereiten. Kann ich das Fleisch ein paar Tage im Voraus auf dem Grill räuchern und dann am Tag der Party auf Raumtemperatur erwärmen?

Viele Leute machen das. Theoretisch ist ein fetthaltiges, langsam gegartes Stück Fleisch wie Rinderbrust der ideale Kandidat zum Vorkochen und Aufwärmen. Wenn ich dies vorhätte, würde ich das Fleisch in Aluminiumfolie gewickelt auf Raumtemperatur abkühlen lassen, kühl stellen und später sehr langsam in die Folie gewickelt auf niedriger Temperatur (nicht höher als 135 °C) aufwärmen. Bei uns zu Hause kochen und essen wir aber Rinderbrust immer am gleichen Tag.

WEITERE STÜCKE VOM RIND

Kann man Hohe Rippe auf dem Grill zubereiten? Bei welcher Temperatur und Garzeit?

Hohe Rippe lässt sich ganz hervorragend grillen – insbesondere wenn man einen Holzkohlegrill hat und sie gleichzeitig räuchern kann. Die Grundmethode ist das Garen nach der indirekten Methode bei mäßiger Hitze (etwa 177 °C). Spicken Sie den Braten mit Knoblauch, und würzen Sie ihn mit einer dicken Lage Kräuter. Die Garzeit hängt von der Größe des Bratens ab. Als grobe Maßregel kann man 12 bis 15 Minuten pro 500 g rechnen. Auf Seite 137 finden Sie ein ausgezeichnetes Rezept für Hohe Rippe.

Wie grillt man Rinderrippe?

Das hängt von dem Rippenstück ab. Lange Rippen schmecken gut, wenn sie indirekt auf mäßiger Hitze gegrillt werden; wie zum Beispiel Kotelettrippchen (vergessen Sie nicht eingeweichte Holzspäne auf die Kohlen zu geben). Dünne Rippen werden besser langsam und auf niedriger Temperatur auf dem Grill geräuchert. Die Koreaner haben eine ganz fantastische und einzigartige Methode der Zubereitung von dünnen Rippchen entwickelt: Sie schneiden das Fleisch in hauchdünne Scheiben, die dann direkt über der Holzkohle gegrillt werden – siehe das Rezept für kalbi kui auf Seite 167.

Was ist „Clod"?

Das ist das bestgehütete Barbecue-Geheimnis in Texas – es ist eine ganze Rinderschulter – 8000 g reines Vergnügen. Grillen Sie die Rinderschulter wie Rinderbrust.

Schweinefleisch

Ich habe in der letzten Zeit öfters von kurobuta-Schweinefleisch gehört. Was ist das und ist es seinen Preis wert?

Was das Kobe-Rind für Rindfleisch bedeutet (oder um es mit einer anderen Metapher auszudrücken: was Hermes für Handtaschen ist), ist kurobuta für Schweinefleisch. Es handelt sich um eine spezielle Züchtung von Schweinen, die weltweit einfach am allerbesten schmecken. Kurobuta (wörtlich: schwarzes Schwein) ist die japanische Bezeichnung für ein Berkshire-Schwein – eine Kreuzung aus Wildschweinen und Zuchtschweinen, die vor 300 Jahren in der englische Grafschaft Berkshire während der Regierungszeit von Oliver Cromwell (von dessen Soldaten behauptet wird, dass sie als erste die Vorzüge dieses Schweins zu schätzen lernten) gezüchtet wurde. Die Engländer gaben den USA und Japan im Jahr 1875 Zuchttiere: Der Rest ist Geschichte.

Was macht also das Berkshire-Schwein so besonders? Kurobuta wachsen langsamer heran als gewöhnliche Zuchtschweine. Dadurch haben sie mehr Zeit Fett anzusetzen, und das Fleisch entwickelt einen entsprechenden Geschmack. Die Muskelfasern sind kurz und fein, und das Fleisch schmeckt wie, nun, es schmeckt wie Schwein von einem kleinen europäischen Bauernhof. Über das Internet oder in spezialisierten Metzgereien können sie kurobuta erhalten. Eine gute Quelle ist Snake River Farms in Boise, Idaho (www.snakeriverfarms.com). Richtig, es ist schon etwas kostspieliger als normales Schweinefleisch aus dem Supermarkt, aber anders als bei Kobe-Rindfleisch müssen Sie für den Kauf keine zweite Hypothek aufnehmen. Mit anderen Worten: Es ist ein erschwinglicher Luxus.

Was ist der Unterschied zwischen einer ganzen Schweineschulter, dicker Schulter und flacher Schulter?

Eine ganze Schweineschulter wird aus dem Vorderteil des Schweins geschnitten. Es ist ein rechteckiges Stück Fleisch mit großzügiger Marmorierung und wiegt 5500-6500 g. Die Schweineschulter besteht aus zwei Teilen: dem dicken und dem flachen Schulterstück. Bei dem dicken Schulterstück handelt es sich um ein Stück aus dem Vorderteil, das oft noch einen Knochen aus dem Vorderbein enthält. Dies gibt ihm eine interessante Form und ein gutes Aroma; einige Grillmeister schwören darauf.

Die flache Schulter ist ein Stück aus dem Schulterblatt mit einer eckigen Form. Der Anteil von Fleisch gegenüber Knochen und Haut ist größer. Die meisten Anhänger des „pulled pork" (nach dem Garen per Hand zerrissenes Schweinefleisch) nach North-Carolina-Art lieben dieses Stück Schweinefleisch.

Sollte man eine Schweineschulter nach dem Garen reißen oder hacken? Und welche Sauce nehmen? Essig oder Senf?

Meine Güte! Jetzt polemisieren Sie aber! Die Bewohner North Carolinas würden wahrscheinlich mit Faustschlägen argumentieren, wenn die Zubereitung ihres geliebten gerissenen Schweinefleischs diskutiert würde.

HACKEN ODER REISSEN? Sollten Sie nicht mit der Zubereitung von gerösteter Schweineschulter nach North-Carolina-Art vertraut sein, sollten Sie zunächst wissen, dass es immer gehackt oder gerissen serviert wird. Gerissen heißt, dass das Fleisch per Hand in kleine Stücke zerrissen wird, wohingegen gehackt bedeutet, dass das Fleisch mit einem Hackbeil zu Haschee zerkleinert wird. Gerissen wird das Schweinefleisch bei Grillwettkämpfen und Veranstaltungen in Carolina, die „pig pickings" heißen. Ein ganzes gegrilltes Schwein wird in kleine Stücke zerrissen, die dann in eine würzige Essigsauce getränkt werden. Restaurants reichen das Fleisch gewöhnlich in gehackter Form. Das Reißen hat den Vorteil, dass es per Hand geschieht, wohingegen gehacktes Fleisch oft dunkle, knusprige Stücke gehackter Kruste und Haut enthält. Einige wenige Restaurants, insbesondere in South Carolina, reichen die Schweineschulter in dünnen Scheiben.

ESSIG- ODER SENFSAUCE? In North Carolina wird traditionellerweise Essigsauce genommen. Sie ist ein wässriges Würzmittel aus Branntweinessig, Salz, Pfeffer, scharfen Chiliflocken und vielleicht etwas braunem Zucker, der die Schärfe ein wenig mildert. So macht man es im Osten des Bundesstaates. Im Westen gibt man gern etwas Ketchup in die Sauce. Dies ergibt eine scharfe, starke Sauce, die überhaupt nichts mehr mit der süßen, dickflüssigen Barbecue-Sauce auf Tomatenbasis gemeinsam hat, die in Kansas City (und dem größten Teil der USA) auf Rippchen gekippt wird. Tatsache ist, eine Essigsauce isst man nicht wirklich gern pur. Mischt man aber gerissenes oder gehacktes Schweinefleisch darunter, homogenisiert und gleicht man damit den Fettanteil aus, hat man eine der perfektesten Zusammenstellungen der Welt von Schweinefleisch mit Sauce.

SO GELINGEN PROFESSIONELLE GRILLMUSTER

Wie bekomme ich diese faszinierenden Grillmuster hin, von denen Sie immer sprechen?

1. *Beginnen Sie mit einem heißen, sauberen Rost. Legen Sie das Fleisch diagonal zu der Richtung der Stäbe auf den Rost. Steaks und Koteletts sollten alle in die gleiche Richtung zeigen.*

2. *Drehen Sie das Fleisch nach ein paar Minuten mit der Grillzange um eine Vierteldrehung (90°). So erhalten Sie eine schöne Kreuzschraffur.*

3. *Ist das Fleisch von der einen Seite fertig, wenden Sie es, und gehen Sie auf der anderen Seite genauso vor.*

In South Carolina wird Senfsauce bevorzugt. Sie wird aus Senf (gewöhnliche Qualität), Essig und Zucker oder Honig angerührt. Diese Sauce schmeckt auch hervorragend. Ich müsste wohl erst Hunderte Portionen Schweinefleisch mit beiden Saucen essen und vergleichen, bevor ich einen Favoriten benennen könnte.

Was ist besser: Schälrippchen oder Kotelettrippchen?

Das ist eine Frage des Geschmacks. Schälrippchen sind größer und zäher, aber voll von fleischigem Geschmack. Kotelettrippchen sind zarter und schöner marmoriert. Außerdem lassen sie sich schneller und einfacher zubereiten. Die meisten Leute bevorzugen Kotelettrippchen. Mein Vorschlag ist, wenn Sie neu im Spiel sind, fangen Sie mit Kotelettrippchen an. Sie können jederzeit auf Schälrippchen umsteigen.

Was sind Rippchenspitzen?

Rippchenspitzen sind die knorpeligen Enden der Schälrippchen; oft werden sie abgetrennt und mit den Schälrippchen verpackt. Einer von vielen Grillmeistern hat sie zur Spezialität erklärt, Lindsay Shannon vom „BB's Lawnside BarB-Q“ in Kansas City. Grillen und räuchern Sie die Spitzen genauso niedrig und langsam wie Schälrippchen.

Wie lässt sich die „Haut“ auf der Rückseite eines Rippchenkarrees am besten entfernen?

Bei der „Haut“ handelt es sich um eine papierartige Membran (in der Fachsprache Rippenfell genannt), die sich an der inneren oder gewölbten Seite eines Rippchenkarrees befindet. Am leichtesten kann man sie entfernen, indem man mit einem schlanken Metallgegenstand, wie z.B. mit der Spitze eines Bratenthermometers oder einem sauberen Schlitzschraubendreher unter die Membran fährt, sie von einigen der Rippchen löst und dann von den restlichen Rippchen abzieht. Haben Sie die Membran einmal gelöst, fassen Sie sie mit einem trockenen Stück Küchenkrepp oder einem sauberen Geschirrspültuch (die Membran ist rutschig) und ziehen Sie sie von den Knochen. Die Haut von Kotelettrippchen lässt sich leicht lösen; bei Schälrippchen und Rinderrippe müssen Sie sich etwas mehr bemühen.

Warum das Ganze? Erstens ist die Haut etwas zäher als der Rest des Fleischs. Zweitens verhindert die Haut, dass die Gewürze und der Rauch in das Fleisch eindringen können.

Ich bereitete nach einem Ihrer Rezepte Rippchen zu, die zunächst mit trockenen Gewürzen eingerieben wurden, dann mit einer Sauce und zuletzt noch mit einer Barbecue-Sauce bestrichen wurden. Habe ich die Gewürze mit der Sauce zum Begießen abgewaschen? Sollte ich die Sauce das nächste Mal besser aufsprühen?

Die Sauce zum Begießen (siehe Mopp-Sauce auf Seite 48) wird erst etwa nach den ersten 45 Minuten des Grillens aufgebracht. Dies gibt den Gewürzen genügend Zeit in das Fleisch einzudringen. Die Mopp-Sauce passt zu jeder Gewürzmischung, die nicht zu einer Paste verarbeitet wurde, die dann in das Fleisch eindringen soll und eine würzige Kruste bildet. Die meisten Saucen sollten allerdings mit leichter Hand aufgetragen und nicht eimerweise darübergeschüttet werden. Eine Sprühflasche können Sie sicherlich verwenden. Viele Grillmeister besprühen Schälrippchen oder Schweineschulter mit Ananassaft oder Apfelessig.

Egal wie aufmerksam ich meine Schälrippchen beobachte, sie scheinen immer anzubrennen, nachdem ich die Barbecue-Sauce darübergegeben habe. Was mache ich falsch?

Die meisten Barbecue-Saucen haben einen hohen Zuckergehalt. Wenn man sie zu früh hinzugibt, verbrennt der Zucker bevor das Fleisch gar ist. Ich grille meine Rippchen immer ohne Sauce. Die Sauce serviere ich separat. Wenn Sie die Rippchen mit Sauce glasieren möchten, tun Sie das erst in den letzten drei bis fünf Minuten des Grillens.

Wieso gelingen mir die Rippchen nicht so, dass das Fleisch vom Knochen fällt?

Weil Sie die falschen Erwartungen haben. Richtig gegrillte Rippchen sollten natürlich zart sein, aber sie sollen auch etwas zum Kauen bieten – darum hat Gott Sie mit einem Gebiss ausgestattet. Sie sollten das Fleisch von den Knochen knabbern können. Rippchen, deren Fleisch zart vom Knochen fällt, wurden entweder gekocht oder im Ofen geschmort. Nach meiner Barbecue-Religion wäre dies Ketzerei.

Sollte ich Rippchen vor dem Grillen kochen, backen oder in der Mikrowelle vorgaren?

Keines davon. Das Fleisch der Rippchen wird entsprechend zart, wenn sie auf einem Grill geräuchert werden.

Ich habe zum ersten Mal Rippchen gegrillt und sie waren wunderbar. Ich habe aber festgestellt, dass das Fleisch einen rosigen Kreis aufwies. Habe ich etwas falsch gemacht?

Ganz im Gegenteil: Sie sollten eine Flasche Champagner (oder örtlich gebrauten Biers) öffnen und feiern. Der rosige Ring ist der Räucherring – eine natürliche chemische Reaktion, die abläuft, wenn Fleisch auf niedriger Temperatur langsam bei viel Rauch gegart wird. Grillmeister nennen ihn die „Rote Ehrenmedaille" (ich entschuldige mich jetzt schon bei Stephen Crane). Er besagt, dass Sie die Rippchen (Rinderbrust oder Schweineschulter) bis zur Perfektion geräuchert haben.

Meine Freunde und ich möchten ein ganzes Schwein grillen. Wie machen wir das am besten?

Zu diesem Thema könnte man ganze Bände schreiben. Vielleicht sollte man das auch. Es gibt drei Grundmethoden: grillen, grillen am Drehspieß und räuchern. Die kompletten Anleitungen würden den Rahmen dieses Buchs sprengen, daher hier eine kleine Übersicht.

GRILLEN: Wenn das Schwein klein ist (bis zu 22,5 kg) und Sie einen großen Grill haben, können Sie das Schwein nach der indirekten Methode grillen. Die meisten Grillmeister schneiden das Schwein gerne an der Unterseite bis auf das Rückgrat auf (aber nicht durch die Haut) und schlagen es wie ein Buch auf. Grillen Sie das Schwein zuerst mit der Hautseite nach oben, dann mit der Hautseite nach unten (in meinem Buch „How to Grill" finden Sie ab Seite 154 Anleitungen dazu). Rechnen Sie vier bis fünf Stunden für ein Schwein von 22,5 kg.

Bei größeren Schweinen graben viele Leute gern ein Loch in den Boden oder bauen eine erhöhte Feuerstelle aus Schlackenbetonsteinen. Sie bauen einen Rost aus Stahlbewehrung und Kaninchendraht, der über die Feuerstelle passt und grillen das Schwein wie oben beschrieben.

GRILLEN AM DREHSPIESS: Griechen, Amerikaner griechischer Abstammung und mancher Hausmann in den Südstaaten bevorzugen diese Art der Zubereitung. Am besten leiht man sich dazu einen 1,70 m breiten Grill mit Drehspieß von einem Party-Dienst. Entzünden Sie die Kohle mit Hilfe zweier Anzündkamine und scharren Sie sie zu zwei Haufen zusammen – ein Haufen dort, wo die Schulter sein wird und einer, wo sich der Hinterschinken drehen wird. Verteilen Sie in der Mitte eine dünnere Lage Kohlen. Würzen Sie das Schwein und nähen Sie es mit Küchenfaden zu. Stecken Sie das Schwein auf den Spieß, legen Sie dann den Spieß ein. Grillen Sie das Schwein am Drehspieß, bis es außen knusprig ist und in der fleischigsten Stelle des Hinterschinkens eine Kerntemperatur von etwa 88 °C aufweist. Für ein Schwein von 22,5 kg Gewicht sind vier bis fünf Stunden Garzeit einzuplanen.

Hinweis für Bastelfreunde: Sie können auch ein Loch im Boden ausheben (oder eine Feuerstelle mit Schlackenbetonsteinen bauen) und einen manuell betätigten Drehspieß darüber anbringen. Was bewegt den Spieß, wenn Sie keinen Motor haben? Ihre Freunde, versorgt mit genügend Kraftstoff in Form von Bier.

RÄUCHERN: Diese Methode wird von Grillmeistern bei Wettkämpfen benutzt. Jedes Team hat seine technischen Geheimnisse, aber alle gehen mit einem industriellen Räuchergrill an den Start. Die Garzeit wird in halben Tagen gemessen – manche Schweine drehen sich 24 Stunden lang – und man kann sicher sein, dass die Grilltemperatur nie 135 °C übersteigen wird. Wenn Sie mehr über das Thema des Räucherns von ganzen Schweinen wissen möchten, wie man sie würzt und gart, wo man große Räuchergrills bekommen kann, empfehle ich Ihnen ein Abonnement von The National Barbecue News (www.barbecuenews.com).

Wild und „exotisches" Fleisch

Mein Mann jagt gern. Gibt es spezielle Techniken für das Grillen von Wildbret?

Wild ist viel magerer als kommerzielles Rind- oder Schweinefleisch. Ungeachtet der Methode, die Sie bei der Zubereitung anwenden, müssen Sie die naturgemäße Trockenheit des Fleischs ausgleichen. In der Regel bedeutet dies, dass in irgendeiner Form Fett hinzugefügt werden muss. Grille ich beispielsweise Hirschsteaks oder Hirschmedaillons, mariniere ich das Fleisch immer zuerst in einer Mischung, die mindestens 30 % Oliven- oder Pflanzenöl enthält. Außerdem wickele ich Lenden oder Steaks vom Wild fast immer in Schinkenspeck oder Pancetta ein. Wenn ich daraus Shish Kebab zubereite, gebe ich Schinkenspeck zwischen die Fleischstückchen. Wenn Sie eine Keule oder Schulter vom Wild grillen, wickeln Sie das Fleisch nach den ersten zwei Stunden in Aluminiumfolie; so bleibt das Fleisch saftig. Es spricht auch nichts dagegen, einige Esslöffel Butter vor dem Einwickeln auf das Fleisch zu geben.

Ich werde für ein Familienessen Büffelsteaks (aus dem mageren Kern der Hochrippe) grillen. Haben Sie Vorschläge, wie ich das Fleisch saftig halten kann?

Hier gilt auch, dass Büffelfleisch magerer ist als kommerzielles Rindfleisch. Sie können das Fleisch marinieren (stellen Sie sicher, dass die Marinade genügend Öl enthält). Wenn Sie die Steaks „trocken" grillen, vergessen Sie nicht, kurz vor dem Servieren etwas Olivenöl, zerlassene Butter oder Rinderfett darüber zu träufeln. Sie können auch ein Stück würzige Kräuterbutter (siehe Seite 505) auf die Steaks legen, wenn sie vom Grill kommen.

Ich möchte fragen, ob Sie Anregungen zum Grillen von „exotischem" Fleisch wie Straußenfilet und Wildschwein haben?

Auch hier gilt: Marinieren ist der Schlüssel zum Erfolg. Eine Marinade aus Rotwein, Gin und Olivenöl passt gut zu den von Ihnen erwähnten Fleischsorten.

Hamburger und Würstchen

Ich habe beim Grillen von Hamburgern immer Probleme mit auflodernden Flammen. Wissen Sie Rat?

1. Richten Sie ein Grillfeuer mit drei Zonen ein (siehe Seite 18); eine heiße Zone zum scharfen Angrillen, eine mittlere Zone zum Garen und eine kalte Sicherheitszone, in die Sie die Hamburger legen können, falls Flammen auflodern.

2. Legen Sie nicht zu viel Grillgut auf den Rost. Lassen Sie Platz zum Manövrieren, damit Sie die Hamburger außerhalb der Reichweite der Flammen platzieren können.

3. Drücken Sie niemals mit einem flachen Spatel auf einen Hamburger, der gerade gegrillt wird, denn dies führt zum Austreten von Fleischsäften, die wiederum die Flammen verursachen.

Meine Hamburger scheinen immer ein wenig trocken. Wie bekomme ich sie saftig?

Es gibt mehrere Lösungen für dieses Problem.

- Nehmen Sie kein zu mageres Hackfleisch. Ich nehme gerne welches mit 15 % Fettanteil.

- Bei magerem Fleisch sollten Sie bei dem Formen der Hamburger ein kleines Stück Butter in die Mitte geben. Dies ist wichtig, wenn Sie Hamburger medium oder gar grillen. Hamburger sollten allerdings traurigerweise immer durchgegart werden, damit keine Kolibakterien entstehen, falls Fleisch aus dem Supermarkt verwendet wird.

- Wenn möglich, kaufen Sie Ihr Hackfleisch bei einem Metzger Ihres Vertrauens, der das Hackfleisch täglich frisch zubereitet. So können Sie blutige oder medium gegarte Hamburger grillen; eine weitere Methode, das Fleisch saftig zu halten.

- Drücken Sie den Hamburger während des Grillens nie mit einem Spatel, denn dadurch treten die Fleischsäfte aus.

Was tun Sie in Ihre Hamburger? Viele Rezepte haben endlose Zutatenlisten.

Ich gebe kurz vor dem Grillen etwas grobes Meersalz und frisch gemahlenen schwarzen Pfeffer auf die Hamburger. Mehr nicht. Mir gefällt der Geschmack des Rindfleischs. Für das Feuerwerk sorgt die Garnierung: Kopfsalat, Tomate, Zwiebel, Gewürze – alles was Sie mögen.

Ich brauche Hilfe bei der Zubereitung von Bratwurst. Sollte man sie vorher mit einer Gabel einstechen? Ist die indirekte oder die direkte Methode besser?

Am einfachsten (und meiner Meinung nach am besten) grillt man Bratwurst oder fetthaltige Würstchen mittels der indirekten Methode. So wird die Pelle knusprig und das Innere schön saftig. Außerdem vermeiden Sie das Auflodern von Flammen. Sollten Sie einen Holzkohlegrill verwenden, können Sie einige handvoll eingeweichtes Räuchermehl auf die Kohlen geben. Haben Sie erst ein Mal geräucherte Bratwurst probierte, werden Sie nie wieder davon lassen können. Das Einstechen mit einer Gabel ist nicht nötig, wenn Sie nach der indirekten Grillmethode vorgehen.

Geflügel

Worum geht es eigentlich bei freilaufenden und organisch-biologischen Hühnern?

Kurz gesagt: Reinheit und Geschmack. Hühner aus organisch-biologischer Aufzucht erhalten natürliche organische Futtermittel und sind frei von Hormonen und Chemikalien. Freilaufende Hühner (die meisten stammen ebenfalls aus organisch-biologischer Aufzucht) verbringen zumindest einen Teil ihres Lebens draußen, wo sie herumlaufen können – anders als industriell gehaltene Hühner, die ihr ganzes Leben in engen Käfigen verbringen. Das Fleisch von freilaufenden Hühnern und Hühnern aus organisch-biologischer Aufzucht hat einen besseren Geschmack und eine schönere Textur. Außerdem ist es für den Menschen gesünder.

Welche Temperatur sollte Geflügelfleisch nach dem Grillen sicherheitshalber haben?

Ich halte mich immer an 77 °C (messen Sie die Temperatur mit einem Bratenthermometer, das in den dicksten Teil der Keule gesteckt wird, aber den Knochen nicht berühren darf). Das machen nicht alle so (viele Leute grillen Ihr Geflügelfleisch halbgar – 71 °C). Ich bin lieber auf der sicheren Seite.

Jedes Mal wenn ich Hähnchenbrust grille, wird sie trocken.

Das ist das Problem bei Hähnchenbrust ohne Haut und Knochen. Sie besteht fast nur aus Protein, also gibt es nichts, was sie saftig halten könnte. Für Ihr Problem gibt es mindestens sieben Lösungen – bitte bedienen Sie sich.

1. Marinieren Sie die Hähnchenbrust in einer Mischung, die mindestens 25 % Oliven- oder Pflanzenöl enthält.

2. Marinieren Sie die Hähnchenbrust vor dem Grillen in einer Lösung aus Salz und Zucker. Durch das Wunder der Osmose macht die Lösung das Fleisch saftig. Das Grundrezept für die Lösung besteht aus 1 EL Salz, 1 EL Zucker auf 250 ml Wasser. Alles in eine Schüssel geben und verrühren.

3. Wickeln Sie die Hähnchenbrust in Aluminiumfolie, und beschweren Sie sie beim Grillen mit einem Ziegelstein oder Grillgewicht. Das Gewicht drückt das Fleisch zusammen und hindert es am Austrocknen.

4. Wickeln Sie die Hähnchenbrust in fetthaltige Lebensmittel wie Schinkenspeck oder Prosciutto.

5. Bestreichen Sie die Hähnchenbrust während des Grillens mit zerlassener Butter oder Olivenöl. Bestreichen Sie sie erst, nachdem die erste Seite gegrillt und das Fleisch gewendet wurde. Bestreichen Sie niemals rohes Hähnchenfleisch, denn dann verunreinigen Sie das Öl.

1. Drehen Sie die Hähnchenbrust nach einigen Minuten des Grillens um eine Vierteldrehung, damit sie ein Grillmuster bekommt.

2. Schöne Grillmuster machen aus einer faden Hähnchenbrust etwas Leckeres.

6. Wie alles gegrillte Fleisch muss Hähnchenbrust vor dem Servieren einige Minuten ruhen. So kann das Fleisch entspannen und wird saftiger.

7. Grillen Sie das Fleisch wie gewachsen mit Haut und Knochen. Die Haut enthält Fett und sorgt für saftiges Fleisch. Besser noch: Nehmen Sie dunkles Hähnchenfleisch zum Grillen. Es hat einen höheren Fettanteil als weißes Fleisch und wird von der Mehrheit der internationalen Grillmeister für die Zubereitung von saftigem, aromatischem Hähnchenfleisch genommen.

Ich habe bemerkt, dass Sie Geflügelfleisch nur eine Stunde marinieren, während Sie rotes Fleisch über Nacht in der Marinade belassen. Was ist der Grund?

Hähnchenbrust ist kleiner und empfindlicher als große Stücke roten Fleisches, deshalb mariniert sie schneller. Außerdem sind die Leute meist in Eile, wenn sie Hähnchenbrust (und nicht ein ganzes Hähnchen oder Hähnchenteile mit Haut) grillen, deshalb habe ich die Marinierzeiten kurz gehalten.

Als ich klein war, grillte mein Onkel immer ganz fantastisches Hähnchenfleisch. Mir scheint dies nicht zu gelingen. Die Haut brennt an (oder geht in Flammen auf!) bevor das Fleisch durchgegart ist. Hilfe!

Ganz einfach. Grillen Sie das Hähnchenfleisch nach der indirekten Methode. So wird das Fleisch saftig, die Haut knusprig und es besteht kein Risiko auflodernder Flammen oder eines entflammten Hähnchens. Ich weiß nicht, ob Ihr Onkel vielleicht eine Barbecue-Sauce benutzt hat. Sollte dem so sein, bestreichen Sie das Fleisch erst in den letzten zwei Minuten des Grillens damit. Legen Sie das Fleisch dazu direkt über die Hitze, denn dann kann die Sauce kurz vor dem Servieren in das Fleisch eindringen.

Mein Freund machte letztens bei einer Grillparty für die Nachbarschaft Hähnchen auf einer Bierdose. Als ich es probierte, ließ sich der Deckel meines Gasgrills nicht über dem Hähnchen schließen. Haben Sie eine Lösung?

Ich weiß nicht, welche Art Grill Sie haben, aber der Deckel eines normalen 60 cm Kugelgrills ist hoch genug, als dass er über einem Hähnchen, das auf einer normalgroßen Bierdose mit 340 ml Inhalt steht, schließen würde. Versuchen Sie es mit einer Bierdose von 230 ml Inhalt.

Ein grober Leitfaden für Marinierzeiten

LEBENSMITTEL	MARINIERZEIT
Sehr große Stücke Fleisch wie Rinderbrust und Hohe Rippe, Schweineschulter, Lammkeule, Puter und Masthähne	24 Stunden
Große Stücke Fleisch wie Rinder- und Schweinefilet, Lammkeule aufgeschnitten wie ein Schmetterlingssteak und Lammkeule, ganze Hähnchen, große ganze Fische	10 bis 16 Stunden
Mittelgroße Stücke Fleisch wie Porterhouse-Steaks, doppelte Schweinekoteletts, Hähnchenhälften oder -viertel, kleine ganze Fische	6 bis 8 Stunden
Mittelgroße bis kleine Stücke Fleisch wie Steaks, Schweine- und Lammkoteletts, große Hähnchenbrust und Hähnchenbrust mit Knochen, Hähnchenkeule, Fischsteaks, Tofu, Portobello-Pilze und anderes Gemüse	2 bis 4 Stunden
Kleine Stücke Fleisch wie Saté-Spieße, Garnelen, flach geklopfte Hähnchenbrust und so weiter	30 Minuten bis 1½ Stunden

Oder Sie montieren den Ring für die Drehspießeinrichtung.

Besteht bei dem Grillen von Hähnchen auf einer Bierdose die Gefahr, dass die Druckfarbe das Fleisch verdirbt? Was ist mit dem Aluminium?

Nein. Die Farbe (lebensmittelgerechte Farbe) wird bei einer Temperatur von 260 bis 315 °C auf der Dose angebracht. Die Dose hält beim Grillen eines Hähnchens eine Temperatur von 100 °C. Diese Zahl liegt weit unter dem Wert bei dem die Farbe zerlaufen würde. Das gleiche gilt für das Aluminium (Übrigens ist Aluminium in kleinen Mengen natürlich in Lebensmitteln enthalten). Wir haben eine Reihe von Labortests durchgeführt, um sicherzustellen, dass das Aluminium und die Farbe in und auf der Dose nicht in das Hähnchen gelangen. Das Rezept für Hähnchen auf der Bierdose auf Seite 257 ist absolut sicher.

Wie nehme ich das Hähnchen von der Bierdose, ohne mich zu verbrennen?

Gute Frage. Ich verwende dazu zwei Grillzangen. Ich greife mit der einen Zange den sichtbaren Teil der Bierdose und den unteren Teil des Hähnchens und stabilisiere den oberen des Hähnchens mit der anderen Zange. Ich hebe das Hähnchen auf eine Servierplatte und zeige es den Gästen. Dann trage ich es in die Küche (oder weg vom Tisch). Während ich also den unteren Teil der Dose mit der einen Zange halte, ziehe ich das Hähnchen mit der anderen Zange von der Bierdose. Daraufhin zerteile ich das Hähnchen in zwei Unterkeulen, zwei Oberkeulen, zwei Flügelstücke, zwei Bruststücke und bringe es zurück an den Tisch.

Ich habe versucht ein Bierdosen-Hähnchen auf meinem Grill zu räuchern, aber die Haut war wie Gummi. Wie bekomme ich sie knusprig?

Gar nicht. Deshalb bereite ich das Bierdosen-Hähnchen lieber auf einem Holzkohlegrill als in einem Räuchergrill zu. Die Haut wird erst bei höherer Temperatur (176 °C) knusprig.

Kann ich ein Bierdosen-Hähnchen im Ofen zubereiten?

Ja, das können Sie, aber es wird keinen Grillgeschmack haben. Die Haut wird schön knusprig und das Fleisch zart, aber es schmeckt eben nicht nach Rauch.

Was mache ich mit dem Bier in der Dose?

Gießen Sie es weg.

Kann man einen ganzen Puter wirklich auf dem Grill zubereiten?

Das kann man nicht nur, man sollte es auch. Es gibt keine bessere Methode das Aroma eines Puters und die Saftigkeit des Fleischs zu steigern, als durch das Grillen im Rauch. Das gilt umso mehr, wenn der Puter vorher in eine Marinade oder Lake eingelegt wird. Achten Sie darauf, dass ich sagte „das Grillen im Rauch" (indirekte Methode bei mäßiger Temperatur unter Zugabe von Räuchermehl) und nicht „räuchern". Im Räuchergrill wird Geflügel zwar saftig, aber die Haut wird immer wie Gummi sein – und wie wir alle wissen, ist die knusprige Haut das Beste am Puter. Die Raichlens bereiten ihren Puter immer auf dem Grill zu.

Meeresfrüchte

Mein Mann ist begeisterter Angler, und wir grillen seinen Fang gern. Aber die Filets bleiben häufig am Rost kleben oder brechen beim Wenden auseinander. Haben Sie vielleicht einen Tipp?

Und ob ich den habe! Grundsätzlich gibt es zehn verschiedene Techniken, die das Klebenbleiben von Fisch am Grillrost verhindern. Ich bediene mich häufig mehrerer gleichzeitig.

1. Wählen Sie den richtigen Fisch. Festes Steak aus Fisch wie Schwertfisch und Thunfisch neigen am wenigsten zum Festkleben am Rost (sie lassen sich wie Rindfleisch grillen). Weiche Fischfilets wie Flunder oder Blaubarsch neigen am meisten zum Festkleben. Grillen Sie sie auf einem Grillrost für Fisch oder in einem Korb (siehe Punkt 7. und 8.).

2. Handeln Sie nach dem Mantra des Grillmeisters: Hitze, Sauberkeit und Öl. Das heißt, beginnen Sie mit einem heißen Grillrost, und bürsten Sie ihn mit einer Drahtbürste ab. Ölen Sie den Rost mit einem Stück fest gefaltetem, in Öl getränktem Küchenkrepp, das Sie mit Hilfe der Grillzange über den Rost ziehen. Das Bürsten und Ölen sind die mir besten bekannten Methoden gegen das Festkleben.

3. Ölen und bewegen. Bestreichen Sie den Fisch kurz bevor Sie ihn auf den Rost legen mit Öl. Wenn Sie ihn auf den Rost legen, bewegen Sie ihn leicht, damit er ein schönes Grillmuster erhält.

4. Verwenden Sie einen Fisch-Spatel. Ein Spatel mit breiter Fläche kann Ihnen beim Wenden eines Fischfilets, ohne es auseinander zu brechen, große Dienste leisten.

5. Grillen Sie den Fisch auf die indirekte Methode. Das ist besonders beim Grillen von ganzem Fisch praktisch; wie zum Beispiel laut dem Rezept auf Seite 304 für Ganzer gegrillter Schnapper nach Art der Bahamas. Da bei der indirekten Methode die obere und untere Seite des Fischs gleichzeitig gegrillt wird, muss er auch nicht gewendet werden. Beim Wenden bricht am Grill kleben gebliebener Fisch häufig auseinander.

6. Grillen Sie Fisch ohne Grillrost. Die Grillmeister in der Karibik und Marokko lösen das Problem, indem sie ganzen Fisch am Stock oder Spieß über dem Feuer grillen.

7. Grillen Sie auf einem Fischrost. Ein Fischrost besteht aus einem häufig antihaftbeschichtetem Gitternetz oder perforiertem Metallblech. Der Fischrost wird geölt und auf den normalen Rost gelegt. Dann legt man den Fisch darauf. An diesem Spezialrost bleibt Fisch weniger kleben als an herkömmlichen Grillrosten.

8. Grillen Sie in einem Grillkorb für Fische. Diese Körbe gibt es in allen Formen und Größen, und alle sind mit Scharnieren ausgestattet, sodass Sie ganze Fische oder Fischfilets hineinlegen können. Das Schöne an diesen Grillkörben ist, dass man den Korb mit dem Fisch wenden kann. Dies ist besonders bei empfindlichen Fischsorten vorteilhaft. Denken Sie immer daran, den Grillkorb mit Backtrennspray einzusprühen oder mit einem geölten Stück Küchenkrepp einzureiben, bevor Sie den Fisch hineinlegen.

9. Grillen Sie Fisch auf einem Brett. Diese Technik stammt aus dem Nordwestlichen Pazifik, wo Lachs auf einem Zedernbrett gegrillt wird. Es handelt sich um eine der einfallsreichsten Techniken, köstlichen Fisch zu grillen. Dazu benötigen Sie ein Stück Zedernholz, Buchenholz oder anderes Hartholz. Sie sind in Grillzubehörgeschäften oder im Holzhandel erhältlich. Sollten Sie das Holz von einem Holzhändler erstehen, vergewissern Sie sich, dass es natürlich und unbehandelt ist.

Weichen Sie das Brett eine Stunde lang ganz in Wasser ein (dies verhindert das Entflammen des Holzes). Würzen Sie den Fisch mit Ihren Lieblingsgewürzen, und legen Sie ihn auf das Brett. Bereiten Sie den Grill für indirektes Garen bei mittelhoher Temperatur vor. Legen Sie den Fisch auf dem Brett in die Mitte des Grills, nicht in die direkte Hitze. Die vom Grill entwickelte Hitze gart den Fisch nicht nur, sondern bringt das Holz auch zum Dampfen. Bei diesem Prozess gibt das Holz ein unglaubliches Aroma frei. Das Beste daran ist, dass der Fisch nicht gewendet werden muss.

10. Grillen Sie den Fisch in Blätter eingewickelt. In Yucatan wird Schnapper in Bananenblätter gewickelt gegrillt (siehe tikin xik auf Seite 334). Dieses Vorgehen birgt drei Vorteile: Der Fisch bleibt nicht kleben. Er bricht nicht auseinander. Die Bananenblätter geben dem Fisch einen ganz eigenen Geschmack.

Meine Frau und ich lieben auf einem Brett gegrillten Lachs. Kann man die Bretter mehrmals verwenden?

Ja, wenn sie an den Ecken nicht angekohlt sind. Weichen Sie gebrauchte Bretter in Wasser ein, und bürsten Sie sie mit einer Drahtbürste sauber. Nach drei- oder viermaligem Gebrauch werden die Bretter ziemlich unansehnlich, aber selbst dann lassen sie sich noch recyceln. Brechen Sie die Bretter in Stücke, und geben Sie die Stücke zum Räuchern auf die Holzkohlen.

Wie kann man ganzen Fisch am besten grillen?

Die Mehrzahl der Grillmeister auf der ganzen Welt benutzen Grillkörbe für Fische.

Wenn ich Garnelen grille, werden sie immer trocken. Wie grille ich sie am besten, damit sie saftig bleiben?

Garnelen, wie auch Hähnchenbrust ohne Haut und Knochen, bestehen fast ausschließlich aus Protein. Diese Tatsache erklärt ihre Neigung beim Grillen auszutrocknen (das Gleiche gilt für Jakobsmuscheln, Langusten und Hummer). Abhilfe lässt sich anhand vier verschiedener Methoden schaffen.

1. Marinieren Sie die Garnelen in einer Marinade, die viel Öl enthält – zum Beispiel wie die Marinade aus dem Rezept für Honig-Sesam-Shrimps auf dem Grill (Seite 36). Sie können die Garnelen auch in eine Lake aus 1 EL Salz, 1 EL Zucker und 250 ml Wasser einlegen. Je nach Größe müssen die Garnelen 15 bis 30 Minuten eingelegt werden.

2. Grillen Sie die Garnelen in Schinkenspeck, Pancetta oder anderes fetthaltiges Fleisch gewickelt. Dies macht die Garnelen nicht nur saftig, sondern gibt ihnen auch Geschmack.

3. Bestreichen Sie die Garnelen während des Grillens mit Öl oder Butter. Bestreichen Sie immer nur die bereits gegarte, niemals die rohe Seite, damit das Öl nicht verunreinigt wird.

4. Grillen Sie die Garnelen in der Schale. Die Schale schützt das empfindliche Fleisch vor der Hitze. Außerdem entwickeln sie so einen interessanten Eigengeschmack. Garnelen lassen sich vor dem Grillen auch in der Schale putzen. Schneiden Sie den Rücken der Garnele mit einer Küchenschere auf, entnehmen sie die Gefäße mit einem Bambusspieß oder den Zinken einer Gabel.

Wie grillt man Austern?

Es gibt zwei Grundmethoden. Grillmeister im Flachland von North Carolina geben eine große Menge Austern in der Schale auf einen Rost oder ein Blech über ein Holzfeuer – oftmals decken Sie sie noch mit Sackleinen ab. Die Austern werden gegrillt, bis die Schalen aufspringen. Dann isst man sie mit zerlassener Butter oder Cocktail-Sauce.

Die Grillmeister in Tomales Bay, Kalifornien, entfernen erst den oberen Teil der Schale. Jede Auster wird dann mit Knoblauchbutter oder Barbecue-Sauce gewürzt (oder beidem) und dann in der unteren Schalenhälfte gegrillt, bis sie Blasen wirft. Im Handel sind spezielle Grillroste für Schalentiere erhältlich, die das Grillgut stabilisieren und verhindern, dass die Flüssigkeit abfließt.

Muscheln werden auf dieselbe Weise gegrillt.

Wie grillt man Hummer am besten?

Auch hier gibt es verschiedene Möglichkeiten. Am einfachsten ist es, den ganzen Hummer in der Schale zu grillen. Legen Sie ihn zuerst für ein paar Minuten mit der Rückseite nach unten auf den Grill, drehen Sie ihn dann um. Dabei sollte der Hummerschwanz gerade gerichtet werden, damit er gleichmäßig gart.

Der Hummer kann auch der Länge nach halbiert werden. Ich schneide den Hummer am liebsten auf einem geschlitzten Brett, oder ich stelle das Schneidbrett in ein Backofenblech mit Rand, denn so kann ich die Flüssigkeit auffangen und in einer Schüssel beiseitestellen. Würzen und bestreichen Sie den Hummer mit Öl, und grillen Sie ihn dann mit der Schnittseite unten liegend braun. Wenden Sie die Hummerhälfte, gießen Sie die beiseitegestellte Flüssigkeit über das Fleisch, und grillen Sie ihn mit der Schalenseite nach unten fertig.

Bei der Zubereitung von halbiertem Maine Hummer auf dem Grill sind zunächst die Scheren zu entfernen und zwei Minuten vor dem Schwanz zu grillen, da die Scheren einer längeren Garzeit bedürfen.

Vegetarische gegrillte Gerichte

Meine neue Freundin ist Vegetarierin. Ich hingegen liebe gegrilltes Fleisch. Hilfe!

Lassen Sie mich zunächst versichern, dass ich Ihren Kummer verstehe. Als ich die erste Ausgabe von „The Barbecue Bible“ schrieb, waren meine Frau und meine Tochter Vegetarierinnen (Glücklicherweise sind sie seitdem wieder zu Allesfressern geworden). Trösten Sie sich mit dem Gedanken, dass einige der besten Grillgerichte aus Indien kommen und, dass es in dem Land mehr Vegetarier gibt als Einwohner in den Vereinigten Staaten (köstliche vegetarische indische Gerichte finden Sie auf Seite 380). Vielleicht verzehren Sie sich ja bald nach fleischlosen Grillgerichten.

Kann man Tofu wirklich grillen?

Gegrillter Tofu mit Barbecue-Sauce aus Miso gehört zu den Schätzen der japanischen Grillküche (es schmeckt sehr viel besser als es sich anhört). Zweihundertfünfzig Millionen Japaner können sich nicht irren.

Gibt es so etwas wie wirklich gegrillten Käse?

Käse wird fast überall auf der Welt gegrillt und geräuchert, von Argentinien, wo dicke Scheiben provoletta oder gereifter Provolone auf dem Grill gebrutzelt werden, bis in die Schweiz, wo Raclette gegessen wird. Rezepte finden Sie auf den Seiten 384 und 385.

Gegrillte Pizza scheint momentan der Renner zu sein. Kann ich sie auch zu Hause zubereiten?

Ohne weiteres. Geben Sie den Pizzateig auf einen gut geölten Grillrost, und garen Sie sie über der Hitze des Grills. Auf einige Dinge ist dabei zu achten.

- Bereiten Sie drei Temperaturzonen vor: eine heiße Zone zum scharfen Angrillen, eine mäßig heiße Zone, in die Sie die Pizza legen, während Sie den Belag darauf verteilen und eine holzkohlenfreie Zone, in die Sie die Pizza schieben, sollten Flammen auflodern (weitere Informationen zum Grillen mit drei Zonen auf Seite 18).
- Benutzen Sie beim Ausrollen des Teigs viel Olivenöl. Das verhindert auch das Anbacken am Grillrost.
- Geben Sie den Belag in der umgekehrten Reihenfolge einer im Backofen zubereiteten Pizza auf die Pizza. Der Käse kommt zuerst, da er am längsten zum Schmelzen braucht. Die Sauce kommt zum Schluss, da sie bereits gekocht ist und nur aufgewärmt werden muss. Ein Rezept für gegrillte Pizza finden Sie auf Seite 381.

Gemüse

Meine Familie liebt Kebabs, aber die verschiedenen Gemüsesorten scheinen nie gleichzeitig fertig zu werden. Sollte ich das Gemüse zuerst in der Mikrowelle vorgaren oder dünsten?

Nicht nach meiner „Barbecue Bible“. Am einfachsten lässt sich Gemüse grillen, indem es nach Sorten aufgespießt wird: Zwiebelschnitze auf einen Spieß, Paprikastücke oder ganze Schoten auf einen zweiten Spieß, Tomaten auf einen dritten, usw. Legen Sie das Gemüse mit der längsten Garzeit zuerst auf den Grill (für gewöhnlich sind das die Zwiebeln), und grillen Sie dann nach und nach die anderen Gemüsespieße in absteigender Reihenfolge der Garzeiten. So wird alles Gemüse gleichzeitig fertig. Wenn Sie nach dieser Methode vorgehen, befinden Sie sich in bester Gesellschaft. Die Türken grillen bei der Zubereitung von Shish Kebab alle Gemüsesorten auf getrennten Spießen.

Wie grillt man kleine, schmale Gemüsesorten wie grüne Bohnen oder Spargelstangen?

Machen Sie es so, wie es die japanischen Grillmeister machen: Spießen Sie mehrere davon quer auf Zahnstocher und stellen Sie so Spieße zusammen. Es ist viel leichter, vier Spargelspieße zu drehen und zu grillen, als 16 einzelne Stangen. Wenn Sie ein tolles Rezept suchen, schauen Sie auf Seite 396 nach.

Kann man Kopfsalat tatsächlich grillen? Wenn ja, warum macht man das?

Durch das Grillen erhält knackiger Salat einen rauchigen Geschmack (Den ersten gegrillten Caesar's Salad gab es in einem Restaurant namens „Walt's Wharf“ in Seal Beach, Kalifornien). Wenn Sie Venetien kennen, wissen Sie, dass das Grillen die Süße betont und die Bitterkeit des italienischen Radicchio- und Treviso-Salats nimmt.

Ausgefallenes

Kann man Desserts tatsächlich grillen?

Aber natürlich kann man das. Grillmeister von Indonesien (siehe Balinesische gegrillte Bananen auf Seite 512) bis Hawaii (siehe Gegrillte Gewürz-Ananas auf Seite 513) unterstützen mich in der Meinung. Eine kleine Auswahl von Dingen, die gegrillt werden können, umfasst Früchte (insbesondere Ananas, Pfirsich, Apfel, Birne und Banane), rohe Kartoffelscheiben und Streusel, Rührkuchen und natürlich die Lieblingsleckerei aus Kindertagen: Marshmallows (siehe Seite 515).

Meine Frau und ich haben eine Wette offen: Kann man einen Kuchen auf einem Grill backen? Bitte gehen Sie auf diese Herausforderung ein.

Kein Problem. Ich kann Ihnen sogar zwei Möglichkeiten nennen.

1. Bereiten Sie den Grill für indirektes Garen auf mittlere Temperatur vor (176 °C). Sie können den Teig mittels der indirekten Methode „backen" (bei geschlossenem Deckel). Ideal wäre ein Holzkohlegrill, damit Sie ein paar handvoll eingeweichte Obstbaumspäne auf die Kohlen geben können, die ein köstliches rauchiges Aroma verbreiten. Wenn Sie jemals meine „gebackenen" Äpfel auf Seite 511 oder eine Version der gebackenen Fruchtchips aus meinem Buch „BBQ USA" probiert haben, wissen Sie, wie sehr etwas Rauch einen Nachtisch verbessern kann.

2. Nehmen Sie einen festen, bereits gebackenen Kuchen wie Rührkuchen. Schneiden Sie den Kuchen in Scheiben, und grillen Sie ihn wie Katalanisches Tomatenbrot (Seite 128) oder Toskanisches gegrilltes Knoblauchbrot (siehe Seite 127). Der Grill war der erste Toaster, und der Geschmack eines auf dem Grill getoasteten Kuchens wird Sie wie eine Erleuchtung treffen.

GEWÜRZE UND SAUCEN

Was ist der Unterschied zwischen einer Gewürzmischung zum Einreiben, einer Marinade, einer Lake, einer eingespritzten Sauce, einer Glasur, einer Sauce zum Begießen, einer Mopp-Sauce, einer Finiersauce, einer Würzbutter und einer Barbecue-Sauce, und wann sollte ich was verwenden?

Bei allem handelt es sich um Würzmittel, die den Geschmack von Gegrilltem erhöhen sollen. Was sie unterscheidet, ist die Konsistenz (trocken, flüssig oder etwas dazwischen), wann sie aufgetragen werden und welche Wirkung sie auf die Lebensmittel haben. Hier ist ein Überblick.

VOR DEM KOCHEN

EINE GEWÜRZMISCHUNG zum Einreiben ist eine trockene Mixtur mit der das Grillgut vor dem Grillen oder Räuchern eingerieben wird. Eine mit Flüssigkeit versetzte Gewürzmischung zum Einreiben ist eine dicke Paste aus Gewürzen, die vor dem Grillen oder Räuchern aufgetragen wird.

EINE MARINADE ist eine würzige Flüssigkeit in die das Grillgut vor dem Grillen oder Räuchern eingelegt wird.

EINE LAKE ist eine besondere Art Marinade – eine salzhaltige Lösung (oft mit Zucker oder Honig gesüßt), in die das Grillgut vor dem Grillen oder Räuchern eingelegt wird. Das Salz verleiht dem Fleisch Geschmack und pökelt es gleichzeitig.

EINE SAUCE zum Einspritzen ist eine würzige Flüssigkeit (wie eine Marinade), die vor dem Grillen oder Räuchern tief in Fleisch wie Puter, Schweineschulter und andere große Braten mit einer speziellen Nadel gespritzt wird, die wie eine gigantische Injektionsspritze aussieht.

WÄHREND DES KOCHENS

EINE GLASUR ist eine dickflüssige, oft süße Flüssigkeit, die während des Grillens aufgetragen wird, sodass sie das Fleisch „lackiert" und während des Garprozesses eindringt.

EINE SAUCE ZUM BEGIESSEN wird gleich einer Glasur

während des Garens aufgetragen. Oft enthält sie zerlassene Butter, gibt dem Grillgut zusätzlichen Geschmack und hält es saftig und zart.

Eine Mopp-Sauce ist eine dünnflüssige ungesüßte oder leicht gesüßte Flüssigkeit, die während des Grillens oder Räucherns auf das Fleisch aufgetragen wird. Mopp-Saucen kommen ursprünglich aus dem Süden der Vereinigten Staaten und Texas, wo sie traditionell mit sauberen Wisch-Mopps oder Barbecue-Mopps aufgetragen wurden (und werden).

NACH DEM KOCHEN

EINE FINIERSAUCE ist eine dünnflüssige Sauce, die kurz nach dem Räuchern auf gegartes Grillgut aufgetragen wird, damit es glänzt, saftig bleibt und das Aroma versiegelt. Diese Saucen werden fast ausschließlich bei Grillwettbewerben benutzt.

EINE WÜRZBUTTER ist eine Scheibe gewürzter Butter, die nach dem Grillen und kurz vor dem Servieren auf gegrillte Koteletts, Steaks oder Fisch gelegt wird. Die Butter schmilzt, verteilt sich über das Fleisch, hält es saftig und lässt es glänzen. Im Allgemeinen sind diese Butterzubereitungen nicht süß. (Rezepte dazu finden Sie ab Seite 505).

EINE BARBECUE-SAUCE ist ein Würzmittel, das auf oder neben gegrilltem oder geräuchertem Fleisch serviert wird. Viele Barbecue-Saucen, insbesondere amerikanische Saucen – wie die auf Seite 463 – sind süß, aber einige – wie die Essigsauce auf Seite 466 – sind es nicht. Ich persönlich reiche die Barbecue-Saucen am liebsten, wenn das Fleisch vom Grill oder Räuchergrill kommt. Wenn süße Saucen zu früh aufgetragen werden, verbrennt der Zucker, bevor das Fleisch gar ist.

Außerdem reiche ich die Saucen extra und gebe sie nicht direkt auf das Fleisch. So kann man erst einmal den natürlichen Geschmack des Feuers und Rauchs genießen, bevor man mit dem Zucker und den Gewürzen in der Sauce bombardiert wird.

Wann nehmen Sie eine trockene Würzmischung und wann eine Paste?

Dazu gibt es keine festen Regeln. Ich fühle mich versucht zu sagen, dass trockene Gewürzmischungen auf fettiges Fleisch wie Rippchen und Brust aufgetragen werden, wohingegen Gewürzpasten auf mageres Fleisch wie Fisch und Steaks gehören. Aber die Welt steckt voller Gegenbeispiele, vom jamaikanischen Jerk (Seite 182) bis zum balinesischen babi guling (Seite 177).

Was ich Ihnen jedoch sagen kann, ist, dass sowohl Gewürzmischungen als auch Gewürzpasten auf zwei Arten verwendet werden können. Sie können direkt vor dem Grillen oder Räuchern aufgetragen werden; in dem Falle wirken sie wie Gewürze oder Gewürzsalz. Andernfalls können sie mehrere Stunden oder sogar einen Tag vor dem Grillen oder Räuchern aufgetragen werden; in diesem Fall würzen und pökeln (chemische Reaktion) sie das Fleisch. Beim Pökeln entzieht das Salz dem Fleisch Flüssigkeit, was zu einer festeren Konsistenz führt.

Was ist der Zweck des Marinierens? Soll damit der Geschmack erhöht oder das Fleisch zart gemacht werden?

Tatsächlich stimmt beides. Viele der in Marinaden verwendeten Gewürze (Zwiebeln, Knoblauch, Sojasauce, Bier, Chilisaucen, Sesam- und Olivenöl usw.) geben dem Fleisch Aroma, und das Öl hält es saftig.

Säuren spalten Fleischfasern auf und machen zähes Fleisch zarter. Zutaten für säurehaltige Marinaden umfassen Zitronensaft, Essig – am Mittelmeer wird Wein genommen –, Tamarinde, Joghurt und im Mittleren Osten auch Buttermilch.

Wie lange marinieren Sie bestimmte Lebensmittel?

Das hängt von drei Faktoren ab: der Stärke der Marinade, der Größe und der Zartheit des Fleischs. Eine starke Marinade aus Essig und Chilischoten arbeitet schneller als eine sanfte Marinade aus Olivenöl und Kräutern. Garnelen marinieren sehr viel schneller als ein ganzes Hähnchen oder Schweineschulter. Die zart machende Wirkung der Marinaden tritt bei magerem Fleisch wie Filet Mignon schneller ein als bei einem zähen Stück Fleisch wie Rinderbrust.

Lagern Sie Marinaden immer im Kühlschrank.

Was halten Sie von Vakuum-Marinier-Geräten wie dem FoodSaver?

Vor vielen Jahren entdeckte ein kluger Grillmeister, dass die Marinade schneller eindringt, wenn sie mit dem Fleisch vakuumiert wird (wie in einem großen Plastikbeutel, aus dem der Sauerstoff mechanisch herausgesaugt wird). Dann kam der FoodSaver. Der Hersteller und viele Kunden behaupten, dass es mit diesem Gerät nur 30 Minuten dauert, um dasselbe Resultat zu erreichen wie nach dem Marinieren über Nacht oder sogar über den Zeitraum von 24 Stunden.

Ich bin ja eher aus altem Holz geschnitzt, daher verwende ich das Gerät sehr selten. Dennoch schwören viele Grillmeister auf dieses Technik und erzielen großartige Ergebnisse (Mehr dazu unter www.foodsaver.com).

Was hat es mit einer Küchenspritze auf sich?

Sie sehen aus wie gigantische Injektionsnadeln. Man benutzt sie, um die Marinaden tief in große Fleischstücke wie Puter und Braten einzubringen. Hinweis: Sollten Sie für Ihre Marinade Gewürze verwenden, sieben Sie sie vorher durch ein feines Haarsieb oder mehrere Lagen Käseleinen ab, damit die Gewürze die Nadel nicht verstopfen.

Kann ich eine Marinade zum Begießen oder als Sauce verwenden?

Nicht in ihrer rohen Form, denn dann besteht das Risiko der Verunreinigung des Fleisches. Vorausgesetzt, Sie kochen die Marinade mindestens 3 Minuten auf großer Hitze auf oder Sie stellen einen Teil der Marinade vor dem Begießen oder Marinieren beiseite, dann können Sie sie sicher für diese Zwecke verwenden.

Haben Sie Rezepte für zuckerfreie Gewürzmischungen und Barbecue-Saucen?

In dem Kapitel „Gewürzmischungen" dieses Buches finden Sie mehrere zuckerfreie Gewürzmischungen und in dem Kapitel „Saucen" mehrere Barbecue-Saucen.

Haben Sie eine Lieblings-Barbecue-Sauce?

Barbecue-Saucen sind so verschieden wie gegrillte Fleischsorten und die Personen, die es zubereiten. Im Allgemeinen bevorzugte ich die Barbecue-Sauce, die traditionell in einer Region zu einem bestimmten Gericht serviert wird. Sie kann süß sein wie in Kansas City oder gar keinen Zucker enthalten wie das Chimichurri Argentiniens (siehe Seite 478). Zeit und Tradition haben festgelegt, welche Sauce zu welchem Fleisch am besten passt.

Ich würde gern selbst eine Barbecue-Sauce zubereiten, aber ich bin mir nicht sicher, wie ich beginnen soll. Haben Sie Vorschläge?

Die meisten amerikanischen Barbecue-Saucen basieren entweder auf Ketchup, Tomatensauce oder Senf; beginnen Sie also mit einem der drei (sie schmecken ja so schon gut, also müssen Sie sie nur noch verfeinern). Geben Sie ein Süßungsmittel (z.B. Zucker, Honig oder Sirup) und etwas Saures (Essig, Zitronensaft oder Wein) hinzu, um ein Gegengewicht zu der Süße zu schaffen. Fügen Sie dann Aromen wie Zwiebel und Knoblauch für die Tiefe des Geschmacks und etwas Scharfes wie Chilisauce oder Ingwer hinzu.

In vielen amerikanischen Saucen ist flüssiges Raucharoma enthalten, mittels dessen der Rauchgeschmack des Fleischs verstärkt wird (Entgegen der allgemeinen Meinung handelt es sich bei flüssigem Raucharoma um eine natürliche Zutat). Geben Sie zuletzt auch noch eine unerwartete Zutat hinzu (eine kurze Liste umfasst Kaffee, Kolanuss, pürierte Früchte, Bourbon oder eine andere Spirituose), um Ihrer Sauce etwas Persönlichkeit zu geben. Denken sie daran: Die wichtigsten Zutaten einer Barbecue-Sauce sind Originalität und Gleichgewicht. Und: Schreiben Sie immer auf, was Sie in die Sauce geben, damit Sie sie immer wieder zubereiten können.

JETZT RAUCHT'S

Wie kann ich an einem Grill-Wettbewerb teilnehmen?

Die Welt der Barbecue-Wettkämpfe ist eine der faszinierendsten Subkulturen der USA. Die Teilnahme kann auf verschiedene Weisen erfolgen. Zunächst könnten Sie einen nationalen oder regionalen Wettbewerb besuchen. Die drei größten sind die Wettbewerbe Memphis in May World Championship Barbecue Cooking Contest (www.memphisinmay.org), American Royal Barbecue in Kansas City, Missouri (www.americanroyal.com/) und Jack Daniel's World Championship Invitational in Lynchburg Tennessee (www.lynchburgtenn.com/jack_daniels_bar-b-q.html). Bei einem lokal oder regional ausgetragenen Wettbewerb haben Sie aber eine größere Chance auf ein persönliches Gespräch mit den Grillmeistern: Wenden Sie sich an die Kansas City Barbecue Society (KCBS, www.kcbs.us), und bitten Sie um Zusendung einer Liste regionaler Wettbewerbe.

Der nächste Schritt besteht darin, als Freiwilliger bei einem lokalen Team mitzumachen; bald werden Sie bestimmt zu einem regulären Teammitglied. Von dort kann Sie der Hang zum Grillen dahin führen, dass Sie Ihre Nächte mit dem Entwickeln von Saucen und Ihre Wochenenden mit der Perfektionierung von Rippchen verbringen. Bald wird in Ihrer Auffahrt ein gigantischer Räuchergrill (wahrscheinlich mitsamt Kranwagen) stehen. Bevor Sie es merken, dreht sich Ihr Urlaub um die Organisation der Teilnahme an landesweiten Wettkämpfen. Hinweis: Es wäre keine schlechte Idee Ihren Mann oder Ihre Frau ebenfalls für dieses Hobby zu begeistern, da man schnell sehr viel Zeit damit verbringt.

Wenn ich als Zuschauer am Memphis May oder dem American Royal Grill-Wettbewerb teilnehme, kann ich dann das von den Grillmeistern zubereitete Essen kosten?

Nein. Die Regeln verbieten das Reichen von Speisen an die Öffentlichkeit. Wenn Sie jedoch Freundschaft mit einem der Teammitglieder schließen, lädt man Sie vielleicht zu einem der Privatfeste auf dem Teamgelände ein. Dies ist ein weiterer Grund, warum regionale oder lokale Wettbewerbe für Neulinge interessanter sind. Dort ist die Wahrscheinlichkeit einer Kostprobe viel größer.

Wie suchen Sie die Gerichte für einen Wettbewerb aus?

Es gibt mehrere Strategien. Manche Teams verlassen sich auf Ausgefallenes. Beispielsweise tragen sich bei den meisten Wettbewerben viel mehr Teams für die Kategorie Rippchen ein, als für ganze Schweine. Statistisch gesehen haben Sie also eine größere Chance auf einen Gewinn in der Kategorie ganze Schweine. Natürlich bedarf es sehr viel Erfahrung ein ganzes Schwein perfekt auf den Punkt zu grillen.

Andere Teams verlassen sich auf den Schock-Effekt. Bei den meisten Wettbewerben gibt es eine Kategorie die „Alles andere" heißt. Hier können Sie sich mit jedem Gericht außer den großen Drei (Rippchen, Schulter oder ganzes Schwein) eintragen. Vielleicht haben Sie ja eine mordsmäßige gegrillte, geräucherte Pekannuss-Pastete auf Lager, oder vielleicht grillt niemand einen Alligator so gut wie Sie. In diesen Kategorien ist der direkte Wettbewerb nicht ganz so groß. Daher steigen die Chancen für einen Sieg.

Mein Rat ist es, sich mit einem Gericht anzumelden, auf das man stolz ist (und mit dessen Zubereitung man die meiste Übung hat). Meine Großmutter sagte immer, dass Sahne es ganz nach oben schafft. Das stimmt auch.

Mir wird immer wieder gesagt, dass ich ganz wunderbar grille. Wie gehe ich vor, wenn ich ein eigenes Restaurant eröffnen möchte?

Erstens: Tun Sie das nicht. Zweitens: Tun Sie das nicht. Drittens: Tun Sie das nicht. Sollte ich Sie immer noch nicht von der Idee abgebracht haben, machen Sie einen Termin bei einem Psychotherapeuten. Es gibt wenige Betriebe, die eine geringere Erfolgsquote haben als Restaurants. Die meisten schaffen es nicht über die ersten drei Jahre hinaus. Das Führen eines Restaurants verlangt ganz andere Fähigkeiten als für das Räuchern einer preisgekrönten Rinderbrust nötig sind. Letzteres zu bewältigen garantiert nicht, dass man ein Restaurant erfolgreich führen kann.

Wenn Sie dennoch ein Restaurant eröffnen möchten, schlage ich vor, Sie suchen sich erst eine Stelle in einem bereits bestehenden Grillrestaurant (oder anderem Restaurant), damit Sie sehen können, ob es Ihnen gefällt. Für den Fall, dass Sie die Sache weiterverfolgen möchten, lernen Sie dort unter Umständen noch etwas.

Ich habe eine brillante Sauce entwickelt, die ich vermarkten möchte. Wie gehe ich vor?

Dieses Unterfangen ist recht schwierig. Da ich selbst Würzmischungen und Saucen auf kommerzieller Ebene vertreibe (und mit einer früheren Produktreihe an Würzmischungen bereits erfolglos war), weiß ich, wovon ich rede. Es gibt zwei Wege: Tun Sie sich mit jemandem zusammen, der bereits im Geschäft ist (das habe ich gemacht), oder suchen Sie sich eine Abfüllfirma, die Ihre Sauce für Sie abfüllt, mit Etiketten versieht und lagert. Sie werden einen Vertriebsplan entwickeln, Händler finden und für das Produkt werben müssen. Bevor Sie das tun, schauen Sie sich die Saucen in den Regalen in einem Barbecue-Geschäft oder dem nächsten Supermarkt an; der Wettbewerb ist groß. Nicht, dass ich etwas gegen Unternehmergeist hätte – ganz im Gegenteil. Ich möchte Ihnen nur klar machen, auf was Sie sich da einlassen. Auf der anderen Seite hat ein Freund von mir mit einer Sauce, die er über mehrere Jahrzehnte vervollkommnet hat, auf die gleiche Weise klein angefangen. Die Sauce heißt KC Masterpiece und er hat sie an Clorux verkauft.

Wie finde ich auf Reisen die besten Orte, an denen ich Gegrilltes essen kann?

Eine weitere gute Frage. Fragen Sie in dem Moment, in dem Sie wissen, dass Sie auf Reisen gehen werden, schon herum. Schauen Sie unter der Rubrik Best BBQ Joint auf dem Barbecue Board unter www.barbecuebible.com nach. Lesen Sie Gastronomie- und Reisemagazine. Schreiben Sie an oder besuchen Sie den örtlichen Restaurantkritiker (Ich habe früher in dieser Position gearbeitet und bin auf solche Bitten immer eingegangen). Fragen Sie am Zielort Ihrer Reise alle möglichen Personen nach Empfehlungen – insbesondere Taxifahrer. Taxifahrer scheinen überall auf der Welt ein untrügliches Gespür für großartige Grillrestaurants zu haben.

Wenn Sie dann an dem jeweiligen Ort angekommen sind, stellen Sie Folgendes sicher:

1. dass der Ort gut besucht ist;

2. dass auf dem Gelände ein Stapel Holz liegt;

3. dass ein Holzkohlegrill vorhanden und mit Holz beheizt wird oder, dass Sie Rauch riechen können (wenn dem nicht so ist, oder wenn ich keinen Rauch riechen kann, gehe ich wieder);

4. dass das Essen wirklich nach Rauch schmeckt.

Die sechs häufigsten Fehler beim Grillen und deren Vermeidung

VORZEITIGES ENTZÜNDEN DES GRILLS: Zünden Sie Ihren Grill nicht verfrüht an – insbesondere im Fall eines Holzkohlegrills. Zwanzig bis dreißig Minuten bevor Sie grillen möchten, reichen völlig aus. Es gibt nichts Schlimmeres, als festzustellen, dass die Kohlen nicht mehr glühen, gerade wenn man mit dem Grillen beginnen möchte. Ein verwandter Fehler: Der Gasgrill wurde nicht richtig vorgeheizt. Für das Grillen auf einem Gasgrill ist eine Temperatur von mindestens 315 °C nötig.

DIE ANNAHME, DASS MEHR BESSER IST (AUCH BEKANNT ALS DAS MÄNNERSYNDROM): Ein verbreiteter, aber irrtümlicher Glaube (insbesondere unter Männern) ist die Annahme, dass, wenn etwas gut ist, mehr sicher besser ist. Dies gilt für Würze (wenn 1 EL gut ist, sind 4 EL bestimmt prima), Saucen (wenn 60 ml Tabasco gut sind, müssen 240 ml besser sein), Rauch (wenn das Hinzugeben von 90 g Räuchermehl pro Stunde während der ersten 4 Stunden gut ist, muss es noch besser sein, wenn man alle 360 g innerhalb der ersten Stunde hinzugibt), usw. Sie wissen, was ich meine. Tatsache ist, dass beim Grillen weniger einfach mehr ist. Probieren Sie die Rezepte in diesem Buch erst anhand der vorgegebenen Zutatenmengen aus, bevor Sie sie erhöhen.

GRILLEN BIS DAS GRILLGUT ANGEBRANNT IST: Kochen und anbrennen lassen sind zwei verschiedene aber verwandte Methoden der Zubereitung. Erstere Methode verwandelt rohes Fleisch oder Gemüse in ein köstliches – und verdauliches – Vergnügen. Die zweite Methode geht einen Schritt weiter und verwandelt gutes Essen in ungenießbare Asche. Seien Sie bemüht, Ihr Essen zu garen und nicht zu verbrennen. Goldbraun ist gut; kohlrabenschwarz ist schlecht (mit Ausnahme bestimmter Bruststücke). Eine knusprige Kruste ist gut, ein verbrannter Panzer ist schlecht. Genug gesagt.

GRILLEN ÜBER DEN FLAMMEN NICHT ÜBER DER GLÜHENDEN KOHLE: In der Regel müssen Holzkohle- und Holzfeuer zu glühender Kohle abgebrannt sein, bevor man das Grillgut darauf legt. So kann man das Grillgut auf gleichmäßiger Hitze scharf angrillen. Das Grillen über den Flammen führt zu ungleichmäßig gegartem Grillgut (außen verbrannt, innen roh) und hinterlässt eine rußartige Schicht auf dem Grillgut. Hinweis: Wie jede Regel hat auch diese eine Ausnahme. Die Deutschen grillen ihren Spießbraten in den Flammen eines Buchenfeuers. Zudem geht nichts über ein Lagerfeuer über dem zum Nachtisch Marshmallows gegrillt werden (siehe Seite 515).

ÜBERFÜLLTER GRILLROST: Ein übervoller Grillrost ist eine Fahrkarte ins Unglück. Der Grund ist simpel: Sie nehmen sich dadurch Platz zum Manövrieren über heißen Stellen und auflodernden Flammen. Ich arbeite immer nach der von mir so benannten 70%-Regel – ich beanspruche nie mehr als 70 % der Fläche des Grillrosts. Mit anderen Worten: Ich lasse 30 % des Rosts frei (diesen Bereich nenne ich die „Sicherheitszone"), damit ich genügend Raum zur Verfügung habe, sollte der Grill zu heiß werden oder falls zu häufig Flammen auflodern.

DIE PRAXIS DER GUTEN GRILL-HYGIENE: Manche Leute (wieder sind dies meistens Männer) verwechseln einen dreckigen Grillrost mit einem gut gewürzten Grillgericht. Ein gut gewürztes Grillgericht erhalten Sie, wenn der Rost bei jedem Gebrauch gebürstet und geölt wird (direkt bevor man Grillgut darauf legt, und direkt nachdem man gegrillt hat). Dreckige Grills sind das Produkt mangelnden Abbürstens und Einölens (und ungesäuberter Tropfschalen). Manche Leute glauben, dass angebrannte Reste Lachshaut, Rindfleisch, Schweinerippchen und so weiter das, was man grillt, zusätzlich würzen. Das tun sie bestimmt auch – nur nicht mit dem Gewürz, das Sie gerne essen möchten.

VON OBEN IM UHRZEIGERSINN:
SINGAPORE SLING | SEITE 59 • GEMINZTER LIMETTENSAFT | SEITE 62 • SANGRIA „MADRID“ | SEITE 60
PISCO SOUR | SEITE 58

KAPITEL 2

DURST-LÖSCHER

„Verbleit oder bleifrei?“, fragte mich der Barkeeper einer Grillhütte in Nassau auf den Bahamas. Ich musste mich also entscheiden. Im örtlichen Sprachgebrauch ist mit „verbleit“ ein mit Gin versetzter Kokosnuss-Punsch gemeint, der Sky Juice genannt wird. „Bleifrei“ hingegen bezieht sich auf dasselbe Getränk ohne Gin. Was für ein hervorragender Auftakt für einen Grillabend!

„Der Appetit kommt beim Essen, ... aber der Durst vergeht beim Trinken.“

—François Rabelais

Das Grillen kann in der Tat recht durstig machen. Zum einen steht man im Freien neben einer enormen Hitzequelle, zum anderen verlangen die auf dem Grill zubereiteten Speisen nach einem vollmundigen Trunk, der zu dem rauchigen Geschmack des Feuers passt.

Eisgefüllte Krüge Caipirinha (die brasilianische Form eines Daiquiri), zubereitet aus Zuckerrohrschnaps und Limetten, lassen sich aus brasilianischen Grillfesten nicht wegdenken. Dasselbe gilt für türkische Kebabs und Raki (ein Anisschnaps) oder karibisches Essen im Freien ohne den Planter's Punch.

Hier sind einige der weltbesten Durstlöscher zusammengestellt, von denen nicht alle „verbleit“ sind.

Da wären zum Beispiel das afghanische Joghurtgetränk doh, ein erfrischender Trunk aus Zentralasien, der aus Joghurt, Pfefferminze und Sodawasser zubereitet und im gesamten Gebiet zwischen Bagdad und Kabul genossen wird. Von Senegals gingere ananas (Ingwer-Ananas-Punsch) bis zum bandung (Rosenwassertrunk) aus Singapur und Malaysia finden Sie wahre alkoholfrei zubereitete Schätze an Rezepten für Getränke, die selbst den hartnäckigsten Durst löschen.

ALKOHOLHALTIG

BRASILIEN

BRASILIANISCHER DAIQUIRI
CAIPIRINHA

FÜR 8 PERSONEN

Jedes Land, in dem Rum getrunken wird, hat ein eigenes Rezept für den Daiquiri. In Brasilien ist dies der Caipirinha. Er besteht nur aus drei Zutaten: frische Limetten, Zucker und Zuckerrohrschnaps. Er lässt sich einfach zubereiten und ist erfrischend im Geschmack. Wehe jedoch dem, der mehrere Caipirinhas schnell hintereinander trinkt, denn in einen Caipirinha gehört einer der hochprozentigsten Branntweine der westlichen Halbkugel: Cachaça.

Cachaça (gesprochen: „Kaschassa") ist ein aus Zuckerrohr destillierter Branntwein und um einiges stärker als Rum. Er ist in gut sortierten Fachgeschäften erhältlich. Für den Fall, dass Sie ihn nicht bekommen können, kann stattdessen auch normaler weißer Rum verwendet werden. Der Caipiroska, ein ähnliches Getränk, wird mit Wodka zubereitet.

Was den Caipirinha vom üblichen Daiquiri unterscheidet, sind die im Krug sorgfältig zerdrückten Limetten. Durch das Zerdrücken werden die ätherischen Öle aus der Schale freigesetzt. Man kann sich kaum ein echtes Churrasco (brasilianische Grillfeier) vorstellen, das nicht mit einem erfrischenden Krug mit Caipirinha beginnen würde.

8 große, saftige Limetten
220 g Turbinado-Zucker (Rohzucker, siehe Erläuterung rechts) oder Kristallzucker; oder mehr, je nach Geschmack
480 ml Cachaça oder weißer Rum
ca. 1000 g Eiswürfel

1. Die Limetten mit den Handflächen auf einem Schneidbrett rollen, um den Saft aus dem Fruchtfleisch zu lösen. Dann die Limetten achteln und die Stücke in einen stabilen Krug geben. Den Zucker hinzufügen und die Limetten-Achtel mit einem Mörser, Kartoffelstampfer oder Holzlöffel zerdrücken, bis so viel Saft wie möglich aus den Früchten gepresst ist.

Turbinado-Zucker

Turbinado-Zucker ist ein roher, granulierter, bernsteinfarbener Zuckerrohrzucker, den man in Bioläden bekommt.

2. Den Cachaça und das Eis hineinrühren, und dann mit Zucker abschmecken, bis das Verhältnis zwischen süß und sauer genau richtig ist. Der Caipirinha kann in Daiquiri-Gläsern oder Bechergläsern serviert werden.

PUERTO RICO

DIE KLASSISCHE PIÑA COLADA

FÜR 2 PERSONEN

Ramon „Monchito" Marrero Perez kennt sich mit Piña Coladas aus. Er arbeitet in einer Bar in San Juan, in der täglich über dreihundert dieser tropischen Getränke verkauft werden. Perez sieht sich als Erfinder der Piña Colada und sagt, er habe sie an einem dunstigen Sommertag im Jahr 1954 kreiert. Laut dem amerikanischen Wörterbuch Webster erschien der Name Piña Colada 1923 das erste Mal in gedruckter Form. Ananas-Saft mit Rum ist schon seit Jahrzehnten (wenn nicht Jahrhunderten) ein beliebtes puertoricanisches Getränk. Perez Innovation lag in dem Hinzufügen von Kokoscreme, was sie reichhaltiger macht und ihr eine sahnige Konsistenz verleiht. Bei dem hier vorgestellten Rezept handelt es sich um das Original-Rezept von Perez. Für eine besonders fruchtige Piña Colada geben Sie anstelle des Safts gewürfelte Ananas (ca. 150 g) hinzu.

60 ml leichter Rum (40 %; Perez nimmt Bacardi)
180 ml ungesüßten Ananas-Saft
3 EL Kokoscreme
2 EL Sahne
250 g zerstoßenes Eis
1 langes Stäbchen oder dünne Scheibe frische Ananas
1 Maraschino-Kirsche mit Stängel

Rum, Ananas-Saft, Kokoscreme und Sahne mit dem Eis in einem Mixgerät zu einer cremigen Masse verrühren. Die fertige Piña Colada in hohe Gläser füllen. Mit der Ananas und einer Maraschino-Kirsche garnieren. Sofort servieren.

KARIBIK

PLANTER'S PUNCH

FÜR 4 PERSONEN

Planter's Punch kennt man in der gesamten Karibik. In der Kolonialzeit war er ein Willkommenstrunk. In dem Grundrezept sind Orangensaft, Ananassaft, Guaven-Nektar und Rum enthalten, jedoch gibt es so viele Variationen wie Barkeeper. Genießen Sie ihn zu einem der karibischen Grillgerichte aus diesem Buch.

VORBEREITUNGSZEIT

Lassen Sie den Punsch 2 Stunden bis 2 Tage ziehen

FÜR DEN PUNSCH

240 ml dunkler Rum
240 ml frischer Orangensaft
240 ml ungesüßter Ananassaft
240 ml Guaven-Nektar
2 EL frischer Limettensaft
2 EL Zucker, oder mehr, je nach Geschmack
½ TL Angostura Bitter
½ Vanilleschote, längs halbiert
2 Zimtstangen
2 ganze Gewürznelken
Eiswürfel zum Servieren

FÜR DIE GARNIERUNG

4 Orangenscheiben
4 Maraschino-Kirschen mit Stängel
frisch geriebene Muskatnuss

1. Rum, Orangensaft, Ananassaft, Guaven-Nektar, Limettensaft, Zucker und Angostura in einem Krug verrühren, bis sich der Zucker aufgelöst hat. Vanilleschote, Zimtstangen und Nelken hinzufügen. Den Punsch abgedeckt mindestens 2 Stunden bis maximal 2 Tage im Kühlschrank ziehen lassen.

2. Den Punsch durch ein Sieb in mit Eis gefüllte Bechergläser gießen. Jedes Glas mit einer Orangenscheibe und einer Maraschino-Kirsche garnieren. Dann etwas Muskatnuss darüber reiben, und sofort servieren.

BAHAMAS

BAHAMIAN SKY JUICE

FÜR 4 PERSONEN

Kein Grillgericht auf den Bahamas wäre komplett ohne den Sky Juice, ein starkes Getränk aus Kokosmilch (die in Kokosnüssen enthaltene milchige Flüssigkeit), Kondensmilch und Gin. Wenn ich sage stark, dann meine ich es auch – es lässt sich ebenso mühelos trinken, wie es Ihre Knie zu Gummi werden lässt.

Auf den Bahamas wird Sky Juice generell mit Gin gemischt – etwas ungewöhnlich für die Karibikbewohner, die eigentlich den Rum bevorzugen, jedoch im Hinblick auf das britische Erbe verständlich. Ich kann Ihnen aber versichern, dass es mit Rum genauso vorzüglich schmeckt. Ich serviere Sky Juice gern in der Kokosnuss – so lässt sich das Getränk bei einem Essen im Freien festlich präsentieren. Zudem bevorzuge ich Sky Juice etwas süßer, was nicht jedermanns Geschmack entspricht. Daher habe ich den Zucker als mögliche Zutat angegeben.

4 reife (harte) Kokosnüsse
(siehe Erläuterungen auf Seite 114)
240 ml Kondensmilch
240 ml Gin oder Rum
3 EL Zucker (nach Geschmack)
1 TL gemahlener Zimt
½ TL frisch gemahlene Muskatnuss

1. Die „Augen“ der Kokosnuss mit Hilfe eines Schraubenziehers und eines Hammers durchstoßen, und die austretende Flüssigkeit durch ein Sieb in eine Rührschüssel laufen lassen. So sollte man etwa 480 ml Kokosmilch erhalten. Die geleerten Kokosnüsse beiseitestellen. Kondensmilch, Gin, Zucker (nach Geschmack), Zimt und Muskat hinzugeben, und rühren bis sich der Zucker aufgelöst hat. Den Sky Juice für mindestens 2 Stunden kalt stellen oder einige Eiswürfel hineingeben.

2. Den Sky Juice durch einen Trichter oder Spritzbeutel in die bereitgestellten Kokosnüsse gießen. Die Strohhalme in die Kokosnüsse stecken und servieren.

HINWEIS: Schütteln Sie die Kokosnüsse vor dem Kauf, denn so können Sie hören, ob sie Milch enthalten. Trockene Kokosnüsse können ranzig sein und sind nicht mehr genießbar.

BRASILIEN

BRASILIANISCHER KOKOSNUSS-SHAKE

BATIDO

FÜR 4 PERSONEN

Ausgesprochen wird batido wie Ba-TSCHI-do. Es bezeichnet eine Reihe von brasilianischen Milch-Mixgetränken. Bei diesem Rezept sollte man sich, was den alkoholischen Anteil betrifft, für Cachaça (ein starker brasilianischer Branntwein aus Zuckerrohr) entscheiden. Sollte er nicht erhältlich sein, können Sie stattdessen auch normalen weißen Rum verwenden. Ich serviere dieses exotische und cremige Milch-Mixgetränk zu jedem brasilianischen Grillgericht, zum Beispiel mit Gespickter brasilianischer Rostbraten (Seite 139) und Schweinerouladen „Rio“ (Seite 179).

80 ml Kokoscreme
80 ml Cachaça oder normalen weißen Rum
60 ml gesüßte Kondensmilch
ca. 1000 g zerstoßenes Eis

Kokoscreme, Cachaça und Kondensmilch in einem Mixgerät mit dem Eis vermengen, bis eine sahnige Konsistenz erreicht ist. Das Getränk in hohe Gläser füllen und sofort servieren.

KARIBIK

PASSIONSFRUCHT-DAIQUIRI

FÜR 4 PERSONEN

Der Daiquiri entstand zur Jahrhundertwende in der gleichnamigen, für den Nickel-Abbau bekannten Stadt im Süden Kubas. Die Hauptzutaten sind damals wie heute Limettensaft, Zucker und Rum. Mittlerweile wird der Daiquiri gerne mit einer Vielzahl von Früchten genossen. Dieser Passionsfrucht-Daiquiri wird Ihnen ganz neue Perspektiven eines Klassikers der Karibik eröffnen, die Sie schätzen werden.

180 ml gefrorener oder in Flaschen abgefüllter Maracuja-Saft oder 15 Maracuja-Früchte
80 ml leichter Rum (40 %)
6 EL hellbrauner Zucker
ca. 750 g zerstoßenes Eis

1. (Wenn Sie gefrorenen Maracuja-Saft oder Maracuja-Saft aus der Flasche verwenden, gehen Sie direkt zu Punkt 2 über.) Die frischen Maracuja durchschneiden und das Fruchtfleisch herauskratzen. Das Fruchtfleisch dann durch ein Sieb drücken. Auf diese Weise sollten Sie etwa 180 ml Saft erhalten.

2. Den Maracuja-Saft mit dem Rum und dem braunen Zucker in einem Mixgerät mit dem Eis solange mischen, bis die Konsistenz cremig ist. Das Getränk in Martini-Gläser gießen und sofort servieren.

USA

SMOKY MARTINI

FÜR 1 PERSON

Das Steak ist zurück. Gleiches gilt für Zigarren und Martinis. Nach einem Jahrzehnt strikter gesundheitsbewusster Ernährung scheinen die Amerikaner sich etwas entspannt zu haben und essen heute vernünftig, aber lassen dabei den Genuss-Sinn nicht zu kurz kommen. Dieser Martini wird mit einem Tropfen flüssigen Raucharomas verstärkt und kann so perfekt zu gegrillten Gerichten gereicht werden.

PASSIONSFRUCHT-DAIQUIRI | LINKS

60 ml Gin
½ TL trockener Wermut
1 Tropfen flüssiges Raucharoma
ca. 250 g Eiswürfel
in Streifen geschnittene Zitronenschale (ungespritzt)

Gin, Wermut und flüssiges Raucharoma mit dem Eis in einen Mixbecher geben und die Zutaten durch Schütteln (nicht durch Rühren) vermischen. Das Getränk in ein Martini-Glas abseihen. Die Zitronenschale mit der glänzenden Seite nach unten über den Rand des Martini-Glases ziehen und dann in das Glas geben. Sofort servieren.

FRANZÖSISCHE ANTILLEN

RUM-PUNSCH NACH ART DER FRANZÖSISCHEN ANTILLEN

'TI PUNCH

FÜR 1 PERSON

'Ti Punch (kurz für Petit Punch) ist das elementarste aller Rum-Mixgetränke der Französischen Antillen – in Garküchen wie schicken Restaurant gleichermaßen begeistert genossen. Ein echter 'Ti Punch-Genießer presst den Limettensaft in das Getränk und rührt, bis der Zucker sich aufgelöst hat. Mancher gibt ein, zwei Eiswürfel hinzu, die Bewohner Guadeloupes trinken es so.

In manchen Rezepten wird Zuckerrohrsirup als Zutat angegeben. Der 'Ti Punch, den ich auf Guadeloupe getrunken habe, bestand jedoch meistens einfach aus Rum, Limette und Zucker. Sie können je nach Geschmack weißen oder braunen Rum verwenden.

3 EL Rum
2 TL Turbinado-Zucker (Rohzucker, siehe Erläuterungen auf Seite 54) oder Kristallzucker
1 Limettenscheibe (ungespritzt) zum Garnieren

Den Rum und den Zucker in ein Glas (die Einheimischen bevorzugen Weinbrand-Gläser) geben und langsam mit einem Löffel rühren. Mit der Limettenscheibe über den Glasrand reiben und sie dann ans Glas stecken. Servieren Sie den 'Ti Punch mit einem kleinen Löffel oder Rührstäbchen und einer Limettenscheibe, deren Saft dann in das Getränk gepresst werden kann.

PERU

PISCO SOUR

FÜR 4 PERSONEN

Heute verkauft sich der Pisco Sour nicht mehr unbedingt wie warme Semmeln, war jedoch zurzeit der Hochkonjunktur nach dem kalifornischen Goldrausch eines der beliebtesten Getränke in den USA. Pisco ist der Name eines kräftigen Branntweins, der in Peru und Chile aus Muskat-Trauben gewonnen wird. Pisco Sour passt zu allen anticuchos (peruanische Kebabs) aus diesem Buch und allen südamerikanischen Grillgerichten.

100 g Zucker
1 Zitronenscheibe (ungespritzt)
60 ml frisch gepresster Zitronensaft
180 ml Pisco-Branntwein
½ TL Angostura Bitter
Eiweiß von einem großen Ei (siehe Hinweis)
ca. 750 g zerstoßenes Eis
4 frische Zweige Pfefferminze zum Garnieren

1. 50 g Zucker in einer flachen Schüssel verteilen. Die Ränder von 4 Martini- oder Whiskygläsern mit der Zitronenscheibe einreiben und sie in den Zucker tauchen. Überflüssige Mengen abschütteln.

2. Restliche 50 g Zucker mit Zitronensaft, Angostura und Eiweiß sowie dem Eis in einem Mixgerät mischen, bis eine schaumige Konsistenz erreicht ist.

3. Das Gemisch in die vorbereiteten Gläser gießen, jeweils mit einem Zweig Pfefferminze garnieren und sofort servieren.

HINWEIS: Sollten Sie Bedenken wegen des Verzehrs von rohem Eiweiß haben, können Sie auch 1 EL Eiweißersatz verwenden.

SINGAPUR

SINGAPORE SLING

FÜR 4 PERSONEN

Es war ein typischer langer Tag auf der Suche nach Grill-Rezepten unter der äquatorialen Sonne. In Wirklichkeit war es anstrengender, als es sich anhört. Also beschloss ich, meine Frau und mich am Ende eines langes Tages etwas zu verwöhnen: Cocktails im ungeheuer luxuriösen „Raffles Hotel", wo der Legende nach der Singapore Sling im Jahr 1915 von einem Barkeeper namens Ngiam Tong Boon aus Hainan erfunden wurde. Heute serviert das Hotel dieses Getränk in speziellen, mit Monogramm versehenen Gläsern in dem Bar & Billard Room, der Schwindel erregend hohe Decken hat. Der Singapore Sling passt gut zu allen Satés nach der Art Singapurs und Malaysias aus diesem Buch.

120 ml Gin
60 ml Kirschlikör
2 EL frisch gepresster Limettensaft
2 EL ungesüßter Ananassaft
2 EL frisch gepresster Orangensaft
1 EL Cointreau
1 EL Bénédictine
4 Spritzer Angostura Bitter
Eiswürfel zum Servieren
750 ml Sodawasser, oder mehr, nach Bedarf
4 Maraschino-Kirschen zum Garnieren
4 frische Ananasscheiben zum Garnieren

1. Gin, Kirschlikör, Limettensaft, Ananas- und Orangensaft, Cointreau, Bénédictine und Angostura in einem Krug verrühren.

2. Die Eiswürfel in hohe Gläser geben und das Gemisch dann zu gleichen Teilen in die Gläser füllen. Mit Sodawasser aufgießen und jedes Glas mit einer Kirsche und einer Ananasscheibe garnieren. Mit einem langen Löffel umrühren und sofort servieren.

MEXIKO

FRONTERA MARGARITA

FÜR 8 PERSONEN

Der als Margarita bekannte Durstlöscher aus starkem Tequila und Limettensaft ist ein Synonym für Spaß und mexikanische Grillfeste. Den besten Margarita, den ich je trank, hatte jedoch nicht etwa ein Mexikaner, sondern ein Gringo namens Rick Bayless, Inhaber zweier beliebter Chicagoer Restaurants, „Frontera Grill" und „Topolobampo", gemixt. Rick lässt seinen Tequila fast einen ganzen Tag in Limettensaft und -schale ziehen, bevor er das Getränk zubereitet. Auf diese Weise bekommt der Margarita ein ungewöhnlich reiches Aroma.

VORBEREITUNGSZEIT

6 bis 8 Stunden für das Ziehenlassen des Tequila

ZUTATEN

420 ml Tequila (Rick nimmt Cuervo Especial gold)
60 ml Orangenlikör (Rick verwendet den spanischen Likör Gran Torres)
120 ml frisch gepresster Limettensaft
1 TL fein geriebene Limettenschale (ungespritzt)
65 g Zucker
75 g grobes Meersalz
8 Limettenscheiben zum Garnieren (ungespritzt)
750-1000 g Eiswürfel zum Servieren

1. Am Morgen des Tages, an dem die Margaritas gereicht werden sollen, Tequila, Orangenlikör, Limettensaft, Limettenschale, Zucker und 240 ml Wasser in einem Krug verrühren. So lange rühren, bis sich der Zucker aufgelöst hat. Die Margarita-Mixtur dann zugedeckt für 6 bis 8 Stunden im Kühlschrank ziehen lassen.

2. Das Salz in einer flachen Schüssel verteilen. Die Ränder von 8 Martini-Gläsern mit einer Limettenscheibe einreiben, die Gläser in das Salz tauchen und überschüssige Mengen Salz abschütteln. Die Eiswürfel zu der Margarita-Mixtur geben und rühren (Sie können auch einen Mixbecher benutzen und schütteln). Die Margaritas dann in die vorbereiteten Gläser seihen. Eine Limettenscheibe in jedes Glas geben und sofort servieren.

SPANIEN

SANGRIA „MADRID“

FÜR 6 PERSONEN

Sangria wird zwar gern bei Grillfesten getrunken, im Laufe der letzten Jahre hat sich jedoch eine Tendenz gezeigt, sie in eine Art in Wein schwimmenden Fruchtsalat zu verwandeln. Hier ist ein Sangria-Rezept im Stil der Tapas-Bars in Madrid – wenig Frucht, nicht zu süß und sehr stark. Meine Frau Barbara mag fruchtige Sangria. Drehe ich ihr den Rücken zu, gibt sie gern schon einmal Weintrauben und gewürfelte Bananen hinzu. Wenn Sie viele Früchte in ihrer Sangria mögen, können Sie es ihr natürlich nachmachen.

1 Flasche (750 ml) trockener Rotwein, vorzugsweise spanischer Wein
240 ml Gin
240 ml Cognac
200 g Zucker, oder mehr, nach Geschmack
1 ganze Zitrone (ungespritzt)
1 ganze Orange (ungespritzt)
120 ml frisch gepresster Zitronensaft
120 ml frisch gepresster Orangensaft
3 Zimtstangen (je 8 cm lang)
Eiswürfel zum Servieren

1. Wein, Gin, Cognac und Zucker in einen Krug geben und rühren, bis sich der Zucker aufgelöst hat. Die Schale einschließlich des weißen Marks von der Zitrone und der Orange schneiden, sodass das Fruchtfleisch zu sehen ist. Das Fruchtfleisch dann in 5 mm große Würfel zerschneiden und dabei die Kerne entfernen.

2. Jetzt die Zitronenwürfel, den Zitronen- und Orangensaft sowie die Zimtstangen in die Wein-Mixtur rühren. Mit Zucker abschmecken. Man kann die Sangria sofort servieren, sie schmeckt aber besser, wenn sie für eine Stunde kalt gestellt wird, damit sie „reifen“ kann.

3. Die Sangria in mit Eiswürfeln gefüllten Weingläsern servieren.

TÜRKEI

RAKI

FÜR 4 PERSONEN

Es mag vielleicht etwas übertrieben sein, die Zubereitung dieses einfachen Getränks ein Rezept zu nennen, aber Raki (und seine griechische Entsprechung Ouzo) gehören derart unzertrennlich zu Grillfesten am östlichen Mittelmeer und dem Nahen Osten, dass er einfach in diesem Buch nicht fehlen darf. Raki ist ein starker, klarer, mit Anis aromatisierter Schnaps. Beim Vermischen mit Wasser erhält er durch den Louche-Effekt seine milchig-weiße Farbe.

240 ml Raki oder Ouzo
240-480 ml Wasser
Eiswürfel zum Servieren

Jeweils zwei bis drei Finger breit (60 ml) Raki in 4 hohe Gläser gießen. Wasser und Eiswürfel nach Belieben hinzugeben, umrühren und servieren.

ALKOHOLFREI

KARIBIK

MANGONEKTAR

FÜR 4 PERSONEN

In der gesamten Karibik werden Punsche aus Mango und anderen tropischen Früchten zubereitet. Sie bieten eine erfrischende, alkoholfreie Alternative zu den regionalen, auf Rum basierenden Getränken, welche die Knie weich machen.

320 g gewürfelte, reife Mango (1 große oder 2 mittelgroße Früchte)
2 EL Zucker, oder mehr, nach Geschmack
2 EL frisch gepresster Limettensaft, oder mehr, nach Geschmack
Eiswürfel zum Servieren

Mangowürfel, Zucker und Limettensaft zusammen mit 480 ml Wasser in ein Mixgerät geben und die Zutaten vermengen, bis eine cremige Konsistenz erreicht ist. Die Mixtur so lange mit Wasser verdünnen, bis sie gießbar ist. Mit Zucker und Limettensaft abschmecken. Den Mangonektar in hohe mit Eis gefüllte Gläser füllen und sofort servieren.

SENEGAL

INGWER-ANANAS-PUNSCH

GINGERE ANANAS

FÜR 4 PERSONEN

Würzig, süß und erfrischend – das ist gingere ananas, ein beliebtes senegalesisches Getränk, das die Fruchtigkeit frischer Ananas mit dem pfeffrigen Geschmack von Ingwer kombiniert. Servieren Sie es mit Lamm mit Zwiebel-Senf-Sauce (Seite 209).

1 Stück (10 cm) frischer, geschälter Ingwer
450 g gewürfelte, frische Ananas
3 EL Zucker, oder mehr, nach Geschmack
3 EL frisch gepresster Limettensaft
ca. 1 l kaltes Wasser
Eis zum Servieren

1. Den Ingwer in 5 mm große Würfel schneiden. Dann die Ingwerwürfel zusammen mit den Ananaswürfeln, dem Zucker, dem Limettensaft und dem Wasser in ein Mixgerät geben. Die gewünschte Konsistenz ist erreicht, wenn die Mixtur cremig ist.

2. Die Ananas-Zubereitung in einen Krug seihen und dabei das Fruchtfleisch mit einem Löffel an das Sieb pressen, damit Sie so viel Saft wie möglich erhalten. Mit Zucker abschmecken. Den Saft in hohe mit Eis gefüllte Gläser füllen und sofort servieren.

TRINIDAD

ERDNUSS-PUNSCH

FÜR 4 PERSONEN

In der ganzen Welt des Grillens finden sich Erdnüsse als Zutaten: Zum Beispiel in West-Afrika als Kebab-Panade oder in Saté-Saucen in Südost-Asien. Ich entdeckte diesen ungewöhnlichen Erdnuss-Punsch in einem quirligen Imbiss namens „Breakfast Shed" in Port of Spain, der Hauptstadt Trinidads. Ich garantiere Ihnen, dass dieses Rezept für immer Ihre Einstellung zu Erdnüssen beeinflussen wird.

130 g cremige Erdnussbutter
120 ml gesüßte Kondensmilch
1 TL Vanilleextrakt
1 TL Angostura Bitter
Eiswürfel zum Servieren

Erdnussbutter, Kondensmilch, Vanille, Angostura mit gut 1 l Wasser in einem Krug mixen. Den Punsch in hohe mit Eis gefüllte Gläser gießen und sofort servieren.

SINGAPUR

ROSENWASSER-TRUNK

BANDUNG

FÜR 4 PERSONEN

An den indischen Ständen in den Straßenhändler-Vierteln Singapurs werden exotische Getränke in allen Farben des Regenbogens angeboten. Bandung sieht vielleicht aus wie ein rosafarbenes Arzneimittel, aber das enthaltene parfümähnliche Rosenwasser-Aroma ist ebenso erfrischend wie einzigartig. Genießen Sie es zu Saté-Gerichten nach der Art Singapurs und Malaysias.

ca. 750 ml kaltes Wasser
80 ml gesüßte Kondensmilch
2 EL Rosenwasser (siehe Hinweis)
2 EL Bananenlikör
2 EL Grenadine
Eiswürfel zum Servieren

Wasser, Kondensmilch, Rosenwasser, Bananenlikör und Grenadine in einem Krug verrühren. Das Getränk in hohe mit Eiswürfeln gefüllte Gläser füllen und sofort servieren.

HINWEIS: Rosenwasser ist in indischen Geschäften oder in der Apotheke erhältlich.

USA

GEMINZTER LIMETTENSAFT

FÜR 6 BIS 8 PERSONEN

Bei diesem sommerlichen Erfrischungsgetränk kommen sowohl die in der Limettenschale enthaltenen ätherischen Öle als auch der saure Fruchtsatz zum Tragen. Die Pfefferminze verleiht dem Ganzen einen kühlenden Effekt, der in Verbindung mit einem heißen Grill sehr willkommen ist.

1 Bund frische Pfefferminze, gewaschen und trocken geschüttelt
8 Limetten (ergeben etwa 240 ml Saft)
200 g Zucker, oder mehr, nach Geschmack
Eiswürfel zum Servieren

1. 6 bis 8 Pfefferminz-Zweige zum Garnieren beiseitelegen.

2. Die äußere grüne Schale von 4 der Limetten mit einem Gemüseschäler entfernen. Die Limetten zur Seite legen. Den Limettensaft mit dem Zucker, der restlichen Pfefferminze und 240 ml Wasser unter Rühren bei mittlerer Hitze in einem kleinen Topf zum Kochen bringen und rühren, bis der Zucker aufgelöst ist. Dann die Hitze reduzieren und das Ganze für 5 Minuten leicht köcheln lassen. Den Topf vom Herd nehmen. Den Sud auf Zimmertemperatur abkühlen lassen und ihn dann in einen Krug abseihen.

3. Alle Limetten auspressen; Sie sollten etwa 240 ml Limettensaft erhalten. Den Limettensaft und 1 l Wasser in den abgekochten Zuckersud geben und mit Zucker abschmecken. Die Zubereitung in hohe mit Eis gefüllte Gläser geben und mit je einem Zweig Pfefferminze garnieren.

MAROKKO

PFEFFERMINZTEE

FÜR 4 BIS 8 PERSONEN

Pfefferminztee ist weit mehr als das Nationalgetränk Marokkos: Er ist der Lebenssaft dieses nordafrikanischen Landes – ein Elixier, das Gästen und Verwandten in Restaurants, Privathaushalten, bei Geschäftsbesprechungen oder als Abschluss von Mahlzeiten serviert wird. Der Tee besteht aus nur drei Zutaten plus Wasser; seine Zubereitung gleicht jedoch einem religiösen Ritus. Am besten schmeckt der Tee, wenn er in einer schweren Teekanne, vorzugsweise aus Metall, zubereitet wird. Traditionell wird marokkanischer Pfefferminztee in kleinen verzierten Gläsern mit Goldrand gereicht. Servieren Sie ihn zu Beginn oder zum Abschluss eines Grillgerichtes nach marokkanischer Art.

ca. 1 l kochendes Wasser, etwas zusätzliches Wasser zum Ausspülen der Teekanne
1 Bund frische Pfefferminze, gewaschen und trocken geschüttelt
1 EL loser schwarzer Tee, zum Beispiel Ceylon oder English Breakfast
3 EL Zucker, oder mehr, nach Geschmack

Eine Teekanne, die etwas mehr als 1 Liter fasst, mit kochendem Wasser ausspülen. Die Pfefferminzzweige einige Male in den Händen drehen und drücken. Diese dann zusammen mit dem schwarzen Tee und dem Zucker in die Teekanne geben. Ca. 1 Liter kochendes Wasser hinzufügen und den Tee für 5 Minuten ziehen lassen. Den Tee zum Servieren durch ein Sieb in kleine hitzebeständige Gläser oder Tassen gießen.

VIETNAM

VIETNAMESISCHER EISKAFFEE

FÜR 1 PERSON

Dieser Eiskaffee wird sich vermutlich grundlegend von dem unterscheiden, was Sie bisher als Eiskaffee kennengelernt haben: Er wird aus starkem Espresso und gesüßter Kondensmilch zubereitet. Für die thailändische Version müssen Sie sich vorstellen, Sie tränken den Kaffee mit dem Strohhalm aus einem mit Eis gefüllten Plastikbeutel, denn so wird er von den Straßenhändlern in Bangkok angeboten.

3 EL gesüßte Kondensmilch
180 ml heißer, aufgebrühter Espresso
Eiswürfel zum Servieren

Die Kondensmilch in ein hohes hitzebeständiges Glas geben. Den Espresso darübergießen (in Vietnam würde man ihn direkt über dem Glas aufgießen) und mit einem Löffel umrühren. Das Glas mit Eiswürfeln füllen, und den Eiskaffee sofort servieren.

IRAN

PERSISCHER JOGHURT-TRUNK

DUGH

FÜR 4 BIS 6 PERSONEN

Traditionell wird dugh zu iranischen (persischen) Kebab-Gerichten gereicht und ist ein naher Verwandter des afghanischen Getränks doh; das Rezept dazu finden Sie im Anschluss. Dugh wird allerdings aus Joghurt, nicht aus Molke, zubereitet und wird mit getrockneten Rosenblättern gewürzt, die Sie in nahöstlichen Lebensmittelgeschäften erhalten können. Salzige Erfrischungsgetränke scheinen uns vielleicht etwas merkwürdig (ganz zu schweigen von den mit Pfeffer gewürzten), sie erfüllen ihren Zweck aber ganz wunderbar.

480 ml Vollmilch-Joghurt
1 EL getrocknete Pfefferminze und 1 bis 2 Prisen mehr zum Garnieren
1 EL getrocknete Rosenblätter und 1 bis 2 Prisen mehr zum Garnieren
1 TL Salz, oder mehr, nach Geschmack
1 TL frisch gemahlener schwarzer Pfeffer, oder mehr, nach Geschmack
1 Liter Sodawasser
Eiswürfel zum Servieren

Joghurt, Pfefferminze, Rosenblätter, Salz und Pfeffer in einem Krug verrühren. Das Sodawasser hinzugeben. Leicht umrühren und gegebenenfalls mit Pfeffer und Salz abschmecken. Den Joghurt-Trunk in hohe, mit Eis gefüllte Gläser gießen und mit einer Prise Pfefferminze und Rosenblättern garnieren.

AFGHANISTAN

AFGHANISCHER JOGHURT-TRUNK

DOH

FÜR 1 PERSON

Doh ist das Nationalgetränk Afghanistans und gehört zu einer Fülle an sauren, gesalzenen Getränkevariationen, die in Zentral- und Ostasien heimisch sind. Ich muss zugeben, dass die Kombination der Zutaten (Joghurtmolke, Sodawasser, Zitronensaft, Pfefferminze und Salz) für unsere Ohren etwas komisch klingt. Ich verspreche Ihnen aber, dass Sie sich schnell dafür begeistern werden. Das Salz dient als wertvolles Mittel zum Rehydrieren in warmen Klimazonen.

Möchte man bei der Zubereitung von doh ganz authentisch vorgehen, so braucht man eine spezielle Zutat: Joghurtmolke. Bei dieser Molke handelt es sich um die klare säuerliche Flüssigkeit, die beim Abseihen von Joghurt zurückbleibt. Dieses Vorgehen ist elementarer Bestandteil vieler afghanischer, iranischer und indischer Marinaden in diesem Buch. Glücklicherweise haben Sie bei der Zubereitung dieser Marinaden viel Joghurtmolke übrig und können daraus doh bereiten. Damit Sie sich nicht auf die Bevorratung von Molke verlassen müssen, schlage ich vor, stattdessen eine gleiche Menge nicht abgeseihten Joghurt zu verwenden.

Afghanische Grillgerichte

Von allen Ländern, die ich gern besucht hätte, was aber wegen politischer Unruhen nicht möglich war, hat es mich am meisten getroffen, dass eine Reise nach Afghanistan außer Frage stand. Dieser gebirgige Binnenstaat hat eine Bevölkerung von 15 Millionen und kreuzt nicht nur die internationale „Barbecue-Straße", sondern liegt auch an der Schnittstelle von vier großen Kulturen: dem Mittleren Osten, Zentralasien, Ostasien und dem indischen Subkontinent. Die afghanische Küche vereint in Bezug auf Gegrilltes auf einzigartige Weise Einflüsse dieser vier Regionen.

Dies wurde mir klar, als ich mein erstes Mahl in dem afghanischen Restaurant „Khyber Pass" im East Village New Yorks zu mir nahm. In dem Moment, in dem ich den nach vorne gelegenen Speisesaal betrat, das sanfte Licht, die handgeschmiedeten Kupfertöpfe, die Kelims und die afghanischen Tapeten wahrnahm, fühlte ich mich Tausende von Kilometern von Manhattan entfernt. Die Spezialitäten des Hauses – gegrillte, mit Zwiebelwasser aromatisierte Lammkoteletts, auf dem Feuer gegartes Rebhuhn und in Joghurt mariniertes butterzartes Hähnchen – waren zwar exotisch, aber im Nu serviert. Mich überzeugten die Beilagen in Form von pikanten chatni (Chutneys; scharfe Saucen, die in Afghanistan aus Essig, Kräutern (hauptsächlich Koriander) und gemahlenen Nüssen statt der uns bekannten Früchte zubereitet werden und auf den Tischen bereit stehen) und sehr saure torshi (eingelegtes Gemüse), die einen Gegensatz zu dem reichhaltigen gegrilltem Fleisch bildeten.

„Afghanistan liegt an einer Schnittstelle Asiens", erklärte der Hotelmanager Mohamed Noor. Er erinnerte mich daran, dass Alexander der Große das Gebiet im 4. Jahrhundert v. Chr. auf dem Weg von Griechenland nach Indien eroberte. Im 13. Jahrhundert n. Chr. unterwarf Dschingis Khan die Region auf dem Marsch Richtung Türkei und Osteuropa. Im 16. Jahrhundert folgte König Babur, der Gründer der indischen Mogulherrschaft (König Babur liegt außerhalb der Stadt Kabul begraben). Jeder der Eroberer hat die afghanische Küche beeinflusst.

Daher sind Olivenöl, Zimt, Dill, Bockshornklee und kalonji (Schwarzkümmelsamen) in Afghanistan ebenso beliebt wie im Mittleren und Nahen Osten. Von den Indern lernten die Afghanen die Vorliebe für Garam Masala (eine Gewürzmischung u. a. aus Kreuzkümmel, Zimt, Nelken und schwarzen Kardamomsamen) und Chutneys kennen. Wie auch in Indien und Zentralasien, wird das Fleisch vor dem Grillen in Joghurt- und Gewürzpasten mariniert, die es zart machen. Aus dem ehemaligen persischen Reich stammen torshis und das Fladenbrot Lavash, ohne die afghanische Grillgerichte nicht auskommen könnten.

Der Schwerpunkt der afghanischen Küche liegt auf dem Grill. Die Afghanen verwenden einfache Gewürze und bereiten so weltweit mit die besten Speisen zu. Die Marinaden werden aus Joghurt (oder Joghurt-Käse) gewürzt mit Zwiebeln, Knoblauch, Chili, scharfen roten Chiliflocken, Kreuzkümmel und manchmal auch Olivenöl zubereitet. Eine Marinierzeit von 48 Stunden ist nicht ungewöhnlich; das Fleisch wird dadurch außerordentlich saftig und zart. Die Beilagen sind von einfacher Natur: dünnes afghanisches Brot, das gut gekaut werden muss, nussiger Pilau, saures Eingelegtes und Koriandersauce. In diesem Buch finden Sie viele Rezepte für afghanische Wachtel-, Hähnchen- und Lammgerichte und traditionelle Beilagen wie doh (ein Joghurt-Trunk) und Chutneys.

- 120 ml Joghurtmolke oder einfachen Vollmilch-Joghurt
- 120 ml Sodawasser
- 1 EL frisch gepresster Zitronensaft, oder mehr, nach Geschmack
- 1 TL getrocknete Pfefferminze
- ½ TL Salz, oder mehr, nach Geschmack
- Eiswürfel zum Servieren

Die Joghurtmolke mit dem Sodawasser, dem Zitronensaft, der Pfefferminze und dem Salz in einem kleinen Krug oder Glas verrühren. Mit Zitronensaft und Salz abschmecken und das Getränk in ein hohes, mit Eis gefülltes Glas gießen.

INDIEN

INDISCHER JOGHURT-TRUNK

LASSI

FÜR 1 PERSON

Lassi ist die köstliche, erfrischende, indische Antwort auf den nordamerikanischen Milkshake. Es eignet sich hervorragend als Getränk zu scharfen und pikanten Gerichten (Entgegen der allgemeinen Meinung nehmen Milchprodukte die Schärfe weitaus besser als Bier). Das Rosenwasser und der Kardamom verleihen dem Getränk ein exquisites und exotisches Aroma.

240 ml einfacher Vollmilch-Joghurt
1½ EL Zucker, oder mehr, nach Geschmack
1 TL Rosenwasser
½ TL gemahlener Kardamom
5 zerstoßene Eiswürfel
1 TL gehackte, ungesalzene Pistazien zum Garnieren

Den Joghurt mit Zucker, Rosenwasser, Kardamom und Eis in einem Mixgerät cremig rühren. Mit Zucker abschmecken. Das lassi in ein hohes Glas füllen, mit den Pistazien garnieren und sofort servieren.

STERNANIS-FLÜGEL | SEITE 76 • FEIGEN IN PANCETTA GEGRILLT | SEITE 89

APPETITANREGER

Was ich am Grillen besonders mag, ist, dass man so viel Zeit hat. Natürlich kann das Kochen über offenem Feuer manchmal schnell und intensiv sein, aber man hat auch viel Zeit zur Verfügung, in der man einfach herumstehen und sich mit seinen Freunden unterhalten kann.

„Selbst ein alter Stiefel schmeckt gut, wenn er über Holzkohle gegrillt wird."
—Italienisches Sprichwort

Aber dass man herumsteht, heißt nicht, dass man Hunger leiden muss – im Gegenteil, ein leerer Teller beim Grillen ist eine schlimme Sache. Dieses Kapitel, eine Kollektion von Dips, Appetithäppchen – sogar Suppen – wird Ihrem Grillfest zu einem mitreißenden Anfang verhelfen. Von bekannten Gerichten wie baba ghanoush (ganz stilecht zubereitet, indem man Auberginen auf dem Grill verkohlen lässt) bis zu exotischeren wie boka dushi („süßer Mund": Hähnchen-Kebabs von der Insel Curaçao), vietnamesischer Garnelen-Mousse auf süßem, knusprigem Zuckerrohr gegrillt und sogar Ziegenkäse in Weinblättern gegrillt.

Sie werden Gerichte finden, von denen Sie nie vermutet hätten, dass man sie grillen kann, wie z.B. die indonesischen Wachteleier-Kebabs oder die gegrillten Schnecken. Sie lernen außerdem die größten, gegrillten (im wahrsten Sinne des Wortes) Käsegerichte kennen, von mexikanischen quesadillas bis zum argentinischen Provolone-Käse. Und dann sind da noch die oben genannten gegrillten Suppen (oder vielmehr Suppen aus gegrilltem Gemüse), von denen Ihre Gäste noch schwärmen werden, wenn die Party schon längst vorbei ist.

INDONESIEN

INDONESISCHE SATÉS MIT RINDFLEISCH UND KOKOSNUSS

SATE LALAT

DIREKTES GRILLEN
ALS VORSPEISE FÜR 4-6 PERSONEN
ALS HAUPTGERICHT FÜR 2 PERSONEN

Das kleinste indonesische Saté, das saté lalat, ist nicht viel größer als eine Fliege, und das heißt lalat tatsächlich wörtlich übersetzt. In der Regel sind die Spieße für den saté lalat so groß wie Besenborsten; die Fleischportionen sind etwa 2,5 cm lang und eine Portion besteht aus drei oder vier Dutzend Satés. Um mich der Spießgröße und dem Appetit westlicher Grillfreunde anzupassen, bereite ich meine saté lalats jedoch etwas größer zu.

Saté lalat ist eine Spezialität der Insel Madura bei Java und bekommt durch die Zugabe von Kokosraspeln eine ganz eigene Konsistenz und einen eigenen Geschmack. Um authentisch zu bleiben, müsste man eigentlich frische Kokosraspeln verwenden, aber ich mag den Hauch von Süße (und nicht zu vergessen, die Bequemlichkeit) der im Supermarkt erhältlichen, getrockneten Kokosraspeln. Ein Indonesier würde auch frische Kurkuma verwenden, ich erreiche fast den gleichen Geschmack durch eine Kombination aus der leichter erhältlichen, gemahlenen Kurkuma und frischem Ingwer.

Diese Satés sind so geschmackvoll, dass man wirklich keine Sauce dazu braucht.

SPEZIELLE AUSRÜSTUNG

30 Holzspieße ca, 15 cm und ein Feuerschutz aus Alufolie (siehe Kasten auf Seite 23)

ZUTATEN

- **350 g mageres Rindfleisch aus Schulter oder Lende, gehackt**
- **½ TL gemahlene Kurkuma**
- **2 TL frischer geschälter Ingwer, gehackt oder gerieben**
- **40 g Kokosraspeln (getrocknet oder frisch, gesüßt oder ungesüßt)**
- **1 EL süße Sojasauce (Ketjap Manis), oder je 1½ TL normale Sojasauce und Zuckersirup**
- **1 TL frischer Limonensaft**
- **2 EL Erdnussöl oder anderes Pflanzenöl**
- **¼ TL Salz, oder mehr**
- **½ TL frisch gemahlener schwarzer Pfeffer, oder mehr**

1. Fleisch, Kurkuma, Ingwer, Kokosraspeln, süße Sojasauce, Limonensaft, Öl, Salz und Pfeffer in einer Schüssel mit den Händen zu einer weichen Masse vermengen. Ein wenig Hackfleischmischung in einer beschichteten Pfanne garen und dann abschmecken, je nach Geschmack die restliche Hackfleischmischung mit Salz und Pfeffer nachwürzen.

2. Die Hände mit kaltem Wasser anfeuchten, dann eine kleine Menge (etwa 1 EL) der Hackfleischmischung nehmen und um einen Spieß zu einer etwa 12,5 cm langen Wurst formen. Dies wiederholen, bis die gesamte Mischung verbraucht ist. Die fertigen Satés auf ein(e) mit Frischhaltefolie bedeckte Platte oder Backblech legen.

3. Den Grill für direktes Grillen vorbereiten und die Glut bis auf hohe Hitze aufheizen.

4. Sobald der Grill heiß genug ist, den Rost mit dem Öl einpinseln. Die Satés auf dem heißen Rost so anordnen, dass die hölzernen Spießenden auf dem Feuerschutz aus Alufolie liegen. Die Satés 2-4 Minuten grillen und dabei mit der Zange wenden, bis sie von außen schön braun und innen gut durch sind. Sofort servieren.

VIETNAM

VIETNAMESISCHES TROCKENRINDFLEISCH

THIT BO KHO

DIREKTES GRILLEN
ALS VORSPEISE FÜR 4 PERSONEN
ALS HAUPTGERICHT FÜR 2-3 PERSONEN

Gegrilltes, in Zuckermarinade eingelegtes Trockenrindfleisch ist in Südostasien ein beliebter Snack und oft im Straßenverkauf erhältlich. Die vietnamesische Version (thit bo kho) verdankt ihr explosives Aroma einer Marinade aus Zitronengras, Chilis und Fischsauce. Normalerweise wird das eingelegte Fleisch in der Sonne getrocknet, was in Vietnam ein ganz normaler Anblick ist, sich aber in Nordamerika (und Europa) etwas schwieriger gestaltet. Das Rindfleisch kann auch auf einem Gitter im Kühlschrank getrocknet werden, wie ich es hier beschreibe.

VORBEREITUNGSZEIT

1 bis 2 Tage für das Marinieren und Trocknen des Fleischs

ZUTATEN

- **450 g mageres Rindfleisch aus Lende oder Unterschale, am Stück**
- **2 Stängel frisches Zitronengras, geputzt und gehackt, oder zwei Streifen Zitronenschale (je 2 x 1 cm), mit dem Gemüseschäler abgeschnitten**
- **1 Knoblauchzehe, gehackt**
- **1 bis 2 rote Chilischoten, entstielt und entkernt (für ein schärferes Trockenfleisch die Kerne in den Schoten lassen)**
- **5 EL Zucker**
- **½ TL Salz**
- **½ TL frisch gemahlener schwarzer Pfeffer**
- **2 EL asiatische Fischsauce**
- **2 EL Sojasauce**
- **2 EL Pflanzenöl, zum Einpinseln**

1. Das Rindfleisch quer in möglichst dünne Scheibchen schneiden und in eine Schüssel geben, beiseitestellen und die Marinade zubereiten.

2. Zitronengras, Knoblauch, Chilis, Zucker, Salz und Pfeffer in einen Mörser geben und mit einem Stößel zu einer cremigen Paste verarbeiten, dann die Fischsauce und Sojasauce unterrühren. Wenn man keinen Mörser und Stößel hat, kann man auch alle Zutaten mit einem Mixer oder in einer Küchenmaschine zu einem weichen Püree verarbeiten. Die Marinade über das Fleisch gießen und unterrühren, bis das Fleisch gut bedeckt ist. Das Fleisch zudecken und in der Marinade im Kühlschrank 2 Stunden ziehen lassen.

3. Das Fleisch aus der Marinade nehmen und die Scheiben auf einem Gitter über einer tiefen Bratpfanne ausbreiten. Lose mit Frischhaltefolie bedecken und etwa 1-2 Tage im Kühlschrank stehen lassen, bis das Fleisch vollkommen getrocknet ist.

4. Den Grill für direktes Grillen vorbereiten und die Glut bis auf hohe Hitze aufheizen.

5. Wenn der Grill aufgeheizt ist, den Grillrost mit dem Öl einpinseln. Die Rindfleischscheiben auf dem heißen Rost verteilen, etwa 2-3 Minuten pro Seite grillen und mit der Zange wenden, bis das Fleisch sehr heiß, braun und knusprig ist, dabei das Fleisch ein- oder zweimal während des Grillens mit dem Öl einpinseln. Sofort servieren.

TÜRKEI

RAUCHFLEISCH IN WEINBLÄTTERN GEGRILLT

DIREKTES GRILLEN
ERGIBT 8 PÄCKCHEN

Wenn Sie den Gewürzbasar (auch Ägyptischer Basar genannt) in Istanbul besuchen, sehen Sie lange, zungenförmige Streifen aus orange-braunem Fleisch mit Gewürzkruste von den Dachbalken der Läden hängen. Das ist basturma, gepökeltes Rindfleisch aus dem Nahen Osten und Vorläufer (sowohl historisch als auch sprachlich) des amerikanischen Rauchfleischs pastrami. Basturma wird normalerweise mit Rindfleisch zubereitet, aber auch mit Kamelfleisch; die Gewürze – Salz, Pfeffer, Koriander und Paprika – kennt jeder, der Rauchfleisch gern isst. Der Geschmack von basturma ist jedoch noch exotischer.

Das erinnerte mich an eine Vorspeise, die ich einmal im Restaurant „Tugra" in Istanbuls imposantem „Çiragan Palace Hotel" genoss: basturma in Weinblättern gegrillt. Wenn man in einer Gegend lebt, in der es einen großen Anteil an Menschen aus dem Nahen Osten gibt, bekommt man vielleicht sogar echtes basturma. Aber man kann auch mit Rauchfleisch eine köstliche Version dieses Gerichts zubereiten. Käse ist im Originalrezept nicht enthalten, aber ich mag, wie er den Geschmack abrundet.

VORBEREITUNGSZEIT

15 Minuten für das Einweichen der Weinblätter

ZUTATEN

16 in Salzlake eingelegte Weinblätter, abgetropft
250 g dünn geschnittenes Rauchfleisch oder basturma
8 Scheiben Mozzarella (etwa 0,5 cm dick, etwa 230 g, wahlweise)
1 mittelgroße, reife Tomate, in 8 dünne Scheiben geschnitten
1 kleine Zwiebel, in 8 dünne Scheiben geschnitten
8 hauchdünne Zitronenscheiben, entkernt, ohne Schale

1. Die Weinblätter in eine große Schüssel geben, mit kaltem Wasser bedecken und 15 Minuten einweichen lassen, das Wasser zwei- bis dreimal wechseln.

2. Die Weinblätter abtropfen lassen und mit Küchenpapier trocken tupfen. 8 Blätter auf der Arbeitsfläche ausbreiten. Auf die Mitte jedes Blatts einige Fleischscheiben legen. Auf jede Portion jeweils eine Scheibe Käse (wenn gewünscht), eine Tomatenscheibe, eine Zwiebelscheibe und schließlich eine Zitronenscheibe legen. Die Enden des Weinblatts nach oben um die Füllung einschlagen. Ein zweites Weinblatt darauf legen und die Enden unter der Füllung einschlagen, sodass die Füllung jetzt vollständig bedeckt ist. Mit den restlichen Weinblättern ebenso verfahren. Die Weinblätterpäckchen auf eine Platte oder ein Backblech legen, locker mit Frischhaltefolie bedecken und in den Kühlschrank stellen.

3. Den Grill für direktes Grillen vorbereiten und die Glut bis auf hohe Hitze aufheizen.

4. Wenn der Grill aufgeheizt ist, den Grillrost mit dem Öl einpinseln. Die Päckchen mit der Naht nach oben auf dem heißen Rost verteilen und etwa 2-4 Minuten pro Seite grillen, bis die Päckchen braun sind und die Füllung heiß ist, dabei mit einem Pfannenwender umdrehen. Die Weinblätter abwickeln und die Füllung essen.

VIETNAM

GEGRILLTE RINDFLEISCH-BASILIKUM-RÖLLCHEN

DIREKTES GRILLEN
ERGIBT ETWA 50 BIS 60 RÖLLCHEN

Die klassische vietnamesische Vorspeise bo goi la-lot, Rindfleisch in la-lot Blättern gegrillt, inspirierte mich zu diesem Rezept. La-lot Blätter sind die knittrigen, runden, aromatischen Blätter eines südostasiatischen Weins. Wenn man in einer Gegend wohnt, in der viele Vietnamesen leben, kann man vielleicht frische la-lot Blätter kaufen, wenn nicht, braucht man aber auch nicht zu verzweifeln. Die köstlichen Röllchen sind genauso lecker, wenn man sie mit frischem Basilikum zubereitet, wie ich es hier mache. (Für einen japanischen Touch könnte man sie auch mit Schwarznesselblättern zubereiten – auch bekannt als perilla oder Beefsteakblätter – die nach Minze und Basilikum schmecken). Manchmal werden die Röllchen mit dünnen Rindfleischscheiben gekocht, manchmal mit Rinderhackfleisch. Ich habe mich an das Vorbild des Restaurants „Vietnam House" in Saigon gehalten und Hackfleisch verwendet. Gehackte Erdnüsse machen das Ganze schön knusprig.

SPEZIELLE AUSRÜSTUNG

10 bis 12 kurze Holzspieße und ein Feuerschutz aus Alufolie (Kasten auf Seite 23)

ZUTATEN

250 g sehr mageres Rinderfilet, durch den Wolf gedreht
2 Knoblauchzehen, zerdrückt
5 TL asiatische Fischsauce, oder mehr
1 EL Zucker, oder mehr
1 TL frisch gemahlener, schwarzer Pfeffer
1 oder 2 große Bund Basilikum, für etwa 60 Blätter
3 EL grob gehackte, geröstete Erdnüsse (wahlweise)

1. Rindfleisch, Knoblauch, Fischsauce, Zucker und Pfeffer in einer kleinen Schüssel mit den Händen zu einer cremigen Masse verarbeiten. Ein wenig Hackfleischmischung in einer beschichteten Pfanne garen und abschmecken, bei Bedarf die restliche Hackfleischmischung mit Fischsauce und/oder Zucker nachwürzen. Die Mischung sollte salzig und süß schmecken.

2. Die 50 bis 60 größten Basilikumblätter heraussuchen. Unter fließend kaltem Wasser waschen, abtropfen lassen und mit Küchenpapier vorsichtig trocken tupfen.

3. Ein Blatt mit der Unterseite nach oben auf die Arbeitsfläche legen. Je nach Blattgröße bis zu 2 TL der Hackfleischmischung auf die Mitte des Blatts geben. Das Blatt mit dem Stielende beginnend zu einem festen Röllchen aufrollen. Das Röllchen mit der Blattspitze nach unten auf ein Backblech legen. Mit den restlichen Blättern ebenso verfahren, bis die gesamte Hackfleischmischung aufgebraucht ist.

FLEISCHRÖLLCHEN HERSTELLEN

Gegrillte Rindfleisch-Basilikum-Röllchen sind einfach zuzubereiten. Sie müssen nur möglichst große und schöne Basilikumblätter kaufen.

1. ***Die hellere, konkave Seite der Basilikumblätter nach oben legen. Eine walnussgroße Menge der Hackfleischmischung auf die Mitte des Blatts legen.***

2. ***Mit dem Stielende beginnend das Basilikumblatt vorsichtig um das Fleisch herum aufrollen.***

3. ***4 oder 5 Röllchen auf einen Holzspieß spießen, so bleiben die Röllchen geschlossen.***

GEGRILLTE RINDFLEISCH-BASILIKUM-RÖLLCHEN | SEITE 69

VIETNAMESISCHE GRILLGERICHTE

Ich habe da so meine Theorie über die beste Art zu essen während der drückendheißen Hundstage des Sommers. Länder im Sonnengürtel, in denen das ganze Jahr über ein heißes Klima herrscht, inspirieren zu Kochstilen, die dem warmen Wetter angepasst sind. Und dies gilt ganz besonders für Vietnam.

Ich besuchte Saigon, der Grillspur dicht auf den Fersen, und stieß schon bald auf eine Goldader. Mein Hotel, das „New World", lag gegenüber dem Ben Thanh Zentralmarkt von Saigon. Und wie auf allen Märkten Südostasiens wimmelte es auf dem Ben Thanh von Grillständen.

Einer meiner Lieblingsstände war der einer Frau, die in einer wohlriechenden Marinade aus Zitronengras, Knoblauch und Fischsauce eingelegte Hähnchenflügel grillte. Ein anderer Verkäufer pries Eier an, die über einem Feuer aus Kokosnussschalen ‚geröstet' wurden. Ich wickelte sie zusammen mit einer Prise Minze in ein Salatblatt und dippte das Ganze in nuoc cham, eine delikate vietnamesische Sauce – eine Mischung aus Fischsauce, Limonensaft und Zucker. Unglaublich!

Das Grillen ist in Vietnam allgegenwärtig, erstens, weil es solch geschmackvolle Speisen hervorbringt und zweitens, weil es so preisgünstig ist. Wie auch in Thailand und Indonesien wird hier meistens Kokosnuss angebaut und das Nebenprodukt der Bäume, die Kokosnussschale, eignet sich hervorragend als Holzkohle.

Aber Grillen ist nicht nur etwas für die Armen. Mein nächster Besuch galt dem „Vietnam House", einem winzigen Restaurant in einem modernen Stadthaus auf der Dong Khoi Street. Es schien nur zum Vergnügen der gut betuchten Ausländer zu existieren. Das hatte Vor- und Nachteile: Man speist umgeben von lackierten Trennwänden und vergoldeten Schnitzereien, begleitet von leicht nervender, vietnamesischer Volksmusik und bedient von Kellnerinnen in ao dai (geschlitzten Kleidern). Aber man fühlt sich ein bisschen wie in Disney World.

Zwei Dinge machen hier das Barbecue erstklassig. Das erste ist chao tom, eine geniale Kombination aus Garnelen-Mousse gegrillt auf einem Spieß aus Zuckerrohr. Man isst dabei das Zuckerrohr nicht wirklich, sondern kaut nur daran, um den süßen Saft freizusetzen.

Das andere Gericht heißt bo goi la-lot, in la-lot Blätter eingerolltes und auf winzigen Spießen gegrilltes Rindfleisch. La-lot ist das pikante Blatt eines südostasiatischen Weins, das mich ein wenig an Basilikum erinnert. Das gut durchgebratene Fleisch und sein Fett bilden einen ausgewogenen Gegensatz zum Kräutergeschmack der Blätter.

Gegrilltes Fleisch im Kontrast zu Gemüse, besonders Salaten und aromatischen Kräutern, und dazu Nudeln ist das Kennzeichen der vietnamesischen Küche.

Eine Mahlzeit im Freien

Kein Gericht verdeutlicht so gut die vietnamesische Vorliebe, kleine Portionen Fleisch mit großen Portionen Nudeln und Gemüse anzureichern, wie banh hoi thit (gegrilltes Schweinefleisch mit Reisnudeln) und das ähnliche Gericht bo bun (gegrilltes Rindfleisch mit Reispapier). Und nirgendwo sind diese Gerichte so gut wie im Restaurant „Thanh Nien".

Ich verzehrte mein gegrilltes Schweinefleisch im luftigen Innenhof des Restaurants. Zu meiner Linken befand sich ein Bambushain, zu meiner Rechten ein strohgedeckter Säulengang. Ventilatoren bewegten die heiße Luft. An den Tischen um mich herum saßen Nachwuchskapitalisten und sprachen in ihre Mobiltelefone.

Während ich an meinem eiskalten ‚33' Exportbier nippte, stellte die Kellnerin drei Teller vor mich auf den Tisch. Auf dem ersten befanden sich ordentlich aufgewickelte, schneeweiße Reisnudeln. Auf dem zweiten Teller lag dann das Schweinefleisch, in dünne Scheiben geschnitten und in einer aromatischen Marinade aus Zitronengras, Schalotten und Wodka eingelegt und auf dem Grill rauchig geröstet. Die gegarten Scheiben waren mit gehackten Frühlingszwiebeln und gerösteten Erdnüssen bestreut, die ersten für eine gewisse Schärfe, die letzteren für die Süße und Knusprigkeit.

Das letzte Element bestand aus einer Salatplatte, die auf einem vietnamesischen Tisch nie fehlt. Die erfrischende Mischung enthielt Kopfsalat und Basilikumblätter, in Scheiben geschnittene Salatgurke, Mungobohnensprossen und knackige Scheiben der Sternfrucht. Man wickelt eine Rolle Nudeln und eine Scheibe Fleisch in ein Salatblatt und fügt für den Geschmack Basilikum und für den Biss Gurken- und Sternfruchtscheiben hinzu. Das Resultat ist eine perfekte Kombination für den Sommer, heiß und kalt zugleich; knackig, weich und zäh; süß, salzig, sauer und aromatisch. Mir fällt kein westliches Gericht ein, das diesem Zusammenspiel aus Temperaturen, Konsistenzen und Geschmacksrichtungen auch nur ähnelt. Und es macht Spaß, es zu essen.

4. Jeweils 5 Röllchen quer auf einen Holzspieß spießen, dabei darauf achten, dass man den Spieß zuerst durch die Blattspitze sticht. (siehe Hinweis).

5. Den Grill für direktes Grillen vorbereiten und die Glut bis auf hohe Hitze aufheizen.

6. Wenn der Grill aufgeheizt ist, den Grillrost mit dem Öl einpinseln. Die Spieße auf dem heißen Rost so anordnen, dass die hölzernen Spießenden auf dem Feuerschutz aus Alufolie liegen. Die Röllchen ca. 2-4 Minuten grillen und mit der Zange wenden, bis sie innen gut durch sind. Die Basilikumblätter sind dann leicht gebräunt und fühlen sich sehr heiß an. Die Rindfleischröllchen mit den Erdnüssen bestreuen (wenn gewünscht) und auf den Spießen servieren.

HINWEIS: Die Rindfleischröllchen kann man bis hierher schon sehr gut einige Stunden vorher zubereiten und dann locker mit Frischhaltefolie bedeckt im Kühlschrank aufbewahren.

CURAÇAO

HÄHNCHEN-KEBABS VON DEN NIEDERLÄNDISCHEN ANTILLEN

BOKA DUSHI

DIREKTES GRILLEN
FÜR 4 PERSONEN

Dies ist ein Gericht aus drei Kontinenten. Ich habe es einmal in einem Restaurant auf Curaçao probiert, aber seine Wurzeln liegen im indonesischen Archipel, besonders in Java. In Papamiento, der Sprache der Einwohner – eine musikalische Mischung aus Spanisch, Portugiesisch, Niederländisch und Westafrikanisch – heißt boka Mund und dushi süß. Die Gewürze und Kräuter für dieses Gericht werden auf dem ‚Schwimmenden Markt' in Willemstad verkauft, einer bunten Flotte aus in Venezuela gebauten Booten, auf der nach einer etwa 56 km langen Reise Lebensmittel aus Südamerika verkauft werden. Der auffallende Geschmack von Ingwer und Sambal Oelek (eine scharfe Chilipaste) wird ihren Mund entzünden wie ein Feuerwerk den Himmel am Nationalfeiertag.

Wie in Asien wird auch hier dunkles Fleisch dem hellen vorgezogen, da es ein reicheres Aroma haben soll. Man kann aber auch genauso gut Hähnchenbrustfleisch ohne Haut und Knochen verwenden (etwa 700 g).

VORBEREITUNGSZEIT

30 Minuten zum Marinieren des Hähnchenfleischs

SPEZIELLE AUSRÜSTUNG

36 bis 40 kurze Holzspieße und ein Feuerschutz aus Alufolie (siehe Kasten Seite 23)

ZUTATEN

8 Hähnchenschenkel (1100-1500 g)
60 ml süße Sojasauce (Ketjap Manis), oder je 2 EL normale Sojasauce und Zuckersirup
1 EL frischer Limonensaft
2 TL geschälter, geriebener, frischer Ingwer
1 bis 2 TL Sambal Oelek oder eine andere Chilipaste oder -sauce
1 TL gemahlener Kümmel
½ TL gemahlene Kurkuma
250 g Erdnuss-Sauce von den Niederländischen Antillen (Pindasauce, Seite 476)

1. Die Hähnchenschenkel häuten, die Knochen entfernen, und unter fließend kaltem Wasser waschen. Abtropfen lassen und mit Küchenpapier trocken tupfen. Das Fleisch in etwa fingergroße Stücke schneiden.

2. Die süße Sojasauce, Limonensaft, Ingwer, Sambal Oelek, Kümmel und Kurkuma in einer großen Schüssel gut verrühren. Das Hähnchenfleisch dazugeben und gut unterrühren, bis es ganz bedeckt ist. Das Fleisch zudecken und in der Marinade 30 Minuten im Kühlschrank ziehen lassen.

3. Den Grill für direktes Grillen vorbereiten und die Glut bis auf hohe Hitze aufheizen.

4. Wenn der Grill aufgeheizt ist, die Hähnchenstreifen abtropfen lassen und dann der Länge nach auf die Spieße schieben. Den Grillrost mit dem Öl einpinseln und die Spieße auf dem heißen Rost so anordnen, dass die hölzernen Spießenden auf dem Feuerschutz aus Alufolie liegen. Das Fleisch ca. 2-4 Minuten grillen und mit der Zange wenden, bis es gut durch ist. Die boka dushi sofort servieren, dazu Töpfchen mit der Erdnuss-Sauce von den Niederländischen Antillen zum Dippen reichen.

Sambal Oelek

Sambal Oelek ist eine feurige Paste aus scharfen roten Chilischoten. Sie ist in Supermärkten, Delikatessenläden oder asiatischen Lebensmittelläden erhältlich. Ersatzweise kann man auch vietnamesische oder thailändische Chilipaste oder eine andere scharfe Sauce verwenden.

CHINA

SILBERPAPIER-HÄHNCHEN

DIREKTES GRILLEN
ERGIBT 16 STÜCK

San Franciscos gefeierter Dim Sum (gefüllte, frittierte Bällchen) Palast, „Yank Sing", lieferte mir die Idee zu diesem Rezept. Im Original werden die Hähnchen frittiert, aber gegrillt werden sie mit nur einem Bruchteil des Fettgehalts genauso schmackhaft. Durch das Umwickeln mit Alufolie bleiben Aroma und Saft eingeschlossen – und es sieht zudem auch noch äußerst dekorativ aus. Die Fünf-Gewürze-Mischung ist eine chinesische Gewürzmischung aus Zimt, Pfeffer, Nelken, Szechuan-Pfefferkörnern und Sternanis. Sie gibt den Hähnchen einen exotisch süßen und aromatischen Geschmack. Die Fünf-Gewürze-Mischung finden Sie in asiatischen Läden, Delikatessenläden und in den speziellen Lebensmittelabteilungen der meisten Supermärkte.

VORBEREITUNGSZEIT

2 bis 4 Stunden zum Marinieren des Hähnchens

ZUTATEN

8 Hähnchenschenkel (1100-1500 g), oder 4 Hähnchenbrustfilets ohne Haut und Knochen (ca. 700 g)
4 große Frühlingszwiebeln
120 ml Sojasauce
50 g Zucker
2 EL chinesischer Reiswein oder trockener Sherry
1 Knoblauchzehe, zerdrückt
½ TL chinesische Fünf-Gewürze-Mischung

1. Verwendet man Hähnchenschenkel, diese häuten. Mit einem scharfen Hackbeil jeden Schenkel einmal quer in zwei Hälften schneiden, dabei auch den Knochen durchtrennen. Verwendet man Hähnchenbrust, diese in 5 cm lange Stücke schneiden, sodass man am Ende 16 Stücke hat. Das Hähnchenfleisch unter fließend kaltem Wasser waschen, abtropfen lassen und mit Küchenpapier trocken tupfen. Die Frühlingszwiebeln putzen und jeweils in vier 5 cm lange Stücke schneiden.

2. Sojasauce, Zucker, Reiswein, Knoblauch und die Gewürzmischung in eine Pfanne geben und bei mittlerer Hitze zum Kochen bringen. Etwa 5 Minuten kochen lassen, bis die Masse dick und sirupartig wird. Die Sojamischung in eine Schüssel geben und bis auf Raumtemperatur abkühlen lassen. Die Hähnchenstücke zugeben und gut umrühren, bis alle Stücke bedeckt sind, dann in der Marinade zugedeckt 2 bis 4 Stunden im Kühlschrank ziehen lassen.

3. 16 etwa 15 cm große Quadrate aus Alufolie zurechtschneiden. Ein Quadrat mit der glänzenden Seite nach unten auf die Arbeitsplatte legen und je ein Stück Hähnchen und ein Stück Frühlingszwiebeln in die Mitte legen. Mit dem Löffel etwas Marinade darüber gießen und die Alufolie zu einem Päckchen zusammenraffen, nicht ordentlich falten (siehe Hinweis).

4. Den Grill für direktes Grillen vorbereiten und die Glut bis auf hohe Hitze aufheizen.

5. Wenn der Grill aufgeheizt ist, die Aluminiumpäckchen auf den heißen Rost setzen und ca. 2-4 Minuten pro Seite grillen, dabei mit der Zange wenden, bis das Hähnchenfleisch ganz gar ist. Zum Testen ein Bündel auspacken. Das Hähnchen sollte sich fest und heiß anfühlen. Dieses Gericht wird so gern gegessen wegen der Überraschung beim Auspacken des Päckchens, aber mahnen Sie Ihre Gäste beim Auswickeln zur Vorsicht: Das Hähnchenfleisch ist dampfend heiß.

HINWEIS: Das Rezept kann bis hierher schon bis zu 6 Stunden vorher vorbereitet werden. Die Alufolienpäckchen bis zum Garen im Kühlschrank aufbewahren.

VIETNAM

KNOBLAUCH-ZITRONENGRAS-FLÜGEL AUS SAIGON

DIREKTES GRILLEN
FÜR 5 BIS 6 PERSONEN

Ich fand schon immer, dass man die Küche eines Landes am besten kennen lernt, wenn man seine Lebensmittelmärkte besucht. Sobald ich in Saigon ankam, eilte ich zum gigantischen Ben Thanh Markt, der auf der anderen Straßenseite des Hotels lag, in dem ich abgestiegen war. Auf dem Ben Thanh kann man fast alles kaufen: Aal, Schlange, alle möglichen Innereien, sogar Grashüpfer. Ist man dann müde vom

Einkaufen, steht eine Armee von Imbissverkäufern bereit, um einen mit vietnamesischen Suppen, Eintöpfen und Grillwaren zu versorgen.

Und hier ist zu lesen, wie eine der Verkäuferinnen ihre Hähnchenflügel zubereitet. Ihr Rezept ist nicht nur einfach nachzukochen, sondern auch sehr schmackhaft. Um den Flammen möglichst viel Angriffsfläche zu bieten, werden die Flügel wie zum Fliegen ausgebreitet und so auf einem Spieß befestigt und gegrillt. Obwohl ich kein Wort Vietnamesisch sprach und die Verkäuferin kein Englisch, war das Vergnügen, das mir diese köstlichen Flügel bereiteten, doch offensichtlich zu erkennen.

Um ganz authentisch zu sein, muss man für die Marinade Zitronengras und Fischsauce verwenden. Zur Not kann man diese aber auch durch Zitronenschale und Sojasauce ersetzen.

VORBEREITUNGSZEIT

4 bis 24 Stunden zum Marinieren der Hähnchenflügel

SPEZIELLE AUSRÜSTUNG

36 lange Holzspieße und ein Feuerschutz aus Alufolie (siehe Kasten Seite 23)

ZUTATEN

- **36 ganze Hähnchenflügel**
- **4 Knoblauchzehen, geschält**
- **40 g Schalotten, gehackt**
- **1 Stück (ca. 2,5 cm) frischer Ingwer, geschält und in dünne Scheiben geschnitten**
- **2 Stängel frisches Zitronengras, gewaschen und geschnitten, oder 2 Streifen Zitronenschale (je 2 x 1 cm groß), mit Gemüseschäler abgeschnitten**
- **2 EL Zucker**
- **160 ml asiatische Fischsauce**
- **3 EL frischer Zitronensaft**
- **3 EL Pflanzenöl**
- **40 g fein gehackte, geröstete Erdnüsse, zum Garnieren**
- **4 g gehackter, frischer Koriander (wahlweise), zum Garnieren**

1. Die Hähnchenflügel unter fließend kaltem Wasser abspülen, abtropfen lassen und mit Küchenpapier trocken tupfen. Zwei- bis dreimal das Fleisch tief bis zum Knochen einschneiden. Beiseitelegen und die Marinade zubereiten.

2. Knoblauch, Schalotten, Ingwer, Zitronengras und Zucker mit einem Stößel in einem Mörser zu einer cremigen Paste verarbeiten, dann die Fischsauce, Zitronensaft und 1 EL Öl unterrühren. Wenn man keinen Mörser und Stößel hat, alle Zutaten mit einem Pürierstab oder in einer Küchenmaschine zu einem weichen Püree verarbeiten. Die Marinade in eine große Schüssel geben und die Hähnchenflügel gut unterrühren, bis alle mit Marinade bedeckt sind. Die Flügel bedeckt im Kühlschrank mindestens 4, besser aber 24 Stunden ziehen lassen und gelegentlich wenden.

3. Den Grill für direktes Grillen vorbereiten und die Glut bis auf mittlere Hitze aufheizen.

4. Wenn der Grill aufgeheizt ist, die Hähnchenflügel abtropfen lassen und die Marinade auffangen. Dann die Flügel auf die Spieße schieben. Dabei den Spieß durch alle Teile des Flügels stechen, um sie möglichst weit zu öffnen. Die Flügel auf beiden Seiten mit dem restlichen Öl einpinseln.

5. Den Grillrost mit Öl einpinseln und die Spieße auf dem heißen Rost so anordnen, dass die hölzernen Spießenden auf dem Feuerschutz aus Alufolie liegen. Das Fleisch unter mehrmaligem Wenden mit der Zange 12-16 Minuten grillen, bis das dickere Fleisch am Knochen nicht mehr rosa ist. Falls die Flügel anfangen anzubrennen, die Hitze etwas reduzieren. Die Flügel ein- bis zweimal mit der aufgefangenen Marinade einpinseln, aber nicht mehr in den letzten 3 Minuten.

6. Die gegrillten Hähnchenflügel auf einer Platte anrichten, mit Erdnüssen und Koriander (falls verwendet) bestreuen und servieren.

AUSTRALIEN

AUSTRALISCHE BIER-BARBECUE-FLÜGEL

DIREKTES GRILLEN
FÜR 5 BIS 6 PERSONEN

Der Flügel ist zum Grillen der schmackhafteste Teil eines Hähnchens, denn er besteht hauptsächlich aus Haut (die durch die Flammen herrlich knusprig wird) und Knochen (die man so schön abnagen kann und dem Ganzen viel Geschmack verleihen). Das bisschen Fleisch ist gut durchwachsen, sodass es beim Garen schön saftig bleibt. Diese Tatsache wird von den Australiern, die ja die Kunst des Hähnchenflügelgrillens zu einer Art Nationalsport gemacht haben, sehr geschätzt. Sie werden das kräftige, süß-saure Aroma dieser Flügel lieben, das sie einer einzigartigen Marinade aus australischem Bier verdanken.

VORBEREITUNGSZEIT

4 Stunden zum Marinieren der Hähnchenflügel

FÜR DAS HÄHNCHEN UND DIE MARINADE

- **36 ganze Hähnchenflügel**
- **60 ml Erdnussöl**

60 ml frischer Zitronensaft
60 ml Worcestershire-Sauce
60 ml australisches Bier, z.B. Foster's
1 TL Salz
1 TL frisch gemahlener schwarzer Pfeffer

FÜR DIE BARBECUE-SAUCE

2 EL Erdnussöl
1 kleine Zwiebel, fein gehackt
1 Knoblauchzehe, zerdrückt
2 TL frischer, geschälter Ingwer, zerdrückt
½ TL scharfes, rotes Chilipulver.
250 g Ketchup
80 ml australisches Bier, z.B. Foster's
2 EL frischer Zitronensaft
2 EL Worcestershire-Sauce
2 EL Rotweinessig
1 EL brauner Zucker
1 EL Honig
2 TL Sojasauce
1 TL scharfer Senf
½ TL frisch gemahlener, schwarzer Pfeffer

1. Die Hähnchenflügel vorbereiten: Die Flügel unter fließend kaltem Wasser abspülen, abtropfen lassen und mit Küchenpapier trocken tupfen. Zwei- bis dreimal das Fleisch tief bis zum Knochen einschneiden. In eine Schüssel geben (nicht aus Aluminium) und je 60 ml Erdnussöl, Zitronensaft, Worcestershire-Sauce, Bier, Salz und 1 TL Pfeffer unterrühren. Die Flügel zudecken und 4 Stunden im Kühlschrank ziehen lassen, dabei die Flügel gelegentlich wenden.

2. In der Zwischenzeit die Barbecue-Sauce zubereiten: 2 EL Erdnussöl in einem mittelgroßen Topf bei mittlerer Hitze erhitzen. Zwiebel, Knoblauch, Ingwer und Chilipulver zugeben und unter Rühren mit einem Holzlöffel 5 Minuten lang erhitzen, bis Zwiebeln und Knoblauch leicht gebräunt sind. Den Ketchup, 80 ml Bier, 2 EL Zitronensaft, 2 EL Worcestershire-Sauce, 2 EL Essig, braunen Zucker, Honig, Sojasauce, Senf und ½ TL Pfeffer unterrühren und zum Kochen bringen. Die Hitze herunterdrehen und die Sauce 10 bis 15 Minuten unter gelegentlichem Rühren leicht köcheln lassen, bis sie dickflüssig ist und kräftig schmeckt. Die Barbecue-Sauce vom Herd nehmen, etwa 240 ml abnehmen und zum Servieren beiseitestellen.

3. Den Grill für direktes Grillen vorbereiten und die Glut bis auf mittlere Hitze aufheizen.

4. Wenn der Grill aufgeheizt ist, den Grillrost mit dem Öl einpinseln. Die Hähnchenflügel abtropfen lassen und auf dem heißen Rost verteilen, dabei die Flügel auseinanderziehen, um so viel Haut wie möglich rösten zu können. Die Flügel unter mehrmaligem Wenden mit der Zange 10 - 12 Minuten grillen, bis die dickeren Fleischstücke am Knochen nicht mehr rosa sind. Falls die Flügel anfangen anzubrennen, die Hitze etwas reduzieren. Während der letzten 5 Minuten die Flügel mehrmals mit der Barbecue-Sauce einpinseln.

5. Die Flügel auf einer Platte anrichten. Nochmals mit der Sauce einpinseln und zusammen mit der beiseitegestellten Sauce servieren.

MALAYSIA

STERNANIS-FLÜGEL

DIREKTES GRILLEN ODER DREHSPIESS
FÜR 5 BIS 6 PERSONEN

Lee Chun Hock ist ein witziger Grillmeister, der sein Gewerbe in Nordmalaysia ausübt. Ich lernte ihn auf der Gurney Road auf der Insel Penang kennen, wo er einen Barbecuestand mit dem Namen „Ipohs Berühmte Gegrillte Hähnchenflügel" betreibt (Ipoh ist der Name seines Chefs). Hocks „Feuerstelle" ist eine glänzende, blitzsaubere Rotisserie, in der junge Hähnchen wunderbar knackig und knusprig über einem Holzkohlefeuer gebraten werden. Er bot mir das folgende Rezept unter der Bedingung an, dass ich ihm die Gewinnnummern der Lotterie verriet. Ich gab ihm mein Alter, Geburtsdatum und Hausnummer. Ich hoffe, er hat gewonnen!

Die sehr geschmackvolle Marinade hat alles, was man sich nur wünschen kann: Sojasauce für den salzigen Geschmack, Zucker und Ketjap Manis für die Süße und Sternanis und Zimtstangen als Gewürz. Die Marinade aus Sesamöl gibt den Flügeln eine nussige Knusprigkeit.

VORBEREITUNGSZEIT

8 - 24 Stunden zum Marinieren der Hähnchenflügel

SPEZIELLE AUSRÜSTUNG

Drehspieß (wahlweise)

ZUTATEN

36 ganze Hähnchenflügell
80 ml Sojasauce
80 ml süße Sojasauce (Ketjap Manis), oder je 7 ½ TL normale Sojasauce und Zuckersirup
80 ml chinesischer Reiswein oder trockener Sherry
65 g Zucker

2 TL frisch gemahlener, schwarzer Pfeffer
1 TL Mononatriumglutamat (wahlweise)
5 ganze Sternanis
2 Zimtstangen (à 7,5 cm)
2 EL asiatisches (dunkles) Sesamöl, zum Begießen

1. Die Hähnchenflügel unter fließend kaltem Wasser abspülen, abtropfen lassen und mit Küchenpapier trocken tupfen. Zwei- bis dreimal das Fleisch tief bis zum Knochen einschneiden. Die Flügel zur Seite stellen, während Sie die Marinade zubereiten.

2. In eine Schüssel (nicht aus Aluminium) Sojasaucen, Reiswein, Zucker, Pfeffer und Mononatriumglutamat (wenn verwendet) geben und rühren, bis sich der Zucker aufgelöst hat. Erst den Sternanis und Zimt zugeben, dann die Flügel. Das Ganze gut rühren, bis die Flügel ganz mit Marinade bedeckt sind. Zudecken und mindestens 8 bis 24 Stunden im Kühlschrank ziehen lassen, dabei die Flügel gelegentlich wenden.

3. Für direktes Grillen auf dem Rost: Grill vorbereiten und Glut bis auf mittlere Hitze aufheizen.

Für das Grillen mit dem Drehspieß: Grill für das Grillen mit Drehspieß vorbereiten, dabei Herstellerangaben beachten und gut aufheizen. In die Mitte des Grills direkt unter den Spieß eine große Auffangschale setzen.

4. Wenn der Grill aufgeheizt ist, die Hähnchenflügel aus der Marinade nehmen und diese wegschütten.

Für das direkte Grillen auf dem Rost: Grillrost mit dem Öl einpinseln. Die Hähnchenflügel auf dem Rost verteilen. Die Flügel unter mehrmaligem Wenden mit der Zange 10 - 12 Minuten grillen, bis die dickeren Teile am Knochen nicht mehr rosa sind. Falls die Flügel anfangen anzubrennen, die Hitze etwas reduzieren.

Für das Grillen mit dem Drehspieß: Den Spieß durch die Flügelhaut am Gelenk der Hähnchenflügel schieben. Den Drehspieß am Grill befestigen und den Motor anstellen. Die Flügel am Drehspieß ca. 20 Minuten grillen, bis das Fleisch an den dickeren Stellen am Knochen nicht mehr rosa ist.

5. Die Flügel ein- oder zweimal während des Garens mit dem Sesamöl einpinseln, auf einer Platte anrichten und sofort servieren.

CHINA

IN HONIG GLASIERTE FLÜGEL NACH HONGKONG-ART

DIREKTES GRILLEN
FÜR 5 BIS 6 PERSONEN

Hier ist ein einfaches Rezept für Hähnchenflügel nach Hongkong-Art. Durch das Bepinseln mit Honig während des Garens wird die Haut außergewöhnlich knusprig und süß.

VORBEREITUNGSZEIT

2 - 4 Stunden zum Kühlen der Hähnchenflügel

SPEZIELLE AUSRÜSTUNG

36 lange Holzspieße und ein Feuerschutz aus Alufolie (siehe Kasten Seite 23)

ZUTATEN

36 ganze Hähnchenflügel
4 Knoblauchzehen, zerdrückt
1½ TL Salz
1½ TL frisch gemahlener, schwarzer Pfeffer
1 TL Mononatriumglutamat (wahlweise)
175 g Honig, zum Einpinseln

1. Die Hähnchenflügel unter fließend kaltem Wasser abspülen, abtropfen lassen und mit Küchenpapier trocken tupfen. Zwei- bis dreimal das Fleisch tief bis zum Knochen einschneiden. Die Flügel in eine große Schüssel geben und mit Knoblauch, Salz, Pfeffer und Mononatriumglutamat (falls verwendet) bestreuen. Die Flügel wenden und die andere Seite ebenfalls mit den Gewürzen bestreuen, dann zudecken und 2-4 Stunden im Kühlschrank ziehen lassen.

2. Den Grill für direktes Grillen vorbereiten und die Glut bis auf mittlere Hitze aufheizen.

3. Wenn der Grill aufgeheizt ist, den Grillrost mit Öl einpinseln. Den Honig in einem kleinen Topf auf der Kochplatte an der Seite des Grills, falls vorhanden, oder auf dem Herd lauwarm erhitzen.

4. Mit den Holzspießen die Flügel aufspießen, dabei durch alle Teile der Hähnchenflügel stechen, um sie möglichst weit auseinander zu ziehen. Die Flügel auf dem Rost so verteilen, dass die hölzernen Spießenden auf dem Feuerschutz aus

Alufolie liegen. Die Flügel unter mehrmaligem Wenden mit der Zange 10 - 12 Minuten grillen, bis die dickeren Teile am Knochen nicht mehr rosa sind, dabei in den letzten 4 Minuten mit dem warmen Honig einpinseln. Falls die Flügel anfangen anzubrennen, die Hitze etwas reduzieren. Die Flügel auf einer Platte anrichten und sofort servieren.

SINGAPUR

PIKANTE CHILIFLÜGEL

DIREKTES GRILLEN
FÜR 5 BIS 6 PERSONEN

Diese pikanten Hähnchenflügel spiegeln die unglaubliche ethnische Vielfalt Singapurs wider. Die Fünf-Gewürze-Mischung kommt aus China, während Ketjap Manis (süße Sojasauce) aus Indonesien stammt. Das Braten der Gewürzpaste ist typisch für die Küche der malaysischen nonya („Großmutter"), probiert habe ich die Flügel aber tatsächlich auf einem arabischen Markt. Durch das Braten der Gewürzpaste entsteht ein komplexer Geschmack, der diese Flügel zu den besten macht, die Sie je gekostet haben.

Der Verkäufer, der mir dieses Rezept verriet, verwendete vorgegarte Flügel, die er dick mit der Gewürzpaste bestrich und dann auf dem Grill fertig briet. Da er jeden Morgen hunderte von Flügeln verkaufte, konnte er durch das Vorkochen den gesamten Garvorgang auf eine überschaubare Zeit reduzieren. Da wir es nicht so eilig haben wie der durchschnittliche Koch auf dem Markt, schlage ich vor, dass Sie sich die Zeit nehmen, die rohen Flügel in der Gewürzpaste zu marinieren und sie komplett auf dem Grill zu garen. Das Rezept scheint etwas kompliziert, die tatsächliche Zubereitungszeit beträgt aber nur etwa 20 Minuten.

VORBEREITUNGSZEIT

6 bis 24 Stunden zum Marinieren der Hähnchenflügel

ZUTATEN

36 ganze Hähnchenflügel
3 große Schalotten, geschält
6 Knoblauchzehen, geschält
1 Stück (etwa 2,5 cm) frischer Ingwer, geschält
2 bis 10 Thai-Chilis, Serrano Chilis oder kleine Jalapeño-Chilis, entstielt, entkernt und grob gehackt (für mehr Schärfe die Kerne in den Chilis lassen; siehe Hinweis)
120 ml Pflanzenöl
2 EL Sojasauce
2 EL süße Sojasauce (Ketjap Manis), oder je 1 EL normale Sojasauce und Zuckersirup
1 TL chinesische Fünf-Gewürze-Mischung

1. Die Hähnchenflügel unter fließend kaltem Wasser abspülen, abtropfen lassen und mit Küchenpapier trocken tupfen. Zwei- bis dreimal das Fleisch tief bis zum Knochen einschneiden. Die Flügel in eine große Schüssel geben und kühl stellen, während Sie die Gewürzpaste zubereiten.

2. Schalotten, Knoblauch, Ingwer und Chilis in eine Küchenmaschine geben und zu einer weichen Paste verarbeiten. 60 ml Öl, die Sojasaucen und die Gewürzmischung zufügen und cremig rühren (siehe Hinweis).

3. Die restlichen 60 ml Öl in einen Wok oder eine kleine Kasserolle geben und bei mittlerer Hitze erwärmen. Die Gewürzpaste zufügen und unter ständigem Rühren 8-12 Minuten kochen, bis man eine dicke, braune und sehr würzige Sauce erhält. Die Paste vom Herd nehmen und ganz abkühlen lassen.

4. Die abgekühlte Paste zu den Flügeln geben und unterrühren, bis die Flügel ganz mit der Paste bedeckt sind. Zudecken und mindestens 6 bis 24 Stunden im Kühlschrank ziehen lassen, dabei die Flügel gelegentlich wenden (je länger die Hähnchenflügel in der Marinade liegen desto besser).

5. Den Grill für direktes Grillen vorbereiten und die Glut bis auf mittlere Hitze aufheizen.

6. Wenn der Grill aufgeheizt ist, den Grillrost mit dem Öl einpinseln. Die Hähnchenflügel auf dem Rost verteilen und unter mehrmaligem Wenden mit der Zange 10 - 12 Minuten grillen, bis die dickeren Teile am Knochen nicht mehr rosa sind. Falls die Flügel anfangen anzubrennen, die Hitze etwas reduzieren. Die Flügel auf einer Platte anrichten und servieren.

HINWEIS: Wie in allen meinen Rezepten gebe ich hier keine bestimmte Menge an Chilischoten an. Zwei entkernte Schoten geben den Flügeln einen pikanten Geschmack, bei 10 Schoten mit Kernen würde sich sogar ein malaysischer Hitzkopf zu Hause fühlen.

Die Zutaten für die Gewürzpaste kann man auch direkt alle zusammen mit einem Mixer pürieren.

CHINA

GEGRILLTE HÄHNCHENFLÜGEL MIT HONGKONG-GEWÜRZEN

SHEK O WINGS

DIREKTES GRILLEN
FÜR 5 BIS 6 PERSONEN

Der Küstenort Shek O liegt an der jenseitigen Seite der Insel Hongkong etwa eine halbe Autostunde vom Wolkenkratzerdschungel entfernt. Jedoch sollte man die Entfernung eher in Jahrhunderten als in Kilometern messen. Hier, auf dieser Insel mit dem unaufhörlich und unkontrolliert wachsenden Stadtgebiet und der rasend schnellen wirtschaftlichen Entwicklung, findet man noch eine Küstengemeinde mit Künstlern, engen Straßen, von der Straße abgelegenen Bars und Restaurants im Freien sowie Strände, die an Sonntagen von Familien bevölkert werden, die dort picknicken.

Grillen spielt in der chinesischen Küche eigentlich keine wichtige Rolle, aber die Sonntagsausflügler verwandeln die Strände von Shek O in einen großen Grillplatz. Händler tätigen hier rege Geschäfte mit dem Verkauf von Holzkohle und Grillutensilien. Die Grills selbst sind geniale Fabrikationen aus Maschendraht und Stahlmatten (die netzartigen Eisenmatten, wie sie zur Verstärkung von Beton verwendet werden). Am liebsten werden in Sojasauce und Honig marinierte Hähnchenflügel gegrillt. Wie überall in Asien werden die Flügel auseinandergezogen und im Zickzack auf den Spieß aufgespießt, um den Flammen möglichst viel Oberfläche zu bieten.

VORBEREITUNGSZEIT

6 bis 24 Stunden zum Marinieren der Hähnchenflügel

SPEZIELLE AUSRÜSTUNG

36 lange Holzspieße und ein Feuerschutz aus Alufolie (siehe Kasten Seite 23)

ZUTATEN

36 ganze Hähnchenflügel
120 ml Sojasauce
80 ml Honig
1 EL geschälter frischer Ingwer, zerdrückt
3 Knoblauchzehen, zerdrückt
3 Frühlingszwiebeln, weiße und grüne Teile, geputzt und sehr fein gehackt
2 TL chinesische Fünf-Gewürze-Mischung

1. Die Hähnchenflügel unter fließend kaltem Wasser abspülen, abtropfen lassen und mit Küchenpapier trocken tupfen. Zwei- bis dreimal das Fleisch tief bis zum Knochen einschneiden. Die Flügel zur Seite stellen, während Sie die Marinade zubereiten.

2. Sojasauce, Honig, Ingwer, Knoblauch, Frühlingszwiebeln und Fünf-Gewürze-Mischung in einer großen Schüssel gut mischen. Etwa die Hälfte der Marinade abnehmen und in einer kleinen Schüssel im Kühlschrank aufbewahren, bis Sie mit dem Grillen beginnen. Die Flügel in die restliche Marinade geben und gut unterrühren, bis alle Flügel gut bedeckt sind. Zudecken und im Kühlschrank mindestens 6, besser aber 24 Stunden ziehen lassen, dabei die Flügel gelegentlich wenden.

3. Den Grill für direktes Grillen vorbereiten und die Glut bis auf mittlere Hitze aufheizen.

4. Wenn der Grill aufgeheizt ist, die Hähnchenflügel abtropfen lassen und dann jeden Flügel so auf einen Spieß geben, dass dieser durch alle Teile des Flügels hindurchgeht und der Flügel möglichst weit auseinandergezogen ist.

5. Den Grillrost mit Öl einpinseln. Die Flügel auf dem Rost so verteilen, dass die hölzernen Spießenden auf dem Feuerschutz aus Alufolie liegen. Die Flügel unter mehrmaligem Wenden mit der Zange 10 - 12 Minuten grillen, bis die dickeren Teile am Knochen nicht mehr rosa sind, dabei immer wieder die Flügel mit der aufbewahrten Marinade bestreichen. Falls die Flügel anfangen anzubrennen, die Hitze etwas reduzieren. Die Flügel auf einer Platte anrichten und sofort servieren.

USA

EAT IT & BEAT IT-HÄHNCHENFLÜGEL

INDIREKTES GRILLEN
FÜR 5 BIS 6 PERSONEN

Ein Restaurant mit dem Namen „Lil' Jake's Eat It & Beat It" (Die unschlagbaren Gerichte von Little Jake) in Kansas City (das jetzt den etwas würdevolleren Namen „Danny Edwards" trägt), muss bei dem dort herrschenden Kundenumschlag rasend schnell kochen. Sobald es aber ums Grillen geht, lässt sich der Besitzer Danny Edwards viel Zeit. Diese Flügel werden über Nacht in einer Gewürzmischung eingelegt und dann über Rauch gegrillt, bis sie so zart sind, dass sich das Fleisch fast von selbst vom Knochen löst. Die Mengenangaben zu den verschiedenen Gewürzen sind nur ungefähr: Verwenden Sie je nach Geschmack mehr oder weniger.

VORBEREITUNGSZEIT

24 Stunden zum Einlegen der Hähnchenflügel

SPEZIELLE AUSRÜSTUNG

90 g Räucherspäne, am besten Hickoryholz; etwa 1 Stunde lang in kaltem Wasser einweichen, dann abtropfen lassen

ZUTATEN

36 ganze Hähnchenflügel
2 TL Knoblauchsalz
2 TL schwarzer Pfeffer
2 TL Cayennepfeffer
2 TL getrockneter, gehackter Oregano

1. Die Hähnchenflügel unter fließend kaltem Wasser abspülen, abtropfen lassen und mit Küchenpapier trocken tupfen. Die Flügel in eine große Schüssel geben und mit Knoblauchsalz, schwarzem Pfeffer, Cayennepfeffer und Oregano bestreuen. Die Flügel umdrehen und von der anderen Seite ebenfalls würzen, dann zudecken und 24 Stunden kühl stellen.

2. Den Grill für indirektes Grillen vorbereiten und eine Auffangschale in die Mitte setzen.

Wird ein Holzkohlegrill verwendet, die Glut bis auf mittlere Hitze aufheizen. Sind die Kohlen soweit, die Hälfte der feuchten Holzspäne darauf schütten.

Wird ein Gasgrill verwendet, alle Holzspäne in die Räucherkammer geben und den Grill ganz aufheizen; sobald sich Rauch bildet, die Hitze auf mittel bis niedrig reduzieren.

3. Wenn der Grill fertig ist, den Rost mit Öl einpinseln. Die Flügel auf dem heißen Rost über der Auffangschale verteilen. Den Grilldeckel schließen und die Flügel ca. 30 Minuten garen, bis sie ganz zart sind.

4. Die Flügel auf einer Platte anrichten und sofort servieren.

CHINA

GEGRILLTE GARNELEN „DIM SUM“

DIREKTES GRILLEN
ERGIBT 12 GARNELEN

Das Grillen ist nicht gerade die wichtigste Art des Kochens in China. Aber viele chinesische Gerichte wurden dem Kochen über offenem Feuer angepasst. Das folgende Garnelengericht, zum Beispiel wird traditionell als dim sum (gefüllte, frittierte Bällchen) serviert. Grillt man aber die Garnelen statt sie zu frittieren, hat man den Vorteil, dass sie nicht nur besser schmecken, sondern auch weniger fetthaltig sind.

SPEZIELLE AUSRÜSTUNG

12 kurze Holzspieße und ein Feuerschutz aus Alufolie (siehe Kasten Seite 23)

ZUTATEN

12 große Garnelen
12 Frühlingszwiebeln
6 Scheiben magerer Speck

1. Die Schalen und den Darm der Garnelen entfernen (siehe Kasten Seite 361). Das Grün von den Frühlingszwiebeln abschneiden und für andere Zwecke aufbewahren, dann die Wurzeln abschneiden; jetzt hat man nur noch den etwa 5 cm langen, weißen Teil der Frühlingszwiebel übrig. Die Speckscheiben jeweils quer halbieren.

2. Je ein weißes Teil der Frühlingszwiebel in die gebogene Seite der Garnelen einbetten, dann mit einem Stück Speck umwickeln und mit einem Holzspieß oder einem Zahnstocher durch die eingewickelte Garnele stechen.

3. Den Grill für direktes Grillen vorbereiten und die Glut bis auf mittlere Hitze aufheizen.

4. Wenn der Grill aufgeheizt ist, den Rost mit Öl einpinseln. Die dim sum auf dem heißen Rost so verteilen, dass die hölzernen Spießenden auf dem Feuerschutz aus Alufolie liegen. 2 - 4 Minuten grillen, dabei einmal mit der Zange wenden, bis die Garnelen fest und rosa sind und der Speck knusprig ist. Sofort servieren.

VIETNAM

GARNELEN-MOUSSE AUF ZUCKERROHR

CHAO TOM

DIREKTES GRILLEN
ERGIBT 12 KEBABS

Chao tom, Garnelen-Mousse auf Zuckerrohr gegrillt, ist eines der charakteristischsten Gerichte Vietnams. Den überwältigenden Kontrast von Aromen und Konsistenzen, chao tom hat ihn ganz bestimmt: zarte Garnelen-Mousse und angenehm knuspriges Zuckerrohr. Eigentlich isst man das Zuckerrohr nicht, sondern kaut vielmehr darauf und setzt so den süßen Saft frei, der den salzigen Geschmack der Garnelen ausgleicht. Frisches Zuckerrohr kann man in Fachgeschäften kaufen.

VORBEREITUNGSZEIT

2 Stunden zum Kühlen der Mousse

ZUTATEN

450 g große Garnelen, Schale und Darm entfernen (siehe Kasten Seite 361)
60 g fetter oder durchwachsener Speck (wahlweise) fein gewürfelt
1 Knoblauchzehe, zerdrückt
1 Frühlingszwiebel, weißer und grüner Teil, geputzt und fein gehackt
1 EL Zucker, oder mehr
1 EL asiatische Fischsauce
1 EL Erdnussöl, zusätzlich Öl zum Formen der Kebabs
1 TL vietnamesische oder thailändische scharfe Sauce
½ TL Salz (siehe Hinweis), oder mehr
½ TL frisch gemahlener, schwarzer Pfeffer, oder mehr
3 Stücke Zuckerrohr (je 15-20 cm lang)

1. Garnelen, Speck (wenn verwendet), Knoblauch, Frühlingszwiebel und Zucker in einer Küchenmaschine zu einem groben Püree verarbeiten. Fischsauce, Erdnussöl, scharfe Sauce, Salz und Pfeffer in Abständen dazugeben und zwischendurch immer wieder in der Maschine verrühren. Ein wenig von der Masse abnehmen, in einer beschichteten Pfanne garen und abschmecken. Bei Bedarf die restliche Garnelenmasse mit Zucker, Salz und/oder Pfeffer nachwürzen. Sie sollte gut gewürzt sein. Die Garnelenmasse in eine Schüssel geben und zugedeckt etwa 2 Stunden im Kühlschrank durchkühlen lassen.

2. Mit einem scharfen Messer das Zuckerrohr häuten und jedes Stück längs in vier Teile schneiden. Die Finger einer Hand leicht einölen. Etwa 3 EL der Garnelen-Mousse nehmen und um die obere Hälfte des Zuckerrohrstücks formen. Das fühlt sich am Anfang etwas unangenehm an, aber bald sind Sie darin perfekt. So weiter verfahren, bis alle Zuckerrohrstücke gleichermaßen zubereitet sind. Die Kebabs auf eine leicht geölte Platte legen, mit Frischhaltefolie bedecken und bis zum Grillen im Kühlschrank aufbewahren.

3. Den Grill für direktes Grillen vorbereiten und die Glut bis auf hohe Hitze aufheizen.

4. Wenn der Grill aufgeheizt ist, den Rost mit Öl einpinseln. Die Kebabs auf den heißen Rost legen und 2 bis 3 Minuten pro Seite grillen, bis die Garnelen-Mousse leicht gebräunt, fest und durchgebraten ist, dabei einmal mit der Zange wenden. Die Kebabs sofort servieren. Man isst die Kebabs, indem man die Garnelen-Mousse vom Zuckerrohr knabbert. Achten Sie aber darauf, dass Sie auch auf dem Zuckerrohr kauen, um den süßen Saft freizusetzen.

HINWEIS: Benutzen Sie durchwachsenen Speck, brauchen Sie nur etwa ¼ TL Salz zuzugeben. Sie können statt der Zuckerrohrstücke auch Cocktailspieße aus Zuckerrohr verwenden, diese sind in speziellen Lebensmittelabteilungen erhältlich.

FRANKREICH

GEGRILLTE SCHNECKEN

ESCARGOTS GRILLES

DIREKTES GRILLEN
FÜR 2 DUTZEND SCHNECKEN

Niemand kann mir vorwerfen, dass ich nicht alles gebe, um an ein Rezept zu gelangen. Beachten Sie dieses hier vom Restaurant des „L'Hostal" in Castellnou in Frankreich (lesen Sie auf Seite 83 darüber). Der Küchenchef des „L'Hostal" verwendet Schweineschmalz zum Einreiben der Schnecken während des Garens. Sie lesen richtig, Schweineschmalz. Ich weiß, dass Schweineschmalz nicht gerade die modernste Zutat ist, aber zum einen hat es ein einzigartig fleischiges Aroma, das man mit Butter nicht zustande bringt. Zum anderen ist es auch gesünder als Butter, ob Sie es glauben oder nicht, denn es enthält nur etwa halb so viel Cholesterin und nur ein Drittel der gesättigten Fettsäuren. Sie können aber auch genauso gut Butter für dieses Rezept verwenden, wenn Sie Schweineschmalz absolut nicht mögen. Übrigens müssen Schalotten, Knoblauch und

Sellerie so fein gehackt werden, dass sie schon fast wegfliegen, wenn man zu heftig ausatmet.

Am besten wäre natürlich, Sie entzündeten Ihr Feuer mit dem Holz der Weinstöcke. Die beste Alternative wäre Holzkohle, auf die Sie einige eingeweichte Stücke von Weinstöcken oder Weinfassholz geben. Aber seien Sie unbesorgt, auch die auf dem Gasgrill zubereiteten Schnecken sind ebenso köstlich.

SPEZIELLE AUSRÜSTUNG

Grillrost für Gemüse oder ein Kuchengitter

ZUTATEN

2 Dutzend Schnecken aus der Dose mit Haus
12 EL Schweineschmalz oder ungesalzene Butter, oder beides gemischt, zimmerwarm
2 große Frühlingszwiebeln, sehr fein gehackt
3 Knoblauchzehen, sehr fein gehackt
1 mittelgroße Selleriestange, sehr fein gehackt
3 EL frische, glatte Petersilie, gehackt
1 TL frische Thymianblätter, oder ½ TL getrockneter Thymian
½ TL Currypulver
Salz und frisch gemahlener, schwarzer Pfeffer

1. Die Schnecken in einem Sieb unter fließend kaltem Wasser abspülen. Abtropfen lassen und mit Küchenpapier trocken tupfen. 3 EL Schweineschmalz in einem mittelgroßen Topf bei mittlerer Hitze schmelzen. Schalotten, Knoblauch, Sellerie, Petersilie, Thymian und Curry dazugeben und mit Salz und Pfeffer abschmecken. Das Gemüse etwa 3 Minuten garen, bis es weich und glasig aber nicht braun ist, dann bis auf Zimmertemperatur abkühlen lassen.

2. Die restlichen 9 EL Schweineschmalz in die abgekühlte Gemüsemischung geben. Mit der Spitze eines Messers jeweils eine etwa haselnussgroße Portion Gemüse in ein Schneckenhaus geben. Je eine Schnecke in ein Haus geben und dieses mit einem Teil der restlichen Gemüsemischung auffüllen. Die gefüllten Schnecken auf ein Backblech oder eine Platte legen (siehe Hinweis).

3. Den Grill für direktes Grillen vorbereiten und die Glut bis auf hohe Hitze aufheizen.

4. Wenn der Grill aufgeheizt ist, auf den Rost ein Gemüserost oder ein Drahtrost für Kuchen setzen. Die Schnecken darauf mit der offenen Seite nach oben verteilen und 3 bis 5 Minuten grillen, bis die Füllung anfängt, Bläschen zu bilden und zu duften. Mit einer Zange die Schnecken vom Grill nehmen, auf einer Platte anrichten und sofort servieren.

HINWEIS: Die Schnecken können bis hierher schon einige Stunden im Voraus vorbereitet werden. Dazu die Schnecken lose mit Frischhaltefolie bedecken und bis zum Grillen kühl stellen.

TRINIDAD

GEGRILLTER AUBERGINENDIP

CHOKA DIP

DIREKTES GRILLEN
ERGIBT ETWA 600 ML

Überall in der Welt gibt es zahlreiche Grillgerichte mit Auberginen, aber dieses hier – ein Dip und Spezialität der indischen Bevölkerung in Trinidad – ist eins der wenigen, bei denen die Aubergine vor dem Grillen mit Knoblauchzehen gespickt wird. Das Ergebnis ist ein unglaublich intensiver Geschmack. Ich verwende diese Technik aus Trinidad auch, wenn ich Auberginen für einen anderen Zweck grille.

Servieren Sie dieses Rezept als Dip zu gegrilltem Brot.

2 lange, schlanke Auberginen (zusammen etwa 900 g)
8 Knoblauchzehen, geschält und längs halbiert
120 ml einfacher Vollmilchjoghurt
4 g frischer Koriander, gehackt
3 Frühlingszwiebeln, grüne und weiße Teile, geputzt und fein gehackt
2 TL gemahlener Koriander
2 TL gemahlener, frischer, geschälter Ingwer
2 EL frischer Zitronensaft
2 EL Pflanzenöl
Salz und frisch gemahlener, schwarzer Pfeffer
Gegrillte Pita-Brot-Stücke (Seite 125)

1. Mit der Spitze eines Schälmessers 8 kleine Schlitze in jede Aubergine ritzen. In jeden Schlitz eine halbe Knoblauchzehe stecken.

2. Den Grill für direktes Grillen vorbereiten und die Glut bis auf hohe Hitze aufheizen.

3. Wenn der Grill aufgeheizt ist, die Auberginen auf den heißen Rost setzen und unter mehrmaligem Wenden mit der Zange 20 bis 30 Minuten von allen Seiten grillen, bis die Haut überall verbrannt und das Fleisch sehr weich ist; die Auberginen haben jetzt ihre feste Form verloren. Die Auberginen zum Abkühlen auf einen Teller legen.

4. Die Stielenden der Auberginen abschneiden. Dann mit einem Schälmesser die verbrannte Schale abschaben. Das Auberginenfleisch mit den Knoblauchzehen in eine mittelgroße Schüssel geben und mit einer Gabel zu einem groben Püree quetschen oder in der Küchenmaschine pürieren. Joghurt, Koriander, Frühlingszwiebeln, gemahlenen

Den fast unauffindbaren Schnecken nachjagen

Grillen kann zur Besessenheit werden. Wenn man wie ich zur Obsession neigt und dann in die Welt des Grillens eintaucht, merkt man schnell, dass sich plötzlich die gesamte Freizeit im wahrsten Sinne des Wortes in Rauch auflöst. Diese Wahrheit kennen auch die Legionen von „Grillwitwen", die ihre Männer an Grillwettbewerbe und -festivals verloren haben. Genau diese Wahrheit kam auch ans Licht, als ich zehn Tage lang durch Südfrankreich tourte, um die schwer zu fassende Kunst des französischen Grillens zu studieren.

Barbara (meine Ehefrau) und ich waren schon seit etwa einer Woche unterwegs, und da Sonntag war, sollte dies unser erster „freier" Abend (ohne besondere Essenspläne) werden. Dann beging ich den fatalen Fehler, die kulinarische Koryphäe Frankreichs, Patricia Wells, anzurufen, die mir von gegrillten Schnecken erzählte.

Gegrillte Schnecken sind die Spezialität eines Restaurants mit dem Namen „L'Hostal" im kleinen Weiler Castellnou bei Perpignan im Südwesten Frankreichs. Das Problem war nur, dass wir uns in etwa 240 km Entfernung in Arles befanden (die durch Van Gogh unsterblich gewordene Stadt in der Provençe).

Ein Anruf beim Restaurant bestätigte, ja, sie hätten gegrillte Schnecken. Ja, ich könnte sie für heute Abend bestellen. Nein, das Restaurant sei am Montag oder Dienstag nicht geöffnet. Ja, es sei sehr schade, dass wir Frankreich schon am Mittwoch verließen. Ja, wenn wir gegrillte Schnecken essen wollten, müssten wir sie heute Abend essen.

Ich rechnete schnell nach. Wenn wir unser Hotel in 10 Minuten verließen und 120 km in der Stunde führen, könnten wir Castellnou bei Sonnenuntergang erreichen. Ich drehte mich zu Barbara um und sagte: „Ich habe gerade ein Restaurant gefunden, das gegrillte Schnecken anbietet."

„Super", erwiderte sie, „lass uns hingehen."

„Es gibt da ein Problem", lenkte ich ein. „Das Restaurant liegt kurz vor der spanischen Grenze."

Glücklicherweise ist meine Frau, wenn es ums Grillen geht, genauso besessen wie ich.

Wie ausgerechnet kamen wir 2 Stunden später in Castellnou an, nachdem wir im Durchschnitt 120 km in einer Stunde zurückgelegt hatten. Die letzten zehn Kilometer führten uns eine steile, kurvige Straße hinauf zu einer wunderschön restaurierten, mittelalterlichen Zitadelle. Wir fanden „L'Hostal" ohne Probleme (es war das einzige Restaurant im Ort). Noch ganz aufgekratzt von der Fahrt nahmen wir auf der Terrasse am Felsabhang Platz, von der aus wir eine grandiose Aussicht auf das Tal von Roussillon hatten.

Im Sommer grillt man im „L'Hostal" über einer riesigen Feuerstelle im Freien. Im Winter wird die ganze Angelegenheit auf den Herd im herrschaftlichen Speisezimmer mit der niedrigen Decke verlagert. Als Brennmaterial werden Rebhölzer bevorzugt – Äste für anspruchsvolle Speisen, wie z.B. Schnecken, kleine Zweige und Wurzeln für große Fleischstücke. Bei unserer Ankunft brutzelten denn auch tatsächlich vier Dutzend winzige Schnecken auf einem runden Drahtrost über glühendem Weinstockholz.

Die Autobahnmaut, Benzin und die Hotelkosten für diese Nacht mitgerechnet, kostete uns die Fahrt nach Castellnou etwa 250 Euro. So wurden die Schnecken zum teuersten Gericht, das ich je gegessen habe. Es war die Fahrt – und das Geld – wert, denn ich habe sonst nirgendwo jemals gegrillte Schnecken gesehen.

Im gewissen Sinne können weder Sie noch ich dieses Rezept zu Hause nachkochen. Wir können diese winzigen, saftigen Schnecken, die man in dieser Gegend petits gris (kleine Graue) nennt, wahrscheinlich gar nicht bekommen. Wir können sie ganz sicher nicht lebend bekommen und sie mit frischem Thymian in speziellen Käfigen im Keller füttern. Wir können auch keinen Schneckengrill kaufen, obwohl es zur Not auch ein Gemüserost oder ein Kuchengitter auf einem Gerüst von ein paar Ziegelsteinen tut.

Letztendlich wird man Konsistenz und Geschmack der im „L'Hostal" gegrillten Schnecken niemals kopieren können: die weiche, saftige, vielleicht sogar ein wenig „sabbernde" Konsistenz (auf Französisch baveuse), den pikanten, salzigen und aromatischen Geschmack mit einem Hauch Thymian und sogar Curry.

Aber ich liebe die Herausforderung. Deshalb habe ich, obwohl ich das Gericht vielleicht nicht genauso nachkochen kann, von der Zubereitung im „L'Hostal" inspiriert ein Rezept für äußerst köstliche, gegrillte Schnecken entworfen (Seite 81). Und was den Grill betrifft, nun, Barbara fragt sich immer noch, wo unser Kuchengitter wohl geblieben ist.

Koriander, Ingwer, Zitronensaft und Öl unterrühren. Den Dip mit Salz und Pfeffer abschmecken. Sofort zu den Pita-Brot-Stücken servieren.

IRAN

PERSISCHER AUBERGINENDIP MIT WALNÜSSEN

DIREKTES GRILLEN
ERGIBT ETWA 360 ML

Das erste Mal habe ich diesen kräftigen Dip in einem persischen (iranischen) Restaurant in New York namens „Persepolis" probiert. Wenn Sie meinen, baba ghanoush (nächstes Rezept) schmecke gut, dann warten Sie, bis Sie dieses hier gekostet haben. Die Zugabe von Walnüssen und dem kräftigen Bauernkäse namens kashk-bibi geben diesem Dip seinen charakteristischen Geschmack. Bevor Sie aber auf der Suche nach diesem Käse verzweifeln (er ist höchstens auf orientalischen Märkten erhältlich), sei Ihnen gesagt, dass Sie den scharfen Geschmack auch mit Fetakäse und einem Löffel der Salzlake (in der die meisten Fetakäse geliefert werden) hinbekommen.

Diesen Dip können Sie zu gegrillten Pita-Brot-Stücken servieren.

1 große oder 2 kleine Auberginen (zusammen etwa 450 g)
30 g Walnussstücke, leicht geröstet (siehe Kasten Seite 113)
ca. 30 g Fetakäse in Salzlake, abgetropft, 1 EL Salzlake übriglassen
1 Knoblauchzehe, zerdrückt
3 EL einfacher Joghurt, am besten aus Vollmilch
3 EL natives Olivenöl extra vergine
1 TL frischer Zitronensaft, oder mehr
Salz und frisch gemahlener, schwarzer Pfeffer
1 EL getrocknete Minze
Gegrillte Pita-Brot-Stücke (Seite 125)

1. Den Grill für direktes Grillen vorbereiten und die Glut bis auf hohe Hitze aufheizen.

2. Wenn der Grill aufgeheizt ist, die Aubergine auf den heißen Rost setzen und unter mehrmaligem Wenden mit der Zange 20 bis 30 Minuten von allen Seiten grillen, bis die Haut überall verbrannt und das Fleisch sehr weich ist; die Aubergine hat jetzt ihre feste Form verloren. Die Aubergine zum Abkühlen auf einen Teller legen.

3. Die Walnüsse in einer Küchenmaschine zu einem groben Brei mahlen, dabei die Maschine stoßweise anstellen. Das Stielende der Aubergine abschneiden. Dann mit einem Schälmesser die verbrannte Schale abschaben. Das Auberginenfleisch zu den gemahlenen Nüssen in die Küchenmaschine geben.

4. Den Feta zerkrümeln und ebenso wie den Knoblauch in die Küchenmaschine geben und alles zu einem cremigen Püree verarbeiten. Die Salzlake, Joghurt, 2 EL Olivenöl und den Zitronensaft zugeben. Mit Salz und Pfeffer würzen, dann wieder zu einer cremigen Masse verarbeiten. Abschmecken und nach Bedarf noch etwas Zitronensaft und/oder Salz hinzufügen; der Dip sollte gut gewürzt sein. Den Dip in einer Schüssel anrichten und dabei mit der gewölbten Seite eines Esslöffels eine kleine Vertiefung in die Mitte des Dips drücken und zur Seite stellen.

5. Den restlichen EL Olivenöl in einem kleinen Topf bei mittlerer Hitze erwärmen. Minze zugeben und unter Rühren etwa 1 Minute kochen, bis sie duftet. Die Minze im Olivenöl in die Vertiefung des Dips füllen und sofort zu den Pita-Brot-Stücken servieren.

VORDERER ORIENT

ORIENTALISCHES AUBERGINENPÜREE MIT TAHINI

BABA GHANOUSH

DIREKTES GRILLEN
ERGIBT ETWA 320 G

Baba ghanousch ist eines dieser exotischen Gerichte, das seinen Weg zum amerikanischen Kontinent gefunden hat. Für die korrekte Zubereitung muss man die Aubergine auf einem Grill verkohlen lassen.

Das Anbrennen verleiht dem Gericht einen intensiven, charakteristischen Rauchgeschmack, der es zu einem der beliebtesten Gerichte auf einer orientalischen meze (Vorspeisenplatte) macht. Eines der traditionellen Elemente hier – das Spicken der Aubergine mit Knoblauchzehen – habe ich mir in Trinidad abgeguckt. Servieren Sie den Dip zu gegrillten Pita-Brot-Stücken.

2 lange, schlanke Auberginen (zusammen ca. 900 g)
7 Knoblauchzehen, 6 geschält und längs halbiert, 1 zerdrückt
2 Frühlingszwiebeln, weiße und grüne Teile, geputzt und fein gehackt
3 EL Sesampaste
4 EL natives Olivenöl extra, oder mehr
3 EL frischer Zitronensaft, oder mehr
Salz und schwarzer Pfeffer aus der Mühle
Gegrillte Pita-Brot-Stücke (Seite 125)

1. Mit der Spitze eines Schälmessers 6 kleine Schlitze in jede Aubergine ritzen. In jeden Schlitz eine halbe Knoblauchzehe stecken.

2. Den Grill für direktes Grillen vorbereiten und die Glut bis auf hohe Hitze aufheizen.

3. Wenn der Grill aufgeheizt ist, die Auberginen auf den heißen Rost setzen und unter mehrmaligem Wenden mit der Zange 20 bis 30 Minuten von allen Seiten grillen, bis die Haut überall verbrannt und das Fleisch sehr weich ist; die Auberginen haben jetzt ihre feste Form verloren. Die Auberginen zum Abkühlen auf einen Teller legen.

4. Die Stielenden der Auberginen abschneiden. Dann mit einem Schälmesser die verbrannte Schale abschaben. Das Auberginenfleisch in eine Küchenmaschine geben. Zerdrückte Knoblauchzehe, Frühlingszwiebeln, Sesampaste, 3 EL Olivenöl und Zitronensaft hinzugeben. Mit Salz und Pfeffer würzen, dann zu einer cremigen Masse verarbeiten. Abschmecken und eventuell mit Zitronensaft und/oder Salz nachwürzen; das Püree sollte recht kräftig schmecken.

5. Das baba ghanoush in einer Schüssel anrichten und das restliche Olivenöl darüber träufeln. Sofort zu den Pita-Brot-Stücken servieren.

TÜRKEI

JOGHURT-GURKEN-SALAT
MIT MINZE
CACIK

ALS BEILAGE
ERGIBT ETWA 500 G

Halb Dip und halb Salat erscheint cacik (dja-djik gesprochen) auf den Vorspeisenplatten in der Türkei – aber auch in Griechenland, wo es den Namen Tzatziki trägt (ich betrachte es als eine Art türkischer Entsprechung des Avocadodips). Es gibt kein erfrischenderes Gericht bei heißem Wetter als diese kühlende Mischung aus Joghurt, Minze und Salatgurke – ein perfekter Dip für eine sommerliche Grillparty. Für ein kräftiges cacik muss man den Joghurt einige Stunden abtropfen lassen, wie in Schritt 1 beschrieben. Aber keine Sorge, auch wenn Sie nicht genug Zeit zum Abtropfen lassen haben, schmeckt cacik immer noch köstlich.

Servieren Sie es als Dip zu Dreiecken aus frischem Pita Brot.

VORBEREITUNGSZEIT
4 Stunden zum Abtropfenlassen des Joghurts (wahlweise) plus 20 Minuten zur Entwässerung der Gurke

ZUTATEN
Etwa 500 ml einfacher Vollmilchjoghurt (siehe Hinweis)
1 Salatgurke (ohne Kerne)
1 TL Salz, oder mehr
1 bis 2 Knoblauchzehen, zerdrückt
3 EL fein gehackte, frische Minze oder Dill (siehe Hinweis)
2 EL natives Olivenöl extra
Schwarzer Pfeffer aus der Mühle
Pita Brot als Beilage

1. Zum Abtropfen des Joghurts, legen Sie ein Joghurtsieb – oder ein normales Sieb, das Sie mit einem feuchten Baumwolltuch ausgelegt haben – über eine mittelgroße Schüssel. Den Joghurt in das Sieb geben und im Kühlschrank 4 Stunden abtropfen lassen. Am Ende sollten noch etwa 375 ml Joghurt übrig bleiben.

2. Die Gurke einmal abspülen und mit Küchenpapier trocken tupfen. Die Gurke schälen und entkernen, dann grob reiben oder fein hacken. Die geriebene Gurke in ein Sieb geben und mit ½ TL Salz bestreuen. Das Sieb über eine Schüssel oder in das Spülbecken stellen und die Gurke etwa 20 Minuten stehen lassen, sodass ein guter Teil der Flüssigkeit abtropfen kann.

3. Den abgetropften Joghurt in eine Schüssel geben. Gurke, Knoblauch, 2 EL Minze, 1 EL Olivenöl und das restliche Salz unter den Joghurt rühren. Abschmecken und eventuell mit Pfeffer oder mehr Salz nachwürzen.

4. Zum Servieren in die Mitte des cacik mit der gewölbten Seite eines Löffels eine kleine Vertiefung drücken und das restliche Olivenöl in die Vertiefung gießen (Soll es etwas weniger förmlich zugehen, kann man das Olivenöl auch einfach über den ganzen Joghurt träufeln). Mit der restlichen Minze das cacik dekorieren (traditionell wird cacik dekoriert, indem man mit der Minze zwei sich schneidende Linien zu einem Kreuz streut. Dann darf man allerdings keine Vertiefung in den Joghurt drücken, sondern träufelt das Olivenöl einfach über die Masse). Das cacik sofort zum Pita Brot servieren.

HINWEIS: Sie brauchen nur etwa 325 ml Joghurt, wenn sie diesen nicht abtropfen lassen wollen.

Wenn Sie keine frische Minze oder Dill bekommen können, können Sie auch 1 EL getrocknete Minze oder Dill verwenden. Im Schritt 3 dann 2 TL in den Joghurt geben und den restlichen TL vor dem Servieren über das cacik streuen.

ARGENTINIEN

GEGRILLTER PROVOLONE-KÄSE

PROVOLONE ASADO

DIREKTES GRILLEN
FÜR 6-8 PERSONEN

Diese beliebte argentinische Vorspeise trotzt den Regeln der Küchenphysik. Schmilzt Käse nicht, wenn er erhitzt wird? Würde er auf dem Grill nicht zerlaufen und klebrig werden? Tatsache ist, dass der Provolone seine Form beim Grillen wunderschön behält, eine seidige Konsistenz bekommt und ein verbrannt-rauchiges Aroma erhält, das sich ausgezeichnet mit der pfeffrigen Schärfe des Käses verträgt. Eins ist jedenfalls sicher, dieses Gericht ist beliebt: Gehen Sie in irgendein Steakhaus in Buenos Aires und Sie werden riesige Platten mit wie Kasinojetons gestapelten Scheiben des Provolone sehen, die darauf warten, gegrillt zu werden.

SPEZIELLE AUSRÜSTUNG

Zweizackige Grillgabel

ZUTATEN

2 Scheiben (á 250 g und etwa 4 cm dick) reifer Provolone (je älter und fester desto besser)
1-2 EL natives Olivenöl extra
2 TL getrockneter Oregano
Schwarzer Pfeffer aus der Mühle
Knuspriges italienisches Brot als Beilage (siehe Hinweis)

1. Den Grill für direktes Grillen vorbereiten und die Glut bis auf hohe Hitze aufheizen.

2. Wenn der Grill aufgeheizt ist, den Rost mit Öl einpinseln. Die Käsescheiben auf beiden Seiten mit Olivenöl einpinseln und ½ TL Oregano und etwas Pfeffer auf die obere Seite streuen. Die Käsescheiben auf den heißen Rost legen. Solange grillen, bis die Unterseite braun ist und anfängt, Bläschen zu bilden, aber noch nicht ganz geschmolzen ist. Das dauert etwa 2 bis 4 Minuten.

3. Mit der Grillgabel den Käse vom Rost nehmen. Den Käse wenden und den restlichen Oregano gleichmässig verteilt auf die obere Seite streuen. Mit etwas Pfeffer bestreuen und dann die zweite Seite genauso wie vorher etwa 2 bis 4 Minuten grillen.

4. Den gegrillten Käse auf einer Platte anrichten. Den Käse auf Brotstücken oder -scheiben verteilen und genießen.

HINWEIS: Es ist zwar nicht so traditionell, aber wenn Sie einen noch stärkeren Holzkohlegeschmack bevorzugen, können Sie die Brotscheiben ebenfalls auf dem Grill toasten.

MEXIKO

GEGRILLTE QUESADILLAS

DIREKTES GRILLEN
ERGIBT 48 ECKEN

Vor 10 Jahren haben wir noch nie von quesadillas gehört, heute scheinen wir ohne sie nicht mehr leben zu können. Diese mexikanischen, gegrillten „Käsesandwichs" aus Chilis und Käse zwischen Tortillascheiben haben die Staaten im Sturm erobert. Meist werden sie in der Pfanne gebraten, aber in diesem Rezept werden die quesadillas auf dem Grill zubereitet. Die Zutaten für die Füllung können Sie nach Belieben variieren, aber gehen Sie beim Grillen nicht zu weit weg. Tortillas brennen wie Papier.

150 g grob geriebener, milder oder würziger Cheddar
120 ml saure Sahne
2 Frühlingszwiebeln, grüne und weiße Teile, geputzt und in feine Ringe geschnitten
1 Über Flammen geröstete Tomate (siehe nächstes Rezept), entkernt (siehe Kasten Seite 454) und gewürfelt
4 g frische Korianderblätter
2 bis 3 eingelegte Jalapeño-Schoten, in dünne Scheiben geschnitten (siehe Hinweis)
½ TL gemahlener Kümmel
Salz und frisch gemahlener, schwarzer Pfeffer
8 Weizentortillas (je etwa 20 cm Durchmesser)

1. Käse, saure Sahne, Frühlingszwiebeln, Tomate, Koriander, Jalapeños und Kümmel in einer kleinen Schüssel gut verrühren. Mit Salz und Pfeffer abschmecken.

2. Den Grill für direktes Grillen vorbereiten und die Glut auf mittelstarke Hitze aufheizen.

3. Wenn der Grill aufgeheizt ist, 4 Tortillas auf die Arbeitsfläche legen und die Käsemischung gleichmäßig darauf verteilen. Die restlichen Tortillas darauf legen und leicht drücken, sodass Sandwichs entstehen.

4. Den Grillrost einölen. Die quesadillas auf den heißen Rost legen und 2 bis 4 Minuten je Seite grillen, dabei vorsichtig mit einem Pfannenwender wenden, bis sie auf beiden Seiten leicht gebräunt sind. Vor dem Servieren jedes quesadilla in 8 Ecken schneiden.

HINWEIS: Für schärfere quesadillas schneidet man frische, entkernte oder nicht entkernte Jalapeños in dünne Scheibchen.

ÜBER FLAMMEN GERÖSTETE TOMATEN

DIREKTES GRILLEN

Für einige Rezepte in diesem Buch braucht man gehäutete und entkernte Tomaten. Aber warum eigentlich? Die Haut der Tomate wird besonders beim Kochen zu roten Fäden, die sich gern zwischen den Zähnen festsetzen. Die Tomatenkerne befinden sich in einem wässrigen Brei, der den Geschmack des Gerichts schnell verwässern kann.

Die Mexikaner haben eine geniale Methode entwickelt, mit der man Tomaten häuten kann. Sie lassen dic Tomaten auf dem Grill anbrennen (oder auf einem comal oder einer Gusseisenplatte). Die verbrannte Haut verleiht der Tomate ein großartig rauchiges Aroma und lässt sich leicht ablösen.

Reife Tomaten

1. Den Grill für direktes Grillen vorbereiten und die Glut bis auf hohe Hitze aufheizen.

2. Wenn der Grill aufgeheizt ist, die Tomaten auf den heißen Rost legen und unter mehrmaligem Wenden mit der Zange 8 bis 12 Minuten grillen, bis die Haut schwarz und blasig wird. Die Tomaten auf einen Teller legen und abkühlen lassen.

3. Die verbrannte Haut mit einem Schälmesser von den Tomaten lösen. Wenn Sie nicht die gesamte Haut ablösen können, ist das auch nicht schlimm; ein wenig verbrannte Haut gibt einen stärkeren, rauchigen Geschmack.

GEGRILLTE QUESADILLAS | LINKS

USA

ZIEGENKÄSE IN WEINBLÄTTERN GEGRILLT

DIREKTES GRILLEN
ERGIBT 8 PÄCKCHEN

Ein französischer Bauernkäse namens banon lieferte die Inspiration zu diesem Rezept. Er ist eine Spezialität des Alpen-Mittelmeerraums. Der Käse wird aus Kuh- oder Ziegenmilch hergestellt, in Walnussblätter gewickelt und in Trester (einem aus den entsafteten Traubenresten hergestellter Weinbrand) eingelegt, was ihm ein nussiges, leicht weinartiges Aroma verleiht. Ich habe diese Idee noch einen Schritt weiter gedacht und grille den Käse in Weinblättern. Die gegrillten Weinblätter verleihen dem Käse einen pikanten, leicht holzigen Geschmack, während er gleichzeitig wunderbar saftig und cremig bleibt. Weicher Ziegenkäse eignet sich am besten für dieses Rezept; eine gute Wahl wäre ein Montrachet, Bûcheron oder ein junger Crottin de Chavignol.

VORBEREITUNGSZEIT

15 Minuten zum Einweichen der Weinblätter, plus 15 Minuten bis 8 Stunden zum Kühlen der Weinblätterpäckchen

ZUTATEN

16 in Salzlake eingelegte Weinblätter, abgetropft
8 sonnengetrocknete Tomaten, einfach oder in Öl eingelegt
250 g Ziegenkäserolle, in 8 Scheiben geschnitten
3 EL Pinienkerne (wahlweise), geröstet (siehe Kasten Seite 113)
1 TL frische Thymianblätter, oder ½ TL getrockneter Thymian
Schwarzer Pfeffer aus der Mühle
1 EL natives Olivenöl extra
16 kleine, dünne Scheiben Baguette oder Pumpernickel

1. Die Weinblätter in eine große Schüssel geben, kaltes Wasser zugeben und etwa 15 Minuten einweichen lassen, dabei das Wasser zwei- bis dreimal wechseln.

2. Die sonnengetrockneten Tomaten etwa 15 Minuten in heißem Wasser einweichen lassen. In Öl eingelegte, getrocknete Tomaten brauchen nicht einzuweichen.

3. Die Weinblätter abtropfen lassen und mit Küchenpapier trocken tupfen. 8 Blätter auf der Arbeitsfläche ausbreiten. Die Tomaten abtropfen, trocken tupfen und in dünne Streifen schneiden. Eine Scheibe Käse in die Mitte jedes Weinblatts legen. Tomatenstreifchen, Pinienkerne (wenn verwendet), Thymian und etwas Pfeffer über den Käse geben und mit Olivenöl beträufeln. Die Enden des Weinblatts nach oben um die Füllung einschlagen. Ein zweites Weinblatt darauf legen und die Enden unter die Füllung einschlagen, sodass der Käse jetzt vollständig bedeckt ist. Mit den restlichen Weinblättern ebenso verfahren. Die Weinblätterpäckchen auf ein Backblech oder eine Platte legen, locker mit Frischhaltefolie bedecken und mindestens 15 Minuten oder bis zu 8 Stunden in den Kühlschrank stellen.

4. Den Grill für direktes Grillen vorbereiten und die Glut bis auf hohe Hitze aufheizen.

5. Wenn der Grill aufgeheizt ist, den Grillrost mit dem Öl einpinseln. Die Päckchen mit der Naht nach oben auf dem heißen Rost verteilen und etwa 2 Minuten pro Seite grillen, dabei mit einem Pfannenwender einmal umdrehen, bis die Päckchen braun sind und der Käse zu schmelzen beginnt.

6. Die Brotscheiben auf den Grill legen und 1 bis 2 Minuten pro Seite grillen, bis sie goldbraun sind. Sofort servieren, dazu die Weinblätter abwickeln (sie werden nicht mitgegessen) und den Käse mit einer Gabel dazu essen oder auf das geröstete Brot schmieren.

USA

DÖRRPFLAUMEN IN SCHINKEN GEGRILLT

DIREKTES GRILLEN
ERGIBT 16 STÜCK

Hier ist der Beweis, dass eines der leckersten Rezepte der Welt zugleich auch das einfachste ist. Dieses Rezept besteht aus nur zwei Zutaten – Schinken und Dörrpflaumen – aber der Kontrast von süß und salzig, fleischig und fruchtig, knusprig und weich macht es zu einer unwiderstehlichen Vorspeise. Ich bevorzuge einen geräucherten Bauernnussschinken, aber ein magerer Schinken aus dem Supermarkt tut es ebenso gut.

SPEZIELLE AUSRÜSTUNG

16 Zahnstocher und ein Feuerschutz aus Alufolie (siehe Kasten Seite 23)

ZUTATEN

4 Scheiben magerer Schinken, oder nach Bedarf mehr
16 entsteinte Dörrpflaumen

1. Die Schinkenscheiben vierteln; jedes Viertel sollte groß genug sein, um eine Pflaume darin einwickeln zu können. Jede Pflaume in ein Stück Schinken einwickeln und mit einem Zahnstocher durch den Schinken und die Pflaume stechen, sodass sich das Röllchen nicht abwickeln kann.

2. Den Grill für direktes Grillen vorheizen und die Glut auf mittelstarke Hitze aufheizen.

3. Wenn der Grill aufgeheizt ist, den Rost mit Öl einpinseln. Die Schinken-Pflaumen-Röllchen so auf dem heißen Rost anordnen, dass die hölzernen Spießenden auf der Alufolie liegen. Etwa 2 bis 3 Minuten von beiden Seiten grillen, dabei einmal mit der Zange wenden, bis die Pflaumen heiß sind und der Schinken schön knusprig ist. Die gegrillten Pflaumen auf einem Teller anrichten und sofort servieren.

ITALIEN

FEIGEN IN PANCETTA GEGRILLT

DIREKTES GRILLEN
ERGIBT 12 STÜCK

Verwendet man frische Feigen und Pancetta-Schinken für das vorherige Rezept erhält man eine italienische Note. Frische Feigen wurden einst als sehr exotisch betrachtet, mittlerweile erhält man sie aber in den meisten Supermärkten (und ganz bestimmt in italienischen Lebensmittelläden), vor allem im späten Frühjahr und Sommer. Pancetta wird oft als gepökelter, italienischer Schinken bezeichnet. Im Gegensatz zu unserem Schinken ist er aber niemals geräuchert. Auch Pancetta erhält man in italienischen Lebensmittelläden und zunehmend auch in Supermärkten.

SPEZIELLE AUSRÜSTUNG

12 kleine Holzspieße und ein Feuerschutz aus Alufolie (siehe Kasten auf Seite 23)

ZUTATEN

6 dünne Scheiben Pancetta
12 reife Feigen (siehe Hinweis)
12 frische Salbeiblätter

1. Die Pancetta-Scheiben halbieren; jede Hälfte sollte groß genug sein, dass man eine Feige darin einwickeln kann. Auf jede Feige ein Salbeiblatt legen und das Ganze mit dem Pancetta umwickeln und mit einem Holzspieß durch den Schinken und die Feige stechen, sodass sich das Röllchen nicht mehr abwickeln kann.

2. Den Grill für direktes Grillen vorheizen und die Glut auf mittelstarke Hitze aufheizen.

3. Wenn der Grill aufgeheizt ist, den Rost mit Öl einpinseln. Die Feigenröllchen so auf dem heißen Rost anordnen, dass die hölzernen Spießenden auf der Alufolie liegen. Etwa 2 bis 4 Minuten von beiden Seiten grillen, dabei einmal mit der Zange wenden, bis die Feigen heiß sind und der Schinken schön knusprig ist. Die gegrillten Feigen auf einem Teller anrichten und vor dem Servieren die Spieße entfernen.

HINWEIS: Man könnte auch getrocknete Feigen für dieses Rezept verwenden. Diese dann in einer Schüssel in gekochtem Wasser (oder besser noch heißem Marsala oder Portwein) etwa 30 Minuten einweichen lassen, bis sie weich sind. Dann abtropfen lassen und im Rezept weiter fortfahren.

INDONESIEN

WACHTELEIER-SATÉS

SATE TELOR

DIREKTES GRILLEN
ERGIBT 24 STÜCK

Einer der ungewöhnlichsten indonesischen Spieße ist der saté telor, ein winziger Kebab aus unreifen Hühnereiern – eine Spezialität der Stadt Kudus in Zentraljava. Saté telor ist eine traditionelle Beilage zu ayam soto (javanische Hühnersuppe). Ich bereite sie mit Wachteleiern zu, aber hart gekochte und geviertelte Hühnereier sind ein akzeptabler Ersatz. Die süßen, pfeffrig-glasierten und knusprig gebratenen Schalotten machen dieses Gericht zu einem absoluten Muss für den experimentierfreudigen Grillfreund. Reichen Sie diese Satés als Häppchen herum oder servieren Sie sie als Hors d'Oeuvre.

VORBEREITUNGSZEIT

1 Stunde zum Kühlen und Marinieren der Eier

SPEZIELLE AUSRÜSTUNG

8 kurze Holzspieße und ein Feuerschutz aus Alufolie (siehe Kasten Seite 23)

ZUTATEN

24 Wachteleier, oder 6 Hühnereier
240 ml süße Sojasauce (Ketjap Manis), oder je 120 ml normale Sojasauce und Zuckersirup
2 Knoblauchzehen, zerdrückt
2 EL brauner Zucker
1 TL frisch gemahlener, schwarzer Pfeffer
½ TL Mononatriumglutamat (wahlweise)
240 ml Pflanzenöl, zum Braten
4 Schalotten, in dünne Ecken geschnitten

1. Die Wachteleier oder Hühnereier in einem großen Topf mit kaltem Wasser bedecken und langsam bei mittlerer Hitze zum Kochen bringen. Die Wachteleier etwa 5 Minuten, die Hühnereier etwa 11 Minuten kochen, dann vom Herd nehmen. Den Topf mit den Eiern sofort ins Spülbecken setzen und mit kaltem Wasser übergießen, bis die Eierschalen kalt sind. Die Eier unter fließendem, kaltem Wasser schälen und mit Küchenpapier trocken tupfen. Die Hühnereier vierteln. Die Eier zur Seite stellen und die Glasur vorbereiten.

2. Süße Sojasauce, Knoblauch, braunen Zucker, Pfeffer und Mononatriumglutamat (wenn verwendet) in einem kleinen, tiefen Topf (siehe Hinweis) vermischen und bei mittlerer Hitze unter Rühren zum Kochen bringen, bis sich der Zucker aufgelöst hat. Die Glasur vom Herd nehmen, zur Seite stellen und in etwa 30 Minuten auf Raumtemperatur abkühlen lassen.

3. Die Eier in die zimmerwarme Glasur geben und vorsichtig unterrühren. Die Eier 30 Minuten in der Marinade stehen lassen.

4. In einer kleinen Kasserolle das Öl auf etwa 180 °C erhitzen (die Hitze prüfen, indem Sie ein Stückchen Schalotte hinein geben: das Öl sollte Blasen bilden). Die Schalotten zugeben und 2 Minuten goldbraun und knusprig braten. Mit einem Seihlöffel die Schalotten auf ein Küchenpapier geben und trocknen lassen.

5. Den Grill für direktes Grillen vorbereiten und die Glut bis auf hohe Hitze aufheizen.

6. Wenn der Grill aufgeheizt ist, die Eier aus der Marinade nehmen und jeweils 3 Eier längs auf die Spieße schieben. Wenn Sie mit Eiervierteln arbeiten, die Spieße vorsichtig durch das Eiweiß, das Eigelb und wieder das Eiweiß stechen. Den Rost mit Öl einpinseln und dann die Spieße so auf dem heißen Rost anordnen, dass die hölzernen Spießenden auf der Alufolie liegen. Die Eier dann 2 bis 4 Minuten von jeder Seite grillen, dabei einmal mit der Zange wenden, bis die Eier schön heiß sind, dabei immer wieder mit der Glasur bestreichen. Die Satés mit den gebratenen Schalotten bestreuen und sofort servieren.

HINWEIS: Der Topf muss so groß sein, dass die Eier hineinpassen, aber auch ganz von der Glasur bedeckt sind.

VIETNAM

GEGRILLTE EIER
MIT VIETNAMESISCHEN GEWÜRZEN

DIREKTES GRILLEN
FÜR 4 PERSONEN

Hier kommt nun eine südostasiatische Variante der westlichen, hart gekochten Eier. Wenn Sie nur die westliche Zubereitung von hart gekochten Eiern mit Mayonnaise und Senf kennen, wird Ihnen der dynamische Dip mit Chili, Limonensaft und Fischsauce wie eine Offenbarung vorkommen. Die Eier röstet man über niedriger Flamme auf dem Grill statt sie zu kochen. Die Idee zu dem vorliegenden Rezept bekam ich von einem Straßenverkäufer in Saigon, ich habe aber schon ähnliche Zubereitungen in Thailand und Singapur kennen gelernt.

3 EL asiatische Fischsauce
2 EL frischer Limonensaft
1 EL Zucker
1 Knoblauchzehe, zerdrückt
1 Thai- oder Serrano-Chilischote, entstielt, entkernt und in dünne Ringe geschnitten (für eine schärfere Sauce die Kerne nicht entfernen)
1 Kopf Salat, in Blätter zerteilt, gewaschen und trocken geschleudert
1 kleiner Bund frische Minze, dicke Stiele entfernt
4 große Eier, zimmerwarm

1. Fischsauce, Limonensaft, Zucker, Knoblauch und Chilischote in einer kleinen Schüssel mischen und rühren, bis sich der Zucker aufgelöst hat. Die Sauce auf 4 kleine Schüsselchen verteilen. Die Salatblätter und Minze auf einer Platte anrichten.

2. Den Grill für direktes Grillen vorbereiten und die Glut auf mittlere Hitze aufheizen.

3. Wenn der Grill aufgeheizt ist, mit einem Eierpiekser oder einer Nadel in das Ende jedes Eis ein winziges Loch stechen. Die Eier auf den Grill legen und 10 bis 15 Minuten garen, bis die Schalen sich braun färben und die Eier ganz hart gekocht sind, dabei immer wieder mit der Zange wenden, damit sie gleichmäßig garen.

4. Die Eier in der Schale servieren. Zum Essen die Eier pellen und in Viertel schneiden. Die Viertel mit einer Prise Minze in die Salatblätter wickeln und dann in der Sauce dippen.

USA

TOMATENSUPPE AUS GEGRILLTEN TOMATEN

DIREKTES GRILLEN
VORSPEISE FÜR 8 PERSONEN

Diese rauchige Tomatensuppe ist weit entfernt von der Tomatensuppe aus der Dose, die wir sicher alle kennen. Der verbrannte Geschmack des Gemüses wird noch intensiviert durch die über dem Feuer gerösteten Ancho-Chilis (der getrockneten Version der Poblano-Pfefferschote); die Suppe ist sowohl warm als auch kalt ein Genuss.

Bitte beachten Sie, dass Sie die Holzspäne wahlweise verwenden können – und dieses Mal nicht feucht. Sie bekommen mit den Spänen ein stärkeres, rauchigeres Aroma, aber die Suppe schmeckt auch ohne deren Verwendung köstlich. Nehmen Sie recht frische und reife Tomaten.

8 große, reife Flaschentomaten (ca. 1300 - 1400 g)
2 mittelgroße Zwiebeln, geschält und geviertelt (die Wurzelenden nicht abschneiden)
2 mittelgroße rote Paprika
4 EL natives Olivenöl extra
Salz und schwarzer Pfeffer aus der Mühle
1 Ancho-Chili (oder wenn Sie es schärfer mögen zwei), oder eine andere, große, getrocknete Chilischote, z.B. Pasilla
gut 1,5 l selbst gemachte Gemüse- oder Hühnerbrühe, oder natriumarme Brühe aus dem Glas, oder nach Bedarf mehr
3 Knoblauchzehen, zerdrückt
1 EL Balsamico-Essig, oder mehr
1 EL Honig, oder mehr
3 EL gemischte, gehackte Kräuter, wie z.B. Basilikum, Thymian, Schnittlauch, und/oder glatte Petersilie
120 ml einfacher Joghurt, am besten Vollmilchjoghurt, oder saure Sahne

1. Die Tomaten in etwa 2,5 cm dicke Scheiben schneiden, die Stiele entfernen. Die Tomatenscheiben, Zwiebelviertel und Paprika großzügig mit 2 EL Olivenöl beträufeln und das Gemüse mit Salz und Pfeffer würzen.

2. Den Grill für direktes Grillen vorbereiten und die Glut bis auf hohe Hitze aufheizen. Bei einem Gasgrill die Holzspäne (wenn verwendet) in die Räucherkammer geben.

3. Wenn der Grill aufgeheizt ist, beim Holzkohlegrill die Holzspäne (wenn verwendet) auf die Kohle schütten. Den Rost mit Öl einpinseln. Tomaten, Zwiebeln und Paprika auf den heißen Rost legen und solange grillen, bis das Gemüse überall schön angekohlt ist, dabei die Zwiebeln und Paprika mit der Zange und die Tomatenscheiben mit dem Pfannenwender wenden. Die Paprika brauchen etwas länger, etwa 15 bis 20 Minuten, die Tomaten mit nur etwa 8 Minuten am kürzesten. Das fertige Gemüse zum Abkühlen auf einen Teller legen.

4. Die Ancho-Chili auf den Grillrost legen und etwa 20 Sekunden pro Seite kurz rösten, sodass sie nur rauchig und spröde wird. Darauf achten, dass sie nicht anbrennt.

5. Mit einem Schälmesser die verbrannte Haut der Paprika und Zwiebeln abschälen (es ist nicht schlimm, wenn nicht alles restlos entfernt wird). Die Zwiebelecken in dünne Scheiben schneiden und die Wurzeln herausschneiden. Die Paprika entkernen und würfeln.

6. 240 ml Brühe in einen kleinen Topf geben und die geröstete Chilischote darüber zerreiben. Bei mittlerer Hitze erwärmen, dann vom Herd nehmen und die Chili etwa 5 Minuten einweichen lassen.

7. Die restlichen 2 EL Olivenöl in einem großen Topf bei mittlerer Hitze erhitzen. Den Knoblauch und die Zwiebelscheiben hinzugeben und 5 Minuten leicht bräunen. Die gegrillten Tomaten und Paprika unterrühren und dann die restliche Brühe, Essig und Honig und die Flüssigkeit mit der Chilischote dazugeben. Mit Salz und Pfeffer abschmecken. Die Suppe etwa 5 Minuten köcheln lassen. Ist die Suppe zu dick, mehr Brühe hinzufügen.

8. Die Suppe in einer Schüssel mit einem Mixer oder Pürierstab zu einer cremigen Masse verarbeiten, dann wieder in den Topf schütten, eventuell durch ein Sieb geben, falls noch Reste der verkohlten Haut vorhanden sind. 2 EL der gemischten Kräuter zugeben und mit Salz und Pfeffer abschmecken. Bevorzugen Sie die Suppe etwas säuerlicher, geben Sie noch etwas Essig dazu, für einen süßeren Geschmack nehmen Sie etwas mehr Honig.

9. Die Suppe in Suppenteller füllen, einen Klacks Joghurt auf jeden Teller geben und mit den restlichen Kräutern bestreuen.

USA

EINTOPF AUS GEGRILLTEM MAIS

DIREKTES GRILLEN
VORSPEISE FÜR 4 BIS 6 PERSONEN

Wenn Sie den rauchigen Geschmack mögen und gerne Eintopf essen, dann werden Sie diesen Eintopf aus gegrilltem Mais lieben – besonders wenn Sie den Mais über Holzspänen grillen. Die offenen Flammen scheinen die Süße aller Gemüse noch zu intensivieren.

SPEZIELLE AUSRÜSTUNG

60 g Holzspäne, etwa 1 Stunde lang in kaltem Wasser eingeweicht, dann abgetropft

ZUTATEN

3 Maiskolben, geschält
1 mittelgroße Zwiebel, geschält und geviertelt (Wurzelende nicht entfernen)
1 mittelgroße, grüne Paprika oder Poblano-Schote
1 mittelgroße, rote Paprika
2 EL Olivenöl oder geschmolzene Butter, oder mehr
Salz und schwarzer Pfeffer aus der Mühle
2 mittelgroße Kartoffeln, geschält und in 0,5 cm große Würfel geschnitten
2 EL Weizenmehl
½ TL frischer Thymian oder ¼ TL getrockneter Thymian
ca. 1 l selbst gemachte Hühner- oder Gemüsebrühe, oder natriumarme Brühe aus dem Glas
1 Lorbeerblatt
180 ml Schlagsahne oder halbfette Sahne
2 EL gehackte, frische, glatte Petersilie (wahlweise) zum Garnieren

1. Den Grill für direktes Grillen vorbereiten und die Glut bis auf hohe Hitze aufheizen. Bei einem Gasgrill die Holzspäne in die Räucherkammer geben.

2. Wenn der Grill aufgeheizt ist, beim Holzkohlegrill die Holzspäne auf die Kohle schütten. Mais, Zwiebeln und Paprika mit ein wenig Olivenöl einpinseln und mit Salz und schwarzem Pfeffer würzen. Die Gemüse auf den heißen Rost legen und die Paprika 16 bis 20 Minuten, die Zwiebel 10 bis 12 Minuten und den Mais 8 bis 12 Minuten von allen Seiten grillen und dabei immer wieder mit der Zange wenden, bis alle Gemüse schön verkohlt sind. Beim Garen das Gemüse immer wieder mit dem Olivenöl einpinseln und mit Salz und Pfeffer würzen. Das Gemüse dann zum Abkühlen auf einen Teller legen.

3. Die Maiskörner von den Kolben lösen und in einen großen Topf geben. Mit einem Schälmesser die verbrannte Haut von den Paprika und Zwiebeln schälen (es ist nicht schlimm, wenn noch kleine Reste Haut übrig bleiben). Die Paprika entkernen und in etwa 0,5 cm große Würfel schneiden. Die Zwiebelecken in dünne Ringe schneiden, dabei die Wurzeln entfernen. Die Paprika und Zwiebeln ebenfalls in den Topf geben.

4. Kartoffeln, Mehl und Thymian zum Gemüse geben und bei mittlerer Hitze 2 Minuten kochen, dabei öfter rühren, damit nichts anbrennt. Die Brühe und das Lorbeerblatt hinzufügen und zum Kochen bringen, dann die Hitze reduzieren und unbedeckt etwa 8 bis 10 Minuten leicht köcheln lassen, bis die Kartoffeln gar sind. Die Sahne einrühren und noch 2 Minuten kochen lassen. Die Suppe mit Salz und schwarzem Pfeffer abschmecken und vom Herd nehmen. Das Lorbeerblatt aus der Suppe nehmen.

5. Die Suppe auf Teller verteilen, mit etwas Petersilie garnieren (wenn verwendet) und sofort servieren.

SPANIEN

GEGRILLTE GAZPACHO

DIREKTES GRILLEN
ALS VORSPEISE FÜR 8 PERSONEN

Gazpacho ist das Herzblut der spanischen Küche, ein erfrischendes Püree aus Gemüse, das den Unterschied zwischen Suppe und Salat verschwimmen lässt. Durch das Grillen erhält diese Suppe für heiße Tage noch eine rauchige Dimension dazu und macht sie nicht nur unglaublich erfrischend sondern auch unvergesslich. Falls Sie eine Küchenmaschine verwenden, pürieren Sie das Gemüse zuerst und fügen dann die Flüssigkeit hinzu.

SPEZIELLE AUSRÜSTUNG

2 lange Holzspieße und ein Feuerschutz aus Alufolie (siehe Kasten auf Seite 23)

ZUTATEN

4 Frühlingszwiebeln, grüne und weiße Teile, geputzt,
2 Knoblauchzehen, geschält
1 mittelgroße rote Zwiebel, geschält und geviertelt (Wurzelende nicht entfernen)
80 ml natives Olivenöl extra vergine
2 Scheiben (je 2 cm dick) helles Landbrot oder Baguette
5 mittelgroße, reife Tomaten
1 mittelgroße, rote Paprika
1 mittelgroße, grüne Paprika
1 mittelgroße Salatgurke, geschält
10 g gemischte, gehackte, frische Kräuter, z.B. Basilikum, Oregano, Estragon und/oder glatte Petersilie
2 EL Rotweinessig, oder mehr
120-240 ml kaltes Wasser
Salz und frisch gemahlener, schwarzer Pfeffer

1. Das Grün der Frühlingszwiebeln fein hacken und zum Garnieren zur Seite stellen. Das Weiße der Frühlingszwiebeln quer auf einen Spieß schieben, ebenso die Knoblauchzehen. Die Zwiebelecken auf den zweiten Spieß schieben. Frühlingszwiebeln, Knoblauch und Zwiebelecken mit 1 EL Olivenöl einpinseln.

2. Den Grill für direktes Grillen vorbereiten und die Glut bis auf hohe Hitze aufheizen.

3. Wenn der Grill aufgeheizt ist, den Grillrost mit Öl einpinseln. Die Gemüsespieße so auf den heißen Rost legen, dass die hölzernen Spießenden auf der Alufolie liegen. 4 bis 8 Minuten grillen, bis das Gemüse schön braun ist, dabei mit der Zange wenden. Das Gemüse zum Abkühlen auf einen Teller legen. Die Brotscheiben auf den Grill legen und 1 bis 2 Minuten pro Seite schön dunkel rösten. Das Brot zur Seite stellen. Die Tomaten 8 bis 12 Minuten und die Paprika 16 bis 20 Minuten grillen, bis die Haut gut verbrannt ist. Tomaten und Paprika auf einem Teller abkühlen lassen. Mit einem Schälmesser die verbrannte Haut der Tomaten, Paprika und Zwiebeln abschälen (es ist nicht schlimm, wenn noch Reste der verbrannten Schale übrig sind). Die Paprika entkernen.

4. Weiße Frühlingszwiebelstücke, Knoblauch, Zwiebeln, Toast, Tomaten, Paprika und Salatgurke in etwa 2,5 cm große Stücke schneiden. Die Stücke mit einem Mixer oder Pürierstab pürieren, die Tomaten, Kräuter, Weinessig und das restliche Olivenöl nach und nach zugeben. Alles zu einem weichen Püree verarbeiten. Die Gazpacho mit kaltem Wasser nach Geschmack etwas verdünnen, bis man eine dickflüssige Suppe erhält. Mit Salz und schwarzem Pfeffer abschmecken.

5. Die Gazpacho kann nun serviert werden, aber sie schmeckt noch besser, wenn man sie für mindestens eine Stunde kühl stellt und sich die Aromen vermischen können. Kurz vor dem Servieren noch einmal abschmecken und nach Belieben noch etwas Essig und/oder Salz hinzufügen. Die Gazpacho auf Teller verteilen und mit den gehackten, grünen Frühlingszwiebeln garnieren.

FEURIGE SALATE

Auf der Suche nach den besten Grillrezepten der Welt lassen sich bestimmte Konstanten feststellen. Denken Sie beispielsweise an die Kombination von Salaten mit gegrilltem Fleisch. In jeder Kultur gibt es eine Auswahl an Salaten, die traditionell zu gegrillten Speisen gereicht werden: von den kimchis (eingelegte Salate), die koreanisches Grillfleisch begleiten, bis zu den verschwenderischen Salatbuffets (mancherorts gibt es ein Angebot von vier Dutzend verschiedener Zubereitungen) der brasilianischen Churrascarias (Grill-Restaurants). Die meisten dieser Salate werden kalt als Beilage serviert (sie bilden einen kühlenden, knackigen Gegensatz zu den brutzelnden gegrillten Gerichten), einige werden jedoch auch gegart und heiß serviert.

„Was ist erfrischender als Salate, wenn dich dein Appetit verlassen zu haben scheint."

—ALEXIS SOYER

Vor einem vollblütigen Grill-Enthusiasten ist keine Zutat sicher. In diesem Kapitel finden Sie die Rezepte für Gegrillten Auberginen, Tomaten und Paprika Salat, einen thailändischen Salat mit gegrilltem Schweinefleisch und geröstetem Reis sowie Chilischoten und gegrillte Salate mit Geflügelfleisch aus Indien und dem Iran. Außerdem lernen Sie, wie man den klassischen Salade Niçoise auf dem Grill zubereitet – nun, nicht ganz so klassisch, denn hier wird er mit frischem Thunfisch und nicht mit Thunfisch aus der Dose serviert.

Zudem werden traditionelle Salatplatten, die zu türkischen, mexikanischen, indonesischen und libanesischen Grill-Gerichten gereicht werden, vorgestellt. Diese Salate werden zwar nicht gegrillt, sind jedoch ein Muss als Beilage zu auf dem Feuer zubereiteten Speisen. Sollte dies für Ihre Ohren zu exotisch klingen, probieren Sie doch den Kartoffelsalat, der sich bei jedem nordamerikanischen Grillabend stolz präsentieren lassen könnte.

AUF DEM GRILL

ARMENIEN

GEGRILLTE AUBERGINEN, TOMATEN UND PAPRIKA-SALAT

FASOULI

DIREKTES GRILLEN
FÜR 4 BIS 6 PERSONEN

Die Vorliebe für das Grillen kennt keine sozialen oder geographischen Unterschiede. Zu meinen besten Rezept-Lieferanten gehören Taxifahrer, die meist noch aus einem anderen Land stammten. Die Inspiration zu diesem Salat erhielt ich durch eine Unterhaltung mit einem albanischen Taxifahrer in Philadelphia. Er nannte das Gericht fasouli, was laut seiner Auskunft soviel wie „verrückt" bedeutet. Er zog es vor, anonym zu bleiben, deswegen danke ich ihm jetzt für den Tipp, wo immer er sich auch aufhalten möge.

Der Salat kann bis zu einem Tag, bevor er serviert wird, zubereitet werden. Schmecken Sie ihn aber vor dem Verzehr noch einmal mit den Gewürzen ab.

1 mittelgroße Aubergine
1 große grüne Paprika
1 große rote Paprika
450 g reife Eiertomaten
80 g fein gewürfelte Zwiebeln
2 gehackte Knoblauchzehen
3 EL Olivenöl, extra vergine
2 EL roter Weinessig, oder mehr, nach Geschmack
30 g grob gehackte, glatte Petersilie
Salz und frisch gemahlener schwarzer Pfeffer

1. Den Grill für direktes Grillen bei hoher Hitze vorbereiten und aufheizen.

2. Sobald die benötigte Temperatur erreicht ist, den Grillrost abbürsten und einölen. Die Aubergine auf den heißen Grillrost legen und wenden, bis die Schale auf allen Seiten angekohlt und das Fruchtfleisch sehr weich ist. Dieser Vorgang dauert etwa 20 bis 30 Minuten, und die Aubergine verliert dabei ihre feste Form. Ebenso mit den Paprikaschoten und den Tomaten verfahren. Die Paprikaschoten benötigen etwa 16 Minuten, die Tomaten circa 8 Minuten. Die Tomaten garen, bis die Schale Blasen wirft; die Tomaten jedoch nicht zu weich werden lassen. Im Kern sollten die Tomaten fest bleiben. Das gegarte Gemüse dann auf ein Schneidbrett zum Abkühlen legen.

3. Das Stielende der Aubergine abschneiden. Die angekohlte Schale mit einem Küchenmesser von der Aubergine, den Paprikaschoten und den Tomaten entfernen. Die Kerne aus den Paprika und den Tomaten entfernen. Das Gemüse in 2,5 cm große Würfel schneiden und in eine Servierschüssel geben. Zwiebel, Knoblauch, Olivenöl, Weinessig und Petersilie untermengen. Den Salat mit Salz, schwarzem Pfeffer und Essig abschmecken. Der Salat sollte gut gewürzt sein. Den Salat sofort servieren oder bis zu 24 Stunden vor dem Verzehr kalt stellen.

SPANIEN

SPANISCHER GEGRILLTER GEMÜSESALAT

ESCALIVADA

DIREKTES GRILLEN
FÜR 4 BIS 6 PERSONEN

Escalivada, manchmal auch escalibada geschrieben, ist ein katalanischer Salat aus gegrilltem Gemüse (Das katalanische Wort escalivar bedeutet „in heißer Asche kochen"). Das verwendete Gemüse sollte mindestens Zwiebeln, rote Paprikaschoten und Aubergine nebst einem großzügigen Spritzer fruchtigem, spanischen Olivenöl beinhalten. Eine etwas aufwändigere Variante kann mit Lauch, Frühlingszwiebeln, Sellerie, Tomaten und einer guten Vinaigrette zubereitet werden. Traditionell wird das Gemüse ganz gegrillt und dann für den Salat in feine Streifen geschnitten. Der Geschmack ist aber aromatischer, wenn Sie Zwiebeln und Aubergine schon vorher in Scheiben schneiden. Mancherorts wird das Gemüse auf separaten Tellern gereicht, Sie können es aber auch gut zusammenmischen und auf gegrilltem Brot servieren.

FÜR DAS GEMÜSE

1 große Zwiebel
1 große oder 2 lange Auberginen (circa 500 g)
1 Bund Lauch (suchen Sie das dünnste und zarteste aus)
1 Bund Frühlingszwiebeln
2 mittelgroße rote Paprika
4 mittelgroße Stangen Sellerie
ca. 2 EL Olivenöl extra vergine, vorzugsweise spanisches
Salz und frisch gemahlener schwarzer Pfeffer

FÜR DIE VINAIGRETTE

2 EL Sherry-Essig oder roter Weinessig, oder mehr, je nach Geschmack
½ TL Salz, oder mehr, je nach Geschmack
80 ml Olivenöl extra vergine, vorzugsweise spanisches
3 EL fein gehackte glatte Petersilie
Frisch gemahlener schwarzer Pfeffer
Zitronenscheiben zum Servieren

1. So bereiten Sie das Gemüse vor: die Zwiebeln schälen, ohne das Ende mit den Wurzeln abzuschneiden. Dann die Zwiebel in Richtung des Wurzelansatzes in 6 bis 8 Scheiben schneiden. Die Aubergine diagonal in Scheiben von ½ cm Dicke schneiden. Die Wurzeln und dunkelgrünen Teile des Lauchs entfernen, sodass nur der weiße Anteil übrig bleibt. Den Lauch dann der Länge nach durchschneiden und gut auswaschen. Den Lauch mit Küchenkrepp trocken tupfen. Die Wurzeln von den Frühlingszwiebeln abschneiden. Zwiebel- und Auberginenscheiben, Lauchstreifen, Frühlingszwiebeln, Paprikaschote und Sellerie großzügig mit Olivenöl bestreichen und nach Geschmack salzen und pfeffern.

2. Den Grill für direktes Grillen bei hoher Hitze vorbereiten und aufheizen.

3. Wenn die Temperatur erreicht ist, den Rost abbürsten und einölen. Das Gemüse auf den Rost legen und von allen Seiten braun grillen. Dies dauert etwa 12 Minuten. Das gegarte Gemüse zum Abkühlen auf ein Schneidbrett legen.

4. Sobald das Gemüse genügend abgekühlt ist, den Wurzelteil von den Zwiebeln entfernen und die Zwiebel in dünne Ringe schneiden. Die Auberginen-Scheiben in Streifen von ½ cm Breite schneiden. Das Gemüse kann getrennt voneinander auf einem Teller arrangiert oder durchmischt werden.

5. *Zubereitung der Vinaigrette:* Den Essig mit ½ TL Salz in einer kleinen Schüssel verquirlen, bis sich das Salz aufgelöst hat. 80 ml Olivenöl und die Petersilie unterrühren. Mit schwarzem Pfeffer und Salz abschmecken. Die Vinaigrette mit einem Löffel über das Gemüse geben und mit einer Zitronenscheibe servieren.

NORDAFRIKA

MAROKKANISCHER AUBERGINENSALAT

SALADE D'AUBERGINES

DIREKTES GRILLEN
FÜR 4 PERSONEN

Wie viele marokkanische Salate wird auch dieser auf traditionelle Weise mit in Öl gebratener Aubergine zubereitet. Ich habe das Rezept etwas fettfreier gestaltet, indem ich die ganze Aubergine auf dem Grill in der Schale gare. In Marokko verwendet man kleine Auberginen, die großen, die hier erhältlich sind, eignen sich aber genauso gut (Die Garzeit muss dann nur entsprechend verlängert werden). Sollten Sie an Auberginensalat nach nahöstlicher Art gewohnt sein, werden Sie feststellen, dass das Hinzufügen von Kreuzkümmel, Paprikapulver und weißem Pfeffer dem Gericht eine nordafrikanische Note verleiht.

4 bis 6 kleine (italienische) Auberginen, oder 2 große Auberginen (insgesamt ca. 700 g)
3 EL Olivenöl extra vergine
3 EL gehackte, frische glatte Petersilie
2 EL frisch gepresster Zitronensaft, oder mehr, je nach Geschmack
1 gehackte Knoblauchzehe
½ TL gemahlener Kreuzkümmel
½ TL Paprikapulver
½ TL frisch gemahlener weißer Pfeffer
½ TL Salz, oder mehr, je nach Geschmack

1. Den Grill für direktes Grillen bei hoher Hitze vorbereiten und aufheizen.

2. Wenn die Temperatur erreicht ist, den Rost abbürsten und einölen. Die Auberginen mit etwa ½ TL Olivenöl bestreichen, dann auf den Rost legen und von allen Seiten garen, bis die Schale angekohlt und das Fruchtfleisch weich ist. Dieser Vorgang dauert bei kleinen Auberginen 15 bis 20 Minuten, bei großen bis zu 30 Minuten. Die gegarten Auberginen auf einem Schneidbrett abkühlen lassen.

3. Den Stielansatz der Aubergine mit einem Küchenmesser abschneiden und die angekohlte Schale entfernen. Das Fruchtfleisch klein schneiden und in eine Servierschüssel geben. Die restlichen 1 ½ TL Olivenöl, die Petersilie, den Zitronensaft, den Knoblauch, den Kreuzkümmel, den weißen Pfeffer, das Paprikapulver und das Salz untermischen. Mit Zitronensaft und Salz abschmecken. Der Salat sollte gut gewürzt sein. Bei Raumtemperatur servieren.

LIBANON

LIBANESISCHER AUBERGINENSALAT

SALAFAT EL AHAB

DIREKTES GRILLEN
FÜR 4 PERSONEN

Auberginen haben die wunderbare Eigenschaft, das beim Grillen entstehende rauchige Aroma aufzunehmen – was bei den Köchen in ganz Nahost geschätzt wird. Der Kontrast von im Ganzen gegrillten Auberginen und frischen Tomaten verleiht dem Salat einen erstaunlich aromareichen Geschmack. Ich bevorzuge kleine italienische Auberginen, die schneller garen als die großen. Sollten nur große Auberginen erhältlich sein, wählen Sie lange, relativ dünne.

3 bis 4 (italienische) Auberginen, oder eine große Aubergine (insgesamt etwa ca. 700 g)
2 mittelgroße reife Tomaten, entkernt (siehe Erläuterungen auf Seite 454) und in ½ cm große Würfel geschnitten
1 Bund frische glatte Petersilie, fein gehackt und ohne Stiele (etwa 45 g)
2 Frühlingszwiebeln, weiße und grüne Anteile fein gehackt
1 gehackte Knoblauchzehe (nach Wunsch)
2 EL Olivenöl extra vergine, oder mehr, je nach Wunsch
2 EL frisch gepresster Zitronensaft, oder mehr, je nach Wunsch
Salz und frisch gemahlener schwarzer Pfeffer

1. Den Grill für direktes Grillen bei hoher Hitze vorbereiten und aufheizen.

2. Wenn die Temperatur erreicht ist, den Rost abbürsten und einölen. Die Auberginen auf den Rost legen und von allen Seiten garen, bis die Schale angekohlt und das Fruchtfleisch weich ist. Dieser Vorgang dauert bei kleinen Auberginen 15 bis 20 Minuten, bei großen bis zu 30 Minuten. Die gegarten Auberginen auf einem Schneidbrett abkühlen lassen.

3. Den Stielansatz der Aubergine mit einem Küchenmesser abschneiden und die angekohlte Schale entfernen. Das Fruchtfleisch in 0,5 cm große Würfel schneiden und in eine Servierschüssel geben. Tomatenwürfel, gehackte Petersilie, Frühlingszwiebel, Knoblauch (nach Belieben), Olivenöl und Zitronensaft untermischen. Mit den Gewürzen und dem Zitronensaft abschmecken. Sollte der Salat zu trocken scheinen, nach Bedarf Olivenöl hinzugeben. Der Salat sollte gut gewürzt sein.

MAROKKO

GEGRILLTE ZUCCHINI-SALAT

DIREKTES GRILLEN
FÜR 4 PERSONEN

Diesem marokkanischen Gericht habe ich eine nordamerikanische Note verliehen. Marokkaner würden die Zucchini braten, ich bevorzuge jedoch die gegrillte Variante, bei der ein kräftiger Geschmack entsteht. In Marokko ist es üblich, 16 bis 20 verschiedene Salate zugleich zu servieren. Probieren Sie dies doch einmal mit dem Marokkanischen Auberginensalat (Seite 97) und dem armenischen Gegrillte Auberginen, Tomaten und Paprika-Salat (Seite 96).

4 kleine oder 3 mittelgroße Zucchini (insgesamt etwa 450 g), gewaschen und geputzt
3 EL Olivenöl extra vergine
Salz und frisch gemahlener schwarzer Pfeffer
12 große Blätter frische Pfefferminze
1 TL getrocknete Pfefferminze
2 EL fein gehackte glatte Petersilie
1 EL frisch gepresster Zitronensaft, oder mehr, je nach Geschmack
1 gehackte Knoblauchzehe
½ TL Paprikapulver
¼ TL gemahlener Kreuzkümmel
¼ TL frisch gemahlener weißer Pfeffer, oder mehr, je nach Geschmack

1. Die Zucchini der Länge nach in 5 mm dicke Streifen schneiden. Alle Scheiben mit Olivenöl bestreichen (Sie benötigen dazu eine Gesamtmenge von etwa 1 EL) und nach Belieben mit Salz und Pfeffer würzen.

2. Den Grill für direktes Grillen bei hoher Hitze vorbereiten und aufheizen.

Gemüse grillen

Wenn Sie die verbrannte Haut von gegrilltem Gemüse ablösen, ist es nicht schlimm, falls Sie diese nicht völlig ablösen können. Ein wenig verbrannte Haut gibt einen stärkeren Geschmack.

3. Wenn die Temperatur erreicht ist, den Rost abbürsten und einölen. Die Zucchinischeiben auf den heißen Rost legen und wenden, bis sie zart und gebräunt sind. Dies dauert etwa 10 Minuten. Die gegarten Zucchinischeiben zum Abkühlen auf ein Schneidbrett legen.

4. Die Zucchinischeiben der Diagonale nach in 5 mm breite Streifen schneiden. Die Streifen in eine Servierschüssel geben und die restlichen 2 EL Olivenöl, die Pfefferminze, die Petersilie, den Zitronensaft, den Knoblauch, das Paprikapulver, den Kreuzkümmel und den weißen Pfeffer hinzufügen. Mit den Gewürzen abschmecken und nach Belieben Salz, weißen Pfeffer oder Zitronensaft hinzugeben. Der Salat sollte gut gewürzt sein. Bei Raumtemperatur servieren.

ITALIEN

GEGRILLTE GEMÜSE-CAPONATA

DIREKTES GRILLEN
FÜR 6 PERSONEN ALS VORSPEISE, FÜR 4 ALS SALAT

Caponata ist die sizilianische Antwort auf Russlands Auberginenkaviar – eine Mischung aus Dip und Salat, der aus kurz angebratenen Auberginen, Paprikaschoten und anderen Gemüsesorten, gewürzt mit Oliven, Kapern und Pinienkernen zubereitet wird. Caponata gehört zu den Gerichten, die durch das Grillen besonders schmackhaft werden. Sie kann als Vorspeise, Salat oder Beilage gereicht werden und eignet sich wunderbar als Belag für Bruschetta. Dieses Rezept enthält eine überraschende Zutat, nämlich Kakaopulver, die dem Gericht eine bittersüße Note verleiht.

Caponata ist eine Woche lang haltbar, sollte aber vor dem jeweiligen Servieren nachgewürzt werden.

2 lange, dünne Auberginen (insgesamt etwa 700 g)
8 Knoblauchzehen, geschält und der Länge nach halbiert
2 mittelgroße reife Tomaten
2 mittelgroße Zwiebeln, geschält und geviertelt (schneiden Sie die Wurzelansätze nicht ab)
2 mittelgroße geputzte Staudensellerie
1 mittelgroße rote Paprikaschote
1 mittelgroße grüne Paprikaschote
5 EL Olivenöl extra vergine
Salz und frisch gemahlener schwarzer Pfeffer nach Belieben
3 EL gehackte, frische glatte Petersilie
2 EL Pinienkerne (siehe Erläuterungen auf Seite 113)
2 EL abgetropfte Kapern
2 EL grüne oder schwarze entkernte Oliven
2 EL Balsamico-Essig, oder mehr, je nach Geschmack
1½ TL echter Kakao

1. Mit einem Küchenmesser acht kleine Schnitte in jede Aubergine schneiden. In jeden Schlitz eine halbe Knoblauchzehe geben. Die Auberginen, Tomaten, Zwiebeln, Selleriestange und Paprikaschoten leicht mit etwa 2 EL Olivenöl bestreichen und nach Belieben mit Salz und schwarzem Pfeffer würzen.

2. Den Grill für direktes Grillen bei hoher Hitze vorbereiten und aufheizen.

3. Wenn die Temperatur erreicht ist, den Rost abbürsten und einölen. Das Gemüse auf den heißen Rost legen. Die Auberginen von allen Seiten grillen, bis die Schale angekohlt und das Fruchtfleisch sehr weich ist. Dieser Vorgang dauert etwa 20 bis 30 Minuten. Die Tomaten von allen Seiten grillen, bis die Schale schwarz ist und Blasen wirft. Dies dauert etwa 8 bis 12 Minuten. Zwiebeln, Sellerie und Paprikaschoten auf die gleiche Weise garen. Dies nimmt insgesamt 10 bis 20 Minuten in Anspruch. Das Gemüse zum Abkühlen auf ein Schneidbrett legen.

4. Die angekohlte Schale des Gemüses mit einem Küchenmesser abschaben. Die Stielenden der Auberginen abschneiden und das Fruchtfleisch grob hacken. Die Tomaten quer durchschneiden und die Kerne herausdrücken. Das Fruchtfleisch in grobe Stücke hacken. Die Wurzelansätze von den Zwiebeln schneiden und dann die Zwiebeln und den Sellerie in feine Streifen schneiden. Die Paprikaschote entkernen und in feine Streifen schneiden. Das Gemüse in eine Servierschüssel geben.

5. Die restlichen 3 EL Olivenöl, Petersilie, Pinienkerne, Kapern, Oliven, Balsamico-Essig und Kakaopulver unterrühren. Die Zutaten gut mischen. Mit Salz, Pfeffer und Essig abschmecken. Caponata sollte gut gewürzt sein. Bei Raumtemperatur servieren.

Eine Geschichte über drei Grillfeste: Thailändische Grillgerichte

Dies ist eine Geschichte über eine Stadt und drei Grillfeste. Das erste findet in der privilegierten Welt von Somerset Maugham statt, die Welt der Jetsetter, die Stammgäste eines berühmten asiatischen Hotels sind. Das zweite und dritte geben einen eher realistischen Blick auf das Grillen in Ländern der Dritten Welt frei. Alle drei Grillfeste finden in der politischen und kulturellen Hauptstadt Thailands statt: Bangkok. Alle drei geben die Vorliebe der Thailänder für explosive Aromen und ihre tiefe Verehrung für Lebensmittel preis.

Merkwürdigerweise hatte ich Thailand nicht unbedingt als Land gesehen, in dem viel gegrillt wird. Die Liste an thailändischen Spezialitäten weist kein einziges Grillgericht aus. Es gibt kein thailändisches Äquivalent zu brasilianischem Churrasco, italienischem bistecca alla fiorentina, persischem Chelow Kebab oder amerikanischen Rippchen.

Und doch fand ich überall in Thailand Grills – an den Stränden von Koh Samui, im Hochland von Chiang Mai, in den menschenüberfüllten Straßen und Hintergassen Bangkoks. Die Vorliebe der Thailänder für yaang (kochen über offenem Feuer) ist so groß, dass sie es nicht für besondere Anlässe aufheben, sondern alltägliche Speisen auf diese Art zubereiten.

Alltägliche Speisen? Nun, hier ist eine alltägliche Beschreibung meiner ersten Begegnung mit gegrillten thailändischen Gerichten: das Grillfest am Flussufer im Hotel „Oriental". Das „Oriental" ist einer der Vergnügungspaläste, die im letzten Jahrhundert am Ufer des Chao Phraya gebaut wurden. Joseph Conrad gehörte zu den Gästen, ebenso Herman Melville und Somerset Maugham. Mein Zimmer im Schriftsteller-Flügel, einem ehrbaren zweistöckigen Stadthaus, war mit jeder architektonischen Annehmlichkeit und jedem elektrischen Komfort ausgestattet, die der moderne Mensch kennt.

Was mich aber in völliges Erstaunen versetzte, war das mit Fackeln beleuchtete und auf der Terrasse am Flussufer ausgerichtete Grillfest. Ich saß an einem rosa Granittisch mit Teakstühlen bestückt, inmitten von Lichterkugeln, die sich durch Bougainvillea-Büsche wanden. Hier ein Hauch Frangipani, dort der Duft von Jasmin. Die länglichen Boote auf dem Fluss schienen so nah, als könne man sie einfach berühren.

Wie bei allem Anderen auch, betrieb das „Oriental" beim Grillen einen großartigen Aufwand. Dazu gehörten eine Reihe an Grills und Buffettischen, die sich über eine Länge von guten 15 Metern erstreckten. Es gab einen separaten Bereich für Meeresfrüchte, in dem glänzende Langusten, Bärenkrebse, Süß- und Salzwassergarnelen und eine Auslage an Fisch, die jeden Händler stolz gemacht hätte, auf Eis gelegt warteten. Es gab Bereiche für Geflügel und Fleisch, wo Hähnchen, Ente, kleine Hühnchen, Rind und Schwein brutzelnd vom Grill gereicht wurden.

Trotz der schicken Umgebung war die grundlegende Zubereitung doch recht einfach. Die Marinaden waren variierte Mischungen aus Fischsauce (nam pla), Limettensaft, Zucker und Knoblauch. Die gereichten Saucen beinhalteten milde, süße Knoblauchsaucen mit Honig, entzündliche Chili-Schalotten-Tinkturen und Fischsauce. Die Beschreibung der Beilagen würde ein paar Kapitel einnehmen. Es gab Salat-Aufstrich, aufwändig geschnitzte Früchte und Bereiche in denen junge, in Sarongs gekleidete Damen Kokosküchlein, die kenoms heißen, als Nachtisch zubereiteten. Was mich aber völlig beeindruckte, war die Einfachheit des gegrillten Fischs.

Das Straßenhändler-Zentrum

Ein paar Tage später besuchte ich ein ähnliches Grillfest in erheblich anderer Umgebung: ein Straßenhändler-Zentrum auf einer kleinen Seitenstraße der verkehrsreichen Silom Road. In diesen Zentren essen die normalen Thailänder. Es handelt sich dabei um eine wilde Mischung aus Imbissen und Garküchen, die jede erdenkliche Art an thailändischen Imbissen verkaufen. Von schnell in der Pfanne Gebratenem über Suppen und Nudelgerichte wie pad thai. Die Luft war von dem Rauch der Holzkohlegrills durchzogen.

Ich ging zu der Garküche einer kleinen Frau, um den gern gegessenen Imbiss „Tintenfisch am Stock" zu kaufen. Sie fischte das winzige Meereslebewesen aus einem Glas mit einer Marinade aus Fischsauce, Limettensaft, Palmzucker, Knoblauch, Chili und Zitronengras. Der Tintenfisch wurde 2 Minuten auf einem winzigen Spieß über der Holzkohle gegrillt. Er war süß, salzig, zart, rauchig und absolut köstlich. Diesen Geschmack hatte ich natürlich schon im „Oriental" kennengelernt, nur kostete das Festmahl hier 10 Baht (etwa 30 Cent).

Es ist kein Zufall, dass die Fischsauce immer wieder in thailändischen Grillrezepten auftaucht. Dieses stark riechende Würzmittel – aus gepökelten, fermentierten Anchovis hergestellt – ist ein essentieller Bestandteil der Küche Thailands, ebenso wie Sojasauce für Japaner und Chinesen. Die Fischsauce bringt den salzigen Geschmack der Meeresfrüchte auf wunderbare Weise hervor. Ich denke, aus diesem Grund ist die Sauce in Thailand als Marinade und Dip für gegrillten Fisch so beliebt.

Barbecue in Esarn

Wenn Sie mit Thailändern eine Weile über das Thema Grillen sprechen, fällt irgendwann zwangsläufig das Stichwort Esarn. Der Begriff bezieht sich sowohl auf die Region und das Volk. Esarn ist eine Provinz im nordöstlichen Thailand an der laotischen und kambodschanischen Grenze, deren Bevölkerung laotischer Abstammung ist.

Meinem Reiseführer Nilcharoen Prasertsak zufolge wurde das Volk der Esarn aus purer wirtschaftlicher Notwenigkeit zu Grill-Spezialisten. Sie könnten sich das für das Braten nötige Öl nicht leisten. Also begannen Sie, die Lebensmittel über der einen Rohstoffquelle zu garen, zu der sogar die Ärmsten genügend Zugang haben: Holzkohle aus Kokosnussschale. Die Straßenverkäufer aus Esarn sind in ganz Thailand wegen ihres gai yaang (gegrilltes Hähnchen) und des pla yaang (gegrillter Fisch) berühmt.

Darum besuchte ich auch eine Ansiedlung der Esarn in dem Bangkoker Bezirk Dusit. Dort sind die Häuser zu den Gehwegen hin offen, und die Frauen sitzen im Schneidersitz bei dem Abwaschen von Geschirr, Waschen von Wäsche und dem Baden ihrer Kinder in Plastikwannen. Das Sonnenlicht dringt durch die Blätter zerfranster Bäume, und räudige Hunde liegen in der Mitte der Straße. Die Szene erinnert eher an ein Dorf im Dschungel als an eine asiatische Metropole mit 7 Millionen Einwohnern.

Dem in der Luft liegenden Rauch nach zu urteilen, befand ich mich mit Sicherheit in dem Barbecue-Zentrum. Jeder Quadratzentimeter des Gehwegs war der einen oder anderen kulinarischen Aktivität vorbehalten. An einer Straßenecke fachte ein Mann ein Feuer an, das in einer Radkappe glühte. Andernorts stampften Frauen Knoblauch und Gewürze in Mörsern und rieben grüne Papaya, um einen scharfen Salat mit dem Namen som tum herzustellen.

Mein Ziel lag bei einem Restaurant auf der Sukhantharam Road. Es war offensichtlich ein angesagter Ort, wie man an der leuchtenden Jukebox sehen konnte. Außerdem hing dort ein eingerahmtes Foto vom König Thailands, es gab Plastikstühle, Tische mit rosa Tischdecken und strubbelige junge Katzen, die auf dem Boden nach Abfällen suchten. Das Restaurant verfügte sogar über eine Klimaanlage – ein seltener Luxus in diesen Stadtteilen – aber man musste pro Person 5 Baht für den Betrieb der Klimaanlage zahlen.

Herr Noi ist auf die Zubereitung einfacher, aber pikanter Gerichte spezialisiert, für die das Volk der Esarn so berühmt ist: ein som tum, das dermaßen vor Chili strotzt, dass es die Backenzähne zum Schmelzen bringt; eine Ochsenschwanzsuppe, die die Seele besänftigt, während sie den Magen verbrennt; ein aufgeschnittenes und aufgeklappt gegrilltes Hähnchen, das rauchig und knusprig ist und nach Koriander und Knoblauch duftet. Wie die meisten nach der Art der Esarn gegrillten Gerichte, wurde das Hähnchen mit einer Platte Weißkraut und Sellerieblättern, Basilikumstängeln und grünen Bohnen serviert. Der Klebreis wurde auf laotische Art gereicht: in Bananenblättern gedämpft. Ich genoss das Essen nach dem Brauch der Esarn: mit den Fingern.

Trotz der zweifelhaften hygienischen Bedingungen waren die Angestellten so voller Wohlwollen und boten warmherzige Gastfreundschaft, dass ich entschloss, alles zu essen, was sie vor mir auf den Tisch stellten. Ich habe noch nicht einmal einen Schluckauf bekommen.

Thailändische Saté-Spieße

Übrigens gibt es ein gegrilltes Gericht, bei dem man das Wohlbefinden des Magen-Darm-Trakts nicht auf die Probe stellen muss. Es ist ein Gericht, das überall in Thailand zu finden ist – vom eleganten Restaurant bis zum Imbiss in der Innenstadt – was um so merkwürdiger ist, denn das Gericht kommt aus einem Land, das Tausende von Kilometern entfernt liegt: Indonesien. Ich spreche hier natürlich von den Saté-Spießen.

Der Name geht auf ein javanisches Wort zurück, das „stechen" oder „spießen" bedeutet. Saté-Spieße bestehen aus winzigen Stückchen Hähnchen- oder Schweinefleisch und anderen Fleischsorten, die auf kleinen Bambusspießen gegrillt werden. Saté-Spieße sind in unseren Breitengraden mittlerweile recht beliebt, aber sie kommen nicht an die winzige Größe und den delikaten Geschmack der thailändischen Satés heran. Die auf Java verwendete süße Sojasauce zum Marinieren wurde durch eine Mischung aus Fischsauce und Kokosmilch ersetzt (Die stark ölhaltige Kokosmilch verhindert ein Austrocknen des Fleischs). Traditionell werden thailändische Saté-Spieße mit kremiger Erdnuss-Sauce und einem pikanten Gurkensalat serviert.

Thailändische Grillgerichte schaffen einen wundervollen Ausgleich zu den fleischlastigen Speisen des Westens. Meeresfrüchte und Gemüse spielen in der thailändischen Küche eine große Rolle. Wenn Fleisch gegessen wird, dann in kleinen Mengen und mit einer großen Portion Gemüse und Reis. Selbst wenn die Gesundheit nicht im Vordergrund steht, ist der dynamische Geschmack thailändischer Grillgerichte unschlagbar.

THAILAND

WÜRZIGER RINDFLEISCHSALAT NACH THAI-ART

YAM NUA YANG

DIREKTES GRILLEN
FÜR 4 PERSONEN

Dieses Rezept ist an den berühmten thailändischen Yam Nua Yang-Salat mit gegrilltem Rindfleisch angelehnt. Es ist eine hervorragende Vorspeise oder ein leichter Hauptgang für warme Sommertage. Die Kombination der Gewürze – feuriger Chili, duftende Pfefferminze, Ingwer und Knoblauch – ist explosiv ... und macht süchtig. Wie auch in anderen Rezepten, weise ich auf die Anzahl der verwendeten Chilischoten hin: eine für Zartbesaitete und sechs (oder mehr) für Pyromanen. Manchmal wird der Salat mit geröstetem Reismehl (siehe Erläuterungen auf Seite 104) anstelle von Erdnüssen garniert.

VORBEREITUNGSZEIT

2 bis 8 Stunden für das Marinieren des Fleischs

FÜR DAS FLEISCH UND DIE MARINADE

1 Steak aus der Hüfte (ca. 550-700 g)
3 EL Sojasoße
2 EL asiatische Fischsoße
2 EL Zucker
3 gehackte Knoblauchzehen
1 EL gehackter frischer Ingwer

FÜR DIE SALATSOSSE

3 geschälte Knoblauchzehen
1 bis 6 thailändische Chilischoten, Chili Serrano oder Jalapeño, entstielt, entkernt und in dünne Streifen geschnitten (wenn eine schärfere Salatsoße gewünscht ist, die Kerne auch verwenden)
4½ TL Zucker
3 EL asiatische Fischsoße
3 EL frisch gepresster Zitronensaft

FÜR DEN SALAT

1 Kopfsalat, die ganzen, geputzten und gewaschenen Blätter verwenden
1 Salatgurke, geschält und in dünne Scheiben geschnitten
12 Kirschtomaten, in Hälften geschnitten
12 frische Pfefferminzblätter (nach Belieben)
1 kleine rote Zwiebel, in hauchdünne Scheiben geschnitten
4 g Korianderblätter
40 g grob gehackte, trocken geröstete Erdnüsse

1. *Zubereitung des Fleischs:* Das Fleisch kreuzweise einschneiden. Die Schnitte sollten etwa 5 mm tief sein. Das Fleisch in eine Schüssel legen. Die Sojasoße mit 2 EL Fischsoße, 2 EL Zucker, dem gehackten Ingwer und dem Knoblauch in einer Rührschüssel verrühren, bis sich der Zucker aufgelöst hat. Die Marinade über das Fleisch gießen und dieses abgedeckt für mindestens 2 bis maximal 8 Stunden in den Kühlschrank stellen. Das Fleisch während dieses Zeitraums einige Male wenden.

2. *Zubereitung der Salatsoße:* Die Knoblauchzehen, die Chilistreifen und 4½ TL Zucker in einen Mörser geben und diese Zutaten mit dem Stößel zu einer Paste verarbeiten. 3 EL Fischsoße und den Zitronensaft hinzugeben. Sollten Mörser und Stößel nicht zur Hand sein, können die Zutaten auch mit einem Mixgerät püriert werden.

3. *Zubereitung des Salats:* Eine Platte mit den Salatblättern auslegen und die Gurkenscheiben, die Kirschtomaten und die Pfefferminzblätter (nach Belieben) darauf geben.

4. Den Grill für direktes Grillen bei hoher Hitze vorbereiten und aufheizen.

5. Wenn die richtige Temperatur erreicht ist, das Fleisch aus der Marinade nehmen und abtropfen lassen. Den Grillrost bürsten und ölen, das Steak auf den heißen Rost legen und es nach Wunsch garen lassen (3 bis 5 Minuten pro Seite für ein blutiges bis medium gegrilltes Steak).

6. Das Steak zum Abkühlen auf ein Schneidbrett legen (der Salat kann warm oder lauwarm serviert werden). Das Steak diagonal zur Faser in schmale Streifen schneiden. Die Salatsoße mit einem Löffel über den Salat geben und die Rindfleischstreifen darauf legen. Den Salat vor dem Servieren mit Zwiebel, Korianderblättern und gerösteten Erdnüssen garnieren.

THAILAND

GEGRILLTES SCHWEINEFLEISCH MIT EINEM SÜSS-SAUREN DRESSING

PORK LAAB

DIREKTES GRILLEN
FÜR 4 BIS 6 PERSONEN

Larb oder laab bezeichnet eine Reihe thailändischer Salate, die aus gegrilltem Fleisch, knackigem Gemüse und scharf gewürzten Soßen zubereitet wird. Bei die-

DIE ZUBEREITUNG EINES STEAKS AUS DER HÜFTE

Dieses Stück Fleisch gart schnell und hat viel Geschmack. Deshalb eignet es sich gut zum Grillen. Wenn es auf die richtige Weise diagonal in Scheiben geschnitten wird, sind die entstehenden Stücke zart und appetitlich.

1. ***Mit einem großen scharfen Messer die Oberfläche des Steaks auf beiden Seiten mit einem Kreuzmuster versehen. Die Schnitte sollten nicht mehr als etwa 5 mm tief sein.***

2. ***Das Hüftsteak 3 bis 5 Minuten auf der Unterseite grillen, bis es eine schöne braune Farbe angenommen hat. Wenn gewünscht, das Steak nach 1½ Minuten um 90 Grad drehen, damit ein schönes Gittermuster entsteht.***

3. ***Das Hüftsteak wenden, und die andere Seite auf die gleiche Weise grillen.***

4. ***Zum Servieren das Hüftsteak quer zur Faser diagonal in dünne Streifen schneiden.***

sem Rezept wird Schweinefleisch verwendet, das in einer scharfen Mixtur aus Fischsoße und Knoblauch mariniert und kurz vor dem Servieren gegrillt wird.

Das geröstete Reismehl verleiht dem Gericht einen nussigen, körnigen Geschmack, den Südostasiaten lieben. Sollte Ihnen der Aufwand zu groß sein, so schmeckt der Salat auch ohne das geröstete Reismehl erstaunlich gut (Anstelle des Reismehls, können Sie auch grob gehackte Erdnüsse verwenden). Wie auch bei den anderen Rezepten in diesem Buch, lasse ich freie Wahl in Bezug auf die Menge der verwendeten Chilischoten. Thailänder würden jedoch mit den ganzen sechs, wenn nicht mehr Chilischoten würzen.

VORBEREITUNGSZEIT

1 bis 2 Stunden für das Marinieren des Fleischs

FÜR DAS SCHWEINEFLEISCH UND DIE MARINADE

1 Lendenstück oder 2 Koteletts (je etwa einen guten Zentimeter dick und zusammen ca. 250 Gramm)
60 ml asiatische Fischsoße
60 ml frisch gepresster Limettensaft
2 EL brauner Zucker oder 2 EL Honig
3 gehackte Knoblauchzehen
½ TL frisch gemahlener schwarzer Pfeffer

FÜR DEN SALAT

1 Salatgurke, geschält, entkernt (siehe Erläuterungen auf Seite 454) und dünn geschnitten
120 g Chinakohl oder Eisbergsalat, in dünne Streifen geschnitten
200 g Mungobohnenkeime
2 Schalotten, hauchdünn geschnitten
1 bis 6 thailändische Chilischoten, Chili Serrano oder Chili Jalapeño, entstielt, entkernt und dünn geschnitten (wünschen Sie eine schärfere Salatsoße, verwenden Sie auch die Kerne)
2 Frühlingszwiebeln, die weißen und grünen Anteile, geputzt und dünn geschnitten
6 g frische Pfefferminzblätter und einige ganze Zweige zum Garnieren
10 g frische Basilikumblätter
4 g frische Korianderblätter (oder Pfefferminze oder Basilikum)
2 EL Reismehl zum Garnieren
(nach Belieben; siehe Erläuterungen auf Seite 104)

1. *Zubereitung des Schweinefleischs und der Marinade:* etwaige Sehnen und Fett vom Schweinefleisch entfernen. Die Fischsoße mit Limettensaft, braunem Zucker, Knoblauch und Pfeffer mit dem Schneebesen in einer mittelgroßen Rührschüssel verrühren, bis sich der Zucker aufgelöst hat.

Die Herstellung von Reispulver

Einen trockenen Topf auf mittlerer Hitze aufsetzen (kein antihaftbeschichteter Topf). 45 g Reis hinzugeben, und die Reiskörner 2 bis 3 Minuten unter Schwenken des Topfs rösten, bis sie gerade Farbe annehmen (der Reis knistert beim Rösten). Den Reis zum Abkühlen in eine Schüssel geben, dann mit einer Gewürzmühle oder einer Küchenmaschine zu feinem Pulver mahlen. Dies sollte eine Menge von 50 - 60 g Reispulver ergeben.

Die Hälfte der Marinade in eine zweite Schüssel geben und diese für die Zubereitung der Salatsoße zur Seite stellen. Das Schweinefleisch in die Marinade legen und abgedeckt für 1 bis 2 Stunden in den Kühlschrank stellen. Das Fleisch mehrmals wenden.

2. Den Grill auf mittlere Hitze vorbereiten, wenn ein Lendenstück verwendet wird und auf große Hitze, wenn Koteletts zubereitet werden.

3. Wenn die gewünschte Temperatur erreicht ist, das Fleisch aus der Marinade nehmen und trocken tupfen. Die Marinade beiseitestellen. Den Grillrost bürsten und ölen und das Schweinefleisch auf den heißen Rost legen. Das Lendenstück von beiden Seiten für 6 bis 8 Minuten grillen, die Koteletts von beiden Seiten für 3 bis 5 Minuten, bis das Fleisch gar ist. Dabei jeweils nur eine Seite mit der restlichen Marinade bestreichen. Wenn das Fleisch gar ist, sollte es eine Temperatur von 71 °C haben. Das Schweinefleisch auf ein Schneidbrett legen und für 5 Minuten ruhen lassen.

4. In der Zwischenzeit den Salat zubereiten: Salatgurkenscheiben, Chinakohl, Bohnensprossen, Schalotten, Chilischoten, Frühlingszwiebeln, Pfefferminze, Basilikum und Koriander zu der Salatsoße in die Schüssel geben und den Salat vorsichtig aber gründlich mischen. Den Salat auf Teller oder eine Platte geben. Das Fleisch diagonal zur Faser in dünne Streifen schneiden und fächerförmig auf den Salat geben. Den Salat mit Reismehl (nach Belieben) und Pfefferminzzweigen garnieren und sofort servieren.

INDIEN

SALAT MIT GEGRILLTEM HÜHNCHEN UND INDISCHEN GEWÜRZEN

MURGH CHAT

DIREKTES GRILLEN
FÜR 4 PERSONEN

Dies ist ein hervorragendes Rezept, wenn Sie gegrillte Hühnchenreste verwerten möchten. Die Würze der Tomaten, des Korianders und des Zitronensafts erfrischt an heißen Sommertagen. Möchte man ganz authentisch vorgehen, muss der Salat mit einer Gewürzmischung namens Chat Masala zubereitet werden. Die Mischung verdankt ihr säuerliches Aroma dem Amchur-Pulver (gemahlene grüne Mango) und ihren schwefligen Geschmack dem mineralischen Salz kala namak. Chat Masala ist fertig zubereitet in indischen Lebensmittelläden erhältlich. Sie können auch die schnell zubereitete Variante auf Seite 105 verwenden. Der Geschmack ist zwar nicht ganz derselbe, der Salat ist aber trotzdem köstlich.

VORBEREITUNGSZEIT

Das Hühnerfleisch muss bereits gegrillt sein

ZUTATEN

1 mittelgroße reife Tomate
½ mittelgroße grüne Paprikaschote, entkernt
¼ mittelgroße rote Zwiebel
ca. 500 g fein gewürfeltes (5 mm), kaltes, gegrilltes Hühnchenfleisch
12 g gehackter frischer Koriander
3 EL Pflanzenöl
3 EL frisch gepresster Zitronensaft, oder mehr, je nach Geschmack
½ TL gemahlener Kreuzkümmel
½ TL gemahlener Koriander
½ TL frisch gemahlener schwarzer Pfeffer
2 TL Chat Masala oder Schneller Chat-Mix (Rezept folgt)
Salz (nach Belieben)
Krauser Salat, gewaschen und trocken geschleudert, zum Servieren

1. Die Tomate, die grüne Paprikaschote und die Zwiebel in 5 mm große Würfel schneiden und alles mit dem Hühnchenfleisch in eine Schüssel geben.

2. Die Korianderblätter mit Öl, Zitronensaft, Kreuzkümmel, Korianderpulver, Pfeffer und der Hälfte des Chat Masala in einer Schüssel verrühren. Die Mischung dann über den Salat geben. Den Salat gut mischen und mit Salz (nach Belieben) und Zitronensaft abschmecken. Der Hühnchensalat sollte gut gewürzt sein.

3. Den Salat auf mit Salatblättern ausgelegte Teller geben und die Portionen mit dem restlichen Chat Masala garnieren. Sofort servieren.

SCHNELLER CHAT-MIX

ERGIBT ETWA 1 EL

Verwenden Sie diesen Schnellen Chat-Mix als eine geröstete Gewürzmischung für gegrilltes Hühnerfleisch, oder streuen Sie es über die in diesem Buch vorgestellten Joghurtsaucen oder Raitas (siehe Seite 459).

¼ TL Kreuzkümmelsamen
¼ TL Koriandersamen
¼ TL schwarze Pfefferkörner
¼ TL gemahlener Ingwer
1 TL getrocknete Pfefferminzblätter
1 TL Salz

1. Eine Pfanne bei mittlerer Hitze trocken aufsetzen (verwenden Sie hier keine beschichtete Pfanne). Kreuzkümmelsamen, Koriandersamen und Pfefferkörner in die Pfanne geben und die Pfanne während des Röstvorgangs öfters schütteln. Dies dauert etwa 2 Minuten.

2. Die gerösteten Gewürze abkühlen lassen und dann in einer Gewürzmühle zu feinem Pulver mahlen. Den Ingwer, die Pfefferminzblätter und das Salz hinzugeben und weiter mahlen. Dieser Schnelle Chat-Mix ist in einem fest verschlossenen Glas an einem kühlen, dunklen Ort für bis zu zwei Monate haltbar.

Das Abspülen und Trocknen von frischem Koriander

Wenn es um das Würzen von Gegrilltem geht, ist frischer Koriander unschlagbar. Die Blätter des Korianders haben ein ungewöhnlich scharfes Aroma, das den Koriander schließlich bei allen Grill-Köchen beliebt machte.

Früher konnte man ihn nur auf speziellen Märkten erhalten, heute findet man ihn häufiger in „normalen" Supermärkten. Frischer Koriander ist häufig sandig, daher sollte er vor der Verwendung gut abgespült werden.

Den Koriander an den Stielen festhalten und die Blätter in einer großen Schüssel mit kaltem Wasser schwenken. Das Wasser ein bis zwei Mal wechseln – bis kein Sand mehr darin zu sehen ist.

Den Koriander zum Trocknen an den Stielen halten und fest in einem weiten Bogen schütteln (Das macht man natürlich am besten draußen, sonst regnet es in der Küche). Alternativ kann der Koriander über dem Waschbecken (etwas weniger enthusiastisch) geschüttelt werden oder mit Küchenkrepp trocken getupft werden. Nachdem die Wurzeln entfernt wurden, kann auch eine Salatschleuder verwendet werden.

Den Koriander von den Stielen befreien, indem kleine Zweige von dem langen Stängel gezupft werden (Die kleinen Zweige können auch gehackt und verwendet werden).

Gewaschener und getrockneter Koriander kann in feuchtes Küchenkrepp gewickelt in einem offenen Plastikbeutel im Kühlschrank aufbewahrt werden. Es ist wichtig, dass der Plastikbeutel nicht verschlossen wird, damit die Korianderblätter atmen können.

IRAN

PERSISCHER HÜHNCHENSALAT MIT PICKLES UND OLIVEN

DIREKTES GRILLEN
FÜR 4 PERSONEN

Diesen Salat probierte ich zum ersten Mal in einem feinen persischen Restaurant namens „Persepolis" in New York. Die Kombination von Huhn und Kartoffeln zu einem Salat ist so schmackhaft wie unerwartet. Auch dieses Rezept eignet sich zur Verwertung von Hühnchenresten.

VORBEREITUNGSZEIT

Das Hühnerfleisch muss bereits gegrillt sein

Das Waschen von Blattgemüse oder Blattsalat

Blattgemüse wie Spinat sind oft mit Erde und Sand versetzt; insbesondere, wenn man sie im Bund an Marktständen kauft. Die Erde und der Sand werden entfernt, indem man die Blätter von den dicken Stielen trennt, und in eine große Schüssel mit kaltem Wasser gibt. Die Blätter leicht mit den Händen bewegen, damit der Sand auf den Boden sinkt. Danach werden die Blätter mit den Händen aus der Schüssel genommen und in ein Sieb gegeben. Das Wasser in der Schüssel wird erneuert, und die Blätter wieder hineingegeben. Diese Prozedur wird bis zu sechs Mal wiederholt, bis die Blätter frei von Erde und Sand sind. Es ist wichtig, die Blätter vor dem Abgießen in ein Sieb zu geben, denn würden sie mit dem Wasser in das Sieb gegossen, würde man nur wieder den Sand auf ihnen verteilen.

ZUTATEN

- 450 g große rote Kartoffeln, gewaschen und gebürstet
- 2 große Eier
- Salz
- 80 g fein gewürfeltes kaltes Hühnerfleisch (5 mm Würfel)
- 3 EL fein gehackte Cornichons oder Dillgurken
- 2 mittelgroße Stangen Staudensellerie, in sehr feine Würfel geschnitten
- 1 EL gehackte, grüne, entkernte Oliven
- 6 EL Mayonnaise
- 2 EL gehackter frischer Dill und einige Zweige zum Garnieren
- Frisch gemahlener schwarzer Pfeffer
- 8 Blätter Kopfsalat, gewaschen und trocken geschleudert, zum Anrichten
- 2 mittelgroße reife Tomaten, in dünne Scheiben geschnitten, zum Anrichten
- 12 schwarze Oliven, vorzugsweise in Öl eingelegt, zum Garnieren

1. Die Kartoffeln und die Eier in einen Topf mit kaltem, gesalzenem Wasser geben und bei mittlerer Hitze kochen lassen. Die Hitze reduzieren und die Kartoffeln und die Eier köcheln lassen, bis die Kartoffeln weich (sie lassen sich dann leicht mit einem Bratspieß anstechen) und die Eier hart gekocht sind. Dies dauert etwa 11 Minuten (siehe Hinweis). Die Kartoffeln und Eier in ein Sieb abgießen und unter fließend kaltem Wasser abkühlen. Gut abtropfen lassen.

2. Die Kartoffeln in 5 mm große Würfel schneiden und in eine große Schüssel geben. Das Hühnerfleisch, die Cornichons, den Sellerie, die grünen Oliven, die Mayonnaise und den gehackten Dill hinzufügen und den Salat gut durchmischen. Nach Belieben mit Salz und Pfeffer abschmecken. Die hart gekochten Eier pellen, in 5 mm große Würfel schneiden und in die Schüssel geben.

3. Zum Servieren einen Teller oder eine Platte mit den Salatblättern auslegen. Die Tomatenscheiben kreisförmig an den Tellerrand legen und etwas überhängen lassen. Den Hühnchensalat in die Mitte geben und mit den schwarzen Oliven sowie den Dillzweigen garnieren.

HINWEIS: Die Eier sind nach 11 Minuten hart gekocht. Die Kartoffeln können etwas länger brauchen.

FRANKREICH

GEGRILLTER SALADE NIÇOISE

DIREKTES GRILLEN
FÜR 4 PERSONEN ALS LEICHTES HAUPTGERICHT

Der klassische Salat aus Nizza ist der Inbegriff provençalischer Küche – leuchtende Farben und freche Aromen in einem erfrischenden, nahrhaften und sättigenden Gericht vereint. Traditionell wird Salade Niçoise aus gekochtem Gemüse und Thunfisch aus der Dose bereitet. Ich habe den Salat etwas interessanter gestaltet, indem ich stattdessen frisch gegrillten Thunfisch verwendet habe. Nicht lange darauf grillte ich auch die Kartoffeln, Zwiebeln und grünen Bohnen. Das Garen durch Grillen verwandelt den Salade Niçoise in einen unvergesslichen Hauptgang. Außerdem ist es noch praktisch, da alle Zutaten im Voraus gegrillt werden können. Haricots verts sind sehr dünne französische grüne Bohnen. Sie finden Sie in spezialisierten Lebensmittelgeschäften und bei manchen Gemüsehändlern. Ansonsten können Sie auch die dünnsten, herkömmlichen grünen Bohnen nehmen, die Sie finden können.

VORBEREITUNGSZEIT

30 Minuten für das Marinieren des Thunfischs

SPEZIELLE AUSRÜSTUNG

Gemüserost (wenn vorhanden)

FÜR DIE SALATSOSSE

1 EL frisch gepresster Zitronensaft
1 EL roter Weinessig, oder mehr, je nach Geschmack
2 TL Dijon-Senf
1 gehackte Knoblauchzehe
Salz und frisch gemahlener schwarzer Pfeffer
60 ml Olivenöl extra vergine
1 bis 2 Anchovis-Filets (nach Belieben), gewässert, trocken getupft und fein gehackt
1 EL Kapern, abgetropft
12 frische Basilikumblätter, in dünne Streifen geschnitten und 4 bis 6 Zweige zum Garnieren

FÜR DEN SALAT

4 Thunfischsteaks (etwa 2,5 cm dick und 190 Gramm schwer)
4 EL Olivenöl extra vergine
2 EL frisch gepresster Zitronensaft
Grobes Meersalz
Zerstoßene schwarze Pfefferkörner
450 g kleine rote Kartoffeln, gesäubert und in Hälften geschnitten
ca. 400 g Haricots verts oder normale grüne Bohnen, geputzt

Mesclun-Mix

Mesclun ist eine Bezeichnung für eine Mischung aus jungen Kopfsalatblättern und anderem jungen Blattgemüse oder Blattsalat. Sie kann Rucola, Eichenblattsalat, Paksoi, Mizuna, indischen Senfkohl und andere enthalten. Mesclun ist als fertige Mischung in Lebensmittelfachgeschäften oder Supermärkten erhältlich. Sie können es natürlich auch selbst aus jeder beliebigen Mischung der hier angegebenen Zutaten herstellen (stellen Sie sicher, dass es sich immer um junge Blätter handelt – die Blätter sollten sehr klein sein): Rucola, Mizuna, chinesischer Senfkohl, indischer Senfkohl, Chicoree, Spinat, Blattsalate, Paksoi.

1 große rote Zwiebel, geschält und mit Wurzelansatz in 12 Schnitze geteilt
Frisch gemahlener schwarzer Pfeffer
ca. 400 g Mesclun-Mix (gemischte junge Salatblätter, s. Kasten)
2 große reife Tomaten, geachtelt
2 hart gekochte Eier, geachtelt
40-50 g Niçoise oder andere schwarze Oliven

1. *Zubereitung der Salatsoße:* Zitronensaft, Weinessig, Senf und Knoblauch in eine Rührschüssel geben. Nach Belieben mit Salz und Pfeffer abschmecken. Rühren, bis sich das Salz auflöst. 60 ml Olivenöl in einem dünnen Strahl unterrühren, dann die Anchovis (nach Belieben), die Kapern und das Basilikum untermischen. Mit Salz und Essig abschmecken. Die Salatsoße sollte gut gewürzt sein. Die Salatsoße zur Seite stellen.

2. *Zubereitung des Salats:* Den Thunfisch mit 2 Esslöffeln Olivenöl und 2 Esslöffeln Zitronensaft in eine flache Schüssel geben. Nach Belieben mit Salz und zerstoßenem schwarzen Pfeffer würzen. Den Fisch einige Male wenden, damit er von allen Seiten gut bedeckt ist, und ihn dann abgedeckt im Kühlschrank für eine halbe Stunde in der Marinade ziehen lassen.

3. Die Kartoffeln in einen mittelgroßen Topf mit leicht gesalzenem Wasser geben. Die Kartoffeln zum Kochen bringen, dann die Hitze reduzieren und lassen die Kartoffeln für etwa 8 bis 10 Minuten leicht köcheln lassen. Die Kartoffeln mit einem Schaumlöffel aus dem Topf in ein Sieb heben, kaltes Wasser darüber laufen lassen und die Kartoffeln dann abtropfen lassen. Danach das Wasser in dem Topf wieder zum Kochen bringen. Die grünen Bohnen für etwa 1 Minute

GEGRILLTER SALADE NIÇOISE | SEITE 107

in das sprudelnde Wasser geben, bis sie bissfest sind. Die Bohnen abgießen, unter fließend kaltem Wasser abkühlen und dann abtropfen lassen.

4. Den Grill für direktes Grillen bei hoher Hitze vorbereiten und aufheizen.

5. Sobald der Grill die Hitze erreicht hat, den Gemüserost (falls vorhanden) für 5 Minuten vorwärmen (siehe Hinweise). Die Kartoffeln mit den grünen Bohnen, den Zwiebeln und den restlichen 2 EL Olivenöl vermischen und nach Belieben mit Salz und Pfeffer würzen. Das Gemüse auf den heißen Rost legen und von jeder Seite für 3 bis 5 Minuten grillen, bis es außen angekohlt ist. Auf eine Platte geben und abkühlen lassen.

6. Den Grillrost bürsten und einölen. Die Thunfischsteaks abtropfen lassen und in den Grillkorb oder auf den Rost legen. Den Thunfisch nach Belieben garen; nach 3 bis 5 Minuten ist er halb gar. Den Thunfisch zum Abkühlen auf ein Schneidbrett legen, bevor Sie ihn quer in dünne Streifen schneiden (siehe Hinweise).

7. Kurz vor dem Servieren den Mesclun-Mix in die Mitte einer großen Platte geben und die geachtelten Tomaten, die grünen Bohnen, die Kartoffeln, die Zwiebelschnitze (der Wurzelansatz ist zu entfernen), die hart gekochten Eier und die Oliven um die Salatblätter arrangieren. Die Salatsoße noch ein Mal durchrühren und dann über den Salat geben. Den Salat mit den Basilikumzweigen garnieren und servieren.

HINWEISE: Sollten Sie keinen Gemüserost verwenden, lassen sich die grünen Bohnen am einfachsten grillen, wenn man sie nebeneinander aufspießt. So können sie nicht durch den Grillrost fallen.

Der Salat kann bis zu diesem Punkt auch schon vorbereitet werden, es sei denn, Sie möchten den Thunfisch heiß servieren. In dem Fall ist der Thunfisch erst kurz vor dem Servieren zu grillen.

ALS BEILAGE

GRIECHENLAND

EIN ETWAS ANDERER GRIECHISCHER SALAT

MARLO SALATA

ALS BEILAGE
FÜR 4 BIS 6 PERSONEN

Dieser Salat unterscheidet sich ein wenig von den griechischen Salaten, die wir kennen, da er aus knackigem Lattich und aromatischem frischem Dill zubereitet wird. Die Zitrone wird direkt über dem Salat ausgepresst. Ich mache das mit den Händen, denn so kann ich die Kerne beider Hälften sofort auffangen. Servieren Sie diesen Salat zu gegrillter Lammkeule mit Zitrone und Butter (Seite 206), Schwertfisch-Souvlaki (Seite 345) oder anderen griechischen Grillgerichten.

1 Lattich (u.a. Huflattich), ganze gewaschene und trocken geschleuderte Blätter
1 Knoblauchzehe, halbiert
1 Bund gehackter Dill
½ bis 1 Bund Frühlingszwiebeln, grüne und weiße Anteile, geputzt und fein gehackt
1 bis 2 Zitronen, halbiert
3 bis 4 EL Olivenöl extra vergine
Salz und frisch gemahlener schwarzer Pfeffer
ca. 70 g Kalamata- oder andere griechische Oliven
125 bis 190 g Fetakäse, abgetropft und in dünne Scheiben geschnitten.

1. Die Lattichblätter quer in 1 cm dicke Streifen schneiden. Eine Salatschüssel mit den Knoblauchhälften einreiben. Lattich, Dill und Frühlingszwiebeln in die Schüssel geben (siehe Hinweis).

2. Die Zitrone kurz vor dem Servieren über dem Salat auspressen und das Olivenöl hinzufügen. Den Salat gut mit Salz und Pfeffer würzen und sorgfältig durchmischen. Mit Oliven sowie Fetakäse garnieren und servieren.

HINWEIS: Der Salat kann bis zu diesem Punkt schon vorbereitet werden. Bedecken Sie ihn erst mit feuchtem Küchenkrepp und dann lose mit Frischhaltefolie. So können Sie ihn im Kühlschrank aufbewahren, bis Sie ihn servieren möchten.

KOREA

KOREANISCHER KOPFSALAT UND ZWIEBEL-SALAT

ALS BEILAGE
FÜR 4 PERSONEN

Steak mit Zwiebeln ist eine Verbindung, die im Steakhouse-Himmel geschlossen wurde. Die Koreaner teilen die Begeisterung dafür – den Beweis liefert dieser würzige Zwiebel-Steak-Salat mit gegrilltem Fleisch, der auch im gut besuchten „Samwon Garden Steakhouse“ in Seoul serviert wird. Auch an anderen koreanischen Orten sind mir Salate mit Frühlingszwiebeln begegnet, die auf ähnliche Weise zubereitet werden. Die Sesamsamen und der Essig nehmen die Schärfe der Zwiebel, insbesondere, wenn Sie süße Zwiebeln verwenden. Reichen Sie den Salat mit in Sesam gegrilltem koreanischem Rindfleisch (Seite 150) oder koreanischer gegrillter dicker Rippe (Seite 167).

2 EL Sojasoße, oder mehr, je nach Geschmack
2 EL Reisessig, oder mehr, je nach Geschmack
½ TL Zucker, oder mehr, je nach Geschmack
½ TL scharfes Paprikapulver oder Cayennepfeffer
2 TL asiatisches (dunkles) Sesamöl
1½ EL Sesamsamen, geröstet (siehe Erläuterungen auf Seite 113)
½ TL frisch gemahlener schwarzer Pfeffer
6 bis 8 Lattichblätter, gewaschen, trocken geschleudert und quer in 5 mm schmale Streifen geschnitten
1 mittelgroße süße Zwiebel, z.B. spanische Granozwiebeln, dünn geschnitten (siehe Hinweis)

1. Die Sojasoße mit dem Reisessig, dem Zucker und dem Paprikapulver in einer Salatschüssel verrühren, bis der Zucker sich aufgelöst hat. Das Sesamöl, die Sesamsamen und den Pfeffer unterrühren.

2. Den Salat und die Zwiebel in die Salatsoße geben und den Salat vorsichtig und gründlich mischen. Mit Sojasoße,

Reisessig und Zucker nach Belieben abschmecken. Der Salat sollte gut gewürzt sein. Sofort servieren.

HINWEIS: Sollten nur die gelben Zwiebeln erhältlich sein, die etwas stärker im Geschmack sind, können Sie diesen die Schärfe nehmen, indem Sie die Zwiebelscheiben für 10 Minuten in kochendem Wasser blanchieren und sie dann unter kaltem Wasser abspülen.

ARGENTINIEN

LA CABAÑA'S HAUS-SALAT

ALS BEILAGE
FÜR 6 PERSONEN

Das „La Cabaña" eröffnete im Jahr 1935 und wurde schnell zum ersten Restaurant in Buenos Aires. Es ist nach den Hütten benannt, in denen die Gauchos während des Viehtriebs schliefen. „La Cabaña" war ein Magnet für Rindfleischgenießer mit großen Geldbeuteln, und das Ambiente der hohen Speisesäle aus dunklem Holz, Gusseisen und vergoldeter Tapete sorgte dafür, dass es häufig von Präsidenten und Königen besucht wurde (einschließlich des Königs von Spanien, der bei seinen Besuchen in Argentinien in einem privaten Speisezimmer im hinteren Teil des Restaurants Hof hielt). Stellen Sie sich also den Schock vor, als das sehenswerte Restaurant nach fast 75 Jahren des Betriebs die Pforten schloss. Glücklicherweise ist „La Cabaña" aber wieder da – in eleganter neuer Behausung in einem modernen Viertel. Immer noch serviert das „La Cabaña" seine riesigen Portionen Rindfleisch von ausschließlich Gras fressenden Rindern, was zu einer Qualität führte, die es zu einer Legende in Buenos Aires machten. Bei diesem Rezept handelt es sich um den Salat des Hauses dieses alten Restaurants – eine willkommene Abwechslung zu dem Angriff der Fleischfresser, der ein typisches argentinisches Essen charakterisiert.

FÜR DEN SALAT

1 kleiner oder ½ großer Eisberg-Salat
1 Bund Rucola, von Stielen befreit, gewaschen und getrocknet
2 mittelgroße reife Tomaten
2 hart gekochte Eier, gepellt
1 mittelgroße rote Paprikaschote, entkernt
160 g gewürfelte gekochte Rüben
2 mittelgroße Stangen Staudensellerie, in dünne Scheiben geschnitten
1 Dose (435 g) Palmherzen, abgetropft und in dünne Scheiben geschnitten

FÜR DIE SALATSOSSE

2 TL Dijon-Senf
1 EL roter Weinessig, oder mehr, je nach Geschmack
1 EL frisch gepresster Zitronensaft
½ TL Salz, oder mehr, je nach Geschmack
120 ml Olivenöl extra vergine
½ TL frisch gemahlener schwarzer Pfeffer

1. *Zubereitung des Salats:* Den Strunk des Eisberg-Salats entfernen und den Salat quer in 5 mm breite Streifen schneiden. Den Eisberg-Salat vorsichtig mit dem Rucola in einer Schüssel mischen. Die gemischten Salatblätter in die Mitte von 6 flachen Salatschalen geben.

2. Die Tomaten in jeweils 12 Schnitze und die hart gekochten Eier in jeweils 6 Schnitze schneiden. Die Paprikaschote in 18 dünne Streifen schneiden. Dann die Tomaten, die Eier und die Paprikastreifen in einem sonnenförmigen Muster auf den Salatblättern (ausgehend von der Mitte, wie bei einem Wagenrad) arrangieren und dabei die Farben abwechseln.

3. Die Flüssigkeit von den Rüben abtropfen lassen und mit Küchenkrepp trocken tupfen. Die Rüben, den Sellerie und die Palmherzen in die Mitte der Salatschalen geben.

4. *Zubereitung der Salatsoße:* Den Senf mit dem Weinessig, dem Zitronensaft und dem Salz in einer kleinen Schüssel verrühren, bis sich das Salz aufgelöst hat. Das Olivenöl und den schwarzen Pfeffer unterrühren. Mit Weinessig und Salz abschmecken. Die Salatsoße sollte gut gewürzt sein. Die Salatsoße über die einzelnen Portionen gießen und sofort servieren.

JAPAN

SESAM-SPINAT-SALAT

ALS BEILAGE
FÜR 4 BIS 6 PERSONEN

Einfachheit und Farben zeichnen die japanischen Salate aus: das leuchtende Grün des Spinats, das Orange der Karotten, das Weiß des Daikon und der Bohnenkeime. Dieser Spinatsalat, der üblicherweise in Yakitori-Gaststuben serviert wird, verdankt seinen nussigen Geschmack dem

Sesamöl und gerösteten Sesamsamen. Der Salat gelingt am besten mit jungen, zarten, flachen Spinatblättern, die bei manchen Gemüsehändlern im Bund erhältlich sind. Nehmen Sie nicht die in Plastikbeuteln verkauften Spinatblätter. Der Salat passt zu jedem der japanischen Grillgerichte aus diesem Buch.

ca. 500 g frischer Spinat, entstielt und gründlich gewaschen (siehe Erläuterungen auf Seite 106)
Salz
2 EL Sesamsamen, geröstet (siehe Erläuterungen auf Seite 113)
1 gehackte Knoblauchzehe
2 EL Mirin (süßer Reiswein) oder Cream Sherry, oder mehr, je nach Geschmack
1 EL Sojasoße, oder mehr, je nach Geschmack
1 EL dunkles asiatisches Sesamöl

1. Den Spinat in einem großen Topf mit Salzwasser für etwa 30 Sekunden blanchieren. Den Spinat in ein Sieb abgießen und mit Eiswasser abspülen. Die Spinatblätter mit Küchenkrepp trocken tupfen.

2. 1 EL der Sesamsamen, den Knoblauch, den süßen Reiswein und das Sesamöl mit einem Schneebesen in einer Servierschüssel verrühren. Den Spinat darunter mischen. Mit Reiswein und Sojasoße abschmecken. Der Salat sollte etwas süß und salzig sein. Den Salat mit dem restlichen EL Sesamsamen garnieren und gekühlt oder bei Raumtemperatur servieren.

KOREA

„THREE HOTS" SALAT

ALS BEILAGE
FÜR 4 BIS 6 PERSONEN

Dieser würzige Salat ist eine der vielen Beilagen zu traditionellen koreanischen Grillgerichten auf Fleischbasis. Ich habe ihn zuerst im „Samwon Garden", einem enorm großen Restaurant in Seoul genossen. Der Salat erhält seinen pfeffrigen Geschmack von drei Zutaten: Wasserkresse, Senfkraut und Wasabi (japanischer Meerrettich). Wasabi ist auf asiatischen Märkten, in Naturkostläden und Fachgeschäften erhältlich. Sollten Sie ihn nicht bekommen, können Sie auf fertig zubereiteten Meerrettich aus dem Glas zurückgreifen. Servieren Sie den Salat zu in Sesam gegrilltem koreanischem Rindfleisch (Seite 150) oder koreanischer gegrillter dicker Rippe (Seite 167).

2 TL Wasabi
3 EL Reisessig
1½ EL Zucker
2 TL Sojasoße
½ TL Salz
½ TL frisch gemahlener schwarzer Pfeffer
1 Bund Wasserkresse, gewaschen, trocken geschleudert und in kleine Stücke gezupft
1 Bund Senfkraut, entstielt, gewaschen, trocken geschleudert und in mundgerechte Stücke gezupft oder eine gleiche Menge zusätzlicher Wasserkresse

1. Den Wasabi und 2 TL Wasser mit dem Schneebesen in einer Servierschüssel zu einer Paste verrühren. Die Paste 5 Minuten ruhen lassen.

2. Reisessig, Zucker, Sojasoße, Salz und Pfeffer in die Wasabi-Masse geben und rühren, bis sich Zucker und Salz auflösen.

3. Kurz vor dem Servieren die Wasserkresse und das Senfkraut hinzugeben und untermischen. Servieren.

KOREA

WÜRZIGER DAIKONSALAT

ALS BEILAGE
FÜR 4 BIS 6 PERSONEN

Ein koreanisches Essen lässt sich schwer ohne diesen erfrischenden Salat aus knackigen Stücken des Daikon-Rettichs geschmückt mit Chilipulver, Essig und Knoblauch vorstellen. Daikon ist ein saftiger asiatischer Rettich, der unserem weißen Rettich ähnlich sieht, jedoch viel länger und dicker ist. Er hat ein feuchtes, knackiges Fruchtfleisch und ist in asiatischen Lebensmittelläden, Supermärkten und Naturkostläden erhältlich. Finden Sie keinen, könnten Sie auf Radieschen ausweichen.

VORBEREITUNGSZEIT
30 Minuten bis 8 Stunden für das Marinieren des Salats

ZUTATEN

1 Daikon-Rettich (370 bis 435 g)
3 Knoblauchzehen, gehackt
1 EL gehackter frischer Ingwer
2 TL Zucker, oder mehr, je nach Geschmack
1 TL Salz, oder mehr, je nach Geschmack
1 bis 3 TL scharfes Paprikapulver, oder ½ TL Cayennepfeffer
2 EL Reisessig, oder mehr, je nach Geschmack
2 TL Sojasoße
1 TL dunkles asiatisches Sesamöl
3 Frühlingszwiebeln, weiße und grüne Anteile, geputzt und fein gehackt
1½ TL Sesamsamen, geröstet (siehe Erläuterungen unten)

1. Den Rettich mit einem Gemüseschäler schälen. Die Enden entfernen. Den Rettich erst der Länge nach vierteln und dann quer in 5 mm dicke Scheiben schneiden.

2. Den Knoblauch mit Ingwer, Zucker, Salz und Paprikapulver in einer Servierschüssel verrühren und die Zutaten mit dem Rücken eines Löffels zerdrücken. Reisessig, Sojasoße, Sesamöl, Frühlingszwiebeln, Sesamsamen und Rettich unterrühren. Die Zubereitung 30 Minuten bis zu 8 Stunden ruhen lassen (Bei einer Ruhezeit von 8 Stunden sollte der Salat abgedeckt in einen Kühlschrank gestellt werden).

3. Kurz vor dem Servieren mit Zucker, Salz und Reisessig abschmecken. Der Salat sollte gut gewürzt sein.

Das Rösten von Samen, Nüssen und Brotkrumen

Einen trockenen Topf auf mittlerer Hitze aufsetzen (keinen antihaftbeschichteten Topf). Die Samen, Nüsse oder Brotkrumen in den Topf geben und 3 bis 5 Minuten unter gelegentlichem Schwenken des Topfs leicht rösten. Die Samen, Nüsse oder Brotkrumen zum Abkühlen auf einen Teller geben.

Das Rösten im Backofen bei einer Temperatur von 175 °C ist ebenfalls möglich. Die Samen, Nüsse oder Brotkrumen auf einem Backblech verteilen, und 5 bis 10 Minuten braun backen. Dabei genau aufpassen, damit sie nicht anbrennen.

JAPAN

WÜRZIGER JAPANISCHER BOHNEN-SPROSSENSALAT

ALS BEILAGE FÜR 4 BIS PERSONEN

Eine Mahlzeit in einer Yakitori-Gaststube beinhaltet mehrere kleine Salate sowie gegrilltes Fleisch am Spieß. Dieser Salat stammt von der Speisekarte des „Ton Ton", einer einfachen Gaststube unterhalb der Hochbahn im Tokioer Stadtteil Ginza. Die Salatsoße besteht aus nur sechs Zutaten, aber die Aromen – süß, salzig, nussig und feurig – stehen für einen besonderen Gaumenkitzel.

1 Knoblauchzehe, geschält
½ TL Salz, oder mehr, je nach Geschmack
1 EL Zucker, oder mehr, je nach Geschmack
3 EL Reisessig, oder mehr, je nach Geschmack
2 TL dunkles, asiatisches Sesamöl
½ bis 1 TL scharfe rote Chiliflocken
ca. 250 g Mungobohnenkeime

Den Knoblauch mit dem Salz in eine kleine Schüssel geben und mit der Rückseite eines Löffels zerdrücken. Zucker, Reisessig, Sesamöl und scharfe Chiliflocken hinzufügen. Die Zutaten mit einem Schneebesen verrühren, bis sich Zucker und Salz auflösen. Die Mungobohnenkeime unterrühren und die Zubereitung für 5 Minuten ruhen lassen. Kurz vor dem Servieren mit Salz, Zucker und Reisessig abschmecken. Der Salat sollte gut gewürzt sein.

INDONESIEN

JAVANISCHE SPARGELBOHNEN-GEMÜSEPLATTE

LALAPAN

ALS BEILAGE FÜR 4 BIS PERSONEN

Diese farbenfrohe Gemüseplatte mit Kräutern ist die traditionelle javanische Beilage zu gegrilltem Fisch. Man wird sie nicht völlig identisch zubereiten können, da auf Java außergewöhnliche, aromatische Kräuter wie daun mangi und daun rispong verwendet werden, die im Westen einfach nicht zu bekommen sind (Ich habe versucht ihren Geschmack durch die Verwendung von Epazote – ein mexikanisches Heilkraut und Gewürz – nachzuahmen, das einen reinen, hölzernen, angenehm bitteren Geschmack hat). Asiatische Spargelbohnen sind grüne Bohnen, die bis zu 45 cm lang werden können. Sie finden sie in asiatischen Lebensmittelgeschäften. Andernfalls können Sie sie durch dünne grüne Bohnen ersetzen. Reichen Sie diese Salatplatte zu den indonesischen Gerichten mit gegrilltem Fisch aus diesem Buch. Sie kann auch zu feurigem Chili-Schalotten-Relish (sambal chobek, Seite 444) serviert werden.

370 g Spargelbohnen oder dünne grüne Bohnen, geputzt
Salz
½ mittelgroßer Weißkohl, geputzt und in 1 cm dicke Schnitze geschnitten
1 mittelgroße Salatgurke, geschält und in 5 mm dicke Scheiben geschnitten
2 mittelgroße reife Tomaten, geputzt und geachtelt
1 Bund Zitronenmelisse oder Basilikum, gewaschen und trocken getupft
1 Bund Epazote oder glatte Petersilie, gewaschen und trocken getupft

1. Die Bohnen 3 Minuten in sprudelnd kochendem Wasser blanchieren, bis sie bissfest sind. Die Bohnen abgießen, unter kaltem Wasser abspülen und abtropfen lassen.

2. Die Spargelbohnen, den Weißkohl, die Gurke, die Tomaten, die Zitronenmelisse oder das Basilikum und den Epazote oder die Petersilie appetitlich auf einer Salatplatte arrangieren und servieren.

Die Zubereitung von frischer Kokosnuss

Woran erkennt man, dass eine Kokosnuss frisch ist? Bei dem Kauf einer Kokosnuss sollte man sie schütteln und hören, ob sich im Innern Kokosmilch bewegt. Trockene Kokosnüsse sind oft ranzig und daher unbrauchbar.

Zum Öffnen einer Kokosnuss halten Sie diese über eine Schüssel in der Spüle in den Händen. Schlagen Sie mit dem Rücken eines Hackmessers wiederholt rund um die Mitte der Kokosnuss. Drehen Sie die Kokosnuss beim Schlagen. Bald wird ein Riss erkennbar sein, dann bricht die Kokosnuss in zwei Hälften. Bewahren Sie die Flüssigkeit, die in die Schüssel abläuft auf; man kann sie trinken oder Reis damit kochen. Wickeln Sie dann die Kokosnusshälften in Küchentücher, und schlagen Sie sie mit einem Hammer in Stücke. Lösen Sie das Kokosfleisch mit einem Küchenmesser von der Schale (Sollte es sich nicht leicht entfernen lassen, backen Sie die Stücke 10 Minuten auf 200 °C). Entfernen Sie die dünne braune Schale vom Kokosfleisch. Zerkleinern Sie das Kokosfleisch auf einer Reibe oder in einer Küchenmaschine.

Wenn Sie nicht vorhaben, die gesamte Menge an Kokosfleisch zu verwenden, geben Sie es (in Stücken oder gerieben) in einen Plastikbeutel. Es ist für bis zu 2 Tage im Kühlschrank haltbar. Das vorbereitete Kokosfleisch bleibt länger frisch, wenn es zuerst in Frischhaltefolie und dann in Aluminiumfolie gewickelt wird. So kann es eingefroren werden und ist bis zu zwei Monate haltbar. Eine durchschnittliche Kokosnuss ergibt etwa 500 g geriebenes Kokosfleisch.

BALI

SPARGELBOHNEN MIT FRISCHER KOKOSNUSS

URAP SAYUR

ALS BEILAGE
FÜR 4 BIS PERSONEN

Ebenso vielschichtig und reizvoll wie die balinesische Musik ist auch dieser Salat im Hinblick auf das komplexe Zusammenspiel von Gewürzen und Textur – die knackigen grünen Bohnen, das knusprige Fruchtfleisch der Kokosnuss, die saftige Süße der Bohnenkeime und Paprikaschoten. Spargelbohnen sind asiatische grüne Bohnen, die bis zu 45 cm lang werden. Sie finden Sie in asiatischen Lebensmittelläden. Ansonsten können Sie auf normale grüne Bohnen (die dünnsten, die Sie finden können) oder Haricots verts ausweichen. Lassen Sie sich nicht durch die scheinbar große Menge an Öl abschrecken. Das meiste davon wird nicht mitgegessen. Reichen Sie diesen Salat zu den balinesischen Satés oder gegrillten Gerichten aus diesem Buch.

ZUM GARNIEREN UND FÜR DIE SALATSOSSE

80 ml Pflanzenöl, vorzugsweise Rapsöl
9 Knoblauchzehen, dünn geschnitten (etwa 3 EL), und 2 gehackte Knoblauchzehen
4 bis 5 Schalotten (etwa 125 g), dünn geschnitten, und eine gehackte Schalotte
1 Zweig Zitronengras, geputzt und gehackt, oder 1 Streifen Zitronenschale (1 x 5 mm), mittels eines Gemüseschälers abgeschält
1 EL gehackter Galgant oder geschälter frischer Ingwer
60 ml Kokosnussmilch aus der Dose
60 ml frisch gepresster Limettensaft
2 EL Palmzucker oder brauner Zucker
2 EL asiatische Fischsoße oder Sojasoße

FÜR DEN SALAT

Salz
250 g Spargelbohnen oder dünne grüne Bohnen, geputzt
400 g Mungobohnenkeime
25-45 g frisch geraspelte Kokosnuss (siehe Erläuterungen links) oder ungesüßte getrocknete Kokosraspeln
1 mittelgroße rote Paprikaschote, entkernt und in 5 mm große Würfel geschnitten
1 bis 4 Jalapeños oder andere scharfe Chilischoten, gehackt
Frisch gemahlener schwarzer Pfefferr

1. *Zubereitung der Garnierung:* Das Öl in einem kleinen Stieltopf über mittlerer Hitze erhitzen. Die Knoblauchscheiben hinein geben und etwa 1 Minute lang garen lassen, bis sie knusprig und goldbraun sind. Den Knoblauch mit einem Schaumlöffel aus dem Öl heben und auf Küchenkrepp abtropfen lassen. Die Schalotten in kleinen Portionen auf die gleiche Weise zubereiten. Sicherstellen, dass Knoblauch und Schalotten nicht anbrennen, denn dann werden sie bitter. Knoblauch und Schalotten mit Küchenkrepp abtupfen und beiseitestellen. Das Öl bis auf einen Rest von 3 EL abgießen.

2. *Zubereitung der Salatsoße:* Das Öl in dem Stieltopf erneut auf mittlere Hitze erhitzen. Den gehackten Knoblauch, die gehackten Schalotten, das Zitronengras und den Galgant hinein geben. Die Zutaten etwa 1 Minute garen, bis sie leicht braun sind. Die Kokosmilch unterrühren und zum Kochen bringen. Die Kokosmilch etwa 3 Minuten lang einkochen lassen. Dann den Limettensaft, den Palmzucker und die Fischsoße unterrühren und die Zubereitung erneut zum Kochen bringen. Den Topf vom Herd nehmen und die Salatsoße abkühlen lassen.

3. *Zubereitung des Salats:* 2 Liter Salzwasser zum Kochen bringen.

4. Die Spargelbohnen in 1 cm lange Stücke schneiden. Die Mungobohnenkeime in ein Sieb in der Spüle geben. Die Spargelbohnen etwa 2 Minuten blanchieren, bis sie bissfest sind. Die langen Bohnen in das Sieb mit den Mungobohnenkeimen abgießen, die durch das heiße Wasser blanchiert werden. Das Gemüse unter fließend kaltem Wasser abspülen, abtropfen lassen und dann mit Küchenkrepp trocken tupfen.

5. Die Spargelbohnen und die Bohnenkeime in eine große Schüssel geben. Die geraspelte Kokosnuss, die Paprikaschote, die Jalapeños, den frittierten Knoblauch, die frittierten Schalotten und die Salatsoße untermischen (siehe Hinweis). Alles gut vermischen. Nach Belieben mit Salz und Pfeffer abschmecken. Den Salat in eine Servierschüssel geben und servieren.

HINWEIS: Der Salat kann im Voraus zubereitet werden; der frittierte Knoblauch und die frittierten Schalotten sollten dann erst kurz vor dem Verzehr hinzugefügt werden.

VON LINKS NACH RECHTS: VIETNAMESISCHE SALATPLATTE | RECHTS | JAVANISCHE SPARGELBOHNEN-GEMÜSEPLATTE | SEITE 114 | TÜRKISCHE RADIESCHENSALATPLATTE | RECHTS

Salatplatten

Salat- und Gemüseplatten sind ständige Begleiter von Gegrilltem – sie sind in Verbindung mit gegrilltem Fleisch, seien es indonesische Saté-Spieße, türkische Kebabs, mexikanisches carne assada und allen anderen gegrillten Speisen unverzichtbar.

Ich habe hier fünf traditionelle Salatplatten aufgeführt, die mir während meiner Reisen begegnet sind. Beginnen Sie mit diesen Salaten als Grundrezepten, und kreieren Sie dann Ihre eigenen Beilagen.

VIETNAM

VIETNAMESISCHE SALATPLATTE

ALS BEILAGE
FÜR 4 BIS 6 PERSONEN

Diese duftende Zusammenstellung von Kräutern und Gemüse wird zu vietnamesischen Grillgerichten und Nudeln gereicht. Die Salatblätter werden zum Wickeln von mundgerechten, mit Fleisch und anderen Zutaten gefüllten Happen verwendet. Die Vietnamesen sind sehr fingerfertig, was das Wickeln der kleinen Portionen unter Zuhilfenahme von Ess-Stäbchen anbelangt – eine Fähigkeit, die geübt sein will. Das Basilikum trägt eine explosive Geschmacksnote bei (oft wird auch Pfefferminze und/oder Koriander gereicht), wohingegen die Bohnenkeime und die Salatgurke saftig und knackig sind. Mit etwas Glück können Sie vielleicht in einem Laden das thailändische Basilikum finden, das einen Hauch von Pfefferminzgeschmack hat.

1 Kopfsalat
1 Bund frisches Basilikum, frische Pfefferminze und/oder Koriander
400 g frische Bohnenkeime
2 bis 4 Serrano- oder Jalapeño-Chilischoten, nach Belieben, wenn gewünscht ohne Kerne
1 mittelgroße Salatgurke, geschält (siehe Erläuterungen auf Seite 454)
1 Sternfrucht (nach Belieben)

Den Salatkopf in die einzelnen Blätter teilen; dabei darauf achten, dass die Salatblätter möglichst ganz bleiben. Die Salatblätter und das Basilikum mit Stängeln getrennt voneinander waschen und schleudern. Die Bohnenkeime waschen und abtropfen lassen. Die Chilischoten, die Salatgurke und die Sternfrucht (nach Belieben) in dünne Streifen schneiden. Den Salat anrichten und servieren.

TÜRKEI

TÜRKISCHE RADIESCHEN-SALATPLATTE

ALS BEILAGE
FÜR 4 BIS 6 PERSONEN

Dies ist die türkische Version einer frischen Gemüseplatte, die, in der einen oder anderen Form, überall auf der Welt zu gegrilltem Fleisch gereicht zu werden scheint. Sollten Sie diesen Salat in der Türkei genießen, werden Sie auf ein Gemüse stoßen, das aussieht wie ein hellroter Tennisball. Tatsächlich handelt es sich dabei um ein Riesenradieschen. Die Petersilie ist zum Verzehr und soll nicht nur einfach hübsch aussehen; stellen Sie daher sicher, dass sie auch wirklich frisch ist. Reichen Sie den Salat zu den türkischen Grillgerichten aus diesem Buch. Die Zitrone wird direkt über dem angerichteten Salat ausgepresst.

1 Bund frische glatte Petersilie
1 Bund Radieschen, geputzt und halbiert
2 Zitronen, geachtelt und entkernt

Die Petersilie mit Stängeln waschen und trocknen. Petersilie, Radieschen und Zitronenscheiben auf Teller oder eine Salatplatte geben und servieren.

LIBANON

LIBANESISCHE GEMÜSEPLATTE

ALS BEILAGE
FÜR 4 BIS 6 PERSONEN

Diese Gemüseplatte (oder eine ihrer Variationen) wird zu allen libanesischen Gerichten gereicht. Das Gemüse wird als Vorspeise oder Beilage zu gegrilltem Fleisch oder Meeresfrüchten (oft in ein Stück Pita gewickelt) verzehrt. Weiter westlich in Richtung des Iran, Irak, Indien und sogar Indonesien kennt man eine ähnliche Gemüseplatte, die ebenfalls zu gegrilltem Fleisch serviert wird. Reichen Sie diese Salatplatte zu gegrillten Shrimps mit Taratoor oder gewürzten Lamm- und Rindfleisch-Kebabs (Seiten 368 und 238).

1 Bund Frühlingszwiebeln, weiße und grüne Anteile, geputzt
1 Bund Radieschen, geputzt
1 Salatgurke, der Länge nach halbiert und in Scheiben geschnitten
2 Dillgurken, der Länge nach halbiert und in Scheiben geschnitten
2 Lattich-Herzen, in die einzelnen Blätter zerteilt, gewaschen und trocken geschleudert

Die Frühlingszwiebeln, die Radieschen, die Dillgurken und die Salatblätter in einem appetitlichen Muster auf eine Salatplatte geben und servieren.

IRAN

SALAT MIT GURKEN, TOMATEN UND ZWIEBELN NACH SHIRAZ-ART

ALS BEILAGE
FÜR 4 BIS PERSONEN

Salate aus Gurken, Tomaten und Zwiebeln scheinen überall da aufzutauchen, wo Fleisch am Spieß über rauchigem Feuer gegart wird. Dies ist die iranische Version, die nach ihrem Ursprungsort, der Stadt Shiraz, benannt und reich mit Petersilie, frischer Pfefferminze und Limettensaft gewürzt ist. Reichen Sie diesen Salat zu den persischen Kebab-Gerichten aus diesem Buch. Als Beilage eignet sich Lavash- oder Pita-Brot zum Dippen.

1 große Salatgurke, geschält, entkernt (siehe Erläuterungen auf Seite 454) und in 1 cm große Würfel geschnitten
2 mittelgroße reife Tomaten, entkernt und in 1 cm große Würfel geschnitten
1 kleine oder mittelgroße Zwiebel, in 1 cm große Würfel geschnitten
30 g frische, gehackte, glatte Petersilie
12,5 g gehackte frische Pfefferminze
1 bis 2 gehackte Knoblauchzehen
3 Frühlingszwiebeln, weiße und grüne Anteile, geputzt und fein gehackt
30 ml frisch gepresster Limettensaft, oder mehr, je nach Geschmack
60 ml Olivenöl extra vergine
Salz und frisch gemahlener schwarzer Pfeffer

Salatgurke, Tomaten und Zwiebeln in einer Servierschüssel mit Petersilie, Pfefferminze, Knoblauch, Frühlingszwiebeln, Limettensaft und Olivenöl gut durchmischen. Nach Belieben mit Salz, Pfeffer und Limettensaft abschmecken. Der Salat sollte gut gewürzt sein. Sofort servieren.

TÜRKEI

HIRTENSALAT

ÇOBAN SALATASI

ALS BEILAGE
FÜR 4 PERSONEN

Von diesem bunten Salat gibt es wahrscheinlich genauso viele Variationen wie türkische Köche. Die Grundzutaten sind Tomaten, Paprikaschoten und Zwiebeln. Dieses Rezept ist eine etwas raffiniertere Version von çoban salatasi, die vor lauter anatolischer Frische birst. Servieren Sie den Salat als Vorspeise zu den türkischen Kebab-Gerichten aus diesem Buch.

1 große oder 2 kleine reife Tomaten
1 mittelgroße Salatgurke
1 mittelgroße grüne Paprikaschote
½ kleine rote Zwiebel
3 EL gehackte, frische, glatte Petersilie (nach Belieben)
ca. 70 g in Salzwasser eingelegte schwarze Oliven
3 EL Olivenöl extra vergine
1 EL roter Weinessig, oder mehr, je nach Geschmack
Salz und frisch gemahlener schwarzer Pfeffer
100 g frischer Fetakäse, abgetropft und zerkrümelt

1. Die Tomaten entkernen (siehe Erläuterungen auf Seite 454) und in 5 mm große Würfel schneiden. Die Salatgurke schälen und entkernen (siehe Erläuterungen auf Seite 454) und in 5 mm große Würfel schneiden. Die Paprikaschote entkernen und in 5 mm große Würfel schneiden. Die Zwiebel in 5 mm große Würfel schneiden.

2. Tomaten, Salatgurke, Paprikaschote, Zwiebeln, Petersilie (nach Belieben) und den größten Teil der Oliven in einer Salatschüssel mischen (siehe Hinweis). Das Olivenöl und den Weinessig hinzugeben und alles sorgfältig vermischen.

Mit Salz, Pfeffer und Weinessig abschmecken. Der Salat sollte gut gewürzt sein.

3. Den Salat mit dem zerkrümelten Fetakäse und den restlichen Oliven garnieren und sofort servieren.

HINWEIS: Die Zutaten können schon im Voraus vorbereitet und gemischt werden, die Salatsoße sollte jedoch frühestens 20 Minuten vor dem Verzehr darüber gegeben werden.

SRI LANKA

SALAT MIT TOMATEN UND FRÜHLINGS-ZWIEBELN

ALS BEILAGE
FÜR 4 PERSONEN

Zum Teil Relish und zum Teil Salat, ist dieses Gericht eine der unzähligen Variationen des Themas Tomate und Zwiebel, die zu gegrilltem Fleisch oder Fisch gereicht werden. Wie auch bei den anderen Rezepten, lasse ich die Wahl der Anzahl an Chilischoten frei.

Der Salat kann direkt serviert werden, schmeckt aber besser, wenn Sie ihn fünfzehn bis zwanzig Minuten ziehen lassen. So können sich die Gewürze besser entfalten. Vor dem Verzehr sollte der Salat nachgewürzt werden. Reichen Sie ihn zu srilankischen Satés oder indischen Tandoori aus diesem Buch.

3 EL weißer Essig, oder mehr, je nach Geschmack
1 TL Salz, oder mehr, je nach Geschmack
½ TL frisch gemahlener schwarzer Pfeffer
3 EL Pflanzenöl
2 große reife Tomaten, in 5 mm große Würfel geschnitten
80 g Schalotten, in 5 mm große Würfel geschnitten
1 bis 4 Serrano- oder Jalapeño-Chilischoten, quer in dünne Streifen geschnitten
4 g fein gehackter frischer Koriander oder 6 g Pfefferminze

Den Essig, das Salz und den schwarzen Pfeffer in einer Servierschüssel mit dem Schneebesen verrühren, bis sich das Salz aufgelöst hat. Das Öl unterrühren. Tomaten, Schalotten, Chilischoten und Koriander hinzugeben. Nach Belieben mit Essig und Salz abschmecken. Der Salat sollte gut gewürzt sein. Sofort servieren.

BULGARIEN

TOMATENSALAT MIT FETAKÄSE

SHOPSKA SALATA

ALS BEILAGE
FÜR 4 PERSONEN

Eines Abends in Washington, D.C., nach einem zermürbenden Tag meiner Autorentournee, saß ich in meinem Zimmer im „Jefferson Hotel“ und bestellte den Zimmerservice. Der junge Bulgare Kiril Mitov, der seinerzeit die Hotelschule besuchte und in Wechselschichten arbeitete, bediente mich prompt. Wir kamen ins Gespräch über Bücher und das Grillen, und er berichtete mir bald vom Kochen im Freien in Bulgarien. Kein bulgarisches Grillfest wäre ohne diesen Salat komplett, ließ er mich wissen. Er ist nach einer ländlichen Region in der Nähe Sofias benannt, und verdankt sein charakteristisches Aroma dem schneeweißen bulgarischen Fetakäse. Shopska salata ist die klassische Beilage zu Bulgarischen Burgern (Seite 226) und bosnischen Hackfleischröllchen aus drei Fleischsorten (Seite 228).

2 große reife Tomaten
1 mittelgroße grüne Paprikaschote, entkernt
1 bis 2 Frühlingszwiebeln, weiße und grüne Anteile (siehe Hinweis)
15 g grob gehackte glatte Petersilie
60 ml Olivenöl extra vergine
1 EL roter Weinessig, oder mehr, je nach Geschmack
Salz und frisch gemahlener schwarzer Pfeffer
100 g Fetakäse, vorzugsweise bulgarischer, abgetropft

1. Die Tomaten entkernen und in 1 cm große Würfel schneiden. Die Paprika und die Frühlingszwiebel in 5 mm große Würfel schneiden. Tomaten, Paprika und Frühlingszwiebel vorsichtig, aber gründlich in einer Salatschüssel mit Petersilie, Olivenöl und Weinessig mischen. Mit Salz, schwarzem Pfeffer und Essig nach Belieben abschmecken. Der Salat sollte gut gewürzt sein.

2. Den Fetakäse grob über den Salat krümeln oder reiben und sofort servieren.

HINWEIS: Sollten keine Frühlingszwiebeln erhältlich sein, kann sie durch ½ kleine rote Zwiebel ersetzt werden.

INDONESIEN

BALINESISCHER GURKENSALAT

ALS BEILAGE FÜR 4 PERSONEN

Dieser kuriose Salat sieht ein wenig aus wie grüne Spaghetti. Tatsächlich wird er aber aus langen, dünnen, nudelartigen Gurkenstreifen zubereitet (Am einfachsten lassen sich die Streifen mit der Reibe oder dem entsprechenden Aufsatz einer Küchenmaschine schneiden). Gurkensalate werden überall zu Grillgerichten gereicht. Auf welche Art und Weise könnte man also einen heißen Tag besser abschließen, als mit einem kühlen Salat?

3 EL trocken geröstete Erdnüsse, grob gehackt
1 kernlose englische Salatgurke (siehe Hinweis) oder 1 große normale Salatgurke
¼ große süße Zwiebel
3 EL Reisessig
4 ½ TL Zucker, oder mehr, je nach Geschmack
½ TL Salz, oder mehr, je nach Geschmack

1. Eine Pfanne trocken auf mittlerer Hitze aufsetzen (hierzu kein beschichtetes Kochgeschirr nehmen). Die Erdnüsse hineingeben und 2 Minuten rösten, bis sie leicht braun sind. Dabei die Pfanne mehrmals schütteln. Die Erdnüsse zum Abkühlen auf einen Teller geben.

2. Die Gurke schälen und entkernen (wenn nötig) (siehe Hinweis auf Seite 454). Die Gurke zuerst quer in 8 cm lange Stücke, dann der Länge nach in spaghettidünne Streifen schneiden. Die Zwiebel in sehr dünne Ringe schneiden.

3. Den Reisessig, den Zucker und das Salz mit einem Schneebesen in einer Salatschüssel verrühren, bis sich der Zucker und das Salz auflösen. Mit Zucker und Salz nach Belieben abschmecken. Die Salatsoße sollte süß-sauer sein. Die Gurkenstreifen und die Zwiebelringe untermischen. Den Salat mit den Erdnüssen garnieren und sofort servieren.

HINWEIS: Bei der englischen Gurke handelt es sich um eine kernlose, lange, dünne Züchtung. Manchmal ist sie in Plastikfolie eingeschweißt erhältlich.

SRI LANKA

KARTOFFELSALAT MIT KARAMELISIERTEN ZWIEBELN

ALS BEILAGE FÜR 4 PERSONEN

Der Kartoffelsalat ist ein unveränderlicher Bestandteil amerikanischer Grillgerichte. Dies ist eine Version aus Sri Lanka – mit würzigen gebratenen Zwiebeln – die hervorragend als Beilage zu srilankischen Hühnchen-Satés oder den Kebab-Gerichten aus Indien, Pakistan und Bangladesh aus diesem Buch passt. Ich habe mir bei diesem Rezept einige Freiheiten genommen, zum Beispiel schäle ich die Kartoffeln nicht. Wie auch bei den anderen Rezepten, überlasse ich Ihnen die Wahl der Schärfe: Nehmen Sie 1 TL scharfes Paprikapulver, wenn Sie den Kartoffelsalat milder bevorzugen und 4 TL, wenn Sie ihn schärfer mögen.

ca. 700 g rote Kartoffeln, vorzugsweise klein, gebürstet
Salz
60 ml Olivenöl extra vergine, oder mehr, je nach Geschmack
1 bis 4 TL scharfes Paprikapulver (Sie können auch süßes Paprikapulver verwenden, wenn der Salat ganz mild werden soll)
1½ TL gemahlener Koriander
½ Tl frisch gemahlener schwarzer Pfeffer
⅛ TL gemahlener Kardamom
1 große Zwiebel, in sehr feine Ringe geschnitten
2 EL frisch gepresster Zitronensaft
3 EL frischer gehackter Koriander

1. Bei der Verwendung von sehr kleinen neuen Kartoffeln diese halbieren. Dickere Kartoffeln sollten in 1 cm dicke Stücke geschnitten werden. Die Kartoffeln in einem Topf aufkochen und dann für 8 bis 10 Minuten köcheln lassen, bis sie gar sind.

2. In der Zwischenzeit kann die Zwiebelmixtur zubereitet werden. Das Öl in einer großen Pfanne erhitzen. Das Paprikapulver (zunächst eine kleine Menge), den Koriander, den Pfeffer und den Kardamom in die Pfanne geben und etwa 15 Sekunden unter ständigem Rühren anbraten. Dann die Zwiebeln hinzufügen und etwa 1 Minute lang garen lassen. Die Hitze erst auf mittlere dann auf niedrige Temperatur reduzieren und die Zwiebel karamellisieren lassen. Die Zwiebel sollte dann sehr weich sein und einen kräftige goldbraune Farbe aufweisen. Dieser Vorgang dauert insgesamt etwa 20 Minuten.

3. Die Kartoffeln nach der Garzeit in ein Sieb abgießen und unter fließend kaltem Wasser abkühlen. Abtropfen lassen. Die Kartoffeln während der Zubereitung der Zwiebelmischung beiseitestellen.

4. Die abgekühlten Kartoffeln und den Zitronensaft unter die Zwiebelmischung mischen und alles bei mittlerer Hitze für 1 bis 2 Minuten garen lassen, bis die Kartoffeln mit der Zwiebelpaste überzogen sind. Mit Salz und Paprikapulver abschmecken. Der Salat sollte gut gewürzt sein. Den Salat in eine Schüssel geben, abkühlen lassen und kurz vor dem Servieren mit gehackten Korianderblättern garnieren.

USA

ZWEIFARBIGER KARTOFFELSALAT

ALS BEILAGE
FÜR 6 PERSONEN

Kein Grillabend wäre ohne Kartoffelsalat perfekt. Eines Tages, als uns die normalen Kartoffeln ausgingen, bereitete meine Frau Barbara diesen Zweifarbigen Kartoffelsalat aus Süßkartoffeln und Backkartoffeln. Das Ergebnis war so farbenfroh und schmackhaft, dass wir es zu einem unserer Familienrezepte erklärt haben. Es wird Sie überraschen, wie viel Aroma die Kapern und Oliven beisteuern. Möchten Sie einen gewöhnlichen Kartoffelsalat zubereiten, nehmen Sie ausschließlich Backkartoffeln.

2 große Backkartoffeln (je ca. 300 g)
2 große Süßkartoffeln (je ca. 300 g)
Salz
80 g Mayonnaise
2 EL Dijonsenf
2 EL Olivenöl extra vergine
2 EL roter Weinessig, oder mehr, je nach Geschmack
2 EL getrocknete Kapern
2 EL gehackte entkernte grüne Oliven (mit oder ohne Füllung)
Frisch gemahlener schwarzer Pfeffer
2 mittelgroße Stangen Staudensellerie (wenn möglich mit Blättern), fein gehackt
2 hart gekochte Eier (nach Belieben), grob gehackt
3 Frühlingszwiebeln, weiße und grüne Anteile, geputzt und fein geschnitten
80 g fein geschnittene rote Zwiebel
15 g gehackte glatte Petersilie und einige Zweige zum Garnieren
8 entkernte schwarze Oliven zum Garnieren

1. Die Backkartoffeln schälen und in 1,5 cm große Würfel schneiden. In 2 Liter leicht gesalzenem Wasser kochen. Die geschälten und gewürfelten Süßkartoffeln nach vier Minuten zu den anderen kochenden Kartoffeln geben und alles weitere 4 bis 6 Minuten lang köcheln lassen.

2. *In der Zwischenzeit die Salatsoße wie folgt zubereiten*: Die Mayonnaise und den Senf mit dem Schneebesen in einer Rührschüssel verrühren. Das Olivenöl, den Weinessig, die Kapern und grünen Oliven dazugeben und alles miteinander vermischen. Mit Pfeffer abschmecken.

3. Die Kartoffeln abgießen, mit der Salatsoße vermischen, während sie noch heiß sind. Die Kartoffeln abkühlen und ruhen lassen, denn so nehmen Sie die Salatsoße auf.

4. Den Sellerie, die Eier (nach Belieben), die Frühlingszwiebeln, die Zwiebeln und die gehackte Petersilie vorsichtig aber gründlich unter die abgekühlten Kartoffeln rühren. Mit Salz und Weinessig abschmecken. Der Salat sollte gut gewürzt sein. Mit den Petersilienzweigen und Oliven garnieren und servieren.

INDONESIEN

WÜRZIGE FRÜCHTE IN TAMARINDEN-DRESSING

RUJAK

ALS BEILAGE FÜR 4 PERSONEN

Rujak ist ein indonesischer, als Vorspeise gereichter Salat und eines der Nationalgerichte. (Man findet ihn in ganz Südostasien, speziell in Singapur und Malaysia). Die Kombination von knackigem Gemüse und sauren Früchten machen ihn zu einer ungewöhnlichen Erfrischung. Was die Salatsoße angeht – eine süße, scharfe, pikante Mischung aus Erdnüssen, Tamarinde und Chilischoten –, so sind nur wenige andere Salate so speziell aromatisch und erfrischend. Dieser Salat ist einzigartig. Sollten Tamarinden-Fruchtmasse oder -Püree nicht erhältlich sein, können Sie stattdessen Balsamico-Essig verwenden.

FÜR DIE SALATSOSSE

3 EL trocken geröstete Erdnüsse
3 EL Tamarinden-Fruchtmasse oder -Püree oder Balsamico-Essig (siehe Hinweis)
160 ml heißes Wasser
1 Stück (5 cm) reife Banane
2 gehackte Knoblauchzehen
1 gehackte Schalotte
1 bis 3 Jalapeño-Chilischoten oder anderer scharfer Chili, entkernt und gehackt (wünschen Sie einen schärferen Rujak, verwenden Sie auch die Kerne)
2 EL asiatische Fischsoße, süße Sojasoße (Ketjap Manis) oder gewöhnliche Sojasoße
2 EL Rübenzuckersirup
1 EL brauner Zucker
1 EL frisch gepresster Limettensaft, oder mehr, je nach Geschmack
Salz

FÜR DEN SALAT

1 Sternfrucht oder asiatische Birne
1 kleiner Jicama-Apfel oder 1 großer Granny Smith (etwa 250 g)
½ frische Ananas
1 Salatgurke
200 g Mungobohnenkeime, gewaschen und abgetropft
4 g gehackter frischer Koriander oder grüne Teile einer Frühlingszwiebel zum Garnieren

1. *Zubereitung der Salatsoße:* Die Erdnüsse in einer Küchenmaschine zu einem groben Pulver mahlen. Die Maschine dazu in mehreren Schüben auf hohe Geschwindigkeit schalten. Das Erdnusspulver in eine kleine Schüssel geben.

2. Sollte Tamarinden-Fruchtmasse verwendet werden, diese mit dem heißen Wasser in dem Behälter der Küchenmaschine mischen. Für 5 Minuten einweichen lassen. Die Küchenmaschine dann in Intervallen an- und ausschalten, bis sich das Fruchtfleisch von den Kernen löst. Dies dauert etwa 1 Minute. Dafür sorgen, dass die Tamarinden nicht zu einem Mus verarbeitet werden, denn dann würden auch die Kerne zerkleinert. Die entstandene Mischung in die Schüssel mit den Erdnüssen seihen und die Kerne sowie die Masse fortwerfen. Wenn Tamarindenpüree oder Balsamessig verwendet werden, diese Zutat mit dem heißen Wasser zu den Erdnüssen geben.

3. Die Erdnuss-Mischung wieder in die Küchenmaschine geben und die Banane, den Knoblauch, die Schalotte, die Jalapeños, die Fischsoße, die Melasse, den braunen Zucker und den Limettensaft hinzufügen und nach Belieben Salz hinzugeben. Die Küchenmaschine laufen lassen, bis eine weiche Masse entsteht. Mit Limettensaft und Salz abschmecken. Die Salatsoße sollte gut gewürzt sein.

4. *Zubereitung des Salats:* Sollten eine Sternfrucht verwendet werden, diese quer in 5 mm breite Streifen schneiden und beiseitestellen. Wenn eine asiatische Birne verwendet wird, diese der Länge nach halbieren, entkernen und dann beide Hälften quer in 5 mm breite Scheiben schneiden. Sollte ein Jicama-Apfel verwendet werden, diesen schälen, der Länge nach halbieren und die Hälften quer in 5 mm breite Scheiben schneiden. Mit einem eventuell verwendeten Granny Smith-Apfel genauso wie mit der asiatischen Birne verfahren. Die Ananas schälen und den Kern entfernen. In 1 cm große Stücke schneiden. Die Gurke schälen und quer in 5 mm dicke Scheiben schneiden.

5. Zum Anrichten die Salatsoße auf eine Salatplatte oder 4 große Salatteller gießen. Darauf die Sternfrucht oder asiatische Birne, den Jicama-Apfel oder Granny Smith, die Ananas und die Gurke arrangieren sowie die Bohnenkeime darüber geben. Den Salat mit dem Koriander garnieren und servieren.

HINWEIS: Bei der Tamarinde handelt es sich um die Hülsen des Tamarindenbaums, die mit Samen gefüllt sind, die wiederum von einer sauren rotbraunen Pulpa umhüllt sind. Sollten Sie die ganzen Hülsen kaufen, müssen Sie sie schälen und die Masse oder Pulpa 30 Minuten in warmem Wasser einweichen lassen, bevor Sie mit Schritt 2 fortfahren können. Sie können auch geschälte Tamarindenpulpa erstehen (in indischen und asiatischen Lebensmittelgeschäften) und gefrorenes Tamarinden-Püree (erhältlich in lateinamerikanischen Lebensmittelgeschäften). Das Püree ist bereits abgeseiht und bietet die einfachste Form der Zubereitung. Tamarindenextrakt ist für dieses Gericht nicht zu empfehlen.

Rujak

Malaysische Rujak-Verkäufer reichen diesen Salat manchmal auf Spießen wie ungegrillte Kebabs. Ich serviere sie auch gern auf Spießen, grille sie aber etwas an.

Wenn Sie dies einmal ausprobieren möchten, geben Sie die Frucht appetitlich angeordnet auf Bambusspieße und grillen Sie sie 2 bis 4 Minuten pro Seite auf großer Hitze (4 bis 8 Minuten insgesamt). Reichen Sie die Spieße jeweils in etwas Tamarinden-Sauce getaucht.

NACH TANDOORI-ART GEBACKENES FLADENBROT | SEITE 131

KAPITEL 5

GEGRILLTES BROT

Es musste so kommen: Nach Jahrzehnten des Grillens von so offensichtlichen Dingen wie Fleisch, Meeresfrüchten und Gemüse haben die Grill-Freunde das Brot entdeckt. Natürlich ist hier anzumerken, dass die Zubereitung auf dem Feuer wahrscheinlich die ursprünglichste Form des Brotbackens war. Das erste Brot, das unsere jungsteinzeitlichen Vorfahren kannten, bestand vermutlich aus Getreidepasten, die auf heißen Steinen neben einer Feuerstelle kross gebacken wurden. Heute wird das Pita-Brot in libanesischen Dörfern immer noch auf die gleiche Art zubereitet. In Indien backt man das Naan-Brot am Rande von Holzkohlefeuern, die in aus Lehm gebauten sogenannten Tandoori-Öfen entfacht werden. In Mexiko hingegen werden die industriell zubereiteten Tortillas auf Fließbändern aus Metall über offener Flamme gegart.

„Es ist besser, gefaulenzt und verloren zu haben, als niemals gefaulenzt zu haben!

—James Thurber

Brot lässt sich am einfachsten grillen, indem man den Grill mit der glühenden Kohle wie einen Toaster nutzt. Sie können aber auch rohen Teig auf den Flammen backen. Auf den folgenden Seiten werden Rezepte für gegrillte Focaccia und Fladenbrot, das direkt über der Glut gebacken wird, vorgestellt, so wie eine Variante der Zubereitung von Naan-Brot auf dem Grill. Über einem Holzkohlefeuer lassen sich auch wunderbar krosse Papadams (indische Fladen aus Linsenmehl) grillen, die auf diese Weise ohne das Fett auskommen, in dem sie sonst zubereitet werden.

Ob Sie mit bereits gebackenem Brot oder rohem Teig beginnen: Sie werden feststellen, dass es auf dem Grill zubereitet einfach besser schmeckt.

NAHER OSTEN

GEGRILLTE PITA-BROT-STÜCKE

DIREKTES GRILLEN
ERGIBT 24 PITA-BROT-STÜCKE

Durch Grillen lässt sich in kleine Stücke zerteiltes Pita-Brot leicht zum Dippen knusprig backen (Außerdem kann man altbackenes Pita-Brot auf diese Weise prima zu neuem Leben erwecken). Vor dem Grillen können Sie zur Farbgebung und Aromatisierung noch helle oder schwarze Sesamsamen darüber streuen.

3 große oder 4 kleine Pita-Brote
3 EL Olivenöl extra vergine
1 TL helle oder schwarze Sesamsamen (nach Belieben)

1. Große Pita-Brote in 8, kleine in 6 Stücke schneiden (siehe Hinweis). Beide Seiten großzügig mit dem Olivenöl bestreichen. Je eine Seite mit den Sesamsamen bestreuen (gegebenenfalls).

2. Den Grill für direktes Grillen bei mittlerer Hitze vorbereiten.

3. Sobald die Temperatur erreicht ist, die Stücke des Pita-Brots auf den heißen Rost geben und mehrmals wenden, bis sie eine schöne braune Farbe haben. Dies dauert etwa 1 bis 2 Minuten. Dabei das Brot nicht aus den Augen lassen, denn es brennt beim Grillen sehr schnell an.

4. Die fertigen Stücke nebeneinander zum Abkühlen auf ein Tablett, einen Salatteller oder Kuchenrost legen. Durch das Abkühlen wird das Brot knusprig.

HINWEIS: Besonders knuspriges Brot erhält man, wenn das Pita-Brot quer durchgeschnitten und beide Hälften in Stücke geteilt werden. Dann beide Seiten mit Olivenöl (hier werden Sie mehr Öl brauchen) bestreichen und grillen. So ist das Pita-Brot dünner und auch knuspriger.

USA

GEGRILLTES BROT MIT KNOBLAUCH-KORIANDER-BUTTER

DIREKTES GRILLEN
ERGIBT 20 - 24 SCHEIBEN

Durch Grillen lässt sich ein Knoblauchbrot mit leicht rauchigem Geschmack zubereiten, das außen knusprig und innen weich ist. Der Koriander verleiht ihm eine lateinamerikanische Note.

1 Baguette (etwa 50 cm lang)
8 EL ungesalzene weiche Butter
4 gehackte Knoblauchzehen
8 g gehackter frischer Koriander
Salz und frisch gemahlener schwarzer Pfeffer

1. Das Brot leicht schräg in 2 cm dicke Scheiben schneiden.

2. Die Butter in einer Rührschüssel schaumig schlagen, den Knoblauch und den Koriander hinzugeben und nach Belieben mit Salz und Pfeffer würzen.

3. Den Grill für direktes Grillen bei mittlerer Hitze vorbereiten.

4. Wenn die gewünschte Temperatur erreicht ist, die Baguettescheiben großzügig auf beiden Seiten mit der Korianderbutter bestreichen. Die Scheiben auf den heißen Rost legen und 2 bis 4 Minuten lang unter mehrmaligem Wenden grillen, bis sie eine schöne braune Farbe angenommen haben. Das Brot dabei ständig beobachten, denn es kann sehr schnell anbrennen. Die fertigen Scheiben in einen Brotkorb geben und sofort servieren.

USA

GEGRILLTE KNOBLAUCH-BROTSTREIFEN

DIREKTES GRILLEN
ERGIBT 16 BROTSTREIFEN

Die Zubereitung durch Grillen verlangt, dass man viel Zeit damit verbringt, neben dem Grill zu stehen und zu warten, bis das Essen fertig ist. Dies muss aber nicht zwingend bedeuten, dass man hungrig bleibt. Diese schmalen Brotstreifen – lecker und mit Knoblauch gewürzt – geben eine wunderbare Knabberei ab, während man auf die eigentlichen Speisen wartet. Durch das Schneiden in Streifen wird die Oberfläche vergrößert und sorgt dafür, dass eine gleichmäßige Kruste und Bräunung entsteht. Die abgeriebene Zitronenschale gibt dem Knoblauchbrot eine ganz besondere Note. Da die Oberfläche vergrößert wird, lässt sich auch Baguette zum Aufbacken verwenden. Der Gesundheit zuliebe bestreiche ich die Brotscheiben mit Olivenöl, Sie können natürlich auch geschmolzene Butter nehmen.

1 Baguette (etwa 50 bis 60 cm lang: siehe Hinweis)
120 ml Olivenöl extra vergine oder 110 g geschmolzene, ungesalzene Butter
4 gehackte Knoblauchzehen
1 TL abgeriebene Zitronenschale
15 g gehackte frische glatte Petersilie
Salz und frisch gemahlener schwarzer Pfeffer

1. Das Baguette quer in vier Stücke von 13 bis 15 cm Länge schneiden. Dann jedes dieser Stücke der Länge nach in 4 gleich große Stücke teilen.

2. Das Olivenöl auf mittlerer Hitze in einer kleinen Pfanne erhitzen. Den Knoblauch, die Zitronenschale und die Petersilie hineingeben und alles für 3 bis 5 Minuten heiß werden lassen, bis der Knoblauch gerade zu bräunen beginnt. Die Pfanne vom Herd nehmen und das Knoblauchöl nach Belieben mit Salz und Pfeffer würzen.

3. Den Grill für direktes Grillen bei mittlerer Hitze vorbereiten.

4. Wenn die gewünschte Temperatur erreicht ist, die Baguettestreifen großzügig mit dem Knoblauchöl bestreichen. Dann zuerst mit der Kruste nach unten auf den heißen Rost legen und auf jeder Seite 2 bis 4 Minuten grillen, bis sie eine schöne braune Farbe annehmen. Das Brot dabei ständig beobachten, denn es kann sehr schnell anbrennen.

5. Die fertigen Streifen in einen Brotkorb geben und sofort servieren.

HINWEIS: Für dieses Rezept verwende ich am liebsten die weichen, luftigen französischen oder italienischen Laibe aus dem Supermarkt. Man kann natürlich auch normales Baguette mit Kruste nehmen, nur ist das Ergebnis dann äußerst kross.

ITALIEN

TOSKANISCHES GEGRILLTES KNOBLAUCHBROT

BRUSCHETTA

DIREKTES GRILLEN
ERGIBT 8 SCHEIBEN

Eine mit Knoblauch eingeriebene und mit Olivenöl beträufelte Brotscheibe – Bruschetta – ist der Vorläufer des amerikanischen Knoblauchbrots. Die meisten von uns kennen die gebackene oder getoastete Variante, aber die ursprüngliche Bruschetta, auf Holzkohle gegart, ist eine wahre Offenbarung. Will man völlig authentisch vorgehen, verwendet man Brot aus der Toskana, das eine dichte, etwas krümelige Textur hat und ohne Salz gebacken wird. Das macht das Brot etwas fade, bis es mit fruchtigem toskanischen Olivenöl und einer großzügigen Menge Meersalz in Berührung kommt.

Die Bruschetta liefert bemerkenswerte geschmackliche Gegensätze: der intensive, körnige und salzige Geschmack des Belags, die Fruchtigkeit des Olivenöls, das Knoblaucharoma (das durch Erwärmen abgeschwächt wird) und der rauchige Duft. Natürlich gibt es fantasievollere Varianten der Zubereitung, jedoch kann es keine mit dem elementaren Geschmack dieses Rezepts aufnehmen. Beachten Sie, dass die Räucherspäne nicht eingeweicht werden müssen. So verleihen sie der Bruschetta ein eher hölzernes als ein rauchiges Aroma. Verwenden Sie die Sägespäne nur in Zusammenhang mit einem Holzkohlegrill.

SPEZIELLE AUSRÜSTUNG

60 g nicht eingeweichte Räucherspäne, vorzugsweise Eiche (nur in Zusammenhang mit einem Holzkohlegrill; nach Belieben)

ZUTATEN

8 Scheiben italienisches Brot (vorzugsweise ungesalzenes, toskanisches Brot), in gut 1 cm dicke Scheiben geschnitten
1 bis 2 halbierte Knoblauchzehen
2 bis 3 EL des besten kalt gepressten Olivenöls extra vergine, das Sie finden können, vorzugsweise toskanisches
Grobes Meersalz und frisch gemahlener schwarzer Pfeffer

1. Den Grill für direktes Grillen bei mittlerer Hitze vorbereiten.

2. Wenn die Temperatur erreicht ist, die nicht eingeweichten Räucherspäne auf der Holzkohle verteilen (gegebenenfalls). Die Brotscheiben auf den heißen Rost legen und auf beiden Seiten für 2 bis 4 Minuten grillen, bis sie schön braun sind. Die Scheiben dabei etwa alle 30 Sekunden um 60 Grad drehen, damit sie ein appetitliches Muster erhalten. Das Brot dabei keine Sekunde aus den Augen lassen, denn es brennt auf dem Grill sehr schnell an.

3. Die Brotscheiben an eine kühle Ecke des Grillrosts oder auf eine Servierplatte legen. Eine Seite der Scheiben großzügig mit Knoblauch einreiben, das Olivenöl daraufgeben und gut mit Salz und Pfeffer würzen. Sofort servieren.

SPANIEN

KATALANISCHES TOMATENBROT

PA AMB TOMAQUET

DIREKTES GRILLEN
ERGIBT 8 SCHEIBEN

Meine erste Mahlzeit in Barcelona – in dem ehrwürdigen Restaurant „Los Caracoles" in dem mittelalterlichen Viertel der Stadt gelegen – begann mit dieser einfachen Vorspeise aus Brot, und es verging kaum ein Tag, an dem mir nicht eine ihrer Variationen serviert wurde. Katalanisches Tomatenbrot gehört zu der gleichen Gruppe gegrillter Brot-Variationen wie italienische Bruschetta oder indisches Naan. Dieses Rezept liefert den endgültigen Beweis dafür, dass die besten Speisen auch oft die einfachsten sind.

In seiner einfachsten Form besteht pa amb tomàquet nur aus einer Scheibe gegrilltes Brot, das mit einer reifen Tomate eingerieben und mit Olivenöl besprenkelt wird. Wie alle einfachen Gerichte bedarf es bester Zutaten: knuspriges Landbrot, schön gereifte Tomaten, aromatisches, kalt gepresstes Olivenöl. Bei richtiger Zubereitung wird das Brot vom Grillen knusprig, und die obere Seite wird, dank der aus den Tomaten austretenden Flüssigkeit, gerade weich. Nicht alle Katalanen verwenden Knoblauch, daher habe ich ihn zur Wahl gelassen.

Dieses Tomatenbrot kann auf zwei Arten serviert werden: Man kann dem Koch das Einreiben und Beträufeln überlassen oder einen kleinen Krug Olivenöl und eine Schale mit Salz auf den Tisch stellen, einen jeden Gast mit einer Knoblauchzehe und einer halben Tomate versehen und ihn die Arbeit selbst übernehmen lassen. Die zweite Art bereitet weit mehr Spaß.

4 sehr reife Tomaten, halbiert
4 Knoblauchzehen, halbiert (nach Belieben)
8 Scheiben Landbrot, in gut 1 cm dicke Scheiben geschnitten
1 kleiner Krug mit Olivenöl extra vergine
1 kleine Schale mit grobem Meersalz
Frisch gemahlener schwarzer Pfeffer (nach Belieben)

1. Auf jeden Teller eine halbe Tomate und eine halbe Knoblauchzehe geben (nach Belieben).

2. Den Grill für direktes Grillen bei mittlerer Hitze vorbereiten.

3. Wenn die Temperatur erreicht ist, die Brotscheiben auf den heißen Rost legen und 2 bis 4 Minuten auf jeder Seite grillen, bis sie schön braun sind. Das Brot dabei keine Sekunde aus den Augen lassen, denn es brennt auf dem Grill sehr schnell an.

4. Eine Scheibe gegrilltes Brot auf jeden Teller legen. Sofort servieren. Vor dem Verzehr das Brot mit der angeschnittenen Seite der Knoblauchzehe (gegebenenfalls) und der Tomate einreiben, mit Olivenöl beträufeln und nach Wunsch mit Salz und Pfeffer würzen.

ITALIEN

GEGRILLTE FOCACCIA

DIREKTES GRILLEN
ERGIBT 8 *FOCACCE*

Ich kann mir kaum noch vorstellen, wie es war, als wir keine Focaccia kannten. Innerhalb der letzten zehn Jahre hat dieses luftige, flache, italienische Brot den Sprung vom Randdasein in das kulinarische Zentrum geschafft. Focaccia ist historisch gesehen ein sehr altes Brot. Der Name kommt von dem lateinischen Begriff focus, was Feuer, Herd oder Pfanne bedeutet. Es gibt archäologische Beweise dafür, dass die ersten focacce direkt in oder auf der glühenden Asche auf mit Kohle befeuerten Kaminplatten gebacken wurden. Das brachte mich auf die Idee, den Teig direkt auf dem Grill zu backen. Die so entstehende Focaccia wird flacher als das Ihnen bekannte von der Art einer dicken Pizza – es wird fast so dünn wie ein salziger Keks.

VORBEREITUNGSZEIT
1 bis 2 Stunden für das Gehenlassen des Teigs

FÜR DEN TEIG
1 Päckchen Trockenhefe
240 ml warmes Wasser
1½ TL Zucker
3 EL Olivenöl extra vergine
1½ TL Tafelsalz
ca. 400 g Brotmehl, etwas mehr zum Bestäuben
ca. 40 g fein gemahlenes Maismehl, zum Bestäuben

FÜR DEN BELAG
3 EL Sesamsamen
1 EL grobes Meersalz
3 bis 4 EL Olivenöl extra vergine, zum Bestreichen

1. Die Hefe mit dem warmen Wasser und dem Zucker in einer großen Schüssel verrühren und etwa 10 Minuten gehen lassen. Dann 2 EL Olivenöl, das Salz und 375 g Mehl unterrühren. Der Teig ist gut, wenn er sich beim Kneten vom Rand der Schüssel löst; wenn nötig, mehr Mehl hinzugeben.

2. Den Teig auf einer bemehlten Arbeitsplatte oder mit den Knethaken eines Rührgeräts kneten, bis er weich und elastisch ist. Der Teig sollte glatt und formbar und nicht klebrig sein. Wenn nötig, etwas mehr Mehl hinzugeben. Das Kneten nimmt etwa 6 bis 8 Minuten in Anspruch.

3. Eine große Schüssel mit einem Teil des restlichen Olivenöls einfetten. Den Teig in die Mitte der Schüssel geben, mit dem restlichen Olivenöl bestreichen, lose mit Frischhaltefolie abdecken und den Teig an einem warmen Ort, an dem er keinem Luftzug ausgesetzt ist, 1 bis 2 Stunden gehen lassen. Das Volumen des Teigs hat sich dann verdoppelt.

4. Den Teig zu einer etwa 5 cm dicken Wurst schlagen und kneten. Die Teigwurst in acht gleiche Stücke schneiden. Die Teigstücke zu Kugeln formen und dann wieder mit einem feuchten Küchenhandtuch abdecken.

5. Wenn die Focaccia zum Backen ausgerollt wird, den Grill auf direktes Grillen bei großer Hitze vorbereiten.

6. Die Arbeitsfläche und das Nudelholz leicht bemehlen. Eine Teigkugel nach der anderen zu Fladen von 15 cm Durchmesser und gut 5 mm Dicke ausrollen (die anderen dabei bedeckt lassen). Die Teigfladen mit etwas Maismehl bestreuen und durch ein Stück Wachspapier oder Plastikfolie getrennt aufeinander stapeln. Die besten Ergebnisse werden erzielt, wenn die Teigkugeln erst 15 Minuten vor dem Backen ausgerollt werden.

7. Sobald die Teigfladen auf den Grill gegeben werden können, die Sesamsamen und das grobe Salz in einer kleinen Schüssel mischen. Jeden der Teigfladen mit etwas Olivenöl bestreichen und etwas von der Sesam-Salzmischung darauf geben.

8. Einige der focacce mit der geölten Seite nach unten auf den heißen Grillrost legen. Die Oberseite dann mit Olivenöl bestreichen und noch etwas von der Sesam-Salzmischung darauf geben. Die focacce von jeder Seite etwa 2 bis 4 Minuten backen lassen, bis sie schön braun und knusprig sind. Dabei mit der Grillzange wenden. Das Brot dabei keine Sekunde aus den Augen lassen, denn es brennt auf dem Grill sehr schnell an. Die restlichen Fladen auf die gleiche Weise grillen und servieren.

USA

BRUCE FRANKELS GEGRILLTES BROT

DIREKTES GRILLEN
ERGIBT 6 BROTE

Dieses Rezept weckt Erinnerungen in mir. Genauer gesagt, muss ich dabei an ein Restaurant denken, das half, die Revolution der Esskultur in Boston voranzutreiben. Es ist ein romantisches, innovatives Restaurant, das von einem Koch mit Visionen geführt wird: Bruce Frankel. Obwohl das „Panache" am Central Square in Cambridge, Massachusetts bereits vor über einem Jahrzehnt die Pforten schloss und Frankel sein Talent auf das Internet verlagert hat, wird sich meine Generation von Bostoner Feinschmeckern immer gern an das „Panache" erinnern. Bruce servierte dieses wunderbare gegrillte Brot mit Ziegenkäse als Vorspeise.

VORBEREITUNGSZEIT

1½ bis 2½ Stunden für das Gehenlassen des Teigs

ZUTATEN

½ Päckchen Trockenhefe (1½ TL)
1 TL Sirup
160 ml warmes Wasser
200 g Mehl, etwas mehr zum Bestäuben
100 g Vollkornweizenmehl
3 EL Maismehl, etwas mehr zum Bestäuben
½ TL Meersalz, etwas mehr zum Garnieren
3 EL Olivenöl extra vergine
1 EL frische Thymianblätter
Grob gemahlener schwarzer Pfeffe

1. Die Hefe mit dem Sirup und 2 EL warmem Wasser in einer großen Schüssel mischen. Die Hefe 5 bis 10 Minuten gehen lassen. Das übrige Wasser, 175 g des Mehls, die gesamte Menge Vollkornweizenmehl, 3 EL Maismehl und ½ TL Salz unterrühren und einen Teig kneten, der weich und formbar, aber nicht klebrig ist. Den Teig mit der Hand auf einer bemehlten Arbeitsfläche oder mit den Knethaken eines Mixgeräts kneten, bis er glatt und elastisch ist. Etwas Mehl hinzugeben, wenn der Teig zu klebrig wird, als dass er geformt werden könnte. Dies dauert etwa 6 bis 8 Minuten.

2. Eine große Schüssel mit etwa 1½ TL des Olivenöls einölen. Den Teig in die Mitte geben, mit dem restlichen Olivenöl bestreichen, mit einem feuchten Küchenhandtuch abdecken und an einem warmen Ort, an dem er keinem Luftzug ausgesetzt ist, 1 bis 2 Stunden gehen lassen. Das Volumen des Teigs hat sich dann verdoppelt. Den Teig nach unten drücken, erneut abdecken und nochmals etwa 30 Minuten gehen lassen, bis er das Volumen wieder verdoppelt hat.

3. Den Teig kneten und in sechs gleichgroße Portionen teilen. Diese Portionen zu Kugeln formen und wieder mit einem feuchten Küchentuch abdecken

4. Wenn der Teig gegangen ist und zubereitet werden kann, den Grill auf direktes Grillen bei großer Hitze vorbereiten.

5. Die Arbeitsfläche und das Nudelholz mit etwas Mehl bestäuben. Die Teigkugeln eine nach der anderen in 12 cm große und 3 mm dicke Fladen ausrollen (die anderen dabei zugedeckt halten). Die Teigfladen leicht mit Maismehl bestäuben und durch ein Stück Wachspapier oder Plastikfolie getrennt aufeinander stapeln.

6. Sobald die Temperatur erreicht ist, die Teigfladen mit dem restlichen Olivenöl bestreichen und in kleinen Mengen auf den heißen Grillrost legen. Das Brot auf jeder Seite 2 bis 4 Minuten grillen, bis es goldbraun und blasig ist. Dabei ein Mal wenden. Das Brot keine Sekunde aus den Augen lassen, denn es brennt auf dem Grill sehr schnell an. Die Brote mit den Thymianblättern und dem Pfeffer nach Belieben bestreuen. Sofort servieren.

INDIEN

NACH TANDOORI-ART GEBACKENES FLADENBROT

NAAN

DIREKTES GRILLEN
ERGIBT 10 BIS 14 NAAN

Fladenbrote waren das erste Nahrungsmittel, das in einem Tandoor (indischer Ofen) gebacken wurde, und für mich ist und bleibt es das beste Brot – insbesondere das leichte unter dem Namen Naan bekannte Brot aus Butter und Hefe. Traditionell wird Naan an den Wänden des Ofens gebacken. In jeder nordindischen Ansiedlung gibt es eine Bäckerei (eher zu vergleichen mit einem Freiluftstand), in der barfüßige Bäcker das Naan auf Bestellung kneten und backen.

Die Vorgehensweise ist denkbar einfach. Bestellt man ein Brot, nimmt der Bäcker eine weiche, weiße Teigkugel und rollt sie zu einem Fladen aus. Mit den Händen schlägt er den Fladen dann in die klassische Tropfenform. Der Bäcker drückt das Brot mittels eines kissenförmigen Halters, der gaddi (wörtlich: Thron) genannt wird, an die Wand eines heißen Ofens. Der Halter schützt die Hand des Bäckers – ein Muss, wenn man bedenkt, dass die Temperatur des Ofens 370 °C betragen kann. Wenn das Brot aus dem Ofen kommt, ist es oben aufgebläht und blasig und unten knusprig und braun. Es ist süß und rauchig, formbar und feucht, und so köstlich, wie Brot nur eben sein kann.

Wir haben zwar meist keinen indischen Ofen zur Verfügung, aber man kann mit einem normalen Grill auch gute Resultate erzielen. Über die Jahre habe ich mit verschiedenen Techniken experimentiert, einschließlich des Backens auf einem heißen Stein im Grill selbst. Am schönsten wird das Naan jedoch, wenn es direkt auf dem Grillrost über den Flammen gebacken wird.

VORBEREITUNGSZEIT

1½ bis 2 Stunden für das Gehenlassen des Teigs

ZUTATEN

1 Päckchen Trockenhefe
5 EL Zucker
240 ml warmes Wasser
1 großes geschlagenes Ei
3 EL Milch
2 TL Salz
575-625 g Mehl, etwas mehr zum Bestäuben und Ausrollen
1 EL Pflanzenöl
4 EL ungesalzene geschmolzene Butter

1. Die Hefe in einer großen Schüssel mit 1 EL Zucker und 60 ml warmem Wasser mischen und 5 bis 10 Minuten gehen lassen. Die übrigen 4 EL Zucker, 180 ml warmes Wasser, das Ei, die Milch und das Salz unterrühren. 500 g des Mehls hinzugeben und alles zu einem weichen, formbaren Teig, der nicht klebrig sein sollte, verrühren. Den Teig entweder mit der Hand auf einer bemehlten Arbeitsfläche oder mit den Knethaken eines Mixgeräts kneten, bis er glatt und elastisch ist. Etwas mehr Mehl hinzufügen, wenn die Teigmasse zu klebrig zum Verarbeiten ist. Dies dauert etwa 6 bis 8 Minuten.

2. Eine große Schüssel mit etwa 1½ TL des Olivenöls einölen. Den Teig in die Mitte geben, mit den restlichen 1½ TL Olivenöl bestreichen, mit einem sauberen Küchenhandtuch abdecken und an einem warmen Ort, an dem er keinem Luftzug ausgesetzt ist, 1 bis 1½ Stunden gehen lassen. Das Volumen des Teigs hat sich dann verdoppelt. Den Teig nach unten drücken und 5 cm große Stücke abnehmen. Die Teigstücke in den Handflächen zu glatten Kugeln rollen. Es sollten etwa 14 bis 16 solcher

Kugeln entstehen. Die Teigkugeln auf ein leicht bemehltes Backblech legen und mit einem etwas befeuchteten, sauberen Küchenhandtuch abdecken. Den Teig nochmals etwa 30 Minuten gehen lassen.

3. Den Grill auf direktes Grillen bei großer Hitze vorbereiten.

4. Wenn die Temperatur erreicht ist, ein Nudelholz, ein Schneidbrett, eine Schüssel Mehl und die geschmolzene Butter neben dem Grill bereitstellen (Dies ist ungeheuer theatralisch; Ihre Gäste werden begeistert sein). Das Schneidbrett mit etwas Mehl bestäuben. Dann eine Teigkugel zu einem Fladen mit etwa 12 cm Durchmesser ausrollen. Den Fladen dann vorsichtig von einer in die andere Hand werfen und ihn dabei zu einem Oval von 18 bis 20 cm Länge strecken (Der Bewegungsablauf gleicht etwa dem des Kinderlieds „Backe, backe Kuchen"). Den Teigfladen in die traditionelle Tropfenform ziehen und sofort auf den heißen Rost legen.

5. Das Naan für 2 bis 4 Minuten backen, bis der Boden knusprig braun und die Oberfläche aufgeblasen ist. Das Brot ständig beobachten, denn Naan brennt sehr schnell an. Die restlichen Teigkugeln auf dieselbe Weise backen. Jeden Fladen mit Butter bestreichen, wenn er vom Grill kommt, und heiß servieren. Das Naan im Ganzen reichen oder jeden Fladen in drei Stücke schneiden, wenn das Brot auf die traditionelle Art serviert werden soll.

INDIEN

PAPADAMS, ÜBER KOHLEN GEBACKEN

DIREKTES GRILLEN
ERGIBT 8 PAPADAMS

Knusprig, würzig und hauchdünn ist das indische flache Brot namens Papadam, das aus Linsenmehl und Gewürzen hergestellt wird. Wenn Sie schon mal in einem indischen Restaurant gegessen haben, kennen Sie es bestimmt, denn papadams werden sowohl als Vorspeise als auch zu Hauptgerichten serviert. In den außerhalb Indiens ansässigen indischen Restaurants werden sie meist frittiert. Das ist eine zugegebenermaßen schmackhafte, aber fettige Art der Zubereitung. In Indien werden Papadams hingegen häufig auf dem Deckel eines Tandoor (indischer Ofen) oder direkt über der Flamme gebacken, um hörbar knusprige Fladen ohne einen Tropfen zusätzliches Fett zuzubereiten.

Papadams werden gewöhnlich auf indischen Märkten und speziellen Lebensmittelgeschäften in Kartons, in Dosen oder eingefroren verkauft (Sie gehören zu den wenigen Nahrungsmitteln, die auf industrielle Weise hergestellt und in ganz Indien gegessen werden). Dieses Rezept gibt wieder, wie Papadams in Bombay auf der Khau Galli, einem Straßenzug voller kunterbunter Garküchen in der Nähe des Zaveri-Markts, serviert werden.

8 Papadams

1. Den Grill auf direktes Grillen bei großer Hitze vorbereiten.

2. Wenn die Temperatur erreicht ist, einige Papadams auf den heißen Grillrost legen. Für 20 bis 40 Sekunden backen, bis der Boden langsam braun wird und blasig wird. Die Papadams mit der Grillzange umdrehen und von der anderen Seite auf dieselbe Weise backen. Das Brot ständig beobachten, denn Papadams brennen sehr schnell an. Bei den übrigen Papadams ebenso vorgehen und sofort servieren.

JAMAIKA

JAMAIKANISCHES FRITTIERTES BROT

FESTIVALS

BEILAGE
ERGIBT 24 FESTIVALS

Festivals – frittierte Brote – sind die klassische Beilage zu jamaikanischem, in Gewürzen mariniertem und über Holzfeuer gegrilltem Hähnchen oder Schweinefleisch. Das folgende Rezept entstand durch die Anregung eines Hühnchen-Restaurants in Boston Beach namens „Sufferer›s". (Der Name („Leidender") ist außerordentlich passend, wenn man überlegt, wie viele Chilischoten der Sorte Habañero in eine einzige Marinade kommen!) Damit die Präsentation der Brote etwas eindrucksvoller wird, drehe ich den Teig gern zu Locken. Sie können ihn aber auch ausrollen und in die klassische Zigarrenform bringen.

250 g Mehl
30-40 g Maismehl
3 EL Zucker
2 TL Backpulver
1 TL Salz
5 EL ungesalzene kalte Butter
180 ml Kondensmilch, oder mehr, je nach Bedarf
480 ml Erdnussöl zum Frittieren, oder mehr, je nach Bedarf

1. Mehl, Maismehl, Zucker, Backpulver und Salz in einer großen Schüssel verrühren. Die Butter mit Hilfe zweier Messer schneiden. Alternativ können auch alle Zutaten in einem Mixgerät mit Schneidmessern vermengt werden. Die Mixtur sollte sich so krümelig wie Sand anfühlen. So viel Kondensmilch hinzugeben, dass der Teig steif, aber formbar wird. Die Zutaten verrühren.

2. Walnussgroße Portionen des Teigs abnehmen und zwischen den Handflächen zu langen, dünnen Würsten rollen. Es sollten etwa 24 jeweils 25 cm lange und gute 5 mm dicke Würste entstehen. Die Würste zusammenschlagen und verdrehen.

3. Das Erdnussöl in einen Frittiertopf oder eine große, tiefe Pfanne geben. Das Öl auf mittlerer Hitze auf 170 °C erhitzen. Mit einem Thermometer prüfen.

4. Die Festivals vorsichtig in das heiße Öl geben und für 2 bis 4 Minuten frittieren, dabei mit einem Schaumlöffel wenden, bis sie goldbraun sind. Die Festivals auf Küchenkrepp legen, damit das Öl ablaufen kann. Die Brote heiß servieren.

GEGRILLTE HOCHRIPPE | SEITE 137

KAPITEL 6

RINDFLEISCH GEFÄLLIG?

Der Menge an Bisonknochen nach zu urteilen, die neben den Feuerstellen prähistorischer Höhlenbewohner ausgegraben wurden, war es wohl das Rindfleisch, das als allererstes von Menschen gegrillt wurde. Bis heute ist die Beliebtheit des Rindfleischs in der westlichen Welt ungebrochen – um nicht zu sagen auf einem Höhepunkt. Denn nichts kommt dem urzeitlichen Vergnügen des Verzehrs von blutigem, rauchig verschmortem, auf den Punkt zubereitetem Rindfleisch gleich.

„Schneide den Knochen völlig aus dem Steak heraus und verstecke ihn für dich selbst."

—James Beard

Gegrilltes aus Rindfleisch ist weltweit das beste Essen, das man sich denken kann. Ob Sie nun Koreaner sind und bool kogi (gegrilltes Rind mit Sesam) lieben, ein Russe, der sich Schaschlik auf der Zunge zergehen lässt, oder ein Texaner, der ein übergroßes Steak genießt. Was einem dabei auf den ersten Blick vielleicht nicht so auffällt, ist, wie weit verbreitet und leidenschaftlich die Liebhaber von Rindfleisch sind und über welche erstaunliche Vielfalt die Zubereitungsarten auf dem offenen Feuer verfügen.

In diesem Kapitel stelle ich Ihnen Rindfleischgerichte von jeder Größe, Form und Zubereitungsart vor. Von kleinen indonesischen Saté-Spießen, über mammutgroße Hohe Rippe aus Großbritannien, T-Bone-Steaks aus der Toskana, Teriyaki aus Tokio, dicke Rippe aus Seoul bis hin zu kurz gebratenem vietnamesischen Rindfleisch und langsam gegarten, rauchigen Bruststücken aus Texas.

Außerdem erfahren Sie, wie man ein Steak richtig grillt und wie matambre (südamerikanisches Steak aus der Hüfte) gefüllt und gerollt wird. Egal, auf welche Weise Sie Ihr Rindfleisch mögen, Sie werden in diesem Kapitel ein passendes Rezept finden.

USA

GEGRILLTE RINDERBRUST NACH TEXAS-ART

INDIREKTES GRILLEN
FÜR 10 BIS 12 PERSONEN

Östlich des Mississippi grillt man am liebsten Schweinefleisch, aber in Texas ist das Rindfleisch König – insbesondere Rinderbruststücke, die so saftig, rauchig und zart sind, dass man sie mit einer Gabel zerteilen kann (Nicht, dass ein texanischer Grill-Enthusiast, der etwas auf sich hält, etwa auf die Idee kommen würde, eine Gabel zu benutzen). Gegrillte Rinderbrust ist sowohl das einfachste wie auch das herausfordernste Gericht aus der Welt des Grillens. Einfach, weil nur eine Hauptzutat benötigt wird (sogar die Würzung ist optional). Herausfordernd, weil Grillmeister Jahre damit verbringen, die richtige Kombination von Rauch (viel), Hitze (wenig) und Zeit (eher in halben Tagen als Stunden gemessen) auszuklügeln, damit die Verwandlung eines der zähesten und störrischsten Teile des Ochsen in zarte, fleischige Perfektion gelingt.

Über die Jahre habe ich herausgefunden, dass zwei Dinge ganz besonders dazu beitragen: die Wahl des richtigen Stücks Brust – nämlich im Ganzen und mit einer dicken Fettschicht –

und das Garen des Fleischs in einer flachen Pfanne. Die Pfanne verhindert, dass der Fleischsaft ins Feuer tropft und das Fleisch austrocknet, und begünstigt das Eindringen des Rauchs von oben. Eine ganze Brust (so wie sie auch in Restaurants zubereitet wird) wiegt 8000 - 9000 g. Für dieses Rezept benötigen Sie eine teilweise zerteilte Brust – wobei jedes Stück 2200 - 2700 g wiegen sollte. Ein von Sehnen, Knochen und Fett befreites Bruststück von 1000 g eignet sich hier nicht: Es würde viel zu trocken werden.

Das unerlässliche, rauchige Aroma erreichen Sie, indem Sie die Brust auf einem Holzkohlegrill garen – oder in einem Räuchergerät. Ein Gasgrill entwickelt hierfür nicht genügend Rauch.

VORBEREITUNGSZEIT

4 bis 8 Stunden für das Ziehenlassen des Fleischs (nach Belieben); außerdem sollten Sie etwa 6 Stunden Garzeit einkalkulieren.

SPEZIELLE AUSRÜSTUNG

360 g Hickory-Eiche- oder Mesquite-Holzspäne, über 1 Stunde komplett in kaltes Wasser eingeweicht und abgetropft

ZUTATEN

1 Rinderbrust (2200 - 2700 g), mit einer mindestens gut 5 mm dicken Fettschicht
1 EL grobes Meersalz
1 EL Chilipulver
2 TL Zucker
1 TL frisch gemahlener schwarzer Pfeffer
1 TL gemahlener Kreuzkümmel

1. Das Bruststück unter fließend kaltem Wasser waschen und mit Küchenkrepp trocken tupfen.

2. Das Salz mit Chilipulver, Zucker, Pfeffer und Kreuzkümmel mit den Fingern in einer Schüssel mischen. Dann das Fleisch von allen Seiten mit dieser Würzmischung einreiben. Wenn es die Zeit zulässt, das Fleisch in Plastikfolie wickeln und 4 bis 8 Stunden oder über Nacht im Kühlschrank ziehen lassen. Wenn nicht so viel Zeit zur Verfügung steht, besteht auch kein Grund zur Sorge: Das Fleisch wird auch hervorragend gewürzt sein, wenn es sofort gegart wird.

3. Einen Holzkohlegrill für indirektes Grillen vorbereiten und auf niedrige Hitze vorheizen. Für dieses Rezept wird keine Auffangpfanne benötigt.

4. Sobald die Temperatur erreicht ist, 90 g Holzspäne auf die Kohle (45 g pro Seite) geben. Das Fleisch in eine Aluminiumschale (Diese Schale kann auch aus zwei Lagen dicker Aluminiumfolie selbst gefaltet werden.) mit der Fettschicht nach oben in die Mitte des heißen Grillrosts, weg von der Hitze legen. Den Grill schließen.

Barbecue-Sauce auf texanische Art

Die beste Barbecue-Sauce auf texanische Art verbindet die Süße der Tomatensaucen nach Kansas-City-Art mit der Säure der auf Essig basierenden Sauce aus North Carolina, die den Mund zusammenzieht. Ich habe meine eigene Version kreiert, für die die Einfache Barbecuesauce (Seite 463) und die Essigsauce aus North Carolina (Seite 466) zu gleichen Teilen gemischt werden. Reichen Sie sie zu gegrillten Bruststücken. Die Sauce kann mit etwas Fleischsaft oder kleingeschnittenem Brustfleisch verfeinert werden.

5. Die Brust räuchern, bis sie so zart ist, dass Sie unter den Fingern zerfällt (6 Stunden werden wahrscheinlich ausreichend sein, es kann aber auch bis zu 8 Stunden dauern; die Garzeit hängt von der Größe des Bruststücks und der Grillhitze ab). Die Rinderbrust hin und wieder mit dem Fett und dem Fleischsaft, der sich in der Schale sammelt, bestreichen. Stündlich etwa 10 bis 12 frische Holzkohlen und Holzspäne auf jeder Seite nachlegen. Während der ersten drei Stunden des Nachlegens etwa 45 g Holzspäne pro Seite hinzugeben.

6. Die Schale mit dem Fleisch vom Grill nehmen und es 15 Minuten ruhen lassen. Die Brust auf ein Schneidbrett legen und mit einem scharfen Messer, elektrischen Messer oder Hackmesser quer zur Faser in dünne Scheiben schneiden. Die Scheiben auf eine Platte geben, den Fleischsaft darüber gießen und sofort servieren.

USA

GEGRILLTE HOCHRIPPE MIT KNOBLAUCH UND ROSMARIN

INDIREKTES GRILLEN
FÜR 12 BIS 16 PERSONEN

Der Gedanke, eine gebratene Hochrippe im Stück zuzubereiten, schüchtert Sie ein? Mich auch. Die Hochrippe ist selbst für den gewieftesten Koch ein imposantes Stück Fleisch: eine 8 kg schwere Masse aus Fleisch und Knochen, die man buchstäblich mit zwei Händen heben muss. Aber keine Sorge – ich habe hier ein einfaches Rezept, das garantiert gelingt: Die Hochrippe wird durch indirekte Hitze gegart und so außen knusprig und innen zart.

Das einzig Knifflige bei Hochrippe kann die Garzeit sein. Aber wenn Sie zwischen 12 und 14 Minuten pro 500 g rechnen (Fleisch mit Knochen), dürfen Sie mit einem perfekten Ergebnis rechnen. Außerdem können Sie ein Stück fertig gegarter Hochrippe bis zu 30 Minuten vor dem Tranchieren stehen lassen. 10 bis 15 Minuten sind ohnehin empfehlenswert, damit die Säfte aus dem Inneren nach außen dringen können.

Für das folgende Rezept benötigen Sie ca. 7 bis 8 kg Hochrippe mit sieben Rippen (beim Metzger vorbestellen). Das reicht für acht sehr gute Esser oder für zwölf bis 16 Normalsterbliche. Hochrippenbraten mit zwei, vier oder sechs Rippen werden auf die gleiche Art zubereitet, ebenso ein knochenfreier Braten aus Hochrippe (die Garzeit ist dann entsprechend zu kürzen).

Beim Kauf sollten Sie darauf achten, dass das Fleisch eine dicke Fettschicht hat. Das Fett schmilzt während des Garvorgangs und macht das Fleisch zart. Sie müssen nicht zwingend frischen Rosmarin verwenden. Das Rindfleisch schmeckt auch mit getrocknetem Rosmarin wunderbar.

Yorkshire Pudding (Seite 439) schmeckt ganz hervorragend zu diesem Gericht.

VORBEREITUNGSZEIT

Keine, aber kalkulieren Sie etwa 4 Stunden Garzeit ein.

FÜR DAS RINDFLEISCH

1 Stück Hochrippe (7 Rippen; 7000 - 8000 g), alle 5 cm gebunden
6 Knoblauchzehen, geschält und längs geviertelt
4 bis 6 frische Rosmarinzweige oder
1 EL getrockneter Rosmarin

FÜR DIE WÜRZUNG

2 EL schwarze Pfefferkörner
2 EL getrockneter Rosmarin
2 EL grobes Meersalz
2 EL süßes Paprikapulver

1. *Für das Fleisch:* Mit der Spitze eines dünnen Küchenmessers eine Reihe gut 1 cm tiefen Einschnitten in das Fleisch schneiden, hauptsächlich in die obere Fettschicht, aber auch in die Seiten und den unteren Teil. Zwischen den Einschnitten sollten Abstände von etwa 5 cm liegen. Knoblauchviertel in die Hälfte der entstandenen Schlitze stecken. Die restlichen Schlitze mit den Nadeln von 1-2 Rosmarinzweigen oder getrocknetem Rosmarin spicken. Die übrigen Rosmarinzweige unter die Fäden, mit denen das Fleisch gebunden ist, schieben.

2. *Für die Würzung:* Die Pfefferkörner und den getrockneten Rosmarin mit einer Gewürzmühle oder in einem Mixer zu feinem Pulver mahlen. Salz und Paprikapulver hinzugeben und weiter mahlen. Die Hochrippe und vor allem die Fettschicht rundum mit dieser Gewürzmischung einreiben.

3. Den Grill für indirektes Grillen vorbereiten. Eine große

Auffangpfanne in die Mitte stellen und den Grill auf Grillen bei mittlerer Hitze vorbereiten.

4. Sobald die Temperatur erreicht ist, den Grillrost bürsten und ölen. Das Fleisch mit der Fettseite nach oben auf den heißen Rost über die Auffangpfanne legen und den Grill schließen.

5. Das Fleisch nach Geschmack grillen. Eine Hochrippe dieses Gewichts ist nach 3½ bis 4 Stunden blutig bis medium, wobei 12 bis 14 Minuten Garzeit pro 500 g zugrunde gelegt sind. Auf einem Holzkohlegrill jede Stunde 10 bis 12 frische Kohlen auf jeder Seite nachlegen. Bei einem Gasgrill den Deckel über die gesamte Garzeit geschlossen halten. Die Temperatur des Fleischs mit einem Thermometer kontrollieren, denn so lässt sich der Grad der Zubereitung bestimmen. Bei einer Temperatur von 62,7 °C ist das Fleisch blutig bis halb blutig, bei 71,1 °C medium gegart.

6. Den Braten auf eine Platte oder ein Schneidbrett legen und lose mit Aluminiumfolie abdecken. Vor dem Schneiden und Servieren 10 bis 15 Minuten ruhen lassen. Am leich-

Rindfleisch Grilltabelle

STÜCK	METHODE	HITZE	ZUBEREITUNG		
			blutig (52 °C)	medium (71 °C)	well-done (77 °C)
STEAKS					
gut 1 cm dick	direkt	hoch	1 bis 2 Minuten pro Seite	2 bis 3 Minuten pro Seite	3 bis 4 Minuten pro Seite
2, 5 cm dick	direkt	hoch	3 bis 4 Minuten pro Seite	4 bis 6 Minuten pro Seite	6 bis 7 Minuten pro Seite
knapp 4 cm dick	direkt	hoch	4 bis 6 Minuten pro Seite	6 bis 8 Minuten pro Seite	8 bis 9 Minuten pro Seite
Hüftsteak direkt	direkt	hoch	2 bis 3 Minuten pro Seite	4 bis 5 Minuten pro Seite	6 bis 7 Minuten pro Seite
BRATEN UND RIPPEN					
Filet 1000-1500 g	indirekt	hoch	40 bis 50 Minuten	1 Stunde	-
Filet 2000-2500 g	indirekt	hoch	1 Stunde	1¼ Stunde	-
Rippe ohne Knochen 2000-3000 g	indirekt	mittel	1 bis 1½ Stunden	1½ bis 2 Stunden	-
Hochrippe 8000-9000 g mit Knochen	indirekt	mittel	3 Stunden	4 Stunden	-
Brust 2500-3000 g	indirekt	niedrig			5 bis 7 Stunden; (88 °C)
Rippe	indirekt	mittel		1½ bis 2 Stunden	1½ bis 2 Stunden; gar, wenn zart

Diese Tabelle dient als Richtlinie für die Garzeiten verschiedener Stücke Rindfleisch. Betrachten Sie das Grillen wie eine Kunst, nicht wie eine Wissenschaft. Sollten Zweifel bestehen, orientieren Sie sich an den in den Rezepten angegeben Werten.

testen lässt sich ein solcher Braten zerteilen, indem die einzelnen Rippenstücke mit einem langen, dünnen Messer abgetrennt und diese Stücke dann zum Anrichten in dünne Scheiben geschnitten werden.

BRASILIEN

GESPICKTER BRASILIANISCHER ROSTBRATEN

INDIREKTES GRILLEN ODER SPIESSGRILL
FÜR 8 PERSONEN

Dieser gespickte und gegrillte Rostbraten aus der Rippe ist das Bunteste, was in den Churascerias in Rio jemals auf den Teller kam. Stellen Sie sich einen vom Knochen befreiten Rostbraten aus der Rippe vor, der großzügig mit Schinken, Käse, Karotten, Paprikaschoten und anderen Gemüsesorten gespickt ist und dann auf einem Grillspieß (oder durch die indirekte Grillmethode) zart wie Butter geröstet wird. Das Spicken dient zweierlei Dingen: Zum einen wird das Fleisch gewürzt, zum anderen ergibt es ein buntes Mosaik, wenn der Braten in Scheiben geschnitten wird. Dieses Rezept wurde durch das Restaurant „Porcão“ in Rio de Janeiro inspiriert.

Am einfachsten lässt sich das Fleisch mit Hilfe einer Spicknadel mit dem Gemüse spicken. Eine Spicknadel ist ein scharfes Werkzeug mit V-förmiger Klinge, das Sie in entsprechenden Gastronomiefachgeschäften erhalten können. Andernfalls können Sie auch den Anweisungen rechts folgen.

SPEZIELLE AUSRÜSTUNG

Grill-Spieß (nach Belieben)

ZUTATEN

- **1 entbeintes Stück Rinderrippe (1500 - 1800 g), gerollt und gebunden**
- **2 lange, schmale Karotten, geschält und der Länge nach halbiert**
- **½ grüne Paprikaschote, entkernt und der Länge nach in gut 1 cm breite Streifen geschnitten**
- **1 mittelgroße Zwiebel, in 10 Schnitze geschnitten**
- **1 Scheibe (gut 5 mm dick) Räucherschinken (etwa 60 Gramm), in etwa 5 mm breite Streifen geschnitten und gefroren**

RINDFLEISCH SPICKEN

Verzweifeln Sie nicht, wenn Sie keine Spicknadel zur Hand haben. Ein Wetzstahl tut ebenso gute Dienste. Waschen und trocknen Sie den Wetzstahl vorher, damit keine Metallspäne daran sind.

***1.** Das Fleisch vorsichtig von einer bis zur anderen Seite durchstechen. Den Wetzstahl dann wieder herausziehen; der Wetzstahl hat einen langen, schmalen Tunnel in dem Fleisch hinterlassen.*

***2.** Die Gemüse-, Käse- und Schinkenstifte langsam in die vorbereiteten Löcher schieben und drehen. Kürzere Gemüsestifte, wie die der Paprikaschote, können an beiden Tunnelenden hineingeschoben werden. Wenn man den Käse und den Räucherschinken vorher einfriert, erleichtert dies die Arbeit sehr.*

- **1 Scheibe (gut 5 mm dick) mittelalter Provolone oder anderer Schnittkäse (etwa 60 Gramm), in etwa 5 mm breite Streifen geschnitten und gefroren**
- **2 Knoblauchzehen, gestiftelt**
- **Salz und frisch gemahlener schwarzer Pfeffer**

1. Den Rostbraten an 16 bis 20 Stellen von einer Seite bis zur anderen mit einer Spicknadel oder einem Wetzstahl durchstechen. Dadurch soll das Fleisch mit langen, schmalen Durchgängen versehen werden, die mit der Faser verlaufen.

2. Karottenhälften, Paprikastreifen, dünne Zwiebelschnitze und Schinken- und Käsestreifen vorsichtig Stück für Stück in diese Löcher geben. Die Karottenhälften werden der gesamten Länge des Bratens entsprechen, bei den anderen Zutaten müssen 2 bis 3 Stücke genommen werden. Das Fleisch lässt sich mit den kürzeren Stücken gut von beiden Seiten spicken.

3. Die Oberfläche des Fleischs alle 2,5 cm mit der Spitze eines Küchenmessers mit kleinen Schlitzen versehen. In jeden Schlitz ein Stück Knoblauch geben. Das Fleisch großzügig mit Salz und Pfeffer würzen (siehe Hinweis).

4. Wenn das Fleisch nach der *indirekten Grillmethode* zubereitet werden soll, den Grill für indirektes Grillen bei mittlerer Hitze vorbereiten und eine große Auffangpfanne in die Mitte stellen. Sobald die Temperatur erreicht ist, den Grillrost bürsten und ölen. Das Fleisch in die Mitte des heißen Rosts über die Auffangpfanne legen. Den Grill schließen und das Fleisch nach Belieben garen lassen: 1 bis 1½ Stunden für blutiges bis halbrohes (63 °C auf dem Bratenthermometer), 1½ bis 2 Stunden für medium gegartes (71 °C) Fleisch. Wenn ein Holzkohlegrill benutzen wird, stündlich auf beiden Seiten 10 bis 12 Kohlen nachlegen.

Wenn *ein Grillspieß* benutzt wird, den Grill entsprechend der Herstelleranleitungen vorbereiten. Bei einem Gasgrill sind die vorderen und hinteren Brenner auf hoch vorzuheizen. Bei einem Holzkohlegrill die Kohlen anzünden und so zurechtschieben, dass sie eine hintere und eine vordere Reihe bilden und die Mitte freilassen. Das Fleisch aufspießen. Den Grill schließen und den Braten nach Belieben garen: 1¼ bis 1½ Stunden für blutiges bis halbrohes (63 °C auf dem Bratenthermometer), 1½ bis 2 Stunden für medium gegartes (71 °C) Fleisch. Bei Verwendung eines Holzkohlegrills nach 1 Stunde Kohlen nachlegen.

5. Den Rostbraten auf ein Schneidbrett legen und dort 15 Minuten ruhen lassen. Den Braten mit einem elektrischen Messer oder einem scharfen Tranchiermesser quer in dünne Scheiben schneiden und servieren.

HINWEIS: Der Rostbraten kann bis zu diesem Schritt bis zu 8 Stunden im Voraus vorbereitet werden. Stellen Sie ihn dann abgedeckt kalt.

KUBA

STEAKS IN KNOBLAUCH-LIMETTEN-MARINADE

PALOMILLA

DIREKTES GRILLEN
FÜR 4 PERSONEN

Erwähnen Sie Kubanern gegenüber das Wort palomilla, dann leuchten deren Augen vor Vergnügen. Wie auch viele andere Grillgerichte, ist palomilla ein Arme-Leute-Essen, das auf die Ebene eines gastronomischen Genusses erhoben wurde. Der Begriff bezieht sich auf dünnes, armomareiches Steak, das aus der Hüfte (auf Spanisch: la bola) geschnitten wird. Da dieses Fleisch recht zäh sein kann, wird es in etwa 4 mm dünne Scheiben geschnitten, um es zarter zu machen.

In der Gegend Miamis, in der ich lebe, steht in allen kubanischen Restaurants palomilla auf der Speisekarte. Ein ultimatives Ergebnis erhalten Sie, wenn Sie erstklassiges Rumpsteak verwenden und das Fleisch über Eichenkohlen grillen, anstatt es auf herkömmliche Weise in der Pfanne zu braten. Wie bei den meisten kubanischen Fleischgerichten, würde palomilla traditionell vor dem Garen in adobo (einer Marinade aus Kreuzkümmel, Limetten und Knoblauch) mariniert. Sie können das Steak aber auch während des Garprozesses mit dieser Marinade bestreichen.

Wenn Sie kein Steak aus der oberen Hüfte bekommen können, können Sie auch ein Stück aus dem flachen oder hohen Roastbeef nehmen. Wichtig ist, dass die Steaks dünn geschnitten werden (nicht dicker als 1,5 cm).

Servieren Sie dazu Gegrillte Polenta (Seite 433) oder Erbsen und Reis nach Art der Bahamas (Seite 431).

VORBEREITUNGSZEIT

30 Minuten für das Marinieren der Steaks

ZUTATEN

4 Knoblauchzehen, geschält
Salz und frisch gemahlener schwarzer Pfeffer
½ TL gemahlener Kreuzkümmel
120 ml frisch gepresster Limetten- oder Bitterorangensaft
4 EL Olivenöl extra vergine
4 Rindersteaks (jedes etwa 170 bis 230 g schwer), in gut 1 cm dicke Scheiben geschnitten
2 große Zwiebeln, in gut 1 cm dicke Ringe geschnitten

1. Den Knoblauch mit ½ TL Salz, ½ TL Pfeffer und dem Kreuzkümmel in einem Mörser zerstoßen und alles zu einer Paste verrühren. Den Limettensaft und 2 EL des Olivenöls hinzugeben. Falls Mörser und Stößel nicht zur Verfügung stehen, können die Zutaten auch in einem Mixgerät verrührt werden. Nach Belieben mit Salz und Pfeffer abschmecken. Das adobo sollte gut gewürzt sein. Die Hälfte der Marinade über die Steaks geben. Die Steaks für 30 Minuten in den Kühlschrank stellen. Die übrige Marinade zunächst beiseitestellen.

2. Den Grill für direktes Grillen bei großer Hitze vorbereiten.

3. Sobald die Temperatur erreicht ist, den Grillrost bürsten und ölen. Die Zwiebelringe mit den restlichen 2 EL Olivenöl bestreichen und zusammen mit den Steaks auf den Grill legen. Die Steaks nach Belieben grillen: nach 2 bis 3 Minuten sind sie blutig bis halbroh. Die Steaks während des Garens mit der übrigen Marinade bestreichen und auf jeder Seite nach 1 Minute um 90 Grad drehen. So erhalten

Das Grillen eines perfekten Steaks

Wenn die Amerikaner zu den von ihnen am liebsten gegrillten Nahrungsmitteln befragt werden, steht Steak immer an erster Stelle. Eine Scheibe Rindfleisch ist perfekt für das Grillen geeignet. Die große Oberfläche saugt das Holzkohle- und Raucharoma auf, und, da es relative dünn ist, ist es schnell zubereitet. Der häufigste Fehler, der bei Rindfleisch gemacht wird, ist das zu lange Garen. Der zweithäufigste Fehler ist zu kurzes Garen. Ich habe hier beschrieben, wie man es genau richtig macht.

1. Suchen Sie das richtige Stück Steak aus. Zartes Fleisch wie Hüfte, Filet, Filet und Knochen aus dem flachen Roastbeef (Porterhouse-Steak), Steak aus dem flachen Roastbeef und dem hohen Roastbeef ist das beste. Faserige Steaks wie aus der Spannrippe und der Hüfte schmecken gegrillt ebenfalls sehr gut, vorausgesetzt sie sind dünn und diagonal zur Faser geschnitten. Zähe Stücke wie aus dem Hals und der Schulter sollten langsam bei niedriger Temperatur gegart und dabei auch begossen werden (Auf Seite 145 sind einige der verschiedenen Teile des Rinds dargestellt).

2. Manche Leute lassen das Steak vor dem Grillen erst Raumtemperatur annehmen. Die meisten Profis, mich eingeschlossen, tun das nicht. Der Unterschied in der Garzeit ist verschwindend gering und sicherlich nicht wert, das Fleisch eventuell bei Zimmertemperatur verderben zu lassen.

3. Den Grill auf hohe Temperatur vorheizen. Bei der Zubereitung eines sehr dicken Steaks (sagen wir ein T-Bone-Steak von 5 cm Dicke), den Holzkohlegrill so einrichten, dass er zwei Zonen hat (siehe Seite 18). Bei einem Gasgrill eine Seite auf hohe und eine auf mittelhohe Temperatur vorheizen.

4. Die Steaks großzügig salzen und pfeffern. Grob gemahlenes Salz wie Meersalz verwenden, da sich grobe Salzkristalle langsamer auflösen als feines Tafelsalz. Kochprofis in aller Welt benutzen es aus diesem Grund. Ich koche immer mit frisch gemahlenem oder zerstoßenem Pfeffer und würze damit vor und nach dem Grillen.

Manche Leute geben das Salz erst nach dem Garen hinzu, da sie der Meinung sind, dass das Salz den Fleischsaft herauszieht. In der kurzen Zeit, die es dauert, ein Steak blutig zu garen, ist der Verlust an Fleischsäften aber sehr gering. Außerdem geht nichts über den Geschmack von Salz und gestocktem Fleischsaft.

5. Den Grillrost ölen. Dies geht am einfachsten, wenn beim Grillen von Steaks der Rost mit einem Stück Fettrand mittels einer Grillzange oder einer Fleischgabel eingerieben wird. Es geht auch gut mit einem eingeölten Tuch oder einem Stück Küchenkrepp.

6. Die Steaks so auf den Grillrost legen, dass sie alle in die gleiche Richtung zeigen. Die Steaks nach 2 Minuten der Grillzeit um 45 Grad drehen. Die Steaks erhalten dann ein appetitliches Rautenmuster. Manchmal drehe ich das Fleisch auch um 90 Grad, dann entsteht ein quadratisches Muster. Die Steaks grillen, bis an der Oberseite Bluttropfen austreten. Dies dauert bei einem gut 1 cm dicken Steak 1-2 Minuten, bei einem Steak von 2,5 cm Dicke 3-5 Minuten und 6-9 Minuten bei einem knapp 4-5 cm dicken Steak. Die Steaks mit einer Grillzange oder einem langen Spatel wenden, niemals mit einer Gabel, denn durch die entstehenden Löcher kann der Fleischsaft austreten.

7. Die Steaks dann von der anderen Seite grillen und nach zwei Minuten drehen. Die Steaks müssen auf der zweiten Seite nicht ganz so lange gegrillt werden. Am leichtesten lässt sich durch Fühlen feststellen, wie gar ein Steak ist: Das Steak mit der Spitze des Zeigefingers drücken. Ein blutiges Steak gibt weich nach, ein medium gegartes Steak gibt fest nach und ein Steak, das well-done ist, bleibt fest (siehe: Ist es schon fertig? auf Seite 30). Die Steaks für einen Gartest nicht anschneiden, denn auch dann kann der Fleischsaft austreten.

8. Die Steaks auf Teller oder Servierplatten legen und erneut salzen und pfeffern. Ich träufele an dem Punkt gern etwas Olivenöl extra vergine (á la Toskana) oder zerlassene Butter (á la Ruth's Chris) über die Steaks. Dies muss zwar nicht sein, rundet aber den Geschmack ab.

9. Der letzte Schritt wird meistens übersehen, ist aber der wichtigste: Lassen Sie die Steaks vor dem Servieren 2-5 Minuten ruhen lassen. Das Fleisch wird dadurch saftiger.

HÖLLENSTEAKS | RECHTS

sie ein schönes Kreuzmuster. Bei dem Drehen der Steaks nie auf den Einsatz einer Grillzange verzichten. Die Zwiebeln 3 bis 4 Minuten pro Seite grillen, bis sie schön braun sind und mit Salz und Pfeffer würzen.

4. Die Steaks auf Teller oder eine Platte geben und ein letztes Mal mit der Marinade bestreichen. Die Steak 3 Minuten ruhen lassen und dann mit den Zwiebeln als Beilage servieren.

MEXIKO

HÖLLENSTEAKS

DIREKTES GRILLEN
FÜR 4 PERSONEN

Dieses Rezept stammt buchstäblich aus der Hölle. Es kommt aus einem unscheinbaren mexikanischen Steakhouse in Juarez namens „Mitla". Mitla bedeutet in der Sprache der Nahua „Hölle". Die Mitla-Steaks verdanken ihren außergewöhnlichen Geschmack der Tatsache, dass sie über lodernden Mesquite-Holzscheiten zubereitet werden. Dieses Aroma lässt sich nachahmen, indem Sie Mesquite-Holzspäne auf die Kohlen geben.

Die für die Salsa benötigten Tomaten grille ich über einer Gasflamme. So kann man die Salsa zubreiteten, während der Grill aufheizt. Die Menge an Salsa entspricht etwa 360 ml. Die Reste schmecken prima zu Kartoffelchips.

SPEZIELLE AUSRÜSTUNG

120 g Mequite-Holzspäne oder Stücke (nach Belieben), eine Stunde lang komplett in kaltem Wasser eingeweicht und abgetropft

ZUTATEN

2 bis 4 Chilischoten der Sorte de Arbol oder andere getrocknete scharfe Chilischoten (4 geben eine feurige Würze)
2 große reife Tomaten
1/3 einer mittelgroßen Zwiebel, in Scheiben geschnitten
1 Knoblauchzehe, in Scheiben geschnitten
3 EL grob gehackter frischer Koriander
1 bis 2 EL frisch gepresster Limettensaft
Salz und frisch gemahlener schwarzer Pfeffer
4 T-Bone-Steaks oder Hüftsteaks (jedes etwa 2 cm dick)
4 große oder 8 kleine Weizentortilla, zum Anrichten

1. Die Chilischoten etwa 20 Minuten in einer Schüssel mit warmem Wasser einweichen, bis sie formbar sind.

2. In der Zwischenzeit jede Tomate direkt auf eine Gasflamme legen und 6 bis 8 Minuten rösten, bis die Schale angekohlt und blasig ist. Die Tomaten zum Abkühlen auf einen Teller legen.

3. Die Chilischoten abtropfen lassen und die Samen entfernen, wenn eine nicht ganz so scharfe Salsa bevorzugt wird. Die Chilischoten mit den abgekühlten Tomaten, den Zwiebeln, dem Knoblauch und dem Koriander in ein Mixgerät geben und alles zu einer groben Paste verarbeiten. Den Limettensaft hinzufügen und nach Belieben mit Salz und Pfeffer abschmecken. Die Salsa in eine Servierschüssel füllen.

4. Den Grill für direktes Grillen bei großer Hitze vorbereiten. *Sollte ein Gasgrill verwendet werden,* die Holzspäne vor dem Vorheizen in den Räuchermehlkasten geben.

5. *Falls ein Holzkohlegrill verwendet wird,* können die Holzspäne auf die Kohlen gegeben werden, sobald die Temperatur erreicht ist. Den Grillrost bürsten und ölen. Die Steaks großzügig von einer Seite salzen. Die Steaks mit der gesalzenen Seite nach unten auf den geölten Rost legen und 2 bis 4 Minuten von jeder Seite grillen, wenn sie blutig bis medium gegart werden sollen. Die Steaks mit einer Grillzange wenden. Die Steaks auf eine Servierplatte geben und 3 Minuten ruhen lassen.

6. In der Zwischenzeit die Tortillas etwa 20 Sekunden pro Seite grillen, bis sie weich, aber nicht braun sind. Die Steaks mit den Tortillas und der Salsa als Beilage servieren.

USA

SENF-LIMETTEN-STEAKS

DIREKTES GRILLEN
FÜR 4 PERSONEN

Ein paar wenige mit Bedacht kombinierte Zutaten können ein gewöhnliches Gericht völlig verändern – und dieses Rezept ist dafür das beste Beispiel. Sie können dafür viele verschiedene Steaks verwenden: Hüfte, T-Bone, Hochrippe (Rib-Eye Steak), Rumpsteak und sogar Spannrippe.

4 Rinderhüftsteaks (280 bis 340 g pro Steak), 2,5 cm dick geschnitten
40 g Senfpulver
60 ml Worchestershire-Sauce
1 große saftige Limette
Grobes Meersalz und frisch gemahlener schwarzer Pfeffer

1. Die Steaks auf eine Platte legen und mit 2 EL Senfpulver würzen, indem Sie es mit der Unterseite einer Gabel gleichmäßig verteilen. 2 EL der Worchestershire-Sauce auf die Steaks geben und eine Hälfte der Limette über ihnen ausdrücken. Alles erneut mit der Unterseite einer Gabel verteilen. Die Steaks großzügig mit Salz und Pfeffer würzen. Die Steaks umdrehen und mit den restlichen 2 EL Senfpulver, Worchestershire-Sauce und dem übrigen Limettensaft würzen. Die Steaks mit Salz und Pfeffer würzen und die Gewürze mit der Unterseite einer Gabel verteilen. Die Steaks 15 bis 20 Minuten marinieren lassen, während Sie den Grill vorheizen.

2. Den Grill für direktes Grillen bei großer Hitze vorbereiten.

3. Sobald die Temperatur erreicht ist, den Grillrost bürsten und ölen. Die Steaks auf den heißen Rost legen und von beiden Seiten nach Geschmack grillen. Die Steaks mit der Grillzange wenden. Nach 4 bis 6 Minuten von jeder Seite wird das Steak blutig bis medium gegart. Diese Steaks nicht drehen, um ein Kreuzmuster zu erhalten, denn dadurch würde sich die Senfmischung abreiben (Dieses Steak eignet sich hervorragend als „Pittsburgh rare": außen schwarz, innen blutig). Die Steaks auf eine Platte legen und dort 3 Minuten ruhen lassen.

4. Die Steaks diagonal zur Faser in dünne Streifen schneiden. Einige Minuten warten, damit die Streifen den Fleischsaft aufsaugen können und servieren.

FRANKREICH

HOCHRIPPE MIT ROTWEINSAUCE UND MARK

ENTRECOTES A LA BORDELAISE

DIREKTES GRILLEN
FÜR 4 PERSONEN

Dies ist ein Rezept aus meinen Lehrjahren in Paris. Entrecôte ist ein französisches Steak aus der Hochrippe. Häufig wird es mit Knochen gegart und in Portionen serviert, die jeden Teller unter sich begraben. In den USA nehme ich gern den mageren Kern der Hochrippe, denn das Fleisch ist schön durchwachsen und gegrillt einfach lecker. Der Begriff bordelaise (von Bordeaux) bezieht sich logischerweise auf eine Sauce aus reduziertem Wein, Schalotten und etwas pochiertem Rindermark. Ich verfeinere diese Sauce gern noch mit kurz angebratenen Pilzen.

Sie müssen für dieses Rezept nicht gerade einen Grand Cru entkorken, jedoch sollten sie einen Wein nehmen, den Sie auch so gern trinken würden (Hier lassen sich gut Bordeaux-Reste verarbeiten). Markknochen bekommen Sie bei jedem Metzger. Bitten Sie Ihren Metzger darum, den Knochen zu zersägen und das Mark für Sie herauszuholen. Aber selbst wenn Sie kein Rindermark bekommen können, werden die Steaks fabelhaft schmecken.

3 EL ungesalzene Butter
80 g gehackte Schalotten
230 g weiße Champignons, sauber gerieben und dünn geschnitten
500 ml trockener Rotwein
240 ml selbstgemachter Rinderfond oder Rinderfond aus dem Glas mit niedrigem Natriumgehalt
1 TL Maisstärke in 1 EL trockenem Rotwein aufgelöst (nach Belieben)
Grobes Meersalz und frisch gemahlener schwarzer Pfeffer
Rindermark von 4 Markknochen
4 Steaks aus dem mageren Kern der Hochrippe (230 bis 280 g pro Steak), 2,5 cm dick
2 EL Olivenöl
2 EL gehackte, frische glatte Petersilie

1. Die Butter in einem schweren, mittelgroßen Topf auf mittlerer Hitze zerlassen. Die Schalotten hinein geben und etwa 3 Minuten dünsten, bis sie glasig sind. Dann die Pilze hinzufügen und 3 bis 5 Minuten braten, bis sie beginnen braun zu werden und der größte Teil der Flüssigkeit verdampft ist. Dann die 500 ml Wein in die Pfanne geben und alles auf mittlerer Hitze zum Kochen bringen. Die Hitze herunterschalten und für 5 Minuten köcheln lassen, bis die Menge des Weins auf die Hälfte reduziert ist. Den Rinderfond hinzugeben und alles erneut 5 Minuten köcheln lassen, bis die Flüssigkeit wieder auf die Hälfte reduziert ist. Wird hochwertiger Rinderfond verwendet, ist die Sauce unter Umständen ohne das Andicken mit Maisstärke sämig genug. Wenn nicht, die mit Rotwein angerührte Maisstärke in die Sauce rühren und aufkochen lassen. Die Soße sollte dadurch etwas sämiger werden. Nach Belieben mit Salz und Pfeffer abschmecken. Die Sauce sollte gut gewürzt sein. Die Pfanne von dem Herd nehmen und beiseitestellen. Das Rindermark pochieren.

2. Einen flachen Topf bis zu einer Höhe von 2,5 cm mit Wasser füllen und aufkochen lassen. Das Rindermark in das köchelnde Wasser geben und 15 bis 30 Sekunden kochen, bis es wachsig und weich ist sowie keine rote Farbe mehr zu sehen ist. Dabei mit einem Schaumlöffel rühren. Nicht zu lange kochen, denn dann schmilzt es. Das Rindermark auf Küchenkrepp geben und abtropfen lassen. Dann kreuzweise in dünne Scheiben schneiden (siehe Hinweis).

3. Den Grill für direktes Grillen bei großer Hitze vorbereiten.

STÜCKE VOM RIND

Der erste Schritt, um die Kunst zu erlernen, wie man ein Steak perfekt grillt, ist die Wahl des richtigen Stücks Fleisch – und die Entwicklung eines Verständnisses für dessen Eigenschaften. Rippensteaks und Filet Mignon beispielsweise sind die zartesten Stücke und brauchen nicht viel mehr als hohe Temperatur und eine angemessene Garzeit, damit sie so zart werden, dass man sie mit einer Gabel zerteilen kann. Steaks aus der Hüfte und dem hohen Roastbeef sind zäh und faserig. Schneidet man sie aber dünn und quer zur Faser, belohnen sie uns mit reichhaltigem Aroma und Zartheit. Hier ist eine Auswahl der am häufigsten verwendeten Stücke.

PORTERHOUSE

RIB EYE

T-BONE

HÜFTSTEAK

FILET MIGNON

LENDE

FILET

STEAK AUS DEM FLACHEN ROASTBEEF

FLANKENSTEAK

STEAK AUS DER SPANNRIPPE

4. Sobald die Temperatur erreicht ist, die Steaks auf beiden Seiten mit dem Olivenöl einreiben und nach Belieben mit Salz und Pfeffer würzen. Den Grillrost bürsten und ölen. Die Steaks auf den heißen Grillrost legen und 3 bis 5 Minuten von beiden Seiten grillen, wenn sie blutig bis medium gegart sein sollen. Drehen Sie die Steaks dabei nach 2 Minuten um 45 Grad, und das Fleisch erhält ein Kreuzmuster. Zum Wenden und Drehen der Steaks eine Grillzange benutzen.

5. Während die Steaks grillen, die Sauce aufwärmen. Mit Salz und Pfeffer abschmecken. Das Rindermark in einem kleinen Stieltopf oder einer kleinen Pfanne wärmen.

6. Die Steaks auf eine Platte legen und 2 bis 3 Minuten ruhen lassen. Die Sauce mit einem Löffel über die Steaks geben und mit dem Rindermark und etwas Petersilie garnieren. Sofort servieren.

HINWEIS: Bis zu diesem Punkt kann das Gericht schon mehrere Stunden im Voraus zubereitet werden.

ITALIEN

STEAK NACH FLORENTINER ART

BISTECCA ALLA FIORENTINA

DIREKTES GRILLEN
FÜR 2 BIS 3 PERSONEN

Obwohl ich weiß, dass sich die Beschreibung des Gerichts – ein mit Olivenöl bestrichenes, gegrilltes Porterhouse-Steak – nicht nach viel anhört, ist das bistecca alla fiorentina doch eines der Heiligtümer der florentinischen Küche. Und genau da, wie in jedem Kunsthandwerk, liegt das Erreichen der Perfektion im Detail. Bei diesem Gericht bezieht sich dies auf ein gut abgehangenes Steak von einer seltenen Rinderrasse, das auf ungewöhnlich hoher Hitze gegart und mit dem besten für Geld erhältlichen Olivenöl bestrichen wird. Bistecca wird gewöhnlich als T-Bone-Steak übersetzt, obwohl es eigentlich eher ein Porterhouse-Steak ist. Bistecca wird eher aus der Mitte des verlängerten flachen Roastbeefs geschnitten und hat daher einen größeren Anteil an Filet als ein T-Bone-Steak.

Auf Seite 148 erfahren Sie interessantes über einen wahren Meister in der Kunst der Zubereitung von bistecca alla fiorentina. Außerhalb Italiens lässt sich das Rezept nicht nachahmen, jedoch kann man sich der beschriebenen Techniken bedienen, um eine respektable Version des Gerichts mit „normalem" Rindfleisch zu produzieren. Das größte Geheimnis liegt darin, einen Metzger zu finden, der Ihnen ein gut abgehangenes T-Bone-Steak verkaufen kann. Oh, und außerdem brauchen Sie noch ein höchst ungewöhnliches Werkzeug: einen Föhn als Gebläse für die Kohlen!

SPEZIELLE AUSRÜSTUNG

Haarföhn (optional; für die Zubereitung auf dem Holzkohlegrill)

ZUTATEN

1 Porterhouse oder T-Bone-Steak (900-1000 g), mindestens knappe 4 cm dick
Grobes Meersalz und frisch gemahlener schwarzer Pfeffer
120 ml bestes, kaltgepresstes Olivenöl extra vergine (vorzugsweise toskanisches)

1. Den Grill für direktes Grillen bei großer Hitze vorbereiten (Idealerweise hier Holz oder Holzkohle nehmen; die Holzkohle sollte gerade beginnen, Asche zu entwickeln). Wenn Holz oder Holzkohle verwendet werden, die Asche mit dem Haarföhn wegpusten.

2. Sobald die Temperatur erreicht ist, den Grillrost bürsten und ölen. Das Steak in die Mitte des heißen Rosts legen. Sollte auf Holzkohle gegrillt werden, jetzt den Luftstrom des Haarföhns auf die Kohle richten, bis sie rot glühend wird. Das Steak nach Belieben grillen (etwa 6 bis 8 Minuten pro Seite für ein blutig bis medium gegartes Steak) und mit der Grillzange wenden. Beim Wenden großzügig mit Salz und Pfeffer würzen.

3. Wenn die Steaks fertig sind, diese auf einen tiefen Servierteller geben und erneut mit Salz und Pfeffer würzen. Das Olivenöl über das heiße Steak geben und vor dem Servieren 3 Minuten ruhen lassen. Dann die jeweiligen Portionen vom Knochen des Steaks schneiden. Das Olivenöl, das sich in dem tiefen Teller angesammelt hat, mit dem Fleischsaft verrühren und diese Mischung mit einem Löffel als Sauce über die Portionen geben. Eine Flasche Barolo öffnen und eines der besten Steaks dieser Welt genießen.

MITTELAMERIKA

STEAKS NACH NICARAGUANISCHER ART

CHURRASCO

DIREKTES GRILLEN
FÜR 4 PERSONEN

Der Begriff Churrasco wird in ganz Lateinamerika verwendet, um gegrilltes Rindfleisch zu beschreiben, obwohl die genaue Bedeutung von Land zu Land variiert. In Brasilien beispielsweise bezeichnet Churrasco das Grillen. In Nicaragua bezieht es sich auf ein großes, dünnes Steak aus dem Filetstück. Die meisten Steaks werden quer zur Fleischfaser geschnitten, aber das nicaraguanische Churrasco verläuft mit der Faser. Das Ergebnis ist ein flaches, dünnes Stück Fleisch mit einer bemerkenswerten Textur: ein Steak, so zart, dass es mit der Gabel zerteilt werden kann (Und die große Oberfläche des Steaks nimmt das rauchige Aroma der Holzkohlen bereitwillig auf).

Nicaraguanisches Churrasco wird immer mit dreierlei Saucen serviert: Chimichurri (hier auch als Marinade verwendet), salsa marinara (Tomatensauce aus Nicaragua, Seite 472) und eine würzige Sauce aus eingelegten Zwiebeln namens cebollita. Weitere Beilagen sind gebratene Kochbananen (das Rezept für eine schmackhafte Alternative, Gegrillte Kochbananen, finden Sie in diesem Buch auf Seite 416).

VORBEREITUNGSZEIT

30 Minuten für das Marinieren des Fleischs

ZUTATEN

- **1 Stück Rinderfilet (600-700 g), vorzugsweise aus der Mitte**
- **1 großer Bund oder 2 mittelgroße Bunde frische glatte Petersilie, ohne Stiele (etwa 50 g an Blättern)**
- **4 Knoblauchzehen, geschält**
- **240 ml Olivenöl extra vergine**
- **30 ml roter Weinessig, oder mehr, je nach Geschmack**
- **1½ TL Salz, oder mehr, je nach Geschmack**
- **1 TL frisch gemahlener schwarzer Pfeffer, oder mehr, je nach Geschmack**

1. Das Filet auf ein Schneidbrett legen. Das Messer parallel zum Schneidbrett halten und das Fleisch in vier flache, gleichmäßige horizontale Streifen schneiden. Jeden dieser Streifen zwischen zwei Lagen Frischhaltefolie legen und mit der Seite eines Hackmessers oder mit einem Nudelholz zu einer Dicke von gut 5 mm schlagen. Die Steaks in eine Bratform (nicht aus Aluminium) legen.

2. Die Petersilienblätter und den Knoblauch in eine Küchenmaschine geben und sehr fein schneiden. Das Olivenöl, den Weinessig, das Salz, den Pfeffer und 3 EL Wasser hinzufügen und alles vermischen, bis eine dickflüssige Sauce entsteht. Mit Essig, Salz und Pfeffer abschmecken. Die Chimchurri-Marinade sollte gut gewürzt sein. Die Hälfte der Marinade in eine Servierschüssel geben. Die andere Hälfte über das Fleisch gießen. Das marinierte Fleisch für 30 Minuten abgedeckt in den Kühlschrank stellen und während dieser Zeit mehrmals wenden.

3. Den Grill für direktes Grillen bei großer Hitze vorbereiten.

4. Sobald die Temperatur erreicht ist, den Grillrost bürsten und ölen. Das Fleisch abtropfen lassen und auf den heißen Grillrost legen. 2 bis 3 Minuten von beiden Seiten grillen, wenn Sie blutig bis medium gegarte Steaks möchten. Dabei mit der Grillzange wenden. Die Steaks mit der restlichen Chimchurri-Marinade servieren.

CHURRASCO VON FILETSPITZEN

PUNTAS DE CHURRASCO

In Metzgereien werden zuweilen Filetspitzen – die schmalen Enden, die nicht zu Filet-Mignons geschnitten werden können – angeboten. Aus diesen Filetspitzen lässt sich ein wunderbares Churrasco zubereiten (sie sind durchwachsener als die Filetstücke aus der Mitte), und außerdem sind sie auch viel günstiger. Möglicherweise müssen Sie zunächst Schmetterlingsstücke daraus schneiden, um dünne, breite Streifen zu erhalten (siehe den Kasten: Wie man Schweinefleisch oder Rindfleisch einschneidet und aufklappt auf Seite 181).

Ersetzen Sie das Filetstück aus dem Rezept Steaks nach nicaraguanischer Art einfach mit ca. 800 g Filetspitzen (Sie brauchen etwas mehr Fleisch, da die Spitzen mehr Fett haben). Schneiden Sie überflüssiges Fett ab, und verfahren Sie wie bei dem vorangegangenen Rezept.

Auf der Jagd nach dem besten toskanischen Steak

Es war einer jener Tage, an dem das Leben auf der Barbecue-Straße nicht besonders glamourös schien. Mein Ziel rückte mit jedem Kilometer in weitere Ferne, das „nur noch zwanzig Minuten" dauerte Stunde um Stunde.

Meine Frau Barbara und ich waren auf der Suche nach Rezepten für bistecca alla fiorentina (Florentinisches Steak) in die Toskana gereist. Zu dem Zeitpunkt entfernten wir uns aber immer weiter von Florenz und befanden uns schon auf dem Weg nach Umbrien. Die sich windenden Straßen und malerischen Bergkuppen, die ich mit der Toskana verbinde, verwandelten sich in eine Kraftfahrstraße mit LKWs, die Dieselwolken in die Luft stießen, und letztlich in eine Stadt mit horrendem Verkehrsaufkommen. Es schien ein Unheil verheißender Start für unsere Suche nach dem seltenen regionalen Gericht.

Der Ort, an dem wir suchen wollten, war uns jedoch von einer sehr verlässlichen Quelle empfohlen worden. Der Kenner der italienischen Küche und Weinexperte Burton Anderson hatte die Villa Roncalli in einer Art verschwörerischem Flüsterton erwähnt, den Gourmets normalerweise benutzen, wenn sie von einem ihrer persönlichen Lieblingsorte erzählen. „Sie werden einige der letzten Italiener antreffen, die noch richtiges Chianina-Rindfleisch zubereiten", erklärte Herr Anderson. „Ich glaube, dass Sie die Grillmethode interessieren könnte.

Wir verließen die äußerst befahrene Straße und bogen in eine baumbewachsene Seitenstraße ab. Am Ende der Straße erhob sich ein hohes gelbes Gebäude mit grünen Fensterläden und ziegelsteinfarbenen Verzierungen – die Villa Roncalli diente im 17. Jahrhundert als Jagdhütte. Wir hielten unsere Skepsis zurück und bezogen ein einfaches Zimmer, das mit dem herrlichen Leinen und einem Bad ausgestattet war, das selbst für die bescheidensten italienischen Hotels zum Standard gehört.

Wir fanden uns im Speisesaal ein, der abends um acht Uhr öffnete. Das Ambiente sah vielversprechend aus: ein großer quadratischer Raum mit einem halben Dutzend elegant gedeckter Tische. Ein riesiger Bronzeleuchter hing von einer schwindelerregend hohen Decke. Ein ebenso monumentales und gefülltes Weinregal aus Mahagoni bedeckte die hintere Wand. In einer Ecke stand ein hüfthoher Kamin; zu meiner großen Enttäuschung war noch nicht einmal der Funke eines Feuers in Sicht.

Aufgrund von Maßnahmen gegen die Umweltverschmutzung wird in vielen florentinischen Restaurants nicht mehr auf offenem Eichenholzfeuer gekocht. Aber hier auf dem Land? Nun, ich konnte mir nicht erklären wieso die Feuerstelle der Villa Roncalli immer noch kalt und leer war.

Eine hübsche junge Frau in gestärkter, makellos weißer, bodenlanger Schürze betrat auf majestätische Weise den Raum. Maria Luisa Leocastre ist die Tochter des Inhabers, Oberkellnerin und Köchin. „Wenn Sie keine Einwände haben, würde die Küche Ihnen gern eine Menü degustazione zubereiten" (Es werden zwar Speisekarten ausgegeben, aber alle Gäste bekommen degustazione). Ich erwiderte, dass wir natürlich nichts dagegen hätten, aber auch gern bistecca alla fiorentina bestellen würden.

In der Folge wurden uns dann ein köstlicher wilder Blattsalat aus ortie mit geriebenem Parmesan, eine Kürbisblüte gefüllt mit samtigem Ricotta und Kräutern und ein kleines eckiges Stück Fisch mit einer Kruste aus hauchdünnen Kartoffelscheiben serviert. Es gab auch eine wunderbare Suppe aus Bohnen und winzigen Muscheln und ein exquisites kremiges Risotto. Das einzige was fehlte, war das Rindfleisch.

Die Show geht weiter

Dann, um 22.30 Uhr, als ich bereits jegliche Hoffnung auf mein bistecca aufgegeben hatte, betrat Marias Vater Angelo Leocastre den Schauplatz. Er trug ein gebügeltes Jeanshemd, eine Wollhose mit Bügelfalten, einen Krokodilledergürtel und Lederschuhe. Er sah weniger wie ein Meister am Grill als ein Firmenvorstand auf Urlaub aus. Angelo warf einige handvoll Eichescheite auf den Steinboden des Kamins und entfachte das Feuer im Handumdrehen mit einem Gasbrenner. Dann schaltete er ein Gerät ein, das aussah wie ein gigantischer Föhn, und innerhalb von Minuten glühten die Kohlen rot.

Ein richtiges bistecca ist eine Mischung aus einem T-Bone- und einem Porterhouse-Steak (Es wird näher aus der Mitte des Ochsen geschnitten als ein T-Bone-

Steak, daher umfasst es auch ein komplettes Teilstück Filet). Das Steak, das Angelo mir zeigte, war drei Finger dick und so rot wie der dort angebaute Sagrantino in meinem Weinglas. Er warf es auf einen viereckigen Grill mit Füßen über das Feuer.

„Veloce, veloce“, (schnell, schnell) sagt Angelo, und erklärte so mit großer Leidenschaft das Geheimnis eines perfekten bistecca alla fiorentina. Der Schlüssel zum Erfolg ist die hohe Temperatur. Angelo sagte, er könne die heimische Eichenholzkohle mit einem Blasgerät auf bis zu 480 °C bringen. Innerhalb von Minuten hatte das Fleisch eine goldbraune Kruste, das Innere blieb saftig und blutig. Ich sah mit Interesse, dass Angelo das Fleisch erst – mit einer großen Prise Salz und weißem Pfeffer aus getrennten Steinschalen – würzte, nachdem er es gewendet hatte.

Ich maß die Grillzeit mit einer Stoppuhr: genau 6 Minuten pro Seite. Angelo legte das Steak auf eine Servierplatte und begoss es großzügig mit Olivenöl. Großzügig? Ich würde sagen, er hat eher 120 ml grüngoldenes Öl über das Steak gegossen. Das aufsteigende Aroma, das entstand, als das duftende Öl auf das heiße Fleisch traf, ließ das Wasser in meinen Mund zusammenlaufen.

Es gibt Menschen, die behaupten, ein Steak sei ein Steak, sei ein Steak. Sie haben aber Angelos bistecca nie gekostet. Zu sagen, es schnitt sich wie Butter wäre eine maßlose Untertreibung. Zum Geschmack kann ich nur sagen, dass ich noch nie derartiges Rindfleisch gekostet habe. Irgendwie hatte Angelo es geschafft, die Art von Komplexität und Tiefe des Geschmacks zu erreichen, die entsteht, wenn man Parmesankäse drei Jahre reifen lassen würde oder Rotwein für ein paar Jahrzehnte. Das Fleisch war reichhaltig, voll, komplex und vollaromatisch ohne schwer oder angegangen zu schmecken. Es war Rindfleisch wie es auf den Tisch kam, bevor die Viehzüchtung industrialisiert wurde.

Angelo schickte die Kellnerin mit der Gemüseplatte, die sie gerade servieren wollte, zurück. „Wenn Sie fiorentina essen, ist fiorentina alles, was Sie essen. Das einzige passende Gemüse ist Wein.“ Wir tranken große Schwenker des dunkelroten, nach Zedern schmeckenden Rotweins Santoroso. In Anbetracht der Menge an Speisen, die wir zu uns genommen hatten, schafften wir es erstaunlicherweise mit Angelos Hilfe, das bistecca aufzuessen. Den Knochen bekam Angelos Mastiff „Kleiner“, der uns bis zur Hüfte reichte.

Angelos Augen leuchteten vor Freude, als er die Tiere beschrieb, von denen sein bistecca kommt. Ein Chianina-Rind ist ein großer, schneeweißer junger Ochse von eineinhalb Tonnen Gewicht. Der Geschmack ist der Nahrung der Chianina zu verdanken, die ausschließlich von Mais, Bohnen und Gerste ernährt werden. Angelo führte weiter aus, dass sich das Tier nicht für die industrielle Fleischproduktion eignen würde, da es zu lange dauert, bis es geschlachtet werden kann und der „Ertrag“ sich so nicht rechnet.

Angelo kennt noch vielleicht zehn Bauern, die diese Rinderart züchten. „Eine Arbeit aus Liebe“, sagte er. Die Zukunft des Chianina-Rinds sieht nicht besonders gut aus. „Eines Tages werden wir unser gesamtes Fleisch aus Argentinien und Frankreich beziehen“, merkt Angelo an und zuckt dabei merklich zusammen. „Dann wird es kein fiorentina mehr geben.

Der Reifeprozess

Nach dem Essen folgen wir Angelo zu einem Nebengebäude, das als seine Werkstatt dient. Dort weihte er uns in die letzten Geheimnisse seines außerordentlichen bistecca ein. Hier lässt er das Fleisch 30 Tage bei etwa +0,5 °C abhängen. Dabei verliert das Fleisch etwa 15 % des ursprünglichen Gewichts. Wir bewunderten die prosciutti und die Würste, die von den Dachsparren hingen – alle aus eigener Herstellung und drei Jahre gereift. „Wir machen hier alles von Anfang bis Ende selbst“, erklärt Angelo mit Stolz.

Wenn die Zeit kommt, in der die kalten langen Nächte einbrechen, lassen die meisten von uns den Grill stehen. Aber dies ist genau das Wetter, das die Toskaner beim Grillen lieben. In der Toskana wird im Allgemeinen im Haus in einem Kamin gegrillt. Es gibt sogar einen speziellen Rost mit Füßen, auf den das Fleisch über die Kohlen plaziert werden kann.

Auf Seite 146 finden Sie ein Rezept für bistecca alla fiorentina, das so nahe wie möglich an das italienische Original heranreicht. Ich kann mir ehrlich gesagt keinen zwingenderen Grund denken, aus dem Sie das Feuer in Ihrem Grill den ganzen Herbst und Winter brennen lassen sollten.

KOREA

IN SESAM GEGRILLTES KOREANISCHES RINDFLEISCH

BOOL KOGI

DIREKTES GRILLEN
FÜR 6 PERSONEN

Koreanische Grillgerichte kennen zwei Varianten: kalbi kui (Koreanische gegrillte dicke Rippe, Seite 167) und bool kogi, dünne Streifen Rindfleisch, in einer süß-salzigen Sesammarinade eingelegt. Das Gericht ist nach den koreanischen Bezeichnungen für Feuer und Fleisch benannt und wird auf einem Grill zubereitet, der wie ein durchlöcherter umgedrehter Wok aussieht. Bool kogi wird wie moo shu oder fajitas gegessen, jedoch nimmt man statt der Pfannkuchen oder Tortillas Salatblätter. Das Fleisch wird in Römischer Salatblätter gewickelt, in eine Sauce gedippt und verzehrt. Der Kontrast zwischen süß und salzig, würzig und fruchtig, knackigem Salat und zartem Fleisch ist in der Welt des Grillens einzigartig.

VORBEREITUNGSZEIT

1 bis 2 Stunden für das Marinieren des Fleischs

ZUTATEN

900-1000 g Rinderfiletspitzen, oder entbeinte Hüfte
120 ml Sojasauce
65 g Zucker
3 EL Sake, Reiswein oder Cherry
2 EL dunkles asiatisches Sesamöl
8 Knoblauchzehen, in dünne Scheiben geschnitten
4 Frühlingszwiebeln, weiße und grüne Anteile, geputzt und gehackt
2 EL Sesamsamen, geröstet (siehe Hinweis auf Seite 113)
½ TL frisch gemahlener schwarzer Pfeffer
Knoblauch-Kebabs, vorbereitet bis zu Schritt 2 (nach Belieben, siehe Seite 408)
Dip aus Apfelbirnen (Seite 486)
1 Kopf Römischer Salat, in Blätter zerteilt, gewaschen und getrocknet

1. Wenn Filetspitzen verwendet werden, zunächst Schmetterlingsstücke daraus schneiden, um dünne, breite Streifen

DAS SCHNEIDEN EINES SCHMETTERLINGSTEAKS AUS DER HÜFTE

Ein Steak aus der Hüfte sollte 25 bis 30 cm lang und etwa 15 cm breit sein. Legen Sie das Steak mit der kurzen Seite nach vorn und mit der schmaleren Ecke der langen Seite nach rechts zeigend, wenn Sie Rechtshänder sind, nach links zeigend, wenn Sie Linkshänder sind, auf ein Schneidbrett. Dieselbe Technik lässt sich auch bei Filetspitzen anwenden.

1. *Das Steak mit einer Hand flach halten und mit der anderen Hand vorsichtig halbieren. Das Messer dabei parallel zum Schneidbrett führen.*

2. *Weiter bis an das andere Ende des Steaks schneiden, es aber nicht komplett durchtrennen. Den Schnitt bis etwa 5 mm vor die andere Seite führen.*

3. *Das Schmetterlingsteak aufklappen und mit Frischhaltefolie abdecken. Das Fleisch mit dem Fleischklopfer oder der Seite eines schweren Hackmessers flach und gleichmäßig klopfen (es kann dazu auch ein Nudelholz verwendet werden).*

zu erhalten (siehe Hinweis links). Jedes der Stücke sollte etwa 10 cm lang und gute 5 mm dick sein. Wenn Fleisch aus der Hüfte verwendet wird, dieses quer zur Faser in gut 5 mm dicke Scheiben schneiden. Unabhängig davon, welches Fleisch zubereitet wird, die Fleischstücke mit der Seite eines Hackmessers oder einem Nudelholz zwischen zwei Lagen Frischhaltefolie auf 3 mm Dicke schlagen. Das Fleisch in eine Bratform (nicht aus Aluminium) geben und beiseitestellen. Die Marinade zubereiten.

2. Sojasauce mit Zucker, Sake, Sesamöl, Knoblauch, Frühlingszwiebeln, Sesamsamen und Pfeffer in einer kleinen Schüssel verrühren, bis sich der Zucker aufgelöst hat. Die Marinade auf das Fleisch in der Bratform geben und sorgfältig verteilen. Das Fleisch abgedeckt für 1 bis 2 Stunden zum Marinieren in den Kühlschrank stellen.

3. Den Grill für direktes Grillen bei großer Hitze vorbereiten.

4. Sobald die Temperatur erreicht ist, den Grillrost bürsten und ölen. Die Knoblauch-Kebabs (optional) auf den heißen Grillrost geben und 4 bis 5 Minuten grillen. Dann das Fleisch auf den Grill geben und 1 bis 2 Minuten auf jeder Seite grillen, bis es eine schöne braune Farbe angenommen hat. Das Fleisch mit einer Grillzange wenden. Auch die Knoblauch-Kebabs wenden, während das Fleisch gart. Das fertig gegarte Fleisch auf eine Servierplatte geben und den Knoblauch auswickeln.

5. Den Dip aus Apfelbirnen in 6 kleine Schüsseln gießen, eine für jeden Gast. Zum Verzehr werden je ein Stück Fleisch und eine gegrillte Knoblauchzehe (optional) in ein Salatblatt gewickelt. Den Wickel in die Sauce dippen und sofort genießen.

MEXIKO

GEGRILLTES RINDFLEISCH NACH OAXACA-ART

DIREKTES GRILLEN
FÜR 8 PERSONEN

Carne asado (gegrilltes Fleisch) und carnitas (kleine Stücke gegrilltes Fleisch) sind dermaßen beliebte Snacks für Parties oder einfach auf der Straße, dass sie sich zu offiziellen Nationalgerichten qualifizieren. Diese nach Rauch schmeckenden Fleischzubereitungen findet man in Mexiko überall da, wo Menschen beisammen stehen und ein unternehmungslustiger Koch Platz hat, einen Grill aufzustellen.

Das beste carne asado, das ich jemals aß, bekam ich auf dem Mercado 20 de Noviembre in Oaxaca. Der Kontrast zwischen Textur und Gewürzen – Fleisch zum Kauen, knackige Frühlingszwiebeln, saftige Salsa, kühlende Guacamole und feurige Chilis – war so umwerfend wie die Architektur der örtlichen barocken Kirchen.

Reichen Sie Ihren Gästen Gegrilltes Rindfleisch nach Oaxaca-Art, und Sie werden ihnen auf unterhaltsame Weise ein Geschmackserlebnis bieten, das sie so schnell nicht vergessen werden. Dieses Rezept scheint zwar komplex, besteht in Wirklichkeit aber nur aus einer Reihe einfacher Schritte. Möchten Sie völlig authentisch vorgehen, dann garen Sie die Zutaten auf einem Holz- oder Kohlefeuer, nicht über Gas. Mit einem Gasgrill ist das Ergebnis aber auch überzeugend.

2 Bund Frühlingszwiebeln, weiße und grüne Anteile, geputzt
8 Chilischoten der Sorte De Agua, Cubanelle, Stierhorn-Paprika, Jalapeño oder Poblano
Grobes Meersalz
900-1000 g entbeintes Hüftsteak, in breite, gut 5 mm dicke Stücke geschnitten (siehe Hinweis)
16 Weizen- oder Maismehltortillas, oder mehr, ja nach Bedarf
4 Limetten, geachtelt
Guacamole nach Oaxaca-Art (Seite 455)
Salsa Mexicana (Seite 192)

1. Den Grill für direktes Grillen bei großer Hitze vorbereiten.

2. *Wenn ein Holzkohlegrill benutzt wird,* und die Temperatur erreicht ist, die Frühlingszwiebeln und die Chilischoten direkt auf die Kohlen geben. *Wenn ein Gasgrill benutzt wird* (oder die Kohlen nicht ohne größere Umstände bzw. Gefahr zugänglich sind), die Frühlingszwiebeln und die Chilischoten auf den heißen Grillrost legen. 5 Minuten von jeder Seite grillen, dabei mit einer Grillzange wenden, bis sie etwas angekohlt und zart sind. Den Grill weiter brennen lassen.

3. Die gegrillten Frühlingszwiebeln auf eine Servierplatte geben, mit Frischhaltefolie abdecken und bis zum Servieren beiseitestellen. Die angekohlte Schale der Chilischoten mit einem scharfen Messer abkratzen (dabei muss nicht jeder kleine Rest entfernt werden). Die Chilischoten halbieren und die Samen herauskratzen. Die Chilischoten in eine Schüssel geben, mit Frischhaltefolie abdecken und beiseitestellen.

4. Wenn alles soweit ist, dass das Rindfleisch gegrillt werden kann, den Grillrost bürsten und ölen. Das Fleisch großzügig mit Salz würzen und auf den heißen Grillrost legen. Die Steaks 1 bis 4 Minuten von jeder Seite grillen. Nach 4 Minuten sind sie well-done (so mag man das Fleisch in Oaxaca). Die Steaks mit der Grillzange wenden. Während das Fleisch grillt, einige der Tortillas ein paar Sekunden lang auf den Grill legen. Wenn sie erwärmt sind, die Tortil-

Matambre: Ein Sattmacher aus Südamerika

Das „El Palenque" ist vielleicht nicht das schickste Restaurant in Montevideo, Uruguay, aber wenn es um die Zubereitung von Rindfleisch geht, gibt es keinen besseren Ort. Es liegt am Mercado del Puerto (Hafenmarkt), einer überdachten Markthalle aus dem 19. Jahrhundert, der heute das Hauptquartier vieler Grillrestaurants und Imbisse bildet. Das „El Palenque" bietet viele Fleischgerichte und Speisen wie mollejas (gegrilltes Kalbsbries), choto (knuspriger gerollter Dünndarm) und asado de tira (ein langes, dünnes Querstück aus der Rippe), das jeden Teller sprengt.

Mein Lieblingsgericht trägt den kuriosen Namen matambre, und dieser Name sagt eigentlich schon alles. „hambre" ist das spanische Wort für Hunger, und „matar" bedeutet töten. Zusammengesetzt ergibt dieser „Sattmacher" ein typisches südamerikanisches Gericht.

Matambres werden gewöhnlich als gerollte, gefüllte, im Ofen gebratene oder gegrillte Steaks aus der Hüfte beschrieben. Bei einer Reise durch Südamerika lässt sich aber feststellen, dass es sie auch als flaches, einfach zubereitetes Stück Fleisch, das nicht unbedingt aus der Hüfte sein muss, gibt. Ursprünglich wurden Sie als Vorspeise gereicht. Heute gibt es sie aber auch in riesigen Portionen.

Für mich erreicht das matambre des „El Palenque" den absoluten Höhepunkt. Die Version aus Montevideo beinhaltet Würstchen, Karotten, Paprikaschoten und Käse, die in eine nach Oregano und Salbei duftende Scheibe Fleisch aus der Hüfte gewickelt werden und jeden Gürtel sprengt. Die quer geschnittenen Scheiben des Rollbratens sehen aus wie eine Rindfleischspirale mit einem bunten Mosaik aus Gemüse, Käse und Würstchen. Da ich bereits wusste, dass die Portionen im „El Palenque" gigantisch sind, bestellte ich nur einen halben Sattmacher.

las in ein Tuch gewickelt in einem Brotkorb warm halten. Die Steaks auf ein Schneidbrett geben und in dünne Streifen oder gut 1 cm große Würfel schneiden.

5. Schüsseln mit den Limettenachteln, der Guacamole, der Salsa, den Frühlingszwiebeln und den Chilischoten anrichten. Zum Verzehr einige Stücke Rindfleisch auf eine Tortilla legen. Eine Frühlingszwiebel und eine halbe Chilischote daraufgeben. Die Guacamole und die Salsa mit einem Löffel daraufgeben und eines der Limettenachtel darüber auspressen. Die Tortilla aufrollen und genießen.

HINWEIS: Bitten Sie Ihren Metzger, das Fleisch für Sie an der Maschine zu schneiden. Durch das Schneiden in so dünne Scheiben wird das Fleisch zart und vergrößert die Oberfläche, die Hitze und Rauch ausgesetzt ist.

ARGENTINIEN

EIN EINFACHES „MATAMBRE"

MATAMBRE

DIREKTES GRILLEN
FÜR 6 PERSONEN ALS VORSPEISE,
FÜR 4 PERSONEN ALS HAUPTGERICHT

Wörtlich übersetzt bedeutet es „Hungertöter". Der Begriff bezieht sich sowohl auf ein bestimmtes Stück Fleisch als auch die daraus zubereiteten verschiedenen Gerichte. Das hier benötigte Teilstück wird in Nordamerika nicht geschnitten, da es ein großer, etwa 1,25 cm dicker rechteckiger Muskel aus der Rinderbrust ist. Zäh aber aromareich wird matambre am besten immer durchgebraten serviert: Die verlängerte Garezeit hilft, die zähen Fleischfasern aufzubrechen.

Die einfachste Version des matambre – so wie es auch als Vorspeise auf den Estancias (argentinische Ranchs) und in den Steakhäusern Argentiniens serviert wird – besteht aus dem flachen, gewürzten und gegrilltem Stück Fleisch, das in 2,5 cm große Würfel geschnitten und auf Zahnstochern gepiekst gereicht wird. Bei mir zuhause bereite ich das Gericht aus einem Stück Spannrippe zu. Spannrippe wird zwar schmaler geschnitten als matambre, aber die Dicke und Muskelfaserstruktur sind ähnlich. Spannrippe ist zarter, deshalb muss sie nicht so lange gegart werden.

Ein etwas ausgeklügelteres matambre können Sie zubereiten, indem Sie das Fleisch füllen, zu einem Zylinder aufrollen und mehrere Stunden über niedriger Hitze grillen. Anleitungen für diese Zubereitungsart finden Sie auf Seite 156.

Argentinische Wurzeln

Die ersten matambres gab es in Argentinien in der Form von mit Salz und Kräutern gewürzten Steaks, die flach über glühender Kohle gegrillt wurden. So sah auch das matambre aus, dass mir zur Begrüßung auf der Ranch „Estancia La Cinacina" westlich von Buenos Aires gereicht wurde, wo Barbecues und Reitershows für das Publikum ausgerichtet werden. Das Steak wurde in 2,5 cm große Stücke geschnitten, die auf Zahnstochern serviert wurden. Auf diese Weise gereicht ist, das matambre eine köstliche Vorspeise.

Die Verfeinerungen des matambre sind von Restaurant zu Restaurant und von Koch zu Koch verschieden. Das Restaurant „Estancia" in Buenos Aires (nicht zu verwechseln mit der oben erwähnten Ranch) rollt das matambre nur mit etwas Olivenöl, Salz, Pfeffer, Knoblauch, Oregano und Lorbeerblättern gewürzt.

In Brasilien kostete ich herrliches matambre im „Barra Grill" in Rio de Janeiro. Getreu der brasilianischen Tradition war das Fleisch in einer würzigen Marinade auf Knoblauch- und Limettenbasis eingelegt, bevor es dann mit Schinkenspeck und Käse zu einem Rollbraten geformt am Spieß gegrillt wurde.

Wegen der Zähigkeit des Fleischs, das für dieses Gericht verwendet wird, benötigt matambre eine lange Garzeit, damit es zart wird. Man könnte denken, dass eine lange Garzeit über offenem Feuer schwierig, wenn nicht gar unmöglich zu realisieren ist. Die südamerikanischen Profis am Grill verlassen sich dabei aber ganz auf eine sehr clevere Methode. Sie wickeln den Rollbraten in Aluminiumfolie und garen ihn mehrere Stunden über niedriger Flamme. Die Folie schützt das Äußere des Fleischs vor dem Anbrennen und hält den Braten in Form.

Unten und auf Seite 156 finden sie Rezepte für zwei verschiedene matambres, die sich auf dem Grill zubereiten lassen. Ob als kalte Vorspeise oder Hauptgericht serviert, eines ist auf jeden Fall sicher: Sie werden satt!

VORBEREITUNGSZEIT

4 bis 8 Stunden für das Marinieren des Fleischs

SPEZIELLE AUSRÜSTUNG

Zahnstocher zum Servieren

FÜR DAS STEAK UND DIE MARINADE

- 700 g Rindersteaks aus der Spannrippe
- 1 mittelgroße grüne Paprikaschote, entkernt und fein geschnitten
- 2 Knoblauchzehen, gehackt
- 60 ml Olivenöl extra vergine
- 2 EL roter Weinessig
- 1 TL getrockneter Oregano
- ½ TL scharfe, rote Chiliflocken
- ½ TL Salz
- ½ TL fein gemahlener schwarzer Pfeffer
- 2 Lorbeerblätter

FÜR DIE WÜRZMISCHUNG

- 1 TL getrockneter Oregano
- ½ TL scharfe, rote Chiliflocken
- ½ TL Salz
- ½ TL fein gemahlener schwarzer Pfeffer

1. *Für die Zubereitung der Steaks und der Marinade:* die Steaks in eine Bratform (nicht aus Aluminium) geben und während der Zubereitung der Marinade beiseitestellen.

2. Die Paprika mit Knoblauch, Olivenöl, Weinessig, 1 TL Oregano, ½ TL roten Chiliflocken, ½ TL Salz und ½ TL schwarzem Pfeffer in einer kleinen Schüssel gut durchmischen. Die Marinade über die Steaks in die Bratform gießen und alles gut vermischen. Die Lorbeerblätter hinzufügen, die Bratform abdecken und das Fleisch mindestens 4 Stunden im Kühlschrank marinieren lassen – vorzugsweise über Nacht.

3. *Für die Würzmischung:* 1 TL Oregano mit ½ TL rote Chiliflocken, ½ TL Salz und ½ TL schwarzem Pfeffer in einer kleinen Schüssel verrühren.

4. Den Grill für direktes Grillen bei großer Hitze vorbereiten.

5. Sobald die Temperatur erreicht ist, den Grillrost bürsten und ölen. Die Steaks abtropfen lassen, dann auf den heißen Grillrost geben und deren Oberseite mit der Hälfte der Würzmischung bestreuen. Die Steaks 4 Minuten grillen, dann mit der Grillzange wenden und weitere 4 Minuten grillen, bis sie medium oder well-done sind. Streuen Sie nach dem Wenden die andere Hälfte der Würzmischung auf das Fleisch.

6. Die Steaks auf ein Schneidbrett legen und 3 Minuten ruhen lassen. Die Steaks dann in 2,5 cm große Würfel schneiden und zum Servieren auf Zahnstocher spießen.

Argentinische Grillgerichte

Würde man sagen Argentinier lieben Fleisch, so wäre dies die Untertreibung des Jahres. Diese Nation mit über 40 Millionen Einwohnern hat einen Fleischverbrauch wie die USA seit den 1950er Jahren nicht mehr. Buenos Aires hat eine Fülle an Parrillas (Grills), Asado-Grillrestaurants und chop houses. Statistiken lassen sich schwer finden (mir wurde gesagt, sie seien beim letzten Regierungswechsel verlegt worden), aber die von mir grob geschätzte Zahl besagt, dass der durchschnittliche Argentinier zehn bis zwölf Mal in der Woche Fleisch isst.

In Argentinien wird Fleisch entweder als Asado oder Parrilla (ausgesprochen: pa-rie-ja) gegrillt. Asado ist der traditionelle Stil nach der Art eines Ranch-Barbecues: ganze junge Ziegen, Spanferkel, Rinderrippen und -schulter aufrecht an Spießen vor einem Feuer geröstet. Parrilla entspricht der Zubereitung in einem Steakhaus. Zu den Spezialitäten gehören Würstchen, Innereien und riesige Steaks, und das Fleisch wird nach Wunsch gegart. Wenn Sie butterweich gegrilltes Ziegenfleisch, Schweinefleisch oder zarte Rinderrippe mögen, dann ist Asado das Richtige für Sie. Mögen Sie saftige Steaks, brutzelnd und blutig, wählen Sie Parrilla. Sie können sich nicht entscheiden? Das macht nichts, in vielen Restaurants wird beides serviert.

Gauchos und gegrilltes Fleisch

Die Liebe Argentiniens zu gegrilltem Fleisch begann mit den Gauchos, jenen rauen Cowboys, die das Vieh auf den grasbewachsenen Ebenen der Pampa hüteten. Die Ankunft des ersten Kühlschiffs aus Europa in Buenos Aires im Jahr 1876 läutete ein goldenes Zeitalter für die Viehtreiber ein. Die estancieros (Rancher) wurden durch den Verkauf argentinischen Rindfleischs nach Europa Millionäre. Bis zum Jahr 1910 war Buenos Aires zur größten südamerikanischen Stadt angewachsen, und im Vergleich zu der westlichen Hemisphäre wurde es nur von New York an Größe und Reichtum übertroffen. Der Rindfleischexport finanzierte die breiten Straßen, Plätze und extravaganten Gebäude, die Buenos Aires zum „Paris Südamerikas“ machten.

Das Leben der Gauchos wird oft verklärt romantisch dargestellt. Die waschechten Gauchos, häufig mestizos (von gemischter spanischer und indianischer Herkunft), lebten aber kaum ein glamouröses Leben. Sie trugen zwar boinas (Baskenmützen) und rastras (Ledergürtel mit aufgenieteten Münzen) – anhand der Münzen zeigten sie die Höhe ihres Einkommens – mit faccas (südamerikanische Bowie-Messer). Sie tanzten auch den malambo, einen Tanz, bei dem Männer die Bewegungen eines Pferdes nachahmen. Trotzdem führten sie ein einsames Leben am Rande der Gesellschaft und hatten kaum oder gar keinen Kontakt zu Frauen.

Die Gauchos entwickelten das Asado. Ich wollte mir das alles aus der Nähe anschauen und buchte eine Busreise zu einer Ranch namens „Estancia La Cinacina“. Eine Autostunde von Buenos Aires entfernt wird die Landschaft flach und weiträumig. Baumgruppen bewachsen das weite Grasland. Die Ranch gehört der Familie Ramirez, die auf drei Generationen rauer, gutaussehender Gauchos in Baskenmütze, Halstuch und Reiterstiefel gekleidet zurückblickt. Drei Stunden lang unterhielten sie uns mit Wagenrennen, Gauchomusik, dem Taschentuchtanz und Demonstrationen ihrer reiterischen Fähigkeiten. Danach nahmen wir alle zu einem gemeinsamen Cowboy-Mittagessen Platz.

In einem nebenan gelegenen Hof befand sich eine kreisförmige Feuerstelle, an der einer der Angehörigen der Ramirez-Familie die Aufgaben des asador erfüllte und sich um ein Feuer kümmerte, das bereits am Morgen entfacht worden war. Als wir ankamen, waren bereits ganze Rippenhälften vom Rind und vacios (ein Stück Fleisch, das einem Brust- und Schulterstück entspricht) an kreuzförmige Metallspieße gebunden worden und standen vor dem Feuer. Die Steaks standen in einem leichten Winkel von den Flammen weggeneigt, damit der Fleischsaft nicht auf die Kohlen sondern auf den Boden tropft. Das Fleisch wurde 2 bis 3 Stunden geröstet und war hinterher so zart, dass man es mit einem Löffel essen konnte. Die Gewürze bestanden nur aus Salz und frischer Luft – mehr war auch nicht nötig.

Das Asado von der Cinacina-Ranch wurde mit den traditionellen Beilagen serviert: Salat, salsa criollo (ein Relish aus Tomate und Zwiebel) und einer Würzsauce, die einer Vinaigrette ähnelte und Chimichurri genannt wird. Chimichurri ist die nationale argentinische Steak-Sauce, von der es so viele Variationen gibt wie Köche am Grill. Die einfachste Zubereitung besteht aus Olivenöl mit etwas getrocknetem Oregano, scharfen Chiliflocken, Salz und Pfeffer. So wird Chimichurri auch auf der Ranch Cinacina serviert.

In den Städten finden sich dann schon raffiniertere Versionen mit frischer Petersilie, Knoblauch,

Olivenöl und Weinessig. Ich bereite häufig eine Art Pesto zu, manchmal auch mit scharfem Chili. Es gibt auch ein Chimichurri aus Tomaten und Paprikaschoten.

La Cabaña

Zurück in Buenos Aires machte ich mich daran, das Geheimnis des Parrilla zu erkunden. Mein Ziel war das urtümlichste und erste aller argentinischen Steakhäuser, das ehrbare „La Cabaña". Es wurde im Jahr 1935 gegründet und ist seitdem modernisiert, verkleinert und unter neuen Inhabern an anderer Stelle wiedererrichtet worden. In den Anfängen war es aber das für die Welt des Grillens, was Windsor Castle für die englische Königsfamilie ist. Beim Betreten ging man zunächst an einem alten hölzernen Aufbewahrungsschrank für Fleisch und einem Holzkohlegrill mit einer glänzenden Kupferkuppel vorbei. Der Speisesaal hatte die Grandeur eines Jagdschlosses der Tudors.

Man begann mit knusprigen mollejas (gegrilltem Kalbsbries), butterzarten riñones (Nieren), kremigen chinchulin (Innereien), appetitlichen longaniza (würzige Würstchen nach kalabrischer Art) und knusprigen morcillas ohne Pelle (mit Rosinen gespickte süße Blutwurst). Diese und andere ebenso köstliche Gerichte wurden als parrillada (gemischte Grillplatte) auf einem mit Holzkohle befeuerten Hibachi auf dem Tisch serviert. Aber die eigentliche Spezialität war das Rindfleisch. Eine Ranch im Bezirk Junín westlich von Buenos Aires belieferte das „La Cabaña" mit dem Fleisch speziell gezüchteter junger Ochsen, von denen jeder eine halbe Tonne wog. Das bife de lomo (Filet de Mignon) des „La Cabaña" war größer als eine Pampelmuse. Ein einziges costilla (Rippensteak mit Knochen) wog über 1500 g.

Das Rindfleisch wurde mit einem sehr ungewöhnlichen Chimichurri gereicht – eine scharfe rote Paste aus Knoblauch, Chili, Anchovis, Thunfisch aus der Dose und Tomatensauce. Die Anchovis lassen eine Verwandtschaft mit den anderen beiden großen Barbecue-Saucen der Welt ahnen: A.1. und Worcestershire-Sauce. Der Thunfisch erinnert an die köstliche italienische sauce tonnato, die zu kaltem gebratenem Kalbfleisch gereicht wird.

In den meisten argentinischen Steakhäusern ist der Nachtisch eine einfache Angelegenheit. Ein über Holzfeuer zubereiteter Bratapfel oder ein Pudding mit dulce de leche – dunkler, dickflüssiger Karamell aus Milch – dessen Aroma von gebranntem Zucker ein Echo des rauchigen Geschmacks von gegrilltem Fleisch darstellt. Das Abendessen ist ein Ereignis – spät, lang und viel.

Ein Besuch in Costanera Norte

Heute liegt das Zentrum des Grillens nach Parrilla-Art in einem Gebiet namens Costanera Norte, etwa 15 Minuten von der Stadtmitte Buenos Aires entfernt. Vor dreißig Jahren gab es dort nichts außer einem Uferdamm entlang des Flusses Plata. Heute gibt es in Costanera Dutzende von eleganten Restaurants, die Namen tragen wie „Happening" und „Los Años Locos". Das Dekor variiert zwischen Retro und Modern, aber das Essen unterscheidet sich kaum – das heißt, jede Art von Steak und alle Arten von Innereien werden perfekt gegrillt. Gut gekleidete Kunden kommen an den Wochenenden aus Buenos Aires zum Mittagessen hierher.

Ich fand eine Gaststätte, die noch etwas von dem hat, was Costanera einmal ausmachte. In einem nahe gelegenen Hafengebiet haben ein paar junge Männer einen Grillimbiss aufgebaut. Dort im Schatten eines riesigen Montagekrans und inmitten dicker Rauchwolken grillten Männer in verschwitzten roten Jacken eine erstaunliche Anzahl an verschiedenem Fleisch.

Der Grill bestand aus einem Haufen glühender Kohle unter einer Metallplatte, die an Ketten aufgehängt war. Der Rost neigte sich leicht von hinten nach vorn und bot so eine Reihe von Gartemperaturen. Das Fleisch wird im vorderen Bereich scharf angegart und dann zum fertig Garen in den hinteren Bereich geschoben. Ich hätte mich allein an dem Aroma schon satt essen können. Im „Al Potro" werden die Salate ohne besondere Zeremonie aus Plastikschüsseln serviert. Die Gäste essen auf einer wackligen Terrasse mit Blick auf ein Kraftwerk. Der Unterhaltungswert ist mit dem Schauen eines Fußballspiels auf einem kleinen Schwarz-Weiß-Fernseher vergleichbar.

Vegetarier haben es in Argentinien nicht leicht. In den letzten Jahren neigen viele und vor allem gesundheitsbewusste Nordamerikaner und Westeuropäer dazu, Fleisch mit Argwohn zu betrachten, wenn nicht gar mit Missachtung. Ich glaube, ich ernähre mich ebenso gut wie jeder andere auch, und muss sagen, nach einer Woche der Restaurantbesuche in Buenos Aires fühlte ich mich mopsfidel.

URUGUAY

GESTOPFTE RINDERROLLE „MONTEVIDEO“

MATAMBRE

INDIREKTES GRILLEN
FÜR 8 PERSONEN ALS VORSPEISE,
FÜR 4 PERSONEN ALS HAUPTGERICHT

Dieses Gericht hört sich vielleicht kompliziert an, kann aber innerhalb von 15 Minuten zusammengestellt werden. Das Ergebnis sieht aus, als hätten Sie Stunden mit der Zubereitung verbracht. Hier benötigen wir ein Stück Rindfleisch aus der Hüfte. Ich habe dieses Gericht aber auch schon aus Rinderschulter zubereitet. Wenn Sie sich nicht so ganz auf Ihre eigenen Fähigkeiten des Fleischschneidens verlassen können, bitten Sie Ihren Metzger, Schmetterlingssteaks aus dem Fleisch zu schneiden. Auf Seite 152 erfahren Sie noch mehr zum Thema matambre.

GESTOPFTE RINDERROLLE „MONTEVIDEO“

SPEZIELLE AUSRÜSTUNG

Starke Aluminiumfolie; Metallspieße oder Küchenfaden für den Rollbraten

ZUTATEN

½ große, rote Paprikaschote, entkernt
½ große, grüne Paprikaschote, entkernt
1 Stück (170 g) Pecorino
1 Stück (170 g) Krakauer (Wurst)
2 große Eier (optional), hart gekocht, geschält und abgekühlt
1 lange Karotte, geschält
6 dünne Scheiben Schinkenspeck
1 Rindersteak aus der Hüfte (700-800 g) als Schmetterlingssteak (siehe Hinweis auf Seite 150)
Salz und frisch gemahlener schwarzer Pfeffer
1 TL getrockneter Oregano
½ TL getrockneter Salbei

1. Die Paprikaschoten, die Krakauer und den Käse der Länge nach in gut 1 cm dicke Streifen schneiden. Die Eier (optional) und die Karotte der Länge nach vierteln.

2. Den Schinkenspeck auf ein großes, viereckiges Stück starke Aluminiumfolie (60 x 60 cm) legen. Zwischen den einzelnen Schinkenspeckstreifen etwa 2,5 cm Platz lassen (wenn nötig, zwei Stücke Aluminiumfolie nehmen). Die Streifen sollten parallel zur Kante der Arbeitsplatte verlaufen. Das Schmetterlingssteak so auf den Schinkenspeck legen, dass die Faser des Rindfleischs parallel zum Schinkenspeck (und den Zwischenräumen) verläuft.

3. Das Fleisch großzügig mit Salz und Pfeffer würzen sowie mit Oregano und Salbei bestreuen. Jetzt die Wurststreifen von einem Ende zum anderen auf das Fleisch legen, und zwar entlang des Fleischrandes, der Ihnen am nächsten ist. Danach eine Reihe rote Paprikaschotenstreifen legen, gefolgt von Käsestreifen, Karottenstreifen, grüne Paprikaschotenstreifen und den Vierteln der hart gekochten Eier. Den Vorgang wiederholen, bis alle Zutaten aufgebraucht sind, Die letzten 8 cm frei lassen.

4. Das Fleisch mit der Füllung fest aufrollen, beginnend an dem Ihnen am nächsten gelegenen Ende. Die Aluminiumfolie als Hilfe nutzen. Es ist so, als würde eine Biskuitrolle gerollt werden. Das Ende mit den Fleischspießen feststecken oder das matambre mit ein wenig Küchenfaden umwickeln. Den Rollbraten in die Aluminiumfolie wickeln und die Enden zudrehen, sodass die Rolle aussieht wie ein Knallbonbon. An den Enden einige Löcher in die Folie stechen, damit der Dampf später entweichen kann.

5. Den Grill für indirektes Grillen bei mittlerer Hitze vorbereiten. Für dieses Rezept braucht man keine Auffangpfanne.

6. Sobald die Temperatur erreicht ist, das matambre in die Mitte des Grills, weg von den Flammen, legen. Den Grill schließen. Das Fleisch über 1½ bis 2 Stunden garen, bis es sehr zart ist. Ein Gartest kann durchgeführt werden, indem ein Metallspieß durch den Rollbraten gestochen wird. Das Fleisch sollte sich leicht durchstechen lassen, und der Spieß sollte sehr heiß sein, wenn er aus dem Fleisch herausgezogen wird. Wenn ein Holzkohlegrill benutzt wird, müssen nach 1 Stunde auf jeder Seite 10 bis 12 Holzkohlen nachgelegt werden.

7. Das matambre auf ein Schneidbrett legen und dort 10 Minuten ruhen lassen. Die Alufolie und die Metallspieße oder den Küchenfaden entfernen. Den Rollbraten vor dem Servieren in 2,5 cm dicke Scheiben schneiden.

WESTAFRIKA

GEGRILLTES RINDFLEISCH MIT ERDNUSSMEHL

KYINKYINGA

DIREKTES GRILLEN
FÜR 4 PERSONEN

Das erste Mal hörte ich durch einen Archäologen, der mehrere Jahre mit dem Studium westafrikanischer Stämme verbracht hatte, von kyinkyinga (sprich: tschin-tschin-ga). Wenn dort Rind zubereitet wird, dann geschieht dies, indem lange Fleischstreifen vertikal auf Spieße gesteckt werden, die vor einem Lagerfeuer stehen. Das Erdnussmehl mit dem das Fleisch paniert wird, macht das ganze unerwartet knusprig und verleiht ihm einen nussig-süßen Geschmack, der der feurigen Chilimarinade des Fleischs entgegensteht.

Der einzige etwas schwierige Aspekt an diesem Gericht ist das Auffinden von Erdnussmehl. Sollten Sie in einer größeren Stadt leben, finden Sie es vielleicht in einem afrikanischen Gemüseladen oder einem asiatischen Supermarkt. Sollte dies nicht der Fall sein, können Sie auch trocken geröstete Erdnüsse zusammen mit etwas Mehl in einem Küchengerät mahlen.

Aus Gründen der Bequemlichkeit bereite ich das Fleisch nach dem Kebab-Stil zu. Wie immer, lasse ich Ihnen auch hier die Wahl der Anzahl an Chilischoten. Vier Chilis machen das kyinkyinga richtig scharf.

VORBEREITUNGSZEIT

2 bis 3 Stunden für das Marinieren des Fleischs

SPEZIELLE AUSRÜSTUNG

4 lange Metallspieße, oder 8 kurze Bambusspieße und Aluminiumfolie (siehe Erläuterungen auf Seite 23)

FÜR DAS RINDFLEISCH UND DIE MARINADE

700-900 g entbeintes Hüftsteak
1 große Zwiebel, grob geschnitten
1 grüne Paprikaschote, entkernt und in grobe Stücke geschnitten
6 Knoblauchzehen, geschält
1 bis 4 Habañero-Chilischoten, oder 2 bis 8 Jalapeño-Chilischoten, entkernt und grob gehackt (wünschen Sie ein schärferes kyinkyinga, lassen Sie die Samen drin)
2 EL frischer Ingwer, geschält und gehackt
1½ TL Salz
1 TL frisch gemahlener schwarzer Pfeffer
60 ml Erdnussöl

FÜR DIE KEBABS

2 große grüne Paprikaschoten, entkernt und in 2,5 cm große Stücke geschnitten
1 große Zwiebel, in 2,5 cm große Stücke geschnitten
180 g Erdnussmehl (siehe Hinweis)

1. *Zubereitung des Rindfleischs und der Marinade:* Die Sehnen und das überflüssige Fett vom Fleisch entfernen, dieses dann in 2,5 cm große Würfel schneiden. Das Fleisch in eine große Bratform geben.

2. Die Zwiebelstücke mit der Paprika und dem Knoblauch, den Habañeros, dem Ingwer, dem Salz und dem Pfeffer in ein Mixgerät geben und alles fein mixen. Das Erdnussöl hinzufügen und alles zu einer weichen Masse verarbeiten. Die Marinade auf das Fleisch gießen und gleichmäßig verteilen. Das Fleisch abgedeckt für 2 bis 3 Stunden zum Marinieren in den Kühlschrank stellen.

3. *Vorbereitung der Kebabs:* Das Rindfleisch aus der Marinade nehmen und auf die Metallspieße stecken. Dabei mit den Paprika- und Zwiebelstücken abwechseln. Das Mehl auf einen großen Teller geben und die Fleischspieße rundherum darin rollen.

4. Den Grill für direktes Grillen bei großer Hitze vorbereiten.

5. Sobald die Temperatur erreicht ist, den Grillrost bürsten und ölen. Die Spieße so auf den Rost legen, dass die Aluminiumfolie unter den Enden liegt. Die Kebabs nach Geschmack auf allen Seiten grillen (8 bis 12 Minuten im Ganzen). Nach 2 bis 3 Minuten ist das Fleisch blutig bis medium gegart. Die Spieße mit der Grillzange wenden. Sofort servieren.

HINWEIS: Sollten Sie kein Erdnussmehl haben, mahlen Sie 200 g trocken geröstete Erdnüsse mit 40 g Mehl in einer Küchenmaschine so fein wie möglich. Lassen Sie die Maschine dabei in kurzen Schüben laufen. Achten Sie darauf, dass Sie die Erdnüsse nicht zu fein mahlen, denn sie können sehr schnell zu Erdnussbutter werden.

PERU

PERUANISCHE RINDER-KEBABS

ANTICUCHOS

DIREKTES GRILLEN
FÜR 4 PERSONEN

Perus National-Snacks, anticuchos, sind würzige Fleischspieße aus Rinderherz, die auf Zuruf von Straßenverkäufern gegrillt werden. Da Rinderherzen nicht unbedingt Teil der westlichen Ernährungsweise sind, habe ich das Rezept auf Hüftsteaks (oder Filet) umgemünzt. Das klassische Rezept verlangt nach Aji Amarillo und Annattosamen. Aji Amarillo ist ein scharfes gelbes Chilipulver aus einer feurigen peruanischen Chilisorte. Annattosamen sind die orangenfarbenen Samen des karibischen Annattostrauchs, auch Orleans- oder Rukustrauch genannt (Annattosamen sind in lateinamerikanischen Geschäften erhältlich und sehr hart. Mahlen Sie sie mit einer Spezialmühle). Wenn Sie diese Zutaten nicht bekommen können, seien Sie versichert, dass Ihnen mit den unten angegebenen Ersatzzutaten ebenso perfekte anticuchos gelingen werden.

Als Beilage empfehle ich Gemischte Grillkartoffeln aus den Anden (Seite 419).

VORBEREITUNGSZEIT

2 Stunden für das Marinieren des Fleischs

SPEZIELLE AUSRÜSTUNG

4 lange Metallspieße

FÜR DAS RINDFLEISCH UND DIE MARINADE

700 g entbeintes Rinderhüftfleisch oder Rinderfilet
2 Knoblauchzehen, gehackt
2 bis 4 TL Aji Amarillo (Chilipulver oder -paste) oder scharfes Paprikapulver
½ TL gemahlene Annattosamen oder ½ TL gemahlener Gelbwurz
1 TL gemahlener Kreuzkümmel
1 TL Salz
1 TL frisch gemahlener schwarzer Pfeffer
120 ml Olivenöl extra vergine
80 ml Rotweinessig

FÜR DAS GEWÜRZÖL

3 EL Pflanzenöl
1 bis 3 TL Aji Amarillo (Chilipulver oder -paste) oder scharfes Paprikapulver
1 TL Salz
½ TL frisch gemahlener schwarzer Pfeffer
3 EL fein gehackte, glatte Petersilie

FÜR DIE KEBABS

1 mittelgroße grüne Paprikaschote, entkernt und in gut 1 cm große Würfel geschnitten
1 mittelgroße rote oder gelbe Paprikaschote, entkernt und in gut 1 cm große Würfel geschnitten

1. *Zubereitung des Fleischs und der Kebabs:* Alle Sehnen und überschüssiges Fett vom Fleisch entfernen und dieses dann in gut 1 cm große Würfel schneiden. Die Fleischwürfel mit Knoblauch, 2 bis 4 TL Aji Amarillo, Annattosamen, Kreuzkümmel, 1 TL Salz und 1 TL schwarzem Pfeffer in einer großen Auflaufform (nicht aus Aluminium) mischen.

Wie man Fleisch von Fett befreit

In diesem Buch veranlasse ich Sie immer wieder, die verschiedenen Fleischstücke von Sehnen, Knorpel, Häutchen und überflüssigem Fett – nicht allem Fett – zu befreien.

Mit überflüssigem Fett meine ich große Stücke (von 2,5 cm Dicke oder mehr) Fett oder Fettschichten, die dicker als 1 cm sind. In Kreisen der Ernährungswissenschaftler wird Fett als schlecht angesehen (Ich muss es wissen, denn meine Stieftochter ist eine Ernährungswissenschaftlerin), beim Grillen ist es jedoch mehr als erwünscht. Durchwachsene Steaks oder Schulterstücke, die mit einer Fettschicht bedeckt sind, schmecken immer besser als absolut mageres Fleisch.

Der Grund ist einfach: Das Grillen ist eine trockene Kochmethode. Der Einfluss der trockenen Luft trocknet das Fleisch gern aus. Wenn ein gut durchwachsenes Stück Fleisch gart, schmilzt das Fett und hält die Fasern feucht und saftig. Außerdem gibt es nichts köstlicheres, als das feuerverbrannte Fett am Rand einer Rippe oder eines Steaks. Essen Sie es nur nicht ständig. Wenn Sie also das nächste Mal Fleisch schneiden, widerstehen Sie der Versuchung, alles Fett zu entfernen. Ihr Barbecue wird umso besser gelingen.

Die Auflaufform abdecken und das Fleisch für 30 Minuten in den Kühlschrank stellen.

2. Das Olivenöl und den Rotweinessig unterrühren, die Form wieder abdecken und das Fleisch 1½ Stunden im Kühlschrank marinieren lassen.

3. *Zubereitung des Gewürzöls:* Das Pflanzenöl in einem kleinen Topf oder einer kleinen Pfanne erhitzen. 1 bis 3 TL Aji Amarillo, 1 TL Salz und ½ TL schwarzen Pfeffer hinzugeben. Das Gewürzöl auf niedriger Hitze unter Rühren zum Kochen bringen, bis es orangefarben wird und duftet. Etwa 5 Minuten köcheln lassen. Dann die Petersilie unterrühren und alles eine weitere Minute kochen lassen. Den Topf vom Herd nehmen und das Gewürzöl abkühlen lassen.

4. *Zubereitung der Kebabs:* Die Rindfleischwürfel abwechselnd mit den Paprikastücken auf die Metallspieße stecken. Die Kebabs mit der Hälfte des Gewürzöls bestreichen.

5. Den Grill für direktes Grillen bei großer Hitze vorbereiten.

6. Sobald die Temperatur erreicht ist, den Grillrost bürsten und ölen. Die Fleischspieße auf den heißen Rost legen. Die Kebabs 3 bis 4 Minuten pro Seite grillen, wenn Sie blutig bis medium gegartes Fleisch mögen. Die höchste Grillzeit beträgt insgesamt 6 bis 8 Minuten. Mit der Grillzange wenden. Die Kebabs während des Grillens bestreichen. Während der letzten 2 Minuten des Garens die Kebabs nicht mehr bestreichen. Sofort servieren.

BANGLADESCH

BENGALISCHES SHISH KEBAB

DIREKTES GRILLEN
FÜR 8 PERSONEN ALS VORSPEISE, FÜR 4 PERSONEN ALS HAUPTGERICHT

Shish Kebab ist das beliebteste Grillgericht der Welt. Das Fleisch und die Spieße mögen vielleicht variieren, aber das Prinzip – gegrilltes Fleisch am Spieß – bleibt gleich. Dies ist eine bengalische Version, die in Bangladesh gern nach der Schule als Imbiss gegessen wird; so wie Hamburger in den USA. Das Fleisch wird hier zurückhaltender gewürzt als bei indischen Tandoori-Kebabs. Außerdem wird das Fleisch mit der Gewürzmischung eingerieben, bevor das Öl zum Marinieren hinzugefügt wird. So können die Gewürze besser in das Fleisch eindringen. Ich empfehle hier Rinderfilet, Sie können aber auch Filetspitzen oder Rinderhüftfleisch nehmen.

VORBEREITUNGSZEIT

2 Stunden für das Marinieren des Fleischs

SPEZIELLE AUSRÜSTUNG

4 lange Metallspieße oder 8 kurze Bambusspieße und Aluminiumfolie (siehe Hinweis auf Seite 23)

FÜR DAS FLEISCH UND DIE MARINADE

700 g Rinderfilet
3 Knoblauchzehen, gehackt
1 EL gehackter, frischer Ingwer
1 ½ TL Salz
1 EL gemahlener Koriander (siehe Hinweis)
1 TL gemahlener Kreuzkümmel (siehe Hinweis)
1 TL frisch gemahlener schwarzer Pfeffer
½ bis 1 TL Cayennepfeffer
3 EL Pflanzenöl

ZUM ANRICHTEN

Nach Tandoori-Art gebackenes Fladenbrot (Seite 131) oder Pita-Brot
1 Gurke, entkernt (siehe Hinweis auf Seite 454) und in gut 1 cm große Würfel geschnitten
1 Tomate, entkernt (siehe Hinweis auf Seite 454) und in gut 1 cm große Würfel geschnitten
1 kleine Zwiebel, in gut 1 cm große Würfel geschnitten
Bengalische Mango-Tamarinden-Barbecuesauce (nach Belieben; Seite 470)

1. *Zubereitung des Fleischs:* Alle Sehnen und überschüssiges Fett vom Fleisch entfernen, dieses dann in 2,5 cm große Würfel schneiden.

2. Die Fleischwürfel mit Knoblauch, Ingwer, Salz, Koriander, Kreuzkümmel, schwarzem Pfeffer und Cayennepfeffer in eine Schüssel geben und alles gut durchmischen. Das Öl hinzugeben und alles erneut mischen. Das Rindfleisch zugedeckt für 2 Stunden zum Marinieren in den Kühlschrank stellen. Dann die Rindfleischwürfel auf die Spieße stecken.

3. Den Grill für direktes Grillen bei großer Hitze vorbereiten.

4. Sobald die Temperatur erreicht ist, den Grillrost bürsten und ölen. Die Kebabs auf den heißen Rost legen (die Aluminiumfolie unter die Enden der Bambusspieße legen). Die Kebabs 2 bis 3 Minuten pro Seite grillen, wenn Sie blutig bis medium gegartes Fleisch mögen. Die höchste Grillzeit beträgt insgesamt 8 bis 12 Minuten. Mit der Grillzange wenden. Die Fleischspieße auf eine Platte geben.

5. *Zubereitung der Beilage:* Die von Ihnen gewählten Brotlaibe nebeneinander auf den Grill legen. Etwa 20

Sekunden von jeder Seite grillen, bis sie biegsam sind. Die Brote entsprechend der Anzahl an Portionen teilen (sollen die Kebabs als Vorspeise serviert werden, die Brote jeweils halbieren). Das Fleisch von den Spießen nehmen und auf das Brot legen (oder jeweils ein Brot um die Spieße wickeln und das Fleisch abziehen). Etwas von den Gurken-, Tomaten- und Zwiebelwürfel auf das Fleisch geben und etwas Zitronensaft darüberpressen. Die Bengalische Mango-Tamarinden-Barbecuesauce (optional) mit einem Löffel darübergeben oder die Sauce als Dip verwenden. Sofort servieren.

HINWEIS: Das Gericht bekommt zusätzlichen Geschmack, wenn Sie ganze Koriander- und Kreuzkümmelsamen nehmen. Rösten Sie diese 3 bis 5 Minuten leicht in einem trockenen Topf über mittlerer Hitze, bis sie etwas Farbe angenommen haben und duften. Schwenken Sie die Samen dabei öfters (verwenden Sie hier keine antihaftbeschichtete Pfanne). Lassen Sie die Gewürzsamen dann abkühlen, und mahlen Sie diese in einer Küchenmaschine.

RUSSLAND

RUSSISCHES SCHASCHLIK

DIREKTES GRILLEN
FÜR 4 BIS 6 PERSONEN

Die Bewohner Moskaus reisen am Wochenende gern aufs Land. Höchstwahrscheinlich bereiten Sie dann auch diese deftigen Rindfleischspieße zu. Das Reiben der Zwiebel ist eine traditionelle slawische Technik und sorgt dafür, dass der Zwiebelgeschmack durchdringender wird als bei gewürfelten Zwiebeln.

VORBEREITUNGSZEIT

4 bis 8 Stunden für das Marinieren des Fleischs

SPEZIELLE AUSRÜSTUNG

4 bis 6 lange Metallspieße

FÜR DAS FLEISCH UND DIE MARINADE

700-900 g entbeinte Rinderhüfte oder Filetspitzen
1 große Zwiebel, grob geraspelt
6 Knoblauchzehen, gehackt
120 ml trockener Rotwein
60 ml Rotweinessig
3 EL Olivenöl extra vergine
2 Lorbeerblätter
1½ TL Salz
1 TL frisch gemahlener schwarzer Pfeffer

FÜR DIE KEBABS

1 große Zwiebel, in 1,5 cm große Würfel geschnitten
1 große grüne Paprikaschote, entkernt und in gut 1 cm große Würfel geschnitten

1. *Zubereitung des Rindfleischs und der Marinade:* Sämtliche Sehnen und Fettreste vom Fleisch entfernen und dieses in knapp 4 cm große Würfel schneiden.

2. Die geriebene Zwiebel, den Knoblauch, den Wein, den Weinessig, das Olivenöl, die Lorbeerblätter, das Salz und den schwarzen Pfeffer in einer großen Auflaufform (nicht aus Aluminium) mischen. Das Rindfleisch in die Mischung geben und alles gut vermischen. Das Rindfleisch für mindestens 4, vorzugsweise 8 Stunden zugedeckt zum Marinieren in den Kühlschrank stellen. Währenddessen ein oder zwei Mal umrühren.

3. *Zubereitung der Kebabs:* Das Rindfleisch aus der Marinade nehmen und die Marinade beiseitestellen. Die Rindfleischwürfel abwechselnd mit den Zwiebel- und Paprikastücken auf die Spieße stecken.

4. Den Grill für direktes Grillen bei großer Hitze vorbereiten.

5. Sobald die Temperatur erreicht ist, den Grillrost bürsten und ölen. Die Kebabs auf den heißen Rost geben. Die Kebabs 2 bis 3 Minuten pro Seite grillen, wenn Sie blutig bis medium gegartes Fleisch mögen. Die höchste Grillzeit beträgt insgesamt 8 bis 12 Minuten. Mit der Grillzange wenden. Die Fleischspieße während des Grillens mit der Marinade bestreichen. Während der letzten 3 Minuten jedoch nicht mehr. Die Fleischspieße sofort servieren.

NIGERIA

FEURIGES STOCKFLEISCH

SUYAS

DIREKTES GRILLEN
FÜR 8 PERSONEN ALS VORSPEISE,
FÜR 4 PERSONEN ALS HAUPTGERICHT

Das erste Mal begegnete mir „Feuriges Stockfleisch" (ein feuriger Rindfleischspieß) in einem nigerianischen Restaurant in Washington, D.C. Aber es war der Chicagoer Taxifahrer Dozie Nnamah, der erst die richtige Atmosphäre beschrieb, in der man diesen westafrikanischen Imbiss genießen kann. Stellen Sie sich vor, Sie sind um die zwanzig Jahre, und es ist Samstagabend in Lagos. Sie und ein paar

Freunde machen eine Spritztour. Sie drehen das Radio so laut, dass die Windschutzscheibe vibriert und hören Ebenezer Obey, King Sunny Ade oder wer auch immer gerade überall im nigerianischen Radio zu hören ist. Dann besorgen Sie sich einige Sixpacks Gulder oder Premier Bier (Natürlich bleibt der Fahrer davon ausgenommen).

Als letztes machen Sie bei einem Straßenverkäufer Halt, der Stockfleisch verkauft, und erstehen einige dutzend suyas oder feurige Rindfleischspieße. Sie essen das Stockfleisch mit roher Zwiebel und so viel Cayennepfeffer, wie möglich. Das ist auch schon alles – es ist kaum vorstellbar, dass das Leben besser sein könnte, zumindest für einen Abend.

Beachten Sie bitte, dass das Fleisch für dieses Rezept nicht zu mager sein sollte. Es muss schon etwas Fett daran sein, damit das Fleisch beim Garen schön zart wird. Wie immer biete ich auch hier die Wahl in Bezug auf die Menge des verwendeten Cayennepfeffers. Zu Hause würde ich 1 EL Cayennepfeffer für die Marinade nehmen.

Servieren Sie die Rindfleischspieße mit genügend eiskaltem Bier.

VORBEREITUNGSZEIT

1 bis 2 Stunden für das Marinieren des Fleischs

SPEZIELLE AUSRÜSTUNG

20 kurze Bambusspieße und Aluminiumfolie (siehe Hinweis auf Seite 23)

ZUTATEN

700 g entbeinte Rinderhüfte (suchen Sie ein Stück mit Fett aus oder bitten Sie Ihren Metzger um etwas Rinderfett)
3 Würfel Rinderbrühe
1 bis 3 TL Cayennepfeffer und 1 EL zum Anrichten
1 TL frisch gemahlener schwarzer Pfeffer
½ TL Salz
2 EL Pflanzenöl
1 mittelgroße Zwiebel, in gut 1 cm große Würfel geschnitten, zum Anrichten

1. Sämtliche Sehnen und Fettreste vom Fleisch entfernen und dieses in gut 1 cm große Würfel schneiden. Die Brühwürfel in eine große Schüssel krümeln und mit 1 EL Wasser zu einer dicken Paste verrühren. 1 bis 3 TL Cayennepfeffer, den schwarzen Pfeffer und das Salz darunterrühren. Das Fleisch hinzugeben und alles gut vermischen. Das Rindfleisch abgedeckt für 1 bis 2 Stunden zum Marinieren in den Kühlschrank stellen.

2. Das Fleisch aus der Marinade nehmen und jeweils 6 bis 8 Stücke auf einen Spieß spießen. Dabei die Spitze (die letzen 6 mm des Spießes) frei lassen. Das Öl auf einen Teller gießen und die Fleischspieße darin rollen.

3. Den Grill für direktes Grillen bei großer Hitze vorbereiten.

4. Sobald die Temperatur erreicht ist, den Grillrost bürsten und ölen. Die Spieße auf den Grill und die Aluminiumfolie unter deren Enden legen. Die Spieße etwa 2 bis 3 Minuten pro Seite grillen (insgesamt höchstens 8 bis 12 Minuten; siehe Hinweis), bis das Fleisch nach Belieben gegart ist.

5. Die Zwiebel und den restlichen 1 EL Cayennepfeffer jeweils in eine kleine Schüssel geben. Zum Verzehr ein Stück Zwiebel aufspießen und so viel Cayennepfeffer, wie es Ihnen erträglich ist, auf das Fleisch streuen.

HINWEIS: Diese Garzeiten beziehen sich auf gut durchgegartes Fleisch (well-done). Das Stockfleisch, das ich bisher kennen gelernt habe, wurde immer durchgegart – meistens war es aus günstigem Fleisch zubereitet, daher ist auch eine längere Garzeit gefragt, um es zart zu machen. Wenn Sie blutig bis medium gegartes Fleisch servieren möchten, dann verwenden Sie zarteres Fleisch und grillen die Fleischspieße 1½ bis 2 Minuten pro Seite.

IRAN

SCHNELLE PERSISCHE RINDER-KEBABS

DIREKTES GRILLEN
FÜR 4 PERSONEN

Prinzipiell sind iranische Kebabs leicht zuzubereiten, aber sie benötigen ein bis zwei Tage zum Marinieren. Hier stelle ich Ihnen aber ein Rezept für Fleischspieße aus diesem Land vor, die Sie in der Zeit, in der der Grill vorgeheizt wird, zubereiten können. Das Geheimnis liegt in der Verwendung von dünnen Filetscheiben, die so zart sind, dass es keines vorausgehenden Marinierens bedarf.

SPEZIELLE AUSRÜSTUNG

4 flache Metallspieße

ZUTATEN

700 g Filet, sämtliche Sehen und alles Fett entfernt
1 große Zwiebel, in 2,5 cm große Würfel geschnitten
3 EL frischer Limettensaft
3 EL Olivenöl extra vergine
1 EL zerdrückte schwarze Pfefferkörner
Salz
2 EL ungesalzene Butter, an einem Stück
Lavash (Fladenbrot) als Beilage

1. Das Rinderfilet quer in 2,5 cm dicke Scheiben schneiden. Die Scheiben mit der Schnittfläche auf ein Schneidbrett legen und in 2,5 cm breite Streifen schneiden. Dann jeden Streifen in gut 1 cm dicke Stücke schneiden. Die Fleischwürfel auf Spieße stecken und auf eine große Platte (nicht aus Aluminium) legen.

2. Die Zwiebel in einer Küchenmaschine pürieren. Die Zwiebelmasse auf allen Seiten über die Fleischspieße geben.

3. Den Limettensaft, das Olivenöl und die Pfefferkörner in eine kleine Schüssel geben und alles mit einer Gabel vermischen. Mit Salz abschmecken, dann die Marinade über die Spieße gießen. Die Spieße dabei drehen, damit alle Seiten bedeckt werden. Die Kebabs für 15 Minuten marinieren.

4. Den Grill für direktes Grillen bei großer Hitze vorbereiten.

5. Sobald die Temperatur erreicht ist, den Grillrost bürsten und ölen. Die Spieße aus der Marinade nehmen, abtropfen lassen und auf den heißen Rost legen. Nach Geschmack grillen. Ich empfehle 1½ Minuten pro Seite (insgesamt 6 bis 8 Minuten). Iraner bevorzugen ihr Fleisch halbroh.

6. Die Kebabs auf eine Platte geben. Die Butter der Einfachheit halber auf einen Spieß spießen und das Fleisch damit einreiben. Die Kebabs sofort mit dem Fladenbrot servieren. Das Fleisch lässt sich mit einem Stück Brot leicht von den Spießen ziehen.

Straßenhändler-Zentren

Ich esse gern auf der Straße. Ich liebe einfach alles daran – die Schnelligkeit, die Direktheit, die unverfälschten Aromen, die Tatsache, dass man nach der Bestellung bei der gewünschten Zubereitung zusehen kann und das Bestellte sofort essen kann. Ich liebe das auf der Straße verkaufte Essen aus demselben Grund, aus dem ich heimelige, ethnische Restaurants liebe: Der Inhaber steckt die Energie und das Geld in das Essen, nicht in die Dekoration.

Dies gilt insbesondere für Saté-Spieße, Kebabs, anticuchos, tacos al pastor und andere Speisen, die zusammen für das beste auf der Straße zubereitete Essen der Welt stehen. Auf der Suche nach den Grillrezepten der Welt verbrachte ich viele meiner glücklichsten Momente auf Märkten und an Imbissen im Freien, wo man so nah am Grill sitzt, dass man meint, man säße am eigenen Grill im Garten.

Der einzige Nachteil des Essens auf der Straße ist die Hygiene oder besser die mangelnde Hygiene. Fließendes Wasser (ganz zu schweigen von heißem Wasser) ist an vielen Imbissen in der Dritten Welt ein Luxus. Dazu gehören auch Kühlschränke. Die Verkäufer bereiten das Essen meist mit den Händen zu. Der Verzehr der Speisen kann mit einem kulinarischen Roulette verglichen werden. Man weiß nie welcher Biss Magen- und Darminfektionen nach sich zieht.

Vor einigen Jahren hat die Regierung Singapurs in dem Bemühen, das Essen von der Straße hygienischer zu machen, die Straßenhändler in Zentren organisiert, wo die Köche – und die Kunden – gesundheitlichen Nutzen aus Elektrizität, Kühlung, fließendem Wasser und einem Dach über dem Kopf ziehen können. Diese Zentren werden streng von der Regierung überwacht, was zum Ergebnis hat, dass Singapur weltweit einer der sichersten Orte ist, an dem man in Garküchen zubereitetes Essen genießen kann. In Singapur gibt es Dutzende dieser Zentren – drei der besten befinden sich in Newton Circus, Bugis Square und dem restaurierten Clarke Quay.

Die Straßenhändler-Zentren stehen für das beste was Demokratie und freie Marktwirtschaft bieten können. Bei einem Besuch eines dieser Zentren in Singapur werden Sie indonesische Saté-Stände, muslimische Bäckereien, chinesische Nudelküchen und indische Getränkeläden vorfinden. Chinesische Geschäftsmänner mit Handys telefonierend speisen Ellbogen an Ellbogen mit turbantragenden Sikhs.

Andere Länder sind dem Beispiel Singapurs gefolgt und haben mit der Organisation der Straßenhändler in kontrollierten Zentren begonnen. In der Gastronomieabteilung im Untergeschoss des Sarinah-Einkaufszentrums in Djakarta befinden sich Straßenverkäufer, die sich auf alle möglichen indonesischen Gerichte spezialisiert haben, und bieten ihre Waren in einem sauberen Ambiente nach dem modernen westlichen Stil an. In den Untergeschossen der Kaufhäuser Koreas, Japans und Malaysias sind ähnliche Zentren eingerichtet worden. Eines der besten Zentren, Gurney Drive in Panang, hat eine spektakuläre Lage direkt am Wasser. Wo sonst kann man Saté und Rujak mit Blick auf die Andamanen-See genießen?

MAROKKO

RINDER-KEBABS A LA BANI MARINE STREET

**DIREKTES GRILLEN
FÜR 4 PERSONEN**

Die Bani Marine Straße ist eine der Straßen mit vielen Grillrestaurants und -ständen in Marrakesch. Es ist eine viel besuchte Straße, die von dem Marktplatz Jema al-Fna ausgeht. Man braucht dort nicht unbedingt eine Speisekarte, denn die angebotenen Speisen werden in den Schaufenstern gezeigt: Lammkoteletts, Leber, durch Paprika und Cayennepfeffer rötlich gefärbte Merguez-Wurst und dekorativ hergerichtete Massen an kefta (durchgedrehtes, gewürztes Lammfleisch).

Eine Mahlzeit in einem dieser Restaurants ist eine einfache Erfahrung, die jedoch Seelenfrieden bringt: eine Schale Oliven, ein Teller Kebabs, serviert mit scharfer Harissa, einem über dem Feuer gerösteten Brot und einem Relish aus Schalotten (ein ziemlich cleveres Würzmittel, denn die Petersilie neutralisiert den starken Geschmack der Schalotte).

Wie in Indonesien wird auch hier das Fleisch sehr klein gewürfelt, damit es zart bleibt. Es schadet auch nicht, etwas fettiges Rindfleisch oder Rinderfett auf die Spieße und das zarte Filet zu stecken, denn so bleibt das Fleisch feucht.

VORBEREITUNGSZEIT

2 bis 8 Stunden für das Marinieren des Fleischs

SPEZIELLE AUSRÜSTUNG

20 kurze Bambusspieße und ein Stück Aluminiumfolie (siehe Seite 23)

ZUTATEN

700 g Rinderfilet
1 mittelgroße Zwiebel, fein gehackt oder gerieben
15 g fein gehackte, frische glatte Petersilie
1 TL süßes Paprikapulver
1 TL Salz und 1 EL Salz zum Anrichten
½ TL gemahlener Kreuzkümmel und 1 EL Kreuzkümmel zum Anrichten
½ TL frisch gemahlener weißer Pfeffer
2 EL Pflanzenöl
Marokkanisches Schalotten-Relish (Seite 445)
Eine einfache Harissa (Seite 481)
Marokkanisches, französisches oder Pita-Brot

1. Sämtliche Sehnen und Fettreste vom Fleisch entfernen und dieses in gut 1 cm große Würfel schneiden. Die Zwiebel mit der Petersilie, dem Paprikapulver, 1 TL Salz, ½ TL Kreuzkümmel und dem weißen Pfeffer in einer großen Auflaufform verrühren. Das Rindfleisch hinzugeben und alles gut vermengen. Das Fleisch für mindestens 2, vorzugsweise 8 Stunden abgedeckt zum Marinieren in den Kühlschrank stellen. Das Fleisch dann auf die Bambusspieße stecken.

2. Den Grill für direktes Grillen bei großer Hitze vorbereiten.

3. Sobald die Temperatur erreicht ist, den Grillrost bürsten und ölen. Die Spieße auf den Grill und die Aluminiumfolie unter deren Enden legen. Das Fleisch von beiden Seiten nach Geschmack grillen. Nach 3 bis 4 Minuten pro Seite ist das Fleisch medium gegart (insgesamt 6 bis 8 Minuten; Marokkaner essen ihr Fleisch gern ganz durchgegart (welldone)).

4. Zum Servieren jeweils 1 TL Salz und Kreuzkümmel in Schälchen geben und neben die Schalen mit Schalotten-Relish und Harissa auf den Tisch stellen. Das Fleisch von den Spießen ziehen und auf Teller geben. Ihre Gäste können dann ihr Fleisch nach Belieben mit Salz und Kreuzkümmel würzen und Relish sowie Harissa mit einem Löffel daraufgeben. Das Brot in Stücke geschnitten zum Aufsaugen des Fleischsafts reichen.

PORTUGAL

RINDFLEISCH-UND-LORBEER-KEBABS NACH MADEIRA-ART

ESPETADAS

**DIREKTES GRILLEN
FÜR 4 BIS 6 PERSONEN**

In ganz Portugal isst man gerne gegrilltes Fleisch, besonders beliebt ist es aber auf Madeira. Die Restaurants auf dieser hügeligen Insel haben eine ganz spezielle Ausrüstung: einen Metallstab in umgekehrter L-Form an einem Ende eines jeden Tisches. Das Rindfleisch wird auf speziellen Spießen gegrillt, die Ösen an den Enden aufweisen. Das gegrillte Fleisch wird gebracht und unter zeremoniellem Aufwand an den Ösen über den Tischen aufgehängt. Unterhalb des Fleischs steht ein großer Korb mit portugiesischem Brot. Mit der Zeit tropft der Saft aus den Fleischspießen auf das Brot, was damit zu einer ebenso großen Delikatesse wird wie das Rindfleisch selbst. Diesen Effekt können Sie nachahmen, indem Sie die Fleischspieße auf einem mit portugiesischen Brotscheiben ausgelegten Teller servieren. Interessant ist hier noch, dass früher (und heute noch in abgelegenen Landesteilen) das Rindfleisch zum Grillen auf Lorbeeräste gespießt wurde.

VORBEREITUNGSZEIT

4 bis 6 Stunden für das Marinieren des Fleischs

SPEZIELLE AUSRÜSTUNG

4 bis 6 lange Metallspieße

ZUTATEN

700 g Rinderfilet oder Rinderhüfte
60 ml Olivenöl extra vergine
60 ml Rotweinessig
1 Zwiebel, fein gehackt
30 g fein gehackte, frische glatte Petersilie
4 Knoblauchzehen, fein gehackt
1 TL Salz
1 TL frisch gemahlener schwarzer Pfeffer
14 frische Lorbeerblätter
Portugiesisches oder anderes Landbrot mit schöner Kruste zum Anrichten

1. Sämtliche Sehnen und Fettreste vom Fleisch entfernen und dieses in knapp 4 cm große Würfel schneiden. Das Olivenöl mit dem Rotweinessig, der Zwiebel, der Petersilie, dem Knoblauch, dem Salz, dem Pfeffer und 2 der Lorbeerblätter in einer großen Auflaufform (nicht aus Aluminium) verrühren. Das Rindfleisch hinzugeben und alles gut vermengen. Das Fleisch abgedeckt für 4 bis 6 Stunden zum Marinieren in den Kühlschrank stellen.

2. Das Fleisch und die Lorbeerblätter aus der Marinade nehmen. Diese Lorbeerblätter werden jetzt nicht mehr gebraucht. Die Marinade beiseitestellen. Die Fleischwürfel und die restlichen 12 Lorbeerblätter auf die Spieße stecken. Die Lorbeerblätter dabei gleichmäßig auf die Spieße verteilen.

3. Den Grill für direktes Grillen bei großer Hitze vorbereiten.

4. Sobald die Temperatur erreicht ist, den Grillrost bürsten und ölen. Die Spieße auf den Grill legen. Das Fleisch von beiden Seiten nach Geschmack grillen. Mit der Grillzange wenden. Nach 2 bis 3 Minuten pro Seite ist das Fleisch blutig bis medium gegart (insgesamt 8 bis 12 Minuten). Die espetadas während des Grillens mit der Marinade bestreichen, nicht jedoch innerhalb der letzten 3 Minuten der Garzeit.

5. Die espetadas an den Spießen oder ohne Spieße auf Brotscheiben bzw. Brotstücken, die den Fleischsaft aufsaugen, servieren.

VIETNAM

SALATBÜNDEL
MIT GEGRILLTEM RINDFLEISCH

DIREKTES GRILLEN
FÜR 4 PERSONEN ALS VORSPEISE,
FÜR 2-3 PERSONEN ALS HAUPTGERICHT

Dieses Gericht kann man sich wie vietnamesische Tacos vorstellen. Obwohl es das Gericht in Vietnam gar nicht gibt, wurde ich doch durch eine klassische vietnamesische Speise namens bo bun (Rindfleisch mit Reispapier) dazu inspiriert. Es ist eine witzige Kombination aus Salaten, Pasta- und Rindfleischgerichten zu einem einzigen, wohlschmeckenden und mundgerechten Happen. Zudem ist es sehr vielfältig, da es mit jeder Art von Fleisch (oder Meeresfrüchten) und Nudeln zubereitet werden kann. Ich habe schon Thai-Reis-Vermicelli, japanische Soba-Nudeln und Spaghetti verwendet. Im Rezept ist Fleisch aus der Rinderhüfte angegeben, man kann aber genauso gut ein Steak aus dem flachen Roastbeef oder Tafelspitz nehmen.

Reis-Vermicelli sind hauchdünne Reisnudeln. Sie sind in asiatischen Lebensmittelläden, Bioläden und mittlerweile auch vielen Supermärkten erhältlich.

VORBEREITUNGSZEIT

30 Minuten für das Marinieren des Fleischs und das Einweichen der Nudeln

SPEZIELLE AUSRÜSTUNG

24 kurze Bambusspieße und Aluminiumfolie (siehe Hinweis auf Seite 23)

ZUTATEN

1 entbeintes Steak aus der Hüfte (etwa 500 g), circa 2,5 cm dick
Aromatische Zitronengrasmarinade (Rezept folgt)
120 g Reis-Vermicelli, Soba-Nudeln, chinesische Eiernudeln oder Spaghetti
1 Bund frischer Basilikum, vorzugsweise thailändischer, von den Stielen befreit
1 Bund frische Pfefferminze (nach Belieben), von den Stielen befreit
2 Jalapeño-Chilischoten, entkernt und dünn geschnitten (nach Belieben – wenn Sie es schärfer mögen, lassen Sie die Chilisamen in den Schoten)
1 Kopfsalat, in die einzelnen Blätter zerteilt, gewaschen und getrocknet
Thailändische Erdnuss-Sauce (Seite 476)

1. Das Steak auf ein Schneidbrett legen und mit einem scharfen Messer der Länge nach in 3 mm dünne Streifen schneiden. Diese Streifen in eine Auflaufform (nicht aus

Aluminium) geben. Die Aromatische Zitronengrasmarinade hinzufügen und alles gründlich vermengen. Das Fleisch zugedeckt für 30 Minuten zum Marinieren in den Kühlschrank stellen.

2. Wenn Reis-Vermicelli verwendet werden, diese jetzt einweichen. Die Vermicelli dazu in eine Schüssel geben, mit kaltem Wasser bedecken und 30 Minuten stehen lassen (Bei Soba-Nudeln, chinesischen Eiernudeln oder Spaghetti ist kein Einweichen nötig). Die Reisnudeln abtropfen lassen und in drei Litern Wasser innerhalb von 1 bis 3 Minuten weich kochen (bei den anderen Nudelsorten dauert dies etwa 6 bis 8 Minuten). Die Nudeln in ein Sieb abgießen und mit kaltem Wasser abspülen. Die Nudeln erneut abtropfen lassen und dann in eine Schüssel geben. Basilikum, Pfefferminze (optional), Jalapeño-Schoten (optional) und Salatblätter auf Tellern oder in Schalen anrichten. Die Erdnuss-Sauce auf 4 kleine Schalen aufteilen. Die Rindfleischstreifen der Länge nach auf die Spieße stecken.

3. Den Grill für direktes Grillen bei großer Hitze vorbereiten.

4. Sobald die Temperatur erreicht ist, den Grillrost bürsten und ölen. Die Spieße auf den Grill und die Aluminiumfolie unter deren Enden legen. Das Fleisch von beiden Seiten nach Geschmack grillen. Die Spieße mit der Grillzange wenden. Nach 1 bis 2 Minuten pro Seite ist das Fleisch well-done (insgesamt 2 bis 4 Minuten). Die Spieße auf eine Platte geben.

5. Zum Verzehr einen Fleischspieß mit einer Gabel voll Nudeln, etwas Basilikum, einigen Pfefferminzblättern und Jalapeñostückchen in ein Salatblatt wickeln. Dann den Spieß herausziehen (dabei können die Salatblätter wie Ofenhandschuhe eingesetzt werden). Das Bündel in die Thai-Erdnuss-Sauce dippen und in den Mund stecken. Der Kontrast zwischen den verschiedenen Texturen, Temperaturen und Aromen ist umwerfend.

AROMATISCHE ZITRONENGRAS-MARINADE

ERGIBT CA. 250 ML
REICHT FÜR CA. 700 G FLEISCH

Diese Marinade ist ein Beweis für die universelle Anziehungskraft einer der merkwürdigsten und ältesten Kombinationen von Lebensmitteln: Anchovis und Rindfleisch. Die Römer kombinierten sie, wenn sie ihr Fleisch mit liquamen würzten (eingelegte Anchovis-Sauce). Die Italiener führten diese Tradition in Form ihres steak pizzaiola (garniert mit Tomaten und Anchovis) fort. Die vietnamesische Version beinhaltet eine sehr gut gewürzte Marinade auf der Basis von nuoc mam (Fischsauce), einer stark riechenden, aber äußerst schmackhaften Würzung aus eingelegten Anchovis.

3 Stängel frisches Zitronengras, geputzt und grob gehackt, oder 3 Streifen Zitronenschale (jeder Streifen etwa 5 cm lang und gut 1 cm breit), mit einem Gemüseschäler abgeschält
2 große Schalotten, grob gehackt
5 Knoblauchzehen, grob gehackt
3 EL Zucker
5 EL asiatische Fischsauce
3 EL frischer Limettensaft
1 TL frisch gemahlener schwarzer Pfeffer

Das Zitronengras, die Schalotten, den Knoblauch und den Zucker in einen Mörser geben und alles zu einer groben Paste mahlen. Dann die Fischsauce, den Zitronensaft und den Pfeffer hinzufügen. Sollten Mörser und Stößel nicht verfügbar sein, können die Zutaten auch in einem Mixgerät zu einem glatten Püree verarbeitet werden.

THAILAND

ZITRONENGRAS-RINDFLEISCH
MIT ERDNÜSSEN

DIREKTES GRILLEN
FÜR 4 PERSONEN

Variationen dieses delikaten Fleischspießes findet man in ganz Südostasien. Koriander und Zucker scheinen als Gewürze für Rindfleisch vielleicht merkwürdig, aber die Kombination ist einfach brillant. (Schließlich häufen wir ja auch gezuckerte Grillsaucen auf unsere Schultern und Rippen!)

SPEZIELLE AUSRÜSTUNG

Etwa 30 kurze Bambusspieße und Aluminiumfolie (siehe Hinweis auf Seite 23)

ZUTATEN

700 g entbeinte Rinderhüfte oder Oberschale
2 Stängel Zitronengraß, geputzt und in etwa 5 mm breite Stücke geschnitten, oder 2 Streifen Zitronenschale (jeder Streifen etwa 5 cm lang und gute 1 cm breit), mit einem Gemüseschäler abgeschält

2 Knoblauchzehen, geschält
1 EL Koriandersamen
2 EL brauner Zucker
60 ml asiatische Fischsauce
40 g grob gehackte, trocken geröstete Erdnüsse zum Garnieren

1. Die Steaks auf ein Schneidbrett legen und der Länge nach in lange, dünne Streifen schneiden. Jeder der Streifen sollte etwa 3 mm dick, 2,5 cm breit und 10 bis 12 cm lang sein. Das Rindfleisch der Länge nach auf die Spieße stecken. Das Fleisch zur Seite stellen und die Marinade vorbereiten.

2. Das Zitronengras, den Knoblauch, die Koriandersamen und den braunen Zucker in einen Mörser geben und mit dem Stößel zu einer groben Paste mahlen. Sollten Mörser und Stößel nicht verfügbar sein, können die Zutaten auch in einem Mixgerät zu einem glatten Püree verarbeitet werden. Dann die Fischsauce unterrühren. Die Fleischspieße mit der Marinade beträufeln und das Fleisch überall mit der Marinade einreiben. Das Fleisch zugedeckt für 30 Minuten – oder bis der Grill heiß ist – zum Marinieren in den Kühlschrank stellen.

3. Den Grill für direktes Grillen bei großer Hitze vorbereiten.

4. Sobald die Temperatur erreicht ist, den Grillrost bürsten und ölen. Die Spieße auf den Grill und die Aluminiumfolie unter deren Enden legen. Das Fleisch von beiden Seiten nach Geschmack grillen. Die Spieße mit der Grillzange wenden. Nach 1 bis 2 Minuten pro Seite ist das Fleisch medium (insgesamt 2 bis 4 Minuten). Die Spieße mit den gehackten Erdnüssen garnieren und sofort servieren.

VIETNAM

RINDFLEISCHSPIESSE NACH SAIGONER-ART

DIREKTES GRILLEN
FÜR 6 PERSONEN ALS VORSPEISE, FÜR 4 ALS HAUPTGERICHT

Diese winzigen Fleischspieße sind die vietnamesische Version der Satés. Es gibt sie bei den Straßenhändlern überall auf den Märkten in und um Saigon. Die Vietnamesen sind hier sparsam in Bezug auf die Qualität des Fleischs. Ich werte das Gericht aber gerne auf und nehme Filetspitzen (die sehr viel günstiger sind als Filet Mignon). Man kann aber auch dünn geschnittenes Fleisch aus der Hüfte oder Tafelspitz nehmen.

VORBEREITUNGSZEIT

30 Minuten bis 1 Stunde für das Marinieren des Fleischs

SPEZIELLE AUSRÜSTUNG

24 kleine Bambusspieße und Aluminiumfolie (siehe Hinweis auf Seite 23)

ZUTATEN

450 g Rinderfiletspitzen
Aromatische Zitronengrasmarinade (Seite 166)
1 bis 2 EL Pflanzenöl zum Bestreichen
40 g fein gehackte, trocken geröstete Erdnüsse (nach Belieben) zum Garnieren

1. Das Rindfleisch in Stücke von 10 cm Länge, 2,5 cm Breite und gut 5 mm Dicke schneiden. Die Streifen der Länge nach auf die Bambusspieße stecken und in eine Auflaufform (nicht aus Aluminium) legen. Die Aromatische Zitronengrasmarinade hinzugeben und alles gründlich vermengen. Das Fleisch zugedeckt für 30 Minuten bis 1 Stunde zum Marinieren in den Kühlschrank stellen.

2. Den Grill für direktes Grillen bei großer Hitze vorbereiten.

3. Sobald die Temperatur erreicht ist, den Grillrost bürsten und ölen. Die Spieße auf den Grill und die Aluminiumfolie unter deren Enden legen. Das Fleisch mit etwas Öl bestreichen und von beiden Seiten nach Geschmack grillen (insgesamt 2 bis 4 Minuten). Die Spieße mit der Grillzange wenden und wieder mit Öl bestreichen. Nach 1 bis 2 Minuten pro Seite ist das Fleisch medium (die Vietnamesen mögen dieses Gericht so am liebsten). Die Spieße nach Belieben mit den gehackten Erdnüssen garnieren und sofort servieren.

KOREA

KOREANISCHE GEGRILLTE DICKE RIPPE

KALBI KUI

DIREKTES GRILLEN
FÜR 4 PERSONEN

Erwähnen Sie das Wort kalbi einem Koreaner gegenüber, wird ihm das Wasser im Mund zusammenlaufen. In Korea herrscht in Bezug auf dicke Rippe so etwas wie Besessenheit. Dicke Rippe wird beim Grillen so gut begossen, dass das Fleisch zart vom Knochen fällt. Oder sie wird in den delikaten Suppen und schmackhaften Eintöpfen serviert, für die das Land der Morgenruhe berühmt ist. Die beliebteste Art der Zubereitung von kalbi ist jedoch das Grillen. Die koreanischen Köche haben eine geniale Methode zur Handhabung dieses aromatischen Stücks Rindfleisch entwickelt, das zwar aromatisch, aber schwierig zu verzehren ist: Das Fleisch wird in Scheiben angeschnitten, die zu einem hauchdünnen Schmetterlingssteak aufgeschnitten und direkt am Knochen gegrillt werden.

Wenn Sie ein Restaurant in Korea besuchen, wird die Bedienung in die Mitte eines jeden Tisches einen Grill platzieren. So können die Gäste ihr kalbi nach Belieben garen, das Fleisch in Salatblätter wickeln und in eine süß-salzige Birnensauce dippen.

VORBEREITUNGSZEIT

3 Stunden für das Marinieren des Fleischs

FÜR DIE DICKE RIPPE UND DIE MARINADE

900 g dicke Rippe vom Rind, zu 5 cm langen und aufgeschnittenen Streifen vorbereitet (siehe Hinweis unten)
½ asiatische oder normale Birne, geschält und entkernt
2 Knoblauchzehen, geschält
2 Frühlingszwiebeln, weiße und grüne Anteile, geputzt
60 ml Sojasauce
2 EL dunkles asiatisches Sesamöl
2 EL Honig
2 EL Sake oder trockener Sherry
1 EL Zucker
½ Tl frisch gemahlener schwarzer Pfeffer

ZUM ANRICHTEN

1 Kopf Römischer Salat, in die einzelnen Salatblätter zerteilt, gewaschen und getrocknet
Dip aus Apfelbirnen (Seite 486)

1. *Zubereitung des Fleischs und der Marinade:* Die vorbereiteten Rippchen in eine Auflaufform (nicht aus Aluminium) legen.

2. Die Birne, den Knoblauch und die Frühlingszwiebel in grobe Stücke schneiden, diese Zutaten zusammen mit der Sojasauce, dem Sesamöl, dem Honig, dem Sake, dem Zucker

Das Schneiden von Fleisch aus der Rippe für die Zubereitung nach koreanischer Art

Bitten Sie Ihren Metzger, die Rippen auf eine Länge von 5 cm zu schneiden (Die längeren, in Supermärkten verkauften Rippen lassen sich zwar auch aufschneiden, dies ist aber weitaus schwieriger).

1. Eine Rippe in die untere rechte Ecke eines Schneidbretts mit der abgesägten Seite nach vorn gerichtet und mit dem fleischigen Teil nach oben zeigend legen (Linkshänder legen die Rippe in die linke untere Ecke des Schneidbretts und kehren die folgenden Richtungsangaben um).

2. Mit einem kleinen schmalen Messer, das parallel zum Schneidbrett gehalten wird, das Fleisch von rechts nach links entlang der oberen Kante des Knochens bis fast vor das linke Ende durchschneiden und dabei vom Knochen lösen. Das Fleisch nicht ganz durchschneiden, denn es sollte noch ein Teil mit dem Knochen verbunden bleiben. Das Fleisch nach links schlagen und so ein flaches Rechteck schaffen, das noch mit dem Knochen verbunden ist.

3. Jetzt mit dem Messer parallel zum Schneidbrett einen weiteren Schnitt durch das Fleisch führen, etwa zwei Drittel weiter unten und wieder fast bis zur linken Ecke. Den entstandenen Fleischlappen ebenfalls zurückschlagen. Die linke Hälfte dieses Fleischstücks ist doppelt so dick wie die rechte Hälfte.

4. Einen letzten Schnitt durch den dickeren Teil links durchführen; diesmal durch die Mitte, aber nicht bis zur linken Ecke. Das Messer parallel zum Schneidbrett halten. Den entstandenen Fleischlappen aufschlagen. Dieses Fleischstück sollte 10 bis 12 cm lang und etwa 5 cm breit sein und an der rechten Seite am Knochen haften.

5. Beim letzten Schritt wird das Fleisch zart geklopft. Dazu den Streifen Fleisch flach auf das Schneidbrett legen und in beiden diagonalen Richtungen mit dem Rücken eines schweren Messers leicht klopfen, sodass ein Rautenmuster entsteht.

Dies hört sich komplizierter an, als es ist. Das Schneiden und Aufklappen des Rindfleischs ähnelt dem Abrollen einer flachgedrückten Rolle Küchenkrepp.

und dem Pfeffer in ein Mixgerät geben und alles zu einem geschmeidigen Püree verarbeiten. Diese Marinade über das Fleisch in der Auflaufform geben und das Fleisch zugedeckt für 3 Stunden zum Marinieren in den Kühlschrank stellen.

3. Den Grill für direktes Grillen bei großer Hitze vorbereiten.

4. Sobald die Temperatur erreicht ist, den Grillrost bürsten und ölen. Die einzelnen dicken Rippen auf den Grill legen. Das Fleisch von beiden Seiten nach Geschmack grillen (insgesamt 4 bis 6 Minuten). Mit der Grillzange wenden. Nach 2 bis 3 Minuten pro Seite ist das Fleisch well-done (die Koreaner essen dicke Rippe so am liebsten).

5. Zum Verzehr das Fleisch vom Knochen schneiden und in ein Salatblatt wickeln. Das Röllchen in die Sauce dippen und genießen. Nicht das Abknabbern der Knochen vergessen, denn das ist das Beste an einem kalbi kui!

USA

DINOSAURIER-RIPPEN

INDIREKTES GRILLEN
FÜR 4 PERSONEN

Rinderrippe kommt nach Schweinerippe erst an zweiter Stelle – zumindest ist das in Nordamerika der Fall. In Asien denkt man völlig anders darüber. Gegrillte dicke Rippe – kalbi kui – (siehe Seite 167) ist das Nationalgericht Koreas und gebeizte Rinderrippe ist in China sehr beliebt. Das folgende Rezept verschmilzt Ost und West: Die Beize basiert auf einer chinesischen Mischung aus fünf Gewürzen und einer süßen, klebrigen Glasur aus Hoisin-Sauce. Die Garmethode – langes, langsames Grillen unter Rauch – ist 100-prozentig amerikanisch. Die mammuthafte Größe dieser Rippen veranlasste einen jungen Freund von mir, sie Dinosaurier-Rippen zu nennen. So kam dieses Gericht zu seinem Namen.

VORBEREITUNGSZEIT

1 bis 6 Stunden für das Marinieren des Fleischs

SPEZIELLE AUSRÜSTUNG

120 g Holzspäne oder -stücke, eine Stunde lang komplett in kaltes Wasser eingeweicht und abgetropft

FÜR DIE RIPPE

2 Lagen Rinderrippe, enthäutet (je 1100-1500 g; siehe Hinweis)
4 TL chinesisches Fünf-Gewürze-Pulver
1 EL grobes Meersalz
1 EL frisch gemahlener schwarzer Pfeffer
2 TL Knoblauchpulver

FÜR DIE BEIZE UND DIE SAUCE

160 ml Hoisin-Sauce
60 ml Reiswein, Sake oder trockener Sherry, oder mehr, je nach Bedarf
2 EL Honig
2 Knoblauchzehen, zerdrückt
2 TL geriebener frischer Ingwer

1. *Zubereitung der Rippe:* Die Rippen unter kaltem Wasser abspülen und mit Küchenkrepp trocken tupfen. Die chinesische Würzmischung mit Salz, Pfeffer und Knoblauchpulver in eine kleine Schüssel geben. Die Rippen in eine große Auflaufform legen und mit dieser Mixtur einreiben. Das Fleisch abgedeckt für mindestens 1 Stunde, vorzugsweise 4 bis 6 Stunden, zum Marinieren in den Kühlschrank stellen.

2. *Zubereitung der Beize und der Sauce:* Die Hoisin-Sauce mit Reiswein, Honig, Knoblauch und Ingwer mit einem Schneebesen gründlich in einer Schüssel verrühren. Wenn nötig, die Sauce mit etwas mehr Reiswein verdünnen, bis sie die richtige Konsistenz zum Begießen des Fleischs hat. Etwa 120 ml der Hoisin-Mixtur für das Anrichten zur Seite stellen.

3. Den Grill auf indirektes Grillen vorbereiten und eine Auffangpfanne in die Mitte stellen.

Sollte ein Gasgrill benutzt werden, alle Holzspäne in den Räuchermehlkasten geben und den Grill auf hohe Temperatur vorheizen. Sobald Rauch entsteht, die Temperatur auf den mittleren Bereich reduzieren.

Sollte ein Holzkohlegrill benutzt werden, diesen auf mittlere Temperatur vorheizen.

4. Wenn die Temperatur erreicht ist und ein Holzkohlegrill benutzt wird, die Hälfte der Holzspäne auf die Kohlen geben. Den Grillrost bürsten und ölen. Die Rippen auf den geölten Rost über die Auffangpfanne legen und den Grill schließen. Die Rippen 1½ bis 2 Stunden garen, bis das Fleisch sehr zart ist und von den Knochen-Enden geschrumpft ist. Bei einem Holzkohlegrill nach 1 Stunde auf jeder Seite 10 bis 12 Kohlen nachlegen und die restlichen Späne daraufgeben.

5. Mit dem Begießen der Rippen mit der Hoisin-Mixtur während der letzten 30 Minuten des Grillens beginnen. Mehrmals und ein letztes Mal kurz vor dem Servieren begießen. Die Rippen mit der zur Seite gestellten Hoisin-Sauce reichen.

HINWEIS: Ich verwende Rippenstücke von 15 bis 20 cm Länge und 25 bis 30 cm Breite. Jedes Stück zählt 7 Rippen – das ist das Stück, was übrig bleibt, nachdem der Metzger einen Rippenbraten von den Knochen geschnitten hat. Die Rippe sieht vielleicht nicht sehr fleischig aus, ist aber sehr saftig, und zwischen den Rippen steckt doch eine Menge Fleisch.

ARGENTINIEN

ARGENTINISCHE KALB- UND HÜNCHENFLEISCH-KEBABS

DIREKTES GRILLEN
FÜR 4 PERSONEN

Zum ersten Mal probierte ich diese Fleischspieße, nach deren Genuss man den Gürtel ein wenig lockern muss, in dem lauten Steakhaus „La Estancia“ (wörtlich: die Ranch) auf der ebenso lauten Fußgängerstraße Lavalle in der Innenstadt von Buenos Aires. Die Kombination von süß (die Pflaumen) und salzig (das Fleisch und der Speck) ist herzhaft und zieht sich als roter Faden durch die lateinamerikanische Küche. Servieren Sie als Beilage Tomaten-Salsa (Seite 457) oder eine Chimichurri, eine der klassischen argentinischen Knoblauch-Petersilie-Saucen (Seite 478).

SPEZIELLE AUSRÜSTUNG

4 lange Metallspieße

ZUTATEN

450 g entbeintes Kalbfleisch aus dem flachen Roastbeef, in knapp 4 cm große Würfel geschnitten
450 g gehäutete Hühnerbrust ohne Knochen, oder Hühnerschenkel, in knapp 4 cm große Würfel geschnitten
170 g dünn geschnittenes Pancetta, oder Schinkenspeck ohne Schwarte, in knapp 4 cm große Würfel geschnitten
1 mittelgroße rote Paprikaschote, entkernt und in 2,5 cm große Stücke geschnitten
1 mittelgroße Zwiebel, in 2,5 cm große Stück geschnitten
16 große entsteinte Pflaumen
60 ml Olivenöl extra vergine
2 Zitronenschnitze (ungespritzte Zitronen verwenden)
Grobes Meersalz und frisch gemahlener schwarzer Pfeffer

1. Das Kalbfleisch, das Hühnerfleisch, das Pancetta, die Paprikaschote, die Zwiebel und die Pflaumen abwechselnd auf die Spieße stecken. Dafür Sorge tragen, dass das Pancetta neben das Kalb- und Hühnerfleisch zu liegen kommt. Das schmelzende Fett verhindert ein Austrocknen des Fleischs während des Garens.

2. Das Olivenöl in eine kleine Schüssel geben und die Zitronenschnitze darüber auspressen. Die Zitronenschale mit in die Schüssel legen und diese beiseitestellen.

3. Den Grill für direktes Grillen bei großer Hitze vorbereiten.

4. Sobald die Temperatur erreicht ist, den Grillrost bürsten und ölen. Die Fleischspieße auf den Grill legen. Das Kalb- und Hühnerfleisch 3 Minuten von jeder Seite gut durchgaren (insgesamt 12 Minuten). Mit der Grillzange wenden. Die Kebabs während des Grillens mit dem Zitronenöl bestreichen. Die Spieße mit Salz und Pfeffer würzen und sofort servieren.

PHILIPPINEN

GEGRILLTER OCHSENSCHWANZ

KARE KARE

DIREKTES GRILLEN
FÜR 4 PERSONEN

Jede Nation kennt Hausmannskost – herzhafte, unkomplizierte Gerichte, die ohne großes Aufheben oder kulinarischen Anspruch genossen werden. Ein Lieblingsessen der Filipinos ist kare kare, Ochsenschwanz. Traditionellerweise werden die Ochsenschwänze geschmort, aber der Koch Romy Dorotan mag den rauchigen Geschmack, den das Fleisch durch das Grillen erhält. Herr Dorotan ist in Luzon geboren und Inhaber des Restaurants „Cendrillon“ im New Yorker Stadtteil SoHo. Dort serviert er innovative Neuauflagen philippinischer Gerichte.

In Sachen Ochsenschwanz scheinen die Köche in zwei Lager geteilt. Zum einen gibt es Köche, die den beseelten, fleischigen Geschmack mögen, so wie ich, und zum anderen gibt es Köche, die Angst vor dem Verzehr von Ochsenschwänzen haben. Sollten Sie zur letzteren Gruppe gehören, dann lassen Sie mich Ihnen erklären, dass Ochsenschwänze ein unglaubliches Aroma haben, günstig und vermutlich in ihrem Supermarkt vor Ort erhältlich sind. Probieren Sie sie einmal – ich wette, Sie werden sie mögen.

Wenn Sie völlig authentisch vorgehen möchten, wäre noch zu beachten, dass die Ochsenschwänze mit bagoong (philippinische fermentierte Garnelen) zu garnieren sind. Sollten Sie einen Abenteuerdrang in sich verspüren, dann können Sie diese scharfe, salzige Zutat in asiatischen Lebensmittelläden erstehen. Ich muss Sie aber warnen: Bagoong kann ziemlich durchdringend schmecken. Meiner Meinung nach kann man genauso gut einen Schuss Fischsauce oder 1-2 gewürfelte Anchovis nehmen. So ist der Geruch auch milder.

VORBEREITUNGSZEIT

1½ Stunden für das Kochen des Ochsenschwanzes

FÜR DEN OCHSENSCHWANZ

900 g Ochsenschwanz, in knapp 4 cm lange Stücke geschnitten
1 mittelgroße Zwiebel, geviertelt
3 Knoblauchzehen, geschält
1 Lorbeerblatt
Salz und frisch gemahlener schwarzer Pfeffer

FÜR DIE TOMATEN-ERDNUSS-SAUCE

1 EL Olivenöl extra vergine
1 kleine Zwiebel, fein gehackt
1 Knoblauchzehe, gehackt
200 g Tomatenpüree, frisch zubereitet oder aus der Dose
180 ml Brühe der abgekochten Ochsenschwänze
3 EL Erdnussbutter mit Stückchen
3 EL fein gehackte, frische glatte Petersilie
Salz und frisch gemahlener schwarzer Pfeffer

ZUM ANRICHTEN DES OCHSENSCHWANZES

1 EL Olivenöl zum Begießen
Salz und frisch gemahlener schwarzer Pfeffer
2 bis 3 TL bagoong, fein geschnittene Anchovis oder asiatische Fischsauce zum Garnieren (nach Belieben)

1. *Zubereitung des Ochsenschwanzes:* Den Ochsenschwanz in einen großen, schweren Topf mit kaltem Wasser geben, sodass der Ochsenschwanz etwa 10 cm hoch überdeckt sind. Zwiebelviertel, Knoblauchzehen und Lorbeerblatt hinzufügen. Nach Geschmack salzen und pfeffern. Das Wasser auf mittlerer Hitze zum Kochen bringen und den entstehenden Schaum dabei abschöpfen. Die Hitze herunterdrehen und den Ochsenschwanz auf niedriger Hitze im offenen Topf 1 bis 1½ Stunden köcheln lassen, bis sie sehr zart sind. Das Fett ab und zu aus der Brühe schöpfen. Den Ochsenschwanz in der Brühe abkühlen lassen, dann auf einen Teller geben. 60 ml der Brühe für die Tomaten-Erdnuss-Sauce abnehmen. Den Rest für Suppen oder Eintöpfe aufbewahren (siehe Hinweis).

2. *Zubereitung der Sauce:* Das Olivenöl in einer antihaftbeschichteten Pfanne erhitzen. Die Zwiebel und den Knoblauch hineingeben und für 3 Minuten glasig dünsten. Das Tomatenpüree hinzufügen und die Sauce zum Kochen bringen. Die bei Seite gestellte Ochsenschwanzbrühe und die Erdnussbutter unterrühren und die Sauce 5 Minuten einkochen lassen, bis sie dick (bis etwa zur Konsistenz von dickflüssiger Sahne) und aromareich ist. Die Petersilie hinzugeben und die Sauce eine weitere Minute kochen lassen. Die Pfanne vom Herd nehmen nach Belieben mit Salz und Pfeffer abschmecken und die Sauce dann auf niedriger Hitze warm stellen.

3. Den Grill für direktes Grillen bei großer Hitze vorbereiten.

4. Sobald die Temperatur erreicht ist, den Grillrost bürsten und ölen. Den Ochsenschwanz leicht mit dem Olivenöl bestreichen und salzen sowie pfeffern. Den Ochsenschwanz auf den heißen Grill legen. 2 bis 4 Minuten von jeder Seite grillen (insgesamt 4 bis 8 Minuten). Nach den ersten 1 bis 2 Minuten auf jeder Seite mit der Grillzange um 90 Grad drehen. So entsteht ein schönes Kreuzmuster.

5. Die Sauce mit einem Löffel auf die Teller oder eine Servierplatte geben und den Ochsenschwanz darauflegen. Wenn gewünscht, können ein Löffel bagoong, klein geschnittene Anchovis oder ein Spitzer Fischsauce darüber gegeben werden. Sofort servieren.

HINWEIS: Das Gericht kann einen oder sogar mehrere Tage vorher bis zu diesem Punkt vorbereitet werden. Dann den gekochten Ochsenschwanz zugedeckt in den Kühlschrank stellen.

RIPPCHEN AUS MEMPHIS | SEITE 194

KAPITEL 7

VOLL AUF SCHWEIN

Jedes Jahr im Mai kommen tausende von Grillfreaks aus der ganzen Welt nach Memphis, Tennessee, um sich dort einer drei Tage dauernden Grill- und Schlemmerorgie hinzugeben, der Memphis im Mai Grill- und Kochweltmeisterschaft. Die bunten Namen der Mannschaften bei dieser wichtigsten aller Grillmeisterschaften – „Die Terrassenferkel", „Sultan der Schweine", „Jurassic Pork" – lassen schon ganz klar erkennen, wo die Präferenzen der Maîtres des Grills liegen: beim Schweinefleisch.

„Und Oldfield schreit mit keifender Stimme: Oh Ihr Götter, schickt mir ein ganzes Schwein, gegrillt!"

—ALEXANDER POPE

Schweinefleisch ist einfach das perfekte Fleisch zum Grillen. Dank seiner durchwachsenen Struktur bleibt es auch bei sehr langem Garen saftig und hat einen deftigeren Geschmack, der sogar feurigen Chilis, der reichhaltigen chinesischen Fünf-Gewürze-Mischung und aromatischen Barbecuesaucen standhält.

Die Amerikaner sind nicht die Einzigen, die gern die Sau rauslassen. In einer Übersicht über die besten Grillgerichte der Welt würden sicher auch das Jerk-Schweinefleisch aus Jamaika, der balinesische Schweinebraten (bali guling) und Mexikos in Chili mariniertes Schweinefleisch aus Oaxaca (cecina adobada) erscheinen. Ich habe sogar Schweinefleisch-Satés in einem vorwiegend muslimischen Land entdeckt – nämlich in Indonesien – ein Vermächtnis der chinesischen Kaufleute, die sich einst im Stadtteil Old Port in Djakarta niederließen.

Also, rühren Sie die Barbecuesauce an und grillen Sie Ihr eigenes exzellentes Schwein.

KUBA

„HEILIGABEND-SPANFERKEL"

LECHON ASADO

INDIREKTES GRILLEN
FÜR 16 BIS 20 PERSONEN

Spanferkel ist traditionell die Krönung des kubanischen Abendessens in der Nochebuena, am Heiligabend, ein Feiertag, der in den kubanischen Herzen dieselben Emotionen auslöst – und dieselben Verdauungssäfte – wie Thanksgiving (Erntedank) bei den Amerikanern. Am Heiligabend ist der Himmel über Miami mit duftendem Rauch verhangen, da tausende von Hinterhof-Grillfreaks – vom Bauarbeiter bis zum Banker – ganze Ferkel grillen, die über Nacht in einer schmackhaften adobo eingelegt wurden, einer Marinade aus Knoblauch und Bitterorange gewürzt mit Kümmel und Oregano. Dieses Rezept verlangt geradezu nach einem etwas handlicheren Stück Fleisch, z.B. einem frischen, ungewürzten Schinken, was den Vorteil hat, dass man es leichter kaufen und besser im Kühlschrank unterbringen kann.

Die Kubaner haben in der Regel nicht eine so starke Vorliebe für den rauchigen Geschmack, aber man kann durchaus einige Gramm eingeweichte Räucherspäne auf die Kohlen oder in die

Räucherkammer geben, während das Ferkel gart. Wenn Sie einen Gasgrill benutzen, achten Sie darauf, dass Ihre Gasflasche ausreichend gefüllt ist.

VORBEREITUNGSZEIT

8 bis 24 Stunden zum Marinieren des Fleischs; zusätzlich etwa 6 bis 8 Stunden Garzeit

ZUTATEN

- **1 ganzer, frischer Schinken (8000-9000 g, siehe Hinweis)**
- **2 Knoblauchknollen, in Zehen geteilt und geschält**
- **2 EL grobkörniges Salz (z.B. Meersalz)**
- **1 EL getrockneter Oregano**
- **1 EL gemahlener Kümmel**
- **1 EL schwarzer Pfeffer aus der Mühle**
- **ca. 480 ml frischer Bitterorangensaft (siehe Kasten Seite 186),**
- **oder 360 ml frischer Limettensaft plus 120 ml normaler Orangensaft**
- **60 ml natives Olivenöl extra**
- **240 ml trockener Sherry**
- **2 große Zwiebeln, in dünne Ringe geschnitten**
- **4 Lorbeerblätter**
- **ca. 720 ml (doppelte Rezeptmenge) Kubanischer Mojo (siehe nächstes Rezept)**

1. Mit der Spitze eines scharfen Schälmessers in Abständen von je 4 cm das Fleisch von allen Seiten etwa 1,5 cm tief einschneiden. Das Fleisch zur Seite stellen und die Marinade zubereiten.

2. Knoblauch, Salz, Oregano, Kümmel und Pfeffer mit Stößel und Mörser zu einer cremigen Paste vermischen, dann 240 ml Bitterorangensaft und das Olivenöl hinzugeben. Wenn Sie keinen Stößel und Mörser haben, pürieren Sie die Zutaten in einer Küchenmaschine oder mit einem Pürierstab. Den Schinken mit der Marinade gut einreiben und auch in die Schlitze geben. Den Schinken in einen großen Behälter legen und die restlichen 240 ml Bitterorangensaft sowie den Sherry, die Zwiebeln und die Lorbeerblätter hinzufügen. Das Fleisch über Nacht oder bis zu 24 Stunden in der Marinade liegen lassen, dabei einige Male wenden.

3. Den Grill für indirektes Grillen vorbereiten, eine Tropfschale in die Mitte stellen und den Grill auf mittlere Hitze aufheizen.

4. Wenn der Grill aufgeheizt ist, den Schinken mit der Schwarte nach unten über die Tropfschale auf den heißen Grillrost legen und den Grill schließen (Marinade wegschütten). Den

Grillübersicht für Schweinefleisch

FLEISCHSTÜCK	METHODE	Wärmegrad	GARZEIT	
			Medium (ca. 71 °C)	Gut durch (ca. 77 °C)
KOTELETTS UND STEAKS	Direktes Grillen	Starke Hitze	4 bis 6 Minuten pro Seite	Nicht gut durchbraten!
BRATEN				
Lende: 1000-1500 g	Indirektes Grillen	Mittlere Hitze	1 bis 1½ Stunden	Nicht gut durchbraten!
Schulter: 2200-2700 g	Indirektes Grillen	Mittlere Hitze		4 bis 6 Stunden
Frischer Schinken: 8000-9000 g	Indirektes Grillen	Mittlere Hitze		6 bis 10 Stunden
RIPPCHEN				
Baby Back Rippchen: 1000-1250 g	Indirektes Grillen	Mittlere bis schwache Hitze		1¼ bis 1½ Stunden
Spareribs: 1400-1800 g	Indirektes Grillen	Mittlere bis schwache Hitze		1½ bis 2 Stunden

Diese Tabelle dient nur als grobe Richtlinie für die Garzeiten der verschiedenen Fleischstücke. Denken Sie daran, Grillen ist eine Kunst und keine Wissenschaft. Wenn Sie Zweifel haben, halten Sie sich an die in den einzelnen Rezepten angegebenen Garzeiten.

Schinken garen, bis die Haut schön braun und sehr knusprig und das Fleisch sehr zart ist. Bei einem Fleischthermometer mit Sofortanzeige sollte die Kerntemperatur etwa 90 °C betragen (die Kubaner mögen ihr Schweinefleisch etwas mehr durchgebraten). Der ganze Vorgang dauert etwa 6 bis 7 Stunden. Wenn die Haut zu dunkel wird, Alufolie locker über das Fleisch legen oder die Hitze reduzieren. Beim Holzkohlegrill jede Stunde etwa 10 bis 12 neue Kohlen an den Seiten auflegen.

5. Den Schinken auf ein Schneidbrett legen und 15 Minuten ruhen lassen. Das Fleisch vom Knochen lösen und mit einem Hackbeil stückeln oder in dünne Scheiben schneiden (immer ein bisschen knusprige Schwarte mit dazugeben). Die Fleischportionen mit der kubanischen mojo begießen und sofort servieren.

HINWEIS: Man kann für dieses Rezept auch Fleisch aus der Schulter (2000-2500 g) oder der Lende (1000-1500 g) verwenden. Dann braucht man aber nur halb so viel Marinade und die Garzeit reduziert sich auf 4 bis 6 Stunden für die Schulter bzw. 1 bis 1½ Stunden für die Lende.

KUBANISCHER MOJO

ERGIBT ETWA 360 ML

Nein, es wird nicht Mo-jo ausgesprochen. Mojo (mo-ho gesprochen) ist die kubanische Barbecuesauce, eine Art Vinaigrette aus Kümmel und gebratenem Knoblauch, die man über jedes nur erdenkliche Gericht geben kann, von palomilla (kubanisches Steak) auf Seite 140 bis zum Heiligabend-Spanferkel (lechon asado) auf Seite 173. Die Kubaner verwenden für ihren mojo Bitterorangensaft. Bitterorangen gibt es in spanischen Lebensmittelläden zu kaufen, aber man kann auch mit frischem Limettensaft, gesüßt mit etwas normalem Orangensaft einen köstlichen mojo zubereiten. Den mojo in einer dicht schließenden Flasche servieren, sodass man ihn vor dem Servieren noch einmal durchschütteln kann. Dieses Rezept kann man auch leicht verdoppeln; wenn man das lechon asado zubereitet, muss man das sogar. Achten Sie aber darauf, dass Ihr Topf hoch genug für 240 ml heißes Olivenöl ist.

120 ml natives Olivenöl extra
8 große Knoblauchzehen, in hauchdünne Scheiben geschnitten oder fein gehackt
160 ml frischer Bitterorangensaft, oder 120 ml frischer Limettensaft plus 3 EL frischer normaler Orangensaft
1 TL gemahlener Kümmel
1 TL getrockneter Oregano
1 TL Salz, oder mehr
1 TL frisch gemahlener schwarzer Pfeffer, oder mehr
3 EL frischer, gehackter Koriander oder glatte Petersilie

1. Das Olivenöl in einem hohen Topf bei mittlerer Hitze erhitzen. Knoblauch zufügen und 1 bis 2 Minuten rösten, bis er duftet und eine leicht goldbraune Färbung bekommt. Den Knoblauch nicht zu dunkel werden lassen, da er sonst bitter wird. Den Topf vom Herd nehmen und 5 Minuten abkühlen lassen.

2. Bitterorangensaft, Kümmel, Oregano, Salz, Pfeffer und 120 ml Wasser zugeben und ohne Hitze verrühren. Den Topf nun auf den Herd stellen, die Sauce zum Kochen bringen und 2 Minuten sprudelnd kochen lassen. Abschmecken und nach Belieben noch Salz und/oder Pfeffer zufügen. Den mojo bis auf Raumtemperatur abkühlen lassen, dann den Koriander einrühren. Den mojo in ein dicht schließendes Glas oder eine Flasche füllen. Im Glas reichen und vor dem Servieren gut schütteln.

USA

GERUPFTER SCHWEINEBRATEN AUS NORTH CAROLINA

INDIREKTES GRILLEN
FÜR 10 BIS 12 PERSONEN

Das Grillen hat in den verschiedenen Teilen der USA für die verschiedenen Leute verschiedene Bedeutungen. In North Carolina bedeutet es, man bereitet Schweinefleisch, oder um genau zu sein, geräucherte Schweineschulter, mit der indirekten Grillmethode zu, bis das Fleisch so zart ist, dass es sich fast allein vom Knochen löst. Dann wird das Fleisch mit den Fingern oder einer Gabel in mundgerechte Häppchen gerupft. Mit Essigsauce besprenkelt und mit Krautsalat auf einem Hamburgerbrötchen gegessen ist es eins der leckersten Dinge dieses Planeten, und man braucht eigentlich nur eine besondere Zutat: Geduld.

Meine Freundin und Grillgenossin Elizabeth Karmel macht den besten Schweineschulterbraten, den ich je gegessen habe. Elizabeth kommt aus Greensboro in North Carolina, wo sie sozusagen mit gerupftem Schweinebraten aufgewachsen ist. Ihr Geheimnis ist, dass sie den Schweinebraten mit einer Kerntemperatur von fast 90 °C brät – eine höhere Temperatur als in den meisten Kochbüchern empfohlen. Aber diese Temperatur ist erforderlich, um das Schweinefleisch leicht in die feinen, saftigen und zarten Streifen zerpflücken zu können, die für das Grillen in Carolina so charakteristisch sind. Elizabeth benutzt keine Gewürzmischung zum Einreiben, obwohl viele ihrer Landsleute dies tun (Ich persönlich mag ja eine solche Mischung, aber ich lasse Ihnen in diesem Rezept die Wahl).

Ein richtiger Schulterbraten besteht aus der dicken Schulter (dem oberen Teil des Beins mit dem Schulterblatt) und der flachen Schulter (dem eigentlichen Vorderbein), ein Stück Fleisch, das insgesamt ca. 6000-7000 g wiegt und vorwiegend für professionelle Grillwettbewerbe verwendet wird. Für dieses Rezept brauchen Sie nur die dicke Schulter (2250-2750 g), ein gut durchwachsenes Stück, das einen herrlichen Grillbraten ergibt. Das dazu passende Getränk? Ein kaltes Bier oder süße Kirschlimonade.

VORBEREITUNGSZEIT

3 bis 8 Stunden zum Marinieren des Fleischs (wahlweise), zusätzlich 4 bis 6 Stunden zum Garen

SPEZIELLE AUSRÜSTUNG

360 g Räucherspäne aus Hickoryholz, etwa 1 Stunde in kaltem Wasser eingeweicht und abgetropft

FÜR DIE GEWÜRZMARINADE (WAHLWEISE)

1 EL milder Paprika
2 TL brauner Zucker
1½ TL scharfer Paprika
½ TL Selleriesalz
½ TL Knoblauchsalz
½ TL Senfpulver
½ TL frisch gemahlener schwarzer Pfeffer
½ TL Zwiebelpulver
¼ TL Salz

FÜR DEN BRATEN

1 dicke Schulter (Schulterbraten vom Schwein mit Knochen; 2250-2750 g), mit einer dicken Speckschicht (1,5 cm)
Essigsauce (nächstes Rezept)
10 bis 12 Hamburgerbrötchen
Krautsalat aus North Carolina (Rezept gegenüber)

1. *Für die Gewürzmarinade:* milden Paprika, braunen Zucker, scharfen Paprika, Selleriesalz, Knoblauchsalz, Senfpulver, Pfeffer, Zwiebelpulver und Salz in einer Schüssel mit den Fingern gut mischen. Mit Gummi- oder Plastikhandschuhen die Schweineschulter gut von allen Seiten mit der Gewürzmischung einreiben, dann in Frischhaltefolie einwickeln und mindestens 3, besser 8 Stunden kühl stellen.

Wenn Sie keine Gewürzmarinade verwenden, die Schweineschulter großzügig mit dem grobkörnigen Salz und dem schwarzen Pfeffer bestreuen und dann sofort mit dem Garen anfangen.

2. Den Grill für indirektes Grillen vorbereiten und eine Tropfschale in die Mitte des Grills setzen.

Bei einem Gasgrill die Räucherspäne in die Räucherkammer geben und den Grill gut anheizen; sobald sich Rauch entwickelt, die Hitze auf mittlere Hitze reduzieren.

Beim Holzkohlegrill den Grill auf mittlere bis niedrige Hitze aufheizen und den Luftabzug so einstellen, dass eine Temperatur von etwa 150 °C erreicht wird.

3. Wenn der Grill aufgeheizt ist, 60 g Räucherspäne auf die Holzkohle geben (beim Holzkohlegrill). Den Schulterbraten mit der Speckseite nach oben über der Tropfschale auf den heißen Grillrost legen. Den Grill schließen und den Schweinebraten 4 bis 6 Stunden rösten, bis er sehr zart ist und die Kerntemperatur etwa 90 °C beträgt (die Garzeit hängt von der Größe des Bratens und der Grilltemperatur ab). Beim Holzkohlegrill muss man jede Stunde etwa 10 bis 12 neue Holzkohlen an den Seiten auflegen und dann auch immer etwa 30 g Räucherspäne auf beide Seiten geben. Beim Gasgrill muss darauf geachtet werden, dass die Gasflasche zu Beginn voll ist. Wird der Braten zu dunkel, das Fleisch locker mit Alufolie bedecken oder die Hitze reduzieren.

4. Den fertigen Braten auf ein Schneidbrett legen, locker mit Alufolie bedecken und 15 Minuten ruhen lassen.

5. Nun die Haut vom Fleisch ziehen und entsorgen, wenn nötig dabei dicke Gummihandschuhe tragen. Dann das Schweinefleisch in Stücke reißen, dabei Knochen oder Fettstücke weglegen. Mit den Fingerspitzen oder einer Gabel jedes Bratenstück in Streifen von 2,5 bis 5 cm Länge und 3 bis 6 mm Breite rupfen. Dazu braucht man etwas Zeit und Geduld, aber eine gewisse menschliche Note ist erforderlich, um die perfekte Konsistenz hinzubekommen. Wenn Geduld nicht gerade eine Ihrer Tugenden ist, können Sie das Fleisch auch mit einem Hackebeil in kleine Stückchen hacken (viele angesehene Grillbuden in North Carolina servieren gehackten Grillbraten). Die Fleischstreifen nun in eine Bratpfanne geben. 240 - 360 ml Essigsauce unterrühren, gerade genug, damit das Fleisch saftig bleibt, dann die Pfanne mit Alufolie bedecken und etwa 30 Minuten zum Warmhalten auf den Grill stellen.

6. Das gerupfte Schweinefleisch auf Hamburgerbrötchen häufen, Krautsalat darauf geben und servieren. Ihre Gäste können sich nach Belieben noch mehr Essigsauce nehmen.

ESSIGSAUCE

ERGIBT ETWA 1 L

Diese pfeffrig-pikante Essigsauce ist die beliebteste Sauce im östlichen Teil North Carolinas. Im westlichen Teil des Staates ist die Sauce tomatiger und im südlichen Teil North Carolinas regiert die Senfsauce.

ca. 500 ml Apfelessig
ca. 70 g Ketchup plus 2 EL
110 g brauner Zucker, oder mehr
5 TL Salz, oder mehr
4 TL rotes, scharfes Chilipulver
1 TL frisch gemahlener schwarzer Pfeffer
1 TL frisch gemahlener weißer Pfeffer

Essig, Ketchup, Zucker, Salz, Chilipulver, schwarzen und weißen Pfeffer mit 300-350 ml Wasser in einer Schüssel vermischen und rühren, bis sich Zucker und Salz ganz aufgelöst haben. Abschmecken und nach Belieben mehr Zucker und/oder Salz zufügen. Die Sauce sollte pikant, aber nicht ganz sauer sein.

KRAUTSALAT AUS NORTH CAROLINA

ERGIBT ETWA 750 G

Dies ist der einfachste und beste Krautsalat. Keine Zwiebeln. Keine Möhren. Keine Paprika. Keine Mayonnaise. Nur Weißkohl und eine pfeffrige Barbecue-Sauce.

1 kleiner oder ½ großer Weißkohl (etwa 1000 g), Strunk entfernt
240 ml Essigsauce (siehe oben), oder mehr
Salz (nach Geschmack)

Den Kohl mit der Hand oder auf der Reibe oder mit der Reibe der Küchenmaschine fein raspeln. Den Kohl in eine große Schüssel geben und die Essigsauce unterrühren. 10 Minuten ruhen lassen, dann mit Salz und/oder mehr Essigsauce abschmecken.

INDONESIEN

BALINESISCHER SCHWEINEBRATEN

BABI GULING

INDIREKTES GRILLEN ODER DREHSPIESS
FÜR 6 BIS 8 PERSONEN

Gewürztes, gebratenes Schwein – babi guling – ist das bekannteste Gericht auf Bali. Ursprünglich wird babi guling aus einem ganzen, mit einer aromatischen bumbu (Gewürzpaste) gefüllten Spanferkel zubereitet und am Drehspieß über einem Holzkohlefeuer geröstet. Kurkuma, Galgant, Zitronengras und Koriander geben dem Ganzen einen explosiven, unvergesslichen Geschmack.

Das folgende Rezept stammt von Lingah Kepidana, einem außergewöhnlichen Grillmeister aus Bali, der mir zeigte, wie man die Zutaten für die Gewürzpaste in einem Mörser von der Größe einer Badewanne und mit einem etwa baseballgroßen Stößel zermalmt. Kepidana bereitet sein babi guling über einem Feuer in einer halben 200-Liter Blechtonne zu und dreht den wackeligen Spieß mit der Hand.

Ich habe das Rezept etwas abgeändert und verwende ein knochenloses Schulterstück vom Schwein. Spargelbohnen mit frischer Kokosnuss (Seite 115) und Balinesischer gelber Reis (Seite 430) passen hervorragend dazu.

BALINESISCHER SCHWEINEBRATEN

SPEZIELLE AUSRÜSTUNG

Küchengarn oder Metallspieße; Drehspieß (wahlweise)

ZUTATEN

1 Stück Schulterbraten vom Schwein ohne Knochen (1500-1800 g)
4 große Schalotten, geschält
4 bis 8 Thai Chilischoten, oder 2 bis 4 Jalapeño-Schoten
4 Knoblauchzehen, geschält
1 EL frischer Ingwer, geschält und gehackt
1 EL frische Kurkuma, gehackt oder ½ TL gemahlene Kurkuma
1 EL frische Galgantwurzel, gehackt oder mehr frischer Ingwer
3 Stängel frisches Zitronengras, geputzt und fein gehackt (etwa 20 g), oder 3 Streifen Zitronenschale (je 2 x 1,5 cm groß), mit einem Gemüseschäler abgeschnitten
1½ TL gemahlener Koriander
1 TL frischer und fein gemahlener, schwarzer Pfeffer
2 EL frischer Limettensaft
1 EL brauner Zucker
2 TL Salz
5 EL Pflanzenöl, oder mehr

1. Mit einem scharfen Fleischmesser in eine Seite des Schweinebratens eine tiefe Tasche schneiden, einen Rand von etwa 2 cm an beiden Enden lassen und fast bis zur anderen Seite durchschneiden. Das Fleisch beiseite stellen und die Gewürzpaste zubereiten.

2. Schalotten, Thai-Chilis, Knoblauch, Ingwer, Kurkuma, Galgant, Zitronengras, Koriander, schwarzen Pfeffer, Limettensaft, braunen Zucker und Salz in einem Mörser mit dem Stößel zu einer cremigen Paste verarbeiten. Wenn Sie keinen Mörser und Stößel haben, können Sie alle Zutaten in einer Küchenmaschine oder mit einem Pürierstab zu einer Paste vermengen.

3. 3 EL Öl in einem Wok oder einer kleinen beschichteten Kasserolle bei mittlerer Temperatur erhitzen. Die Gewürzpaste hinzufügen und unter gelegentlichem Rühren 5 Minuten rösten, bis die Paste aromatisch riecht und glasig ist (siehe Kasten Seite 178). Die Gewürzpaste vom Herd nehmen und 15 Minuten auf Raumtemperatur abkühlen lassen.

4. Die Hälfte der Gewürzpaste in die vorher in das Fleisch geschnittene Tasche geben. Das Fleisch mit Küchengarn oder Metallspießen in Abständen von je 2,5 cm schließen. Mit einem Teigschaber die restliche Gewürzpaste auf die Außenseite des Fleischs streichen und zur Seite stellen, während der Grill vorbereitet wird.

5. *Für die indirekte Grillmethode* den Grill für indirektes Grillen vorbereiten, eine große Tropfschale in die Mitte des Grills setzen und den Grill bis auf mittlere Hitze aufheizen. Wenn der Grill aufgeheizt ist, den Rost mit Öl einpinseln. Den Braten über der Tropfschale auf den Rost legen. Den Grill schließen und den Braten 1 bis 1½ Stunden garen, bis er von allen Seiten schön braun und gut durchgegart ist, dabei den Braten gelegentlich mit dem restlichen Öl einpinseln. Beim Fleischthermometer mit Sofortanzeige sollte dieses nun eine Kerntemperatur von etwa 90 °C für sehr gut durchgebratenes Fleisch anzeigen (So bevorzugen die Indonesier ihr Schweinefleisch). Beim Holzkohlegrill jede Stunde 10 bis 12 neue Kohlen an den Seiten auflegen.

Wenn ein Drehspieß benutzt wird, den Grill für das Grillen mit Drehspieß vorbereiten, dabei den Angaben des Herstellers folgen und den Grill gut aufheizen. Wenn der Grill aufgeheizt ist, den Braten längs auf den Drehspieß spießen, den Spieß am Grill befestigen und den Braten 1 bis 1½ Stunden rösten, bis er von allen Seiten schön braun und gut durchgegart ist, dabei gelegentlich mit dem restlichen Öl einpinseln. Beim Fleischthermometer mit Sofortanzeige sollte dieses nun eine Kerntemperatur von etwa 90 °C für sehr gut durchgebratenes Fleisch anzeigen. Beim Holzkohlegrill jede Stunde 10 bis 12 neue Kohlen an den Seiten auflegen.

6. Den Braten auf ein Schneidbrett oder eine Platte legen und wenn nötig vom Spieß nehmen. Den Braten 10 Minuten ruhen lassen, dann das Küchengarn oder die Metallspieße entfernen und den Braten in Scheiben schneiden und servieren.

Chilis rösten

Manche Leute reagieren empfindlich auf die beim Rösten der Chilis entstehenden Dämpfe. Achten Sie darauf, dass Ihre Dunstabzugshaube auf höchster Stufe steht oder rösten Sie die Chilis im Freien am Rand des Grills.

BRASILIEN

SCHWEINEROULADEN „RIO“

DIREKTES GRILLEN
ERGIBT 12 ROULADEN FÜR 4 PERSONEN

Diese schmackhaften Schweinerouladen stammen aus der legendären Restaurantkette „Porcão“ in Rio, wo sie auf dem Spieß gegart werden. Ich betrachte sie gerne als brasilianische rollatini. Ich sollte hier vielleicht der Ehrlichkeit halber hinzufügen, dass der Dijonsenf und die Cornichons mein Beitrag zu diesem Rezept sind. Ihr Geschmack bildet einen perfekten Kontrast zum kräftigen Aroma des Greyerzers. Da diese kleinen Rouladen aus magerem Fleisch hergestellt werden sollten, ist es ratsam, das Fett abzuschneiden.

SPEZIELLE AUSRÜSTUNG

Küchengarn oder Zahnstocher

ZUTATEN

700 g Schweinelende, ohne Kochen, Fett wegschneiden
Salz und frisch gemahlener schwarzer Pfeffer
50 g fein geriebener Greyerzer oder Parmesan
3 EL Dijonsenf
1 Scheibe geräucherter oder gekochter Schinken (etwa 60 g und 0,5 cm dick) in etwa bleistiftdünne Streifen geschnitten
1 kleine Zwiebel, in 12 Ecken geschnitten
12 Cornichons, eingelegt (wahlweise)
2 EL natives Olivenöl extra, zum Einpinseln

1. Die Schweinelende quer in 12 dünne Scheiben schneiden oder vom Metzger schneiden lassen (wenn man das Fleisch anfriert, kann man es besser schneiden). Jede Scheibe sollte etwa 10 cm breit und 0,5 cm dick sein. Sind die Scheiben noch zu dick, kann man sie zwischen zwei Lagen Frischhaltefolie legen und mit dem Fleischklopfer, der Seite eines Hackbeils oder einem Nudelholz flachdrücken. Die Fleischscheiben mit Salz und Pfeffer würzen.

2. Den geriebenen Käse in eine flache Schüssel geben. Alle Fleischscheiben in den geriebenen Käse drücken und wenden, bis beide Seiten mit Käse bedeckt sind, überschüssigen Käse abschütteln. Die Fleischscheiben auf der Arbeitsplatte ausbreiten und die Oberseite mit etwas Senf bestreichen. Einen Streifen Schinken, eine Zwiebelecke und ein Cornichon (wenn verwendet) auf das schmale Ende der Scheibe legen, dann das Fleisch fest um die Füllung herum aufrollen, sodass man eine kompakte Rolle erhält. Die Rollen mit dem Garn zubinden oder mit einem Zahnstocher feststecken. Mit Olivenöl einpinseln, auf einen Teller legen und mit dem restlichen Käse bestreuen (siehe Hinweis).

3. Den Grill für direktes Grillen vorbereiten und die Glut auf mittlere Hitze anheizen.

4. Wenn der Grill aufgeheizt ist, den Rost einölen. Die Schweinerouladen auf den heißen Grillrost legen und von allen Seiten 8 bis 10 Minuten grillen, dabei mit der Zange wenden, bis sie überall schön braun und gerade durchgegart sind (sie fühlen sich fest an). Nicht vergessen, das Garn oder die Zahnstocher vor dem Servieren zu entfernen.

HINWEIS: Die Rouladen können schon einige Stunden vorher vorbereitet werden. Dann die Röllchen bis zum Grillen in den Kühlschrank stellen und locker mit Frischhaltefolie bedecken. Erst kurz vor dem Grillen die Rouladen mit dem Öl einpinseln und mit dem Käse bestreuen.

ITALIEN

GEGRILLTE ROSMARIN-SCHWEINELENDE

INDIREKTES GRILLEN ODER DREHSPIESS
FÜR 4 PERSONEN

Seit sechzehn Jahren betreiben Aiello Rosario und seine Frau Luccia D'Ambrosio aus Florenz in Italien ihren blitzsauberen, weißen Lieferwagen als eine Rotisserie. Ihre Spezialität ist ein ganzes Schwein, das kunstvoll ausgebeint, dann mit einer würzigen Paste aus Knoblauch und Rosmarin gefüllt und schließlich über schwelendem Eichenholz geröstet wird. Ich lernte die Beiden auf einem Wochenmarkt in der mittelalterlichen Stadt San Gimignano in der Nähe von Siena kennen. Dort knüpften wir aufgrund ihrer mit nach Kräutern duftenden und mit wunderbar zartem Schweinefleisch belegten Spießbratenbrötchen sehr schnell Kontakt.

Ich habe dieses Rezept sowohl auf dem Drehspieß als auch mit der indirekten Grillmethode zubereitet. Außer einem Ausflug in die Landschaft der Toskana gibt es nichts Besseres.

VORBEREITUNGSZEIT

2 bis 4 Stunden für das Marinieren des Fleischs (wahlweise)

SPEZIELLE AUSRÜSTUNG

Küchengarn, Drehspieß (wahlweise)

ZUTATEN

6 Knoblauchzehen, geschält
1 Bund frischer Rosmarin, entstielt (etwa 10 g Blätter)
1 EL grobkörniges Salz (z.B. Meersalz)
1 EL frisch gemahlener schwarzer Pfeffer
2 EL natives Olivenöl extra
1 ausgebeinter Schweinelendenbraten (1150-1500 g)

1. Knoblauch, Rosmarin, Salz und Pfeffer in einem Mörser mit dem Stößel zu einer cremigen Paste verarbeiten, dann das Öl unterrühren. Wenn Sie keinen Mörser und Stößel haben, können Sie auch alle Zutaten in einer Küchenmaschine oder mit einem Pürierstab zu einer Paste verarbeiten.

2. Mit einem langen, scharfen Messer den Lendenbraten längs fast ganz einschneiden – wie auf Seite 181 beschrieben mit einer Seite anfangen (das Fleisch nicht klopfen). Das Fleisch wie ein Buch aufschlagen, dann längs eine Tasche in die Mitte jeder Seite schneiden, dabei an beiden Enden einen Rand von etwa 1,5 cm lassen und fast bis zur anderen Seite durchschneiden. Die Hälfte der Kräuterpaste auf der Oberfläche verteilen und in die Taschen des ausgebreiteten Fleischs geben, dann die Seiten wieder zusammenschlagen, sodass der Braten jetzt wieder seine ursprüngliche Form hat. Mit Küchengarn den Braten in kurzen Abständen (2,5 cm) zusammenbinden und dann die restliche Kräuterpaste auf die Außenseite des Bratens streichen. Nach Bedarf den Braten lose mit Frischhaltefolie bedecken und 2 bis 4 Stunden im Kühlschrank ziehen lassen. Während der Grill aufheizt, wieder aus dem Kühlschrank nehmen.

3. *Für die indirekte Grillmethode* den Grill für indirektes Grillen vorbereiten, eine große Tropfschale in die Mitte des Grills setzen und den Grill auf mittlere Hitze aufheizen. Wenn der Grill aufgeheizt ist, den Rost mit Öl einpinseln. Den Braten über die Tropfschale auf den heißen Rost legen. Den Grill schließen und den Braten 1 bis 1½ Stunden garen, bis er von allen Seiten schön braun und gut durchgegart ist. Beim Fleischthermometer mit Sofortanzeige sollte dieses nun eine Kerntemperatur von etwa 71 °C anzeigen. Beim Holzkohlegrill jede Stunde 10 bis 12 neue Kohlen an den Seiten auflegen.

Wenn ein Drehspieß benutzt wird, den Grill für das Grillen mit Drehspieß vorbereiten, dabei den Angaben des Herstellers folgen und den Grill gut aufheizen. Wenn der Grill aufgeheizt ist, den Braten längs auf den Drehspieß spießen, den Spieß am Grill befestigen und den Braten 1 bis 1½ Stunden garen, bis er von allen Seiten schön braun und gut durchgegart ist. Beim Fleischthermometer mit Sofortanzeige sollte dieses nun eine Kerntemperatur von etwa 71 °C anzeigen.

4. Den Braten auf ein Schneidbrett oder eine Platte legen und 5 Minuten ruhen lassen, dann das Garn entfernen. Den Braten in Scheiben schneiden und heiß, warm oder (wie in Italien) bei Zimmertemperatur servieren.

SPANIEN

SCHWEINEBRATEN NACH ART DER MAUREN

PINCHOS MORUNOS

DIREKTES GRILLEN
ALS VORSPEISE FÜR 8 PERSONEN,
ALS HAUPTSPEISE FÜR 4 PERSONEN

Gerichte, die aus dem Zusammentreffen zweier Kulturen entstehen – wie dieses als Tapa in Spanien beliebte Kebab – haben mich schon immer fasziniert. Der spanische Name des Gerichts bedeutet maurische Kebabs und die Gewürze – scharfer Pfeffer, Kümmel und Koriander – sind typisch für Nordafrika. Aber kein gläubiger Muslim würde die Kebabs aus dem in Spanien so beliebten Schweinefleisch zubereiten. Hier ist also ein Gericht, das aus der Verbindung zweier Kulturen und Kontinente geboren wurde.

VORBEREITUNGSZEIT

4 bis 8 Stunden zum Marinieren des Fleischs

SPEZIELLE AUSRÜSTUNG

8 lange Metallspieße

ZUTATEN

ca. 1000 g Schweinelende oder -filet, ohne Knochen
1 mittelgroße Zwiebel, fein gewürfelt
3 Knoblauchzehen, zerdrückt
3 EL gehackte, frische, glatte Petersilie
1 EL Paprika, vorzugsweise spanischer
½ TL getrocknete rote Pfefferschote, gemahlen
½ TL gemahlener Kümmel
½ TL gemahlener Koriander
½ TL getrockneter Oregano
¼ TL Safranfäden, zerkrümelt
4 EL natives Olivenöl extra
2 EL Rotweinessig
2 EL trockener Sherry oder Weißwein
1 TL Salz
½ TL frisch gemahlener schwarzer Pfeffer

WIE MAN SCHWEINEFLEISCH ODER RINDFLEISCH EINSCHNEIDET UND AUFKLAPPT

Bei einigen Rezepten verwendet man Fleischstücke, die eingeschnitten und aufgeklappt werden müssen (Schmetterlingsschnitt). Manchmal muss man die Teile dann gleichmäßig flach klopfen. Hier zeige ich Ihnen, wie man das macht.

Für breite, dicke (2,5 cm) Stücke Schweine- oder Rinderfilet

1. *Einschneiden eines Filets: Das Fleisch auf ein Schneidbrett legen, sodass ein Ende in Ihre Richtung zeigt. Mit einem langen, schlanken, scharfen Messer das Fleisch parallel zum Schneidbrett einschneiden, dabei an einer langen Seite beginnen und horizontal durch die Mitte des Filets schneiden*

2. *und fast bis ganz zur gegenüberliegenden Seite durchschneiden, etwa 2,5 cm vor dem Rand aufhören.*

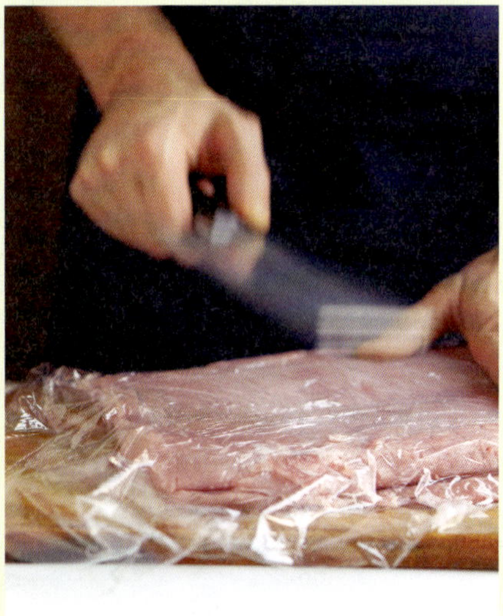

3. *Dann das Fleischstück wie ein Buch auseinanderklappen, zwischen zwei Lagen Frischhaltefolie legen und leicht mit der Seite eines schweren Hackbeils oder mit einem Nudelholz klopfen, bis man ein rechteckiges Stück erhält, das gleichmäßig dick ist (etwa 2,5 cm).*

Bei ganz dünnen Stücken Rind- oder Schweinefleisch folgen Sie den Schritten 1, 2 und 3, jedoch schneiden Sie vorher die Stücke einmal quer durch. Die Stücke dann auf eine Dicke von etwa 0,5 cm oder nach Bedarf klopfen.

Für Schmetterlingskoteletts oder -steaks

Legen Sie das Fleisch auf ein Schneidbrett, halten Sie es mit einer Hand flach und schneiden Sie parallel zum Schneidbrett mit einem Messer die Scheibe horizontal durch, dabei hören Sie etwa 1,5 cm vor dem Rand auf. Nun klappen Sie das Fleisch wie ein Buch auseinander und legen es zwischen zwei Lagen Frischhaltefolie und klopfen es gleichmäßig dick.

1. Das Fleisch in 2 cm große Würfel schneiden. Zwiebeln, Knoblauch, Petersilie, Paprika, Pfefferschote, Kümmel, Koriander, Oregano und Safran in einer großen Schüssel mischen. 2 EL Olivenöl und Weinessig, Sherry, Salz und schwarzen Pfeffer unterrühren. Das Fleisch zugeben und umrühren, bis das ganze Fleisch mit Marinade bedeckt ist. Im Kühlschrank zugedeckt 4 Stunden oder über Nacht ziehen lassen, dann die Fleischwürfel auf Spieße stecken.

2. Den Grill für direktes Grillen vorbereiten und gut aufheizen.

3. Wenn der Grill aufgeheizt ist, den Grillrost mit Öl einpinseln und die Kebabs auf den heißen Rost legen. Das Fleisch 2 bis 3 Minuten pro Seite, also insgesamt 8 bis 12 Minuten, grillen, bis es von allen vier Seiten braun und gut durchgegart ist, dabei gelegentlich mit den restlichen 2 EL Olivenöl einpinseln. Sofort servieren.

JAMAIKA

JERK-SCHWEINEFLEISCH

DIREKTES GRILLEN
FÜR 4 BIS 6 PERSONEN

Traditionell wird das jamaikanische Jerk aus einem ganzen Schwein zubereitet, das vorher ausgebeint und wie ein Buch geöffnet und dann in einer feurigen Jerk-Gewürzmischung mariniert und über schwelendem Holzfeuer gegrillt wird (die vollständige Beschreibung von Jerk finden Sie auf Seite 184). Hier ist eine Heimversion des Rezepts, bei der Schweinefilet verwendet wird. Eigentlich muss man Scotch-Bonnet-Chilis oder deren mexikanische Verwandte, die Habañero-Chilis, verwenden. Kann man beides nicht kaufen, gehen auch frische Jalapeño-Schoten und ein paar EL einer scharfen Sauce mit Scotch-Bonnet-Chilis. Tragen Sie beim Umgang mit den Chilischoten am besten Gummihandschuhe. Ich habe Ihnen hier keine genaue Mengenangabe für die Chilis gegeben, empfindliche Geschmäcker sollten mit zwei bis vier beginnen, Liebhaber feuriger Gerichte können ruhig die volle Anzahl verwenden.

Typische Beilagen für Jerk-Schweinefleisch sind Jamaikanisches frittiertes Brot (Seite 132) und Über dem Feuer geröstete Brotfrucht (Seite 403).

VORBEREITUNGSZEIT
Mindestens 4 Stunden zum Marinieren des Fleischs

SPEZIELLE AUSRÜSTUNG
120 g Räucherspäne aus Hickory oder Eiche, eine Stunde in kaltem Wasser eingeweicht, abgetropft

ZUTATEN
900-1000 g Schweinefilet (3 bis 4 Filets)
2 bis 16 Scotch-Bonnet-Chilis, entkernt (für eine schärfere Mischung die Kerne in den Schoten lassen)
2 Bund Frühlingszwiebeln, weiße und grüne Teile, geputzt und in 2,5 cm große Stücke geschnitten
½ mittelgroße Zwiebel, in 2,5 cm große Stücke geschnitten
1 Stück (2,5 cm) frischer geschälter Ingwer, in dünne Scheiben geschnitten
3 Knoblauchzehen, geschält
1 EL frischer Thymian, oder 2 TL getrockneter Thymian
2½TL Piment, gemahlen
½ TL frisch gemahlener schwarzer Pfeffer
½ TL gemahlene Muskatnuss
¼ TL gemahlener Zimt
60 ml weißer Essig
3 EL Sojasauce
3 EL grobkörniges Salz (z.B. Meersalz)
1 EL brauner Zucker
2 EL Pflanzenöl, plus 1 bis 2 EL Pflanzenöl zum Einpinseln

1. Mit der Spitze eines Schälmessers überall in das Filet 0,5 cm große Löcher schneiden. Das Fleisch in eine beschichtete Auflaufform geben, zur Seite stellen und die Gewürzmischung zubereiten.

2. Chilis, Frühlingszwiebeln, Zwiebel, Ingwer und Knoblauch in einer Küchenmaschine fein hacken. Thymian, Piment, Pfeffer, Muskatnuss, Zimt, Essig, Sojasauce, Salz, braunen Zucker und 2 EL des Öls zugeben und zu einem weichen Püree verarbeiten. Oder alle Zutaten mit einem Pürierstab zu einem Püree verarbeiten.

3. Mit einem Teigschaber die Würzmischung auf das Fleisch streichen und in die Löcher geben. Das Filet mindestens 4 Stunden oder über Nacht zugedeckt im Kühlschrank ziehen lassen, das Fleisch mehrmals wenden.

4. Den Grill für direktes Grillen vorbereiten.

Bei einem Gasgrill die Räucherspäne in die Räucherkammer geben und den Grill gut aufheizen. Sobald sich Rauch entwickelt, die Temperatur auf mittlere Hitze reduzieren.

Beim Holzkohlegrill den Grill auf mittlere Hitze aufheizen.

5. Wenn der Grill aufgeheizt ist, beim Holzkohlegrill die Räucherspäne auf die Kohlen geben. Den Grillrost mit Öl einpinseln. Die Filets auf den heißen Rost legen und 8 bis 10 Minuten von jeder Seite grillen, bis sie schön braun und gut durchgegart sind, dabei mit der Zange wenden und gelegentlich mit Öl einpinseln. Den Grill nur zum Wenden öffnen, damit möglichst wenig Rauch entweicht.

6. Das Fleisch auf ein Schneidbrett legen und 5 Minuten ruhen lassen, dann in dünne Scheiben schneiden und servieren.

MEXIKO

SCHWEINEFLEISCH IN CHILI MARINIERT NACH OAXACA-ART

CECINA ADOBADA

DIREKTES GRILLEN
FÜR 4 PERSONEN

Variationen dieses Gerichts werden überall in Mexiko zubereitet. Die in Oaxaca heimische Version (cecina adobada) besteht aus breiten, dünnen, in einer Mischung aus einer aromatischen (aber nicht besonders feurigen) Paste aus getrockneten Chilis, Essig, Knoblauch und Gewürzen marinierten Schweinefleischscheiben. Cecina ist ein beliebtes Gericht in den Restaurants von Oaxaca, aber am besten schmeckt es in einer der Grillbuden auf dem Mercado de 20 Noviembre (Markt des 20. Novembers). Tatsächlich bekam ich die Idee zu diesem Rezept vom Marktstand Nummer 189, in dem eine schüchterne Dame (eine etwa 18 Jahre alte Grillveteranin) bediente, die mir nur ihren Vornamen verraten wollte: Laura. Der einzige, andeutungsweise komplizierte Teil dieses Rezepts ist das Einschneiden und Auseinanderklappen des Fleischs, um die für das Grillen traditionell verwendeten dünnen Fleischscheiben zu erhalten. Diese sollen aussehen wie Schweineschnitzel.

Zu den cecina adobada serviert man normalerweise Avocadopüree und pikante Salsa sowie warme Maistortillas zum Einwickeln.

VORBEREITUNGSZEIT

4 bis 6 Stunden zum Marinieren des Fleischs

FÜR DAS SCHWEINEFLEISCH UND DAS ADOBO

6 Guajillo-Chilis oder 30 g reines Chilipulver
120 ml weißer Essig
4 Knoblauchzehen
1 TL Salz
1 TL frisch gemahlener schwarzer Pfeffer
1 TL getrockneter Oregano
½ TL gemahlener Zimt
¼ TL gemahlene Nelken
2 Schweinefilets (insgesamt etwa 700 g)

ZUM SERVIEREN

8 Maistortillas (15 cm)
Guacamole auf Oaxaca-Art (Seite 455)
Salsa Mexicana (Seite 192)

1. *Vorbereitung von Schweinefleisch und adobo:* Die Guajillo-Chilis aufreißen und die Rippen und Kerne entfernen (Handschuhe). Die Chilis etwa 30 Minuten in Essig einlegen, bis sie weich sind.

2. Guajillo-Chilis (oder Chilipulver), Essig, Knoblauch, Salz, Pfeffer, Oregano, Zimt und Nelken in einer Küchenmaschine oder mit dem Pürierstab zu einer weichen, feuchten Paste verarbeiten.

3. Die Schweinefilets in jeweils 4 breite und dünne (0,5 cm dicke) Stücke schneiden und nach der auf Seite 181 beschriebenen Technik einschneiden und aufklappen. Alle Stücke mit der Adobo-Mischung bestreichen und übereinander in eine beschichtete Auflaufform legen. Das Fleisch 4 bis 6 Stunden im Kühlschrank marinieren.

4. Den Grill für direktes Grillen vorbereiten und gut aufheizen.

5. Wenn der Grill aufgeheizt ist, den Grillrost mit Öl einpinseln. Die Filetscheiben auf den heißen Rost legen und 2 bis 3 Minuten pro Seite grillen, bis sie schön braun und gut durchgegart sind, dabei mit der Zange wenden.

6. Das Filet sofort servieren und dazu die Tortillas, das Avocadopüree und die Salsa reichen. Das Fleisch mit etwas Avocadopüree und Salsa in die Tortillas wickeln.

Jerk: Das jamaikanische Barbecue

Ich habe Jamaikas Nationalgericht gekostet und soviel kann ich Ihnen sagen: es tut weh. Rauch brennt in den Augen und die Scotch-Bonnet-Chilis zerfressen die Eingeweide. Ich habe mein erstes, richtig feuriges Jerk-Schweinefleisch in Boston Beach an der Nordostküste Jamaikas probiert. Nachdem ich eine Portion geschafft hatte, wischte ich mir den Schweiß von der Stirn ... und bestellte sofort die nächste!

Jerk ist jamaikanisches Barbecue. Wie sein nordamerikanisches Gegenstück ist Jerk sowohl Gericht als auch Garmethode und zugleich Lebensart. Es taucht in allen Ecken Jamaikas sowohl in runtergekommenen Esslokalen am Straßenrand als auch respektablen Restaurants auf. Um Jerk zuzubereiten, wird das Fleisch (in der Regel Schweine- oder Hähnchenfleisch) mit Limettensaft oder Essig gewaschen, in einer feurigen Paste aus Scotch-Bonnet-Chilis und anderen Gewürzen mariniert und über schwelendem Feuer aus Hartholz im Rauch gegart.

Es gibt Leute, die Jerk auf einem Grill zubereiten, andere in Steeldrums oder über einer offenen Feuerstelle. Und was die Gewürzmischung angeht: Wie die Jerk-Marinade auch genannt wird, gibt es wahrscheinlich genauso viele verschiedene Rezepte wie Köche auf Jamaika. In den letzten Jahren musste das traditionelle Jerk-Schweinefleisch oder Jerk-Hähnchen aber solch neumodischen Kreationen wie Jerk-Barsch, Jerk-Hummer oder sogar Jerk-Pasta weichen.

Geschichtlich verbunden ist Jerk mit den Maroons, den geflohenen Sklaven, die sich im späten 17. Jahrhundert in den Bergen von St. Thomas in Ostjamaika niederließen. Um das Fleisch auf der Flucht vor den britischen Soldaten haltbar zu machen, rieben die Maroons Wildschweinfleisch mit einer scharfen Paste aus Salz, Gewürzen und Scotch-Bonnet-Chilis ein und räucherten es dann über schwelendem Feuer.

Tatsächlich stammt die Zubereitung aber wahrscheinlich von den Ureinwohnern dieser Region, den Arawak-Indianern. Schließlich gibt es die Rohmaterialien für Jerk – die feuerscharfe Scotch-Bonnet-Chilischote, die Pimentbeeren, den Thymian, den wilden Zimt und die Frühlingszwiebeln – schon seit Jahrhunderten auf Jamaika. Sogar das Wort Barbecue scheint seinen Ursprung in einem Wort aus der Sprache der Arawak zu haben, nach einem aus grünen Ästen hergestellten Grill namens Barbacoa.

Laut Winston Stoner, dem charismatischen Direktor der Busha Browne's Company (die eine beliebte Serie von Produkten mit Jerk-Gewürzen herstellt) ist der Begriff Jerk von dem jamaikanischen Dialektwort juk abgeleitet, das soviel heißt wie mit einem scharfen Gegenstand einstechen oder feststecken. „Früher jukte man Wildschwein“, erklärte mir Stoner in seinem Büro in einem Warenhaus in Kingston. „Heute ist es das Hausschwein.“ Sobald das Fleisch mit der Paste eingerieben war, wurde es ein zweites Mal gejukt, damit die Gewürzmischung besser in das Fleisch eindringen konnte. „Aber um jamaikanisches Jerk wirklich verstehen zu können“, beharrte Stoner, „müssen Sie nach Boston Beach gehen.“

Kneifen Sie mich. Dieser kleine Küstenort, etwa 25 Fahrminuten von der Stadt Port Antonio im Nordosten Jamaikas entfernt, hat genau den einsamen, hufeisenförmigen Strand, von dem man an kalten Winterabenden träumt. Bunt bemalte Kanus bilden Farbtupfer im goldenen Sand, der von den türkisfarbenen Wassern der Karibik sanft überspült wird. Nach der Boston Fruit Company benannt, die in Jamaika einen Außenposten hatte, war Boston Beach einst das Zentrum des Bananenhandels. Heute ist es wegen einer anderen gastronomischen Spezialität bekannt: Jerk. Obwohl man Jerk überall auf Jamaika serviert, findet man die traditionellen Jerk-Feuerstellen doch am ehesten hier in Boston Beach.

Denn genau wie das Barbecue in Amerikas Süden und die im Feuerloch gebackenen Bohnen in New England wurde Jerk sprichwörtlich aus einem Loch im Boden geboren. Sogar die kunstvollsten Steeldrums (und es gibt wirklich kunstvolle in Jamaika) können nicht mit dem elementaren Geschmack des über einem offenen Feuer gegarten Fleischs konkurrieren.

Eine Jerk-Feuerstelle besteht aus einem flachen Trog, der von beiden Seiten mit einer Reihe von Schlackensteinen eingerahmt ist. Quer über diesen Steinen liegt eine Art Rost aus 2,5 cm dicken Stöcken des grünen Pimentabaums. Diese Stöcke liegen in einem Abstand von jeweils 2,5 cm und brennen während dieses Garprozesses richtiggehend ab, sodass sie jede paar Stunden ersetzt werden müssen. Wenn die Stöcke verbrennen, erzeugen sie ein rauchiges Aroma, das beim jamaikanischen Jerk einfach einzigartig ist.

Was erfährt man aus einem Namen?

Es gibt viele Jerk-Buden in Boston Beach. Meine erste Erfahrung ist untrennbar mit einem Restaurant verbunden, das in den 1990er Jahren berühmt war – „Sufferer's Jerk Pork Front Line No 1“ (Sufferers Jerk-Schweinefleisch Kampffront Nr. 1). Es ein Restaurant zu nennen, ist vielleicht etwas übertrieben. Der Speiseraum war ein klappriger Pavillon aus Bambusmatten mit vier nicht zueinander passenden Tischen. Einem Mitarbeiter des Ordnungsamts hätten wahrscheinlich die Haare zu Berge gestanden beim Anblick der Küche im Freien mit ihrem Lehmboden, dem Wellblechdach, der Arbeitsplatte aus Beton und dem aus einem alten Baumstumpf gesägten Schneidbrett. Es gab eigentlich nur drei Gerichte auf der Karte: Jerk-Hähnchen, Jerk-Schweinefleisch und Jerk-Würstchen. Nach Jamaika zu kommen, ohne einen der Jerk-Produzenten in Boston Beach zu besuchen, hieße allerdings, die intensivste aller gastronomischen Erfahrungen dieser Welt verpasst zu haben.

Prince Duncan Sufferer konnte nicht sagen, woher sein Restaurant stammte. Der ernste, freundlich-sanfte Mann übernahm es im Jahre 1975 von seinen Eltern. Als ich da war, halfen ihm ein halbes Dutzend junger Männer bei einer Operation, die um 6 Uhr morgens begann und erst um sieben oder acht Uhr abends vollendet war.

Als ich dort eintraf, arbeitete die Mannschaft schon seit Stunden. Ein drahtiger junger Mann namens Darrick Minot hatte die schmerzhafte Aufgabe, rund 10 Kilo Scotch-Bonnet-Chilis in einem von Hand angekurbelten Fleischwolf zu zerkleinern. Wenn man bedenkt, dass die Scotch-Bonnet-Chilis die schärfsten Chilis der Welt sind – bis zu 50mal schärfer als eine Jalapeño – ist schmerzhaft hier wirklich das passende Wort. „Berühren Sie nicht Ihre Augen, wenn Sie das hier machen", warnte Minot, als die beißenden Chilidämpfe überall um uns herum waberten. Ich nehme an, er arbeitet nicht umsonst an einem Ort, der den Namen Sufferer's (der Leidende) trägt.

Die aus dem Fleischwolf herausquellende, zungenmarternde Chilimasse bildete die Grundlage der Würzmischung. Aber die Marinade war erst nach der Zugabe weiterer 21 verschiedener Gewürze und Kräuter komplett. Zu den Gewürzen zählten wilde Zimtstangen, ganze Muskatnüsse und haufenweise Pimentbeeren. Der bittersüße Geschmack der Beeren bestimmt in großem Maße das Aroma des Jerk.

Andere wichtige Zutaten waren die buschigen Thymianzweige, geweihförmige Ingwerwurzeln und Escallions (karibischer Schnittlauch), die wie eine Mischung aus Frühlingszwiebeln und Schalotten schmecken. Knoblauchpulver, Sojasauce, brauner Zucker, Essig und eine großzügige Menge Salz wurden ebenfalls in die Marinade gegeben und in einem Plastikeimer verrührt. Die daraus entstandene Mischung war so scharf, dass sie garantiert unter die Bestimmungen der Atomenergiekommission gefallen wäre.

Der Grillchef William Gallimore, ein großer Farbiger in einem abgetragenen, blauen Hemd und Schuhen, die ihm fast von den Füßen fielen, war Herr über vier Feuerstellen, auf denen das Jerk zubereitet wurde. Die erste war ein Grill auf dem Boden, wo dicke Ringe hausgemachter Würstchen über lodernder Glut brutzelten. Auf der zweiten lagen Hähnchenhälften auf einem Drahtrost mit einem Blech bedeckt, damit der aromatische Rauch nicht nach oben abziehen konnte. Die dritte war ein rundes Loch im Boden, in dem ganze Brotfrüchte in einem züngelnden Feuer aus Pimentaholz rösteten. Die vierte Feuerstelle war das Herzstück der ganzen Aktivität, denn hier wurde ein ganzes Schwein in zartschmelzendes Jerk-Schweinefleisch verwandelt.

Laut Gallimore ist das Geheimnis eines guten Jerk das langsame Garen über niedriger Hitze. Jede halbe Stunde schaufelte er frische Kohlen unter das Schwein. Es dauerte ungefähr eine Stunde, um ein Hähnchen zu garen und fünf Stunden, um das Schwein zu rösten. Das Schwein wurde alle dreißig Minuten gedreht, eine Operation, die den Küchenchef jeweils in dichte Wolken beißenden Rauchs hüllte. Durch die lange Garzeit entstand ein Schweinebraten, der unglaublich saftig war. Das Fleisch war so zart, dass es fast auf der Zunge schmolz, so wunderbar schmackhaft, leicht rauchig und pikant, aber nicht unerträglich scharf. Die langsame Garmethode schien die Schärfe der Chilis abzuschwächen.

Serviert wird Jerk auf eine Art, die genauso einfach ist wie die Zubereitung komplex. Man bestellt es nach Gewicht. Der Grillchef schneidet mit dem Hackbeil Stücke ab und serviert sie in Wachspapier. So einfach geht das.

Die traditionellen Beilagen zum Jerk sind Festival und Brotfrucht. Festival ist ein zigarrenförmiges, frittiertes Gebäck aus Weizen- und Maismehl sowie Zucker. Die Brotfrucht, eine tropische Frucht, die Kapitän Bligh selbst von den Westindischen Inseln mitbrachte, schmeckt ein bisschen wie eine gebackene Kartoffel. Falls Sie schon einmal eine Brotfrucht gegessen haben und diese etwas fad fanden, dann haben Sie noch nie eine Brotfrucht von Sufferer's probiert. Um das fürstliche Mahl herunterzuspülen, wählt man aus einer Reihe von eisgekühlten Bierflaschen entweder ein Red Stripe, dunkles und süßes Dragon Stout oder für Antialkoholiker eine erfrischende Grapefruitlimonade mit dem Namen Ting.

Jerk ist mittlerweile auch über die Grenzen Jamaikas hinaus bekannt. Ich habe Jerk schon in einem Einkaufszentrum in Fort Lauderdale und sogar in einem trendigen Restaurant in SoHo in New York gegessen. Mein Stammlokal in Miami serviert Jerk mit Rührei zum Frühstück. Aber um den einzig wahren Jerk zu essen, muss man nach Boston Beach auf Jamaika pilgern. Was nicht wirklich die schlimmste Mission ist – besonders nicht, wenn es bei uns auf den Winter zugeht!

Geräuchertes, gegrilltes Schweinefleisch

Man kann auch eine geräucherte Version des Schweinefleischs nach Oaxaca Art zubereiten, indem man die Guajillo-Chilis durch Chipotle-Chilis (geräucherte Jalapeños) ersetzt.

MEXIKO

GEGRILLTES SCHWEINEFLEISCH MIT FEURIGER SALSA

POC CHUC

DIREKTES GRILLEN
FÜR 4 PERSONEN

Es gibt viele Gründe, die Gegend von Yucatan zu besuchen: z.B. um die Ruinen der Mayas in Uxmal und Chichén Itzá zu erobern oder sich an den Stränden von Cozumel und Cancún zu tummeln. Ich besuchte diese Halbinsel an der Südostküste Mexikos einzig und allein, um einmal poc chuc zu kosten.

Poc chuc ist eins der großartigsten Schweinefleischgerichte der Welt – und eins der am besten gehüteten Geheimnisse. Wenn man nicht schon einmal in Yucatan war, hat man wahrscheinlich auch noch nie davon gehört. Der Name deutet schon an, dass es sich bei poc chuc um ein altes Gericht handelt: poc bedeutet in der Sprache der Mayas grillen und chuc heißt brennende Glut. Das Verbrennen über Feuer ist nicht nur für die Salsa, sondern auch für die eingelegten Zwiebeln ein wichtiges Element.

Poc chuc kommt aus den Dörfern Zentralyucatans, wo die campesinos (Bauern) ihr Schweinefleisch in Salzwasser pökelten, damit es in der heißen Sonne nicht verdarb. Die Gewürze waren sowohl einfach als auch schmackhaft: verkohlte, in Bitterorangensaft eingelegte Zwiebeln und eine Salsa – eigentlich salsa de chiltomate – aus verkohlten Tomaten und den rötesten und reifsten, aus dieser Gegend stammenden Habañero-Schoten.

Poc chuc ist einfach in der Zubereitung, wirkungsvoll in der Darreichung und schmeckt erstaunlich gut. Aber man braucht alle drei Bestandteile, um den ganzen Effekt zu erzielen – das gepökelte Schweinefleisch, die gegrillten, eingelegten Zwiebeln und die Sauce aus verkohlten Tomaten. Reichen Sie zum gegrillten Schweinefleisch warme Maistortillas, in die man das Fleisch einwickeln kann.

VORBEREITUNGSZEIT

10 Minuten zum Pökeln des Fleischs

FÜR DAS SCHWEINEFLEISCH

2 Schweinefilets (insgesamt etwa 700 g)
3 EL grobkörniges Salz (z.B. Meersalz)

FÜR DIE EINGELEGTEN ZWIEBELN

1 große rote Zwiebel, geschält, das Wurzelende nicht abschneiden
240 ml frischer Bitterorangensaft (siehe Kasten Seite 186), oder 180 ml frischer Limettensaft plus 60 ml frischer Orangensaft
2 TL Tafelsalz

FÜR DIE SALSA DE CHILTOMATE

2 reife mittelgroße Tomaten
1 bis 3 Habañero-Schoten oder Scotch-Bonnet-Chilis
1 Knoblauchzehe zerdrückt
4 g frischer gehackter Koriander
3 EL frischer Bitterorangensaft (siehe Kasten Seite 186), oder 2 EL frischer Limettensaft plus 1 EL frischer Orangensaft
½ TL grobkörniges Salz (z.B. Meersalz)
8 Tortillas (15 cm oder größer), zum Servieren

1. *Zubereitung des Schweinefleischs:* Beide Schweinefilets nach der auf Seite 181 beschriebenen Technik einschneiden und aufklappen, sodass man schließlich 8 breite ca. 0,5 cm dicke Fleischscheiben erhält.

2. 3 EL grobes Salz und 240 ml Wasser in eine hohe Schüssel geben und rühren, bis sich das Salz aufgelöst hat. Die Schweinefiletscheiben hineingeben und zugedeckt 10 Minuten ziehen lassen, dabei das Fleisch ein- bis zweimal wenden, damit es schön gleichmäßig im Salzwasser liegt. Das Fleisch abtropfen lassen und bis zum Grillen kühl stellen.

3. *Zubereitung der eingelegten Zwiebeln:* die Zwiebel in 8 Ecken schneiden, dabei nicht das Wurzelende abschneiden, da hierdurch die Zwiebelstücke beim Grillen zusammengehalten werden.

4. Den Grill für direktes Grillen vorbereiten und gut aufheizen.

5. Wenn der Grill aufgeheizt ist, den Grillrost mit Öl einpinseln. Die Zwiebelecken auf den heißen Rost legen und etwa 4 Minuten pro Seite grillen, bis sie von beiden Seiten schön verkohlt sind, dabei mit der Zange wenden. Das Feuer brennen lassen.

6. Die Wurzelenden abschneiden und die Zwiebeln in eine kleine Schüssel geben. 240 ml Bitterorangensaft und 2 TL Salz unterrühren. Die Zwiebeln mindestens 10 Minuten marinieren.

7. In der Zwischenzeit die salsa de chiltomate zubereiten: Die Tomaten und Habañero-Schoten auf den Rost legen und 8 bis 12 Minuten grillen, bis sie von allen Seiten schön verkohlt sind, dabei immer wieder mit der Zange wenden. Die Haut soll verbrennen, ohne dass das Gemüse ganz durchgart. Die Tomaten und Pfefferschoten auf einen Teller legen und 5 Minuten abkühlen lassen. Das Feuer brennen lassen.

8. Die abgekühlten Tomaten und Schoten sowie den Knoblauch in einer Küchenmaschine oder mit dem Pürierstab zu einem groben Püree verarbeiten. Koriander, 3 EL Bitterorangensaft und ½ TL grobes Salz zugeben und mischen. Abschmecken und nach Bedarf noch nachsalzen. Die Salsa in einer Schüssel anrichten.

9. Kurz vor dem Servieren den Grillrost mit Öl einpinseln und auf den Holzkohlegrill noch 20 neue Kohlen auflegen, um die Glut nochmals anzuheizen. Das Schweinefilet auf den heißen Rost legen und unter Wenden mit der Zange 2 bis 3 Minuten pro Seite grillen, bis es durchgegart ist. Die Fleischscheiben mit der Rückseite eines Pfannenwenders auf den Rost drücken, sodass der Grillrost gut sichtbare, dekorative Streifen hinterlässt.

Bitterorange

Die Bitterorange gilt als einer der bestimmenden Geschmacksstoffe der Grillkunst in Yucatan und der Karibik, besonders für Marinaden und zum Beträufeln der Gerichte am Tisch.

Der Saft der unebenen, rundlichen, grünorangefarbenen, unregelmäßig großen Frucht ist ähnlich wie der Limettensaft ziemlich sauer, hat aber auch einen Hauch von Orangengeschmack. In großen Städten kann man die Bitterorangen sicher gut kaufen. Wenn nicht, kann der Geschmack auch annähernd durch eine Mischung von vier Teilen frischem Limettensaft und einem Teil frischem normalen Orangensaft erreicht werden.

10. Das Schweinefleisch auf einer Platte anrichten. Die Tortillas zum Anwärmen etwa 20 Sekunden pro Seite auf den Rost legen. Das Fleisch zusammen mit den eingelegten Zwiebeln, der Salsa und den warmen Tortillas reichen.

CHINA

SUSUR LEES GEGRILLTES SCHWEIN

DIREKTES GRILLEN
FÜR 4 BIS 6 PERSONEN

Susur Lee, der in Hongkong geborene Besitzer des Restaurants „Lotus" in Toronto, ist einer der meistgefeierten Köche Kanadas. Dieses Rezept ähnelt nach Art von „Ost trifft auf West" in gewisser Weise dem klassischen chinesischen Barbecue. Obwohl der Begriff „Barbecue" eigentlich irreführend ist, denn die Chinesen rösten und/oder frittieren ihr Schweinefleisch eher, als dass sie es grillen. In dieser Ausnahme kommt der natürliche Hang des Schweinefleischs zum Süßen zum Vorschein. Dieses Gericht ist ganz einfach zuzubereiten, aber das Ergebnis ist köstlich.

VORBEREITUNGSZEIT

12 bis 24 Stunden zum Marinieren des Fleischs

ZUTATEN

ca. 700 g Schweinefilet (2 bis 3 Filets)
1 mittelgroßer Stangensellerie, fein gehackt
1 mittelgroße Möhre, fein gehackt
1 mittelgroße Zwiebel, fein gehackt
1 EL frischer Ingwer, geschält und zerdrückt
5 Streifen frische Mandarinen- oder Orangenschale (je 2 x 1,5 cm groß), mit einem Gemüseschäler abgeschnitten
160 ml Reiswein oder trockener Sherry
80 ml Sojasauce
80 ml reiner Ahornsirup
2 EL asiatisches (dunkles) Sesamöl

1. Überflüssiges Fett oder Sehnen vom Schweinefilet abschneiden. Sellerie, Möhre, Zwiebel, Ingwer, Mandarinenschale, Reiswein, Sojasauce, Ahornsirup und 1 EL Sesamöl in einer beschichteten Auflaufform miteinander verrühren. Das Filet unterrühren und in der Marinade wenden. 12 bis 24 Stunden im Kühlschrank marinieren lassen, je länger, desto besser, gelegentlich wenden.

2. Die Filets aus der Marinade nehmen und mit Küchenpapier trocken tupfen. Die Marinade durch ein Sieb in einen beschichteten Topf geben und bei mittlerer Hitze 5 bis 8 Minuten zum Kochen bringen, bis sie eindickt und sirupartig wird.

3. Den Grill für direktes Grillen vorbereiten und auf mittlere Hitze aufheizen.

4. Wenn der Grill aufgeheizt ist, die Filets mit dem restlichen Sesamöl einpinseln. Die Filets auf den heißen Rost legen und 16 bis 20 Minuten unter mehrmaligem Wenden mit der Zange grillen, bis sie von allen Seiten schön braun und gut durchgegart sind. Beim Fleischthermometer mit Sofortanzeige sollte dieses nun eine Kerntemperatur von etwa 71 °C anzeigen. Nach etwa 8 Minuten Grillzeit die Filets mit der gekochten Marinade bestreichen.

5. Die gegrillten Filets auf ein Schneidbrett legen und 5 Minuten ruhen lassen. Jedes Filet schräg in 1,5 cm dicke Scheiben schneiden. Die Scheiben auf einer Platte verteilen und zusammen mit der restlichen Marinade servieren.

URUGUAY

SCHWEINE-ROLLBRATEN AUS URUGUAY

PAMPLONA DE PUERCO

DIREKTES GRILLEN
ALS VORSPEISE FÜR 6 PERSONEN,
ALS HAUPTSPEISE FÜR 4 PERSONEN

Pamplona de puerco ist ein gefüllter Rollbraten, der über einem sanften Feuer gegrillt wird. Für diese Spezialität der Grillbuden und Restaurants auf Montevideos Mercado del Puerto braucht man nur wenige Zutaten, doch die Pfefferschoten und der Provolone-Käse sind die Geschmackgeber des Schweinefleischs. Es entsteht ein buntes Mosaik, das dieses Gericht außerdem noch zu einer Augenweide macht. Die Uruguayer reichen pro Person eine ganze pamplona de puerco – als Vorspeise! Allerdings essen die Südamerikaner viel mehr Fleisch als z.B. ihre nordamerikanischen Nachbarn. Lassen Sie sich nicht einschüchtern: Das Rezept ist wirklich sehr einfach – auch wenn Sie noch nie zuvor einen Braten derart zugeschnitten haben.

Wenn Sie möchten, können Sie hierzu eine der Chimichurris (Seiten 477 und 478) als Beilage reichen.

SPEZIELLE AUSRÜSTUNG

Küchengarn oder kleine Metallspieße

ZUTATEN

2 Schweinefilets (zusammen etwa 700 g)
Salz und frisch gemahlener schwarzer Pfeffer
1 große, rote Paprika
2 Scheiben Provolone-Käse (0,5 cm dick, je 60 g)
1 bis 2 EL natives Olivenöl extra, zum Einpinseln

1. Überschüssiges Fett und Sehnen vom Schweinefilet abschneiden und dann jedes Filet quer halbieren. Nach der auf Seite 181 beschriebenen Technik alle Fleischstücke einschneiden und aufklappen, sodass Sie vier 15-20 cm große Vierecke erhalten die etwa je 0,5 cm dick sind. Das Fleisch mit Salz und Pfeffer würzen.

2. Die Rippen und Kerne aus der Paprika entfernen, dann längs in 0,5 cm breite Streifen schneiden. Den Provolone in 0,5 cm breite Streifen schneiden.

3. Die Filetstücke auf die Arbeitsfläche legen. Auf jedes Filetstück abwechselnd nebeneinander 4 bis 5 Paprikastreifen und Provolonestreifen legen, dabei an beiden Seiten einen Rand von jeweils 1,5 cm freilassen. Ein Stück Filet mit der Füllung zu einer festen Rolle aufrollen. Die Rolle mehrmals mit dem Küchengarn umwickeln und zubinden oder mit kleinen Metallspießen schließen. Mit den restlichen pamplonas de puerco ebenso verfahren (siehe Hinweis).

4. Den Grill für direktes Grillen vorbereiten und auf mittlere Hitze aufheizen.

5. Wenn der Grill aufgeheizt ist, die pamplonas de puerco vorsichtig mit Olivenöl einpinseln und mit Salz und Pfeffer würzen. Die pamplonas de puerco auf den heißen Rost legen und unter mehrmaligem Wenden mit der Zange 16 bis 20 Minuten von allen Seiten grillen, bis die Rollen schön braun und gut durchgegart sind. Zum Testen einen Metallspieß in eine pamplona de puerco stechen. Ist er beim Herausziehen heiß, ist die Rolle fertig.

6. Die pamplonas de puerco auf eine Platte legen und das Garn oder die Spieße entfernen. 5 Minuten ruhen lassen und dann in Scheiben schneiden. Eigentlich müssten die Rollen ganz auf einer Platte angerichtet werden, aber ich schneide sie lieber in etwa 1,5 cm dicke Scheiben und richte diese dann spiralförmig auf einem Teller an.

HINWEIS: Die pamplonas de puerco kann man bis hierher bis zu 6 Stunden im Voraus zubereiten. Dann locker mit Frischhaltefolie bedecken und kühl stellen, wenn Sie noch länger als 15 Minuten mit dem Grillen warten wollen.

INDONESIEN

SATÉS AUS SÜSSEM SCHWEINEFLEISCH

SATE BABI MANIS

DIREKTES GRILLEN
ALS VORSPEISE FÜR 4 PERSONEN
ALS HAUPTSPEISE FÜR 2 BIS 3 PERSONEN

Dieses Rezept sieht so aus wie ein ganz normales Rezept für Satés, aber es ist zugleich auch ein offenes Bekenntnis zur religiösen Toleranz im modernen Indonesien. Wie die meisten Inseln des indonesischen Archipels ist Java muslimisch und dennoch gibt es hier auf dem geschäftigen Markt im Herzen Batavias (dem Hafenteil Djakartas) Kebabs aus Schweinefleisch. Die Erklärung ist ganz einfach: Batavia war einmal das Chinatown Djakartas (obwohl die chinesische Gemeinschaft nur noch ein Bruchteil dessen ist, was sie einmal war) und die Chinesen lieben Schweinefleisch.

Dieses Rezept stammt von dem „Saté Babi Sop Bakut Shop“ in der Nähe des „Radisson Hotels“ im Viertel Pecenongan. Wenn man Zeit hat und abenteuerlustig ist, ist es ein Vergnügen, hier essen zu gehen. (Man geht besser spät, um dem höllischen Verkehr in Djakarta zu entgehen.) Man sitzt an einem Tisch mit Wachstuchtischdecke unter einer Markise mit Neonbeleuchtung und die Satés werden – noch brutzelnd vom Grill – auf roten Plastiktellern serviert.

VORBEREITUNGSZEIT

1 Stunde zum Marinieren des Fleischs

SPEZIELLE AUSRÜSTUNG

16 kurze Holzspieße und ein Feuerschutz aus Alufolie (siehe Kasten Seite 23)

ZUTATEN

ca. 500 g Schweinelende oder -schulter ohne Knochen mit etwas Fett, in 1,5 cm große Würfel geschnitten
160 ml süße Sojasauce (kejtap manis), oder je 80 ml normale Sojasauce und Rübenzuckersirup
2 Knoblauchzehen, zerdrückt
2 Schalotten, in dünne Scheiben geschnitten
1 Salatgurke, geschält und entkernt (siehe Kasten Seite 454), dann in 1,5 cm große Würfel geschnitten
1 EL gemahlene Galgantwurzel
4 Kaffernlimetten oder saure Limetten, oder 2 persische Limetten, in Ecken geschnitten
Gemischtes Gemüse-Achar (wahlweise, Rezept Seite 449)

1. Jeweils 5 bis 6 Stücke Schweinefleisch auf die Spieße stecken. Die Hälfte der süßen Sojasauce, Knoblauch und Schalotten auf einem Teller vermischen und die Satés darin rollen. Im Kühlschrank etwa eine Stunde zugedeckt marinieren, dabei die Spieße gelegentlich wenden.

2. Teller bereitstellen. Auf jeden Teller jeweils einige Gurkenwürfel häufen, ein wenig von der restlichen Sojasauce träufeln, etwas Galgantpulver häufen und ein paar Limettenecken legen.

Galgant

Galgant ist eine Wurzel aus der Familie des Ingwers mit einem pikant-pfeffrigen Geschmack. Man erhält sie auf asiatischen Märkten oder auch getrocknet in asiatischen Lebensmittelläden sowie in Delikatessenläden. Im Indonesischen wird sie als Laos bezeichnet. Wenn frische oder getrocknete Galgantwurzeln nicht erhältlich sind, ist frischer oder getrocknete Ingwer ein durchaus akzeptabler Ersatz. Der Geschmack ist zwar etwas anders – ein bisschen süßer – aber die Speise schmeckt trotzdem sehr gut und einigermaßen authentisch.

SÜSSE KNOBLAUCH-SCHWEINEKOTELETTS | RECHTS

3. Den Grill für direktes Grillen vorbereiten und gut aufheizen.

4. Wenn der Grill aufgeheizt ist, den Grillrost mit Öl einpinseln. Die Satés so auf dem heißen Rost verteilen, dass die hölzernen Spießenden auf der Alufolie liegen. 6 bis 8 Minuten unter gelegentlichem Wenden mit der Zange grillen, bis das Fleisch schön braun und durchgegart ist.

5. Zum Essen ein Stück Salatgurke auf das Ende des Spießes geben. Das Saté zuerst in die süße Sojasauce und dann in das Galgantpulver dippen. Etwas Limettensaft über das Ganze pressen und dann das Saté essen. Achar aus gemischtem Gemüse (wenn vorhanden) dient als Geschmacksneutralisierer zwischen den einzelnen Satés.

THAILAND

SÜSSE KNOBLAUCH-SCHWEINE-KOTELETTS

DIREKTES GRILLEN
FÜR 4 PERSONEN

Ein immer wiederkehrender Bestandteil der Welt des Grillens ist die Verbindung gegrillten Fleischs mit Knoblauch. Ein anderer ist die auf Zucker oder Honig basierende Marinade, um dem starken Eigengeschmack des Schweinefleischs ein Gegengewicht zu geben. Kombiniert man diese beiden, erhält man ein Grillgericht nach thailändischer Art, das hier mit Schweinekoteletts zubereitet wird, aber genauso gut auch mit Filet oder Lende vom Schwein zubereitet werden könnte. Ich bevorzuge für dieses Rezept etwa 2,5 cm dicke Schweinekoteletts, man kann aber auch die doppelte Menge von dünneren Koteletts verwenden. Jasminreis (Rezept Seite 428) eignet sich gut als Beilage.

VORBEREITUNGSZEIT

1 bis 2 Stunden zum Marinieren des Fleischs

ZUTATEN

4 dicke (2,5 cm) oder 8 dünne (1,25 cm) Schweinekoteletts (zusammen etwa 900-1000 g)
1 Knoblauchknolle, in Zehen zerteilt und geschält
3 EL Zucker
80 ml asiatische Fischsauce oder Sojasauce
3 EL Honig
3 EL Reiswein
2 EL asiatisches (dunkles) Sesamöl
1 EL geriebener, frischer, geschälter Ingwer
2 TL Salz
1 TL frisch gemahlener schwarzer Pfeffer

1. Die Koteletts ein- oder zweimal an der Fettseite einschneiden, damit sie sich beim Grillen nicht zusammenziehen und aufbiegen. Die Koteletts in eine Auflaufform legen und zur Seite stellen.

2. Knoblauch und Zucker in eine Küchenmaschine geben und zu einer Paste verarbeiten oder aber mit Mörser und Stößel zu einer Paste zerreiben. Fischsauce, Honig, Reiswein, Sesamöl, Ingwer, Salz und Pfeffer zufügen und untermischen. Mit einem Teigschaber die Mischung auf beide Seiten der Koteletts streichen und diese zugedeckt im Kühlschrank 1 bis 2 Stunden ziehen lassen.

3. Den Grill für direktes Grillen vorbereiten und gut aufheizen.

4. Wenn der Grill aufgeheizt ist, den Grillrost mit Öl einpinseln. Die Koteletts auf den heißen Rost legen und 4 bis 6 Minuten pro Seite, bei den dünnen Koteletts 2 bis 4 Minuten pro Seite grillen, bis sie von beiden Seiten schön braun und gut durchgegart sind. Die Koteletts auf einer Platte anrichten und sofort servieren.

MEXIKO

SCHWEINERIPPCHEN NACH OAXACA-ART

DIREKTES GRILLEN
FÜR 4 PERSONEN

Das „La Capilla" (die Kapelle) löst die Art von nostalgischen Gefühlen aus, die alle Städter überkommt, wenn sie an das Landleben denken. Etwa eine halbe Stunde außerhalb von Oaxaca gelegen, bietet das Restaurant seinen Gästen die Gelegenheit, einen Nachmittag auf dem Land zu verbringen, an langen Tischen unter offenen, strohgedeckten Hütten mit Tischmusik von einer Mariachi-Band und umgeben von hölzernen Ochsenkarren und Nutztieren in Käfigen zu speisen. Man nippt an hiesigem Mezcal und erfreut sich an einfach gegrilltem Fleisch, das noch auf die altmodische Art – nämlich in einer offenen Küche über einem knisternden Holzkohlefeuer – zubereitet wird. Nach dem Essen – ein Vorgang, der ein paar Stunden zu dauern scheint – stehen Hängematten für die Siesta zur Verfügung. Kurz gesagt, es ist die perfekte Art, einen Nachmittag auf dem Land zu verbringen.

Als ich das „La Capilla" besuchte, kochte dort eine kleine, ernste Frau mit Namen Manuela Martinez Torres, deren Schweinerippchen jeden Grillchef mit Stolz erfüllen würden. Zuerst fiel mir an ihnen auf, dass die Knochen in der Mitte säuberlich zerbrochen waren. Dadurch könnte das adobo (Gewürzpaste) von allen Seiten in das Fleisch einziehen, erklärte mir Frau Torres, und außerdem entwichen so das Mark und der Saft aus den Kochen und machten das Fleisch noch schmackhafter und saftiger. Wenn Sie einen guten Metzger haben, fragen Sie doch, ob er das auch für Sie tun kann.

Die zweite Eigenart von Manuelas Rippchen war das adobo selbst, eine dunkelgrüne Paste aus getrockneten Kräutern und Essig ohne Chilis (ungewöhnlich für diese Gegend). Diese seltene Variante hatte den Vorteil, dass sie den Fleischgeschmack intensivierte, ohne ihn zu überdecken oder zu verändern.

Die dritte Überraschung war die Garmethode: direktes Grillen über Holzkohle, nicht die langsame, rauchige, indirekte Grillmethode, wie man sie sonst meist in Amerika findet. Wenn man Rippchen mag, die noch etwas Biss haben (nicht alle mögen sie so superzart), dann sind diese genau die richtigen. Und sie schmecken hervorragend zu Tortillas, Guacamole auf Oaxaca-Art (Rezept Seite 455) und Salsa Mexicana (nachfolgendes Rezept).

Manuela benutzte Spareribs, aber man kann auch genauso gut Baby Back Rippchen verwenden.

VORBEREITUNGSZEIT

8 bis 24 Stunden zum Marinieren der Rippchen

ZUTATEN

2 Rippenspeere vom Schwein (zusammen 2700-3600 g)
6 Knoblauchzehen, geschält
1 EL getrockneter Thymian
1 EL getrockneter Oregano
1 EL getrockneter Majoran
2 TL Salz
1 Stück (etwa 1,5 cm lang) Zimtstange oder ½ TL Zimtpulver
2 Pimentbeeren, oder ⅛ TL gemahlener Piment
2 ganze Nelken, oder ⅛ TL gemahlene Nelken
60 ml weißer Essig
Salsa Mexicana (nächstes Rezept)

1. Die dünne, papierartige Haut auf der Rückseite der Rippenspeere für einen besseren Griff mit einer Ecke eines Küchenhandtuchs oder mit einer Zange packen und in einem Stück abziehen. Die Rippchen in eine Bratpfanne legen.

2. Knoblauch, Thymian, Oregano, Majoran, Salz, Zimtstange, Pimentbeeren, Nelken, Essig und 3 EL Wasser in einer Küchenmaschine oder mit einem Pürierstab zu einer cremigen Paste verarbeiten, bei Bedarf mehr Wasser zufügen. Die Rippchen von allen Seiten mit der Mischung einreiben und zugedeckt im Kühlschrank 8 bis 24 Stunden marinieren.

3. Den Grill für direktes Grillen vorbereiten und auf mittlere Hitze aufheizen.

4. Wenn der Grill aufgeheizt ist, die Rippchen mit Salz würzen. Den Grillrost mit Öl einpinseln und die Rippchen mit der Fleischseite nach unten auf den heißen Rost legen. 30 bis 40 Minuten grillen, bis sie schön braun und durchgegart sind, dabei ein- oder zweimal mit der Zange wenden (siehe Hinweis).

5. Die Rippenspeere zum Servieren in Abschnitte von 2 bis 4 Rippchen schneiden. Die Salsa Mexicana dazu reichen.

HINWEIS: Wahrscheinlich flackert das Feuer manchmal auf – besonders am Anfang, wenn das Fett schmilzt. Dies kann man kontrollieren, indem man die Rippchen immer wieder auf eine andere Stelle des Rosts umlegt oder indem man mit einer Wasserpistole ein paar Mal in die Flammen spritzt. Die Hitze bei Bedarf reduzieren.

SALSA MEXICANA

ERGIBT ETWA 500 ML

Diese einfache Salsa gehört zu Mexikos Küchenlandschaft immer dazu. Der Name variiert von Gegend zu Gegend (pico de gallo im Norden, salsa mexicana im Süden), aber die Grundzutaten bleiben immer die gleichen – nämlich Tomaten, knackige weiße Zwiebeln und feurige grüne und rote Chilis, alle so verführerisch köstlich, dass das Essen fast zum sinnlichen Erlebnis wird.

2 reife, mittelgroße Tomaten
1 mittelgroße oder ½ große weiße Zwiebel
2 bis 8 Serrano- oder Jalapeño-Schoten
4 g gehackter, frischer Koriander
3 EL frischer Limettensaft, oder mehr
½ TL Salz, oder mehr

Tomaten, Zwiebeln und Chilischoten in 0,5 cm große Würfel schneiden (Man kann die Schärfe der Chilischoten etwas abmildern, indem man die Rippen und Kerne herauskratzt).

Zusammen in eine Schüssel geben. Koriander, Limettensaft und Salz zugeben und unterrühren. Abschmecken und eventuell noch etwas Limettensaft und/oder Salz zugeben.

PHILIPPINEN

ROMYS RIPPCHEN
MIT PHILIPPINISCHEN GEWÜRZEN

INDIREKTES GRILLEN
FÜR 4 PERSONEN

Romy Dorotan ist ein Mann mit einer Mission: Er will den New Yorkern die seelenvollen Geschmacksrichtungen seiner philippinischen Heimat näher bringen. Sein Restaurant „Cendrillon" in der Mercer Street hat den Fabriklook der SoHo Galerie (nackte Ziegelsteinmauern mit unverkleideten Heizungsrohren), aber sein Essen wimmelt nur so von komplexen Geschmacksstoffen. Romys Rippchen sind ein transkultureller Triumph mit dem Aroma von Zitrusfrüchten und Sichuan-Pfefferkörnern. Er gart die Rippchen in einem Gerät, das er chinesische Räucherkammer nennt, das aber eher wie ein Dampfkochtopf aussieht. Ich habe diese Methode dem Grillen angepasst und benutze die indirekte Grillmethode.

Die Rippchen können so wie sie sind serviert werden, oder aber man bestreicht sie in den letzten 5 Minuten des Garens mit Ingwer-Pflaumen-Sauce – eine unglaubliche Erfahrung.

VORBEREITUNGSZEIT

6 bis 8 Stunden zum Marinieren der Rippchen

SPEZIELLE AUSRÜSTUNG

90 g Räucherspäne, 1 Stunde in kaltem Wasser eingeweicht und abgetropft

ZUTATEN

- **2 Speere Baby Back Rippchen vom Schwein (insgesamt 1800-2250 g)**
- **160 ml Sojasauce**
- **Saft und geriebene Schale von 1 Orange**
- **Saft und geriebene Schale von 1 Zitrone**
- **Saft und geriebene Schale von 1 Limone**
- **2 Stängel frisches Zitronengras (wahlweise), geputzt und in dünne Ringe geschnitten**
- **1 EL frischer, geschälter Ingwer, zerdrückt**
- **2 Knoblauchzehen, zerdrückt**
- **1 EL süßer Paprika**
- **2 TL Sichuan-Pfefferkörner**
- **2 TL Koriandersamen**
- **2 TL Kümmelsamen**
- **2 TL Senfkörner**
- **1 TL Fenchelsamen**
- **1 getrocknete rote Chilischote, oder ½ TL Cayennepfeffer**
- **2 TL brauner Zucker**
- **2 TL Salz**
- **Ingwer-Pflaumen-Barbecuesauce (wahlweise, Rezept Seite 470)**
- **dünn geschnittene Frühlingszwiebeln (wahlweise), zum Garnieren**
- **geröstete Sesamsamen (wahlweise, siehe Kasten Seite 113)**

1. Die dünne, papierartige Haut auf der Rückseite der Rippenspeere für einen besseren Griff mit einer Ecke eines Küchenhandtuchs oder mit einer Zange packen und in einem Stück abziehen. Die Rippchen in eine beschichtete Bratpfanne legen.

2. Sojasauce, Orangensaft und -schale, Zitronensaft und -schale, Limonensaft und -schale, Zitronengras, Ingwer und Knoblauch mit einem Pürierstab zu einem weichen Püree verarbeiten. Die Marinade über die Rippchen gießen und diese wenden, damit sie von beiden Seiten mit Marinade bedeckt werden. Die Rippchen zugedeckt 6 bis 8 Stunden im Kühlschrank marinieren, dabei ein- oder zweimal wenden.

3. Paprika, Sichuan-Pfefferkörner, Koriandersamen, Kümmelsamen, Senfkörner, Fenchelsamen, getrocknete Chili, braunen Zucker und Salz in eine Gewürzmühle geben oder mit dem Pürierstab zu einem feinen Pulver mahlen (siehe Hinweis).

4. Die Rippchen aus der Marinade nehmen und mit Küchenpapier trocken tupfen (die Marinade dann wegschütten). Die Rippchen von allen Seiten mit der Gewürzmischung einreiben.

5. Den Grill für indirektes Grillen vorbereiten und eine große Tropfschale in die Mitte des Grills stellen.

Beim Gasgrill alle Räucherspäne in die Räucherkammer geben und den Grill gut aufheizen; sobald sich Rauch entwickelt, die Hitze reduzieren.

Beim Holzkohlegrill den Grill auf mittlere Hitze aufheizen.

6. Wenn der Grill aufgeheizt ist, beim Holzkohlegrill die Räucherspäne auf die Kohlen legen. Die Rippchen mit der Knochenseite nach unten über der Tropfschale auf den heißen Rost legen. Den Grill schließen und die Rippchen 1¼ bis 1½ Stunden im Rauch garen, bis das Fleisch sehr zart und an den Knochenseiten deutlich geschrumpft ist. Beim Holzkohlegrill nach 1 Stunde an beiden Seiten 10 bis 12 neue Kohlen auflegen.

7. Zum Servieren die Rippchen auf ein Schneidbrett legen und in Abschnitte von 2 bis 3 Rippchen teilen. Die Rippchen schmecken so schon unglaublich gut, aber für ein unvergessliches Geschmackserlebnis kann man noch die Ingwer-Pflaumen-Barbecuesauce über die Rippchen gießen und Frühlingszwiebelringe und Sesamsamen darüber streuen. Ich wette, Sie können nach einem Rippchen nicht mehr aufhören.

HINWEIS: Für noch mehr Geschmack kann man die Gewürze vor dem Mahlen noch bei mittlerer Hitze in einer trockenen Kasserolle etwa 3 Minuten rösten, bis sie anfangen zu duften (keine beschichtete Kasserolle nehmen).

USA

RIPPCHEN AUS MEMPHIS

INDIREKTES GRILLEN
FÜR 6 PERSONEN

Ich bin immer wieder erstaunt, wie eine einfache Idee sich zu so vielen, großartigen, regionalen Varianten entwickeln kann. Zum Beispiel die Rippchen. Schweinerippchen gehören zu den besten Stücken, die man überhaupt grillen kann. Das Fleisch ist gut durchwachsen, sodass es auch bei langer Garzeit schön saftig bleibt. Wenn das Fett schmilzt, macht es die Fleischfasern knusprig und mariniert das Fleisch auf natürliche Weise. Die Knochen verleihen dem Fleisch einen kräftigen Geschmack (das Fleisch direkt am Knochen schmeckt immer am besten) und halten es zusammen – sie bilden sozusagen ein Gestell, auf dem man das Fleisch garen und das man zugleich abnagen kann. Und dennoch, je nachdem, ob man die Rippchen in Birmingham oder Kansas City, Bangkok oder Paris isst, sie werden immer ganz unterschiedlich zubereitet.

Ich war schon immer etwas voreingenommen, was die Rippchen aus Memphis angeht. Die Menschen aus Memphis geben sich nicht großartig mit den Zuckersaucen ab. Sie bevorzugen trockene Gewürzmischungen – gehaltvolle Kombinationen aus Paprika, schwarzem Pfeffer, Cayennepfeffer und nur einem Hauch von braunem Zucker für die Süße. Das Fleisch wird am Abend vor dem Grillen mit der Mischung eingerieben und am Ende der Garzeit wird zusätzlich noch etwas von der Mischung auf die Rippchen gestreut. Dieser zweifache Würzvorgang erzeugt den typischen und kräftigen Geschmack, während gleichzeitig das natürliche Aroma des Schweinefleischs erhalten bleibt. Manchmal wird noch eine Sauce auf der Grundlage von Essig und Senf – mit dem treffenden Namen Pinselsauce – während des Garens (mit besagtem Pinsel) über die Rippchen verteilt; ich habe hier ein Rezept aufgeschrieben, wenn Sie das ausprobieren möchten.

Man kann für dieses Rezept alle Arten von Rippchen nehmen: Baby Back Rippchen, mit langen Enden, mit kurzen Enden, Rippenspitzen – das ist ganz egal. (Mehr zu den vier Arten des amerikanischen Grillens finden Sie auf Seite 468). Die Garzeiten sind nur Richtwerte. Die Rippchen sind gar, wenn sich das Fleisch zusammenzieht und die Knochen an den Enden herausragen und das Fleisch so zart ist, dass Sie es mit den Fingern zerpflücken können. Ich mag es, wenn meine Rippchen trocken zubereitet werden – wie in Memphis' legendärem Treffpunkt für Grillfreunde, dem „Rendezvous". Für diejenigen, die gerne Saucen zu ihren Rippchen essen, sind in diesem Kapitel einige passende aufgeführt.

VORBEREITUNGSZEIT

4 bis 8 Stunden zum Marinieren der Rippchen

SPEZIELLE AUSRÜSTUNG

90 g Räucherspäne (vorzugsweise Hickory), 1 Stunde in kaltem Wasser eingeweicht und abgetropft

FÜR DIE RIPPCHEN UND DIE GEWÜRZMISCHUNG

3 Baby Back Rippenspeere (zusammen ca. 3000 g) oder 2 ganze Spareribs (zusammen 2700-3600 g)
100 g süßes Paprikapulver
4½ TL frisch gemahlener schwarzer Pfeffer
4½ TL brauner Zucker
1 TL Salz
1½ TL Selleriesalz
1½ TL Cayennepfeffer
1½ TL Knoblauchpulver
1½ TL Senfpulver
1½ TL gemahlener Kümmel

FÜR DIE PINSELSAUCE (WAHLWEISE)

480 ml Apfelessig
125 g gelber Senf
2 TL Salz

1. *Vorbereitung der Rippchen und Gewürzmischung:* Die dünne, papierartige Haut auf der Rückseite der Rippenspeere für einen besseren Griff mit einer Ecke eines Küchenhandtuchs oder mit einer Zange packen und in einem Stück abziehen.

2. Paprika, schwarzen Pfeffer, braunen Zucker, Salz, Selleriesalz, Cayennepfeffer, Knoblauchpulver, Senfpulver und Kümmel in einer kleinen Schüssel mischen. Die Baby Back Rippchen mit zwei Drittel der Mischung von allen Seiten ein-

RIPPENSTÜCKE

Rippchen bilden eine konstante Größe in der Welt des Grillens – Grillmeister von Kansas City bis Manila tischen sie immer wieder gerne auf. Das Fleisch direkt am Knochen schmeckt besonders intensiv und das gilt vor allem für Rippchen. Aber nicht alle Rippen sind gleich. Man kann kein Spiel spielen, ohne die Spieler zu kennen: Die Bilder hier nennen Ihnen die Namen der Spieler. Wichtig: Die hier gezeigten Lammrippchen sind köstlich, wenn sie nach dem Dinosaurierrezept auf Seite 169 (Kochzeit um 30 Prozent verkürzen) zubereitet werden.

BABY-BACK-RIPPCHEN (ca. 500 Gr.)

SCHÄLRIPPE ODER BAUCHRIPPE

KURZE RIPPCHEN VOM RIND

HOCHRIPPE

GANZE BABY-BACK-RIPPCHEN (900-1150 Gr.)

QUERRIPPCHEN VOM ARGENTINISCHEN RIND

DENVER LAMMRIPPEN

LAMMRIPPCHEN

reiben und in eine geeignete Form legen. Zudecken und 4 bis 8 Stunden im Kühlschrank ziehen lassen.

3. *Zubereitung der Pinselsauce:* Apfelessig, Senf und Salz in einer Schüssel verrühren und zur Seite stellen.

4. Den Grill für indirektes Grillen vorbereiten und eine große Tropfschale in die Mitte des Grills stellen.

Beim Gasgrill alle Räucherspäne in die Räucherkammer geben und den Grill gut aufheizen; sobald sich Rauch entwickelt, die Hitze reduzieren.

Beim Holzkohlegrill den Grill auf mittlere Hitze aufheizen.

5. Wenn der Grill aufgeheizt ist, beim Holzkohlegrill die Räucherspäne auf die Kohlen legen. Den Grillrost mit Öl einpinseln. Die Rippchen über die Tropfschale auf den heißen Rost legen. Den Grill schließen und die Rippchen 1 Stunde im Rauch garen.

6. Nach einer Stunde den Grill öffnen und die Rippchen mit der Pinselsauce einpinseln (wenn gewünscht). Den Grill wieder schließen und die Baby Back Rippchen noch etwa ¼ bis ½ Stunde, die Spareribs noch etwa ½ bis 1 Stunde weitergaren, bis das Fleisch sehr zart und fast durchgegart ist und sich an den Knochenseiten deutlich zusammengezogen hat. Beim Holzkohlegrill nach 1 Stunde an beiden Seiten 10 bis 12 neue Kohlen auflegen. 15 Minuten vor Ende der Garzeit die Rippchen noch einmal mit der restlichen Gewürzmischung bestreuen.

7. Die Rippenspeere halbieren oder, effektvoller, ganz servieren.

JAMAIKA

RASTA RIPPCHEN

INDIREKTES GRILLEN
FÜR 4 PERSONEN

In diesem Rezept trifft Memphis auf Montego Bay, eine Nachahmung des jamaikanischen Jerk. Dazu habe ich die traditionelle flüssige Jerk-Mischung durch eine trockene Pulvermischung aus jamaikanischen Gewürzen ersetzt. Die Methode – das Auftragen der Mischung in zwei Schritten, einmal vor dem Garen und einmal vor dem Servieren – ist Barbecue nach Memphis-Art vom Feinsten. Die Scotch-Bonnet-Chilis und deren Verwandte, die Habañero-Schoten gehören zu den schärfsten Chilisorten der Welt, daher darf man nicht mehr von dem Pulver verwenden als angegeben. Neulinge sollten die Marinade zuerst einmal mit 2 TL Pulver zubereiten. Masochisten können die gesamten 2 EL verwenden. Passende Beilagen sind der zweifarbige Kartoffelsalat (Rezept Seite 121), das jamaikanische frittierte Brot (Rezept Seite 132) und der Krautsalat aus Haiti (Rezept Seite 461).

VORBEREITUNGSZEIT

5 Stunden zum Marinieren der Rippchen

SPEZIELLE AUSRÜSTUNG

90 g Räucherspäne (vorzugsweise Eiche oder Hickory), 1 Stunde in kaltem Wasser eingeweicht und abgetropft

FÜR DIE RIPPCHEN

- **2 Speere Baby Back Rippchen (zusammen 2250 - 2700 g)**
- **480 ml brauner Rum**

FÜR DIE JERK-GEWÜRZMISCHUNG

- **2 TL bis 2 EL Scotch-Bonnet-Chilipulver oder Habeñero-Chilipulver (siehe Hinweis)**
- **2 EL getrockneter Schnittlauch**
- **1 EL getrocknete Zwiebelwürfel**
- **1 EL Knoblauchpulver**
- **1 EL grobkörniges Salz (z.B. Meersalz)**
- **2 TL gemahlener Koriander**
- **2 TL gemahlener Ingwer**
- **1 TL frisch gemahlener schwarzer Pfeffer**
- **1 TL Pimentpulver**
- **½ TL Zimtpulver**
- **¼ TL gemahlene Nelken**
- **¼ TL frisch gemahlene Muskatnuss**

1. *Vorbereitung der Rippchen:* Die dünne, papierartige Haut auf der Rückseite der Rippchen für einen besseren Griff mit einer Ecke eines Küchenhandtuchs oder mit einer Zange packen und in einem Stück abziehen. Die Rippchen in ein passendes Gefäß geben und mit Rum übergießen, dabei die Rippchen einmal wenden, bis sie ganz mit Rum begossen sind. Im Kühlschrank zugedeckt 4 Stunden marinieren, dabei gelegentlich wenden.

2. In der Zwischenzeit die Jerk-Gewürzmischung zubereiten: Dafür Chilipulver, Schnittlauch, Zwiebelwürfel, Knoblauchpulver, Salz, Koriander, Ingwer, Pfeffer, Piment, Zimt, Nelken und Muskatnuss in einer Gewürzmühle oder mit dem Pürierstab zu einem feinen Pulver mahlen.

3. Die Rippchen abtropfen lassen und mit Küchenpapier trocken tupfen. Die Rippchen von allen Seiten mit der Hälfte der Jerk-Mischung einreiben und zugedeckt 1 Stunde im Kühlschrank ziehen lassen.

4. Den Grill für indirektes Grillen vorbereiten und eine große Tropfschale in die Mitte des Grills stellen.

Beim Gasgrill alle Räucherspäne in die Räucherkammer geben und den Grill gut aufheizen; sobald sich Rauch entwickelt, die Hitze reduzieren.

Beim Holzkohlegrill den Grill auf mittlere Hitze aufheizen.

5. Wenn der Grill aufgeheizt ist, beim Holzkohlegrill die Räucherspäne auf die Kohlen legen. Die Rippchen über der Tropfschale auf den heißen Rost legen. Den Grill schließen und die Rippchen 1¼ bis 1½ Stunden im Rauch garen, bis das Fleisch sehr zart ist und sich an den Knochenseiten deutlich zusammengezogen hat. Beim Holzkohlegrill nach 1 Stunde an beiden Seiten 10 bis 12 neue Kohlen auflegen.

6. Die Rippchen auf eine Platte legen und mit der restlichen Gewürzmischung bestreuen. Sofort servieren.

HINWEIS: Wenn Ihnen die Scotch-Bonnet-Chilis oder Habañero-Chilis zu scharf sind, können Sie ruhig auch ein Chilipulver Ihrer Wahl verwenden. Der Geschmack ist dann nicht ganz so authentisch, aber die Rippchen schmecken immer noch super.

Woher der Name Baby Back Rippchen kommt

Die Baby Back Rippchen, wie ich sie hier nenne, sind aus dem oberen Teil der Lende und wiegen etwa 900-1150 g pro Rippenspeer (ein Speer reicht für 2 Personen). „Echte“ Baby Back Rippchen sind kleiner – ein Speer wiegt etwa 500 g. Sie stammen von jüngeren, kleineren Schweinen und werden häufig aus Dänemark importiert. Wenn man sie in diesen Rezepten verwenden möchte, braucht man 4 Speere.

DER ORIGINAL TÜRKISCHE SHISH KEBAB | SEITE 214

KAPITEL 8

EIN BISSCHEN LAMM

Auf der ganzen Welt isst man gern gegrilltes Lammfleisch. Von Marokko über die gesamte nordafrikanische Küste, den Nahen Osten, die Türkei und Zentralasien bis hin über den indischen Subkontinent nach Indonesien, Australien und Neuseeland, überall genießt man Lamm.

In der gesamten arabischen Welt werden Geburtstage, Hochzeiten und andere fröhliche Feste mit einem am Spieß gebratenen Lammgericht namens Mechoui gefeiert. Ebenso wäre kein sommerliches griechisches Grillfest komplett ohne ein ganzes Lamm am Spieß. In Australien erwartet man förmlich Lamm auf dem Grill, denn dort gibt es doppelt so viele Schafe wie Menschen.

In diesem Kapitel stelle ich Ihnen bekannte Lieblingsgerichte vor wie Shish Kebab und Lamm auf provençalische Art und viele weitere exotische Methoden Lamm zu grillen, einschließlich afghanischer in Zwiebelwasser marinierter Lammkeulen und mexikanisches Barbacoa (dick mit Chili bestrichene und in Avocadoblätter gewickelte Lammkeule). Habe ich schon das senegalesische Lammgericht mit Senfsauce erwähnt? Das indische Tandoori-Lamm mit Kichererbsen? Lammkeule aus Kapstadt mit einer Kruste aus braunem Zucker und Senf?

Auf der weltweiten Suche nach Grillrezepten für Lammfleisch bin ich mehr als fündig geworden. Zum Glück für alle diejenigen von uns, die dieses aromatische Fleisch lieben.

MEXIKO

MEXIKANISCHES GEGRILLTES LAMM

BARBACOA

INDIREKTES GRILLEN
FÜR 8 PERSONEN

Mexikos Beitrag zum Grillen heißt Barbacoa. Es ist ein faszinierend schmackhaftes Gericht und lässt sich leicht auf dem Grill im Garten zubereiten. Ich habe ein Rezept nach Oaxaca-Art ausgesucht, zu dem eine Marinade aus Guajillo-Chilischoten gehört und das Fleisch in Avocadoblätter gewickelt wird. Die Avocadoblätter sind auf mexikanischen Märkten getrocknet erhältlich sowie in spezialisierten Lebensmittelgeschäften. Die Blätter geben ein angenehmes Anis-Aroma ab. Sollten Sie keine Avocadoblätter bekommen können, ist dies nicht weiter tragisch, denn das Lammfleisch schmeckt auch vorzüglich, wenn es nicht in diese Blätter gewickelt gegrillt wird.

Barbacoa wird traditionell in zwei Gängen serviert: zunächst eine Suppe (gewürzt mit dem Fleischsaft des Lamms), dann das Lammfleisch, das mit Tortillas gegessen wird. Auf Seite 200 erfahren Sie mehr über Barbacoa.

„Nicht denken – kochen!“
—LUDWIG WITTGENSTEIN

Das traditionelle Barbacoa

Barbacoa verhalf mindestens einer mexikanischer Gaststätte im Familienbetrieb zum Umbau in ein millionenschweres Restaurant, in dem täglich bis zu 5000 Gäste bewirtet werden. Das „Arroyo" wurde 1940 in Coyacán, einer Vorstadt von Mexiko Stadt etwa 40 Minuten südlich vom Zentrum gelegen, gegründet und ist heute ein gastronomischer Vergnügungspark. Es umfasst einen ganzen Häuserblock, hat ein eigenes Orchester und bietet eine private Stierkampfarena.

Jesus Arroyo Bergeyre ist Besitzer des Restaurants in dritter Generation und ein leidenschaftlicher Fürsprecher der kulturellen Tradition, die man zu erhalten strebt. Ich begann meinen Rundgang durch das Restaurant in einem Agaven-Garten. Die Blätter dieser Pflanzen sind grundlegender Bestandteil des Barbacoa. Außerdem lebt auf ihnen die Wurmart gusano, die in Mexiko als Delikatesse gilt. Man isst sie knusprig gebraten.

Als nächstes führte mich Herr Bergeyre zur Hauptattraktion und ganzem Stolz des Restaurants: eine Reihe von Barbacoa-Feuerstellen, bestehend aus sechs Vertiefungen in einem Podest aus Stein. Die Feuerstellen waren so tief, dass ich mich hätte hineinstellen können und nur mein Kopf herausgeragt hätte. Am Abend vorher waren die Feuerstellen mit Holz bestückt und entzündet worden. Erst wenn das Holz zu glühenden Kohlen abgebrannt ist, kann mit dem Barbacoa begonnen werden.

Ein Koch brachte einen riesigen Kessel aus Stahl, der mit Wasser, Bohnen, Gemüse, Knoblauch und vielen Bunden Koriander und Wohlriechendem Gänsefuß gefüllt war. Daraus wurde die consommé de cordeiro (mit dem beim Grillen abgetropften Fleischsaft gewürzte Lammsuppe), die auch einen wesentlichen Bestandteil des Barbacoa ausmacht, gekocht. Der Kessel wurde auf die Kohlen herabgelassen. In der Zwischenzeit wurden ganze Hinterviertel vom Lamm und Lammschultern in angeschmorte Agavenblätter gewickelt. Der Koch plazierte das Lammfleisch auf einen Metallrost über dem Kessel. Die Feuerstelle wurde dann mit einem Metalldeckel verschlossen. Die Ränder der Metallplatte wurden auf althergebrachte Weise versiegelt: mit Erde.

Das Barbacoa wird acht bis zehn Stunden unter der Erde gegart. Wenn es aus der Feuerstelle gehoben wird, ist das Fleisch butterweich und kann mit den Fingern abgelöst werden. Die Verbindung des Geschmacks der Agavenblätter nach Kräutern und Tequila, des nach Kräutern duftende Qualms, der aus dem Topf aufsteigt, und des Rauchs des Holzes sorgt für außerordentlich aromatisches Lammfleisch – einzigartig in der Welt des Grillens.

VORBEREITUNGSZEIT

4 bis 8 Stunden für das Marinieren des Lammfleischs und etwa 4 Stunden Garzeit

SPEZIELLE AUSRÜSTUNG

8 bis 10 frische oder getrocknete Avocadoblätter (nach Belieben; getrocknete Blätter mit kaltem Wasser bedecken und 20 Minuten einweichen)

FÜR DIE CHILIPASTE UND DAS LAMMFLEISCH

- 6 Guajillo-Chilischoten (siehe Hinweis zu Chilischoten auf Seite 201)
- 5 Knoblauchzehen, grob gehackt
- ¼ mittelgroße Zwiebel, grob gehackt
- ½ TL getrockneter Oregano
- 2 ganze Gewürznelken
- 2 ganze Körner Nelkenpfeffer
- 1 kleines Stück Zimtstange (gut 1 cm lang) oder ½ TL gemahlener Zimt
- 1 TL Salz
- 60 ml weißer Branntweinessig
- 1 Lammkeule am Knochen (etwa 1800-2000 g), dünne Haut entfernt

FÜR DIE FLEISCHBRÜHE

- 1 mittelgroße Zwiebel, in gut 1 cm große Würfel geschnitten
- 2 Karotten, geschält und in gut 1 cm große Würfel geschnitten
- 1 Zucchini, gewaschen und in gut 1 cm große Würfel geschnitten
- 1 Stück (300-350 g) Kalebasse (westindischer Kürbis) oder Butternusskürbis, geschält und in gut 1 cm große Würfel geschnitten
- ½ kleiner Weißkohl, geputzt und in gut 1 cm große Würfel geschnitten
- 1 große reife Tomate, in gut 1 cm große Würfel geschnitten
- 1 mittelgroße Kartoffel, geschält und in gut 1 cm große Würfel geschnitten
- 1 Maiskolben (nach Belieben), enthülst und in gut 1 cm große Scheiben geschnitten
- 2 Lorbeerblätter, 2 Zweige Koriander und 2 Zweige Epazote (nach Belieben), in ein Stück Tuch gebunden
- 4 g fein gehackte frische Korianderblätter
- 1 Chipotle-Schote, gehackt (siehe Hinweis zu Chilischoten auf Seite 201)
- Salz und frisch gemahlener schwarzer Pfeffer

ZUM ANRICHTEN
Warme Tortillas
Salsa Mexicana (Seite 192)

1. *Zubereitung der Chilipaste und des Lammfleischs:* Guajillo-Chilischoten entstielen, aufreißen, Fasern und Samen entfernen. Die Chilischoten komplett für 20 Minuten in Wasser einweichen, bis sie weich und formbar sind. Chilischoten abtropfen lassen und zusammen mit Knoblauch, grob gehackter Zwiebel, Oregano, Nelken, Nelkenpfeffersamen, Zimt, Salz, Essig und 60 ml Wasser in ein Mixgerät geben. Zu einer glatten Paste verarbeiten.

2. Das Lammfleisch mehrfach mit der Spitze eines Küchenmessers anritzen, etwa 5 mm tief und jeweils 2,5 cm voneinander entfernt. Das Lammfleisch und die Schlitze mit der Chilipaste gründlich einreiben. Das Lamm lose mit Frischhaltefolie abdecken und im Kühlschrank für 4 bis 8 Stunden (je länger, desto besser) marinieren lassen.

3. *Zubereitung der Fleischbrühe:* gewürfelte Zwiebel, Karotten, Zucchini, Kalebasse, Weißkohl, Tomate, Kartoffel, Maiskolbenscheiben (optional), Kräuterbündel und 2,5 bis 3 Liter Wasser in einen großen feuerfesten Topf geben.

4. Den Grill auf indirektes Grillen bei mittlerer bis niedriger Hitze vorbereiten.

5. *Zubereitung des Barbacoa:* Den Topf mit der Fleischbrühe in die Mitte des Kohlenrosts stellen; bei gasbefeuerten Grills auf den Grilltrost (nicht direkt in die Hitze). Ein Metallgitter, wie ein stabiles Kuchengitter, darauf legen und die Hälfte der Avocadoblätter (optional) darauf verteilen. Wenn keine Avocadoblätter verwendet werden, den Grillrost ölen. Das Lammfleisch mit der Fettseite nach oben auf dem Grillrost auf die Avocadoblätter legen und mit den restlichen Avocadoblättern bedecken (optional). Den Grill fest verschließen.

6. Das Barbacoa 3 bis 4 Stunden kochen, bis das Lammfleisch zart vom Knochen fällt. Das Lammfleisch ist gar, wenn das in das Fleisch gesteckte Thermometer (nicht bis auf den Knochen durchstechen) zwischen 82 und 87 °C anzeigt. Bei Verwendung eines Holzkohlegrills stündlich 10 bis 12 Kohlen auf beiden Seiten nachlegen.

7. Für das Servieren des Barbacoa die obere Lage Avocadoblätter herunternehmen, und das Fleisch auf der unteren Lage Avocadoblätter auf eine Platte legen. 5 Minuten ruhen lassen. Das Fleisch in dünne Scheiben oder Stücke schneiden. Das Kräuterbündel aus der Fleischbrühe nehmen. Mit einem Schöpflöffel oben auf der Suppe schwimmendes Fett abnehmen. Den gehackten Koriander und die Chipotle-Schote unterrühren und mit Salz und Pfeffer abschmecken. Die Suppe sollte gut gewürzt sein. Die Suppe zuerst servieren, dann das Fleisch zusammen mit Tortillas und Salsa.

INDIEN

„MUTTON" -KEULE
MIT SAFRAN UND ROSENWASSER

INDIREKTES GRILLEN
FÜR 4 PERSONEN

Dies ist eines der bemerkenswertesten Tandoori-Gerichte, die ich jemals in Indien genossen habe. Mutton nennt man in Indien das Fleisch junger Ziegen. Bei diesem Rezept erhält es seinen betörenden Geschmack durch eine Marinade aus Rosenwasser, Muskatblüte und Safran. Diese Gewürze lassen auf den persischen Ursprung des Gerichts schließen (Vergessen Sie nicht: Die Mogulherrscher Nordindiens waren Nachkommen der Perser). Wenn Mahammad Farooq, Chefkoch des „Mughal Sheraton" in Agra, Ziegenkeulen zubereitet, dann von so jungen Ziegen, dass ein ganzes Bein die Größe eines Truthahnschenkels hat! Das Fleisch junger Ziegen schmeckt wie eine Mischung aus Kalb und Lamm. Unter Umständen können Sie es bei Ihrem Metzger vor Ort bestellen, ansonsten kann man es auch wunderbar durch eine Lammkeule ersetzen.

Dieses Rezept hört sich vielleicht etwas kompliziert an, besteht im Grunde aber nur aus einer Reihe einzelner Schritte. Die einzige Herausforderung besteht darin, nicht zu vergessen, den Joghurt frühzeitig abzuseihen. Übrigens: Aus der Flüssigkeit, die beim Abseihen des Joghurts entsteht, kann man den erfrischenden Afghanischen Joghurttrunk (Seite 63-4) zubereiten. Kichererbsenmehl, oder Besan, hat einen nussigen Geschmack und ist in

Einige Hinweise zu Chilischoten

Guajillo-Chilischoten sind milde, süße, getrocknete Chilischoten mit glatter Schale, die ähnlich wie süße Paprika schmecken. Sollten Sie nicht erhältlich sein, können 30 g Chilipulver verwendet werden.

Chipotle sind geräucherte Jalapeño-Chilischoten. Sie sind konserviert und getrocknet im Handel erhältlich. Wenn für die Suppe Chipotle aus der Dose verwendet werden, müssen sie einfach nur gehackt werden. Wenn getrocknete Chipotles verwendet werden, müssen sie 20 Minuten in heißem Wasser eingeweicht und dann gehackt werden.

indischen Lebensmittelgeschäften und Bioläden erhältlich. Dazu passen Indischer Basmati-Reis (Seite 423) und Ananas-Chutney (Seite 454).

VORBEREITUNGSZEIT

4 Stunden für das Abseihen des Joghurts und 6 Stunden für das Marinieren des Fleischs

ZUTATEN

360 ml einfacher Vollmilchjoghurt
¼ TL Safranfäden
1 TL Rosenwasser
45 g Kichererbsenmehl (Besan; nach Belieben)
1 grüne Kardamomkapsel
1 schwarze Kardamomkapsel (nach Belieben)
½ TL schwarze Pfefferkörner
2 Muskatblüten oder ½ TL frisch gemahlene Muskatnuss
½ TL Salz
½ TL Cayennepfeffer
1 TL geschälter, geriebener frischer Ingwer
1 Knoblauchzehe, gehackt
1 EL ungesalzene Butter, zerlassen
1 Lammkeule mit Knochen (etwa 1800-2000 g; siehe Hinweis), vorzugsweise Oberkeule, dünne Haut entfernt

1. Ein Haarsieb mit einem angefeuchteten Tuch auslegen und auf eine Schüssel stellen. Den Joghurt in das Sieb geben und etwa 4 Stunden im Kühlschrank abtropfen lassen, bis sich ein „Käselaib“ bildet.

2. Wenn das Lammfleisch mariniert werden kann, den Safran in eine kleine Schüssel geben und mit einem Stößel oder der Rückseite eines Holzlöffels zu feinem Pulver mahlen. Das Rosenwasser hinzugeben und für 10 Minuten stehen lassen.

3. In der Zwischenzeit das Kichererbsenmehl (optional) in einer trockenen Pfanne bei mittlerer Hitze etwa 3 Minuten leicht rösten, bis es aromatisch duftet; dabei die (nicht antihaftbeschichtete) Pfanne gelegentlich schwenken. Die Pfanne mit dem gerösteten Mehl vom Herd nehmen und das Mehl in eine mittelgroße Schüssel geben. Die Samen aus der grünen und schwarzen Kardamomkapsel, die Pfefferkörner und die Muskatblüte (optional) in die Pfanne geben und etwa 2 Minuten auf mittlerer Hitze rösten, bis ein aromatischer Duft entsteht. Dabei die Pfanne ein bis zwei Mal schwenken. Die Gewürze vom Herd nehmen und abkühlenlassen. Nach dem Abkühlen die Gewürze in einer speziellen Mühle oder einer sauberen Kaffeemühle mahlen. Die gemahlenen Gewürze zu dem gerösteten Kichererbsenmehl (optional) geben.

4. Den Joghurt-Käse mit einem Holzlöffel gründlich unter die Gewürzmischung rühren. Die Safran-Rosenwasser-Mischung, die geriebene Muskatnuss (optional), das Salz, den Cayennepfeffer, den Ingwer, den Knoblauch und die Butter hinzufügen. Die Joghurt-Mixtur sorgfältig mit einem Löffel durchrühren oder mit den Händen durchkneten, bis eine homogene, glatte Masse entsteht, die wie eine dicke Paste aussieht.

5. Mit einem scharfen Küchenmesser knapp 2 cm tiefe Schnitte in das Lammfleisch schneiden und die Joghurtmasse einreiben. Das Fleisch in eine tiefe Schüssel geben, abdecken und im Kühlschrank 6 Stunden marinieren lassen.

6. Den Grill auf indirektes Grillen bei mittlerer Hitze vorbereiten. Eine große Fettpfanne in die Mitte stellen.

7. Sobald die Temperatur erreicht ist, das Lammfleisch auf den heißen Grillrost über die Fettpfanne legen und den Grill schließen. Das Lammfleisch nach Geschmack garen lassen. Nach 1¼ bis 1½ Stunde ist das Fleisch so zart, dass es vom Knochen fällt (Inder mögen ihr Lamm- und Ziegenfleisch well-done). Das Lamm ist well-done, wenn ein in den fleischigsten Teil der Keule gestecktes Thermometer (nicht bis auf den Knochen durchstechen) zwischen 82 und 87 °C anzeigt. Bei Verwendung eines Holzkohlegrills nach 1 Stunde 10 bis 12 Kohlen auf beiden Seiten nachlegen.

8. Das Lammfleisch auf ein Schneidbrett legen und vor dem Tranchieren und Servieren 10 Minuten ruhen lassen.

HINWEIS: Sollte Fleisch von einer jungen Ziege verwendet werden, ist anstelle des Lammfleischs eine Menge von 700 g nötig. Sämtliche Sehnen und Fett sollten von dem Ziegenfleisch entfernt werden. Die Garzeit verringert sich auf etwa 1 Stunde.

SÜDAFRIKA

KAPSTADT-LAMM

INDIREKTES GRILLEN
FÜR 12 PERSONEN

Dieses Rezept ist die Einfachheit in Person und bringt eine willkommene Abwechslung zum englischen Lamm mit Pfefferminzsauce. Die Zubereitung reflektiert Beziehungen innerhalb der südafrikanischen Küche. Asien wird durch Ingwer, Sojasauce und scharfen Senf vertreten. Den britischen Einfluss verdeutlicht die Verwendung von Worcestershire-Sauce und braunem Zucker. Zusammen ergibt dies eine energiegeladene Geschmacksexplosion – süß, sauer und würzig –, die Ihnen eine völlig neue Perspektive in Bezug auf Lammfleisch eröffnet. Ich serviere dieses Gericht gern mit ebenso polyglotten Beilagen: Naan-Brot (Nach Tandoori-Art gebackenes Fladenbrot, Seite 113), Persischer Dampfreis (Seite 425) und Ananas-Achar (Seite 449).

Grilltabelle für Lammfleisch

STÜCK	METHODE	HITZE	GRAD DER ZUBEREITUNG blutig (60 °C)	medium (71 °C)	gar (well-done) (77 °C)*
KOTELETTS					
gut 1 cm dick	direkt	hoch	1 bis 2 Minuten pro Seite	2 bis 3 Minuten pro Seite	3 bis 4 Minuten pro Seite
2, 5 cm dick	direkt	hoch	2 bis 4 Minuten pro Seite	4 bis 6 Minuten pro Seite	6 bis 8 Minuten pro Seite
knapp 4 cm dick	direkt	hoch	4 bis 6 Minuten pro Seite	6 bis 8 Minuten pro Seite	8 bis 10 Minuten pro Seite
LAMMKARREE	indirekt	mittel	30 bis 40 Minuten	40 bis 50 Minuten	50 Minuten bis 1 Stunde
KEULE OHNE KNOCHEN 1500 - 2000 g	indirekt	mittel	1 Stunde	1 bis 1½ Stunden	1½ bis 2 Stunden
KEULE MIT KNOCHEN ca. 2500 g	indirekt	mittel	1½ bis 2 Stunden	2 bis 2½ Stunden	2½ bis 3 Stunden

Diese Tabelle dient als Richtlinie für die Garzeiten verschiedener Stücke Lammfleisch. Betrachten Sie das Grillen wie eine Kunst, nicht wie eine Wissenschaft. Sollten Zweifel bestehen, orientieren Sie sich an den in den Rezepten angegeben Werten.

*Durchgegartes Lammfleisch hat eine Temperatur zwischen 82 °C und 87 °C.

VORBEREITUNGSZEIT

3 bis 8 Stunden für das Marinieren des Fleischs

FÜR DAS LAMM

1 Lammkeule mit Knochen (ca. 2500 g), jegliche dünne Haut entfernt
6 Knoblauchzehen, in dünne Scheiben geschnitten
6 dünne Scheiben geschälter, frischer Ingwer

FÜR DIE WÜRZSAUCE

60 ml Worcestershire-Sauce
60 ml Sojasauce
60 g brauner Zucker
3 EL Dijon-Senf
2 EL scharfer Senf oder 1 TL Senfpulver
3 EL frisch gepresster Zitronensaft
3 EL Pflanzenöl
3 Knoblauchzehen, gehackt
1 EL frischer, gehackter Ingwer
Salz und frisch gemahlener schwarzer Pfeffer

1. *Zubereitung der Lammkeule:* Mit der Spitze eines Küchenmessers in die gesamte Lammkeule 2,5 cm tiefe Schnitte machen und in jeden dieser Schnitte je eine Scheibe Knoblauch und Ingwer geben. Die Lammkeule in eine Auflaufform (nicht aus Aluminium) legen und während der Zubereitung der Würzsauce beiseitestellen.

2. *Zubereitung der Würzsauce:* Die Worcestershire-Sauce, die Sojasauce, den braunen Zucker, den Dijon- und scharfe Senf, den Zitronensaft, das Öl, den gehackten Knoblauch und den Ingwer in einen kleinen, schweren Topf geben und bei mittlerer Hitze zum Kochen bringen. Den Zucker unter Rühren auflösen. Die Würzsauce etwa 3 Minuten kochen lassen, bis sie dick und sirupartig ist. Dabei mehrmals umrühren. Den Topf vom Herd nehmen, und die Würzsauce mit Salz und Pfeffer abschmecken. Auf Raumtemperatur abkühlen lassen.

3. Die Hälfte der Würzsauce über die Lammkeule in der Auflaufform gießen, und die ganze Lammkeule damit bestreichen. Abdecken und für 3 bis 8 Stunden (je länger, desto besser) zum Marinieren in den Kühlschrank stellen. Die übrige Würzsauce ebenfalls abgedeckt kalt stellen.

4. Den Grill auf indirektes Grillen bei mittlerer Hitze vorbereiten. In die Mitte des Grills eine große Fettpfanne stellen.

5. Sobald die Temperatur erreicht ist, die Lammkeule in die Mitte des heißen Grillrosts legen, und den Grill schließen. Das Lamm nach Belieben 2 bis 2½ Stunden garen. Das Fleisch ist medium gegart, wenn das Thermometer (nicht bis auf den Knochen durchstechen) 71 °C anzeigt. Die Lammkeule während der letzten 45 Minuten der Garzeit zwei, drei Mal mit der übrigen Würzsauce bestreichen. Wenn ein Holzkohlegrill verwendet wird, sind stündlich auf beiden Seiten 10 bis 12 frische Kohlen nachzulegen.

6. Die Lammkeule auf ein Schneidbrett legen, und ein letztes Mal mit der Würzsauce bestreichen. Vor dem Tranchieren 10 Minuten ruhen lassen. Währenddessen eventuell restliche Würzsauce erwärmen und als Sauce reichen.

NORDAFRIKA

MAROKKANISCHES GEGRILLTES LAMM

MECHOUI

DIREKTES GRILLEN
FÜR 8 PERSONEN

Mechoui ist nordafrikanisches gegrilltes Lamm. Traditionellerweise wird ein ganzes Lamm ausgenommen, auf einen Spieß gesteckt, mit Butter und Gewürzen eingerieben und über offenem Feuer gegart. Die Qualität des Fleisches, die Intensität der marokkanischen Gewürze und der zu Kopf steigende Geruch des Rauchs machen dieses Gericht zu einer Besonderheit auf diesem Planeten. Hier ist eine einfache und gute Version beschrieben, die aus einem etwas handlicheren Stück Lammfleisch zubereitet wird und doch etwas von dem Abenteuer birgt, das mit dem Original einhergeht. Als Beilage zu dem Mechoui empfehle ich eine einfache Harissa, Marokkanisches Schalotten-Relish, Marokkanischen Auberginensalat (Seiten 481, 445 und 97) und Pita-Brot. Sie können aus drei Möglichkeiten der Zubereitung des Lammfleischs wählen. Dem Original am nächsten käme das Grillen am Spieß. Alternativ können Sie auch die Methode des indirekten Grillens im geschlossenen Grill wählen. Die dritte Methode (sie ist zwar am weitesten von der traditionellen Zubereitungsart entfernt, ist jedoch die köstlichste, weswegen ich sie hier beschrieben habe) besteht darin, die Lammkeule wie ein Schmetterlingssteak aufzuschneiden und direkt über dem Feuer zu grillen. Bitten Sie Ihren Metzger, das Lammfleisch entsprechend vorzubereiten.

FÜR DAS LAMM UND DIE GEWÜRZBUTTER

1 Lammkeule, entbeint und wie ein Schmetterlingssteak tranchiert (1500-1800 g ohne Knochen), jegliche dünnen Hautreste entfernt
Salz und frisch gemahlener schwarzer Pfeffer
8 EL ungesalzene weiche Butter
4 Knoblauchzehen, gehackt
16 frische Pfefferminzblätter, gehackt, oder 1 EL getrocknete Pfefferminze
1 TL gemahlener Koriander
1 TL süßes Paprikapulver
½ TL gemahlener Kreuzkümmel, etwas mehr zum Anrichten

FÜR DIE SAUCE

3 EL ungesalzene Butter
1 Zwiebel, fein gehackt
2 Knoblauchzehen, gehackt
3 EL weißer Branntweinessig oder frischer Zitronensaft, oder etwas mehr, je nach Geschmack
16 frische Pfefferminzblätter, dünn geschnitten, oder 3 EL Pfefferminzgelee
500 ml hausgemachter Hühnerfond, Hühnerfond aus dem Glas mit niedrigem Natriumgehalt oder Wasser
Salz

1. *Zubereitung des Lammfleischs und der Gewürzbutter:* Die Lammkeule auf ein Schneidbrett legen und aufklappen. Die Innenseite mit Salz und Pfeffer würzen. Die Lammkeule während der Zubereitung der Gewürzbutter beiseitestellen.

2. Die 8 EL Butter, 4 Knoblauchzehen, gehackte Pfefferminze, das Koriander-, Paprika- und Kreuzkümmelpulver in ein Mixgerät geben und zu einer glatten Paste pürieren.

3. Den Grill auf zweistufiges Garen (siehe Seite 18) vorbereiten. Stufe 1 auf niedrige bis mittlere Hitze und Stufe 2 auf mittlere Hitze vorheizen.

4. Sobald die Temperaturen erreicht sind, ein Drittel der Gewürzbutter auf das Lammfleisch geben. Die Außenseite des Fleischs mit 1 EL Gewürzbutter bestreichen. Das Lamm mit der Außenseite nach unten in den heißeren Bereich des Grills legen und nach Geschmack 15 bis 20 Minuten garen. Während des Grillens mit der Grillzange wenden. Das Lammfleisch in den kühleren Bereich des Grills legen, sobald es beginnt anzubrennen. Das Fleisch alle 5 Minuten mit einem Teil der restlichen Butter bestreichen.

5. In der Zwischenzeit die Sauce zubereiten. Die 3 EL Butter in einer kleinen, schweren Pfanne auf mittlerer Hitze erwärmen. Die Zwiebel und die 2 Knoblauchzehen hinzufügen und etwa 5 Minuten garen, bis beides leicht gebräunt ist. Den Branntweinessig und die Pfefferminzblätterstreifen hineingeben und aufkochen. Den Hühnerfond unterrühren und aufkochen lassen. Die Hitze herabdrehen und auf mittlerer Temperatur 5 Minuten köcheln lassen, bis die Sauce etwas reduziert und reich an Aroma ist. Die Sauce vom Herd nehmen, und mit Salz und Essig abschmecken.

6. Die Lammkeule auf ein Schneidbrett legen und vor dem Tranchieren 5 Minuten ruhen lassen. Das Lammfleisch mit der Sauce und kleinen Schalen Salz und Kreuzkümmel zum Würzen servieren.

GRIECHENLAND

GEGRILLTE LAMMKEULE MIT ZITRONE UND BUTTER

ROTIERENDER GRILLSPIESS
FÜR 8 PERSONEN

Die Griechen essen gerne Lammfleisch – insbesondere während der Osterfeiertage. Ein Osterfest in Athen (ganz zu schweigen von Chicago, Boston oder Astoria, New York) lässt sich kaum ohne Feuer vorstellen, auf denen Lamm am Spieß so lange geröstet wird, bis es mahagonifarben und unglaublich knusprig ist. Für dieses Rezept wird eine Lammkeule benötigt, die wie ein Schmetterlingssteak aufgeschnitten ist und leicht auf Ihrem Grill zu Hause zubereitet werden kann. Die besten Ergebnisse werden mittels eines rotierenden Grillspießes erzielt. Das Lammfleisch kann aber auch auf die indirekte Garmethode bei mittlerer Hitze zubereitet werden. Diese Art der Zubereitung benötigt etwa 1½ bis 2 Stunden. Bitten Sie Ihren Metzger, die Lammkeule zu entbeinen und wie ein Schmetterlingssteak zu präparieren.

VORBEREITUNGSZEIT

4 bis 6 Stunden für das Marinieren des Fleischs

SPEZIELLE AUSRÜSTUNG

Starker Küchenfaden; Drehgrill

FÜR DAS LAMM UND DIE MARINADE

1 EL grobes Meersalz
1 EL frisch gemahlener weißer Pfeffer
1 TL getrockneter Oregano, vorzugsweise griechischer Herkunft
1 Lammkeule, entbeint und aufgeschnitten (1600-1800 g ohne Knochen), jegliche dünnen Hautreste entfernt
1 Zitrone (ungespritzt), halbiert und entkernt
6 EL ungesalzene weiche Butter

FÜR DIE BEIZE

120 ml Olivenöl extra vergine
60 ml frisch gepresster Zitronensaft
60 ml trockener Weißwein
2 Knoblauchzehen, gehackt
2 TL getrockneter Oregano, vorzugsweise griechischer Herkunft
1 TL frisch gemahlener schwarzer Pfeffer

1. *Zubereitung des Lamms und der Marinade:* Das Salz zusammen mit dem weißen Pfeffer und 1 EL Oregano in einer kleinen Schüssel mischen.

2. Die Lammkeule auf eine Arbeitsfläche legen und aufklappen, sodass die Innenseite nach außen zeigt. Ein Drittel der Gewürzmischung darüber streuen. Den Saft einer halben Zitrone über dem Fleisch verteilen, dann die verwendete Zitronenhälfte in Viertel schneiden. Die andere Hälfte der Zitrone beiseitelegen. Die Innenseite der Lammkeule mit 3 EL Butter einreiben, die 4 Stücke Zitrone darauf legen. Das Lammfleisch zurückklappen und mit dem Küchenfaden umwickeln. Die einzelnen Wicklungen sollten etwa 2,5 cm Abstand voneinander haben. Das Lammfleisch auf ein Backblech legen, lose mit Frischhaltefolie abdecken und 4 bis 6 Stunden zum Marinieren in den Kühlschrank stellen.

3. *In der Zwischenzeit die Beize zubereiten:* Olivenöl, Zitronensaft, Wein, Knoblauch, 2 TL Oregano und schwarzen Pfeffer in einer mittelgroßen Schüssel (nicht aus Aluminium) mit einem Schneebesen verrühren.

4. Den Drehspieß des Grills laut Herstellerangaben einrichten und den Grill auf große Hitze vorheizen.

5. Sobald die Temperatur erreicht ist, das Lammfleisch der Länge nach auf den Spieß stecken und überall mit der anderen Zitronenhälfte und den restlichen 3 EL Butter einreiben. Das Fleisch erneut großzügig mit der Würzmischung würzen. Den Spieß in den Grill hängen, den Grill schließen, und den Motor anstellen.

6. Nachdem das Fleisch 30 Minuten am Drehspieß gegart hat, die Beize mit einem Schneebesen aufrühren und mit einem langen Pinsel auf dem gesamten Lammfleisch verteilen. Das Lamm nach Geschmack 1 bis 1½ Stunden garen, bis es eine schöne braune Farbe angenommen hat. Bei einer Temperatur im dicksten Teil des Lammfleisches von 76,7 °C ist es medium. Den Grill zum Bestreichen mit der Beize alle 15 Minuten öffnen und ab und zu etwas von der Würzmischung auf das Fleisch geben. Wenn ein Holzkohlegrill verwendet wird, nach 1 Stunde auf beiden Seiten 10 bis 12 frische Kohlen nachlegen.

7. Das Lammfleisch am Spieß auf ein Schneidbrett legen. Den Spieß entfernen und das Fleisch für 15 Minuten ruhen lassen. Vor dem Schneiden der Scheiben den Küchenfaden entfernen.

AUSTRALIEN

LAMMSTEAKS
MIT SICHUAN-PFEFFER

DIREKTES GRILLEN
FÜR 4 PERSONEN

Jahrhundertelang galt Lamm als das bevorzugte Fleisch in Australien – vielerorts auch das einzige Fleisch. Der Grund waren die großen Schafzuchtbetriebe, die den ersten Industriezweig des großen Kontinents bildeten. Noch heute wäre in „Down Under" kein Essen im Freien ohne Lammfleisch perfekt. Für dieses Gericht empfehle ich Lammsteaks aus der Keule. Sollte Ihr Metzger Ihnen diese Steaks vorbereiten können, werden Sie mit einem ungewöhnlich aromatischen Stück Fleisch belohnt. Andernfalls verwenden Sie Koteletts aus der Schulter, Lende oder Rippe.

Koriander und Sichuan-Pfefferkörner mögen zwar als Gewürze nicht traditionell erscheinen, jedoch hat die Nähe dieser ehemaligen britischen Kolonie zu Südostasien dafür gesorgt, dass Australien zu einem der Zentren der Küche entlang der pazifischen Kontinentalplatte wurde. Der Sichuan-Pfeffer verleiht dem Lammfleisch ein reines, hölzernes Aroma, das überrascht, aber hervorragend passt.

1 EL Sichuan-Pfefferkörner
1 EL schwarze Pfefferkörner
1 EL Koriandersamen
1 EL grobes Meersalz
4 Lammsteaks aus der Keule oder Schulter (jedes etwa 230 g schwer und 2 cm dick; siehe Hinweis)

1. Die Sichuan- und schwarzen Pfefferkörner mit den Koriandersamen und dem Salz in eine trockene (nicht antihaftbeschichtete) Pfanne geben. Die Gewürze bei mittlerer Hitze etwa 3 Minuten rösten, bis die Pfefferkörner aromatisch duften. Dabei entweder die Pfanne gelegentlich schwenken oder die Gewürze rühren. Die geröstete Gewürzmischung in eine Gewürzmühle geben und zu Pulver mahlen (oder mittels Mörser und Stößel).

2. Die Lammsteaks nach Wunsch von beiden Seiten mit der Gewürzmischung einreiben. Die Steaks auf einen Teller legen und während des Vorheizen des Grills ruhen lassen.

3. Den Grill für direktes Grillen bei großer Hitze vorbereiten.

4. Sobald die Temperatur erreicht ist, den Grillrost bürsten und ölen. Die Lammsteaks auf den heißen Rost legen, nach Belieben garen und dabei mit der Grillzange wenden. Nach 3 bis 4 Minuten sind die Steaks blutig bis halbroh. Den Garprozess mittels der Druckmethode (Seite 31) überprüfen. Das Fleisch ist blutig bis medium gegart, wenn es leicht nachgibt und das in das Fleisch gesteckte Thermometeretwa 63 °C anzeigt.

5. Die Steaks auf Teller oder eine Servierplatte legen. Falls vorhanden, mit der restlichen Würzmischung würzen, und sofort servieren.

HINWEIS: Wenn gewünscht, können die Steaks durch 8 Lenden- oder 12 Rippenkoteletts ersetzt werden. Jedes Lendenkotelett sollte 115 bis 140 Gramm wiegen und knappe 4 cm dick sein (Lendenkoteletts von beiden Seiten etwa 6 Minuten grillen für blutig bis medium gegartes Fleisch); jedes Rippenkotelett sollte etwa 85 Gramm wiegen und 2,5 cm dick sein (Rippenkoteletts etwa 4 Minuten pro Seite grillen für blutig bis medium gegartes Fleisch).

TÜRKEI

LAMMRIPPE „ÇIRAGAN PALACE"

DIREKTES GRILLEN
FÜR 4 PERSONEN

Das „Çiragan Palace" (gesprochen: Tschi-Rahn) gehört zu den berühmtesten Hotels der Welt. Das Hotel bietet einen 4,4 ha großen Palast (die ehemalige Sommerresidenz des Sultan Abdul Aziz), der außerhalb Istanbuls an den Ufern des Bosporus liegt. In dem türkischen Restaurant „Tuğra" des Hotels serviert man ausgezeichnete türkische Speisen.

Ich hatte bereits eine Woche damit verbracht, verschiedene Lammgerichte der Kebab-Restaurants und Garküchen zu probieren, als ich die wunderbare Gelegenheit wahrnahm, Lamm in gepflegter Atmosphäre im Kerzenschein mit atemberaubendem Blick auf den Bosporus zu genießen. Der dortige Koch verwendet das kostbarste Fleisch des Lamms: Filet. Das Filet mariniert er über Nacht in einer Mischung aus Olivenöl, Milch und Zwiebelsaft. Eine Sauce aus gegrillter Aubergine und Joghurt verstärkt den rauchigen Geschmack des Lammfleischs. Da Lammfilet das Vermögen eines Sultans kostet, habe ich das Rezept für die günstigere und überall erhältliche Lammrippe umgeschrieben.

VORBEREITUNGSZEIT

24 Stunden für das Marinieren des Fleischs

FÜR DAS LAMM UND DIE MARINADE

2 Stück Rippe vom Lamm (insgesamt 1500-1800 g)
1 große weiße Zwiebel, fein gehackt (ausreichend für die Herstellung von 120 ml Zwiebelsaft)
240 ml Vollmilch
240 ml Olivenöl extra vergine
1 TL frisch gemahlener schwarzer Pfeffer

FÜR DIE AUBERGINEN-SAUCE

240 ml Vollmilch-Joghurt
2 lange, dünne Auberginen (insgesamt etwa 500 g)
1 kleine grüne Paprikaschote
1 Knoblauchzehe, gehackt
2 EL ungesalzene weiche Butter
1 TL frisch gepresster Zitronensaft, oder mehr, je nach Belieben
Salz und frisch gemahlener schwarzer Pfeffer

1. *Zubereitung des Lammfleischs und der Marinade:* Den größten Teil des Fetts vom Fleisch entfernen. Die Rippenknochen mit einem scharfen Küchenmesser abschaben (dies kann auch der Metzger vornehmen). Beide Stücke Lammrippe in jeweils eine verschließbare, feste Plastiktüte geben und während der Zubereitung der Marinade beiseitestellen.

2. Die Zwiebel in einem Mixgerät zu einem glatten Püree verarbeiten. Das Püree durch ein mit Tuch ausgelegtem Sieb in eine mittelgroße Schüssel abseihen. Dies sollte etwa 120 ml Zwiebelsaft ergeben. Die Milch, das Olivenöl und den schwarzen Pfeffer mit einem Schneebesen unter den Zwiebelsaft rühren. Jeweils die Hälfte des Zwiebelsafts über ein Stück der Lammrippe in der Plastiktüte gießen. Die Tüten verschließen und mehrmals umdrehen, damit das Fleisch von der Marinade bedeckt wird. Das Lammfleisch 24 Stunden zum Marinieren in den Kühlschrank legen und während dieser Zeit mehrmals wenden.

3. *Zubereitung der Auberginensauce:* Etwa 4 Stunden vor dem Grillen des Fleischs ein mit Tuch ausgelegtes Sieb auf eine Schüssel stellen, und den Joghurt hineingeben. Den Joghurt im Kühlschrank abtropfen lassen, bis sich ein fester „Käselaib“ bildet.

4. Wenn mit der weiteren Zubereitung der Sauce begonnen werden kann, den Grill für direktes Grillen bei großer Hitze vorbereiten.

5. Die Auberginen für 20 bis 30 Minuten auf den heißen Grillrost legen und mit der Grillzange mehrmals wenden, bis sie rundherum angekohlt sind. 10 Minuten bevor die Auberginen fertig gegart sind, die Paprikaschote auf den Grill legen und unter Wenden mit der Grillzange garen, bis die Schote rundherum angekohlt und weich ist. Das gegrillte Gemüse auf einen Teller legen und abkühlen lassen. Den Grill brennen lassen.

6. Mit einem Küchenmesser die angekohlte Schale der abkühlten Aubergine und Paprikaschote entfernen. Die Paprikaschote entkernen. Das Gemüse mit dem Knoblauch, dem abgeseihten Joghurt, der Butter und dem Zitronensaft in ein Mixgerät geben, mit Salz und Pfeffer nach Geschmack würzen und zu einem glatten Püree verarbeiten. Die Sauce in eine schwere, kleine Pfanne geben und auf niedriger Hitze zum Kochen bringen. Die Sauce etwa 2 Minuten köcheln lassen, bis sie dick und kremig ist, dabei hin und wieder umrühren. Die Sauce vom Herd nehmen und mit Zitronensaft und Salz abschmecken. Die Sauce sollte gut gewürzt sein. Wenn das Fleisch jetzt gegrillt werden soll, die Sauce abdecken und warm stellen (siehe Hinweis).

7. *Bei Verwendung eines Gasgrills* jetzt die Hitze auf niedrig bis mittel reduzieren; *bei Verwendung eines Holzkohlegrills*, sollte die Temperatur jetzt niedrig bis mittel sein. Wenn nicht, 20 bis 24 Holzkohlen nachlegen.

8. Sobald die Temperatur erreicht ist, das Lammfleisch abtropfen lassen, und die Marinade beiseitestellen. Die Lammrippen großzügig mit Salz und Pfeffer würzen, dann den Grillrost bürsten und ölen. Die Lammrippen mit den Knochen nach oben auf den heißen Rost legen und 8 bis 12 Minuten von jeder Seite grillen, bis sie eine schöne braune Farbe haben. Dabei mit der Grillzange wenden. Das Fleisch ist blutig bis medium gegart, wenn ein in die Mitte des Rippenstücks (nicht bis auf den Knochen) gestecktes Thermometer 62,8 °C anzeigt. Bei einer angezeigten Temperatur von 71,1 °C ist es medium gegart. Die Rippenstücke nur während der ersten 15 Minuten des Grillens mit der Marinade bestreichen. Gegen Schluss der Garzeit, die Rippenstücke auf die Seiten stellen und die Enden garen.

9. Die Lammrippen auf ein Schneidbrett legen und vor dem Schneiden 5 Minuten ruhen lassen. Die warme Auberginensauce auf Teller oder eine Servierplatte verteilen. Jedes Rippenstück in die einzelnen Rippen teilen und auf den Tellern in die Sauce legen. Sofort servieren.

HINWEIS: Die Sauce kann bis zu 24 Stunden im Voraus zubereitet, abgedeckt und kalt gestellt werden. Vor dem Gebrauch über niedriger Hitze erwärmen.

SENEGAL

LAMM
MIT ZWIEBEL-SENF-SAUCE
DIBI

DIREKTES GRILLEN
FÜR 4 PERSONEN

Prinzipiell bevorzugen Westafrikaner Eintöpfe und gekochte Gerichte gegenüber Gegrilltem. Aber dibi (gegrilltes Lamm) ist so beliebt im Senegal, dass es sich durchaus als Nationalgericht qualifizieren könnte. In Dakar wird es zu fast jeder Tageszeit in allen Restaurants der Stadt serviert. Alle denkbaren Teile des Lamms hängen in blutiger Herrlichkeit von den Wänden der Gaststätten – Koteletts, Schulter, Keule und Innereien. Die Kunden zeigen einfach auf das Stück Fleisch ihrer Wahl, der Verkäufer bereitet es auf einem einfachen Grill zu und gibt eine großzügig bemessene Menge Zwiebel-Senf-Sauce darüber. Dieses fürstliche Mahl wird in Aluminiumfolie oder Zeitung serviert und ist derart köstlich, dass man sich nach dem Verzehr die Finger ablecken möchte. Die dortige Beliebtheit des Lammfleischs hat religiöse Gründe: 95 Prozent der Senegalesen sind Moslems. Arabische Handelsleute brachten die Kunst des Grillens, ganz zu schweigen von der Liebe zu Lammfleisch, in dieses westafrikanische Land.

8 Lammkoteletts aus der Lende (jeweils 110 bis 140 Gramm schwer und knappe 4 cm dick) oder 12 Lammkoteletts aus der Rippe (jeweils 85 Gramm schwer und 2,5 cm dick)
1 EL und 60 ml Pflanzenöl
Salz und frisch gemahlener schwarzer Pfeffer
1 mittelgroße Zwiebel, fein gehackt
60 g körniger französischer Senf
½ TL Zucker (nach Belieben)

1. Die Lammkoteletts auf beiden Seiten leicht mit 1 EL des Öls bestreichen und mit Salz und Pfeffer würzen. Die Lammkoteletts auf eine Platte geben und während der Zubereitung der Zwiebel-Senf-Sauce ziehen lassen.

2. Die Zwiebel, 60 ml Öl und den Senf in einem kleinen, schweren Topf unter Rühren zum Kochen bringen. Unter gelegentlichem Umrühren etwa 10 Minuten köcheln lassen, bis die Zwiebel weich und leicht braun ist. Die Mischung mit 3 EL Wasser (bis zu 4 EL, wenn nötig) bis zu einer saucenartigen Konsistenz verdünnen. Den Topf vom Herd nehmen und mit Salz und Pfeffer oder Zucker abschmecken, falls die Sauce zu pikant ist. Die Sauce zugedeckt warm stellen.

3. Den Grill für direktes Grillen auf großer Hitze vorbereiten.

4. Sobald die Temperatur erreicht ist, den Grillrost bürsten und ölen. Die Lammkoteletts auf den heißen Rost legen und von jeder Seite 6 Minuten rosa grillen. Das Fleisch dabei mit der Grillzange wenden.

5. Die Koteletts auf Teller oder eine Servierplatte geben und die Zwiebel-Senf-Sauce mit einem Löffel darüber verteilen. Sofort servieren.

AFGHANISTAN

„ZWIEBELWASSER"-LAMMKOTELETTS
O BE PEYAZ

DIREKTES GRILLEN
FÜR 4 PERSONEN

Der afghanische Name dieses Gerichts – o be peyaz – bedeutet wörtlich Zwiebelwasser. Die Lammkoteletts werden in einer stark aromatischen Mischung aus Safran, Zwiebelsaft, Chilischoten und Kurkuma mariniert. Meistens wird auf afghanische Art zubereitetes Fleisch über mehrere Tage vor der Zubereitung mariniert, diese Koteletts können aber schon nach 2 Stunden gegrillt werden. Das Rezept wurde durch das „Khyber Pass" Restaurant in New York City inspiriert. Der Zwiebelsaft, der Lammfleisch zart und aromatisch macht, wird in der gesamten arabischen Welt verwendet. Reichen Sie zu den Lammkoteletts Pita-Brot, Schnellen Basmati-Reis (Seite 424) und Persischen Joghurt-Trunk (Seite 63).

VORBEREITUNGSZEIT

2 Stunden für das Marinieren des Fleischs

ZUTATEN

8 Lammkoteletts aus der Lende (jedes 110 bis 140 Gramm schwer und knappe 4 cm dick)
¼ TL Safranfäden
700 g Zwiebel, geschält und geviertelt
1 bis 3 Serrano-Chilischoten oder andere scharfe Chilischoten, gehackt
2 TL Salz
1 TL Kurkumapulver
1 TL frisch gemahlener schwarzer Pfeffer

1. Den größten Teil des überflüssigen Fetts vom Lammfleisch entfernen.

2. Den Safran in einer kleinen Schüssel mit einem Stößel oder der Rückseite eines Holzlöffels zu feinem Pulver mahlen. 1 EL warmes Wasser hinzufügen, umrühren und 5 Minuten ziehen lassen.

3. Die Zwiebeln in einem Mixgerät zu einem wässrigen Püree verarbeiten. Die pürierten Zwiebeln in ein Haarsieb geben und über einer großen Schüssel (nicht aus Aluminium) mit der Rückseite eines Holzlöffels den Saft aus dem Zwiebelpüree streichen. Dies sollte etwa 500 ml Zwiebelsaft ergeben. Die Rückstände der Zwiebeln entsorgen.

4. Die Serrano-Chilischoten, das Salz, das Kurkumapulver, den schwarzen Pfeffer und den eingeweichten Safran zum Zwiebelsaft geben. Das Salz durch Rühren mit einem Schneebesen auflösen. Die Lammkoteletts in der Mischung wenden. Das Lammfleisch zum Marinieren 2 Stunden abgedeckt in den Kühlschrank stellen, dabei mehrfach wenden.

5. Den Grill auf große Hitze vorheizen.

6. Sobald die Temperatur erreicht ist, die Lammkoteletts aus der Marinade nehmen, gründlich abtropfen lassen und die Marinade entsorgen. Den Grillrost bürsten und ölen. Die Lammkoteletts auf den heißen Grillrost legen und auf beiden Seiten 6 Minuten grillen, bis sie medium gegart sind. Dabei mit der Grillzange wenden.

7. Die Lammkoteletts auf Teller oder eine Servierplatte geben, und sofort servieren.

IRAN

LAMMKOTELETTS
MIT JOGHURT UND SAFRAN
SHISHLIK

DIREKTES GRILLEN
FÜR 4 PERSONEN

Eines der üppigsten Gerichte aus dem Repertoire der iranischen Küche ist shishlik. Es besteht aus sehr dicken Lammkoteletts aus der Rippe, die in einer mit Safran gewürzten Mischung aus Joghurt, Zitronensaft und Knoblauch mariniert werden. Trennen Sie nicht zu viel von dem Fett ab, da es während des Garens des Lamms schmelzen können muss. Dieses Rezept stammt von der iranischen Meisterköchin Najmieh Batmanglij, die dem Ganzen für eine leicht süße Note hausgemachte, kandierte Orangenschale hinzufügt. Ich habe sowohl mit im Handel erhältlicher kandidierter Schale als auch mit Orangenschalenstreifen gute Ergebnisse erzielt. Probieren Sie die Marinade auch in Verbindung mit Hühnerfleisch, und bestreichen Sie das Fleisch beim Grillen von Hühnchen, Kalb oder anderem Lammfleisch mit der Beize. Reichen Sie dazu Persischen Dampfreis (Seite 425).

VORBEREITUNGSZEIT
24 bis 48 Stunden für das Marinieren des Fleischs

FÜR DAS LAMM UND DIE MARINADE
½ TL Safranfäden
480 ml Vollmilchjoghurt
120 ml frisch gepresster Zitronensaft
1 mittelgroße Zwiebel, fein gehackt
8 Knoblauchzehen, fein gehackt
2 EL zerstoßene schwarze Pfefferkörner
2 EL gehackte kandierte Orangenschale oder 4 Streifen Orangenschale (jeweils knapp 4 x gut 1 cm) mit einem Sparschäler abgeschält
8 doppelte Lammkoteletts aus der Rippe (jeweils 140 bis 170 Gramm schwer und 5 cm dick)

FÜR DIE SAFRANBEIZE
¼ TL Safranfäden
3 EL gesalzene Butter
3 EL frisch gepresster Zitronensaft
Salz und frisch gemahlener schwarzer Pfeffer

1. *Zubereitung der Marinade:* Den ½ TL Safranfäden in eine große, tiefe Schüssel (nicht aus Aluminium) geben und mit einem Stößel oder der Rückseite eines Holzlöffels zu feinem Pulver mahlen. 1 EL warmes Wasser hinzufügen, umrühren und 10 Minuten ziehen lassen.

2. Den Joghurt, die 120 ml Zitronensaft, die Zwiebeln, den Knoblauch, die Pfefferkörner und die Orangenschale zum eingeweichten Safran geben und umrühren. Die Lammkoteletts ganz in die Marinade einlegen. Die Schüssel mit Frischhaltefolie abdecken, und die Lammkoteletts 24 bis 48 Stunden (je länger, desto besser) im Kühlschrank marinieren lassen.

3. *In der Zwischenzeit die Safranbeize zubereiten:* Den ¼ TL Safran in eine kleine, schwere Pfanne (nicht aus Aluminium) geben und mit einem Stößel oder der Rückseite eines Holzlöffels zu feinem Pulver mahlen. 1 EL warmes Wasser hinzugeben, umrühren und 10 Minuten ziehen lassen.

4. Die Butter und 3 EL Zitronensaft zum eingeweichten Safran geben, auf niedriger Hitze unter Rühren die Butter schmelzen lassen und die Sauce durchwärmen. Die Sauce vom Herd nehmen und beiseitestellen.

5. Den Grill für direktes Grillen bei großer Hitze vorbereiten.

6. Sobald die Temperatur erreicht ist, die Lammkoteletts aus der Marinade nehmen. Die Marinade entsorgen. Die Lammkoteletts mit Salz und Pfeffer würzen. Den Grillrost bürsten und ölen, und die Lammkoteletts auf den heißen Rost legen. Das Lammfleisch von beiden Seiten 6 bis 8 Minuten medium gegart bis gar grillen, dabei mit der Grillzange wenden. Iraner bevorzugen ihr Fleisch so. Najmieh erklärt dazu, dass das Fleisch dann zarter ist. Die Lammkoteletts nach einigen Minuten mehrmals mit der Safranbeize bestreichen.

7. Die Lammkoteletts auf Teller oder eine Servierplatte geben und sofort servieren.

MAROKKO

LAMMKOTELETTS NACH ART DES STANDS 26

DIREKTES GRILLEN
FÜR 4 PERSONEN

Die Lammkoteletts aus der Küche des Muhammad Moutawakel auf dem Jema-al-Fna-Markt sind wahrscheinlich nicht besser, als die, die in hundert anderen Lokalen in Marrakesch serviert werden. Sie schmecken aber besser, da sie unter freiem Himmel inmitten der volksfestähnlichen Umgebung eines der am häufigsten frequentierten Marktplätze in Nordafrika gereicht werden. Das Rezept ist sehr einfach in der Zubereitung, jedoch werden alle drei einfachen Zutaten benötigt, um den richtigen Effekt zu erzielen: das gegrillte Lamm, die Tomatensauce und das Schalotten-Relish.

SPEZIELLE AUSRÜSTUNG
4 lange Metallspieße

ZUTATEN
12 Lammkoteletts aus der Rippe (jedes 85 bis 110 Gramm schwer und 2,5 cm dick)
1 EL grobes Meersalz
1 TL gemahlener Kreuzkümmel
1 TL Knoblauchpulver
1 TL frisch gemahlener schwarzer Pfeffer
4 Pita-Brote
Marokkanische Tomatensauce (Rezept folgt)
Marokkanisches Schalotten-Relish (Seite 445)

GEGRILLTES LAMM MIT KRÄUTERN DER PROVENÇE | RECHTS

1. Drei Lammkoteletts in einer Reihe flach auf ein Schneidbrett legen, sodass die Knochen diagonal alle in die gleiche Richtung zeigen. Einen Metallspieß in einem 60° Winkel zum Knochen durch das Fleisch der drei Koteletts stechen. Die übrigen Lammkoteletts auf dieselbe Art aufspießen.

2. Das Salz, Kreuzkümmel- und Knoblauchpulver und den Pfeffer in einer kleinen Schüssel mischen. Das Lammfleisch mit einem Teil der Würzmischung auf beiden Seiten würzen. Die restliche Würzmischung in kleine Schalen zum Anrichten geben und zur Seite stellen.

3. Den Grill für direktes Grillen bei großer Hitze vorbereiten.

4. Sobald die Temperatur erreicht ist, den Grillrost bürsten und ölen. Die Lammkoteletts auf den Spießen auf den heißen Rost legen und 4 bis 6 Minuten von beiden Seiten halbgar grillen. Dabei mit der Grillzange wenden.

5. Ein Pita-Brot in die Hand nehmen, und die Lammkoteletts mit dem Brot auf Teller abstreifen. Zum Lammfleisch und dem Pita-Brot eine großzügige Menge Tomatensauce, einen Löffel Schalotten-Relish und eine gute Prise der Gewürzmischung geben.

MAROKKANISCHE TOMATENSAUCE

ERGIBT CA. 360 ML

Von dieser Tomatensauce gibt es zweifellos ebenso viele Varianten wie marokkanische Grillköche. In diesem Fall beinhaltet sie erfrischende Pfefferminze.

2 große reife Tomaten (etwa 500 g)
1 große Schalotte oder ½ kleine Zwiebel, geschält
3 EL frische gehackte Pfefferminze oder glatte Petersilie
1 EL frisch gepresster Zitronensaft
Salz und frisch gemahlener schwarzer Pfeffer

Die Tomaten quer halbieren. Die Tomatenhälften auf einer groben Reibe in eine flache Schüssel reiben. Die Schalotten auf dieselbe Weise reiben. Die Pfefferminze und den Zitronensaft unterrühren, nach Geschmack mit Salz und Pfeffer abschmecken und sofort servieren.

FRANKREICH

GEGRILLTES LAMM MIT KRÄUTERN DER PROVENÇE

DIREKTES GRILLEN
FÜR 4 PERSONEN

Dies ist die einfachste und beste mir bekannte Methode, Lammkoteletts zu grillen. In der Provençe findet man dieses Gericht überall, egal ob auf privaten Grillfesten, in Landgasthäusern oder in an Autostraßen gelegenen Restaurants. Die grundlegende Würze besteht aus Kräutern der Provençe, einer Mischung aus Rosmarin, Thymian, Majoran, Bohnenkraut, Basilikum, Lorbeerblatt und – für einen Hauch der Süße – Fenchel und Lavendel. Kräuter der Provençe sind vielerorts erhältlich, häufig in dekorativen Gläsern zu erhöhten Preisen. Sie können jedoch leicht Ihre eigene Kräutermischung nach meinem Rezept weitaus günstiger herstellen.

12 Lammkoteletts aus der Rippe
(jedes 85 bis 110 Gramm schwer und 2,5 cm dick)
60 ml Olivenöl extra vergine
2 Zitronen
Salz und frisch gemahlener schwarzer Pfeffer
3 EL Kräuter der Provençe (Seite 491)

1. Die Lammkoteletts in eine Auflaufform (nicht aus Aluminium) legen, die gerade groß genug ist, dass alle Koteletts nebeneinander hineinpassen. Das Olivenöl in eine kleine Schüssel geben, eine Zitrone halbieren, beide Hälften über dem Olivenöl auspressen und den Saft mit einem Schneebesen mit dem Öl verrühren. Die Hälfte der Mischung zum Bestreichen des Fleisches beiseitestellen.

2. Die Lammkoteletts auf beiden Seiten mit der restlichen Olivenöl-Zitronensaft-Mischung bestreichen und nach Geschmack salzen und pfeffern. Die Lammkoteletts mit 2 EL der Kräuter der Provençe würzen und 10 Minuten bei Raumtemperatur ruhen lassen.

3. Den Grill für direktes Grillen auf großer Hitze vorbereiten.

4. Sobald die Temperatur erreicht ist, den Grillrost bürsten und ölen. Die Lammkoteletts auf den heißen Rost legen und 4 Minuten pro Seite blutig bis medium garen. Dabei mit der Grillzange wenden. Während des Grillens die Lammkoteletts von Zeit zu Zeit mit der übrigen Olivenöl-Zitronensaft-Mischung bestreichen.

5. Die gegrillten Lammkoteletts auf eine Platte geben und mit den restlichen Kräutern der Provençe würzen. Sofort mit der restlichen in Schnitze geteilten Zitrone servieren.

FRANKREICH

LAMM-KEBAB „QUARTIER LATIN“

DIREKTES GRILLEN
FÜR 4 PERSONEN

Beeindruckt von ihrer einfachen Schönheit wurde ich auf diese Fleischspieße in einem Schaufenster auf der Rue de la Huchette in Paris aufmerksam. Dieses Gebiet, ein Gewirr mittelalterlicher Straßen auf der linken Uferseite der Seine, wurde zur „Plaka“ von Paris. Hier reihen sich dutzende griechische Restaurants und Grillstände aneinander. Ich bin begeistert von der Idee, ganze Lammkoteletts auf Spießen zu grillen – so kann man hinterher die Knochen abnagen. Reichen Sie dazu Gegrillte Polenta (Seite 433).

SPEZIELLE AUSRÜSTUNG

4 lange Metallspieße

ZUTATEN

1 große Zwiebel, geschält
1 große grüne Paprikaschote
12 Lammkoteletts aus der Rippe (jedes 85 bis 110 Gramm schwer und 2,5 cm dick)
8 reife Eiertomaten
1 EL grobes Meersalz
1 TL frisch gemahlener schwarzer Pfeffer
1 TL getrocknete Pfefferminze
1 TL getrockneter Oregano
1 TL getrockneter Rosmarin
3 EL Olivenöl extra vergine, oder mehr, je nach Bedarf, für das Bestreichen
4 Pita-Brote

1. Die Zwiebel achteln, und jedes Achtel in die Einzelteile zerlegen. Die Paprikaschote entkernen, und in knapp 4 cm lange und gut 1 cm breite Streifen schneiden.

2. Die Zutaten für die Fleischspieße in der folgenden Reihenfolge aufspießen: zuerst ein Lammkotelett, dann ein Stück Zwiebel, ein Streifen Paprikaschote, eine Tomate (quer aufgespießt), ein weiteres Stück Zwiebel, Paprikaschote und ein Lammkotelett, ein Stück Zwiebel und Paprikaschote, eine Tomate, ein Stück Zwiebel und Paprikaschote und ein weiteres Lammkotelett. Den Spieß in einem 60° Winkel zum Knochen durch die Lammkoteletts führen. Die Fleischspieße auf einer Platte oder einem Backblech ablegen, lose mit Frischhaltefolie bedecken und bis zum Grillen in den Kühlschrank stellen.

3. Das Salz mit dem schwarzen Pfeffer, der Pfefferminze, dem Oregano und dem Rosmarin in einer kleinen Schüssel mischen. Dabei den Rosmarin mit den Fingern zerreiben. Die aufgespießten Lammkoteletts und das Gemüse mit Olivenöl bestreichen und großzügig mit einem Teil der Gewürzmischung würzen.

4. Den Grill für direktes Grillen bei großer Hitze vorbereiten.

5. Sobald die Temperatur erreicht ist, den Grillrost bürsten und ölen. Die Fleischspieße auf den heißen Rost legen und 4 bis 6 Minuten medium garen. Die Spieße dabei mit der Grillzange wenden. Während des Grillvorgangs die Fleischspieße mit mehr Olivenöl bestreichen und erneut mit der Gewürzmischung würzen.

6. Mit einem Pita-Brot das Fleisch und das Gemüse von den Spießen auf Teller ziehen. Die Kebabs sofort mit dem Pita-Brot servieren.

TÜRKEI

DER ORIGINAL TÜRKISCHE SHISH KEBAB

DIREKTES GRILLEN
FÜR 4 PERSONEN

Shish Kebab wird in der Türkei von allen Fleischspießen am liebsten gegessen (obwohl der Verzehr pro Kopf im Durchschnitt unter dem des Kebabs mit Lammhackfleisch liegt). In der Türkei gibt es wahrscheinlich genauso viele Variationen dieses Gerichts wie Köche. Dieses Rezept – von dem Restaurant „Develi“ in Istanbul – verdankt seinen herzhaften Geschmack dem 24stündigen Marinieren in Olivenöl und Joghurt. Im Gegensatz zu anderen Versionen dieses Gerichts wird der türkische Shish Kebab selten an einem Spieß mit dem Gemüse zubereitet. Das Gemüse wird meistens auf einem separaten Spieß gegrillt, sodass für jede Zutat die richtige Garzeit eingehalten werden kann.

Die zartesten Fleischspieße werden aus Lammfilet oder Lende zubereitet. Sie können auch Fleisch aus der Keule oder Schulter nehmen, dann wird das Fleisch jedoch etwas zäher. Zudem hilft es auch, magere und fettere Fleischstückchen abwechselnd auf den Spieß zu stecken. Das Fett schmilzt während des Garens und macht das magere Fleisch zart.

VORBEREITUNGSZEIT

24 Stunden für das Marinieren des Fleischs

SPEZIELLE AUSRÜSTUNG

6 lange Metallspieße, davon 4 flache Spieße für das Gemüse

ZUTATEN

240 ml Vollmilchjoghurt
60 ml Olivenöl extra vergine
2 Knoblauchzehen, gehackt
2 TL Aleppo-Chiliflocken oder 1 TL scharfe rote Chiliflocken
1 TL Salz
1 TL frisch gemahlener schwarzer Pfeffer
700 g entbeinte Lammschulter oder -lende, in 2,5 cm große Würfel geschnitten (einschließlich einiger fetter Stücke)
8 reife Eiertomaten oder kleine runde Tomaten
12 Stierhorn-Paprika (siehe Seite 502), entkernt
4 Pita-Brote
2 EL gemahlener Sumach (nach Belieben) zum Garnieren

1. Den Joghurt, das Olivenöl, den Knoblauch, die Chiliflocken, das Salz und den schwarzen Pfeffer in einer Schüssel mischen. Die Lammwürfel hinzugeben und gründlich vermengen. Das Lammfleisch 24 Stunden abgedeckt in den Kühlschrank stellen und ein bis zwei Mal umrühren.

2. Das Lamm aus der Marinade nehmen, und die Marinade entsorgen. Die Fleischwürfel auf die Spieße stecken, dabei zwischen magerem und fettem Fleisch abwechseln. Die Tomaten und die Stierhorn-Paprika jeweils auf separate, flache Metallspieße stecken.

3. Den Grill für direktes Grillen bei großer Hitze vorbereiten.

4. Sobald die Temperatur erreicht ist, den Grillrost bürsten und ölen. Die Fleischspieße auf den heißen Rost legen und unter Wenden mit der Grillzange garen, bis die Schale des Gemüses blasig und braun und das Fleisch braun ist. Nach insgesamt 8 bis 12 Minuten ist das Lammfleisch well-done.

5. Zum Schutz gegen die heißen Spieße mit einem Pita-Brot die Fleischwürfel und das Gemüse auf Teller abziehen, dabei das Gemüse auf die Teller aufteilen. Sofort mit dem Sumach (optional) garnieren und mit dem Pita-Brot servieren.

DAS ENTFERNEN DER SPIESSE

Die Zubereitung von Shish Kebab, insbesondere mit Lammfleisch, ist auf der ganzen Welt sehr beliebt. Das Entfernen der Spieße kann jedoch eine kleine Herausforderung bedeuten – wie sicherlich jeder bestätigen kann, der bei dem etwas zu kräftigen Ziehen am Spieß zusehen musste, wie sich die Fleischstückchen über die Tischdecke verteilten.

Die Köche im Nahen Osten und Zentralasien haben sich eine clevere Methode einfallen lassen. Sie halten das Ende des Spießes in einer Hand und greifen das Fleisch mit der anderen Hand mittels eines Pita-Brots oder Fladenbrots, das sie wie einen Topflappen benutzen. Sie ziehen das Fleisch dann erst ein Stück auf sich zu, um es vom Spieß zu lösen, dann schieben Sie es vom Spieß auf den Teller.

Marokkanische Grillgerichte

Marrakesch: Alles, was man je über diese legendäre rote Stadt am Fuße des Atlasgebirges gehört hat, entspricht den Erwartungen – die Größe, das Elend, die prächtigen Moscheen, die labyrinthartigen Suks, die farbenfrohen Märkte, auf denen alles von Bekleidung über Teppiche bis zu Rosenwasser erhältlich ist.

Was das Essen betrifft, ist es leicht verständlich, warum Köche aus aller Welt sich durch Marokko inspirieren lassen. Die Küche verbindet die feine cuisine Frankreichs (die ehemalige Kolonialmacht) mit der Exotik Afrikas und des Nahen Ostens. Die marokkanische Küche fordert die Geschmacksknospen heraus und ist uns aber doch so bekannt, dass wir das Essen gern in die Liste der Lieblingsspeisen aufnehmen. Die Gerichte sind intensiv und großzügig gewürzt.

Die letzte Aussage trifft sicherlich auch auf Kebabs, Würstchen, Koteletts, Braten, Innereien und Meeresfrüchte zu, die die marokkanischen Grillgerichte ausmachen. Das Grillen spielt in der Küche Marokkos eine zentrale Rolle. Gegrillt wird auf öffentlichen Plätzen, auf gut besuchten Märkten, in Cafés am Straßenrand und Restaurants am Wasser. Egal wohin man geht, steigt einem fast immer der süße Duft von auf Holzkohle gegrilltem Lamm in die Nase. Schaut man in der Abenddämmerung in den Himmel, sieht man den Rauch, der aus tausenden von Imbissen unter freiem Himmel aufsteigt.

Interessanterweise beruht die marokkanische haute cuisine hauptsächlich auf Garmethoden wie schmoren, dünsten und fritieren. Nehmen wir die bekanntesten marokkanischen Gerichte Couscous, tagine, bisteeya. Keines wird auf dem Grill zubereitet. Gegrilltes wird in Marokko gegessen, wenn man in Eile ist, ein kleines Budget hat oder nur bequem essen möchte. Die Marokkaner essen Gegrilltes mit viel Gusto.

Jema al-Fna

Dies wurde mir bei meinem Besuch des Jema al-Fna an meinem ersten Tag in Marrakesch schnell klar. Die berühmte Platz bildet das Tor zur alten Stadt und ließ mich in alles, was an Marokko exotisch und wundersam ist, eintauchen: die schrillen Trompetenklänge der Schlangenbeschwörer (es handelt sich um richtige Schlangen, die sich auf Decken aufgerollt haben), der Singsang der Geschichtenerzähler, die Rufe der Verkäufer und der Bettler.

Bei Anbruch der Nacht füllt sich der Jema al-Fna mit offenen Imbissbuden, wie der von Muhammad Moutawakei, einem etwas wüst, aber gut aussehendem Mann mit einer makellos weißen Papierkappe. Jeden Abend gegen fünf Uhr stellt er weiße Emaille-Tabletts voller Couscous, handgeschnittenen Pommes Frites und frischen Salaten aus Paprika, Karotten und anderem Gemüse nach draußen. Die Hauptattraktion sind aber die Lammkoteletts, die auf seinem Grill brutzeln.

Muhammad erklärt, das Geheimnis eines guten Kebab sei es, zwischen die einzelnen Stücke Lammfleisch etwas Fett aus dem Lämmerschwanz zu geben. Das Fett schmilzt, fließt über das Fleisch und macht es saftig und zart. Anders als viele Hobbygriller in Amerika hat Muhammad keine Bedenken wegen der auflodernden Flammen, die entstehen, wenn das Fett auf die Holzkohle tropft. „Durch diese Flammen erhält das Fleisch auf einfache Weise einen wunderbar rauchigen, angebrannten Geschmack“, sagt er.

Muhammad würzt sein Fleisch mit einer Mischung aus Kreuzkümmel, Salz und Knoblauchpulver. Die Beilagen, von denen ich weitere Variationen in ganz Marokko kennenlernte, umfassten eine würzig frische Tomatensauce, ein scharfes Relish aus Schalotten und Petersilie und ein Stück knuspriges marokkanisches Brot mit dem Namen chobs. Man speist unter dem Sternenhimmel, umgeben von den zirkusartigen Aktivitäten auf dem Jema al-Fna. Besser kann es gar nicht sein.

Bani Marine Straße

Nun, auf der Bani Marine Straße, ein paar Häuserblocks vom Jema al-Fna entfernt, ist es auch gar nicht so schlecht. Die Bani Marine Straße ist eine von vielen Straßen in den neueren Vierteln Marrakeschs, auf denen überall Gegrilltes angeboten wird. Auf der belebten Straße reihen sich einfache Grillgaststätten aneinander. Speisekarten werden nicht benötigt, denn die Gerichte sind in den Fenstern ausgestellt: stapelweise Lammkoteletts, Tabletts voll Leber, Merguez-Würstchen (mit Paprikapulver und Chili rot gefärbt) und dekorativ aufgetürmte Berge an kefta (gewürztes Lammhackfleisch).

Amerikaner fänden hier an vielen Dingen ihre Freude, wie den Lammsteaks, den Koteletts und Shish Kebabs. Um der Zähigkeit des Fleischs entgegenzuwirken, schneiden marokkanische Köche das Fleisch in Stücke von Daumennagelgröße. Es gibt auch viele

Dinge, die ein Amerikaner nicht essen würde, wie Lammhirn, Hoden und Milz. Die Milz wird mit gehackten Zwiebeln und Petersilie gefüllt und schmeckt wie zähe, schwammige, stark gewürzte Leber. Im Interesse der Wissenschaft habe ich davon gekostet, aber es scheint eines dieser Essen zu sein, das man nur genießen kann, wenn man damit aufgewachsen ist.

Eine Mahlzeit in einer der vielen Gaststätten auf der Bani Marine Straße ist eine tief zufriedenstellende Erfahrung: ein Teller Oliven und ein Teller Kebabs, serviert mit über dem Feuer getoastetem Brot, Schalotten-Relish und feuriger Harissa, die nordafrikanische scharfe Sauce aus Cayennepfeffer und pürierten Tomaten. Das Schalotten-Relish ist eine weitere geniale Erfindung: Petersilie ist eine natürliche Mundspülung und neutralisiert die Schärfe der Schalotten. Außerdem wird eine winzige Schale Salz und Kreuzkümmelpulver gereicht.

Das Mechoui-Mysterium

Ein gegrilltes Fleischgericht hat den Sprung von der Straße in die haute cuisine geschafft: Mechoui. Wie amerikanisches Barbecue oder brasilianisches Churrasco bezieht sich der Begriff mechoui gleichzeitig auf ein bestimmtes Gericht, eine Art der Zubereitung und die Art einer Mahlzeit. Das originale Mechoui bestand aus ganzem Lamm mit Kräutern gefüllt, mit Butter und Gewürzen eingerieben und am Spieß über offenem Feuer geröstet. Auf dem Land ist diese Art der Zubereitung von Mechoui noch anzutreffen.

Als Mechoui vom Land in die Stadt kam, tauschten die Köche das offene Feuer gegen einen holzbefeuerten unterirdischen Ofen. Mein nächster Schritt trug mich in das Herz des Markts, der wie ein Labyrinth aus Geschäften und Gassen aus den Zeiten Ali Babas wirkt und den Hauptteil des Markts in Marrakesch bildet. Mein Ziel war das Mechoui-Geschäft des Housseine Admov, einem drahtigen, in einen schwarzen Kaftan gekleideten Mann mit schwarz-weißem Schnurbart. Housseine ist schon seit vierzig Jahren Inhaber dieses winzigen Geschäfts im Herzen des Marktplatzes. Stolz zeigt er mir seinen Gewerbeschein mit der Nummer E67830, der ihn als Experten am Drehspieß ausweist. Allerdings gab es außer weißen Kachelwänden nicht viel zu sehen, als ich ankam. Aus dem irdenen Boden ragte ein wackliges, gusseisernes Ofenrohr hervor. Es zeigte sich, dass die Aktivitäten in einem Mechoui-Geschäft nicht über, sondern unter der Erde stattfinden. Unter dem Boden befindet sich ein urnenförmiger Tonofen, 2,70 m tief und 1,50 m breit, der sich zum Boden hin zu einer Öffnung von etwa 35 cm verjüngt. Der Mechoui ähnelt einem riesigen unterirdischen indischen Tandoori-Ofen.

Zweimal täglich entfacht Housseine ein loderndes Feuer in dem unterirdischen Ofen und lässt die Holzscheite zu glühenden Kohlen verbrennen. Zweimal täglich spießt er ganze, frisch geschlachtete Lämmer auf Holzpflöcke und lässt sie in den Ofen hinab. Das Lammfleisch wird mit Salz, Pfeffer und Kreuzkümmel gewürzt und dann zwei bis drei Stunden in Rauch und Hitze geröstet. Das Fleisch erhält ein leicht rauchiges Aroma, das mich an amerikanisches Barbecue erinnerte, wird butterweich und fällt vom Knochen, und die Haut wird butterzart und knusprig. Das Ergebnis ist einfach über alles andere erhaben.

Über die nächsten beiden Tage verbrachte ich viel Zeit in Housseines Geschäft. Ich schaute ihm bei der Herrichtung des Feuers zu: eines um 5 Uhr morgens (die Lämmer sind dann mittags gar) und eines um 14:30 Uhr (die Lämmer sind dann am Abend fertig). Zum Anzünden benutze er Pappkartons. Ich sah ihm dabei zu, wie er die Lämmer in den Ofen hinabließ, sie wieder heraufholte und wie Soldaten in einer Reihe an der weißen Kachelwand aufstellte, wo sie in Plastikbeutel verpackt an ihre Besitzer geliefert werden.

Housseine verkauft die Lämmer nicht. Er berechnet eine Gebühr für das Rösten. In den Ofen passen bis zu zehn Lämmer. Wenn er also zwei volle Schichten fährt, macht er einen ganz guten Gewinn. Der Ofen verlangt nach ständiger Wartung. Einmal im Monat bezahlt Housseine einen Kleinwüchsigen, der dann hinunter klettert und den Ofen reinigt. Alle zwanzig Jahre gräbt er den Ofen komplett aus und ersetzt ihn durch einen neuen.

Der Besitz eines Mechoui ist ein gutes Geschäft. Da Mechoui ein Essen der Wohlhabenden ist und bei glücklichen Anlässen wie Geburtstagen und Hochzeiten zeremoniell gereicht wird, haben die Menschen, die bei Housseine bestellen, meistens etwas zu feiern. Man braucht aber keinen unterirdischen Ofen, um ein Mechoui zuzubereiten. In Marrakeschs Restaurants benutzt man Drehspieße oder Öfen. Mit einem Kugelgrill lässt sich ebenfalls wunderbares Mechoui zubereiten. Eine Lammkeule vermittelt den Geist des Gerichts in kleinem Maßstab, ohne dass man dabei eine ganze Gemeinde verköstigen müsste. (Rezept siehe Seite 205).

MAROKKO

MAROKKANISCHE LAMM-KEBABS

DIREKTES GRILLEN
FÜR 4 PERSONEN

Die hier zum Einsatz kommenden Gewürze sind nicht von exotischer Natur, zusammen führen sie jedoch zu einem außergewöhnlich schmackhaft gewürzten Lammfleisch. Kebabs werden überall in Marokko gegessen: in Gourmetrestaurants, Imbissen unter freiem Himmel und allerorts sonst. Das Geheimnis der Zubereitung guter Fleischspieße liegt in der abwechselnden Anordnung von mageren und fetten Fleischwürfeln oder Lammfett – vorzugsweise vom Schwanz. Ich habe hier verschiedene Zeitangaben für das Marinieren gemacht: nach 30 Minuten ist das Fleisch gut für ein Abendessen in der Woche geeignet, nach 8 Stunden ist es unglaublich reichhaltig an Geschmack und gut für eine spezielle Gelegenheit geeignet. Reichen Sie die Kebabs mit Gegrillte Zucchini-Salat (Seite 98).

VORBEREITUNGSZEIT

30 Minuten bis 8 Stunden für das Marinieren des Fleischs

SPEZIELLE AUSRÜSTUNG

4 bis 6 lange Metallspieße

ZUTATEN

1 mittelgroße Zwiebel, gerieben
3 EL gehackte, frische glatte Petersilie
3 EL gehackte, frische Korianderblätter
½ TL Kreuzkümmel
½ TL süßes Paprikapulver
½ TL frisch gemahlener weißer oder schwarzer Pfeffer
½ TL Salz
1 EL Olivenöl extra vergine
700-900 g entbeinte Lammkeule oder -schulter, in 2,5 cm große Würfel geschnitten (einschließlich einiger fetter Stücke)
4 Pita-Brote

1. Die Zwiebel mit der Petersilie, dem Koriander, dem Kreuzkümmel, dem Paprikapulver, Pfeffer, Salz und Olivenöl in einer großen Schüssel verrühren. Die Lammfleischwürfel hinzugeben und gründlich vermengen. Das Lammfleisch 30 Minuten bis 8 Stunden (je länger, desto besser) abgedeckt zum Marinieren in den Kühlschrank stellen.

2. Das Lammfleisch aus der Marinade nehmen, die Marinade entsorgen. Die Fleischwürfel gleichmäßig auf die Spieße verteilen und zwischen mageren und fetten Stücken abwechseln.

3. Den Grill für direktes Grillen bei großer Hitze vorbereiten.

4. Sobald die Temperatur erreicht ist, den Grillrost bürsten und ölen, die Fleischspieße auf den heißen Rost legen und unter Wenden mit der Grillzange garen. Nach insgesamt 8 bis 12 Minuten ist das Lammfleisch well-done (so mögen es die Marokkaner).

5. Zum Schutz gegen die heißen Spieße mit einem Pita-Brot die Fleischwürfel auf Teller abziehen und sofort servieren.

GRIECHENLAND

MIT METAXA FLAMBIERTE SOUVLAKIS

DIREKTES GRILLEN
FÜR 4 PERSONEN

Souvlaki ist die griechische Version des Shish Kebab und als Imbiss sehr beliebt. Es besteht aus in herzhafter Marinade aus Olivenöl, Zitronensaft, Knoblauch und Lorbeerblättern eingelegtem Lammfleisch, das über sehr heißen Kohlen gegrillt wird. Weder der in diesem Rezept verwendete Retsina (ein griechischer, häufig mit Harz aromatisierter Wein) ist Teil der traditionellen Zubereitungsart noch das Flambieren der Souvlakis mit Metaxa (griechischer Branntwein). Da aber beide Getränke bei griechischen Grillfesten serviert werden und dem Fleisch Aroma verleihen, habe ich mich für deren Einsatz entschieden. Puristische Köche können sie natürlich weglassen. Reichen Sie zu den Souvlakis Pita-Brot, Joghurt-Gurken-Salat mit Minze (Seite 85) und einen etwas anderen griechischen Salat (Seite 110).

VORBEREITUNGSZEIT

6 bis 24 Stunden für das Marinieren des Fleischs

SPEZIELLE AUSRÜSTUNG

4 lange Metallspieße

ZUTATEN

60 ml Olivenöl extra vergine, vorzugsweise griechischer Herkunft
60 ml Retsina oder trockenen Rotwein
60 ml frisch gepresster Zitronensaft
4 Lorbeerblätter
3 Knoblauchzehen, gehackt
1 TL getrockneter Oregano, vorzugsweise griechischer Herkunft
Salz und frisch gemahlener schwarzer Pfeffer
700 g entbeinte Lammkeule oder -schulter, in 2,5 cm große Würfel geschnitten (einschließlich einiger fetter Stücke)
1 mittelgroße Zwiebel, in 2,5 cm große Stücke geschnitten
80 ml Metaxa (griechischer Branntwein) oder anderer Branntwein
Zitronenschnitze zum Anrichten
4 Pita-Brote zum Anrichten

1. Das Olivenöl mit dem Wein und dem Zitronensaft in einer großen Schüssel (nicht aus Aluminium) mit einem Schneebesen verrühren. Die Lorbeerblätter, den Knoblauch, den Oregano, 1 TL Salz und 1 TL Pfeffer unterrühren. Die Fleischwürfel dazu geben und gründlich vermengen. Das Fleisch abgedeckt für mindestens 6 bis zu 24 Stunden zum Marinieren in den Kühlschrank stellen.

2. Das Lammfleisch aus der Marinade nehmen, die Marinade beiseitestellen und die Fleischwürfel abwechselnd mit den Zwiebelstücken auf die Spieße stecken.

3. Den Grill für direktes Grillen bei großer Hitze vorbereiten.

4. Sobald die Temperatur erreicht ist, den Grillrost bürsten und ölen, die Fleischspieße auf den heißen Rost legen und unter Wenden mit der Grillzange garen, bis sie eine schöne braune Farbe angenommen haben. Nach insgesamt 8 bis 12 Minuten ist das Lammfleisch well-done (so mögen es die Griechen). Die Fleischspieße während des Grillens mit der beiseitegestellten Marinade bestreichen (jedoch nicht in den letzten 3 Minuten des Garens) und mit Salz und Pfeffer würzen.

5. Die Souvlakis auf eine hitzebeständige Platte geben. Den Metaxa in einem kleinen Topf auf niedriger Hitze erwärmen: Er darf nicht heiß werden oder kochen. Den Topf vom Herd nehmen, darauf achten, dass die Ärmel hochgerollt sind, ein langes Streichholz anzünden und den Branntwein damit anstecken. Das Gesicht dabei schützen. Den brennenden Branntwein vorsichtig über die Souvlakis gießen und sofort mit Zitronenschnitzen und Pita-Broten servieren.

ARMENIEN

ARMENISCHER SHISH KEBAB

DIREKTES GRILLEN
FÜR 4 PERSONEN

Shish Kebab zieht sich wie ein roter Faden durch die Küche des Nahen und Fernen Ostens sowie Zentralasiens. Die armenische Variante verdankt ihre Reichhaltigkeit dem Zusatz von Tomatenmark zur Marinade. Die Marinade selbst ist eine scharfe Mixtur aus Rotwein, Olivenöl und Weinessig. Das Rezept lässt sich auch wunderbar mit Rindfleisch zubereiten. Ob Lamm oder Rind, zu dem Shish Kebab passen Lavash (Fladenbrot) und Bulgur, Gegrillter Auberginen, Tomaten und Paprika-Salat (Seite 96) und Zwiebel-Relish mit Granatapfelsirup (Seite 446).

VORBEREITUNGSZEIT

8 bis 24 Stunden für das Marinieren des Fleischs

SPEZIELLE AUSRÜSTUNG

4 lange Metallspieße

ZUTATEN

120 ml trockener Rotwein
60 g Tomatenmark
60 ml Olivenöl extra vergine
2 EL Rotweinessig
1 mittelgroße Zwiebel, fein gehackt
1 Knoblauchzehe, fein gehackt
1 TL getrockneter Majoran oder Sommer-Bohnenkraut
1 TL Salz
½ TL frisch gemahlener schwarzer Pfeffer
½ TL scharfe rote Chiliflocken
¼ TL gemahlener Piment
700 g entbeinte Lammkeule oder -schulter, in 2,5 cm große Würfel geschnitten (einschließlich einiger fetter Stücke)
24 Perlzwiebeln, geschält und halbiert oder 2 mittelgroße Zwiebeln, in 2,5 cm große Stücke geschnitten
2 grüne Paprikaschoten, entkernt und in 2,5 cm große Stücke geschnitten
Lavash als Beilage

1. Den Rotwein mit dem Tomatenmark, dem Olivenöl und dem Weinessig in einer großen Schüssel (nicht aus Aluminium) mit dem Schneebesen verrühren. Die gehackte Zwiebel, den Knoblauch, den Majoran, das Salz, den schwarzen Pfeffer, die Chiliflocken und den Piment untermischen. Das Lammfleisch hineingeben und gründlich vermengen. Abgedeckt im Kühlschrank mindestens 8 bis zu 24 Stunden marinieren lassen.

2. Das Lammfleisch aus der Marinade nehmen und die Marinade entsorgen. Die Fleischwürfel abwechselnd mit den Zwiebelhälften und Paprikastücken auf die Spieße stecken.

3. Den Grill für direktes Grillen bei großer Hitze vorbereiten.

4. Sobald die Temperatur erreicht ist, den Grillrost bürsten und ölen, die Fleischspieße auf den heißen Rost legen und unter Wenden mit der Grillzange garen, bis sie eine schöne braune Farbe angenommen haben. Nach insgesamt 8 bis 12 Minuten ist das Lammfleisch gut durch.

5. Ein Stück Fladenbrot in die Hand nehmen und damit das Fleisch und das Gemüse von den Spießen auf Teller abziehen. Sofort servieren.

GEORGIEN

GEORGISCHE LAMM-KEBAS NACH ALEXANDRE DUMAS

DIREKTES GRILLEN
FÜR 4 PERSONEN

Alexandre Dumas gehörte zu den produktivsten und beliebtesten Novellisten des 19. Jahrhunderts. Er schrieb Klassiker wie „Der Graf von Monte Christo" und „Der Mann mit der eisernen Maske". Was Sie vielleicht nicht wissen, ist, dass er auch ein leidenschaftlicher Esser war und neben einem Band mit dem Titel „Le Grand Dictionnaire de Cuisine" auch ausführliche Schriften über die Gerichte verfasste, die er während seiner Reisen kennenlernte. Das folgende Rezept ist durch seine Reisen durch die kaukasischen Berge im Jahr 1859 inspiriert worden. Was die Utensilien betrifft, so gibt er doch ein paar kuriose Ratschläge, die hier nach Darra Goldsteins Buch „The Georgian Feast" zitiert werden:

„Auch wenn Ihnen kein Metallspieß zur Verfügung steht oder Sie durch eine Gegend reisen, in der Metallspieße unbekannt sind, so lässt sich jederzeit Ersatz dafür finden. Während meiner ganzen Reisen hat mir der Putzstock meines Gewehrs gute Dienste als Spieß geleistet. Auch habe ich nicht feststellen können, dass es der Gebrauchsfähigkeit meiner Waffe Schaden zugefügt hätte, dem Putzstock diese bescheidene Rolle zuzuweisen.»

Amen!

Ich habe Dumas Originalrezept verfeinert, indem ich eine charakteristische georgische Gewürzmischung namens khmeli-suneli hinzufügte. Ich bin überzeugt, dass Sie das geschmackliche Ergebnis unglaublich finden werden. Wahrscheinlich haben Sie noch nie gemahlene Ringelblume gegessen; das Pulver ist in Spezialgeschäften erhältlich. Auf Seite 248 finden Sie eine Beschreibung des Sumach oder Gerberstrauchs. Reichen Sie zu diesen Kebabs gegrillte Tomaten, Georgische Sauce aus eingelegten Pflaumen (Seite 467) und Georgische Pickles (Seite 442).

VORBEREITUNGSZEIT

1 bis 8 Stunden für das Marinieren des Fleischs

SPEZIELLE AUSRÜSTUNG

4 lange Metallspieße

ZUTATEN

½ TL gemahlener Koriander
½ TL getrockneter Dill
½ TL getrocknetes Basilikum
½ TL getrocknete Pfefferminze
½ TL gemahlene Ringelblume (nach Belieben)
Salz und frisch gemahlener schwarzer Pfeffer
700 g entbeinte Lammkeule, in 2,5 cm große Würfel geschnitten (Dumas beschreibt sie als von der Größe einer Walnuss)
1 mittelgroße Zwiebel, fein gehackt
240 ml Rotweinessig
2 EL Olivenöl zum Bestreichen
2 EL gemahlener Sumach (nach Belieben), zum Anrichten

1. Den Koriander mit dem Dill, dem Basilikum, der Pfefferminze, der gemahlenen Ringelblume (optional), 1 TL Salz und ½ TL Pfeffer in einer großen Schüssel mischen. Das Lammfleisch hinzugeben und sorgfältig vermengen. Zum Marinieren abgedeckt für 30 Minuten in den Kühlschrank stellen.

2. Die Zwiebel und den Weinessig zum Lammfleisch geben und alles erneut gründlich vermengen. Das Fleisch wieder abdecken und mindestens weitere 30 Minuten oder bis zu insgesamt 8 Stunden zum Marinieren in den Kühlschrank stellen (je länger das Fleisch in der Marinade verbleibt, desto schärfer wird es).

3. Den Grill für direktes Grillen bei großer Hitze vorbereiten.

4. Sobald die Temperatur erreicht ist, das Lammfleisch auf die Spieße stecken. Den Grillrost bürsten und ölen, die Fleischspieße auf den heißen Rost legen und unter Wenden mit der Grillzange garen, bis sie eine schöne braune Farbe angenommen haben. Nach insgesamt 8 bis 12 Minuten ist das Lammfleisch gut durch. Die Fleischspieße während des Grillens mehrfach mit Olivenöl bestreichen und mit Salz und Pfeffer würzen.

5. Das Lammfleisch von den Spießen ziehen und auf Teller geben. Mit gemahlenem Sumach (optional) garnieren und sofort servieren.

DER GROSSARTIGE AMERIKANISCHE HAMBURGER

KAPITEL 9

HACKFLEISCH, BURGER & WÜRSTCHEN

Der Hamburger ist der berühmteste amerikanische Beitrag zu gegrillten Gerichten. Und während wir Amerikaner vielleicht der Meinung sind, dass nichts die Saftigkeit eines dicken, handgeformten, auf den Punkt über Feuer gegarten Burgers schlagen kann, so stellen die Grillmeister draußen in der Welt doch eine harte Konkurrenz in dem Wettbewerb dar, bescheidenes Hackfleisch in die Ränge der Kunst zu erheben.

"Es steckt viel mehr Zukunft in Hamburgern als in Baseball."
—Ray Kroc

Die Bulgaren haben das Recht erworben, mit ihrem Kufteh (mit Kreuzkümmel aromatisierte Hackfleischsteaks aus Kalb- und Schweinefleisch) zu prahlen. Den Rumänen gebührt Beifall für ihre mititei (würzige Würstchen aus Schweine- und Lammfleisch). Die Kroaten können stolz auf ihre Cevapcici (mit Koriander gewürzte Hackfleischröllchen aus drei Fleischsorten) sein. Weiter ostwärts verändert sich die Form des Hackfleischsteaks zu einer Art Wurst ohne Pelle, die auf einem flachen Metallspieß geformt und gegart wird. Im Nahen Osten nennt man den Burger Kofta Kebab, in Aserbaidschan heißt er Lyulya Kebab und in Indien Seekh Kebab. Was Würstchen betrifft, so finden sich Unmengen an Variationen, von der spanischen und lateinamerikanischen Chorizo bis zu der georgischen kupati (Rinderwurst mit Granatapfelstückchen gespickt). Diese Rezepte scheinen zwar weit entfernt von Hamburgern und Hot Dogs, aber Hackfleisch an sich wird auf der ganzen Welt gern gegessen.

USA

DER GROSSARTIGE AMERIKANISCHE HAMBURGER

DIREKTES GRILLEN
FÜR 6 PERSONEN

Was macht einen großartigen Hamburger aus? Nun, zunächst einmal das Fleisch. Nehmen Sie wohlschmeckendes Fleisch wie Filet (für hochqualitative Burger), Rinderhals oder Oberschale, Unterschale und Nuss (für bodenständigere Burger). Außerdem sollte das Fleisch nicht zu mager sein: 15 bis 20 Prozent Fettanteil ist ideal.

Ich gehöre zu den Anhängern der Fraktion „weniger ist mehr“, wenn es um die Zubereitung von Hamburgern geht. Das bedeutet, dass es umso besser ist, je weniger Zutaten Sie zum Fleisch geben. Oh, ich weiß ganz genau, wie groß die Verlockung für Köche ist, das Fleisch mit Zwiebeln, Knoblauch und Gewürzen zu verfeinern. Das Fleisch lässt sich aber am besten herausschmecken, wenn man das Rezept einfach hält. Die Garnierung liefert dann das gewünschte Aroma.

Ein Ratschlag noch: Bearbeiten Sie das Fleisch so wenig wie möglich, formen Sie es nur mit ein paar Handgriffen. Jede weitere Verarbeitung führt dazu, dass der Burger die Saftigkeit und den ursprünglichen Geschmack verliert.

FÜR DIE BURGER

1000 g Hackfleisch aus der Oberschale, Unterschale, Nuss, dem Hals oder Rinderfilet
6 Scheiben (gut 1 cm dick) Gemüsezwiebel (nach Belieben)
2 EL ungesalzene zerlassene Butter, oder 2 EL Olivenöl extra vergine
Salz und frisch gemahlener schwarzer Pfeffer
6 Hamburger-Brötchen

FÜR DIE GARNIERUNG – WAHLWEISE

Eisbergsalatblätter
In Scheiben geschnittene reife Tomaten
In Scheiben geschnittene saure Gewürzgurken oder süß eingelegte Gurken
Gebratener Schinkenspeck (2 Scheiben pro Burger)
Ketchup, Senf und Mayonnaise

1. Das Fleisch in 6 gleiche Portionen teilen. Die Hände leicht mit kaltem Wasser befeuchten und jede Portion zu einem runden, gleichmäßig dicken Fladen von 10 cm Durchmesser formen (siehe Hinweis).

Hamburger zubereiten

Als ich Kind war, waren Ausbrüche von Coli-Bakterien eine Seltenheit. Heute berichten die Zeitungen jedoch fast täglich von verseuchten Lebensmitteln. Jegliche Art von Hackfleisch scheint besonders anfällig dafür zu sein. Coli-Bakterien (oder andere Bakterien) können aber unschädlich gemacht werden, indem Hamburger (und andere Hackfleischgerichte) so gegart werden, dass sie im Inneren eine Kerntemperatur von 71 °C erreichen.

Weitere Möglichkeiten, den Verzehr von Hamburgern sicherer zu machen:

- **Kaufen Sie Ihr Fleisch bei einem guten Metzger, der täglich Hackfleisch herstellt. Wenn möglich, wählen Sie das Stück Fleisch vor dem Drehen durch den Fleischwolf aus, und warten Sie, während der Metzger es zubereitet.**

- **Lagern Sie das Fleisch bis zur Zubereitung im Kühlschrank.**

- **Reinigen Sie Schneidbretter, die mit rohem Fleisch in Berührung gekommen sind, umgehend nach dem Gebrauch mit sehr heißem Wasser und viel Spülmittel.**

2. Den Grill für direktes Grillen bei hoher Hitze vorbereiten und aufheizen.

3. Wenn die Temperatur erreicht ist, den Grillrost bürsten und ölen.

4. Wenn Zwiebeln verwendet werden, die Zwiebelscheiben auf beiden Seiten mit zerlassener Butter bestreichen und mit Salz und Pfeffer würzen. Die Zwiebelscheiben auf den heißen Rost legen und etwa 4 Minuten von jeder Seite grillen, bis sie schön braun sind. Die Zwiebelscheiben auf einen Teller legen.

5. Eine Seite der Hackfleischfladen mit etwas zerlassener Butter bestreichen, salzen und pfeffern. Die Burger mit der gebutterten Seite nach unten auf den heißen Rost legen und 4 bis 5 Minuten grillen, bis sie auf der Unterseite eine schöne braune Farbe angenommen haben. Dann die Hamburger auf der Oberseite mit etwas zerlassener Butter bestreichen, salzen und pfeffern. Die Burger mit einem Pfannenwender umdrehen und nach Geschmack garen. Nach weiteren 4 bis 5 Minuten ist das Fleisch halb durch. In der Zwischenzeit die Schnittseiten der Brötchen mit der übrigen zerlassenen Butter bestreichen und auf dem Grill während der letzten zwei Minuten der Grillzeit des Fleisches toasten.

6. Die Beilagen anrichten. Die Burger und die Zwiebelscheiben auf die Brötchen legen und servieren.

HINWEIS: Wenn Sie die Burger nicht umgehend grillen möchten, legen Sie sie auf einen großen Teller, bedecken sie lose mit Frischhaltefolie und stellen sie in den Kühlschrank.

CHEESEBURGER

FÜR 6 PERSONEN

Für die Zubereitung dieses beliebten Klassikers wird zusätzlich zu den Zutaten aus dem Grundrezept für Hamburger auch noch folgendes benötigt:

6 Scheiben (5 mm dick) würziger Cheddar, Schweizer Käse oder Roquefort

Den Anweisungen laut Grundrezept bis Schritt 4 – Grillen der ersten Seite der Hamburger – folgen. Nach dem Wenden der Hamburger eine Scheibe Käse darauf geben. Den Grill schließen, und die Hamburger garen, bis der Käse geschmolzen und das Fleisch nach Geschmack gegrillt ist. Nach 3 Minuten nachsehen. Die Hamburger zusammenstellen, wenn das Fleisch fertig ist.

Von Hamburg nach Hoboken: Eine kurze Abhandlung zur Geschichte des Hamburgers

Der Hamburger ist weltweit eine der beliebtesten Speisen – zumindest statistisch gesehen. Laut Jeffrey Tennyson, Autor des Buchs „Hamburger Heaven: The Illustrated History of the Hamburger", verzehren die Amerikaner über 38 Milliarden Hamburger im Jahr – das macht pro Kopf drei Hamburger pro Woche. Zählt man dann noch den internationalen Verbrauch hinzu, zeigt sich ein in der Geschichte der Menschheit einzigartiges Nahrungsmittelphänomen.

Die Geschichte des Hamburgers beginnt, logischerweise, in Hamburg. Im 18. Jahrhundert befand sich in der Hansestadt der größte Hafen Europas. Tennyson berichtet, dass die deutschen Seefahrer in Russland eine Vorliebe für Hackfleisch entwickelt hatten. Steak-Tatar war jahrhundertelang russisches Grundnahrungsmittel. Der Name kommt von der zentralasiatischen Tataren-Ebene, in der die Mongolen als nomadische Krieger lebten. Der Legende nach aßen die mongolischen Reiter ihr Fleisch gern roh und legten es unter ihre Sättel, damit es zart wurde (während des Ritts wurde das Fleisch zu einem weichen Brei geschlagen).

In der Geschichte findet sich leider kein Hinweis darauf, ob es ein Mongole, Russe oder Deutscher war, der zuerst die Idee hatte, dieses Fleisch zu garen. Wir wissen nur, dass zu dem Zeitpunkt, an dem der Hamburger mit den deutschen Immigranten nach Amerika kam, das Fleisch bereits gegart wurde – und sich großer Beliebtheit erfreute. Das erste nordamerikanische Restaurant, auf dessen Speisekarte der Hamburger angeboten wurde, war das legendäre „Delmonico's" in New York. Im Jahr 1834 bot man dort „Hamburger Steaks" für eine stattliche Summe von 10 Cent an – das Doppelte des Preises von Roastbeef oder Kalbskotelett.

Mit zunehmendem Bekanntheitsgrad des Hamburgers fiel der Preis. Bis zur Jahrhundertwende hatte sich der Hamburger zum Lebensmittel der Massen entwickelt. Er wurde überall verkauft: auf von Pferden gezogenen Imbiss-Wagen, über Sodaquellen bis hin zu den neu erfundenen Imbissständen. Irgendwann kamen dann auch die Tomate und die eingelegten Gurken als Belag hinzu. Zudem legte man den Hamburger auf ein Brötchen, was ihn zum ultimativen Imbiss machte – ein Nahrungsmittel, das man im Gehen essen konnte.

SCHINKEN UND RÄUCHERKÄSE-BURGER

FÜR 6 PERSONEN

Betrachten Sie diese Hamburger als „Barbecue Burger", die stark nach dem hölzern-rauchigen Aroma von Schinkenspeck und geräuchertem Käse duften. Außer den Zutaten laut Grundrezept für Hamburger wird das Folgende benötigt:

12 dünne Scheiben Schinkenspeck
6 Scheiben (gut 5 mm dick) geräucherter Mozzarella oder anderer geräucherter Käse

In Schritt 2 jeden Hackfleischfladen mit zwei Scheiben Schinkenspeck umwickeln. Die Hamburger laut Grundrezept grillen. Die gegrillten Hackfleischfladen auf Brötchen legen und je eine Scheibe Käse darauf legen. Die Hitze des Fleisches bringt den Käse zum Schmelzen.

AVOCADO, SPROSSEN UND SALSA-BURGER

FÜR 6 PERSONEN

Lust auf Abwechslung? Dann ersetzen Sie doch mal den im Grundrezept angegebenen Belag mit folgenden erfrischenden Zutaten:

1 große, reife Avocado, geschält, entkernt und in gut 5 mm dicke Scheiben geschnitten
30 g Alfalfa-Sprossen
360 ml Salsa Mexicana (Seite 192)

Die Hamburger wie im Grundrezept beschrieben garen. Die gegrillten Hackfleischfladen auf Brötchen legen und mit Avocadoscheiben, Sprossen und Salsa belegen.

BULGARIEN

BULGARISCHE BURGER

KUFTEH

DIREKTES GRILLEN
FÜR 4 PERSONEN

Kufteh, auch bekannt als Kafta, Köfte oder Kefta, bezieht sich im Allgemeinen auf gegrillte Hackbällchen aus Lammfleisch, die in der ganzen arabischen Welt beliebt sind. In Bulgarien beschreibt der Begriff aber ein Hackfleischsteak, das dem Hamburger sehr ähnlich ist. Dort nimmt man statt des in moslemischen Ländern verwendeten Lammfleischs jedoch Schweine- und Kalbshackfleisch – eine außerordentlich schmackhafte Kombination. Kufteh und kebabche (dieselbe Fleischmasse nur in Wurstform) erfreuen sich so großer Beliebtheit, dass man sie zur bulgarischen „Nationalzwischenmahlzeit" erklären könnte. Sie werden mit knusprigen Brötchen oder Landbrot und Tomatensalat serviert (Tomatensalat mit Feta-Käse, siehe Seite 119).

230 g Kalbshackfleisch
230 g Schweinehackfleisch
1 kleine Zwiebel, gehackt
3 EL frische Petersilie, gehackt
1 TL Salz, oder mehr, je nach Geschmack
1 großzügig bemessener ½ TL gemahlener Kreuzkümmel, oder mehr, je nach Geschmack
½ TL frisch gemahlener schwarzer Pfeffer, oder mehr, je nach Geschmack

1. Das Kalbshackfleisch, das Schweinehackfleisch, die Zwiebel, die Petersilie, das Salz, den Kreuzkümmel und den schwarzen Pfeffer in eine Rührschüssel geben und mit einem Holzlöffel vermengen. Zum Abschmecken eine kleine Menge der Fleischmasse abnehmen und in einer antihaftbeschichteten Pfanne gar braten. Probieren, und die Fleischmasse mit Salz, Kreuzkümmel und Pfeffer nach Belieben nachwürzen. Das Fleisch sollte gut gewürzt sein.

2. Die Fleischmasse in 4 gleich große Portionen teilen. Die Hände mit etwas kaltem Wasser befeuchten und aus jeder Portion 4 Fladen von 8 cm Durchmesser und knappen 2 cm Dicke formen (siehe Hinweis).

3. Den Grill für direktes Grillen auf großer Hitze vorbereiten.

4. Sobald die Temperatur erreicht ist, den Grillrost bürsten und ölen. Die Hamburger auf den heißen Rost legen und unter Wenden mit der Grillzange auf beiden Seiten 3 bis 4 Minuten grillen, bis sie eine schöne braune Farbe angenommen haben. Sofort servieren.

HINWEIS: Sollten Sie nicht vorhaben, die Hamburger direkt zu grillen, legen Sie sie auf einen großen Teller, bedecken sie lose mit Frischhaltefolie und stellen sie in den Kühlschrank.

PAKISTAN

„SLIPPER"-BURGER

CHAPLI KEBAB

DIREKTES GRILLEN
FÜR 4 PERSONEN

Sein Name war Mohammed Bashir, und er trug blassblaue shilwar (Hosen) und eine kamiz (Tunika). Ich begegnete ihm nicht in seiner pakistanischen Heimatstadt Faisalabad, sondern in einem Taxi in Philadelphia. Da ich Taxifahrer stets nach den Grillgerichten aus ihren Heimatländern zu fragen pflege, erzählte er mir von einem Gericht mit dem kuriosen Namen chapli kebab, wörtlich Pantoffel- oder Sandalen-Frikadelle (Das Wort Kebab wird hier in der ursprünglichen Bedeutung „Fleisch" verwendet und bezeichnet nicht die Fleischspieße).

Chapli kebab wird zubereitet, indem Hackfleisch zu einem großen Fladen in der Form einer Pantoffel- oder Sandalensohle geformt wird. Chapli kebab ist eine Spezialität der Stadt Peshawar an der indisch-pakistanischen Grenze. Dort herrscht der moslemische Glaube, daher kann nur Rind- oder Lammfleisch verwendet werden. In den pakistanischen Restaurants in den USA wird chapli kebab häufig gebraten. Ich bevorzuge es aber gegrillt – ich gehe davon aus, dass man es in Pakistan so zubereitet – und reiche dazu Naan-Brot (Nach Tandoori-Art gebackenes Fladenbrot, siehe Seite 131).

VORBEREITUNGSZEIT

1 bis 2 Stunden für das Kühlen der Hackfleischfladen

ZUTATEN

500 g Lamm- oder Rinderhackfleisch
½ mittelgroße Zwiebel, gehackt
2 Knoblauchzehen, gehackt
1 bis 2 Serrano- oder andere scharfe Chilischoten, entkernt und gehackt (mit den Samen verwenden, wenn mehr Schärfe gewünscht ist)
60 g fein gehackter frischer Koriander
1 EL frischer Ingwer, geschält und gerieben

2 TL gemahlene oder zerstoßene Koriandersamen
1 TL Salz, oder mehr, je nach Geschmack
½ TL frisch gemahlener schwarzer Pfeffer, oder mehr, je nach Geschmack
½ TL Cayennepfeffer
½ TL Kreuzkümmelpulver

1. Das Lammfleisch, die Zwiebel, Knoblauch, Chili, Koriander, Ingwer, Koriandersamen, Salz, schwarzen Pfeffer, Cayennepfeffer und Kreuzkümmelpulver in eine große Schüssel geben. Mit den Händen 3 bis 4 Minuten sorgfältig durchkneten und vermischen. Zum Abschmecken eine kleine Menge der Fleischmasse abnehmen und in einer

Ein paar Worte zu den Rezepten aus diesem Kapitel

Die Rezepte in diesem Kapitel sind einfach, erfordern aber einige Vorsicht.

■ Zunächst zum Durchdrehen des Fleischs. Die Kebab- und Saté-Köche, die mir auf meinen Reisen begegnet sind, drehen ihr Fleisch selbst durch den Fleischwolf, und wenn es die Zeit erlaubt, mache ich das auch so. Da die Rezepte aber genauso gut gelingen, wenn man fertiges Hackfleisch verwendet und dabei noch Zeit und Mühen spart, gehe ich bei den Zutaten von gekauftem, fertigem Hackfleisch aus.

■ Sollten Sie Ihr Fleisch selbst durch den Fleischwolf drehen (siehe Anleitung auf Seite 232) und keine dem entgegenstehende Anweisung gegeben wird, dann verwenden Sie recht fettiges Fleisch wie ein Stück aus der Schulter (bei Lamm- und Schweinefleisch) oder Rinderhals. Drehen Sie es durch die fein gelöcherte Scheibe (3 mm) des Fleischwolfs.

■ Manchmal gebe ich an, dass das Fleisch bei Raumtemperatur oder über niedriger Hitze mit den Händen zu kneten ist. Das Kneten (speziell über niedriger Hitze) resultiert in einer weichen, zusammenhängenden, fast schwammartigen Textur, die in Zentralasien beliebt ist. Sollte in dem Rezept nicht nach dem Kneten mit den Händen verlangt werden, ist dies auch nicht nötig.

■ In manchen der Rezepte muss das Fleisch auf Metallspieße geformt werden. Im Allgemeinen ist dies leichter, wenn man das Fleisch vorher kühlt. Sollte dies notwendig sein, so ist es in den Rezepten vermerkt. Außerdem kühle ich bereits geformte Hackfleischspieße gern für 1 bis 2 Stunden vor dem Grillen. So verringert man das Risiko, dass das Fleisch beim Grillen von den Spießen fällt. Für viele Kebab- und Saté-Köche in der Dritten Welt ist das Kühlen ein Luxus, denn oft fehlen Kühlschränke. Sollten Sie wenig Zeit haben, können Sie den größten Teil der Koftas, Kebabs und Satés aus diesem Kapitel auch ohne vorausgehendes Kühlstellen grillen. Wenn Sie das Fleisch im Voraus zubereiten, stellen Sie es in den Kühlschrank, bis Sie es grillen.

■ Das Hackfleisch sollte auf flache Metallspieße geformt werden (erhältlich in asiatischen Lebensmittelgeschäften und über das Internet). Idealerweise sollten die Metallspieße einen guten Zentimeter breit sein, es lassen sich aber auch 6 mm breite Spieße verwenden. Nehmen Sie schmale Spieße oder Bambusspieße nur im Notfall, da das Fleisch leichter herunterfallen kann.

■ Da Satés aus Hackfleisch recht leicht auseinanderfallen, schlage ich vor, sie bei der Zubereitung auf ein mit Frischhaltefolie ausgelegtes Backblech zu legen. Wenn ich größere Fleischspieße zubereite, lege ich die Enden der Spieße auf den Rand einer Bratpfanne, sodass das Fleisch in der Luft hängt. So verhindere ich, dass die Kebabs flachgedrückt werden.

■ Ich empfehle auch, Hackfleischspieße nicht auf dem Rost zu grillen, sondern zwei Steine oder Metallrohre auf den Rost zu legen, auf denen die Enden der Spieße ruhen und das Fleisch so über dem Grillrost zu liegen kommt. So wird das Risiko eingedämmt, dass die Kebabs festkleben und auseinander fallen. (Anleitungen zum Grillen ohne Grillrost siehe Seite 21).

Sollten Sie in Eile sein oder Ihnen keine Steine oder Rohrstücke zur Verfügung stehen, können Sie die Hackfleischspieße auch auf dem Grillrost garen. Denken Sie nur daran, den Grillrost gut einzuölen, bevor Sie die Spieße darauf legen.

■ Wenden Sie die Fleischspieße mit einer Grillzange. Fassen Sie dabei mit der Grillzange die Spießenden und möglichst nicht das Fleisch.

■ Hackfleisch lässt sich von dem Spießen ziehen, indem man es den iranischen Kebab-Köchen nachmacht: Nehmen Sie ein Stück Pita-Brot oder Lavash wie einen Topflappen in die Hand. Ziehen Sie das Fleisch zunächst vorsichtig auf sich zu, um es zu lösen, schieben Sie es dann in die andere Richtung vom Spieß.

Gartabelle für gegrilltes Hackfleisch

FLEISCH	METHODE	TEMPERATUR	GARZEIT
BURGER	direkt	hoch	insgesamt 8 bis 10 Minuten
WÜRSTCHEN	direkt	mittel	insgesamt 16 bis 20 Minuten
KOFTAS UND *LULAS*	direkt	hoch	insgesamt 6 bis 8 Minuten
SATÉS	direkt	hoch	insg. 4 bis 8 Min., abhängig von der Größe

*Alle Arten von Hackfleisch sollten bei mindestens 71 °C gegart werden, um das Risiko einer bakteriellen Vergiftung auszuschließen.

antihaftbeschichteten Pfanne gar braten. Probieren, und die Fleischmasse mit Salz und schwarzem Pfeffer nach Belieben nachwürzen. Das Fleisch sollte gut gewürzt sein.

2. Einen großen Teller mit Frischhaltefolie auslegen. Die Fleisch-zubereitung in 4 gleich große Portionen aufteilen. Die Hände mit etwas kaltem Wasser befeuchten und aus jeder Portion einen Fladen von 13 cm Durchmesser und knappen 2 cm Dicke formen. Die Hackfleischfladen auf den vorbereiteten Teller legen. Den Teller lose mit Klarsichtfolie bedecken und 1 bis 2 Stunden in den Kühlschrank stellen.

3. Den Grill für direktes Grillen auf großer Hitze vorbereiten.

4. Sobald die Temperatur erreicht ist, den Grillrost bürsten und ölen. Die Hamburger auf den heißen Rost legen und unter Wenden mit der Grillzange auf beiden Seiten je 4 bis 5 Minuten grillen, bis sie eine schöne braune Farbe angenommen haben. Sofort servieren.

BOSNIEN

HACKFLEISCH-RÖLLCHEN AUS DREI FLEISCHSORTEN

CEVAPCICI

DIREKTES GRILLEN
FÜR 8 RÖLLCHEN; FÜR 4 PERSONEN

Cevapčići, ausgesprochen „Tsche-Wapp-Tschi-Tschi“ sind eine der vielen in Balkanländern beliebten und gegrillten Hackfleischgerichte. Vergleichen Sie sie einmal mit mititei (Rumänische Schweine- und Lammfleisch-Würstchen, gegenüberliegende Seite) und Kufteh (Bulgarische Burger, Seite 226) aus diesem Kapitel. Für dieses Rezept wird eine gleichgroße Menge an Rind-, Kalb- und Schweinefleisch benötigt. Cevapčići werden aber auch nur aus Lammfleisch oder jeder beliebigen Kombination dieser Fleischsorten zubereitet. Das geschmackliche Ergebnis ist sehr komplex und gibt dem Hackfleisch den letzten Schliff. Durch das Hinzufügen von Backpulver wird die Fleischmasse gelockert. Achten Sie darauf, dass das Fleisch nicht zu mager ist.

VORBEREITUNGSZEIT

1 bis 2 Stunden für das Kühlen der Hackfleischröllchen

FÜR DIE HACKFLEISCHRÖLLCHEN

230 g Rinderhackfleisch aus dem Hals
230 g Schweinehackfleisch aus dem Hinterschinken
230 g Kalbs- oder Lammhackfleisch
½ mittelgroße Zwiebel, gerieben
3 EL frische glatte Petersilie, gehackt
1½ TL Salz, oder mehr, je nach Geschmack
½ TL gemahlener Koriander
½ TL frisch gemahlener schwarzer Pfeffer, oder mehr, je nach Geschmack
½ TL Backpulver
80 ml selbstgemachter Rinderfond, natriumarmer Rinderfond aus dem Glas oder Wasser

ZUM ANRICHTEN

1 mittelgroße Zwiebel, fein gehackt
1 reife Tomate, fein gehackt
1 rote Paprikaschote, entkernt und fein geschnitten oder 3 EL gehackte eingelegte Paprika
4 knusprige Brötchen

1. *Zubereitung der Hackfleischröllchen:* Das Rinderhackfleisch mit dem Kalbs- und Schweinehackfleisch, der Zwiebel, der Petersilie, dem Salz, dem Koriander, dem schwarzen Pfeffer und dem Backpulver in einer großen Schüssel gut vermengen. Das Fleisch sorgfältig 3 bis 4 Minuten mit den Händen durchkneten. Dann den Rinderfond darunterkneten. Zum

Abschmecken eine kleine Menge der Fleischmasse abnehmen und in einer antihaftbeschichteten Pfanne gar braten. Probieren, und die Fleischmasse mit Salz und schwarzem Pfeffer nach Belieben nachwürzen. Das Fleisch sollte gut gewürzt sein.

2. Einen großen Teller leicht einölen. Die Fleischmasse in 8 gleich große Portionen teilen. Die Hände mit etwas kaltem Wasser befeuchten und jede Portion zwischen den Handflächen zu einer Wurst von etwa 2,5 cm Durchmesser und 6 cm Länge rollen. Die geformten Cevapcici auf den vorbereiteten Teller legen. Lose mit Frischhaltefolie abdecken und für 1 bis 2 Stunden in den Kühlschrank stellen.

3. *Zubereitung des Belags:* Die gehackte Zwiebel, Tomate und Paprikaschote jeweils in eine Schüssel geben. Abdecken, und bis zum Anrichten zur Seite stellen.

4. Den Grill für direktes Grillen bei hoher Hitze vorbereiten und aufheizen.

5. Sobald die Temperatur erreicht ist, den Grillrost bürsten und ölen. Die Cevapcici auf den heißen Rost legen und unter Wenden mit einem Pfannenheber auf beiden Seiten je 6 bis 8 Minuten grillen, bis sie eine schöne braune Farbe angenommen haben.

6. Die Cevapcici mit Zwiebel, Tomate und Paprika auf knusprigen Brötchen servieren (2 pro Brötchen),

RUMÄNIEN

RUMÄNISCHE SCHWEINE- UND LAMMFLEISCH-WÜRSTCHEN

MITITEI

DIREKTES GRILLEN
FÜR 8 WÜRSTCHEN; FÜR 4 PERSONEN

Der Legende nach ist das Restaurant „La Iordachi" in Bukarest die Geburtsstätte der mititei, einer in Rumänien äußerst beliebten Wurst, die ohne Pelle hergestellt wird. Man erzählt sich, dass an einem sehr geschäftigen Abend im Restaurant die gewöhnlichen Würstchen ausgingen. Daher mischte man Lamm- und Schweinehackfleisch und formte es zu kurzen, dicken Würstchen („mititei" heißt auf rumänisch „klein"), die man ohne Hülle grillte. Die verwendete Gewürzmischung aus Kümmel, Piment und Nelken macht dieses Hackfleischgericht zu einem der weltweit interessantesten. Manch einer zieht Rinderhackfleisch dem Schweinehack vor, jedoch sollte das Fleisch in beiden Fällen nicht zu mager sein.

VORBEREITUNGSZEIT

1 bis 2 Stunden für das Kühlen der Hackfleischwürstchen

ZUTATEN

340 g Schweine- oder Rinderhackfleisch
340 g Lammhackfleisch aus der Schulter
1 kleine Zwiebel, sehr fein geschnitten
2 Knoblauchzehen, sehr fein geschnitten
1 EL Olivenöl extra vergine
1½ TL Salz, oder mehr, je nach Geschmack
1 TL Backpulver
1 TL scharfes oder süßes Paprikapulver
½ TL getrockneter Majoran
½ TL Kümmelsamen
½ TL frisch gemahlener schwarzer Pfeffer, oder mehr, je nach Geschmack
¼ TL gemahlener Piment
1 kleine Prise gemahlene Nelken

1. In einer großen Schüssel das Schweinehackfleisch mit dem Lammhackfleisch, der Zwiebel, dem Knoblauch, dem Olivenöl, dem Salz, dem Backpulver, dem Paprikapulver, dem Majoran, den Kümmelsamen, dem Pfeffer, dem Piment und dem Nelkenpulver mischen. Kneten Sie das Fleisch sorgfältig 3 bis 4 Minuten mit den Händen durch. Zum Abschmecken eine kleine Menge der Fleischmasse abnehmen, und in einer antihaftbeschichteten Pfanne gar braten. Probieren, und die Fleischmasse mit Salz und schwarzem Pfeffer nach Belieben nachwürzen. Das Fleisch sollte gut gewürzt sein.

2. Einen großen Teller leicht einölen. Die Fleischmasse in acht gleich große Portionen teilen. Die Hände mit etwas kaltem Wasser befeuchten und jede Portion zwischen den Handflächen zu einer Wurst von etwa 2,5 cm Durchmesser und 9 cm Länge rollen. Die geformten mititei auf den vorbereiteten Teller legen. Lose mit Frischhaltefolie abdecken und für 1 bis 2 Stunden in den Kühlschrank stellen.

3. Den Grill für direktes Grillen bei hoher Hitze vorbereiten und aufheizen.

4. Sobald die Temperatur erreicht ist, den Grillrost bürsten und ölen. Die Mititei auf den heißen Rost legen und unter Wenden mit einem Pfannenheber auf beiden Seiten je 6 bis 8 Minuten grillen, bis sie eine schöne braune Farbe angenommen haben. Sofort servieren.

SAMBA-DOGS

BRASILIEN

SAMBA-DOGS

DIREKTES GRILLEN
FÜR 8 PERSONEN

Diese ungewöhnlichen Hot Dogs probierte ich das erste Mal in einer Samba-Schule in Rio. Von Mitternacht bis 4 Uhr morgens hallte diese riesige Betonhalle von donnernden Samba-Rhythmen wider. Eine ganze Armee an Straßenhändlern stand parat, um den Hunger der Tänzer zu stillen. Mich faszinierte ganz besonders der Hot-Dog-Stand. Die Verkäuferin garnierte ihre Hot Dogs mit einem köstlichen Relish aus Mais, Tomaten, Erbsen, schwarzen und grünen Oliven und hart gekochten Eiern.

1 großes hart gekochtes Ei, in gut 5 mm große Würfel geschnitten
1 mittelgroße reife Tomate, entkernt (siehe Kasten auf Seite 454), fein gewürfelt
40 g Maiskörner, frisch gekocht oder abgetropfte Maiskörner aus der Dose
40 g Erbsen, frisch gekocht oder gefroren, oder abgetropfte Erbsen aus der Dose
35 g mit Paprika gefüllte grüne Oliven, in gut 5 mm große Würfel geschnitten
35 g entkernte schwarze Oliven, in gut 5 mm große Würfel geschnitten
160 g gewürfelte rote Zwiebel
3 EL Olivenöl extra vergine
4½ TL Rotweinessig, oder mehr, je nach Geschmack
Salz und frisch gemahlener schwarzer Pfeffer
8 Brühwürstchen
8 Hot-Dog-Brötchen

1. Das Ei in einer mittelgroßen Schüssel mit der Tomate, dem Mais, den Erbsen, den Oliven, der Zwiebel, dem Olivenöl und dem Essig gründlich verrühren. Mit Salz, Pfeffer und Essig nach Belieben abschmecken. Das Relish sollte gut gewürzt sein.

2. Den Grill für direktes Grillen bei hoher Hitze vorbereiten und aufheizen.

3. Sobald die Temperatur erreicht ist, den Grillrost bürsten und ölen. Die Brühwürstchen auf den heißen Rost legen und unter Wenden mit einer Grillzange auf beiden Seiten 6 bis 8 Minuten grillen, bis sie eine schöne braune Farbe angenommen haben. Während die Brühwürstchen auf der zweiten Seite grillen, die Brötchen mit der aufgeschnittenen Seite auf den Rost legen und leicht toasten.

4. Die Hot Dogs auf den Brötchen garniert mit dem Relish servieren.

SPANIEN

WÜRZIGE CHORIZOS

DIREKTES GRILLEN
FÜR 12 WÜRSTE VON 12,5 CM LÄNGE

Wenn man nach der geografischen Verteilung geht, ist die Chorizo die beliebteste Wurst der Welt. Diese würzige, orange-rötliche Wurst hat ihren Ursprung in Spanien und ist in allen früheren spanischen Kolonien von der Karibik über Südamerika bis hin zu den Philippinen und darüber hinaus zu finden. Essig, Paprika und Knoblauch verleihen der Chorizo jede Menge Geschmack; scharfer schwarzer Pfeffer geben ihr ein köstlich feuriges Aroma.

VORBEREITUNGSZEIT

1 bis 2 Stunden für das Einweichen der Wurstpelle (optional)

SPEZIELLE AUSRÜSTUNG

Wurststopfer (optional); kurze Spieße oder Zahnstocher (optional)

ZUTATEN

2,20 m Wurstpelle (optional; siehe Hinweis)
1125 g Schweinehackfleisch (etwa 20 Prozent Fett)
80 ml Rotweinessig
60 ml Eiswasser
3 EL süßes Paprikapulver
1 EL scharfes Paprikapulver oder Ancho-Chili-Pulver
1 EL scharfe rote Chiliflocken, nach Geschmack auch mehr
1 EL grobes Meersalz, nach Geschmack auch mehr
2 TL getrockneter Oregano
2 TL gemahlener Kreuzkümmel
2 TL gemahlener Koriander
5 Knoblauchzehen, gehackt
1 EL Zucker
1 TL frisch gemahlener schwarzer Pfeffer, nach Geschmack auch mehr
1 bis 2 EL Pflanzenöl zum Bestreichen der Würstchen
Knusprige Brötchen (optional)

1. *Bei Verwendung der Wurstpelle*: die Pelle in einer großen Schüssel mit kaltem Wasser 1 Stunde lang einweichen; das Wasser mehrmals wechseln.

2. Das Schweinehackfleisch mit dem Rotweinessig, dem Eiswasser, dem süßen und dem scharfen Paprikapulver, den scharfen Chiliflocken, Salz, Oregano, Kreuzkümmel, Koriander, Knoblauch, Zucker und schwarzem Pfeffer in einer Rührschüssel mit den Teighaken eines Mixgeräts oder einem Holzlöffel vermengen. Zum Abschmecken eine kleine Menge der Fleischmasse abnehmen und in einer antihaftbeschichteten Pfanne gar braten. Probieren, und die

Fleischmasse mit scharfen Chiliflocken, Salz und schwarzem Pfeffer nach Belieben nachwürzen. Das Fleisch sollte gut gewürzt sein.

3. Die Fleischmasse in die Wurstpelle stopfen (optional), indem laut der Anweisungen in dem Kasten unten zuerst die Pelle eingeweicht und ausgewaschen wird und dann mit der Fleischmasse gemäß der Anleitung auf Seite 233 gefüllt wird. Falls die Würstchen erst zu einem späteren Zeitpunkt gegart werden sollen, sollten sie lose mit Frischhaltefolie bedeckt in den Kühlschrank gestellt werden.

4. Den Grill für direktes Grillen bei mittlerer Hitze vorbereiten, falls Würstchen gegrillt werden sollen. Den Grill für direktes Grillen bei hoher Hitze vorbereiten, falls Fleischspieße gegrillt werden sollen.

5. Sobald die Temperatur erreicht ist, den Grillrost bürsten und ölen. Falls Würstchen mit Pelle gegrillt werden, diese Würstchen leicht mit Öl bestreichen. Die Würstchen auf den heißen Rost legen und unter Wenden mit einer Grillzange insgesamt 16 bis 20 Minuten grillen, bis sie eine schöne braune Farbe angenommen haben. Die Würstchen sind gar, wenn ein in eine Wurst gesteckter Metallspieß sehr heiß ist, wenn man ihn herauszieht.

6. Die Chorizos im Stil von Hot Dogs auf Brötchen servieren, oder in kleine Stücke schneiden und auf Zahnstochern oder kurzen Spießen reichen.

HINWEIS: Sollten Sie keine Würstchen stopfen wollen, können Sie die Fleischmasse auch auf flache Metallspieße geben, wie in Schritt 2 bei dem Rezept für Oasen-Kebabs (Seite 238) beschrieben, und laut den Anweisungen grillen.

Der Fleischwolf

Irgendwo im hintersten Teil des Kellers meiner Großmutter steht ein alter Fleischwolf mit Handkurbel. Ähnliche handbetriebene Geräte sind mir überall auf meinen Reisen begegnet. Der Fleischwolf – und seine mit Motoren ausgestatteten Vertreter – sind unschlagbar, wenn es um das Durchdrehen von Fleisch für Hamburger und Koftas geht. Der Grund ist denkbar einfach: Im Inneren des Fleischwolfs befindet sich eine kreuzförmige Messerscheibe, die vor einer Lochscheibe aus Metall rotiert. Zusammen funktionieren sie wie ein Messer auf einem Schneidbrett. Der Fleischwolf dreht das Fleisch in winzige Stücke, genauso wie ein gut geführtes Messer oder Fleischerbeil.

Ausgebuffte Grillmeister sollten vielleicht in einen motor- oder handbetriebenen Fleischwolf als Zusatzgerät für ihre Küchenmaschine investieren. Zwischen den Ergebnissen, die mit den heutigen Küchenmaschinen allein und dem guten alten Fleischwolf erzielt werden, liegt ein großer Unterschied. Küchenmaschinen reißen und zerstampfen das Fleisch, statt es zu schneiden. Das Resultat ist oft eine breiige und sehnige Masse von unregelmäßiger Textur.

Das Schneiden von Fleisch mit einer Küchenmaschine

Wenn Sie Ihr Hackfleisch selbst herstellen möchten, und auf die Dienste einer Küchenmaschine angewiesen sind, sollte diese mit einer Messerscheibe ausgerüstet sein. Schneiden Sie das Fleisch zunächst in gut 1 cm große Würfel. Befüllen Sie den Behälter der Küchenmaschine nie höher als bis zu einem Viertel des Fassungsvermögens. Lassen Sie die Küchenmaschine in kurzen Schüben laufen.

Der Fett-Faktor

Zwei weitere Faktoren bestimmen den Geschmack und die Saftigkeit Ihres gegrillten Hackfleischs: das Stück Fleisch und dessen Fettgehalt. Im Allgemeinen sollten Sie sich für ein aromareiches Stück Fleisch entscheiden: bei Schwein oder Lamm sollten Sie ein Schulterstück wählen, bei Rind eher Hals, Oberschale, Unterschale, Nuss oder Hüfte. Fleisch bleibt nur saftig, wenn es Fett enthält. Für die Rezepte in diesem Kapitel empfehle ich einen Fettanteil von 15 bis 20 Prozent, damit die Hackfleischgerichte zart und saftig werden. Der Fettanteil von Hackfleisch ist häufig auf den Packungen angegeben (denken Sie daran, dass Hackfleisch aus der Hüfte magerer ist als das aus der Oberschale oder dem Hals). Sollten Sie Zweifel in Bezug auf den Fettgehalt haben, bitten Sie Ihren Metzger um Rat.

Wurstpelle

Wurstpelle ist beim Metzger, in Fachgeschäften und manchen Supermärkten erhältlich. Bereiten Sie die Pelle durch einstündiges Einweichen in mehrmals gewechseltem Wasser vor. Lassen Sie die Pelle abtropfen, ziehen Sie dann ein Ende über den Wasserhahn an Ihrem Spülbecken. Drehen Sie den Hahn leicht auf und spülen Sie die Wurstpelle 5 Minuten mit fließendem Wasser aus.

WÜRSTE STOPFEN WIE EIN PROFI

Bei Verwendung einer Küchenmaschine mit Aufsatz

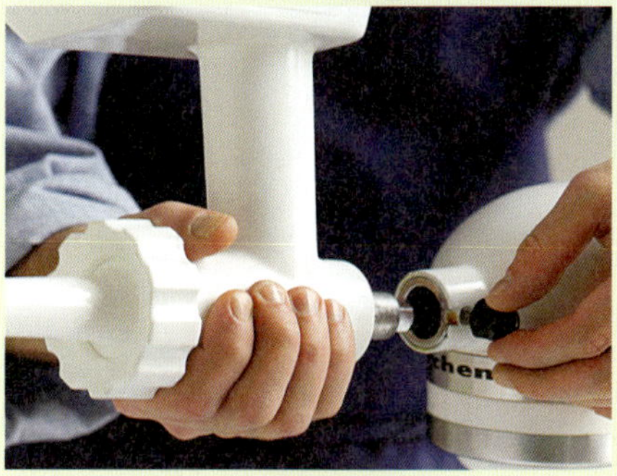

1. Den Fleischwolfaufsatz/Wurststopf-Aufsatz an der Küchenmaschine befestigen.

2. Ein Ende der Wurstpelle wie eine Seidenstrumpfhose über den Wurststopfer ziehen.

3. Einen Knoten an das Ende der Pelle machen.

4. Das Brät in das Fülltablett des Fleischwolfs geben.

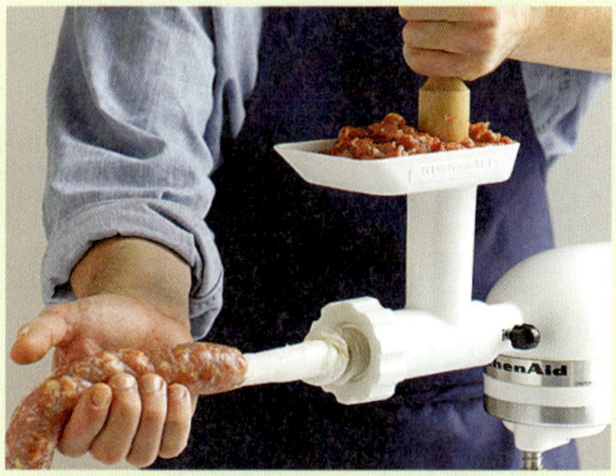

5. Das Brät mit einem Holzstopfer in die Röhre stopfen; am anderen Ende wird es in die Wurstpelle gefüllt. Die entstehende Wurst mit einer Hand stützen.

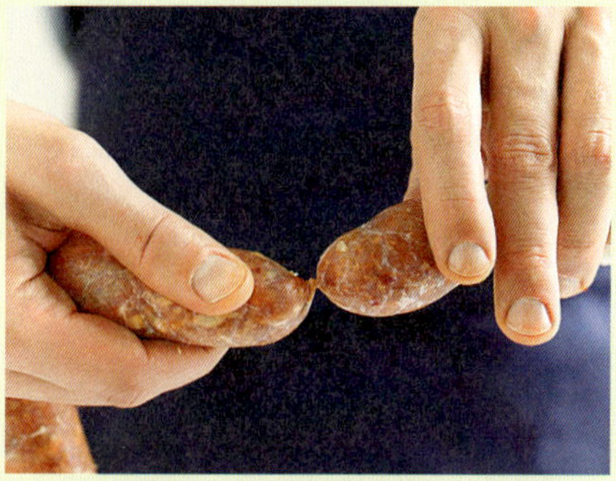

6. Die Wurst alle 8 bis 10 Zentimeter verdrehen. Jede dieser verdrehten Stellen mit Küchenfaden abbinden: Das hält die Wurst beim Garen zusammen.

Bei Verwendung eines Spitzbeutels mit runder Tülle

1. Den Beutel bis auf 5 cm Breite herunterfalten. Das Brät in den Beutel füllen, dabei den Pfannenwender am Rad des Beutels abstreifen.

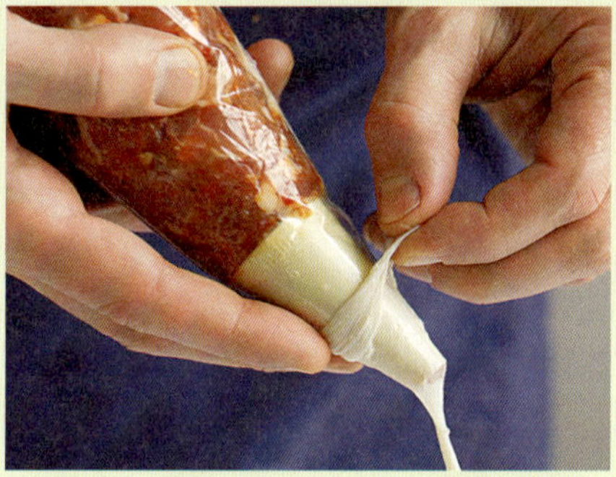

2. Die Wurstpelle über die runde Tülle stülpen und raffen. Die Pelle mit einer Hand auf der Tülle festhalten.

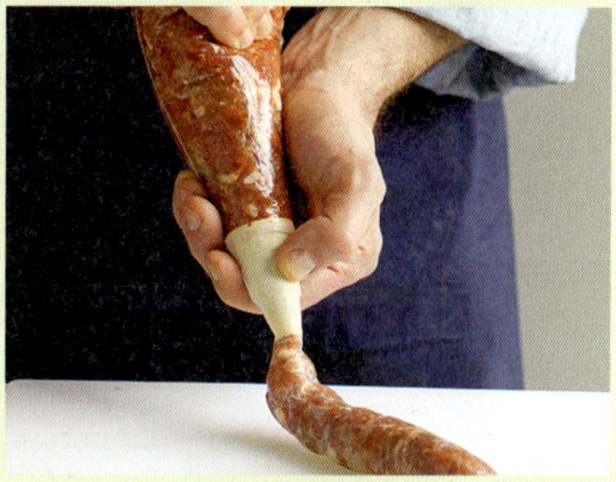

3. Mit der anderen Hand oben am Beutel beginnend das Fleisch vorsichtig durch die Tülle drücken. Ab und zu etwas Pelle nachlassen, und später die Wurst an diesen Stellen verdrehen.

VERSCHIEDENE ARTEN VON WÜRSTCHEN

Die Welt der Würstchen ist nahezu ebenso vielfältig wie die des Grillens. Es gibt sie roh und gekocht. Rohe Würstchen werden über mittlerer Hitze auf jeder Seite 8 bis 10 Minuten gegrillt (16 bis 20 Minuten insgesamt). Sie sollten durchgegart sein. Ob die Würstchen fertig gegart sind oder nicht, lässt sich feststellen, indem man die Spitze eines Fleischthermometers der Länge nach in eines der dünneren Enden steckt; die innere Kerntemperatur sollte bei 71 °C liegen. Bereits gekochte Würstchen müssen auf dem Grill nur aufgewärmt werden.

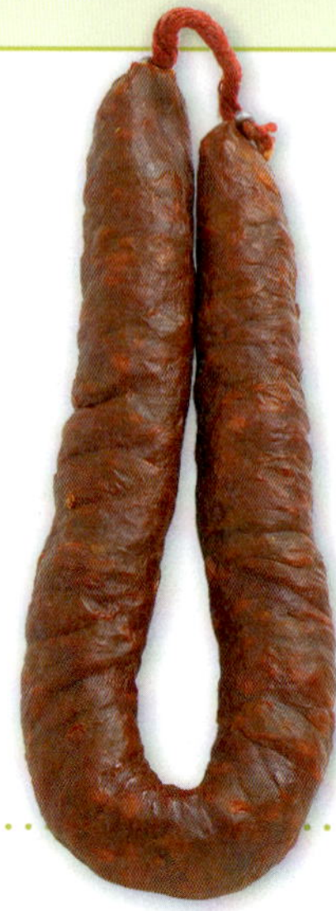

SPANISCHE CHORIZO

BOCKWURST

ANDOUILLE

MEXIKANISCHE CHORIZO

KNACKWURST

MERGUEZ

BRATWURST

KRAKAUER

BRÜHWURST

SÜSSE

SCHARFE

ITALIENISCHE WURST

BRASILIEN

SAMBA-WÜRSTCHEN

CHORIÇOU

DIREKTES GRILLEN
FÜR 4 PERSONEN

Dieses einfache Rezept ist das perfekte Symbol für die Sinnenfreude und den sprühenden Geist Brasiliens. Gegrillte Würstchen sind natürlich überall auf der Welt auf der Straße erhältlich. Aber nur in Brasilien nehmen sich die Straßenhändler die Zeit, kleine Schnitte in die Würstchen zu machen und diese mit fein gehackter Zwiebel und Paprikaschote zu füllen und sie bedacht mit Olivenöl zu bestreichen, während sie auf dem Grillfeuer garen. Der „Grill" des Straßenhändlers, der mir dieses Rezept verriet, bestand aus der mit Holzkohle gefüllten Radkappe eines alten Autos. Für diese Zubereitung eignet sich jede Art von Wurst. Ich nehme hier Chorizos, aber Krakauer, Knackwurst oder Brühwürstchen können ebenfalls so zubereitet werden.

SPEZIELLE AUSRÜSTUNG

4 lange Bambusspieße und Aluminiumfolie (siehe Kasten auf Seite 23)

ZUTATEN

- **4 gekochte Chorizos, selbstgemacht (Seite 233) oder gekaufte oder andere gekochte Würstchen (jeweils 2,5 cm dick und 10 bis 12,5 cm lang)**
- **½ kleine Zwiebel, sehr fein gehackt**
- **½ mittelgroße rote oder grüne Paprikaschote, entkernt und in sehr kleine Stücke geschnitten**
- **2 Knoblauchzehen, gehackt**
- **2 EL Olivenöl extra vergine**

1. Durch jede Wurst der Länge nach einen Spieß stecken. Die Würste mit kleinen diagonalen, parallelen Einschnitten von gut 5 mm Tiefe in Abständen von gut 1 Zentimeter versehen. Die Wurst umdrehen und auf der anderen Seite ebenfalls mit Einschnitten in die andere Richtung versehen.

2. Die Zwiebel mit der Paprikaschote und dem Knoblauch in einer kleinen Schüssel mischen, dann etwas von dieser Mischung in jeden der kleine Schlitze füllen.

3. Den Grill für direktes Grillen bei mittlerer Hitze vorbereiten und aufheizen.

4. Sobald die Temperatur erreicht ist, den Grillrost bürsten und ölen. Die Würstchen auf den heißen Rost legen, die Aluminiumfolie unter die Enden der Spieße legen. Unter Wenden mit einer Grillzange insgesamt 8 bis 10 Minuten grillen, bis sie eine schöne braune Farbe angenommen haben. Die Schlitze in den Würstchen während des Grillens mit Olivenöl beträufeln.

5. Die Würstchen auf den Spießen servieren und zusammen mit der übrigen Zwiebelmischung wie Eis am Stiel verzehren.

GEORGIEN

SCHWEINEFLEISCH-GRANATAPFEL-WÜRSTCHEN

KUPATI

DIREKTES GRILLEN
FÜR 12 WÜRSTCHEN
ODER 12 FRIKADELLEN

Die Kombination von Fleisch mit Früchten ist eines der Markenzeichen der Küche des Kaukasus. Ein typisches Beispiel: Die hier vorgestellten Würstchen, ein beliebtes Frühstück in der Republik Georgien, insbesondere im Herbst, wenn die Granatäpfel reif sind. Diese Fleischmasse wird traditionellerweise in Wurstpelle gestopft. Ganz exzellente kupati können aber auch frei geformt oder am Spieß in der Art der Kofta (siehe Seite 238) gegart werden.

Diese Würstchen kann man auf verschiedene Weisen genießen. Man kann sie in 2,5 cm große Stücke schneiden, und auf Zahnstochern als Vorspeise reichen, oder man serviert sie zur Abwechslung mit Brötchen oder georgischem Brot. Ich denke, Sie werden die Kombination von Granatapfel, Dill, Koriander und Zimt als geschmacklich erfreuliche Bereicherung von Schweinefleisch empfinden.

VORBEREITUNGSZEIT

1 Stunde für das Einweichen der Wurstpelle (optional)

SPEZIELLE AUSRÜSTUNG

Wurststopfer (optional)

ZUTATEN

2,20 m Wurstpelle (optional)
1 großer Granatapfel
675 g Schweinehackfleisch (nicht zu mager)
2 Knoblauchzehen, gehackt
2 EL gehackter frischer Dill oder 1 EL getrockneter Dill
2 EL gehackter frischer Koriander
1½ TL Salz, nach Geschmack auch mehr
1 TL frisch gemahlener Pfeffer
¼ TL Zimtpulver, nach Geschmack auch mehr
1 bis 2 EL Pflanzenöl, zum Bestreichen der Würstchen

1. *Bei Verwendung der Wurstpelle:* Die Pelle in einer großen Schüssel mit kaltem Wasser 1 Stunde lang einweichen; das Wasser mehrmals wechseln.

2. Den Granatapfel auseinanderbrechen und die Kerne herausholen.

3. Das Schweinehackfleisch in eine große Schüssel geben und die Granatapfelkerne, Knoblauch, Dill, Koriander, Salz, Pfeffer und Zimt mit den Händen 3 bis 4 Minuten lang unterkneten. Zum Abschmecken eine kleine Menge der Fleischmasse abnehmen und in einer antihaftbeschichteten Pfanne gar braten. Probieren, und die Fleischmasse mit Salz und Zimt nach Belieben nachwürzen. Das Fleisch sollte gut gewürzt sein.

4. Gegebenenfalls die Fleischmasse in die Wurstpelle stopfen, indem laut den Anweisungen in dem Kasten unten zuerst die Pelle eingeweicht und ausgewaschen wird und dann mit dem Brät gemäß der Anleitung auf Seite 233 gefüllt wird.

Sollen Hackfleischfrikadellen gegrillt werden, ein Backblech mit Frischhaltefolie auslegen. Die Fleischmasse in 8 gleiche Portionen teilen. Die Hände leicht mit kaltem Wasser befeuchten und jede Portion zu einem runden Fladen von 7,5 cm Durchmesser und gut 1 cm Dicke formen. Die fertigen Hackfleischfladen auf das Backblech legen.

Sollten die Würstchen/Frikadellen nicht unmittelbar zubereitet werden, sollten sie lose mit Frischhaltefolie bedeckt in den Kühlschrank gestellt werden.

5. Den Grill für direktes Grillen bei mittlerer Hitze vorbereiten, falls Würstchen gegrillt werden sollen. Den Grill für direktes Grillen bei hoher Hitze vorbereiten, falls Hackfleischfrikadellen gegrillt werden sollen.

6. Sobald die Temperatur erreicht ist, den Grillrost bürsten und ölen. Die Würstchen mit Pelle mit Öl bestreichen. Die Würstchen auf den heißen Rost legen und unter Wenden mit einer Grillzange insgesamt 16 bis 20 Minuten grillen, bis sie eine schöne braune Farbe angenommen haben. Ein in die Würstchen gesteckter Metallspieß sollte sich nach dem Herausziehen sehr heiß anfühlen. – Die Frikadellen sind nach 4 Minuten grillen auf jeder Seite gar. – Sofort servieren.

INDONESIEN

RINDER-SATÉS MIT KORIANDER

SATE AGE

DIREKTES GRILLEN
FÜR 4 PERSONEN ALS VORSPEISE
FÜR 2 ALS HAUPTMAHLZEIT

Diese herrlichen, mit Koriander gewürzten Rindfleischspieße, saté age, stammen aus Solo im Herzen Javas. Sie werden traditionell auf Bambusspießen serviert, die aussehen wie Eisstiele. Bei uns kommen die Eisstiele den klassischen Saté-Age-Spießen am nächsten, zudem sind sie leicht erhältlich. Andernfalls können Sie es auch mit Mundspateln aus Holz oder flachen Bambusspießen versuchen. Die aromatischen Satés lassen sich auch gut aus Lammfleisch oder einer Mischung aus Rind- und Lammfleisch zubereiten.

SPEZIELLE AUSRÜSTUNG

16 breite, kurze Bambusspieße oder Eisstiele und Aluminiumfolie (siehe Kasten auf Seite 23)

ZUTATEN

450 g mageres Rinderhackfleisch aus dem Hals oder der Hüfte
3 EL gehackter frischer Koriander
2 Schalotten, gehackt
1 Knoblauchzehe, gehackt
4 TL gemahlener Koriander
1 TL Salz, nach Geschmack auch mehr
1 TL frisch gemahlener schwarzer Pfeffer, nach Geschmack auch mehr
160 ml süße Sojasauce (Ketjap Manis) oder je 80 ml normale Sojasauce und Zuckerrübensirup

1. Das Rindfleisch mit dem gehackten Koriander, den Schalotten, dem Knoblauch, 2 TL Korianderpulver, dem

Salz und dem Pfeffer in eine Küchenmaschine geben und gut verrühren. Zum Abschmecken eine kleine Menge der Fleischmasse abnehmen und in einer antihaftbeschichteten Pfanne gar braten. Probieren, und die Fleischmasse mit Salz und Pfeffer nach Belieben nachwürzen. Das Fleisch sollte gut gewürzt sein.

2. Ein Backblech mit Frischhaltefolie auslegen. Die Hände mit etwas Wasser befeuchten. Eine Handvoll der Fleischmasse (3 bis 4 TL) entnehmen und auf einem Spieß oder Eisstiel zu einer flachen Wurst von etwa 7,5 cm Länge und knapp 2 cm Dicke formen. Mit der restlichen Fleischmasse ebenso verfahren. Die fertigen Spieße auf das vorbereitete Backblech legen.

3. *Zubereitung der Glasur:* Die süße Sojasauce mit den restlichen 2 EL Koriander in einer flachen Schüssel verrühren. Die Glasur beiseitestellen.

4. Den Grill für direktes Grillen bei hoher Hitze vorbereiten und aufheizen.

5. Sobald die Temperatur erreicht ist, den Grillrost bürsten und ölen. Die Satés auf den heißen Rost geben und die Aluminiumfolie unter die Enden der Spieße legen. Unter Wenden mit einer Grillzange von jeder Seite 2 Minuten grillen. Die Hackfleischspieße vom Grill nehmen, in der süßen Sojaglasur wälzen, bis sie leicht bedeckt sind. Die Spieße für weitere 1 bis 2 Minuten pro Seite grillen, bis sie schön braun und durchgegart sind. Die Satés sofort servieren.

HINWEIS: Sollten die Satés nicht unmittelbar zubereitet werden, sollten sie lose mit Frischhaltefolie bedeckt in den Kühlschrank gestellt werden.

INDONESIEN

FLUGHUND-SATÉS

SATE KALONG

DIREKTES GRILLEN
FÜR 4 PERSONEN ALS VORSPEISE; FÜR 2 ALS LEICHTE HAUPTMAHLZEIT

Diese Hackfleischspieße aus Rindfleisch und Knoblauch erhielten ihren kuriosen Namen in Anlehnung an den Flughund, ein nachtaktives Säugetier. Die eichhörnchenähnliche Kreatur zeigt sich in der Abenddämmerung und segelt mittels der Hautlappen unter seinen Armen, die wie ein Fallschirm wirken, von Baum zu Baum. Dies geschieht genau zu der Tageszeit, zu der die Straßenhändler ihre Saté-Stände in der Stadt Cirebon im Nordwesten Javas öffnen.

Saté kalong ist eines der köstlichsten Kebab-Gerichte Indonesiens und hat eine klassische Länge von 7,5 cm und eine Dicke von gerade 5 mm (Mangels der Geduld eines indonesischen Saté-Kochs, neige ich dazu, sie etwas größer zu gestalten). Die Kombination von Zucker und Knoblauch mit Rindfleisch scheint vielleicht zunächst merkwürdig – bis man dann an die süßen amerikanischen Barbecue-Saucen denkt.

VORBEREITUNGSZEIT

1 bis 2 Stunden für das Kühlen der Fleischspieße

SPEZIELLE AUSRÜSTUNG

16 lange Bambusspieße und Aluminiumfolie (siehe Kasten auf Seite 23)

ZUTATEN

340 g Rinderhackfleisch aus dem Hals oder der Hüfte
5 Knoblauchzehen, gehackt
3 EL roher Zucker oder hellbrauner Zucker, nach Geschmack auch mehr
½ TL Salz, nach Geschmack auch mehr
½ TL frisch gemahlener schwarzer Pfeffer

1. Das Rinderhackfleisch mit dem Knoblauch, dem roten Zucker, dem Salz und dem Pfeffer in eine große Schüssel geben und 3 bis 4 Minuten sorgfältig mit den Händen kneten und vermischen. Zum Abschmecken eine kleine Menge der Fleischmasse abnehmen und in einer antihaftbeschichteten Pfanne gar braten. Probieren und die Fleischmasse mit rotem Zucker und Salz nach Belieben nachwürzen. Das Fleisch sollte sowohl herzhaft gewürzt als auch süß sein.

2. Ein Backblech mit Frischhaltefolie auslegen. Die Fleischmasse in 16 gleich große Portionen aufteilen. Die Hände mit etwas Wasser befeuchten. Jede der Portionen um einen Spieß formen, vorzugsweise in der traditionellen Form mit einer Länge von etwa 12,5 cm, einer Breite von gut 1 cm und einer Dicke von 3 mm. Zum Erhalten der erforderlichen Dünne, das Fleisch zwischen Daumen und Zeigefinger festklemmen. Die fertigen Spieße auf das vorbereitete Backblech legen, lose mit Frischhaltefolie abdecken, und in den Kühlschrank stellen.

3. Den Grill für direktes Grillen bei hoher Hitze vorbereiten und aufheizen.

4. Sobald die Temperatur erreicht ist, den Grillrost bürsten und ölen. Die Satés auf den heißen Rost geben und die Aluminiumfolie unter die Enden der Spieße legen. Unter Wenden mit einer Grillzange von jeder Seite 1 bis 2 Minuten grillen, bis sie eine schöne braune Farbe haben und durchgegart sind. Die Satés sofort servieren.

NAHER OSTEN

OASEN-KEBABS

KOFTA

DIREKTES GRILLEN
FÜR 8 KOFTAS;
FÜR 4 PERSONEN ALS HAUPTGERICHT

Kofta (oft auch Kefta, Kafta, und Köfte genannt) ist eine Art Wurst ohne Pelle, die in ganz Nordafrika, dem Balkan und dem Nahen Osten genossen wird. Je nachdem wo man es isst, ist es aus Lamm- oder Rindfleisch (in der arabischen Welt), Schweine- oder Kalbsfleisch (im Balkan) oder einer Mischung aus verschiedenen Fleischsorten hergestellt. Die jeweiligen Gewürze reflektieren die örtlichen Vorlieben. Diese reichen von dem Dreigestirn Zwiebel-Knoblauch-Petersilie im Balkan bis zu der Kombination von Pfefferminze und Zimt im Nahen Osten. Dieses Rezept ist ein Kofta im nahöstlichen Stil. Die Pfefferminze und der Zimt geben dem Gericht einen unerwarteten süßen Hauch.

Diese Kofta sind leicht zuzubereiten, es sind jedoch einige Dinge zu beachten. Zunächst werden die Fleischsäfte nicht durch eine Wurstpelle geschützt, daher wird am besten recht fettes Fleisch verwendet – schauen Sie nach einem Fettanteil von 15 bis 20 Prozent –, um die Saftigkeit zu erhalten. Außerdem ist es wichtig, breite, flache Spieße zu verwenden, da das Fleisch von den herkömmlichen, für Shish Kebabs vorgesehenen, schmalen Metallspießen herunterfällt. Reichen Sie die Fleischspieße mit Marokkanischem Auberginensalat (siehe Seite 97).

VORBEREITUNGSZEIT

1 bis 2 Stunden für das Kühlen des Fleischs

SPEZIELLE AUSRÜSTUNG

8 flache, breite, lange Metallspieße

FÜR DAS FLEISCH

675 g Rinder- oder Lammhackfleisch oder eine Mischung aus beidem
½ große Zwiebel, sehr fein gehackt
60 g fein gehackte, frische, glatte Petersilie
12,5 g frische gehackte Pfefferminze oder 1 EL getrocknete Pfefferminze
1 TL gemahlener Zimt
1½ TL Salz, nach Geschmack auch mehr
1 TL frisch gemahlener schwarzer Pfeffer, nach Geschmack auch mehr

ZUM ANRICHTEN

Pita-Brot oder Lavash
Fein gehackte Zwiebel
Gemahlener Sumach (optional, siehe Kasten auf Seite 248)

1. Das Rindfleisch mit Zwiebel, Petersilie, Pfefferminze, Zimt, Salz und Pfeffer in eine große Schüssel geben und 3 bis 4 Minuten mit den Händen kneten und sorgfältig vermischen. Zum Abschmecken eine kleine Menge der Fleischmasse abnehmen und in einer antihaftbeschichteten Pfanne gar braten. Probieren und die Fleischmasse mit Salz und Pfeffer nach Belieben nachwürzen.

2. Die Fleischmasse in 8 gleich große Portionen aufteilen. Die Hände mit etwas Wasser befeuchten. Jede der Portionen um einen Spieß geben, dabei 2,5 cm von der Spitze entfernt beginnen und eine flache Wurst von 20 bis 25 cm Länge und 2,5 bis 3,5 cm Breite formen. Die Spieße mit den Enden auf die Kanten von Backformen auflegen, damit das Fleisch nicht flach gedrückt wird. Die fertigen Spieße lose mit Frischhaltefolie abdecken, und für 1 bis 2 Stunden in den Kühlschrank stellen.

3. Den Grill für direktes Grillen bei hoher Hitze vorbereiten. Wenn gewünscht, nicht direkt auf den Grillrost geben (siehe Kasten auf Seite 21).

4. Sobald die Temperatur erreicht ist, die Kofta, so wie in der Anleitung für das Grillen ohne direkten Kontakt beschrieben, mit dem Grillrost auf den Grill geben oder direkt auf den gebürsteten, eingeölten, heißen Rost legen. Unter Wenden mit einer Grillzange insgesamt 6 bis 8 Minuten grillen, bis sie eine schöne braune Farbe haben und durchgegart sind.

5. Ein Pita-Brot als Schutz in die Hand nehmen und damit die Kofta von den Spießen ziehen und auf Teller legen. Die Kofta mit gehackter Zwiebel und gemahlenem Sumach (optional) garnieren und mit dem Pita-Brot servieren.

AFGHANISTAN

GEWÜRZTE LAMM- UND RINDFLEISCH-KEBABS

LULA KEBAB

DIREKTES GRILLEN
FÜR 8 KEBABS; FÜR 8 PERSONEN ALS VORSPEISE, FÜR 4 ALS HAUPTGERICHT

Dies ist die afghanische Version der Hackfleisch-Kebabs, die in der moslemischen Welt unter den Bezeichnungen Kofta, Kubideh und Lyulya bekannt ist. Die hier verwendeten Gewürze spiegeln die einzigartige

Lage Afghanistans am Scheideweg Asiens wieder: Der Dill und der Koriander sind charakteristisch für die Küche Zentralasiens, die Chilischoten und die Kurkuma für den indischen Subkontinent. Aus Lamm- und Rinderhackfleisch zubereitet, gehören die Lula zu den aromatischsten Hackfleischgerichten, die je die Ehre hatten, mit einem Metallspieß Bekanntschaft zu machen. Reichen Sie dazu Pita-Brot, Koriandersauce (Seite 482) und Zentralasiatische Pickles (Seite 441).

VORBEREITUNGSZEIT

1 bis 8 Stunden für das Kühlen der Kebabs

SPEZIELLE AUSRÜSTUNG

8 flache, breite, lange Metallspieße

ZUTATEN

- **450 g mageres Lammhackfleisch**
- **450 g mageres Rinderhackfleisch, z.B. aus der Hüfte oder der Oberschale**
- **1 kleine Zwiebel, gerieben**
- **1 bis 2 thailändische Chilischoten oder Serrano-Chilischoten, entkernt und gehackt (die Samen nicht entfernen, wenn mehr Schärfe gewünscht ist)**
- **1 großes Ei**
- **3 EL frischer, gehackter Dill**
- **3 EL frischer, gehackter Koriander**
- **2 TL Salz, nach Geschmack auch mehr**
- **1 TL frisch gemahlener schwarzer Pfeffer**
- **1 TL gemahlener Kreuzkümmel, nach Geschmack auch mehr**
- **½ TL gemahlene Kurkuma**

1. Das Lammfleisch, das Rinderfleisch, die Zwiebel, die Chilischoten, das Ei, Dill, Koriander, Salz, Pfeffer, Kreuzkümmel und Kurkuma in eine große Schüssel geben und mit den Händen 3 bis 4 Minuten sorgfältig durchkneten. Die Fleischmasse in eine schwere Pfanne geben und auf sehr niedriger Hitze unter ständigem Rühren mit einem Holzlöffel durch und durch nur erwärmen. Die Pfanne vom Herd nehmen, und das Fleisch darin völlig abkühlen lassen.

2. Zum Abschmecken eine kleine Menge der Fleischmasse abnehmen und in einer antihaftbeschichteten Pfanne gar braten. Probieren, und die Fleischmasse mit Salz und Kreuzkümmel nach Belieben nachwürzen. Sie sollte gut gewürzt sein.

3. Ein Backblech mit Frischhaltefolie auslegen. Die Fleischmasse in 8 gleich große Portionen aufteilen. Die Hände mit etwas Wasser befeuchten. Jede der Portionen um einen Spieß geben, dabei 2,5 cm von der Spitze entfernt beginnen und eine flache Wurst von 20 bis 25 cm Länge und 2,5 bis 3,5 cm Breite formen. Mit Zeigefinger und Mittelfinger in einer scherenartigen Bewegung das Hackfleisch an den Spießen in Abständen eindrücken. Die fertigen Spieße auf das vorbereitete Backblech legen, lose mit Frischhaltefolie abdecken, und für mindestens 1 Stunde oder über Nacht in den Kühlschrank stellen.

4. Den Grill für direktes Grillen auf großer Hitze vorbereiten. Wenn gewünscht, nicht direkt auf dem Grillrost garen (siehe Kasten auf Seite 21).

5. Sobald die Temperatur erreicht ist, die Kebabs, so wie in der Anleitung für das Grillen ohne direkten Kontakt mit dem Grillrost auf den Grill geben oder direkt auf den gebürsteten, eingeölten, heißen Rost legen. Unter Wenden mit einer Grillzange insgesamt 6 bis 8 Minuten grillen, bis sie eine schöne braune Farbe haben und durchgegart sind. Sofort servieren.

IRAN

PERSISCHE LAMM- UND RINDFLEISCH-KEBABS

KUBIDEH

DIREKTES GRILLEN
FÜR 8 KUBIDEH; FÜR 8 PERSONEN ALS VORSPEISE, FÜR 4 ALS HAUPTGERICHT

Hackfleischspieße aus Lamm und Rind (Kubideh) bedeuten für einen iranischen Kebab-Koch den ultimativen Test seines Könnens. Kubideh ist das persische Wort für gehackt oder zerstampft. Richtig zubereitet sind diese Kebabs saftig und federleicht – keine zu unterschätzende Leistung, da die Hauptzutaten Lamm- und Rindfleisch und dabei noch recht fettig sind (mindestens 25 Prozent Fett). Das folgende Rezept verlangt etwas Arbeit, aber das Ergebnis ist erstaunlich. Servieren Sie Kubideh ohne Spieß auf Persischem Reis mit goldener Kruste (Seite 425).

Achten Sie darauf, die Zwiebel erst kurz vor dem Hinzufügen zu dem Fleisch zu reiben oder pürieren; dies hilft, den Geschmack etwas einzudämmen (je länger die Zwiebel Kontakt mit der Luft hat, umso stärker wird der Geschmack).

VORBEREITUNGSZEIT

1 bis 2 Stunden für das Kühlen der Kebabs

SPEZIELLE AUSRÜSTUNG

8 breite, flache, lange Metallspieße

ZUTATEN

450 g Lammhackfleisch
450 g Rinderhackfleisch aus der Oberschale oder der Hüfte
2 TL Salz, nach Geschmack auch mehr
1 TL frisch gemahlener schwarzer Pfeffer, nach Geschmack auch mehr
½ TL Backpulver
1 große Zwiebel, geschält
Lavash oder Pita-Brot

1. Das Lamm- und Rinderhackfleisch mit dem Salz, dem Pfeffer und dem Backpulver in eine große Schüssel geben und vermengen. Die Fleischmasse in einen großen Topf geben. Den Topf auf niedriger Temperatur erwärmen, und das Fleisch etwa 5 Minuten mit den Händen kneten, bis es durchgewärmt und sehr weich ist. Den Topf vom Herd nehmen.

2. Die Zwiebel in grobe Stücke schneiden, dann auf der zweitfeinsten Seite einer Reibe reiben, oder in eine Küchenmaschine geben und zerkleinern. Dabei sollte eine Menge von etwa 160 g geriebener Zwiebel entstehen. Die geriebene Zwiebel zu der Fleischmasse in den Topf geben, und alles erneut 5 Minuten lang gut durchkneten, diesmal aber ohne den Topf zu erwärmen.

3. Zum Abschmecken eine kleine Menge der Fleischzubereitung abnehmen und in einer antihaftbeschichteten Pfanne gar braten. Probieren, und die Fleischmasse mit Salz und Pfeffer nach Belieben nachwürzen.

4. Ein Backblech mit Frischhaltefolie auslegen. Die Fleischmasse in 8 gleich große Portionen aufteilen. Die Hände mit etwas Wasser befeuchten. Jede der Portionen um einen Spieß geben, dabei 2,5 cm von der Spitze entfernt beginnen und eine flache Wurst von 20 bis 25 cm Länge und 2,5 bis 3,5 cm Breite formen. Mit Zeigefinger und Mittelfinger in einer scherenartigen Bewegung das Hackfleisch an den Spießen in Abständen eindrücken. Die fertigen Spieße auf das vorbereitete Backblech legen, lose mit Frischhaltefolie abdecken, und für 1 bis 2 Stunden in den Kühlschrank stellen.

5. Den Grill für direktes Grillen bei hoher Hitze vorbereiten und aufheizen. Wenn gewünscht, nicht direkt auf dem Grillrost garen (siehe Kasten auf Seite 21).

6. Sobald die Temperatur erreicht ist, die Kebabs, so wie in der Anleitung für das Grillen ohne direkten Kontakt mit dem Grillrost auf den Grill geben oder direkt auf den gebürsteten, eingeölten, heißen Rost legen. Unter Wenden mit einer Grillzange insgesamt 6 bis 8 Minuten grillen, bis sie eine schöne braune Farbe haben und durchgegart sind.

7. Mit einem Stück Lavash zum Schutz vor der Hitze die Kebabs von den Spießen auf Teller ziehen. Sofort mit Lavash servieren.

INDONESIEN

LAMMFLEISCH-SATÉS MIT TAMARINDENSAUCE

SATE BUNTEL

DIREKTES GRILLEN
FÜR 4 PERSONEN ALS VORSPEISE, FÜR 2 ALS HAUPTGERICHT

Das größte aller indonesischen Satés (zumindest von denen, die ich probierte), ist ein Saté aus Lammfleisch von der Größe einer Wurst, das von vier Metallspießen gehalten wird. Ich aß es zum ersten Mal in einem einfachen aber makellos sauberen Lokal namens „Asli“ in Djakarta. Das Saté stammt aus der Stadt Solo in Java, erklärte mir der Inhaber Herr Budiyanto, dessen Großeltern aus Solo kamen und das Restaurant 1949 gründeten. Der Einfluss der Küche Solos macht sich in der süß-sauren Tamarindensauce bemerkbar, mit der das Saté während des Grillens begossen und später gereicht wird.

Will man streng authentisch vorgehen, braucht man Schweinenetz (ein netzartiges Fettgewebe, Teil des Bauchfells von Schweinen, das z.B. bei der Zubereitung von Würsten benutzt wird). Fragen Sie Ihren Metzger danach. Sollten Sie kein Schweinenetz erhalten können, ist dies nicht weiter tragisch, denn diese Saté-Spieße lassen sich auch leicht frei formen und sind dann ebenso köstlich.

VORBEREITUNGSZEIT

1 bis 2 Stunden für das Kühlen der Saté-Spieße

SPEZIELLE AUSRÜSTUNG

4 kurze Bambusspieße (wenn Schweinenetz verwendet wird) oder 4 Eisstiele oder breite, kurze Bambusspieße und Aluminiumfolie (siehe Kasten auf Seite 23)

FÜR DAS LAMMFLEISCH

450 g Lammhackfleisch
1 TL gemahlener Koriander
1 TL Salz
1 TL frisch gemahlener schwarzer Pfeffer
4 Stücke (jeweils von 15 cm Breite und Länge) Schweinenetz (optional)

FÜR DIE TAMARINDENSAUCE

240 ml Tamarindenwasser (Rezept folgt) oder Tamarindenpüree
75 g hellbrauner Zucker
1 EL süße Sojasauce (Ketjap Manis) oder je 1½ TL normale Sojasauce und Zuckerrübensirup

ZUM GARNIEREN

1 Salatgurke, geschält und in dünne Scheiben geschnitten
1 große oder 2 mittelgroße Schalotten, in dünne Scheiben geschnitten

1. *Zubereitung des Lammfleischs:* Das Lammhackfleisch mit Koriander, Salz und Pfeffer in eine mittelgroße Schüssel geben und gut vermengen. Die Lammfleischmasse in vier gleich große Portionen teilen.

2. *Bei der Verwendung von Schweinenetz:* Die vier Stücke Schweinenetz auf eine Arbeitsplatte legen. Jede der vier Portionen Lammfleischmasse auf ein Stück Schweinenetz geben und darin einwickeln. Dabei eine Wurst von etwa 10 cm Länge und 2,5 cm Durchmesser rollen. 1 Spieß in das Ende jeder dieser Würste stecken. Die Würste vorsichtig auf einen Teller legen, abdecken und für 1 bis 2 Stunden in den Kühlschrank stellen.

Bei der Zubereitung ohne Schweinenetz: Einen Teller leicht einölen und die Hände mit kaltem Wasser befeuchten. Einen Teil der Lammfleischmasse abnehmen und an einem Eisstiel zu einem wurstförmigen Kebab formen, der etwa 10 cm lang und 2,5 bis 3,5 cm dick ist. Die fertigen Saté-Spieße auf den eingeölten Teller legen, lose mit Frischhaltefolie bedecken und für 1 bis 2 Stunden in den Kühlschrank stellen.

3. *Zubereitung der Tamarindensauce:* Das Tamarindenwasser mit dem braunen Zucker und der süßen Sojasauce in einem Topf unter Rühren zum Kochen bringen und den Zucker auflösen. Nach etwa 3 Minuten ist eine sirupartige Konsistenz erreicht. Völlig abkühlen lassen. Die Hälfte der Tamarindensauce in eine oder mehrere kleine Schüsseln gießen und zum Anrichten beiseitestellen.

4. Den Grill für direktes Grillen auf mittlerer Hitze vorbereiten.

5. Sobald die Temperatur erreicht ist, den Grillrost bürsten und ölen. Die Saté-Spieße auf den heißen Grillrost legen und die Aluminiumfolie unter das Ende der Spieße platzieren. Unter Wenden mit einer Grillzange insgesamt 6 bis 8 Minuten grillen, bis das Lammfleisch eine schöne braune Farbe hat und durchgegart ist. Nach Verstreichen der Hälfte der Grillzeit die Spieße mit der übrigen Tamarindensauce bestreichen.

6. Die Satés auf einen Servierteller geben und ein letztes Mal mit der Tamarindensauce bestreichen. Mit den Gurken- und Schalottenscheiben garnieren. Die restliche Tamarindensauce als Dipp bereitstellen.

TAMARINDEN-WASSER

FÜR CA. 120 ML

Die Tamarinde ist die Frucht eines tropischen Baumes, der Schoten in der Form von Ackerbohnen hervorbringt, die mit einem fruchtigen, orange-braunen, süßsauren Fruchtmark gefüllt sind. Die Frucht trägt ihren Namen in Anlehnung an den arabischen Begriff tamr hindi, wörtlich „indische Dattel". Tatsächlich schmeckt die Tamarinde aber eher wie eine Pflaume als eine Dattel – Pflaume gemischt mit Limettensaft und einem Tropfen flüssigen Rauchs. Dieses süß-saure Aroma hat ihr die Zuneigung sämtlicher Köche gegrillter Gerichte eingebracht, weltweit von Asien bis in die Karibik. Sie haben wahrscheinlich schon Tamarinde gegessen, denn sie ist elementarer Bestandteil der Worcestershire-Sauce und erstklassiger Steaksaucen.

Frische Tamarindenschoten sind in karibischen und asiatischen Lebensmittelgeschäften erhältlich. Suche Sie fleischige, schwere Schoten mit aufgebrochener Schale aus, die das klebrige braune Fruchtfleisch im Inneren freilegen. Ist die Schale noch intakt, dann ist die Tamarindenschote unreif.

Das Schälen frischer Schoten nimmt viel Zeit in Anspruch, daher wird in vielen Geschäften das Fruchtfleisch fertig angeboten, was die Verarbeitung schneller und leichter macht. Da sie voller Fäden und Samen ist, wird die Tamarinde selten im puren Zustand verwendet. Der erste Schritt besteht deshalb darin, das klebrige Fruchtfleisch zu Tamarindenwasser zu verwandeln, auch bekannt als Tamarindenpüree.

Dies geschieht, indem das Fruchtfleisch geschälter Schoten mit heißem Wasser püriert wird. Vielleicht haben Sie sogar die Möglichkeit, Tamarindenpüree fertig zu kaufen, und können sich die Zubereitung nach diesem Rezept sparen.

230 g Tamarindenschoten (8 bis 10 Schoten) oder 115 g geschältes Tamarinden-Fruchtfleisch (siehe Hinweis)
420 ml kochendes Wasser

1. Bei der Verwendung von Tamarindenschoten zunächst die Schale mit einem Küchenmesser abschälen und das Fruchtfleisch freilegen. Das Fruchtfleisch in 2,5 cm große Stücke brechen und zusammen mit 240 ml kochendem Wasser in eine Küchenmaschine geben. Das Fruchtfleisch 5 Minuten einweichen lassen.

2. Die Küchenmaschine in kurzen Schüben von 15 bis 30 Sekunden auf niedriger Geschwindigkeit laufen lassen, bis eine dicke braune Flüssigkeit entsteht. Nicht zu flüssig werden lassen, da dann die Samen zerstört werden. Die entstandene Flüssigkeit durch ein Haarsieb gießen und dabei mit einem Holzlöffel kräftig durch das Sieb streichen.

3. Tamarindenwasser kann in einem dicht verschlossenen Behälter bis zu 5 Tagen aufbewahrt werden. Eingefroren hält es sich über mehrere Monate (ich gefriere es gern in Eiswürfelschalen, dann habe ich immer bequeme Portionen zur Verfügung).

HINWEIS: In indischen Geschäften wird glatter, siruartiger Tamarindenextrakt in Plastikbehältern verkauft. Dieses Produkt hat zwar einen interessanten Geschmack, aber es eignet sich nicht für die Herstellung von Tamarindenwasser.

TÜRKEI

SCHALOTTEN-KEBABS
MIT GRANATAPFELSIRUP
SOGAR KEBAB

DIREKTES GRILLEN
FÜR 8 KEBABS, FÜR 8 PERSONEN ALS VORSPEISE, FÜR 4 ALS HAUPTGERICHT

Eine Spezialität des Restaurants „Imam Cagdas“ in Gaziantep, Türkei. Dieser einfache Fleischspieß wird mit einer der Schalotte ähnlichen kleinen roten Zwiebel zubereitet. Ich habe Perlzwiebeln und Schalotten ausprobiert, beide Male wurden die Spieße ein Gedicht. Etwas ungewöhnlich ist vielleicht, dass das Lammfleisch und die Zwiebeln nach dem Grillen mit ein paar Tropfen Granatapfelsirup für einige Minuten abgedeckt in eine Schüssel gegeben werden. Dies dämpft den Zwiebelgeschmack und gibt dem Fleisch ein unglaublich gutes süß-saures Aroma.

Von Koftas, Lyulyas und Seekh Kebabs

Araber nennen es Kofta, Iraner nennen es Kubideh. Afghanen und Aserbaidschaner nennen es Lula (oder Lyulya Kebab), wohingegen es bei den Indern und Pakistanern Seekh Kebab heißt. Wie es auch benannt ist, Hackfleisch am Spieß ist ein weltweit beliebter Leckerbissen.

Das Land der Kofta beginnt in Marokko und zieht sich bis nach Bangladesch. Vielleicht sogar noch weiter, denn man könnte sicherlich argumentieren, dass die indonesischen Saté-Spieße aus Lamm- und Rinderhackfleisch eigentlich auch eine Art Kofta sind. Die Bezeichnung, die Zutaten und die Gewürze mögen sich zwar ändern, aber das Ergebnis bleibt doch das gleiche: eine Wurst ohne Pelle. Das Geheimnis deren Herstellung liegt in dem Formen einer Portion Hackfleisch um einen flachen Metallspieß und dem Garen oberhalb des Grillrostes.

In seiner einfachsten Form besteht Kofta nur aus Lamm- oder Rinderhackfleisch mit Zwiebeln, Knoblauch und Petersilie. Manchmal werden ein Ei oder Weizenschrot hinzugegeben, damit eine festere Konsistenz erreicht wird. Manchmal wird das Hackfleisch in einem Topf über niedriger Hitze durchgeknetet, um eine feine, zusammenhängende Textur zu schaffen. Die Köche im Balkan und im Iran geben ihren Mititei und Cevapcicis (die Version der Kofta im Balkan) Backpulver oder Selters hinzu, um sie lockerer zu machen.

Die Gewürze geben ebenso einen Hinweis auf das Ursprungsland. Je weiter man gegen Osten kommt, um so mehr werden der in Marokko beliebte Kreuzkümmel und das Paprikapulver durch Zimt und Pfefferminze ersetzt, wie im Nahen Osten. Die Kebab-Köche in Zentralasien würzen ihr Lula Kebab mit scharfem Chili, Dill und Korianderpulver. Die Inder wenden sich dem wachrüttelndem Aroma von Ingwer, Kreuzkümmel und Kurkuma zu und geben ihrem Seekh (Lammhackfleisch) Kebab damit Pfiff.

In diesem Kapitel finden Sie viele Variationen des Themas Hackfleisch am Spieß. Wenn Sie völlig authentisch vorgehen möchten, garen Sie diese Spieße nicht mit direktem Kontakt zum Grillrost, sondern wie in der Anleitung auf Seite 21 beschrieben. Bei vorsichtigem Vorgehen und gut eingeöltem Grillrost kann man die Kebabs aber auch direkt auf dem Rost liegend grillen.

SPEZIELLE AUSRÜSTUNG

8 flache, breite, lange Metallspieße

ZUTATEN

450 g Lammhackfleisch
1 Knoblauchzehe, gehackt
1 TL Salz, nach Geschmack auch mehr
½ TL Kreuzkümmel, nach Geschmack auch mehr
½ TL frisch gemahlener schwarzer Pfeffer, nach Geschmack auch mehr
20 große Schalotten oder Perlzwiebeln
Pita-Brote zum Anrichten
2 bis 3 TL Granatapfelsirup (Rezept folgt)

1. Das Lammhackfleisch mit Knoblauch, Salz, Kreuzkümmel und Pfeffer in eine große Schüssel geben. Mit den Händen 3 bis 4 Minuten sorgfältig durchkneten. Zum Abschmecken eine kleine Menge der Fleischmasse abnehmen und in einer antihaftbeschichteten Pfanne gar braten. Probieren, und die Fleischmasse mit Salz, Kreuzkümmel und Pfeffer nach Belieben nachwürzen.

2. Die Schalotten schälen und der Länge nach halbieren. Jeweils 5 Schalottenhälften mit der runden Seite zuerst auf einen Spieß stecken, dabei immer etwa 2,5 cm Abstand lassen.

3. Ein Backblech mit Frischhaltefolie auslegen. Die Fleischmasse in 32 gleich große Portionen teilen. Die Hände mit etwas kaltem Wasser befeuchten, dann eine der Fleischportionen an dem Spieß zwischen den Schalotten zu der gleichen Größe der Schalottenhälften formen. Ebenso mit dem Rest der Fleischmasse verfahren, bis jeder Spieß 5 Schalottenhälften und 4 Fleischportionen enthält. Die fertigen Spieße auf das vorbereitet Backblech legen. Wenn die Spieße nicht unmittelbar gegrillt werden sollen, sollten sie lose mit Frischhaltefolie abgedeckt und in den Kühlschrank gestellt werden.

4. Den Grill für direktes Grillen bei mittlerer Hitze vorbereiten; wenn gewünscht, nicht direkt auf dem Grillrost garen (siehe Kasten auf Seite 21).

5. Sobald die Temperatur erreicht ist, die Kebabs, so wie in der Anleitung für das Grillen ohne direkten Kontakt mit dem Grillrost angegeben, auf den Grill geben oder direkt auf den gebürsteten, eingeölten, heißen Rost legen. Unter Wenden mit einer Grillzange insgesamt 8 bis 10 Minuten grillen, bis sie eine schöne braune Farbe haben, durchgegart und die Zwiebeln weich sind.

6. Mit einem Pita-Brot zum Schutz vor der Hitze die Kebabs von den Spießen in eine Servierschüssel ziehen. Mit Granatapfelsirup vermengen, die Schüssel abdecken und 3 Minuten ruhen lassen. Das Fleisch und die Schalotten auf Teller verteilen und sofort mit dem Pita-Brot servieren.

GRANATAPFEL-SIRUP

NARSHRAB

FÜR CA. 360 ML

Wenn man in der östlichen Türkei, den Republiken Georgien oder Armenien oder eigentlich überall in Zentralasien Fleisch oder Meeresfrüchte vom Grill bestellt, dann wird es zusammen mit einer explosiven, süß-sauren Gewürzzubereitung serviert, die aussieht wie flüssiger Teer. Häufig wird das Essen schon damit beträufelt, bevor es auf den Tisch kommt. Dort ist die Zubereitung bekannt unter dem Namen narshrab, im Westen nennt man sie Granatapfelsirup. Er wird hergestellt, indem frischer Granatapfelsaft zu einem dickflüssigen, aromatischen Sirup eingekocht wird. Werden ein paar Tropfen davon auf gegrilltes Fleisch gegeben, bringt dies den Geschmack des Fleischs auf erstaunliche Weise hervor. In Flaschen abgefüllter narshrab ist in nahöstlichen und armenischen Lebensmittelläden erhältlich. Dieses Rezept leitet zu dessen Grundzubereitung an.

8 bis 10 Granatäpfel (für ca. 1 l Saft)
50 g Zucker

1. Die Granatäpfel halbieren und auf einer Zitronenpresse ausdrücken. Es sollte etwa 1 l Saft entstehen. Den Saft durch ein Sieb in einen großen, breiten, schweren Topf gießen und den Zucker hinzufügen.

2. Den Granatapfelsaft zum Kochen bringen, die Hitze reduzieren und 15 bis 20 Minuten köcheln lassen, bis ein dunkler, dickflüssiger Sirup entsteht und der Saft auf die Hälfte der ursprünglichen Menge reduziert ist. Den Granatapfelsirup in eine saubere Flasche oder ein verschließbares Glas geben. Im Kühlschrank hält er sich 2 Monate.

TÜRKEI

LAMMFLEISCH- UND PISTAZIEN-KEBABS

DIREKTES GRILLEN

FÜR 4 KEBABS; HAUPTGERICHT FÜR 4 PERSONEN

Diese herrlichen Kebabs aus Lammhackfleisch – mit knusprigen Pistazienstückchen durchzogen – sind eine Spezialität des Restaurants „Develi“ in Istanbul.

Türkische Grillgerichte

Den Namen „Imam Cagdas" – oder „Gaziantep" – finden Sie wahrscheinlich in keinem normalen türkischen Reiseführer. Erwähnen Sie die Orte aber einem Türken gegenüber, werden Sie mit diesem wissenden, konspirativen Blick bedacht, der Insidern und nicht Touristen gilt.

„Imam Cagdas" (ausgesprochen Imam Tschadahsch) ist nicht nur der Name eines Restaurants, sondern auch der des Inhabers. Es ist wohl das berühmteste Kebabhaus der Türkei. Die Ladenfront ist auffallend und reicht über zwei Stockwerke. Das Restaurant wurde 1887 von dem Großvater des Inhabers gegründet. Am Tag meines Besuchs zählten der Bürgermeister und der Befehlshaber der örtlich stationierten Armee zu den Gästen, ganz zu schweigen von den anderen siebenhundert hungrigen Besuchern. Und das war in der Nebensaison! Türkische Gastronomen achten Gaziantep so ehrfurchtsvoll wie die Amerikaner New Orleans. Gaziantep ist die sechstgrößte Stadt der Türkei, eine florierende, staubige Metropole etwa 50 Kilometer westlich des Euphrats nahe der syrischen Grenze im Süden der zentralen Türkei gelegen. Gourmets ist es als die Pistazien-Hauptstadt der Türkei bekannt. Darüber hinaus hegen die Bewohner eine kollektive Vorliebe für Chilischoten, die Santa Fe Konkurrenz machen könnte.

Die Stars der Show sind aber die Kebabs, die in der offenen Küche des „Imam Cagdas" auf Metalltabletts hoch aufgetürmt liegen. Die Vielfalt zeugt von der kulinarischen Finesse der türkischen Küche. Es gibt Sogar-Kebab-Spieße mit gegrilltem Lammhackfleisch und ganzen Zwiebeln, die vor dem Servieren mit ein paar Spritzern Granatapfelsirup beträufelt werden. Dann gibt es Semit Kebab, elastische Würstchen aus Lammhackfleisch und Bulgur, die mit frischer Pfefferminze und Piment gewürzt werden. Was die visuelle Präsentation betrifft, ist Sedzeli Kebab unschlagbar: glänzend dunkelviolette Auberginenstücke mit Lammhackfleisch geröstet. Und all das nur in der Wintersaison. Das „Imam Cagdas" verändert das Angebot an Kebabs entsprechend der Jahreszeiten.

Gaziantep scheint vielleicht ein merkwürdiger Startpunkt für einen Bericht über türkische Grillgerichte. Man kann es nicht ohne weiteres erreichen und die Stadt liegt nicht gerade auf eingetretenen Touristenpfaden, aber die Liebe für das Grillen wird schon am Flughafen deutlich. Vor einigen Jahren hat ein Pilot, der seine Maschine über Gaziantep hinwegsteuerte über Funk die Feuerwehr alarmiert und einen Waldbrand gemeldet. Bei näherer Betrachtung stellte sich dann heraus, dass die dicke Rauchwolke von tausenden tragbarer Grills herrührte, die Familien für ihre Picknicks mit in den Wald gebracht hatten.

Fast jedes Restaurant in der Türkei, das etwas auf sich hält, wirbt damit, einen Koch aus Gaziantep zu beschäftigen – dies sollte ich bei meinem nächsten Stopp in dem Restaurant „Develi" in Istanbul erfahren.

Kommst du nach Istanbul

Das „Develi" gehört zu der Art Restaurants, die ich in der Türkei lieben lernte: Nicht nur sind Tischtücher aufgelegt, sondern die Atmosphäre ist auch noch so entspannt, dass die Männer am Abend nach der Arbeit dort ihren Raki (Anisbranntwein) trinken und meze (Vorspeisen) zusammen mit ihren Kollegen essen. Laut dem Eigentümer in der fünften Generation, Ali Develier, wurde das „Develi" 1912 von einem Kamelhändler aus Gaziantep gegründet. Heute finden in dem vierstöckigen Restaurant 450 Gäste Platz.

Zuerst probierte ich pilaki, eine Auswahl an Dips und Salaten, die mit fruchtigem, türkischem Olivenöl angemacht sind. Als nächstes gab es lahmacun, türkische Pizza mit Lammhackfleisch, gefolgt von frisch gebackenem pida, einem türkischen Brot, das wie eine Mischung aus Focaccia und Pita schmeckt. Kurz darauf wurde mir die Spezialität des Hauses serviert: Kebabs aus Lammhackfleisch mit Pistazien, gefolgt von Shish Kebab mit Zitronenaroma und Ali-Nasik-Kebab, eine Wurst aus Lammfleisch, serviert auf einem Bett aus pürierter, gegrillter Aubergine und Joghurt.

Garküchen-Kebabs

Ich möchte nicht den Eindruck erwecken, dass gegrillte Gerichte nur in Restaurants gegessen werden können. Tatsächlich ist der berühmteste türkische Grill ein Straßenzug, der unter dem Namen Dönerkebab bekannt ist. „Döner" bedeutet auf türkisch „verdrehen" oder „wenden"; der betreffende Kebab besteht aus dünnen, flachen Streifen gewürzten Lammfleisches (manchmal auch Huhn), die aufeinander gelegt auf einen großen vertikalen Drehspieß gesteckt werden.

Das Fabelhafte am Dönerkebab ist, dass jede Portion frisch gegrillt und knusprig vom Spieß geschnitten wird (Ein gutes Dönerkebab ist wie Hohe Rippe ausschließlich aus Krustenenden). Döner wird immer von unten geschnitten, damit das Fett, das von oben heruntertropft, das Fleisch begießt. Es gibt zwei Arten Döner: yaprak, aus Lammfleisch, und kyma, aus Lammhackfleisch. Das heruntergeschnittene Fleisch wird zusammen mit Salatblättern, Tomatenscheiben und Joghurtsauce in Stücke Pita-Brot gerollt oder in ein Stück Fladenbrot gegeben. Es ist frisch, heiß und saftig, und eine Portion kostete mich weniger als einen Euro.

Schnelle Kebabs

An meinem letzten Abend in der Türkei lief ich durch Beyolu (ein lebendiges Stadtviertel Istanbuls, das mich an das lateinamerikanische Viertel von Paris erinnerte). Ich gelangte zu einem versteckt zwischen den Lokalen und Cafes liegenden, rauchigen Grillrestaurant. Niemand sprach englisch, aber das machte nichts, denn das Menü erklärte sich von allein. In der Mitte des Restaurants stand ein trogartiger Grill, etwa 3,60 m lang und 60 cm breit, gekrönt mit einer handgeschmiedeten Kupferhaube, die mit Szenen aus dem türkischen Landleben dekoriert war. Um den Grill herum verlief ein Marmortresen und davor standen Hocker für ein Dutzend Gäste. Es erinnerte mich an eine Sushi-Bar, die auf gegrilltes Lamm anstelle von rohem Fisch spezialisiert ist.

Der Koch am Grill des Restaurants „Kiyi" ist Murat Dademir, ein hoch gewachsener, liebenswerter Mann in den Dreißigern aus Adana im Süden der Türkei, der seinen Kopf freundlich neigt, wenn man ihm eine Frage stellt. Als ich ihm begegnete, bereitete er gerade Adana Kebab zu, das heißt, er formte mit scharfen Aleppo-Chilischoten gewürztes Lammhackfleisch auf flache Metallspieße. In schneller Folge bereitete er einige der in der Türkei beliebtesten Grillgerichte zu: Zuerst iskander kebab, dünn geschnittenes Lammhackfleisch serviert auf gewürfeltem Pida mit Joghurt, scharfer Tomatensauce und zerlassener Butter. Als nächstes gab es durum, in dünne Scheiben geschnittenes gegrilltes Lammfleisch mit Salatblättern, Tomate, Zwiebel und Joghurt in einer Fladenbrottasche.

Als Murat von meinem Interesse an türkischen Grillgerichten erfuhr, bot er an, einen speziellen Salat namens ezmeli anzurichten. Er legte einen Spieß mit Stierhorn-Paprikaschoten direkt auf die Kohlen bis die Schale der Schoten angekohlt und blasig gegrillt waren. Auf dieselbe Art grillte Murat Tomaten und dünne türkische Auberginen. Er trug den größten Teil der verkohlten Schale ab, ließ ein bisschen davon für das Aroma stehen und schnitt das Gemüse in mundgerechte Happen. Er richtete den Salat mit gehackter Petersilie, fruchtigem, türkischen Olivenöl und Zitronensaft an – ein Beweis dafür, dass auch Vegetarier in der Türkei auf ihre Kosten kommen können.

Der Gründer des Restaurants kam aus Gaziantep, der türkischen kulinarischen Hauptstadt an der syrischen Grenze. Gaziantep ist nicht nur für herzhafte und würzige Gerichte berühmt, sondern auch wegen der dort angebauten Pistazien, die einen intensiven Geschmack und eine übernatürlich leuchtend-grüne Farbe haben. Die Pistazien verleihen dem Fleisch eine wunderbare Textur und einen großartigen Geschmack. Die besten Resultate werden mit türkischen Pistazien erzielt. Türkische Radieschensalatplatte (Seite 117), Zwiebel-Relish mit Granatapfelsirup (Seite 446) und Pita-Brot passen gut dazu.

VORBEREITUNGSZEIT

1 bis 2 Stunden für das Kühlen des Fleischs

SPEZIELLE AUSRÜSTUNG

4 flache, breite, lange Metallspieße

ZUTATEN

450 g Lammhackfleisch
60 g geschälte Pistazien, vorzugsweise türkischer Herkunft, grob per Hand oder in einer Küchenmaschine gehackt
40 g gehackte rote Zwiebel
1 Knoblauchzehe, gehackt
1 TL Salz, nach Geschmack auch mehr
1 TL gemahlener Aleppo-Chili oder Chiliflocken (siehe Kasten auf Seite 250) oder Chilipulver
½ TL gemahlener Kreuzkümmel
½ TL frisch gemahlener schwarzer Pfeffer, nach Geschmack auch mehr
Pita-Brot

1. Das Lammhackfleisch zusammen mit Pistazien, Zwiebel, Knoblauch, Salz, Aleppo-Chili, Kreuzkümmel und schwarzem Pfeffer in eine große Schüssel geben. Mit den Händen 3 bis 4 Minuten sorgfältig durchkneten. Zum Abschmecken eine kleine Menge der Fleischmasse abnehmen und in einer antihaftbeschichteten Pfanne gar braten. Probieren, und die Fleischmasse mit Salz und Pfeffer nach Belieben nachwürzen. Lose mit Frischhaltefolie bedeckt für 1 bis 2 Stunden in den Kühlschrank stellen.

2. Ein Backblech mit Frischhaltefolie auslegen. Die Fleischzubereitung in 4 gleich große Portionen aufteilen. Die Hände mit etwas Wasser befeuchten. Jede der Portionen um einen Spieß geben, dabei 2,5 cm von der Spitze entfernt beginnen und eine flache Wurst von 20 bis 25 cm Länge und 2,5 cm Breite formen. Die fertigen Spieße auf das vorbereitete Backblech legen.

3. Den Grill für direktes Grillen auf mittlerer Hitze vorbereiten; wenn gewünscht, nicht direkt auf dem Grillrost garen (siehe Kasten auf Seite 21).

4. Sobald die Temperatur erreicht ist, die Kebabs, so wie in der Anleitung für das Grillen ohne direkten Kontakt mit dem Grillrost angegeben auf den Grill geben oder direkt auf den gebürsteten, eingeölten, heißen Rost legen. Unter Wenden mit einer Grillzange insgesamt 6 bis 8 Minuten grillen, bis sie eine schöne braune Farbe haben und durchgegart sind.

5. Mit einem Pita-Brot zum Schutz vor der Hitze die Kebabs von den Spießen auf Servierteller ziehen. Sofort mit dem Pita-Brot servieren.

INDIEN

DAS ORIGINAL „KARIMS" SEEKH KEBAB

DIREKTES GRILLEN
FÜR 4 KEBABS;
FÜR 4 PERSONEN ALS HAUPTGERICHT

Die indische Version der Wurst ist Seekh Kebab, hergestellt aus gewürztem Hackfleisch (oder Gemüse), auf flache oder viereckige Spieße geformt und über einem Holzkohlefeuer gegrillt. Manchmal werden diese Fleischspieße auch in der extrem hohen Hitze eines Tandoori-Ofens gegart (speziell in schicken Restaurants), traditionell werden sie aber gegrillt. Flache Metallspieße (mindestens einen guten Zentimeter breit) funktionieren einwandfrei, verwenden Sie aber keine schlanken Metallspieße, denn dann fällt das Fleisch herunter.

Es gibt wahrscheinlich genauso viele Variationen des Seekh Kebab wie Grill-Köche in Indien. Dieses Rezept stammt aus dem ehrwürdigen Restaurant „Karim" in Neu Delhi. Beachten Sie das Hinzufügen von dal (gekochte halbierte Erbsen), die dem Fleisch einen einmaligen erdigen Geschmack und eine spezielle Textur verleihen. Gehen Sie mit dem Fettanteil dieses Gerichts nicht zögerlich um; das Fleisch sollte mindestens 20 Prozent Fett haben – es wird benötigt, um das Fleisch zart zu halten. Außerdem schmilzt der größte Teil des Fetts während des Garens. Servieren Sie diese saftigen Kebabs mit Naan, dem indischen Brot. Das Rezept für Nach Tandoori-Art gebackenes Fladenbrot (Seite 131) wäre hier meine erste Wahl. Reichen Sie dazu auch Koriandersauce (Seite 482), die dem indischen Chutney nahe kommt.

VORBEREITUNGSZEIT

1 bis 2 Stunden für das Kühlen des Fleischs

SPEZIELLE AUSRÜSTUNG

4 flache, breite, lange Metallspieße

ZUTATEN

- **60 g getrocknete, halbierte gelbe Erbsen**
- **¼ TL gemahlene Kurkuma**
- **450 g Lammhackfleisch**
- **1 Knoblauchzehe, gehackt**
- **2 Frühlingszwiebeln, weiße und grüne Anteile, geputzt und gehackt**
- **2 EL frische Korianderblätter, gehackt**
- **2 EL frischer Ingwer, geschält und gerieben**
- **1 TL Salz, nach Geschmack auch mehr**
- **½ TL Kreuzkümmelsamen, geröstet (siehe Kasten auf Seite 113)**
- **½ TL frisch gemahlener schwarzer Pfeffer, nach Geschmack auch mehr**
- **¼ TL Cayennepfeffer, nach Geschmack auch mehr**
- **Naan-Brot (Nach Tandoori-Art gebackenes Fladenbrot, Seite 131; nach Wahl) zum Anrichten**
- **Zitronenschnitze zum Anrichten**

1. Die Erbsenhälften und das Kurkumapulver in einen mittelgroßen Topf geben und mit Wasser bedecken. Auf hoher Temperatur zum Kochen bringen, die Hitze reduzieren und die Erbsen 12 bis 15 Minuten im offenen Topf köcheln lassen, bis sie weich aber nicht matschig sind. Sie sind fertig, wenn sie zwischen Daumen und Zeigefinger leicht zerdrückt werden können. Die gekochten Erbsen durch ein Sieb abgießen und abkühlen lassen.

2. Die abgekühlten Erbsen in einer Küchenmaschine grob mahlen. Das Lammfleisch in eine große Schüssel geben und die abgekühlte Erbsenmasse zusammen mit Knoblauch, Frühlingszwiebeln, Koriander, Ingwer, Salz, Kreuzkümmelsamen, schwarzem Pfeffer und Cayennepfeffer hinzufügen. Die Masse mit den Händen sorgfältig 3 bis 4 Minuten durchkneten. Zum Abschmecken eine kleine Menge der Fleischmasse abnehmen und in einer antihaftbeschichteten Pfanne gar braten. Probieren, und die Fleischmasse mit Salz, schwarzem Pfeffer und Cayennepfeffer nach Belieben nachwürzen. Lose mit Frischhaltefolie bedeckt für 1 bis 2 Stunden in den Kühlschrank stellen.

3. Ein Backblech mit Frischhaltefolie auslegen. Die Fleischmasse in 4 gleich große Portionen aufteilen. Die Hände mit etwas Wasser befeuchten. Jede der Portionen um einen Spieß geben, dabei 2,5 cm von der Spitze entfernt beginnen und eine flache Wurst von 25 cm Länge und 2,5 cm Breite formen. Die fertigen Spieße auf das vorbereitete Backblech legen (siehe Hinweis).

4. Den Grill für direktes Grillen bei mittlerer Hitze vorbereiten; wenn gewünscht, nicht direkt auf dem Grillrost garen (siehe Kasten auf Seite 21).

5. Sobald die Temperatur erreicht ist, die Kebabs, so wie in der Anleitung für das Grillen ohne direkten Kontakt mit dem Grillrost angegeben auf den Grill geben oder direkt auf den gebürsteten, eingeölten, heißen Rost legen. Unter Wenden mit einer Grillzange insgesamt 6 bis 8 Minuten grillen, bis sie eine schöne braune Farbe haben und durchgegart sind.

6. Das Fleisch von den Spießen auf eine Servierplatte ziehen. Wenn es mit Naan gereicht wird, das Fleisch mit dem Brot zum Schutz der Hände von den Spießen ziehen. Die Kebabs mit den Zwiebelscheiben und den Zitronenschnitzen servieren.

HINWEIS: Sollte das Fleisch nicht unmittelbar zubereitet werden, sollten die Spieße lose mit Frischhaltefolie abgedeckt und in den Kühlschrank gestellt werden.

ASERBAIDSCHAN

LAMM IN LAVASH

LYULYA KEBAB

DIREKTES GRILLEN
FÜR 24 STÜCKE;
FÜR 8 BIS 12 PERSONEN ALS VORSPEISE,
FÜR 4 BIS 6 ALS HAUPTGERICHT

Fleischspieße aus gegrilltem Lammhackfleisch werden in der gesamten moslemischen Welt von Sumatra bis Marrakesch gern gegessen. In der Türkei, dem Iran und den ehemaligen Sowjetrepubliken in Zentralasien werden sie hingegen geradezu vergöttert. Lyulya ist die aserbaidschanische Version, die durch den Gebrauch von duftendem frischem Basilikum und süß-sauren Granatapfelkernen unter den Hackfleischspießen einmalig ist. Dieses spezielle Gericht stammt aus einem Restaurant im „Hyatt Regency" in Baku und wird zusammen mit frischen Kräutern eingewickelt in dünne Fladen des papierähnlichen Brotes aus dem Nahen und Mittleren Osten namens Lavash gereicht (Lavash ist in vielen Fachgeschäften erhältlich). Lavash – eine Art essbarer Serviette – macht diese Kebabs zu einem perfekten Imbiss bei Grillfesten im Freien.

SPEZIELLE AUSRÜSTUNG

8 breite, flache, lange Metallspieße

FÜR DIE FLEISCHSPIESSE

- 675 g Lammhackfleisch
- 1 kleine Zwiebel, fein gehackt
- 2 EL Weizenvollkornmehl
- 15 g grob gehackte, frische glatte Petersilie
- 10 g in dünne Streifen geschnittene Basilikumblätter
- 1½ TL Salz, nach Geschmack auch mehr
- ½ TL frisch gemahlener schwarzer Pfeffer, nach Geschmack auch mehr

ZUM ANRICHTEN

- 2 große Lavash-Brote oder 4 Pita-Brote
- 24 frische Basilikumblätter
- 24 Stiele frische, glatte Petersilie
- 4 Frühlingszwiebeln, weiße und grüne Anteile, geputzt und in dünne Ringe geschnitten
- 1 großer Granatapfel, die einzelnen Kerne herausgelöst
- 3 EL gemahlener Sumach (optional; siehe Seite 248)

1. Das Lammfleisch in der Küchenmaschine zu Hackfleisch verarbeiten, die gehackte Zwiebel zugeben und alles vermischen. Dann das Mehl, die gehackte Petersilie, die Basilikumstreifen,das Salz und den Pfeffer hinzufügen und kurz in der Küchenmaschine vermengen. Zum Abschmecken eine kleine Menge der Fleischmasse abnehmen und in einer antihaftbeschichteten Pfanne gar braten. Probieren, und die Fleischmasse mit Salz und schwarzem Pfeffer nach Belieben nachwürzen. Das Fleisch sollte gut gewürzt sein. Die Zubereitung in eine Schüssel geben, abdecken und für 20 Minuten in den Kühlschrank stellen.

2. Ein Backblech mit Frischhaltefolie auslegen. Die Fleischmasse in 8 gleich große Portionen aufteilen. Die Hände mit etwas Wasser befeuchten. Jede der Portionen um einen Spieß geben, dabei 2,5 cm von der Spitze entfernt beginnen und eine flache Wurst von 20 bis 25 cm Länge und 2,5 cm Breite formen. Die fertigen Spieße auf das vorbereitete Backblech legen (siehe Hinweis).

3. Den Grill für direktes Grillen bei mittlerer Hitze vorbereiten; wenn gewünscht, nicht direkt auf dem Grillrost garen (siehe Kasten auf Seite 21).

4. Sobald die Temperatur erreicht ist, die Kebabs, so wie in der Anleitung für das Grillen ohne direkten Kontakt mit dem Grillrost angegeben auf den Grill geben oder direkt auf den gebürsteten, eingeölten, heißen Rost legen. Unter Wenden mit einer Grillzange insgesamt 6 bis 8 Minuten grillen, bis sie eine schöne braune Farbe haben und durchgegart sind.

5. Die Fleischspieße auf eine Servierplatte legen, und das Lavash in einer Lage auf den Grillrost geben. Etwa 20 Sekunden von jeder Seite grillen, bis es warm und formbar ist. Das Lavash vom Grill nehmen, und in 12 mal 10 cm große Streifen schneiden.

6. Ein Stück Lavash zum Schutz vor der Hitze in die Hand nehmen, und das Fleisch von den Spießen auf eine Platte ziehen. Jedes der Kebabs in drei 10 cm lange Stücke schneiden. Jedes der Stücke zusammen mit einem ganzen Basilikumblatt und einem Stiel Petersilie in einen Fladenbrotstreifen wickeln. Die Wickel auf eine Servierplatte legen, und die geschnittenen Frühlingszwiebeln und Granatapfelkerne darüber streuen. Dazu gemahlenen Sumach reichen (optional).

HINWEIS: Sollte das Fleisch nicht unmittelbar zubereitet werden, sollten die Spieße lose mit Frischhaltefolie abgedeckt und in den Kühlschrank gestellt werden.

TÜRKEI

LAMMFLEISCH- UND AUBERGINEN-KEBABS

SEDZELI KEBAB

DIREKTES GRILLEN
FÜR 4 PERSONEN

Dieser farbenfrohe Fleischspieß gehört zu den beliebtesten in der Türkei. Angesichts des milden, süßen Geschmacks der türkischen Auberginen kann man das auch leicht verstehen. Während das Fleisch gart, saugt die Aubergine den Fleischsaft auf und sorgt so für eine köstliche Kombination. Ein weiteres Plus für gesundheitsbewusste Genießer ist der hohe Anteil an Gemüse gegenüber dem Fleisch. Wählen Sie Auberginen, die eher lang und schmal sind. Asiatische Auberginen eignen sich dazu sehr gut. Reichen Sie diese Kebabs mit Zwiebel-Relish mit Granatapfelsirup (Seite 446) und Türkischem Rettichsalat (Seite 117),)

SPEZIELLE AUSRÜSTUNG

8 lange Metallspieße oder 8 Bambusspieße und Aluminiumfolie (siehe Kasten auf Seite 23)

ZUTATEN

450 g Lammhackfleisch
40 g gehackte rote Zwiebel
1 Knoblauchzehe, gehackt
3 EL fein gehackte, frische, glatte Petersilie
1 TL Salz, nach Geschmack auch mehr
½ TL gemahlener Kreuzkümmel
½ TL frisch gemahlener schwarzer Pfeffer, nach Geschmack auch mehr
8 asiatische oder andere lange, schmale Auberginen (jede 15 bis 18 cm lang und knappe 4 cm dick)
Lavash oder Pita-Brot

1. Das Lammhackfleisch in eine große Schüssel geben und Zwiebel, Knoblauch, Petersilie, Salz, Kreuzkümmelpulver und Pfeffer dazu geben. Die Masse mit den Händen sorgfältig 3 bis 4 Minuten durchkneten. Zum Abschmecken eine kleine Menge der Fleischmasse abnehmen und in einer antihaftbeschichteten Pfanne gar braten. Probieren, und die Fleischmasse mit Salz und schwarzem Pfeffer nach Belieben nachwürzen. Das Fleisch sollte gut gewürzt sein.

2. Die Enden der Auberginen abschneiden und wegwerfen. Jede Aubergine quer in knapp 4 cm dicke Scheiben schneiden. Jeweils 4 Auberginenscheiben durch die Schnittfläche in Abständen von etwa 4 cm auf die Spieße geben.

3. Ein Backblech mit Frischhaltefolie auslegen. Die Fleischmasse in 24 gleich große Portionen teilen. Die Hände mit etwas kaltem Wasser befeuchten, dann eine der Fleischportionen an dem Spieß zwischen den Auberginenscheiben zu der gleichen Größe der Scheiben formen. Ebenso mit dem Rest der Fleischmasse verfahren, bis jeder Spieß 4 Auberginenscheiben und 3 Fleischportionen enthält. Die fertigen Spieße auf das vorbereitete Backblech legen.

4. Den Grill für direktes Grillen bei mittlerer Hitze vorbereiten; wenn gewünscht, nicht direkt auf dem Grillrost garen (siehe Kasten auf Seite 21).

Sumach

Wann immer Sie sich im Nahen Osten oder Zentralasien zu einem Essen mit Kebabs oder Kofta niederlassen, wird man Ihnen eine Speise aus einem violett-roten Pulver anbieten, das sauer, zitronig, ja nahezu wie saure Pflaumen schmeckt. Das ist Sumach. Hergestellt aus einer nahöstlichen Beere und überall im Nahen Osten, Zentralasien und Armenien erhältlich, wird Sumach in dieser ganzen Region zum Würzen von gegrilltem Fleisch und Meeresfrüchten genutzt. Falls Sie keinen Sumach erhalten können, nehmen Sie stattdessen einen Spritzer Zitronensaft.

LAMMFLEISCH- UND AUBERGINEN-KEBABS

5. Sobald die Temperatur erreicht ist, die Kebabs, so wie in der Anleitung für das Grillen ohne direkten Kontakt mit dem Grillrost angegeben auf den Grill geben oder direkt auf den gebürsteten, eingeölten, heißen Rost legen (Bei Verwendung von Bambusspießen unter die Enden Aluminiumfolie legen). Unter Wenden mit einer Grillzange insgesamt 8 bis 12 Minuten grillen, bis sie eine schöne braune Farbe haben und durchgegart sind.

6. Mit einem Stück Lavash in der Hand zum Schutz gegen die Hitze das Fleisch und die Auberginenscheiben von den Spießen auf Teller ziehen. Wenn gewünscht, vor dem Verzehr die angekohlte Auberginenschale entfernen. Mit Lavash reichen.

HINWEIS: Wenn die Spieße nicht unmittelbar gegrillt werden sollen, sollten die Spieße lose mit Frischhaltefolie abgedeckt und in den Kühlschrank gestellt werden.

TÜRKEI

BULGUR-LAMMFLEISCH-KEBABS

SEMIT KEBAB

DIREKTES GRILLEN
FÜR 4 PERSONEN

Die Kombination von Lammfleisch und Bulgur (Weizenschrot) ist im Nahen und Mittleren Osten beliebt. Meine Lieblingsvariation dieses Themas ist türkisches cig kofte, eine scharfe Pastete aus mit Chili gewürztem Bulgur und rohem Lammhackfleisch. Von dieser Pastete ist es nicht mehr weit bis zu semit kebab (Bulgur-Hackfleischspieße), einem höchst ungewöhnlichen und erstaunlich schmackhaften Kebab-Gericht, das die Spezialität des Restaurants „Imam Cagdas“ in Gaziantep in der Türkei darstellt. Bulgur gibt dem Lammhackfleisch eine feste, zähe Struktur; die Pfefferminze und der Piment verstärken den süßen Geschmack des Weizens, wohingegen der Aleppo-Chili und die scharfen Chiliflocken das Feuer entfachen.

VORBEREITUNGSZEIT

2 Stunden für das Einweichen des Bulgur und 1 bis 2 Stunden für das Kühlen des Fleischs

SPEZIELLE AUSRÜSTUNG

4 flache, breite, lange Metallspieße

ZUTATEN

70 g feiner Bulgur
450 g Lammhackfleisch
1 kleine Zwiebel, gehackt
1 Knoblauchzehe, gehackt
2 TL getrocknete Pfefferminze
1 TL Aleppo-Chilipulver (siehe Kasten auf dieser Seite) oder scharfes Paprikapulver, nach Geschmack auch mehr
1 TL Salz, nach Geschmack auch mehr
½ TL frisch gemahlener schwarzer Pfeffer, nach Geschmack auch mehr
½ TL scharfe Chili-Flocken
¼ TL gemahlener Piment
Lavash oder Pita-Brot

1. Den Bulgur in eine Schüssel geben und gut mit kaltem Wasser bedecken. Für 2 Stunden einweichen lassen.

2. Das Lammhackfleisch in eine Schüssel geben. Den Bulgur durch ein Sieb abgießen und mit den Händen alles restliche Wasser herausdrücken. Den Bulgur zusammen mit der Zwiebel, Knoblauch, Pfefferminze, Aleppo-Chili, Salz, schwarzem Pfeffer, scharfen Chili-Flocken und Piment zum Lammfleisch geben. Die Masse mit den Händen sorgfältig 3 bis 4 Minuten durchkneten. Zum Abschmecken eine kleine Menge der Fleischmasse abnehmen und in einer antihaftbeschichteten Pfanne gar braten. Probieren, und die Fleischmasse mit Aleppo-Chili, Salz und schwarzem Pfeffer nach Belieben nachwürzen. Das Fleisch sollte gut gewürzt sein.

3. Ein Backblech mit Frischhaltefolie auslegen. Die Fleischmasse in 4 gleich große Portionen teilen. Die

Aleppo-Chilischoten

Aleppo-Chili ist eine kleine, runde, rötlichbraune Chilischote aus Syrien und der östlichen Türkei. Gewöhnlich wird Aleppo-Chili als Pulver oder in Flockenform angeboten. Er hat einen reinen, herben, fast metallischen Geschmack, der dem Ancho-Chili nahe kommt und ist sehr scharf. Aleppo-Chili ist in Lebensmittelfachgeschäften erhältlich.

Hände mit etwas kaltem Wasser befeuchten. Jede der Portionen um einen Spieß geben, dabei 2,5 cm von der Spitze entfernt beginnen und eine flache Wurst von 20 bis 25 cm Länge und 2,5 cm Breite formen. Die fertigen Spieße auf das vorbereitete Backblech legen (siehe Hinweis), lose mit Frischhaltefolie abdecken und für 1 bis 2 Stunden in den Kühlschrank stellen.

4. Den Grill für direktes Grillen bei mittlerer Hitze vorbereiten; wenn gewünscht, nicht direkt auf dem Grillrost garen (siehe Kasten auf Seite 21).

5. Sobald die Temperatur erreicht ist, die Kebabs, so wie in der Anleitung für das Grillen ohne direkten Kontakt mit dem Grillrost angegeben auf den Grill geben oder direkt auf den gebürsteten, eingeölten, heißen Rost legen. Unter Wenden mit einer Grillzange insgesamt 6 bis 8 Minuten grillen, bis sie eine schöne braune Farbe haben und durchgegart sind.

6. Mit einem Stück lavash in der Hand zum Schutz gegen die Hitze das Fleisch von den Spießen auf Teller ziehen. Sofort mit lavash servieren.

HINWEIS: Wenn die Spieße nicht unmittelbar gegrillt werden sollen, sollten die Spieße lose mit Frischhaltefolie abgedeckt und in den Kühlschrank gestellt werden.

TÜRKEI

„SANFTMÜTIGER ALI"-KEBABS
MIT ÜBER FEUER GESCHMORTEN AUBERGINEN UND JOGHURT

DIREKTES GRILLEN
FÜR 4 KEBABS; FÜR 4 PERSONEN

Dieses Gericht gehört zu den beliebtesten Kebabs in der Türkei – eine Pracht von kombiniertem Rauch und Feuer, mit zwei der besten Zutaten, die je ihren Weg auf den Grill gefunden haben: Lamm und Aubergine. Der Legende nach wurde diese Zusammenstellung von einem Kebab-Koch namens Ali Nasik („Sanftmütiger Ali") aus der Stadt Bursa erfunden. Die bahnbrechende Idee des Sanftmütigen Ali war es, gegrillte, gewürzte Lammhackfleischspieße auf einem herzhaften Püree aus auf der Kohle gegarter Aubergine mit Joghurt zu servieren. Heute gibt es diese Kebabs in der ganzen Türkei. Aus Gründen der Bequemlichkeit, kann das Auberginenpüree schon im Voraus zubereitet werden (ich grille die Aubergine gern einen Tag zuvor). Das Püree schmeckt am besten, wenn es mit Vollmilchjoghurt aus einem türkischen Lebensmittelgeschäft zubereitet wird. Der Dill im Lammfleisch ist nicht ganz traditionell, aber mir gefällt die Art und Weise, wie er den Geschmack abrundet.

VORBEREITUNGSZEIT
1 bis 2 Stunden für das Kühlen der Fleischspieße

SPEZIELLE AUSRÜSTUNG
4 flache, breite, lange Metallspieße

FÜR DIE FLEISCHSPIESSE
- 450 g Lammhackfleisch
- 3 EL gehackte Zwiebel
- 1 Knoblauchzehe, gehackt
- 1 EL gehackter frischer Dill, oder 1½ TL getrockneter Dill (optional)
- 1 TL Salz, nach Geschmack auch mehr
- ½ TL gemahlener Kreuzkümmel
- ½ TL frisch gemahlener schwarzer Pfeffer, nach Geschmack auch mehr

FÜR DAS AUBERGINENPÜREE
- 2 asiatische oder andere lange, schlanke Auberginen (jeweils etwa 280 g)
- 2 Knoblauchzehen, gehackt
- 240 bis 360 ml Vollmilchjoghurt
- 1 EL frisch gepresster Zitronensaft, nach Geschmack auch mehr
- ½ TL Salz, nach Geschmack auch mehr
- ½ TL frisch gemahlener schwarzer Pfeffer, nach Geschmack auch mehr

ZUM ANRICHTEN
- Pita-Brot
- 240 ml Vollmilchjoghurt
- 2 EL frische, gehackte, glatte Petersilie

1. *Zubereitung der Fleischspieße:* Das Lammhackfleisch mit der Zwiebel, 1 Knoblauchzehe, dem Dill (optional), 1 TL Salz, dem Kreuzkümmel und ½ TL Pfeffer in eine große Schüssel geben. Die Masse mit den Händen sorgfältig 3 bis 4 Minuten durchkneten. Zum Abschmecken eine kleine Menge der Fleischmasse abnehmen und in einer antihaftbeschichteten Pfanne gar braten. Probieren, und die Fleischmasse mit Salz und schwarzem Pfeffer nach Belieben nachwürzen.

2. Ein Backblech mit Frischhaltefolie auslegen. Die Fleischmasse in 4 gleich große Portionen teilen. Die Hände mit etwas kaltem Wasser befeuchten. Jede der Portionen um einen Spieß geben, dabei 2,5 cm von der Spitze entfernt beginnen und eine flache Wurst von 20 bis 25 cm Länge und 2,5 cm Breite formen. Die fertigen Spieße auf das vorbereitete Backblech legen (siehe Hinweis), lose mit Frischhaltefolie abdecken und für 1 bis 2 Stunden in den Kühlschrank stellen.

3. Den Grill für das Garen auf großer Hitze vorbereiten.

4. Sobald die Temperatur erreicht ist, den Grillrost bürsten und ölen. Das Auberginenpüree zubereiten. Dazu die Auberginen auf den heißen Rost geben und unter Wenden mit einer Grillzange insgesamt 20 bis 30 Minuten grillen, bis die Schale angekohlt und das Gemüse weich ist. Die Auberginen zum Abkühlen auf einen Teller legen.

5. Den größten Teil der angekohlten Schale der Auberginen entfernen (es muss nicht alles entfernt werden). Die Auberginen in Stücke schneiden und in einer Küchenmaschine zu einem Püree verarbeiten. Das Auberginenpüree in eine Schüssel geben, und den Knoblauch, 240 ml Joghurt, den Zitronensaft, ½ TL Salz und ½ TL Pfeffer unterrühren. Das Püree sollte recht locker sein; die restlichen 60 ml Joghurt nach Bedarf unterrühren. Mit Zitronensaft, Salz und Pfeffer abschmecken. Das Auberginenpüree sollte gut gewürzt sein. Abdecken und zur Seite stellen.

6. Wenn nötig, 20 bis 24 Kohlen nachlegen, um die Temperatur des Grills zu steigern. Wenn gewünscht, laut der Anweisungen für das Grillen oberhalb des Rosts verfahren (siehe Kasten auf Seite 23).

7. Sobald die Temperatur erreicht ist, die Kebabs, so wie in der Anleitung für das Grillen ohne direkten Kontakt mit dem Grillrost angegeben auf den Grill geben oder direkt auf den gebürsteten, eingeölten, heißen Rost legen. Unter Wenden mit einer Grillzange insgesamt 6 bis 8 Minuten grillen, bis sie eine schöne braune Farbe haben und durchgegart sind.

8. In der Zwischenzeit das Auberginenpüree in einem offenen Topf auf dem Grill erwärmen.

9. Mit einem Pita-Brot in der Hand zum Schutz gegen die Hitze das Fleisch von den Spießen auf einen Teller ziehen. Das Fleisch in 5 cm große Stücke schneiden. Das erwärmte Auberginenpüree mit einem Löffel jeweils in die Mitte von insgesamt 4 Tellern geben. Auf jede Portion 60 ml Joghurt geben, und die Fleischstücke darauf legen. Mit Petersilie bestreuen und sofort mit den Pita-Broten servieren.

IRAK

HÜHNER-KEBAB MIT VIER PFEFFERSORTEN

KAFTA

DIREKTES GRILLEN
FÜR 4 KEBABS; FÜR 4 PERSONEN

Kafta (eine von Tausenden Schreibweisen) beschreibt eine große Familie an Hackfleischspießen, die man von Indien bis nach Marokko kennt. Die klassische Zubereitung beruht auf Lammfleisch und häufig auch fettigem Lammfleisch. Wie erfrischend war es, als ich ein Kafta-Rezept fand, das mit dem bei den Amerikanern so beliebten, fettarmen Fleisch zubereitet wird, nämlich Hühnchenbrust. Dieses Rezept wurde durch ein Gericht aus dem Restaurant „Fendi" in Detroit inspiriert, das von Chaldäern geführt wird, irakischen Christen. Diese Kebabs haben vielleicht einen geringen Fettgehalt, aber sie sind dank des farbenfrohen Paprikapulvers und der Paprikaschoten reich im Geschmack. Nehmen Sie ein süßes Paprikapulver für mildere kafta und scharfes für feurigere. Reichen Sie diese Fleischspieße zusammen mit Zentralasiatischen Pickles (Seite 441), Persischem Dampfreis (Seite 425) oder Persischem Reis mit goldener Kruste (Seite 425).

SPEZIELLE AUSRÜSTUNG

4 flache, breite, lange Metallspieße

ZUTATEN

500-600 g Hühnchenbrust, ohne Knochen, Fett und Sehnen, in 2,5 cm große Würfel geschnitten
1 Knoblauchzehe, gehackt
1 TL Salz, nach Geschmack auch mehr
½ TL frisch gemahlener weißer Pfeffer, nach Geschmack auch mehr
½ TL süßes oder scharfes Paprikapulver, nach Geschmack auch mehr
½ TL gemahlener Kreuzkümmel, nach Geschmack auch mehr
3 EL fein gehackte, frische, glatte Petersilie
3 EL fein geschnittene grüne Paprikaschote
3 EL fein geschnittene rote Paprikaschote
1 EL Olivenöl zum Bestreichen

1. Hühnchenbrustwürfel, Knoblauch, Salz, weißen Pfeffer, Paprika- und Kreuzkümmelpulver in eine Küchenmaschine geben und zu einer groben Masse verarbeiten. Die Petersilie und die Paprikaschoten in kurzen Schüben untermischen; nicht zu fein, denn die Petersilie und die Paprikaschoten geben der Masse dann eine graubraune Farbe. Zum Abschmecken eine kleine Menge der Fleischmasse abnehmen und in einer antihaftbeschichteten Pfanne gar braten. Probieren, und die Fleischmasse mit Salz, weißem Pfeffer, Paprikapulver und Kreuzkümmel nach Belieben nachwürzen. Das Fleisch sollte gut gewürzt sein.

2. Ein Backblech mit Frischhaltefolie auslegen. Die Fleischmasse in 4 gleich große Portionen teilen. Die Hände mit etwas kaltem Wasser befeuchten. Jede der Portionen um einen Spieß geben, dabei 2,5 cm von der Spitze entfernt beginnen und eine flache Wurst von 20 bis 25 cm Länge und knappen 2 cm Dicke formen. Die fertigen Spieße auf das vorbereitete Backblech legen (siehe Hinweis).

3. Den Grill für das Grillen bei großer Hitze vorbereiten und aufheizen.

4. Sobald die Temperatur erreicht ist, den Grillrost bürsten und großzügig ölen. Eine Seite der Kebabs mit etwas Öl bestreichen und mit der eingeölten Seite nach unten auf den heißen Rost geben. Diese Seite 2 bis 4 Minuten grillen, bis sie eine schöne braune Farbe haben. Die obere Seite der Kebabs mit dem restlichen Öl bestreichen, mir der Grillzange wenden, und weitere 2 bis 4 Minuten grillen. Sofort servieren.

HINWEIS: Wenn die Spieße nicht unmittelbar gegrillt werden sollen, sollten die Spieße lose mit Frischhaltefolie abgedeckt und in den Kühlschrank gestellt werden.

KAPITEL 10

GEFLÜGEL TRIFFT GRILL

Ich stehe neben einem Spießgrill auf einem Markt in der Provençe. Vor einer Feuerwand drehen sich langsam mehrere Spieße mit Hähnchen. Ich könnte genauso gut in der Türkei, auf Bali, in der Toskana oder auf den Westindischen Inseln sein. Gegrilltes Hähnchen gehört weltweit zu den beliebtesten Speisen. Die Vielfalt der Zubereitungsmöglichkeiten findet ihre Grenzen nur in der Vorstellungskraft der internationalen Köche am Grill.

„Geflügel ist für den Koch, was die Leinwand für den Maler ist."

—ANTHELME BRILLAT-SAVARIN

In diesem Kapitel erfahren Sie, wie die verschiedenen Hähnchenteile und anderes Geflügel gegrillt werden. Die Rezepte reichen von schnell Gegartem wie Flügel und Brust bis zu ganzen Hähnchen, wobei der Vorteil der indirekten Grillmethode genutzt wird, um rauchig, zartes Fleisch zu erhalten, das vom Knochen fällt. Ich werde Ihnen beschreiben, wie Sie die beiden Gefahren, halbgares Geflügelfleisch zu servieren und die leicht entzündliche Haut zu verbrennen, meiden können.

Die schiere Vielfältigkeit der Zubereitungsarten von gegrilltem Hähnchenfleisch rund um den Erdball ist einfach umwerfend. Auf meinen Reisen entdeckte ich feuriges portugiesisches Piri-Piri-Hähnchen, nach marokkanischen Kräutern duftendes gegrilltes Rebhuhn, Chicken Tikka nach pakistanischer Seemannsart (in Joghurt und Kardamom mariniert) und Bierdosen-Hähnchen (ein ganzes Hähnchen, das auf einer offenen Dose Bier liegend im Rauch gegrillt wird) – ein Favorit der Amerikaner.

Öffnen Sie also Ihr Lieblingsbier, und grillen Sie Geflügel auf den Punkt.

JAMAIKA

DIMPLES GEGRILLTES HÄHNCHEN

INDIREKTES GRILLEN
FÜR 2 BIS 4 PERSONEN

Jerk-Marinade, insbesondere mit Schweinefleisch, ist so berühmt auf Jamaika, dass man die anderen Grillspezialitäten der Insel leicht vergessen kann. Eines dieser Gerichte ist dieses unglaublich schmackhafte, zarte Hähnchen, das ich im Schein einer Fackel im „Boar House", einem am Fluss gelegenen Restaurant außerhalb von Kingston, genossen habe. Die Köchin, die vermutlich erröten würde, wenn sie dies läse, ist eine hübsche, kleine, schüchterne Frau namens Fastina Sherman. Machte man ihr Komplimente wegen ihrer Kochkünste oder stellte ihr einfach nur eine Frage, antwortete sie mit einem verlegenen Lächeln, bei dem sich tiefe Grübchen zeigten. Darum nennt sie auch jeder Dimples (Grübchen).

Die Marinade für das Hähnchenfleisch ist sehr viel milder als die des berühmt-berüchtigten jamaikanischen Jerk; da es aber aus Jamaika kommt, kann auf scharfen Habañero-Chili nicht verzichtet werden. Das Entfernen der Chilisamen dämmt die Schärfe etwas ein. Sie können aber auch mildere Chilischoten wie Caribbean Rocotillo nehmen. Dieser Chili sieht eher aus wie ein Kürbis, hat den Geschmack der Habañero, ist aber viel milder.

VORBEREITUNGSZEIT

12 bis 24 Stunden für das Marinieren des Hähnchenfleischs

SPEZIELLE AUSRÜSTUNG

80 g Eichen- oder Obstbaumräuchermehl, 1 Stunde lang in kaltes Wasser eingeweicht und abgetropft

FÜR DAS GEFLÜGEL

- 1 ganzes Hähnchen (Poularde) (1600 - 1800 g)
- 1 Bund Frühlingszwiebeln, weiße und grüne Anteile, geputzt und fein geschnitten
- 2 Knoblauchzehen, gehackt
- ½ bis 1 Habanero-Chilischote, entkernt und fein gehackt oder ½ bis 1 TL scharfe Sauce auf Habanero-Basis
- 1 EL süßes Paprikapulver
- 1 TL frischer Thymian oder ½ TL getrockneter Thymian
- ½ TL Salz
- ½ TL frisch gemahlener schwarzer Pfeffer
- 4½ TL Sojasauce
- 1 EL Pflanzenöl

FÜR DIE BARBECUE-SAUCE

- 250 g Ketchup
- 80 ml Sojasauce
- 4 Frühlingszwiebeln, weiße und grüne Anteile, geputzt und gehackt
- 2 Knoblauchzehen, gehackt
- 2 EL frischer Ingwer, geschält und gehackt
- 55 g bis 75 g dunkelbrauner Zucker
- 60 ml klarer Branntweinessig
- 2 EL dunkler Rum, oder mehr, je nach Geschmack

1. *Zubereitung des Hähnchens:* Das Fett an Hals und Bürzel des Hähnchens entfernen. Die Innereien herausnehmen und für eine anderweitige Verwendung beiseitelegen. Das Hähnchen von innen und außen unter fließend kaltem Wasser gut ausspülen, abtropfen lassen und mit Küchenkrepp trocken tupfen. Das Hähnchen zur Seite stellen, und die Gewürze zubereiten.

2. Die gehackten Frühlingszwiebeln, 2 gehackte Knoblauchzehen, Habañero-Chili, Paprikapulver, Thymian, Salz, Pfeffer, 4½ TL Sojasauce und das Öl in eine Schüssel geben und verrühren. Alternativ, die Zutaten in einer

Grilltabelle für Geflügel

GEFLÜGEL	GRILLMETHODE	TEMPERATUR	GARZEIT durchgegart (76,6 °C)
HÄHNCHEN			
ganz	indirekt	mittel	1¼ bis 1½ Stunden
ganz	am Drehspieß	hoch	1 bis 1¼ Stunden
ganz, aufgeklappt	direkt	mittel	40 Minuten bis 1 Stunde
Brust ohne Knochen	direkt	hoch	3 bis 6 Minuten pro Seite
Brust mit Knochen	direkt	mittel	8 bis 10 Minuten pro Seite
Schenkel	direkt	mittel	8 bis 10 Minuten pro Seite
Flügel	direkt	mittel	6 bis 8 Minuten pro Seite
REBHUHN			
ganz, aufgeklappt	direkt	mittel	8 bis 10 Minuten pro Seite
ENTE			
ganz	am Drehspieß	mittel-hoch	1½ bis 2 Stunden
ganz	indirekt	mittel	2 bis 2½ Stunden
PUTER			
ganz	indirekt	mittel	15 bis 20 Minuten per 450 g

*Diese Tabelle dient als Richtlinie für die Garzeiten verschiedener Geflügelsorten. Betrachten Sie das Grillen wie eine Kunst, nicht wie eine Wissenschaft. Sollten Zweifel bestehen, orientieren Sie sich an den in den Rezepten angegeben Werten.

Küchenmaschine zu einem Püree verarbeiten. Eine Hälfte der Frühlingszwiebelmasse mit einem Löffel in das Hähnchen füllen, und das Hähnchen mit der anderen Hälfte von außen ganz einreiben (oder unter die Haut geben; siehe Kasten auf Seite 261; Handschuhe!). Das Hähnchen in einen reißfesten, wieder verschließbaren Plastikbeutel geben, im Kühlschrank für 12 bis 24 Stunden marinieren lassen und während dieser Zeit mehrmals wenden.

3. *Zubereitung der Barbecue-Sauce:* Den Ketchup, 80 ml Sojasauce, die gehackten Frühlingszwiebeln, 2 gehackte Knoblauchzehen, den Ingwer, den braunen Zucker und den Essig in einem mittelgroßen Topf (nicht aus Aluminium) miteinander verrühren, und auf mittlerer Hitze unter ständigem Rühren zum Kochen bringen, bis sich der Zucker aufgelöst hat. Die Hitze reduzieren, und auf niedriger Temperatur im offenen Topf 10 bis 15 Minuten köcheln lassen, bis eine dickflüssige Konsistenz erreicht ist. Zwei Minuten vor Ende der Kochzeit den Rum hineinrühren, abschmecken und, wenn erforderlich, Rum hinzufügen. Die Sauce vom Herd nehmen. Es sollte eine Menge von etwa 500 ml entstanden sein.

4. Den Grill für indirektes Garen vorbereiten, und eine Aluminium-Tropfschale in die Mitte stellen.

Bei Verwendung eines Gasgrills die gesamte Menge des Räuchermehls in den dafür vorgesehenen Kasten geben, und den Grill auf hohe Temperatur vorheizen. Sobald sich Rauch entwickelt, die Temperatur um die Hälfte reduzieren.

Bei Verwendung eines Holzkohlegrills den Grill auf mittlere Temperatur vorbereiten.

5. *Bei Verwendung eines Holzkohlegrills* die Hälfte des Räuchermehls auf die Kohlen geben, sobald die Temperatur erreicht ist. Den Grillrost bürsten und ölen. Das Hähnchen aus dem Plastikbeutel nehmen, und mit der Brust nach oben auf den heißen Rost über die Aluminiumschale legen. Den Grill schließen, und das Fleisch 45 Minuten garen lassen.

6. Den Grill öffnen, und das Hähnchen großzügig mit der Barbecue-Sauce bestreichen. Den Grill wieder schließen, und das Hähnchen weitere 30 bis 40 Minuten grillen, bis die Haut mahagonifarben ist und beim Anstechen des fleischigsten Teils des Schenkels mit einem Spieß oder scharfem Messer nur klarer Fleischsaft austritt. Das Fleisch ist gar, wenn ein in den fleischigsten Teil des Schenkels eingeführtes Thermometer um 76 °C anzeigt. Das Thermometer darf dabei nicht den Knochen berühren. Das Hähnchen während des Grillens immer wieder mit der Barbecue-Sauce bestreichen. Bei Verwendung eines Holzkohlegrills, nach einer Stunde auf jeder Seite 10 bis 12 frische Kohlen nachlegen, und das restliche Räuchermehl darauf geben.

7. Das Hähnchen auf ein Schneidbrett oder eine Servierplatte legen, und vor dem Anschneiden 5 Minuten ruhen lassen. Mit der Barbecue-Sauce anrichten. Reste der Barbecue-Sauce halten sich abgedeckt im Kühlschrank für bis zu 2 Wochen.

USA

BIERDOSEN-HÄHNCHEN

INDIREKTES GRILLEN
FÜR 2 BIS 4 PERSONEN

Nach diesem Rezept mit Kultsymbolcharakter zaubert man das saftigste, aromatischste gegrillte Hähnchenfleisch, das Sie je gegessen haben. Das Geheimnis besteht darin, eine geöffnete Dose Bier in das Hähnchen zu stecken, und es aufrecht stehend zu grillen. Zudem sorgt diese Zubereitungsart für jede Menge Gesprächsstoff. Zu dem Rezept wurde ich durch die Bryce Boar Blazers inspiriert, einem Barbecue-Team aus Texas, dem ich in Memphis bei einem Wettbewerb, dem May World Championship Barbecue Cooking Contest, begegnete. Es wurde in Amerika zu einem Klassiker.

SPEZIELLE AUSRÜSTUNG

90 g Mesquite-Späne, 1 Stunde in kaltem Wasser eingeweicht und abgetropft

ZUTATEN

1 großes, ganzes Hähnchen (Poularde) (1800 - 2250 g)
3 EL Memphis-Gewürzmischung (Seite 489) oder Ihre favorisierte Gewürzmischung
1 Dose Bier (340 ml)

1. Das Fett an Hals und Bürzel des Hähnchens entfernen. Die Innereien herausnehmen und für eine anderweitige Verwendung beiseitelegen. Das Hähnchen innen und außen unter fließend kaltem Wasser abspülen, und mit Küchenkrepp trocken tupfen. In das Innere des Hähnchens 1 EL Gewürzmischung streuen, und von außen mit 1 EL der Gewürzmischung einreiben. Nach Wunsch ½ EL der Gewürzmischung zwischen Fleisch und Haut reiben (siehe Kasten auf Seite 261). Abgedeckt in den Kühlschrank stellen, und den Grill vorbereiten.

2. Den Grill für indirektes Garen vorbereiten, und eine Aluminium-Tropfschale in die Mitte des Grills stellen.

Bei Verwendung eines Gasgrills, die gesamte Menge an Spänen in den Räuchermehlkasten geben, und auf hoher Temperatur vorheizen; den Grill auf mittlere Temperatur herunterdrehen, sobald Rauch entsteht.

Bei Verwendung eines Holzkohlegrills, den Grill auf mittlere Hitze vorheizen.

3. Die Dose Bier öffnen, und 6 bis 7 Löcher in den Dosendeckel stechen. Etwa die Hälfte des Biers abgießen, und die restliche Gewürzmischung mit einem Löffel durch die Löcher in die Dose geben. Das Hähnchen mit der Kopfseite nach oben aufrecht halten, und auf die Bierdose stecken.

4. Bei einem Holzkohlegrill die Hälfte der Späne auf die Kohlen geben, sobald die Temperatur erreicht ist. Den Grillrost bürsten und ölen. Das Hähnchen aufrecht in die Mitte des heißen Rostes über die Tropfschale stellen. Die Hähnchenschenkel etwas abspreizen, damit das Hähnchen an drei Punkten Halt hat und stehen bleibt.

5. Den Grill schließen, und das Hähnchen 1¼ bis 1½ Stunden grillen, bis das Fleisch so zart ist, dass es sich von den Knochen löst. Bei Verwendung eines Holzkohlegrills nach 1 Stunde auf jeder Seite 10 bis 12 Kohlen nachlegen, und die übrigen Holzspäne darüber streuen.

6. Das Hähnchen mit einer Grillzange auf ein Schneidbrett oder eine Servierplatte heben, dabei die Bierdose mit einem Pfannenwender aus Metall abstützen (Das Schneidbrett oder die Servierplatte so nah wie möglich an den Grillrost heranbringen, damit ein kurzer Weg entsteht. Achten Sie darauf, dass kein heißes Bier austritt). Das Hähnchen vor dem Lösen von der Dose und dem Anschneiden 5 Minuten ruhen lassen (Die Dose Bier und das Gerippe des Hähnchens wegwerfen).

SÜDAFRIKA

HÄHNCHEN PIRI-PIRI

INDIREKTES GRILLEN
FÜR 4 BIS 8 PERSONEN

Piri-piri ist der portugiesische Name für eine scharfe Sauce aus winzigen, scharfen Chilischoten und Essig. Die Verwendung der Chilischoten hat ihren Ursprung natürlich in der Neuen Welt, und den portugiesischen Seefahrern gebührt großer Dank dafür, dass sie den Rest der Welt damit bekannt gemacht haben. Die Sauce ist in Portugal und in den ehemaligen portugiesischen Kolonien Brasilien, Macao, Goa, Angola und Mosambik immer noch erhältlich. Die Vorliebe der Südafrikaner für Piri-Piri ist zweifelsohne den beiden zuletzt genannten nördlichen Nachbarstaaten zuzurechnen.

Auf brasilianischen Märkten wird Piri-Piri unter dem Namen molho malagueta angeboten (Malagueta-Chili-Sauce). In der Not kann auch Tabasco oder eine scharfe Sauce auf Habañero-Basis verwendet werden; dann sollten der Marinade jedoch auch 1 bis 2 EL Essig hinzugefügt werden.

VORBEREITUNGSZEIT

4 bis 12 Stunden für das Marinieren des Fleisches

ZUTATEN

- **2 ganze Hähnchen (Poularde) (1600 - 1800 g)**
- **120 ml Olivenöl extra vergine**
- **8 EL gesalzene Butter, zerlassen**
- **80 ml frisch gepresster Zitronensaft**
- **3 bis 4 EL Portugiesische scharfe Sauce (Seite 480), Malagueta-Chili-Sauce oder eine andere scharfe Sauce (so viel, wie von Ihnen und Ihren Gästen vertragen wird)**
- **1 EL süßes Paprikapulver**
- **1 TL gemahlener Koriander**
- **3 Knoblauchzehen, geschält**
- **3 Frühlingszwiebeln, weiße und grüne Anteile, geputzt und in Ringe geschnitten**
- **3 EL frische glatte Petersilie, grob gehackt**
- **1 Stück (2,5 cm) frischer Ingwer, geschält und in Scheiben geschnitten**
- **2 Lorbeerblätter, zerrieben**
- **1 TL Salz**
- **½ TL frisch gemahlener schwarzer Pfeffer**

1. Das Fett an Hals und Bürzel des Hähnchens entfernen. Die Innereien herausnehmen, und für eine anderweitige Verwendung beiseitelegen. Das Hähnchen innen und außen unter fließend kaltem Wasser abspülen, und mit Küchenkrepp trocken tupfen. Die Hähnchen am Rücken aufschneiden und aufklappen (siehe Seite 289), und in eine große Schüssel oder Bratform legen. Zur Seite stellen, und die Marinade zubereiten.

2. Olivenöl, Butter, Zitronensaft, Portugiesische scharfe Sauce, Paprikapulver, Koriander, Knoblauch, Frühlingszwiebeln, Petersilie, Ingwer, Lorbeerblätter, Salz und Pfeffer in einer Küchenmaschine zu einem glatten Püree verarbeiten. Die Hälfte dieses Pürees über die Hähnchen gießen, und mit den Händen darauf verteilen (Handschuhe). Die Hähnchen abgedeckt für 4 bis 12 Stunden im Kühlschrank marinieren (je länger, desto besser). Die restliche pürierte Masse abgedeckt kühl stellen; sie wird später als Sauce für die Hähnchen verwendet. Die scharfe Sauce vor dem Servieren auf Raumtemperatur bringen.

So grillen Sie perfekte ganze Hähnchen

Meiner Einschätzung nach ist für das Grillen eines ganzen Hähnchens ein Drehspieß erforderlich. Das Grillen am Spieß ist deswegen so perfekt geeignet, weil die Hitze durch das langsame Drehen über einem Feuer gleichmäßig und schonend einwirkt. Es entsteht eine Hitze, die die Schenkel durchgart und das Brustfleisch trotzdem nicht austrocknet. Zum anderen schmilzt das Fett unter der Haut, während das Geflügel gegrillt wird und hält das Fleisch kontinuierlich feucht. Außerdem bewirkt das ständige Aussetzen der Hitze, dass die Haut knusprig wird, ohne zu verbrennen. Hier sind einige Tipps zum Grillen von Geflügel am Spieß und ohne Spieß.

Grillen am Spieß

1. Nehmen Sie ein qualitativ hochwertiges, vorzugsweise von Körnern ernährtes, freilaufendes Hähnchen aus biologischer Aufzucht. Das Fett an Hals und Bürzel des Hähnchens entfernen. Die Innereien entnehmen, und für eine spätere Verwendung beiseitelegen. Das Hähnchen innen und außen unter fließend kaltem Wasser abspülen, und mit Küchenkrepp trocken tupfen.

2. Das Hähnchen innen und außen großzügig salzen und pfeffern. Zusätzliches Aroma wird erreicht, indem man in die obere und untere Öffnung jeweils eine geschälte Knoblauchzehe, ein Lorbeerblatt, ein Stück Zitronenschale und/oder einen Zweig Rosmarin gibt (Meine Herausgeberin, Suzanne Rafer, schiebt Knoblauchscheiben unter die Geflügelhaut).

3. Das Hähnchen eng mit Küchenfaden und Rouladenspießen zusammenbinden bzw. -stecken. Das Binden fördert ein gleichmäßiges Garen des Geflügels und verleiht ihm eine schöne Form.

4. Den Grill für das Grillen am Spieß laut Herstellerangaben vorbereiten. Bei der Verwendung eines Holzkohlegrills die Kohle mittels eines Anzündkamins entzünden, und zwei Minuten brennen lassen, bis sie rot glüht. Eine Reihe Kohlen nach vorne scharren, genau vor die Stelle, an der das Hähnchen sich am Spieß dreht, und eine Reihe genau dahinter. Eine Aluminium-Tropfschale so stellen, dass sie unter dem Hähnchen zu liegen kommt.

   Bei Verwendung eines Gasgrills eine Tropfschale in die Mitte des Grills stellen. Sollte sich an der Rückwand des Grills ein Brenner für das Grillen am Spieß befinden, den Brenner vorheizen. Bei Verwendung eines Grills mit drei Flammen ohne Drehspieß den vorderen und hinteren Brenner auf hohe Temperatur stellen, und den mittleren Brenner nicht einschalten.

5. Das Hähnchen auf den Spieß stecken, den Spieß anbringen, und den Drehmechanismus aktivieren. Das Hähnchen nach Möglichkeit im geschlossenen Grill garen, bis die Haut herrlich braun und das Fleisch durchgegart ist. Dies dauert etwa 1 bis 1¼ Stunde. Das sich drehende Hähnchen ungefähr alle 15 Minuten mit dem Saft, der sich in der Tropfschale sammelt, bestreichen. Das Fleisch ist gar, wenn ein in den fleischigsten Teil der Keule gestecktes Thermometer 76,6 °C anzeigt. Das Thermometer darf dabei nicht den Knochen berühren. Ein weiterer Gartest besteht darin, den fleischigsten Teil der Keule mit einem Spieß oder einem scharfen Messer anzustechen. Der heraustretende Fleischsaft muss dann klar sein.

6. Das Hähnchen vom Spieß nehmen und auf ein Schneidbrett oder einen Teller legen. Vor dem Anschneiden 5 Minuten ruhen lassen. Den Küchenfaden und die Rouladenspieße entfernen, und das ultimativ gegrillte Hähnchen genießen.

Grillen ohne Drehspieß

Ein herrlich schmackhaftes Hähnchen lässt sich auch mittels der indirekten Garmethode ohne Drehspieß zubereiten. Wie auch für das Grillen am Spieß, liegt die Grundvoraussetzung in einem qualitativ hochwertigen, gewürzten und gebundenen Hähnchen.

1. Den Grill für indirektes Garen vorbereiten, eine Tropfschale in die Mitte des Grills unter den Rost stellen, und auf mittlere Hitze vorheizen. Das Hähnchen mit der Brust nach oben auf den heißen Rost über die Tropfschale legen.

2. Den Grill schließen, und das Hähnchen 1¼ bis 1½ Stunden grillen, bis die Haut schön braun und das Fleisch durchgegart ist (wie in Schritt 5, oben, beschrieben). Das Hähnchen während des Grillens ungefähr alle 20 Minuten mit dem Saft, der sich in der Tropfschale sammelt, bestreichen. Bei Verwendung eines Holzkohlegrills, müssen nach einer Stunde auf beiden Seiten zehn bis zwölf frische Holzkohlen nachgelegt werden. Das Hähnchen vor dem Anschneiden und Servieren 5 Minuten ruhen lassen.

3. Den Grill für indirektes Grillen bei mittlerer Hitze vorbereiten (siehe Hinweis), und eine Aluminium-Tropfschale in die Mitte stellen.

4. Sobald die Temperatur erreicht ist, den Grillrost bürsten und ölen. Die Hähnchen mit der Haut nach oben auf den heißen Rost über die Tropfschale legen, und die in der Schüssel verbliebene Marinade aufbewahren. Die Hähnchen mit der Marinade bestreichen, den Grill schließen, und das Fleisch 30 Minuten grillen. Den Grill aufdecken, und die Hähnchen weitere 20 bis 30 Minuten grillen, bis bei dem Anstechen des fleischigsten Teils der Schenkel mit einem Spieß oder scharfem Messer nur klarer Fleischsaft austritt. Das Fleisch ist gar, wenn ein in die fleischigste Stelle der Hähnchenkeule gestecktes Thermometer 76,6 °C anzeigt. Das Thermometer darf dabei nicht den Knochen berühren. Ist eine braune und knusprige Haut gewünscht, die Hähnchen für die letzten 5 bis 10 Minuten der Grillzeit mit der Haut nach unten direkt auf den Grillrost über das Feuer legen.

5. Die Hähnchen mit langen Pfannenwendern auf ein Schneidbrett oder eine Servierplatte heben, und vor den Anschneiden 5 Minuten ruhen lassen. Zusammen mit der restlichen scharfen Sauce reichen.

HINWEIS: Das Hähnchen kann knuspriger gegrillt werden, wenn man die direkte Grillmethode verwendet. In dem Fall den Grill auf mittlere Hitze vorheizen, den Grillrost bürsten und ölen, und die Hähnchen auf den heißen Rost legen. Pro Seite im offenen Grill 15 bis 20 garen; die Hähnchen vorsichtig mit langen Pfannenwendern umdrehen, damit sie nicht auseinanderfallen.

BAHAMAS

GEGRILLTES HÄHNCHEN NACH ART DER BAHAMAS

DIREKTES GRILLEN
FÜR 4 PERSONEN

Auf den meisten Karibikinseln ist es üblich, Geflügel und Fleisch vor dem Garen mit Limettensaft abzuspülen. Vermutlich fand diese Praktik ihren Ursprung in der Zeit, als es noch keine Kühlschränke gab und der Zitronensaft sowohl dem Geschmack als auch der Desinfektion diente. Heute lieben wir den Limettensaft wegen des sauren, spritzigen Aromas, den er dem Hähnchenfleisch verleiht. Reichen Sie dazu Erbsen und Reis nach Art der Bahamas (Seite 431).

VORBEREITUNGSZEIT

30 Minuten bis 2 Stunden für das Marinieren des Hähnchenfleischs

ZUTATEN

1 Hähnchen (Poularde) (1600 - 1800 g), geviertelt, oder 4 Hähnchenbrusthälften am Knochen, mit Haut
240 ml frisch gepresster Limettensaft
1 kleine Zwiebel, in dünne Scheiben geschnitten
2 Knoblauchzehen, gehackt
½ - 2 Scotch Bonnets oder andere scharfe Chilischoten, dünn geschnitten
2 TL frischer gehackter Thymian oder 1 TL getrockneter Thymian
2 EL Pflanzenöl
1 TL süßes Paprikapulver
1 TL Salz
½ TL frisch gemahlener weißer Pfeffer

1. Die Hähnchenteile unter fließend kaltem Wasser abspülen, abtropfen lassen, und mit Küchenkrepp trocken tupfen. Das Fleisch in eine Schüssel (nicht aus Aluminium) oder Backform legen, und den Limettensaft darüber gießen. Das Fleisch in dem Saft wenden. Das Hähnchenfleisch bei Raumtemperatur mindestens 15 Minuten oder bis zu 1 oder 2 Stunden marinieren (je länger, desto besser), dabei ein bis zwei Mal wenden. Sollte die längere Zeit für das Marinieren gewählt werden, dann das Fleisch abgedeckt in den Kühlschrank stellen.

2. Den Limettensaft abgießen und wegschütten. Zwiebel, Knoblauch, Chili, Thymian, Öl, Paprikapulver, Salz und Pfeffer dazu geben, und die Hähnchenteile in den Gewürzen wenden.

3. Den Grill für direktes Garen mit zwei Zonen vorbereiten (siehe Seite 18), dazu zwei Drittel des Grills auf mittlere Temperatur erwärmen und ein Drittel im Sinn einer Sicherheitszone kalt lassen.

4. Sobald die Temperatur erreicht ist, den Grillrost bürsten und ölen. Mit einem Kunststoffspatel jegliche Zwiebel- und Knoblauchreste vom Hähnchenfleisch kratzen. Das Fleisch mit der Haut nach unten in die heiße Zone auf den Rost legen, und auf jeder Seite 8 bis 12 Minuten grillen, bis die Haut eine braune Farbe angenommen hat und an den Knochen keine roten Spuren mehr zu sehen sind. Sollten Flammen hochsteigen, das Fleisch in die kalte Sicherheitszone legen, bis die Flammen erlöschen.

5. Die Hähnchenteile auf Teller oder eine Servierplatte legen und anrichten.

SENEGAL

HÄHNCHEN MIT ZITRONEN-SENF-SAUCE

YASSA

DIREKTES GRILLEN
FÜR 4 PERSONEN

Dieses Gericht lernte ich in einem senegalesischen Restaurant in Washington, D.C., kennen. Es war milder zubereitet, nicht so scharf wie es eigentlich serviert wird. Normalerweise wird es mit dem afrikanischen Gegenstück der Scotch Bonnet Chilis gewürzt. Das Rezept ist für westliche Standards etwas ungewöhnlich, aber recht typisch für die afrikanische Küche, da das Fleisch zuerst gegrillt und dann in einer Zitronen-Senfsauce gekocht wird.

VORBEREITUNGSZEIT

1 bis 12 Stunden für das Marinieren des Fleischs

FÜR DAS FLEISCH UND DIE GEWÜRZPASTE

1 Hähnchen (Poularde) (1600 - 1800 g), geviertelt
8 Knoblauchzehen, geschält
1 bis 2 Scotch Bonnet Chilis, entkernt, oder andere Chilis (für mehr Schärfe die Samen nicht entfernen)
1 TL Salz
1 TL frisch gemahlener schwarzer Pfeffer
3 EL Pflanzenöl

FÜR DIE ZITRONEN-SENFSAUCE

1 große Zwiebel, fein gehackt (etwa 320 g)
250 g körniger französischer Senf
120 ml Pflanzenöl
60 ml frisch gepresster Zitronensaft
12 grüne Oliven, entkernt und dünn geschnitten
1 Lorbeerblatt
½ - 1 Scotch Bonnet Chilis, entkernt (für mehr Schärfe die Samen nicht entfernen)
Salz und frisch gemahlener schwarzer Pfeffer

DAS WÜRZEN UNTER DER HAUT

Wenn es darum geht, Hähnchen oder anderem Geflügel Geschmack zu geben, geht nichts über das Würzen unter der Haut. Von Zeit zu Zeit müssen wir Grillenthusiasten also mit einem Chirurgen das Handwerk tauschen. Hähnchenhaut ist nicht so durchlässig wie gemeinhin angenommen wird, daher können Gewürze sie nur schlecht durchdringen. Reibt man aber die Gewürzmischung oder Marinade unter die Haut, saugt sie das Fleisch wie ein Schwamm auf, während die Haut den Fleischsaft am Austreten hindert. Es fühlt sich zuerst vielleicht etwas merkwürdig an, mit ein wenig Übung wird man aber schnell zum Meister. Und so geht es:

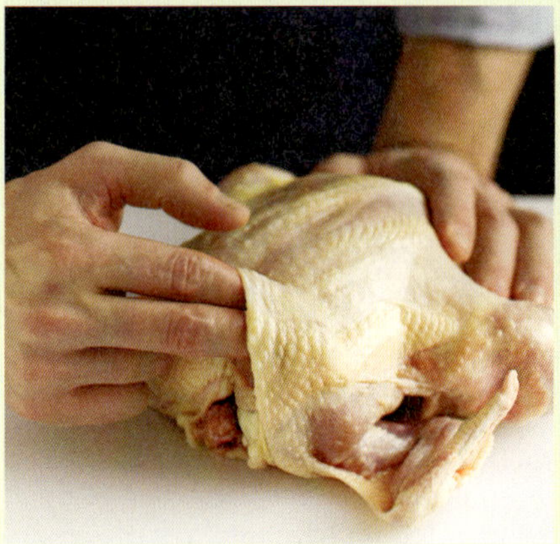

1. *Am Hals beginnend den Zeigefinger und Mittelfinger unter die Haut schieben, und dabei die Haut vom Fleisch lösen. Das Hähnchen mit der anderen Hand gut festhalten.*

2. *Mit der Hand weiter unter die Haut vordringen, bis die Haut an Brust, Oberkeule und Keule gelöst ist. Vorsichtig vorgehen, damit die Haut nicht reißt.*

3. *Die Gewürzmischung oder Marinade über das Hähnchen und unter die Haut geben. Hähnchenhälften und -viertel sowie Hähnchenbrust lassen sich ebenso auf diese Weise würzen.*

1. Zubereitung des Hähnchens und der Gewürzpaste: Die Hähnchenteile unter fließend kaltem Wasser abspülen, abtropfen lassen und mit Küchenkrepp trocken tupfen. In jedes Stück Fleisch 1 bis 2 Schnitte bis auf den Knochen machen, dann das Fleisch in einer Lage in eine große Schüssel (nicht aus Aluminium) geben. Beiseitestellen, und die Gewürzpaste zubereiteten.

2. Knoblauch, Chili, 1 TL Salz und 1 TL Pfeffer in einen Mörser geben, und mit dem Stößel zu einer Paste reiben, dann 3 EL Pflanzenöl darunter mischen. Diese Zutaten können auch in einer Küchenmaschine zu einer glatten Masse verarbeitet werden.

3. Mit den Händen (Handschuhe) die Hälfte der Gewürzpaste in die Einschnitte in den Hähnchenteilen geben, die übrige Paste auf der Hähnchenhaut verteilen. Das Fleisch abgedeckt für 2 bis 12 Stunden (je länger, desto besser) zum Marinieren in den Kühlschrank stellen.

4. *Zubereitung der Zitronen-Senfsauce:* Die Zwiebel, den Senf, 120 ml Öl, den Zitronensaft, die Oliven, das Lorbeerblatt und den Chili miteinander in einem Topf vermengen. Nach Belieben mit Salz und Pfeffer würzen. Gut verrühren, über mittlerer Hitze aufkochen lassen, dann die Hitze reduzieren. Im offenen Topf etwa 15 Minuten köcheln lassen, öfters umrühren, bis die Zwiebel weich, die Sauce dickflüssig und kremig ist, und sich das Öl von der restlichen Flüssigkeit trennt. Die Sauce vom Herd nehmen, und mit Salz und Pfeffer abschmecken. Das Lorbeerblatt und die Chilischote entfernen. Die Sauce abgedeckt zur Seite stellen.

5. Den Grill für direktes Garen mit zwei Zonen vorbereiten (siehe Seite 18), dabei zwei Drittel des Grills auf mittlere Temperatur vorheizen und ein Drittel im Sinn einer Sicherheitszone kalt lassen.

6. Sobald die Temperatur erreicht ist, den Grillrost bürsten und ölen. Die Hähnchenteile mit der Haut nach unten auf den heißen Rost legen, und pro Seite 8 bis 12 Minuten grillen, bis die Haut goldbraun ist und an den Knochen keine roten Spuren mehr zu sehen sind. Sollten Flammen aufsteigen, das Fleisch zur Seite heben, bis die Flammen erlöschen.

7. Das Fleisch in den Topf mit der Sauce legen, und auf niedriger Hitze zum Kochen bringen. Dabei die Sauce mit einem Löffel über die Hähnchenteile verteilen. Den Topf mit einem Deckel verschließen, und das Fleisch 4 bis 5 Minuten in der Sauce köcheln lassen.

8. Die Hähnchenteile auf Teller oder eine Servierplatte geben, die Sauce mit einem Löffel darüber geben, und servieren.

BRASILIEN

BRASILIANISCHES BIER-HÄHNCHEN

DIREKTES GRILLEN
FÜR 4 PERSONEN

Nicht nur in den USA gehören Bier und Barbecue zusammen. In Rio de Janeiro fand ich dieses herzhaft gegrillte Hähnchengericht, das seine außergewöhnliche Saftigkeit der Tatsache verdankt, dass das Fleisch 2 Tage lang in Bier eingelegt wird. Nehmen Sie dazu, wenn möglich, das brasilianische Bier Antartica (dem Pils ähnlich gebrautes Bier). So wird das Fleisch mild gewürzt. Das Bier Xingu Black (ein dunkles bitteres Stout) gibt dem Fleisch einen reichen, malzähnlichen Geschmack. Reichen Sie dazu Verrückten Reis (Seite 432) oder Brasilianische schwarze Bohnen mit Speck (Seite 438).

VORBEREITUNGSZEIT

6 Stunden bis 2 Tage für das Marinieren des Fleischs

ZUTATEN

500 ml Bier
120 ml Pflanzenöl
125 g Dijonsenf
1 EL süßes Paprikapulver
1 TL frisch gemahlener schwarzer Pfeffer
1 mittelgroße Zwiebel, dünn geschnitten
12 Knoblauchzehen, dünn geschnitten
2 Lorbeerblätter
1 Hähnchen (Poularde) (1600 - 1800 g), geviertelt
Grobes Meersalz

1. Das Bier mit dem Öl, dem Senf, dem Paprikapulver und dem Pfeffer in einer Schüssel (nicht aus Aluminium), die groß genug für die Hähnchenteile ist, mit einem Schneebesen vermengen. Zwiebel, Knoblauch und Lorbeerblätter unterrühren.

2. Die Hähnchenteile unter fließend kaltem Wasser abspülen, abtropfen lassen und mit Küchenkrepp trocken tupfen. Das Fleisch in der Marinade wenden. Abgedeckt für 6 Stunden bis 2 Tage (je länger, desto besser) zum Marinieren in den Kühlschrank stellen. Die Hähnchenteile während dieser Zeit öfter wenden.

3. Den Grill für direktes Garen mit zwei Zonen vorbereiten (siehe Seite 18), dabei zwei Drittel des Grills auf mittlere Temperatur vorheizen und ein Drittel im Sinn einer Sicherheitszone kalt lassen.

Wie Sie perfekte Hähnchenhälften und -viertel grillen

Gegrilltes Hähnchen wird überall gern gegessen, und doch macht es bei der Zubereitung auf dem Grill die größten Schwierigkeiten. Viel zu häufig werden Hähnchen serviert, die außen verbrannt und innen roh sind. Das ist jedoch nachvollziehbar, denn ein halbes oder geviertelte Hähnchen mit Haut stellt eine doppelte Herausforderung dar.

Das erste Problem liegt darin, dass das in der Haut enthaltene Fett herabtropft und Flammen verursacht. Das zweite Problem ist, dass Hähnchenfleisch eine längere Garzeit benötigt als z.B. Steak oder Frikadellen, da das Fleisch Knochen enthält. Aus Gesundheitsgründen sollte Geflügel immer nur völlig durchgegart verzehrt werden.

Für die Zubereitung von perfekt gegrillten Hähnchenhälften oder -vierteln ist besonders die Zweiphasen-Grillmethode geeignet, denn sie erlaubt, dass das Fleisch in heißere und kältere Bereiche gelegt werden kann. Und so geht es:

1. Die Hähnchenteile mit Salz, Pfeffer und anderen beliebigen Gewürzen würzen.

2. **Bei Verwendung eines Holzkohlegrills** die Kohlen in einer Schicht über zwei Drittel der Fläche verteilen, und ein Drittel im Sinn einer Sicherheitszone frei lassen.

Bei Verwendung eines Gasgrills den größten Teil des Grills auf mittlere Temperatur bringen, und einen der Brenner im Sinn einer Sicherheitszone aus lassen

In beiden Fällen steht so genug Platz zur Verfügung, um das Hähnchenfleisch auf dem Grillrost an verschiedene Stellen zu legen und das Entstehen von Flammen zu verhindern.

3. Nach dem Bürsten und Ölen des Grillrosts die Hähnchenteile mit der Haut nach unten auf den Rost in die heiße Zone des Grills legen. Das Fleisch unter Wenden mit einer Grillzange von jeder Seite 8 bis 12 Minuten grillen, bis die Haut knusprig und goldbraun und das Fleisch gut durch ist. Es darf dann keine roten Spuren an den Knochen mehr aufweisen (die gesamte Garzeit beträgt etwa 16 bis 20 Minuten). Das Fleisch ist gar, wenn das Anstechen mit einem Messer oder Spieß klaren Fleischsaft austreten lässt. Wenn Flammen entstehen, die Hähnchenteile in die kühlere Zone heben, und warten, bis die Flammen erlöschen.

4. Sollte das Fleisch laut Rezept mit einer Marinade bestrichen werden und diese Marinade auf einer Öl- oder Weinbasis beruhen, kann das Hähnchenfleisch ständig damit begossen werden. Bei Marinaden auf Zuckerbasis sollte das Fleisch nur während der letzten fünf Minuten der Grillzeit damit bestrichen werden.

Für Furchtsame: Geflügel ohne aufflackernde Flammen grillen

Das Risiko auflodernder Flammen kann mithilfe der indirekten Grillmethode bei der Zubereitung von Hähnchenhälften oder -vierteln völlig vermieden werden. Den Grill für indirektes Grillen bei mittlere Temperatur vorbereiten, und eine Tropfschale in die Mitte unter den Rost stellen. Sobald die Temperatur erreicht ist, den Grillrost bürsten und ölen. Die Hähnchenteile mit der Haut nach unten über die Tropfschale auf den heißen Rost legen, und halbe Hähnchen etwa vierzig Minuten, Hähnchenviertel dreißig bis vierzig Minuten grillen, bis der austretende Fleischsaft klar ist. Im Allgemeinen benötigen Bruststücke weniger Garzeit als Hähnchenkeulen. Der Vorteil dieser Methode ist, dass nichts schief gehen kann. Der Nachteil ist, dass dem Fleisch der rauchige Geschmack fehlt, den es erhält, wenn es direkt über dem Feuer gegrillt wird.

4. Sobald die Temperatur erreicht ist, die Hähnchenteile aus der Marinade nehmen, und die Marinade beiseitestellen. Das Fleisch mit Küchenkrepp trocken tupfen und großzügig salzen.

5. Die Hähnchenteile mit der Haut nach unten auf den heißen Rost legen, und pro Seite 8 bis 12 Minuten grillen, bis die Haut goldbraun ist und an den Knochen keine roten Spuren mehr zu sehen sind. Sollten Flammen aufsteigen, das Fleisch zur Seite heben, bis die Flammen erlöschen. Das Fleisch in den ersten 10 Minuten der Garzeit mehrmals mit der restlichen Marinade bestreichen.

6. Die Hähnchenteile auf Teller geben und servieren.

INDONESIEN

BALINESISCHES GEGRILLTES HÄHNCHEN MIT APFEL-MACADAMIA-SAUCE

DIREKTES GRILLEN
FÜR 4 PERSONEN

Zum ersten Mal genoss ich dieses süß und scharf gegrillte Hähnchen in der „Amandari"-Anlage in Ubud auf Bali. Es war so vorzüglich, dass ich fast die Knochen mitgegessen hätte. Das „Amandari" ist ein Luxushotel, das hoch über einer Reisplantage thront. Von den Terrassen aus kann man eine uralte Anbau-Landschaft betrachten, die so zeitlos ist, wie Bali selbst.

Laut Originalrezept werden exotische Gewürze mit wundersamen Namen benötigt, wie Lichtnuss und Kleiner Galgant. Ich habe das Rezept vereinfacht, indem ich sie durch Macadamia-Nüsse und Ingwer ersetzt habe. Wenn aber Lichtnuss und Kleiner Galgant erhältlich sind, sollten sie in jedem Falle verwendet werden. Außerdem habe ich das Rezept auch gesundheitsfreundlicher gestaltet, indem ich Pflanzenöl anstelle von Kokosöl benutze. Tamarinden-Wasser ist zwar auch exotisch, kann aber leicht hergestellt werden. Es kann durch den überall erhältlichen Balsamessig ersetzt werden. Reichen Sie dazu Balinesischen gelben Reis (Seite 430).

VORBEREITUNGSZEIT

4 bis 12 Stunden für das Marinieren des Hähnchens

FÜR DAS FLEISCH UND DIE MARINADE

120 ml Tamarinden-Wasser (Seite 241) oder 60 ml Balsamessig
2 EL Pflanzenöl
2 Knoblauchzehen, gehackt
1 TL Salz
½ TL frisch gemahlener schwarzer Pfeffer
1 Hähnchen (Poularde) (1600 - 1800 g), geviertelt, oder 4 Hähnchenbrusthälften am Knochen, mit Haut

FÜR DIE APFEL-MACADAMIA-SAUCE

2 EL Pflanzenöl
2 Schalotten, gehackt
2 Knoblauchzehen, gehackt
1 bis 2 frische rote, scharfe Chilischoten, entkernt und gehackt (für mehr Schärfe die Samen nicht entfernen)
1 TL frischer Ingwer, geschält und gehackt
½ TL Kurkumapulver
5 Macadamia-Nüsse, grob gehackt
1 großer Granny Smith-Apfel, geschält, entkernt und fein gehackt
240 ml selbstgemachter Hühnerfond oder natriumarmer Fond aus dem Glas
2 TL asiatische Fischsauce oder Sojasauce, oder mehr, je nach Geschmack
1 TL frisch gepresster Limettensaft, oder mehr, je nach Geschmack
Salz und frisch gemahlener schwarzer Pfeffer

1. *Zubereitung des Hähnchens und der Marinade:* Das Tamarinden-Wasser, 2 EL Öl, 2 Knoblauchzehen, 1 TL Salz und ½ TL Pfeffer in eine Schüssel (nicht aus Aluminium) geben, die groß genug für die Hähnchenteile ist, und mit einem Schneebesen verrühren.

2. Die Hähnchenteile unter fließend kaltem Wasser abspülen, abtropfen lassen und mit Küchenkrepp trocken tupfen. Das Fleisch in die Marinade legen und abgedeckt für 4 bis 12 Stunden zum Marinieren in den Kühlschrank stellen.

3. *Zubereitung der Apfel-Macadamia-Sauce:* 2 EL Öl in einem mittelgroßen Topf (nicht aus Aluminium) auf mittlerer Hitze erwärmen. Die Schalotten, 2 Knoblauchzehen, die Chilischote/n und den Ingwer hinzufügen und etwa 4 Minuten braten, bis die Zutaten eine schöne braune Farbe angenommen haben. Das Kurkumapulver, die Macadamia-Nüsse und den Apfel hinzugeben, und 3 bis 5 Minuten dünsten, bis der Apfel weich ist. Den Hühnerfond, die Fischsauce und den Limettensaft hinzugeben und zum Kochen bringen. Im offenen Topf unter gelegentlichem Umrühren 3 Minuten kochen lassen.

4. Die Sauce in eine Küchenmaschine geben und zu einem glatten Püree verarbeiten. Die Sauce wieder in den Topf geben, und im offenen Topf auf niedriger Hitze 3 bis 5 Minuten köcheln lassen, bis die Sauce dickflüssig und aromatisch ist. Den Topf vom Herd nehmen, und mit Salz, Pfeffer, Fischsauce und Limettensaft abschmecken. Die Sauce sollte gut gewürzt sein. Die Sauce abgedeckt warm stellen. Sie kann bis zu 48 Stunden im Voraus zubereitet und abgedeckt im Kühlschrank gelagert werden. Vor dem Servieren aufwärmen.

5. Den Grill für direktes Garen mit zwei Zonen vorbereiten (siehe Seite 18), dabei zwei Drittel des Grills auf mittlere Temperatur vorheizen, und ein Drittel im Sinn einer Sicherheitszone kalt lassen.

6. Sobald die Temperatur erreicht ist, den Grillrost bürsten und ölen. Die Hähnchenteile aus der Marinade nehmen, und die Marinade entsorgen. Das Fleisch mit der Haut nach unten auf den Rost über die heiße Zone des Grills legen, und von jeder Seite acht bis zwölf Minuten grillen, bis die Haut knusprig und goldbraun und das Fleisch gut durch ist. Es darf dann keine roten Spuren an den Knochen mehr aufweisen. Wenn Flammen entstehen, die Hähnchenteile in die kühlere Zone heben, und warten, bis die Flammen erlöschen.

7. Die Hähnchenteile auf Teller oder eine Servierplatte legen, mit einem Löffel die Sauce darüber geben, und servieren.

BARBADOS

GEGRILLTES HÄHNCHEN „BAXTER ROAD“

DIREKTES GRILLEN
FÜR 4 PERSONEN

Liebhaber guten Essens erinnern sich bestimmt an die Baxter Road der alten Tage am Rande von Bridgetown, Barbados, als sich dort an der ebenso bunt zusammen gewürfelten Straße noch zusammen gezimmerte Garküchen aneinanderreihten, die über Nacht entstanden. Das nach diesem Rezept zubereitete Hähnchen verdankt die außergewöhnliche Saftigkeit und Würze des Fleisches der heimischen Marinade Barbados, die den einfachen Namen „seasoning“ (Würze) trägt. Es handelt sich dabei um eine herzhafte Paste, die auf der Basis von Knoblauch, Schnittlauch, Paprikaschoten und Thymian, die – zum Glück – um einiges milder ist, als die jamaikanische Gewürzmischung Jerk, und eignet sich daher wunderbar für diejenigen, die das durch Chilischoten entfachte Höllenfeuer nicht vertragen.

VORBEREITUNGSZEIT

4 bis 12 Stunden für das Marinieren des Hähnchens

ZUTATEN

1 Hähnchen (Poularde) (1600 - 1800 g), geviertelt
4 Knoblauchzehen, gehackt
3 Schalotten, gewürfelt
1 Bund Frühlingszwiebeln, weiße und grüne Anteile, geputzt
1 mittelgroße grüne Paprikaschote, entkernt und grob gehackt
1 mittelgroße Stange Staudensellerie, grob gehackt
1 Scotch Bonnet oder 2 Jalapeño Chilischoten, entkernt und gehackt (für mehr Schärfe die Samen nicht entfernen)
3 EL frische glatte Petersilie, gehackt
2 TL frischer Thymian, gehackt, oder 1 TL getrockneter Thymian
2 EL frisch gepresster Limettensaft, oder mehr, je nach Geschmack
2 EL Sojasauce
2 EL Olivenöl extra vergine
Salz und frisch gemahlener schwarzer Pfeffer

1. Die Hähnchenteile unter fließend kaltem Wasser abspülen, abtropfen lassen und mit Küchenkrepp trocken tupfen. Das Fleisch in eine große Schüssel oder Backform (nicht aus Aluminium) legen, und während der Zubereitung der Marinade beiseitestellen.

2. Knoblauch, Schalotten, Schnittlauch, Paprikaschoten, Sellerie, Chilischoten, Petersilie und Thymian ein einer Küchenmaschine zu einer glatten Paste verarbeiten. Mit Salz, Pfeffer und Limettensaft abschmecken; die Marinade sollte gut gewürzt sein. Die Hähnchenteile dazu geben, und in der Marinade wenden. Das Fleisch abgedeckt im Kühlschrank 4 bis 12 Stunden (je länger, desto besser) marinieren.

3. Den Grill für direktes Garen mit zwei Zonen vorbereiten (siehe Seite 18), dabei zwei Drittel des Grills auf mittlere Temperatur vorheizen, und ein Drittel im Sinn einer Sicherheitszone kalt lassen.

4. Sobald die Temperatur erreicht ist, den Grillrost bürsten und ölen. Die Hähnchenteile aus der Marinade nehmen, und die Marinade beiseitestellen. Das Fleisch mit der Haut nach unten auf den Rost in die heiße Zone des Grills legen, und von jeder Seite 8 bis 12 Minuten grillen, bis die Haut knusprig und goldbraun und das Fleisch gut durch ist. Es darf dann keine roten Spuren an den Knochen mehr aufweisen. Wenn Flammen entstehen, die Hähnchenteile in die kühlere Zone heben, und warten, bis die Flammen erlöschen. Das Fleisch während der ersten 10 Minuten des Grillens ein oder zwei Mal mit der Marinade bestreichen.

5. Die Hähnchenteile auf Teller oder eine Servierplatte geben und anrichten.

GUADELOUPE

HÄHNCHEN „BUKANIER“

POULET BOUCANEE

INDIREKTES GRILLEN
FÜR 8 PERSONEN

Als die Europäer zum ersten Mal ihren Fuß in die Wildnis Lateinamerikas setzten, fanden sie, dass die Menschen dort ihre Nahrung auf eine bisher nicht bekannte Art und Weise zubereiteten. Die karibischen Ureinwohner pökelten das Fleisch von Wildschweinen und anderem Wild mit Salz sowie anderen Gewürzen und trockneten es dann über Rauch. Das karibische Wort für diese Methode hörte sich für europäische Ohren an wie boucan. Die ersten Europäer, die sich in dieser Zubereitungsmethode übten, waren Schiffbrüchige und Ikonoklasten (Bilderstürmer), die sich in der Wildnis im Nordwesten des heutigen Haïti versteckten und teilweise als Piraten aktiv waren. Man nannte sie Bukaniere. Poulet boucanée (Hähnchen nach Piratenart) ist noch heute auf den Französischen Antillen beliebt.

Das Rezept scheint vielleicht etwas kompliziert, besteht aber eigentlich nur aus einer Reihe einfacher Schritte. Die einzige Herausforderung besteht höchstens darin, Zuckerrohr zu bekommen. Versuchen Sie es in Lebensmittelfachgeschäften, die lateinamerikanische und asiatische Produkte anbieten.

Die Zubereitung ist für einen Kohle- oder Gasgrill gedacht, sollten Sie einen Räucheraufsatz haben, können Sie das Fleisch mit Zuckerrohr anstelle von Holzspänen räuchern. Für alle Arten von Grillgeräten gilt hier: Wenn kein Zuckerrohr erhältlich ist, nehmen Sie Holzspäne.

VORBEREITUNGSZEIT

24 Stunden für das Marinieren des Fleischs

SPEZIELLE AUSRÜSTUNG

450 g Zuckerrohr, der Länge nach gespalten, oder 90 g Hartholzspäne, eine Stunde in kaltem Wasser eingeweicht und abgetropft

ZUTATEN

- **2 Hähnchen (Poularde) (1600 - 1800 g), geviertelt**
- **3 Limetten**
- **8 Knoblauchzehen, geschält und zerdrückt**
- **1 Bund Frühlingszwiebeln, weiße und grüne Anteile, geputzt und grob gehackt**
- **1 kleine Zwiebel, fein geschnitten**
- **30 g frische glatte Petersilie, gehackt**
- **1 bis 3 Scotch Bonnets oder anderer scharfer Chili (für eine schärfere Marinade die Samen nicht entfernen)**
- **1 EL frischer Thymian, gehackt, oder 1½ TL getrockneter Thymian**
- **1 EL ganze Nelken**
- **2 TL schwarze Pfefferkörner**
- **2 TL Pimentkörner**
- **1 Zimtstange (8 cm lang)**
- **1 ganze Muskatnuss**
- **240 ml dunkler Rum**
- **1 EL Rotweinessig**
- **3 EL Salz**
- **2 EL brauner Zucker**

1. Die Hähnchenteile unter fließend kaltem Wasser abspülen, abtropfen lassen, und mit Küchenkrepp trocken tupfen. Beiseitestellen, und die Marinade zubereiten.

2. Die Limetten halbieren, auspressen, und den Saft in eine große Schüssel (nicht aus Aluminium) gießen. Die ausgepressten Limettenhälften in die Schüssel geben, und Knoblauch, Frühlingszwiebeln, Zwiebel, Petersilie, Chili, Thymian, Nelken, Pfefferkörner, Pimentkörner, Zimtstange, Muskat, Rum, Weinessig, Salz, braunen Zucker und 1,5 l Wasser hinzufügen. Verrühren, bis sich Salz und Zucker auflösen. Die Hähnchenteile dazu geben, und in der Marinade wenden. Das Fleisch abgedeckt im Kühlschrank 24 Stunden marinieren.

3. Den Grill für indirektes Garen vorbereiten, und eine Tropfschale in die Mitte stellen.

Bei Verwendung eines Gasgrills das Zuckerrohr in den Räuchermehlkasten geben, und den Grill auf hohe Temperatur vorheizen. Sobald Rauch entsteht, den Grill auf mittlere Hitze herunterdrehen.

Bei Verwendung eines Holzkohlegrills den Grill auf mittlere Temperatur vorheizen.

4. Sobald die Temperatur des Holzkohlegrills erreicht ist, das Zuckerrohr auf die heißen Kohlen geben. Das Fleisch aus der Marinade nehmen, die Marinade entsorgen, und die Hähnchenteile trocken tupfen.

5. Den Grillrost bürsten und ölen. Das Fleisch mit der Haut nach unten auf den heißen Rost über die Tropfschale legen, und den Grill schließen. Das Fleisch 1 bis 1½ Stunden (siehe Hinweis) garen, bis beim Anstechen des fleischigsten Teils der Schenkel oder der Brust mit einem Spieß oder scharfem Messer nur klarer Fleischsaft austritt. Bei Verwendung eines Holzkohlegrills müssen nach 1 Stunde auf jeder Seite 10 bis 12 Holzkohlen nachgelegt werden.

6. Das Hähnchen auf Teller oder eine Servierplatte geben, und servieren oder abgedeckt kühl stellen und später servieren.

HINWEIS: Da das Hähnchen eher geräuchert als gegrillt wird, bleibt das Fleisch an den Gelenken eventuell etwas rosa, selbst wenn das Hähnchen durchgegart ist.

INDIEN

HÄHNCHEN „TANDOORI“

TANDOORI MURGH

DIREKTES GRILLEN
FÜR 4 PERSONEN

Hähnchen „Tandoori“ ist das beliebteste aller indischen Grillgerichte. Es eignet sich hervorragend als Haupt- und Vorspeise. Als Vorspeise passt es zum Beispiel gut zu Gegrilltes Hühnchen-Salat mit indischen Gewürzen (Seite 104). Das Fleisch wird auf Grund zweier Marinaden äußerst zart und saftig. Zunächst wird es in Zitronensaft und Cayennepfeffer gegeben, um es zart zu machen. Dann wird es mit einer würzigen Paste aus Joghurt, Safran, Knoblauch und Ingwer eingerieben.

Wenn Sie Zeit haben, den Joghurt wie in Schritt 1 beschrieben abtropfen zu lassen, wird das Fleisch würziger. Sollten Sie in Eile sein, nehmen Sie 240 ml nicht abgetropften Joghurt. Die Wahl der Menge an Cayennepfeffer bleibt Ihnen überlassen: 1 TL reicht für mild gewürztes Fleisch, bei 3 TL wird das Hähnchenfleisch sehr scharf. Ebenso ist das Hinzufügen der orangefarbenen Lebensmittelfarbe optional, die meisten indischen Köche würden es mit Lebensmittelfarbe zubereiten. Dieses Rezept ist für ein ganzes, zerlegtes Hähnchen ausgelegt, Sie können aber auch Hähnchenbrust nehmen. Für Hähnchenbrust muss die Marinierzeit halbiert werden, und die Zubereitung erfolgt laut Angaben auf Seite 277.

Reichen Sie dazu nach Tandoori-Art gebackenes Fladenbrot (Seite 131), Schnellen Basmati-Reis (Seite 424) und Koriandersauce (Seite 482).

VORBEREITUNGSZEIT

4 Stunden für die Zubereitung des Joghurt-Käses (nach Wahl), und 4 Stunden für das Marinieren des Fleischs

SPEZIELLE AUSRÜSTUNG

2 oder 3 lange Metallspieße

FÜR DIE JOGHURT-MARINADE

360 ml Vollmilchjoghurt
¼ TL Safranfäden
5 Knoblauchzehen, in Scheiben geschnitten
1 Stück frischer Ingwer (5 cm), geschält und in Scheiben geschnitten
1 TL Salz
½ TL frisch gemahlener schwarzer Pfeffer
120 ml Schlagsahne oder Saure Sahne
1 TL Schnelles Garam Masala (Seite 496)
1 bis 2 Tropfen orangefarbene Lebensmittelfarbe (nach Wahl)

FÜR DAS FLEISCH

1 Hähnchen (Poularde) (1600 - 1800 g), in acht Teile zerlegt (siehe Zerlegung nach amerikanischer Art, Seite 268)
1 bis 3 TL Cayennepfeffer
1½ TL Salz
½ TL frisch gemahlener schwarzer Pfeffer
120 ml frisch gepresster Zitronensaft
3 EL ungesalzene Butter, zerlassen

1. *Zubereitung der Joghurt-Marinade:* Ein Sieb mit einer doppelten Lage angefeuchtetem Tuch auslegen, und über eine Schüssel hängen. Den Joghurt in das Sieb geben, und 4 Stunden im Kühlschrank abtropfen lassen, bis sich ein „Käselaib» bildet.

2. Nach 4 Stunden den Safran in einer kleinen Schüssel mit einem Stößel oder Holzlöffel zu feinem Pulver mahlen. Drei EL warmes Wasser unterrühren, und 2 Minuten einweichen lassen. Die Safranmischung mit Knoblauch und Ingwer in einer Küchenmaschine zu einer glatten Paste verarbeiten, dabei nach Bedarf Wasser hinzufügen.

3. Die aus dem Joghurt abgeseihte Flüssigkeit wegschütten. Den Joghurt in eine große Schüssel geben, die Safranmischung, 1 TL Salz, ½ TL schwarzen Pfeffer, die Sahne und das Garam Masala sorgfältig unterrühren. Wenn gewünscht, die Lebensmittelfarbe unter die Mischung ziehen. Die Marinade in den Kühlschrank stellen.

4. *Zubereitung des Hähnchens:* Die Hähnchenteile unter fließend kaltem Wasser abspülen, die Haut abziehen und entsorgen, dann das Fleisch abtropfen lassen, und mit Küchenkrepp trocken tupfen. In den fleischigen Bereich jedes der Hähnchenteile mit einem scharfen Messer zwei Schnitte bis auf den Knochen machen. Das Fleisch in eine Auflaufform (nicht aus Aluminium) legen, die groß genug ist, dass die Hähnchenteile nebeneinander hineinpassen. Den Cayennepfeffer mit 1½ TL Salz und ½ TL schwarzem Pfeffer in einer kleinen Schüssel mischen, über das Hähnchenfleisch geben, mit den Händen verteilen (Handschuhe), und in die Einschnitte reiben. Den Zitronensaft hinzufügen, und das Fleisch in der Marinade wenden. Die Hähnchenteile bei Zimmertemperatur 15 Minuten marinieren lassen.

5. Die Hähnchenteile aus der Marinade nehmen, abtropfen lassen und in die Joghurt-Marinade legen; dabei das Fleisch komplett mit der Marinade bedecken. Abgedeckt für 4 Stunden in den Kühlschrank stellen, ab und zu umrühren.

6. Das Fleisch aus der Marinade nehmen, und die Marinade entsorgen. Die Hähnchenteile in Abständen von 2,5 cm auf Spieße stecken; so kann die Hitze besser zirkulieren.

7. Den Grill für direktes Grillen bei hohe Temperatur vorheizen.

DAS ZERLEGEN EINES HÄHNCHENS

Viele der Rezepte in diesem Buch verlangen nach der Zerlegung eines Hähnchens. Man kann das Fleisch natürlich auch fertig zerlegt kaufen, es ist aber jedoch ganz praktisch, wenn man weiß, wie ein ganzes Hähnchen zerlegt wird. Hier finden Sie eine Anleitung zu meiner Version der amerikanischen Art des Zerlegens, bei der an den Flügeln jeweils etwas Brustfleisch stehen bleibt, damit die Aufteilung etwas gerechter wird, und eine Anleitung zu der französischen Art des Zerlegens, die in Geschäften nicht erhältlich ist. Nach der amerikanischen Methode erhalten Sie außer acht Hähnchenteilen auch das Rückgrat, aus dem sich ein Fond kochen lässt. Nach der französischen Methode erhält man vier Hähnchenteile, einschließlich zweier halber Bruststücke, die noch mit dem ersten Gelenkknochen des Flügels verbunden sind. Arbeiten Sie mit einem scharfen Messer.

Die amerikanische Methode

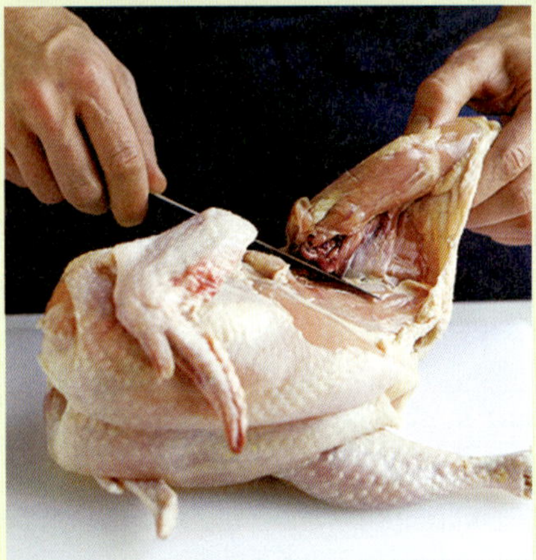

1. *Das Hähnchen auf die Seite legen, und die oben liegende Keule vom Körper wegziehen. Mit einem Schnitt zwischen Körper und Bein das Gelenk an der Oberkeule mit dem Messer durchtrennen.*

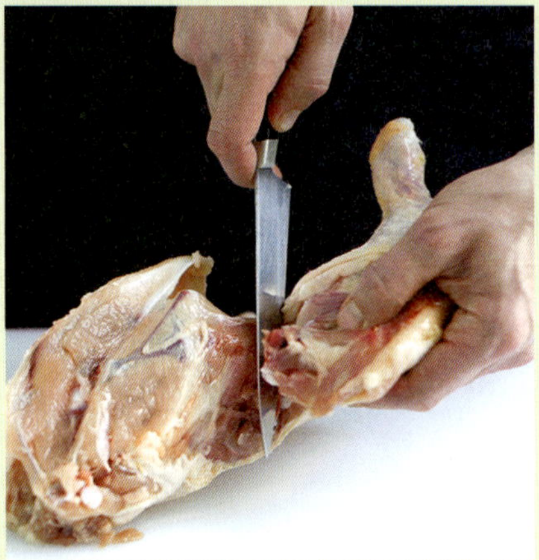

2. *Für das Durchtrennen des Gelenks selbst den Oberschenkelknochen aus der Pfanne drehen, und den Schnitt weiterführen. Ebenso mit dem zweiten Bein verfahren.*

3. *Beide Beine durch einen Schnitt durch das „Knie“ durchtrennen. Dabei der gelben Fettschicht folgen, und so die Keule von der Oberkeule trennen.*

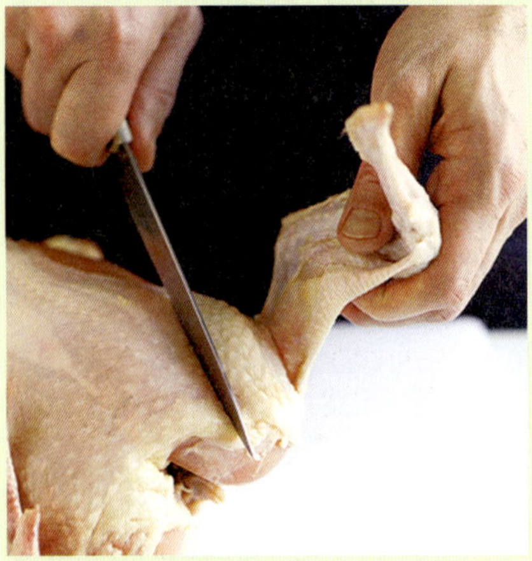

4. *Das Hähnchen mit der Brust nach oben hinlegen. Mit einem diagonalen, nach unten gerichteten Schnitt jeweils die Flügel abtrennen. Dabei an jedem Flügel etwa 5 cm breit Brustfleisch stehen lassen.*

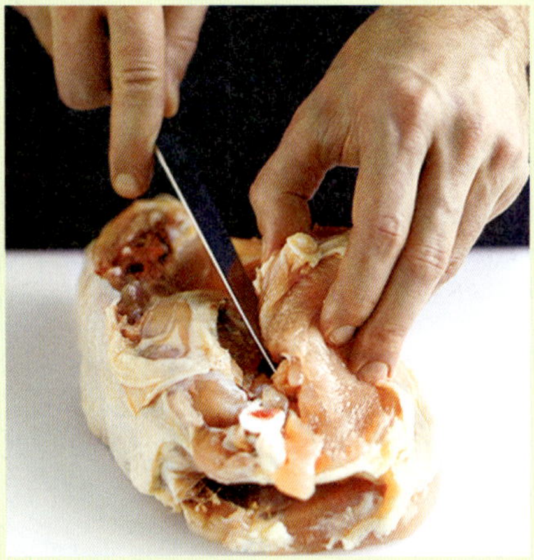

5. *Die Brust vom Rückgrat trennen, dabei der gelben Fettschicht folgen, die zwischen dem Flügelgelenk und dem unteren Teil des Brustkorbs verläuft.*

6. *Die Brust mit einem Schnitt durch das Brustbein halbieren. So erhält man acht etwa gleich große Teile (und das Rückgrat).*

Die französische Methode

1. ***Das Hähnchen mit der Brust nach oben hinlegen. Am Hals beginnend das Fleisch der Länge nach an einer Seite des Rückgrats durchtrennen. Das Messer beim Durchtrennen des Rumpfs gegen den Brustkorb drücken.***

2. ***Wenn beim Schnitt der Flügel erreicht wird, durch das Gelenk schneiden. So bleibt der Flügel mit der Brust verbunden. Man erhält also eine Brusthälfte mitsamt Flügel. Auf der anderen Seite wiederholen.***

3. ***Die Endstücke beider Flügel abtrennen, und nur den oberen Teil des Flügels an dem Bruststück belassen. Dann die Beine vom Körper trennen wie in Fotos 1 und 2 nach der amerikanischen Methode illustriert. Die obere und untere Keule in einem Stück lassen. So erhält man vier Teile und den Rumpf.***

8. Sobald die Temperatur erreicht ist, den Grillrost bürsten und ölen, und die Spieße auf den heißen Rost legen. Das Fleisch von jeder Seite etwa 4 Minuten (insgesamt 8 Minuten) grillen, bis es eine braune Farbe angenommen hat, aber noch nicht gar ist. Dabei mit der Grillzange wenden. Die Spieße auf einen großen Teller legen (siehe Hinweis). Das Fleisch großzügig von allen Seiten mit der zerlassenen Butter bestreichen, und die Spieße wieder auf den Grill legen. Weitere 2 bis 4 Minuten (insgesamt 4 bis 8 Minuten) pro Seite grillen, bis es außen verschmort ist und bei dem Anstechen des fleischigsten Teils der Schenkel oder der Brust mit einem Spieß oder scharfem Messer nur klarer Fleischsaft austritt.

9. Das Fleisch von den Spießen ziehen, auf Teller oder eine Servierplatte geben und servieren.

HINWEIS: Viele indische Köche bereiten das Fleisch bis zu diesem Schritt im Voraus zu und garen es dann auf Bestellung fertig. Sollten Sie sich dafür entscheiden, stellen Sie das Fleisch kühl, wenn bis zur endgültigen Zubereitung mehr als eine halbe Stunde vergeht.

BRITISCH WESTINDISCHE INSELN

GERÖSTETES HÄHNCHEN „ANGUILLA“

DIREKTES GRILLEN
FÜR 4 PERSONEN

Anguilla, eine winzige Insel, liegt im britischen Überseegebiet des Vereinigten Königreichs, gehört zu den Inseln unter dem Winde, und ist in fünf Minuten von St. Martin aus mit dem Flugzeug zu erreichen. Das lang gestreckte Profil der Insel veranlasste Kolumbus, ihr den Namen Anguilla zu geben, das spanische Wort für Aal. Ganz im Verhältnis zu den Dimensionen der Insel, sind die Grills dort nicht aus riesigen Ölfässern sondern leeren, halbierten Propangasflaschen gefertigt, die auf dünnen, angeschweißten Metallbeinen stehen.

Das folgende Rezept entstand von der achtzigjährigen anguillianischen Köchin Allyne Hazel Guichard inspiriert, Mutter des gastronomischen Leiters der atemberaubenden Anlage „Cap Juluca“. Allyne kocht ihr Hähnchen nach anguillanischer Art. Einen ähnlich rauchigen Geschmack erreicht man, wenn man 80 g eingeweichte und abgetropfte

Apfelbaum-, Kirschbaum- oder Ahornspäne auf die Kohlen gibt. Das Raucharoma in Verbindung mit einer Marinade auf der Basis von Rum und Scotch Bonnet Chilis sowie einer scharfen Sauce macht dieses Gericht zu einer der schmackhaftesten Zubereitungsarten von Hähnchen in der gesamten Karibik. Reichen Sie dazu Reis und Erbsen nach Art der Bahamas (Seite 431).

VORBEREITUNGSZEIT

12 Stunden für das Marinieren des Fleischs

SPEZIELLE AUSRÜSTUNG

120 g Holzspäne nach Wahl, 1 Stunde in Wasser eingeweiht und abgetropft

ZUTATEN

1 Hähnchen (Poularde) (1600 - 1800 g), in acht Teile zerlegt (siehe Anleitungen auf Seite 268, Zerlegen auf amerikanische Art)
1 Bund Frühlingszwiebeln, weiße und grüne Anteile, geputzt und grob gehackt
1 Schalotte, grob gehackt
4 Knoblauchzehen, grob gehackt
1 kleine Zwiebel, grob gehackt
½ bis 2 Scotch Bonnets, entkernt und gehackt (für eine schärfere Würze die Samen nicht entfernen)
2 TL Salz, oder mehr, je nach Geschmack
2 TL frischer Thymian, gehackt, oder 1 TL getrockneter Thymian
½ TL frisch gemahlener schwarzer Pfeffer
2 Lorbeerblätter, zerrieben
120 ml Olivenöl extra vergine
60 ml Rum, vorzugsweise 151 Proof (75,5 % Alkohol)
Barbecue-Sauce Anguilla (Rezept folgt)

1. Die Hähnchenteile unter fließend kaltem Wasser abspülen, abtropfen lassen, und mit Küchenkrepp trocken tupfen. Das Fleisch in eine große Schüssel (nicht aus Aluminium) geben. Frühlingszwiebeln, Schalotten, Knoblauch, Zwiebel, Chili, Salz, Thymian, Pfeffer und Lorbeerblätter in einer Küchenmaschine zu einer groben Masse verarbeiten. Das Olivenöl und den Rum hinzufügen, und alles zu einer glatten Paste weiterverarbeiten. Mit Salz abschmecken. Die Paste sollte gut gewürzt sein. Die Marinade über das Fleisch geben, und gut verteilen. Das Fleisch 12 Stunden abgedeckt im Kühlschrank marinieren lassen.

2. Den Grill für direktes Garen mit zwei Temperaturzonen vorbereiten (siehe Seite 18).

Bei Verwendung eines Gasgrills, die gesamte Menge Späne in den Räuchermehlkasten geben, und zwei Drittel des Grills auf hohe Temperatur vorheizen. Den Grill auf mittlere Temperatur herunterdrehen, sobald Rauch entsteht. Ein Drittel des Grills im Sinne einer Sicherheitszone kalt lassen.

Bei Verwendung eines Holzkohlegrills, zwei Drittel des Grills auf mittlere Temperatur vorheizen, und ein Drittel des Grills im Sinne einer Sicherheitszone frei lassen.

3. *Bei Verwendung eines Holzkohlegrills* die Holzspäne auf die Kohlen geben, sobald die Temperatur erreicht ist. Den Grillrost bürsten und ölen. Das Fleisch aus der Marinade nehmen, die Marinade entsorgen, und das Fleisch mit der Haut nach unten auf den heißen Rost in die heiße Zone des Grills legen. 8 bis 12 Minuten pro Seite grillen, bis die Haut goldbraun und das Hähnchenfleisch gar ist und bei dem Anstechen des fleischigsten Teils der Schenkel oder der Brust mit einem Spieß oder scharfem Messer nur klarer Fleischsaft austritt. Sollten Flammen auflodern, das Fleisch in die kalte Sicherheitszone legen, bis die Flammen erlöschen. Die Hähnchenteile während der letzten 5 Minuten des Grillens mit einer kleinen Menge der Barbecue-Sauce Anguilla bestreichen.

4. Das Fleisch auf eine Servierplatte geben, und mit der restlichen Barbecue-Sauce servieren.

BARBECUE-SAUCE ANGUILLA

FÜR 750 - 1000 ML

Dies ist eine Barbecue-Sauce voller Aroma. Mit einer halben Chilischote der Art Scotch Bonnet zubereitet, wird sie leicht scharf. Kulinarische Pyromanen können natürlich die Samen mitverwenden, oder eine größere Menge Chili nehmen. Das Rezept reicht für mehr als ein Hähnchen. Die Sauce ist gekühlt gut haltbar.

3 EL Olivenöl extra vergine
1 mittelgroße Zwiebel, fein gehackt
2 Knoblauchzehen, gehackt
½ bis 2 Scotch Bonnet Chilis, entkernt und gehackt
ca 1500 g reife Tomaten, enthäutet und entkernt (siehe Kasten auf Seite 454), dann gehackt
60 g Tomatenmark
60 ml Barbecue-Sauce aus dem Handel
2 EL karibische scharfe Sauce
60 ml Cidre-Essig, oder mehr, je nach Bedarf
60 g dunkelbrauner Zucker, oder mehr, je nach Bedarf
60 ml dunkler Rum
1 TL getrockneter Oregano
1 TL gehackter frischer Thymian oder ½ TL getrockneter Thymian
Salz und frisch gemahlener schwarzer Pfeffer

GERÖSTETES HÄHNCHEN „ANGUILLA“ | SEITE 269

1. Das Olivenöl in einem großen Topf auf mittlerer Temperatur erhitzen. Zwiebel, Knoblauch und Chili hinzugeben, und etwa 5 Minuten garen, bis die Zutaten gerade eine braune Farbe annehmen. Die Tomaten hineinrühren, und 5 bis 7 Minuten kochen lassen, bis der größte Teil der Flüssigkeit verdampft ist.

2. Tomatenmark, Barbecue-Sauce, scharfe Sauce, Essig, braunen Zucker, Rum, Oregano, Thymian und 60 ml Wasser unterrühren. Mit Salz und Pfeffer abschmecken, zum Kochen bringen, und den Zucker unter Rühren auflösen. Die Temperatur auf niedrig herunterdrehen, und die Sauce im offenen Topf 20 bis 30 Minuten köcheln lassen, bis sie dickflüssig und aromatisch ist. Gelegentlich umrühren.

3. Den Topf vom Herd nehmen, und mit Essig, braunem Zucker und Salz abschmecken. Die Sauce sollte gut gewürzt sein. Etwas Wasser hinzugeben, wenn die Sauce zu dick sein sollte. Die Sauce ist abgedeckt im Kühlschrank 2 bis 3 Wochen haltbar.

Bombay Tikka „Taco"

An dem Imbissstand „Bademyia" wird eine Version des chicken tikka serviert, bei der die Gewürzmischung aus dem Rezept für Chili-Koriander Hähnchen auf Seite 275 verwendet wird. Dazu braucht man ca. 700 g Hähnchenbrust, ohne Haut und Knochen, in 5 cm große Stücke geschnitten. Die Gewürzmischung wie in Schritt 2 des Rezepts für Chili-Koriander Hähnchen zubereiten. Das Fleisch in eine Auflaufform geben, die Gewürzmischung darauf verteilen, und 1 bis 2 Stunden abgedeckt in den Kühlschrank stellen.

Den Grill auf hohe Temperatur vorbereiten. Das Hähnchenfleisch auf vier lange Metallspieße verteilen. Den Grillrost bürsten und ölen. Die Spieße drei bis fünf Minuten pro Seite grillen, bis das Fleisch gar ist und eine schöne braune Farbe hat. Dazu 4 Tortillas oder Lavash auf dem Grill auf jeder Seite etwa 30 Sekunden erwärmen, bis sie weich und formbar sind. Das Fleisch von den Spießen ziehen, auf die Tortillas oder das Fladenbrot geben, gewürfelte rote Zwiebel und Koriandersauce (Seite 482) sowie Tamarinden-Dip (Seite 487) darüber geben. Die Tortillas vor dem Servieren fest aufrollen. Ergibt 4 Portionen.

PAKISTAN

CHICKEN TIKKA NACH PAKISTANISCHER SEEMANNSART

DIREKTES GRILLEN
FÜR 4 PERSONEN

Dieses Rezept verdeutlicht die länderübergreifende Wirkung von Gegrilltem. Ich erhielt es von dem Schiffskapitän Mushtaque Ahmad, den ich auf einem Flug mit Singapore Airlines von Singapur nach Bangkok traf (Der Kapitän war nach sieben Monaten auf See auf seinem Weg nach Karatschi, wo er lebte). Unsere Unterhaltung führte uns irgendwann zum Thema Kochen. So bereitet der Kapitän diese würzige, in Joghurt marinierte Lieblingsspeise, chicken tikka, aus Pakistan zu:

VORBEREITUNGSZEIT

6 bis 12 Stunden für das Marinieren des Fleischs

ZUTATEN

1 Hähnchen (Poularde) (1600 - 1800 g), in acht Stücke zerteilt (siehe: Die amerikanische Methode auf Seite 268)
Salz
3 ganze Kardamomkapseln
3 Knoblauchzehen, grob gehackt
3 EL frischer Ingwer, geschält und fein gehackt
240 ml Vollmilchjoghurt
3 EL frisch gepresster Zitronensaft
1 TL frisch gemahlener schwarzer Pfeffer
½ bis 1 TL Cayennepfeffer
1 bis 2 Tropfen orangefarbene Lebensmittelfarbe (optional)
1 Zwiebel, der Länge nach in feine Scheiben geschnitten, zum Anrichten

1. Die Hähnchenteile unter fließend kaltem Wasser abspülen, die Haut entfernen und entsorgen, abtropfen lassen, und mit Küchenkrepp trocken tupfen. Das Fleisch in eine große Schüssel (nicht aus Aluminium) geben. 1 TL Salz über das Fleisch verteilen, und 5 Minuten ruhen lassen.

2. In der Zwischenzeit die Kardamomsamen aus den Kapseln entnehmen und in einem Mörser zerdrücken, dann den Knoblauch und den Ingwer hinzugeben, und zu einer groben Paste mahlen. Sollten Mörser und Stößel nicht vorhanden sein, die Zutaten mit einem Zwiebelschneider oder in einer Gewürzmühle zu einer groben Masse verarbeiten. Die Kardamommischung in eine kleine Schüssel geben, und den

Joghurt, Zitronensaft, schwarzen Pfeffer und Cayennepfeffer hinzufügen. Wenn gewünscht, Lebensmittelfarbe unterrühren. Die Marinade über das Hähnchenfleisch gießen, das Fleisch darin wenden und abgedeckt für 6 bis 12 Stunden (je länger, desto besser) in den Kühlschrank stellen.

3. Den Grill für direktes Grillen bei mittlere Temperatur vorbereiten.

4. Sobald die Temperatur erreicht ist, den Grillrost bürsten und ölen. Die Hähnchenteile aus der Marinade nehmen, und die Marinade entsorgen. Das Fleisch auf den heißen Rost legen, und von jeder Seite 6 bis 8 Minuten grillen, bis das Fleisch schön braun und durchgegart ist. Dabei mit einer Grillzange wenden. Das Fleisch ist gar, wenn beim Anstechen des fleischigsten Teils des Schenkels oder der Brust nahe am Knochen mit einem Spieß oder scharfem Messer nur klarer Fleischsaft austritt.

5. Das Hähnchenfleisch auf Teller oder eine Servierplatte geben und mit der geschnitten Zwiebel darauf servieren.

IRAN

GEGRILLTES SAFRAN-HÄHNCHEN

JOOJEH KEBAB

DIREKTES GRILLEN
FÜR 8 PERSONEN

Die Zubereitung nach diesem köstlichen Rezept geht leicht von der Hand. Der Joghurt und der Zitronensaft machen das Fleisch zart und der Safran aromatisiert es. In iranischen Restaurants würde das Fleisch getrennt nach Brust, Oberkeule und Keule auf Spießen gegrillt. So kann der Koch alles genau auf den Punkt grillen. Sie können natürlich genauso verfahren, wenn dies Ihnen die Zubereitung erleichtert. Reichen Sie dazu Lavash und Zentralasiatische Pickles (Seite 441).

VORBEREITUNGSZEIT

24 Stunden für das Marinieren des Fleischs

FÜR DAS FLEISCH UND DIE MARINADE

½ TL Safranfäden
360 ml Vollmilchjoghurt
1 große Zwiebel, fein gehackt (etwa 320 g)
120 ml frisch gepresster Zitronensaft
2 TL Salz
1 TL frisch gemahlener schwarzer Pfeffer
2 Hähnchen (Poularde) (1600 - 1800 g), jeweils in acht Teile zerlegt (siehe: Die amerikanische Methode auf Seite 268)

FÜR DIE GEWÜRZMISCHUNG ZUM BESTREICHEN

¼ TL Safranfäden
1 EL frisch gepresster Zitronensaft
3 EL ungesalzene Butter
Salz und frisch gemahlener schwarzer Pfeffer

1. *Zubereitung des Fleischs und der Marinade:* Den ½ TL Safran in eine mittelgroße Schüssel geben, und mit einem Stößel oder einem Holzlöffel zu feinem Pulver mahlen. 1 EL warmes Wasser hinzufügen, 5 Minuten ziehen lassen, dann den Joghurt, die Zwiebel, Zitronensaft, Salz und Pfeffer unterrühren.

2. Die Hähnchenteile unter fließend kaltem Wasser abspülen, abtropfen lassen und mit Küchenkrepp trocken tupfen. Das Fleisch in eine sehr große Schüssel oder Auflaufform (nicht aus Aluminium) legen, die Marinade sorgfältig darüber verteilen und 24 Stunden abgedeckt in den Kühlschrank stellen. Das Fleisch während der Zeit gelegentlich wenden.

3. *Zubereitung der Gewürzmischung zum Bestreichen:* Den ¼ TL Safran in eine kleine Schüssel geben, und mit einem Stößel oder einem Holzlöffel zu feinem Pulver mahlen. 1 EL Zitronensaft hinzufügen, und 5 Minuten ziehen lassen. Die Butter in einem kleinen Topf auf niedriger Hitze zerlassen, den Topf vom Herd nehmen, und die Safran-Zitronensaft-Mischung unter die Butter rühren.

4. Den Grill für direktes Garen mit zwei Temperaturzonen vorbereiten (siehe Seite 18), dabei zwei Drittel des Grills auf hohe Temperatur vorheizen und ein Drittel des Grills im Sinne einer Sicherheitszone kalt lassen.

5. Sobald die Temperatur erreicht ist, den Grillrost bürsten und ölen. Die Hähnchenteile aus der Marinade nehmen, und die Marinade entsorgen. Das Fleisch mit der Haut nach unten auf den Rost in die heiße Zone legen, und von jeder Seite 8 bis 12 Minuten grillen, bis die Haut goldbraun und das Fleisch durchgegart ist und an den Knochen keine roten Stellen mehr zu sehen sind. Das Hähnchenfleisch während des Grillens ein bis zwei Mal mit

Das prächtige Restaurant „Karim"

Ein Ausflug zu dem bekannten indischen Restaurant „Karim" in Neu-Delhi führt durch ein übergreifendes Gewirr an schmalen Gassen, in denen sich Massen von verschleierten Frauen und Männer in weißen Gewändern, lautstarke Straßenverkäufer, viele Bettler und freilaufende Kühe bewegen und mancherorts ein stechender Geruch in die Nase steigt. Mit einem Taxi kann man nicht direkt zu dem Restaurant gelangen, da diese Gassen zu schmal sind, aber es finden sich überall turbantragende Sikhs in roter Livree, die den Weg weisen. Nach einem kurzen Fußweg gelangt man an einen in dieser farbenfrohen Umgebung nicht erwarteten Ort: ein richtiges Restaurant mit Klimaanlage, Holzpaneelen, Kassettendecken und schick gedeckten Tischen mit Tischtüchern.

Der Gründer des „Karim" war Hazi Karimuddin (Karim war sein Spitzname), Spross einer langen Linie an königlichen Köchen und selbst Koch des letzten Königs der Region Bahadur Shah Zafar. Wie die Köche in der Zeit des Ancien Régime in Frankreich, fand sich Karim plötzlich ohne Beschäftigung, als die sozialpolitische Umwälzung die Schließung der Palastküche bedingte. Daher eröffnete er im Jahr 1913 im Schatten der Hamma Masjid Moschee das außerhalb der Mauern des Roten Forts gelegene Restaurant.

Der ursprüngliche Bau des „Karims" steht heute noch im Hof eines kleinen Hauses. Über die Jahre wurden ein halbes Dutzend Speisesäle angebaut, einschließlich eines Raumes, in dem Männer mit ihren Familien essen können (der größte Teil der Gäste ist männlich). Ich wurde daran erinnert, dass dort der Islam herrscht, als ich den Urenkel Karims (auch ein Koch), der ein weißes Käppchen trug, wie einen Herrscher im Schneidersitz vor einer Reihe auf Holzkohle vor sich hin brodelnder Töpfe sitzen sah. Wie in den meisten moslemischen Regionen stellt sich ein Großteil der Gäste erst nach Sonnenuntergang ein.

Das ursprüngliche „Karim" spezialisiert sich auf die mit Butter und Sahne angerichteten Eintöpfe der Mogule. Tatsächlich findet sich nur ein gegrilltes Gericht auf der Speisekarte: Seekh Kebab. Man kann dort zusehen, wie diese Spieße mit Lammhackfleisch über rechteckigen Metallgrills gegart werden, deren Holzkohlen durch elektrische Blasegeräte rotglühend gehalten werden. Auf diesem schweren Metallspießen wird eine Art runde Wurst gegrillt, die voller Aromen steckt, sehr saftig ist und auf ihre Weise ebenso prachtvoll ist wie die berühmte Moschee.

Im Jahr 1970 eröffnete die Familie ein zweites Restaurant in einer anderen farbenfrohen moslemischen Gegend namens Nizamuddin. Das „Nizamuddin Karim" verfügt über eine größere Küche und einen eleganteren Speisesaal. Dort wird eine breitere Palette an Gegrilltem wie tandoori bakra, eine ganze mit getrockneten Früchten, hartgekochten Eiern und einer Zubereitung aus Basmati-Reis, biryani, gefüllte Ziege, angeboten. Ich gab mich tandoori bakra (Lammrippen), Seekh Kebab und einer erstaunlichen Auswahl an gegrilltem Brot hin. Das eine Gericht, von dem ich aber heute noch träume, ist Karims afghanisches murgh (Hähnchen auf afghanische Art). In dem Versuch, an das Rezept zu gelangen, bat ich um eine Führung durch die Küche.

Die gute Nachricht ist, dass die Küche ebenso makellos sauber ist wie die Speisesäle (was in dem Teil der Welt nicht immer selbstverständlich ist). Die Köche trugen graue Overalls und sahen daher aus wie kleine Gefangene. Zwei von ihnen saßen barfuß im Schneidersitz vor zwei gigantischen Öfen, in denen das Fleisch gegart und die Brote gebacken wurden. Die Marinaden wurden in flachen Metalltöpfen auf dem Boden angerührt, der so sauber war, dass man davon hätte essen können.

Die schlechte Nachricht ist, dass die Familie ihre Rezepte streng unter Verschluss hält – sie gehen sogar so weit, dass die Gewürzmischungen für die Marinaden an einem anderen Ort zubereitet werden. Daher kennt noch nicht einmal der Koch das genaue Rezept. Aus dem Gericht namens murgh konnte ich die säuerliche Geschmacksnote von abgetropftem Joghurt und Zitronensaft mit einer großzügigen Menge pürierten Knoblauchs und Ingwer herausschmecken. Als ich die Marinade probierte, entdeckte ich außerdem die Schärfe von Cayennepfeffer und Kreuzkümmel. Merkwürdigerweise erinnerte mich der Gesamtgeschmack an ungarischen Liptauer Käse. Meine nachgekochte Version dieses Gerichts finden Sie auf Seite 276.

der Gewürzmischung bestreichen, dabei darauf achten, dass es nicht anbrennt. Nach Belieben mit Salz und Pfeffer würzen. Sollten Flammen hochsteigen, das Fleisch in die kalte Sicherheitszone legen, bis die Flammen erlöschen.

6. Das Hähnchenfleisch auf Teller oder eine Servierplatte geben und servieren.

INDIEN

BADEMIYAS MIT RECHT BERÜHMTE CHILI-KORIANDER HÄHNCHEN

DIREKTES GRILLEN
FÜR 4 PERSONEN

Das Hotel „Taj Mahal" ist das berühmteste Hotel in Bombay. Für mich liegt die eigentliche Attraktion der Umgebung aber in einem Imbissstand des Namens „Bademiya", der auf der winzigen Tulloch Road direkt hinter dem Hotel liegt. In den 1940er Jahren von Muhammad Yaseen gegründet, heute von dessen in Jeans und Turnschuhen gekleideten Sohn Jamal geführt, zieht dieser Imbiss auf der Seitenstraße Bombays Liebhaber von Gegrilltem ohne Klassenunterschiede an. Sie kommen wegen des scharf gegrillten Hähnchenfleischs, butterweichen und saftigen Seekh Kebabs (Lammhackfleisch-Spieße) und gegrillten Lammeuters (Letzterer schmeckt wie zähe Leber und ist nur etwas für abenteuerlustige Esser).

Die Originalversion des Hähnchengerichts ist scharf, scharf und nochmals scharf. Den vollen Effekt erhält man durch die Zugabe von einem ganzen Esslöffel Cayennepfeffer. Etwas milder und aromatischer wird es, wenn ein bis zwei Teelöffel Cayennepfeffer genommen werden oder der Cayennepfeffer durch scharfes Paprikapulver ersetzt wird, was nicht ganz so feurig ist. Am „Bademiya" sorgen zwei Vollzeitbäcker für die richtige Beilage. Sie werfen ohne Unterlass papierdünne Teigfladen auf metallene, von Holzkohle befeuerte Ofenkuppeln und backen so frisches ruoomali („Taschentuchbrot"). Da es sehr schwierig ist, dieses Brot zu backen, schlage ich vor, das Hähnchen mit einer der beiden absolut nicht indischen, aber dennoch zufriedenstellenden Alternativen zu servieren: Weizentortillas oder Lavash. Dazu passen afghanische Koriandersauce (Seite 482) und Tamarinden-Dip (Seite 487) hervorragend.

VORBEREITUNGSZEIT

4 bis 6 Stunden für das Marinieren des Fleischs

ZUTATEN

4 ganze Hähnchenbeine (Ober- und Unterkeule), oder 1 Hähnchen (Poularde) (1600 - 1800 g), geviertelt
1½ EL Koriandersamen
2 EL ganze Pfefferkörner
1 TL Kreuzkümmelsamen
6 Knoblauchzehen, geschält
1 Stück frischer Ingwer (5 cm), geschält und dünn geschnitten
3 EL Pflanzenöl
2 EL frisch gepresster Zitronensaft
1 TL bis zu 1 EL Cayennepfeffer
1½ TL Salz
8 g frischer Koriander, gehackt
Dünn geschnittene rote Zwiebel zum Garnieren
Zitronen- oder Limettenschnitze zum Garnieren

1. Das Hähnchen häuten und die Haut entsorgen. Das Fleisch unter fließend kaltem Wasser abspülen, abtropfen lassen und mit Küchenkrepp trocken tupfen. In eine Auflaufform legen, die so groß ist, dass die Hähnchenteile in einer Lage hineinpassen. Das Fleisch beiseitestellen, und die Würzmischung zubereiten.

2. Eine Pfanne auf mittlere Hitze trocken erhitzen (hierfür keine antihaftbeschichtete Pfanne benutzen), die Koriandersamen, Pfefferkörner und Kreuzkümmelsamen 2 bis 3 Minuten rösten, bis sie duften. Die Pfanne dabei öfters schwenken. Die Gewürze abkühlen lassen, und in einer Gewürzmühle zu feinem Pulver mahlen. Die gemahlenen Gewürze mit dem Knoblauch, Ingwer, Öl, Zitronensaft, Cayennepfeffer, Salz und 60 ml Wasser in einer Küchenmaschine zu einer glatten Masse verarbeiten. Wenn nötig etwas mehr Wasser hinzufügen, damit die Masse gießbar ist. Die Korianderblätter hinzugeben, und kurz durchrühren.

3. Mit den Händen (Handschuhe) die Gewürzmischung über das ganze Fleisch verteilen. Das Fleisch abgedeckt im Kühlschrank für 4 bis 6 Stunden marinieren lassen.

4. Den Grill für direktes Grillen bei mittlerer Hitze vorbereiten.

5. Sobald die Temperatur erreicht ist, den Grillrost bürsten und ölen. Das Fleisch auf den heißen Rost legen, und von jeder Seite 8 bis 10 Minuten (insgesamt 16 bis 20 Minuten) grillen, dabei mit der Grillzange wenden, bis bei dem Anstechen des fleischigsten Teils der Keule mit einem Spieß oder Messer nur klarer Fleischsaft austritt.

6. Das Hähnchenfleisch auf Teller oder eine Servierplatte heben, sofort mit roter Zwiebel und Zitronen- oder Limettenschnitzen garniert servieren.

INDIEN

HÄHNCHEN AUF AFGHANISCHE ART

DIREKTES GRILLEN
FÜR 6 PERSONEN

Trotz seines Namens kommt dieses Rezept nicht aus Afghanistan sondern aus Indien (obwohl es vielleicht ursprünglich aus Afghanistan stammt). Es ist die Spezialität des berühmten Restaurants „Karim“ in Neu Delhi. Im achtzehnten und neunzehnten Jahrhundert verliefen die Grenzen zwischen den heutigen Afghanistan, Pakistan und Indien fließender. Rezepte und kulinarische Ideen reisten mit den Kaufleuten über die alte Handelstraße, die Seidenstraße. Daher überrascht es kaum, dass die Köche des „Karim“ eine Joghurt- und Chilimarinade servieren, die charakteristisch für Afghanistan ist. Die Aromen dieser Marinade sind elektrisierend. Ich hoffe, Sie können das Motto des Restaurants bei dem Genuss des Gerichts nachempfinden: Secret of good mood [sic!] Taste Karim's food! („Das Geheimnis guter Laune liegt in dem Genuss von Karims Speisen“).

VORBEREITUNGSZEIT

4 bis 6 Stunden für die Zubereitung des Joghurt-Käses und 4 bis 6 Stunden für das Marinieren des Fleischs

FÜR DAS FLEISCH UND DIE MARINADE

750 ml Vollmilchjoghurt
6 Knoblauchzehen, gehackt
2 EL frischer Ingwer, geschält und gerieben
1 kleine Zwiebel, gehackt
3 EL frisch gepresster Zitronensaft
½ bis 1 EL Cayennepfeffer
1½ TL Salz
1 TL frisch gemahlener schwarzer Pfeffer
1 TL Kreuzkümmelsamen, geröstet (siehe Kasten auf Seite 113)
6 Hähnchenbeine (900 - 1125 g insgesamt), in Ober- und Unterkeule zerteilt

ZUM ANRICHTEN

In Scheiben geschnittene rote Zwiebel
In Scheiben geschnittene Tomaten
In Scheiben geschnittene Gurkeln
In Scheiben geschnittene Radieschen
Zitronenschnitze

1. *Zubereitung des Fleischs und der Marinade:* Ein Sieb mit einer doppelten Lage angefeuchtetem Tuch auslegen, und über eine Schüssel hängen. Den Joghurt in das Sieb geben und 4 bis 6 Stunden im Kühlschrank abtropfen lassen, bis sich ein fester „Käselaib“ bildet.

2. Die aus dem Joghurt abgeseihte Flüssigkeit entsorgen (sie wird recht dickflüssig sein). Den Joghurt in eine Schüssel (nicht aus Aluminium) geben. Knoblauch, Ingwer, Zwiebel, Zitronensaft, Cayennepfeffer, Salz, schwarzen Pfeffer und Kreuzkümmelsamen mit einem Schneebesen unter den Joghurt rühren.

3. Das Hähnchenfleisch enthäuten, und die Haut entsorgen. In jedes Stück Fleisch 2 bis 3 Schnitte bis auf den Knochen machen, das Fleisch in die Marinade geben und darin wenden. Das Fleisch abgedeckt im Kühlschrank für 4 bis 6 Stunden marinieren lassen.

4. Den Grill für direktes Grillen bei mittlerer Hitze vorbereiten (die besten Ergebnisse werden mit einem Holzkohlegrill erzielt).

5. Sobald die Temperatur erreicht ist, den Grillrost bürsten und ölen. Das Fleisch aus der Marinade nehmen, und die Marinade entsorgen. Das Fleisch auf den heißen Rost legen, und von jeder Seite 8 bis 10 Minuten (insgesamt 16 bis 20 Minuten) grillen, dabei mit der Grillzange wenden, bis es eine schöne braune Farbe angenommen hat und bei dem Anstechen des fleischigsten Teils der Keule mit einem Spieß oder Messer nur klarer Fleischsaft austritt.

6. *Zum Anrichten:* Die Hähnchenkeulen auf Teller oder eine Servierplatte legen, und sofort mit Zwiebel-, Tomate-, Gurke- und Radieschenscheiben und Zitronenschnitzen garniert servieren.

NAHER OSTEN

PALÄSTINENSISCHES HÄHNCHEN

DIREKTES GRILLEN
FÜR 4 PERSONEN

Joghurt, Zitrone und Knoblauch gehören als Gewürze im Nahen Osten zusammen. Der süße Hauch von gemahlenem Zimt und Kardamom weist jedoch auf den palästinensisch-jordanischen Ursprung dieses Gerichts hin. Das

Rezept stammt von einer Köchin aus dem Westjordanland. Traditionell wird es mit knochenfreiem Hähnchenfleisch am Spieß zubereitet, ich ziehe aber ganze Hähnchenbrust mit Knochen vor (mir gefällt das zusätzliche Aroma der Knochen).

Reichen Sie dazu gegrilltes oder frisches Pita-Brot, Reis und Verkohlte Tomatensauce mit Granatapfelsirup (Seite 473).

VORBEREITUNGSZEIT

4 bis 12 Stunden für das Marinieren des Fleischs

ZUTATEN

2 ganze Hähnchenbrüste mit Knochen und Haut (je 340 bis 450 g), halbiert
240 ml Vollmilchjoghurt
3 EL frisch gepresster Zitronensaft
6 Knoblauchzehen, gehackt
1 TL Salz
½ TL gemahlener Zimt
½ TL frisch gemahlener schwarzer Pfeffer
¼ TL gemahlener Kardamom
⅛ TL gemahlene Nelken

1. Die Hähnchenbrust unter fließend kaltem Wasser abspülen, abtropfen lassen und mit Küchenkrepp trocken tupfen. In eine Auflaufform legen, die so groß ist, dass das Fleisch in einer Lage hineinpasst, und beiseitestellen.

2. Joghurt, Zitronensaft, Knoblauch, Salz, Zimt, Pfeffer, Kardamom und Nelkenpulver in einer kleinen Schüssel (nicht aus Aluminium) mit dem Schneebesen verrühren. Die Joghurtmasse über das Hähnchenfleisch gießen und mit den Händen (Handschuhe) verteilen. Das Fleisch 4 bis 12 Stunden (je länger, desto besser) zum Marinieren in den Kühlschrank stellen.

3. Den Grill für direktes Garen mit zwei Zonen vorbereiten (siehe Seite 18), dazu zwei Drittel des Grills auf mittlere Temperatur erwärmen, und ein Drittel im Sinn einer Sicherheitszone kalt lassen.

4. Sobald die Temperatur erreicht ist, den Grillrost bürsten und ölen. Das Fleisch aus der Marinade nehmen, und die Marinade entsorgen. Das Fleisch mit der Haut nach unten auf den Rost in die heiße Zone des Grills legen, und von jeder Seite 8 bis 12 Minuten grillen, bis die Haut goldbraun und das Fleisch durchgegart ist und an den Knochen keine roten Stellen mehr zu sehen sind. Sollten Flammen hochsteigen, das Fleisch in die kalte Sicherheitszone legen, bis die Flammen erlöschen.

5. Das Fleisch auf Tellern oder einer Servierplatte anrichten, und servieren.

So grillen Sie perfekte Hähnchenbrust

Hähnchenbrust ohne Haut und Knochen lässt sich leicht grillen, da das Fleisch so fettarm ist, dass keine Flammen auflodern, wie man es von ganzen Hähnchen oder Hähnchenkeulen kennt. Außerdem lässt sich Hähnchenbrust ohne Haut und Knochen direkt über hohen Flammen grillen. Der geringe Fettanteil kann sich aber auch nachteilig auswirken. Daher muss Brustfleisch großzügig begossen oder mit zerlassener Butter bestrichen werden, damit es nicht austrocknet. Hier erhalten Sie eine Anleitung, nach der das Grillen von Hähnchenbrust jedes Mal gelingt.

1. Die Hähnchenbrust unter fließend kaltem Wasser abspülen, abtropfen lassen und mit Küchenkrepp trocken tupfen.

2. Den Grill auf hohe Temperatur vorheizen.

3. Sobald die Temperatur erreicht ist, den Grillrost bürsten und ölen. Zusätzliches rauchiges Aroma erhält man durch das Hinzufügen von Holzspänen auf die Kohlen, den Rost oder die Lavasteine. Die Hähnchenbrüste alle in der gleichen Richtung auf dem heißen Grillrost anordnen. Zwei Minuten grillen, mit der Grillzange um 45 Grad drehen, und weitere 2 Minuten grillen. Dies ergibt ein schönes Karomuster.

4. Die Hähnchenbrüste mit der Grillzange wenden, und jeweils nach 2 Minuten drehen. Die gesamte Garzeit für Hähnchenbrust ohne Haut und Knochen liegt bei 4 bis 6 Minuten pro Seite.

5. Die Hähnchenbrüste während des Grillens großzügig mit Öl, zerlassener Butter oder einer Marinade bestreichen. Immer nur die bereits gegarte Seite bestreichen, damit die Marinade nicht mit rohem Fleischsaft in Berührung kommt und vermischt wird. Bei Verwendung einer Marinade auf Zuckerbasis, das Fleisch erst während der letzten 2 Minuten des Grillens pro Seite bestreichen.

Der Mercado del Puerto in Uruguay

Viele Nordamerikaner haben den Genuss von Fleisch ganz eingestellt oder beträchtlich reduziert. Wie anders ist da das Leben südlich des Äquators, wo das Fleisch noch Basis der Ernährung ist. Dies wurde mir in dem Moment ganz klar bewusst, als ich in Montevideo, Uruguay, landete.

„Hier ist Rindfleisch billiger als Hähnchen", erklärte mir mein Taxifahrer und zeigte dabei auf dem Weg zu meinem Hotel auf unzählige Metzgereien (alle 2 Straßenblöcke eine). Während meines Aufenthalts gestanden mir die Bewohner Montevideos stolz, jede Woche zwischen 10 und 12 Mal Fleisch zu essen. Sollte das wie eine kulturelle Rückblende wirken, so findet man den Beweis bei einem Spaziergang des alten Stadtviertels von Montevideo. Studebaker, Laster mit Holzaufbau und sogar Fords des Modells T befahren die Alleen und kopfsteingepflasterten Straßen. Auf den schmiedeeisernen Balkonen der sanierungsbedürftigen Stadthäuser aus dem 18. Jahrhundert hängt Wäsche. Hier, in dem alten Viertel des kleinsten südamerikanischen Landes scheint die Zeit stehen geblieben zu sein.

Stehen geblieben ist sie auf jeden Fall auf dem Mercado del Puerto. Auf diesem einst prächtigen und gut besuchten Markt kaufen die Einheimischen ihre Steaks, Würstchen, Braten, Rouladen und Innereien. Der Mercado del Puerto wurde 1868 erbaut und ist ein hoher Tempel aus Pfeilern, Streben und Glas. Die Markthalle ist einen ganzen Straßenblock lang, Zugang findet man durch hohe schmiedeeiserne Tore. Über einer Turmuhr schwebt in drei Stockwerken Höhe ein von Rauch und Alter geschwärztes Dachfenster. Der reparaturbedürftige Steinboden verleiht der Markthalle eine etwas schäbige Atmosphäre – genau wie ein richtiger Markt eben sein muss. Und eines ist sicher: Hier gibt es Rindfleisch.

Immer der Nase nach

Bei einem Spaziergang durch die Stadt kann man den Markt riechen bevor man ihn sieht. Es ist ein für Südamerika typischer Geruch von feuergebratenem Fleisch und Rauch. Früher war er der Hauptumschlagplatz für Lebensmittel in Montevideo, heute wird dort überall gegrillt. Er beherbergt über ein Dutzend einfache Restaurants, die sich auf gegrilltes Fleisch spezialisiert haben. Nimmt man an einer der Theken Platz, wird man einige der besten gegrillten Gerichte, die Lateinamerika zu bieten hat, kennenlernen. Dazu gehören auch Teile von Tieren, von denen man nicht annahm, dass sie essbar seien.

Da wäre zum Beispiel das „Estancia del Puerto", ein quirliger Grill, der vor über einem Vierteljahrhundert von Antonio und Marono Fraga gegründet wurde. Letzterer ist ein kleiner, glatzköpfiger, Brille tragender Mann, der sich noch an die Zeit erinnern kann, als der Mercado noch Lebensmittelumschlagplatz war und es nur ein oder zwei einfache Imbisse gab. Die Hochkonjunktur kam in den 1980ern, als die meisten Imbisse im Zuge der Veredlung des Stadtviertels zu Restaurants umgestaltet wurden. Im „Estancia" allein werden täglich bis zu 500 Gäste verköstigt und dabei pro Woche über eine Tonne Rindfleisch verbraucht.

Die Gäste, viele von ihnen Stammkunden seit Eröffnung des Restaurants, nehmen an schwarzen Marmortheken Platz, die um die Küche verlaufen (Es gibt aber auch einen separaten Sitzbereich mit Tischen und Stühlen). Manche sind Büroangestellte, während andere in der Stadt beschäftigt sind oder im Hafen arbeiten. Ihre Kleidung ist bei weitem schicker, als man es von einem solchen Ort erwarten würde. Ohne Zweifel ist der riesige Grill der Hauptanziehungspunkt des Restaurants, wo Schwein, Lamm, Hähnchen und insbesondere Rind bis zur rauchigen Perfektion gegrillt werden.

Der uruguayische Grill hat zwei Arbeitsbereiche. Der erste Bereich ist ein U-förmiger Metallkorb, in dem lodernde Hartholzscheite liegen. Die entstehende glühende Holzkohle wird dann unter die parilla geharkt, ein großer rechteckiger Rost, auf dem gegrillt wird. Der Rost ist leicht nach vorn geneigt. Somit kann im vorderen Bereich, wo der geringste Abstand zu der Holzkohle besteht, scharf angebraten werden, und der hintere Bereich dient dem Rösten und Anwärmen.

Der asador (der Koch am Grill) ist an seinem weißen Kittel und der gorra (Kappe mit kleiner Krempe) erkennbar. Er ist ständig in Bewegung: Bald legt er Holzscheite nach, harkt frische, glühende Kohlen unter den Rost, und arrangiert das Fleisch über der heißen und warmen Zone des Grills. Wenn er nicht gerade Fleisch grillt, ist er vielleicht mit dem Entbeinen von Hähnchenfleisch beschäftigt, das für die Zubereitung von pamplona (ein gefüllter Rostbraten – das Rezept finden Sie auf Seite 280) benötigt wird, oder er rollt gerade Möhren, Paprikaschoten und hart gekochte Eier und Steaks aus der Flanke zu einem äußerst reichhaltigen Braten namens matambre, wörtlich „Hungertöter" (siehe Seiten 152 und 156).

Das Erste, was bei einem Blick auf einen Grill in Montevideo auffällt, ist die Erkenntnis, wie begrenzt die nordamerikanische Küche in Bezug auf für das Grillen geeignete Lebensmittel ist. Ein in Montevideo heimischer Grillkoch übersieht kein Teil des Tiers. Ein typisches Essen beginnt beispielsweise mit mollejas (gegrilltes Kalbsbries), choto (ein knuspriger Ring aus dem Dünndarm von Schafen, der besser schmeckt, als es sich anhört), chinchulin (gebutterte, halbmondförmige Spiralen aus dem Dünndarm von Lämmern) oder riñones (Kalbsnieren).

Uruguayer lieben auch Würstchen. Diese Vorliebe haben sie möglicherweise von den deutschen Einwanderern übernommen, die sich in der ersten Hälfte des 19. Jahrhunderts dort ansiedelten. Chorizo ist die bekannteste der lateinamerikanischen Wurstsorten. Die meisten Nordamerikaner assoziieren damit die scharf-würzige mexikanische Variante. Die uruguayische Chorizo hingegen ist salzig und steckt voller Knoblauch und ist überhaupt nicht scharf gewürzt. Sie schmeckt eher wie Krakauer.

Eine ebenso schmackhafte Wurst ist die salchina, die zu einem dünnen Ring geformt wird. Morcilla ist eine Blutwurst, die an ihrer glänzend schwarzen, knisternden Pelle zu erkennen ist. Auch sie schmeckt besser, als es ihr Name vermuten ließe. In Uruguay gibt es zwei verschiedene Sorten Blutwurst: herzhaft und süß. Letztere ist mit Zucker und Rosinen gewürzt und absolut lecker. Ich wünschte, ich könnte sie zu Hause auch erhalten.

Die nach uruguayischer Art zerlegten Stücke des Rinds sind für Nordamerikaner ungewöhnlich. Am beliebtesten ist asado de tira – ein langes dünnes Stück Rippe, das den Teller unter sich begräbt. Die Geräuschkulisse des Markts wird von dem kreischend hohen Klang der Fleischsäge unterbrochen, mit der aus Rinderhälften Asados geschnitten werden. Die reiche Marmorierung macht das Fleisch unglaublich saftig, wohingegen die Rippen zusätzliches Aroma schaffen. Ein weiteres beliebtes Stück Fleisch ist pulpa, über Rauch schwarz gegrillte Rinderbrust.

Essen gehen ohne Schnickschnack

Was auch immer man bestellt, man sollte wissen, dass es auf einfachste Art und Weise serviert wird. Der Teller besteht aus billigem, gestanztem Metall. Die Beilagen sind auf eine Sauce aus Petersilie und Knoblauch reduziert, die man Chimichurri nennt (stellen Sie sie sich wie ein südamerikanisches Pesto vor) und ein Relish aus Tomate, Zwiebel und Paprikaschoten namens salsa criolla. Manche Restaurants folgen dem Beispiel des nördlichen Nachbarlandes Brasilien und reichen farofa (geröstetes Maniokmehl), das über das Fleisch gegeben wird, um den Saft aufzusaugen. Als Beilagen werden außerdem gebackene Kartoffeln oder ein einfacher Salat aus Kopfsalat, Tomate und Zwiebeln gereicht. Desserts sind meistens abgepackt und ebenso süß wie der nach dem Essen zubereitete Espresso.

Ein weiterer gut besuchter Ort ist das „Don Garcia". Es ist nach dem gemütlichen Inhaber benannt, der die Gaststätte zusammen mit seiner dunkeläugigen Frau Alicia betreibt. Dieses winzige Lokal besitzt keine Tische, und man muss häufig eine Weile warten, bis ein Stuhl an der roten Granittheke frei wird.

Das Warten sollte man aber in jedem Fall in Kauf nehmen, denn bei Don Garcia bekommt man eines der besten und günstigsten Essen auf dem Mercado. Von der dort servierten parillada (gemischte Grillplatte) kann man gar nicht genug bekommen. Parillada besteht aus einem überladenen Teller voller brutzelnder Chorizo, morcilla, salchicha, verschiedenen Innereien und sogar einem Steak.

Zu den Spezialitäten des Don Garcia gehört auch gegrilltes Brot, das förmlich in Öl und Knoblauch gebadet wird. Dies alles lässt sich wunderbar mit einer Art uruguayischer Sangria aus Ginger Ale und Rotwein herunterspülen.

Der Mercado del Puerto ist in erster Linie ein Ort an dem man zu Mittag isst. Aber ein Restaurant öffnet wenigstens wieder zur Abendessenszeit: das „El Palenque". Dieses beliebte Restaurant wurde 1964 eröffnet und zieht sich an der östlichen Seite des Markts entlang. Zur Mittagszeit stehen die Gäste an der zur Markthalle weisenden Theke an. Abends öffnet dann der Speisesaal an der Straßenseite, in dem Schinken von der Decke hängen und eine mit Plastikstühlen bestückte Terrasse zum Platznehmen einlädt.

Im „El Palenque" wird wie überall in der Markthalle Fleisch serviert. Es gibt aber zwei Spezialitäten des Hauses, die Gästen sehr gefallen werden, die kein Fleisch essen. Bei der ersten handelt es sich um provolone asado, gegrillte Scheiben Provolone-Käse mit Olivenöl, Oregano und Paprika garniert. Die zweite sind gegrillte Sardinen – auf dem Markt werden ansonsten kaum Meeresfrüchte angeboten.

Der Inhaber des „El Palenque", Emilio Gonzales Portela, kam in den 1960er Jahren her, um sich als Koch am Grill zu verdingen. Heute gehört ihm das Restaurant, das täglich 400 Gäste verköstigt. Man könnte sagen, dass hier der amerikanische Traum à la Montevideo wahr geworden ist.

URUGUAY

HÄHNCHENBRUST À LA MONTEVIDEO

PAMPLONA DE POLLO

DIREKTES GRILLEN
FÜR 6 PERSONEN ALS VORSPEISE, FÜR 2-4 ALS HAUPTGERICHT

Der Begriff pamplona bezieht sich auf die gefüllten Rollbraten, die in uruguayischen Steakhäusern und Grillrestaurants so beliebt sind. Für diese Art der Zubereitung eignet sich jedes Fleisch, insbesondere Hähnchen, Schwein und Kalb (Rindfleisch wird als zu hochwertig angesehen und daher separat gekocht). Zu diesem Rezept inspirierte mich ein Hähnchen à la Pamplona, das ich in einer der Gaststätten auf dem Mercado del Puerto aß. Die Paprikaschote, der Schinken, das Ei und die Dörrpflaumen sorgen für eine bunte Füllung. Der Gegensatz von süßer Pflaume und salzigem Schinken ergibt eine wahre Geschmackssinfonie.

In Montevideo würde das Fleisch in Schweinenetz gerollt. Schweinenetz ist ein gitterförmiges Fettgewebe aus dem Schweinebauchfell. Fleischwaren wie Würstchen und Pâtés werden darin häufig eingewickelt. Wenn Sie für dieses Rezept Schweinenetz verwenden möchten, fragen Sie bei Ihrem Metzger danach. Schweinenetz hat kaum Geschmack, hält das Fleisch beim Garen aber saftig. Das in diesem Rezept angegebene Olivenöl sorgt für den gleichen Effekt.

Lassen Sie sich nicht von dem Füllen des Fleischs abschrecken, es ist innerhalb von 5 Minuten gemacht, auch wenn Sie noch nie zuvor eine Hähnchenbrust gefüllt haben. Das Rezept gelingt immer, ist einfach und das Ergebnis ist Gold wert. Reichen Sie dazu eine der Chimichurris aus dem Kapitel Saucen (Seiten 477 bis 478).

SPEZIELLE AUSRÜSTUNG

Kurze Metallspieße oder Küchenfaden

ZUTATEN

2 ganze Hähnchenbrüste (je 340 bis 450 g; siehe Hinweis), enthäutet und ohne Knochen
Salz und frisch gemahlener schwarzer Pfeffer
1 TL getrockneter Oregano
½ mittelgroße rote Paprikaschote, entkernt
1 Scheibe (gut 5 mm dick) Koch- oder Räucherschinken (etwa 45 g)
1 hart gekochtes Ei, geschält
12 entkernte Dörrpflaumen
2 bis 3 EL Olivenöl extra vergine zum Bestreichen

1. Die Hähnchenbrust unter fließend kaltem Wasser abspülen, abtropfen lassen und mit Küchenkrepp trocken tupfen. Die Hähnchenbrüste aufgeklappt, mit der glatten Seite nach unten und der langen Seite nach vorn zeigend auf eine Arbeitsplatte legen. Die Filets (die langen, schmalen Streifen an jeder Brusthälfte) abtrennen, und für eine anderweitige Verwendung zur Seite stellen. Das Fleisch nach Belieben mit Salz und Pfeffer sowie ½ TL Oregano würzen.

2. Die Paprikaschoten der Länge nach in gut 5 mm dicke Streifen schneiden. Den Schinken in gut 5 mm breite Streifen schneiden. Das Ei der Länge nach sechsteln. Die Paprika- und Schinkenstreifen flach auf die offene Hähnchenbrust legen. Das Ei und die Dörrpflaumen der Länge nach darauf geben, dabei an jeder Seite gut 1 cm Platz zum Rand lassen.

3. Mit der vorn liegenden Seite beginnen, und die Hähnchenbrust fest aufrollen. Die Rouladen mit einem kurzen Metallspieß schließen oder wie folgt mit Küchenfaden umwickeln: Jeweils einen Faden um das Ende der Rouladen knoten, den Faden bis zum anderen Ende um die Roulade wickeln, und die Fadenenden verknoten.

4. Die Rouladen von außen mit Olivenöl einreiben, nach Geschmack salzen und pfeffern, und mit dem restlichen ½ TL Oregano würzen. Die pamplonas auf einen Teller legen, lose mit Frischhaltefolie abdecken und für bis zu 6 Stunden im Kühlschrank aufbewahren.

5. Den Grill für direktes Grillen bei mittlerer Temperatur vorheizen.

6. Sobald die Temperatur erreicht ist, den Grillrost bürsten und ölen. Die pamplonas auf den heißen Rost legen, und 15 bis 25 Minuten unter Wenden mit der Grillzange grillen und regelmäßig mit Olivenöl bestreichen. Die Rouladen sind gar, wenn sie eine schöne braune Farbe angenommen haben, bei Berührung nicht nachgeben und die herausgezogenen Spieße sich heiß anfühlen.

7. Die Rouladen auf ein Schneidbrett legen. Traditionell werden pamplonas im Ganzen serviert. Ich schneide sie aber gern quer in gut 1 cm dicke Scheiben, und fächere sie dann auf Tellern oder Servierplatten auf. Die pamplonas vor dem Entfernen der Spieße oder des Fadens 5 Minuten ruhen lassen.

HINWEIS: Für dieses Rezept müssen ganze Hähnchenbrüste ohne Haut und Knochen verwendet werden. Mit Hähnchenbrusthälften gelingt es nicht.

THAILAND

HÄHNCHEN-SATÉS IM KOPFSALATWICKEL

DIREKTES GRILLEN
FÜR 4 PERSONEN ALS VORSPEISE, FÜR 2-3 ALS HAUPTGERICHT

Satés stammen aus Indonesien, aber in Thailand und Malaysia hat man die Zubereitungsart dieser winzigen Fleischspieße mit Begeisterung übernommen. Dies schließt auch das Würzen mit der in Thailand so gern genossenen Fischsauce anstelle der indonesischen, süßen Marinade auf Sojasaucenbasis ein. Ich serviere Satés gern auf die für Südostasien gewöhnliche Art – in Kopfsalat eingewickelt.

VORBEREITUNGSZEIT

20 Minuten bis 2 Stunden für das Marinieren des Fleischs

SPEZIELLE AUSRÜSTUNG

16 lange Bambusspieße und Aluminiumfolie (siehe Kasten auf Seite 23)

ZUTATEN

450 g Hähnchenbrust ohne Haut und Knochen
60 ml Kokosmilch, aus der Dose oder selbstgemacht (Seite 114)
2 EL asiatische Fischsauce
2 EL frisch gepresster Limettensaft
2 EL Honig oder Zucker
2 Knoblauchzehen, gehackt
½ TL Kurkumapulver
Thailändische Erdnuss-Sauce (Seite 476)
1 Kopfsalat, in Blätter zerteilt, gewaschen und geputzt

1. Die Hähnchenbrust unter fließend kaltem Wasser abspülen, abtropfen lassen und mit Küchenkrepp trocken tupfen. Das Fleisch der Länge nach (mit der Faser) in insgesamt 16 Streifen von 8 cm Länge, gut 1 cm Breite und 5 mm Dicke schneiden.

2. Die Kokosmilch in einer mittelgroßen Schüssel (nicht aus Aluminium) mit einem Schneebesen mit der Fischsauce, dem Limettensaft, dem Honig, dem Knoblauch und dem Kurkumapulver verrühren. Das Fleisch in die Marinade geben, darin wenden, und abgedeckt für 20 Minuten bis 2 Stunden in den Kühlschrank stellen.

3. Die Hähnchenbruststreifen aus der Marinade nehmen, und die Marinade entsorgen. Das Fleisch der Länge nach auf die Spieße fädeln.

4. Den Grill für direktes Grillen bei hoher Temperatur vorheizen.

5. Sobald die Temperatur erreicht ist, den Grillrost bürsten und ölen. Die Fleischspieße auf den heißen Rost und die Aluminiumfolie unter die Enden der Spieße legen. Von jeder Seite 1 bis 3 Minuten (insgesamt 2 bis 6 Minuten) gar grillen, bis sie eine leichte braune Farbe angenommen haben. Dabei mit der Grillzange wenden.

6. Die Satés auf Teller geben und mit der Erdnuss-Sauce servieren. Zum Verzehr, jeweils einen Spieß auf ein Salatblatt legen, die Erdnuss-Sauce darüber geben, in das Salatblatt wickeln und den Spieß herausziehen.

MALAYSIA

MALAYSISCHE HÄHNCHEN-SATÉS

DIREKTES GRILLEN
FÜR 8 PERSONEN ALS VORSPEISE, FÜR 4 ALS HAUPTGERICHT

Satés werden in ganz Südostasien gegessen, und jedes Land rühmt sich, die besten Spieße zuzubereiten. Die malaysische Version ist dank einer duftenden Paste aus Schalotten, Zitronengras, Erdnüssen, Kurkuma und Koriander, in der das Fleisch mariniert wird, besonders aromatisch. Ein Malaysier würde frische Kurkuma verwenden. Da frische Kurkuma aber schwer erhältlich ist, habe ich sie durch eine Mischung von frischem Ingwer und Kurkumapulver ersetzt. In Asien zieht man den reichhaltigen Geschmack von dunklem Hähnchenfleisch vor (Hähnchenschenkel oder -keule). Zur Vereinfachung der Zubereitung habe ich Hähnchenbrust ohne Knochen gewählt, man kann aber durchaus auch dunkles Fleisch verwenden.

VORBEREITUNGSZEIT

1 Stunde für das Marinieren des Fleischs

SPEZIELLE AUSRÜSTUNG

Etwa 40 kurze Bambusspieße und Aluminiumfolie (siehe Kasten auf Seite 23); 1 Stängel frisches Zitronengras, nicht geputzt

ZUTATEN

ca. 700 g Hähnchenbrust ohne Haut und Knochen
4 große oder 6 mittelgroße Schalotten, geviertelt
2 Stängel frisches Zitronengras, geputzt und in gut 1 cm lange Stücke geschnitten, oder 2 Streifen Zitronenschale (jeweils 5 cm lang und gut 1 cm breit; mit einem Gemüseschäler abgeschält)
1 EL frischer Ingwer, geschält und gehackt
3 EL trocken geröstete Erdnüsse
6 EL Pflanzenöl
2 EL frisch gepresster Zitronen- oder Limettensaft, oder mehr, je nach Geschmack
1 EL Soja-Sauce
1 TL Salz, oder mehr, je nach Geschmack
1 TL Kurkumapulver
1 TL Kreuzkümmelpulver
1 TL Korianderpulver
¼ TL Zimtpulver
½ TL frisch gemahlener schwarzer Pfeffer
Erdnuss-Sauce von den Niederländischen Antillen (Seite 476)

1. Die Hähnchenbrust unter fließend kaltem Wasser abspülen, abtropfen lassen und mit Küchenkrepp trocken tupfen. Das Fleisch der Länge nach (mit der Faser) in gut 6 cm lange Streifen von der Dicke des kleinen Fingers schneiden. Das Fleisch in eine große Schüssel geben.

2. Schalotten, Zitronengras, Ingwer, Erdnüsse, 3 EL des Öls, Zitronensaft, Soja-Sauce, Salz, Kurkuma-, Kreuzkümmel-, Koriander- und Zimtpulver sowie den Pfeffer in einer Küchenmaschine zu einer glatten Masse verarbeiten. Mit Salz und Zitronensaft abschmecken. Die Marinade sollte gut gewürzt sein. Die Marinade über das Hähnchenfleisch geben, und gut durchrühren. Abgedeckt im Kühlschrank 1 Stunde marinieren lassen, und währenddessen ein bis zwei Mal umrühren.

3. Die Hähnchenstreifen aus der Marinade nehmen, und die Marinade entsorgen. Das Fleisch der Länge nach auf die Spieße fädeln.

4. Den Grill für direktes Grillen bei hoher Temperatur vorheizen.

5. Sobald die Temperatur erreicht ist, den Grillrost bürsten und ölen. Die Fleischspieße auf den heißen Rost, und die Aluminiumfolie unter die Enden der Spieße legen. Von jeder Seite 1 bis 3 Minuten (insgesamt 2 bis 6 Minuten) gar grillen, bis sie eine leicht braune Farbe angenommen haben. Dabei mit der Grillzange wenden. Den ganzen Zitronengrasstängel wie einen Pinsel benutzen, und die Satés damit ein bis zwei Mal während des Grillens mit den restlichen 3 EL Öl bestreichen.

6. Die Spieße auf Teller oder eine Servierplatte geben, und mit der Erdnuss-Sauce von den Niederländischen Antillen servieren.

SRI LANKA

SATÉS AUS SRI LANKA

DIREKTES GRILLEN
FÜR 8 PERSONEN ALS VORSPEISE, FÜR 4 ALS HAUPTGERICHT

Meistens werden Satés (satays) mit Südostasien assoziiert; insbesondere mit Indonesien, Malaysia oder Singapur. Sie werden aber auch auf Sri Lanka zubereitet – was gar nicht so abwegig ist, wie es zunächst scheint. Das Prinzip der Zubereitung von Fleisch an Spießen könnte mit arabischen Händlern im 12. Jahrhundert dorthin gekommen sein, denn die Insel hätte sich als Zwischenstopp angeboten. Ein wenig wahrscheinlicher wäre die Annahme, dass die Idee, Fleisch am Spieß zu garen, so gut war, dass sie in mehreren Teilen der Welt gleichzeitig entstand.

Diese Version srilankischer Satés stützt sich auf eine spritzige Marinade aus Koriander und Paprika. Ebenso pfiffig ist die Sauce aus Kurkuma und Kokosnussmilch. Ich mag die Schärfe des Paprikapulvers; süßes Paprikapulver ist jedoch vielleicht etwas erträglicher für die Geschmacksknospen.

VORBEREITUNGSZEIT

30 Minuten bis 6 Stunden für das Marinieren des Fleischs

SPEZIELLE AUSRÜSTUNG

Etwa 40 kurze Bambusspieße und Aluminiumfolie (siehe Kasten auf Seite 23)

FÜR DAS FLEISCH

ca. 700 g Hähnchenbrust ohne Haut und Knochen
1 EL scharfes oder süßes Paprikapulver
2 TL Korianderpulver
1 TL Salz
1 TL frisch gemahlener Pfeffer
2 Knoblauchzehen, gehackt
3 EL Pflanzenöl

FÜR DIE SAUCE

3 EL Pflanzenöl
1 große Zwiebel, dünn geschnitten

1 EL frischer Ingwer, geschält und gehackt
2 Knoblauchzehen, gehackt
1 TL Kreuzkümmelpulver
1 TL Korianderpulver
½ TL scharfes Paprikapulver oder Cayennepfeffer
½ TL Kurkumapulver
Salz und frisch gemahlener schwarzer Pfeffer
240 ml Kokosnussmilch, aus der Dose oder selbstgemacht (Seite 114)
2 TL weißer Branntweinessig, oder mehr, je nach Geschmack

1. *Zubereitung des Fleischs:* Die Hähnchenbrust unter fließend kaltem Wasser abspülen, abtropfen lassen und mit Küchenkrepp trocken tupfen. Das Fleisch der Länge nach (mit der Faser) in gut 6 cm lange Streifen von der Dicke des kleinen Fingers schneiden. Das Fleisch in eine große Schüssel geben. 1 EL Paprikapulver, 2 TL Korianderpulver, 1 TL Salz, 1 TL frisch gemahlener Pfeffer und 2 gehackte Knoblauchzehen dazugeben, und das Fleisch mit den Händen (Handschuhe) mit den Gewürzen einreiben. 3 EL Pflanzenöl sorgfältig unterrühren. Das Hähnchenfleisch für 30 Minuten bis zu 6 Stunden (je länger, desto besser) abgedeckt zum Marinieren in den Kühlschrank stellen.

2. *In der Zwischenzeit die Sauce zubereiten:* 3 EL Öl in einer mittelgroßen Pfanne hoch erhitzen. Die Zwiebel, den Ingwer, 2 gehackte Knoblauchzehen, das Kreuzkümmelpulver, 1 TL Korianderpulver, ½ TL scharfes (oder süßes) Paprikapulver und das Kurkumapulver hinzugeben. Mit Salz und frisch gemahlenem schwarzen Pfeffer nach Belieben würzen, und eine Minute unter Rühren garen, damit die Zwiebel die Gewürze aufnehmen kann. Die Hitze herunterdrehen, und weitere 5 bis 10 Minuten unter gelegentlichem Rühren braten, bis die Zwiebel weich und goldbraun ist. Die Kokosmilch und den Branntweinessig unterrühren und etwa 5 Minuten köcheln lassen, bis eine dickflüssige Sauce entstanden ist. Mit Salz und Essig abschmecken. Die Sauce sollte gut gewürzt sein. Die Pfanne vom Herd nehmen und beiseitestellen.

3. Die Hähnchenstreifen auf die Spieße fädeln.

4. Den Grill für direktes Grillen bei hoher Temperatur vorheizen.

5. Sobald die Temperatur erreicht ist, den Grillrost bürsten und ölen. Die Fleischspieße auf den heißen Rost, und die Aluminiumfolie unter die Enden der Spieße legen. Von jeder Seite 1 bis 3 Minuten (insgesamt 2 bis 6 Minuten) gar grillen, bis sie eine leichte braune Farbe angenommen haben. Dabei mit der Grillzange wenden.

6. Die Satés auf Teller oder eine Servierplatte heben, etwas Sauce darüber geben, und sofort servieren.

THAILAND

HÄHNCHEN-SATÉS FÜR SCHULKINDER

DIREKTES GRILLEN
FÜR 4 PERSONEN ALS VORSPEISE, FÜR 2 BIS 3 ALS HAUPTGERICHT

Derselbe Impuls, der amerikanische Schulkinder nach dem Läuten zur Mittagspause zu Pizza Hut und McDonald's rennen lässt, schickt die uniformierten Kinder der Nat Monekugrasae High School in Bangkok zum Saté-Stand von Suay und Pong Pochana. Die Pochana-Schwestern gehören zu etwa zwanzig anderen Verkäufern, die in den Imbissen auf dem Parkplatz gegenüber der Schule Mahlzeiten anbieten. Ihre Satés scheinen die Kinder jedoch allen anderen vorzuziehen.

Pong sitzt im Schneidersitz auf einem erhöhten Platz und fädelt das Fleisch von Hähnchenschenkeln auf Spieße, während Suay einen niedrigen Grill anfacht und die Kokosnussschalen zum Glühen bringt. Satés stammen natürlich aus Indonesien (siehe Seite 450), aber die Kokosmilch in der Marinade und der scharfe Tamarinden-Dip, mit dem die Spieße serviert werden, sind eindeutig thailändischen Ursprungs. Letzterer verdankt seinen rauchig scharfen Geschmack der Tamarinde und gehört zu den schmackhaftesten süß-sauren Saucen, die überhaupt zu gegrilltem Hähnchen gereicht werden. Die Fleischspieße können auch mit Jasminreis gereicht werden (Seite 428).

VORBEREITUNGSZEIT

1 bis 2 Stunden für das Marinieren des Fleischs

SPEZIELLE AUSRÜSTUNG

Etwa 40 kurze Bambusspieße und Aluminiumfolie (siehe Kasten auf Seite 23)

ZUTATEN

ca. 450 g Hähnchenbrust ohne Haut und Knochen oder Fleisch von Hähnchenschenkeln
3 Knoblauchzehen, gehackt
1 EL frischer Ingwer, geschält und dünn geschnitten
1 EL Zucker
1 TL Salz
2 EL asiatische Fischsauce
120 ml Kokosmilch, aus der Dose oder selbstgemacht (siehe Seite 114)
Tamarinden-Dip (Seite 487)

1. Das Hähnchenfleisch unter fließend kaltem Wasser abspülen, abtropfen lassen und mit Küchenkrepp trocken tupfen. Das Fleisch der Länge nach (mit der Faser) in gut 6 cm lange

Streifen von der Dicke des kleinen Fingers schneiden. Das Fleisch in eine große Schüssel geben.

2. Knoblauch, Ingwer, Zucker und Salz in einem Mörser zu einer groben Masse verarbeiten, dann die Fischsauce und die Kokosmilch hineinrühren. Anstelle von Mörser und Stößel können die Zutaten auch in einer Küchenmaschine zu einer groben Paste vermengt werden. Die Marinade über das Fleisch geben und sorgfältig darauf verteilen. Abgedeckt im Kühlschrank für 1 bis 2 Stunden (je länger, desto besser) marinieren lassen, dabei gelegentlich umrühren.

3. Das Fleisch aus der Marinade nehmen, und die Marinade zur Seite stellen. Die Hähnchenstreifen auf die Spieße fädeln.

4. Den Grill für direktes Grillen bei hoher Temperatur vorheizen.

5. Sobald die Temperatur erreicht ist, den Grillrost bürsten und ölen. Die Fleischspieße auf den heißen Rost, und die Aluminiumfolie unter die Enden der Spieße legen. Von jeder Seite 1 bis 3 Minuten (insgesamt 2 bis 6 Minuten) gar grillen, bis sie eine leicht braune Farbe angenommen haben. Das Fleisch ein bis zwei Mal vor dem Wenden mit der Grillzange mit der beiseitegestellten Marinade bestreichen.

6. Die Satés auf Teller oder eine Servierplatte geben, und sofort zusammen mit dem in kleine Schalen gefüllten Tamarinden-Dip servieren.

INDONESIEN

HÄHNCHEN-SPIESSE À LA DJAKARTA

SATE AYAM

DIREKTES GRILLEN
FÜR 4 PERSONEN ALS VORSPEISE, FÜR 2 BIS 3 ALS HAUPTGERICHT

Dies ist wahrscheinlich der beliebteste Fleischspieß in Djakarta – man könnte diesen Imbiss mit dem Hot Dog in New York City vergleichen. Dieses spezielle Rezept stammt von Nurul Phamid, einem gertenschlanken jungen Mann mit dem Anzeichen eines Schnurrbarts, der seine Satés in einer Garküche auf der Jabang Street verkauft. Phamid bestückt seine Spieße mit Hähnchenleber, Hähnchenhaut und dunklem Hähnchenfleisch. Ob Sie Leber und Haut verwenden möchten, überlasse ich Ihnen. Beides passt sowohl einzeln als auch in Kombination zu diesem Rezept. Phamids Satés werden allerdings so saftig wegen der Zutat, mit der er das Fleisch bestreicht: Hähnchenfett.

SPEZIELLE AUSRÜSTUNG

Etwa 28 kurze Bambusspieße und Aluminiumfolie (siehe Kasten auf Seite 23)

ZUTATEN

450 g Hähnchenbrust ohne Haut und Knochen oder Fleisch vom Hähnchenschenkel, wenn gewünscht mit Haut
100 - 125 g Hähnchenleber (optional), gesäubert
6 EL süße Sojasauce (Ketjap Manis) oder je 80 ml normale Sojasauce und Zuckerrübensirup
200 g Thailändische Erdnuss-Sauce (Seite 476)
3 EL fein geschnittene Zwiebel
1 EL frisch gepresster Limettensaft
2 EL gereinigtes Hähnchenfett (siehe Kasten auf Seite 285) oder zerlassene ungesalzene Butter
1 EL Chilipaste (Sambal Oelek) oder Ihre scharfe Lieblingssauce, zum Anrichten

1. Sollte sich an dem Hähnchenfleisch noch Haut befinden, die für die Fleischspieße verwendet werden soll, ist die Haut zu entfernen und entweder beiseite zu legen oder zu entsorgen. Das Fleisch, die Haut und die Leber, falls sie verwendet werden, unter fließend kaltem Wasser abspülen, abtropfen lassen und mit Küchenkrepp trocken tupfen. Das Hähnchenfleisch und die Leber in gut 1 cm große Würfel, und die Haut in gut 1 cm große Quadrate schneiden. Die Zutaten abwechselnd auf die Spieße geben; jeder Saté-Spieß sollte etwa 12,5 cm lang sein. Die Fleischspieße auf einen Teller legen, lose mit Frischhaltefolie abdecken, und während der Zubereitung der Marinade kühl stellen.

2. 4 EL der süßen Sojasauce, 70 g der Erdnuss-Sauce, die Zwiebeln und den Limettensaft in einer flachen Schüssel mit dem Schneebesen verquirlen. Die Fleischspieße sorgfältig in der Marinade wälzen.

3. Den Grill für direktes Grillen bei hoher Temperatur vorheizen.

4. Sobald die Temperatur erreicht ist, den Grillrost bürsten und ölen. Die Fleischspieße auf den heißen Rost, und die Aluminiumfolie unter die Enden der Spieße legen. Von jeder Seite 1 bis 3 Minuten (insgesamt 2 bis 6 Minuten) gar grillen, bis sie eine leicht braune Farbe angenommen haben. Mit der Grillzange wenden. Das Fleisch während des Garens ein bis zwei Mal mit dem Hähnchenfett bestreichen.

5. Zum Anrichten, die restlichen 130 g Erdnuss-Sauce in eine kleine Schüssel geben, und die restlichen 2 EL süße Sojasauce und Chilipaste in die Mitte der Sauce. Beim Dippen vermischen sich dann die Saucen. Die Satés auf Teller oder eine Servierplatte legen, und mit der Sauce reichen.

JAPAN

YAKITORI

DIREKTES GRILLEN
FÜR 4 BIS 6 PERSONEN

Yakitori (gegrilltes Hähnchen) ist die in Japan beliebteste Zwischenmahlzeit – man genießt sie täglich in unzähligen Yakitori-Lokalen, wo sich die Büroangestellten nach der Arbeit zum Essen, Trinken und zur Geselligkeit treffen (Auf Seite 412 können Sie mehr über das Wesentliche eines Yakitori-Lokals erfahren). Traditionell wird das Fleisch zusammen mit einer grünen Zwiebel gegart, die den Namen negi trägt, etwas dicker als eine Frühlingszwiebel aber dünner als Porree ist. Sollten Sie dünne, junge Porreestangen finden können, verwenden Sie diese für dieses Rezept. Andernfalls nehmen Sie Frühlingszwiebeln. Außerdem müsste man bei einer völlig authentischen Vorgehensweise Hähnchenschenkel verwenden, die bei den Japanern als aromatischer gelten als Brustfleisch. Schneller und bequemer geht es mit Hähnchenbrust ohne Knochen, was in diesem Falle auch meine erste Wahl wäre. Reichen Sie dazu gegrillte Reiskuchen (Seite 431), würzigen japanischen Bohnensprossensalat (Seite 113) oder Sesam-Spinat-Salat (Seite 111).

SPEZIELLE AUSRÜSTUNG

16 kurze Bambusspieße, nach Bedarf mehr, und Aluminiumfolie (siehe Kasten auf Seite 23)

ZUTATEN

- **900 g Hähnchenbrust ohne Haut und Knochen oder Fleisch von Hähnchenschenkeln**
- **900 g schlanke junge Porreestangen (insgesamt 8 oder 9, siehe Hinweise)**
- **120 ml Sojasauce**
- **120 ml Sake**
- **120 ml Mirin (süßer Reiswein) oder Cream Sherry**
- **3 EL Zucker**
- **3 Scheiben frischer geschälter Ingwer (je etwa 5 mm dick)**
- **3 Knoblauchzehen, geschält und zerdrückt**
- **3 Frühlingszwiebeln, weiße und grüne Anteile, geputzt und grob gehackt**

1. Das Hähnchenfleisch unter fließend kaltem Wasser abspülen, abtropfen lassen und mit Küchenkrepp trocken tupfen. Quer in 5 cm lange und gut 1 cm dicke und breite Streifen schneiden. Das Fleisch während der Zubereitung der Porreestangen beiseitestellen.

2. Die grünen Anteile der Porreestangen entfernen. Die weißen Anteile der Länge nach bis zum Wurzelansatz aufschneiden. Die Porreestangen sorgfältig unter kaltem Wasser abspülen, abtropfen lassen, die Wurzeln abschneiden, und quer in 5 cm lange Stücke schneiden.

3. Das Hähnchenfleisch abwechselnd mit dem Porree quer auf die Spieße stecken. Auf jeden Spieß sollten etwa 4 Stücke Hähnchenfleisch passen. Die Spieße auf einen Teller legen, lose mit Frischhaltefolie bedecken und bis zur Zubereitung auf dem Grill kühl stellen (bis zu 6 Stunden).

4. Sojasauce, Sake, Mirin, Zucker, Ingwer, Knoblauch und Frühlingszwiebeln in einen kleinen, schweren Stieltopf geben, und auf mittlerer Hitze unter Rühren zum Kochen bringen, bis der Zucker sich aufgelöst hat. Die Temperatur herunterdrehen, und im offenen Topf etwa 5 Minuten köcheln lassen, bis die Menge auf circa 180 ml reduziert ist, und die Flüssigkeit glänzt. Den Topf mit der Sauce vom Herd nehmen, und durch ein Sieb in eine Schüssel seihen (siehe Hinweis).

5. Den Grill für direktes Grillen bei hoher Temperatur vorheizen.

6. Sobald die Temperatur erreicht ist, den Grillrost bürs-

Hähnchenfett reinigen

Das Fett am Hals und Bürzel entfernen und etwa 5 Minuten in einem kleinen Stieltopf auf mittlerer Hitze erwärmen, bis sich das Fett verflüssigt. Das Fett durch ein Sieb in ein Glas gießen und abdecken. Am Bürzel eines durchschnittlichen Hähnchens befinden sich circa 30 bis 60 g Fett. Diese Menge ergibt ein bis zwei EL gereinigtes Fett. Sie können diese Menge an Fett jeweils direkt reinigen, oder Fettstücke in der Kühltruhe einfrieren und die jeweils benötigte Menge bei Bedarf reinigen (Das eingefrorene Fett hält sich etwa zwei Monate). Gereinigtes Hähnchenfett ist im Kühlschrank mehrere Wochen lang haltbar.

ten und ölen. Die Fleischspieße auf den heißen Rost legen, und die Aluminiumfolie unter die Enden der Spieße. Von jeder Seite 3 bis 5 Minuten (insgesamt 6 bis 10 Minuten) gar grillen, bis sie eine leicht braune Farbe angenommen haben. Mit der Grillzange wenden. Nach der Hälfte der Grillzeit mit der Sauce bestreichen; jedoch nur auf der jeweils bereits gegrillten Seite.

7. Die Yakitori auf Teller oder eine Servierplatte legen, und sofort mit der restlichen Sauce garniert servieren.

HINWEIS: Den Porree durch 2 Bunde dicker Frühlingszwiebeln ersetzen, sollten junge Porreestangen nicht erhältlich sein. Die Wurzeln entfernen, die weißen Anteile in 5 cm große Stücke schneiden, die grünen Anteile in 10 cm große Stücke schneiden und ein Mal zusammenfalten.

Die Yakitori-Sauce kann bis zu 6 Stunden im Voraus zubereitet werden. Die fertige Sauce abgedeckt kühl stellen.

USA

PASTRAMI AUS PUTENFLEISCH

INDIREKTES GRILLEN
FÜR 4 BIS 6 PERSONEN

Pastrami ist wahrhaft ein Gericht aus drei Kontinenten. Die meisten Amerikaner assoziieren dieses Dörrfleisch mit Delikatessen. Die ersten Delikatessengeschäfte wurden durch Juden aus Osteuropa eröffnet, wo die Immigranten die geliebten deutschen, russischen und polnischen Lebensmittel erstehen konnten. Pastrami scheint aus Zentralasien zu kommen (insbesondere Türkei und Armenien); dort nennt man es basturma. Basturma kann aus einer Reihe verschiedener Fleischsorten hergestellt werden, einschließlich Fleisch vom Rind, Pferd und sogar Kamel. Das Fleisch wird in 60 cm lange Streifen geschnitten und in Salz, Knoblauch, Paprika und anderen Gewürzen gebeizt.

Was das Putenfleisch-Pastrami betrifft, nun, das ist eine gänzlich nordamerikanische Erfindung – es ist stark im Geschmack, hat kaum Fett und benötigt nur einen Tag in der Beize anstelle der traditionellen zweiwöchigen Zubereitungszeit.

VORBEREITUNGSZEIT

24 Stunden für das Beizen des Fleischs

SPEZIELLE AUSRÜSTUNG

80 g Holzspäne, 1 Stunde in kaltem Wasser eingeweicht und abgetropft

ZUTATEN

900 g Putenbrust ohne Haut und Knochen
1 TL Koriandersamen
2 TL zerstoßene schwarze Pfefferkörner
4½ TL grobes Meersalz
2 TL dunkelbrauner Zucker
2 TL süßes Paprikapulver
1½ TL Senfkörner
1 TL gemahlener Ingwer
3 Knoblauchzehen, gehackt

1. Das Putenfleisch unter fließend kaltem Wasser abspülen, abtropfen lassen und mit Küchenkrepp trocken tupfen.

2. Die Koriandersamen und Pfefferkörner mit einer Gewürzmühle grob zermahlen oder unter dem Boden eines gusseisernen Topfes grob zerstoßen. Die zerstoßenen Körner in eine Schüssel geben und Salz, braunen Zucker, Paprikapulver, Senfkörner, Ingwer und Knoblauch unterrühren. Die Masse mit den Händen über die gesamte Oberfläche der Putenbrust verteilen und gut einreiben. Das Fleisch in Frischhaltefolie oder in einen wiederverschließbaren Plastikbeutel geben und 24 Stunden zum Beizen in den Kühlschrank legen.

3. Den Grill für indirektes Garen vorbereiten, und eine Tropfschale in die Mitte stellen.

Bei Verwendung eines Gasgrills die gesamte Menge an Holzspänen in den Räuchermehlkasten geben, und den Grill auf hohe Temperatur vorheizen. Die Hitze auf mittlere Temperatur reduzieren, sobald Rauch entsteht.

Bei Verwendung eines Holzkohlegrills den Grill auf mittlere Temperatur vorheizen.

4. Sobald die Temperatur erreicht ist, die gesamte Menge Holzspäne auf die Holzkohle geben. Den Grillrost bürsten und ölen. Das Fleisch aus der Plastikfolie nehmen und auf den heißen Rost über die Tropfschale legen. Den Grill schließen, und die Putenbrust 1 bis 1½ Stunden grillen. Das Fleisch ist gar, wenn ein in den fleischigsten Teil der Putenbrust gestecktes Thermometer 76,6 °C anzeigt. Bei Verwendung eines Holzkohlegrills nach 1 Stunde auf jeder Seite 10 bis 12 frische Holzkohlen nachlegen.

5. Die Putenbrust zum Abkühlen auf ein Gitter heben, dann im Kühlschrank kalt stellen. Das Fleisch vor dem Servieren quer zur Faser in dünne Scheiben schneiden.

USA

GEGRILLTER PUTER
MIT ANNATTOSAMEN

INDIREKTES GRILLEN
FÜR 10 BIS 12 PERSONEN

So hat die türkische Großmutter das Gericht bestimmt nicht zubereitet! Es sei denn, die Großmutter hätte Cowboystiefel getragen und stammte aus Santa Fe in New Mexico. Mark Miller, der im Südwesten bekannte Koch, mariniert seinen Puter in einer sauren Tinktur aus Annattosamen, Majoran und Zitronensaft. Bei den Annattosamen, auch bekannt unter den Namen Orleansstrauchsamen oder achiote, handelt es sich um ein rostfarbenes Gewürz, das in Zentralamerika heimisch ist und einen erdigen, jodähnlichen Geschmack hat. Annatto gelangte über den Bundesstaat Yucatan in die südwestliche US-Küche und ist in Europa nur in Fachgeschäften (evtl. Asia-Läden) erhältlich. Cascabel-Chilischoten sind scharfe, runde, getrocknete Chilis, die sich wie Schlittenglöckchen anhören, wenn man sie schüttelt. Sollten sie nicht zu bekommen sein, verwenden Sie zwei kleine, getrocknete, scharfe, rote Chilischoten.

Zusätzliches Aroma und Saftigkeit schaffe ich, indem ich die Haut des Puters etwas löse und eine kleine Menge der Marinade darunter gebe. Auf Seite 261 finden Sie eine Anleitung zu dieser Technik. Sollte Ihnen das zu schwierig erscheinen, lassen Sie einfach Schritt 3 aus. Wenn gewünscht, kann die Marinade auch einen Tag im Voraus zubereitet werden; dies erhöht deren Geschmack.

VORBEREITUNGSZEIT

4 Stunden für das Marinieren des Fleischs

SPEZIELLE AUSRÜSTUNG

Etwa 180 g Holzspäne, 1 Stunde in kaltem Wasser eingeweicht und abgetropft

ZUTATEN

1 Puter (4500-5400 g)
Salz und frisch gemahlener schwarzer Pfeffer
3 Cascabel-Chilischoten oder 2 kleine, getrocknete, scharfe, rote Chilischoten
1 TL Annattosamen
1 Bund frischer Majoran oder 1 TL getrockneter Majoran
480 ml frisch gepresster Orangensaft
2 EL frisch gepresster Limettensaft
4 Knoblauchzehen, gehackt
½ TL gemahlener Kreuzkümmel
1 EL Olivenöl extra vergine, zum Bestreichen

1. Das Fett an Hals und Bürzel des Puters entfernen und entsorgen. Den Beutel mit den Innereien entnehmen und für einen anderweitigen Gebrauch zur Seite legen. Den Puter von außen und innen gut unter fließend kaltem Wasser abspülen, abtropfen lassen und mit Küchenkrepp trocken tupfen. Innen und außen mit Salz und Pfeffer würzen. Abgedeckt in den Kühlschrank stellen und die Marinade zubereiten.

2. Die Cascabel-Chilischoten, Annattosamen und 240 ml Wasser in einen kleinen Topf geben, und auf mittlerer Hitze zum Kochen bringen. Im offenen Topf etwa 5 bis 10 Minuten köcheln lassen, bis die Chilischoten weich sind und die Flüssigkeit aufgenommen wurde. Chilischoten und Annattosamen in einer Küchenmaschine mit dem Majoran, Orangensaft, Limettensaft, Knoblauch, Kreuzkümmel, 1 TL Salz und ¼ TL Pfeffer zu einer glatten Masse verarbeiten. Die Marinade durch ein Sieb in eine mittelgroße Schüssel gießen; dabei mit einem Holzlöffel durch das Sieb streichen. Mit Salz und Pfeffer abschmecken. Die Marinade sollte gut gewürzt sein.

3. Wenn gewünscht, einen Teil der Marinade laut den Anweisungen auf Seite 261 zum Lösen der Haut unter die Haut geben. Einige EL der Marinade mit einem Löffel durch die Öffnungen an Hals und Bürzel in den Puter geben. Den Puter von außen mit Marinade – eine großzügige Menge verwenden, falls keine Marinade unter die Haut gegeben wurde – und Olivenöl bestreichen. Den Puter in eine Bratenform legen, und lose mit Frischhaltefolie bedecken. Im Kühlschrank 4 Stunden marinieren lassen.

4. Den Grill für indirektes Garen vorbereiten, und eine große Tropfschale in die Mitte stellen.

Bei Verwendung eines Gasgrills, so viel Holzspäne wie möglich in den Räuchermehlkasten geben, und den Grill auf hohe Temperatur vorheizen. Die Hitze auf mittlere Temperatur reduzieren, sobald Rauch entsteht.

Bei Verwendung eines Holzkohlegrills, den Grill auf mittlere Temperatur vorheizen.

5. Sobald die Temperatur erreicht ist, 90 g Holzspäne auf die Holzkohle geben. Den Grillrost bürsten und ölen. Den Puter auf den heißen Rost über die Tropfschale legen. Den Grill schließen und den Puter 2½ bis 3 Stunden (dies entspricht etwa 15 bis 20 Minuten pro 450 g) garen, bis bei dem Anstechen des fleischigsten Teils der Keule mit einem Spieß oder scharfen Messer nur klarer Fleischsaft austritt und die Schenkel in den Gelenken frei beweglich sind. Das Fleisch ist gar, wenn ein in den fleischigsten Teil eines Schenkels (nicht bis auf den Knochen durchstechen) eingeführtes Thermometer 76,6 °C anzeigt. Bei Verwendung eines Holzkohlegrills stündlich 10 bis 12 frische Holzkohlen sowie 45 g Holzspäne nachlegen.

6. Den Puter auf eine Servierplatte heben, und vor dem Anschneiden lose mit Aluminiumfolie abgedeckt 15 Minuten ruhen lassen.

MAROKKO

GEGRILLTES REBHUHN
MIT MAROKKANISCHEN GEWÜRZEN

DIREKTES GRILLEN
FÜR 4 PERSONEN

Fast überall in Marokko ist gegrilltes Essen gleichbedeutend mit gegrilltem Lammfleisch. Hier habe ich aber ein Rezept für gegrilltes Geflügel, das vor marokkanischen Gewürzen förmlich explodiert. Koriander, Kreuzkümmel, Paprika und Ingwer zusammen verwandeln gewöhnliches Geflügel in eine über dem Feuer gegarte Besonderheit.

VORBEREITUNGSZEIT
2 bis 8 Stunden für das Marinieren des Fleischs

ZUTATEN
4 Rebhühnchen (je etwa 450 g)
1 mittelgroße Zwiebel, gerieben
2 EL frische glatte Petersilie, gehackt
2 El frischer Koriander, gehackt
3 EL frisch gepresster Zitronensaft
2 EL Olivenöl extra vergine
1 TL Salz
½ TL gemahlener Kreuzkümmel
½ TL scharfes oder süßes Paprikapulver
½ TL gemahlener Ingwer
½ TL frisch gemahlener weißer Pfeffer
Zitronenschnitze zum Garnieren

1. Das Fett an Hals und Bürzel der Hennen entfernen und entsorgen. Den Beutel mit den Innereien entnehmen und für einen anderweitigen Gebrauch zur Seite legen. Die Rebhühner von außen und innen gut unter fließend kaltem Wasser abspülen, abtropfen lassen und mit Küchenkrepp trocken tupfen. Die Rebhühner wie auf der Abbildung auf der rechten Seite vorbereiten, oder jedes der Länge nach mit einer Geflügelschere halbieren. Das Fleisch in eine große Schüssel (nicht aus Aluminium) oder Auflaufform legen, und während der Zubereitung der Marinade beiseitestellen.

2. Zwiebel, Petersilie, Koriander, Zitronensaft, Olivenöl, Salz, Kreuzkümmel und weißen Pfeffer in einer kleinen Schüssel mit einem Schneebesen verrühren. Die Marinade über die Rebhühner geben. Das Fleisch in der Marinade wenden, und abgedeckt für 2 bis 8 Stunden (je länger, desto besser) in den Kühlschrank stellen. Das Fleisch während dieser Zeit gelegentlich wenden.

3. Den Grill für direktes Garen mit zwei Zonen vorbereiten (siehe Seite 18), dabei zwei Drittel des Grills auf mittlere Temperatur vorheizen, und ein Drittel im Sinn einer Sicherheitszone kalt lassen.

4. Sobald die Temperatur erreicht ist, den Grillrost bürsten und ölen. Die Rebhühner aus der Marinade nehmen, die Marinade entsorgen. Das Fleisch mit der Haut nach unten auf den Rost in die heiße Zone des Grills legen. In 15 bis 20 Minuten pro Seite grillen, bis die Haut goldbraun, das Fleisch gar und an den Knochen keine rote Stelle mehr zu sehen ist. Falls Flammen auflodern, die Hähnchenteile in die kühlere Zone heben, und warten, bis die Flammen erlöschen.

5. Die Rebhühner auf Teller oder eine Servierplatte legen, und 5 Minuten ruhen lassen. Mit den Zitronenschnitzen garniert servieren.

AFGHANISTAN

REBHUHN AUF AFGHANISCHE ART

SPIESSGRILL ODER DIREKTES GRILLEN
FÜR 4 PERSONEN

Die Afghanen gehören zu den Meistern, was das Grillen betrifft. Dazu liefert dieses Rezept den anschaulichen Beweis. Für die Marinade werden bekannte Zutaten benötigt, von denen Sie wahrscheinlich viele im Haus haben. Dennoch geraten die Rebhühner derart exotisch, dass Ihre Gäste denken werden, sie seien in einem erstklassigen Spezialitätenrestaurant. Das Fleisch sollte mindestens 8 Stunden mariniert werden, nach 24 Stunden erreicht es aber erst sein volles Aroma.

VORBEREITUNGSZEIT
8 bis 24 Stunden für das Marinieren des Fleischs

SPEZIELLE AUSRÜSTUNG
Spießgrill (nach Wahl; siehe Hinweis)

DAS TRANCHIEREN UND AUFKLAPPEN VON HÄHNCHEN ODER REBHÜHNERN

Auf diese Art zubereitete Hähnchen oder Rebhühner werden teilweise entbeint und dann aufgeklappt. Diese Methode beschleunigt den Garprozess und ermöglicht Ihnen, ein ganzes Hähnchen nach der direkten Grillmethode zu grillen. Da ein viel größerer Teil der Oberfläche der Hitze ausgesetzt ist, gart das Fleisch gleichmäßiger. Bei der ersten Zubereitung scheint es vielleicht noch etwas schwierig, Sie werden den Dreh aber schnell heraus haben.

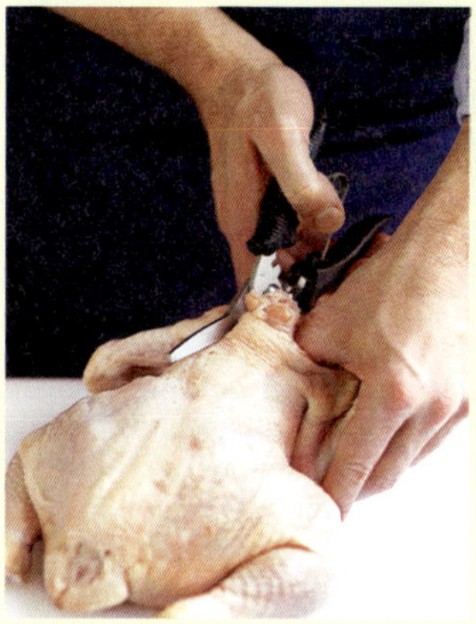

1. *Das Geflügel mit der Brustseite nach unten auf ein Schneidbrett legen. Beginnend am Hals mit einer Geflügelschere durch das Fleisch und die Knochen entlang einer Seite des Rückgrats schneiden.*

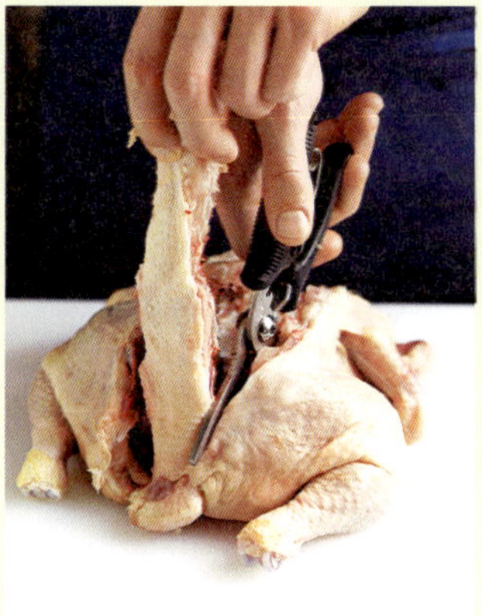

2. *Das Rückgrat vollständig entfernen, indem an der anderen Seite bis zum Bürzel entlang geschnitten wird.*

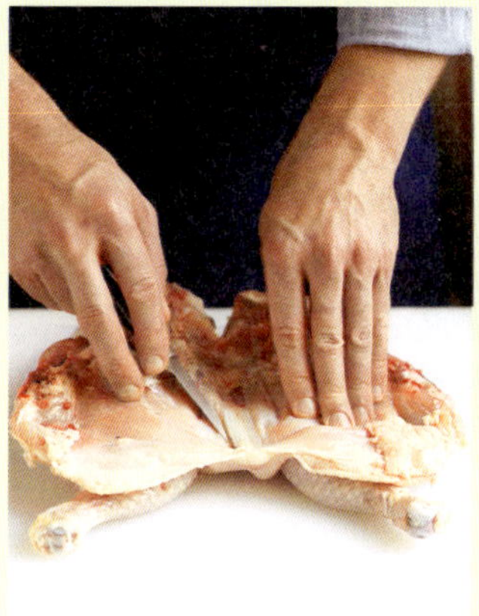

3. *Das Geflügel vorsichtig wie ein Buch aufschlagen. Mit einem scharfen Messer das obere Ende des Brustknochens leicht anritzen.*

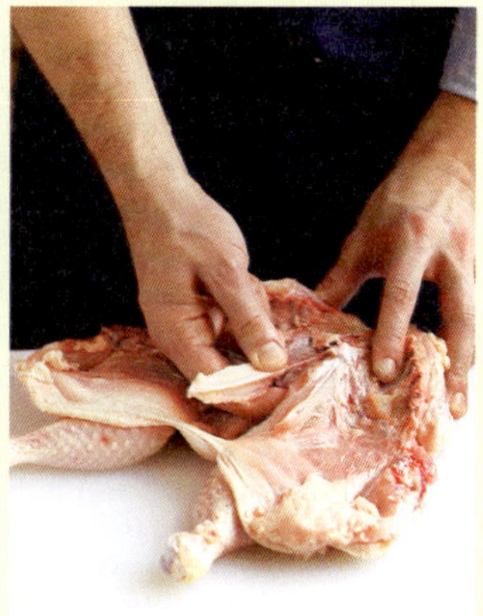

4. *Die Finger entlang des Brustknochens, des daran befestigten Knorpels und darunter bewegen und beides herausdrücken.*

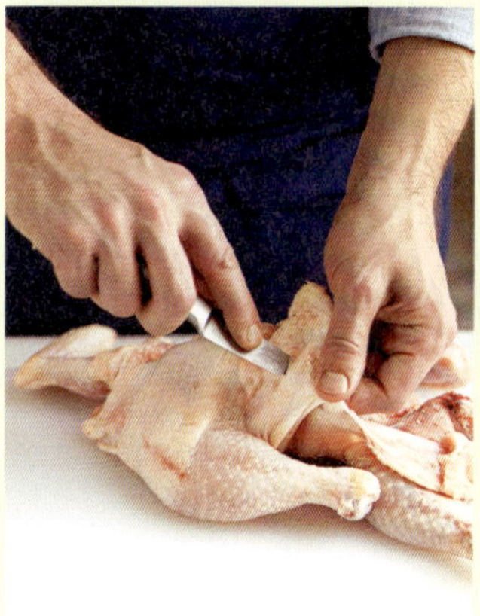

5. *Die nächsten beiden Schritte sind optional, sorgen aber für ein appetitliches Bild: Das Geflügel umdrehen, und jeweils mit einem scharfen Messer in die Haut am Ende der beiden Brusthälften einen Schnitt machen. Bei Hähnchen sollte der Schnitt 2,5 cm lang sein, bei Rebhühnern 1 guten cm.*

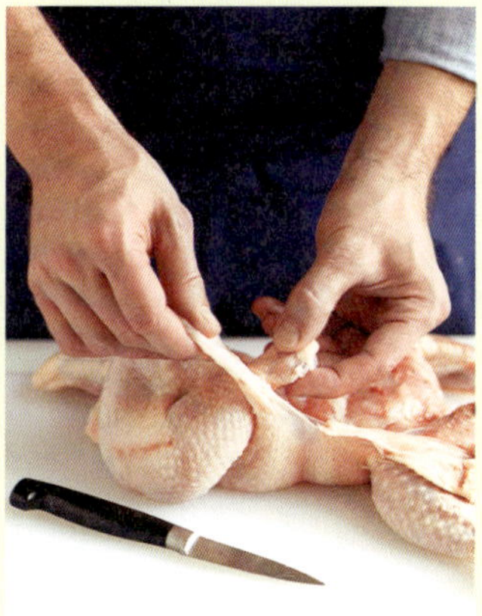

6. *Jeweils das Ende der Keulen durch den Schlitz in der Haut stecken.*

7. *Wenn die Keulen durch den Schlitz gesteckt wurden, sieht das Geflügel so aus.*

8. *Die Flügelspitzen abschneiden, und die Flügel so falten, dass sie flach liegen. Aus dem Rückgrat und den Flügelspitzen kann später ein Fond gekocht werden.*

ZUTATEN

4 Rebhühner (je etwa 450 g)
180 ml Olivenöl extra vergine
180 ml Vollmilchjoghurt
80 ml frisch gepresster Zitronensaft
1 EL süßes Paprikapulver
1 TL gemahlener Kreuzkümmel
2 TL Salz
1 TL frisch gemahlener schwarzer Pfeffer
3 mittelgroße Zwiebeln, dünn geschnitten
8 Knoblauchzehen, dünn geschnitten
1 Zitrone, dünn geschnitten
1 bis 4 Schoten wilder Spanischer Pfeffer oder Jalpeño-Chilischoten, dünn geschnitten

1. Das Fett an Hals und Bürzel der Hennen entfernen und entsorgen. Den Beutel mit den Innereien entnehmen und für einen anderweitigen Gebrauch zur Seite legen. Die Rebhühner von außen und innen gut unter fließend kaltem Wasser abspülen, abtropfen lassen und mit Küchenkrepp trocken tupfen. Die Rebhühner wie auf der Abbildung auf der rechten Seite gezeigt vorbereiten, oder jedes der Länge nach mit einer Geflügelschere halbieren. Das Fleisch in eine große Schüssel oder Auflaufform (nicht aus Aluminium) legen, und während der Zubereitung der Marinade beiseitestellen.

2. Das Olivenöl mit Joghurt, Zitronensaft, Paprikapulver, Kreuzkümmel, Salz und schwarzem Pfeffer in einer mittelgroßen Schüssel mit dem Schneebesen verrühren. Zwiebeln, Knoblauch, Zitronenscheiben und Chilischoten unterrühren. Die Marinade über die Rebhühner geben. Das Fleisch in der Marinade wenden, und abgedeckt für 8 bis 24 Stunden (je länger, desto besser) in den Kühlschrank stellen. Das Fleisch während dieser Zeit gelegentlich wenden.

3. Den Grill für das Grillen am Drehspieß gemäß der Anleitung des Herstellers vorbereiten, und auf mittlere bis hohe Temperatur vorheizen.

4. Sobald die Temperatur erreicht ist, die Rebhühner auf den Drehspieß spießen. Den Spieß in den Grill einlegen, und den Motor anstellen. Die Rebhühner bei geschlossenem Grill in 30 bis 40 Minuten, bei offenem Grill etwas länger grillen, bis sie goldbraun und gar sind und beim Anstechen des fleischigsten Teils der Schenkel nur klarer Fleischsaft austritt.

5. Die Rebhühner vom Spieß nehmen, auf ein Schneidbrett oder einen Teller legen, und vor dem Servieren 5 Minuten ruhen lassen.

HINWEIS: Die Rebhühner können, wenn dies bevorzugt wird, auch direkt auf dem Grill gegart werden. Das Geflügel der Länge nach aufschneiden und aufklappen (siehe Seite 289), oder mit einer Geflügelschere der Länge nach halbieren, dann wie unter Schritt 2. beschrieben marinieren. Das Fleisch nach der Grillmethode mit zwei Temperaturzonen grillen wie unter Gegrilltes Rebhuhn mit marokkanischen Gewürzen auf Seite 288.

USA

GEGRILLTE ENTE
MIT KNOBLAUCH UND INGWER

INDIREKTES GRILLEN
FÜR 2 PERSONEN

Es gibt keine bessere Methode Ente zuzubereiten, als auf dem Grill. Dies hört sich vielleicht etwas merkwürdig aus dem Munde eines Kochs an, der seine Ausbildung in Frankreich abgeschlossen hat, wo Ente fast ausschließlich im Ofen gebraten wird und normalerweise so roh wie Steak auf den Tisch kommt. Die Wahrheit ist aber, dass die Ente, die wir normalerweise zu kaufen bekommen, am besten schmeckt, wenn sie langsam gegart wurde, damit das Fleisch zart wird und das Fett schmilzt. Das indirekte Grillen ist die beste mir bekannte Art, die Haut knusprig und das Fleisch gut durchzubraten. Das Fleisch verliert dadurch jedes Fett und ist so zart, dass es vom Knochen fällt. Außerdem bleibt so die Küche von der Zubereitung fettigen Geflügels verschont und sauber.

Dies ist ein Grundrezept für gegrillte Ente, gewürzt mit Knoblauch- und Ingwerscheiben, mit denen das Fleisch gespickt wird. Die Einschnitte erfüllen eine weitere Funktion, wie es auch bei dem Anstechen des Fleischs mit einer Gabel der Fall ist: Das Fett kann durch diese Öffnungen abfließen und lässt die Haut knusprig werden. Wenn Sie Entenfleisch mit einem leicht rauchigen Geschmack mögen, geben Sie 60 g eingeweichte Holzspäne auf die Holzkohle (oder in den Räuchermehlkasten des Gasgrills). Holz von Obstbäumen wie Apfel und Kirsche passt besonders gut zu Ente. Die Ente kann mit Zimtkirschen oder Orangensauce serviert werden, zu denen die Rezepte folgen. Sie schmeckt allerdings auch hervorragend ohne Sauce.

ZUTATEN

1 Ente (2000-2250 g), aufgetaut, falls gefrorenes Fleisch verwendet wird
2 Knoblauchzehen, der Länge nach geviertelt
2 Scheiben (jeweils gut 5 mm dick) frischer, geschälter Ingwer, in gut 5 mm breite Streifen geschnitten
Salz und frisch gemahlener schwarzer Pfeffer
Zimt-Kirsch-Sauce (Rezept folgt) oder Orangensauce für Entengerichte (Seite 292)

1. Das Fett an Hals und Bürzel der Ente entfernen und entsorgen. Den Beutel mit den Innereien entnehmen und für einen anderweitigen Gebrauch zur Seite legen. Die Ente von außen und innen gut unter fließend kaltem Wasser abspülen, abtropfen lassen und mit Küchenkrepp trocken tupfen.

2. Die Ente mit dem Rücken nach oben auf die Brust legen. Mit der Spitze eines schlanken, scharfen Messers in das fettige Fleisch unter beiden Flügeln und in die Unterseite beider Schenkel einen Einschnitt machen. Jeden der Einschnitte mit einer Scheibe Knoblauch und einer Scheibe Ingwer spicken, dann den restlichen Knoblauch und Ingwer in die Ente geben. Die Haut der Ente ganzflächig mit einer scharfen Gabel anstechen. Darauf achten, dass das Fleisch nicht verletzt wird. Die Ente großzügig innen und außen salzen und pfeffern.

3. Den Grill für indirektes Garen vorbereiten, auf mittlere bis hohe Temperatur vorheizen und eine große Tropfschale in die Mitte stellen.

4. Sobald die Temperatur erreicht ist, die Ente mit der Brustseite nach oben auf den heißen Rost über die Tropfschale legen. Den Grill schließen, und die Ente 1½ Stunden garen. Bei Verwendung eines Holzkohlegrills stündlich auf jeder Seite 10 bis 12 frische Holzkohlen nachlegen.

5. Nachdem sie 1½ Stunden gegart hat, die Ente aufrecht stellen, die angesammelte Flüssigkeit in eine Schüssel abgießen und entsorgen. Die Ente weitere 30 bis 45 Minuten grillen, bis die Haut rotbraun und knusprig ist, und ein in den fleischigsten Teil der Keule gestecktes Thermometer 76,6 °C anzeigt. Das Thermometer darf beim Messen den Knochen nicht berühren.

6. Die Ente auf einen Teller legen und vor dem Anschneiden 5 Minuten ruhen lassen.

ZIMT-KIRSCH-SAUCE FÜR ENTENGERICHTE

ERGIBT CA. 500 ML

Entenküken à la Montmorency steht für das Beste, was die gehobene französische Küche zu bieten hat. Ich habe die Sauce bereits sowohl mit süßen und sauren Kirschen zubereitet als auch frischen und konservierten Früchten. Frische Kirschen schmecken natürlich besser, aber eingemachte entkernte Kirschen sind praktisch und haben immer noch viel Geschmack. Die Menge an Zucker ist entsprechend anzupassen. Eine Zimtstange vor dem Grillen in die Ente legen, damit das Aroma verstärkt wird.

ZUTATEN

340 g frische Kirschen oder
1 Glas (425 g) eingemachte Kirschen
50 g Zucker, oder mehr, je nach Geschmack
60 ml Rotweinessig
120 ml Portwein
1 EL frisch gepresster Zitronensaft
½ TL abgeriebene Zitronenschale
240 ml Enten- oder Hühnerfond oder natriumarmer Hühnerfond aus dem Glas
1 Zimtstange (8 cm)
1½ TL Maisstärke oder Pfeilwurz
1 EL Kirschwasser
Salz und frisch gemahlener schwarzer Pfeffer
1 TL Honig (optional)

1. Die Stängel frischer Kirschen entfernen, die Kirschen waschen, abtropfen lassen und entkernen. Es sollte eine Menge von etwa 230 g Kirschen vorhanden sein. Kirschen aus dem Glas in ein Sieb geben, abspülen und abtropfen lassen. Die Kirschen beiseitestellen.

2. Den Zucker mit 3 EL Wasser in einem kleinen, schweren Stieltopf aufkochen, und 2 Minuten köcheln lassen. Den Deckel vom Topf nehmen, die Temperatur etwas herunterdrehen und kochen lassen, bis der Zucker karamellisiert (dunkelbraun wird), dabei den Topf vorsichtig schwenken. Dies dauert etwa 6 bis 8 Minuten. Darauf achten, dass der Zucker nicht anbrennt. Den Topf vom Herd nehmen, und den Weinessig hinzufügen (Dabei unbedingt Abstand vom Topf halten, denn der aufsteigende Dampf ist essighaltig und brennt in den Augen). Die Masse auf niedriger Hitze 2 bis 3 Minuten unter Rühren köcheln lassen, bis sich der karamellisierte Anteil völlig aufgelöst hat.

3. Den Portwein, den Zitronensaft und die Zitronenschale unter die Masse rühren, und bei mittlerer Hitze zum Kochen bringen. 2 Minuten im offenen Topf köcheln lassen. Den Fond und die Zimtstange hinzugeben, und in etwa 5 Minuten etwas reduzieren lassen. Die Temperatur herunterdrehen, die Kirschen dazugeben, und die Masse bei frischen Kirschen 5 Minuten, bei Kirschen aus dem Glas 2 Minuten leicht köcheln lassen, bis das Obst weich aber nicht verkocht ist. Die Zimtstange aus der Sauce nehmen und entsorgen.

4. Die Maisstärke im Kirschwasser auflösen und mit einem Schneebesen in die Sauce rühren. Die Sauce etwa 1 Minute kochen lassen, bis sie etwas andickt. Den Topf vom Herd nehmen, und die Sauce nach Belieben mit Salz und Pfeffer abschmecken. Nach Wunsch Zucker oder Honig hinzufügen. Die Sauce hält sich abgedeckt im Kühlschrank für 5 Tage. Vor dem Servieren erwärmen.

ORANGENSAUCE FÜR ENTENGERICHTE

ERGIBT CA. 500 ML

Ente à l'orange ist ein weiterer französischer Klassiker; außerdem ist es das erste Gericht, das ich an der Kochschule La Varenne in Paris erlernte. Die Sauce verdankt ihren einzigartigen süß-sauren Karamell-Geschmack einer Mischung aus gebranntem Zucker und Essig. Herkömmlich wird das Gericht mit Orangen zubereitet, mir gefällt aber auch der exotische Geschmack der Mandarinen. Einige Streifen Orangenschale vor dem Grillen in die Ente gelegt sorgen für ein verstärktes Aroma.

ZUTATEN

2 große Orangen, vorzugsweise Navel-Orangen
50 g Zucker
60 ml Rotweinessig
360 ml Enten- oder Hühnerfond oder natriumarmer Hühnerfond aus dem Glas
1 EL Orangenmarmelade
1 1/2 EL Maisstärke
2 EL Grand Marnier oder anderer Orangenlikör
Salz und frisch gemahlener schwarzer Pfeffer

1. Die Menge von 1 TL Schale von einer Orange abreiben. Die Orange schälen, dabei das Fruchtfleisch freilegen. Die Orange über eine Schüssel halten, um Fruchtsaft aufzufangen. Mit einem scharfen Küchenmesser V-förmige Einschnitte zwischen die Membranen machen, und die Orangenfilets entnehmen. Die Orangenfilets mit einer Gabel von Kernen befreien, und beiseitestellen. Die zweite Orange auspressen. Es sollte eine Menge von 160 ml Orangensaft entstehen.

2. Den Zucker mit 3 EL Wasser in einen kleinen schweren Stieltopf geben und zum Kochen bringen. Im abgedeckten Topf 2 Minuten kochen lassen. Den Deckel vom Topf nehmen, die Temperatur etwas herunterdrehen und kochen lassen, bis der Zucker karamellisiert (dunkelbraun wird), dabei den Topf vorsichtig schwenken. Dies dauert etwa 6 bis 8 Minuten. Darauf achten, dass der Zucker nicht anbrennt. Den Topf vom Herd nehmen, und den Weinessig hinzufügen (Dabei unbedingt Abstand vom Topf halten, denn der aufsteigende Dampf ist essighaltig und brennt in den Augen). Die Masse auf niedriger Hitze 2 bis 3 Minuten unter Rühren köcheln lassen, bis sich der karamellisierte Anteil völlig aufgelöst hat.

3. Den Orangensaft und den Fond unter die Masse rühren, und bei mittlerer Hitze zum Kochen bringen. 10 bis 15 Minuten im offenen Topf köcheln lassen, bis die Menge um die Hälfte reduziert ist. Die Temperatur herunterdrehen, und die Marmelade mit einem Schneebesen unterrühren. Etwa 1 Minute kochen lassen, bis sich die Marmelade aufgelöst hat.

4. Die Maisstärke in dem Grand Marnier auflösen, und mit einem Schneebesen in die Sauce rühren. Die Sauce etwa 1 Minute kochen lassen, bis sie etwas andickt. Die Orangenfilets in die Sauce geben, und den Topf vom Herd nehmen. Nach Belieben mit Salz und Pfeffer abschmecken. Die Sauce hält sich abgedeckt im Kühlschrank für 5 Tage. Vor dem Servieren erwärmen.

Abreiben von Zitrusschale

Die Schale von Orangen oder allen anderen Zitrusfrüchten kann mit einer Kastenreibe abgerieben werden. Nehmen Sie die Seite mit den kleinsten Löchern. Es gibt aber ein Utensil, mit dem es leichter geht: Microplane®. Sollten Sie noch keine dieser Reiben besitzen, dann lassen Sie alles stehen und liegen und laufen – nicht gehen – Sie ins nächste Fachgeschäft. Mit dieser Reibe erhalten Sie feinstgeschnittene Schale. Welche Reibe Sie auch benutzen, entfernen Sie immer nur den äußeren, die ätherischen Öle enthaltenden Teil der Schale, nicht den darunter befindlichen bitteren Anteil.

MACAO

PEKING-ENTE

INDIREKTES GRILLEN
FÜR 4 PERSONEN

Peking-Ente ist eines der Glanzlichter der chinesischen Küche. Vor meiner Reise nach Macao habe ich nie darüber nachgedacht, dieses Gericht auf dem Grill zuzubereiten. Macao, eine ehemalige portugiesische Enklave, liegt eine Bootsstunde südlich von Hongkong und hält mit die besten Speisen in ganz Asien bereit. (Das Resultat des

Aufeinandertreffens zweier Kulturen, in denen das Essen groß geschrieben wird: Portugal und China).

Das „Lam Yam Wing" ist zwar nicht in Reiseführern erwähnt, und doch machte ich bei meinem Besuch des Restaurants eine großartige gastronomische Erfahrung. Der ganze Stolz des Restaurants ist die Peking-Ente, die mit Honig bestrichen rotbraun geröstet wird. Der Kellner schneidet das Brustfleisch in knusprige dünne Scheiben, die mit Frühlingszwiebel-Pfannkuchen von der Größe einer 2-Euro-Münze gereicht werden (Nicht von der Art der papierdünnen Pfannkuchen, sondern samtige, köstliche, dünne Crêpes). Das Fleisch der Ente wird in der Küche mit Schalotten und Knoblauch scharf angebraten. Zu diesem Rezept wurde ich durch das „Lam Yam Wing" inspiriert.

Die Zubereitung von Ente in einem geschlossenen Grill mittels der indirekten Garmethode lässt das Fleisch saftig und knusprig werden, ohne dabei viele Umstände zu verursachen. Das Kaltstellen der Ente über Nacht erhöht sogar die Knusprigkeit der Haut.

Hier ist also ein nicht vollkommen traditionell aber äußerst schmackhaftes Rezept für gegrillte Peking-Ente. Lassen Sie sich nicht durch die Länge des Rezepts abschrecken, denn die tatsächliche Zubereitungszeit ist kurz. Ich habe ein Rezept für Frühlingszwiebel-Crêpes eingeschlossen. Die Crêpes können Sie zubereiten, während die Ente gart. Wenn Sie in Eile sind, können Sie fertige, abgepackte chinesische Pfannkuchen oder sogar Weizentortillas nehmen. Beide sind aber nicht ganz so köstlich wie die Crêpes.

VORBEREITUNGSZEIT

24 Stunden für das Austrocknen der Entenhaut

FÜR DAS FLEISCH

1 Ente (2025-2250 g), aufgetaut, falls die Ente gefroren ist
Salz und frisch gemahlener schwarzer Pfeffer
1 TL chinesische Gewürzmischung aus 5 Gewürzen
1 Knoblauchzehe, geschält
1 Frühlingszwiebel, weiße und grüne Anteile, geputzt
3 dünne Scheiben geschälter, frischer Ingwer
1 EL (dunkles) asiatisches Sesamöl

FÜR DIE SAUCE

240 ml Hoisin-Sauce
85 g Honig
60 ml dunkle Sojasauce
60 ml Reiswein oder Sake
3 Knoblauchzehen, gehackt
1 TL frischer Ingwer, geschält und gehackt

ZUM SERVIEREN

16 Frühlingszwiebel-Crêpes (Rezept folgt)
oder Peking-Pfannkuchen
oder Weizentortillas
16 Frühlingszwiebel-Bürstchen (siehe S. 295)

1. Zubereitung der Ente: Am Tag zuvor das Fett an Hals und Bürzel der Ente entfernen und entsorgen. Den Beutel mit den Innereien entnehmen und für einen anderweitigen Gebrauch zur Seite legen. Die Ente von außen und innen gut unter fließend kaltem Wasser abspülen, abtropfen lassen und mit Küchenkrepp trocken tupfen. Die Ente in eine Bratenform legen, und offen über Nacht in den Kühlschrank stellen, um die Haut auszutrocknen.

2. Das Innere der Ente mit Salz, Pfeffer und ½ TL der chinesischen Gewürzmischung würzen. Die Knoblauchzehe, die Frühlingszwiebel und die Ingwerscheiben in die Ente geben, dann die Ente auf die Brustseite legen, so, dass der Rücken nach oben zeigt. Mit der Spitze eines scharfen Küchenmessers in das fettige Fleisch unter beiden Flügeln und in die Unterseite beider Schenkel einen Einschnitt machen. Die Haut der Ente ganzflächig mit einer scharfen Gabel anstechen. Darauf achten, dass das Fleisch nicht verletzt wird. Die Ente von außen mit dem Sesamöl bestreichen, und mit dem restlichen ½ TL der Gewürzmischung, Salz und Pfeffer einreiben.

3. Den Grill für indirektes Garen vorbereiten, eine große Tropfschale in die Mitte stellen, und auf mittlere bis niedrige Temperatur vorheizen.

4. Sobald die Temperatur erreicht ist, die Ente mit der Brustseite nach oben auf den heißen Rost über die Tropfschale legen. Den Grill schließen, und die Ente 1½ Stunden garen. Bei Verwendung eines Holzkohlegrills stündlich auf jeder Seite 10 bis 12 frische Holzkohlen nachlegen.

5. In der Zwischenzeit die Sauce zubereiten: Die Hoisin-Sauce mit dem Honig, der Sojasauce, dem Reiswein und dem gehackten Ingwer und Knoblauch in einen kleinen schweren Stieltopf geben und auf niedriger Hitze zum Kochen bringen. Die Sauce etwa 5 Minuten im offenen Topf köcheln lassen, bis sie aromatisch duftet und die Konsistenz von Sirup angenommen hat.

6. Nachdem sie 1½ Stunden gegart hat, die Ente aufrecht stellen, die angesammelte Flüssigkeit in eine Schüssel abgießen und entsorgen. Die Haut erneut mit einer Gabel einstechen und unter den Flügeln und an den Keulen neue Einschnitte machen, um die Flüssigkeit leichter austreten zu lassen. Die Ente weitere 30 bis 45 Minuten grillen, bis die Haut rotbraun und knusprig ist, und ein in den fleischigsten Teil der Keule gestecktes Thermometer 76,6 °C anzeigt. Das Thermometer darf beim Messen den Knochen nicht berühren.

7. Die Ente zum Servieren auf einen Teller legen. Am Tisch oder in der Küche mit einem scharfen Messer die Haut und das Fleisch tranchieren. Für jeden Gast ein Schälchen mit Sauce befüllen. Das Entenfleisch und die Haut auf

PEKING-ENTE MIT FRÜHLINGSZWIEBEL-CRÊPES | SEITE 292

eine Servierplatte, die Frühlingszwiebel-Crêpes und die Frühlingszwiebeln auf einem anderen Teller anrichten. Die Crêpes von jedem Gast selbst mittels des Frühlingszwiebel-Bürstchens mit Sauce beträufeln lassen. Ein Scheibe der Entenhaut und des Entenfleischs auf einen Crêpe legen (wenn gewünscht auch die Frühlingszwiebel), und zu einem Zylinder gerollt verzehren.

HINWEIS: Die Frühlingszwiebeln müssen einige Stunden eingeweicht werden, wenn sie zum Bestreichen der Crêpes benutzt werden sollen.

FRÜHLINGSZWIEBEL-CRÊPES

FÜR ETWA 16 CREPES VON 10 CM DURCHMESSER

Diese Crêpes sind weitaus köstlicher als Peking-Pfannkuchen oder Tortillas. Sie können bis zu 24 Stunden im Voraus zubereitet und im Kühlschrank aufbewahrt werden.

ZUTATEN

2 große Eier
½ TL Zucker
½ TL Salz
180 ml Milch
125 g Weizenmehl
3 EL sehr fein geschnittener grüner Anteil Frühlingszwiebel
1 EL (dunkles) asiatisches Sesamöl
Backtrennspray, zerlassene Butter oder Sesamöl zum Fetten der Pfanne

1. Die Eier, den Zucker und das Salz in eine Schüssel geben, und mit dem Schneebesen verrühren, bis Zucker und Salz aufgelöst sind. Die Milch und 180 ml Wasser unterrühren. Den Teig durch ein Sieb in eine andere Schüssel streichen, sollte er klumpig sein. Die Frühlingszwiebel und das Sesamöl untermengen. Der Teig sollte die Konsistenz von schwerer Sahne haben und kann mit etwas Wasser verdünnt werden, sollte er zu dick sein.

2. Eine Crêpes-Pfanne mit etwas Backtrennspray einsprühen (oder mit ein wenig Butter oder Sesamöl fetten), und auf mittlerer Temperatur erhitzen (die Pfanne ist heiß genug, wenn ein Wassertropfen innerhalb von 2 bis 3 Sekunden verdampft). Die Pfanne vom Herd nehmen, und für jeden Crêpe 2 EL des Teigs hineingeben. Die Pfanne leicht schwenken und drehen, um den Teig in der Pfanne zu einem dünnen, 10 cm großen Crêpe zu formen.

Frühlingszwiebel-Bürstchen

Die Wurzeln und dunkelgrünen Spitzen der Frühlingszwiebeln abschneiden und für einen anderweitigen Gebrauch aufheben. Die Frühlingszwiebeln sollten dann nur noch aus dem weißen etwa 8 cm langen Teil bestehen. Die einzelnen ‚Borsten' der Bürstchen durch eine Reihe 2,5 cm langer Schnitte der Länge nach durch den weißen Teil der Zwiebel bilden. Dabei die Frühlingszwiebel nach und nach drehen. Die Frühlingszwiebeln zwei Stunden in eine Schüssel mit Eiswasser stellen, damit sich die Enden nach außen kringeln.

3. Die Pfanne wieder auf den Herd stellen, und den Crêpe 1 bis 2 Minuten pro Seite backen, bis er eine braune Farbe angenommen hat. Die fertigen Crêpes auf einem Teller übereinander stapeln. Die Pfanne nach jedem Crêpe fetten.

ITALIEN

GEGRILLTER FASAN AUF TOSKANISCHE ART

INDIREKTES GRILLEN ODER DREHSPIESS
FÜR 2 PERSONEN

Das in dem Ort Artimino gelegene Restaurant „Da Delfina" in der Nähe von Florenz ist genau der richtige Ort, an dem man sich nach einem langen Tag der Recherche erholen möchte. Der Weg führt über immer schmaler werdende Straßen zu dem oben auf einer steilen Bergkuppe thronenden toskanischen Dorf. Das Restaurant selbst wirkt eher wie ein privater Treffpunkt. Hier ist Chianti-Gebiet, und das „Da Delfina" hat eine Terrasse, auf der man, abhängig vom Wetter, mit Aussicht auf die fast außerirdisch wirkenden, gepflegten, unterhalb gelegenen Weingärten speisen kann.

Beim Betreten des Restaurants fällt der erste Blick auf

Die Küche Macaos

Als begeisterter und häufig Reisender bin ich von den Garküchen am Wegesrand fasziniert. Das Aufeinandertreffen zweier Kulturen – manchmal auch die Kluft zwischen ihnen – entlang einer schmalen geografischen Schnittstelle wie in Macao, hat zu dem Entstehen einer weltweit interessanten Küche geführt. Die winzige portugiesische Enklave an der südöstlichen Küste Chinas ist die reine Verkörperung dessen, was von zeitgenössischen amerikanischen Köchen als „fusion cuisine" bezeichnet wird. Abgesehen davon findet dieses Verschmelzen schon seit über vierhundert Jahren statt und verbindet zwei Kulturen vom jeweils anderen Ende der Welt.

Macao ist ein winziger Landstrich im Mündungsdelta des Perlflusses. Winzig? Die Bevölkerung von 450.000 lebt auf zwei kleine Inseln und eine Halbinsel verteilt, die eine Fläche von 28,2 qkm ausmachen. Macao wurde 1557 als portugiesische Kolonie gegründet, als iberische Händler einen Außenposten errichteten, um die Waren dort zwischen China und Japan auszutauschen. Portugal ist eines der kleinsten europäischen Länder, im 17. Jahrhundert reichte sein Einfluss jedoch um den ganzen Globus. Macao war der östlichste Stützpunkt eines Imperiums, das sich von Brasilien bis Angola und von Mosambik bis Goa in Indien und Timor erstreckte.

Heute ist Macao eine chinesische Sonderverwaltungszone, und 5 % der hauptsächlich chinesischen Bevölkerung spricht portugiesisch. Man kann aber noch barocke Kirchen, Märkte auf denen in Salz eingelegter Kabeljau angeboten wird und Bäckereien, die sich auf portugiesisches Gebäck spezialisiert haben, finden. Macao ist auch einer der wenigen Orte auf chinesischem Gebiet, an dem das Grillen eine weit verbreitete Zubereitungsart ist, denn die Portugiesen brachten die Methode nach China. China ist ein Land, dessen komplexe Küche bemerkenswert und überraschend zugleich ist, da man dort nicht über offenem Feuer kocht. Anders gesagt, die kulinarische Kultur der Chinesen und Portugiesen wurde eins und bildet das, was als macaosche Küche bekannt ist.

Wie viele der Millionen Touristen, die hierher kommen, reiste auch ich per Flugzeug aus Hongkong an. Der Flug dauerte kaum eine Stunde, trug mich aber um Jahrzehnte in die Vergangenheit. Auf den ersten Blick unterscheidet Macao nichts von jeder anderen asiatischen Metropole – ewige Baustellen, höllischer Verkehr, hohe Wohnblöcke und am Flussufer ein Kasino neben dem anderen. Betritt man aber eine Seitengasse wie die Rua de la Felicidade (die adäquat benannte Straße des Glücks, die einst das Rotlichtviertel der Kolonie beherbergte), könnte man sich genauso gut im China vor dem 2. Weltkrieg befinden.

Das Angebot an Waren stapelt sich auf wackeligen Tischen vor den Ladenfronten in den Straßen. In den Garküchen wird au jok kohn, eine Art süßes, salziges und herrlich fettiges, mariniertes Schweinefleisch über glühender Holzkohle gegrillt. Die Restaurants haben sich auf Gerichte spezialisiert, von deren Zutaten man nicht denken würde, dass sie essbar sind: Schlangen winden sich im Fenster eines Lokals, ein anderes wirbt mit Käfigen, in denen kleine tapirähnliche Säugetiere gefangen sind. Abends sind die Käfige dann leer. Mit der Dämmerung füllen sich die Straßen mit dem Duft von Gekochtem, denn die Anwohner nehmen ihr Abendessen gern auf der Treppe vor ihren Häusern ein und treffen sich mit Nachbarn.

In den portugiesischen Restaurants Macaos wird erwartungsgemäß gegrillt. Da gibt es zum Beispiel das „Fernando's", dessen Gründer von den Azoren stammt, und das auf der ruhigsten Insel Macaos Coloane liegt. Im Herzen der Freiluftküche des „Fernando's" steht ein Grill, auf dem Sardinen, mit Salz konservierter Kabeljau und sogar Tintenfisch auf Holzkohle gegrillt wird. Ganz nach portugiesischer Art, wird gegrilltes Fleisch mit Tomate, Paprikaschoten, Olivenöl-Salsa und feuriger Piri-Piri-Sauce gereicht.

Viele in Macao ansässige Chinesen kochen heute auch auf offenem Feuer. Meine nächste Rast führte mich an einen Grillstand am Straßenrand namens „Lam Yam Wing" auf der Insel Taipa. Das „Lam Yam Wing" befindet sich in der Hand von vier Brüdern und ist alles, aber keine Touristenfalle. Hier genießen viele Einheimische chinesisches, gegrilltes Essen. Das Zentrum des Restaurants bildet der Grill; eine 6 Meter lange Metallwanne mit einem Dutzend verschiedener Kochzonen. Es gibt einen Bereich für das Grillen am Spieß, wo sich ganze Hähnchen (mit Köpfen) drehen. Außerdem gibt es einen Rost, auf dem Hähnchenflügel, Meereskrebse und fette, gebutterte heimische Aale brutzeln. Die Methode mag zwar portugiesisch sein, die Gewürze sind aber chinesisch: Sojasauce, Sesamöl, Reiswein, Ingwer und Frühlingszwiebeln. Das Fleisch wird in mundgerechte Happen geschnitten, sodass es mit Stäbchen gegessen werden kann. Viele der Gäste haben aber die orientalische Art übernommen und essen mit den Fingern.

die offene Küche mit einem riesigen Herd, der mit einem Drehspieß und Holzkohlegrill ausgestattet ist. Auf dem Boden und unten im Hof liegen Massen an Holzscheiten aus toskanischer Eiche. Die weißhaarige Dame, die neben der Tür an einem Tisch sitzt und Cannelini-Bohnen putzt, ist niemand anderes als Delfina Cioni selbst. Sie gründete das Restaurant im Jahr 1961, nachdem sie eine Weile als Privatköchin bei einer in der Nähe ansässigen Gräfin gearbeitet hatte. Heute wird das Restaurant von ihrem Sohn Carlo geleitet.

Carlo ist der Ansicht, dass das Grillen von Wild durchaus sinnvoll ist. Schließlich ist es noch gar nicht so lange her, dass unsere Vorfahren als Jäger und Sammler ihre Nahrung selbst beschafften und über gemeinsamen Feuerstellen kochten. Bei dem Grillen von Wild muss man jedoch die Trockenheit des Fleischs bedenken. Wild hat nicht so viel Fett wie Zuchttiere, deshalb neigt das Fleisch dazu, bei der Zubereitung auszutrocknen. Dies lässt sich am einfachsten verhindern, indem man das Fleisch in Pancetta (italienischer Bauchspeck vom Schwein), Schinkenspeck oder Schweinenetz wickelt.

An dem Tag, als ich das „Da Delfina“ besucht, war ich der einzige, der an meinem Tisch Fasan aß. Mir wurde eine entbeinte, gefüllte Fasanenkeule serviert. Das Rezept ist für einen ganzen Fasan gedacht, den Sie natürlich selber entbeinen können, wenn Sie sich ambitioniert fühlen (ich habe die Anleitung dazu eingeschlossen). Der Fasan gelingt aber auch ohne das Entfernen der Knochen wunderbar. Sollte Fasan nicht erhältlich sein, kann auf Hähnchen und Rebhuhn zurückgegriffen werden.

VORBEREITUNGSZEIT

30 Minuten für das Einweichen des Brotes

SPEZIELLE AUSRÜSTUNG

Küchenfaden; Spieße (optional); Drehspieß

ZUTATEN

1 Fasan (etwa 1000 g)
240 ml Milch
4 dicke Scheiben weißes Landbrot, ohne Kruste
230 g Mangold, geputzt
Salz
1 Knoblauchzehe, gehackt
35 g frisch geriebener Parmesankäse
Frisch gemahlener schwarzer Pfeffer
8 dünne Scheiben Pancetta (etwa 170 g)
4 Zweige frischer Rosmarin

1. Den Fasan von innen und außen unter fließend kaltem Wasser abspülen, abtropfen lassen, und mit Küchenkrepp trocken tupfen. Wenn gewünscht, den Fasan wie folgt entbeinen: Am Hals beginnen, und mit der Spitze eines scharfen Küchenmessers das Fleisch vom Brustkorb trennen. Den Schnitt in Richtung der Gelenke am Flügel führen und die Gelenke durchtrennen. Das Fleisch über den Brustkorb zurückziehen, so wie man einen Handschuh ausziehen würde. Den Schnitt bis zu den Beingelenken weiterführen. Die Beingelenke ebenfalls durchtrennen. Die Oberschenkelknochen herausschneiden. Den Brustkorb herausziehen, und das Fleisch wieder zurückfalten (als wenn man eine auf links gezogene Socke wieder auf rechts ziehen würde). Dies hört sich komplizierter und aufwändiger an, als es in Wirklichkeit ist. Der Fasan kann auch gefüllt und gegrillt werden, wenn er nicht entbeint wurde. Den Fasan während der Zubereitung der Füllung kühl stellen.

2. Das Brot in eine flache Schüssel legen und die Milch darüber gießen. 30 Minuten einweichen lassen.

3. In der Zwischenzeit den Mangold in kochendes Salzwasser geben, und 5 Minuten garen. Den Mangold unter kaltem Wasser abspülen, abtropfen lassen und mit Küchenkrepp trocken tupfen. Dann so fein wie möglich schneiden, mit den Händen das restliche Wasser herausdrücken und in eine mittelgroße Schüssel legen.

4. Sämtliche Milch aus dem Brot pressen, und das Brot zusammen mit dem Knoblauch und dem Parmesan zu dem Mangold geben. Alles gut vermischen. Nach Belieben mit Salz und Pfeffer würzen, die Füllung in den Fasan geben und den Fasan mit Küchenfaden oder Spießen schließen.

5. Den Fasan von außen mit Salz und Pfeffer würzen und in Bauchspeck-Streifen wickeln. Die Rosmarinzweige darunter festklemmen. Den Speck mit Küchenfaden befestigen.

6. Der Fasan kann auf die indirekte Grillmethode oder am Drehspieß zubereitet werden.

Für die Zubereitung nach der indirekten Grillmethode den Grill entsprechend vorbereiten, eine Tropfschale in die Mitte setzen, und auf mittlere Temperatur vorheizen. Sobald die Temperatur erreicht ist, den Grillrost bürsten und ölen. Den Fasan auf den heißen Rost über die Tropfschale legen, und den Grill schließen. Den Fasan etwa 1 Stunde grillen, bis er eine schöne braune Farbe angenommen hat und ein in den fleischigsten Teil der Keule gesteckter Spieß oder eine Messerspitze sich heiß anfühlt.

Für die Zubereitung am Drehspieß den Herstelleranweisungen folgen, und den Grill entsprechend vorbereiten. Auf mittlere Temperatur vorheizen. Sobald die Temperatur erreicht ist, den Fasan auf den Spieß stecken. Den Spieß in den Mechanismus einlegen, den Motor einschalten, und den Grill schließen. Den Fasan etwa 40 Minuten bis 1 Stunde grillen, bis er eine schöne braune Farbe angenommen hat und ein in den fleischigsten Teil der Keule gesteckter Spieß oder eine Messerspitze sich heiß anfühlt.

7. Zum Anrichten den Küchenfaden oder die Spieße entfernen, den Fasan 10 Minuten ruhen lassen, in zwei Hälften schneiden und servieren.

GEGRILLTE FASANENKEULEN

DIREKTES GRILLEN
FÜR 4 PERSONEN

Die italienische Art der Zubereitung von ganzen Fasanen lässt sich gut auf gefüllte Fasane oder Hähnchenkeulen übertragen. Die gefüllten Fasanenkeulen können mit Zahnstochern oder Küchenfaden zusammengehalten werden.

4 Fasanen- oder Hähnchenkeulen (insgesamt etwa 900 g)
Füllung laut Rezept für Gegrillten Fasan auf toskanische Art (Schritte 2 bis 4, Seite 295)
8 dünne Scheiben Pancetta (italienischer Bauchspeck vom Schwein; etwa 170 g, siehe Hinweis)
4 Zweige frischer Rosmarin

1. Die Fasanenkeulen unter fließend kaltem Wasser abspülen, abtropfen lassen und mit Küchenkrepp trocken tupfen. Die Knochen teilweise entfernen; dazu die Oberschenkelknochen ausgehend von der Innenseite der Keule oben beginnend herausschneiden.

2. Die Füllung nach Anleitung zubereiten. Die Fasanenkeulen füllen und mit Küchenfaden zunähen oder zubinden, oder mit Zahnstochern verschließen. Jede Fasanenkeule in 2 Scheiben Bauchspeck wickeln, und mit Küchenfaden befestigen. Die Rosmarinzweige unter die Speckscheiben geben.

3. Den Grill für direktes Garen mit zwei Temperaturzonen vorbereiten (siehe Seite 18), wobei zwei Drittel des Grills auf mittlere bis hohe Temperatur erwärmt werden und ein Drittel im Sinne einer Sicherheitszone kalt bleibt.

4. Sobald die Temperatur erreicht ist, den Grillrost bürsten und ölen. Die Keulen in die heiße Zone auf den Rost legen, und etwa 8 bis 12 Minuten pro Seite grillen, bis sie eine schöne braune Farbe angenommen haben und ein in den fleischigsten Teil der Keule gesteckter Spieß oder eine Messerspitze sich heiß anfühlt. Sollten Flammen hochsteigen, das Fleisch in die kalte Sicherheitszone legen, bis die Flammen erlöschen. Vor dem Servieren den Küchenfaden entfernen.

HINWEIS: Die Pancetta-Scheiben müssen mit Küchenfaden um die Keulen festgebunden werden.

GRIECHENLAND

GEGRILLTE WACHTELN „SANTORINI"

DIREKTES GRILLEN
FÜR 4 PERSONEN

Santorin ist ein bezaubernd schöner griechischer Archipel und gehört zu einer Kette von Vulkaninseln. An die steilen Hänge der Inseln klammern sich weiß gekalkte Häuser und Kirchen. Die Insel stand Pate bei der Namensgebung eines ebenso malerischen Restaurants im griechischen Viertel Chicagos. Dort kann man in einem sanft beleuchteten, auf zwei Ebenen angelegten Speisesaal zwischen Kupfergeschirr, von den Decken hängenden Körben und einem lodernden Kamin auf rustikalen Weidenstühlen herrlich essen. Wachteln sind eine Spezialität des Hauses. Trotz der Einfachheit der Zubereitung, ist es eine der besten Arten des Grillens von diesem winzigen Geflügel, die ich kenne.

VORBEREITUNGSZEIT

1 bis 2 Stunden für das Marinieren der Wachteln

ZUTATEN

8 Wachteln (insgesamt etwa 900 g)
120 ml Rotweinessig, oder mehr, je nach Geschmack
120 ml frisch gepresster Zitronensaft
1½ EL zerriebener, getrockneter Oregano (siehe Griechischer Oregano, gegenüberliegende Seite)
2 TL Salz, oder mehr, je nach Geschmack
2 TL frisch gemahlener schwarzer Pfeffer, oder mehr, je nach Geschmack
180 ml Olivenöl extra vergine, vorzugsweise griechisches

1. Jegliches Fett an Hals und Bürzel entfernen, und die Wachteln innen und außen unter fließen kaltem Wasser abspülen, abtropfen lassen, und mit Küchenkrepp trocken tupfen. Die Wachteln wie auf Seite 289 aufklappen oder halbieren. Die Wachteln mit der Haut nach unten in eine Auflaufform (nicht aus Aluminium) legen, und während der Zubereitung der Vinaigrette-Marinade beiseitestellen.

2. Den Weinessig mit dem Zitronensaft, Oregano, Salz und Pfeffer in einer großen Schüssel vermengen, und rühren, bis das Salz aufgelöst ist. Das Olivenöl mit einem Schneebesen unterrühren. Mit Weinessig, Salz und Pfeffer nach Belieben abschmecken. Die Marinade sollte gut gewürzt sein. Die Hälfte der Vinaigrette-Marinade über die Wachteln geben; dabei die Wachteln wenden, damit sie überall mit der

Marinade bedeckt sind. Die Wachteln in der Marinade für 1 bis 2 Stunden abgedeckt in den Kühlschrank stellen, und während der Zeit ein bis zwei Mal wenden. Die übrige Marinade bis zum Anrichten beiseitestellen.

3. Den Grill für direktes Garen mit zwei Temperaturzonen vorbereiten (siehe Seite 18), wobei zwei Drittel des Grills auf mittlere bis hohe Temperatur erwärmt werden und ein Drittel im Sinne einer Sicherheitszone kalt bleibt.

4. Sobald die Temperatur erreicht ist, den Grillrost bürsten und ölen. Die Wachteln aus der Marinade nehmen, und die Marinade entsorgen. Die Wachteln mit der Haut nach unten in die heiße Zone des Grills auf den Rost legen, 5 bis 8 Minuten pro Seite grillen, bis sie eine schöne braune Farbe angenommen haben und beim Anstechen des fleischigsten Teils der Keule mit einem Spieß oder scharfen Messer nur klarer Fleischsaft austritt. Sollten Flammen hochsteigen, das Fleisch in die kalte Sicherheitszone legen, bis die Flammen erlöschen.

5. Die Wachteln auf Teller oder eine Servierplatte geben, und vor dem Servieren 2 Minuten ruhen lassen. Die beiseitegestellte Vinaigrette-Marinade erneut durchrühren, über die Wachteln geben und servieren.

Griechischer Oregano

Echt griechischer Oregano hat ein reichhaltiges, minziges Aroma. Er ist nicht nur in griechischen Lebensmittelgeschäften vorrätig.

AFGHANISTAN

AFGHANISCHE GEGRILLTE WACHTELN

DIREKTES GRILLEN
FÜR 4 PERSONEN

Wenn Sie Wachteln immer als etwas trockenes Geflügel empfunden haben, dann ist dieses Rezept genau das richtige für Sie. Die würzige Joghurt-Marinade macht das Fleisch äußerst saftig. Die einzige „Schwierigkeit» besteht darin, daran zu denken, den Joghurt im Voraus abtropfen zu lassen. Übrigens, sogar wenn Sie keine Wachteln mögen, können Sie dieses Gericht ausprobieren. Die Marinade eignet sich hervorragend als Rohkost-Dip. Zu diesem Rezept wurde ich durch das Restaurant „Khyber Pass“ in New York inspiriert.

VORBEREITUNGSZEIT

2 bis 3 Stunden für das Abtropfen des Joghurts, und 3 bis 12 Stunden für das Marinieren der Wachteln

ZUTATEN

1 l Vollmilchjoghurt
2 EL scharfes oder süßes Paprikapulver
1 TL Salz, oder mehr, je nach Geschmack
1 TL gemahlener Koriander
½ TL Cayennepfeffer, oder mehr, je nach Geschmack
½ TL Currypulver
½ TL gemahlener Kreuzkümmel
½ TL Kurkumapulver
½ TL frisch gemahlener schwarzer Pfeffer
8 Wachteln (insgesamt etwa 900 g)

1. Ein Joghurtsieb oder ein mit einer doppelten Lage Tuch ausgelegtes normales Sieb über eine Schüssel hängen. Den Joghurt in das Sieb geben, und im Kühlschrank 2 bis 3 Stunden abtropfen lassen.

2. Die angesammelte Flüssigkeit entsorgen. Den Joghurt (er ist jetzt halbfest, aber nicht trocken) in eine große Auflaufform (nicht aus Aluminium) geben. Paprikapulver, Salz, Koriander, Cayennepfeffer, Currypulver, Kreuzkümmel, Kurkumapulver und schwarzen Pfeffer hinzugeben und verrühren. Mit Salz und Cayennepfeffer abschmecken. Die Marinade sollte gut gewürzt sein. Die Marinade beiseitestellen, und die Wachteln zubereiten.

3. Jegliches Fett an Hals und Bürzel entfernen, die Wachteln innen und außen unter fließendem kalten Wasser abspülen, abtropfen lassen, und mit Küchenkrepp trocken tupfen. Die Wachteln wie auf Seite 289 aufklappen oder halbieren.

4. Die Wachteln in die Marinade geben, und sorgfältig in der Marinade wälzen. Abgedeckt für 3 bis 12 Stunden zum Marinieren in den Kühlschrank stellen. Gelegentlich wenden.

5. Den Grill für direktes Garen mit zwei Temperaturzonen vorbereiten (siehe Seite 18), wobei zwei Drittel des Grills auf mittelhohe Temperatur erwärmt werden und ein Drittel im Sinne einer Sicherheitszone kalt bleibt.

6. Sobald die Temperatur erreicht ist, den Grillrost bürsten und ölen. Die Wachteln aus der Marinade nehmen, und die Marinade entsorgen. Die Wachteln mit der Haut nach unten in die heiße Zone des Grills auf den Rost legen. Die Wachteln 5 bis 8 Minuten pro Seite grillen, bis sie eine schöne braune Farbe angenommen haben und beim Anstechen des fleischigsten Teils der Keule mit einem Spieß oder scharfen Messer nur klarer Fleischsaft austritt. Sollten Flammen hochsteigen, das Fleisch in die kalte Sicherheitszone legen, bis die Flammen erlöschen.

7. Die Wachteln auf Teller oder eine Servierplatte geben, und vor dem Servieren 2 Minuten ruhen lassen.

USBEKISTAN

WÜRZIGE GEGRILLTE WACHTELN

DIREKTES GRILLEN
FÜR 4 PERSONEN

Dieses Rezept stammt aus dem Gebiet des von mir so benannten Barbecue-Gürtels der ehemaligen Sowjetunion. In den zentralasiatischen Republiken Turkmenistan, Tadschikistan und Usbekistan spielt das Grillen eine große Rolle. Dieses Rezept ist in Usbekistan beliebt, wo laut der Expertin für Russland Darra Goldstein die Wachteln in Kürbisblätter eingewickelt und in heißer Asche gegart werden. Die mit Knoblauch, Kreuzkümmel und Koriander gewürzte Marinade sorgt für komplexe Geschmacksebenen.

Darra Goldstein, Autorin vieler Bücher, einschließlich „The Georgian Feast: The Vibrant Culture and Savory Food of the Republic of Georgia“, hat eine direktere Methode für die Zubereitung von Wachteln gewählt, als die traditionelle Art, sie in Kürbisblätter zu wickeln. Sie teilt die Wachteln, mariniert sie, und grillt sie direkt über dem Feuer. Eine Anleitung für die traditionelle Methode folgt. Beide Arten der Zubereitung werden Sie im Hinblick auf das große Aroma dieses kleinen Geflügels überraschen.

VORBEREITUNGSZEIT

4 Stunden für das Marinieren der Wachteln

ZUTATEN

8 Wachteln (insgesamt 900 g)
2 TL grobes Meersalz
2 TL Kreuzkümmelsamen
2 TL Koriandersamen
2 TL ganze schwarze Pfefferkörner
2 Knoblauchzehen, gehackt
2 EL Olivenöl extra vergine

1. Jegliches Fett an Hals und Bürzel entfernen, die Wachteln innen und außen unter fließendem kalten Wasser abspülen, abtropfen lassen, und mit Küchenkrepp trocken tupfen. Die Wachteln wie auf Seite 289 aufklappen oder halbieren. Die Wachteln mit der Haut nach unten in eine Auflaufform (nicht aus Aluminium) legen, und während der Zubereitung der Gewürzpaste beiseitestellen.

2. Das Salz, den Kreuzkümmel, den Koriander und die Pfefferkörner in einem Mörser grob zerstoßen, dann den Knoblauch und das Olivenöl einarbeiten, oder das Salz und die Gewürze in einer Gewürzmühle zu Pulver mahlen, und in einer kleinen Schüssel mit dem Knoblauch und dem Olivenöl verrühren. Die Masse mit den Händen auf den Wachteln verteilen. Die Wachteln 4 Stunden abgedeckt im Kühlschrank marinieren lassen.

3. Den Grill für direktes Garen mit zwei Temperaturzonen vorbereiten (siehe Seite 18), wobei zwei Drittel des Grills auf mittlere bis hohe Temperatur erwärmt werden und ein Drittel im Sinne einer Sicherheitszone kalt bleibt.

4. Sobald die Temperatur erreicht ist, den Grillrost bürsten und ölen. Die Wachteln aus der Marinade nehmen, und die Marinade entsorgen. Die Wachteln mit der Haut nach unten in die heiße Zone des Grills auf den Rost legen. Die Wachteln 5 bis 8 Minuten pro Seite grillen, bis sie eine schöne braune Farbe angenommen haben und beim Anstechen des fleischigsten Teils der Keule mit einem Spieß oder scharfen Messer nur klarer Fleischsaft austritt. Sollten Flammen hochsteigen, das Fleisch in die kalte Sicherheitszone legen, bis die Flammen erlöschen.

5. Die Wachteln auf Teller oder eine Servierplatte geben, und vor dem Servieren 2 Minuten ruhen lassen.

USBEKISTAN

GEGRILLTE WACHTELN IN WEINBLÄTTERN

DIREKTES GRILLEN MIT HOLZKOHLE
FÜR 4 PERSONEN

Aus Begeisterung für das traditionelle usbekische Rezept für gewürzte Wachteln machte ich den Versuch, die Wachteln in Weinblätter zu wickeln und sie in der glühenden Kohle zu rösten (Weinblätter sind natürlich keine Kürbisblätter, aber in unseren Breitengraden leichter erhältlich). Das Ergebnis war erstaunlich. Wenn Sie nach diesem Rezept verfahren möchten, benötigen Sie einen Holzkohlegrill.

VORBEREITUNGSZEIT

1 Stunde für das Einweichen der Weinblätter, und 4 Stunden für das Marinieren der Wachteln

SPEZIELLE AUSRÜSTUNG

Küchenfaden für das Umwickeln und Befestigen der Weinblätter

ZUTATEN

40 Weinblätter in Lake abgepackt
8 Wachteln (insgesamt 900 g)
Gewürzpaste laut Anleitung in dem Rezept für gewürzte gegrillte Wachteln (Schritt 2)

1. Die Weinblätter unter fließendem kalten Wasser abspülen, dann in einer Schüssel mit kaltem Wasser abgedeckt 1 Stunde lang einweichen lassen. Das Wasser mehrmals erneuern.

2. Jegliches Fett an Hals und Bürzel entfernen, die Wachteln innen und außen unter fließendem kalten Wasser abspülen, abtropfen lassen, und mit Küchenkrepp trocken tupfen. Die Wachteln im Ganzen belassen. Eine kleine Menge der Gewürzpaste in die Wachteln geben, und die Haut der Wachteln mit der übrigen Menge einreiben.

3. Die Weinblätter abgießen und trocken tupfen. Jede Wachtel in fünf Weinblätter wickeln und mit dem Küchenfaden festbinden. Die Wachteln zum Marinieren für 4 Stunden abgedeckt in den Kühlschrank stellen.

4. Einen Holzkohlegrill für direktes Grillen bei mittlere bis hohe Temperatur vorbereiten.

5. Sobald die Temperatur erreicht ist, die Wachteln in die glühende Asche legen. Die Wachteln 15 bis 20 Minuten garen lassen, und von Zeit zu Zeit mit der Grillzange wenden. Sie sind gar, wenn sich die Spitze eines Spießes oder Messers nach dem Anstechen des fleischigsten Teils der Keule heiß anfühlt.

6. Die Wachteln in den Weinblättern servieren. Etwaige Aschereste abbürsten. Da die Wachteln in der Asche gegrillt wurden, sind die Weinblätter nicht genießbar. Sie sollten vor dem Verzehr der Wachteln entfernt werden.

WOLFSBARSCH AUF FENCHEL GEGRILLT UND MIT PERNOD FLAMBIERT | SEITE 307

KAPITEL 11

WASSER TRIFFT FEUER: FISCH AUF DEM GRILL

Fisch lebt im Wasser, erhält seinen Geschmack aber erst im Feuer. Diese Erkenntnis ist allen Köchen auf der Welt bekannt, die alles von winzigen Sardinen, über spektakulären Seebarsch, türkische und brasilianische Schwertfisch-Spieße bis zu mit Chili verwöhntem Schnapper nach Art der Bahamas grillen. Das Grillen ist wahrscheinlich die Urform der Zubereitung von Fisch und bleibt meiner Meinung nach auch die beste Methode.

„Essen soll verführerisch und nahrhaft sein, und alles, was im Wasser lebt, ist verführerisch."
—JEAN-PAUL ARON

Dieses Kapitel ist den Feinheiten der Zubereitung von Fisch in der Form von Steaks, Filets und eindrucksvoll präsentierten ganzen Fischen auf dem Grill gewidmet. Kennen Sie auch das Problem, dass Fisch auf dem Grill auseinanderfällt oder am Rost kleben bleibt? Hier erfahren Sie, wie Sie diese Unannehmlichkeiten meiden. Darüber hinaus erkläre ich auch einige der genialen Methoden, die Grill-Experten entwickelt haben, um Fisch saftig zu halten. Dies schließt das Einwickeln in Weinblätter ein, so wie man es in der Republik Georgien macht, oder das Grillen auf Zitronengras-Spießen wie in Bali.

Für die meisten Menschen beginnt und endet das Grillen von Fisch mit Lachs oder Thunfisch-Steaks. Begleiten Sie mich auf meiner Reise, und Sie werden eine ganz neue aufregende Welt des Grillens von Meeresfrüchten kennenlernen.

SÜDAFRIKA

GANZER GEGRILLTER SCHNAPPER MIT SÜDAFRIKANISCHEN GEWÜRZEN

FISH BRAI

INDIREKTES GRILLEN
FÜR 4 PERSONEN

Brai ist das südafrikanische Wort für Barbecue. Die indischen und malaysischen Gewürze (Curry, Ingwer und Kokosmilch) in diesem Rezept werden Sie vielleicht zunächst überraschen, aber Südafrika hat einen großen indischen und malaysischen Bevölkerungsanteil. Meiner Ansicht nach bringen Curry und Kokosmilch die Süße des Fischs auf wunderbare Weise hervor.

Das Grillen eines ganzen Fisches ist immer wieder eine Herausforderung. Grillt man den Fisch direkt über dem Feuer, läuft man Gefahr, dass die

Haut anbrennt, bevor das Fleisch gar ist. Außerdem gilt es dann noch, die Hürde des Wendens des Fischs zu nehmen, ohne dass dieser auseinanderfällt. Die Südafrikaner lösen dieses Problem, indem sie die indirekte Grillmethode anwenden und den Fisch gar nicht erst wenden müssen.

VORBEREITUNGSZEIT

3 bis 8 Stunden für das Marinieren des Fischs

ZUTATEN

1 ganzer Schnapper, Blaubarsch, Seebarsch oder anderer großer Fisch (1600-1800 g), gesäubert, ohne Flossen aber mit Kopf und Schwanzflosse
Salz und frisch gemahlener schwarzer Pfeffer
1 EL Currypulver
1 EL scharfes Paprikapulver oder 1 bis 2 EL Cayennepfeffer
1½ TL gemahlener Kreuzkümmel
3 EL Pflanzenöl
3 EL ungesüßte Kokosmilch aus der Dose
2 EL frischer Zitronensaft
1 Bund Frühlingszwiebeln, weiße und grüne Anteile, geputzt und fein gehackt
5 Knoblauchzehen, geschält und zerdrückt
1 Stück frischer Ingwer (gut 1 cm lang), geschält und dünn geschnitten
12 g grob gehackte frische Korianderblätter

1. Den Fisch von innen und außen unter fließend kaltem Wasser abspülen, abtropfen lassen und mit Küchenkrepp trocken tupfen. Den Fisch auf beiden Seiten mit 4 diagonalen Einschnitten bis auf die Gräten versehen. Den Fisch innen und außen mit Salz und schwarzem Pfeffer würzen (auch in den Einschnitten), in eine Auflaufform (nicht aus Aluminium) geben und für die Zubereitung der Marinade beiseitestellen.

2. Currypulver, Paprikapulver, Kreuzkümmelpulver, Öl, Kokosmilch, Zitronensaft, Frühlingszwiebeln, Knoblauch, Ingwer und Korianderblätter mit 1 TL Salz und ½ TL schwarzem Pfeffer in einer Küchenmaschine zu einer glatten Masse verarbeiten. Mit Salz und Pfeffer abschmecken. Die Masse sollte gut gewürzt sein.

3. Die Hälfte der Gewürzpaste mit einem Löffel in den Fisch und unter die Kiemen geben. Die andere Hälfte über den Fisch verteilen und in die Einschnitte reiben (Handschuhe). Den Fisch abgedeckt für mindestens 3 Stunden zum Marinieren in den Kühlschrank stellen. Das bessere geschmackliche Ergebnis erzielt man nach 8 Stunden.

4. Den Grill für indirektes Grillen bei hoher Temperatur vorbereiten und eine Tropfschale in die Mitte stellen.

5. Sobald die Temperatur erreicht ist, den Grillrost bürsten und ölen. Den Fisch auf den heißen Rost legen und den Grill schließen. 45 Minuten bis 1 Stunde grillen, bis der Fisch auf Druck in feste Teilstücke zerfällt. Sollte der Fisch zu stark braun werden, die Hitze durch Öffnen der Luftschlitze oder Herunterdrehen des Gases reduzieren.

6. Den Fisch vorsichtig mit Hilfe zweier Spatel auf eine Servierplatte heben. Den Fisch am Tisch wie auf Seite 309 beschrieben filettieren und sofort servieren.

BAHAMAS

GANZER GEGRILLTER SCHNAPPER
NACH ART DER BAHAMAS

INDIREKTES GRILLEN
FÜR 4 PERSONEN

Dieses Rezept stammt von einer Imbissbude in Nassau auf den Bahamas. Es ist typisch für die Zubereitung von Fisch in der gesamten Karibik. Dort nimmt man Fisch, der so frisch ist, dass er vor wenigen Stunden noch im Wasser schwamm. Man reibt den Fisch mit feurigem Chili ein (Handschuhe) und mariniert ihn in einer pikanten Mischung aus frischem Limettensaft, Knoblauch, Ingwer und schwarzem Pfeffer. Dann wird er mittels der indirekten Methode auf kleiner Flamme gegart. Dem glücklichen Genießer bleibt nur die Frage, wie etwas auf so einfache Weise Zubereitetes so gut schmecken kann.

Ich kann mir kein besseres Prachtexemplar von Fisch für ein karibisches Essen im Freien vorstellen. Die Vorbereitung nimmt mit ein paar Minuten so gut wie keine Zeit in Anspruch und kann Stunden im Voraus erfolgen. Das Garen des Fischs erfordert ebenfalls keine Mühen – das Grillen mittels der indirekten Methode schließt das Risiko des Anbrennens aus. Ich nehme gern große eindrucksvolle Fische – zum Beispiel einen Schnapper oder eine Goldmakrele von 1800-2200 g. Sie reichen für 4 Personen. Für dieses Rezept eignet sich auch in nördlichen Gewässern gefangener Streifenbarsch, Seebarsch und Blaubarsch.

„Goat Pepper" ist die Version der Scotch Bonnet-Chilischote der Bahamas. Für die Zunge wäre ein milderer Chili angenehmer, würde jedoch den Verlust des authentischen Geschmacks bedeuten (Keine Sorge – „Goat Pepper" und Scotch Bonnet verlieren etwas von ihrer Schärfe durch das Grillen). Ich bereite den Fisch gern auf einem Bananenblatt oder einem Stück Aluminiumfolie zu. Auf diese Art sammelt sich Fond an, und der Fisch bleibt nicht am Rost kleben.

So grillen Sie einen ganzen Fisch perfekt

Ein Strand. Ein Lagerfeuer. Ein glitzernder Fisch – fangfrisch – am Stock oder auf einem Rost über rotglühender Kohle gegrillt. Dieses Bild ist so alt wie die Menschheit selbst und so schön wie ein Tag am Strand mit perfektem Wetter. Zudem werden wir daran erinnert, dass Fisch am besten über offenem Feuer gegrillt schmeckt.

Das war die gute Nachricht. Die schlechte Nachricht ist, dass Fisch meistens entweder verbrannt, noch roh in der Mitte oder mit der Hälfte noch am Grillrost klebend serviert wird. Es gibt aber zum Glück drei Methoden, ganzen Fisch immer wieder perfekt zu grillen. Außerdem lohnt sich die Investition in einen Grillkorb für Fisch. Diese aufklappbaren Körbe sorgen für den Abstand zwischen Fisch und Grillrost, an dem er kleben bleiben kann, und sie ermöglichen das Wenden des Fischs ohne zusätzliches Werkzeug. So ein Grillkorb ist zwar nicht zwingend notwendig, vereinfacht die Zubereitung aber ungemein.

Bevor Sie den Grill anzünden, sollten Sie den richtigen Fisch für das Grillen im Ganzen sorgfältig wählen. Flacher Fisch wie Schnapper, Butterfisch, Schwarzbarsch, Seezunge und Forelle ist ideal. Große Fische wie Lachs und Blaubarsch lassen sich mittels der indirekten Grillmethode zubereiten. Wichtig ist, dass der Fisch frisch ist. Die Augen müssen glänzen und klar sein, die Kiemen rot, und der Fisch darf auf keinen Fall riechen. Vor der Zubereitung auf dem Grill versehen Sie den Fisch auf beiden Seiten mit drei oder vier diagonalen Schnitten bis auf die Gräten. Auf diese Weise kann die Marinade oder die Flüssigkeit, mit der der Fisch begossen wird, eindringen und die Garzeit verkürzen.

Dann muss man natürlich noch wissen, wann ein Fisch gar ist. Dazu drücken Sie den Fisch leicht mit einem Finger ein. Wenn das Fleisch gar ist, zerfällt es in dicke Flocken und lässt sich mühelos von den Gräten lösen. Verwenden Sie einen langen Spatel, um den Fisch vom Grillrost zu nehmen. Falls Sie einen Grillkorb verwenden, muss einfach nur der Korb vom Grill gehoben werden. Danach wird der Fisch auf Tellern angerichtet.

Die Garmethode auf direkter Flamme

Den Grill auf mittelhohe Temperatur vorheizen. Den Grillrost oder -korb großzügig ölen. Beide Seiten des Fischs mit Öl oder zerlassener Butter bestreichen. Den Fisch auf den heißen Grillrost direkt über die Hitze legen und abhängig von der Größe des Fisches auf jeder Seite 4 bis 15 Minuten grillen, bis die Haut dunkel und knusprig ist und das Fleisch bis auf die Gräten durchgegart ist. Den Fisch mit einem langen Spatel oder im Grillkorb wenden.

Die indirekte Methode

Diese Methode eignet sich besonders gut für große Fische wie Lachs. Den Grill für indirektes Garen auf hohe oder mittelhohe Temperatur vorbereiten. Eine Tropfschale ist hier nicht unbedingt nötig, da Fisch mager ist. Es spricht aber auch nichts dagegen, eine Tropfschale aufzustellen. Den Grillrost oder -korb großzügig ölen und den Fisch auf beiden Seiten mit Öl oder zerlassener Butter bestreichen. Den Fisch in die Mitte des Rosts außer Reichweite der direkten Hitze legen, den Grill schließen und den Fisch abhängig von der Größe in 30 Minuten bis 1 Stunde (manchmal mehr) gar grillen.

Die Bananenblatt-Methode

Diese Methode aus Südostasien bietet die einfachste Art und Weise, ganzen Fisch mit einem Gewicht von 500-1000 g zu grillen. Frische Bananenblätter bewahren den Fisch vor dem Austrocknen. Sie sind in asiatischen oder lateinamerikanischen Lebensmittelläden erhältlich. Das Bananenblatt zu einem Rechteck schneiden, das etwas größer ist als der zu grillende Fisch. Im Notfall kann man auch ein High-Tech-Bananenblatt aus 4 bis 6 Lagen Aluminiumfolie zurechtschneiden.

Den Grill auf hohe Temperatur vorheizen und den Grillrost großzügig einölen. Den Fisch auf beiden Seiten mit Öl oder zerlassener Butter bestreichen. Den Fisch auf den heißen Rost direkt über die Hitze legen und je nach Größe 6 bis 12 Minuten von einer Seite grillen, bis die Haut dunkel und knusprig ist.

Das Bananenblatt neben den Fisch auf den Rost legen und den Fisch beim Wenden darauf legen. Den Fisch weitere 6 bis 12 Minuten grillen. Das Bananenblatt vor dem Servieren entfernen.

Grilltabelle für Fisch

STÜCK	METHODE	TEMPERATUR	GARZEIT (durchgegart)
GANZER FISCH			
500 - 750 g	direkt	mittelhoch	6 bis 10 Minuten pro 500 g
1000 - 2500 g	indirekt	mittel	12 bis 15 Minuten pro 500 g
FILETS			
1,2 cm dick	direkt	hoch	2 bis 4 Minuten pro Seite
2,5 cm dick	direkt	hoch	3 bis 6 Minuten pro Seite
STEAKS			
1,2 cm dick	direkt	hoch	2 bis 4 Minuten pro Seite
2,5 cm dick	direkt	hoch	3 bis 6 Minuten pro Seite

Diese Tabelle gilt nur als grobe Richtlinie für das Garen von Fisch. Berücksichtigen Sie, dass das Grillen keine Wissenschaft, sondern eine Kunst ist. Sollten Zweifel auftreten, halten Sie sich an die Anleitungen in den jeweiligen Rezepten.

VORBEREITUNGSZEIT

30 Minuten für das Marinieren des Fischs

SPEZIELLE AUSRÜSTUNG

1 Bananenblatt (siehe Hinweis), zu einem Rechteck von der Größe des Fischs geschnitten, oder 4 bis 6 Lagen Aluminiumfolie, zu der Größe des Fischs gefaltet

ZUTATEN

- 1 ganze/r Schnapper, Stachelmakrele oder anderer großer Fisch (1800-2200 g), gesäubert, ohne Flossen aber mit Kopf und Schwanzflosse
- 3 Goat Peppers, Scotch Bonnet oder Habeñero-Chilischoten
- 4 große saftige Limetten
- Salz und frisch gemahlener schwarzer Pfeffer
- 1 Stück (5 cm) frischer Ingwer, geschält und dünn geschnitten
- 2 Knoblauchzehen, dünn geschnitten
- 1 bis 2 EL Olivenöl extra vergine (optional; nicht klassisch, aber mir schmeckt es)

1. Den Fisch von innen und außen unter fließend kaltem Wasser abspülen, abtropfen lassen und mit Küchenkrepp trocken tupfen. Den Fisch auf beiden Seiten mit 4 oder 5 diagonalen Einschnitten bis auf die Gräten versehen.

2. 2 Chilischoten in dünne Scheiben schneiden; die restliche Chilischote der Länge nach halbieren. Eine der Limetten der Länge nach halbieren, dann quer in Scheiben schneiden. Eine weitere Limette quer halbieren. Die beiden anderen Limetten auspressen und den Saft in einer kleinen Tasse beiseitestellen.

3. Den Fisch ganz mit den Schnittseiten der Chilischoten und Limettenhälften einreiben (Handschuhe). Salz und Pfeffer in den Fisch, die Kiemen und die Einschnitte auf den Seiten streuen. Jeweils eine Scheibe Chili, Limette, Ingwer und Knoblauch in die Einschnitte und die Kiemen geben und den Fisch mit den übrigen Scheiben füllen.

4. Das Bananenblatt oder die Aluminiumfolie auf einen großen Teller legen und den Fisch darauf geben. Den Limettensaft über den Fisch gießen, erneut mit Salz und Pfeffer würzen und das Olivenöl (optional) darüber träufeln. Den Fisch abgedeckt im Kühlschrank 30 Minuten marinieren lassen. In der Zwischenzeit den Grill vorheizen.

5. Den Grill für indirektes Grillen bei hoher Temperatur vorbereiten.

6. Sobald die Temperatur erreicht ist, den Fisch auf dem Bananenblatt in die Mitte des Grills, nicht in die direkte Hitze, legen. Den Grill schließen und den Fisch 1 bis 1½ Stunden grillen, bis er auf Druck in feste Teilstücke zerfällt. Bei Verwendung eines Holzkohlegrills nach 1 Stunde auf jeder Seite 10 bis 12 frische Holzkohlen nachlegen. Die Temperatur reduzieren, wenn der Fisch zu braun werden sollte.

7. Den Fisch vorsichtig mit Hilfe zweier Spatel auf eine Servierplatte heben. Den Fisch am Tisch wie auf Seite 309 beschrieben filettieren und sofort servieren.

HINWEIS: Vielleicht sind in Ihrer Nähe frische Bananenblätter erhältlich. Andernfalls benutzen Sie Aluminiumfolie.

FRANKREICH

WOLFSBARSCH AUF FENCHEL GEGRILLT UND MIT PERNOD FLAMBIERT

LOUP DE MER AU FENOUIL FLAMBE

DIREKTES GRILLEN
FÜR 4 PERSONEN

Dies ist ein Gericht für Köche mit einem Hang zum Theatralischen. Frisch gefangener loup de mer (wörtlich: Wolf des Meeres, also Wolfs- oder Seebarsch) über brennenden Fenchelstängeln gegrillt und eindrucksvoll am Tisch flambiert, ist die ultimative kulinarische Darbietung der französischen Riviera. Es ist leicht zuzubereiten und eindrucksvoll zu servieren. Das Rezept stellt nur zwei entfernte Herausforderungen: Fenchelstängel zu finden und daran zu denken, sie im Voraus zu trocknen.

Fenchel ist ein grün-weißes Gemüse, das eine Art Knolle bildet und den Geschmack von Lakritze mit der Knackigkeit von Sellerie vereint. Er wächst in der Provençe, im Süden Frankreichs, wild. Meine Frau Barbara und ich haben während unserer Picknicks am Wegesrand häufig welchen gesehen. In den USA hielt man ihn früher für ein exotisches Gemüse, heute ist er aber in den meisten Supermärkten erhältlich. Es ist allerdings nicht so leicht Fenchel mit den dazugehörigen Stängeln zu bekommen. Am ehesten findet man ihn auf dem Markt oder spezialisierten Gemüsehändlern (obwohl man auch in manchen Supermärkten Glück haben kann). Sobald Sie Fenchel gefunden haben, die Stängeln abschneiden und wie in dem Kasten rechts beschrieben trocknen (Die getrockneten Stängel halten sich über Monate).

Dies ist das Originalrezept für loup de mer au fenouil flambé aus der „Auberge des Glycines" auf der winzigen Insel Porquerolles. Die Fenchelknolle selbst kann auch gegrillt werden (siehe Seite 408). Diejenigen, die keinen Fenchel bekommen können, folgen dem Hauptrezept.

VORBEREITUNGSZEIT

24 Stunden für das Trocknen der Fenchelstängel im Ofen (optional)

ZUTATEN

2 ganze Wolfsbarsche (je etwa 1000 g), gesäubert und ohne Flossen, aber mit Kopf und Schwanzflosse (siehe Hinweis)
Salz und frisch gemahlener schwarzer Pfeffer
10 bis 12 getrocknete Fenchelstängel (siehe Kasten, unten)
3 EL Olivenöl extra vergine
60 ml Pernod oder andere mit Anis aromatisierte Alkoholika
Zitronenschnitze zum Anrichten

1. Den Fisch von innen und außen unter fließend kaltem Wasser abspülen, abtropfen lassen und mit Küchenkrepp trocken tupfen. Den Fisch auf beiden Seiten mit 3 diagonalen Einschnitten bis auf die Gräten versehen. Den Fisch innen und außen mit Salz und schwarzem Pfeffer würzen (auch in den Einschnitten). Jeweils 2 getrocknete Fenchelstängel in die Fische legen. Die Fische auf beiden Seiten mit Olivenöl bestreichen und erneut mit Salz und Pfeffer würzen.

2. Den Grill für direktes Grillen bei hoher Temperatur vorbereiten.

3. Sobald die Temperatur erreicht ist, 6 Fenchelstängel auf eine Servierplatte legen. Die übrigen Fenchelstängel direkt auf die heiße Kohle geben oder, falls ein Gasgrill verwendet

Das Trocknen von Fenchelblättern

Den Ofen auf 90 °C vorheizen. Die Stängel und Blätter von zwei bis drei Fenchelknollen am Knollenansatz abschneiden. Die Knollen für einen anderen Zweck beiseitelegen. Die Stängel von den Blättern befreien, in einer Lage auf ein Backblech legen, und 3 Stunden im Ofen backen. Den Ofen ausstellen, und die Fenchelstängel über Nacht im Ofen weiter trocknen lassen. Alternativ können die Stängel gebündelt an einem kühlen, trockenen Ort aufgehängt und über einen Zeitraum von ein bis zwei Wochen getrocknet werden. Die Stängel sind in einem wiederverschließbaren Plastikbeutel bis zu drei Monate haltbar.

wird, auf den Rost. Den Grillrost bürsten und ölen. Sollten Bedenken in Bezug auf das Festkleben des Fischs am Rost bestehen, Grillkörbe für Fisch benutzen (siehe Seite 350); andernfalls beide Fische direkt auf den heißen Rost oder auf die Fenchelstängel legen und 8 bis 12 Minuten von einer Seite grillen, bis die Haut auf dieser Seite dunkel und knusprig sowie das Fleisch gar ist. Die Fische vorsichtig mit einem langen Spatel wenden und weitere 8 bis 12 Minuten grillen, bis das Fleisch auf Druck in feste Teilstücke zerfällt.

4. Während der letzten 2 Minuten des Grillens den Pernod in einem schweren Stieltopf an der Seite des Rosts erwärmen. Darauf achten, dass er nicht kocht oder zu heiß wird.

5. Die Fische vorsichtig mit einem Spatel auf die mit Fenchelstängeln ausgelegte Platte heben. Den erwärmten Pernod über den Fisch gießen und vorsichtig mit einem langen Streichholz anzünden. Den Fisch vorsichtig zum Tisch tragen. Wenn die Flammen erloschen sind, den Fisch wie auf Seite 309 filettieren und sofort mit Zitronenschnitzen servieren.

HINWEIS: Loup de mer ist ein langer, schlanker, dunkelgrauer Fisch mit fein aromatischem, zartem weißen Fleisch. Es können auch Schnapper, Streifenbarsch oder Meerforelle verwendet werden.

WOLFSBARSCH AUF FENCHEL GEGRILLT UND MIT PERNOD FLAMBIERT II

Den Wolfsbarsch wie in dem Rezept für Wolfsbarsch auf Fenchel auf Seite 307 beschrieben zubereiten, jedoch die getrockneten Fenchelstängel durch die Fenchelknolle ersetzen. Den frischen Fenchel der Länge nach in dünne Scheiben schneiden. Einige Fenchelscheiben in die Fische geben und einige vor dem Grillen auf die Kohlen oder auf den Rost legen. Die übrigen Fenchelscheiben mit Olivenöl bestreichen, salzen und pfeffern sowie mit dem Fisch 3 bis 4 Minuten pro Seite grillen, bis sie eine schöne braune Farbe angenommen haben. Dabei mit der Grillzange wenden. Die gegrillten Fenchelscheiben auf eine Servierplatte geben und die Fische darauf anrichten. Den Fisch wie in Schritt 5. beschrieben flambieren und sofort servieren. Der Vorteil dieser Methode ist, dass der gegrillte Fenchel verzehrt werden kann.

FRANKREICH

GEGRILLTER WOLFSBARSCH MIT FRISCHEM ARTISCHOCKEN-SALAT

LOUP DE MER GRILLE AUX ARTICHAUTS

DIREKTES GRILLEN
FÜR 4 PERSONEN

Meine Frau und ich trafen im Juni in Nizza ein, gerade zur rechten Zeit für die ersten artichauts violets der Saison. Diese Baby-Artischocken mit leicht purpurner Färbung sind so mild im Geschmack und zart, dass man sie noch nicht einmal zu kochen braucht. Stattdessen werden die harten äußeren Blätter entfernt, dann werden die Artischocken mit einem Schneidgerät papierdünn geschnitten und roh genossen. Ihre leicht knackige Textur und der delikate Lakritzgeschmack sind eine wahre Offenbarung.

Baby-Artischocken werden herkömmlich in Salaten gereicht, aber in Nizza serviert sie mindestens ein Restaurant auf gegrilltem Wolfsbarsch – eine Kombination die ebenso unvergesslich wie unerwartet ist. Traditionell wird dieses Rezept mit loup de mer (Wolfsbarsch) zubereitet, man kann aber auch ganze Schnapper, Gemeine Meerbrassen, Streifenbarsch oder sogar 700-900 g schwere Steaks vom Schwertfisch oder Thunfisch verwenden.

VORBEREITUNGSZEIT

20 Minuten für das Marinieren des Fischs

FÜR DEN FISCH

- 2 ganze Wolfsbarsche (jeweils etwa 1000 g), gesäubert und ohne Flossen, aber mit Kopf und Schwanzflosse
- Grobes Meersalz und frisch gemahlener schwarzer Pfeffer
- 2 EL Olivenöl extra vergine, und eine zusätzliche Menge für das Bestreichen

FÜR DEN ARTISCHOCKEN-SALAT

- 16 Baby-Artischocken (siehe Hinweis)
- 2 EL frischer Zitronensaft
- 1 große oder 2 kleine reife Tomaten, enthäutet und entkernt (siehe Kasten auf Seite 454), in gut 5 mm große Würfel geschnitten
- 8 frische Basilikumblätter, dünn geschnitten
- 2 EL fein gehackter frischer Schnittlauch oder grüner Anteil von Frühlingszwiebeln
- 1 kleine Knoblauchzehe, gehackt
- 1 Anchovis-Filet, abgetropft und fein gehackt oder 1 TL Anchovis-Paste (optional)
- 60 ml Olivenöl extra vergine
- Salz und frisch gemahlener schwarzer Pfeffer

DAS FILETTIEREN EINES GANZEN FISCHS

Die Maître d'hotels der angesagten Restaurants an der Côte d'Azur machen es. Und auch Sie können einen ganzen gegrillten Fisch am Tisch filettieren, und mit ein wenig Übung werden Sie dabei wie ein Profi aussehen. Zunächst einmal benötigen Sie eine lange Serviergabel und eine Servierplatte.

1. *Die Haut vorsichtig von der oberen Seite des Fischs abziehen (falls der Fisch ohne Haut gereicht werden soll) und die Haut entsorgen.*

2. *Mit der Längsseite eines Löffels einen Schnitt entlang des Rückens kurz über der Wirbelsäule machen. Den Löffel vorsichtig unter das Fleisch drücken und es auf der ganzen Seite von den Gräten lösen.*

3. *Mit einem Löffel und einer Gabel das Fischfilet herausheben und auf den Servierteller legen.*

4. *Nun mit der Längsseite eines Löffels einen Schnitt unterhalb der Wirbelseite machen. Den Löffel unter die Wirbelsäule schieben.*

5. *Mit einem Löffel und einer Gabel die Gräten in einem Stück mit dem Kopf ablösen und entsorgen.*

6. *Die untere Hälfte des Fisches vorsichtig umdrehen, und, wenn gewünscht, die Haut abziehen und entsorgen. Den Fisch in Portionen teilen und auf Tellern anrichten.*

Ein neues französisches Paradoxon

Dies ist eine Geschichte über ein französisches Paradoxon. Es geht nicht um die Erklärung dazu, wie die Franzosen Unmengen an Butter und Gänseleberpastete konsumieren können, ohne an Gewicht zuzunehmen oder wegen einer Herzerkrankung das Zeitliche zu segnen (Scheinbar liegt die Lösung hier in dem Genuss von viel Rotwein). Nein, ich rätsele an der Widersinnigkeit, wie ein Volk, das dem Ruf nach die beste Küche der Welt hat, ohne die einfachste, fundamentalste und universellste Art des Kochens auskommen kann: das Grillen.

Sie haben richtig gelesen: Grillen. Egal welches Buch über die französische Küche man durchwühlt, es finden sich von Escoffier bis Bocuse nur ein paar wenige Grillrezepte. Geht man in einem Sterne-Restaurant in Paris essen, ist es so gut wie unmöglich auch nur ein gegrilltes Gericht auf der Speisekarte zu entdecken. Kurz Angebratenes? Ja! Geröstetes? Ja! Gebackenes, Frittiertes, Gekochtes, sogar Gedämpftes. Nur das Grillen gehört nicht zum klassischen, französischen kulinarischen Repertoire.

Heißt das also, dass die Franzosen nichts Gegrilltes mögen? Ganz im Gegenteil: Die Franzosen sind eifrige Griller, nur eben nicht in den hochkarätigen Restaurants. Wo findet man denn dann Gegrilltes in Frankreich? Nun, zunächst einmal auf dem Land, insbesondere in der Provençe. Die Provençe liegt am Mittelmeer, und dort ist auch das Epizentrum des Grillens. Man findet unkomplizierte Grill-Gaststätten und Landgasthäuser, in denen offenes Feuer lodert. Früher wurde nur am Herd mit offenem Feuer gekocht, daher ist das Grillen im Sommer wie im Winter üblich.

Eine dieser Gaststätten trägt den sinnträchtigen Namen „La Grillade au Feu de Bois“ (Der Holzfeuer-Grill). Das provençalische Bauernhaus aus dem 18. Jahrhundert liegt in der Gemeinde Flassans-Sur-Issole. Auf der Speisekarte des Landgasthauses stehen einfache Lammkoteletts und riesige Rippensteaks, die über Funken sprühendem Rebstockholz in uralten gemauerten Feuerstellen gegrillt werden. Wie bei den meisten französischen Grillgerichten sind die Gewürze einfach gehalten: Olivenöl, Salz, Pfeffer und eine Prise Kräuter der Provençe.

Fischrestaurants bieten eine weitere Quelle für über dem Feuer Gegartes und sind hauptsächlich an der Küste zu finden. Eines der bekanntesten Gerichte an der Côte d'Azur ist gegrillter Seebarsch mit Fenchelstängeln – eindrucksvoll am Tisch flambiert –, gereicht mit einem Anisschnaps wie Pernod. Weniger bekannt, aber dennoch köstlich ist raïto, ein Gericht aus gegrilltem Thunfisch mit einer Sauce aus Rotwein, Oliven und Kapern, die ich zum ersten Mal auf der abgelegenen Mittelmeerinsel Porquerolles genoss.

Die Franzosen grillen auch häufig in ihren eigenen vier Wänden, und sie lieben die sozialen Zusammenkünfte bei einem Mechoui. Der Begriff kommt aus Nordafrika und bezeichnet ein am Spieß geröstetes ganzes Lamm. Interessant ist, dass die Franzosen sich eines Lehnworts bedienen mussten, um einen Begriff für ein Grillfest im Freien zu finden.

Vor einigen Jahren besuchte ich mit Freunden ein Mechoui in der Champagne. Es brannte ein großes Feuer aus Rebstöcken. Das Essen reichte von gegrilltem Lammfleisch über blutige Filetsteaks bis hin zu Schweinekoteletts. Das einzig entfernt afrikanische Element bei diesem Mechoui bestand aus einer würzigen algerischen Wurst mit dem Namen merguez. Diese leuchtend rote Wurst ist zu einem Fixpunkt auf der französischen kulinarischen Landschaft geworden.

Mit ein wenig Ausdauer kann man selbst in Paris auf offenem Feuer Zubereitetes finden. Meistens braucht man nur bis zur nächsten charcuterie zu laufen. Die Franzosen sind wirkliche Meister der Gastronomie, aber nichts geht über ihr am Spieß gegrilltes Hähnchen. Der französische Spießgrill ist eine atemberaubende Konstruktion aus einem aufrecht stehenden Grill mit Reihen waagerecht angeordneter Drehmechaniken, die vor einer von Gasbrennern entflammten Feuerwand rotieren. Die frischen Hähnchen werden auf die oberen Spieße gesteckt, und während sie sich drehen, tropft die aus diesen Hähnchen abfließende Flüssigkeit auf die unteren schon etwas gegarten Hähnchen. Natürlich hilft da auch die Qualität des Hähnchenfleischs. Ebenso wichtig ist aber auch die Zubereitungsmethode: die hohe, gleichmäßig einwirkende Temperatur des Feuers.

Also, Freunde des Grillens, wenn Sie in Frankreich sind, verzweifeln Sie nicht. Auch dort kann man Gegrilltes finden, wenn man weiß, wo man suchen muss. Dies beweist wieder einmal, dass ein Franzose ein gutes Paradoxon erkennt, wenn er eines sieht.

1. *Zubereitung des Fischs:* Den Fisch von innen und außen unter fließend kaltem Wasser abspülen, abtropfen lassen und mit Küchenkrepp trocken tupfen. Den Fisch auf beiden Seiten mit 3 diagonalen Einschnitten bis auf die Gräten versehen. Den Fisch innen und außen mit Salz und schwarzem Pfeffer würzen (auch in den Einschnitten), mit 2 EL des Olivenöls bestreichen und 20 Minuten marinieren lassen.

2. *Zubereitung des Artischocken-Salats:* Die grünen äußeren Blätter entfernen und mit einem scharfen Messer die Stielansätze abschneiden. Die Artischocken in papierdünne Streifen schneiden, vorzugsweise auf einer Mandoline (Gemüsehobel). Die Artischockenscheiben in eine Schüssel (nicht aus Aluminium) geben und mit dem Zitronensaft vermengen.

3. Tomaten, Basilikum, Schnittlauch, Knoblauch, Anchovis (optional) und 60 ml Olivenöl hinzugeben und vorsichtig, aber sorgfältig, vermengen. Mit Salz und Pfeffer abschmecken. Die Sauce sollte gut gewürzt sein. Den Artischocken-Salat beiseitestellen.

4. Den Grill für direktes Grillen bei mittelhoher Temperatur vorbereiten.

5. Sobald die Temperatur erreicht ist, die Fische auf beiden Seiten mit etwas Olivenöl bestreichen und erneut salzen und pfeffern. Sollten Bedenken in Bezug auf das Festkleben des Fischs am Rost bestehen, Grillkörbe für Fisch benutzen (siehe Seite 350). Andernfalls den Grillrost bürsten und ölen, die Fische direkt auf den heißen Rost legen und 8 bis 12 Minuten von einer Seite grillen, bis die Haut auf dieser Seite dunkel und knusprig sowie der Fisch gar ist. Die Fische vorsichtig mit einem langen Spatel wenden und weitere 8 bis 12 Minuten grillen, bis der Fisch auf Druck in feste Teilstücke zerfällt.

6. Den Fisch vorsichtig mit Hilfe zweier Spatel auf eine Servierplatte heben. Den Fisch am Tisch wie auf Seite 309 beschrieben filettieren, den Artischocken-Salat dazu reichen und sofort servieren.

HINWEIS: Baby-Artischocken sind am besten im Frühjahr auf italienischen Märkten, in Gemüsegeschäften und Supermärkten zu bekommen. Sollten Sie keine erhalten können, verwenden Sie 280 g eingefrorene Artischockenherzen, bereiten diese nach der Anleitung auf der Packung vor, schneiden sie dünn und vermischen sie mit Zitronensaft. In letzter Not können auch Artischockenherzen aus der Dose verwendet werden. Achten Sie nur darauf, dass Sie diese vor dem Schneiden abgießen und abtropfen lassen.

FRANKREICH

PETERSFISCH
MIT SAUCE VIERGE

DIREKTES GRILLEN
FÜR 4 PERSONEN

Eines der besten Fischrestaurants an der Côte d'Azur trägt den unpassenden Namen „Bacon". Dies hat weniger mit dem geräucherten Speck zu tun, der bei Bedarf um gegrillten Fisch gewickelt das Aroma steigert, als mit der Lage des Restaurants: Bacon Point am Cap d›Antibes mit Blick auf die mittelalterliche Stadt. Einfachheit ist das Motto im „Bacon" (wie es bei allen guten Fischrestaurants der Fall ist), und ich kann bis zu dem heutigen Tage das Aroma des perfekt gegrillten Petersfisches schmecken, der mir mit einer einfachen, aber ebenso perfekten sauce vierge serviert wurde.

Man sagt, die Sauce trägt ihren Namen (wörtlich: Jungfrauensauce) aufgrund der Tatsache, dass keine ihrer Zutaten gekocht werden – dies ist die französische Sauce, die dem Salsa am nächsten kommt. Petersfisch, oder St. Pierre auf Französisch, ist ein delikater Fisch mit weißem Fleisch, der im ganzen Mittelmeer vorkommt. Für die Zubereitung nach diesem Rezept eignet sich aber fast jeder milde weiße Fisch (ganz, filetiert oder als Steak). Zu guten Kandidaten gehören: Streifenbarsch, Wolfsbarsch, Heilbutt, Dorsch, Schnapper oder Goldmakrele. Im Rezept wird nach kleinen ganzen Fischen verlangt. Anleitungen zu der Handhabung von Fischsteaks und Fischfilets stehen auf den Seiten 324 und 309).

FÜR DEN FISCH

4 Petersfische oder andere kleine Fische mit weißem Fleisch (je etwa 500 g), gesäubert, ohne Flossen, aber mit Kopf und Schwanzflosse
2 EL Olivenöl extra vergine
Salz und frisch gemahlener schwarzer Pfeffer

FÜR DIE SAUCE VIERGE

2 große reife Tomaten, enthäutet, entkernt (siehe Kasten auf Seite 454) und gewürfelt
2 Knoblauchzehen, gehackt
20 frische Basilikumblätter, dünn geschnitten
120 ml Olivenöl extra vergine
2 EL frisch gepresster Zitronensaft, oder mehr, je nach Geschmack
2 TL Rotweinessig
Salz und frisch gemahlener schwarzer Pfeffer

1. *Zubereitung des Fischs:* Den Fisch in eine Auflaufform (nicht aus Aluminium) geben, und auf allen Seiten mit einem Teil des Olivenöls bestreichen, salzen und pfeffern.

2. *Zubereitung der Sauce Vierge:* Tomaten, Knoblauch, Basilikum, Olivenöl, Zitronensaft und Rotweinessig in eine Schüssel (nicht aus Aluminium) geben und vermengen. Mit Salz, Pfeffer und Zitronensaft abschmecken. Die Sauce sollte gut gewürzt sein.

3. Den Grill für direktes Grillen bei mittelhoher Temperatur vorbereiten.

4. Sobald die Temperatur erreicht ist, die Fische auf beiden Seiten mit etwas Olivenöl bestreichen und erneut salzen und pfeffern. Sollten Bedenken in Bezug auf das Festkleben des Fischs am Rost bestehen, Grillkörbe für Fisch benutzen (siehe Seite 350). Andernfalls den Grillrost bürsten und ölen, die Fische direkt auf den heißen Rost legen und 6 bis 10 Minuten von einer Seite grillen, bis die Haut auf dieser Seite dunkel und knusprig sowie das Fleisch gar ist. Die Fische vorsichtig mit einem langen Spatel wenden und weitere 6 bis 10 Minuten grillen, bis das Fleisch auf Druck in feste Teilstücke zerfällt.

5. Den Fisch vorsichtig mit Hilfe eines Spatels auf eine Servierplatte heben. Wenn gewünscht, den Fisch wie auf Seite 309 beschrieben filettieren, mit einer großzügigen Portion der Sauce begießen und sofort servieren.

MALAYSIA

GEGRILLTE MAKRELE „GURNEY DRIVE“

DIREKTES GRILLEN
FÜR 4 PERSONEN

Die Gaststätte „Charcoal Grill Seafood“ ist eine von vielen unter freiem Himmel an der landschaftlich reizvollen Küste am Gurney Drive in Penang, Malaysia. Eine von vielen, aber mit Sicherheit nicht durchschnittlich. Dort wird nichts serviert, was nicht wirklich absolut frisch ist. In den Aquarien werden Aale und Garnelen für den Verzehr bereitgehalten. Weitere Fische, die noch vor wenigen Stunden in der Andamanen-See schwammen, werden jetzt unter einem Strohdach eines kleinen Bootes auf Bananenblättern angeboten.

Ich bestellte ein Gericht namens ikan tumone; ein kleiner Fisch, der aussieht wie eine winzige Makrele. Meine Kellnerin säuberte den Fisch vor Ort und gab ihn dem Mann am Grill, der ihn mit einer duftenden Paste aus Zitronengras, Schalotten und Chilischoten füllte. Er entfachte das Feuer aus Kokosnussschalen mit einem Wedel, bis es rot glühte und bestrich den Fisch mit Kokosmilch. Was dann vom Grill serviert wurde, war der beste Fisch, den ich je gegessen habe. Für dieses Rezept bieten sich eine Menge Fischsorten an. Die Gewürzpaste ist so angelegt, dass sie der Ölhaltigkeit eines fettigen Fischs wie der Makrele entgegenwirkt. Sie können auch ganze Meerbrassen, Grunzer oder Stachelmakrelen nehmen oder Fischsteaks vom Lachs oder Schwertfisch, sogar einen Filetfisch wie den Blaubarsch.

Da die Gewürzpaste gut haltbar ist, lohnt es sich, die doppelte Menge zuzubereiten, damit man immer etwas davon zur Hand hat. Ich habe damit schon alles gewürzt: Hähnchen, Rindfleisch, Schweinefleisch und sogar Tofu.

FÜR DIE GEWÜRZPASTE

2 große Schalotten, grob gehackt
6 Knoblauchzehen, grob gehackt
2 große oder 6 kleine Stängel frisches Zitronengras, geputzt und grob gehackt
4½ TL frischer geschälter Ingwer, gehackt
2 Serrano-Chilischoten, entkernt und grob gehackt (für mehr Schärfe die Samen nicht entfernen)
2 EL Erdnussöl
2 EL Sojasauce
2 EL frisch gepresster Limettensaft
Salz

FÜR DEN FISCH UND DIE MARINADE ZUM BESTREICHEN

4 Makrelen oder andere ganze Fische (jeweils etwa 500 g), gesäubert, ohne Flossen, aber mit Kopf und Schwanzflosse
2 EL ungesüßte Kokosmilch aus der Dose
2 EL ungesalzene Butter, zerlassen

1. *Zubereitung der Gewürzpaste:* Schalotten mit Knoblauch, Zitronengras, Ingwer und Chili in einem Mörser zu einer glatten Masse verarbeiten. Erdnussöl, Sojasauce und Limettensaft unterrühren. Die Gewürzpaste mit Salz abschmecken. Sollten Mörser und Stößel nicht zur Hand sein, die Zutaten in einer Küchenmaschine zu einer glatten Masse verarbeiten. Die Gewürzpaste in einen kleinen, antihaftbeschichteten Stieltopf geben und auf mittlerer Hitze 5 bis 10 Minuten kochen, bis sie ölig glänzt und reichhaltig duftet. Öfters umrühren, damit sie nicht anbrennt. Den Topf vom Herd nehmen und die Paste abkühlen lassen (siehe Hinweis).

2. *Zubereitung des Fischs und der Marinade zum Bestreichen:* Die Fische von innen und außen unter fließend kaltem Wasser abspülen, abtropfen lassen und mit Küchenkrepp trocken tupfen. Die Fische auf beiden Seiten mit einem Einschnitt vom Kopf bis zur Schwanzflosse versehen und so zwei Taschen schaffen. Die Hälfte der Gewürzpaste in die

Taschen geben und die Fische mit einer gleichmäßig verteilten Menge füllen, die andere Hälfte zur Seite stellen.

3. Die Kokosmilch mit der zerlassenen Butter in einer kleinen Schüssel mit dem Schneebesen verrühren. Die Fische von beiden Seiten mit dieser Flüssigkeit bestreichen.

4. Den Grill für direktes Grillen bei mittelhoher Temperatur vorbereiten.

5. Sobald die Temperatur erreicht ist, den Grillrost bürsten und ölen. Sollten Bedenken in Bezug auf das Festkleben des Fischs am Rost bestehen, Grillkörbe für Fisch benutzen (siehe Seite 350); andernfalls die Fische direkt auf den heißen Rost legen und 6 bis 10 Minuten von einer Seite grillen, bis die Haut auf dieser Seite dunkel und knusprig sowie das Fleisch gar ist. Die Fische vorsichtig mit einem langen Spatel wenden, mit der restlichen Kokosmilch-Mixtur bestreichen und die beiseitegestellte Gewürzpaste auf die Fische geben. Weitere 6 bis 10 Minuten grillen, bis das Fleisch auf Druck in feste Teilstücke zerfällt.

6. Die Fische vorsichtig mit Hilfe eines Spatels auf eine Servierplatte heben. Wenn gewünscht, die Fische wie auf Seite 309 beschrieben filettieren und sofort servieren.

HINWEIS: Die Gewürzpaste kann im Voraus zubereitet werden. Sie ist gut verschlossen im Kühlschrank bis zu 1 Woche haltbar.

THAILAND

GEGRILLTER SCHNAPPER SÜSS-SAUER

PLA POW

DIREKTES GRILLEN
FÜR 4 PERSONEN

Dieses Gericht fand ich nicht in Thailand, sondern in der wunderschönen Anlage Amanusa am Nusa Dua Beach in Bali (Es stellte sich heraus, dass der Koch mehrere Jahre in Thailand gearbeitet hatte). Im Westen servieren wir gewöhnlich keine süßen Saucen zu Meeresfrüchten, aber diese süß-saure Tamarinden-Sauce schmeckt hervorragend zu dem rauchigen Geschmack von gegrilltem Fisch. Versuchen Sie es mit ganzen kleinen Fischen wie Meerbrassen oder kleinen Schnappern. Außerdem eignen sich auch Lachs- oder Thunfischsteaks (Anleitungen zum Grillen auf Seite 324). Reichen Sie zu dem Fisch Balinesischen Gurkensalat (Seite 120) und Jasminreis (Seite 428).

VORBEREITUNGSZEIT

30 Minuten für das Marinieren des Fischs

FÜR DEN FISCH

- **4 kleine Schnapper oder anderer kleiner Fisch (je etwa 500 g), gesäubert, ohne Flossen, aber mit Kopf und Schwanzflosse**
- **5 EL asiatische Fischsauce**
- **5 EL frischer Zitronensaft**
- **1 Zitrone, dünn geschnitten**
- **1 TL frisch gemahlener schwarzer Pfeffer**

FÜR DIE SÜSS-SAURE TAMARINDEN-SAUCE

- **165 g Palmzucker oder hellbrauner Zucker**
- **160 ml Tamarinden-Wasser (Seite 241)**
- **80 ml asiatische Fischsauce**
- **240 ml Erdnussöl zum Braten**
- **3 Schalotten, sehr dünn geschnitten**
- **6 Knoblauchzehen, sehr dünn geschnitten**
- **4 Jalapeño- oder Serrano-Chilischoten, dünn geschnitten**
- **2 EL frisch gepresster Zitronensaft**

1. *Zubereitung des Fisches:* Die Fische von innen und außen unter fließend kaltem Wasser abspülen, abtropfen lassen und mit Küchenkrepp trocken tupfen. Die Fische auf beiden Seiten mit 3 oder 4 diagonalen Einschnitten bis auf die Gräten versehen und in eine Auflaufform (nicht aus Aluminium) geben, in die sie in einer Lage passen.

2. Die 5 EL Fischsauce mit 5 EL Zitronensaft in einer kleinen Schüssel (nicht aus Aluminium) verrühren, dann die Mischung über den Fisch gießen. Die Fische ein bis zwei Mal in der Flüssigkeit wenden, dann die Zitronenscheiben und den schwarzen Pfeffer darauf geben. Die Fische abgedeckt für 30 Minuten zum Marinieren in den Kühlschrank stellen.

3. *Zubereitung der Sauce:* Palmzucker mit Tamarinden-Wasser und 80 ml Fischsauce in einen kleinen, schweren Stieltopf geben und auf mittlerer Hitze zum Kochen bringen. Den Zucker unter Rühren auflösen. Die Hitze herabdrehen und unter gelegentlichem Rühren 5 bis 10 Minuten köcheln lassen, bis die Sauce dickflüssig ist und aromatisch duftet.

4. In der Zwischenzeit das Erdnussöl in einem kleinen schweren Stieltopf bei mittlerer Hitze auf 170 °C erhitzen. Die Schalotten in 1 bis 2 Minuten knusprig frittieren. Den

Schalotten mit einem Schaumlöffel aus dem Fett heben, und auf Küchenkrepp abtropfen lassen. Nacheinander auf die gleiche Weise mit dem Knoblauch und dem Chili verfahren. Das Fett vom Herd nehmen und abkühlen lassen.

5. Die Palmzucker-Mischung vom Herd nehmen, 2 EL Zitronensaft und jeweils die Hälfte der frittierten Schalotten, des Knoblauchs und der Chilis einrühren. Die andere Hälfte zum Garnieren beiseitestellen. Den Topf mit einem Deckel schließen, die Sauce beiseitestellen und warm halten.

6. Den Grill für direktes Grillen bei mittelhoher Temperatur vorbereiten.

7. Sobald die Temperatur erreicht ist, die Fische aus der Marinade nehmen und die Marinade entsorgen. Die Fische mit Küchenkrepp trocken tupfen und auf allen Seiten mit dem Frittieröl bestreichen. Sollten Bedenken in Bezug auf das Festkleben des Fischs am Rost bestehen, Grillkörbe für Fisch benutzen (siehe Seite 350). Andernfalls den Grillrost bürsten und ölen, die Fische direkt auf den heißen Rost legen und 6 bis 10 Minuten von einer Seite grillen, bis die Haut auf dieser Seite dunkel und knusprig sowie das Fleisch gar ist. Die Fische vorsichtig mit einem langen Spatel wenden und weitere 6 bis 10 Minuten grillen, bis das Fleisch auf Druck in feste Teilstücke zerfällt.

8. Die Fische vorsichtig mit Hilfe eines Spatels auf eine Servierplatte heben. Wenn gewünscht, die Fische wie auf Seite 309 beschrieben filettieren, die Hälfte der Sauce mit einem Löffel auf die Fische geben und die restlichen Schalotten, Knoblauch und Chili darauf geben. Sofort mit der restlichen Sauce servieren.

INDONESIEN

GEGRILLTER FISCH „SUNDA KELAPA“

DIREKTES GRILLEN
FÜR 4 PERSONEN

Eine meiner Lieblingsmethoden der Zubereitung von Meeresfrüchten stammt aus einem Fischrestaurant in Djakarta mit dem Namen „Sunda Kelapa“ (siehe gegenüberliegende Seite). Es ist manchmal nicht ganz einfach, eine Kochtechnik umzusetzen, die am anderen Ende der Welt zu Hause ist. Die Grillmethoden des „Sunda Kelapa“ eignen sich jedoch hervorragend für die Zubereitung von Fisch auf einem westlichen Grill.

Dieses Rezept ist ideal für das Grillen von ganzen Fischen. Je nachdem wo Sie leben, eignen sich Meerbrassen, kleine Schnapper, Makrelen, Stachelmakrele, Rotbarsch oder kleiner Blaubarsch dafür. Außerdem lassen sich auch Fischsteaks von Ihrem Lieblingsfisch zubereiten (Anleitungen auf Seite 324). Frisches Thunfischfilet schmeckt ebenfalls wunderbar.

VORBEREITUNGSZEIT

20 Minuten für das Marinieren des Fischs

SPEZIELLE AUSRÜSTUNG

2 bis 4 Bananenblätter (siehe Hinweis), in 4 Stücke von der Größe der Fische geschnitten, oder 4 bis 6 Lagen Aluminiumfolie, zu der Größe der Fische gefaltet

FÜR DEN FISCH

4 kleine ganze Fische, wie Stachelmakrele oder kleine Schnapper (je etwa 500 g), gesäubert, ohne Flossen, aber mit Kopf und Schwanzflosse
240 ml frisch gepresster Limettensaft
150 g grobes Meersalz

FÜR DIE GEWÜRZBUTTER

6 EL ungesalzene Butter
4½ EL frisch gepresster Limettensaft
1 EL Sojasauce
3 Knoblauchzehen, gehackt
1 große Schalotte, gehackt
2 TL frischer Ingwer, geschält und gehackt
½ TL Kurkumapulver

1. *Zubereitung des Fischs:* Die Fische von innen und außen unter fließend kaltem Wasser abspülen, abtropfen lassen und mit Küchenkrepp trocken tupfen. Die Fische auf beiden Seiten mit 3 oder 4 diagonalen Einschnitten bis auf die Gräten versehen und in eine Auflaufform (nicht aus Aluminium) geben, in die sie in einer Lage passen.

2. In einer mittelgroßen Schüssel (nicht aus Aluminium) die 240 ml Limettensaft mit dem Salz und 240 ml Wasser mit einem Schneebesen verrühren, bis sich das Salz aufgelöst hat. Die Limettensaft-Mischung über den Fisch gießen und die Fische ein bis zwei Mal darin wenden. Abgedeckt im Kühlschrank 20 Minuten marinieren lassen.

3. *Zubereitung der Gewürzbutter:* Die Butter in einem kleinen schweren Stieltopf auf niedriger Hitze zerlassen, 4½ TL Limettensaft, Sojasauce, Knoblauch, Ingwer und Kurkumapulver hineinrühren. 5 Minuten köcheln lassen, bis die Sauce aromatisch duftet, aber nicht braun ist. Die Butter vom Herd nehmen.

4. Den Grill für direktes Grillen bei mittelhoher Temperatur vorbereiten.

5. Sobald die Temperatur erreicht ist, den Fisch aus der Marinade nehmen und die Marinade beiseitestellen. Die

Das berühmteste Fischrestaurant Indonesiens

Ich hatte gehört, dass das „Sunda Kelapa" eines der besten Fischrestaurants in Djakarta sei, hätte aber aufgrund seiner Lage niemals daran geglaubt. Die Fahrt dorthin führte mich durch einen heruntergekommenen Teil des Hafenviertels in Djakarta, vorbei an zerfallenen Lagerhäusern, entlang mit Müll übersäten Straßen auf denen Bretterbuden standen. Dann fuhren wir in eine von einer Mauer umgebene Anlage, die von Wachleuten in paramilitärischen Uniformen patrouilliert wurde. Langsam verstand ich, warum dieses Fischrestaurant in Dutzenden von fremdsprachlichen Publikationen so hohes Lob geerntet hatte: Die pure Vielfalt der angebotenen Meeresfrüchte ließ meinen Mund vor Staunen offen stehen.

Ich bin als weltreisender Student der Grillkunst nach Indonesien gekommen. Ich wurde nicht enttäuscht. Dieses weite, über Tausende von Inseln verteilte Land – mit der vierthöchsten Bevölkerungsdichte der Welt – kennt die interessantesten Grillmethoden überhaupt. Die meisten Menschen denken bei indonesischen Grillgerichten an einen kleinen Fleischspieß namens Saté. Saté-Spieße sind zwar der Nationalimbiss Indonesiens, und es gibt sie in hundert wenn nicht tausend Variationen, aber sie sind nur ein Teil der kulinarischen Geschichte des Landes, wie mir im „Sunda Kelapa" schnell bewusst wurde.

Sri Rosilowati, eine kleine, modisch gekleidete Frau aus dem westlichen Java, hat das „Sunda Kelapa" gegründet. 1972 öffnete Frau Rosilowati einen Fischimbiss am Hafen, um den auf den hölzernen Frachtern aus Sulawesi ankommenden Mannschaften Essen anbieten zu können. Ihr Konzept war einfach: Frischen, gesunden Fisch, der auf einfachste Weise über Holzkohle gegrillt wurde, in einer sauberen, simplen Atmosphäre servieren. Es war ein absolutes Erfolgskonzept! Als ich Frau Rosilowati und ihre Tocher Suroipah besuchte, hatten sie 120 Angestellte und zwei ausladende Speisesäle, in denen etwa 500 Gäste Platz finden konnten.

Die Küche von dem Ausmaß einer Lagerhalle bestand aus einem Wirrwarr an makellosen, lodernden Grills, Arbeitsplatten aus rostfreiem Stahl und Plastikfässern, in denen indonesische Meeresfrüchte mit seltsamen Namen wie baronang (Kaninchenfisch), ikan grapu (eine Art Schnapper) und gourame (ein großer, flacher Fisch, der mich an Butterfisch erinnert), um nur ein paar wenige zu nennen, gelagert wurden. Die Grills wurden mit dem in Indonesien beliebten Brennstoff Kokosnussschalen befeuert, und kleine Jungen fächerten der Kohle mit Rattanwedeln Luft zu. Durch die Holzlatten an Decke und Wänden trat Sonnenlicht ein, das den aus den Grills austretenden Rauch beleuchtete. Der Gesamteindruck war weniger der einer Restaurantküche als der des Kochens auf einem Lagerfeuer im Wald.

Was mich am „Sunda Kelapa" am meisten faszinierte, waren die von den Köchen angewandten Techniken. Wenn Sie jemals versucht haben, einen ganzen Fisch zu grillen, wissen Sie, dass er dazu neigt, außen anzubrennen, während er innen roh bleibt und dazu noch austrocknet. Im „Sunda Kelapa" bedient man sich dreier indonesischer Techniken, mittels derer der Fisch immer perfekt gelingt: marinieren in einer Lake, zweifaches Begießen und das Rösten auf Bananenblättern auf dem Grill.

Die Marinade – bumboo genannt – war eine scharfe Mischung aus Limettensaft, Wasser und Mengen an Salz, die einer Lake gleichkommen. Der Fisch wurde bis auf die Gräten mit seitlichen Einschnitten versehen, damit diese Mischung und die Hitze in das Fleisch durchdringen können. Die Lake hielt den Fisch saftig und salzte ihn gleichzeitig ein. Die Marinierzeit war kurz, und der größte Teil des bumboo tropfte in die Holzkohle.

Der Fisch wurde außerdem während des Grillens mit dem bumboo und einer Mixtur aus zerlassener Butter, Knoblauch, Schalotten und Kurkuma begossen.

Der Koch umging das Problem des Anbrennens von Fisch, indem er ihn zunächst direkt über dem Feuer scharf angegrillt und dann auf ein zu einem Rechteck geschnittenen Bananenblatt gewendet und fertig gegart hat. Das Bananenblatt schützte den Fisch vor den Flammen, vor dem Austrocknen und überlanger Grillzeit.

Im „Sunda Kelapa" wurde der gegrillte Fisch mit lalapan serviert, eine Rohkostplatte mit Kräutern, die Zitronenmelisse, Petersilie, Basilikum, Gurkenscheiben, Tomaten- und Weißkohlschnitze und gekochte Spargelbohnen beinhaltete. Dazu gab es Schüsseln mit Achar (eine Art Mango-Schalotten-Pickles) und Chobal, ein sehr scharfes Relish aus Chilischoten, Schalotten und Garnelenpaste, das nach dem kleinen Mörser aus schwarzem Stein benannt ist, in dem die Zutaten zerrieben und gereicht werden. Ich habe die entsprechenden Rezepte in diesem Buch berücksichtigt. Also, werfen Sie den Grill an, und genießen Sie! Oh, und machen Sie es wie die Indonesier: Essen Sie mit den Fingern!

Fische auf beiden Seiten mit einem Teil der Gewürzbutter bestreichen. Den Grillrost bürsten und gut einölen. Die Fische auf den Rost legen und einen Teil der beiseitegestellten Marinade großzügig darauf verteilen. Die Fische 6 bis 10 Minuten von einer Seite grillen, bis sie eine schöne braune Farbe angenommen haben. Während des Grillens mit der Butter und der Marinade bestreichen.

6. Die Fische vorsichtig mit einem Spatel wenden und jeweils auf ein Stück Bananenschale oder Aluminiumfolie legen. Die Fische erneut mit der Gewürzbutter bestreichen und weitere 6 bis 10 Minuten grillen, bis das Fleisch auf Druck in feste Teilstücke zerfällt. Kurz bevor die Fische gar sind, noch ein Mal mit der Butter bestreichen.

7. Die Fische vorsichtig mit Hilfe eines Spatels auf eine Servierplatte heben. Wenn gewünscht, die Fische wie auf Seite 309 beschrieben filettieren oder im Ganzen servieren, damit sie mit den Fingern gegessen werden können.

HINWEIS: Vielleicht sind in Ihrer Nähe frische Bananenblätter erhältlich. Andernfalls benutzen Sie Aluminiumfolie.

GUADELOUPE

GEGRILLTER SCHNAPPER
MIT GURKENSAUCE

DIREKTES GRILLEN
FÜR 4 PERSONEN

An dem Abend, an dem ich im „Agoupa“ einkehrte, einem beliebten Restaurant in der Anlage Gosier auf Guadeloupe, war die Feier zum einjährigen Jubiläum voll im Gang. Aus den Boxen dröhnte Musik, Körper wiegten sich in der Hitze und der Rum floss in Strömen. Das Restaurant liegt unter freiem Himmel vor Point-à-Pitre und zieht Touristen wie Einheimische wegen des üppigen Ambientes und der günstigen Preise an (agoupa bedeutet auf Kreolisch „etwas mehr“, ähnlich wie langniappe in dem französischen Dialekt der Cajun). Aus der Ferne glühten die Grills aus Stahlfässern wie Schmelzöfen in der Nacht.

Die Sauce zu diesem Fischgericht ist eine Art Gazpacho aus Gurken und grünen Tomaten. Sie ist sehr urtümlich und schmackhaft. Lassen Sie sich nicht durch die scheinbar lange Liste an Zutaten abschrecken. Die meisten davon werden Sie zur Hand haben, und die tatsächliche Zubereitungszeit nimmt nur 15 bis 20 Minuten in Anspruch. Reichen Sie dazu Erbsen und Reis nach Art der Bahamas (Seite 431).

VORBEREITUNGSZEIT

1 bis 2 Stunden für das Marinieren des Fischs

FÜR DEN FISCH UND DIE MARINADE

4 kleine ganze Schnapper (je etwa 500 g), gesäubert, ohne Flossen, aber mit Kopf und Schwanzflosse
2 Bunde frischer Schnittlauch oder 1 Bund Frühlingszwiebeln, weiße und grüne Anteile, geputzt und fein gehackt
1 Knoblauchknolle, quer halbiert
1 mittelgroße Zwiebel, dünn geschnitten
2 Lorbeerblätter
1 Scotch Bonnet oder andere scharfe Chilischote, entkernt und halbiert (für mehr Schärfe die Samen nicht entfernen)
160 ml frisch gepresster Limettensaft
60 ml dunkler Rum
2 EL Salz

FÜR DIE GURKENSAUCE

1 Salatgurke, geschält und entkernt (siehe Kasten auf Seite 454)
1 grüne (unreife) Tomate, gehäutet und entkernt
40 g Zwiebelwürfel
3 Frühlingszwiebeln, weiße und grüne Anteile, geputzt und fein gehackt
15 g frische glatte Petersilie, gehackt
3 EL Weißweinessig oder Branntweinessig, oder mehr, je nach Geschmack
3 EL Olivenöl extra vergine und eine zusätzliche Menge zum Bestreichen
Salz und frisch gemahlener schwarzer Pfeffer

1. *Zubereitung des Fischs:* Die Fische von innen und außen unter fließend kaltem Wasser abspülen, abtropfen lassen und mit Küchenkrepp trocken tupfen. Die Fische auf beiden Seiten mit 3 oder 4 diagonalen Einschnitten bis auf die Gräten versehen. Die Fische in eine Auflaufform (nicht aus Aluminium) geben, in die sie in einer Lage passen. Schnittlauch, Knoblauch, Zwiebelscheiben, Lorbeerblätter und Chili darauf verteilen.

2. In einer mittelgroßen Schüssel (nicht aus Aluminium) den Limettensaft mit dem Rum, 3 EL Salz und ca. 1 l Wasser mit einem Schneebesen verrühren, bis sich das Salz aufgelöst hat. Die Marinade über den Fisch gießen und abgedeckt im Kühlschrank 1 bis 2 Stunden marinieren lassen.

3. *Zubereitung der Gurkensauce:* Gurke, grüne Tomate, Zwiebelwürfel, Frühlingszwiebeln, Petersilie, Essig und Olivenöl in einer Küchenmaschine zu einem Püree verarbeiten. Mit Salz, Pfeffer und Essig abschmecken. Die Sauce sollte gut gewürzt sein.

4. Den Grill für direktes Grillen bei mittelhoher Temperatur vorbereiten.

5. Sobald die Temperatur erreicht ist, den Fisch aus der Marinade nehmen und die Marinade entsorgen. Die Fische mit Küchenkrepp trocken tupfen und auf beiden Seiten mit Olivenöl bestreichen. Sollten Bedenken in Bezug auf das Festkleben des Fisches am Rost bestehen, Grillkörbe für Fisch benutzen (siehe Seite 350). Andernfalls den Grillrost bürsten und ölen, die Fische direkt auf den heißen Rost legen und 6 bis 10 Minuten von einer Seite grillen, bis die Haut auf dieser Seite dunkel und knusprig sowie das Fleisch gar ist. Während des Grillens ein bis zwei Mal erneut mit Olivenöl bestreichen. Die Fische vorsichtig mit einem langen Spatel wenden und weitere 6 bis 10 Minuten grillen, bis das Fleisch auf Druck in feste Teilstücke zerfällt.

6. Die Fische vorsichtig mit Hilfe eines Spatels auf eine Servierplatte heben. Wenn gewünscht, die Fische wie auf Seite 309 beschrieben filettieren und sofort mit der Gurkensauce servieren.

THAILAND

GEGRILLTER FISCH
MIT GEWÜRZEN AUS ESARN

DIREKTES GRILLEN
FÜR 4 PERSONEN

Diese einfache aber köstliche Zubereitungsmethode stammt aus der Region Esarn im nordöstlichen Thailand. Will man streng authentisch vorgehen, benötigt man Korianderwurzeln, die wie eine Mischung aus Koriander und Knollensellerie schmecken. In speziellen Lebensmittelgeschäften wird Koriander mit Wurzel angeboten. Sollten Sie keinen finden können, nehmen Sie Korianderblätter. Ich nehme hier gerne kleinen, ganzen Fisch, wie Seebarsch oder Schnapper. Reichen Sie zu dem Fisch Jasminreis (Seite 428) und Zitronen-Honigsauce mit Knoblauch (Seite 483).

VORBEREITUNGSZEIT

1 bis 2 Stunden für das Marinieren des Fischs

FÜR DEN FISCH UND DIE GEWÜRZPASTE

- **4 kleine ganze Fische wie Schwarzbarsch oder Schnapper (je etwa 500 g), gesäubert, ohne Flossen, aber mit Kopf und Schwanzflosse**
- **12 Knoblauchzehen, geschält und zerdrückt**
- **4 g Korianderwurzeln oder -blätter, gehackt; die Wurzeln gut wässern und abtropfen lassen**
- **1 EL Salz**
- **2 TL gemahlener Koriander**
- **2 TL frisch gemahlener weißer Pfeffer**

ZUM BESTREICHEN

- **3 EL asiatische Fischsauce**
- **3 EL Pflanzenöl**
- **3 EL frisch gepresster Limettensaft**
- **4½ TL Zucker**

1. *Zubereitung des Fischs und der Gewürzpaste:* Die Fische von innen und außen unter fließend kaltem Wasser abspülen, abtropfen lassen und mit Küchenkrepp trocken tupfen. Die Fische auf beiden Seiten mit 3 oder 4 diagonalen Einschnitten bis auf die Gräten versehen.

2. Knoblauch, Koriander, Salz, Korianderpulver und weißen Pfeffer in einem Mörser zu einer Paste verarbeiten. Sollten Mörser und Stößel nicht zur Hand sein, die Zutaten in einer Küchenmaschine vermengen. Die Hälfte der Paste in die seitlichen Einschnitte in den Fischen geben, die restliche Menge in den Fisch und die Kiemen füllen und auf dem Fisch verteilen. Die Fische in eine Auflaufform legen und abgedeckt für 1 bis 2 Stunden im Kühlschrank marinieren lassen.

3. *Zubereitung der Sauce zum Bestreichen:* Fischsauce, Öl, Limettensaft und Zucker in einer kleinen Schüssel verrühren, bis sich der Zucker aufgelöst hat.

4. Den Grill für direktes Grillen bei mittelhoher Temperatur vorbereiten.

5. Sollten Bedenken in Bezug auf das Festkleben des Fischs am Rost bestehen, Grillkörbe für Fisch benutzen (siehe Seite 350). Andernfalls den Grillrost bürsten und ölen, die Fische direkt auf den heißen Rost legen und 6 bis 10 Minuten von einer Seite grillen, bis die Haut auf dieser Seite dunkel und knusprig sowie das Fleisch gar ist. Während des Grillens mit der Sauce bestreichen. Die Fische vorsichtig mit einem langen Spatel wenden und weitere 6 bis 10 Minuten grillen, bis das Fleisch auf Druck in feste Teilstücke zerfällt.

6. Die Fische vorsichtig mit Hilfe eines Spatels auf eine Servierplatte heben. Wenn gewünscht, die Fische wie auf Seite 309 beschrieben filettieren und sofort servieren.

GUADELOUPE

GEGRILLTER SCHNAPPER

MIT KAPERNSAUCE VON DEN FRANZÖSISCHEN ANTILLEN

DIREKTES GRILLEN
FÜR 4 PERSONEN

So wie in diesem Rezept beschrieben, wird Fisch an den Stränden von Guadeloupe gegrillt. Die Marinade enthält die vier elementaren Gewürze der Französischen Antillen: Limettensaft, Scotch Bonnet-Chilischoten, Knoblauch und frischen Thymian. In Verbindung mit einer Kapernsauce und weiteren Chilischoten bieten sie ein explosives Geschmackserlebnis, dass man nicht so schnell vergessen wird. Dieses Rezept wird mit Schnapper zubereitet, es lässt sich aber auch jeder andere ganze Fisch verwenden (übrigens auch Fischsteaks; siehe Anleitung auf Seite 324). Je größer der Fisch, desto niedriger muss die Temperatur des Grills sein, damit der Fisch durchgegart wird ohne anzubrennen.

VORBEREITUNGSZEIT

1 Stunde für das Marinieren des Fischs

FÜR DEN FISCH UND DIE MARINADE

4 kleine ganze Schnapper (je etwa 500 g), gesäubert, ohne Flossen, aber mit Kopf und Schwanzflosse
3 Knoblauchzehen, geschält
1 bis 2 Scotch Bonnet-Chilischoten, entkernt und gehackt (für mehr Schärfe die Samen nicht entfernen)
2 TL Salz
1 TL frisch gemahlener schwarzer Pfeffer
1 TL frischer gehackter Thymian oder ½ TL getrockneter Thymian
120 ml frisch gepresster Limettensaft

FÜR DIE KAPERNSAUCE

1 Knoblauchzehe, gehackt
1 Schalotte, gehackt
2 TL frische glatte Petersilie, gehackt
2 EL abgetropfte Kapern
½ Scotch Bonnet-Chilischote, entkernt und gehackt
2 EL frisch gepresster Limettensaft
1 EL Rotweinessig
120 ml Olivenöl extra vergine und eine zusätzliche Menge zum Bestreichen
Salz und frisch gemahlener schwarzer Pfeffer

1. *Zubereitung des Fisches und der Marinade:* Die Fische von innen und außen unter fließend kaltem Wasser abspülen, abtropfen lassen und mit Küchenkrepp trocken tupfen. Die Fische auf beiden Seiten mit 3 oder 4 diagonalen Einschnitten bis auf die Gräten versehen und in eine Auflaufform (nicht aus Aluminium) geben, in die sie in einer Lage passen.

2. Die Knoblauchzehen, den gehackten Chili, 2 TL Salz, 1 TL Pfeffer und den Thymian in einem Mörser zu einer Paste verarbeiten, dann die 120 ml Limettensaft unterziehen. Sollten Mörser und Stößel nicht zur Hand sein, die Zutaten in einer Küchenmaschine vermengen. Die Marinade über den Fisch gießen, in die Einschnitte reiben und den Fisch sorgfältig in der Marinade wenden. Den Fisch abgedeckt im Kühlschrank 1 Stunde marinieren lassen, dabei ein bis zwei Mal wenden.

3. *Zubereitung der Kapernsauce:* Den gehackten Knoblauch mit den Schalotten, der Petersilie, den Kapern, dem gehackten Chili, 2 EL Limettensaft und dem Weinessig in einer kleinen Schüssel mit einem Schneebesen verrühren. Die 120 ml Olivenöl unterrühren und mit Salz und Pfeffer abschmecken. Die Sauce sollte gut gewürzt sein (siehe Hinweis).

4. Den Grill für direktes Grillen bei mittelhoher Temperatur vorbereiten.

5. Sobald die Temperatur erreicht ist, den Fisch aus der Marinade nehmen und die Marinade entsorgen. Die Fische mit Küchenkrepp trocken tupfen und auf beiden Seiten mit Olivenöl bestreichen. Sollten Bedenken in Bezug auf das Festkleben des Fischs am Rost bestehen, Grillkörbe für Fisch benutzen (siehe Seite 350); andernfalls den Grillrost bürsten und ölen, die Fische direkt auf den heißen Rost legen und 6 bis 10 Minuten von einer Seite grillen, bis die Haut auf dieser Seite dunkel und knusprig sowie das Fleisch gar ist. Die Fische vorsichtig mit einem langen Spatel wenden und weitere 6 bis 10 Minuten grillen, bis das Fleisch auf Druck in feste Teilstücke zerfällt.

6. Die Fische vorsichtig mit Hilfe eines Spatels auf eine Servierplatte heben. Wenn gewünscht, die Fische wie auf Seite 309 beschrieben filettieren, etwas von der Sauce darüber geben und sofort mit der restlichen Sauce servieren.

HINWEIS: Eine homogenere Sauce erhalten Sie durch die Zubereitung in der Küchenmaschine.

PORTUGAL

PORTUGIESISCHE GEGRILLTE SARDINEN

DIREKTES GRILLEN
FÜR 6 PERSONEN ALS VORSPEISE, FÜR 3 BIS 4 ALS HAUPTGERICHT

In Portugal sind frische gegrillte Sardinen so beliebt wie Hot Dogs und Hamburger in Nordamerika. Sie werden zu Dutzenden von Straßenhändlern, Fischrestaurants am Meeresufer, eleganten Restaurants und bei privaten Grillfesten zubereitet und förmlich verschlungen. Sardinen sind in Portugal so beliebt, dass sie selbst in ehemaligen portugiesischen Kolonien und Außenposten auftauchen. Ich habe dieses bekannte portugiesische Gericht in Macao, Brasilien und meiner ehemaligen Heimat Cambridge, Massachusetts, genossen, wo ein großer Bevölkerungsanteil an Amerikanern mit portugiesischer Abstammung lebt.

Wenn sich Ihre Erfahrung mit Sardinen auf die konservierte Variante beschränkt, stehen Sie kurz vor einer Offenbarung. Die einzige Herausforderung besteht darin, Sardinen zu bekommen. Aber, sollten Sie in einer größeren Stadt leben, sollten Sardinen insbesondere in den wärmeren Monaten erhältlich sein. (Die beste Zeit ist von Mai bis Oktober, wenn die Fische vor dem Laichen Fett zulegen). Andernfalls können Sie auch gefrorene Sardinen nehmen.

Das hier beschriebene Salzen verleiht den Sardinen zusätzlichen Geschmack – fast wie bei gepökeltem Fisch. In Macao werden gegrillte Sardinen mit Tomaten-Salsa und knusprigem portugiesischem Brot oder Maismehlbrot serviert.

VORBEREITUNGSZEIT

30 Minuten bis 1 Stunden für das Salzen der Sardinen

ZUTATEN

- **24 frische Sardinen, gesäubert, mit Kopf und Schwanzflosse**
- **300 g grobes Meersalz**
- **2 EL Olivenöl extra vergine**
- **Frisch gemahlener schwarzer Pfeffer (optional)**
- **Zitronenschnitze zum Anrichten**

1. Die Sardinen unter fließend kaltem Wasser abspülen, abtropfen lassen und mit Küchenkrepp trocken tupfen. 100 g Salz auf dem Boden einer Auflaufform verteilen. 12 Sardinen auf das Salz legen, und 100 g Salz darüber streuen. Die übrigen Sardinen darauf legen und die restlichen 100 g Salz darauf streuen. Die Auflaufform abdecken und 30 Minuten bis 1 Stunde in den Kühlschrank stellen.

2. Den Grill für direktes Grillen bei hoher Temperatur vorbereiten.

3. Sobald die Temperatur erreicht ist, das Salz von den Sardinen spülen und mit Küchenkrepp trocken tupfen. Wenn gewünscht, die Sardinen mit Olivenöl bestreichen und mit Pfeffer würzen. Sollten Bedenken in Bezug auf das Festkleben des Fischs am Rost bestehen, Grillkörbe für Fisch benutzen (siehe Seite 350). Andernfalls den Grillrost bürsten und ölen, die Fische direkt auf den heißen Rost legen und 3 bis 6 Minuten von einer Seite grillen, bis die Haut auf dieser Seite dunkel und knusprig sowie das Fleisch gar ist. Die Fische vorsichtig mit einem langen Spatel wenden und weitere 3 bis 6 Minuten grillen, bis das Fleisch auf Druck in feste Teilstücke zerfällt.

4. Die Fische vorsichtig mit Hilfe eines Spatels auf eine Servierplatte heben und sofort mit den Zitronenschnitzen, die über dem Fisch ausgepresst werden können, servieren. So kann jeder Gast selbst den Kopf, die Flossen und Gräten entfernen.

MAROKKO

GEMISCHTE GEGRILLTE MEERESFRÜCHTE
NACH ESSAOUIRA-ART

DIREKTES GRILLEN
FÜR 8 PERSONEN

Essaouira ist eine Hafenstadt an der nordwestlichen Küste Marokkos. Hier, am betonierten Hafenbecken, wo die Schiffe anlegen, kommen Liebhaber gegrillten Fisches auf ihre Kosten. Um an den Grillstand zu gelangen, heißt es, durch ein Wirrwarr an Fischernetzen zu finden, Hunderte von Verkäufern abzuwimmeln, die Sie alle an ihren Stand führen möchten und einen lästigen Fliegenschwarm hinter sich zu lassen. Haben Sie nur Mut, denn, wenn Sie einmal Platz genommen haben, werden Sie in den Genuss makelloser frischer Meeresfrüchte kommen, die so serviert werden, wie es sein soll: mit Blick auf tanzende Fischerboote und den tiefblauen Ozean, in dem die Fische noch vor kurzer Zeit schwammen. Frisch heißt hier, dass die Verkäufer den Fisch säubern, sobald er bestellt ist. Nichts ist besser als Meeresfrüchte serviert in einer Atmosphäre, in der der Duft des Meeres in die Nase steigt und die Möwen am wolkenlosen Himmel Kreise ziehen.

Dieses Gericht ist auf das Elementare beschränkt: gegrillter Fisch, herzhafter Tomatensalat und knuspriges Brot. Ich habe das Rezept als gemischte Grillplatte angelegt und stütze mich dabei an die in Essaouira am häufigsten servierten Meeresfrüchte. Sie haben die freie Wahl und sollten das nehmen, was sie am frischesten bekommen können. In Essaouira würden die Garnelen mit Kopf serviert und in der Schale gegrillt.

FÜR DIE MEERESFRÜCHTE

900 g frische Garnelen, idealerweise nicht geschält
16 frische Sardinen, gesäubert, ohne Flossen, aber mit Kopf und Schwanzflosse
8 ganze Weißfische oder Seebrassen, gesäubert, ohne Flossen, aber mit Kopf und Schwanzflosse
ca. 1000 g Tintenfisch, gesäubert (siehe Hinweis)
160 ml Olivenöl extra vergine, oder mehr, je nach Geschmack
Grobes Meersalz und frisch gemahlener schwarzer Pfeffer

FÜR DEN TOMATENSALAT

8 reife Tomaten, entkernt (siehe Kasten auf Seite 454), fein gehackt
2 große rote Zwiebeln, fein gehackt
30 g frische glatte Petersilie, gehackt
120 ml Olivenöl extra vergine
60 ml frisch gepresster Zitronensaft, oder mehr, je nach Geschmack
2 TL Rotweinessig
Salz und frisch gemahlener schwarzer Pfeffer

ZUM SERVIEREN

Marokkanisches Brot oder Pita-Brot
Zitronenschnitze

1. *Zubereitung der Meeresfrüchte:* Die Garnelen, wenn gewünscht, in der Schale belassen und laut Anleitung auf Seite 361 putzen. Garnelen, Sardinen, Weißfisch und Tintenfisch unter fließend kaltem Wasser abspülen, abtropfen lassen und mit Küchenkrepp trocken tupfen. Garnelen, Fisch und Tintenfisch auf beiden Seiten mit einem Teil der 180 ml Olivenöl bestreichen und nach Belieben salzen und pfeffern.

2. *Zubereitung des Tomatensalats:* Tomaten, Zwiebeln, Petersilie, 120 ml Olivenöl, Zitronensaft und Rotweinessig in einer großen Schüssel (nicht aus Aluminium) vermengen. Mit Salz, Pfeffer und Zitronensaft abschmecken. Den Salat zur Seite stellen.

3. Den Grill für direktes Grillen bei hoher Temperatur vorbereiten.

4. Sobald die Temperatur erreicht ist, den Grillrost bürsten und ölen. Die Meeresfrüchte auf den heißen Rost legen und grillen, bis sie eine schöne braune Farbe angenommen haben. Den ganzen Fisch mit einem langen Spatel wenden, die Garnelen und den Tintenfisch mit einer Grillzange. Die Sardinen benötigen 3 bis 6 Minuten pro Seite, der Weißfisch 4 bis 8 Minuten (Der Fisch ist gar, wenn er auf Druck in feste Teilstücke zerfällt). Die Garnelen und der Tintenfisch sind nach 1 bis 2 Minuten pro Seite gar. Die Garnelen nehmen dann eine rosige Farbe an und sind fest. Der Tintenfisch wird weiß und fest. Nach dem Wenden die Meeresfrüchte erneut mit Olivenöl bestreichen und mit Salz und Pfeffer nachwürzen.

5. *Zum Anrichten:* Die Meeresfrüchte auf 8 Teller verteilen. Sofort mit dem Tomatensalat, dem marokkanischem Brot oder Pita-Brot und den Zitronenschnitzen servieren.

HINWEIS: Der für dieses Rezept verwendete Tintenfisch sollte groß sein – d.h. ganzer Körper und ganze Arme. Sollten Sie nur bereits in Ringe oder Stücke zerteilten Tintenfisch erhalten können, grillen Sie ihn an Spießen.

GEMISCHTE GEGRILLTE MEERESFRÜCHTE NACH ESSAOUIRA-ART | LINKS

BRASILIEN

GEGRILLTER FISCH MIT BRASILIANISCHER KNOBLAUCH-MARINADE

DIREKTES GRILLEN
FÜR 4 PERSONEN

Marius Fontana gehört zu den gefeierten Gastronomen Rio de Janeiros. Er ist charismatisch, trägt braunes schulterlanges Haar und steckt voller Energie. Das Rezept für die Knoblauchmarinade, die er für Fisch-Spieße erdacht hat, stammt von ihm. Ich habe aber entdeckt, dass die Marinade auch wunderbar zu Fischsteaks und ganzen kleinen Fischen passt. Schwertfisch, Thunfisch, Lachs-Steaks, ganze Schnapper oder Forellenbarsch lassen sich glänzend damit zubereiten. Reichen Sie dazu Brasilianische Daiquiris (Seite 54) als Aperitif und Verrückten Reis (Seite 432) als Beilage.

VORBEREITUNGSZEIT

1 Stunden für das Marinieren des Fischs

ZUTATEN

4 Schwertfisch-, Thunfisch- oder Lachs-Steaks (jeweils 170 bis 230 g und 2,5 cm dick)
6 Knoblauchzehen, geschält
½ mittelgroße Zwiebel, geviertelt
½ mittelgroße rote Paprikaschote, entkernt und geviertelt
60 ml Olivenöl extra vergine
60 ml trockener Weißwein
2 EL Ketchup
2 EL süßes Paprikapulver
1 TL Salz
½ TL frisch gemahlener schwarzer Pfeffer
4 g frische Korianderblätter, fein gehackt

1. Die Fischsteaks unter fließend kaltem Wasser abspülen, abtropfen lassen und mit Küchenkrepp trocken tupfen. Die Fischsteaks in eine Auflaufform (nicht aus Aluminium) geben, in die sie in einer Lage passen.

2. Knoblauch, Zwiebel, Paprikaschote, Olivenöl, Weißwein, Ketchup, Paprikapulver, Salz und schwarzen Pfeffer in einer Küchenmaschine zu einem glatten Püree verarbeiten. Den Koriander hinzugeben und kurz durchrühren. Die Marinade über die Fischsteaks gießen, den Fisch in der Marinade wenden und abgedeckt für 1 Stunde in den Kühlschrank stellen.

3. Den Grill für direktes Garen auf hoher Temperatur vorbereiten.

4. Sobald die Temperatur erreicht ist, den Grillrost bürsten und ölen. Den Fisch aus der Marinade nehmen und die Marinade entsorgen. Die Fischsteaks alle in der gleichen Richtung auf den heißen Grillrost legen. Den Fisch nach Belieben grillen, dabei vorsichtig mit einem Spatel wenden. Thunfisch ist nach etwa 3 bis 4 Minuten pro Seite blutig bis medium. Schwertfisch und Lachs werden 4 bis 6 Minuten pro Seite gegrillt und das Fleisch in der Mitte sollte opalweiß aussehen, wenn man mit einem Messer hineinschneidet. Ein schönes Muster kann durch das Drehen der Steaks um 90 Grad nach den ersten 2 Minuten auf jeder Seite geschaffen werden.

5. Die Fischsteaks auf Teller oder eine Servierplatte legen und sofort servieren.

TRINIDAD UND TOBAGO

GEGRILLTER HAI UND BROT

DIREKTES GRILLEN
FÜR 4 PERSONEN

Eines der auf Trinidad beliebtesten Gerichte ist gegrillter Hai auf Brot oder „Shark and Bake“. Es besteht aus einem in Gewürzen, „seasoning“ genannt (eine scharfe Mischung aus Chili und westindischen Kräutern), mariniertem Haifisch-Steak, das zunächst frittiert wird und dann auf einem luftigen Kissen aus gebratenem Brot, „bake“, serviert wird. Die Kombination ist so aromareich, dass man es in Trinidad zum Frühstück, Mittagessen, Abendessen und als Zwischenmahlzeit isst.

So sehr ich dieses auf traditionelle Art zubereitete Gericht auch mochte, konnte ich mir nicht helfen und überlegte, ob es gegrillt nicht ebenso schmackhaft – und gesünder – wäre. Schließlich ist die feste Textur von Haifleisch ideal für das Grillen geeignet. Gegrilltes Brot kommt aus der indischen Küche, die großen Einfluss auf die Trinidads hatte.

Über Trinidads „Shark and Bake"

Auf dem Markt sind mehrere Sorten Haifleisch erhältlich, dazu gehören Blauhai und Schwarzspitzenhai. Beiden ist das feste, weiße Fleisch mit einem zarten Aroma gemein, ganz in krassem Gegensatz zu der Wildheit seines Ursprungs. Schwarzspitzenhai schmeckt ähnlich wie Schwertfisch, der Blauhai hat ein sehr helles Fleisch und einen zarten Geschmack.

Obwohl Haifleisch etwas exotisch scheint, wenn nicht gerade merkwürdig, ist sein Verzehr für mehr Amerikaner, als man annehmen würde, alltäglich. Viel von dem was in den USA als Schwertfisch verkauft wird, ist tatsächlich Haifleisch. Von vielen Fischhändlern wird das Fleisch aber unter dem Etikett „dogfish" angeboten, damit erst gar nicht unangenehme Assoziationen entstehen. Eine etwas merkwürdige Wahl der Namensgebung, wenn man bedenkt, dass sie eigentlich dazu dienen sollte, das Fleisch attraktiver zu machen. Außer dem zarten Aroma des Haifleischs gibt es noch einen weiteren Grund es zu mögen: Es hat so gut wie keine Gräten. Da Haie Knorpelfische sind, entfallen bei ihnen die vielen kleinen Gräten wie bei anderen Fischen.

Die Würze basiert auf in Trinidad beheimateten Gewürzen wie Schnittlauch, Petersilie, Thymian, Pfefferminze und culantro (ein Kraut mit gezackten Blättern, das wie Koriander schmeckt). Diese Gewürze gedeihen in Unmengen in Paramin, einem in der Nähe von Port of Spain gelegenen Bergdorf.

Die Würzung wird mit einer Chilischote aus Trinidad abgerundet, die wie Scotch Bonnet schmeckt, aber nicht so scharf ist. Sie lässt sich durch grüne Paprikaschoten, cachucha (eine kleine Chilischote von der Form eines platten Kürbis, die auch chile rocotillo oder aji dulce genannt wird), oder entkernte Scotch Bonnet-Chilischoten ersetzen.

Dieses Rezept hier ist die nordamerikanische Version eines Klassikers auf Trinidad – inspiriert durch ein wunderschönes Restaurant namens „Natalie's Shark and Bake Shop" an der Maracas Bay an der Nordküste Trinidads. Wenn man in Eile ist, kann der Teig weggelassen werden und durch eine bevorzugte Sorte Brot ersetzt werden. Außerdem passt es auch zu Schwertfisch.

VORBEREITUNGSZEIT

2 bis 4 Stunden für das Marinieren des Fischs

FÜR DEN FISCH UND DIE MARINADE

- 4 Haifisch-Steaks (jeweils 170 bis 230 g und knapp 2 cm dick)
- 1 Bund Schnittlauch oder ½ Bund Frühlingszwiebeln, geputzt
- 2 Schalotten oder ½ kleine Zwiebel, grob gehackt
- 2 Knoblauchzehen, grob gehackt
- 1 mittelgroße Stange Staudensellerie, grob gehackt
- 4 g frische Korianderblätter
- 15 g glatte Petersilie
- 2 EL frische Pfefferminzblätter
- 2 TL frischer Thymian oder 1 TL getrockneter Thymian
- ½ Scotch Bonnet Chilischote, entkernt, oder 20 g gehackte grüne Paprikaschote
- 60 ml frisch gepresster Limettensaft, oder mehr, je nach Geschmack
- 2 TL Salz, oder mehr, je nach Geschmack
- ½ TL frisch gemahlener schwarzer Pfeffer

FÜR DAS BROT

- 1 EL Trockenhefe
- 1 EL Zucker
- ca. 300 g Mehl, nach Bedarf etwas mehr
- 2 TL Backpulver
- 1¼ TL Salz

ZUM GRILLEN UND ANRICHTEN

- 2 bis 3 EL Pflanzenöl, zum Bestreichen
- Salz und frisch gemahlener schwarzer Pfeffer
- Knoblauchsauce (Seite 482)
- Scharfe karibische Sauce oder andere Chilisauce

1. *Zubereitung des Fisches und der Marinade:* Die Fischsteaks unter fließend kaltem Wasser abspülen, abtropfen lassen und mit Küchenkrepp trocken tupfen. Die Fischsteaks in eine Auflaufform (nicht aus Aluminium) geben, in die sie in einer Lage passen.

2. Den Schnittlauch, die Schalotten, den Knoblauch, den Sellerie, den Koriander, die Petersilie, die Pfefferminze, den

Wie man ein perfektes Fischsteak grillt

Steaks aus festen, fleischigen Fischen wie Lachs, Schwertfisch und Thunfisch lassen sich fantastisch grillen. Sie werden fast genauso zubereitet wie Rindfleischsteaks. Allerdings stimmt dies nicht so ganz: Ich schließe den Grill, wenn ich Fischsteaks zubereite. Professionelle Köche decken die Fische jeweils mit einer umgedrehten Backform ab. Beide Methoden helfen bei der Beschleunigung des Garprozesses.

1. Grundvoraussetzung ist absolut frischer Fisch. Thunfisch sollte beispielsweise von Sushi-Qualität sein. Wenn die Steaks glasig gegrillt werden sollen, sollten Fischsteaks mit einer Dicke von 2,5 bis 5 cm verwendet werden. Durchgegarte Steaks sollten einen guten Zentimeter bis gute zwei Zentimeter dick sein. Schwertfisch kann in Scheiben von knapp 2 bis 2,5 cm Dicke geschnitten werden. Lachssteaks vor dem Grillen nicht entgräten: Die Gräten halten das Fleisch zusammen.

2. Den Grill für direktes Grillen bei hoher Temperatur vorbereiten.

3. Sobald die Temperatur erreicht ist, die Fischsteaks auf beiden Seiten mit Olivenöl oder zerlassener Butter bestreichen, salzen und pfeffern. Sollte der Fisch in einer reichhaltigen Mischung aus Öl, Butter oder Kokosmilch mariniert worden sein, muss er nicht trocken getupft werden, sondern sollte mit etwas zusätzlichem Öl bestrichen oder gewürzt werden. Den Grillrost einölen und den Fisch darauf legen.

4. Die Fischsteaks alle in derselben Richtung auf den heißen Grillrost legen. Knapp 2 cm dicke Steaks etwa zwei Minuten von einer Seite grillen, 2,5 bis 5 cm dicke Steaks 3 bis 6 Minuten. Wenn gewünscht, die Steaks nach zwei Minuten des Grillens mit einem langen Spatel um 90 Grad drehen, damit ein Kreuzmuster entsteht.

5. Die Fischsteaks vorsichtig mit einem Pfannenheber wenden, von der anderen Seite ebenfalls grillen und nach einer Weile um 90 Grad drehen. Thunfisch schmeckt am besten in der Mitte glasig oder rosa, daher ist die Garzeit etwas kürzer. Schwertfisch und Lachs sollten durchgegart (well-done) werden.

6. Ob und wie weit Fisch gegart ist, lässt sich durch das Anstechen der Mitte des Steaks mit einem Messer feststellen. Der Fisch ist durchgegart, wenn er auf Druck mit einem Finger in feste Teilstücke zerfällt. Im Fall, dass der Fisch mit Gräten gegrillt wird, sollte sich das Fleisch leicht von ihnen lösen lassen.

Thymian, den Chili, den Limettensaft, 2 TL Salz, ½ TL Pfeffer und 160 ml Wasser in einer Küchenmaschine zu einem glatten Püree verarbeiten. Mit Limettensaft und Salz abschmecken, die Marinade sollte gut gewürzt sein. Die Marinade über die Fischsteaks gießen, die Steaks darin wenden und abgedeckt für 2 bis 4 Stunden in den Kühlschrank stellen.

3. Den Teig für das Brot spätestens 2 Stunden im Voraus zubereiten. Dazu die Hefe, den Zucker und 120 ml warmes Wasser in einer großen Schüssel verrühren, bis Hefe und Zucker aufgelöst sind. Den Teigansatz 5 bis 10 Minuten ruhen lassen, bis er Blasen wirft, dann 160 ml Wasser hineinrühren. Das Mehl mit dem Backpulver hineinsieben und 1 ¼ TL Salz dazugeben. Den Teig mit einem Holzlöffel zu einem festen, aber feuchten Kloß rühren. Dabei nach Bedarf Mehl hinzufügen (Der Teig kann auch mit den Knethaken eines Rührgeräts zubereitet werden). Der fertige Teig sollte feuchter als normaler Brotteig sein, jedoch trocken genug, dass man ihn ausrollen kann. Den Teig in der Schüssel 5 Minuten durchkneten, bis er weich und elastisch ist.

4. Die Schüssel abdecken und den Teig an einem warmen, vor Zug geschütztem Ort 1 bis 2 Stunden gehen lassen, bis er seine Menge verdoppelt hat.

5. Den Grill für direktes Grillen bei hoher Temperatur vorbereiten.

6. Den aufgegangenen Teig mit einem Holzlöffel herunterdrücken, in 4 gleiche Portionen aufteilen und die Portionen zu Kugeln formen. Die Kugeln mit Mehl bestäuben. Die Teigkugeln auf einer bemehlten Arbeitsfläche mit einem bemehlten Nudelholz zu Fladen von etwa 5 mm Dicke und 15 bis 18 cm Durchmesser ausrollen.

7. Sobald die Temperatur erreicht ist, den Grillrost bürsten

und ölen. Die Teigfladen mit etwas Öl bestreichen und auf den heißen Rost legen. Die Fladen 2 bis 4 Minuten pro Seite grillen, bis sie blasig und leicht gebräunt sind. Mit einem langen Spatel wenden. Die fertigen Brote in einem mit Tuch ausgelegten Brotkorb warm halten.

8. Die Haifisch-Steaks aus der Marinade nehmen und die Marinade entsorgen. Die Steaks mit Küchenkrepp trocken tupfen, auf beiden Seiten mit etwas Olivenöl bestreichen, salzen und pfeffern. Die Steaks alle in der gleichen Richtung auf den heißen Grillrost legen. Den Fisch 3 bis 6 Minuten pro Seite grillen, dabei vorsichtig mit einem Spatel wenden. Durch Anschneiden der Steaks in der Mitte prüfen, ob das Fleisch gar ist. Ein schönes Muster kann durch das Drehen der Steaks nach den ersten 2 Minuten auf jeder Seite um 90 Grad geschaffen werden.

9. Die Haifisch-Steaks vorsichtig mit einem Spatel auf Teller oder eine Servierplatte legen. Jeweils ein Haifisch-Steak in einen Fladen wickeln und vor dem Verzehr eine beliebige Menge der Knoblauchsauce darübergießen.

MEXIKO

GEGRILLTER SCHWERTFISCH „EN PIPIAN"

DIREKTES GRILLEN
FÜR 6 PERSONEN

Pipián bezeichnet eine Reihe an mexikanischen Saucen aus pepitas, geschälten Kürbiskernen. Die gerösteten und gemahlenen Samen dienen als Gewürz und Dickungsmittelmittel. Pipián ist überall in Mexiko erhältlich, besonders vertreten ist es aber im südwestlichen Bundesstaat Guerrero, wo man es mole verde (grüne Sauce) nennt. Die relative Milde der Sauce macht sie wie geschaffen für Meeresfrüchte. In diesem Rezept wird sie zu Schwertfisch gereicht, sie passt aber auch zu Lachs, Schnapper, Garnelen oder einem meiner Lieblingsfische: Butterfisch. Außerdem schmeckt die Kürbiskernsauce auch hervorragend zu gegrilltem Schweine- und Hähnchenfleisch.

In diesem Rezept wird nach zwei ungewöhnlichen Zutaten verlangt: Tomatillos und Epazote. Tomatillos sind kleine grüne tomatenähnliche Früchte, die an ihrer papiernen Hülle erkennbar sind. Einige gutsortierte Gemüse- und Bioläden führen sie gelegentlich. Epazote ist ein Kraut mit gezackten Blättern und intensivem Geruch und Geschmack. Es ist auch unter den Namen Wohlriechender Gänsefuß, Mexiko-Drüsengänsefuß, Mexikanischer Traubentee und Jesuitentee bekannt. Auf mexikanischen Märkten ist es immer zu bekommen, und es wächst dort auch wild. Sollte das Kraut nicht erhältlich sein, schmeckt das Gericht doch wunderbar, auch wenn es dann nicht ganz authentisch zubereitet ist.

Wie immer, habe ich auch hier die Wahl der Menge an Chilischoten frei gestellt. Die größere Menge trifft für die Originalzubereitung zu (Denken Sie daran: Chili verliert durch das Blanchieren an Schärfe). Lassen Sie sich nicht durch die lange Liste an Zutaten abschrecken, die Sauce ist schnell und einfach zubereitet. Wenn Sie die Sache etwas vereinfachen möchten, können Sie die Marinade weglassen, und den Schwertfisch vor dem Grillen nur mit Olivenöl bestreichen, salzen und pfeffern. Die Sauce kann bis zu 3 Tage im Voraus zubereitet und auch eingefroren werden.

VORBEREITUNGSZEIT

1 Stunde für das Marinieren des Fischs

FÜR DEN FISCH UND DIE MARINADE

6 Schwertfisch-Steaks (jeweils 170 bis 230 g und 2,5 cm dick)
2 bis 6 Jalapeño- oder Serrano-Chilischoten, entkernt und dünn geschnitten (die Marinade wird schärfer, wenn die Samen nicht entfernt werden)
4 g frischer Koriander, grob gehackt
3 EL frisch gepresster Limettensaft
3 EL Olivenöl extra vergine
Salz und frisch gemahlener schwarzer Pfeffer

FÜR DIE SAUCE

140 g geschälte Kürbiskerne
600 ml Fischfond, Muschelfond aus dem Glas, Hühnerbrühe oder Wasser
8 frische Tomatillofrüchte (siehe Hinweis)
4 bis 6 Jalapeño- oder 6 bis 10 Serrano oder 1 Poplano-Chilischote, der Länge nach halbiert und entkernt (die Marinade wird schärfer, wenn die Samen nicht entfernt werden)
½ kleine Zwiebel
4 Knoblauchzehen, geschält
2 Frühlingszwiebeln, weiße und grüne Anteile, geputzt und in 2,5 cm lange Stücke geschnitten
8 g frischer Koriander, grob gehackt, und einige EL zum Garnieren
2 EL glatte Petersilie, grob gehackt
2 Blätter Römischer Salat, quer in 2,5 cm dicke Streifen geschnitten
1 EL frisch gepresster Limettensaft, nach Bedarf mehr
¼ TL Kreuzkümmelpulver
2 EL Schmalz oder Olivenöl extra vergine
2 Zweige Wohlriechender Gänsefuß (optional), fein gehackt
Salz

1. *Zubereitung des Fischs und der Marinade:* Die Fischsteaks unter fließend kaltem Wasser abspülen, abtropfen lassen und mit Küchenkrepp trocken tupfen. Die Schwertfisch-Steaks in eine Auflaufform (nicht aus Aluminium) geben, in die sie in einer Lage passen.

2. Den geschnitten Chili, 4 g Koriander, 3 EL Limettensaft und das Olivenöl in einer kleinen Schüssel (nicht aus Aluminium) mit einem Schneebesen verrühren. Nach Belieben mit Salz und Pfeffer würzen und über die Schwertfisch-Steaks gießen. Den Fisch abgedeckt 1 Stunde zum Marinieren in den Kühlschrank stellen, dabei ein bis zwei Mal wenden.

3. *Zubereitung der Sauce:* Die Kürbiskerne in einem trockenen Stieltopf (ohne Antihaftbeschichtung) auf mittlerer Hitze 3 bis 5 Minuten rösten, bis sie braun werden. Den Topf während des Röstens schwenken, damit die Kerne nicht anbrennen. Die Kürbiskerne in eine flache Schüssel geben und abkühlen lassen. 3 EL der Kerne zum Garnieren beiseitestellen, die übrigen Kerne in einer Küchenmaschine fein mahlen, dabei die Maschine in kurzen Stößen laufen lassen. 240 ml Fischfond unterrühren, und beiseitestellen.

4. Die Hüllen der Tomatillos entfernen, die Früchte in einem flachen Topf mit Wasser bedecken. Die Chilischotenhälften hinzufügen und auf mittlerer Temperatur zum Kochen bringen. Die Hitze reduzieren und die Tomatillos in 5 Minuten weich kochen. Die Früchte und die Chilischoten abgießen und zusammen mit den übrigen 360 ml Fischfond, der Zwiebel, dem Knoblauch, der Frühlingszwiebel, 8 g frischem Koriander, der Petersilie, dem Römischen Salat, dem Limettensaft und dem Kreuzkümmelpulver in einer Küchenmaschine zu einem glatten Püree verarbeiten.

5. Das Schmalz oder Olivenöl in einem großen tiefen Topf auf mittlerer Temperatur erhitzen. Die Kürbiskernmischung hinzugeben und unter Rühren etwa 5 Minuten braten, bis die Masse dunkel und dickflüssig ist und aromatisch duftet. Die Tomatillo-Masse hinzugeben und unter ständigem Rühren 15 bis 20 Minuten kochen lassen, bis die Masse andickt. Während der letzten 5 Minuten den Wohlriechenden Gänsefuß hineinrühren (optional). Die Sauce vom Herd nehmen und nach Belieben mit Salz und Limettensaft abschmecken. Sie sollte gut gewürzt sein. Die Sauce warm halten.

6. Den Grill für direktes Grillen bei hoher Temperatur vorbereiten.

7. Sobald die Temperatur erreicht ist, den Grillrost bürsten und ölen. Die Schwertfisch-Steaks aus der Marinade nehmen und die Marinade entsorgen. Die Steaks alle in der gleichen Richtung auf den heißen Grillrost legen. Den Fisch 3 bis 6 Minuten pro Seite grillen, dabei vorsichtig mit einem Spatel wenden. Durch Anschneiden der Mitte der Steaks prüfen, ob das Fleisch gar ist. Ein schönes Muster kann durch das Drehen der Steaks nach den ersten 2 Minuten auf jeder Seite um 90 Grad geschaffen werden.

8. Die Schwertfisch-Steaks mit einem langen Spatel auf eine Servierplatte legen und die Sauce darübergeben. Mit den bei Seite gestellten Kürbissamen und Korianderblättern garnieren und sofort servieren.

HINWEIS: Sollten frische Tomatillos nicht erhältlich sein, stattdessen 800 g Tomatillos aus der Dose verwenden. Die Tomatillos abgießen, abtropfen lassen, abspülen und erneut abtropfen lassen. Tomatillos aus der Dose müssen nicht gegart werden, bevor sie mit den anderen Zutaten verarbeitet werden.

ASERBAIDSCHAN

STÖR-SCHASCHLIK

DIREKTES GRILLEN
FÜR 4 PERSONEN

Aserbaidschan ist eine ehemalige Sowjetrepublik und hat große Ölvorkommen. Es liegt im Osten des Kaspischen Meeres, das reich an Stör ist. Schaschlik ist die russische Bezeichnung für Fleischspieß oder Kebab. Der Fisch könnte nach diesem Rezept natürlich am Spieß gegrillt werden, ich verwende hier aber marinierte Fischsteaks. Die saure Sahne macht den Fisch zart und reichhaltig. Süßsaurer Granatapfelsirup ist im Handel erhältlich, kann aber auch laut dem in diesem Buch enthaltenen Rezept selbst gemacht werden. Sumach ist ein saures rotes Gewürz, das im ganzen Nahen Osten als Würze für gegrilltes Fleisch verwendet wird. Gewürzsumach ist in Fachgeschäften erhältlich.

VORBEREITUNGSZEIT

1 bis 2 Stunden für das Marinieren des Fischs

FÜR DEN FISCH UND DIE MARINADE

4 frische Stör- (siehe Kasten auf Seite 324), Seeteufel-, oder Schwertfisch-Steaks (jeweils 170 bis 230 g und etwa 2,5 cm dick)
2 EL Pflanzenöl
Salz und frisch gemahlener schwarzer Pfeffer

240 ml saure Sahne
3 EL frisch gepresster Zitronensaft
2 EL frischer gehackter Dill oder 1 EL getrockneter Dill
1 Knoblauchzehe, gehackt

ZUM SERVIEREN

4 Frühlingszwiebeln, weiße und grüne Anteile, geputzt und dünn geschnitten
1 reife Tomate, geachtelt
Zitronenschnitze
1 Salatgurke, dünn geschnitten
2 bis 3 EL Granatapfelsirup (Seite 243)
3 EL gemahlener Gewürzsumach (siehe Seite 248)

1. *Zubereitung des Fischs und der Marinade:* Die Fischsteaks unter fließend kaltem Wasser abspülen, abtropfen lassen und mit Küchenkrepp trocken tupfen. Die Fischsteaks auf beiden Seiten mit Öl bestreichen, salzen und pfeffern und in eine Auflaufform (nicht aus Aluminium) geben, in die sie in einer Lage passen.

2. Saure Sahne, Zitronensaft, Dill und Knoblauch in einer kleinen Schüssel (nicht aus Aluminium) vermengen. Die Marinade über die Fischsteaks gießen, die Steaks in der Marinade wenden. Abgedeckt im Kühlschrank 1 bis 2 Stunden marinieren lassen, gelegentlich wenden.

3. Den Grill für direktes Grillen bei hoher Temperatur vorbereiten.

4. Sobald die Temperatur erreicht ist, den Grillrost bürsten und ölen. Die Schwertfisch-Steaks aus der Marinade nehmen und die Marinade entsorgen. Die Steaks alle in der gleichen Richtung auf den heißen Grillrost legen. Den Fisch 3 bis 6 Minuten pro Seite grillen, dabei vorsichtig mit einem Spatel wenden. Durch Anschneiden der Mitte der Steaks prüfen, ob das Fleisch gar ist. Ein schönes Muster kann durch das Drehen der Steaks nach den ersten 2 Minuten auf jeder Seite um 90 Grad geschaffen werden.

5. *Zum Anrichten:* Die Fischsteaks mit einem langen Spatel auf eine Servierplatte legen. Mit der Frühlingszwiebel, den Tomaten- und Zitronenschnitzen und den Gurkenscheiben garnieren. Sofort mit dem Granatapfelsirup und Gewürzsumach servieren.

SENEGAL

FISCH YASSA

DIREKTES GRILLEN
FÜR 4 PERSONEN

Der Begriff yassa bezieht sich auf eine Reihe von in Westafrika, speziell im Senegal, beliebten Gerichten. Die Grundzubereitung ist eine saure Sauce aus Zwiebeln, Senf und Zitronensaft. Traditionell werden die Zwiebeln in Palmöl gebraten. Palmöl hat eine rötliche Farbe und ist sehr aromatisch. Es ist reich an gesättigter Fettsäure, daher ahme ich es in diesem Rezept mit Rapsöl und Paprikapulver nach. Dieses Rezept eignet sich für viele verschiedene Fischsorten. Klassisch wäre hier ein dunkler, reichhaltiger Fisch wie Königsmakrele oder Blaufisch aber auch Lachs. Reichen Sie dazu einen Krug Ingwer-Ananas-Punsch (Seite 61) und gedämpften weißen Reis.

VORBEREITUNGSZEIT

1 bis 2 Stunden für das Marinieren des Fischs

FÜR DEN FISCH

4 Fischsteaks, z.B. Lachs (jeweils 170 bis 230 g und etwa 2,5 cm dick)
Salz und frisch gemahlener schwarzer Pfeffer
60 ml Zitronensaft
2 EL Rapsöl

FÜR DIE SAUCE

60 ml Rapsöl
1 TL süßes Paprikapulver
4 mittelgroße Zwiebeln, in 5 mm dicke Schnitze geschnitten (etwa 500 g)
1 mittelgroße Karotte, geschält und dünn geschnitten
½ bis 2 Scotch Bonnet Chilischoten, entkernt und dünn geschnitten (für eine schärfere Sauce, die Samen nicht entfernen)
60 ml frisch gepresster Zitronensaft, nach Bedarf mehr
60 g körniger französischer Senf, nach Bedarf mehr
2 EL Branntweinessig
Salz und frisch gemahlener schwarzer Pfeffer

1. *Zubereitung des Fischs:* Die Fischsteaks unter fließend kaltem Wasser abspülen, abtropfen lassen und mit Küchenkrepp trocken tupfen. Die Fischsteaks auf beiden salzen und pfeffern und in eine Auflaufform (nicht aus Aluminium) geben, in die sie in einer Lage passen.

2. Mit einem Schneebesen 60 ml Zitronensaft und das Rapsöl in einer kleinen Schüssel (nicht aus Aluminium) verrühren und über den Fisch gießen. Die Fischsteaks in der Marinade wenden, dann abgedeckt im Kühlschrank 1 bis 2 Stunden marinieren lassen.

GEGRILLTER THUNFISCH MIT EINER SAUCE AUS ROTWEIN, KAPERN UND OLIVEN | RECHTS

3. *Zubereitung der Sauce:* Das Rapsöl in einem antihaftbeschichteten Stieltopf auf mittlerer Hitze erwärmen. Das Paprikapulver hineinrühren, dann die Zwiebeln, Karotten und Chilischoten. Alles 3 bis 4 Minuten dünsten, bis die Zwiebel glasig ist. 80 ml Wasser, 60 ml Zitronensaft, den Senf und den Essig hinzufügen. Zum Kochen bringen. Die Hitze auf niedrig reduzieren und die Sauce unter Rühren 10 bis 15 Minuten köcheln lassen, bis sie dickflüssig und aromatisch ist. Die Zwiebeln sollten etwas knackig bleiben. Den Topf vom Herd nehmen und die Sauce mit Salz, Pfeffer, Zitronensaft und Senf abschmecken. Die Sauce sollte gut gewürzt sein. Abdecken und warm stellen.

4. Den Grill für direktes Grillen bei hoher Temperatur vorbereiten.

5. Sobald die Temperatur erreicht ist, den Grillrost bürsten und ölen. Die Fischsteaks aus der Marinade nehmen und die Marinade entsorgen. Die Steaks alle in der gleichen Richtung auf den heißen Grillrost legen. Den Fisch 3 bis 6 Minuten pro Seite grillen, dabei vorsichtig mit einem Spatel wenden. Durch Anschneiden der Mitte der Steaks prüfen, ob das Fleisch gar ist. Ein schönes Muster kann durch das Drehen der Steaks nach den ersten 2 Minuten auf jeder Seite um 90 Grad geschaffen werden.

6. Die Fischsteaks mit einem langen Spatel auf Teller oder eine Servierplatte legen, die Sauce darüber geben und sofort servieren.

FRANKREICH

GEGRILLTER THUNFISCH

MIT EINER SAUCE AUS ROTWEIN, KAPERN UND OLIVEN

THON GRILLE AU JUS DE RAITO

DIREKTES GRILLEN
FÜR 4 PERSONEN

Zum ersten Mal aß ich dieses Gericht (bzw. ein sehr ähnliches) am äußersten Zipfel einer kaum bewohnten Insel einige Seemeilen vor der Côte d'Azur. Auf der Ile de Porquerolles kann man den Menschenmengen und dem Verkehr an der Riviera entfliehen. Der Schriftsteller Georges Simenon hat die Insel unsterblich gemacht. Die einzige Stadt auf der Insel liegt in einem Nationalpark und lässt sich in etwa 10 Minuten zu Fuß durchqueren. Die Bewohner hatten die gute Idee, Autos vom Festland zu verbieten.

Aber in Frankreich ist keine Gegend so abgelegen, dass man kein gutes Essen finden kann. In diesem Fall war es ein prachtvolles 1-Stern-Restaurant in dem Hotel „Mas de Langoustier". Der Koch Joël Guillet vertritt eine zeitgenössische Auffassung der provençalischen Küche, jedoch scheint eines seiner Gerichte auf die Zeit der Phönizier zurückzugehen. Laut Überlieferung stammt die als raïto bekannte Rotwein-Oliven-Kapern-Sauce aus Griechenland und kam mit phönizischen Seeleuten nach Massilia (der alte Name Marseilles). Die Provençe ist das einzige Gebiet in Frankreich, wo es die Sauce zu finden gibt, und sie ist so tief verwurzelt, dass sie verschiedene Namen hat, einschließlich rayte und raïte. Woher die Sauce auch stammen mag, sie ist am ganzen Mittelmeer bekannt und hat einen reichhaltigen Geschmack, der gut zu gegrilltem Thunfisch passt.

VORBEREITUNGSZEIT

30 Minuten für das Marinieren des Fischs

FÜR DEN FISCH

4 Thunfisch-Steaks (jeweils 170 bis 230 g und etwa 2,5 cm dick)
2 EL Olivenöl extra vergine
Salz und frisch gemahlener schwarzer Pfeffer

FÜR DAS RAITO

Etwa 80 ml Olivenöl extra vergine
1 mittelgroße Zwiebel, fein geschnitten
3 Knoblauchzehen, gehackt
1 kleine reife Tomate, gehäutet und entkernt (siehe Kasten auf Seite 454), dann fein geschnitten
480 ml trockener Rotwein
1 EL Tomatenmark
1 Zweig frischer Thymian oder ¼ TL getrockneter Thymian
1 Lorbeerblatt
35 g schwarze Oliven, vorzugsweise kleine Niçoise-Oliven, entkernt
2 EL abgetropfte Kapern
Salz und frisch gemahlener schwarzer Pfeffer

1. *Zubereitung des Fischs:* Die Thunfisch-Steaks von beiden Seiten mit 2 EL Olivenöl bestreichen und nach Belieben salzen und pfeffern. Die Steaks in eine Auflaufform legen, abdecken und für 30 Minuten in den Kühlschrank stellen.

2. *Zubereitung der Sauce:* 3 EL Olivenöl in einem großen Topf auf mittlerer Hitze erwärmen, die Zwiebeln und den Knoblauch hinzufügen und 5 Minuten goldbraun anbraten. Die Tomate hinzugeben und 2 Minuten lang braten. Rotwein, Tomatenmark, Thymian, Lorbeerblatt, Oliven und Kapern hinzufügen und zum Kochen bringen. Die Hitze auf mittlere Temperatur reduzieren und 10 Minuten köcheln lassen.

3. Den Topf vom Herd nehmen und den Thymianzweig sowie das Lorbeerblatt aus der Sauce nehmen. Die restlichen 2½ EL Olivenöl unterrühren und nach Belieben salzen und pfeffern. Die Sauce sollte gut gewürzt sein (siehe Hinweis). Die Sauce abdecken und warm halten.

4. Den Grill für direktes Grillen bei hoher Temperatur vorbereiten.

5. Sobald die Temperatur erreicht ist, den Grillrost bürsten und ölen. Die Schwertfisch-Steaks aus der Marinade nehmen, und die Marinade entsorgen. Die Steaks alle in der gleichen Richtung auf den heißen Grillrost legen. Den Fisch 1 bis 2 Minuten pro Seite halbroh oder in 2 bis 3 Minuten pro Seite glasig grillen, dabei vorsichtig mit einem Spatel wenden. Ein schönes Muster kann durch das Drehen der Steaks nach den ersten 2 Minuten auf jeder Seite um 90 Grad geschaffen werden.

6. Die Thunfisch-Steaks auf Teller oder eine Servierplatte geben, die Sauce darübergeben und sofort servieren.

HINWEIS: Der Koch Joël Guillet püriert die Sauce gern und fügt die Oliven und Kapern erst hinzu, nachdem die Sauce reduziert ist. Außerdem gibt er die Sauce wieder in den Topf, um sie nur kurz zu erwärmen. Da ich eher für die rustikalen Art bin, mag ich die Sauce unpüriert. Sie haben die Wahl.

PORTUGAL

THUNFISCH-STEAKS NACH MADEIRA-ART

DIREKTES GRILLEN
FÜR 4 PERSONEN

Meine Leser kennen meine Vorliebe für Portugal und die portugiesische Küche. Ich würde sogar so weit gehen zu sagen, dass Portugal das best gehütete kulinarische Geheimnis Europas ist – einschließlich der im Freien zubereiteten Gerichte. Das folgende Gericht stammt von Madeira, einer Vulkaninsel vor der afrikanischen Küste, die zu Portugal gehört. Madeira ist für aufgespritteten Wein, tropische Blumen und schwindelerregend steile, in Terrassenform angelegte Hänge bekannt. Ich denke, es ist kein Zufall, dass das Grillen auf Madeira beliebt ist, denn auf der Insel wuchsen einst Bäume, die für die Herstellung von Holzkohle verwendet wurden.

VORBEREITUNGSZEIT

3 bis 4 Stunden für das Marinieren des Fischs

ZUTATEN

4 Knoblauchzehen, geschält
1 EL grobes Meersalz
1 EL getrocknete Oreganoblätter
1 EL getrocknete Basilikumblätter
1 TL frisch gemahlener schwarzer Pfeffer
120 ml Olivenöl extra vergine, vorzugsweise portugiesischer Herkunft, nach Bedarf mehr
4 Thunfisch-Steaks (jeweils 170 bis 230 g und etwa 2,5 cm dick)
8 Lorbeerblätter

1. Salz, Oregano, Basilikum und Pfeffer in einem Mörser zerstoßen, dann so viel Olivenöl hinzugeben (etwa 1 bis 2 EL), dass eine streichfähige Masse entsteht. Die Zutaten können auch in einer Schüssel mit Hilfe der Rückseite eines Holzlöffels oder in einer Küchenmaschine verrührt werden. Dabei das Olivenöl nach und nach hinzugeben.

2. Die Thunfisch-Steaks unter fließend kaltem Wasser abspülen, abtropfen lassen und mit Küchenkrepp trocken tupfen. Die Gewürzpaste mit den Händen oder einem Spatel auf beiden Seiten der Steaks verteilen. Die Steaks in eine Auflaufform (nicht aus Aluminium) geben, in die sie in einer Lage passen. 60 ml Olivenöl über den Fisch gießen, den Fisch mehrmals wenden. Jeweils ein Lorbeerblatt unter und auf die Thunfisch-Steaks legen. Den Fisch abdecken und für 3 bis 4 Stunden in den Kühlschrank stellen. Während dieser Zeit das in der Form befindliche Olivenöl gelegentlich über die Steaks geben.

3. Den Grill für direktes Grillen bei hoher Temperatur vorbereiten.

4. Sobald die Temperatur erreicht ist, den Grillrost bürsten und ölen. Die Schwertfisch-Steaks aus der Marinade nehmen und die Marinade entsorgen. Die Thunfisch-Steaks abspülen und mit Küchenkrepp trocken tupfen, dann mit den übrigen 1 bis 2 EL Olivenöl von beiden Seiten bestreichen. Die Steaks alle in der gleichen Richtung auf den heißen Grillrost legen. Den Fisch 4 bis 6 Minuten pro Seite glasig bis gar (well-done) grillen (die Portugiesen essen den Thunfisch gern eher durchgegart), dabei vorsichtig mit einem langen Spatel wenden. Ein schönes Muster kann durch das Drehen der Steaks nach den ersten 2 Minuten auf jeder Seite um 90 Grad geschaffen werden.

5. Die Thunfisch-Steaks auf Teller oder eine Servierplatte legen und sofort servieren.

ÄQUATORIALGUINEA

SPANISCH-GUINEISCHER GEGRILLTER FISCH
MIT DREI SAUCEN

DIREKTES GRILLEN
FÜR 8 PERSONEN

Das „Claris" gehört zu den elegantesten Hotels Barcelonas und bietet einen ultramodernen Schlupfwinkel mit ruhigen, luxuriösen Zimmern, die sich hinter der verzierten Fassade eines Herrenhauses aus dem 19. Jahrhundert verbergen. Es ist tatsächlich ein merkwürdiger Ort, um von den Grillgerichten Äquatorialguineas zu berichten, aber ich habe in diesem Hotel den Meister der Portierskunst und passionierten Koch am Grill Arsenio Pancho Sobe kennengelernt. Er gehört zu den 100.000 Guineanern, die in Spanien, der einstigen Kolonialmacht Guineas, leben.

Herr Sobe kommt aus Malabo, der Hauptstadt von Äquatorialguinea auf der winzigen, küstennahen Insel Bioko gelegen, wo Meeresfrüchte über Kokosnussschalen gegrillt und mit einem Dreigespann an Saucen serviert werden. Bei der ersten Sauce handelt es sich um eine unwiderstehliche Erdnuss-Sauce mit getrockneten Garnelen, die zweite ist eine faszinierende grüne Sauce aus einem spinatähnlichen, essbaren Blatt namens machea zubereitet, und die dritte ist eine herzhafte Avocado-Sauce.

Alle drei Saucen verdanken ihre Schärfe dem großen, leuchtend roten guineanischen Chili, einem Verwandten des Habañero-Chilis. Vielleicht können Sie guineanischen Chili erhalten; wenn nicht, nehmen Sie Habañero oder Scotch Bonnets. Was den Fisch betrifft, so würde ein Guineaner vollaromatischen, dunklen Fisch wie Königsmakrele oder Makrele wählen. Ich hatte ähnlichen Erfolg mit Blaufisch, Thunfisch-Steaks (die ich hier empfehle) und ganzen Schnappern.

Obwohl dieses Rezept vielleicht lang und schwierig scheint, besteht es doch nur aus einer Reihe einfacher Schritte. Es gibt ein paar Dinge, die es sogar noch vereinfachen können. Zunächst könnten Sie eine kleinere Menge Fisch und nur eine der Saucen zubereiten. In diesem Fall würde ich mich für die Erdnuss-Sauce entscheiden, die am ungewöhnlichsten ist. Zweitens sind die Erdnuss- und die Spinatsauce gut haltbar; das heißt, Sie könnten Sie im Voraus zubereiten und bei Bedarf verwenden – die Saucen sind das, was das Gericht guineanisch macht.

VORBEREITUNGSZEIT

1 Stunde für das Marinieren des Fischs

ZUTATEN

8 Fischsteaks, z.B. Thunfisch oder Königsmakrele (jeweils 170 bis 230 g und etwa 2,5 cm dick)
Salz und frisch gemahlener schwarzer Pfeffer
3 Knoblauchzehen, geschält und zerdrückt
½ bis 2 Guinea-Chilischoten oder Scotch Bonnet (optional), entkernt und gehackt
240 ml frisch gepresster Limettensaft
2 bis 3 EL Kokosnussöl oder anderes Pflanzenöl, zum Bestreichen
Erdnuss-Sauce (Rezept folgt)
Spinat-Sauce (siehe Seite 332)
Avocado-Sauce (siehe Seite 332)

1. Die Fischsteaks unter fließend kaltem Wasser abspülen, abtropfen lassen und mit Küchenkrepp trocken tupfen. Die Fischsteaks auf beiden Seiten großzügig salzen sowie pfeffern und in eine Auflaufform (nicht aus Aluminium) geben, in die sie in einer Lage passen. Den Knoblauch und Guinea-Chili hinzufügen. Den Limettensaft über die Fischsteaks gießen und die Steaks mehrmals darin wenden. Den Fisch 1 bis 2 Stunden abgedeckt in den Kühlschrank stellen. Während der Zeit ein bis zwei Mal wenden.

2. Den Grill für direktes Grillen bei hoher Temperatur vorbereiten (siehe Hinweis).

3. Sobald die Temperatur erreicht ist, die Fischsteaks aus der Marinade nehmen und die Marinade entsorgen. Die Steaks gut abtropfen lassen, dann auf beiden Seiten mit Kokosnussöl bestreichen und nach Belieben salzen und pfeffern.

4. Den Grillrost bürsten und ölen. Die Steaks alle in der gleichen Richtung auf den heißen Grillrost legen. Den Fisch 2 bis 3 Minuten pro Seite halbroh grillen, dabei vorsichtig mit einem Spatel wenden (Anderen Fisch als Thunfisch 4 bis 6 Minuten pro Seite grillen). Ein schönes Muster kann durch das Drehen der Steaks nach der ersten Minute des Grillens auf jeder Seite um 90 Grad geschaffen werden.

5. Die Steaks auf Teller heben und sofort mit den Erdnuss-, Spinat- und Avocado-Saucen servieren.

HINWEIS: Sollten Sie einen Holzkohlegrill benutzen und Schale einer frischen Kokosnuss, die sie auf die Holzkohle geben können, zur Hand haben, ist dies umso besser. Stellen Sie sicher, dass die Schalen völlig trocken sind, bevor Sie sie auf die Holzkohle geben.

ERDNUSS-SAUCE

ERGIBT CA. 500 ML

Getrocknete Garnelen sind in Amerika nicht unbedingt beliebt – leider, denn ihr süßsalziger Geschmack ist köstlich – aber in Afrika, Asien, der Karibik und Brasilien findet man sie häufig. Die Brasilianer kennen ein diesem Gericht sehr ähnliches. Es ist ein Eintopf aus getrockneten Garnelen und Erdnüssen, der vatapá genannt wird und aus dem Bundesstaat Bahia im nördlichen Brasilien kommt. Sollten getrocknete Garnelen nicht erhältlich sein, nehmen Sie frische.

80 g fein geschnittene Zwiebel
2 Knoblauchzehen, gehackt
1 große reife Tomate, fein gehackt, auch den Saft verwenden
½ bis 2 Guinea-Chilischoten oder Scotch Bonnet (optional), entkernt und gehackt (wenn mehr Schärfe gewünscht ist, die Samen nicht entfernen)
2 TL frischer Ingwer, geschält und gehackt
1 Lorbeerblatt
30 g (3 bis 4 EL) getrocknete Garnelen, grob gehackt oder 120 g frische Garnelen, geschält und geputzt (siehe Seite 361), dann grob gehackt
130 g Erdnussbutter mit Stückchen
3 bis 4 EL frischer Koriander, gehackt (optional)
Salz und frisch gemahlener schwarzer Pfeffer

1. Zwiebel, Knoblauch, Tomate, Chili, Ingwer, Lorbeerblatt, Garnelen und 360 ml Wasser in einen Topf geben und auf mittlerer Hitze zum Kochen bringen. Die Temperatur auf niedrig herunterdrehen und etwa 5 Minuten köcheln lassen, bis die getrockneten Garnelen weich oder die frischen Garnelen fest sind.

2. Den Topf vom Herd nehmen, das Lorbeerblatt entfernen, dann die Erdnussbutter und den Koriander (optional) unterrühren. Nach Belieben salzen und pfeffern. Die Sauce wieder auf niedriger Temperatur erwärmen und etwa 5 Minuten kochen lassen, bis sie dickflüssig und aromatisch ist. Die Sauce in eine kleine Schüssel geben und bis zur Verwendung abgedeckt in den Kühlschrank stellen. Auf Zimmertemperatur servieren.

SPINAT-SAUCE

ERGIBT CA. 500 ML

Die klassische Zubereitung dieser Sauce erfolgt mit einem essbaren, grünen Blattgemüse namens machea, das sich aber bei uns gut durch Spinat ersetzen lässt. Palmöl hat eine charakteristische orangerote Farbe und einen säuerlichen Geschmack. Sollten Sie es nicht bekommen können oder Sie der Verwendung aus gesundheitlichen Gründen abgeneigt sind (Palmöl hat einen hohen Gehalt an ungesättigter Fettsäure), benutzen Sie stattdessen Olivenöl. Etwas Paprikapulver gibt dem Olivenöl den Hauch einer orangenen Färbung.

½ mittelgroße Zwiebel, fein gehackt
1 Knoblauchzehe, gehackt
1 Lorbeerblatt
½ bis 2 Guinea-Chilischoten oder Scotch Bonnet, entkernt und gehackt
½ TL Salz, nach Bedarf mehr
½ Packung gefrorene zerkleinerte Spinatblätter (etwa 140 g), aufgetaut, oder 120 g frischer Spinat, ohne Stiele, gut gewaschen, abgetropft und gehackt
1 EL Palmöl oder Olivenöl extra vergine
Frisch gemahlener schwarzer Pfeffer
1 bis 2 TL frisch gepresster Limettensaft (optional)

1. Die Zwiebel, den Knoblauch, das Lorbeerblatt, den Chili und das Salz mit 360 ml Wasser in einem großen schweren Topf auf mittlerer Hitze zum Kochen bringen. Im offenen Topf etwa 5 Minuten köcheln lassen, bis die Zwiebel weich ist.

2. Das Lorbeerblatt entfernen, den Spinat hinzugeben und 2 Minuten kochen lassen. Das Palmöl hineinrühren. Die Spinatmasse in eine Küchenmaschine geben und zu einem glatten Püree verarbeiten. Das Püree in eine kleine Schüssel füllen und mit Salz, Pfeffer und Limettensaft (optional) abschmecken. Bis zur Verwendung abgedeckt in den Kühlschrank stellen. Auf Zimmertemperatur servieren.

AVOCADO-SAUCE

ERGIBT CA. 500 ML

Diese Sauce hat auf der anderen Seite des Atlantiks ein Pendant: die Avocado-Saucen Mexikos, die ebenfalls zu Fisch gereicht werden.

1 reife Hass-Avocado, geschält, entkernt, und in gut 5 mm große Würfel geschnitten
1 EL frisch gepresster Limettensaft, nach Belieben mehr
80 g fein gehackte Zwiebel
2 Knoblauchzehen, gehackt
1 Lorbeerblatt
½ bis 2 Guinea-Chilischoten oder Scotch Bonnet, entkernt und gehackt
15 g frische glatte Petersilie, fein gehackt
4 g frischer Koriander, fein gehackt
1 große reife Tomate, entkernt (siehe Kasten auf Seite 454) und fein gewürfelt
Salz und frisch gemahlener schwarzer Pfeffer

1. Die Avocado und den Limettensaft in einen kleinen, schweren Topf geben und vermengen. Die Zwiebel, den Knoblauch, das Lorbeerblatt, den Chili, die Petersilie und 240 ml Wasser hineinrühren. Auf niedriger Hitze zum Kochen bringen und etwa 5 Minuten köcheln lassen, bis die Avocado und die Zwiebel weich sind. Den Koriander und die Tomate hinzufügen, nach Belieben salzen und pfeffern und 1 weitere Minute kochen lassen.

2. Den Topf vom Herd nehmen und mit Salz und Limettensaft abschmecken. Etwas Wasser hinzugeben, falls die Sauce zu dickflüssig ist. Die Sauce in eine kleine Schüssel füllen und bis zur Verwendung kühl stellen. Vor dem Servieren auf Zimmertemperatur erwärmen und das Lorbeerblatt entfernen.

DAS HÄUTEN UND ENTGRÄTEN VON FISCHFILETS

Fischfilets können mit und ohne Haut gegrillt werden. Die Haut mancher Fische (ich denke hier an Lachs) ist äußerst köstlich, wenn sie mit Öl bestrichen und mit Salz gewürzt über mittlerer Hitze knusprig gegrillt wird. Sollte in einem Rezept nach dem Häuten von Fischfilets verlangt werden, gehen Sie wie folgt vor:

***1.** Das Fischfilet mit der Hautseite nach unten an den Rand eines Schneidbretts legen. Die Schwanzflosse (oder das dünne Ende) sollte nach links zeigen (falls Sie Linkshänder sind, nach rechts). Die Schwanzflosse mit einer Hand festhalten und die Haut mit einem langen schmalen Messer vom Fleisch lösen. Der Schnitt sollte etwa 2 cm vor dem Ende angesetzt werden, damit Sie etwas zum Festhalten haben.*

***2.** Das Messer ungefähr parallel zum Schneidbrett halten und in Richtung der Mitte weiter schneiden. Dabei eine sägende Bewegung mit dem Messer ausführen und die Haut zwischen Messer und Schneidbrett einklemmen. Das Filet wird so sauber von der Haut gelöst.*

***3.** Ein Filet sollte immer auf eventuell vorhandene Gräten untersucht werden. Dazu mit den Fingern über die Oberseite des Filets fahren und nach Gräten spüren. Restliche Gräten mit einer spitzen Zange oder Pinzette entfernen.*

MEXIKO

GEGRILLTER FISCH NACH YUCATAN-ART

TIKIN XIK

DIREKTES GRILLEN
FÜR 4 PERSONEN

Das „Le Saint Bonnet" ist genau die Art Restaurant, an der man sich nach einer langen Fahrt an einem endlosen und heißen Morgen über die monotonen geraden Straßen Yucatans einfinden möchte. Der Essbereich im Freien mit Blick auf die blaugrünen Wasser des Golfs von Mexiko ist von einem strohgedeckten Dach überschattet und es weht eine kühle Meeresbrise. Bestellt man ein Bier, wird dazu ein halbes Dutzend botanas (spanische Cocktail-Häppchen) gereicht. Man kann dort leicht drei Stunden bei einem Mittagessen verbringen.

Der Gründer des Restaurants war Franzose, daher der Name. Ungeachtet des französischen Erbes erlernte ich dort die Zubereitung des auf der Yucatan-Halbinsel berühmtesten Fischgerichts tikin xik (ausgesprochen: Tie-ken schiek). Wie der nach der Sprache der Maya klingende Name schon vermuten lässt, ist tikin xik eines der ältesten Gerichte in Yucatan und geht noch auf die Zeit vor der Ankunft der Spanier zurück. Xik ist das Maya-Wort für marinierten Fisch; tikin bezeichnet etwas, das gewendet oder gedreht wird. Obwohl tikin xik nicht auf der Speisekarte des „Le Saint Bonnet" verzeichnet ist, bestellen es die Stammgäste, und der Koch kommt ihrer Bitte immer gern nach.

In dem Restaurant werden Fische auf traditionelle Weise durch den Fischrücken entgrätet und gesäubert (ein ziemlich schwieriges Unterfangen), wie ein Buch aufgeklappt und in einer speziellen Marinade, recado, eingelegt. Sie besteht aus einer leuchtend orangefarbenen Gewürzpaste, die aus Annattosamen, Knoblauch und Bitterorangen hergestellt wird. An dem Tag, an dem ich sie probierte, wurde frisch gefangener Zackenbarsch auf diese Weise zubereitet und serviert. Es eignen sich aber auch Goldmakrelen und Schnapper. Da das Entgräten des Fisches so kompliziert ist, schlage ich die Verwendung von Fischfilets vor. Wenn Sie einen ganzen Fisch zubereiten möchten, lesen in dem Kasten auf Seite 309 nach.

VORBEREITUNGSZEIT

30 Minuten für das Marinieren des Fischs

SPEZIELLE AUSRÜSTUNG

1 Bananenblatt (siehe Hinweis), in 4 Rechtecke geschnitten, die etwas größer sind als der Fisch, oder 4 rechteckige Stücke Aluminiumfolie, jeweils 4- bis 6-lagig
1 Fischrost (optional)

FÜR DEN FISCH UND DIE MARINADE

4 Goldmakrelenfilets (jeweils 170 bis 230 g und etwa 2 bis 2,5 cm dick)
1 TL Annattosamen
½ TL schwarze Pfefferkörner
2 Pimentkörner
2 ganze Nelken
½ TL gemahlener Zimt
2 EL frisch gepresster Bitterorangensaft (siehe Kasten auf Seite 186) oder 1 EL frisch gepresster normaler Orangensaft und Limettensaft
2 EL frisch gepresster normaler Orangensaft
2 EL Branntweinessig
2 Knoblauchzehen, gehackt
1 Lorbeerblatt
Salz
2 bis 4 EL Pflanzenöl oder ungesalzene zerlassene Butter, zum Bestreichen
Frisch gemahlener schwarzer Pfeffer

FÜR DAS GRILLEN DES FISCHS (NACH WAHL)

1 kleine weiße Zwiebel, in gut 5 mm breite Schnitze geschnitten
1 große reife Tomate, in gut 5 mm breite Schnitze geschnitten
4 Zweige Wohlriechender Gänsefuß

ZUM SERVIEREN

In Streifen geschnittener Kopfsalat
Salatgurkenscheiben
Tomatenscheiben
Limettenscheiben
Glatte Petersilie
„Hundeschnauzen"-Salsa (Seite 459)

1. Die Goldmakrelenfilets unter fließend kaltem Wasser abspülen, abtropfen lassen und mit Küchenkrepp trocken tupfen. Die Filets in eine Auflaufform (nicht aus Aluminium) geben, in die sie in einer Lage passen.

2. Annattosamen, Pfefferkörner, Pimentkörner, Nelken und Zimt in einer Gewürzmühle oder sauberen Kaffeemühle zu einem feinen Pulver mahlen. Das Gewürzpulver in eine kleine Schüssel (nicht aus Aluminium) geben und den Bitterorangensaft, den normalen Orangensaft, den Essig, den Knoblauch, das Lorbeerblatt und 1 TL Salz hinzugeben. Das Salz unter Rühren auflösen, und mit etwa 60 ml Wasser abschmecken, bis die Schärfe genommen ist. Die Marinade über die Filets gießen und die Filets darin wenden. Abgedeckt im Kühlschrank 30 Minuten marinieren lassen.

3. Den Grill für direktes Grillen bei hoher Temperatur vorbereiten.

4. Sobald die Temperatur erreicht ist, einen Fischgrillrost 5 Minuten vorwärmen (falls vorhanden). Die Goldmakrelenfilets abgießen und die Marinade entsorgen. Die Filets auf beiden Seiten mit etwas Öl bestreichen, salzen und pfeffern.

5. Den Fischgrillrost oder den Grillrost großzügig ölen und die Filets darauf legen. Die Makrelenfilets 3 bis 4 Minuten grillen, dann mit einem langen Spatel vorsichtig mit der gegrillten Seite nach unten auf die Bananenblätter legen. Zwiebeln, Tomate und Wohlriechenden Gänsefuß darauf geben und weitere 3 bis 4 Minuten grillen, bis der Fisch auf Druck in feste Teilstücke zerfällt.

6. Die Filets mit einem Spatel auf eine Servierplatte legen. Den Kopfsalat, die Gurke, die Tomate und die Zitronenscheiben um die Filets anrichten und mit einigen Stielen Petersilie garnieren. Den Fisch sofort mit „Hundeschnauzen"-Salsa servieren.

HINWEIS: Vielleicht sind in Ihrer Nähe frische Bananenblätter erhältlich. Andernfalls benutzen Sie Aluminiumfolie oder wenden die Filets so auf dem Grillrost. Allerdings werden sie dann nicht ganz so saftig.

GANZER FISCH „TIKIN XIK"

INDIREKTES GRILLEN
FÜR 4 PERSONEN

Hier ist die Anleitung für die Zubereitung von tikin xik mit einem ganzen Fisch. Anstelle der Goldmakrelenfilets aus dem Rezept Gegrillter Fisch nach Yucatan-Art einen ganzen großen Fisch wie Schnapper, Zackenbarsch oder Butterfisch verwenden. Den Fisch säubern und von Flossen befreien, aber mit Kopf und Schwanzflosse zubereiten.

1. Den Fisch von innen und außen unter fließend kaltem Wasser abspülen, abtropfen lassen und mit Küchenkrepp trocken tupfen. Die Fische auf beiden Seiten mit 5 oder 6 diagonalen Einschnitten bis auf die Gräten versehen. Den Fisch in eine Auflaufform (nicht aus Aluminium) geben und die Marinade laut Schritt 2. zubereiten. Die Marinade über den Fisch gießen, mit den Händen in die Einschnitte reiben und auf dem Fisch verteilen. Abgedeckt im Kühlschrank 1 bis 3 Stunden marinieren lassen.

2. Den Grill für indirektes Grillen bei hoher Temperatur vorbereiten. Für dieses Rezept ist keine Tropfschale nötig.

3. Sobald die Temperatur erreicht ist, den Fisch auf ein Bananenblatt oder 4 bis 6 Lagen Aluminiumfolie, etwas größer als der Fisch selbst, in die Mitte des Grills, nicht in die direkte Hitze, legen. Den Grill schließen und den Fisch 40 Minuten bis 1 Stunde grillen, bis der Fisch auf Druck in feste Teilstücke zerfällt. 10 Minuten vor Ende der Garzeit die Zwiebeln, Tomate und den Wohlriechenden Gänsefuß (optional) darauf geben.

4. Den Fisch vorsichtig mit zwei langen Spateln auf eine Servierplatte legen, wie in Schritt 6. beschrieben garnieren, mit „Hundeschnauzen"-Salsa servieren und wie auf Seite 309 angegeben filettieren.

AUSTRALIEN

BARRAMUNDI IN KOKOSMILCH MIT ASIATISCHEN GEWÜRZEN

DIREKTES GRILLEN
FÜR 4 PERSONEN

Barramundi wird in Australien heiß geliebt. Es ist ein schöner Fisch, mit goldenen Tupfen, festem, süßem, weißem Fleisch, das nach dem Kochen in dicke, feste Flocken zerfällt. Es könnte schwierig sein, Barramundi zu erhalten (in Australien sollten Sie ihn auf jeden Fall probieren), deshalb kann er auch durch Meerbarsch, Zackenbarsch und insbesondere Goldmakrele ersetzt werden.

Der südostasiatische Ursprung dieses Rezepts ist offensichtlich. Sie werden den unvergesslichen Geschmack des Zitronengrases und der Kaffir-Limette lieben; ganz zu schweigen von der wundervollen Art, auf die die Kokosmilch den Fisch zart und saftig macht. Zu diesem Rezept wurde ich durch das Restaurant „The Bathers Pavillion" an Sydneys Balmoral Beach inspiriert.

VORBEREITUNGSZEIT
2 Stunden für das Marinieren des Fischs

SPEZIELLE AUSRÜSTUNG
Fischgrillrost

ZUTATEN
4 Barramundi-, Meerbarsch, Zackenbarsch- oder Goldmakrelenfilets (jeweils 170 bis 230 g und etwa 2 bis 2,5 cm dick), auf Gräten untersucht (siehe Kasten auf Seite 333)
1 große Schalotte, fein gehackt
3 Knoblauchzehen, gehackt
2 Stängel frisches Zitronengras, geputzt und gehackt, oder 2 Streifen Zitronenschale (jeweils 2,5 cm breit und gut 1 cm breit), mit einem Schälmesser entfernt
1 Stück (2,5 cm) frischer Ingwer, geschält und gehackt
1 Stück (2,5 cm) frischer Galgant (siehe Hinweis), oder 1 zusätzlicher EL frischer Ingwer
2 Thai- oder Serrano-Chilischoten, entkernt und gehackt (für eine schärfere Sauce die Samen nicht entfernen)
2 EL Pflanzenöl, vorzugsweise Erdnussöl
½ TL Garnelenpaste (siehe Hinweis), oder 1 zerkleinertes Anchovisfilet
500 ml Kokosmilch, aus der Dose oder selbstgemacht (siehe Seite 114)
3 EL asiatische Fischsauce
1 EL frisch gepresster Limettensaft
1 TL Palmzucker oder hellbrauner Zucker
2 Blätter Kaffir-Limette (siehe Hinweis), quer in hauchdünne Streifen geschnitten, oder 2 Streifen Zitronenschale (jeweils 2,5 cm breit und gut 1 cm breit), mit einem Schälmesser entfernt

1. Die Fischfilets unter fließend kaltem Wasser abspülen, abtropfen lassen und mit Küchenkrepp trocken tupfen. Die Filets in eine Auflaufform (nicht aus Aluminium) geben, in die sie in einer Lage passen. Während der Zubereitung der Marinade und der Sauce beiseitestellen.

So grillen Sie perfekte Fischfilets

Das Grillen von Fischfilet ist schwierig, dennoch mögen die Leute es, denn es hat keine Gräten und die große Oberfläche nimmt das Holzkohlenaroma bereitwillig auf. Das Problem ist, dass Fischfilets gern am Grillrost kleben bleiben und beim Wenden auseinanderfallen.

Ein Geheimnis liegt in der Verwendung eines Grillkorbs – auf Seite 350 finden Sie Informationen dazu. Ein weiterer Trick ist es, einen Fischgrillrost zu benutzen. Dabei handelt es sich um ein Metallblech (zuweilen antihaftbeschichtet oder emailliert), das auf den Grillrost gelegt wird und von vielen kleine Löchern oder Schlitzen durchzogen ist, durch die Feuer und Rauch dringen können. Da es glatt und flach ist, ist die Gefahr, dass Fisch daran kleben bleibt, geringer, und der Fisch ist leichter von dem Blech zu heben – vorausgesetzt, der Fischgrillrost ist gut eingeölt. Hier ist eine Anleitung zur Verwendung dieser Roste:

Filet ohne Haut

1. Den Grill auf hohe Temperatur vorheizen.

2. Sobald die Temperatur erreicht ist, den Fischgrillrost auf den Grillrost legen und 5 Minuten vorwärmen. Die Fischfilets mit Öl oder zerlassener Butter bestreichen, salzen und pfeffern. Den Fischgrillrost großzügig einölen. Die Filets auf den heißen Rost legen und 3 bis 6 Minuten grillen, bis die untere Seite braun und die obere Seite undurchsichtig wird.

3. Die obere Seite der Filets erneut mit Öl oder zerlassener Butter bestreichen, mit einem langen Spatel vorsichtig wenden und auf der anderen Seite weitere 3 bis 6 Minuten grillen. Das Filet ist gar, wenn es auf Druck in feste Teilstücke zerfällt.

Filet mit Haut

Diese Methode eignet sich gut für Fische mit dicker Haut wie Lachs oder Blaubarsch.

1. Den Grill auf mittelhohe Temperatur vorheizen.

2. Sobald die Temperatur erreicht ist, die geschuppte Haut mit Öl oder zerlassener Butter bestreichen. Die Filets mit der Hautseite nach unten auf den heißen Rost legen. Den Grill schließen. Die Fischfilets ohne Wenden 6 bis 12 Minuten grillen, bis die Haut dunkelbraun sowie knusprig ist und das Fleisch leicht auf Druck in feste Teilstücke zerfällt (Die Hitze im geschlossenen Grill gart die Oberseite der Filets). Sollte die Haut beginnen anzubrennen, die Filets mit einem Spatel auf ein Stück Aluminiumfolie schieben.

2. Schalotten, Knoblauch, Zitronengras, Ingwer, Galgant und Thai-Chilischoten in einem Mörser oder einer Küchenmaschine zu einer dicken Paste verarbeiten und beiseitestellen.

3. Das Öl in einem großen Wok oder einem großen schweren Stieltopf auf mittlerer Hitze erwärmen. Die Garnelenpaste hinzufügen und 1 Minute anbraten. Die Schalottenpaste hinzugeben und unter ständigem Rühren 10 Minuten anbraten, bis sie braun ist und aromatisch duftet.

4. Kokosmilch, Fischsauce, Limettensaft, Palmzucker und die Hälfte der Kaffir-Limettenblätter unterrühren. Die Hitze auf mittelhoch erhöhen, zum Kochen bringen, die Hitze wieder reduzieren und die Sauce 5 Minuten köcheln lassen, bis sie dickflüssig und aromatisch ist. Die Sauce vom Herd nehmen und auf Zimmertemperatur abkühlen lassen.

5. Die Hälfte der abgekühlten Sauce über die Fischfilets in der Auflaufform gießen, die restliche Sauce bis zum Servieren abgedeckt kühl stellen. Die Filets in der Sauce wenden, abgedeckt im Kühlschrank 2 Stunden marinieren lassen und gelegentlich wenden.

6. Den Grill für direktes Grillen bei hoher Temperatur vorbereiten.

7. Sobald die Temperatur erreicht ist, einen Fischgrillrost 5 Minuten vorwärmen (falls vorhanden). Filets abgießen und die Marinade entsorgen. Den Fisch auf den heißen Grillrost legen und 3 bis 6 Minuten grillen. Die Filets mit einem langen Spatel vorsichtig wenden und weitere 3 bis 6 Minuten grillen, bis sie auf Druck in feste Teilstücke zerfallen. Während die Filets garen, die beiseitegestellte Sauce in einem Topf auf dem Grill oder einer Herdplatte erwärmen.

8. Die Filets mit einem Spatel auf Teller oder eine Servierplatte legen und die warme Sauce darübergeben. Jedes Filet mit etwas Kaffir-Limette garnieren und sofort servieren.

HINWEIS: Die ungewöhnlichen Zutaten aus diesem Rezept – Galgant, Garnelenpaste und Kaffir-Limettenblätter – sind in asiatischen Lebensmittelläden erhältlich. Lassen Sie sich nicht entmutigen, wenn Sie sie nicht bekommen können, denn ich habe Ersatzzutaten angegeben, mit denen Sie ein ebenso wunderbares Essen zaubern werden.

UKRAINE

GEGRILLTER LACHS „KIEW"

DIREKTES GRILLEN
FÜR 4 PERSONEN

Ok, ok, ich weiß. Dieses Gericht wird normalerweise mit Hähnchenfleisch zubereitet, nicht mit Lachs. Außerdem soll frittiert und nicht gegrillt werden. Für mich gibt es aber kaum etwas Herrlicheres, als ein über Rauch gegrilltes Stück Fisch anzuschneiden und den Duft der darin enthaltenen Kräuterbutter freizusetzen.

VORBEREITUNGSZEIT

2 Stunden bis 2 Tage für das Kühlen der Butter

SPEZIELLE AUSRÜSTUNG

4 lange hölzerne Zahnstocher oder kleine Metallspieße
1 Fischgrillrost oder 1 Fischgrillkorb (optional)

ZUTATEN

- 4 EL ungesalzene, weiche Butter
- 2 EL frische glatte Petersilie, gehackt
- 1 Knoblauchzehe (optional), gehackt
- ½TL geriebene Zitronenschale
- 2 TL frisch gepresster Zitronensaft, nach Bedarf mehr
- Salz und frisch gemahlener schwarzer Pfeffer
- 4 Lachsfilets (jeweils 170 bis 230 g und etwa 2 bis 2,5 cm dick), enthäutet und auf Gräten untersucht (siehe Kasten auf Seite 333)
- 1 EL Olivenöl extra vergine oder zerlassene, ungesalzene Butter

1. Butter, Petersilie, Knoblauch (optional), Zitronenschale und Zitronensaft in einer kleinen Schüssel kremig rühren. Nach Belieben mit Salz, Pfeffer und Zitronensaft abschmecken. Die „Kiew"-Butter auf ein großes Stück Frischhaltefolie legen und zu einem Zylinder aufwickeln. Die Butter mindestens 2 Stunden oder bis zu 2 Tage kühl stellen.

2. Die Fischfilets unter fließend kaltem Wasser abspülen, abtropfen lassen und mit Küchenkrepp trocken tupfen. Die Filets auf ein Schneidbrett legen. In die Mitte jedes Filets mit einem scharfen dünnen Messer eine etwa 5 cm lange Tasche schneiden, die bis etwa 1,5 cm vor das gegenüberliegende Ende des Filets reicht; dazu das Messer parallel zum Schneidbrett führen.

3. Die hart gewordene „Kiew"-Butter der Länge nach in 4 gleiche Stücke schneiden, und jeweils ein Stück Butter in die vorbereiteten Filets geben. Die Taschen mit einem

Zahnstocher oder kleinen Metallspieß verschließen. Die Filets auf einen Teller legen, von beiden Seiten mit Öl oder zerlassener Butter bestreichen, salzen, pfeffern und kühl stellen.

4. Den Grill für direktes Grillen bei hoher Temperatur vorbereiten.

5. Sobald die Temperatur erreicht ist, einen Fischgrillrost 5 Minuten vorwärmen (falls vorhanden), dann diesen Rost oder den Grillrost einölen. Die Lachsfilets auf den heißen Grillrost legen und 3 bis 6 Minuten grillen. Die Filets mit einem langen Spatel vorsichtig wenden und weitere 3 bis 6 Minuten grillen, bis ein in das Filet gesteckter Metallspieß beim Herausziehen sehr heiß ist. Wenn gewünscht, können die Filets nach jeweils 2 Minuten Garzeit pro Seite um 90 Grad gedreht werden, damit ein Kreuzmuster entsteht.

6. Die Filets mit einem Spatel auf Teller oder eine Servierplatte legen und Zahnstocher oder Metallspieße entfernen. Sofort servieren.

GEORGIEN

GEGRILLTER LACHS IM WEINBLATTMANTEL

KOLHEEDA

DIREKTES GRILLEN
FÜR 4 PERSONEN

Eines der raffiniertesten Grillgerichte, die ich je genossen habe, ist die georgische Spezialität kolheeda. Es ist nach einer sagenhaften Goldmine in den kaukasischen Bergen benannt und besteht aus entgräteter, gegrillter Lachsforelle, gefüllt mit Walnüssen sowie Dill und in Weinblätter gewickelt. Die Weinblätter geben dem Fisch eine gewisse vorzügliche Herbheit und gleichen die Reichhaltigkeit der Walnüsse aus. Zudem bewahren sie den Fisch vor dem Austrocknen.

Zu diesem Rezept inspirierten mich Nancy und Gogetidze Gelody aus dem „Pearl Café“ in Brighton Beach, Brooklyn. Ich habe hier Lachsfilets angegeben, denn sie sind leichter zu bekommen als Lachsforelle. Sollte Lachsforelle jedoch erhältlich sein, nehmen Sie diese. Eingelegte Weinblätter hingegen sind fast überall zu bekommen.

Kolheeda gewährt einen exzellenten Einblick in die georgische Küche, zudem können Sie Ihre Gäste mit diesem Gericht beeindrucken.

VORBEREITUNGSZEIT

30 Minuten für das Einweichen der Weinblätter

ZUTATEN

16 bis 24 abgepackte eingelegte Weinblätter
4 Lachsfilets (jeweils 170 bis 230 g und etwa 2 bis 2,5 cm dick), gehäutet und auf Gräten überprüft (siehe Kasten auf Seite 333)
Salz und frisch gemahlener schwarzer Pfeffer
120 g geschälte Walnüsse
2 Knoblauchzehen, gehackt
2 EL frischer gehackter Dill oder 1 EL getrockneter Dill
2 EL frischer gehackter Koriander oder frische glatte Petersilie
1 EL frisch gepresster Zitronensaft, nach Belieben mehr
4 hauchdünne Zitronenscheiben

1. Die Weinblätter gründlich unter fließend kaltem Wasser abspülen, 30 Minuten in einer Schüssel mit kaltem Wasser einweichen lassen. Das Wasser öfters wechseln. Die Weinblätter abgießen, abtropfen lassen und mit Küchenkrepp trocken tupfen.

2. In der Zwischenzeit die Lachsfilets unter fließend kaltem Wasser abspülen, abtropfen lassen und mit Küchenkrepp trocken tupfen. Die Filets auf ein Schneidbrett legen. In die lange Seite jedes Filets mit einem scharfen dünnen Messer eine Tasche schneiden, die je etwa 2,5 cm vom Rand entfernt beginnt und so tief wie möglich ist. Die Filets innen und außen salzen und pfeffern, dann beiseitestellen.

3. Walnüsse, Knoblauch, Dill, Koriander und Zitronensaft in einer Küchenmaschine zu einer groben Paste verarbeiten. Nach Belieben mit Salz und Pfeffer abschmecken. Die Masse sollte gut gewürzt sein. Die Füllung gleichmäßig verteilt in die vorbereiteten Taschen geben.

4. Nacheinander für jedes Filet 2 oder 3 Weinblätter auf einer Arbeitsplatte zu einem Rechteck legen, das 2,5 cm größer ist als das Fischfilet. Die Weinblätter sollten etwas überstehen. Jeweils ein Filet auf die Weinblätter geben. Eine Zitronenscheibe auf jedes Filet legen. Das Filet mit den Weinblättern bedecken und die Enden feststecken (siehe Hinweis).

5. Den Grill für direktes Grillen bei hoher Temperatur vorbereiten.

6. Sobald die Temperatur erreicht ist, den Grillrost bürs-

GEGRILLTER LACHS IM WEINBLATTMANTEL | LINKS

ten und ölen. Die eingewickelten Filets auf den heißen Rost legen. Den Fisch pro Seite 3 bis 6 Minuten grillen, bis die Weinblätter eine schöne braune Farbe angenommen haben. Das Filet ist gar, wenn ein in die fleischigste Stelle des Filets gesteckter Spieß sich beim Herausziehen sehr heiß anfühlt.

7. Mit einem Spatel die Filets auf eine Servierplatte oder Teller legen, und die Weinblätter entfernen.

HINWEIS: Der Lachs kann bis zu diesem Schritt mehrere Stunden im Voraus vorbereitet und dann kühl gestellt werden. Die Wickel können mit Küchenfaden gesichert werden.

ITALIEN

PINOS GEGRILLTER LACHS MIT BASILIKUMSAHNE

DIREKTES GRILLEN
FÜR 4 PERSONEN

Lachs und Basilikum passen sehr gut zusammen; insbesondere wenn es sich um eine Basilikumsahnesauce wie diese handelt. Dieses Rezept ist eine Erfindung meines Freundes Pino Savarino, ein vorzüglicher Koch an der ligurischen Küste in Italien.

SPEZIELLE AUSRÜSTUNG

Fischgrillrost (optional)

FÜR DEN FISCH

4 Lachsfilets (jeweils 170 bis 230 g und etwa 2 bis 2,5 cm dick), gehäutet und auf Gräten überprüft (siehe Kasten auf Seite 333)
2 EL Olivenöl extra vergine
2 EL frisch gepresster Zitronensaft
Salz und frisch gemahlener schwarzer Pfeffer

FÜR DIE BASILIKUMSAUCE

20 frische Basilikumblätter und 4 Blätter zum Garnieren
80 ml Weißwein
2 Knoblauchzehen
240 ml Schlagsahne
1 EL frisch gepresster Zitronensaft
2 EL ungesalzene Butter
Salz und frisch gemahlener schwarzer Pfeffer

1. *Zubereitung des Fischs:* Die Lachsfilets unter fließend kaltem Wasser abspülen, abtropfen lassen und mit Küchenkrepp trocken tupfen. Die Filets auf einen Teller legen und auf beiden Seiten mit Olivenöl bestreichen. Die 2 EL Zitronensaft über beide Seiten träufeln und nach Belieben salzen und pfeffern. Die Filets beiseitestellen und die Sauce zubereiten.

2. *Zubereitung der Basilikumsauce:* Basilikum, Weißwein und Knoblauch in einer Küchenmaschine zu einer glatten Masse verarbeiten. Die Masse in einen kleinen schweren Topf geben und die Sahne unterrühren. Auf mittlerer Hitze unter Rühren zum Kochen bringen und 15 Minuten köcheln lassen, bis die Sauce auf etwa die Hälfte der Menge reduziert ist. Mit einem Schneebesen 1 EL Zitronensaft und die Butter unterrühren. Sobald sich die Butter aufgelöst hat, den Topf vom Herd nehmen und nach Belieben salzen und pfeffern. Die Sauce abgedeckt warm stellen.

3. Den Grill für direktes Grillen bei hoher Temperatur vorbereiten.

4. Sobald die Temperatur erreicht ist, ein Fischgrillrost 5 Minuten vorwärmen (optional), dann diesen Rost oder den Grillrost ölen. Die Lachsfilets auf den heißen Rost legen und 3 bis 6 Minuten grillen. Mit einem langen Spatel vorsichtig wenden und weitere 3 bis 6 Minuten grillen, bis der Fisch auf Druck in feste Teilstücke zerfällt.

5. Die Filets mit einem Spatel auf Teller oder eine Servierplatte legen. Die Basilikumsauce darübergeben, jedes Filet mit einem Basilikumblatt garnieren und sofort servieren.

SPANIEN

GEGRILLTE SEEZUNGE MIT KATALANISCHEN FRÜCHTEN UND NÜSSEN

DIREKTES GRILLEN
FÜR 4 PERSONEN

In Spanien wird nicht unbedingt viel gegrillt, aber es gibt doch eine Reihe von spanischen Gerichten, die auf offenem Feuer zubereitet werden können. Nehmen wir zum Beispiel die folgende Spezialität des Restaurants „La Cuineta" in dem idyllischen, mittelalterlichen Viertel Barcelonas Barri Gòtic. Sollten Sie in einer großen Stadt leben, müssten Seezunge oder Heilbutt zu bekommen sein; es lässt sich aber auch jeder andere Fisch nach diesem Rezept zubereiten – ich nehme häufig Goldmakrele. Der Kontrast zwischen süß und herzhaft (in diesem Fall Korinthen und Zucker mit Pinienkernen und Meeresfrüchten) ist recht typisch für die katalanische Küche.

VORBEREITUNGSZEIT

30 Minuten für das Marinieren des Fischs

SPEZIELLE AUSRÜSTUNG

Fischgrillrost (optional)

FÜR DEN FISCH

4 Seezungen- (jeweils 170 bis 230 g) oder Goldmakrelenfilets, auf Gräten überprüft (siehe Kasten auf Seite 333)
Salz und frisch gemahlener schwarzer Pfeffer
2 EL Olivenöl extra vergine
60 ml frisch gepresster Orangensaft
1 Knoblauchzehe, gehackt

FÜR DIE SAUCE

2 EL ungesalzene Butter
80 g gehackte Schalotten
1 EL Mehl
2 EL Cognac
180 ml frisch gepresster Orangensaft, nach Belieben mehr
1 EL Zucker, nach Belieben mehr
120 ml Schlagsahne
3 EL Korinthen
3 EL Pinienkerne, geröstet (siehe Kasten auf Seite 113)
Salz und frisch gemahlener schwarzer Pfeffer
Frisch gepresster Zitronensaft (optional)

1. *Zubereitung des Fischs:* Die Fischfilets unter fließend kaltem Wasser abspülen, abtropfen lassen und mit Küchenkrepp trocken tupfen. Die Filets auf beiden Seiten salzen und pfeffern und in eine Auflaufform (nicht aus Aluminium) legen, in die sie in einer Lage passen. Das Olivenöl und 60 ml Orangensaft über den Fisch träufeln, den Knoblauch darüberstreuen, die Filets einige Male wenden und abgedeckt im Kühlschrank 30 Minuten marinieren lassen.

2. *Zubereitung der Sauce:* Die Butter in einem Topf auf mittlerer Hitze zerlassen. Die Schalotten hinzugeben und in etwa 2 Minuten glasig dünsten. Das Mehl hineinrühren und 1 Minute unter Rühren anschwitzen lassen. Den Topf vom Herd nehmen, und mit dem Schneebesen den Cognac und 180 ml Orangensaft unterrühren. Den Topf wieder auf den Herd stellen und auf mittlerer Hitze zum Kochen bringen. Den Zucker und die Sahne zufügen und den Zucker unter Rühren auflösen. Die Sauce 5 bis 10 Minuten köcheln lassen, bis sie dickflüssig und aromatisch ist. Die Sauce vom Herd nehmen und die Korinthen und Pinienkerne unterziehen (siehe Hinweis). Nach Belieben mit Salz, Pfeffer und Zucker abschmecken. Die Sauce sollte etwas süßlich sein. Wenn Sie die Sauce lieber etwas säuerlich haben, etwas Orangensaft oder ein wenig Zitronensaft hinzufügen. Die Sauce abgedeckt warm stellen.

3. Den Grill für direktes Grillen bei hoher Temperatur vorbereiten.

4. Sobald die Temperatur erreicht ist, ein Fischgrillrost 5 Minuten vorwärmen (optional), dann diesen Rost oder den Grillrost ölen. Die Filets aus der Marinade nehmen und die Marinade beiseitestellen. Die Filets auf den heißen Rost legen und 3 bis 6 Minuten grillen, dabei mit der restlichen Marinade bestreichen, jedoch nicht mehr während der letzten 4 Minuten des Grillens. Mit einem langen Spatel vorsichtig wenden und weitere 3 bis 6 Minuten grillen, bis der Fisch auf Druck in feste Teilstücke zerfällt.

5. Die Sauce mit einem Löffel auf 4 Teller verteilen. Die Fischfilets mit einem Spatel auf die Saucenspiegel legen oder die Sauce separat reichen. Den Fisch in jedem Fall sofort servieren.

HINWEIS: Etwas feiner wird die Sauce, wenn sie vor dem Hinzufügen der Korinthen und Pinienkerne gesiebt wird. Ich bin eher der rustikale Typ und mag die Schalottenstückchen in der Sauce.

MALAYSIA

GEGRILLTER ROCHEN MIT SÜSS-SAURER SAUCE NACH NYONYA-ART

DIREKTES GRILLEN
FÜR 4 PERSONEN

Das Fleisch ist butterweich, zergeht auf der Zunge und kann gleichzeitig knusprig gegrillt werden. Die Zubereitung von Rochenfleisch ist eine Spezialität des Herrn Goh Choi Eng, Besitzer eines Imbissrestaurants auf dem Gurney Drive in Penang. Der Fisch erhält eine doppelte Ladung an Würze – zunächst in Form einer scharfen Sauce aus aromatischen, vor Ort angebauten Nelken, mit der er begossen wird, und dann durch eine malaysische süß-saure Sauce, die nach Zitronengras, Schalotten und Chili duftet. Sollten Sie kein Rochenfleisch erhalten können, wählen Sie Blaubarsch, Schwertfisch oder Heilbutt.

Nyonya ist das malaysische Wort für Großmutter. Es bezieht sich auf eine gemischte Küche, die sich im 19. Jahrhundert in Singapur und Malaysia entwickelte. Die Nyonyas waren ortsansässige Frauen (gewöhnlich Musliminnen), die eingewanderte chinesische Arbeiter heirateten, die auf der malaiischen Halbinsel beschäftigt wurden – häufig von Briten. Die Nyonyas übernahmen chinesische Gewürze, wie Sojasauce und eine Mischung aus 5 Gewürzen sowie chinesische Kochtechniken, wie das kurze Anbraten unter Rühren, während sie ihre Vorliebe für malaysische Zutaten wie Zitronengras und feurigen Chili beibehielten. Das Anbraten der Gewürzpaste ist eine weitere Methode der Nyonyas.

SPEZIELLE AUSRÜSTUNG

Fischgrillrost (optional)

ZUTATEN

- **900 g Rochenfleisch, gesäubert**
- **1 EL gemahlener Koriander**
- **2 TL Currypulver**
- **½ TL gemahlene Nelken**
- **1 bis 2 Serrano-Chilischoten oder anderer scharfer Chili, entkernt und gehackt (für mehr Schärfe die Samen nicht entfernen)**
- **2 EL Worcestershire-Sauce**
- **Salz und frisch gemahlener schwarzer Pfeffer**
- **1 bis 2 EL Pflanzenöl, zum Bestreichen**
- **120 ml Süß-saure Sauce nach Nyonya-Art (Rezept folgt), nach Bedarf mehr**

1. Das Rochenfleisch quer (in Richtung der Gräten) in breite Streifen schneiden. Jeden Streifen wie ein Schmetterlingssteak zu dem unteren Stück Haut hin aufschneiden, indem er der Länge nach fast halbiert wird und aufklappen. Die aufgeklappten Streifen für die Zubereitung der Sauce zum Begießen beiseitestellen.

2. Das Koriander-, Curry-, und Nelkenpulver mit dem Chili, der Worcestershire-Sauce und 6 EL Wasser in einer Schüssel mit dem Schneebesen glatt verrühren. Nach Belieben mit Salz und Pfeffer würzen (siehe Hinweis).

3. Den Grill für direktes Grillen bei hoher Temperatur vorbereiten.

4. Sobald die Temperatur erreicht ist, den Fischgrillrost (optional) 5 Minuten vorwärmen, dann bürsten und ölen. Das Rochenfleisch auf den heißen Rost legen und 2 bis 4 Minuten grillen, bis die Unterseite eine schöne braune Farbe angenommen hat. Den Fisch während des Grillens abwechselnd mit der Sauce und dem Öl begießen.

5. Das Rochenfleisch vorsichtig mit einem langen Spatel wenden und jeweils mit 1 bis 2 EL der Süß-sauren Sauce nach Nyonya-Art bestreichen. Weitere 2 bis 4 Minuten grillen, bis das Fleisch auf Druck in feste Teilstücke zerfällt.

6. Das Rochenfleisch mit einem Spatel vorsichtig auf Teller oder eine Servierplatte legen und sofort servieren.

HINWEIS: Diese Sauce eignet sich wunderbar für das Begießen von allen Arten an Meeresfrüchten und hält sich im Kühlschrank wochenlang.

SÜSS-SAURE SAUCE NACH NYONYA-ART

ERGIBT 350 - 500 ML

Diese Sauce ist zwar als süß-sauer bezeichnet, aber ich verspreche Ihnen, dass Sie anders ist, als jede, die Sie je probiert haben. Knoblauch und Schalotten verleihen ihr Schärfe, Zitronengras liefert den Duft und Jalapeño-Chilischoten geben ihr ein leichtes Feuer. Will man streng authentisch vorgehen, müsste die Gewürzpaste mit Öl zu streichfähiger Konsistenz verdünnt werden. Ich verwende aber lieber eine bei den Nyonya ebenfalls beliebte Zutat:

Kokosmilch. Zudem würde eine Nyonya auch 1 TL Mononatriumglutamat hinzugeben; das können Sie natürlich auch.

- **230 g Schalotten, grob gehackt**
- **6 bis 8 Jalapeños oder anderer scharfer Chili, entkernt und grob gehackt (wenn mehr Schärfe gewünscht ist, die Samen nicht entfernen)**
- **3 bis 4 lange Stängel Zitronengras, geputzt und grob gehackt, oder 3 Streifen Zitronenschale (jeweils 5 cm lang und knapp 2 cm breit), mit einem Gemüseschäler entfernt**
- **2 Knoblauchknollen, geschält**
- **120 ml Pflanzenöl**
- **80 ml frisch gepresster Limettensaft, nach Bedarf mehr**
- **2 EL frisch gepresster Orangensaft oder zusätzlichen Limettensaft**
- **2 EL Zucker, nach Bedarf mehr**
- **4½ TL Sojasauce, nach Bedarf mehr**
- **1 TL Salz, nach Bedarf mehr**
- **½ TL Kurkumapulver**
- **120 ml Kokosmilch, aus der Dose oder selbstgemacht (siehe Seite 114)**

1. Schalotten, Chilischoten, Zitronengras, Knoblauch, Öl, Limettensaft, Orangensaft, Zucker, Sojasauce und Kurkumapulver in einer Küchenmaschine zu einem groben Pulver verarbeiten.

2. Die Sauce in einen kleinen schweren Stieltopf geben und 15 bis 20 Minuten unter Rühren auf mittlerer Hitze kochen lassen, bis sie etwas reduziert und aromatisch ist. Die Kokosmilch unterrühren und weitere 5 Minuten kochen lassen, bis die Sauce kremig und dickflüssig ist. Den Topf vom Herd nehmen und mit Limettensaft, Zucker, Sojasauce und Salz abschmecken. Die Sauce sollte etwas süß, etwas scharf und sehr aromatisch schmecken.

3. Wenn die Sauce nicht sofort angerichtet wird, auf Zimmertemperatur abkühlen lassen, in ein Glas geben und dicht verschlossen im Kühlschrank aufbewahren. Sie ist mehrere Wochen haltbar.

PORTUGAL

GEGRILLTER STOCKFISCH

BACALHAO GRELHADO

DIREKTES GRILLEN
FÜR 4 PERSONEN

In Portugal besagt ein altes Sprichwort, dass eine Frau nicht für die Ehe bereit ist, bevor sie nicht 365 Arten der Zubereitung von bacalhao (Salzdorsch, ein Stock- oder Klippfisch), kennt. Das ist vielleicht etwas übertrieben (und ein wenig sexistisch), aber diese Vorgabe führt uns die Bedeutung des Stockfischs in der portugiesischen Küche vor Augen.

Eine der besten Zubereitungen von Stockfisch, die ich je kennen gelernt habe, ist gegrillter Stockfisch oder bacalhao grelhado. Der Fisch wird einen Tag in Wasser eingeweicht, um das Salz zu entziehen und das Fleisch zart zu machen, dann wird er gegrillt und mit brutzelnd heißem Knoblauch in Olivenöl begossen. Der Duft allein macht schon satt! Beim Kauf von Stockfisch sollten Sie ein 2,5 cm dickes Stück aus der Mitte des weißesten Fischs, den Sie finden können, wählen (gelblicher Stockfisch und dünne, faserige Schwanzstücke sind von minderer Qualität).

VORBEREITUNGSZEIT

24 Stunden für das Einweichen des Fischs

SPEZIELLE AUSRÜSTUNG

Fischgrillrost

ZUTATEN

- **900 g Stockfisch**
- **160 ml Olivenöl extra vergine**
- **8 Knoblauchzehen, dünn geschnitten**
- **½ TL zerdrückter oder grob gemahlener schwarzer Pfeffer**
- **Zitronenschnitze zum Anrichten**

1. Den Stockfisch in einer großen Schüssel mit kaltem Wasser einweichen. Die Schüssel mit Frischhaltefolie abdecken und für 24 Stunden in den Kühlschrank stellen (Wenn der Stockfisch noch Haut hat, mit der Haut nach oben einweichen). Das Wasser alle 3 bis 4 Stunden wechseln, damit der Stockfisch nicht so salzig wird.

2. Das Wasser abgießen, frisches Wasser zugeben und erneut abgießen. Den Fisch mit Küchenkrepp trocken tupfen. Den Stockfisch in vier gleiche Stücke schneiden und die Haut ganz entfernen.

3. Den Grill für direktes Grillen bei hoher Temperatur vorbereiten.

4. Sobald die Temperatur erreicht ist, den Fischgrillrost (optional) 5 Minuten vorwärmen. In der Zwischenzeit jedes Stück Fisch mit Olivenöl bestreichen; insgesamt 1½ bis 2 EL. Den Fischrost ebenfalls ölen, den Fisch auf den heißen Rost legen und 3 bis 6 Minuten grillen, bis die Stücke auf der Unterseite eine schöne braune Farbe angenommen haben. Den Stockfisch mit einem langen Spatel vorsichtig wenden und weitere 3 bis 6 Minuten grillen, bis er in der Mitte sehr heiß und flockig und außen schön braun ist.

5. Während der Stockfisch fertig grillt, das Olivenöl in einem kleinen Topf an der Seite des Grills über einem Brenner erwärmen, bis es fast raucht. Andernfalls auf mittlerer Hitze auf dem Herd erwärmen.

6. Den Fisch mit einem Spatel auf einen hitzebeständigen Teller legen. Den Knoblauch auf dem Stockfisch verteilen, den größten Teil dabei in die Mitte geben. Den Fisch mit dem grob gemahlenen Pfeffer bestreuen. Das heiße Olivenöl über den Stockfisch gießen, insbesondere an die Stellen, an denen der Knoblauch liegt (der Knoblauch sollte brutzeln und braun werden). Sofort mit den Zitronenschnitzen servieren.

PERU

PERUANISCHE FISCHSPIESSE

ANTICUCHOS DE PESCADO

DIREKTES GRILLEN
FÜR 4 PERSONEN

Die Idee für dieses Rezept lieferte ein peruanisch-italienisches Restaurant in Coral Gables, Florida. Es ist eine verfeinerte Version eines beliebten peruanischen Imbisses (im Original werden anticuchos mit Rindfleisch zubereitet). Hier in Miami nehmen wir Goldmakrele für die Spieße, aber Schwertfisch, Heilbutt oder sogar Hai wären ebenfalls eine gute Wahl.

Will man streng authentisch vorgehen, verwendet man ein Chilipulver oder eine Chilipaste namens Aji Amarillo (wörtlich: gelber Pfeffer) für das Würzöl. Andernfalls kann es durch scharfes Paprikapulver mit einer Prise Kurkumapulver ersetzt werden. Lassen Sie sich nicht durch die scheinbar große Menge Salz abschrecken; das meiste davon tropft auf die Holzkohle ab. Servieren Sie die Spieße mit gemischten Grillkartoffel aus den Anden (Seite 419).

VORBEREITUNGSZEIT

30 Minuten bis 1 Stunde für das Marinieren des Fischs

SPEZIELLE AUSRÜSTUNG

4 lange Metallspieße

ZUTATEN

700g fester weißer Fisch wie Schwertfisch, Heilbutt oder Goldmakrele (etwa 2,5 cm dick)
Salz
2 rote Paprikaschoten, entkernt
6 Knoblauchzehen, geschält
1 TL gemahlener Kreuzkümmel
80 ml Branntweinessig
80 ml frisch gepresster Zitronensaft
Frisch gemahlener schwarzer Pfeffer
3 EL Pflanzenöl
1 EL Aji Amarillo in Pulverform oder als Paste, Ancho-Chili- oder scharfes Paprikapulver
¼ TL Kurkumapulver (optional)
Zitronenschnitze zum Anrichten

1. Den Fisch unter fließend kaltem Wasser abspülen, abtropfen lassen und mit Küchenkrepp trocken tupfen. In 2,5 cm große Würfel schneiden, in eine mittelgroße Schüssel geben und mit 1½ TL Salz vermengen. Den Fisch 5 Minuten ziehen lassen. In der Zwischenzeit die Paprikaschoten in 2,5 cm große Quadrate schneiden, und beiseitestellen.

2. Knoblauch, Kreuzkümmel, Essig, Zitronensaft und ½ TL schwarzen Pfeffer in einer Küchenmaschine zu einer glatten Masse verarbeiten. Die Marinade über den Fisch gießen und die Fischwürfel darin wenden. Abgedeckt für 30 Minuten bis 1 Stunde in den Kühlschrank stellen.

3. Während der Fisch mariniert, das Würzöl zubereiten. Das Öl in einem kleinen Stieltopf oder einer Pfanne auf mittlerer Temperatur erhitzen. Aji Amarillo, Kurkumapulver (optional), 1 TL Salz und 1 TL Pfeffer in das Öl geben. Das Würzöl unter Rühren mit einem Holzlöffel 5 Minuten leicht anbraten, bis es eine rote Farbe angenommen hat und duftet. Das Würzöl abkühlen lassen (siehe Hinweis).

4. Die Fischwürfel aus der Marinade nehmen und die Marinade entsorgen. Den Fisch abwechselnd mit den Paprikaschotenstücken auf Spieße stecken.

5. Den Grill für direktes Grillen bei hoher Temperatur vorbereiten.

6. Sobald die Temperatur erreicht ist, den Grillrost bürsten und ölen. Die Fischspieße auf den heißen Rost legen und mit der Hälfte des Würzöls bestreichen. Die Spieße 2 bis 3 Minuten pro Seite (insgesamt 8 bis 12 Minuten) grillen, bis sie eine schöne braune Farbe angenommen haben und durchgegart sind. Dabei mit der Grillzange wenden. Die Spieße nach dem Wenden mit dem restlichen Würzöl bestreichen.

7. Die Fischspieße auf Teller oder eine Servierplatte geben und sofort mit den Zitronenschnitzen garniert servieren.

HINWEIS: Die Zutaten des Würzöls können auch einfach in einer Schüssel vermengt werden, ohne sie zu braten. Der Geschmack ist dann immer noch aromatisch, aber nicht ganz so intensiv.

GRIECHENLAND

SCHWERTFISCH-SOUVLAKI

DIREKTES GRILLEN
FÜR 4 PERSONEN

Meine Freundin Patsy Jamieson, Lebensmittel-Stilistin des Magazins „EatingWell", bereitet Fischspieße so zu wie griechische Souvlaki. Dazu verwendet sie die klassischen griechischen Zutaten Olivenöl, Zitrone, Knoblauch, Oregano und Lorbeerblätter. Die Auswahl an Fisch ist bei diesem Rezept groß: Schwertfisch, Thunfisch – jedes feste Fischfleisch kann genommen werden, sogar Garnelen und Jacobsmuscheln. Couscous, Reis oder aufgewärmtes Pita-Brot passen gut als Beilage.

VORBEREITUNGSZEIT

30 Minuten bis 1 Stunde für das Marinieren des Fischs

SPEZIELLE AUSRÜSTUNG

4 lange Metallspieße

ZUTATEN

700 g Schwertfisch- oder Thunfischsteaks (etwa 2,5 cm dick)
3 EL Olivenöl extra vergine
3 EL frisch gepresster Zitronensaft
3 EL trockener Weißwein
2 Knoblauchzehen, gehackt
1 EL frischer Oregano, gehackt oder 1½ TL getrockneter Oregano
1 TL abgeriebene Zitronenschale
1 TL Salz, nach Bedarf mehr
½ TL frisch gemahlener schwarzer Pfeffer
24 Lorbeerblätter
1 mittelgroße Zwiebel
Zitronenschnitze zum Anrichten

1. Eventuell an den Fischsteaks vorhandene Haut entfernen. Den Fisch unter fließend kaltem Wasser abspülen, abtropfen lassen, mit Küchenkrepp trocken tupfen und in 2,5 cm große Würfel schneiden.

2. Das Olivenöl mit Zitronensaft, Weißwein, Knoblauch, Oregano, Zitronenschale, Salz und Pfeffer in einer großen Schüssel mit einem Schneebesen verrühren, bis sich das Salz aufgelöst hat. Mit Salz abschmecken. Die Mischung sollte gut gewürzt sein. Den Fisch in die Marinade geben und darin wenden. Abgedeckt im Kühlschrank 30 Minuten marinieren lassen, gelegentlich wenden.

3. Die Lorbeerblätter in eine Schüssel mit kaltem Wasser legen und 20 Minuten einweichen lassen.

4. Die Zwiebel quer halbieren, beide Hälften achteln und auseinanderbrechen. Die Lorbeerblätter abgießen. Die Fischwürfel aus der Schüssel nehmen, die restliche Marinade aufbewahren und die Würfel abwechselnd mit einem Stück Zwiebel und einem Lorbeerblatt auf die Spieße stecken.

5. Den Grill für direktes Grillen bei hoher Temperatur vorbereiten.

6. Sobald die Temperatur erreicht ist, den Grillrost bürsten und ölen. Die Fischspieße auf den heißen Rost legen und mit der Hälfte des Würzöls bestreichen. Die Spieße 2 bis 3 Minuten pro Seite (insgesamt 8 bis 12 Minuten) grillen, bis sie eine schöne braune Farbe angenommen haben und durchgegart sind. Dabei mit der Grillzange wenden. Die Spieße während des Garens mit der restlichen Marinade bestreichen, jedoch nicht innerhalb der letzten 2 Minuten.

7. Die Fischspieße auf Teller oder eine Servierplatte geben und sofort mit den Zitronenschnitzen garniert servieren.

BRASILIEN

SCHWERTFISCH-SPIESSE MIT KOKOSMILCH

DIREKTES GRILLEN
FÜR 4 PERSONEN

Dieses Rezept stammt aus einer höchst unwahrscheinlichen Quelle, nämlich dem Fleischimperium „Porcão" (Portion) in Rio de Janeiro. Wie die meisten Churrascarias (Grill-Restarurants) spezialisiert sich das „Porcão" auf eine erstaunliche Auswahl an gegrilltem Fleisch, das auf schwertähnlichen Spießen gereicht und direkt am Tisch auf die Teller geschnitten wird. Demonstrativer Konsum lautet hier die Spielregel: Die Kellner bringen so lange Essen, bis man ihnen ausdrücklich sagt aufzuhören.

Diese Spieße erregten meine Aufmerksamkeit (und Geschmacksknospen), weil sie eben nicht aus Fleisch bestanden. Im „Porcão" werden sie mit surubinho, einem großen Süßwasserfisch aus dem Amazonas mit sehr mild schmeckendem Fleisch zubereitet. In Nordamerika kommt der Heilbutt diesem Fisch am nächsten. Ebenso können Thunfisch, Seebarsch oder jeder andere Fisch mit viel festem Fleisch verwendet werden. Ich nehme für gewöhnlich Schwertfisch.

Die Kokosmilch ist eine klassische Zutat der brasilianischen Küche. Der hohe Fettgehalt hält den Fisch saftig und aromatisch. Verwenden Sie auf jeden Fall ungesüßte Kokosmilch. Außerdem bestreicht der Koch des „Porcão" die Spieße während des Grillens mit Knoblauchbutter. Die Knoblauchbutter ist nicht unbedingt notwendig, führt aber zu einem noch reichhaltigeren Geschmack. Dazu passt Verrückter Reis (Seite 432).

VORBEREITUNGSZEIT

1 bis 4 Stunden für das Marinieren des Fischs

SPEZIELLE AUSRÜSTUNG

4 lange Metallspieße

FÜR DEN FISCH UND DIE MARINADE

700 g Schwertfisch-Steaks (etwa 2,5 cm dick)
240 ml Kokosmilch aus der Dose oder selbstgemacht (siehe Seite 114)
2 EL Olivenöl extra vergine
6 Knoblauchzehen, grob gehackt
1 mittelgroße Zwiebel, geviertelt
½ mittelgroße grüne Paprikaschote, entkernt und geviertelt
1 TL Salz, nach Belieben mehr
1 TL frisch gemahlener schwarzer Pfeffer
15 g frische glatte Petersilie, gehackt

ZUM BEGIESSEN (NACH WAHL)

2 EL gesalzene Butter
1 Knoblauchzehe, gehackt

FÜR DIE KEBABS

1 mittelgroße Zwiebel
1 rote Paprikaschote, entkernt und in 2,5 cm große Quadrate geschnitten
1 grüne Paprikaschote, entkernt und in 2,5 cm große Quadrate geschnitten

1. *Zubereitung des Fischs und der Marinade:* Die Haut von den Schwertfisch-Steaks entfernen. Den Fisch unter fließend kaltem Wasser abspülen, abtropfen lassen, mit Küchenkrepp trocken tupfen und in 2,5 cm große Würfel schneiden. In eine mittelgroße Schüssel geben und für die Zubereitung der Marinade beiseitestellen.

2. Die Kokosmilch, das Olivenöl, den grob gehackten Knoblauch, die geviertelte Zwiebel, ½ grüne Paprikaschote, das Salz und den Pfeffer in einer Küchenmaschine zu einem glatten Püree verarbeiten. Die Petersilie hinzufügen und 30 Sekunden untermengen. Mit Salz abschmecken. Die Masse sollte gut gewürzt sein. Die Marinade über den Fisch gießen, den Fisch darin wenden. Die Fischwürfel abgedeckt im Kühlschrank 1 bis 4 Stunden (je länger, desto besser) marinieren lassen. Gelegentlich umrühren.

3. *Bei Verwendung der Sauce zum Begießen:* Die Butter in einem Topf auf dem Grill oder dem Herd auf mittlerer Hitze zerlassen. Den gehackten Knoblauch hinzugeben, und den Topf vom Herd nehmen.

4. *Zubereitung der Spieße:* Die Zwiebel quer halbieren, beide Hälften achteln und auseinanderbrechen. Die Fischwürfel aus der Marinade nehmen und die Marinade entsorgen. Die Würfel abwechselnd mit einem Stück Zwiebel und Paprikaschote auf die Spieße stecken.

5. Den Grill für direktes Grillen bei hoher Temperatur vorbereiten.

6. Sobald die Temperatur erreicht ist, den Grillrost bürsten und ölen. Die Fischspieße auf den heißen Rost legen und mit der Hälfte des Würzöls bestreichen. Die Spieße 2 bis 3 Minuten pro Seite (insgesamt 8 bis 12 Minuten) grillen, bis sie eine schöne braune Farbe angenommen haben und durchgegart sind. Dabei mit der Grillzange wenden. Die Spieße während der letzten Minute des Garens mit der Sauce begießen (optional).

7. Die Fischspieße auf Teller oder eine Servierplatte geben und sofort servieren.

TÜRKEI

SCHWERTFISCH-SPIESSE „PANDELI“

DIREKTES GRILLEN
FÜR 4 PERSONEN

Das „Pandeli“ ist ein charakteristisches Restaurant auf der zweiten Etage am Eingang des Gewürzbasars in Istanbul gelegen. Berühmt ist der historische Treppenaufgang des Basars aus schimmernden blauen und weißen Fliesen. Es sind jedoch nicht die vielfältigen visuellen Eindrücke allein, wegen derer man den Basar besucht, sondern auch wegen der ansprechenden und köstlichen Speisen. Der Begründer der modernen Türkei Kemal Atatürk nahm hier regelmäßig sein Mittagessen ein. Wenn man früh genug da ist, kann man einen Tisch mit Blick auf den Basar oder den Bosporus erhaschen. Auf jeden Fall sollte man die Meeresfrüchte-Vorspeise (eine Auswahl an Gepökeltem aus dem Schwarzen und Kaspischen Meer) und diese Schwertfisch-Spieße bestellen.

Türkische Köche arbeiten mit einfachen, aber wirkungsvollen Mitteln. Das Rezept mag vielleicht nicht außergewöhnlich scheinen, ich glaube aber, dass Sie mit mir hinsichtlich der Köstlichkeit des Ergebnisses übereinstimmen werden. Auf Seite 502 finden Sie im Verzeichnis internationaler Chilisorten eine Beschreibung der Stierhorn-Paprika.

VORBEREITUNGSZEIT

30 Minuten für das Marinieren des Fischs

SPEZIELLE AUSRÜSTUNG

4 lange Metallspieße

ZUTATEN

700 g Schwertfisch-Steaks (etwa 2,5 cm dick)
12 Stierhorn-Paprika oder 2 große grüne Paprikaschoten (siehe Hinweis)
12 Lorbeerblätter
2 große reife Tomaten, jeweils gesechstelt
1 große Zitrone, in 12 Schnitze geteilt
Salz und frisch gemahlener schwarzer Pfeffer
60 ml Olivenöl extra vergine
3 EL frisch gepresster Zitronensaft
1 Bund glatte Petersilie, entstielt, ½ Bund grob gehackt, ½ Bund in grobe Stücke gezupft
Zitronenschnitze zum Anrichten

1. Die Haut von den Schwertfisch-Steaks entfernen. Den Fisch unter fließend kaltem Wasser abspülen, abtropfen lassen, mit Küchenkrepp trocken tupfen und in 5 cm große Stücke schneiden. Die Fischstücke durch die flache Seite abwechselnd mit der Stierhorn-Paprika, den Lorbeerblättern, den Tomatenschnitzen und den Zitronenschnitzen auf die Spieße stecken. Nach Belieben salzen und pfeffern.

2. Die Spieße in eine große Auflaufform (nicht aus Aluminium) geben. Das Olivenöl mit dem Zitronensaft in einer kleinen Schüssel mit dem Schneebesen verrühren und über die Fleischspieße gießen. Die gehackte Petersilie über den Fisch streuen. Abgedeckt im Kühlschrank 30 Minuten marinieren lassen, dabei die Spieße ein bis zwei Mal wenden.

3. Den Grill für direktes Grillen bei hoher Temperatur vorbereiten.

4. Sobald die Temperatur erreicht ist, die Spieße aus der Auflaufform nehmen und die übrig gebliebene Marinade beiseitestellen. Den Grillrost bürsten und ölen. Die Fischspieße auf den heißen Rost legen und 4 bis 6 Minuten pro Seite (insgesamt 8 bis 12 Minuten) grillen, bis sie eine schöne braune Farbe angenommen haben und durchgegart sind. Dabei mit der Grillzange wenden. Die Spieße mit der restlichen Marinade bestreichen, jedoch nicht während der letzten 3 Minuten des Garens.

5. Die Spieße auf Teller oder eine Servierplatte legen und mit den Zitronenschnitzen und der grob gezupften Petersilie garniert servieren.

HINWEIS: Falls Stierhorn-Paprika verwendet wird, sollte sie im Ganzen belassen werden. Den Stielansatz entfernen, jedoch nicht die Samen. Bei der Verwendung einer grünen Paprikaschote den Stielansatz und die Samen entfernen und die Schote in 5 cm lange und 2,5 cm breite Streifen schneiden.

RUSSLAND

STÖR-KEBABS

DIREKTES GRILLEN
FÜR 4 PERSONEN

Russische Marinaden werden eher mit geriebener als geschnittener Zwiebel zubereitet. So gelangt mehr Sauerstoff an die Zwiebel und sorgt für mehr Geschmack. Der süß-saure Beigeschmack des Granatapfelsirups steht charakteristisch für die beseelte Küche der kaukasischen Bergregion in der ehemaligen Sowjetunion.

VORBEREITUNGSZEIT

2 bis 4 Stunden für das Marinieren des Fischs

SPEZIELLE AUSRÜSTUNG

4 lange Metallspieße

ZUTATEN

- 700 g frische Steaks vom Stör (siehe Kasten, rechts), Seeteufel oder Schwertfisch (etwa 2,5 cm dick)
- 1 Zwiebel, grob gerieben
- 120 ml trockener Weißwein
- 60 ml Pflanzenöl und 1 bis 2 EL für das Bestreichen der Spieße
- 3 EL frisch gepresster Zitronensaft
- 1 TL süßes Paprikapulver
- 1½ TL Salz
- 1 Lorbeerblatt, zerrieben
- ½ TL frisch gemahlener schwarzer Pfeffer
- 2 bis 3 EL Granatapfelsirup (Seite 243), zum Anrichten
- Zitronenschnitze, zum Anrichten

1. Die Haut und nötigenfalls die Gräten entfernen. Den Fisch unter fließend kaltem Wasser abspülen, abtropfen lassen, mit Küchenkrepp trocken tupfen und in 2,5 cm große Würfel schneiden. Für die Zubereitung der Marinade beiseitestellen.

2. Die Zwiebel, den Weißwein, 60 ml Olivenöl, den Zitronensaft, das Paprikapulver, das Salz, das Lorbeerblatt und den Pfeffer in einer großen Schüssel (nicht aus Aluminium) verrühren. Die Fischwürfel hineingeben und in der Marinade wenden. Abgedeckt im Kühlschrank 2 bis 4 Stunden marinieren lassen und gelegentlich durchrühren.

3. Den Grill für direktes Grillen bei hoher Temperatur vorbereiten.

Der Stör

Die meisten Menschen denken beim Stör an feinen Kaviar oder geräucherten Fischaufschnitt. In der ehemaligen Sowjetunion wird dieser schnurbärtige, prähistorisch wirkende Fisch gerne gegrillt zubereitet, wie ich schnell beim Besuch vieler verschiedener Restaurants in der Gegend von Brighton Beach in Brooklyn, New Yorks „kleinem Odessa“. herausfand. Stör hat ein mildes, süßes Aroma und eine feste, fast gallertartige Konsistenz. Die dichte Textur macht ihn wie geschaffen für das Grillen am Spieß oder als Steak, wie auf Seite 324 angegeben. Wahrscheinlich können Sie ihn frisch kaufen. Seeteufel hat eine vergleichbare Textur. Eine weitere Möglichkeit des Ersatzes wäre Schwertfisch, der zwar eine weichere Konsistenz hat, aber auf diese Art zubereitet ebenso köstlich ist.

4. Sobald die Temperatur erreicht ist, die Spieße aus der Marinade nehmen und die Marinade entsorgen. Die Fischwürfel auf die Spieße stecken. Den Grillrost bürsten und ölen. Die Fischspieße auf den heißen Rost legen und großzügig mit Olivenöl bestreichen. Die Spieße 2 bis 3 Minuten pro Seite (insgesamt 8 bis 12 Minuten) grillen, bis sie eine schöne braune Farbe angenommen haben und durchgegart sind. Dabei mit der Grillzange wenden. Die Spieße nach dem jeweiligen Wenden mit Olivenöl bestreichen.

5. Die Spieße auf Teller oder eine Servierplatte legen, mit dem Granatapfelsirup beträufeln, mit den Zitronenschnitzen garnieren und sofort servieren.

INDONESIEN

BALINESISCHE SATÉ-SPIESSE MIT FISCH

SATE LILIT

DIREKTES GRILLEN
FÜR 4 BIS 6 PERSONEN ALS VORSPEISE, FÜR 2 PERSONEN ALS HAUPTGERICHT

Saté lilit gehören zu den exquisitesten indonesischen Satés. Ihr Ursprung liegt in Bali, wo sie bei religiösen Riten gereicht werden. Für ihre Zubereitung wird eine Fischmasse mit explosiven Aromen gewürzt, mit Kokosmilch angereichert und auf duftenden Zitronengrasstängeln gegrillt. Die Masse kann aus Fisch, Garnelen, Hähnchen, Ente und sogar Schildkröte zubereitet werden.

Auch wenn einige der speziellen Zutaten nicht erhältlich sind, können Sie doch saté lilit zubereiten. Kaffir-Limettenblätter, mit ihrem elektrisierenden parfümähnlichen Geschmack, können frisch in asiatischen Lebensmittelgeschäften erstanden werden. Sie können aber auch durch etwas geriebene Zitronenschale ersetzt werden. Garnelenpaste (trassi) ist eine stark riechende Paste aus fermentierten Garnelen. Sie kann durch asiatische Fischsauce und Anchovispaste ersetzt werden.

Lassen Sie sich nicht von der langen Zutatenliste abschrecken. Die Spieße lassen sich einfach und in kurzer Zeit zubereiten. Das Ergebnis wird Sie beeindrucken.

VORBEREITUNGSZEIT

2 Stunden für das Kühlen der Fischmasse

SPEZIELLE AUSRÜSTUNG

24 frische Zitronengrasstängel, auf 15 cm Länge gekürzt (siehe Hinweis), oder 24 kleine flache Bambusspieße oder Eisstäbchen aus Holz

FÜR DIE GEWÜRZPASTE

- **4 große Schalotten, in Scheiben geschnitten**
- **4 Macadamia-Nüsse**
- **3 Knoblauchzehen, in Scheiben geschnitten**
- **1 bis 3 Thai-Chilischoten oder Serrano-Chilischoten, in Scheiben geschnitten**
- **1 Stück (2,5 cm) Galgant oder frischer Ingwer, geschält und in Scheiben geschnitten**
- **2 TL gemahlener Koriander**
- **½ TL frisch gemahlener schwarzer Pfeffer**
- **½ TL Kurkumapulver**
- **1 TL Garnelenpaste, oder Anchovispaste, oder 1 EL asiatische Fischsauce**
- **½ TL Salz**
- **4½ TL Pflanzenöl**

FÜR DIE FISCHMASSE

- **340 g feste weiße Fischfilets vom Schnapper, Goldmakrele, Barsch oder Wels**
- **225 g Garnelen, von der Schale befreit und geputzt**
- **60 ml ungesüßte Kokosmilch aus der Dose**
- **1 Eiweiß von einem großen Ei**
- **1 EL frisch gepresster Limettensaft, nach Bedarf mehr**
- **2 Kaffir-Limettenblätter, in hauchdünne Streifen geschnitten, oder ½ TL geriebene Limettenschale**
- **4 TL Palmzucker oder hellbrauner Zucker**
- **Salz (optional)**

1. *Zubereitung der Gewürzpaste:* Schalotten, Macadamia-Nüsse, Knoblauch, Thai-Chili, Galgant, Koriander, Pfeffer, Kurkumapulver, Garnelenpaste (siehe Hinweis) und ½ TL Salz in einer Küchenmaschine zu einer glatten Masse verarbeiten. Das Öl in einem schweren kleinen Stieltopf auf mittlerer Hitze erwärmen. Die Gewürzpaste hineingeben und 5 bis 10 Minuten unter ständigem Rühren braten, bis sie braun ist und duftet. Den Topf vom Herd nehmen und die Gewürzpaste zum Abkühlen in eine kleine Schüssel geben.

2. *Zubereitung der Fischmasse:* Die Fischfilets und die Garnelen in einer Küchenmaschine zu einem glatten Püree verarbeiten. Die abgekühlte Gewürzpaste, die Kokosmilch, das Eiweiß, den Limettensaft, die Kaffir-Limettenblätter und den Palmzucker hinzufügen und sorgfältig untermengen. Eine kleine Menge der Masse in einer antihaftbeschichteten Pfanne gar braten und die Masse dann mit Salz und Limettensaft abschmecken. Die Masse sollte gut gewürzt sein. Abgedeckt für 2 Stunden in den Kühlschrank stellen.

3. Die Fischmasse in 24 Portionen teilen. Die Hände mit etwas Wasser befeuchten, und jede der Portionen auf die verdickten Teile der Zitronengrasstängel zu einer wurstähnlichen Form von etwa 8 cm Länge formen. Die fertigen Spieße auf ein mit Frischhaltefolie ausgelegtes Backblech geben, lose mit Frischhaltefolie bedecken und bis zur Zubereitung maximal 6 Stunden kühl stellen.

4. Den Grill für direktes Grillen bei hoher Temperatur vorbereiten.

5. Sobald die Temperatur erreicht ist, den Grillrost bürsten und ölen. Die Spieße auf den heißen Rost legen und 3 bis 4 Minuten je Seite (insgesamt 6 bis 8 Minuten) grillen, bis sie eine schöne braune Farbe angenommen haben

Fisch-Grillkörbe

Eine simple Möglichkeit das Festkleben von Fisch am Grillrost zu verhindern, ist die Verwendung von Grillkörben für Fische – unabhängig davon, ob Filets oder ganze Fische gegrillt werden. Bei diesen Körben handelt es sich um zwei flache oder leicht bauchige Drahtschalen, die mit Scharnieren verbunden sind. Der Fisch kann darin auf den Grillrost gelegt und ohne Probleme gewendet werden.

Vor dem Grillen muss der Grillkorb eingeölt werden, damit der Fisch nicht daran hängen bleibt. Der Fisch wird in den Korb gelegt, der Korb wird zugeklappt und mit einem Verschluss gesichert. Dann wird der Korb mit dem Fisch auf den Grillrost gelegt und der Fisch von beiden Seiten gar gegrillt.

Wenn der Fisch gar ist, den Grillkorb auf einen hitzebeständigen Teller oder ein Schneidbrett legen. Den Verschluss des heißen Korbs vorsichtig lösen, den Korb aufklappen, den Fisch mit einem Spatel herausschieben und servieren.

und durchgegart sind. Sollte die Masse am Rost kleben bleiben, einen Pfannenheber zum Wenden nehmen.

6. Die Spieße vorsichtig mit einem Spatel auf Teller oder eine Servierplatte geben. Sofort servieren.

HINWEIS: Sollten lange Zitronengrasstängel erhältlich sein (etwa 30 cm lang und am Ansatz knappe 2 cm dick), könnten die Spitzen eventuell dick genug sein, um sie als Spieße zu verwenden. In dem Fall brauchen Sie nur 12 Stängel, denn sie werden dann halbiert.

Sollten Sie Fischsauce verwenden, geben Sie sie in Schritt 2. zusammen mit der Gewürzpaste zu der Fischmasse.

USA

FISCHFRIKADELLEN „FLORIDA“

DIREKTES GRILLEN
FÜR 4 PERSONEN

Dies ist eine Frikadelle ohne Fleisch nach einem Rezept von Allen Susser, dem Restaurant-Chef des „Allen's“ in North Miami Beach und Vorreiter der neuen Küche Floridas. Allen Susser verwendet roten Schnapper. Sollte dieser nicht zu bekommen sein, kann er durch Seeteufel oder Heilbutt ersetzt werden. Die Textur dieser Frikadellen gleicht der von gehacktem Fisch. Die Fischsauce und der frische Dill machen sie äußerst aromareich. Treu dem tropischen Motto serviert Allen Susser diese Frikadelle mit einem Mango-Ketchup, den er selbst abfüllt und in den USA vertreibt. Sie können auch eine andere Mangosauce verwenden. Die Frikadellen werden laut Empfehlung auf knusprigem französischem Brot mit Spinat garniert gereicht.

VORBEREITUNGSZEIT

1 bis 6 Stunden für das Kühlen des Fischs

ZUTATEN

600 g rote Schnapperfilets ohne Haut, in 2,5 cm große Stücke geschnitten
3 Eiweiß von großen Eiern, zu leichtem Schnee geschlagen
1 EL thailändische Fischsauce
1 TL grobes Meersalz, nach Belieben mehr
¼ TL frisch gemahlener schwarzer Pfeffer, nach Belieben mehr
¼ TL Cayennepfeffer, nach Belieben mehr
2 EL gehackte Frühlingszwiebel, weiße und grüne Anteile
2 EL frischer Dill, gehackt
3 bis 4 EL Semmelbrösel
2 EL Olivenöl extra vergine
1 französisches Baguette, 40 cm lang, der Länge nach halbiert, jede Hälfte quer in 4 Stücke geschnitten
12 frisch Spinatblätter, gewaschen und trocken getupft
120 ml Mango-Barbecuesauce (optional; Seite 465)

1. Die Schnapperfilets mit den Fingern auf Gräten untersuchen. Eventuell vorhandene Gräten mit einer spitzen Zange oder Pinzette entfernen. Die Filets in einer Küchenmaschine in kurzen Stößen zu einer feinen Masse verarbeiten. Darauf achten, dass die Masse nicht zu einem Püree wird (siehe Hinweis). Das Eiweiß, die Fischsauce, das Salz, den schwarzen Pfeffer und den Cayennepfeffer in kurzen Stößen unter die Masse arbeiten. Die Frühlingszwiebel, den Dill und genügend Semmelbrösel hinzufügen, damit die Masse bindet. Zunächst mit einer Menge von 3 EL Semmelbrösel beginnen. Zum Abschmecken eine kleine Menge der Masse in einer antihaftbeschichteten Pfanne gar braten und die Masse dann mit Salz und schwarzem Pfeffer nachwürzen. Die Masse sollte gut gewürzt sein.

2. Die Masse in 4 gleiche Portionen teilen. Die Hände mit Wasser befeuchten und jede der Portionen zu einer Frikadelle von 9 cm Durchmesser und knappen 2 cm Dicke formen. Die fertigen Frikadellen auf einen gut geölten Teller legen, mit Frischhaltefolie bedecken und für mindestens 1 Stunde und bis 6 Stunden kühl stellen.

3. Den Grill für direktes Grillen bei hoher Temperatur vorbereiten.

4. Die obere Seite der Fischfrikadellen großzügig mit Olivenöl bestreichen. Den Grillrost bürsten und ölen und die Frikadellen mit der mit Öl bestrichenen Seite nach unten auf den heißen Rost legen. Die Frikadellen von jeder Seite 3 bis 4 Minuten grillen, bis sie eine schöne braune Farbe angenommen haben und durchgegart sind. Das Baguette nach dem Wenden der Frikadellen mit der Grillzange auf dem Grillrost toasten. Darauf achten, dass die Frikadellen nicht zu lange gegrillt werden.

5. Die Frikadellen auf dem getoasteten Baguette und mit Spinatblättern garniert servieren. Dazu eine Barbecue-Sauce reichen, wenn gewünscht.

HINWEIS: Alternativ kann der Fisch mit einem scharfen Messer zerkleinert werden. Die Masse in eine Schüssel geben und die übrigen Zutaten per Hand untermengen.

MORTON BAY BUGS MIT INGWER-MINZE-BUTTER | RECHTS

KAPITEL 12

HEISSE SCHALEN: HUMMER, SHRIMPS UND MUSCHELN

Ich habe mich schon oft gefragt, wann der Mensch wohl herausgefunden hat, wie man Austern isst. Bestimmt nicht mit einem Austernmesser! Ich glaube, er legte sie auf die Kohlen seines Lagerfeuers und ließ den heißen Rauch die Schalen öffnen. Und auch wenn Sie beim Kochen von Schalentieren nicht unbedingt an einen Grill denken, bleibt das Grillen doch eine der besten Methoden, Venusmuscheln, Miesmuscheln, Shrimps oder sogar Hummer zuzubereiten.

„Viele Shrimps, viele Aromen: viele Menschen, viele Marotten."
—Malaiisches Sprichwort

Dieses Kapitel macht sie mit der Welt der gegrillten Schalentiere bekannt, vom gegrillten Oktopus aus Griechenland bis hin zu den karibischen Shrimps, die auf Spießen aus Zuckerrohr gegrillt werden. Sie erfahren nicht nur, wie die Australier ihre berühmten gegrillten Shrimps zubereiten, sondern lernen auch deren geliebte Morton Bay Bugs (Langusten) kennen.

Hummer kann man vorzüglich grillen. Auch die Shrimps bleiben saftig und Krabben mit weichen Panzern werden wunderbar knusprig. Erweitern Sie Ihr Repertoire mit Gerichten wie Flammende Garnelen, Gegrillte Shrimps aus Penang mit schmerzhaft scharfer Sauce oder Gegrillte Fechterschnecke aus den Bahamas.

Schalentiere haben noch nie so gut geschmeckt!

AUSTRALIEN

MORTON BAY BUGS
MIT INGWER-MINZE-BUTTER

DIREKTES GRILLEN
FÜR 4 PERSONEN

Ich mag diese liebevolle Respektlosigkeit, mit der die Fischer auf der ganzen Welt Neptuns edelster Kreatur begegnen. Egal ob man den Hummer nun bei einem Fischer an der Küste Maines oder in Morton Bay kauft, Sie werden wahrscheinlich immer die Bezeichnung „bugs" (Käfer) hören. Der „bug" aus Morton Bay ist eines der teuersten Schalentiere Australiens, er hat keine Scheren und sieht der Languste (auch Floridahummer genannt) ähnlich. Ich verwende für dieses Rezept Hummerschwänze, man kann aber genauso gut „normalen" Hummer oder Alaskagarnelen verwenden – sogar Tiger-Prawns könnte man hier nehmen. Ingwer, Limone und Minze machen die Butter, die man während des Grillens auf den Hummer streicht, zu einem unvergesslichen Geschmackserlebnis. Die Zubereitung ist einfach aber überwältigend gut.

4 Hummerschwänze (á 230-260 g), wenn gefroren auftauen, oder 4 lebende Hummer (á 600-700 g)
8 EL ungesalzene Butter
2 EL frische Minze, gehackt, oder 2 TL getrocknete Minze
1 EL frischer Ingwer, geschält und zerdrückt
1 Knoblauchzehe, zerdrückt
1 TL Limonenschale (ungespritzt), gerieben
3 EL asiatische Fischsauce oder Sojasauce
2 EL frischer Limettensaft
Salz und frisch gemahlener schwarzer Pfeffer
Zitronenecken, zum Servieren

1. *Die Hummerschwänze* mit einer Geflügelschere oder einem scharfen Messer längs halbieren; mit einer Gabel den längs durch den Schwanz verlaufenden Darm entfernen.

Die lebenden Hummer mit einem Stich zwischen die Augen in den Hinterkopf töten; dies wirkt sofort (oder siehe Kasten Seite 354). Die Hummer längs halbieren, den Darm und den papierartigen grauen Sack aus dem Kopf herausnehmen. Die Scheren abbrechen und mit einem Kochmesser aufbrechen.

2. Die Butter in einem kleinen Topf bei niedriger Hitze schmelzen. Minze, Ingwer, Knoblauch und Limonenschale zufügen und die Hitze etwas höher drehen. Die Buttermischung etwa 3 Minuten köcheln, bis sie duftet, aber noch nicht braun ist. Die Fischsauce und den Limettensaft einrühren und zum Kochen bringen, dann die Ingwer-Minze-Butter von der Kochstelle nehmen.

Wenn Sie nicht ganz so mutig sind

Die hier beschriebene Technik des Vorkochens ist für diejenigen, die sich nicht mit dem Gedanken anfreunden können, einen Hummer mit einem Messer zu töten.

Für vier Hummer etwa 8 Liter Wasser in einem großen Topf mit Deckel zum Kochen bringen. Die Hummer hinein geben, den Deckel fest schließen und zwei Minuten kochen lassen. Mit einer Zange die Hummer auf eine Platte legen und abkühlen lassen. Dann die Hummer halbieren und nach Rezept zubereiten.

3. Die aufgeschnittenen Seiten des Hummerschwanzes oder des Hummers mit ein wenig Ingwer-Minze-Butter bestreichen und mit Salz und Pfeffer würzen.

4. Den Grill für direktes Grillen vorbereiten und gut aufheizen.

5. Wenn der Grill aufgeheizt ist, den Grillrost mit Öl einpinseln. Die Hummerschwanzhälften oder die Hummerhälften und Scheren mit der aufgeschnittenen Seite nach unten auf den heißen Rost legen und 4 bis 8 Minuten grillen. Mit der Zange wenden und den Hummer von der Schalenseite noch einmal 4 bis 8 Minuten grillen, bis das Fleisch weiß und fest ist, dabei einige Male großzügig mit der Ingwer-Minze-Butter bestreichen.

6. Den Hummer auf Tellern oder einer Platte anrichten und die restliche Buttermischung darüber gießen. Zitronenecken dazu reichen und sofort servieren.

FRANZÖSISCHE ANTILLEN

GEGRILLTE LANGUSTE MIT BASILIKUMBUTTER

DIREKTES GRILLEN
FÜR 4 PERSONEN

Dieses eindrucksvolle Gericht ist die Spezialität eines New Age Restaurants mit dem Namen „Hostellerie des Trois Forces“ in St. Barthélemy. Der Küchenastrologe Hubert Delamotte verwendet dafür Langusten, die einen breiten Schwanz und einen stacheligen Rückenpanzer, aber keine Scheren haben. Das Äquivalent in Texas oder Florida wäre der sogenannte Floridahummer. Der amerikanische oder kanadische Hummer kann ebenfalls auf diese Art zubereitet werden. Welchen Hummer man auch nimmt, Sie werden den Geschmack von Basilikum mögen, der die Süße des Hummerfleischs noch unterstreicht. Servieren Sie den Hummer mit gegrillter Polenta (Seite 433).

4 Hummerschwänze (á 230-260 g), wenn gefroren auftauen, oder 4 lebende Hummer (á 600-700 g)
8 EL gesalzene Butter, geschmolzen

Salz und frisch gemahlener schwarzer Pfeffer
20 g frischer Basilikum, grob gehackt
1 bis 2 Limonen, halbiert

1. *Die Hummerschwänze* mit einer Geflügelschere oder einem scharfen Messer längs halbieren; mit einer Gabel den längs durch den Schwanz verlaufenden Darm entfernen.

Die lebenden Hummer mit einem Stich zwischen die Augen in den Hinterkopf töten; dies wirkt sofort (oder siehe Kasten Seite 354). Die Hummer längs halbieren, den Darm und den papierartigen grauen Sack aus dem Kopf herausnehmen. Die Scheren abbrechen und mit einem Kochmesser aufbrechen.

2. Die aufgeschnittenen Seiten des Hummerschwanzes oder des Hummers mit ein wenig geschmolzener Butter bestreichen und mit Salz und Pfeffer würzen. Die restliche geschmolzene Butter zusammen mit dem gehackten Basilikum in einem kleinen Topf bei mittlerer Hitze 2 Minuten köcheln lassen.

3. Den Grill für direktes Grillen vorbereiten und gut aufheizen.

4. Wenn der Grill aufgeheizt ist, den Grillrost mit Öl einpinseln. Die Hummerschwanzhälften oder die Hummerhälften und Scheren mit der aufgeschnittenen Seite nach unten auf den heißen Rost legen und 4 bis 8 Minuten grillen. Mit der Zange wenden und den Hummer von der Schalenseite noch einmal 4 bis 8 Minuten grillen, bis das Fleisch weiß und fest ist, dabei einige Male großzügig mit der Basilikumbutter bestreichen.

5. Den Hummer auf Tellern oder einer Platte anrichten, die restliche Basilikumbutter in kleinen Auflaufförmchen dazu reichen und sofort servieren.

FRANZÖSISCHE ANTILLEN

LANGUSTE
MIT KREOLISCHER SAUCE

DIREKTES GRILLEN
FÜR 4 PERSONEN

Meine Frau und ich aßen dieses Gericht zum ersten Mal während unserer Flitterwochen in St. Barthélemy im Jahre 1990. Das Restaurant namens „Marigot Bay Club“ war ein winziges Lokal unter der Leitung eines befreundeten Fischers, Michel Ledée. Der Hummer war erst eine Stunde vor unserem Mahl aus dem Wasser gefischt worden. Um ihn noch frischer zu bekommen, hätten wir schon in unseren Badeanzügen speisen müssen!

Michels kreolische Sauce ist eine Komposition von Geschmacksrichtungen: einem dunklen Hauch von Knoblauch und Frühlingszwiebeln, einer metallischen Note von Thymian und Limettensaft sowie dem schrillen Klang der Scotch-Bonnet-Chili-Sauce. Traurigerweise muss ich hier anmerken, dass Michel auf tragische Weise ums Leben kam, als er seine Tochter bei einem Badeunfall retten wollte. Dieses Rezept widme ich seinem Andenken.

4 Hummerschwänze (á 230-260 g), wenn gefroren auftauen, oder 4 lebende Hummer (á 600-700 g)
4 EL Schweineschmalz (siehe Hinweis)
80 g Schalotten, fein gehackt
4 Frühlingszwiebeln, weiße und grüne Teile, geputzt und fein gehackt
3 Knoblauchzehen, zerdrückt
3 EL frische glatte Petersilie, gehackt
2 TL frischer Thymian, gehackt oder 1 TL getrockneter Thymian
250 g Ketchup
2 TL frischer Limettensaft, oder mehr
1 TL scharfe Chilisauce, vorzugsweise mit Scotch-Bonnet-Chilis, oder mehr
Salz und frisch gemahlener schwarzer Pfeffer

1. *Die Hummerschwänze* mit einer Geflügelschere oder einem scharfen Messer längs halbieren; mit einer Gabel den längs durch den Schwanz verlaufenden Darm entfernen.

Die lebenden Hummer mit einem Stich zwischen die Augen in den Hinterkopf töten; dies wirkt sofort (oder siehe Kasten Seite 354). Die Hummer längs halbieren, den Darm und den papierartigen grauen Sack aus dem Kopf herausnehmen. Die Scheren abbrechen und mit einem Kochmesser aufbrechen. Den Hummer zugedeckt in den Kühlschrank stellen und die kreolische Sauce zubereiten.

2. 2 EL Schweineschmalz in einem mittelgroßen Topf bei mittlerer Hitze zum Schmelzen bringen. Schalotten, Frühlingszwiebeln, Knoblauch, Petersilie und Thymian zugeben und 3 bis 5 Minuten erhitzen, bis die Schalotten und Frühlingszwiebeln leicht gebräunt sind. Den Ketchup, Limettensaft, Chilisauce und 160 ml Wasser unterrühren und zum Kochen bringen. Die Hitze reduzieren und unbedeckt etwa 5 bis 10 Minuten köcheln lassen, bis die Sauce eingedickt und aromatisch ist. Den Topf von der Kochstelle nehmen und abschmecken, nach Bedarf Salz und Pfeffer und mehr Limettensaft und/oder Chilisauce zufügen. Die kreolische Sauce muss sehr gut gewürzt sein.

3. Die restlichen 2 EL Schweineschmalz in einem kleinen Topf bei niedriger Hitze zum Schmelzen bringen, auf die

Grillübersicht für Schalentiere

ART	METHODE	HITZE	GARZEIT
VENUSMUSCHELN IN DER SCHALE	Direktes Grillen	Starke Hitze	6 bis 8 Minuten, bis sich die Schale öffnet
HUMMER			
Halber Hummer	Direktes Grillen	Starke Hitze	4 bis 8 Minuten pro Seite, bis er gar ist
Hummerschwanz	Direktes Grillen	Starke Hitze	4 bis 8 Minuten pro Seite, bis er gar ist
AUSTERN IN DER SCHALE	Direktes Grillen	Starke Hitze	6 bis 8 Minuten, bis sich die Schale öffnet
KAMMMUSCHELN	Direktes Grillen	Starke Hitze	Etwa 2 Minuten pro Seite, bis sie gar sind
SHRIMPS/GARNELEN	Direktes Grillen	Starke Hitze	Etwa 2 Minuten pro Seite, bis sie gar sind

Diese Tabelle dient nur als grobe Richtlinie für die Garzeiten der verschiedenen Schalentiere. Denken Sie daran, Grillen ist eine Kunst und keine Wissenschaft. Wenn Sie Zweifel haben, halten Sie sich an die in den einzelnen Rezepten angegebenen Garzeiten.

aufgeschnittenen Seiten der Hummerschwänze oder der Hummer streichen und den Hummer mit Salz und Pfeffer würzen.

4. Den Grill für direktes Grillen vorbereiten und gut aufheizen.

5. Wenn der Grill aufgeheizt ist, den Grillrost mit Öl einpinseln. Die Hummerschwanzhälften oder die Hummerhälften und Scheren mit der aufgeschnittenen Seite nach unten auf den heißen Rost legen und 4 bis 8 Minuten grillen. Mit der Zange wenden, die kreolische Sauce mit dem Löffel gleichmäßig über den Hummer verteilen und den Hummer von der Schalenseite noch einmal 4 bis 8 Minuten grillen, bis das Fleisch weiß und fest ist.

6. Den Hummer auf Tellern oder einer Platte anrichten und sofort servieren.

HINWEIS: Das Schweineschmalz mag Ihnen seltsam oder sogar etwas abstoßend vorkommen, aber in Frankreich benutzt man es oft zum Einpinseln des Grillguts. Hier wird es als Zutat zum Würzen des Hummers verwendet. Man kann aber stattdessen auch geschmolzene Butter oder Öl nehmen.

SÜDAFRIKA

GEGRILLTE LANGUSTE

INDIREKTES GRILLEN
FÜR 4 PERSONEN

Die Südafrikaner bereiten ihre Langusten auf eine geniale Art und Weise für das Grillen vor. Sie brechen die dünne Schale am Schwanzende auf. Dann grillen sie die Languste in der Schale mit dem Bauch nach oben auf die indirekte Art. Dadurch bleibt das Fleisch saftig und zart – ideal für Langusten. Die Marinade zum Einpinseln der Languste ist nicht besonders ausgefallen, aber Butter, Wein und Worcestershire-Sauce geben viel Geschmack, ohne den Eigengeschmack der Languste zu übertünchen.

4 lebende Langusten (á 600-700 g)
oder 4 Hummerschwänze (á 230-260 g), wenn gefroren, auftauen
4 EL ungesalzene Butter
3 EL natives Olivenöl extra
2 EL Worcestershire-Sauce
2 EL frischer Zitronensaft
2 EL trockener Weißwein
2 Knoblauchzehen, zerdrückt
3 EL frische glatte Petersilie, fein gehackt
½ TL Cayennepfeffer, oder mehr
Salz und frisch gemahlener schwarzer Pfeffer

1. *Die lebenden Langusten* mit einem Stich zwischen die Augen in den Hinterkopf töten; dies wirkt sofort (oder siehe Kasten Seite 354). Dann mit einer Geflügelschere die Unterseite des Schwanzes 4 mal einschneiden, 2 mal längs und 2 mal quer, die dünne Schale wegnehmen.

Die Hummerschwänze mit einer Geflügelschere oder einem scharfen Messer längs durch die Oberseite einschneiden, aber nicht ganz durch bis zur Unterseite. Auseinanderklappen und mit einer Gabel den längs durch den Schwanz verlaufenden Darm entfernen.

Langusten oder Hummerschwänze zur Seite stellen und in die Marinade und Sauce zubereiten.

2. Die Butter in einem kleinen Topf bei mittlerer Hitze zum Schmelzen bringen. Olivenöl, Worcestershire-Sauce, Zitronensaft, Weißwein, Knoblauch, Petersilie und Cayennepfeffer zufügen und 3 bis 5 Minuten leicht köcheln lassen, bis der Knoblauch duftet und seine Schärfe verloren hat. Den Topf von der Kochstelle nehmen, abschmecken und nach Bedarf mit Salz und Pfeffer und mehr Cayennepfeffer nachwürzen. Die Hälfte der Sauce zum Servieren zur Seite stellen.

3. Den Grill für indirektes Grillen vorbereiten. Eine Tropfschale ist für dieses Rezept nicht notwendig. Den Grill auf mittlere Hitze aufheizen (siehe Hinweis).

4. Wenn der Grill aufgeheizt ist, die Langusten oder Hummerschwänze mit der Unterseite nach oben auf die Mitte des Rosts legen und großzügig mit der Marinade einpinseln. Den Grill schließen und die Langusten 30 bis 40 Minuten grillen, bis das Fleisch fest und weiß ist. Die Schwänze brauchen etwa 20 bis 30 Minuten. Das freiliegende Langustenfleisch ein- oder zweimal während des Grillens mit der Marinade einpinseln.

5. Die Langusten auf Tellern oder einer Platte anrichten, die zur Seite gestellte Sauce in Auflaufförmchen dazu reichen und sofort servieren.

HINWEIS: Die Hummerschwänze können auch über direkter Hitze gegrillt werden: Dazu den Grill gut aufheizen und die Schwänze mit der aufgeschnittenen Seite nach unten 4 bis 8 Minuten grillen, um das Fleisch kurz anzubraten. Mit der Zange die Schwänze wenden und von der anderen Seite 4 bis 8 Minuten grillen, bis das Fleisch fest und weiß ist. Die Schwänze während des Grillens einmal mit der Sauce einpinseln und nochmals kurz vor dem Servieren.

USA

GEGRILLTE KRABBEN MIT WEICHEM PANZER
IN WÜRZIGER TARTARSAUCE

DIREKTES GRILLEN
FÜR 4 BIS 6 PERSONEN

Wie alle Krustentiere werfen die Krabben von Zeit zu Zeit ihre Panzer ab, weil sie wachsen. Bei diesen hier handelt es sich um Blaukrabben, die gerade ihre alten Panzer abgelegt haben. Man kann den noch weichen, neuen Panzer mitessen (Die Krabben werfen ihre Panzer in der Zeit von Mai bis August ab). Bei den meisten Rezepten werden die Krabben mit den weichen Panzern in der Pfanne gebraten oder frittiert. Beim Grillen erzielt man den gleichen, köstlichen Krabbengeschmack mit nur einem Bruchteil des Fetts und Sie haben immer noch die wunderbare Konsistenz und das Aroma der Krabbe: salzig wie das Meerwasser und knusprig wie Kartoffelchips.

Bitten Sie Ihren Fischhändler, die Krabben für Sie zu schrubben und bereiten Sie die Krabben dann noch am selben Tag zu. Als Beilage schmecken Gegrillte Knoblauchbrotstreifen (Seite 126) und einfacher Krautsalat (Seite 460).

FÜR DIE TARTARSAUCE

240 g gute Mayonnaise
1 bis 2 frische oder eingelegte Jalapeño-Schoten, entkernt und fein gehackt
1 EL Dijonsenf
1 EL frischer Limettensaft, oder mehr
1 EL Kapern, abgetropft und gehackt
1 EL frischer Schnittlauch, gehackt, oder gehacktes Grün der Frühlingszwiebel
1 EL sauer Eingelegtes, gehackt, vorzugsweise Cornichons
1 EL frischer Estragon oder Basilikum, gehackt
Salz (wahlweise)

FÜR DIE KRABBEN

8 EL ungesalzene Butter, geschmolzen oder 120 ml natives Olivenöl extra vergine
1 EL frischer Zitronensaft
12 Krabben mit weichem Panzer, geschrubbt
Salz und frisch gemahlener schwarzer Pfeffer

1. Für die Tartarsauce Mayonnaise, Jalapeño-Schoten, Senf, Limettensaft, Kapern, Schnittlauch, Cornichons und Estragon in einer Schüssel gründlich mischen. Mit Salz und/oder zusätzlichem Limettensaft abschmecken. Die Tartarsauce sollte gut gewürzt sein. Die Tartarsauce bis zum Servieren kühl stellen (siehe Hinweis).

2. Für die Krabben die geschmolzene Butter und den Zitronensaft in einer Schüssel gut verrühren. Die Krabben von allen Seiten mit ein wenig Zitronenbutter bestreichen und großzügig mit Salz und Pfeffer würzen.

3. Den Grill für direktes Grillen vorbereiten und gut aufheizen.

4. Wenn der Grill aufgeheizt ist, den Grillrost mit Öl einpinseln. Die Krabben auf den heißen Rost legen und unter Wenden mit der Zange 3 bis 6 Minuten pro Seite grillen, bis die Schalen knallrot sind. Die Schalen während des Grillens ein- oder zweimal mit der restlichen Zitronenbutter bestreichen.

5. Die Krabben auf Tellern oder einer Platte anrichten und sofort zusammen mit der Tartarsauce servieren.

HINWEIS: Die Tartarsauce kann schon 2 Tage im Voraus zubereitet und zugedeckt im Kühlschrank aufbewahrt werden.

INDONESIEN

GARNELEN MIT KETJAP-BUTTER

DIREKTES GRILLEN
FÜR 4 PERSONEN

Garnelen von der Größe eines Hummers, knackig-knusprig in der Schale gegrillt, mit einer saftigen, süß-salzigen Mischung aus Butter und süßer Sojasauce mariniert – das ist eine der Spezialitäten von Djakartas berühmtem Fischrestaurant „Sunda Kelapa“. Diese Garnelen sind sogar so köstlich, dass man sie am liebsten mit der Hand ist, und das tun auch die meisten Gäste dort. Diese großen Garnelen bekommt man hier im Fachhandel. Versuchen Sie es auch mal mit Alaskagarnelen. Ansonsten nehmen Sie Tiger-Prawns in Schalen. Reichen Sie dazu Javanische Spargelbohnen-Gemüseplatte (Seite 114), Penang Schalotten-Relish (Seite 444) und Dampfreis.

3 EL ungesalzene Butter
3 EL süße Sojasauce (Ketjap Manis) oder je 1½ EL normale Sojasauce und Zuckersirup
1 EL frischer Limettensaft
ca. 600 g Alaskagarnelen oder Shrimps (Tiger-Prawns), Därme entfernen, eingeschnitten und auseinandergeklappt (siehe Kasten Seite 361), mit Schalen

1. Die Butter in einem kleinen Topf schmelzen, vom Herd nehmen und die süße Sojasauce und den Limettensaft einrühren. Die Garnelen unter fließend kaltem Wasser waschen, dann abtropfen lassen und mit Küchenpapier trocken tupfen. Die eingeschnittenen Seiten der Garnelen mit etwas Buttermischung bestreichen.

2. Den Grill für direktes Grillen vorbereiten und gut aufheizen.

3. Wenn der Grill aufgeheizt ist, den Grillrost mit Öl einpinseln. Die Garnelen mit der eingeschnittenen Seite nach unten auf den heißen Rost legen und etwa 2 Minuten grillen, bis sie auf dieser Seite leicht gebräunt sind. Die Schalenseite mit der Buttermischung bestreichen und die Garnelen mit der Zange wenden. Nun die Garnelen von dieser Seite noch weitere 2 Minuten grillen, bis sie leicht gebräunt und innen fest und rosa sind, dabei ein- oder zweimal mit der Buttermischung bestreichen.

4. Die Garnelen auf Tellern oder einer Platte anrichten, mit der restlichen Buttermischung begießen und sofort servieren.

GUADELOUPE

GEGRILLTER FLUSSKREBS MIT CURRYBUTTER

DIREKTES GRILLEN
FÜR 4 PERSONEN

Guadeloupe ist in der Karibik berühmt für ein großes Schalentier mit süßem Fleisch, das oassou (wa-sou ausgesprochen) genannt wird. Obwohl dies allgemein mit Flusskrebs übersetzt wird, handelt es sich hier eigentlich um eine Garnelenart. Die bevorzugte Zubereitungsart ist das Grillen: Das Schalentier wird mitsamt Kopf aufgespießt und über glühenden Kohlen gegrillt. Oassous sind außerhalb Guadeloupes schwer erhältlich, aber Alaskagarnelen haben einen ähnlichen Geschmack. Auch Tiger-Prawns kann man auf diese Art zubereiten.

In Guadeloupe (das immer noch zu Frankreich gehört), würde man zum oassou Buttersauce reichen, gewürzt mit Currypulver von den französischen Antillen, das colombo heißt und das man in entsprechenden Supermärkten oder Delikatessenläden kaufen kann. Bei meinem Saucenrezept haben Sie die Wahl zwischen colombo oder einem ganz normalen Currypulver (von guter Qualität).

VORBEREITUNGSZEIT

30 Minuten bis 1 Stunde zum Marinieren des Schalentiers

SPEZIELLE AUSRÜSTUNG

4 lange Metallspieße

FÜR DIE GARNELENSPIESSE UND MARINADE

20 Alaskagarnelen oder Shrimps (Tiger-Prawns) in der Schale
1 Zwiebel, quer halbiert, jede Hälfte in 6 bis 8 Spalten geschnitten
1 rote Paprikaschote, Rippen und Kerne entfernt, in 2,5 cm große Vierecke geschnitten
3 EL frischer Limettensaft
3 EL natives Olivenöl extra
2 Knoblauchzehen, zerdrückt
Salz und frisch gemahlener schwarzer Pfeffer

FÜR DIE BUTTERSAUCE

240 ml trockener Weißwein
60 ml Weißweinessig
50-60 g Schalotten, fein gehackt
1½ TL Colombo-Pulver, selbst gemacht (Seite 497), oder gekauft, oder gutes Currypulver, oder mehr
60 ml Schlagsahne
8 EL kalte, ungesalzene Butter, in 1,25 cm große Stücke geschnitten
Salz und frisch gemahlener schwarzer Pfeffer

1. *Für die Garnelenspieße und die Marinade* die Garnelen unter fließend kaltem Wasser waschen, abtropfen lassen und mit Küchenpapier trocken tupfen. Die Garnelen auf die Spieße aufteilen und längs aufspießen, dabei immer ein Stück Paprika und Zwiebel dazwischen stecken. Die Garnelenspieße auf eine Platte legen und die Marinade zubereiten.

2. Limettensaft, Olivenöl und Knoblauch in einer kleinen Schüssel verrühren. Mit Salz und Pfeffer abschmecken. Etwas Marinade auf die Garnelenspieße streichen und den Rest zum späteren Bestreichen während des Grillens zur Seite stellen. Die Spieße lose mit Frischhaltefolie bedecken und in der Marinade eine halbe bis eine Stunde im Kühlschrank ziehen lassen.

3. *Für die Buttersauce* Weißwein, Weinessig, Schalotten und Currypulver in einem kleinen Topf bei mittlerer Hitze verrühren. Die Weinmischung unbedeckt 6 bis 8 Minuten kochen lassen, bis die Menge auf etwa 60 ml reduziert ist. Die Sahne zufügen und unbedeckt nochmals 2 bis 4 Minuten kochen lassen, bis die Menge wiederum auf etwa 60 ml reduziert ist. Die Hitze etwas reduzieren und die Butter stückweise unter ständigem Rühren zufügen, bis man eine sämige Sauce erhält. Immer warten, bis sich ein Stück Butter vollständig aufgelöst hat, bevor man das nächste Stück in die Sauce gibt. Sobald die ganze Butter untergerührt ist, den Topf von der Kochstelle nehmen. Die Buttersauce darf nicht kochen, da sie sonst gerinnt. Abschmecken und eventuell mit Salz und Pfeffer oder Currypulver nachwürzen. Die Buttersauce sollte gut gewürzt sein. Die Sauce an einem warmen Platz oder im Wasserbad (kein kochendes Wasser) warm stellen, aber nicht direkter Hitze aussetzen, da sie sonst gerinnen könnte.

4. Den Grill für direktes Grillen vorbereiten und gut aufheizen.

5. Wenn der Grill aufgeheizt ist, den Grillrost mit Öl einpinseln. Die Spieße auf den heißen Rost legen und unter Wenden mit der Zange 3 bis 5 Minuten pro Seite grillen, bis die Schalen der Garnelen rot sind und das Fleisch undurchsichtig wird. Die Spieße während des Grillens ein- oder zweimal mit der restlichen Marinade bestreichen.

6. Mit einer Gabel die Garnelen und das Gemüse von den Spießen auf Teller schieben und sofort zusammen mit der Buttersauce servieren.

GRIECHENLAND – FRANKREICH

SHRIMP-KEBABS AUS DEM QUARTIER LATIN

DIREKTES GRILLEN
FÜR 4 PERSONEN

Die schönsten Kebabs, die ich je gesehen habe, wurden im Quartier Latin, einem der ältesten Viertel von Paris, in der Rue de la Huchette zubereitet. Dieses Gewirr enger Straßen ist die Heimat dutzender griechischer Restaurants, die sich alle damit brüsten, bessere Schaschliks zuzubereiten als die anderen. Bei den Spießen ist alles erlaubt – Lamm, Rindfleisch, eng aufgerollte merguez (würzige Würstchen), Fisch und Meeresfrüchte vom ovalen, orangefarbenen Lachssteak bis zu den Riesengarnelen, die mit Kopf serviert werden. Die Kebabs werden mit der Präzision eines Schweizer Uhrmachers und dem anspruchsvollen Auge eines Malers nach Form und Farbe zusammengestellt. Kleine Veränderungen machen die Unterschiede zwischen den einzelnen Restaurants aus. Die Kebabs aus diesem Rezept werden mit einer aromatischen Mischung aus Oregano, Thymian und Rosmarin eingerieben. Die gegrillte Zitrone sollte man eigentlich nicht essen, aber sie gibt dem Gericht ein großartiges Aroma.

SPEZIELLE AUSRÜSTUNG

4 lange Metallspieße

FÜR DIE KRÄUTERMISCHUNG

1 EL grobkörniges Salz (z.B. Meersalz)
1 TL frisch gemahlener weißer Pfeffer
1 TL getrockneter Oregano
1 TL getrockneter Rosmarin
1 TL getrockneter Thymian

FÜR DIE KEBABS

700 g Shrimps (Tiger-Prawns) oder Alaskagarnelen (900 g, wenn man sie mit Köpfen verwendet, was empfohlen wird), Därme entfernen (oder in Schalen lassen; siehe Kasten Seite 361)
2 mittelgroße Zwiebeln, geschält
1 große grüne Paprika, Rippen und Kerne entfernt, geviertelt
1 Zitrone, in 8 Spalten geteilt
12 große Cherrytomaten
3 EL natives Olivenöl extra, zum Einpinseln
Pitabrot, zum Servieren

1. *Für die Kräutermischung* Salz, weißen Pfeffer, Oregano, Rosmarin und Thymian in einer Schüssel mischen, dabei den Rosmarin zwischen den Fingern zerreiben. Zur Seite stellen.

2. *Für die Kebabs* die Shrimps unter fließend kaltem Wasser waschen, abtropfen lassen und mit Küchenpapier trocken tupfen. Die Zwiebeln vierteln und jedes Viertel nochmals quer halbieren. Die Paprikaviertel noch einmal in vier gleich große Stücke schneiden.

3. Alle Zutaten für die Kebabs auf ein Schneidbrett legen und die Kebabs zusammenstellen. Hier ist mein Vorschlag (aber Sie können die Kebabs auch nach Belieben anordnen): ein Stück Zitrone (angeschnittene Seite Ihnen zugewandt), ein Stück Paprika, ein Stück Zwiebel, ein Shrimp (Unterseite Ihnen zugewandt) dabei eine Cherrytomate in die gewölbte Seite des Shrimps einlegen, wieder ein Stück Paprika, Zwiebel, wieder ein Shrimp mit Tomate, Paprika, Zwiebel. Dann abschließen mit einem weiteren Shrimp mit Tomate, Paprika und Zwiebel und zum Schluss ein Stück Zitrone (mit der angeschnittenen Seite Ihnen abgewandt). Alle Zutaten nacheinander auf einen Spieß reihen, so erhalten Sie ein sehr dekoratives Arrangement. Die restlichen Spieße ebenso zubereiten.

4. Den Grill für direktes Grillen vorbereiten und gut aufheizen.

5. Wenn der Grill aufgeheizt ist, die Kebabs von allen Seiten mit Olivenöl einpinseln und mit etwas Kräutermischung bestreuen. Den Grillrost mit Öl einpinseln, die Kebabs auf den heißen Rost legen und etwa 2 Minuten pro Seite grillen, bis das Shrimpfleisch fest und rosa ist und die Tomaten und Zwiebeln dunkel geworden sind. Die Kebabs während des Grillens ein- oder zweimal mit dem Olivenöl einpinseln und großzügig mit der Kräutermischung bestreuen.

6. Mit dem Pitabrot die Shrimps und das Gemüse von den Spießen auf Teller schieben und zusammen mit dem Brot servieren.

HINWEIS: Die Kebabs können schon bis zu 6 Stunden im Voraus vorbereitet werden. Dann lose mit Frischhaltefolie bedeckt im Kühlschrank aufbewahren.

VIETNAM

GEGRILLTE SHRIMPS IN SALZ UND PFEFFER

DIREKTES GRILLEN
FÜR 4 PERSONEN

Wie viele Grillgerichte besticht auch dieses durch seine Einfachheit, aber die Zugabe von drei ganz gewöhnlichen Gewürzen und das Grillen der Shrimps in der Schale machen es unwiderstehlich. Zum ersten Mal habe ich von diesem Gericht von meiner Freundin, der Auslandskorrespondentin Jane Woodridge, erfahren. Als ich es dann einmal in Saigon probierte, konnte ich Janes Begeisterung verstehen. In Vietnam werden die Shrimps mitsamt Kopf und Schale gegrillt, dadurch wird das Aroma noch intensiver. Wenn man in einer Küstenregion lebt, hat man vielleicht Glück und findet Shrimps mit Köpfen. Ansonsten versuchen Sie wenigstens, sie in der Schale zu grillen.

700 g Shrimps (Tiger-Prawns) (900 g wenn man sie mit Köpfen kauft), Därme entfernen (oder in Schalen lassen; siehe Kasten Seite 361)
3 EL frischer Limettensaft, plus 1 große, saftige Limone
3 TL grobkörniges Salz, vorzugsweise Meersalz
3 TL frisch gemahlener weißer Pfeffer

1. Die Shrimps unter fließend kaltem Wasser waschen, abtropfen lassen und mit Küchenpapier trocken tupfen. Die Shrimps in eine Auflaufform legen, mit Limettensaft beträufeln, mit je 1 TL Salz und Pfeffer bestreuen und in der Mischung wenden. Die Shrimps bei Raumtemperatur 10 Minuten in der Gewürzmischung ziehen lassen.

2. In der Zwischenzeit die Limone vierteln. Jeweils ein Viertel auf einen Dessertteller geben. Etwas Salz (½ TL) rechts daneben häufen und etwas weißen Pfeffer (½ TL) auf die andere Seite. Zur Seite stellen.

3. Den Grill für direktes Grillen vorbereiten und gut aufheizen.

4. Wenn der Grill aufgeheizt ist, den Grillrost mit Öl einpinseln. Die Shrimps in den Schalen auf den heißen Rost legen und unter Wenden mit der Zange etwa 2 Minuten pro Seite grillen, bis das Shrimpfleisch fest und rosa ist.

5. Die Shrimps auf Tellern anrichten. Ein Zitronenviertel über dem Salz und dem Pfeffer ausdrücken und mit Essstäbchen zwei- oder dreimal rühren; die Shrimps aus der Schale pulen und in die Limettensaftmischung dippen.

AUSTRALIEN

HONIG-SESAM-SHRIMPS „AUF DEM GRILL"

DIREKTES GRILLEN
FÜR 4 PERSONEN

Shrimps „auf dem Grill" ist der berühmteste kulinarische Export aus Australien. Sogar wenn Sie Australiens Küche sonst nicht kennen, werden Sie doch sicher wissen, dass die Australier liebend gerne grillen – besonders Meeresfrüchte. Um ehrlich zu sein, ist der Name Shrimp hier etwas irreführend, denn die Australier wür-

WIE MAN SHRIMPS PULT UND DEN DARM ENTFERNT

Shrimps sind sowohl mit als auch ohne Schale gegrillt eine Köstlichkeit – lässt man sie in der Schale, bleiben sie saftig und geschmackvoll – aber früher oder später müssen sie aus der Schale gepult werden.

ROHE SHRIMPS MIT DER HAND PULEN: *Die Beine abziehen; dadurch öffnet sich die Schale an der Unterseite. Den Shrimp mit den Fingern von der Schale lösen und dann die Schale abziehen. Darauf achten, dass man die ganze Schale erwischt, aus dekorativen Gründen könnte man den fedrigen Schwanz am Shrimp lassen.*

DEN DARM AUS EINEM GEPULTEN SHRIMP ENTFERNEN: *Die klassische Art ist, aus dem Rücken des Shrimps eine V-förmige Kerbe herauszuschneiden; in dem herausgeschnittenen Stück sollte sich dann der Darm befinden, sodass man einfach das Stück Fleisch zusammen mit dem Darm herausnehmen kann.*

Es gibt aber noch eine schnellere Art, bei einem gepulten Shrimp den Darm zu entfernen; diese Methode hat mir einmal ein Mann aus Louisiana gezeigt. Mit dem Zinken einer Gabel etwa in der Mitte zwischen Kopf und Schwanz oben in den Rücken stechen und dann die Gabel vorsichtig vom Shrimp wegziehen, wobei der Darm mit herausgezogen wird.

HONIG-SESAM-SHRIMPS „AUF DEM GRILL“ | SEITE 361

den eher Garnele sagen. Der chinesische Ursprung dieses Gerichts ist offensichtlich – ein Vermächtnis des immensen Einflusses der chinesischen Einwanderer auf das Australien der 1970er und 1980er. Ich mag den Kontrast zwischen süßem Honig und Fünf-Gewürze-Mischung, sowie die Kombination des Nussgeschmacks der Sesamkerne und des Sesamöls mit den salzigen Shrimps und der Sojasauce.

VORBEREITUNGSZEIT

30 Minuten bis 1 Stunde zum Marinieren der Shrimps

ZUTATEN

- **700 g Shrimps (Tiger-Prawns), aus der Schale gepult und Därme entfernt (siehe Kasten Seite 361)**
- **5 EL asiatisches dunkles Sesamöl**
- **3 EL Reiswein (Sake) oder trockener Sherry**
- **3 EL Sojasauce**
- **4½ TL Honig**
- **4½ TL Sesamkerne**
- **1 EL süße thailändische Chilisauce (wahlweise, siehe Hinweis)**
- **½ TL chinesische Fünf-Gewürze-Mischung**
- **2 Knoblauchzehen, geschält und mit der Seite eines Hackbeils zerdrückt**
- **2 Scheiben (0,5 cm dick) geschälter frischer Ingwer**
- **2 Frühlingszwiebeln, geputzt, weiße Teile mit der Seite eines Hackmessers flach drücken, grüne Teile fein hacken und zum Garnieren zur Seite stellen**
- **Limonenecken, zum Servieren**

1. Die Shrimps unter fließend kaltem Wasser waschen, abtropfen lassen und mit Küchenpapier trocken tupfen.

2. 3 EL des Sesamöls, Reiswein, Sojasauce, Honig, Sesamkerne, Chilisauce (wenn verwendet) und Fünf-Gewürze-Mischung in einer großen Schüssel verrühren. Den Knoblauch, Ingwer, weiße Teile der Frühlingszwiebeln und Shrimps unterrühren, dann zudecken und 30 Minuten bis 1 Stunde im Kühlschrank marinieren.

3. Mit einem Seihlöffel die Shrimps aus der Marinade heben, in eine Schüssel geben und mit den restlichen 2 EL des Sesamöls verrühren. Die Marinade in einen Topf geben. Mit dem Seihlöffel Knoblauch, Ingwer und Frühlingszwiebeln aus der Marinade heben und wegwerfen. Die Marinade bei mittlerer Hitze zum Kochen bringen und unbedeckt 3 Minuten kochen, bis eine dicke, sirupartige Glasur entsteht. Von der Kochstelle nehmen und zur Seite stellen.

4. Den Grill für direktes Grillen vorbereiten und gut aufheizen.

5. Wenn der Grill aufgeheizt ist, den Grillrost mit Öl einpinseln. Die Shrimps auf den heißen Rost legen und unter Wenden mit der Zange etwa 2 Minuten pro Seite grillen, bis die Shrimps außen schön rot und innen fest und rosa sind. Die Shrimps während des Grillens mit der Glasur bestreichen.

6. Die Shrimps auf Tellern oder einer Platte anrichten, mit dem Grün der Frühlingszwiebeln garnieren und zusammen mit den Limonenvierteln servieren.

HINWEIS: Thailänder benutzen die süße Chilisauce wie die Amerikaner Ketchup. Man erhält sie in vielen Supermärkten (eine Marke ist so gut wie die andere), wenn nicht, lassen Sie sie einfach weg.

Wie man Shrimps einschneidet

Sobald man bei den Shrimps nach der Anleitung auf Seite 361 die Därme entfernt hat, kann man sie einschneiden, indem man das Fleisch längs noch tiefer einschneidet. Dabei schneidet man fast durch den ganzen Shrimp und kann ihn dann aufklappen wie ein Buch.

BRASILIEN

SHRIMPS MIT ERDNUSSSAUCE AUS BAHIA

DIREKTES GRILLEN
ALS VORSPEISE FÜR 6 BIS 8 PERSONEN, ALS HAUPTSPEISE FÜR 4 PERSONEN

Dieses Rezept hat seinen Ursprung in Bahia im Norden Brasiliens. Bahia wird auch das New Orleans von Brasilien genannt. Nirgendwo sonst ist der afrikanische Einfluss auf die brasilianische Küche so offensichtlich oder köstlich wie hier. Kokosmilch, Koriander, feurige Chilis und Erdnüsse sind die Grundelemente der Küche Bahias. Hier werden sie kombiniert zu einer reichhaltigen, geschmackvollen Sauce für die gegrillten Shrimps.

VORBEREITUNGSZEIT

30 Minuten zum Marinieren der Shrimps

SPEZIELLE AUSRÜSTUNG

8 lange Holzspieße und ein Feuerschutz aus Aluminiumfolie (siehe Kasten Seite 23)

FÜR DIE SHRIMPS UND MARINADE

700 g Shrimps (Tiger-Prawns), geschält und Därme entfernt (siehe Kasten Seite 361)
160 ml Kokosmilch, aus der Dose oder selbst gemacht (Rezept Seite 114)
60 ml frischer Limettensaft
2 Knoblauchzehen, zerdrückt
1 TL Salz
½ TL frisch gemahlener schwarzer Pfeffer

FÜR DIE SAUCE

2 EL natives Olivenöl extra vergine
4 Knoblauchzehen, zerdrückt
1 Bund Frühlingszwiebeln, grüne und weiße Teile, geputzt und gehackt
1 EL frischer, geschälter Ingwer, zerdrückt
½ mittelgroße grüne Paprikaschote, Rippen und Kerne entfernt und fein gehackt
½ mittelgroße rote Paprikaschote, Rippen und Kerne entfernt und fein gehackt
2 reife Tomaten, gehäutet und entkernt (siehe Kasten Seite 454), dann fein gehackt
300 ml Kokosmilch, aus der Dose oder selbst gemacht (Rezept Seite 114)
130 g cremige Erdnussbutter
3 EL frischer Limettensaft
8 g frischer Koriander, gehackt
¼ TL Cayennepfeffer, oder mehr
Salz und frisch gemahlener schwarzer Pfeffer
40 g gehackte Erdnüsse, geröstet (siehe Kasten Seite 113), zum Garnieren

1. *Für die Shrimps und Marinade:* Die Shrimps unter fließend kaltem Wasser waschen, abtropfen lassen und mit Küchenpapier trocken tupfen.

2. 180 ml Kokosmilch, 60 ml Limettensaft, 2 Knoblauchzehen, 1 TL Salz und ½ TL Pfeffer in eine große Schüssel geben und vermischen. Die Shrimps zufügen und unterrühren. Die Shrimps bei Zimmertemperatur zugedeckt 30 Minuten marinieren.

3. *Für die Sauce:* Das Olivenöl in einem mittelgroßen Topf bei mittlerer Temperatur erhitzen. 4 Knoblauchzehen, Frühlingszwiebeln, Ingwer, grüne und rote Paprikaschoten zufügen und 5 Minuten kochen, bis die Mischung leicht gebräunt ist. Die Tomaten zufügen und bei stärkerer Hitze etwa eine Minute kochen, bis ein Teil der Tomatenflüssigkeit verdampft ist.

4. 300 ml Kokosmilch, Erdnussbutter, 3 EL Limettensaft und die Hälfte des Korianders unterrühren. Die Hitze reduzieren und unbedeckt 5 bis 10 Minuten leicht köcheln lassen, bis die Sauce gut durchgezogen und leicht eingedickt ist. Den Cayennepfeffer unterrühren und mit Salz und Pfeffer abschmecken. Bei Bedarf mehr Cayennepfeffer zufügen, die Sauce sollte sehr gut gewürzt sein. Die Erdnusssauce bedecken und warm halten.

5. Die Shrimps aus der Marinade holen und diese wegschütten. Die Shrimps auf den Spießen aufreihen.

6. Den Grill für direktes Grillen vorbereiten und gut aufheizen.

7. Wenn der Grill aufgeheizt ist, den Grillrost mit Öl einpinseln. Die Shrimp-Kebabs so auf den heißen Rost legen, dass die hölzernen Enden auf der Alufolie liegen. Die Shrimps unter Wenden mit der Zange etwa 2 Minuten pro Seite grillen, bis sie von außen schön braun und von innen fest und rosa sind. Die Shrimps nach dem Wenden mit etwas Erdnusssauce bestreichen.

8. Die Erdnusssauce gleichmäßig mit einem Löffel auf die Teller verteilen. Mit einer Gabel die Shrimps von den Spießen auf die Erdnusssauce schieben. Gehackte Erdnüsse und den restlichen Koriander über die Shrimps streuen und sofort servieren.

INDIEN

TANDOORI-GARNELEN

DIREKTES GRILLEN
FÜR 4 PERSONEN

Nach einem 14-Stunden Flug von New York aus landete ich in New Delhi. Der Grund für meine Reise war ganz einfach: Ich wollte Tandoori (indisches Grillen) in seinem Ursprungsland kosten. Glücklicherweise musste ich nicht noch weiter reisen: Das berühmteste Restaurant Indiens, das „Bukhara“, befand sich in meinem Hotel. Ein Blick in die Schauküche mit den glühendheißen Tandoors und den gehämmerten Kupferwänden, an denen die Grillspieße hingen, genügte und ich wusste, ich war auf eine Goldader gestoßen.

Ein Tandoor ist eine Kreuzung zwischen einem Grill und einem Ofen. Das Holzkohlefeuer befindet sich am Boden eines hüfthohen, urnenförmigen Lehmofens. Über den Kohlen werden Meeresfrüchte, Fleischstücke und sogar Gemüse an einem Spieß geröstet, während gleichzeitig Brot an den Wänden des Tandoors backt.

Im „Bukhara“ würde man dieses Gericht hier mit riesigen saftigen Garnelen aus der bengalischen Bucht zubereiten. Wir können sowohl Shrimps als auch Hummer-

Brasilianische Grillgerichte

Den Türken ihr Shish Kebab, den Indonesiern ihr Saté. Ich aber hebe meine Gabel für Churrasco, Brasiliens Version des Grillens. Churrasco garantiert ein wunderbares Mahl und einen unterhaltsamen Abend. Churrasco wird so großzügig serviert, und zwar von einer feierlichen Prozession von Kellnern, die schwertartige Spieße tragen, von denen sie am Tisch abschneiden, dass man den Gürtel ein paar Löcher weiter stellen muss. Und niemand bekommt das besser hin als Marius Fontana.

Marius ist der Eigentümer dreier gehobener churrascarias (Grillrestaurants) in Rio de Janeiro. Sie würden das nie von ihm vermuten, wenn Sie ihn sehen. Schuhe mit Troddeln, Designerjeans, penibel gekämmtes, schulterlanges Haar. So wirkt er eher wie ein Filmstar denn ein Hüter einer Feuerstelle. Aber fragen Sie irgendeinen carioca (einen Einwohner Rios), wo es den besten Churrasco gibt und man wird Sie mit Sicherheit zu Marius schicken. An dem Abend, als ich in sein Restaurant im Bezirk Ipanema ging, waren alle 400 Plätze besetzt.

Churrasco ist nicht nur eine Art des Kochens, sondern zugleich auch Lebensart. Dieser rustikale Speisestil stammt aus dem Land der brasilianischen Viehzucht, Rio Grande do Sul. Die traditionelle Kochausrüstung für Churrasco war ganz einfach: ein offenes Feuer, ein Schwert zum Aufspießen des Fleischs und ein sehr scharfes Messer zum Schneiden. Die Gewürze waren sogar noch einfacher: grobes Meersalz und frische Luft. Fast 400 Jahre lang bereiteten die Cowboys Brasiliens ihr Churrasco auf diese Art und Weise zu.

In jüngster Zeit hat sich Churrasco vom Rio Grande auf den Rest Brasiliens ausgebreitet und entwickelte sich bei seinem Zug gen Norden von einem rustikalen Mahl im Freien zu einer kulinarischen Extravaganz. Taufen, Geburtstage, Sportveranstaltungen, ja sogar politische Kundgebungen werden bei Churrasco gefeiert. Heutzutage gehören die churrascarias zu den schicksten Restaurants in Rio.

Nehmen Sie zum Beispiel „Marius" (das Restaurant). Der gepflegt zeitgenössische Speiseraum hat eine imposante, polierte Holzverkleidung, Raumteiler aus gefrostetem Glas, Messinggeländer und Kassettendecken mit versenkten Strahlern. Das ist weit entfernt von einem Lagerfeuer der Cowboys! Und das ist auch die Kundschaft, zu der unzählige, Küsschen verteilende Millionäre, Filmstars und vornehme Touristen gehören.

Die großen Portionen des ursprünglichen Churrasco haben sich zu einer eigentümlichen Vorführung eines Repräsentationskonsums entwickelt. Man bekommt nicht einfach eine Getränkekarte, sondern ein Kellner rollt eine fahrbare Bar direkt an Ihren Tisch. Die Hors d'oeuvre bestehen aus nicht weniger als einem persönlichen Buffet mit pão de queijo (kleinen, dampfenden Käsebrötchen), knusprig gebratenem Maniok, hart gekochten Wachteleiern und einem Dutzend anderer brasilianischer Vorspeisen. Wenn es dann Zeit wird für die Hauptspeise, nun, ich kann nur sagen, es ist gut, dass man Ihnen das „Zeichen" gibt.

Das „Zeichen" ist ein fester Bestandteil des Churrasco. Es ermöglicht die Kontrolle über die Geschwindigkeit, mit der ansonsten erbarmungslos der Angriff auf Ihre Taille erfolgt. Der Miniaturwegweiser bei Marius hat drei Richtungsschilder: normal, lento (langsam) und suspenso (Stopp). (Anderswo bekommt man vielleicht ein Rad mit einem Pfeil, der auf das Stück Fleisch zeigt, von dem man gerne mehr hätte oder ein Plakat, auf dem einfach „Stopp" steht).

Eine Schwadron von Kellnern bewegt sich durch den Speiseraum und jeder von ihnen trägt ein anderes Fleischstück. Der eine schwankt unter dem Gewicht einer ganzen Hochrippe am Spieß. Andere tragen Ringe der linguiça (portugiesische Wurst), picanha (Filet am Spieß), cupim (Ochsenkamm), Hähnchenherzen, Lammspieße mit Minzglasur – vielleicht 20 verschiedene Fleischarten. Solange das „Normal"-Zeichen auf Ihrem Tisch zu sehen ist, kommen die Kellner immer wieder zu Ihrem Tisch und man kann sie nur fernhalten, indem man das Zeichen auf suspenso dreht.

Jedes Gericht erreicht Ihren Tisch noch brutzelnd heiß vom Grill. Um herauszufinden, wie diese Meisterleistung zustande gebracht wird, bat ich darum, einen Blick in die Küche werfen zu dürfen. In eine Wand eingelassen befindet sich ein gigantischer Edelstahl-Drehspieß mit motorangetriebenen Spießen. Die fetthaltigeren Stücke Fleisch werden an den oberen Spießen gegrillt, sodass das schmelzende Fett auf die unteren Bratenstücke tropft und diese so mariniert. Genial. Die Kellner tragen die Spieße zum Speisesaal, schneiden die Fleischportionen ab und bringen dann die Spieße wieder in die Küche zurück, damit sie dort weiter garen können.

Ein Essen in einer brasilianischen churrascaria erscheint nun vielleicht als eine Angelegenheit ausschließlich für Fleischliebhaber, doch es werden auch sehr wunderbare Gerichte aus Meeresfrüchten serviert – zum Beispiel der Gegrillte Fisch mit brasilianischer Knoblauchmarinade (Seite 322) und die Shrimps mit Erdnusssauce aus Bahia (Seite 363). Was immer Sie auch bestellen, ich verspreche Ihnen, Sie gehen nicht hungrig nach Hause!

schwänze verwenden. Welches Krustentier man auch wählt, die exotische Marinade aus Ingwer, Sahne und Gewürzen macht dieses Gericht zu einem der saftigsten und köstlichsten Grillgerichte, die Sie je gegessen haben. Man muss nur folgendes über die zwei besonderen Zutaten wissen: Kichererbsenmehl (Besan) gibt es in indischen und manchmal auch in italienischen Märkten und in Biolebensmittelläden. Man kann stattdessen aber auch Weizenvollkornmehl verwenden oder es einfach weglassen. Garam Masala ist eine indische Gewürzmischung. In diesem Buch finden Sie ein Rezept dafür, aber man kann auch eine Mischung kaufen. Um die im indischen Tandoor angewandte Art des Grillens zu simulieren, grillen Sie diese Shrimps am besten ohne Grillrost wie auf Seite 21 beschrieben.

VORBEREITUNGSZEIT

2 Stunden zum Marinieren der Shrimps

SPEZIELLE AUSRÜSTUNG

4 lange Metallspieße

ZUTATEN

700 g Shrimps (Tiger-Prawns), gepult und Därme entfernt (siehe Kasten Seite 361)
3 EL frischer, geschälter Ingwer, grob gehackt
6 Knoblauchzehen, in Scheiben geschnitten
1 TL Salz, oder mehr
2 EL frischer Zitronensaft, oder mehr
160 ml Sahne (Schlagsahne) oder einfacher Vollmilchjoghurt
1 großes Ei
3 EL Kichererbsenmehl (wahlweise)
½ TL Cayennepfeffer
½ TL gemahlene Kurkuma
½ TL gemahlener Kümmel
½ TL Garam Masala (Rezept Seite 496), oder gekaufte Mischung
½ TL frisch gemahlener weißer Pfeffer
2 bis 3 EL geschmolzene, gesalzene Butter, zum Einpinseln
Zitronenviertel zum Servieren

1. Die Shrimps unter fließend kaltem Wasser waschen, abtropfen lassen und mit Küchenpapier trocken tupfen.

2. Ingwer, Knoblauch und Salz mit Mörser und Stößel zu einer Paste mahlen, dann den Zitronensaft und 2 EL Sahne unterrühren. Wenn kein Mörser und Stößel vorhanden sind, alle Zutaten auf einmal in einer Küchenmaschine oder mit einem Pürierstab zu einer weichen Paste verarbeiten.

3. Die Ingwer-Knoblauch-Paste in eine große Schüssel geben und die restliche Sahne, Ei, Kichererbsenmehl (wenn verwendet), Cayennepfeffer, Kurkuma, Kümmel, Garam Masala und weißen Pfeffer unterrühren. Mit Salz und/oder Zitronensaft abschmecken. Die Ingwer-Knoblauch-Marinade sollte gut gewürzt sein. Die Shrimps zufügen und in der Marinade wenden und zugedeckt 2 Stunden im Kühlschrank marinieren.

4. Die Shrimps aus der Marinade holen und diese wegschütten. Die Shrimps auf den Spießen aufreihen.

5. Den Grill für direktes Grillen vorbereiten und gut aufheizen.

6. Wenn der Grill aufgeheizt ist, den Grillrost mit Öl einpinseln. Die Kebabs auf den heißen Rost legen und unter Wenden mit der Zange etwa 2 Minuten pro Seite grillen, bis sie von außen schön braun und von innen fest und rosa sind. Die Shrimps während des Grillens ein- bis zweimal mit der geschmolzenen Butter bestreichen.

7. Mit einer Gabel die Shrimps von den Spießen auf Teller oder eine Platte schieben und sofort mit den Zitronenvierteln servieren.

INDIEN

FLAMMENDE GARNELEN

DAHAKTE JHINGA

DIREKTES GRILLEN
FÜR 4 PERSONEN

Muhammed Ishtiyaque Qureshi stammt aus einer langen Reihe indischer Meisterköche. Wenn man ihn sieht, denkt man, er käme direkt aus Kalifornien. Ein Pferdeschwanz lugt unter seiner Kochmütze hervor, ein goldener Ohrring blinkt in einem Ohr. Ishtiyaque ist der Koch des Restaurants „Indian Harvest“ im Leela Hotel in Bombay und seine Vorliebe fürs Theatralische erstreckt sich auch auf sein Kochen. Alle paar Minuten wird der Speisesaal durch einen Vulkanausbruch erschüttert und hohe Flammen schlagen aus einer Platte mit brutzelnden dahakte jhinga, den „flammenden Garnelen“. Diese Show dient der Unterhaltung japanischer und westlicher Geschäftsleute (und deren indischen Gastgeber), aber laut Ishtiyaque ist das Servieren flambierter Speisen in Indien auch Tradition. Schließlich kam das indische Grillen zusammen mit den reichen Herrschern aus Persien und Ishtiyaque behauptet, dass diese ihre Grillgerichte mit flammendem Wein würzten.

Ishtiyaques Garnelen kommen aus der bengalischen Bucht und sind so groß wie kleine Hummer. Ihr Geschmack wird durch zweifaches Marinieren verstärkt: zuerst in Essig, dann in Joghurt. Hier tun es auch die Tiger-Prawns oder Hummerschwänze. Beim Original mariniert man die Garnelen in einem fruchtigen, schwarzen Essig aus einer indischen Beere namens jamun. Man kann diesen Geschmack auch annähernd erreichen, indem man Apfelessig mit Aprikosennektar mischt.

VORBEREITUNGSZEIT

1 Stunde zum Marinieren der Shrimps

FÜR DIE SHRIMPS UND ESSIGMARINADE

700 g Shrimps (Tiger-Prawns), in der Schale (siehe Hinweis)
3 EL Apfelessig
2 EL Aprikosennektar
2 EL frischer Zitronensaft

FÜR DIE JOGHURTMARINADE

240 ml einfacher Vollmilchjoghurt
3 Knoblauchzehen, zerdrückt
1 EL geschälter, frischer Ingwer, gerieben
1 bis 3 TL Cayennepfeffer oder scharfes Paprikapulver
¼ TL gemahlene Nelken
1 TL Salz
2 bis 3 EL geschmolzene Butter, zum Einpinseln
60 ml Rum, vorzugsweise 60-80 %, zum Flambieren

1. *Für die Shrimps und Essigmarinade:* Die Shrimps längs durch den Bauch bis fast zum Rückenpanzer einschneiden und die Därme entfernen. Die Shrimphälften öffnen, aber nicht ganz auseinanderziehen und in der Schale lassen. Unter fließend kaltem Wasser waschen, abtropfen lassen und mit Küchenpapier trocken tupfen.

2. Essig, Aprikosennektar und Zitronensaft in einer Auflaufform, die so groß ist, dass man alle Shrimps nebeneinander legen kann, mischen. Die Shrimps mit der aufgeschnittenen Seite nach unten hineinlegen und 15 Minuten bei Zimmertemperatur marinieren.

3. *Für die Joghurtmarinade:* Joghurt, Knoblauch, Ingwer, Cayennepfeffer, Nelken, und Salz in einer großen Schüssel verrühren. Die Shrimps zufügen und darin wenden, dann zugedeckt im Kühlschrank 45 Minuten marinieren.

4. Den Grill für direktes Grillen vorbereiten und gut aufheizen.

5. Wenn der Grill aufgeheizt ist, den Grillrost mit Öl einpinseln. Die Shrimps aus der Marinade nehmen und diese wegschütten. Die Shrimps mit der aufgeschnittenen Seite nach unten auf den heißen Rost legen und 2 Minuten grillen. Mit der Zange wenden und weitere 2 Minuten grillen, bis sie von außen schön braun und von innen fest und rosa sind. Die Shrimps ein- oder zweimal während des Grillens mit der geschmolzenen Butter bestreichen.

6. Die gegrillten Shrimps auf eine Platte legen. Darauf achten, dass keine brennbaren Gegenstände in der Nähe liegen und niemand zu nahe steht. Den Rum bei schwacher Hitze langsam in einem kleinen Topf erwärmen; nicht zum Kochen bringen oder heiß werden lassen. Den Topf von der Kochstelle nehmen und mit einem langen Streichholz vorsichtig den Rum anzünden. Sehr vorsichtig über die Shrimps gießen und sofort servieren.

HINWEIS: Hummerschwänze können ebenso zubereitet werden. Dazu 4 Hummerschwänze wie in Schritt 1 beschrieben zubereiten und zuerst in Essig und dann in Joghurt marinieren. Wie in Schritt 5 beschrieben grillen, jedoch 4 bis 8 Minuten pro Seite.

INDONESIEN

BALINESISCHE GARNELEN-SATÉS

SATE UDANG

DIREKTES GRILLEN
ALS VORSPEISE FÜR 6 BIS 8 PERSONEN, ALS HAUPTSPEISE FÜR 4 PERSONEN

Die balinesischen Shrimp-Satés verdanken ihren außergewöhnlichen Geschmack den Spießen, auf denen sie gegart werden: frische Zitronengrasstängel. Wenn Sie Zitronengras kaufen, wählen Sie möglichst schlanke Stängel. Sie brauchen sich aber keine Sorgen zu machen, wenn Sie kein Zitronengras finden – die Satés schmecken auch gut auf Holzspießen.

VORBEREITUNGSZEIT

1 Stunde zum Marinieren der Shrimps

SPEZIELLE AUSRÜSTUNG

12 dünne, frische Zitronengrasstängel, Wurzeln, Spitzen und äußere Blätter abschneiden, oder 12 lange Holzspieße und ein Feuerschutz aus Alufolie (siehe Kasten Seite 23)

ZUTATEN

700 g sehr große Shrimps (etwa 24 Stück), gepult und Därme entfernt (siehe Kasten Seite 361)
60 ml süße Sojasauce (Ketjap Manis), oder je 2 EL normale Sojasauce und Zuckersirup
3 Knoblauchzehen, zerdrückt
1½ TL gemahlener Koriander
2 EL frischer Limettensaft
2 EL Palmzucker oder brauner Zucker
3 EL Pflanzenöl

1. Die Shrimps unter fließend kaltem Wasser waschen, abtropfen lassen und mit Küchenpapier trocken tupfen.

2. Süße Sojasauce, Knoblauch, Koriander, Limettensaft, Palmzucker und 1 EL Öl in einer großen Schüssel verrühren, bis der Zucker sich aufgelöst hat. Die Shrimps zugeben und in der Marinade wenden und zugedeckt 1 Stunde im Kühlschrank marinieren.

3. Die Shrimps abtropfen lassen. Mit einem Metallspieß ein Loch in alle Shrimps stechen und jeweils 2 Shrimps auf die Zitronengrasstängel oder die Holzspieße stecken.

4. Den Grill für direktes Grillen vorbereiten und gut aufheizen.

5. Wenn der Grill aufgeheizt ist, den Grillrost mit Öl einpinseln. Die Satés so auf den heißen Rost legen, dass die Spießenden auf der Alufolie liegen. Die Shrimps unter Wenden mit der Zange etwa 2 Minuten pro Seite grillen, bis sie von außen schön braun und von innen fest und rosa sind. Die Shrimps während des Grillens ein- bis zweimal mit dem restlichen Öl einpinseln.

6. Die Satés auf Tellern oder einer Platte anrichten und servieren.

LIBANON

GEGRILLTE SHRIMPS MIT TARATOOR

DIREKTES GRILLEN
FÜR 4 PERSONEN

Dies ist ein weiteres beliebtes Grillgericht bei mir zu Hause. Es geht schnell, ist einfach und herrlich exotisch. Das Besondere an diesem Rezept ist der Dip, der zu den leicht marinierten Shrimps gereicht wird. Taratoor ist eine cremige, nach Nüssen und Zitronen schmeckende, weiße Sauce aus Sesampaste und Zitrone. Tahini (Sesampaste) ist in den meisten asiatischen Lebensmittelläden und in vielen Supermärkten erhältlich. Man kann die Shrimps schön servieren, indem man sie mit der aufgeschnittenen Seite nach oben auf eine Platte legt und die Sauce darüber löffelt. Dann würde ich die Shrimps zusätzlich noch mit etwas gehackter Petersilie bestreuen.

VORBEREITUNGSZEIT

30 Minuten zum Marinieren der Shrimps

SPEZIELLE AUSRÜSTUNG

Etwa 40 kurze Holzspieße und ein Feuerschutz aus Alufolie (siehe Kasten Seite 23)

FÜR DIE SHRIMPS

700 g Shrimps (Tiger-Prawns), in den Schalen
2 EL natives Olivenöl extra
2 EL frischer Zitronensaft
1 Knoblauchzehe, zerdrückt
Salz und frisch gemahlener schwarzer Pfeffer

FÜR DEN TARATOOR

120 ml Tahini
2 Knoblauchzehen, zerdrückt
120 ml frischer Zitronensaft, oder mehr
3 EL frische, glatte Petersilie, gehackt
Salz und frisch gemahlener weißer Pfeffer
Pitabrot als Beilage

1. Die Shrimps längs durch den Bauch bis zum Rückenpanzer einschneiden. Die Shrimphälften öffnen und die Därme entfernen, dann die Shrimps unter fließend kaltem Wasser waschen, abtropfen lassen und mit Küchenpapier trocken tupfen. Shrimps in eine Auflaufform legen, das Olivenöl und 2 EL Zitronensaft darüber träufeln und mit dem Knoblauch bestreuen. Mit Salz und schwarzem Pfeffer abschmecken. Dann die Shrimps zugedeckt 30 Minuten im Kühlschrank marinieren, dabei gelegentlich wenden.

2. *Für den taratoor* die Sesampaste, 2 Knoblauchzehen, 120 ml Zitronensaft und Petersilie in einer kleinen Schüssel verrühren. Eventuell warmes Wasser unterrühren, bis eine dickflüssige Mischung entsteht (mit 3 EL Wasser beginnen). Den taratoor mit Salz und weißem Pfeffer und/oder Zitronensaft abschmecken. Der taratoor sollte gut gewürzt sein. Fertigen taratoor auf 4 Auflaufförmchen oder kleine Schüsselchen verteilen und bis zum Servieren zur Seite stellen.

3. Die Shrimps aus der Auflaufform nehmen und die Marinade zur Seite stellen. Die Shrimps auf die Arbeitsfläche legen und zwei Spieße, einer am oberen und einer am unteren Ende, quer durch die Shrimps stechen.

4. Den Grill für direktes Grillen vorbereiten und gut aufheizen.

5. Wenn der Grill aufgeheizt ist, den Grillrost mit Öl einpinseln. Die Shrimps mit der aufgeschnittenen Seite nach unten so auf den heißen Rost legen, dass die hölzernen Spießenden auf der Alufolie liegen. Unter Wenden mit der Zange 2 Minuten pro Seite grillen, bis sie von außen schön braun und von innen fest und rosa sind. Die Shrimps ein- oder zweimal während des Grillens mit der restlichen Marinade bestreichen.

6. Mit dem Pitabrot die Shrimps von den Spießen auf Teller oder eine Platte schieben und zusammen mit dem Brot und dem taratoor zum Dippen servieren.

WESTINDISCHE INSELN

PLANTAGENSHRIMPS

DIREKTES GRILLEN
ALS VORSPEISE FÜR 6 BIS 8 PERSONEN,
ALS HAUPTSPEISE FÜR 4 PERSONEN

Dieses Gericht kann man nicht wirklich in der Karibik finden, obwohl es einige der für die Westindischen Inseln typischsten Zutaten enthält: Zuckerrohr (daher auch der Name Plantage), Rum, Piment und Muskatnuss. Ich habe dieses Rezept für ein karibisches Restaurant in Hongkong kreiert, das den Namen meines Buches hatte: „Miami Spice“.

Man isst das Zuckerrohr nicht, sondern kaut auf den Zuckerrohrspießen, wenn man die Shrimps isst, und setzt so den süßen Saft frei. Wenn man es eilig hat, kann man die Shrimps auch in einer Mischung aus Honig und Sojasauce marinieren und dann grillen. Auch ohne Zuckerrohr und Glasur schmecken sie dann immer noch erstaunlich gut. Die Shrimps mit Erbsen und Reis von den Bahamas (Seite 431) als Beilage servieren.

VORBEREITUNGSZEIT

1 Stunde zum Marinieren der Shrimps

SPEZIELLE AUSRÜSTUNG

1 Packung Cocktailstäbchen aus frischem Zuckerrohr (siehe Hinweis)

FÜR DIE SHRIMPS UND MARINADE

700 g sehr große Shrimps (etwa 24), gepult und Därme entfernt (siehe Kasten Seite 361)
2 Knoblauchzehen, zerdrückt
2 Frühlingszwiebeln, weiße und grüne Teile, geputzt und gehackt
1 EL geschälter, frischer Ingwer, zerdrückt
½ Scotch-Bonnet-Chili, oder 1 Jalapeño-Schote, entkernt und fein gehackt
2 EL Sojasauce
2 EL Honig
2 EL Erdnussöl

FÜR DIE RUMGLASUR

80 ml plus 1 EL dunkler Rum
2 EL Tomatenmark
2 EL brauner Zucker
1 EL Honig
1 EL weißer Essig
1 EL Worcestershire-Sauce
1½ TL Tabasco oder eine andere scharfe Sauce
⅛ TL gemahlener Piment
⅛ TL gemahlene Nelken
Salz und frisch gemahlener schwarzer Pfeffer

1. *Für die Shrimps und die Marinade:* Die Shrimps unter fließend kaltem Wasser waschen, abtropfen lassen und mit Küchenpapier trocken tupfen.

2. Knoblauch, Frühlingszwiebeln, Ingwer, Scotch-Bonnet-Chili, Sojasauce, 2 EL Honig und Erdnussöl in einer großen Schüssel verrühren. Die Shrimps zufügen und in der Marinade wenden, dann zugedeckt 1 Stunde im Kühlschrank marinieren.

3. *In der Zwischenzeit die Zuckerrohrspieße vorbereiten:* Mit einem scharfen Messer die Spieße aus Zuckerrohr in 7,5 cm lange Stücke teilen und dabei schräg abschneiden, sodass die Enden eine scharfe Spitze bilden. Man braucht so viele Spieße wie Shrimps vorhanden sind.

4. Für die Rumglasur 80 ml Rum, Tomatenmark, braunen Zucker, 1 EL Honig, Essig, Worcestershire-Sauce, Tabasco, Piment und Nelken in einem kleinen Topf vermischen und bei mittlerer Hitze unter Rühren zum Kochen bringen, bis der Zucker geschmolzen ist. Die Hitze etwas reduzieren und 3 bis 5 Minuten köcheln lassen, bis eine sirupartige Glasur entsteht. Die Rumglasur von der Kochstelle nehmen, den restlichen EL Rum einrühren und mit Salz und Pfeffer abschmecken.

5. Die Shrimps aus der Marinade holen und diese wegschütten. Mit einem Metallspieß ein Loch in jeden Shrimp stechen und dann die Zuckerrohrspieße mit dem scharfen Ende zuerst durch die Shrimps spießen.

6. Den Grill für direktes Grillen vorbereiten und gut aufheizen.

7. Wenn der Grill aufgeheizt ist, den Grillrost mit Öl einpinseln. Die Shrimps auf den heißen Rost legen und unter Wenden mit der Zange etwa 2 Minuten pro Seite grillen, bis sie von außen schön braun und von innen fest und rosa sind. Die Shrimps während des Grillens mit der Rumglasur bestreichen.

8. Die Shrimps auf Tellern oder einer Platte anrichten, mit der restlichen Rumglasur beträufeln und sofort servieren.

HINWEIS: Cocktailspieße aus Zuckerrohr sind in Delikatessenläden und vielen Supermärkten erhältlich.

USA

EMERIL LAGASSES GEGRILLTE SHRIMPS AUS NEW ORLEANS

DIREKTES GRILLEN
FÜR 4 PERSONEN

Sie sind vielleicht überrascht, ein Rezept aus New Orleans in diesem Buch zu finden, schließlich ist das Grillen nicht gerade die mit Louisiana traditionell in Verbindung gebrachte Art des Kochens. Und tatsächlich waren die Shrimps, als ich dieses Gericht zum ersten Mal aß, nicht gegrillt, sondern sautiert. Aber das Grillen funktioniert hier hervorragend – ich mag den rauchigen Holzkohlegeschmack der Shrimps mit dem Hauch von Zitrone in der sahnigen Barbecuesauce.

VORBEREITUNGSZEIT

1 Stunde zum Marinieren der Shrimps

ZUTATEN

700 g Shrimps (Tiger-Prawns)
3 EL natives Olivenöl extra vergine
3 EL Cajun-Gewürzmischung (Seite 490) oder gekaufte Cajun-Gewürzmischung
1 kleine Zwiebel, fein gehackt
2 EL Knoblauch, zerdrückt
3 Lorbeerblätter
2 Zitronen (ungespritzt), geschält, in dünne Scheiben geschnitten und entkernt
480 ml konservierte Muschelbrühe oder Wasser
120 ml Worcestershire-Sauce
60 ml trockener Weißwein
480 ml Sahne
2 EL ungesalzene Butter
Salz und frisch gemahlener schwarzer Pfeffer

1. Die Shrimps aus der Schale pulen und die Därme entfernen (siehe Kasten Seite 361), dabei die fedrigen Schwänze ganz lassen und die Schalen zur Seite legen. Die Shrimps unter fließend kaltem Wasser waschen, abtropfen lassen und mit Küchenpapier trocken tupfen.

2. Die Shrimps in eine große Schüssel geben, mit 2 EL Olivenöl beträufeln und 4½ TL der kreolischen Kräutermischung darüber streuen. Mit den Händen das Öl und die Kräuter gut in die Shrimps einreiben und diese dann zugedeckt 1 Stunde im Kühlschrank marinieren.

3. In der Zwischenzeit die Barbecuesauce vorbereiten. Den restlichen EL Olivenöl in einem großen Topf bei mittlerer Hitze erhitzen. Zwiebeln und Knoblauch zufügen und etwa 3 Minuten rösten, bis alles zu bräunen anfängt. Die Hitze etwas höher drehen und die Shrimpschalen, die restlichen 4½ TL Gewürzmischung, Lorbeerblätter, Zitronenscheiben, Muschelbrühe, Worcestershire-Sauce und Weißwein zufügen. Unter Rühren zum Kochen bringen, dann die Hitze wieder etwas reduzieren und unbedeckt 20 bis 30 Minuten leicht köcheln lassen, bis nur noch etwa 400 ml der Flüssigkeit übrig sind.

4. Die Barbecuesauce durch ein Sieb in einen anderen Topf schütten und die Hitze auf höchste Stufe stellen. Die Sauce unbedeckt etwa 15 Minuten kochen lassen, bis sie dickflüssig und dunkelbraun wird, dabei immer wieder rühren, damit sie nicht anbrennt; nun sollten noch etwa 120 ml übrig sein. Die Sahne einrühren und zum Kochen bringen. Die Hitze etwas reduzieren und die Barbecuesauce 5 bis 10 Minuten kochen, bis noch etwa 480 ml Flüssigkeit übrig sind. Die Sauce von der Kochstelle nehmen und die Butter unterrühren, bis sie geschmolzen ist. Die Sauce mit Salz und Pfeffer abschmecken. Die Sauce sollte gut gewürzt sein. 120 ml der Sauce zum Bestreichen zur Seite stellen. Die restliche Sauce zudecken und bis zum Servieren warm halten.

5. Den Grill für direktes Grillen vorbereiten und gut aufheizen.

6. Wenn der Grill aufgeheizt ist, den Grillrost mit Öl einpinseln. Die Shrimps auf den heißen Rost legen und mit 120 ml Barbecuesauce bestreichen. Shrimps etwa 2 Minuten pro Seite grillen, bis sie von außen schön braun und von innen fest und rosa sind. Die Shrimps während des Grillens ein- bis zweimal großzügig mit der Barbecuesauce bestreichen.

7. Die Shrimps auf Tellern oder einer Platte anrichten, die restliche Barbecuesauce darüber gießen und sofort servieren.

MALAYSIA

GEGRILLTE SHRIMPS AUS PENANG
MIT SCHMERZHAFT SCHARFER SAUCE

DIREKTES GRILLEN
FÜR 4 PERSONEN

Wenn man Penang nur erwähnt, läuft den meisten Malaysiern schon das Wasser im Mund zusammen. Diese tropische Insel vor der Nordostküste hat den Ruf, dass es dort das beste Essen in Asien gibt – ein Ruf, der schnell bestätigt wird, wenn man die Imbissbuden auf dem Gurney Drive aufsucht. Man könnte denken, die teuflisch scharfe nam choh (Schalottensalsa) in diesem Rezept würde den Geschmack der mit einer köstlichen Mischung aus Butter und Kokosmilch bestrichenen Shrimps überdecken, aber das Gegenteil ist der Fall: Die Schärfe scheint die Geschmacksnerven für den milden, süßen Geschmack der Shrimps zu sensibilisieren.

Zu einer besonderen Zutat in diesem Rezept muss ich Ihnen etwas erklären: Shrimppaste (in Malaysisch belacan und in Indonesisch trassi) ist eine scharfe Paste aus fermentierten Shrimps und Salz. Trotz des etwas abstoßenden Aromas verleiht die Shrimppaste dem Gericht einen komplexen und angenehmen Geschmack, der bei Köchen in ganz Südostasien sehr beliebt ist. Wenn man sie toastet, wird der unangenehme Geruch der Paste etwas gemildert. Man kann sie in asiatischen Lebensmittelläden und Delikatessenläden kaufen. Man kann sie zur Not auch durch ein wenig Anchovispaste oder einen oder zwei TL Fischsauce ersetzen (dann aber natürlich nicht toasten). Die Malaysier verwenden die Shrimps mit Kopf, aber hier bekommt man sie nicht immer auf diese Art. Wenn Sie welche bekommen können, dann müssen Sie sie unbedingt auch so zubereiten.

SPEZIELLE AUSRÜSTUNG

8 lange Holzspieße und ein Feuerschutz aus Alufolie (siehe Kasten Seite 23)

ZUTATEN

700 g Shrimps (Tiger-Prawns), (mit Kopf 900 g)
2 EL gesalzene Butter, zimmerwarm
¼ TL Shrimppaste
3 EL frischer Limettensaft, oder mehr
1 TL Zucker, oder mehr
¾ TL Salz, oder mehr
120 g Schalotten, in dünne Scheiben geschnitten
6 bis 8 Thai Chilis oder Serranoschoten, entkernt und in dünne Scheiben geschnitten (für eine schärfere Sauce die Kerne in den Schoten lassen)
240 ml Kokosmilch, aus der Dose oder selbst gemacht (Rezept Seite 114), zum Einpinseln

1. Die Därme aus den Shrimps entfernen (siehe Kasten Seite 361), dann mit einem Messer einmal an der Oberseite entlang schneiden, um den Einschnitt tiefer zu machen, sodass man die Shrimps mit Butter füllen kann. Die Shrimps unter fließend kaltem Wasser waschen, abtropfen lassen und mit Küchenpapier trocken tupfen. Die Butter in die Schlitze geben und die Shrimps längs auf die Spieße stecken, dabei beide Enden aufspießen. Die Spieße auf eine Platte legen und zur Seite stellen.

2. Die Shrimppaste auf das Ende eines Zinkens der Grillgabel geben und etwa 2 Minuten über den Grill halten, bis die Paste leicht getoastet ist und aromatisch riecht. Die Shrimppaste in eine kleine Schüssel geben und Limettensaft, Zucker und Salz zugeben. Alles verrühren, bis sich Zucker und Salz aufgelöst haben, dann die Schalotten und Chili einrühren. Abschmecken und nach Bedarf mit Limettensaft, Zucker und/oder Salz nachwürzen. Das nam choh sollte gut gewürzt sein. Bis zum Servieren zur Seite stellen.

3. Den Grill für direktes Grillen vorbereiten und gut aufheizen.

4. Wenn der Grill aufgeheizt ist, den Grillrost mit Öl einpinseln. Die Shrimps mit ein wenig Kokosmilch bestreichen und so auf den heißen Rost legen, dass die hölzernen Spießenden auf der Alufolie liegen. Unter Wenden mit der Zange etwa 2 Minuten pro Seite grillen, bis sie von außen schön braun und von innen fest und rosa sind. Die Shrimps während des Grillens ein- bis zweimal mit der Kokosmilch bestreichen.

5. Die Shrimps auf Tellern oder einer Platte anrichten und sofort servieren, den nam choh in kleinen Schüsselchen dazu reichen.

USA

SHRIMPS VON DER GOLFKÜSTE

DIREKTES GRILLEN
ALS VORSPEISE FÜR 6 BIS 8 PERSONEN, ALS HAUPTSPEISE FÜR 4 PERSONEN

Diese Shrimps von der Golfküste sind aus der sprichwörtlichen Bratpfanne ins Feuer gesprungen, denn ursprünglich wurden sie sautiert und nicht gegrillt. Scharf, süß und rauchig, diese Shrimps sind es wahrlich wert, dass man die Tradition beiseite schiebt.

VORBEREITUNGSZEIT

2 bis 4 Stunden zum Marinieren der Shrimps

ZUTATEN

- **700 g Shrimps (Tiger-Prawns), gepult und Därme entfernt (siehe Kasten Seite 361), Schalen aufbewahren**
- **240 ml konservierte Muschelbrühe, Hühnerbrühe oder Wasser**
- **8 EL ungesalzene Butter**
- **6 Knoblauchzehen, zerdrückt**
- **4 Frühlingszwiebeln, weiße und grüne Teile, geputzt und fein gehackt**
- **1 bis 2 TL Tabasco oder eine andere scharfe Sauce**
- **1 EL Worcestershire-Sauce**
- **2 Lorbeerblätter**
- **2 TL Cayennepfeffer**
- **2 TL süßer Paprika**
- **2 TL getrockneter Thymian**
- **2 TL getrockneter Oregano**
- **1½ TL Salz**
- **1 TL frisch gemahlener schwarzer Pfeffer**
- **160 ml dunkler Zuckerrohrsirup (siehe Hinweis))**

1. Shrimpschalen und Muschelbrühe in einem mittelgroßen Topf zum Kochen bringen. Die Hitze herunterdrehen und unbedeckt 10 bis 15 Minuten köcheln lassen, bis etwas Flüssigkeit verdampft und die Brühe schön würzig ist (die Shrimpschalen werden orange). Die Brühe durch ein Sieb in einen anderen Topf schütten. Es sollte noch etwa 160 ml übrig bleiben.

2. Butter, Knoblauch, Frühlingszwiebeln, Tabasco, Worcestershire-Sauce, Lorbeerblätter, Cayennepfeffer, Paprika, Thymian, Oregano, Salz, schwarzen Pfeffer und Zuckerrohrsirup in die Shrimpbrühe geben. Bei mittlerer Hitze zum Kochen bringen und unbedeckt etwa 10 Minuten kochen, dabei immer wieder rühren, bis die Flüssigkeit eindickt und sehr aromatisch wird. Die Marinade von der Kochstelle nehmen und auf Raumtemperatur abkühlen lassen.

3. In der Zwischenzeit die Shrimps unter fließend kaltem Wasser waschen, abtropfen lassen und mit Küchenpapier trocken tupfen.

4. Die Shrimps in die abgekühlte Marinade geben, darin wenden und dann zugedeckt 2 bis 4 Stunden im Kühlschrank marinieren.

5. Den Grill für direktes Grillen vorbereiten und gut aufheizen.

6. Wenn der Grill aufgeheizt ist, den Grillrost mit Öl einpinseln. Die Shrimps aus der Marinade nehmen und diese zur Seite stellen. Die Shrimps auf den heißen Rost legen und unter Wenden mit der Zange etwa 2 Minuten pro Seite grillen, bis sie von außen schön braun und von innen fest und rosa sind. Die Shrimps während des Grillens mit 2 bis 3 EL Marinade bestreichen.

7. Die Shrimps auf einer Platte anrichten. Die restliche Marinade bei mittlerer Hitze unter Rühren zum Kochen bringen. Die Lorbeerblätter herausnehmen, die Marinade über die Shrimps gießen und sofort servieren.

HINWEIS: Zuckerrohrsirup findet man in vielen Läden, die sich auf südländische Produkte spezialisiert haben oder kann über das Internet bestellt werden. Eine bekannte Marke ist Giffard. Wenn man keinen Zuckerrohrsirup findet, kann man auch dunklen Maissirup verwenden.

USA

JACOBSMUSCHEL-KEBABS

MIT PANCETTA, ZITRONEN UND BASILIKUM

DIREKTES GRILLEN
FÜR 4 PERSONEN

Diese Kebabs kann man leicht zubereiten, und sie sind sehr schmackhaft. Der salzige Pancetta (italienischer Schinken) und die saure Zitrone ergeben zusammen eine gelungene würzige Kombination. Vielleicht bekommen Sie die richtigen Küstenkammmuscheln – dies sind die kleinen, fleischigen Muscheln, die so unglaublich süß schmecken. Aber die größeren Meereskammmuscheln tun es auch, wenn man sie entsprechend klein schneidet. Die meisten Kammmuscheln haben auf einer Seite einen sichelförmigen Muskel, den man vor dem Grillen entfernen sollte (Er ist merklich zäher als der Rest der Muschel).

VORBEREITUNGSZEIT

30 Minuten zum Marinieren der Jacobsmuscheln

SPEZIELLE AUSRÜSTUNG

8 lange Holzspieße und ein Feuerschutz aus Alufolie (siehe Kasten Seite 23)

ZUTATEN

700 g Jacobsmuscheln
3 EL natives Olivenöl extra vergine
3 EL frischer Zitronensaft
4 Streifen Zitronenschale (je 2 x 1,25 cm groß), mit einem Gemüseschäler abgeschnitten
viel frisch gemahlener schwarzer Pfeffer
1 Bund frischer Basilikum, entstielt
8 dünne Scheiben (170-230 g) Pancetta (italienischer Schinken) oder normaler Schinkenspeck, in 2,5 cm große Streifen geschnitten

1. Mit den Fingern den kleinen sichelförmigen Muskel an der Seite der Jacobsmuscheln herausziehen und wegwerfen. Bei größeren Exemplaren die großen Muscheln vierteln und die mittelgroßen halbieren, sodass alle Stücke in etwa die gleiche Größe haben. Die Muscheln unter fließend kaltem Wasser waschen, abtropfen lassen und mit Küchenpapier trocken tupfen.

2. Olivenöl, Zitronensaft, Zitronenschale und Pfeffer in einer mittelgroßen Schüssel verrühren. Die Muscheln dazu geben und wenden. Die Muscheln zugedeckt 30 Minuten im Kühlschrank marinieren.

3. Die Muscheln aus der Marinade nehmen und die Marinade zur Seite stellen. Die Muscheln auf die Spieße stecken, dabei jeweils ein Basilikumblatt und ein Stück Pancetta zwischen zwei Muscheln aufspießen.

4. Den Grill für direktes Grillen vorbereiten und gut aufheizen.

5. Wenn der Grill aufgeheizt ist, den Grillrost mit Öl einpinseln. Die Kebabs so auf den heißen Rost legen, dass die hölzernen Spießenden auf der Alufolie liegen. Die Muscheln 1 bis 2 Minuten pro Seite (insgesamt 2 bis 4 Minuten) grillen, bis sie gerade fest und weiß werden. Die Muscheln während des Grillens ein- oder zweimal mit der beiseite gestellten Marinade bestreichen.

6. Mit einer Gabel die Muscheln von den Spießen auf Teller oder eine Platte schieben und sofort servieren.

FRANZÖSISCHE ANTILLEN

GEGRILLTE VENUSMUSCHELN

MIT COLOMBO-BUTTER

DIREKTES GRILLEN
ALS VORSPEISE FÜR 4 BIS 6 PERSONEN,
ALS HAUPTSPEISE FÜR 2 BIS 3 PERSONEN

Wenn man an gegrillte Meeresfrüchte denkt, dann fallen einem die Venusmuscheln bestimmt als letzte ein. Aber höchstwahrscheinlich hat der Mensch zweischalige Muscheln am Anfang über oder in Holzkohle gegrillt und diese Tradition lebt noch in vielen Regionen der französischen Antillen, dem Geburtsort des Barbecues, weiter. Colombo ist ein Currypulver von den französischen Antillen, das aus Reis und Gewürzen besteht. Es schmeckt nach Nüssen, ist scharf sowie aromatisch und unterstreicht auf verblüffende Weise die Süße der Venusmuscheln. In diesem Buch finden Sie ein Rezept für colombo, aber man kann es auch in asiatischen Lebensmittelläden kaufen oder stattdessen ein gutes Currypulver verwenden.

SPEZIELLE AUSRÜSTUNG

Grillrost für Meeresfrüchte (wahlweise)

ZUTATEN

8 EL gesalzene Butter
3 Knoblauchzehen, zerdrückt
2 TL Colombo-Pulver, selbst gemacht

(siehe Rezept Seite 497) oder gekauft, oder gutes normales Currypulver, wahlweise mehr
frisch gemahlener schwarzer Pfeffer
2 Dutzend Venusmuscheln in der Schale (siehe Hinweis), geschrubbt

1. Die Butter in einem kleinen Topf bei mittlerer Hitze schmelzen. Knoblauch und colombo hinzufügen und etwa 2 Minuten rösten, bis es gut riecht und der Knoblauch weich aber nicht braun ist. Die Colombo-Butter von der Kochstelle nehmen und mit Pfeffer und eventuell etwas mehr Colombo-Pulver abschmecken. Die Mischung sollte gut gewürzt sein.

2. Den Grill für direktes Grillen vorbereiten und gut aufheizen.

3. Wenn der Grill aufgeheizt ist, den Grillrost für Meeresfrüchte (wenn verwendet) 5 Minuten vorheizen und die Muscheln darauf verteilen. Ansonsten die Muscheln direkt auf den Grillrost legen. Die Muscheln 6 bis 8 Minuten grillen, bis sie sich öffnen.

4. Die Muscheln auf Tellern oder einer Platte anrichten und die noch geschlossenen Muscheln wegwerfen. Mit einem Löffel etwas Colombo-Butter in jede Muschelschale geben und sofort servieren.

HINWEIS: Venusmuscheln werden nach Größe eingestuft. Am besten nehmen Sie für dieses Rezept keine Muscheln, die breiter als 5 cm sind, da sie sonst zu zäh werden.

FRANKREICH

GEGRILLTE MIESMUSCHELN

ECLADE

DIREKTES GRILLEN
FÜR 4 PERSONEN

Hier ist eine der ungewöhnlichsten Arten des Grillens, éclade, bei der man Miesmuscheln über einem Haufen getrockneter Kiefernnadeln gart (Der Name könnte vom französischen Verb éclore („öffnen") stammen). Dies hört sich nicht nur an wie eine Garmethode, die unsere prähistorischen Vorfahren für die Zubereitung von Schalentieren verwandten, sondern es ist wahrscheinlich die Garmethode. Bis zum heutigen Tag verbindet man éclade mit einem beliebten Picknickmahl in der französischen Provinz Cognac.

Wenn man nicht gerade dort lebt, könnte es schwierig werden, an getrocknete Kiefernnadeln zu kommen. Aber glücklicherweise schmecken die Miesmuscheln fast genauso gut, wenn man sie über einem Holzkohlefeuer grillt – und es ist weniger aufwändig. Man isst die Miesmuscheln am besten noch sehr heiß direkt vom Grill, was bedeutet, dass man sich die Finger an den Schalen verbrennen könnte. Darum hat dieses Gericht auch den Namen moules brûlesdoigts (Fingerverbrenner).

SPEZIELLE AUSRÜSTUNG

Grillrost für Meeresfrüchte (wahlweise)

ZUTATEN

1800-2000 g Miesmuscheln
160 g ungesalzene Butter
3 Knoblauchzehen, zerdrückt
20 g frische, glatte Petersilie, fein gehackt
Salz und frisch gemahlener schwarzer Pfeffer

1. Die Miesmuscheln unter fließend kaltem Wasser schrubben und dabei alle Muscheln mit gebrochener Schale oder Muscheln, die sich beim Daraufklopfen nicht schließen, wegwerfen. Mit einer Nadelzange alle Büschel und Fäden von den Muschelgelenken entfernen und wegwerfen.

2. Die Butter in einem kleinen Topf bei mittlerer Hitze schmelzen. Knoblauch und Petersilie zufügen und mit Salz und Pfeffer abschmecken. Etwa 2 Minuten rösten, bis der Knoblauch weich, aber nicht braun ist. Die Knoblauch-Petersilie-Butter von der Kochstelle nehmen und auf 4 kleine Schüsseln verteilen, pro Person eine zum Dippen, die Schüsseln zudecken und warm halten.

3. Den Grill für direktes Grillen vorbereiten und gut aufheizen.

4. Wenn der Grill aufgeheizt ist, den Grillrost für Meeresfrüchte (wenn verwendet) 5 Minuten vorheizen und die Muscheln mit der runden Seite nach unten darauf verteilen (siehe Hinweis). Ansonsten die Muscheln direkt auf den Grillrost legen. Bei geschlossenem Grill die Muscheln 2 bis 6 Minuten grillen, bis sie sich öffnen. Bei offenem Grill dauert es etwas länger.

5. Die Muscheln auf Tellern oder einer Platte anrichten und die noch geschlossenen Muscheln wegwerfen. Zum Essen die Muscheln mit den Fingern oder einer kleinen Fischgabel aus der Muschelschale nehmen und in die Knoblauch-Petersilie-Butter dippen. Einen Teller für die Muschelschalen bereitstellen.

HINWEIS: Wenn man sich die Muscheln genau ansieht, kann man erkennen, dass sie eine runde und eine flache Seite haben.

USA

AUSTERN
MIT MEERRETTICH-SAHNE

DIREKTES GRILLEN
ALS VORSPEISE FÜR 4 BIS 6 PERSONEN,
ALS HAUPTSPEISE FÜR 2 BIS 3 PERSONEN

Austern besitzen eine natürliche Vorliebe für Meerrettich. In diesem Rezept wird der Meerrettich unter die geschlagene Sahne gehoben, die schmilzt, sobald sie die heißen Austern berührt. Nichts übertrifft den scharfen Geschmack frisch geriebenen Meerrettichs, aber mit Meerrettich im Glas kann man auch sehr gute Ergebnisse erzielen.

SPEZIELLE AUSRÜSTUNG

Grillrost für Meeresfrüchte (wahlweise)

ZUTATEN

240 ml Schlagsahne
1 EL geriebener Meerrettich, oder mehr; Meerrettich aus dem Glas abtropfen lassen
1 EL frischer Schnittlauch oder grüner Teil von der Frühlingszwiebel, fein gehackt
1 TL geriebene Zitronenschale
2 TL frischer Zitronensaft, oder mehr
Salz und frisch gemahlener schwarzer Pfeffer
2 Dutzend Austern in der Schale, geschrubbt

1. Die Sahne in einer gekühlten Schüssel schlagen, bis sich weiche Spitzen bilden, dann Meerrettich, Schnittlauch, Zitronenschale und Zitronensaft unterheben und mit Salz und Pfeffer abschmecken. Nach Bedarf noch mehr Meerrettich und/oder Zitronensaft zugeben.

2. Den Grill für direktes Grillen vorbereiten und gut aufheizen.

3. Wenn der Grill aufgeheizt ist, den Grillrost für Meeresfrüchte (wenn verwendet) 5 Minuten vorheizen und die Austern mit der runden Seite nach unten darauf verteilen (siehe Hinweis). Ansonsten die Austern direkt auf den Grillrost legen. Die Austern 6 bis 8 Minuten grillen, bis sie sich öffnen.

4. Die Austern auf Tellern oder einer Platte anrichten und die oberen Austernschalen und die noch geschlossenen Austern wegwerfen. Einen Löffel Meerrettich-Sahne auf jede Auster geben und sofort servieren.

HINWEIS: Wenn man sich die Austern genau ansieht, kann man erkennen, dass eine Seite etwas runder ist als die andere.

BAHAMAS

GEGRILLTE FECHTERSCHNECKEN
MIT MEERRETTICH-SAHNE

DIREKTES GRILLEN
FÜR 4 PERSONEN

Fechterschnecken sind die weißesten, süßesten und köstlichsten aller Schalentiere. Sie sind zwar nicht so bekannt, aber sie sind sozusagen das Nationalgericht der Bahamas. Wenn man über den Potter's Cay Markt unterhalb der Brücke zum Paradise Island oder entlang des Arawak Cay Erholungsgebiets (ein beliebtes Naherholungsgebiet) schlendert, trifft man auf dutzende von Ständen, die sich auf die Zubereitung dieser riesigen Meeresschnecken spezialisiert haben. Hat man erst einmal den höllischen Fechterschneckensalat (das beliebteste Gericht mit Fechterschnecken) und „geknackte" (gebratene) Fechterschnecken gegessen, dann ist man bereit für die köstlichste Zubereitung von allen: gegrillte Fechterschnecken.

Die einfache Art der Zubereitung besteht darin, die Fechterschnecken zusammen mit Zwiebeln, Knoblauch, Chili und Butter in Alufolie zu wickeln und dann zu grillen. Um den rauchigen Geschmack noch zu verstärken, brennt der Nassauer Koch Basil Dean die Fechterschnecken direkt über dem Holzkohlefeuer an, bevor er sie in Alufolie wickelt. Auch alle weißen Fischfilets können so auf leckere Art und Weise zubereitet werden (so erspart man sich das Weichklopfen).

SPEZIELLE AUSRÜSTUNG

Dicke Alufolie

ZUTATEN

700 g geputzte und gesäuberte Fechterschnecken (4 dicke oder 8 dünne Scheiben, siehe Kasten Seite 375)

Fechterschnecke (Conch)

Wenn man in Florida oder Louisiana lebt, bekommt man beim Fischhändler frische oder zumindest gefrorene Fechterschnecken. Im Rest des Landes und anderswo muss man wahrscheinlich auf gefrorene Fechterschnecken zurückgreifen. Glücklicherweise kann man Fechterschnecken gut einfrieren. Man taut sie am besten langsam im Kühlschrank auf.

Salz und frisch gemahlener schwarzer Pfeffer
110 g sehr fein gehackte Zwiebel
2 Knoblauchzehen, zerdrückt
½ bis 1 Spanische Pfefferschote oder eine andere scharfe Chilischote, entkernt und fein gehackt (für mehr Schärfe die Kerne nicht entfernen)
2 EL frischer Limettensaft
4 EL gesalzene Butter
4 Zitronenecken, zum Servieren

1. Die Fechterschneckenscheiben mit einem Fleischhammer oder einem Nudelholz bis auf eine Dicke von 0,5 cm weich klopfen, die Scheiben von beiden Seiten mit Salz und Pfeffer würzen.

2. Den Grill für direktes Grillen vorbereiten und gut aufheizen.

3. Wenn der Grill aufgeheizt ist, den Grillrost mit Öl einpinseln. Die Scheiben auf den heißen Rost legen und schnell etwa 1 Minute pro Seite grillen, dabei mit der Zange wenden (die Grillroststäbe sollen sich ruhig abmalen und der Holzkohlegeschmack einziehen). Die Scheiben zum Abkühlen auf eine Platte legen. Das Feuer brennen lassen.

4. Aus der Alufolie 4 Stücke von 30 x 20 cm Größe schneiden. 1 große oder 2 kleine Fechterschneckenscheiben auf die Mitte eines Stücks Folie legen.

5. Zwiebeln, Knoblauch und Spanische Pfefferschote in einer Schüssel verrühren und 3 bis 4 EL der Zwiebelmischung auf jede Fechterschneckenscheibe häufen. Mit 1½ TL Limettensaft beträufeln und 1 EL Butter darauf geben. Die Seiten der Alufolie über die Fechterschneckenscheibe nach oben ziehen und zusammenfalten, sodass ein luftdichtes Paket entsteht. Mit den anderen Scheiben ebenso verfahren.

6. Die Alufolienpäckchen auf den heißen Grillrost legen und etwa 5 Minuten grillen, bis die Scheiben durchgebraten und zart sind (mit einem Metallspieß durch die Folie in die Fechterschneckenscheiben stechen, wenn die Scheibe gar ist, müsste der Metallspieß sehr heiß sein).

7. Die Alufolie öffnen und die Fechterschneckenscheiben mit der Füllung auf Teller gleiten lassen. (Oder jeden Gast sein Paket selbst auspacken lassen, dann aber vor dem entweichenden heißen Dampf warnen). Die Fechterschneckenscheiben mit den Zitronenecken servieren.

Ouzo und Oktopus

Zu gegrilltem Oktopus trinkt man traditionell Ouzo, ein Anisschnaps und Griechenlands Nationalgetränk. Einige Fingerbreit Ouzo in ein Glas füllen und das Glas mit Wasser auffüllen. Der Ouzo wird dann milchig und fließt angenehm die Kehle herunter. Aber achten Sie darauf, dass Sie einen Fahrer dabei haben!

GRIECHENLAND

GEGRILLTER OKTOPUS

KHTAPOTHI STI SKHARA

DIREKTES GRILLEN
FÜR 4 BIS 6 PERSONEN

Wenn ich den Inbegriff des Geschmacks der griechischen Inseln bestimmen sollte, dann wäre es diese beliebte Vorspeise. Oktopus ist eine der Speisen, die anscheinend ganz speziell für das Grillen erschaffen wurden: Das Feuer lockt die Süße aus dem leckeren weißen Fleisch, das wiederum den Geschmack von Olivenöl, Oregano und Holzkohle annimmt, ohne dabei seinen Eigengeschmack zu verlieren. Das Säubern und Weichklopfen des Oktopus kann zu einem etwas einschüchternden Erlebnis werden, aber glücklicherweise ist der hierzulande verkaufte Oktopus in der Regel schon gesäubert und weich geklopft. Damit haben Sie nur noch die einfache Aufgabe, den Oktopus zu grillen (vorzugsweise über Holzkohle), bis er von allen Seiten schön angebrannt ist, ohne verbrannt zu sein. Oktopus bekommt man gefroren in griechischen und japanischen Supermärkten und speziellen Fischläden. Kalmare oder Shrimps können auf eine ähnliche Art und Weise zubereitet werden. Dieses Rezept ist insofern ungewöhnlich, als der Oktopus trocken gegrillt und dann mariniert wird. Reichen sie dazu einen etwas anderen griechischen Salat (Seite 110).

900-1000 g gesäuberter, geschnittener Oktopus
2 EL Rotweinessig, oder mehr
2 EL frischer Zitronensaft
2 TL getrockneter Oregano, vorzugsweise griechischer
1 TL grobkörniges Salz (z.B. Meersalz), oder mehr
½ TL frisch gemahlener schwarzer Pfeffer
6 bis 8 EL natives Olivenöl extra vergine
15 g frische, glatte Petersilie, fein gehackt
Zitronenecken, zum Servieren

1. Mit einem Gemüsemesser die rötliche Haut vom Oktopus abschneiden oder abschälen (das ist wahrscheinlich nicht nötig, da der Oktopus meist schon gesäubert verkauft wird). Die Arme ganz lassen, aber den Körper vierteln. Den Oktopus unter fließend kaltem Wasser waschen, abtropfen lassen und mit Küchenpapier trocken tupfen.

2. Den Grill für direktes Grillen vorbereiten und gut aufheizen.

3. Wenn der Grill aufgeheizt ist, den Grillrost mit Öl einpinseln. Die Oktopusstücke auf den heißen Rost legen und unter Wenden mit der Zange 3 bis 6 Minuten pro Seite grillen (insgesamt 6 bis 12 Minuten), bis er von allen Seiten schön angebrannt, aber nicht verbrannt ist.

4. Den Oktopus auf ein Schneidbrett legen und in mundgerechte Stücke schneiden. Die Stücke in eine Schüssel geben.

5. Weinessig, Zitronensaft, Oregano, Salz, Pfeffer, Olivenöl und Petersilie in einer kleinen Schüssel verrühren, dann die Marinade über den Oktopus gießen und den Oktopus darin wenden. Den Oktopus mindestens 5 und bis zu 30 Minuten marinieren (der Oktopus kann warm oder zimmerwarm serviert werden). Mit Salz und eventuell mehr Weinessig abschmecken. Der Oktopus sollte gut gewürzt werden. Den Oktopus zusammen mit den Zitronenecken servieren.

SÜDAFRIKA

GEGRILLTER KALMAR AUS DURBAN

DIREKTES GRILLEN
FÜR 4 PERSONEN

Sie wissen wahrscheinlich, dass die kulinarischen Wurzeln Südafrikas aus England, Holland und natürlich Afrika stammen. Sie wissen aber vielleicht nicht, dass es in vielen Städten einen großen indischen und malaysischen Bevölkerungsanteil gibt, so auch in der an der Ostküste gelegenen Hafenstadt Durban – diese stammen noch aus den Tagen, als die asiatischen Arbeitskräfte hierher geholt wurden, um in den Gold- und Diamantminen zu arbeiten. Die gegrillten Kalmare verfügen genau über das geschmackliche Feuerwerk, das man mit der Küche Indiens oder Südwestasiens verbindet. Es bleibt Ihnen überlassen, ob sie die Kalmarhaut vor dem Marinieren einritzen wollen, aber es sieht sehr wirkungsvoll aus.

VORBEREITUNGSZEIT

1 bis 2 Stunden zum Marinieren der Kalmare

SPEZIELLE AUSRÜSTUNG

Grillrost für Fische (wahlweise)

ZUTATEN

900-1000 g gesäuberter Kalmar, mit Fangarmen
2 TL Koriandersamen
1 TL Kümmelsamen
3 Knoblauchzehen, geschält
½ kleine Zwiebel, geschält
1 Stück (2,5 cm) geschälter, frischer Ingwer
3 Stängel frisches Zitronengras, geputzt und in dünne Scheiben geschnitten, oder 3 Streifen Zitronenschale (á 5 x 1,25 cm), mit dem Gemüseschäler abgeschnitten
1 bis 3 Serrano- oder Jalapeño-Schoten, entkernt, (für mehr Schärfe die Kerne nicht entfernen)
180 ml Kokosmilch, aus der Dose oder selbst gemacht (Rezept Seite 114)
½ TL Salz, oder mehr
½ TL frisch gemahlener schwarzer Pfeffer, oder mehr
8 g frische Korianderblätter
Limonenecken, zum Servieren

1. Die Kalmare unter fließend kaltem Wasser waschen, abtropfen lassen und mit Küchenpapier trocken tupfen. Eine Seite des Körpers einmal tief längs einschneiden, um den Kalmar auseinanderklappen zu können. Wenn gewünscht, die Oberfläche mit einem scharfen Messer kreuzweise einritzen und dabei bis zur Hälfte einschneiden. Die Fangarme nicht einschneiden. Die Kalmare in eine große Schüssel legen und zugedeckt in den Kühlschrank stellen, während die Marinade zubereitet wird.

2. Eine trockene, kleine Kasserolle (nicht beschichtet) bei mittlerer Hitze erwärmen. Koriander- und Kümmelsamen hineingeben und etwa 3 Minuten rösten, bis sie leicht getoastet sind und duften, dabei die Kasserolle gelegentlich schütteln. Die Gewürze von der Kochstelle nehmen und abkühlen lassen, dann in eine Küchenmaschine geben oder mit einem Pürierstab zu einem groben Pulver mahlen (siehe Hinweis). Knoblauch, Zwiebel, Ingwer, Zitronengras, Serrano-Schoten, Kokosmilch, Salz und schwarzen Pfeffer zufügen und zu einer cremigen Paste verarbeiten. Abschmecken und nach Bedarf mit Salz und/oder Pfeffer nachwürzen. Die Marinade sollte gut gewürzt sein. 4 g Korianderblätter unterrühren, dann die Marinade über die Kalmare gießen und diese darin wenden. Die Kalmare zugedeckt 1 bis 2 Stunden im Kühlschrank marinieren, dabei die Stücke gelegentlich wenden.

3. Den Grill für direktes Grillen vorbereiten und gut aufheizen.

4. Wenn der Grill aufgeheizt ist, den Grillrost für Fische (wenn verwendet) 5 Minuten anheizen und mit Öl einpinseln, oder den normalen Grillrost mit Öl einpinseln. Die Kalmarstücke auf den heißen Rost legen und unter Wenden mit der Zange 1 bis 2 Minuten pro Seite grillen, bis er fest und weiß wird.

5. Die Kalmare auf Tellern oder einer Platte anrichten und mit den restlichen 4 g Korianderblättern bestreuen. Die Kalmare zusammen mit den Limonenecken sofort servieren.

HINWEIS: Wenn Sie es eilig haben, können Sie auch das Rösten der ganzen Samen weglassen und stattdessen Gewürzpulver verwenden.

MACAO

FERNANDOS TINTENFISCH
MIT SALSA AUS MACAO

DIREKTES GRILLEN
FÜR 4 PERSONEN

Fernando Gomes erkennt etwas Gutes auf den ersten Blick. Als der Bewohner der Azoren Anfang der 1980er Jahre in der ehemaligen portugiesischen Kolonie Macao landete (die bald darauf zu China gehören sollte), war es Liebe auf den ersten Blick – und den ersten Biss. Also tat er, was viele Portugiesen in Macao tun: Er eröffnete ein Restaurant. Hinter einer flippigen Ladenfront aus Ziegelsteinen verbirgt sich ein geräumiger Innenhof, in dem die Gäste unter surrenden Ventilatoren in einem offenen Pavillon speisen können. Fernandos Restaurant liegt auf der ruhigsten Insel Macaos, auf Coloane, und reicht bis zum Strand von Hac Sa hinunter. Allein der gegrillte Tintenfisch ist eine Reise wert.

Der Tintenfisch ist größer, breiter, fleischiger und etwas süßer als sein naher Verwandter, der Kalmar. Wenn man in einer größeren Stadt lebt, ist der Tintenfisch wahrscheinlich in den entsprechenden Lebensmittelläden erhältlich. Aber den weiter verbreiteten Kalmar kann man für dieses Rezept ebenfalls verwenden. Wenn möglich, sollte man ihn über einem Holzkohlefeuer grillen.

VORBEREITUNGSZEIT
30 Minuten zum Marinieren der Tintenfische

SPEZIELLE AUSRÜSTUNG
Grillrost für Fische (wahlweise)

ZUTATEN
700-900 g gesäuberter Tintenfisch oder Kalmar, mit Fangarmen
160 ml natives Olivenöl extra vergine
3 EL Rotweinessig, oder mehr
1 kleine Zwiebel, fein gehackt
15 g frische, glatte Petersilie, fein gehackt
½ TL Salz, oder mehr
½ TL frisch gemahlener schwarzer Pfeffer, oder mehr
1 reife, mittelgroße Tomate, entkernt (siehe Kasten Seite 454) und gewürfelt

1. Die Tintenfische unter fließend kaltem Wasser waschen, abtropfen lassen und mit Küchenpapier trocken tupfen. Die Tintenfische in eine beschichtete Auflaufform legen.

2. Olivenöl, Weinessig, Zwiebel, Petersilie, Salz und Pfeffer in einer Schüssel verrühren. Abschmecken und nach Bedarf mit Essig und/oder Salz nachwürzen; die Olivenölmischung sollte gut gewürzt sein. Die Hälfte der Olivenölmischung über den Tintenfisch gießen. Den Tintenfisch 30 Minuten zugedeckt im Kühlschrank marinieren. Die restliche Olivenölmischung in eine schöne Schüssel geben und die Tomate unterrühren. Die Tomatenmischung zur Seite stellen.

3. Den Grill für direktes Grillen vorbereiten und gut aufheizen.

4. Wenn der Grill aufgeheizt ist, den Grillrost für Fische (wenn verwendet) 5 Minuten anheizen und mit Öl einpinseln oder den normalen Grillrost mit Öl einpinseln. Die Tintenfische aus der Marinade nehmen, die Marinade aufbewahren. Die Tintenfische auf den heißen Rost legen und unter Wenden mit der Zange 2 bis 3 Minuten pro Seite grillen (insgesamt 4 bis 6 Minuten), bis sie schön verkohlt und fest werden. Während des Grillens ein- oder zweimal mit der aufbewahrten Marinade bestreichen.

5. Die Tintenfische auf Tellern oder einer Platte anrichten und sofort zusammen mit der Tomatenmischung servieren.

BELEGTES BAGUETTE PROVENÇALISCHE ART
SEITE 392

KAPITEL 13

VEGETARISCHES

Traditionell bestand das amerikanische Grillen aus einer unaufhörlichen Folge von Fleischgerichten. Wenn man keine Hamburger, Hot Dogs, Schaschliks oder Steaks mochte, hatte man Pech. So war es kein Wunder, dass viele Vegetarier lieber zu Hause blieben, als sich mit Krautsalat und Kartoffelsalat zu begnügen.

„Derjenige, der stets Gemüsewurzeln isst, kann alles erreichen."
—CHINESISCHES SPRICHWORT

Glücklicherweise haben sich die Zeiten geändert. Da sich immer mehr Personen zumindest zum Teil vegetarisch ernähren, waren auch die Köche und Grillmeister gezwungen, ihre Fähigkeiten des fleischlosen Grillens auszubauen. Vegetarisches Grillen hat sich mittlerweile vom unwichtigen Nebengericht zu einer kulinarischen Breitenkultur entwickelt.

In diesem Kapitel konzentrieren wir uns auf einige der besten vegetarischen Hauptgerichte der Welt, vom Schweizer Raclette über die indischen vegetarischen Kebabs bis hin zu den japanischen dengaku (ein kurioses Gericht mit einem Namen der übersetzt „Tofu auf Stelzen" bedeutet). Wer braucht da noch Fleisch?

Es handelt sich hier nicht um eine Übertreibung meinerseits. Während ich an diesem Buch schrieb, aßen sowohl meine Frau als auch meine Tochter kein Fleisch mehr (beide haben inzwischen ihre Haltung gegenüber dem tierischen Eiweiß etwas gelockert). Durch das vegetarische Grillen hatten wir wenigstens die Möglichkeit, unsere Mahlzeiten auch weiterhin gemeinsam als Familie einzunehmen. Aber Sie müssen mir nicht blind glauben. Probieren Sie die Rezepte aus und Sie werden sehen: Für ein tolles Grillfest braucht man nicht unbedingt Fleisch.

USA

DIE ERSTE GEGRILLTE PIZZA

Ich werde nie den Tag vergessen, an dem ich das erste Mal gegrillte Pizza probiert habe. Das war im Jahr 1985 und zwar im Restaurant „Al Forno" in Providence, Rhode Island. Die Kellnerin stellte dieses Rechteck aus Teig vor mich, knackig-knusprig an den Rändern, rauchgeschwärzt von unten, saftig weich in der Mitte mit Klecksen frischer Tomatensauce, geriebenem Käse und einer Handvoll gehacktem, frischem Basilikum. Sie hatte alles, was eine Pizza haben sollte – und noch mehr – sie hatte den herrlich urtümlichen Rauchgeschmack indischen Tandoori-Brots kombiniert mit der lockeren Weichheit frisch gebackenen Pita-Brots. Es war Liebe auf den ersten Biss.

Die Besitzer des „Al Forno", Johanne Killeen und George Germon erschufen ihre Pizza eigentlich durch einen Zufall. „Ein Verkäufer erzählte uns von einer gegrillten Pizza, die er in Italien gegessen hatte", erinnert sich Johanne. „Wir begriffen, dass er wahrscheinlich den Holzofen mit einem Grill verwechselt hatte, aber wir waren so fasziniert von der Idee, dass wir schließlich versuchten, Teig auf dem Grill zu backen."

Gegrillte Pizza geht leicht, beeindruckt die Gäste und ist wahrscheinlich einer der leckersten Happen, die Sie je in Ihren Mund genommen haben. Sie müssen nur ein paar wenige Dinge beachten. Erstens muss der Grill so vorbereitet werden, dass man einen Bereich mit hoher Temperatur hat (in dem der Teig angebacken wird) und einen

Bereich mit einer niedrigeren Temperatur (in dem man die Pizza warm halten und belegen kann, ohne dass der Boden verbrennt).

Zweitens muss man den Pizzateig in Olivenöl statt in Mehl ausrollen (durch das Öl wird der Teig schön knusprig). Beim ersten Ausrollen zieht sich der Teig fast sofort wieder ganz zusammen. Ziehen Sie immer weiter, bis sie schließlich die gewünschte Form und Dicke haben.

Und zum Schluss müssen Sie daran denken, dass eine gegrillte Pizza in umgekehrter Reihenfolge belegt werden muss, das heißt, zuerst das Olivenöl, dann der Käse und zuletzt die Tomatensauce oder die Tomaten. Dadurch kann der Käse schmelzen, obwohl er keine direkte Hitze abbekommt. Im Folgenden finden Sie das Grundrezept für Pizzateig und zwei Rezepte für gegrillte Pizzas, die alles verändern, was Sie je über Pizza gedacht haben mögen.

GRUNDREZEPT PIZZATEIG

ERGIBT GENUG TEIG FÜR ZWEI RECHTECKIGE PIZZAS (CA. 32 X 22 CM)

Der Teig der Pizza im „Al Forno“ verdankt seinen erdigen Geschmack der Verwendung von drei verschiedenen Mehlarten: weißem Mehl, Weizenvollkornmehl und Maismehl.

VORBEREITUNGSZEIT

2 bis 3 Stunden zum Zubereiten und Ruhen des Teiges

ZUTATEN

1 Päckchen Trockenhefe
1 TL Zucker
2 TL grobkörniges Salz (z.B. Meersalz)
3 EL feines, weißes Maismehl
3 EL Weizenvollkornmehl
1 EL natives Olivenöl extra, plus Öl für die Schüssel
400 g normales Weizenmehl, oder mehr

1. 240 ml lauwarmes Wasser in eine Schüssel geben und Hefe und Zucker unterrühren, bis sich der Zucker aufgelöst hat. Die Hefemischung 5 Minuten ruhen lassen. Dann Salz, Maismehl, Weizenvollkornmehl und Olivenöl untermischen. Nach und nach das Weizenmehl unterkneten, bis sich der Teig von der Schüssel löst. Den Teig auf einer bemehlten Arbeitsfläche oder mit den Knethaken der Küchenmaschine oder des Mixers etwa 6 bis 8 Minuten kneten, bis er weich sowie elastisch ist und nicht mehr klebt.

2. Eine saubere Schüssel leicht mit Öl einfetten. Den Teigball in die Schüssel legen und die Oberfläche mit Olivenöl einpinseln. Locker mit Frischhaltefolie bedecken und an einem warmen, zugfreien Ort 1 bis 2 Stunden gehen lassen, bis sich das Volumen verdoppelt hat. Noch einmal durchkneten.

3. Den Teig nochmals 40 bis 50 Minuten gehen lassen, bis er sein Volumen wieder verdoppelt hat. Den Teig dann noch einmal kurz durchkneten, in zwei etwa gleich große Stücke teilen, zu Kugeln formen und die Kugeln zu dicken Scheiben flachdrücken. Nun ist der Teig für die Pizzas fertig.

GEGRILLTE PIZZA MIT TOMATE, BASILIKUM UND KÄSE

DIREKTES GRILLEN
ERGIBT 2 PIZZAS (CA. 32 X 22 CM)

Hier kommt das Rezept für die einfachste aller Pizzas, die Pizza Margarita. Um den Grillgeschmack zu verstärken, lasse ich die Tomaten gern etwas ankohlen. Wenn die Scheiben dann angekohlt sind, kann man sie in Würfel schneiden und dann auf die Pizza streuen.

2 große reife Tomaten, das Grün entfernt und in 1,25 cm dicke Scheiben geschnitten
6 EL natives Olivenöl extra, oder mehr
Grobkörniges Salz (z.B. Meersalz) und frisch gemahlener, schwarzer Pfeffer
1 Pizzateig nach Grundrezept (Rezept Seite 382)
2 Knoblauchzehen, zerdrückt
ca. 125 g italienischer Fontina Käse, geraspelt oder gewürfelt
354 g frisch geriebener Parmesankäse
16 frische Basilikumblätter

1. Zwei unterschiedliche Temperaturbereiche auf dem Grill einrichten (siehe Seite 18), zwei Drittel mit mittlerer Hitze und ein Drittel als Sicherheitszone ohne Hitze.

2. Wenn der Grill aufgeheizt ist, die Tomatenscheiben mit etwas Olivenöl einpinseln und mit Salz und Pfeffer würzen. Die Tomatenscheiben im heißen Bereich des Grill etwa 2 Minuten pro Seite ankohlen lassen, dabei mit dem Pfannenwender einmal wenden. Die Tomatenscheiben auf eine Platte legen und abkühlen lassen. Das Feuer brennen lassen.

3. Ein Backblech großzügig mit Öl bestreichen und eine Scheibe Pizzateig darauf legen. Mit den Fingern und den

Indische Grillgerichte

Indien? Grillen? Wenn man von der indischen Küche spricht, fallen einem zuerst Gerichte mit Curry, Chutney und Reis ein. Was man vielleicht nicht so weiß, ist, dass Indien eines der größten Grillzentren der Welt ist, die Heimat einer einzigartigen Garmethode über offenem Feuer mit dem Namen Tandoori. Benannt nach dem riesigen Lehmkessel, in dem gegart wird, verbindet Tandoori das Aroma von Holzkohle nach Western-Art mit der Zartheit des über einem Spieß oder im Ofen gegarten Fleisches.

Als ich das erste Mal das Restaurant „Bukhara" im „Maurya Sheraton Hotel" in New Delhi besuchte, war Manjit Gill der Küchendirektor. Das Geheimnis des Tandoori, so erklärte er mir, sei der Ofen. Er zeigte auf die Tandoors, die hüfthohen, urnenförmigen Lehmöfen, die den Mittelpunkt seiner Schauküche bildeten. Diese Art von Öfen wird schon seit mindestens fünftausend Jahren in Indien und Zentralasien verwendet. Man findet sie auch im Iran, wo sie tanoors heißen und im Kaukasus, wo man sie tones nennt. Sie sind aus der nordindischen Küche nicht wegzudenken.

Gill zufolge stammt das Wort tandoor von dem Sanskrit-Wort kandu (ein schalenförmiges Gefäß) oder vielleicht von dem persischen Wort tata andar, wörtlich übersetzt: „innen heiß". Das wäre jedoch noch ziemlich untertrieben. Gill braucht etwa drei Stunden, um die Tandoors im „Bukhara" aufzuheizen. Wenn dann die Zutaten hineinkommen, liegt die Temperatur im Innern bei mehr als 420 °C. Diese hochofenartige Hitze verbrennt so schön innerhalb von Minuten die Chilischoten und den Blumenkohl (bei den Indern gegrillt sehr beliebt), und es entsteht ein so zartes raan gosht (Lammkeule in Joghurt und Kichererbsenmehl mariniert), dass man es mit den Fingern zerrupfen kann (So essen es die Inder). Kebabs in allen möglichen Brauntönen werden daraus hervorgeholt, während direkt auf den Außenwänden des Tandoors Brote backen, die wie rauchig-leichte Pizzas aus dem Holzkohleofen schmecken.

Damit man wegen der rasendschnellen Tätigkeit der Köche nicht den Eindruck bekommt, hier handele es sich um Fast Food, sei Ihnen versichert, dass jeder einzelne, würzig-aromatische Bissen das Ergebnis umfangreicher Vorbereitungen ist. Fleisch und Gemüse werden – manchmal sogar zweimal – in scharfer Joghurtcreme oder Joghurtkäse und sauren Mischungen aus Essig, Tamarinde oder Zitronensaft geduldig mariniert. Würzige Pürees aus Ingwer und Knoblauch bilden den Hintergrundgeschmack, während die Gewürzmischungen, die masalas, komplizierte Geschmacksmuster weben. Das Marinieren kann angefangen von 30 Minuten bis einen ganzen Tag in Anspruch nehmen und macht das Fleisch so zart, dass es dann innerhalb kürzester Zeit bei dieser intensiven Hitze perfekt gegart werden kann.

Das marinierte Fleisch wird auf langen Metallspießen aufgereiht und in den Tandoor hinab gelassen. Die senkrechte Stellung des Spießes ist ein weiterer Grund dafür, dass die Tandoori-Gerichte so saftig sind: Der Saft tropft auf das darunter liegende Gericht und nicht in die Kohlen. Zudem werden die meisten Kebabs vor dem Servieren großzügig mit ghee (geklärter Butter) bestrichen.

Mit den Vegetariern wird bei den meisten amerikanischen Grillfesten kurzer Prozess gemacht. Nicht so in Indien, wo ein beträchtlicher Anteil der Bevölkerung kein Fleisch isst. Zu den vegetarischen Kebabs gehören die paneer tikka (Frischkäse-Kebabs mit Kichererbsenmehl ummantelt) und tandoori aloo (am Spieß geröstete Kartoffeln gefüllt mit einer aromatischen Mischung aus Cashewnüssen, Rosinen und Koriander). Die traditionellen Beilagen zu Tandoori sind Minz-Chutney, kühlendes Raita (ein Joghurtgetränk) sowie eine erstaunliche Auswahl an verschiedenen Brotsorten.

Brot war auch die erste Speise, die in den Tandoors zubereitet wurde und ist auch immer noch die wichtigste. Jeder Ort in Nordindien hat seine eigene Bäckerei, in der roti (Vollkornfladenbrote), paratha (gebutterte, geschichtete Fladenbrote) und Naan (süßes, weißes Hefebrot) aus den im Freien stehenden glühendheißen Tandoors geholt werden. Wenn Sie in der glücklichen Lage sind, einmal mit einer größeren Gruppe im „Bukhara" speisen zu können, dann bestellen Sie unbedingt das „Familien"-Naan, ein riesiges, schalenförmiges Brot, das gut und gerne 60 cm Durchmesser hat.

Nun kann man ohne Tandoor zu Hause natürlich kein echtes Tandoori zubereiten, aber man kann etwas ähnlich Köstliches mit dem Holzkohle- oder Gasgrill im Garten produzieren. Der Trick dabei ist, dass man den Grill für das Grillen ohne Grillrost vorbereiten muss (siehe Kasten Seite 21), sodass das Fleisch nicht mit dem Rost in Berührung kommt. Und schließlich macht der Tandoor nur einen Teil dessen aus, was das indische Grillen so besonders macht. Die Marinaden und Gewürze spielen ebenfalls eine wichtige Rolle. Fazit: Sie können nichts falsch machen, egal wie Sie das Gericht grillen.

Handflächen den Teig auf ein etwa 32 x 22 cm großes Rechteck auseinander ziehen (Das Rechteck muss nicht unbedingt ganz eben sein). Das erfordert ein wenig Übung, also nicht aufgeben, wenn das erste Rechteck nicht ganz perfekt aussieht. Die andere Teigscheibe auf einem zweiten eingeölten Backblech ebenso bearbeiten.

4. Nun ein Teigrechteck mit beiden Händen vorsichtig vom Backblech heben und auf den Grillrost im heißen Bereich des Grills legen. Innerhalb einer Minute wird die Unterseite der Teigplatte schön knusprig, dunkel und hart und die Oberfläche bläht sich leicht auf. Mit der Zange oder zwei Teigkarten den Pizzaboden umdrehen und auf den unbeheizten Bereich des Grills legen.

5. Die Oberfläche der Pizza zügig mit 1 EL Olivenöl einpinseln, mit der Hälfte des Knoblauchs bestreuen, die Hälfte vom Fontina-Käse und Parmesankäse sowie 8 Basilikumblätter darauf verteilen. Nochmals 1 EL Olivenöl über die Pizza geben und mit Salz und Pfeffer würzen.

6. Die Pizza wieder auf den heißen Bereich des Grills schieben und immer wieder um die eigene Achse drehen, damit sie gleichmäßig backt. Die Pizza 2 bis 4 Minuten grillen, bis die Unterseite leicht angekohlt und der Käse geschmolzen ist.

7. Die Pizza vom Grill nehmen, in portionsgroße Stücke teilen und servieren. Nun das zweite Teigrechteck und die restlichen Zutaten ebenso verarbeiten.

GEGRILLTE PIZZA
MIT RUCOLA UND ITALIENISCHEM KÄSE

DIREKTES GRILLEN
ERGIBT 2 PIZZAS (CA. 32 X 22 CM)

Wenn man Pizza grillt, empfehlen die Besitzer des Restaurants „Al Forno", Johanne und George, dass man sie relativ einfach belegt. Man will ja den Geschmack des gegrillten Bodens nicht überdecken.

1 Pizzateig nach Grundrezept (Seite 382)
6 EL natives Olivenöl extra, oder mehr
2 Knoblauchzehen, zerdrückt
125 g Bel Paese-Käse, geraspelt
6 EL frisch geriebener Parmesankäse
2 große reife Tomaten, geschält und entkernt (siehe Kasten Seite 454), dann grob gehackt
24 Rucolablätter (von einem Bund, geputzt und entstielt)

1. Die Pizza nach dem Rezept für Gegrillte Pizza mit Tomate, Basilikum und Käse zubereiten. Wenn man das Teigrechteck auf dem Grill umdreht, die Oberseite mit der Hälfte des Bel Paese Käses und des Parmesankäses bestreuen, dann die gehackten Tomaten darauf verteilen und 12 Rucolablätter oben auf die Pizza legen.

2. Die Pizza wieder auf den heißen Bereich des Grills schieben und immer wieder um die eigene Achse drehen, damit sie gleichmäßig backt. Die Pizza 2 bis 4 Minuten grillen, bis die Unterseite leicht angekohlt und der Käse geschmolzen ist.

3. Die fertige Pizza vom Grill nehmen, in portionsgroße Stücke teilen und servieren.

SCHWEIZ

RACLETTE

DIREKTES GRILLEN
FÜR 6 PERSONEN

Raclette ist das originale Grillen von Käse. Seit Jahrhunderten schon wird das Lieblingsgericht der französischsprachigen Schweizer vor einem Feuer geschmolzen und zu gekochten Kartoffeln oder Brot serviert. Das Wort raclette ist sowohl Name des Gerichts als auch des Käses, der dafür verwendet wird. Hierbei handelt es sich um einen etwa 7,5 cm dicken und 6000-7500 g schweren, scheibenförmigen, halbweichen Käse aus Kuhmilch mit 45 Prozent Butterfettanteil. Der würzige Käse hat eine dunkelbeige Rinde, die man nicht mitessen kann.

1000 g kleine rote Kartoffeln, geputzt und halbiert
Salz
30 kleine, eingelegte (Silber-)Zwiebeln, abgetropft
30 kleine Teile Pickles, z.B. Cornichons, abgetropft
6 dicke Scheiben Roggenbrot oder Landbrot
1 Ecke (1100-1500 g) Raclette-Käse (siehe Hinweis)

1. Die Kartoffeln in einen Topf mit gesalzenem Wasser geben und bei starker Hitze zum Kochen bringen, dann die Hitze reduzieren und die Kartoffeln etwa 10 Minuten lang bei mittlerer Hitze köcheln lassen, bis sie gar sind. Die Kartoffeln über einem Sieb abschütten, mit kaltem Wasser abbrausen und wieder abtropfen lassen. Kartoffeln, Zwiebeln und Pickles auf 6 Teller verteilen und zur Seite stellen.

2. Wenn man das Raclette an einem Kamin oder Holzofen macht, ein lebhaftes Feuer anzünden. Wenn man einen Grill benutzt, den Grill für direktes Grillen vorbereiten und gut aufheizen.

3. Wenn alles vorbereitet ist, das Brot auf einer Gabel mit langem Griff (oder einer Grillzange) aufspießen und vor das Feuer halten und rösten, bzw. das Brot auf dem heißen Grillrost unter Wenden mit der Zange 1 bis 3 Minuten pro Seite grillen, bis es schön getoastet ist. Das getoastete Brot auf die Teller mit den Kartoffeln, Zwiebeln und Pickles verteilen.

4. *Für das Raclette am Feuer* den Käse mit einer Zange mit langem Griff 2 bis 4 Minuten lang nahe an das Feuer halten, bis die Oberfläche zu schmelzen beginnt. Etwas von dem geschmolzenen Käse auf die mit Brot, Kartoffeln, Zwiebeln und Pickles belegten Teller schaben. Den Käse wieder vor das Feuer halten und so weiter fortfahren, bis man genug Käse geschmolzen hat.

Für das Raclette auf dem Grill den Grillrost mit Öl einpinseln und den Käse direkt auf den Rost legen. Den Käse etwa 2 Minuten grillen, bis die Unterseite schmilzt. Etwas von dem geschmolzenen Käse auf die mit Brot, Kartoffeln, Zwiebeln und Pickles belegten Teller schaben. Den Käse wieder auf den Rost legen und so weiter fortfahren, bis man genug Käse geschmolzen hat.

HINWEIS: Für 6 Personen braucht man etwa 1200 g Käse. Wenn man das Raclette vor dem Feuer zubereitet, ist es aber einfacher, wenn man ein größeres Stück von etwa 2000-3000 g hat, da man es besser vor die Flammen halten kann. Die Reste kann man dann an einem anderen Grillabend verwenden.

Raclette

Skihütten in den Alpen im Winter sind wahrscheinlich der letzte Ort, an dem man das Kochen über offenem Feuer vermuten würde – besonders wenn es um eine Zutat geht, die die meisten Leute nicht mit dem Grillen verbinden: Käse. Aber die französischen und schweizerischen Alpen sind die Heimat eines der leckersten Holzkohlegerichte der Welt, des Raclettes, Favorit aller Après-Skifahrer. Der Name stammt vom französischen Verb für abschaben: racler.

Raclette (das Gericht) wurde ursprünglich zubereitet, indem man ein Viertel eines Käselaibs auf einen Stein vor ein Feuer legte. (Heutzutage benutzen die meisten Restaurants statt des offenen Feuers elektrische Raclettebrenner zum Käseschmelzen). Sobald ein Teil des Käses am Feuer schmilzt, wird er auf Teller geschabt und zusammen mit solch kräftigen, alpinen Speisen wie knusprigem, dunklem Brot und gekochten Kartoffeln, sauer eingelegten Zwiebeln und Gurken (oder anderen Pickles) serviert. Heidi-Fans erinnern sich sicher daran, dass der Großvater in Johanna Spyris berühmtem Roman den Käse vor einem Kaminfeuer schmolz.

Raclette (der Käse) hat ein Aroma, das gnädigerweise als „würzig“ beschrieben werden kann, aber von allen außer den leidenschaftlichsten Liebhabern des Limburger Käses als abstoßend bezeichnet wird.

Schmilzt man jedoch den Käse nahe am Feuer, verschwindet der unrühmliche Geruch. Der Käse wird cremig wie Butter und mild und süß wie Mozzarella. Er ist überall erhältlich. Es ist nicht schwierig, ihn zu finden: Sie müssen einfach nur Ihrer Nase folgen. Raclette wird sowohl in Frankreich als auch in der Schweiz hergestellt und schmeckt am besten aus unpasteurisierter Milch. Steven Jenkins, Autor des Buches „Cheese Primer“ (Käsefibel), empfiehlt Raclette aus den Gegenden um Bagnes, Conches, Gosmer und Orsières in der Schweiz und die französischen Marken Brunnerois und Perrin.

Wer behauptet, man könne im Winter keine auf offenem Feuer gekochten Speisen essen? Ich habe noch nie etwas gegessen, das so schlecht riecht und so gut schmeckt!

INDIEN

TANDOORI-PAPRIKASCHOTEN

INDIREKTES GRILLEN
FÜR 4 PERSONEN

Gefüllte Paprikaschoten tauchen immer wieder in Tandoori-Restaurants in Nordindien auf. Die dort verwendeten Paprikaschoten sehen aus wie eine Miniaturausgabe der grünen Paprikaschote, sind aber schärfer. Man könnte sie als Kreuzung zwischen den grünen Paprikaschoten und einer mexikanischen Poblano-Chilischote beschreiben. Um die fehlende Schärfe in unseren Paprikaschoten auszugleichen, gebe ich eine ordentliche Dosis Cayennepfeffer in die Füllung. Bei der Füllung handelt es sich eigentlich um ein eigenes Gericht – ein Eintopf aus Zwiebeln, Kartoffeln, Kohl und Cashewnüssen, der mit Gewürzen und Käse angereichert ist. Die Inder rösten ihre Paprikaschoten auf einem senkrechten Spieß in einem Tandoor. Da sie aufrecht stehen, kann die Füllung nicht herausfallen. Da uns kein Tandoor zur Verfügung steht, grillt man die Paprikaschoten am besten aufrecht stehend auf einem Grillrost und gart sie auf die indirekte Grillart. Es wäre zwar nicht ganz so authentisch, aber man kann auch gut gelbe oder rote Paprika füllen.

FÜR DIE PAPRIKASCHOTEN UND DIE MARINADE

4 große gelbe, rote oder grüne Paprikaschoten
2 EL frischer Zitronensaft
1 EL Pflanzenöl
1 Knoblauchzehe, grob gehackt
1 Stück (1,25 cm) frischer geschälter Ingwer
¼ TL Salz

FÜR DIE FÜLLUNG

2 EL Pflanzenöl
½ TL schwarze Kümmelsamen
½ TL gemahlene Kurkuma
¼ TL Cayennepfeffer, oder mehr
1 mittelgroße Zwiebel, fein gehackt
1 Knoblauchzehe, zerdrückt
1 Kartoffel (etwa 300 g), geschält und in Würfel geschnitten (0,5 cm)
⅓ Kopf eines kleinen Grünkohls, ohne Strunk, fein geraspelt
1 große reife Tomate, fein gehackt
2 EL Cashewnüsse, grob gehackt
2 EL Rosinen (wahlweise)
4 g frischer Koriander, fein gehackt
60 g geriebener Gouda oder milder Cheddar
Salz

1. *Für die Paprikaschoten und die Marinade* die Deckel der Paprikaschoten (das Stielende) vorsichtig abschneiden (Die Deckel sollten etwa 1,25 cm hoch sein). Mit einem Löffel die Rippen und Kerne aus den Paprika kratzen. Die Paprika mit den Deckeln beiseitestellen.

2. Zitronensaft, 1 EL Öl, gehackten Knoblauch, Ingwer und ¼ TL Salz in einer Küchenmaschine oder mit dem Pürierstab zu einer weichen Masse verarbeiten. Mit einem Backpinsel die Innenseite der Paprika und der Deckel mit der Marinade bestreichen und diese dann zum Marinieren zur Seite stellen.

3. *Für die Füllung* 2 EL Öl in einer großen Kasserolle oder einem Topf bei mittlerer Hitze erwärmen. Kümmelsamen, Kurkuma, Cayennepfeffer, Zwiebel und zerdrückten Knoblauch zufügen und etwa 5 Minuten rösten, bis die Zwiebel zu bräunen anfängt. Dann Kartoffel, Kohl, Tomate, Cashewnüsse und Rosinen (wenn verwendet) zugeben und 2 Minuten kochen. Die Hitze herunterdrehen, den Topf schließen und das Gemüse unter gelegentlichem Rühren 10 bis 15 Minuten kochen. Nach 10 Minuten prüfen, ob das Gemüse nass aussieht, dann den Deckel entfernen und die letzten 5 Minuten ohne Deckel kochen lassen, damit die überschüssige Flüssigkeit verdampfen kann. Den Koriander unterrühren und 1 Minute kochen. Den Käse unterrühren. Den Topf von der Kochstelle nehmen und die Füllung abschmecken, nach Bedarf mehr Salz und Cayennepfeffer zufügen. Die Füllung sollte gut gewürzt sein.

4. Die Füllung mit einem Löffel in die Paprika geben. Wenn die Paprika nicht von allein stehen bleiben, aus zusammengeknüllter Alufolie kleine Ringe formen und die Paprika hineinstellen. Die Deckel aufsetzen. Die Paprika können schon bis zu 6 Stunden im Voraus gefüllt und dann lose mit Frischhaltefolie bedeckt im Kühlschrank aufbewahrt werden.

5. Den Grill für indirektes Grillen vorbereiten, eine Tropfschale in die Mitte setzen und den Grill gut aufheizen.

6. Wenn der Grill aufgeheizt ist, die gefüllten Paprikaschoten in die Mitte des Grills auf den heißen Rost von der Hitzequelle entfernt setzen. Den Grill schließen und die Paprikaschoten 20 bis 30 Minuten grillen, bis sie schön braun und weich sind. Ich setze die Paprikaschoten am Ende der Grillzeit gern noch einmal direkt über das Feuer, sodass die Haut schön gebräunt wird. Die Paprikaschoten sofort servieren.

INDIEN

WEISSES KANINCHEN

DIREKTES GRILLEN
FÜR 4 PERSONEN

Zu diesem genialen Gericht inspirierte mich Manu Mehta, Küchendirektor im „Sheraton Rajputana Hotel" in Jaipur. Mehta muss eine große Vegetarierkundschaft versorgen, daher schuf er die fleischlose Version eines dort üblichen Grillgerichts, sula – wörtlich übersetzt mit Kaninchen. Er bereitet das Gericht mit paneer (einem weißen indischen Käse) statt mit dem traditionellen Wild zu – daher stammt denn auch der Name „Weißes Kaninchen". Paneer ist ein weicher, aber fester Käse, ähnlich dem Hüttenkäse oder dem spanischen queso blanco.

Der Koch und ich stimmten überein, dass man dieses Gericht auch mit einer gänzlich unindischen Zutat kochen könnte, die aber von der Konsistenz her dem paneer sehr ähnlich ist: Tofu. Wenn Sie der Meinung sind, Tofu schmecke fad, dann ist dieses Rezept das Richtige für Sie. Der Sojaquark erhält gleich von zwei Seiten viel Geschmack: einmal von der Füllung mit Koriander und Minze und dann von der Marinade aus Knoblauch, Ingwer und Jalapeño-Schoten. Dazu kommt noch das Aroma der Holzkohle vom Grillen und schon erhält man ein Gericht, das auch die größten Skeptiker überzeugen wird.

VORBEREITUNGSZEIT

30 Minuten zum Abtropfen des Tofu, plus 4 Stunden zum Marinieren des Tofu

FÜR DEN TOFU UND DIE FÜLLUNG

2 Stücke (á 500 g) extra fester Tofu
3 EL frischer Koriander, gehackt
3 EL frische Minze, gehackt oder zusätzlichen Koriander
1 Frühlingszwiebel, grüne und weiße Teile, geputzt und in grobe Ringe geschnitten
1 bis 2 Jalapeño-Schoten oder andere scharfe Chilischoten, entkernt
1 EL frischer Zitronensaft
1 EL Pflanzenöl
¼ TL Salz

FÜR DIE MARINADE

3 Knoblauchzehen, in Scheiben geschnitten
1 Stück (2,5 cm) frischer, geschälter Ingwer, in Scheiben geschnitten
1 Jalapeño-Schote, entkernt
2 EL Pflanzenöl
1 EL süßer Paprika
1 TL gemahlener Koriander
½ TL Cayennepfeffer, oder mehr
½ TL Salz, oder mehr
180 ml einfacher Vollmilchjoghurt
60 ml Schlagsahne oder saure Sahne
3 EL frischer Koriander, gehackt
1 TL frischer Zitronensaft, oder mehr
3 EL ungesalzene Butter, geschmolzen

1. *Für den Tofu und die Füllung:* den Tofu unter fließend kaltem Wasser waschen und abtropfen lassen. Dazu ein leicht geneigtes Schneidbrett in das Spülbecken legen und den Tofu auf das Schneidbrett geben, dann eine schwere Platte oder einen Topfdeckel auf den Tofu drücken, um die überschüssige Flüssigkeit herauszupressen; das dauert etwa 30 Minuten.

2. Die abgetropften Tofustücke waagerecht halbieren, dann jedes Stück nochmals quer halbieren. Die Tofustücke flach auf dem Rand eines Schneidbretts verteilen. Mit der Klinge eines Gemüsemessers parallel zum Schneidbrett eine tiefe Tasche in die Seite jedes Tofustücks schneiden.

3. 3 EL Koriander, Minze und Frühlingszwiebel, 1 bis 2 Jalapeño-Schoten, Zitronensaft, 1 TL Öl und ¼ TL Salz in einer Küchenmaschine zu einer groben Paste verarbeiten. Die Füllung mit einem Löffel gleichmäßig in die Tofutaschen verteilen.

4. *Für die Marinade den Knoblauch* Ingwer, Jalapeño-Schote, 2 EL Öl und 2 EL Wasser in der Küchenmaschine oder mit dem Pürierstab zu einer cremigen Paste verarbeiten. Die Marinade in eine kleine Schüssel geben und den Paprika, Koriander, Cayennepfeffer, ½ TL Salz, Joghurt, Sahne, 3 EL Koriander und 1 EL Zitronensaft unterrühren. Abschmecken und bei Bedarf mit Cayennepfeffer, Salz und/oder Zitronensaft nachwürzen. Die Marinade sollte gut gewürzt sein. Ein Drittel der Marinade auf den Boden einer Auflaufform geben und die gefüllten Tofutaschen darauf verteilen. Die restliche Marinade über den Tofu geben und diesen zugedeckt 4 Stunden im Kühlschrank marinieren.

5. Den Grill für direktes Grillen vorbereiten und gut aufheizen.

6. Wenn der Grill aufgeheizt ist, den Grillrost mit Öl einpinseln. Den Tofu aus der Marinade heben und diese wegschütten. Die Tofustücke auf dem heißen Rost verteilen und etwa 4 Minuten pro Seite grillen, bis er schön braun und sehr heiß ist, dabei vorsichtig mit einem Pfannenwender wenden. Während des Grillens den Tofu ein- bis zweimal mit der geschmolzenen Butter bestreichen.

7. Die Tofustücke auf Teller oder eine Platte geben und vor dem Servieren noch einmal mit der geschmolzenen Butter bestreichen.

JAPAN

TOFU AUF STELZEN

DENGAKU

DIREKTES GRILLEN
FÜR 4 PERSONEN

Dengaku ist ein beliebtes Gericht in den Teehäusern entlang des schönen Philosopher's Walk in Kioto. Der kuriose Name stammt vom japanischen Wort für Stelzen. Die fraglichen Stelzen sind zwei Holzspieße, an denen das Stück Tofu beim Grillen über den Kohlen befestigt ist, denn ursprünglich wurde dengaku nicht auf einem Rost gegrillt, sondern die Spieße wurden über den Flammen aufgestellt und der Tofu grillte sozusagen in der Luft – das ist für mich Grillen ohne Grillrost. Ähnlich akzeptable Ergebnisse kann man auch mit einem normalen Grill oder einem tragbaren Grill erzielen, aber Sie verlieren dabei etwas Glasur.

VORBEREITUNGSZEIT

30 Minuten zum Abtropfen des Tofu

SPEZIELLE AUSRÜSTUNG

16 lange Holzspieße und ein Feuerschutz aus Alufolie (siehe Kasten Seite 23)

ZUTATEN

2 Stücke (á 500 g) extra fester Tofu
140 g weißes Miso
2 EL Mirin (süßer Reiswein), oder Sahne-Sherry
2 EL Sake
2 EL Zucker
1 EL Mayonnaise
1 EL Sesamsamen, geröstet (siehe Kasten Seite 113)

1. Den Tofu unter fließend kaltem Wasser waschen und abtropfen lassen. Dazu ein leicht geneigtes Schneidbrett in das Spülbecken legen und den Tofu auf das Schneidbrett geben, dann eine schwere Platte oder einen Topfdeckel auf den Tofu drücken, um die überschüssige Flüssigkeit herauszupressen. Das dauert etwa 30 Minuten.

2. Miso, Mirin, Sake, Zucker und Mayonnaise im Wasserbad zu einer weichen Masse verrühren. Die Miso-Mischung über leicht köchelndem Wasser etwa 3 Minuten kochen, bis sie dick und cremig wird.

3. Die abgetropften Tofustücke waagerecht halbieren, dann jedes Stück nochmals quer halbieren. Durch jedes Stück Tofu zwei Spieße stecken, dabei am schmaleren Ende beginnen.

4. Den Grill für direktes Grillen vorbereiten und gut aufheizen. Wenn gewünscht, die Grillmethode ohne Grillrost anwenden (siehe Kasten Seite 21).

5. Wenn der Grill aufgeheizt ist, die Tofustücke wie in der Anleitung für Grillen ohne Grillrost auf dem Grill anordnen oder den Grillrost mit Öl einpinseln und den Tofu so darauf verteilen, dass die hölzernen Spießenden auf der Alufolie liegen. Die Tofustücke etwa 3 bis 4 Minuten pro Seite grillen, bis er von beiden Seiten schön braun ist, dazu ein Mal vorsichtig mit einem Pfannenwender wenden. Während des Grillens den Tofu mit der Miso-Mischung bestreichen.

6. Die Tofustücke auf Teller oder eine Platte geben, mit den Sesamsamen bestreuen und sofort servieren

USA

CHAMPIGNON-REIS-BURGER MIT CHEDDAR

DIREKTES GRILLEN
FÜR 6 PERSONEN

Als ich jung war, waren vegetarische Hamburger noch gänzlich unbekannt. Heutzutage sind sie ein gutes Geschäft, denn immer mehr gesundheitsbewusste Menschen ernähren sich zumindest teilweise vegetarisch. Im folgenden Rezept werden Champignons, Hafer und Naturreis zu einer flachen Frikadelle geformt, die wie ein Hamburger aussieht und einen intensiven erdigen, fast fleischigen Geschmack hat. Auf diese Art kann man auch den Naturreis verwerten, den man noch vom letzten Essen übrig hat. Beachten Sie, dass vegetarische Burger etwas zerbrechlicher sind als Fleischburger, daher sollte man sie auf einem gut eingeölten Gemüserost grillen und sehr vorsichtig mit einem Pfannenwender umdrehen.

VORBEREITUNGSZEIT

4 bis 5 Stunden zum Durchkühlen der Burgermischung und Frikadellen

SPEZIELLE AUSRÜSTUNG

Gemüserost

FÜR DIE BURGER

2 EL natives Olivenöl extra
1 mittelgroße Zwiebel, fein gehackt
2 Knoblauchzehen, zerdrückt
230 g weiße Champignons, mit feuchtem Küchenpapier geputzt und fein gehackt
180 g gekochter Naturreis
40 g Haferflocken
120 g grob geriebener, würziger Cheddar
1 Ei, leicht aufgeschlagen
Salz und frisch gemahlener, schwarzer Pfeffer
2 bis 3 EL feine Brotkrumen aus altbackenem Brot, nach Bedarf

ZUM SERVIEREN

½ Kopf Eisbergsalat, in feine Streifen geschnitten
1 große, reife Tomate, in dünne Scheiben geschnitten
1 große Zwiebel (wahlweise), in dünne Ringe geschnitten
Pickles, in Scheiben geschnitten
4 Vollkorn-Hamburgerbrötchen
Ketchup und/oder Mayonnaise und/oder Senf

1. *Für die Hamburgermischung* das Olivenöl in einer beschichteten Kasserolle bei mittlerer Hitze erwärmen. Zwiebeln und Knoblauch zufügen und etwa 4 Minuten dünsten, bis sie glasig, aber nicht braun sind. Die Hitze erhöhen, die Champignons zugeben und etwa 4 Minuten unter gelegentlichem Rühren dünsten, bis die Champignons weich sind und der größte Teil der Flüssigkeit verdampft ist.

2. Den Naturreis unterrühren und 1 Minute mitkochen. Die Champignonmischung in eine große Schüssel geben und die Haferflocken, Cheddar und Ei unterrühren. Mit Salz und Pfeffer würzen. Wenn die Mischung zu feucht ist, noch die Brotkrumen zugeben. Die Mischung zugedeckt 3 bis 4 Stunden in den Kühlschrank stellen, bis sie fest ist.

3. Ein Backblech oder eine große Platte mit Frischhaltefolie auslegen. Die Burgermischung in gleich große Portionen teilen, die Hände mit kaltem Wasser anfeuchten und aus jeder Portion eine flache Frikadelle formen. Die Frikadellen auf das vorbereitete Backblech legen, locker mit Frischhaltefolie bedecken und 1 Stunde in den Kühlschrank stellen. Salat, Tomatenscheiben, Zwiebelringe (wenn verwendet) und Pickles auf einer Platte anrichten und zur Seite stellen.

4. Den Grill für direktes Grillen vorbereiten und gut aufheizen.

5. Wenn der Grill aufgeheizt ist, einen Gemüserost auf den heißen Grill legen und 5 Minuten vorheizen. Den Grillrost mit Öl einpinseln und die Frikadellen darauf verteilen. Die Frikadellen 4 bis 6 Minuten pro Seite grillen, bis sie von beiden Seiten schön braun sind. Dazu vorsichtig mit einem Pfannenwender wenden. Während die Frikadellen garen, die Hamburgerbrötchen ebenfalls auf dem Rost toasten.

7. Die Frikadellen wie normale Hamburger servieren, d.h. die Brötchen mit Tomaten, Zwiebelringen (wenn verwendet), Salat und Pickles belegen und mit Ketchup, Mayonnaise oder Senf bestreichen.

INDIEN

KEBABS MIT YAMSWURZELN UND NÜSSEN

DIREKTES GRILLEN
FÜR 4 PERSONEN

Wie beköstigt man eine große Vegetariergemeinschaft in einem Land begeisterter Fleischesser? Nisar Waris begegnet dieser Herausforderung täglich. Waris ist Koch im „Peshawar", dem ausgezeichneten Restaurant des „Sheraton Rajputana Hotels" in Jaipur. Seine Angestellten haben ein enormes Repertoire an vegetarischen Grillgerichten zusammengestellt, zu dem auch diese einzigartigen Kebabs gehören. Welch erstaunlicher Geschmack! Koch Waris kombiniert geschickt die Süße der Yamswurzeln und Rosinen mit dem Nussgeschmack der Cashewnüsse und Pistazien sowie der brennenden Schärfe von Kardamom und Koriander. Das ist genug, um Sie zu überzeugen, dass Sie nie wieder Fleisch essen möchten! Waris formt und grillt die Yam-Mischung auf den Spießen, aber man könnte sie auch zu flachen Frikadellen formen. Die Yams können entweder auf die indirekte Art gegrillt oder aber gebacken werden.

VORBEREITUNGSZEIT

3 Stunden zum Durchkühlen der Yam-Mischung (wahlweise)

SPEZIELLE AUSRÜSTUNG

4 lange, flache Metallspieße

FÜR DIE KEBABS

450 g Yamswurzeln (siehe Hinweis)
25 g Kichererbsenmehl (Besan; siehe Hinweis), oder Vollkornmehl
250 g Nussmischung aus Cashewnüssen, Pistazien, Mandeln und/oder Sonnenblumenkernen, grob gehackt
240 ml Schlagsahne oder saure Sahne
1 TL frischer Zitronensaft, oder mehr
70 g Rosinen, fein gehackt
6 g frischer Koriander, gehackt
1 TL frisch gemahlener, weißer Pfeffer
½ TL Garam Masala (Rezept Seite 496), oder gemahlener Koriander
¼ TL gemahlener Kardamom
½ TL Salz, oder mehr
3 EL ungesalzene Butter, geschmolzen

ZUM SERVIEREN

Naan, Pitabrot oder Fladenbrot
Zitronenspalten
Zwiebelringe
Gurkenscheiben
Tomatenscheiben
Chilischotenringe

1. Für das Garen der Yamswurzeln auf dem Grill, diesen für indirektes Grillen vorbereiten, eine Tropfschale in die Mitte des Grills stellen und den Grill auf mittlere Hitze aufheizen. Für das Backen der Yamswurzeln im Ofen diesen auf 200 °C vorheizen.

2. Für das Grillen der Yams diese in die Mitte des heißen Grills über der Tropfschale, aber nicht direkt über die Hitzequelle legen und den Grill schließen. Oder die Yams im Ofen backen. Bei beiden Methoden dauert es etwa 40 Minuten bis 1 Stunde, bis die Yams weich sind.

3. Die Yamswurzeln auf einen Teller legen und abkühlen lassen, dann schälen und in einer großen Schüssel mit einem Kartoffelstampfer oder einer Gabel quetschen (nicht in der Küchenmaschine pürieren, da die Mischung sonst klebrig wird).

4. Das Kichererbsenmehl in einer trockenen Kasserolle (keine beschichtete Kasserolle nehmen) bei mittlerer Hitze etwa 2 Minuten leicht rösten, bis es duftet. Das Kichererbsenmehl unter die Yamsmasse rühren. Die Nussmischung in die Kasserolle geben und unter Rühren bei mittlerer Hitze 3 bis 5 Minuten rösten, bis die Nüsse leicht gebräunt sind und duften. Die Nüsse unter die Yamsmischung rühren.

5. Sahne, Zitronensaft, Rosinen, Koriander, weißen Pfeffer, Garam Masala, Kardamom und Salz unter die Yamsmischung rühren, abschmecken und nach Bedarf noch mehr Zitronensaft und/oder Salz zugeben. Die Yamsmischung sollte gut gewürzt sein. Man kann die Kebabs jetzt schon formen, aber es geht leichter, wenn man die Masse zugedeckt 3 Stunden im Kühlschrank ruhen lässt. Die Kebabmasse kann auch bereits einen Tag zuvor vorbereitet und dann über Nacht im Kühlschrank aufbewahrt werden.

6. Die Spieße einölen. Die Yamsmischung in vier gleich große Portionen teilen. Die Hände mit kaltem Wasser anfeuchten und um jeden Spieß eine Portion Yamsmasse zu einer etwa 22-25 cm langen Wurst von etwa 2,5 cm Durchmesser formen. Wenn man die Kebabs im Voraus zubereitet, die geformten Spieße auf ein mit Frischhaltefolie ausgelegtes Backblech legen, lose mit Frischhaltefolie bedecken und bis zum Grillen im Kühlschrank aufbewahren.

7. Den Grill für direktes Grillen vorbereiten und gut aufheizen. Wenn gewünscht, die Grillmethode ohne Grillrost anwenden (siehe Kasten Seite 21).

8. Wenn der Grill aufgeheizt ist, die Kebabs mit der geschmolzenen Butter bestreichen und wie in der Anleitung für Grillen ohne Grillrost auf dem Grill anordnen oder den Grillrost mit Öl einpinseln und die Kebabs direkt auf den Rost legen. Insgesamt 8 Minuten grillen, dabei ein oder zwei Mal wenden, bis die Kebabs von allen Seiten schön braun sind. Während des Grillens die Kebabs nochmals mit der geschmolzenen Butter bestreichen.

9. Mit einem Stück Naan, Pitabrot oder Fladenbrot die Kebabs von den Spießen auf Teller oder eine Platte schieben. Zusammen mit dem Brot und den Zitronenspalten anrichten und eine Platte mit Zwiebelringen, Gurkenscheiben, Tomatenscheiben und Chilischoten dazu reichen.

HINWEIS: Am besten eignen sich für dieses Gericht die echten Yamswurzeln, das sind stärkehaltige Knollen mit nur wenig Süße. Man findet die Yamswurzeln in südländischen Lebensmittelmärkten. Ich habe dieses Gericht aber auch schon mit Bataten (weißen, karibischen Süßkartoffeln) und natürlich mit amerikanischen Süßkartoffeln gekocht.

Kichererbsenmehl (Besan) besteht aus gerösteten Kichererbsen. Es hat einen herben, nussigen, erdigen Geschmack und ist in orientalischen Lebensmittelläden und Bioläden erhältlich. Man kann es auch durch Vollkornmehl ersetzen.

FRANKREICH

BELEGTES BAGUETTE PROVENÇALISCHE ART

DIREKTES GRILLEN
FÜR 4 PERSONEN

Wenn man gegrilltes Gemüse und Ziegenkäse mag, dann ist dieses Sandwich genau das Richtige, denn es schmeckt wunderbar nach Provençe. Rosmarin und Knoblauch verleihen dem Gemüse, das man normalerweise mit dem aus dieser Region stammenden Gemüseeintopf Ratatouille in Verbindung bringt, einen mediterranen Flair. Der scharfe Käse bildet ein Gegengewicht zur Konsistenz der Gemüse. Am besten verwendet man einen weichen, streichfähigen Ziegenfrischkäse, wie z.B. Montrachet, für dieses Rezept. Die Baguette können schon einige Stunden im Voraus vorbereitet werden und schmecken hervorragend bei Picknicks, besonders wenn der Gemüsesaft in das Brot eingezogen ist.

FÜR DAS GEMÜSE

1 mittelgroße Aubergine (350-400 g), Stielende abschneiden
2 mittelgroße Zucchini, Stielenden abschneiden
2 mittelgroße gelbe Kürbisse, Stielenden abschneiden
2 mittelgroße rote Paprikaschoten
1 mittelgroße rote Zwiebel, geschält, aber Wurzelende nicht entfernen

FÜR DIE MARINADE

3 EL natives Olivenöl extra
2 EL frischer Zitronensaft
2 Knoblauchzehen, zerdrückt
1 Zweig frischer Rosmarin, oder 1 TL getrockneter Rosmarin
Salz und frisch gemahlener schwarzer Pfeffer

ZUM SERVIEREN

1 langes Baguette
230 g Ziegenfrischkäse, nicht gekühlt

1. *Für die Zubereitung des Gemüses:* Aubergine, Zucchini und gelben Kürbis längs in 0,5 cm dicke Scheiben schneiden. Die Rippen und Kerne aus den Paprika schneiden und diese vierteln. Die Zwiebel vierteln, aber die Wurzelenden nicht abschneiden (so kann die Zwiebel beim Grillen nicht auseinanderfallen).

2. *Für die Marinade:* Olivenöl, Zitronensaft und Knoblauch in einer kleinen Schüssel mischen. Den getrockneten Rosmarin direkt in die Olivenölmischung geben.

3. Den Grill für direktes Grillen vorbereiten und gut aufheizen.

4. Wenn der Grill aufgeheizt ist, Auberginen, Zucchini, Kürbis, Paprika und Zwiebelviertel mit etwas Olivenölmischung bestreichen, dabei den Rosmarinzweig als Pinsel verwenden (wenn man keinen frischen Rosmarinzweig hat, einen normalen Backpinsel nehmen). Das Gemüse auf den heißen Rost legen und unter Wenden mit der Zange 3 bis 6 Minuten pro Seite grillen, bis es schön braun ist. Das Gemüse während des Grillens ein oder zwei Mal mit der Olivenölmischung bestreichen und mit Salz und schwarzem Pfeffer würzen. Das fertige Gemüse zum Abkühlen auf eine Platte legen. Die Wurzelenden der Zwiebeln abschneiden und die Viertel auseinanderbrechen.

5. Das Brot in vier gleich große Teile schneiden und jedes Teil zum Sandwich aufschneiden. Die Innenseiten mit der restlichen Olivenölmischung bestreichen und den Ziegenkäse darauf verteilen. Die Brötchen mit Aubergine, Zucchini, Kürbis, Paprikaschote und Zwiebelringen belegen, nochmals halbieren und bei Zimmertemperatur servieren.

USA

SANDWICH MIT GEGRILLTEN PORTOBELLO-PILZEN
UND BASILIKUM-AIOLI

DIREKTES GRILLEN
FÜR 4 PERSONEN

Der Portobello-Pilz (ein übergroßer Champignon) ist zum „Steak" des Jahrhunderts geworden, eine gegrillte, vegetarische Alternative zum Rindfleisch. Der breite, fleischige Pilzhut schmeckt ein bisschen wie Rindfleisch und die Pilze sind auch glücklicherweise in fast allen Supermärkten und Delikatessenläden erhältlich. Fügen Sie dann noch etwas Aioli (französische Knoblauchmayonnaise) mit frischem Basilikum hinzu und Sie haben ein Sandwich, das Ihre Geschmacksnerven geradezu verwöhnt!

SPEZIELLE AUSRÜSTUNG

Gemüserost

ZUTATEN

4 große Portobello-Pilze, mit feuchtem Küchenpapier geputzt
3 Knoblauchzehen, in feine Stifte geschnitten
Nadeln von einem Zweig frischer Rosmarin (wahlweise)
3 EL natives Olivenöl extra
3 EL Balsamico-Essig
1 große, reife Tomate, in 1,25 cm dicke Scheiben geschnitten
Salz und frisch gemahlener, schwarzer Pfeffer
4 Zwiebelbrötchen, Hamburgerbrötchen oder entsprechend große Baguettestücke, aufgeschnitten
Basilikum-Aioli (Rezept folgt), oder Mayonnaise
1 Bund Rucola, gewaschen und geschleudert

1. Die Stiele von den Portobello-Pilzen bis zum Hut abschneiden. Mit der Spitze eines Gemüsemessers kleine Löcher in die Hüte schneiden und die Knoblauchstifte sowie Rosmarinnadeln (wenn verwendet) dort hineinstecken.

2. Olivenöl und Balsamico-Essig in einer kleinen Schüssel gut verrühren. Die Portobellohüte und Tomatenscheiben großzügig mit der Öl-Essigmischung bepinseln und mit Salz und Pfeffer würzen.

3. Den Grill für direktes Grillen vorbereiten und gut aufheizen.

4. Wenn der Grill aufgeheizt ist, einen Gemüserost auf den heißen Grill legen und 5 Minuten vorheizen. Die Pilze mit der runden Seite nach unten sowie die Tomatenscheiben auf den heißen Rost legen und 3 bis 6 Minuten pro Seite grillen, bis sie schön braun und weich sind. Dabei mit dem Pfannenwender wenden. Während des Grillens die Pilze und Tomaten ein- bis zwei Mal mit der Öl-Essigmischung bestreichen.

5. Die Innenseite der Brötchen mit Basilikum-Aioli oder Mayonnaise bestreichen. Mit den gegrillten Pilzen, Tomatenscheiben und Rucola belegen und sofort servieren.

BASILIKUM-AIOLI

ERGIBT ETWA 250 G

Aioli ist eine Knoblauchmayonnaise aus Südfrankreich. Bei dieser Version verwendet man gekaufte Mayonnaise als Grundlage, sodass man sich über das Gesundheitsrisiko rohen Eigelbs keine Gedanken machen muss.

240 g Mayonnaise
3 Knoblauchzehen, durch die Knoblauchpresse gedrückt
24 Basilikumblätter, in feine Streifen geschnitten
1 EL frischer Zitronensaft
Salz und frisch gemahlener, schwarzer Pfeffer

Mayonnaise, Knoblauch, Basilikum und Zitronensaft in einer kleinen Schüssel gut verrühren. Mit Salz und Pfeffer würzen.

KAPITEL 14

GEMÜSE: GRÜN TRIFFT GRILL

Als ich jung war, bedeutete Grillen Fleisch. Insbesondere Steak. Eine gegrillte Paprika oder ein gegrillter Portobello-Pilz erschienen genauso abwegig wie eine Landung auf dem Mond.

„Was war das Paradies anderes, als ein Garten voller Gemüse?"
—WILLIAM LAWSON

Nun, wir haben die Landung auf dem Mond vollbracht und wir haben gegrilltes Gemüse entdeckt. In der Tat sind die Nordamerikaner Neulinge in Bezug auf viele gegrillte Gemüsearten, aber sie haben sich diesem Thema mit großer Leidenschaft gewidmet. Und warum auch nicht? Bei keiner anderen Garmethode werden die Gerichte so schmackhaft. Durch das Grillen verdampft ein Teil des im Gemüse enthaltenen Wassers, sodass der Geschmack konzentrierter wird. Die hohe, trockene Hitze karamellisiert den natürlichen Fruchtzucker und intensiviert so das süße Aroma des Gemüses. Anders als beim Kochen, durch das Gemüse viel an Geschmack verliert, bleibt der Eigengeschmack des Gemüses hier voll erhalten. Und mit einem bisschen extra Rauch (von Räucherspänen) wird das Gemüse noch aromatischer und geschmackvoller.

Dieses Kapitel führt Sie auf eine Reise durch die Welt des Grillens, bei der Ihnen das Wasser im Mund zusammenläuft, sie führt von den koreanischen gegrillten Austernpilzen zum Blumenkohl auf Tandoori-Art mit indischen Gewürzen. Auf dem Weg lernen Sie, wie man Mais, Fenchel, Spargelbohnen und sogar Brotfrucht grillt. Wenn Sie als Kind nicht gerne Gemüse gegessen haben, dann wahrscheinlich nur, weil es nicht gegrillt war.

GEORGIEN

GEORGISCHE GEMÜSE-KEBABS

DIREKTES GRILLEN
FÜR 4 PERSONEN

Diese bunten Gemüse-Kebabs findet man bei jedem Grillfest in Georgien. Durch ihre Einfachheit bilden sie ein schönes Gegengewicht zu den komplexen Geschmacksmischungen der marinierten Fleischspeisen Georgiens. Als Beilage eignet sich die Georgische Sauce aus eingelegten Pflaumen (Seite 467), aber die Kebabs schmecken auch ohne Sauce köstlich. Verwenden Sie reife Tomaten, die aber noch etwas fest sind, sodass sie nicht vom Spieß fallen. Ein Georgier würde hier einen flachen, breiten Metallspieß nehmen.

SPEZIELLE AUSRÜSTUNG

4 lange, flache Metallspieße

Wie man Gemüse immer perfekt grillt

Im Allgemeinen profitiert Gemüse von der direkten, starken Hitze beim Grillen. Eine Ausnahme bilden Wurzelgemüse, wie Kartoffeln und Rüben, die man am besten auf die indirekte Art grillt oder vorkocht und dann über dem Feuer fertig gart. Zur Veranschaulichung einiger hier aufgelisteter Grilltechniken schauen Sie sich doch bitte auch das auf Seite 399 abgebildete Gemüse auf dem Grill an.

AUBERGINEN: Verwenden Sie lange und schlanke Auberginen. Die Auberginen über starker Hitze grillen, bis die Haut von allen Seiten schwarz und verbrannt und das Fleisch weich ist. Das kann man testen, indem man leicht auf die Oberfläche drückt. Die Haut soll verbrennen, dadurch bekommt die Aubergine einen rauchigen Geschmack. Die Aubergine während des Grillens mit der Zange wenden, insgesamt braucht sie 20 bis 30 Minuten. Die gegrillte Aubergine auf einen Teller legen und abkühlen lassen, dann die verbrannte Haut abkratzen (ein paar Reste verbrannter Haut sind nicht schlimm, sondern intensivieren den Rauchgeschmack). Nun kann man die Aubergine für Salate oder Dips weiter verarbeiten.

In einigen Rezepten in diesem Buch werden asiatische Auberginen verwendet, die etwa 2,5 bis 5 cm Durchmesser haben und etwa 15 cm lang sind. Diese garen in etwa 9 bis 12 Minuten.

BLATTGEMÜSE: Radicchioköpfe in Viertel, Spalten oder dicke Scheiben schneiden. Grünkohlblätter ganz grillen. Andere Blattgemüse über starker Hitze 2 bis 4 Minuten pro Seite grillen, bis die Blätter anfangen, braun zu werden. Gut aufpassen, dass die Blätter nicht zu kross werden.

MAIS: Es gibt zwei Arten, den Mais zu grillen. Die einfachste Art ist, den nicht geschälten Maiskolben einfach auf den Rost zu legen und bei starker Hitze zu garen, bis die äußeren Blätter vollständig verbrannt sind. Dann mit Küchenpapier die verbrannten Blätter abstreifen (so bekommt man auch gut die seidene Haut ab). Für diese Methode braucht man etwa 15 bis 20 Minuten Garzeit und erhält einen süßen und leicht rauchigen Mais.

Ich grille den Mais aber lieber, indem ich die Blätter vom Maiskolben zurückziehe und als Griff verwende und dann die seidene Haut vom Kolben entferne. Dann bestreiche ich ihn großzügig mit geschmolzener Butter oder Olivenöl und würze ihn ebenso großzügig mit Salz und Pfeffer und eventuell etwas gehackter Petersilie. Nun grille ich den Kolben über starker Hitze direkt über dem Feuer, bis die Maiskörner dunkelbraun werden und aufzuplatzen beginnen. Das dauert insgesamt etwa 8 bis 12 Minuten.

PAPRIKA: Diese Methode funktioniert sowohl bei Paprikaschoten als auch bei Chilischoten – nehmen Sie rundliche und weiche Schoten mit möglichst wenigen Einbuchtungen und Falten. Den Grill gut aufheizen. Die ganzen Schoten auf den Grill legen und größere Schoten 4 bis 5 Minuten pro Seite grillen (16 bis 20 Minuten insgesamt), bis sie von allen Seiten dunkel angekohlt sind; kleinere Schoten brauchen weniger Zeit. Vergessen Sie nicht, auch die Ober- und Unterseite der Schoten zu grillen; wenn nötig, die Schoten dazu mit der Zange festhalten, falls sie nicht alleine stehen können. Paprika gehört auch zu dem Gemüse, das man beim Grillen anbrennt. Die gegrillten Schoten in eine große Schüssel geben und mit Frischhaltefolie bedecken oder in eine Plastiktüte geben und diese schließen. Der dadurch entstehende Dampf erleichtert später das Entfernen der Haut. Wenn die Paprika genug abgekühlt sind, mit einem Schälmesser die Haut abkratzen. Die Rippen und Kerne entfernen.

Man kann Paprika auch grillen, indem man sie leicht mit Olivenöl einpinselt und dann grillt, bis sie schön braun, aber nicht verbrannt sind. Dann braucht man die Schoten auch nicht zu häuten.

PILZE: Pilze werden etwas trocken, wenn man sie einfach so grillt, daher ist es besser, wenn man sie zuvor in einer Marinade auf Ölbasis ziehen lässt oder beim Grillen mit Kräuterbutter bzw. gewürzter Butter bestreicht. Das Grillen und Wenden kleiner, flacher Pilze ist einfacher, wenn man sie auf Spieße steckt, sodass sie flach auf dem Rost liegen (quer durch den Hut, nicht durch den Stiel stecken). Größere Pilze werden geviertelt oder in Scheiben geschnitten und dann aufgespießt. Pilze sollten über starker Hitze etwa 3 bis 6 Minuten pro Seite gegrillt werden (insgesamt 6 bis 12 Minuten).

Portobello-Pilze grillt man zuerst mit der Lamellenseite nach unten, dann werden sie gewendet. Portobello-Pilze brauchen 4 bis 6 Minuten pro Seite (insgesamt

8 bis 12 Minuten). Gefüllte Pilzhüte werden mit der runden Seite nach unten auf die indirekte Art etwa 15 bis 20 Minuten gegrillt (geschlossener Grill). Die Pilze beim Grillen großzügig mit Marinade bestreichen.

SPARGEL, OKRAS, GRÜNE BOHNEN UND ANDERE LANGE, DÜNNE, FASERIGE GEMÜSESORTEN: Die Enden des Gemüses abbrechen oder abschneiden und vier bis sechs Teile nebeneinander auf der Arbeitsfläche anordnen. Das Gemüse quer auf schlanke Holzspieße aufspießen und mit Olivenöl oder Sesamöl einpinseln und mit Salz und Pfeffer bestreuen. Das Gemüse über starker Hitze von beiden Seiten grillen, bis es schön braun ist. Bei Spargel dauert das 6 bis 8 Minuten, Okras und grüne Bohnen brauchen 8 bis 10 Minuten, Frühlingszwiebeln insgesamt 4 bis 8 Minuten.

TOMATEN: Kleine Tomaten oder Eiertomaten auf breite, flache Spieße stecken und über starker Hitze und unter Wenden grillen, bis die Haut braun wird und Blasen wirft. Einzelne Tomaten auf die gleiche Art grillen und mit der Zange wenden. Sehr große Tomaten (z.B. Fleischtomaten) in 2,5 cm dicke Scheiben schneiden. Die Tomatenscheiben mit Olivenöl bestreichen, mit Salz und Pfeffer würzen und über starker Hitze grillen. Kleine und Eiertomaten brauchen insgesamt etwa 8 bis 12 Minuten, größere, ganze Tomaten etwa doppelt so lang und Tomatenscheiben etwa 2 bis 4 Minuten pro Seite.

ZUCCHINI ODER SOMMERKÜRBIS: Zucchini längs in 0,5 cm oder 1 cm dicke Scheiben schneiden. Beide Seiten mit Olivenöl oder Walnussöl einpinseln. Mit Salz und Pfeffer würzen und über starker Hitze etwa 4 bis 6 Minuten pro Seite grillen.

ZWIEBELN: Die Zwiebeln vierteln, dabei die Wurzelenden nicht zerschneiden. Die Haut bis zur Wurzel abziehen (die Wurzelenden halten die Zwiebel beim Grillen zusammen) und die Viertel mit Öl oder geschmolzener Butter bestreichen. Die Zwiebeln über den Flammen grillen, bis sie von außen schön angekohlt und innen durchgegart sind, dabei immer wieder wenden, damit sie gleichmäßig garen. Das dauert insgesamt etwa 10 bis 12 Minuten. Vor dem Servieren die Wurzeln abschneiden und die verbrannte Haut abkratzen. Man kann auch Zwiebelscheiben grillen.

ZUTATEN

- 8 kleine, grüne Paprikaschoten, Rippen und Kerne entfernt
- 6 reife Eiertomaten
- 16 große, weiße Champignons, entstielt, Hüte mit einem feuchten Küchenpapier geputzt
- 3 EL natives Olivenöl extra
- grobkörniges Salz (z.B. Meersalz) und frisch gemahlener schwarzer Pfeffer
- 1 Zitrone, halbiert

1. Paprika und Tomate abwechselnd auf die Spieße stecken und immer einen Champignon dazwischen anordnen. Die Kebabs mit dem Olivenöl einpinseln und mit Salz und Pfeffer würzen.

2. Den Grill für direktes Grillen vorbereiten und gut aufheizen.

3. Wenn der Grill aufgeheizt ist, den Grillrost mit Öl einpinseln. Die Kebabs auf den heißen Rost legen und unter Wenden mit der Zange 4 bis 6 Minuten pro Seite grillen (insgesamt 8 bis 12 Minuten), bis sie schön braun sind, dabei mit dem Olivenöl bestreichen. Die Spieße vom Grill nehmen, das Gemüse mit Zitronensaft beträufeln und sofort servieren.

JAPAN

JAPANISCHES GEMISCHTES GRILLGEMÜSE

ROBATAYAKI

DIREKTES GRILLEN
FÜR 4 BIS 6 PERSONEN

Robatayaki ist ein theatralisches, vornehmes Grillen auf japanische Art (lesen Sie mehr dazu auf Seite 412). Ursprünglich wurden die Speisen über teurer japanischer Holzkohle namens bincho gegrillt und in bestimmten Vierteln von Tokio, z.B. in den Esslokalen nahe des Yurakucho Bahnhofs, findet man auch immer noch Restaurants mit Holzkohlegrills. Andere sind etwas fortschrittlicher und grillen mit modernen Gasgrills. Das gemischte Grillgemüse hat viele Vorteile, unter anderem ist es die beste Art Okras zuzubereiten.

SPEZIELLE AUSRÜSTUNG

50 bis 60 Holzspieße (verschiedene Längen) und ein Feuerschutz aus Alufolie (siehe Kasten Seite 23)

ZUTATEN

450 g Okras
450 g Zuckerschoten, Stiele und Fasern abschneiden
450 g dicke Spargelstangen, weißen Spargel schälen, faserige Enden abschneiden, Stangen auf gleiche Länge schneiden
350 g frische Shiitakepilze oder große weiße Champignons, entstielt, Hüte mit feuchtem Küchenpapier geputzt
1 Bund Frühlingszwiebeln, weiße und grüne Teile, geputzt und in 5 cm lange Stücke geschnitten
1 EL grobkörniges Salz (z.B. Meersalz)
2 TL frisch gemahlener weißer Pfeffer (wahlweise)
2 bis 4 EL asiatisches (dunkles) Sesamöl

1. Die Spitzen der Okrastiele abschneiden, aber nicht in die Kapseln schneiden, da sonst Luft ans Innere kommt und die Okras schleimig werden. 4 oder 5 Okras auf einem Schneidbrett ordentlich nebeneinander legen. Holzspieße durch beide Enden der Okras stechen, sodass eine Art Floß entsteht und die Okras flach auf dem Grill liegen bleiben. Die aufgespießten Okras auf eine große Platte legen. Die Zuckerschoten ebenso aufspießen und zu den Okras legen.

2. Die Spargelstangen quer halbieren. 4 bis 5 Hälften quer auf Spieße stecken (im rechten Winkel zu den Holzspießen), dabei obere und unter Hälften abwechselnd aufspießen. Spargelspieße zu den Okras und Zuckerschoten legen.

3. Große Shiitakepilze halbieren oder vierteln, kleine Pilze ganz lassen. Jeweils 4 Shiitakehüte abwechselnd mit einem Stück Frühlingszwiebel auf die Spieße stecken. Die Hüte so aufstecken, dass sie flach auf dem Grill liegen (quer durch den Hut und nicht durch den Stiel). Die Shiitake auf die Platte legen.

4. Salz und weißen Pfeffer (wenn verwendet) in einer kleinen Schüssel mischen. Das Gemüse mit Sesamöl einpinseln und mit der Salz- und Pfeffermischung bestreuen.

5. Den Grill für direktes Grillen vorbereiten und gut aufheizen.

6. Wenn der Grill aufgeheizt ist, den Grillrost mit Öl einpinseln. Die Gemüsespieße so auf den heißen Rost legen, dass die hölzernen Spießenden auf der Alufolie liegen und unter Wenden mit der Zange je nach Gemüse 3 bis 6 Minuten pro Seite grillen, bis das Gemüse schön braun und zart ist. Die Gemüsespieße servieren, sobald sie fertig sind. Es macht nichts, wenn die Spieße nicht gleichzeitig serviert werden, es macht sogar mehr Spaß, wenn sie nach und nach kommen.

ITALIEN

GEGRILLTES GEMÜSE À LA SANTA MARGHERITA

DIREKTES GRILLEN
FÜR 8 PERSONEN

Nach zwei aufreibenden Wochen auf dem Grillpfad erschien mir die Stadt Santa Margherita an der italienischen Riviera wie eine Oase in der Wüste. Stellen Sie sich vor: eine zerklüftete Bucht um ein Hafenbecken, in dem Jachten und Fischerboote auf dem Wasser tanzen, Häuser wie auf einem Stillebenbild gemalt, schick gekleidete, junge Italiener bevölkern die Cafés. Als es Mittag wurde, konnte ich nicht umhin, ein Büffet zu genießen, das auf einer Klippe serviert wurde, von der aus man die ganze Bucht überblicken konnte – und ganz besonders genoss ich das Herzstück des Büffets, eine riesige Platte mit gegrilltem Gemüse.

Im Einklang mit den Untertreibungen der Italiener, wenn es ums Grillen geht, wurde das Gemüse ohne Verwendung von Marinade und mit nur einem Spritzer Olivenöl und Zitronensaft als Sauce gegart. Aber ich garantiere Ihnen, dass Sie noch nie schmackhafteres gegrilltes Gemüse gegessen oder eine schöner angerichtete Platte gesehen haben. Nehmen Sie die folgende Zutatenliste als Ausgangspunkt und tauschen Sie sie nach Belieben mit Gemüse der Saison aus.

SPEZIELLE AUSRÜSTUNG

Gemüserost (wahlweise)

ZUTATEN

2 mittelgroße rote Paprikaschoten
2 mittelgroße gelbe Paprikaschoten
2 Chicoree
450 g frische Zuchtchampignons oder normale weiße Champignons, entstielt und Hüte mit feuchtem Küchenpapier geputzt
4 kleine Auberginen oder Zucchini
120 ml natives Olivenöl extra
Grobkörniges Salz (z.B. Meersalz) und frisch gemahlener schwarzer Pfeffer
450 g dicke Spargelstangen, faserige Enden abschneiden, weißen Spargel schälen
8 kleine, reife Tomaten
2 EL Balsamico-Essig (wahlweise)
8 Zitronenecken, zum Servieren

1. Rote und gelbe Paprikaschoten halbieren, Rippen und Kerne herausschneiden und jede Hälfte in 3 Längsstreifen schneiden. Die Chicoree längs vierteln, dabei den Strunk

nicht abschneiden. Die Champignons halbieren und die Auberginen längs halbieren.

2. Den Grill für direktes Grillen vorbereiten und gut aufheizen.

3. Wenn der Grill aufgeheizt ist, einen Gemüserost (wenn verwendet) auf den heißen Grill legen und 5 Minuten vorheizen, dann mit Öl einpinseln, oder den normalen Rost mit Öl einpinseln. Die Paprikastücke mit etwas Öl einpinseln, mit Pfeffer und Salz würzen und auf den heißen Rost legen. Die Paprika 4 bis 6 Minuten pro Seite grillen, bis sie von beiden Seiten leicht verkohlt sind. Während des Grillens ein bis zwei Mal mit etwas Olivenöl einpinseln und mit Salz und Pfeffer würzen. Paprika auf eine Platte legen. Das Feuer brennen lassen.

4. Chicoree, Pilze, Auberginen, Spargel und Tomaten wie die Paprika mit Öl bepinseln, würzen und grillen. Alle Gemüse sollten von außen schön verkohlt und von innen weich und zart sein; je nach Gemüse dauert dies 3 bis 6 Minuten pro Seite. Alle Gemüse während des Grillens ein bis zwei Mal mit Olivenöl einpinseln und mit Salz und Pfeffer würzen.

5. Das gegrillte Gemüse in Reihen abwechselnd nach Farbe und Form auf einer Platte anrichten. Das restliche Olivenöl auf das heiße Gemüse träufeln und abkühlen lassen.

6. Kurz vor dem Servieren das Gemüse nochmals mit Salz und Pfeffer würzen. Wenn man möchte, noch etwas Balsamico-Essig darüber träufeln. Zusammen mit den Zitronenspalten zum Ausdrücken reichen.

Grillübersicht für Gemüse

Gemüseart	Methode	Hitze	Garzeit
ARTISCHOCKEN	Direktes Grillen	Schwache Hitze	1 bis 1½ Stunde
AUBERGINE, ganz			
klein	Direktes Grillen	Starke Hitze	9 bis 12 Minuten, bis sie gar sind
lang, schlank	Direktes Grillen	Starke Hitze	20 bis 30 Minuten, bis sie gar sind
GRÜNE BOHNEN	Direktes Grillen	Starke Hitze	Insgesamt 6 bis 8 Minuten
MAIS	Direktes Grillen	Starke Hitze	Insgesamt 8 bis 12 Minuten
PILZHÜTE			
Portobello	Direktes Grillen	Starke Hitze	4 bis 6 Minuten pro Seite
normal	Direktes Grillen	Starke Hitze	3 bis 5 Minuten pro Seite
PAPRIKASCHOTEN, ganz	Direktes Grillen	Starke Hitze	16 bis 20 Minuten (Haut anbrennen lassen)
SPARGEL	Direktes Grillen	Starke Hitze	Insgesamt 4 bis 8 Minuten
TOMATEN			
Scheiben	Direktes Grillen	Starke Hitze	2 bis 4 Minuten pro Seite
ganz	Direktes Grillen	Starke Hitze	Insgesamt 8 bis 24 Minuten
ZUCCHINI,			
Scheiben	Direktes Grillen	Starke Hitze	4 bis 6 Minuten pro Seite
ZWIEBELN			
geviertelt	Direktes Grillen	Starke Hitze	10 bis 12 Minuten pro Seite
Scheiben	Direktes Grillen	Starke Hitze	4 bis 8 Minuten pro Seite

Diese Tabelle dient nur als grobe Richtlinie für die Garzeiten der verschiedenen Gemüse. Denken Sie daran, Grillen ist eine Kunst und keine Wissenschaft. Wenn Sie Zweifel haben, halten Sie sich an die in den einzelnen Rezepten angegebenen Garzeiten. Sehen Sie auch die Tipps für das Grillen von Gemüse auf Seite 396.

TRINIDAD

GEGRILLTES GEMÜSE VON DEN WESTINDISCHEN INSELN

CHOKA

DIREKTES GRILLEN
FÜR 8 PERSONEN

Die Trinidader sind eigentlich keine großen Grillfans, sie bevorzugen das Frittieren aus ihrer britischen Erbschaft oder das Schmoren ihrer afrikanischen Vorfahren. Das bedeutet aber nicht, dass man in den Essbuden am Straßenrand in Port of Spain gar keine Holzkohlefeuer findet. Im Großen und Ganzen werden sie allerdings zum Erhitzen von Suppentöpfen und Bratpfannen verwendet und nicht zum direkten Grillen. Eine Ausnahme bilden die chokas, die die indische Gemeinschaft so gerne isst. Choka ist ein über dem Feuer geröstetes Gemüse, das gehackt und mit Öl gewürzt wird.

Das traditionelle Gemüse für choka ist die Aubergine, aber man kann auch Tomaten, Kartoffeln und sogar Kürbis nehmen. Choka wird in der Regel zusammen mit sada roti (Fladenbrot) serviert – oft sogar zum Frühstück. Hierzulande kann man Pita-Brot oder ein anderes gegrilltes Brot aus diesem Buch dazu reichen. Hier ist ein Rezept für choka, für das mir die Idee in einem schicken Restaurant in Port of Spain mit dem Namen „Monsoon" gekommen ist.

FÜR DAS CHOKA

2 kleinere Auberginen (à 280 - 340 g)
6 Knoblauchzehen, geschält und längs halbiert
2 reife, mittelgroße Tomaten
1 mittelgroße grüne Paprikaschote
1 große Zwiebel, geschält und in Viertel geschnitten (Wurzelenden nicht abschneiden)
1 EL Pflanzenöl
Salz und frisch gemahlener schwarzer Pfeffer

FÜR DIE GEWÜRZMISCHUNG

2 EL Pflanzenöl
2 TL Senfkörner, vorzugsweise schwarze
1 mittelgroße Zwiebel, fein gehackt
2 Knoblauchzehen, zerdrückt
1 EL geschälter, frischer Ingwer, fein gehackt
½ bis 1 Scotch Bonnet-Chili, entkernt und fein gehackt
2 EL frischer Limettensaft
4 g frischer Koriander, gehackt, zum Garnieren

1. *Für das choka* mit der Spitze eines Gemüsemessers in jede Aubergine verteilt 6 Schlitze schneiden. In jeden Schlitz eine halbe Knoblauchzehe stecken. Auberginen, Tomaten, Paprikaschote und Zwiebelviertel mit einem EL Öl bestreichen und mit Salz und schwarzem Pfeffer würzen.

2. Den Grill für direktes Grillen vorbereiten und gut aufheizen.

3. Wenn der Grill aufgeheizt ist, den Grillrost mit Öl einpinseln. Auberginen, Tomaten, Paprikaschote und Zwiebelviertel auf den heißen Rost legen und unter Wenden mit der Zange grillen, bis die Haut leicht verkohlt ist. Das dauert bei den Auberginen und der Paprika etwa 20 Minuten (Das Fruchtfleisch sollte auch sehr weich sein.) und bei den Tomaten und den Zwiebelvierteln etwa 12 Minuten. Das Gemüse auf eine Platte legen und abkühlen lassen.

4. Die verbrannte Haut fast ganz vom Gemüse kratzen. Die Auberginen und Tomaten in 2,5 cm dicke Scheiben schneiden. Die Rippen und Kerne aus der Paprika kratzen und diese in feine Würfel schneiden. Die Wurzelenden der Zwiebeln abschneiden und die Viertel quer in dünne Scheiben schneiden. Das Gemüse in eine flache, hitzebeständige Servierschüssel legen und mischen, dann mit Salz und schwarzem Pfeffer würzen (siehe Hinweis).

5. Kurz vor dem Servieren die Gewürzmischung zubereiten. Dazu 2 EL Öl in einer kleinen Kasserolle bei mittlerer Hitze erwärmen, Senfkörner, gehackte Zwiebeln, zerdrückten Knoblauch, Ingwer und Scotch Bonnet-Chili zugeben und etwa 5 Minuten dünsten, bis alles goldbraun ist und gut duftet. Den Limettensaft unterrühren, zum Kochen bringen und dann die heiße Gewürzmischung über das Gemüse gießen. Das Gemüse vorsichtig wenden, den Koriander darüber streuen und das Gemüse noch warm oder zimmerwarm servieren.

HINWEIS: Bis hierher kann das Gemüse schon bis zu zwei Tage im Voraus vorbereitet und dann zugedeckt im Kühlschrank aufbewahrt werden.

SPANIEN

KATALANISCHE GEGRILLTE ARTISCHOCKEN

DIREKTES GRILLEN
FÜR 8 PERSONEN

Das „La Tomaquera" ist ein Ein-Zimmer-Lokal im Arbeiterviertel von Barcelona. Es ist ein Lokal, das sich damit brüstet, keine Coca-Cola zu servieren und das früh schließt, wenn Fußball im Fernsehen übertragen wird. In diesem lebhaften Restaurant kann man für ungefähr 30 Euro essen und essen und essen. Ich habe mich satt gegessen an Schnecken in Sauce, gefolgt von verschiedenen gegrillten Rindfleisch- und Lammstücken und anderen Fleischsorten.

Am meisten aber beeindruckte mich ein ungewöhnliches Gemüsegericht, gegrillte Artischocken – eines der leckersten Gerichte, die ich je gegessen habe. Der lange Grillprozess über schwacher Hitze macht die Blätter so kross, dass man sie fast ganz essen kann. Ich kenne eigentlich nur noch ein anderes Artischockengericht, das auch so köstlich knusprig ist – carciofi alla guidia aus Rom (Artischocken auf jüdische Art).

Man verwendet am besten mittelgroße Artischocken, bei denen die Blätter recht weit geöffnet sind. Man könnte auch Artischockenknospen verwenden, aber dann muss man die Garzeit verkürzen. Nehmen Sie möglichst nicht die festen, großen Artischocken, die zwar gekocht sehr gut schmecken, aber schwierig zu grillen sind.

8 mittelgroße Artischocken
½ Zitrone
230 g ungesalzene Butter
6 Knoblauchzehen, zerdrückt
15 g frische, glatte Petersilie, fein gehackt
Grobkörniges Salz (z.B. Meersalz)
Viel gestoßener oder grob gemahlener schwarzer Pfeffer

1. Die Stiele der Artischocken abschneiden, sodass die Artischocken von selbst stehen können. Die Unterseiten mit der halben Zitrone einreiben, damit sie sich nicht verfärben. Mit einer Küchenschere die stacheligen Blätterspitzen abschneiden. Mit den Fingern die Blätter vorsichtig auseinanderziehen und die Artischocke wie eine Blüte öffnen.

2. Die Butter in einem kleinen Topf bei niedriger Hitze schmelzen, dann Knoblauch und Petersilie zufügen. Die Hitze etwas höher stellen und die Buttermischung etwa 3 Minuten leicht köcheln lassen, bis der Knoblauch an Schärfe verloren hat. Die Artischocken von allen Seiten großzügig mit der Knoblauchbuttermischung bestreichen und mit Salz und Pfeffer würzen. Einen Löffel Knoblauchbutter über die Artischocken gießen, sodass die Butter unter die Blätter laufen kann.

3. Den Grill für direktes Grillen vorbereiten und gut aufheizen.

4. Wenn der Grill aufgeheizt ist, den Grillrost mit Öl einpinseln. Die Artischocken mit der Stielseite nach unten auf den heißen Rost legen und etwa 30 Minuten grillen, bis die Unterseiten einen schönen, tiefgoldenen Braunton angenommen haben, dabei mit der Zange immer wieder um die eigene Achse drehen, damit die Artischocken gleichmäßig garen. Während des Grillens einige Male mit der Knoblauchbutter bestreichen und großzügig mit Salz und Pfeffer würzen.

5. Dann wieder die Zange nehmen und von der Mitte anfangend die Artischockenblätter wieder zur Blüte auseinander ziehen. Nochmals mit Knoblauchbutter bestreichen und mit Salz und Pfeffer würzen. Die Artischocken umdrehen und weitere 30 bis 40 Minuten grillen, bis sie einen schönen, tiefgoldenen Braunton angenommen haben. Die Blätter sollten jetzt kross sein und sich leicht herausziehen lassen, die Herzen müssen zart sein (zum Prüfen einen Spieß hineinstecken). Beim Holzkohlegrill nach einer Stunde 25 frische Kohlen nachlegen.

6. Die Artischocken nochmals umdrehen (Unterseite ist wieder auf dem Rost) und nochmals bestreichen und würzen. Noch ein paar Minuten grillen, um die Unterseite wieder zu erwärmen. Etwas Knoblauchbutter über die Artischocken träufeln und sofort servieren.

JAMAIKA

ÜBER DEM FEUER GERÖSTETE BROTFRUCHT

DIREKTES GRILLEN (SIEHE HINWEIS)
FÜR 4 BIS 8 PERSONEN

Die Brotfrucht wurde einst vom berüchtigten Captain Bligh vom Südpazifik in die Karibik gebracht und wurde so eine klassische Beilage für das jamaikanische Jerk-Schweinefleisch. In manchen jamaikanischen Restaurants gibt es sogar spezielle Holzkohlegrills für das Rösten der Brotfrüchte, wobei diese von der Glut bedeckt werden. Das Rösten in Glut ist eine der besten Zubereitungsarten dieser großen, runden (denken Sie an eine Bowlingkugel) Frucht mit der rauen, grünen Schale, deren Haupteigenschaft der milde Geschmack ist (manche Leute behaupten, sie sei einfach fad) – perfekt, um die höllische Schärfe des Jerk zu mildern.

Botanisch gesehen handelt es sich bei der Brotfrucht um eine Frucht, aber sie wird normalerweise als Gemüse oder Stärke verwendet. Das Garen in der Glut verleiht ihr ein rauchiges Aroma, das das stärkehaltige, weiße Fleisch schön annimmt. Eigentlich muss sie auf einem Holzkohlegrill zubereitet werden, aber man kann sie auch auf dem Gasgrill auf die direkte oder indirekte Art grillen. Brotfrucht ist in karibischen Lebensmittelläden und Delikatessenläden erhältlich. Achten Sie darauf, dass sie ein festes, makelloses Exemplar wählen und lassen sie es bei Zimmertemperatur reifen, bis es leicht nachgibt, wenn Sie mit dem Daumen darauf drücken. Es sollte aber noch relativ fest sein.

1 Brotfrucht (1400-1800 g)
4 EL gesalzene Butter, zum Servieren
Salz und frisch gemahlener schwarzer Pfeffer

1. *Für das Grillen auf dem Holzkohlegrill* ein Bett aus glühenden Kohlen bilden. Wenn diese heiß genug sind, die Brotfrucht so in den Kohlen vergraben, dass möglichst viel Frucht bedeckt ist.

Für das Grillen mit dem Gasgrill diesen auf mittlere Hitze aufheizen. Dann die Brotfrucht auf den heißen Rost legen.

2. Die Brotfrucht je nach Größe und Reife 40 Minuten bis 1 Stunde grillen, bis die Schale verbrannt und das Fleisch sehr weich ist. Beim Gasgrill die Brotfrucht mit den Zangen gelegentlich wenden. Mit einem Metallspieß in die Brotfrucht stechen, um zu prüfen, ob sie gar ist, sie sollte in der Mitte dann weich sein.

3. Zum Servieren die Brotfrucht in Spalten brechen oder schneiden und die verbrannte Schale abschneiden. Die Butter auf die Brotfrucht streichen, mit Salz und Pfeffer würzen und mit einer Gabel zerquetschen.

HINWEIS: Man kann die Brotfrucht auch auf die indirekte Art auf einem Gasgrill grillen. Dazu den Grill auf mittlere Hitze aufheizen und die Brotfrucht dann in die Mitte des Grills nicht direkt über der Hitzequelle auf den Grill legen, den Grill schließen und die Brotfrucht 1 bis 1½ Stunden garen, bis sie außen schön braun und innen weich ist (ich bevorzuge die direkte Methode, da man dann die Schale der Brotfrucht verbrennt, aber die indirekte Methode ist weniger Arbeit).

INDIEN

TANDOORI-BLUMENKOHL

INDIREKTES GRILLEN
FÜR 6 BIS 8 PERSONEN

Wenige Menschen aus dem Westen denken beim Grillen an Blumenkohl. Nicht so in Indien. Dort wird der gobi wegen seiner Eigenschaft, den Rauchgeschmack und die Gewürze so gut anzunehmen und dabei seine feste Konsistenz zu behalten, sehr geschätzt. Man braucht für die Zubereitung zwei besondere Zutaten: Besan (Kichererbsenmehl) und ajwain (Kümmelsamen). Beide sind in indischen Lebensmittelläden und in Supermärkten erhältlich, Kichererbsenmehl auch in vielen Naturkostläden. Wenn nicht, kann man es auch durch Vollkornweizenmehl ersetzen. Kümmelsamen können sie wahlweise verwenden, da sie manchmal nicht zu bekommen sind. Der Blumenkohl schmeckt aber auch ohne Kümmel hervorragend.

VORBEREITUNGSZEIT
2 Stunden zum Marinieren des Blumenkohls

SPEZIELLE AUSRÜSTUNG
8 lange Metallspieße

ZUTATEN

500 ml einfacher Vollmilchjoghurt (siehe Hinweis)
1 ganzer Blumenkohl (etwa 700 g)
3 Knoblauchzehen, zerdrückt
1½ EL frischer geschälter Ingwer, gerieben
60 ml Pflanzenöl
1 EL süßer Paprika
1 TL Cayennepfeffer
1 TL Salz
½ TL frisch gemahlener schwarzer Pfeffer
½ TL Kümmelsamen (wahlweise)
½ TL gemahlener Kümmel
2 TL frischer Zitronensaft
70 g Kichererbsenmehl (Besan), oder 30 g Vollkornweizenmehl, oder mehr
3 EL ungesalzene Butter, geschmolzen, zum Bestreichen

1. Ein Joghurtsieb oder ein normales Sieb mit einer doppelten Lage feuchter Seihtücher auslegen und den Joghurt darin über einer mittelgroßen Schüssel 4 Stunden im Kühlschrank abtropfen lassen.

2. Den Blumenkohl in Röschen mit je 2,5 cm langen Stielen zerteilen. In jedes Röschen mit einer Nadel oder einer dünnen Gabel 8 bis 10 Mal einstechen, damit die Marinade gut ins Innere dringen kann.

3. Knoblauch, Ingwer und Öl in einer Küchenmaschine zu einer cremigen Paste verarbeiten. Man kann auch den Knoblauch und Ingwer mit Mörser und Stößel zermahlen und dann das Öl unterrühren. Die Knoblauchpaste in eine Schüssel geben und Paprika, Cayennepfeffer, Salz, schwarzen Pfeffer, Kümmelsamen (wenn verwendet), Kümmelpulver, Zitronensaft, abgetropften Joghurt und so viel Kichererbsenmehl unterrühren, bis man eine cremige Mischung erhält. Den Blumenkohl unterheben und zugedeckt 2 Stunden im Kühlschrank marinieren.

4. Die Blumenkohlröschen aus der Marinade nehmen und diese zur Seite stellen. Die Röschen an den Stielen aufspießen (die Röschenenden sollte alle nach oben zeigen).

5. Den Grill für indirektes Grillen vorbereiten, eine Tropfschale in die Mitte setzen und den Grill gut aufheizen lassen.

6. Wenn der Grill aufgeheizt ist, die restliche Marinade über den Blumenkohl gießen, die Spieße über der Tropfschale auf den heißen Rost legen und den Grill schließen. Den Blumenkohl 10 Minuten grillen, dann die Röschen mit ein wenig geschmolzener Butter bestreichen. Den Blumenkohl weitere 10 bis 20 Minuten grillen, bis er schön braun und zart ist. Die Spieße in den letzten 2 bis 3 Minuten direkt über die Flammen legen, um den Blumenkohl leicht zu rösten.

7. Den Blumenkohl mit der restlichen Butter bestreichen und von den Spießen auf Teller oder eine Platte schieben. Sofort servieren.

HINWEIS: Wenn man den Joghurt nicht abtropfen lassen will, braucht man nur 360 ml.

TRINIDAD

GEGRILLTER MAIS MIT SHADON BENI BUTTER

DIREKTES GRILLEN
FÜR 8 PERSONEN

Trotz der weiten Verbreitung von Holzkohle als Brennmaterial für das Kochen sind die Trinidader nicht besonders scharf auf das Grillen. Eine Ausnahme bildet der Mais. Spazieren Sie einmal in der Abenddämmerung durch Queen's Park Savannah in Port of Spain und Sie finden unzählige Stände, an denen Verkäufer knusprig-krosse Maiskolben verkaufen, die den Amerikanern wahrscheinlich viel zu groß, zu alt und zu trocken zum Essen wären. Aber gerade diese Defizite machen den Mais so schmackhaft und köstlich.

Die gekochten Kolben werden üblicherweise mit geschmolzener Butter bestrichen und mit Salz und Pfeffer gewürzt. Ich wurde durch ein beliebtes Gewürz aus Trinidad auf die Idee einer interessanteren Marinade gebracht: Shadon Beni Butter. Shadon beni (wörtlich übersetzt: falscher Koriander) ist ein dunkelgrünes, gezahntes Kraut in Form eines Daumens, das etwas wie Koriander schmeckt. Es wird oft unter seinem spanischen Namen culantro (suchen Sie in spanischen und karibischen Lebensmittelmärkten) verkauft. Aber nicht verzweifeln, wenn shadon beni nicht aufzutreiben ist: Koriander kann man für die Butter auch sehr gut verwenden. Außerdem kann man die Shadon Beni Butter auch prima als Marinade für andere gegrillte Gemüsearten und Meeresfrüchte verwenden.

Welcher Rost für welche Speisen
Einige Tipps zum Grillen von Gemüse

Sie kennen das: Sie lieben gegrilltes Gemüse, aber wenn es daran geht, die auf dem Grill vor sich hin brutzelnden Pilze, Frühlingszwiebeln und Zwiebelviertel umzudrehen, fallen sie zwischen den Grillroststäben hindurch ins Feuer. Man kann dieses Problem auf verschiedene Arten lösen. Einige ausgebuffte Grillexperten benutzen einen Gemüsegrillrost, das ist ein Rost den man auf den normalen Grillrost legt und der oft aus Porzellan oder beschichtetem Metall besteht. Der Gemüserost besitzt viele kleine Löcher, durch die Hitze und Rauch das Gemüse zwar gut erreichen können, die aber zu klein sind, als dass die Gemüsestücke hindurch fallen könnten.

Eine andere Art von Gemüsegrillrost ist der Gemüsekorb, ein aufklappbarer Drahtkorb, in den man Pilze, Cherrytomaten, Zucchinischeiben und andere kleinere Gemüseteile lose hineinlegen kann. Statt jedes Teil einzeln auf dem Grill umzudrehen, dreht man einfach den ganzen Korb um.

Gemüseroste und -körbe sind in Fachgeschäften für Küchenzubehör oder über das Internet erhältlich. Wenn man sie verwendet, muss man sie allerdings auf dem normalen Rost etwa fünf Minuten vorheizen, bevor man das Gemüse darauf oder hinein legt.

Grillexperten streiten sich darüber, ob man den Grillrost – normaler Rost oder Gemüserost – vor dem Grillen des Gemüses nun einölen sollte oder nicht. Das Gemüse bleibt in der Regel nicht so schnell am Rost kleben, wie es Fleisch und Meeresfrüchte tun (bei Fleisch und Meeresfrüchten ist es das Eiweiß, das kleben bleibt). Aber wenn Sie gerne die schönen Streifen vom Rost auf Ihrem Gemüse hätten, die man durch das Einölen erhält, und wenn Sie der Meinung sind, Vorsicht sei besser als Nachsicht, dann ölen Sie Ihren Rost vor dem Grillen ruhig ein – aber erst wenn er heiß ist.

Aber denken Sie jetzt nicht, dass Sie Ihr Gemüse nicht ohne einen Gemüserost grillen können. Ich habe auf meiner Grillreise 5 Kontinente durchquert und in nur einem – Nordamerika – benutzten die Köche Gemüseroste.

ZUTATEN

- 8 Maiskolben (je größer und älter, desto besser)
- 8 EL gesalzene Butter, zimmerwarm
- 3 EL frischer culantro oder Koriander (fein gehackt)
- 2 Frühlingszwiebeln, weiße und grüne Teile, geputzt und gehackt
- 1 Knoblauchzehe, zerdrückt
- Frisch gemahlener schwarzer Pfeffer

1. Die Maiskolben schälen, zur Seite stellen und die Shadon Beni Butter zubereiten.

2. Butter, culantro, Frühlingszwiebeln und Knoblauch in der Küchenmaschine zu einer cremigen Paste verarbeiten. Die Butter mit Pfeffer abschmecken und in eine Schüssel geben. Wenn die Kräuter sehr fein gehackt sind, kann man sie auch direkt in einer Schüssel unter die Butter rühren.

3. Den Grill für direktes Grillen vorbereiten und gut aufheizen.

4. Wenn der Grill aufgeheizt ist, den Grillrost mit Öl einpinseln. Die Maiskolben auf den heißen Rost legen und unter Wenden mit der Zange 8 bis 12 Minuten grillen, bis sie schön braun sind. Während des Grillens gelegentlich mit der Shadon Beni Butter bestreichen.

5. Die Maiskolben vom Grill nehmen und nochmals mit der Butter bestreichen. Sofort servieren.

JAPAN

GEGRILLTE AUBERGINEN
MIT MISO-BARBECUESAUCE

DIREKTES GRILLEN
FÜR 6 PERSONEN

Gegrillte Auberginen erscheinen den Menschen aus dem Westen als Snack in einer Bar eher seltsam, aber in den Teriyaki-Bars an den Bahnhöfen Tokios sind sie ein Bestseller. Ich betrachte sie als eine Art vegetarischen

Hot Dog. Die als Glasur für die Auberginen verwendete Barbecuesauce ist eine süß-salzige Mischung aus Miso (vergorener Sojabohnenpaste). Weißes Miso, die am häufigsten verwendete Art, kann man in Naturkostläden und vielen großen Supermärkten kaufen. Für dieses Rezept verwende ich kleinere, schlanke Auberginen, die den Vorteil haben, dass sie schneller garen und mit ein paar Bissen gegessen werden können. Man kann die Auberginen auch als Hauptspeise servieren, dann reichen sie für 2 bis 3 Personen.

6 kleinere Auberginen (à 120 g)
90 g weißes Miso
1 EL Sake
1 EL Mirin (süßer Reiswein) oder Sahnesherry
1 EL Zucker
1 EL Mayonnaise
1 EL asiatisches (dunkles) Sesamöl, zum Einpinseln
1 TL schwarze Sesamsamen oder normale geröstete Sesamsamen (siehe Kasten Seite 113)

1. Die Auberginen längs halbieren. Mit einem scharfen Messer in die Haut und angeschnittenen Flächen überall verteilt kleine Kreuzchen einritzen. Die Einschnitte sollten etwa 0,5 cm tief sein und einen Abstand von etwa 0,25 cm haben.

2. Miso, Sake, Mirin, Zucker und Mayonnaise in einer Schüssel zu einer cremigen Masse verrühren.

3. Den Grill für direktes Grillen vorbereiten und gut aufheizen.

4. Wenn der Grill aufgeheizt ist, den Grillrost mit Öl einpinseln. Die Auberginen von allen Seiten mit dem Sesamöl einpinseln, mit der angeschnittenen Seite nach unten auf den heißen Rost legen und 3 bis 4 Minuten grillen, bis sie schön braun sind. Mit der Zange wenden und die angeschnittenen Seiten großzügig mit der Miso-Sauce bestreichen. Weitere 6 bis 8 Minuten grillen, bis die Unterseiten der Auberginen ebenfalls schön braun sind und das Fleisch weich ist. Zum Prüfen die Auberginen leicht an den Seiten eindrücken, sie sollten etwas nachgeben.

5. Die Auberginen auf einer Platte anrichten, mit Sesamsamen bestreuen und sofort servieren.

ARGENTINIEN

ARGENTINISCHE GEGRILLTE AUBERGINEN

DIREKTES GRILLEN
FÜR 6 PERSONEN

Die Argentinier verdünnen ihre streng fleischhaltigen Gerichte normalerweise nicht mit überflüssigen Beilagen oder Gemüse. Gegrillte Auberginen sind jedoch Bestandteil des Steakhausrepertoires geworden. Die hier verwendeten Auberginen sind von der kleineren Art (etwa 10 cm lang), die man in mediterranen Lebensmittelläden und Delikatessenläden bekommt. Aber auch größere Auberginen kann man auf diese Art zubereiten.

3 kleine Auberginen (à 120-180 g)
2 Knoblauchzehen, zerdrückt
3 EL natives Olivenöl extra
1 TL getrockneter Oregano
1 TL getrockneter Basilikum
1 TL frische Thymianblätter, oder ½ TL getrockneter Thymian
1 TL süßer oder scharfer Paprika
½ TL scharfe, rote Pepperoniflocken (wahlweise)
Salz und frisch gemahlener schwarzer Pfeffer

1. Die Auberginen quer in 1 cm dicke Scheiben schneiden. Knoblauch und Olivenöl in einer kleinen Schüssel mischen und ein wenig von dem Knoblauchöl auf die Auberginenscheiben pinseln.

2. Oregano, Basilikum, Thymian, Paprika und Pepperoniflocken (wenn verwendet) in einer Schüssel mischen und zur Seite stellen.

3. Den Grill für direktes Grillen vorbereiten und gut aufheizen.

4. Wenn der Grill aufgeheizt ist, den Grillrost mit Öl einpinseln. Die Auberginenscheiben auf den heißen Rost legen und 3 bis 5 Minuten grillen, bis sie von unten schön braun sind. Die obere Seite mit etwas Knoblauchöl einpinseln, mit der Zange wenden und die andere Seite ebenfalls mit Knoblauchöl einpinseln.

5. Die Kräutermischung auf die Auberginen streuen und mit Salz und Pfeffer würzen. Die Auberginenscheiben weitere 3 bis 5 Minuten grillen, bis sie von der anderen Seite ebenfalls schön braun sind und das Fleisch weich ist. Die Auberginen sofort servieren.

ITALIEN

GEGRILLTER FENCHEL

DIREKTES GRILLEN
FÜR 4 PERSONEN

Sie haben es bestimmt schon einmal in der Gemüseabteilung Ihres Supermarktes gesehen: dieses seltsame Gemüse mit den farnartigen, fedrigen Blättern, den knackigen grünen Stängeln und dem zwiebelförmigen, grünweißen Körper. Den Geschmack frischen Fenchels kann man als Sellerie mit Lakritzgeschmack beschreiben. Beim Grillen kommt die Süße des Fenchels zutage. Mit einer süß-sauren Balsamico-Essig-Marinade dazu erhalten Sie ein Gemüse, dessen Geschmack Sie so schnell nicht vergessen werden. Man kann es zimmerwarm als Vorspeise servieren oder heiß als Beilage. Die Marinade aus Balsamico-Essig dient zugleich als Dressing.

VORBEREITUNGSZEIT

2 Stunden zum Marinieren des Fenchels

ZUTATEN

4 kleine oder 2 große Fenchelknollen (700-900 g)
80 ml natives Olivenöl extra
80 ml Balsamico-Essig
2 EL Honig
2 Knoblauchzehen, zerdrückt
2 kleine Schalotten, gehackt
3 EL frischer Estragon oder Basilikum, gehackt
Salz und frisch gemahlener schwarzer Pfeffer

1. Die Stängel und äußeren Blätter des Fenchels abschneiden (die Stängel kann man für andere Zwecke verwahren, z.B. Wolfsbarsch auf Fenchel gegrillt, Rezept auf Seite 307). Die Fenchelknollen längs in 1-1,5 cm dicke Scheiben schneiden.

2. Olivenöl, Balsamico-Essig, Honig, Knoblauch, Schalotten und Estragon in einer Schüssel gut verrühren. Die Fenchelscheiben unterheben, bis alle Scheiben gut mit Marinade bedeckt sind. Den Fenchel zugedeckt 2 Stunden marinieren. Er muss nicht kühl stehen.

3. Den Grill für direktes Grillen vorbereiten und gut aufheizen.

4. Wenn der Grill aufgeheizt ist, den Grillrost mit Öl einpinseln. Die Fenchelscheiben aus der Marinade nehmen und diese zur Seite stellen. Den Fenchel auf den heißen Rost legen und unter Wenden mit der Zange 8 bis 12 Minuten grillen, bis er schön zart ist. Mit Salz und Pfeffer würzen.

5. Die Fenchelscheiben mit der restlichen Marinade bestreichen und warm oder zimmerwarm servieren.

KOREA

KNOBLAUCH-KEBABS

DIREKTES GRILLEN
FÜR 4 BIS 8 PERSONEN

Diese winzigen Kebabs sind in Korea eine traditionelle Beilage zu gegrilltem Fleisch, wie das In Sesam gegrilltes koreanisches Rindfleisch (bool kogi, Seite 150). Durch das Grillen erhalten die Knoblauchzehen einen delikaten Holzkohlegeschmack, können aber nicht anbrennen, da sie in Alufolie gewickelt sind.

SPEZIELLE AUSRÜSTUNG

8 große Zahnstocher aus Holz

ZUTATEN

2 bis 3 Knoblauchknollen (für etwa 24 große Zehen)
1 EL asiatisches (dunkles) Sesamöl
Salz und frisch gemahlener schwarzer Pfeffer

1. Die Knoblauchknollen in Zehen zerpflücken. Die Zehen schälen (siehe Hinweis). Immer 3 Knoblauchzehen auf einen Spieß stecken. Die Knoblauchzehen mit dem Sesamöl einpinseln und mit Salz und Pfeffer würzen. Die Spieße einzeln locker in Alufolie wickeln.

2. Den Grill für direktes Grillen vorbereiten und gut aufheizen.

3. Wenn der Grill aufgeheizt ist, die Knoblauchspieße auf den heißen Rost legen und etwa 5 Minuten pro Seite grillen, bis der Knoblauch schön zart ist. Dabei immer wieder mit der Zange wenden, damit er gleichmäßig gart. Kurz bevor der Knoblauch gar ist, die Alufolie entfernen und den Knoblauch grillen, bis er leicht bräunt.

HINWEIS: Um die Haut zu lösen, den Knoblauch mit der Seite eines Messers vorsichtig flachdrücken. Oder einen Knoblauchschäler benutzen.

KARIBIK

GEGRILLTE SPARGELBOHNEN

DIREKTES GRILLEN
FÜR 4 PERSONEN

Spargelbohnen kommen ursprünglich aus China. Sie sehen aus wie grüne Bohnen, sind aber bis zu 20 cm lang und kamen Mitte des 19. Jahrhunderts durch die Chinesen, die zur Arbeit verpflichtet worden waren, nach Trinidad. Spargelbohnen schmecken ähnlich wie die grünen Bohnen, nur etwas erdiger. Das schickste an ihnen ist aber, dass sie so lang sind und man dekorative Knoten aus ihnen binden kann.

SPEZIELLE AUSRÜSTUNG

Gemüsegrillrost (wahlweise)

ZUTATEN

500 g Spargelbohnen oder grüne Bohnen
2 EL asiatisches (dunkles) Sesamöl
Salz und frisch gemahlener schwarzer Pfeffer
1 EL Sesamsamen, geröstet (siehe Kasten Seite 113)

1. Einen großen Topf mit Salzwasser zum Kochen bringen und die Bohnen darin 3 Minuten kochen, sodass sie noch etwas Biss haben. Die Bohnen unter fließend kaltem Wasser abspülen und gut abtropfen lassen. Die Bohnen auf eine Länge von 10-12 cm zurechtschneiden und in jede Bohne einen lockeren Knoten binden (siehe Hinweis). Die Bohnen auf Küchenpapier trocknen lassen.

2. Den Grill für direktes Grillen vorbereiten und gut aufheizen.

3. Wenn der Grill aufgeheizt ist, den Gemüserost (wenn verwendet) 5 Minuten vorheizen und dann mit Öl einpinseln oder direkt den Grillrost mit Öl einpinseln. Die geknoteten Bohnen mit dem Sesamöl einpinseln und mit Salz und Pfeffer würzen. Die Bohnen auf den heißen Rost legen und unter Wenden mit der Zange 8 bis 10 Minuten grillen, bis sie schön braun sind.

4. Die Spargelbohnen auf Tellern oder einer Platte anrichten, die Sesamsamen darüber streuen und sofort servieren.

HINWEIS: Wenn man normale grüne Bohnen nimmt, 4 bis 5 Bohnen quer auf kurze Holzspieße stecken und beim Grillen einen Feuerschutz aus Alufolie verwenden (siehe Kasten Seite 23). Junge, dünne grüne Bohnen müssen nicht vorgekocht werden.

KOREA

KEBABS AUS GEGRILLTEN PILZEN UND FRÜHLINGSZWIEBELN

DIREKTES GRILLEN
FÜR 4 BIS 6 PERSONEN

Pilze eignen sich hervorragend zum Grillen. Die starke Hitze karamellisiert die Außenseite der Pilze und intensiviert dadurch deren Geschmack. Der hohe Wasseranteil der Pilze bewirkt, dass sie schön saftig bleiben. Diese Tugenden nutzen die Koreaner, die viele verschiedene Gerichte mit gegrillten Pilzen kennen. Diese Kebabs sind rein vegetarisch, aber die Koreaner grillen sie auch oft mit Streifen aus Hähnchen- oder Rindfleisch.

VORBEREITUNGSZEIT

1 bis 2 Stunden zum Marinieren der Kebabs

SPEZIELLE AUSRÜSTUNG

12 lange Holzspieße (Menge nach Bedarf) und ein Feuerschutz aus Alufolie (siehe Kasten Seite 23)

ZUTATEN

350 g frische Shiitakepilze oder Zuchtchampignons, entstielt, Hüte mit feuchtem Küchenpapier geputzt
2 Bund große Frühlingszwiebeln, weiße und grüne Teile, geputzt
1 mittelgroße gelbe Paprikaschote, Rippen und Kerne entfernt, in 4 x 1,5 cm große Streifen geschnitten
60 ml Sojasauce
3 EL Zucker
1 EL asiatisches, dunkles Sesamöl
4 Knoblauchzehen, zerdrückt
2 EL Sesamsamen, geröstet (siehe Kasten Seite 113)
½ TL frisch gemahlener schwarzer Pfeffer

1. Die Pilze in 1,5 cm dicke Scheiben schneiden. Die weißen Teile der Frühlingszwiebeln in Abschnitte schneiden, die so lang wie die Pilzscheiben sind (etwa 1,5 cm). Das Grün der Frühlingszwiebeln fein hacken. Die Pilzscheiben so auf den Spieß stecken, dass sie flach auf dem Grill liegen. Dabei mit den quer aufgespießten weißen Frühlingszwiebelteilen und den Paprikastreifen abwechseln. Die Kebabs in eine Auflaufform legen.

2. Sojasauce, Zucker, Sesamöl, Knoblauch, 1 EL Sesamsamen und schwarzen Pfeffer in einer großen Schüssel gut verrühren. Die Sojasaucenmischung über die Kebabs gießen und diese bei Zimmertemperatur 1 bis 2 Stunden marinieren, dabei einmal zwischendurch wenden.

3. Den Grill für direktes Grillen vorbereiten und gut aufheizen.

4. Wenn der Grill aufgeheizt ist, den Grillrost mit Öl einpinseln. Die Kebabs aus der Marinade heben und die Marinade zur Seite stellen. Die Kebabs so auf dem heißen Rost verteilen, dass die hölzernen Spießenden auf der Alufolie liegen. Unter Wenden mit der Zange 3 bis 5 Minuten pro Seite (insgesamt 6 bis 10 Minuten) grillen, bis die Pilze zart und Frühlingszwiebeln und Paprika schön braun sind. Dabei immer wieder mit der Marinade bestreichen.

5. Die fertigen Kebabs mit dem gehackten Grün der Frühlingszwiebeln und den restlichen Sesamsamen bestreuen und heiß oder zimmerwarm servieren.

KOREA

GEGRILLTE SESAM-AUSTERNPILZE

DIREKTES GRILLEN
FÜR 4 PERSONEN

Austernpilze sind längliche, graue Pilze, die wegen ihrer glitschigen, leicht gummiartigen Konsistenz an Austern erinnern. Wenn man sie nirgendwo kaufen kann, tun es auch andere exotische Pilze oder sogar geviertelte weiße Champignons. Ich wurde im „Korea House" in Seoul zu diesem Rezept inspiriert, wo das Gericht Teil eines hanjongshik war, eine unglaubliche Auswahl von mehr als zwei Dutzend verschiedener kleiner Gerichte, die in Korea zu einem traditionellen Tagesmenü gehören.

SPEZIELLE AUSRÜSTUNG

Gemüsegrillrost, oder 12 kurze Holzspieße und ein Feuerschutz aus Alufolie (siehe Kasten Seite 23)

ZUTATEN

450 g Austernpilze oder mittelgroße weiße Champignons
½ mittelgroße grüne Paprikaschote, Rippen und Kerne entfernt
½ mittelgroße rote Paprikaschote, Rippen und Kerne entfernt
2 Knoblauchzehen, zerdrückt
3 Frühlingszwiebeln, weiße und grüne Teile, geputzt und gehackt
3 EL Sojasauce
1½ EL asiatisches (dunkles) Sesamöl
1 EL Zucker
1 EL Sesamsamen, geröstet, (siehe Kasten Seite 113)
Salz und frisch gemahlener schwarzer Pfeffer

1. Die Enden der Austernpilze abschneiden. Die Paprikaschotenhälften schräg in dünne Scheiben schneiden.

2. Knoblauch, Frühlingszwiebeln, Sojasauce, Sesamöl, Zucker und Sesamsamen in einer kleinen Schüssel mischen. Die Sesamölmischung mit Salz und viel schwarzem Pfeffer würzen und gut verrühren, bis sich der Zucker aufgelöst hat. Die Pilze und Paprikastreifen unterheben und 15 Minuten marinieren. Wenn man keinen Gemüserost verwendet, die Pilze und Paprikastücke auf Holzspieße aufreihen.

3. Den Grill für direktes Grillen vorbereiten und gut aufheizen.

4. Wenn der Grill aufgeheizt ist, den Gemüserost (wenn verwendet) 5 Minuten vorheizen und mit Öl einpinseln oder den Grillrost mit Öl einpinseln. Die Pilzspieße so auf dem heißen Rost verteilen, dass die hölzernen Spießenden auf der Alufolie liegen. Unter Wenden mit der Zange 3 bis 5 Minuten pro Seite (insgesamt 6 bis 10 Minuten) grillen, bis die Pilze zart sind und das Gemüse schön braun ist.

5. Pilze und Paprika auf Tellern, einer Platte oder in Schüsseln anrichten. Man kann das Gericht heiß, kalt oder lauwarm servieren.

JAPAN

KEBABS AUS SHIITAKEPILZEN UND FRÜHLINGSZWIEBELN

DIREKTES GRILLEN
ALS VORSPEISE ODER
BEILAGE FÜR 4 PERSONEN

Diese bunten Kebabs tauchen immer wieder als Grillspießchen in den Yakitori-Lokalen Tokios auf und eignen sich sehr gut als Beilage oder vegetarische Vorspeise. Ich mag, wie der Geschmack der gegrillten Frühlingszwiebeln in die Shiitakepilze eindringt. Frische Shiitakepilze kann man sehr gut kaufen, aber man kann auch getrocknete, chinesische schwarze Pilze (20 Minuten in heißem Wasser eingeweicht) oder andere Pilzarten nehmen.

SPEZIELLE AUSRÜSTUNG

8 lange Holzspieße und ein Feuerschutz aus Alufolie (siehe Kasten Seite 23)

ZUTATEN

- **1 Bund große Frühlingszwiebeln, weiße und grüne Teile, geputzt**
- **24 frische Shiitakepilze, entstielt, Hüte mit feuchtem Küchenpapier geputzt**
- **3 EL Sojasauce**
- **3 EL Mirin (süßer Reiswein) oder Sahnesherry**
- **1 EL Zucker**
- **1 Knoblauchzehe, zerdrückt**

1. Die Frühlingszwiebeln in Abschnitte schneiden, die so lang wie die Pilzhüte sind (etwa 1,5 cm). Die Pilzhüte so auf die Spieße stecken, dass sie flach auf dem Grill liegen, dabei mit den quer aufgespießten Frühlingszwiebeln abwechseln. Auf jeden Spieß 3 Pilzhüte und 4 Frühlingszwiebeln stecken. Übrig gebliebene Frühlingszwiebelstücke für andere Zwecke aufbewahren.

2. Sojasauce, Mirin, Zucker und Knoblauch in einer kleinen Schüssel gut verrühren, bis sich der Zucker aufgelöst hat.

3. Den Grill für direktes Grillen vorbereiten und gut aufheizen.

4. Wenn der Grill aufgeheizt ist, den Grillrost mit Öl einpinseln. Die Kebabs so auf dem heißen Rost verteilen, dass die hölzernen Spießenden auf der Alufolie liegen. Unter Wenden mit der Zange 3 bis 5 Minuten pro Seite (insgesamt 6 bis 10 Minuten) grillen, bis die Pilze zart und die Frühlingszwiebeln schön braun sind, dabei immer wieder mit der Sojasaucenmischung bestreichen. Sofort servieren.

SPANIEN

GEGRILLTE CHORIZO-PILZE

INDIREKTES GRILLEN
ALS VORSPEISE FÜR 4 PERSONEN
ALS BEILAGE FÜR 8 PERSONEN

Gegrillte Champignonhüte mit Chorizo, Knoblauch und Olivenöl sind eine beliebte spanische Tapa – so beliebt, dass es sogar eine Tapas-Bar in Madrid gibt, die „Mesón del Champiñón“, die einzig und allein dieses Gericht serviert. Die Mesón liegt in einer ganzen Reihe von Tapas-Bars – alle mit ihren eigenen Spezialitäten – die direkt in die Stützmauern der Plaza Mayor eingebaut sind. Es sollte hier angemerkt werden, dass die Köche im „Mesón“ die Pilzhüte auf einem Backblech backen, aber durch das Grillen wird der Geschmack interessanter. Es macht auch mehr Spaß, weil man dann draußen ist. Dieses Gericht kann als Vorspeise oder vegetarische Beilage gereicht werden.

SPEZIELLE AUSRÜSTUNG

Gemüsegrillrost (wahlweise)
Zahnstocher, zum Servieren

ZUTATEN

- **16 große weiße Champignons, entstielt, Hüte mit feuchtem Küchenpapier geputzt**
- **80 ml natives Olivenöl extra, oder mehr**
- **4 Scheiben (à 0,5 cm Dicke, insgesamt 30-60 g) gekochte Chorizo (siehe Hinweis)**
- **4 Knoblauchzehen, zerdrückt**
- **15 g frische, glatte Petersilie, gehackt**
- **½ Zitrone**
- **Salz und frisch gemahlener schwarzer Pfeffer**

1. Die Champignons großzügig von beiden Seiten mit etwas Olivenöl einpinseln und mit der runden Seite nach unten auf ein Backblech legen.

2. Die Chorizoscheiben vierteln und je ein Viertel in einen Champignonhut legen. Knoblauch und Petersilie auf die Pilze verteilen. Etwas Zitronensaft auf jeden Pilz spritzen und das restliche Olivenöl darüber träufeln. Großzügig mit Salz und Pfeffer würzen.

3. Den Grill für indirektes Grillen vorbereiten, eine Tropfschale in die Mitte des Grills setzen und den Grill auf mittlere Hitze aufheizen.

4. Wenn der Grill aufgeheizt ist, den Gemüserost (wenn verwendet) 5 Minuten vorheizen. Die mit Chorizo gefüllten Pilze von der Hitzequelle entfernt in die Mitte auf den heißen Rost legen und den Grill schließen. Die Champignons etwa 20 Minuten grillen, bis sie zart und schön braun sind und die Wurst und der Knoblauch brutzeln. Für einen rauchigeren Geschmack die Champignonhüte in den letzten 5 Minuten direkt über den Flammen grillen.

5. Die gegrillten Pilze auf eine Platte legen und zum Servieren in jeden Pilz einen Zahnstocher stecken.

HINWEIS: Chorizo ist eine pikante spanische Wurst. Ich habe diese Pilze aber auch schon mit Landschinken statt Chorizo zubereitet. Dazu muss man 60 g Schinken in kleine Stifte schneiden.

Japanische Grillgerichte

Die meisten Leute denken bei japanischem Essen an Sushi, sashimi, sukiyaki oder Soba-Nudeln. Doch Japan hat eine alte Grilltradition. Eigentlich sind es sogar zwei: der gehobene Robatayaki-Stil und das eher volkstümliche Yakitori. Dies wurde mir auf einer Reise durch ein Land bewusst, das mir besonders am Herzen liegt: Ich wurde nämlich in Nagoya in Japan geboren.

Im Laufe meiner Grillreise durch Japan kostete ich in einem ruhigen Teehaus auf dem Philosopher's Walk in Kioto ein delikates dengaku (gegrillter Tofu auf „Stelzen"). Vor Tokios mächtigem Sensoji Tempel verspeiste ich den von den Straßenverkäufern gegrillten, knusprigen Reiskuchen, der mit einer sauren Pflaumenpaste bestrichen war, die einem den Mund zusammenzog. Ich aß Hähnchen-Teriyaki und mit Miso glasierte Auberginen in den rauen und baufälligen Yakitori-Lokalen unter dem Bahnhof in der Nähe der neonbeleuchteten Ginza. Aber meine ultimative Begegnung mit der japanischen Grillkunst hatte ich in Tokio anlässlich eines Abendessens im Restaurant „Inakaya".

Das Restaurant liegt hinter einer unscheinbaren Fassade in einem Hochhaus aus der Nachkriegszeit im schicken Stadtteil Rapongi. Vorbei an einer Schale mit Salz (als Zeichen der Gastlichkeit) und einer mit Pfirsichblüten gefüllten Vase aus Bambusholz schreitet man einem kulinarischen Erlebnis entgegen, das sich mit nichts in der westlichen Welt vergleichen lässt.

Sehr willkommene Gäste

Sobald meine Frau Barbara und ich eintraten, kündigte ein in Blau und Weiß gekleideter Ober laut rufend unsere Ankunft an. Seine Mitarbeiter wiederholten diese Ankündigung in einer Lautstärke, die selbst Tote aufgeweckt hätte. Wir setzten uns unter weiteren Rufen („der Gast setzt sich hin", „der Gast bestellt") an eine U-förmige Theke, in deren Mitte wie an einem Marktstand eine beeindruckende Auswahl an Zutaten präsentiert wurde. Es gab Weidenkörbchen mit Gemüse (Okras, Shiitakepilze, Lauch und Yamswurzeln, um nur einige zu nennen); glitzernde Eisblöcke, auf denen sich ganze Fische, Riesengarnelen und gewaltige Scheren von Königskrabben türmten; Platten mit Schweinefleisch, Geflügel und durchwachsenem Kobe-Rindfleisch. Ich versuchte, die hier ausgestellten Speisen zu zählen, verlor aber nach 40 die Übersicht.

Ein Koch mit einem blau-weißen Tuch um den Kopf kniete auf einem Podest, von dem aus er diese Fülle überblicken konnte. Wir bestellten Sake. Es folgte erneutes Rufen und dann hielt uns der Koch ein etwa 3 m langes Holzpaddel entgegen, auf dessen Ende eine Schale in einem kleinen hölzernen Kästchen stand. Ein Ober erschien mit einer Flasche und füllte die Schale mit Sake so reichlich, dass noch Wein in das Kästchen darunter tropfte. Im „Inakaya" legt man viel Wert auf Großzügigkeit und in den nächsten zwei Stunden wurden wir mit einer Freigebigkeit bedient, die schon fast an Verschwendung grenzte.

Vorspeisen wurden serviert, ohne dass wir sie bestellt hatten: ein Teller mit sashimi, eine kleine Karottenart, und Salat aus kampyo (eine Kürbisart), ein kalter Spieß mit Kobe-Rindfleisch, dem teuersten Rindfleisch der Welt (die Rinder werden mit Bier und Getreide gefüttert und ihr Fleisch ist sehr gut und zart). Da wir kein Japanisch sprachen, zeigten wir auf die verschiedenen, innerhalb der U-förmigen Theke vor dem Koch ausgestellten Zutaten und dann begann das Mahl – das robatayaki – erst wirklich.

Robatayaki setzt sich aus den japanischen Wörtern ro und yaki zusammen. Ro ist ein viereckiger Herd, um den sich die Bauern als Wärmequelle und Kochstelle versammelten und yaki bedeutet gegrillt. Und früher wurde über Holzkohle gegrillt. In vielen Yakitori-Lokalen wird auch immer noch auf diese Art und Weise gegrillt, im „Inakaya" geht man das Ganze etwas moderner an und grillt auf Infrarotgrills, die für amerikanische Verhältnisse winzig sind. Unser gesamtes Mahl wurde auf einem Grill zubereitet, der nicht länger war als mein Unterarm und nicht breiter als meine Handfläche.

In rasend schneller Folge wurden uns kleine Kebabs mit gegrilltem Spargel, Hüten von Shiitakepilzen und sogar mit Okras serviert (die Okra war gegrillt erstaunlich lecker). Für einen Robatayaki-Koch gibt es nichts, was es nicht gibt: kleine Yamknollen, Wachteleier, sogar Ginkofrüchte, die wie wächserne Kartoffeln schmecken. Das Rufen dauerte unvermindert an und per Paddel wurde uns eine endlose Folge von Köstlichkeiten dargereicht. So möchte man den ganzen Abend fortfahren, und genau das taten wir auch.

Abgesehen von der geräuschvollen Theatralik und der unglaublichen Großzügigkeit ist das Erstaunlichste am robatayaki sicherlich die schlichte Zubereitungsmethode. Natürlich wird hier und da ein wenig Teriyaki-Sauce gepinselt, mit einer Portion Miso-Sauce übergossen oder geschmolzene Butter gereicht. Jedoch werden die meisten Speisen einfach nur mit Salz gewürzt. Die Geschmacksrichtungen sind unverfälscht und natürlich, aber aus diesen einfachen Gewürzen kreiert der Koch eine Symphonie von Aromen. Selbst das höchste Souffle oder die reichhaltigste Pastete könnten nicht mit einer der einfach dargereichten Scheiben einer wunderbar reifen Melone konkurrieren, die im „Inakaya" als Dessert serviert wird.

Angesichts der in der japanischen Küche herrschenden Sorgfalt, der akribischen, fast künstlerischen Darreichung der Speisen, könnte man den spielerischen Aspekt der japanischen Kochkunst fast aus den Augen verlieren. Und doch sind spielerisch und festlich die Kernbegriffe im „Inakaya" und eigentlich in allen Lokalen, in denen wir in Japan speisten. Man sollte meinen, solch köstliche Mahlzeiten würden in andächtigem Schweigen eingenommen, doch die japanischen Genießer trinken viel und feiern gern – besonders wenn sie ihre Lieblingsgerichte einnehmen.

Happy Hour auf Japanisch

Dies gilt vor allem für die Yakitori-Lokale, die man in oder unter fast allen Bahnhöfen in Tokio findet. Ein Yakitori-Lokal ist eine Einrichtung, die es nur in Japan gibt: teils Kneipe, teils Grillbude, in denen die japanischen Büroangestellten in Scharen nach der Arbeit zusammenkommen, um zu essen, zu rauchen, ein paar Biere zu trinken und sich in ohrenbetäubender Lautstärke zu unterhalten, bevor sie sich auf die lange Heimfahrt mit dem Zug begeben.

Yakitori-Lokale sind nicht groß (manche haben nicht einmal sechs Sitzplätze) und bestimmt nicht schick. Eines der berüchtigtsten Yakitori-Lokale in Tokio, das „Tonton", hat noch nicht einmal vier Wände. Aber ohne den Besuch eines Yakitori-Lokals würde man eines der wichtigsten kulturellen Erlebnisse in Japan verpassen.

Yakitori setzt sich aus den japanischen Wörtern für gegrillt (yaki) und Hähnchen (tori) zusammen. Anders als vornehme Restaurants, wie z.B. das „Inakaya", benutzt man in den Yakitori-Lokalen noch Holzkohlegrills – meist ein trogförmiger Grill auf Beinen, der vor dem Restaurant steht. Die Holzkohle ist die bincho aus der langsam brennenden Steineiche, die im Regierungsbezirk Wakayama bei Tokio wachsen.

Manchen Angaben zufolge stammt das Yakitori (oder zumindest die Praxis des Grillens) von holländischen Händlern, die sich in Nagasaki niederließen. Tatsächlich trägt eine beliebte Yakitori-Kette aus Tokio den Namen „Nanbantei", was übersetzt heißt „Restaurant der südländischen Barbaren", wie die Japaner die frühen europäischen Siedler zu nennen pflegten.

Was das Geflügel angeht (tori) haben die meisten Yakitori-Lokale eine beeindruckende Auswahl an verschiedenen Fleischstücken. Es gibt die momo yaki (Hähnchenschenkel – die dem Brustfleisch wegen des höheren Fettgehalts und reicheren Geschmacks vorgezogen werden), die Shiitake toriyaki (Kebabs aus Hähnchen und Pilzen), negi toriyaki (Kebabs aus Hähnchen und Lauch) und tsukune yaki (Hähnchenfleischbällchen). Experimentierfreudigere Esser können sich auch an die kawa yaki (gegrillte Hähnchenhaut), hatsu yaki (Hähnchenherzen), bonchiri yaki („Pfaffenstück") und uzura yaki (gegrillte befruchtete Hühnereier) wagen.Aber auch Vegetarier kommen hier auf ihre Kosten: Sie bestellen nasu yaki (mit Miso glasierte gegrillte Auberginen), piiman yaki (winzige gegrillte Pepperoni) oder ginnan yaki (gegrillte Ginkofrüchte).

Nicht schlecht für ein Restaurant, das fast immer bedeutend kleiner ist als Ihr Schlafzimmer! Sie bezahlen pro Spieß, dadurch ist das Yakitori relativ günstig (Hier kann man noch den seltenen Fall erleben, dass man in Tokio speist und von einem 2000 Yen-Schein (ca. 16 Euro) noch Wechselgeld zurückbekommt). Das vornehmliche Getränk in einem Yakitori-Lokal ist das Bier.

Im Westen (besonders in Nord- und Südamerika) wird die Qualität eines Barbecues zum Teil an der Anzahl der Löcher gemessen, die man seinen Gürtel weiter stellen muss. Man würde es aber sicher nie als gesundes Essen bezeichnen. Das japanische Grillen ist da ganz anders. Ob in einem Robatayaki-Restaurant oder in einem bescheidenen Yakitori-Lokal, das Fleisch wird meist nur als Gewürz betrachtet. Die Saucen werden in der Regel auf der Grundlage einer Brühe zubereitet und nicht aus Eiern, Öl oder anderen Fetten. Die Portionen sind moderat, fast bescheiden, und die meisten Gerichte werden in mundgerechten Happen serviert. In Japan ist klein auch schön. Und zumindest das Essen redet mit Ihnen im Flüsterton, und nicht mit Rufen.

Dieses Maßhalten ist für mich die wichtigste Lektion, die westliche Grillfreunde von den Japanern lernen können. Das, und dass man lärmen und Spaß haben darf.

USA

CHAMPIGNONHÜTE MIT RUCOLABUTTER

INDIREKTES GRILLEN
ALS VORSPEISE FÜR 8 PERSONEN
ALS HAUPTSPEISE FÜR 4 PERSONEN

Gefüllte Pilze gehörten zu den ersten Gerichten, die ich zubereiten lernte, und ich bin immer noch fasziniert davon, wie die Pilze den Geschmack der Füllung annehmen, aber dennoch ihren Eigengeschmack behalten. Ich bereite dieses Gericht gern mit Riesenchampignons zu. Das sind Kolosse von 7,5 cm Durchmesser, die sich besonders gut zum Füllen eignen. Ich fülle sie mit Rucolabutter und gare sie auf die indirekte Art auf dem Grill. Erstaunlich.

SPEZIELLE AUSRÜSTUNG

Gemüsegrillrost (wahlweise)

ZUTATEN

1 Bund Rucola, entstielt, gewaschen, trocken geschleudert und grob gehackt
1 Knoblauchzehe, zerdrückt
8 EL ungesalzene Butter, zimmerwarm
Einige Tropfen frischer Zitronensaft
Salz und frisch gemahlener schwarzer Pfeffer
8 Riesenchampignons oder 16 große weiße Champignons, entstielt, Hüte mit feuchtem Küchenpapier geputzt
25 g frisch gemahlener Parmesan

1. Rucola und Knoblauch in einer Küchenmaschine fein hacken. Butter und Zitronensaft zufügen und mit Salz und Pfeffer würzen, dann zu einer cremigen Masse verarbeiten. Die Rucolabutter auf die Champignons streichen und Parmesankäse darüber streuen.

2. Den Grill für indirektes Grillen vorbereiten, eine Tropfschale in die Mitte des Grills setzen und den Grill auf mittlere Hitze aufheizen.

3. Wenn der Grill aufgeheizt ist, den Gemüserost (wenn verwendet) 5 Minuten vorheizen und mit Öl einpinseln, oder direkt den Grillrost mit Öl einpinseln. Die Pilze von der Hitzequelle entfernt in die Mitte auf den heißen Rost legen und den Grill schließen. Die Champignons etwa 20 Minuten grillen, bis sie zart und schön braun sind sowie die Butter geschmolzen ist und leicht brutzelt. Für einen rauchigeren Geschmack die Champignonhüte in den letzten 5 Minuten direkt über den Flammen grillen. Sofort servieren.

Schwarzes Gold

Im 19. Jahrhundert, als man schwarze Trüffel noch bezahlen konnte, ohne gleich ein Darlehen aufnehmen zu müssen, kochten die Franzosen ihre Trüffel auf die gleiche wie die im Rezept auf Seite 418 für Zwiebeln und Kartoffeln beschriebene Art in Holzkohle. Falls Sie einmal im Lotto gewinnen sollten, könnten Sie sich diese wunderbar extravagante Art der Zubereitung der wohlriechenden schwarzen Pilze leisten. Sie bräuchten dann 15 bis 20 Minuten zum Garen eines 5 cm großen Trüffels.

JAPAN

GEGRILLTE OKRA MIT SESAM

DIREKTES GRILLEN
FÜR 4 PERSONEN

Okra ist ein Gemüse, das die Leute lieben und hassen. Sie verabscheuen, dass es schnell schleimig wird, besonders wenn man es kocht. Andere, wie ich, fühlen sich von seiner Knusprigkeit – wenn es nicht zu sehr gekocht wird – und dem süßen, erdigen Geschmack angezogen. Gegrillte Okra habe ich das erste Mal in Tokio kennen gelernt, wo es zu einer unglaublichen Auswahl an gegrilltem Gemüse, Fleisch und Meeresfrüchten gehörte, die in den Robatayaki-Restaurants (auf das Grillen spezialisierte, japanische Restaurants) angeboten wird. Um es etwas mediterraner zu gestalten, kann man für dieses Gericht auch Olivenöl statt Sesamöl verwenden.

SPEZIELLE AUSRÜSTUNG

8 kurze Holzspieße und ein Feuerschutz aus Alufolie (siehe Kasten Seite 23)

ZUTATEN

450 g frische Okras (siehe Hinweis)
1 EL asiatisches (dunkles) Sesamöl, oder natives Olivenöl extra
Salz und frisch gemahlener schwarzer Pfeffer

1. Die Spitzen der an den Okras befindlichen Stiele abschneiden, aber nicht die Schoten einschneiden, da sonst Luft an das Innere gelangt und die Okras schleimig werden.

Jeweils 4 bis 5 Okras ordentlich nebeneinander an den Rand eines Schneidbretts legen und mit einem Holzspieß durch deren Enden stechen, dann mit einem weiteren Holzspieß durch die anderen Enden der Okras stechen, sodass man eine Art Floß aus 4 bis 5 Okras erhält, das flach auf dem Grillrost liegt. Die aufgespießten Okras auf eine Platte legen und von beiden Seiten mit Sesamöl einpinseln und mit Salz und Pfeffer würzen.

2. Den Grill für direktes Grillen vorbereiten und gut aufheizen.

3. Wenn der Grill aufgeheizt ist, den Grillrost mit Öl einpinseln. Die Okras so auf dem heißen Rost verteilen, dass die hölzernen Spießenden auf der Alufolie liegen. Unter Wenden mit dem Pfannenwender 4 bis 5 Minuten pro Seite (insgesamt 8 bis 10 Minuten) grillen, bis die Okras zart und hellbraun sind. Die Okras sofort servieren, die Gäste können dann die Spieße selbst entfernen.

HINWEIS: Beim Einkauf der Okras darauf achten, dass man kleinere und möglichst gleichgroße Schoten kauft. Sie sollten etwa fingerlang und fingerbreit sein. Wählen Sie möglichst knackige, elastische, hellgrüne Schoten und nehmen Sie keine braunen oder runzligen Okras.

SPANIEN

GRÜNE ZWIEBELN MIT ROMESCO

CALÇOTS

DIREKTES GRILLEN
FÜR 4 PERSONEN

Saftige, zarte calçots (kalsots ausgesprochen) sind grüne Zwiebeln aus Katalanien – und was für Zwiebeln. Die süßen, fleischigen Sprossen werden während des Wachstums mit Erde bedeckt (wie die Chicoree), damit sie blass bleiben und gut schmecken. Die calçots werden über einem Feuer aus Weinstockholz schwarz gegrillt, dann in Zeitungspapier gewickelt, wo sie dampfend weitergaren. Im Januar, wenn die calçots geerntet werden, finden in ganz Katalonien riesige calçadas (Zwiebelfestivals) statt. Die Zwiebeln werden traditionell in einer Sauce aus Mandeln und gerösteten Tomaten namens Romesco gedippt und mit sauceverschmierten Fingern gegessen. Man kann sie aber auch mit Olivenöl, Salz und Pfeffer verzehren.

Dieses Rezept kann sowohl mit grünen Zwiebeln als auch mit großen Frühlingszwiebeln zubereitet werden. Ich mag besonders gern die grünen Vidalia-Zwiebeln, die man von Dezember bis April erhält.

ZUTATEN

2 Bund grüne Zwiebeln, oder 4 Bund große Frühlingszwiebeln, weiße und grüne Teile, geputzt
Grobkörniges Salz (z.B. Meersalz)
Romesco, zum Servieren (Seite 472, wahlweise)
Spanisches natives Olivenöl extra (wahlweise), zum Servieren
Frisch gemahlener schwarzer Pfeffer (wahlweise), zum Servieren

1. Den Grill für direktes Grillen vorbereiten und gut aufheizen.

2. Wenn der Grill aufgeheizt ist, den Grillrost mit Öl einpinseln. Die Zwiebeln auf den heißen Rost legen und unter Wenden mit der Zange 8 bis 12 Minuten grillen (Frühlingszwiebeln brauchen nicht so lange wie grüne Zwiebeln). Die Zwiebeln während des Grillens mit viel Salz würzen. Die fertigen, angekohlten Zwiebeln in eine dicke Lage Küchentücher wickeln (oder in Zeitungspapier wie in Spanien) und weitere 15 Minuten ruhen lassen.

3. Die Zwiebeln auswickeln und die verkohlte Haut mit den Fingern abzupfen. Die Zwiebeln noch warm mit Romesco zum Dippen servieren oder mit Olivenöl beträufeln, mit Pfeffer würzen und dann in den Mund stecken.

ITALIEN

MARINIERTE GEGRILLTE PAPRIKASCHOTEN

MIT OLIVEN UND ANCHOVIS

DIREKTES GRILLEN
FÜR 4 PERSONEN

Wie die meisten italienischen Gerichte ist auch dieses einfach. Ein gutes Endergebnis hängt eher von der Qualität der Zutaten ab, denn von komplizierten Marinaden oder der Menge an Zutaten. Hierfür kann man jede Art von Paprikaschoten nehmen oder sogar eine kunterbunte Mischung aus roten, grünen, gelben und orangefarbenen Schoten. Als ich dieses Gericht das erste Mal probierte, bestand es nur aus roten Schoten und so mag ich es auch am liebsten. Das Gericht wird etwas rustikaler, wenn man die Schoten nicht häutet, wie ich es hier tue. Für einen feineren Geschmack grillt man ganze Schoten und häutet sie dann wie im Kasten auf Seite 396 beschrieben.

SPEZIELLE AUSRÜSTUNG

Gemüsegrillrost (wahlweise)

ZUTATEN

4 rote Paprikaschoten
60 ml natives Olivenöl extra
Grobkörniges Salz (z.B. Meersalz) und frisch gemahlener schwarzer Pfeffer
2 bis 4 in Öl eingelegte Anchovisfilets, abgetropft und in 0,5 cm große Stücke geschnitten
2 EL abgetropfte Kapern
4 frische Basilikumblätter, in dünne Streifen geschnitten
35 g schwarze Oliven
1 EL Balsamico-Essig, oder mehr

1. Die Paprikaschoten längs halbieren und die Rippen und Kerne entfernen. Die Hälften nochmals längs in zwei Stücke teilen. Die Paprikaschoten mit 1 EL Olivenöl bestreichen und mit Salz und Pfeffer würzen.

2. Den Grill für direktes Grillen vorbereiten und gut aufheizen.

3. Wenn der Grill aufgeheizt ist, den Gemüserost (wenn verwendet) 5 Minuten vorheizen und dann mit Öl einpinseln oder direkt den Grillrost mit Öl einpinseln. Die Paprikaschoten auf den heißen Rost legen und unter Wenden mit der Zange 3 bis 5 Minuten pro Seite (insgesamt 6 bis 10 Minuten) grillen, bis sie schön braun sind und die Haut Blasen wirft. Die gegrillten Schoten auf ein Schneidbrett legen und abkühlen lassen. Die Paprikastücke in 1 cm breite Streifen schneiden und in eine flache Schüssel legen.

4. Anchovis, Kapern, Basilikumblätter, Oliven, Balsamico-Essig und die restlichen 3 EL Olivenöl ebenfalls in die Schüssel geben und mischen. Die Paprika mindestens 15 Minuten, besser aber bis zu 2 Stunden marinieren und dann servieren.

KARIBIK

GEGRILLTE KOCHBANANEN

DIREKTES GRILLEN
FÜR 4 PERSONEN

Die Kochbanane ist eine größere Verwandte der Banane. Sie wird immer gekocht, normalerweise als Stärkemehl oder Gemüse. Eine grüne Kochbanane schmeckt ähnlich fad wie eine Kartoffel. Wenn sie reif ist (die Schale wird dann schwarz), wird die Kochbanane jedoch so süß wie eine reife Banane. Man kann sowohl die grünen als auch die reifen Kochbananen grillen, aber ich mag lieber die reifen: Das Feuer karamellisiert den Zucker der Kochbanane und macht sie süß wie ein Bonbon. Grillt man die Kochbanane in der Schale, bleibt sie zudem saftig und zart.

4 reife (schwarze) Kochbananen (siehe Hinweis), ungeschält

1. Etwa je 2,5 cm von beiden Enden der Kochbananen abschneiden, dann die Banane mit diagonaler Schnittfläche in 5 cm dicke Abschnitte schneiden.

2. Den Grill für direktes Grillen vorbereiten und gut aufheizen.

3. Wenn der Grill aufgeheizt ist, die Bananen auf den heißen Rost legen und unter Wenden mit der Zange grillen, bis die Schale verbrannt und das Fleisch in der Mitte weich ist sowie die angeschnittenen Enden schön karamellisiert sind. Das dauert etwa 12 bis 15 Minuten. Zum Prüfen die Bananen mit den Fingern drücken.

4. Die Bananen in der Schale servieren. Die Schale erst vor dem Essen aufschneiden.

HINWEIS: Vielleicht können Sie schon reife Kochbananen kaufen. Ansonsten die noch grünen Kochbananen bei Zimmertemperatur nachreifen lassen, bis die Schalen schwarz sind (das kann bis zu einer Woche dauern).

ZWEI ARTEN VON GEGRILLTEN FOLIENKARTOFFELN

INDIREKTES GRILLEN

Die beiden folgenden Rezepte ähneln sich – beide sind hervorragend – die Ideen dazu könnten jedoch nicht von zwei unterschiedlicheren Quellen kommen. Als meine Frau Barbara jung war, bereiteten sie und ihre Zimmergenossinnen im Sommercamp ein Lagerfeuergericht zu, das sie Kartoffeln à la Ketchup nannten. Sie rührten Kartoffelscheiben in Ketchup und Butter und grillten sie dann in Alufolie gewickelt auf dem Feuer. Dann wurden sie dampfend heiß gegessen und waren das beste Lageressen schlechthin. Jahre später aßen wir unter ganz anderen Umständen ein anderes Gericht mit gegrillten Folienkartoffeln – diesmal mit Sesamkernen und Sojasauce gewürzt – in einem japanischen Steakhaus im „Sahid Jaya Hotel“ in Djakarta.

USA

KARTOFFELN À LA KETCHUP

FÜR 4 PERSONEN

Die Kartoffelsorte Yukon Gold gab es zu Barbaras Zeiten noch nicht, doch wir lieben ihren buttrigen Geschmack, wenn wir heute dieses Gericht zubereiten. Benutzen Sie eine mehligkochende Sorte.

SPEZIELLE AUSRÜSTUNG

Feste Alufolie

ZUTATEN

2 EL Ketchup
1 EL Worcestershire-Sauce
1 EL frischer Zitronensaft
4 EL ungesalzene Butter, zimmerwarm
4 mittelgroße, mehligkochende Kartoffeln (à 170 g), in 0,5 cm dicke Scheiben geschnitten
1 kleine Zwiebel, in dünne Ringe geschnitten
Salz und frisch gemahlener schwarzer Pfeffer

1. Ketchup, Worcestershire-Sauce und Zitronensaft in einer kleinen Schüssel mischen und zur Seite stellen.

2. 4 Stücke Alufolie à 35 mal 20 cm zurechtschneiden. Ein Stück Folie mit der glänzenden Seite nach unten und der schmalen Seite nach vorn auf die Arbeitsfläche legen. Einen EL Butter auf die untere Hälfte des Alufolienrechtecks geben (die Ihnen zugewandte Hälfte). Ein Viertel der Kartoffeln in einem Hügel auf die Butter schichten. Darauf ein Viertel der Zwiebel geben. Dann 1 EL Ketchupmischung über die Kartoffeln geben und diese mit Salz und Pfeffer würzen. Die obere Hälfte der Folie über die Kartoffeln schlagen, die Ober- und Unterkanten zusammendrücken und mehrere Male falten, um die Folie dicht zu verschließen. Mit den anderen Zutaten drei weitere Päckchen bilden.

3. Den Grill für indirektes Grillen vorbereiten und auf mittlere Hitze aufheizen. Für dieses Rezept ist keine Tropfschale nötig.

4. Wenn der Grill aufgeheizt ist, die Folienpäckchen in die Mitte des Grills von der Hitzequelle entfernt auf den heißen Rost legen und den Grill schließen. Die Päckchen 20 bis 30 Minuten garen, bis sie erheblich aufgebläht sind. Ein Päckchen vorsichtig öffnen, um zu sehen, ob die Kartoffeln schon gar sind.

5. Die Kartoffeln in der Folienverpackung servieren, aber die Gäste sollten die Päckchen auf Armeslänge von sich weg halten und mit Messer und Gabel öffnen, da der entweichende Dampf sehr heiß ist.

INDONESIEN

GEGRILLTE FOLIENKARTOFFELN MIT ASIATISCHEN GEWÜRZEN

FÜR 4 PERSONEN

Die meisten Menschen aus dem Westen verbinden mit Kartoffeln nicht solche asiatischen Gewürze wie Ingwer und Sojasauce, aber die Kombination ist wirklich sehr wohlschmeckend.

SPEZIELLE AUSRÜSTUNG

Feste Alufolie

ZUTATEN

2 EL Sojasauce
2 EL Sesamsamen, geröstet (siehe Kasten Seite 113)
1 Knoblauchzehe, in dünne Scheiben geschnitten
2 Frühlingszwiebeln, weiße und grüne Teile, geputzt und fein gehackt
4 EL ungesalzene Butter, zimmerwarm
4 mittelgroße Kartoffeln (à 170 g), in 0,5 cm dicke Scheiben geschnitten
Salz und frisch gemahlener schwarzer Pfeffer

1. Sojasauce, Sesamsamen, Knoblauch und Frühlingszwiebeln in einer kleinen Schüssel gut mischen.

2. 4 Stücke Alufolie à 35 mal 20 cm zurechtschneiden. Ein Stück Folie mit der glänzenden Seite nach unten und der schmalen Seite nach vorn auf die Arbeitsfläche legen. Einen EL Butter auf die untere Hälfte des Alufolienrechtecks geben (die Ihnen zugewandte Hälfte). Ein Viertel der Kartoffeln in einem Hügel auf die Butter schichten. Darauf ein Viertel der Sojasaucenmischung löffeln und die Kartoffeln mit Salz und Pfeffer würzen. Die obere Hälfte der Folie über die Kartoffeln schlagen, die Ober- und Unterkanten zusammendrücken und mehrere Male falten, um die Folie dicht zu verschließen. Mit den anderen Zutaten drei weitere Päckchen bilden.

3. Den Grill für indirektes Grillen vorbereiten und auf mittlere Hitze aufheizen. Für dieses Rezept ist keine Tropfschale nötig.

4. Wenn der Grill aufgeheizt ist, die Folienpäckchen in die Mitte des Grills von der Hitzequelle entfernt auf den heißen Rost legen und den Grill schließen. Die Päckchen 20 bis 30 Minuten garen, bis sie erheblich aufgebläht sind. Ein Päckchen vorsichtig öffnen, um zu sehen, ob die Kartoffeln schon gar sind.

5. Die Kartoffeln in der Folienverpackung servieren, aber die Gäste sollten die Päckchen auf Armeslänge von sich weg halten und mit Messer und Gabel öffnen, da der entweichende Dampf sehr heiß ist.

EUROPA

IN KOHLEN GERÖSTETE ZWIEBELN UND KARTOFFELN

GRILLEN IN DER GLUT
FÜR 4 PERSONEN

Dies ist die ursprünglichste und urtümlichste Art, Wurzelgemüse zu garen – eine Methode, die so alt wie die Menschheit selbst ist. Der Vorgang ist ganz einfach: Man vergräbt das Gemüse in einem Haufen glühender Kohlen. Das Äußere verbrennt und verleiht dem Gemüse einen wundervoll rauchigen Geschmack, während das Gemüse im Innern süß und zart bleibt. Süße Zwiebeln wie z.B. die Vidalia, Walla Walla oder spanische Sorten sind für diese Garmethode besonders gut geeignet, genauso wie mehligkochende Kartoffeln.

ZUM RÖSTEN

4 große, mehligkochende Ofenkartoffeln, ungeschält
4 große, süße Zwiebeln, ungeschält

ZUM SERVIEREN

Balsamico-Essig
Natives Olivenöl extra
Grobkörniges Salz (z.B. Meersalz) und frisch gemahlener schwarzer Pfeffer
Ungesalzene Butter
Sauerrahm

1. Einen Holzkohlegrill für direktes Grillen vorbereiten und gut aufheizen.

2. Wenn der Grill aufgeheizt ist, die Hälfte der Kohlen auf eine Seite des Grills schieben. Die Kartoffeln und Zwiebeln auf die restlichen Kohlen legen, dabei die Kartoffeln zusammen auf eine Stelle und die Zwiebeln zusammen auf eine andere Stelle (sie haben unterschiedliche Garzeiten und können so besser aus der Glut herausgeholt werden). Mit der Zange die beiseitegeschobenen Kohlen auf die Kartoffeln und Zwiebeln häufen.

3. Die Kartoffeln 40 Minuten bis 1 Stunde und die Zwiebeln 20 bis 30 Minuten grillen, bis sie schön weich sind. Zum Prüfen einen Spieß in die Mitte des Gemüses stecken. Es ist gar, wenn der Spieß sich leicht hineinstecken lässt. Die fertigen Kartoffeln und Zwiebeln mit der Zange aus der Glut holen, die Asche mit einem Backpinsel abbürsten und das Gemüse auf einer Patte anrichten.

4. Zum Essen die Kartoffeln und Zwiebeln aufschneiden und das Fleisch aus der Schale herauslöffeln (die Kartoffelschalen sind zu sehr voll Asche, um sie mitessen zu können). Die Zwiebeln mit ein paar Tropfen Balsamico-Essig und Olivenöl beträufeln und mit Salz und Pfeffer würzen (wenn gewünscht, die Zwiebeln schmecken aber auch so verdammt gut). Die Kartoffeln mit Butter und/oder Sauerrahm und Salz und Pfeffer essen.

PERU

GEMISCHTE GRILLKARTOFFELN AUS DEN ANDEN

DIREKTES GRILLEN
FÜR 4 BIS 6 PERSONEN

Woher kommt eigentlich die überall so beliebte Kartoffel? Es gibt verschiedene Theorien, aber die Fakten weisen nach Peru. Das Bergland in Norden Südamerikas ist die Heimat bestimmter Kartoffelsorten, wie z.B. der roten Kartoffel und der camote (eine Art Süßkartoffel, aber nicht so süß wie die amerikanische). Tatsächlich werden in Peru mehr verschiedene Kartoffelsorten angebaut als in irgendeinem anderen Land der Welt. Beim folgenden Rezept wird eine Auswahl mehrerer Kartoffelsorten verwendet, die man in Delikatessenläden und gut sortierten Supermärkten findet. Die rote Kartoffel schmeckt ähnlich wie die normalen Kartoffeln, die camote hat einen milden, nussigen, leicht süßen Geschmack, der an geröstete Kastanien erinnert.

SPEZIELLE AUSRÜSTUNG

Gemüsegrillrost (wahlweise)

ZUTATEN

900-1000 g verschiedene Kartoffeln, z.B. rotschalige Kartoffeln, Camotes oder Süßkartoffeln, Bataten (karibische Süßkartoffeln), und/oder andere festkochende Kartoffeln, gewaschen und ungeschält
4 EL ungesalzene Butter, oder 60 ml natives Olivenöl extra
2 Knoblauchzehen, zerdrückt
2 EL frische, glatte Petersilie, gehackt
Salz und frisch gemahlener schwarzer Pfeffer

1. Die Kartoffeln in einem großen Topf mit Wasser bei mittlerer Hitze unbedeckt kochen, bis sie weich sind (kleine Kartoffeln etwa 10 Minuten, große 20 bis 30 Minuten). Die Kartoffeln abschütten, und unter fließend kaltem Wasser abspülen, damit sie nicht weiter garen. Kartoffeln mit einem Schälmesser abziehen und in 1 cm dicke Scheiben schneiden.

2. Die Butter mit dem Knoblauch und der Petersilie in einer Kasserolle bei starker Hitze schmelzen. Die Butter stark erhitzen, aber nicht den Knoblauch braun werden lassen. Die Kasserolle von der Kochstelle nehmen.

3. Den Grill für direktes Grillen vorbereiten und gut aufheizen.

4. Wenn der Grill aufgeheizt ist, den Gemüserost (wenn verwendet) 5 Minuten vorheizen und dann mit Öl einpinseln, oder direkt den Grillrost mit Öl einpinseln. Die Kartoffelscheiben mit der Buttermischung bestreichen, auf den heißen Rost legen und unter Wenden mit der Zange 2 bis 3 Minuten pro Seite grillen, bis sie von allen Seiten goldbraun sind. Während des Grillens die Kartoffelscheiben mit Salz und Pfeffer würzen. Sofort servieren.

GRIECHENLAND

GERÖSTETE GRIECHISCHE KNOBLAUCH-ZITRONEN-KARTOFFELN

INDIREKTES GRILLEN
FÜR 6 BIS 8 PERSONEN

Diese Kartoffeln sind in Griechenland eine traditionelle Beilage zu gegrillter Lammkeule (Seite 206). Die Zitrone ist dabei eines der dominierenden Aromen und obwohl man sie hierzulande nicht unbedingt mit der Kartoffel verbindet, muss ich sagen, dass sie dem Ganzen eine neue Dimension verleiht. Für ein noch intensiveres Aroma rühre ich am Ende ein paar EL Butter unter die Kartoffeln.

SPEZIELLE AUSRÜSTUNG

60 g Räucherspäne, eine Stunde in kaltes Wasser eingeweicht und abgetropft

ZUTATEN

ca. 1500 g kleine rotschalige Kartoffeln, gewaschen und halbiert
60 ml natives Olivenöl extra
4 Knoblauchzehen, grob gehackt
2 Lorbeerblätter
1 TL getrockneter Oregano
Grobkörniges Salz (z.B. Meersalz) und frisch gemahlener schwarzer Pfeffer
1 Zitrone, halbiert
2 EL ungesalzene Butter (wahlweise)
2 EL frischer Dill, gehackt

1. Die Kartoffeln in eine Bratpfanne geben, Olivenöl, Knoblauch, Lorbeerblätter und Oregano unterrühren und mit Salz und Pfeffer würzen. Die Zitrone über den Kartoffeln ausdrücken und die Schale mit der angeschnittenen Seite nach oben darauf legen.

2. Den Grill für indirektes Grillen vorbereiten und auf mittlere Hitze aufheizen. Für dieses Rezept ist keine Tropfschale nötig.

Beim Gasgrill die Räucherspäne in die Räucherkammer legen und den Grill gut aufheizen; sobald sich Rauch entwickelt, die Hitze etwas reduzieren.

Den Holzkohlegrill auf mittlere Hitze aufheizen.

3. Wenn der Grill aufgeheizt ist, die Räucherspäne auf die Kohlen des Holzkohlegrills legen. Die Bratpfanne in die Mitte des Grills setzen und den Grill schließen. Die Kartoffeln 1 bis 1½ Stunden garen, bis sie braun und zart sind, dabei gelegentlich umrühren, damit sie gleichmäßig garen. In den letzten 15 Minuten die Butter (wenn verwendet) und den Dill unterrühren.

4. Vor dem Servieren die Zitronenschalen und Lorbeerblätter herausnehmen und wegwerfen. Abschmecken und nach Bedarf mit Salz und/oder Pfeffer nachwürzen und servieren.

KARIBIK

KÜRBISGRATIN VON DEN WESTINDISCHEN INSELN

INDIREKTES GRILLEN
FÜR 6 BIS 8 PERSONEN

So wie in diesem Rezept bereite ich Kürbisse am liebsten zu. Sie schmecken besonders gut zu Jerk-Schweinefleisch (Seite 182), Hähnchen „Bukanier" (Seite 265) oder gegrilltem Hähnchen nach Art der Bahamas (Seite 260). Dabei braucht man den Grill zweimal: einmal um den Kürbis zu grillen und danach für das Gratin. Daher ist es empfehlenswert, den Kürbis am Wochenende vorzubereiten (wenn man mehr Zeit hat) und das Gratin kurz vor dem Servieren. Das hat nämlich den Vorteil, dass man das Gratin auch im Ofen fertig garen kann, wenn am eigentlichen Grilltag das Wetter zu schlecht zum Grillen ist. Ich garantiere Ihnen, dass sich das zusätzliche Grillen lohnt – dies ist eines der leckersten Gratins überhaupt.

Für dieses Rezept nimmt man am besten den Kalebasse-Kürbis, ein fester, schwerer, dunkelorangefarbener Kürbis mit intensivem Kürbisgeschmack. Er wird in Hälften oder Stücken verkauft. Der nordamerikanische Butternusskürbis kommt ihm wahrscheinlich am nächsten.

1 Stück (etwa 900-1000 g) Kalebasse-Kürbis, oder 2 mittelgroße Hokkaido-Kürbisse
2 Knoblauchzehen
3 EL ungesalzene Butter, gekühlt, in 0,5 cm groß Stücke geschnitten, zusätzlich Butter zum Einfetten der Gratinform
240 ml Schlagsahne
Salz und frisch gemahlener schwarzer Pfeffer
Frisch gemahlene Muskatnuss
90 g frisch geriebener Parmesan
3 EL Brotkrumen aus frischem Brot, geröstet (siehe Kasten Seite 113)

1. Die Kerne mit einem Löffel aus dem Kalebasse-Kürbis holen oder den Hokkaido-Kürbis halbieren und die Kerne entfernen. Den Kürbis locker in Alufolie einwickeln.

2. Den Grill für indirektes Grillen vorbereiten und auf mittlere Hitze aufheizen. Für dieses Rezept ist keine Tropfschale nötig.

3. Wenn der Grill aufgeheizt ist, den Kürbis in die Mitte des Grills von der Hitzequelle entfernt auf den heißen Rost legen und den Grill schließen. Den Kürbis etwa 1 Stunde garen, bis er sehr weich ist. Den Kürbis vom Grill nehmen, die Folie öffnen (Vorsicht, es könnte heißer Dampf entweichen) und den Kürbis auf Raumtemperatur abkühlen lassen. Den Grill brennen lassen (wenn das Gratin am nächsten Tag gekocht werden soll, den Grill dann wieder für indirektes Grillen vorbereiten und gut aufheizen).

4. Die Schale vom Kürbis abschneiden (nur beim Kalebasse-Kürbis) und das Fleisch in 0,5 cm dicke Scheiben schneiden. Eine Knoblauchzehe zerdrücken und zur Seite stellen. Die restlichen Knoblauchzehen halbieren und eine etwa 25 cm lange, feuerfeste Auflaufform damit einreiben. Außerdem die Auflaufform mit ein wenig Butter einfetten. Ein Viertel der Kürbisscheiben in einer Lage auf dem Boden der Form verteilen. 80 ml Sahne darüber gießen und mit Salz, Pfeffer, Muskatnuss, ½ des zerdrückten Knoblauchs und 30 g Parmesankäse bestreuen sowie ein paar Butterstücke darauf verteilen. Eine weitere Schicht Kürbisscheiben in die Form legen und wieder mit 80 ml Sahne, Salz, Pfeffer, Muskatnuss, der Hälfte des Knoblauchs, 30 g Parmesan und etwas Butter darüber verteilen. Diesen Vorgang nochmals wiederholen (etwas Butter für die oberste Schicht übriglassen). Dann die restlichen Kürbisscheiben abschließend in die Form legen, mit Brotkrumen bestreuen und die restliche Butter darauf verteilen. Bis hierhin kann das Rezept schon gut vorbereitet werden. Dann locker mit Frischhaltefolie bedecken und bis zum Grillen bis zu 48 Stunden im Kühlschrank aufbewahren.

5. Wenn man das Gratin noch am selben Tag fertig stellt, den Grill wieder gut aufheizen. Beim Holzkohlegrill noch einmal 10 bis 12 neue Kohlen auf jede Seite auflegen.

6. Wenn der Grill aufgeheizt ist, das Gratin in die Mitte des Grills von der Hitzequelle entfernt auf den heißen Rost setzen, den Grill schließen und das Gratin 20 bis 30 Minuten grillen, bis es Blasen wirft und eine braune Kruste bekommt. Sofort servieren.

KOREA

GEGRILLTE SÜSSKARTOFFELN MIT SESAMDIP

DIREKTES GRILLEN
FÜR 4 PERSONEN

Gegrillte Süßkartoffeln werden in Korea gern an der Straße verkauft. Das erste Mal habe ich dieses Gericht auf dem Tongdaemun Markt in Seoul probiert, wo es mir doppelte Freude bereitete. Einmal weil es sehr schmackhaft war – das lag an dem unerwarteten Kontrast von der Süße der Kartoffeln und dem Salzgeschmack des Sesamdips – und außerdem, weil es ein schönes, körperliches Erlebnis war: Die Kartoffel wärmte so wunderbar meine kalten Hände in diesem strengen koreanischen Winter. Die Süßkartoffeln wurden im 18. Jahrhundert als Rettung in der Hungersnot von den Japanern nach Korea gebracht. Es gibt nichts besseres, wenn man über den Markt schlendert. Wenn man bisher nur Kartoffeln mit Butter und braunem Zucker kannte, ist die Zubereitung der Süßkartoffeln auf diese Art eine ganz neue Erfahrung.

4 mittelgroße Süßkartoffeln (je 10 bis 12 cm lang und 4 cm dick)
5 EL Sojasauce
5 EL Sake oder trockener Sherry
2 EL Zucker
2 Frühlingszwiebeln, weiße und grüne Teile, geputzt und gehackt
2 Knoblauchzehen, zerdrückt
2 EL Sesamsamen, geröstet (siehe Kasten Seite 113)

1. Die Süßkartoffeln waschen und mit Küchenpapier trocken tupfen.

2. Den Grill für direktes Grillen vorbereiten und auf mittlere Hitze aufheizen.

3. Wenn der Grill aufgeheizt ist, den Grillrost mit Öl einpinseln. Die Süßkartoffeln auf den heißen Rost legen und unter mehrmaligem Wenden mit der Zange 30 bis 40 Minuten grillen, bis sie schön braun und weich sind, wenn man sie drückt.

4. In der Zwischenzeit die Sauce zubereiten, dazu die Sojasauce, Sake, Zucker, Frühlingszwiebeln, Knoblauch und Sesamsamen in einer kleinen Schüssel gut verrühren, bis sich der Zucker aufgelöst hat. Die Sauce auf 4 kleine Förmchen verteilen.

5. Die Kartoffeln schälen und zusammen mit der Sauce servieren. Mit der Hand eine Kartoffel in die Sauce dippen und essen. Als Beilage kann man die Kartoffeln aufschneiden, die Sauce darüber gießen und dann auslöffeln (Schale nicht mitessen).

ZENTRALASIEN

GEGRILLTE DILLTOMATEN

DIREKTES GRILLEN
FÜR 4 PERSONEN

Gegrillte Tomaten werden in ganz Zentralasien (vom Iran bis hin zu Georgien) als Beilagen zu Kebabs gereicht. Am besten verwendet man kleinere feste aber reife Tomaten (6-7 cm groß). Mit flachen Metallspießen kann man die Tomaten sehr gut halten, von dünnen runden Spießen würden sie zu leicht herunterrutschen.

SPEZIELLE AUSRÜSTUNG

2 lange, flache Metallspieße

ZUTATEN

8 reife, kleine runde oder Eiertomaten
2 EL natives Olivenöl extra
2 EL frischer Dill, gehackt
Salz und frisch gemahlener schwarzer Pfeffer

1. Die Tomaten auf die Spieße stecken, mit Olivenöl einpinseln und mit Dill, Salz und Pfeffer würzen.

2. Den Grill für direktes Grillen vorbereiten und gut aufheizen.

3. Wenn der Grill aufgeheizt ist, den Grillrost mit Öl einpinseln. Die aufgespießten Tomaten auf den heißen Rost legen und unter Wenden mit der Zange 8 bis 12 Minuten grillen, bis die Haut schön schwarz ist und Blasen wirft und das Fleisch im Innern heiß und weich ist.

4. Die Tomaten mit einer Gabel von den Spießen auf Teller oder eine Platte schieben und sofort servieren.

REIS, BOHNEN UND ANDERE BEILAGEN

Reis und Bohnen sind vielleicht nicht die glanzvollsten Beilagen beim Grillen, aber keine anständige Grillparty kommt ohne sie aus. Dieses Kapitel konzentriert sich auf jene treuen Begleiter, die Ihren Speisen erst das richtige Gewicht verleihen und helfen, eine ansonsten vorwiegend fleischhaltige Mahlzeit zu bereichern.

„Wer könnte jemals zu viel bekommen von Nächten mit Mondschein oder gut gekochtem Reis?"

—Japanisches Sprichwort

Reis ist eine weltweit traditionelle Beilage zu einer Grillmahlzeit, egal ob es sich um den in Asien beliebten, klebrigen Kurzkornreis oder den im Westen bevorzugten, lockeren Langkornreis handelt.

Auch Bohnen sind allgemein bekannt. Die nordamerikanischen gebackenen Bohnen kennen wir, aber wussten Sie, dass die Inder zu ihrem tandoori dal (orangefarbene, gekochte Bohnen) servieren oder dass die Brasilianer zu ihrem Churrasco (gegrilltem Fleisch) gerne tutu mineira (schwarze Bohnen nach Cowboyart) essen? In diesem Kapitel finden Sie Rezepte für diese und andere köstliche Speisen.

Das führt mich zu den weniger bekannten Grillbeilagen, wie zum Beispiel Polenta und Maisgrütze, die gegrillt vorzüglich schmecken, sowie Yorkshire Pudding, den man auf dem Grill garen kann, während der Rostbraten noch etwas ruht. Sie werden sogar ein Rezept für geröstetes Maniokmehl finden, das die Brasilianer gerne über ihr gegrilltes Fleisch streuen.

Bewaffnet mit diesen Rezepten geht niemand hungrig nach Hause. Und das ist ja letztendlich das Ziel jeder Grillparty.

INDIEN

INDISCHER BASMATI-REIS

ALS BEILAGE FÜR 4 PERSONEN

In Indien wird der Basmati-Reis traditionell in einer raffinierten, aber einfachen Abfolge gewaschen, eingeweicht und mit Dampf gegart. So entsteht der leckerste Basmati-Reis, den ich kenne.

SPEZIELLE AUSRÜSTUNG

Wokring oder Flame Tamer

ZUTATEN

350 g Basmati-Reis
1 TL Salz

1. Den Reis in eine große Schüssel geben und etwa 7,5 cm hoch mit kaltem Wasser bedecken. Mit den Fingern den Reis in der Schüssel rühren, bis das Wasser trüb wird, dann den Reis in einem Sieb abtropfen lassen. Diesen Vorgang 4 bis 6 Mal wiederholen, bis das Wasser klar bleibt. Den Reis abtropfen lassen, wieder in die Schüssel geben, 500 ml Wasser hinzufügen und etwa 30 Minuten ziehen lassen.

Basmati-Reis auf fünf Arten

Basmati ist der Rolls Royce unter den Reisarten, er hat ein langes, schlankes Korn mit einem intensiven Aroma und einem buttrigen, nussartigen, milchigen und süßen Geschmack, ohne dass man ihn würzen müsste. Basmati wächst in den Bergen am Rand des Himalayas und verdankt seinen außergewöhnlichen Geschmack der jahrelangen Lagerung in Silos. Anders als die meisten Reissorten wird er beim Kochen länger und nicht dicker.

Basmati-Reis wird traditionell mit Indien in Verbindung gebracht, aber er wird auch im Kaukasus im äußersten Westen bis hin zu Bangladesh im Osten fast täglich verzehrt. Basmati-Reis wird gekocht, indem man ihn vorher mehrere Male wäscht, einweichen lässt und mit Dampf gart. Das ist der Basmati-Reis auf indische Art wie im Rezept auf Seite 423 beschrieben. Da der Basmati-Reis aber eine solch wichtige Rolle in der Welt des Grillens spielt, zeige ich Ihnen hier verschiedene Rezepte vom schnellen Basmati-Reis für werktags bis hin zum raffinierten Persischen Reis mit Preiselbeeren (Seite 427).

Basmati-Reis wird in den meisten Lebensmittelläden und Supermärkten angeboten. Wenn Sie ihn so lieben wie ich, kaufen Sie ihn am besten in großen Mengen in einem indischen, pakistanischen oder asiatischen Lebensmittelgeschäft.

2. Den Reis über einem großen Topf durch ein Sieb abtropfen lassen. Das abgetropfte Wasser bei starker Hitze zum Kochen bringen, salzen, den Reis hineinrühren und aufkochen lassen. Die Hitze reduzieren und den Reis teilweise bedeckt 10 bis 12 Minuten köcheln lassen, bis die Oberfläche mit Luftblasen durchsetzt ist.

3. Die Hitze auf niedrige Temperatur reduzieren und den Topf auf einen Wokring oder einen Flame Tamer setzen, sodass er etwa 2,5 cm über der Herdplatte steht. Ein sauberes Küchenhandtuch um den Topfdeckel wickeln und dabei die überstehenden Handtuchzipfel nach oben über den Deckel schlagen (Das Tuch soll nicht mit der Hitzequelle in Berührung kommen). Den in dem Handtuch eingewickelten Deckel auf den Reistopf setzen und den Reis bei sehr schwacher Hitze etwa 10 Minuten ziehen lassen.

4. Den Reis mit einer Gabel leicht auflockern und sofort servieren.

USA

SCHNELLER BASMATI-REIS

ALS BEILAGE FÜR 4 PERSONEN

Hier ist eine Schnellkochmethode für einen schmackhaften Basmati-Reis, wenn man es mitten in der Woche etwas eiliger hat.

2 EL ungesalzene Butter
1 TL Salz
½ TL frisch gemahlener weißer Pfeffer (wahlweise)
350 g Basmati-Reis

1. Butter, Salz, weißen Pfeffer (wenn verwendet) und ca. 1,5 l Wasser in einen großen Topf geben und zum Kochen bringen. Den Reis einrühren und das Wasser bei starker Hitze wieder zum Kochen bringen.

2. Die Hitze reduzieren, den Topf dicht schließen und den Reis etwa 18 Minuten köcheln, bis die Körner weich sind

Für Basmati-Reis in Safran-Rosenwasser

In einem kleinen Glas mit Deckel einen halben Teelöffel Safranfäden in zwei Esslöffeln Rosenwasser auflösen. Einige Spritzer über den Reis geben und vor dem Servieren schwenken. Das restliche Safran-Rosenwasser im Kühlschrank aufbewahren.

und das gesamte Wasser aufgesogen haben. Den Topf von der Kochstelle nehmen und den Reis zugedeckt noch 5 Minuten ziehen lassen.

3. Den Reis mit einer Gabel leicht auflockern und sofort servieren,

IRAN

PERSISCHER DAMPFREIS

ALS BEILAGE FÜR 6 PERSONEN

Kein persisches Gericht wäre vollständig ohne Reis. Hier ist ein einfaches Rezept für Dampfreis, der gut als Beilage zu den persischen oder afghanischen Kebabs in diesem Buch passt. Oder servieren Sie diesen oder den Reis aus dem folgenden Rezept zu Irans bekanntestem Grillgericht, dem Chelow Kebab (siehe Kasten Seite 426).

500 g Basmati-Reis
1½ TL Salz
4 EL ungesalzene Butter, in kleine Stücke geschnitten

1. Den Reis in eine große Schüssel geben und etwa 7,5 cm hoch mit kaltem Wasser bedecken. Mit den Fingern den Reis in der Schüssel rühren, bis das Wasser trüb wird, dann den Reis in einem Sieb abtropfen lassen. Diesen Vorgang 4 bis 6 mal wiederholen, bis das Wasser klar bleibt.

2. Reis, Salz und ca. 1,5 l Wasser in einen hohen Topf geben und bei starker Hitze zum Kochen bringen. Die Hitze reduzieren und den Reis teilweise bedeckt etwa 18 Minuten köcheln lassen, bis er das gesamte Wasser aufgesogen hat. Dann die Hitze auf die kleinste Stufe stellen und die Butterstückchen auf dem Reis verteilen.

3. Ein sauberes Küchenhandtuch um den Topfdeckel wickeln und dabei die überstehenden Handtuchzipfel nach oben über den Deckel schlagen (Das Tuch soll nicht mit der Hitzequelle in Berührung kommen). Den in dem Handtuch eingewickelten Deckel auf den Reistopf setzen und den Reis bei sehr schwacher Hitze etwa 20 Minuten ziehen lassen. Den Topf von der Kochstelle nehmen und den Reis zugedeckt noch weitere 5 Minuten ziehen lassen.

4. Den Reis mit einer Gabel leicht auflockern und sofort servieren.

IRAN

PERSISCHER REIS MIT GOLDENER KRUSTE

CHELOW

ALS BEILAGE FÜR 6 PERSONEN

Eines der herrlichsten Gerichte der iranischen Küche ist chelow, ein zarter, süßer Safranreis mit einer hörbar knusprigen, nach Joghurt schmeckenden Kruste. Die Theorie ist denkbar einfach (man bräunt die untere Schicht des Reis im Topf an), aber man braucht sehr viel Übung, um eine perfekte, dunkelgoldene Kruste hinzubekommen, die sich in einem Stück vom Topfboden lösen lässt. Hier beschreibe ich Ihnen, wie mein weiblicher, iranischer Kochguru, Najmieh Batmanglij, diese klassische Beilage eines iranischen Barbecues zubereitet.

500 g Basmati-Reis
1½ TL Salz
¼ TL Safranfäden
150 g geklärte, geschmolzene, ungesalzene Butter (siehe Hinweis), oder Olivenöl
3 EL einfacher Vollmilchjoghurt

1. Den Reis in eine große Schüssel geben und etwa 7,5 cm hoch mit kaltem Wasser bedecken. Mit den Fingern den Reis in der Schüssel rühren, bis das Wasser trüb wird, dann den Reis in einem Sieb abtropfen lassen. Diesen Vorgang 4 bis 6 Mal wiederholen, bis das Wasser klar bleibt.

2. 2 l Wasser und das Salz in einem großen, flachen Topf (vorzugsweise beschichtet, mit etwa 25 bis 30 cm Durchmesser und etwa 15 cm hoch) bei starker Hitze zum Kochen bringen. Die Temperatur auf mittlere Hitze reduzieren, den Reis in das Wasser geben und unbedeckt etwa 6 Minuten lang köcheln lassen. Den Reis in ein Sieb schütten, unter fließend kaltem Wasser abspülen und gut abtropfen lassen. Den Reistopf auswischen und mit einem Küchentuch trockenreiben.

3. Die Safranfäden in einer kleinen Schüssel mit einem Stößel oder dem Stielende eines Holzlöffels fein mahlen. Einen EL warmes Wasser unterrühren und 5 Minuten ziehen lassen.

4. In einer anderen Schüssel die geklärte Butter, den Joghurt und 125 ml Wasser gut verrühren. Die Buttermischung gleichmäßig auf dem Boden des Reistopfs verteilen. Mit einem Löffel eine Reisschicht von 1 cm gleichmäßig auf der Buttermischung verteilen. Den restlichen Reis darauf geben, ohne die untere Schicht zu zerstören. Dabei soll der Reis zur Mitte hin einen Hügel bilden. Diesen Hügel mit der

Der persische Grill: ein Tag mit Najmieh Batmanglij

Najmieh Batmanglij ist mein Guru der persischen Grillkunst. Ich traf sie an einem für das Grillen wahrscheinlich am wenigsten geeigneten Tag. Die Grillkohle lag zwar ordentlich gestapelt im speziell angefertigten Grill auf der Terrasse ihres Stadthauses in Georgetown, Washington D.C. Bei meiner Ankunft hatte ein heftiger Schneesturm aber bereits Grill, Terrasse und Gärten mit einer dicken Schneeschicht bedeckt.

Egal – Najmieh Batmanglij ist keine Köchin, die sich von einem Schneesturm die Grillparty ruinieren lässt. Najmieh Batmanglij ist eine kleine Frau mit dunklen Augen und langem, schwarzem Haar, Autorin und Kochausbilderin, die auf ganz natürliche Weise ihre Leidenschaft für das persische Barbecue entwickelte. Als eins von elf Kindern ist sie in Teheran in einem Land geboren und aufgewachsen, das heute Iran heißt, ursprünglich aber den alten und exotischeren Namen Persien trug. Eins ihrer Bücher heißt Food of Life: A Book of Ancient Persian. Das Grillen gehört so unbedingt zur iranischen Küche, dass sie sich in ihre Küche einen Grill einbauen ließ, bei dem mancher Restaurantbesitzer vor Neid erblassen würde. Ich schüttelte den Schnee von Mantel und Schuhen, und dann machten wir uns an die Arbeit des Marinierens und Aufspießens von Fleisch für das Grillen auf iranische Art.

An jenem Tag führte sie in drei Stunden zehn Gerichte mit einer Geschicklichkeit vor, die schon an Zauberei grenzte. Ein ganzes Rinderlendenstück wurde in Windeseile in mundgerechte Streifen geschnitten und mit Zwiebelsaft, Zitronensaft und zerstoßenen Pfefferkörnern übergossen. Lamm- und Rinderschulter wurden durch einen geräuschvollen Fleischwolf gedreht und anschließend mit der Hand bei schwacher Hitze zu Irans berühmtestem Gericht, dem Kubideh, Kebab aus gehacktem Fleisch, vermischt. Tontöpfe enthielten Hähnchen- und Lammfleischwürfel, die schon seit zwei Tagen in einer bunten Mischung aus Joghurt und Safran eingelegt waren. Das ist schon zu jeder Jahreszeit beeindruckend, aber durch das raue Wetter draußen war der Anblick noch bemerkenswerter.

Es ist unwahrscheinlich, dass eine so allgemeine Kochtechnik wie das Braten von Fleisch an einem Spieß über dem Feuer zu einer bestimmten Zeit in einem bestimmten Land entstanden sein soll. Aber wenn es so wäre, dann wäre der Iran ein glaubhafter Geburtsort. Das Grillen ist seit tausenden von Jahren untrennbar mit der persischen Kultur verbunden.

Sprachliche Spuren deuten darauf hin, dass der Iran der Quell der orientalischen Grillkunst ist. Schließlich ist „kebab" das persische Wort für Fleisch. In der frühen persischen Literatur und Kunst gibt es eine Fülle von Bildern des Grillens. Ein Rezept aus dem 4. Jahrhundert, zum Beispiel, beschreibt einen am Spieß gebratenen Kapaun, dessen Speiseplan aus Hanfsamen und Olivenbutter bestand. Der Dichter Ferdowsi aus dem 10. Jahrhundert liefert uns eine genaue Beschreibung einer Kalbsmarinade aus Safran, Rosenwasser, Moschus und reifem Wein.

Persische Kebabs, die hauptsächlich aus Lamm und Marinaden auf Joghurtbasis bestehen, gibt es von Westen bis Osten, vom Balkan bis nach Bangladesh. Sie lieferten wahrscheinlich die Idee zu den griechischen Souvlaki und den indischen Tandoori. Souvlaki könnten durch die Türken während des Ottomanischen Reichs eingeführt worden sein (wenn nicht schon vorher während des persischen Kriegs im 6 Jahrhundert vor Christus). Tandoori wurden von den Moguln importiert, den persischen Herrschern, die den Islam im 16. Jahrhundert nach Nordindien brachten. (Die Gewürze der indischen Version sind extravaganter, aber die Marinade auf der Grundlage von Joghurt und Knoblauch ist die gleiche).

Worauf beruht die lang anhaltende Beliebtheit der Grillkunst in dem Land, das wir jetzt Iran nennen? „Unsere Kultur ist eine Kultur des Lebens im Freien", erklärt Najmieh. „Acht Monate im Jahr kochen, speisen und schlafen die meisten Iraner im Freien." Durch diese Liebe zum Leben im Freien entstand eine einzigartige Art des Grillens.

Chelow Kebab

Gäbe es im Iran nur ein einziges Nationalgericht, dann wäre es mit Sicherheit Chelow Kebab, Spieße mit Lamm, Kalb- oder Rindfleisch, die auf einem wie ein schneebedeckter Berg aussehenden Hügel aus Reis und mit verkohlten Tomaten, rohem Ei, rohen Zwiebeln und einem scharfen, lilafarbenem Pulver aus Sumac-Beeren als Beilage serviert werden. Aber dem Kebab-Koch ist eigentlich alles recht: Lamm, Kalb- oder Rindfleisch, Innereien, Tomaten, Zwiebeln, sogar mit Sumach bestreuter Fisch. Natürlich ist Lamm die beliebteste Fleischsorte. „Im Iran fressen die Schafe Kräuter, das gibt dem Fleisch einen außergewöhnlichen Geschmack", erklärt mir Najmieh. Lende und Filet sind ihre Lieblingsfleischstücke, aber sie nimmt auch Keule und Schulter, wenn sie mindestens 48 Stunden mariniert wurden. Die Tradition verlangt, dass auch Schwanzfettstücke

unter die Lammfleischwürfel gemischt werden, um das Fleisch saftiger zu machen.

Das lange Marinieren ist einer der Ecksteine des persischen Grillens. Die Grundlage der Marinade besteht aus Joghurt, Zitronen- oder Limettensaft, Zwiebeln, Knoblauch, Safran, Pfeffer und Salz. Manchmal ersetzt Olivenöl den Joghurt – besonders bei Rind- oder Kalbfleisch. Das Marinieren über zwei oder drei Tage ist nichts Ungewöhnliches. Das Einlegen in einer sauren Marinade aus Joghurt und Zitronensaft kann Wunder bewirken, wenn man zähe Fleischfasern mürbe machen möchte. Außerdem entsteht ein ungewöhnlich intensiver Geschmack. „Die Iraner haben immer irgendein eingelegtes Fleisch im Kühlschrank", erzählt Najmieh. „So können wir jederzeit Kebabs herstellen."

Ein anderer Meilenstein des persischen Grillens ist die Marinade, mit der man das Fleisch während des Garens immer wieder einreibt. Das Grundrezept besteht aus Limettensaft, Safran und geschmolzener Butter. Der Safran verleiht dem Fleisch einen goldenen Schimmer und die ganze Mischung hält das Fleisch saftig, was besonders beim Grillen bei starker Hitze sehr wichtig ist.

Angesichts der Bedeutung des Kebabs in der persischen Küche ist es nicht verwunderlich, dass die Iraner ganz besondere Spieße entwickelt haben: lange, flache Stahlbänder in unterschiedlichen Breiten mit spitzem Ende für das leichtere Aufspießen, schmale Spieße zum Aufspießen von Fleischwürfeln, mittelbreite Spieße für dünne Hähnchen- und Rindfleischstreifen. Die breitesten Spieße sind 0,5 bis 1 cm breit und eignen sich besonders für Hackfleisch.

Aber nicht nur die gegrillten Speisen machen ein persisches Barbecue so bemerkenswert – die Beilagen sind genauso die Stars der Show. Gäste erhalten als Willkommensgruß süßen Tee in kleinen Tassen mit Goldrand. Die Tafel biegt sich unter dem Gewicht einer mokhalafat, einer erstaunlichen Vielfalt von Dips, Salaten, Chutneys, torshish (Pickles) und hauchdünnem Fladenbrot, das man um das Fleisch wickelt.

Najmieh reichte zu ihrem Barbecue eine Platte mit Basilikum, Minze, Brunnenkresse und anderen frischen Kräutern und dazu noch Tomaten, Gurken und Frühlingszwiebeln. Sie bot außerdem Zwiebelwürfel und scharfes Sumac-Pulver an, die/das man über das Fleisch streuen konnte. Zum Hinunterspülen servierte sie kühlen, schaumigen dugh, ein erfrischendes Getränk aus Joghurt, Minze und Rosenblüten. Am Ende des Tages hatte ich das Gefühl, als befände ich mich bei einer Grillfeier in Teheran und nicht in einem Schneesturm in Washington D.C.

Safranmischung besprenkeln. Den Topf schließen und den Reis bei mittlerer Hitze 8 Minuten ziehen lassen.

5. Den Deckel entfernen und den Reis mit weiteren 125 ml Wasser besprenkeln. Die Hitze reduzieren. Ein sauberes Küchenhandtuch um den Topfdeckel wickeln und dabei die überstehenden Handtuchzipfel nach oben über den Deckel schlagen (Das Tuch soll nicht mit der Hitzequelle in Berührung kommen). Den im Handtuch eingewickelten Deckel auf den Reistopf setzen und den Reis etwa 40 Minuten garen lassen, bis der obere Reis zart ist und der Reis unten am Topfboden eine dunkelgoldene Kruste gebildet hat. Nach 30 Minuten den Reis prüfen, wenn dann noch keine Kruste zu sehen ist, die Temperatur leicht erhöhen.

6. Zum Servieren den oberen, losen Reis mit einem Löffel in eine Servierschüssel häufen und die Reiskruste im Topf lassen. Eine runde Platte auf den Topf legen. Den Topf umdrehen und ganz leicht schütteln. Die Reiskruste sollte nun in einer goldbraunen Scheibe heraus gleiten. Die Kruste in kleine Dreiecke teilen und zusammen mit dem losen Reis servieren.

HINWEIS: Um Butter zu klären, schmilzt man 200 g Butter bei mittlerer Hitze in einem kleinen Topf. Den Topf von der Kochstelle nehmen und den weißen Schaum von der Oberfläche abschöpfen. Die goldfarbene Flüssigkeit (die geklärte Butter) in einen Messbecher aus Glas oder ein hitzebeständiges Glas geben und die weißliche Flüssigkeit und die milchigen Flocken, die sich am Topfboden abgesetzt haben, wegschütten. Nicht verwendete, geklärte Butter hält sich verschlossen im Kühlschrank etwa einen Monat.

IRAN

PERSISCHER REIS
MIT PREISELBEEREN

ALS BEILAGE FÜR 6 PERSONEN

Reis mit Sauerkirschen oder Heidelbeeren ist eine beliebte Beilage zum persischen Kebab. Eines Abends, als mir beide Zutaten fehlten, bereitete ich den Reis mit getrockneten Preiselbeeren zu: Ihr süßsaurer Geschmack war genau das Richtige. Getrocknete Preiselbeeren und Kirschen sind in Delikatessenläden, Naturkostläden, vielen Supermärkten und über den Versandhandel erhältlich.

500 g Basmati-Reis
1½ TL Salz
180 g getrocknete Preiselbeeren oder getrocknete Sauerkirschen
50 g Zucker
2 EL ungesalzene Butter, plus 2 EL Butter, geschmolzen
2 EL einfacher Vollmilchjoghurt

1. Den Reis in eine große Schüssel geben und etwa 7,5 cm hoch mit kaltem Wasser bedecken. Mit den Fingern den Reis in der Schüssel rühren, bis das Wasser trüb wird, dann den Reis in einem Sieb abtropfen lassen. Diesen Vorgang 4 bis 6 Mal wiederholen, bis das Wasser klar bleibt.

2. 2 l Wasser und das Salz in einem großen, flachen Topf (vorzugsweise beschichtet, mit etwa 25 bis 30 cm Durchmesser und etwa 15 cm hoch) bei starker Hitze zum Kochen bringen. Die Temperatur auf mittlere Hitze reduzieren, den Reis in das Wasser geben und unbedeckt etwa 6 Minuten lang köcheln lassen. Den Reis in ein Sieb schütten, unter fließend kaltem Wasser abspülen und gut abtropfen lassen. Den Reistopf auswischen und mit einem Küchentuch trocken reiben.

3. In der Zwischenzeit die Preiselbeeren mit dem Zucker und 350 ml Wasser in einen mittelgroßen Topf geben. Bei mittlerer Hitze zum Kochen bringen und 5 bis 8 Minuten kochen lassen, bis die Preiselbeeren weich sind und die Flüssigkeit fast verdampft ist. Der Preiselbeersaft sollte jetzt dickflüssig und sirupartig sein. Die Preiselbeeren mit einem Schöpflöffel in eine Schüssel geben. 2 EL Butter in den Preiselbeersaft geben und unter Rühren zum Kochen bringen, bis die Butter geschmolzen ist. Den Saft von der Kochstelle nehmen und zugedeckt bei Raumtemperatur stehen lassen.

4. Den Joghurt mit der geschmolzenen Butter und 2 EL Wasser in einer Schüssel gut verrühren. Die Joghurtmischung gleichmäßig auf dem Boden des Reistopfs verteilen. Mit einem Löffel eine Reisschicht von 1 cm gleichmäßig auf der Joghurtmischung verteilen. Die Preiselbeeren unter den restlichen Reis mischen und den Preiselbeerreis ebenfalls in den Topf füllen, ohne die untere Schicht zu zerstören. Dabei soll der Reis zur Mitte hin einen Hügel bilden. Den Topf zudecken und bei mittlerer Hitze 6 bis 8 Minuten kochen lassen, bis der Reis unten zu bräunen beginnt.

5. Die Hitze reduzieren. Ein sauberes Küchenhandtuch um den Topfdeckel wickeln und dabei die überstehenden Handtuchzipfel nach oben über den Deckel schlagen (Das Tuch soll nicht mit der Hitzequelle in Berührung kommen). Den im Handtuch eingewickelten Deckel auf den Reistopf setzen und den Reis etwa 40 Minuten garen lassen, bis der obere Reis zart ist und der Reis unten am Topfboden eine dunkelgoldene Kruste gebildet hat. Nach 30 Minuten den Reis prüfen, wenn dann noch keine Kruste zu sehen ist, die Temperatur leicht erhöhen.

6. Den Topf von der Kochstelle nehmen, den zur Seite gestellten Preiselbeersaft über den Reis geben und zugedeckt 5 Minuten ziehen lassen.

7. Zum Servieren den oberen, losen Reis mit einem Löffel in eine Servierschüssel häufen und die Reiskruste im Topf lassen. Eine runde Platte auf den Topf legen. Den Topf umdrehen und ganz leicht schütteln. Die Reiskruste sollte nun als goldbraune Scheibe herausgleiten. Die Kruste in kleine Dreiecke teilen und zusammen mit dem losen Reis servieren.

THAILAND

JASMINREIS

ALS BEILAGE FÜR 4 PERSONEN

Jasminreis ist in der westlichen Welt zwar noch relativ neu, hat aber die Länder bereits im Sturm erobert. Aufgrund seines süßen, köstlichen, fast blumigen Aromas ist das nicht schwer zu verstehen. Jasminreis kann man in asiatischen Lebensmittelläden und Delikatessenläden kaufen. Servieren Sie diesen Reis zu einem der thailändischen Grillgerichte aus diesem Buch.

350 g Jasminreis

1. Den Reis in eine große Schüssel geben und etwa 7,5 cm hoch mit kaltem Wasser bedecken. Mit den Fingern den Reis in der Schüssel rühren, bis das Wasser trüb wird, dann den Reis in einem Sieb abtropfen lassen. Diesen Vorgang 4 bis 6 Mal wiederholen, bis das Wasser klar bleibt.

2. 750 ml Wasser in einen großen Topf geben und bei starker Hitze zum Kochen bringen. Den Reis einrühren und wieder aufkochen lassen. Die Temperatur auf niedrige Stufe stellen und den Topf dicht schließen. Den Reist in etwa 15 bis 18 Minuten fast gar kochen.

3. Den Topf von der Kochstelle nehmen. Den Deckel abnehmen und ein sauberes Küchenhandtuch um den Topfdeckel wickeln und dabei die überstehenden Handtuchzipfel nach oben über den Deckel schlagen. Den im Handtuch eingewickelten Deckel auf den Reistopf setzen und den Reis noch 5 Minuten ziehen lassen.

4. Den Reis mit einer Gabel leicht auflockern und sofort servieren.

PERSISCHER REIS MIT PREISELBEEREN | SEITE 427

INDONESIEN

BALINESISCHER GELBER REIS

NASI KUNING

ALS BEILAGE FÜR 6 PERSONEN

Dieser zum Kegel aufgetürmte Reis – mit Kurkuma gelb gefärbt und mit Zitronengras und Galgant oder Ingwer aromatisiert – symbolisiert Balis heiligen Berg Agung. Als solcher bildet er das passende Herzstück einer megibung, einer balinesischen Reistafel. Eine megibung ist eine Zusammenstellung balinesischer Spezialitäten, zu denen unweigerlich auch babi guling (Balinesischer Schweinebraten, Seite 177) und verschiedene Satés gehören.

Der richtige Reis für dieses Gericht ist der balinesische Langkornreis. Dem entspricht wohl der thailändische Jasminreis am ehesten. Kokoswasser ist die Flüssigkeit im Innern der Kokosnuss.

500 g Jasminreis
360 ml Kokoswasser (siehe Kasten Seite 114) oder Wasser
360 ml selbstgemachte Hühnerbrühe oder Hühnerbrühe aus dem Glas
160 ml Kokosmilch aus der Dose oder selbstgemacht (Rezept Seite 522)
1 Stängel frisches Zitronengras, geschnitten und mit der Seite eines Hackbeils geplättet, oder 1 TL geriebene Zitronenschale
4 Scheiben (à 0,5 cm Dicke) frische, geschälte Galgantwurzel oder frischer, geschälter Ingwer, mit der Seite eines Hackbeils leicht zerdrückt
½ TL gemahlene Kurkuma
1 EL Salz

1. Den Reis in eine große Schüssel geben und etwa 7,5 cm hoch mit kaltem Wasser bedecken. Mit den Fingern den Reis in der Schüssel rühren, bis das Wasser trüb wird, dann den Reis in einem Sieb abtropfen lassen. Diesen Vorgang 4 bis 6 Mal wiederholen, bis das Wasser klar bleibt.

2. Kokoswasser, Hühnerbrühe, Kokosmilch, Zitronengras, Galgant, Kurkuma und Salz in einen großen Topf geben und bei starker Hitze zum Kochen bringen. Den Reis einrühren und wieder aufkochen lassen. Die Temperatur auf niedrige Stufe stellen und den Topf dicht schließen. Den Reis in etwa 15 bis 18 Minuten fast gar kochen. Den Topf von der Kochstelle nehmen und den Reis zugedeckt noch 5 Minuten ziehen lassen.

3. Den Reis mit einer Gabel leicht auflockern. Das Zitronengras und die Galgantscheiben herausnehmen und wegwerfen. Um nasi kuning auf original balinesische Art zu servieren, füllt man den Reis in einen mit wenig Öl eingefetteten Trichter oder eine andere kegelförmige Form. Die Form mit der großen Öffnung nach oben in eine große Schüssel oder Topf stellen, mit Alufolie bedecken und 3 Minuten ziehen lassen. Eine Platte über die Öffnung der Form legen, umdrehen und den Reis auf die Platte stürzen.

JAPAN

JAPANISCHER DAMPFREIS

ALS BEILAGE FÜR 6 PERSONEN

Reis ist in Japan mehr als nur ein Nahrungsmittel. Er ist die Seele der japanischen Kultur. Die japanische Küchenkoryphäe Shizuo Tsuji widmete der Zubereitung von einfach gekochtem Reis allein 8 Seiten in seinem bahnbrechenden Buch Japanese Cooking: A Simple Art. Das Buch inspirierte mich zum folgenden Rezept.

Sie brauchen für dieses Rezept einen asiatischen Kurzkorn- oder Rundkornreis. Der kostbarste Reis kommt aus Japan und heißt shinmai, dies ist ein frisch geernteter „neuer Reis", der im Herbst auf den Markt kommt. Man kann shinmai eventuell in japanischen Läden kaufen.

500 g Kurzkornreis
2 TL schwarze Sesamsamen (wahlweise)

1. Den Reis in eine große Schüssel geben und etwa 7,5 cm hoch mit kaltem Wasser bedecken. Mit den Fingern den Reis in der Schüssel rühren, bis das Wasser trüb wird, dann den Reis in einem Sieb abtropfen lassen. Diesen Vorgang 4 bis 6 Mal wiederholen, bis das Wasser klar bleibt. Den Reis abtropfen lassen, wieder in die Schüssel geben, 500 ml Wasser hinzufügen und etwa 30 Minuten ziehen lassen.

2. Den Reis und so viel Wasser, dass der Reis etwa 2,5 cm hoch bedeckt ist (etwa 1 l) in einen großen Topf mit dicht schließendem Deckel geben und zugedeckt bei mittlerer Hitze kochen, bis man hören kann, dass das Wasser kocht. Die Hitze auf stärkste Stufe stellen und den Reis 2 Minuten sprudelnd kochen lassen (Der Deckel bewegt sich eventuell durch den entstehenden Dampf etwas). Die Hitze auf niedrige Stufe stellen und den Reis 15 bis 20 Minuten kochen, bis er die gesamte Flüssigkeit aufgesogen hat. Den Deckel frühestens nach 15 Minuten öffnen.

3. Den Topf von der Kochstelle nehmen. Ein sauberes Küchenhandtuch um den Topfdeckel wickeln und dabei die überstehenden Handtuchzipfel nach oben über den Deckel schlagen (Das Tuch soll nicht mit der Hitzequelle in Berührung kommen). Den in dem Handtuch eingewickelten Deckel auf den Reistopf setzen und den Reis etwa 15 Minuten ziehen lassen.

4. Den Reis mit einer Gabel leicht auflockern, mit schwarzen Sesamsamen (wenn verwendet) bestreuen und sofort servieren.

JAPAN

GEGRILLTE REISKUCHEN

DIREKTES GRILLEN
ERGIBT 16 BIS 18 KUCHEN
FÜR 6 BIS 8 PERSONEN

Gegrillte Reiskuchen sind in Japan ein beliebtes Gericht und bei den Straßenverkäufern, in Yakitori-Lokalen, ja sogar in vornehmen Restaurants erhältlich. Die Idee zum folgenden Rezept habe ich von einem Straßenverkäufer vor dem Sensoji Tempel in Tokio. Man kann hier auch Naturreis verwenden, obwohl die Grillexperten, die ich in Japan kennen lernte, fast alle den weißen Reis bevorzugten. Die japanischen Grillexperten benutzen für ihre Reiskuchen kein Öl. Sie benutzen keine Grillrosts, sondern grillen die Kuchen auf Spießen, die wie Essstäbchen aussehen, über dem Feuer. Mit dem Öl kann man die Kuchen aber auch auf die westliche Art grillen.

VORBEREITUNGSZEIT

2 bis 8 Stunden zum Kühlen der Reiskuchen

ZUTATEN

Japanischer Dampfreis (Seite 430), abgekühlt
1 EL Rapsöl, zusätzlich Öl zum Einfetten des Tellers
Klassische Teriyaki-Sauce (Seite 473), Weiße Miso-Barbecuesauce (Rezept Seite 475) oder beide

1. Den Reis in eine Schüssel geben und eine weitere Schüssel mit kaltem Wasser bereitstellen. Einen großen Teller leicht einölen. Die Hände anfeuchten, jeweils eine 5 cm große Reiskugel nehmen und eine runde Scheibe, ein Oval oder Herz daraus formen, dabei die Hände nach Bedarf immer wieder anfeuchten. Jede Form sollte etwa 2,5 cm dick sein. Die geformten Reiskuchen auf den vorbereiteten Teller legen. Wenn der gesamte Reis aufgebraucht ist, die Reiskuchen lose mit Frischhaltefolie bedeckt mindestens 2 bis 8 Stunden in den Kühlschrank stellen.

2. Den Grill für direktes Grillen vorbereiten und gut aufheizen.

3. Wenn der Grill aufgeheizt ist, den Grillrost mit Öl einpinseln. Die Reiskuchen von beiden Seiten mit Rapsöl einpinseln. Eine Seite mit einer oder beiden Saucen bestreichen, die Reiskuchen mit der mit Sauce bestrichenen Seite nach unten auf den heißen Rost legen und 4 bis 5 Minuten grillen. Die obere Seite mit Sauce bestreichen, wenden und weitere 4 bis 5 Minuten grillen, bis die Kuchen von beiden Seiten schön braun sind. Sofort servieren.

BAHAMAS

ERBSEN UND REIS NACH ART DER BAHAMAS

ALS BEILAGE
FÜR 8 PERSONEN

Erbsen und Reis gehören auf allen Inseln der Karibik zu den Grundnahrungsmitteln. Bei den Erbsen handelt es sich um Straucherbsen, grünlich-braune, erdig schmeckende Hülsenfrüchte, die in Afrika beheimatet sind. Der afrikanische Ursprung ist auch noch in einigen der regionalen Namen dieser Pflanze ersichtlich. Die Jamaikaner nennen sie gunga pea (Kongoerbse), auf den Französischen Antillen ist sie als pois d'angole (Erbse aus Angola) bekannt und ein spanischer Name lautet gandule. In Südamerika ist sie besser bekannt unter dem Namen crowder.

Wie auch immer man sie nennt, die Straucherbse wächst in festen Schoten und ist in Dosen oder gefroren in spanischen Lebensmittelläden und vielen Supermärkten erhältlich. Kann man sie nirgendwo kaufen, tun es auch Augenbohnen oder Kidneybohnen.

1 EL Pflanzenöl
4 Scheiben Schinken, in 0,5 cm große Streifen geschnitten
1 mittelgroße Zwiebel, fein gehackt
1 mittelgroße rote Paprikaschote, Rippen und Kerne entfernt, fein gehackt
3 Knoblauchzehen, zerdrückt
6 frische Basilikumblätter, in feine Streifen geschnitten, oder 1 TL getrockneter Basilikum
1 TL frischer Thymian, oder ½ TL getrockneter Thymian
2 TL Salz, oder mehr
½ TL frisch gemahlener schwarzer Pfeffer, oder mehr
2 EL Tomatenmark
½ TL Zucker
500 g weißer Langkornreis
1 EL frischer Limettensaft
300 g gekochte Straucherbsen, Augenbohnen oder Kidneybohnen

1. Das Öl bei mittlerer Hitze in einem großen Topf erhitzen. Schinken hinzufügen und 4 Minuten braten, bis er leicht gebräunt ist. Bis auf 2 EL das gesamte Fett abschütten. Zwiebel, Paprikaschote, Knoblauch, Basilikum, Thymian, Salz und Pfeffer zufügen und etwa 5 Minuten braten, bis die Zwiebelwürfel goldbraun sind. Tomatenmark und Zucker unterrühren und weitere 2 Minuten garen.

2. 1,5 l Wasser zufügen und zum Kochen bringen. Reis und Limettensaft einrühren und wieder aufkochen. Die Hitze auf niedrige Stufe stellen und den Topf dicht schließen. Den Reis etwa 18 Minuten kochen, bis er gar ist, aber nach 15 Minuten nachsehen, ob noch viel Flüssigkeit im Topf vorhanden ist. In diesem Fall den Deckel etwas öffnen, damit mehr Flüssigkeit verdampfen kann. Ist der Reis zu trocken, 2 oder 3 EL Wasser hinzufügen. In den letzten 3 Minuten die Straucherbsen unterrühren.

Eine schicke Präsentation

Man kann den Reis mit Erbsen aus den Bahamas auch schön formen, indem man ihn in leicht eingeölte, tassengroße Auflaufförmchen oder Senftöpfchen füllt. Dabei den Reis mit Erbsen mit dem Löffelrücken fest in die Form drücken und gut füllen. Zwei Minuten warten, dann die Formen umgedreht auf eine Platte stellen und ganz leicht schütteln. Es sollte nun ein hübscher Kegel oder Zylinder aus Reis ganz leicht aus der Form gleiten.

3. Den Topf von der Kochstelle nehmen und die Straucherbsen mit dem Reis noch 5 Minuten ziehen lassen. Kurz vor dem Servieren mit einer Gabel den Reis auflockern und abschmecken, nach Bedarf mit Salz und/oder Pfeffer nachwürzen.

BRASILIEN

VERRÜCKTER REIS

ARROZ LOCO

ALS BEILAGE FÜR 4 PERSONEN

Dieses bunte Beilagengericht ist die brasilianische Version des gebratenen Reis. Man kann es in den churrascarias und Restaurants in Rio de Janeiro und São Paolo essen, wo jeder Koch versucht, den anderen geschmacklich zu übertreffen. Diese Version hier stammt aus einem wunderbaren Restaurant mit dem Namen „Candidos" in der Hafenstadt Pedra de Guaratiba, etwa eine Autostunde südlich von Rio.

FÜR DEN REIS

300 g Langkornreis
½ TL Salz
1 EL ungesalzene Butter

FÜR DIE GEWÜRZE

1 EL natives Olivenöl extra
3 Scheiben Schinken, in 0,5 cm große Streifen geschnitten (siehe Hinweis)
½ mittelgroße rote Zwiebel, in Würfel geschnitten
1 Knoblauchzehe, zerdrückt
½ mittelgroße grüne Paprikaschote, Rippen und Kerne entfernt, in 0,5 cm große Würfel geschnitten
½ mittelgroße rote Paprikaschote, Rippen und Kerne entfernt, in 0,5 cm große Würfel geschnitten
80 g gekochte Maiskörner
40 g Rosinen
40 g Sultaninen
3 EL frische glatte Petersilie, gehackt
Salz und frisch gemahlener schwarzer Pfeffer

1. Den Reis in eine große Schüssel geben und etwa 7,5 cm hoch mit kaltem Wasser bedecken. Mit den Fingern den Reis in der Schüssel rühren, bis das Wasser trüb wird, dann den Reis in einem Sieb abtropfen lassen. Diesen Vorgang 4 bis 6 Mal wiederholen, bis das Wasser klar bleibt.

2. Den Reis in einen großen Topf geben und so viel Wasser zufügen, dass der Reis etwa 2 cm mit Wasser bedeckt ist (ca. 600 ml). Salz und Butter einrühren und zum Kochen bringen. Die Hitze auf niedrige Stufe stellen und den Topf dicht schließen. Den Reis etwa 18 Minuten kochen, bis er gar ist, aber nach 15 Minuten nachsehen, ob noch viel Flüssigkeit im Topf ist. In diesem Fall den Deckel etwas öffnen, damit mehr Flüssigkeit verdampfen kann. Ist der Reis zu trocken, 2 oder 3 EL Wasser hinzufügen. Den Topf von der Kochstelle nehmen und den Reis zugedeckt noch 5 Minuten ziehen lassen. Mit einer Gabel auflockern und zur Seite stellen.

3. Für die Gewürzmischung das Olivenöl in einer großen Kasserolle bei mittlerer Hitze erhitzen. Den Schinken zufügen und etwa 4 Minuten braten, bis er leicht gebräunt ist. Bis auf 2 EL das gesamte Fett abschöpfen, dann Zwiebel, Knoblauch, grüne und rote Paprika, Mais, Rosinen, Sultaninen und Petersilie einrühren. Etwa 5 Minuten dünsten, bis die Zwiebelwürfel goldbraun sind. Den Reis unter die Mischung rühren und noch einmal 2 Minuten gut erhitzen. Abschmecken, nach Bedarf mit Salz und schwarzem Pfeffer nachwürzen und servieren.

HINWEIS: Für eine rein vegetarische Version dieser Beilage lässt man den Schinken einfach weg und nimmt stattdessen insgesamt 2 EL Olivenöl.

ITALIEN

GEGRILLTE POLENTA

DIREKTES GRILLEN
FÜR 4 PERSONEN

Polenta ist ein italienisches Püree aus Maismehl, aber welch ein Püree! Es ist Maismehl, das zu einer würzigen Paste gekocht, hier noch mit Butter und Sahne angereichert und dann schön rauchig-braun gegrillt wird. Die gegrillte Polenta kann man als Beilage oder mit der Lieblingstomatensauce als Hauptgericht servieren. Wenn man mit Ausstechformen für Plätzchen Sterne, Dreiecke, Kreise oder andere schöne Formen aus der Polenta aussticht, hat man außerdem noch einen dekorativen Effekt.

Wenn man es eilig hat, nimmt man vorgekochte Polenta. Diese dann in 1 cm dicke Scheiben schneiden, mit geschmolzener Butter bestreichen und wie in Schritt 6 beschrieben grillen.

VORBEREITUNGSZEIT

4 Stunden bis 2 Tage zum Kühlen der Polenta

ZUTATEN

250 g grob gemahlenes Polentamaismehl
1 TL Salz, oder mehr
½ TL frisch gemahlener schwarzer Pfeffer, oder mehr
120 ml Schlagsahne
2 bis 4 EL ungesalzene Butter, geschmolzen, oder natives Olivenöl extra

1. Maismehl, Salz und Pfeffer sowie 1,5 l Wasser in einem großen Topf zu einer weichen Mischung verrühren. Die Mischung bei starker Hitze zum Kochen bringen und unter gleichmäßigem Rühren 2 Minuten kochen lassen.

2. Die Hitze reduzieren, die Sahne einrühren und, wenn man möchte, noch 2 EL geschmolzene Butter oder Olivenöl hinzufügen. Die Polenta 30 bis 40 Minuten unbedeckt köcheln lassen, bis sie so dick wird, dass man sie vom Topfrand wegziehen kann. Sie sollte jetzt die Konsistenz von Softeis haben. Man braucht die Polenta nicht ständig, sondern nur etwa alle 5 Minuten mit einem Holzlöffel zu rühren, dabei aber immer gut im Auge behalten. Abschmecken und nach Bedarf mit Salz und/oder Pfeffer nachwürzen. Die Polenta sollte gut gewürzt sein.

3. Die Polenta etwa 1 cm hoch in eine beschichtete Biskuitform oder Kuchenform gießen und mit einem Teigschaber die Oberfläche glatt streichen. Auf Raumtemperatur abkühlen lassen, dann lose mit Frischhaltefolie bedecken und mindestens 4 Stunden bis zu 2 Tage in den Kühlschrank stellen, bis sie fest wird.

4. Die kalte Polenta mit einem Messer oder Ausstechformen in Vierecke, Rechtecke oder andere Formen schneiden. Die Stücke sollten aber nicht größer als 7,5 bis 10 cm sein. Mit einem Pfannenwender die Polentastücke aus der Form nehmen und auf eine Platte legen.

5. Den Grill für direktes Grillen vorbereiten und gut aufheizen.

6. Wenn der Grill aufgeheizt ist, den Grillrost mit Öl einpinseln. Die Polentastücke von beiden Seiten mit 2 EL geschmolzener Butter oder Olivenöl bestreichen. Die Stücke auf den heißen Rost legen und 3 bis 4 Minuten pro Seite grillen, bis sie von beiden Seiten schön braun und brutzelnd heiß sind. Dabei mit dem Pfannenwender wenden. Die gegrillte Polenta sofort servieren.

USA

GEGRILLTE MAISGRÜTZE

DIREKTES GRILLEN
FÜR 6 PERSONEN

Polenta zu grillen ist ein schon seit langer Zeit bestehender italienischer Brauch. Das hat mich auf die Idee gebracht, auch einmal das amerikanische Äquivalent zu grillen, die Maisgrütze. Gegrillte Maisgrütze passt wirklich gut zu einem südlichen oder texanischen Barbecue.

VORBEREITUNGSZEIT

4 Stunden bis 2 Tage zum Kühlen der Maisgrütze

ZUTATEN

750 ml selbstgemachte Hühnerbrühe, oder Hühnerbrühe aus dem Glas, oder Wasser
1 Knoblauchzehe, zerdrückt
1 TL scharfe Sauce nach Wahl
1 TL Salz, oder mehr
½ TL frisch gemahlener schwarzer Pfeffer, oder mehr
750 g vorgekochte Maisgrütze
4 EL ungesalzene Butter, geschmolzen, oder Olivenöl

1. Hühnerbrühe, Knoblauch, scharfe Sauce, Salz und Pfeffer in einem großen Topf bei starker Hitze zum Kochen bringen. Die Maisgrütze und 2 EL der geschmolzenen Butter unterrühren und aufkochen. Die Hitze reduzieren und die Maisgrütze unbedeckt 5 bis 8 Minuten (oder Zeitangabe auf der Verpackung beachten), unter mehrmaligem Rühren leicht köcheln lassen, bis sie eindickt. Die Grütze soll leichte Blasen an der Oberfläche bilden, aber nicht so stark kochen, dass die Blasen platzen. Abschmecken und nach Bedarf mit Salz und/oder Pfeffer nachwürzen.

2. Die Maisgrütze etwa 1 cm hoch auf ein beschichtetes Backblech oder in eine flache Auflaufform gießen und mit einem Teigschaber die Oberfläche glatt streichen. Auf Raumtemperatur abkühlen lassen, dann lose mit Frischhaltefolie bedecken und mindestens 4 Stunden bis zu 2 Tage in den Kühlschrank stellen, bis sie fest wird.

3. Die Maisgrütze in Vierecke oder Dreiecke schneiden. Mit einem Pfannenwender diese Stücke vom Backblech auf eine große Platte legen.

4. Den Grill für direktes Grillen vorbereiten und gut aufheizen.

5. Wenn der Grill aufgeheizt ist, den Grillrost mit Öl einpinseln. Die Maisgrützestücke von beiden Seiten mit der restlichen geschmolzenen Butter bestreichen. Die Stücke auf den heißen Rost legen und 3 bis 4 Minuten pro Seite grillen, bis sie von beiden Seiten schön braun und brutzelnd heiß sind, dabei mit dem Pfannenwender wenden. Während des Grillens die Maisgrützestücke mit der eventuell übrigen Butter bestreichen und sofort servieren.

Gegrillte Maisgrütze Plus

Fügen Sie in Schritt 1 die folgenden Zutaten hinzu, wenn Sie die Maisgrütze einrühren.

Für Käse-Maisgrütze: 60 g fein geriebenen, würzigen Cheddar, Gouda oder Manchego-Käse zufügen.

Für Maisgrütze mit Maiskörnern: 160 g gegrillte Maiskörner zufügen (siehe Tipps zum Grillen im Kasten Seite 396).

Für Jalapeño-Maisgrütze: 2 bis 6 gehackte, eingelegte Jalapeño-Schoten und 60 g geriebenen Cheddar zufügen.

BRASILIEN

REGENBOGEN-MANIOK

FAROFA

ALS BEILAGE
FÜR 6 BIS 8 PERSONEN

Außerhalb seiner Heimat Brasilien ist die farofa zwar kaum bekannt, doch handelt es sich hier um die wohl ungewöhnlichste Beilage zu einem Barbecue. In der einfachsten Form sieht es aus wie sautierte Brotkrumen, schmeckt aber nach Nüssen, Erde und Butter – nur viel reichhaltiger. Die Konsistenz ist herrlich grobkörnig.

Farofa (die Betonung liegt auf der zweiten Silbe) wird aus gemahlenem, getrocknetem Maniok hergestellt (vom

Getoasteter Maniok

Eine einfachere Version der farofa wird oft als Gewürz bei brasilianischen Grillfesten gereicht, indem man es über Steaks und Koteletts streut, um so den Fleischsaft aufzusaugen. Es kommt Ihnen vielleicht seltsam vor, aber es kann tatsächlich süchtig machen. Um es zuzubereiten, muss man Maniokmehl in Butter oder Öl mit ein wenig Knoblauch oder Zwiebel dünsten.

Maniokstrauch). Aus dieser stärkehaltigen Knolle wird das Tapioka gewonnen. Es gibt eine ganz simple Version (siehe Kasten Seite 435), aber die etwas aufwändigere farofa, die ich hier vorstelle, wird mit einer Auswahl an getrockneten Früchten und Gemüsesorten in allen Farben des Regenbogens und Rührei garniert.

2 EL ungesalzene Butter
4 EL natives Olivenöl extra
1 große Zwiebel, fein gehackt
2 Knoblauchzehen, zerdrückt
½ mittelgroße rote Paprikaschote, Rippen und Kerne entfernt, in 1 cm große Würfel geschnitten
½ mittelgroße grüne Paprikaschote, Rippen und Kerne entfernt, in 1 cm große Würfel geschnitten
½ mittelgroße gelbe Paprikaschote, Rippen und Kerne entfernt, in 1 cm große Würfel geschnitten
60 g Rosinen oder Korinthen
75 g entsteinte Backpflaumen, in Würfel geschnitten
250 g Maniokmehl (siehe Hinweis)
2 große Eier, geschlagen
Salz und frisch gemahlener schwarzer Pfeffer

1. Die Butter und 2 EL Olivenöl in einer großen Kasserolle bei mittlerer Hitze erwärmen. Zwiebel und Knoblauch zufügen und etwa 4 Minuten glasig dünsten. Paprika, Rosinen und Pflaumen zufügen und weitere 4 Minuten dünsten, bis die Zwiebelwürfel braun sind.

2. Maniokmehl unterrühren und unter häufigem Rühren etwa 6 Minuten dünsten, bis es goldbraun ist. Die Maniokmischung auf eine Seite der Kasserolle zusammenschieben.

3. Die restlichen 2 EL Olivenöl in die Mitte der Kasserolle geben und gut erhitzen. Die Eier in die Kasserolle gießen und unter heftigem Rühren mit einem Holzlöffel zu Rührei verarbeiten. Das Rührei unter die Maniokmischung rühren und nochmals 2 bis 4 Minuten erhitzen. Das farofa mit Salz und schwarzem Pfeffer abschmecken, auf einer Platte anrichten und sofort servieren.

HINWEIS: Maniokmehl kann man in vielen Lebensmittelläden und in Delikatessenläden kaufen.

INDIEN

INDISCHE „GEBACKENE BOHNEN“

DAL BUKHARA

ALS BEILAGE FÜR 8 PERSONEN

Es ist schwer, sich ein nordamerikanisches Barbecue ohne gebackene Bohnen vorzustellen. Auf der anderen Seite der Erdkugel hat ein berühmtes Tandoori-Restaurant in New Delhi mit dem Namen „Bukhara“ wegen eines exquisit köstlichen und cremigen Bohnengerichts namens dal bukhara – mit anderen Worten: gebackene Bohnen – eine begeisterte Anhängerschaft gefunden. Wie das amerikanische Bohnengericht wird auch dal bukhara über Nacht in einem riesigen Topf über einem Feuer gekocht.

Die für das dal bukhara gewählte Bohne ist die urad dal (auch kali dal genannt), eine kleine, schwarze Bohne, die wie eine Mungobohne aussieht. Sahne und Butter geben den Bohnen eine seidige Konsistenz und machen sie so gehaltvoll wie keine andere indische Bohne. Urad dal gibt es in indischen Lebensmittelläden und Naturkostläden. Ansonsten kann man auch Mungobohnen verwenden.

Eigentlich braucht man für die Zubereitung des dal bukhara 12 Stunden. Ich habe die Zubereitungszeit hier aber verkürzt, indem ich einen Dampfkochtopf verwende.

200 g getrocknete grüne Mungobohnen
1 große reife Tomate
1 EL frischer, geschälter Ingwer, gerieben
3 Knoblauchzehen, zerdrückt
½ mittelgroße Zwiebel, gehackt
1 EL Tomatenmark
2 EL gemahlener Koriander
1 EL Salz, oder mehr
½ TL gemahlener schwarzer Pfeffer, oder mehr
¼ TL Cayennepfeffer, oder mehr
6 EL ungesalzene Butter
120 ml Schlagsahne

SCHNELLE UND RAUCHIGE „GEBACKENE BOHNEN“ | RECHTS

1. Die Bohnen auf einem Backblech ausbreiten und noch vorhandene Stiele oder Steine aussortieren und wegwerfen. Die Bohnen in eine große Schüssel geben und 7,5 cm hoch mit kaltem Wasser bedecken. Mit den Fingern die Bohnen in der Schüssel rühren. Dann in einem Sieb abtropfen lassen. Diesen Vorgang noch ungefähr drei Mal wiederholen.

2. Die Bohnen mit 1 l Wasser in einen Dampfkochtopf geben und bei mittlerer Hitze etwa 10 Minuten kochen, bis man ein gleichmäßiges Zischen hört und das Ventil im Topfdeckel sich auf und ab bewegt.

3. In der Zwischenzeit die Tomate entkernen und in große Stücke schneiden. Die Tomate in der Küchenmaschine pürieren.

4. 5 Minuten lang kaltes Wasser über den Dampfkochtopf laufen lassen, bis er vollständig abgekühlt ist (Deckel und Wände), dann den Deckel öffnen.

5. Ingwer, Knoblauch, Zwiebel, pürierte Tomate, Tomatenmark, Koriander, Salz, schwarzen Pfeffer, Cayennepfeffer und 4 EL Butter unter die Bohnen rühren. Die Bohnen nochmals 5 Minuten im Dampfkochtopf kochen, bis die Masse zu einem dicken, cremigen Püree geworden ist (siehe Hinweis). Den Dampfkochtopf erneut unter fließend kaltem Wasser abkühlen, bevor der Deckel geöffnet wird.

6. Kurz vor dem Servieren die Sahne unter die Bohnenmasse rühren und im Dampfkochtopf (ohne Deckel) oder in einem anderen Topf 2 Minuten leicht köcheln lassen, bis die Masse dick und cremig ist. Abschmecken, nach Bedarf mit Salz, schwarzem Pfeffer und/oder Cayennepfeffer nachwürzen und in eine Servierschüssel geben. Die restlichen 2 EL Butter darauf häufen und sofort servieren.

HINWEIS: Die Bohnen können bis hierher schon einige Stunden oder sogar schon einen Tag im Voraus vorbereitet und dann zugedeckt im Kühlschrank aufbewahrt werden. Bei mittlerer Hitze unter Rühren aufwärmen.

USA

SCHNELLE UND RAUCHIGE „GEBACKENE BOHNEN“

INDIREKTES GRILLEN
FÜR 6 BIS 8 PERSONEN

Nicht jeder hat so viel Zeit, gebackene Bohnen ganz von Anfang an zu kochen, aber ein schnelles Räuchern auf dem Grill gibt ihnen ein so gehaltvolles Aroma, dass man schwören könnte, die Bohnen hätten schon seit Stunden gekocht. Ein noch besseres Ergebnis erzielt man, wenn man gewürfeltes, gegrilltes Schweinefleisch, Kochschinken oder Rinderbrust mit verarbeitet.

SPEZIELLE AUSRÜSTUNG

120 g Räucherspäne, 1 Stunde in kaltem Wasser eingeweicht und abgetropft

ZUTATEN

4 dicke Scheiben Schinken (etwa 120 g), in 0,5 cm große Streifen geschnitten
1 große Zwiebel, fein gehackt
3 Knoblauchzehen, zerdrückt
1 EL frischer, geschälter Ingwer, gerieben
2 Dosen (á 380 g) Kidneybohnen, gewaschen und abgetropft
60 g brauner Zucker
60 ml Zuckersirup
60 ml Barbecuesauce
60 g Ketchup
2 EL Worcestershire-Sauce
1 EL gemahlener Senf
1 EL Senf
1 EL Apfelessig
250-500 g geräuchertes oder gegrilltes Schweinefleisch, Kochschinken oder Rinderbrust, gewürfelt (wahlweise)
Salz und frisch gemahlener schwarzer Pfeffer

1. Den Schinken in einen großen Topf geben und bei mittlerer Hitze etwa 5 Minuten dünsten, bis er leicht angebräunt ist. Bis auf 2 EL das ausgelassene Fett wegschütten.

2. Zwiebel, Knoblauch und Ingwer zufügen und 5 Minuten dünsten, bis die Zwiebel goldbraun ist. Den Topf von der

Kochstelle nehmen und Bohnen, braunen Zucker, Zuckersirup, Barbecuesauce, Ketchup, Worcestershire-Sauce, gemahlenen Senf, Senf, Apfelessig und Schweinefleisch (wenn verwendet) unterrühren. Bohnen in eine Pastetenform geben (oder eine mit Alufolie ausgelegte flache Auflaufform).

3. Den Grill für indirektes Grillen vorbereiten. Eine Tropfschale ist für dieses Rezept nicht erforderlich.

Für das Grillen auf dem Gasgrill die Räucherspäne in die Räucherkammer des Gasgrills legen und den Grill gut aufheizen. Sobald sich Rauch entwickelt, die Hitze reduzieren.

Den Holzkohlegrill auf mittlere Hitze aufheizen.

4. Wenn der Grill aufgeheizt ist, die Räucherspäne auf die Kohlen des Holzkohlegrills legen. Die Pastetenform mit den Bohnen nicht direkt über der Hitzequelle in die Mitte des Grills auf den heißen Rost setzen und den Grill schließen. Die Bohnen etwa 30 Minuten im Rauch rösten, bis das Aroma gut durchgezogen ist. Mit Salz und Pfeffer abschmecken und sofort servieren.

HINWEIS: Diese Bohnen können auch im Ofen zubereitet werden, dann etwa 30 Minuten bei 180 °C backen.

BRASILIEN

BRASILIANISCHE SCHWARZE BOHNEN MIT SPECK

TUTU MINEIRA

ALS BEILAGE
FÜR 8 PERSONEN

Hier kommt die brasilianische Version der gebackenen Bohnen. Eigentlich ist es nur eine der vielen Versionen. Die Brasilianer lieben ihre Bohnen so sehr, dass sie aus Dutzenden von Bohnengerichten auswählen können. Tutu kommt aus Minas Gerais (ein Bergbaugebiet im Nordwesten Brasiliens), wo man es mit schwarzen Bohnen und Speck kocht. Ich habe dieses Gericht etwas leichter gestaltet – das Original ist die Sorte von Speise, die man vor dem Beginn einer schweren, körperlichen Arbeit zu sich nimmt. Reichen Sie zu tutu mineira irgendeine der Barbecuesaucen aus diesem Kochbuch.

4 Scheiben Schinken (etwa 125 g)
1 mittelgroße Zwiebel, fein gehackt
4 Knoblauchzehen, zerdrückt
15 g frische glatte Petersilie, gehackt
1 Lorbeerblatt
750 g Kidneybohnen
(bei Dosenbohnen zwei Dosen á 380 g)
120-240 ml selbstgemachte Hühnerbrühe, oder Hühnerbrühe aus dem Glas, oder das Kochwasser der Bohnen
¼ TL Portugiesische scharfe Sauce (Seite 480) oder eine andere scharfe Sauce, oder mehr
3 bis 4 EL Tapiokamehl (siehe Hinweis)
Salz und frisch gemahlener schwarzer Pfeffer
2 hart gekochte Eier, grob gehackt

1. Den Schinken in eine große Kasserolle geben und bei mittlerer Hitze etwa 5 Minuten dünsten, bis er leicht gebräunt ist. Bis auf 2 EL das ausgelassene Fett wegschütten. Zwiebel, Knoblauch, 2 EL Petersilie und das Lorbeerblatt zufügen und 4 Minuten dünsten, bis die Zwiebel goldbraun ist.

2. Die Bohnen, 120 ml Hühnerbrühe und die scharfe Sauce ebenfalls in die Kasserolle geben und 5 Minuten leicht köcheln lassen. Das Lorbeerblatt herausnehmen und wegschmeißen. Mit einem Stößel, einem Kartoffelstampfer oder dem rückwärtigen Teil eines Holzlöffels die Hälfte der Bohnen in der Kasserolle zerquetschen. 3 EL Tapiokamehl unterrühren. Die Bohnen unbedeckt etwa 3 Minuten köcheln lassen, bis die Masse schön dick ist. Wenn die Masse zu dick wird, noch etwas Kochwasser zufügen, ist sie zu dünn, den letzten EL Tapiokamehl unterrühren.

3. Abschmecken, nach Bedarf mit Salz und Pfeffer und scharfer Sauce nachwürzen. Die gehackten Eier und die letzten 2 EL Petersilie über den tutu streuen und sofort servieren.

HINWEIS: Wenn man kein Tapiokamehl hat (siehe Hinweis auf Seite 435), kann man es auch durch Maisstärke oder geröstete Brotkrumen ersetzen (siehe Kasten Seite 113).

ENGLAND

YORKSHIRE PUDDING AUF DEM GRILL

INDIREKTES GRILLEN
FÜR 8 PERSONEN

Gegrillter zarter Rinderbraten mit Knoblauch und Rosmarin (Seite 137) wäre ohne den Yorkshire Pudding nicht vollständig. Und man kann den Yorkshire Pudding auf dem Grill zubereiten, während das Fleisch vor dem Anschneiden noch ruht. Damit der Teig sich schön aufbläht, nimmt man eiskalten Teig und gibt diesen in eine brennend heiße Pfanne. Einen noch authentischeren Geschmack erhält man, wenn man ausgelassenes Bratenfett vom Fleisch nimmt – auch wenn es ernährungstechnisch äußerst unkorrekt ist. Man kann das Bratenfett während des Röstens eines Bratens mit einer Schöpfkelle aus der Bratenschale abschöpfen oder Buterschmalz verwenden.

VORBEREITUNGSZEIT

30 Minuten zum Kühlen der Yorkshire Pudding-Masse

ZUTATEN

6 große Eier
600 ml Milch
1 TL Salz
½ TL frisch gemahlener schwarzer Pfeffer
250 g Weizenmehl
60 g Bratenfett, geschmolzene ungesalzene Butter oder natives Olivenöl extra

1. Eier, Milch, Salz und Pfeffer in einer großen Schüssel gut verrühren. Mehl und 2 EL Bratenfett unterrühren. Den Teig zudecken und 30 Minuten ins Gefrierfach stellen.

2. Den Grill für indirektes Grillen vorbereiten und gut aufheizen (siehe Hinweis). Eine Tropfschale ist für dieses Rezept nicht erforderlich.

3. Wenn der Grill aufgeheizt ist, die restlichen 2 EL Bratenfett in eine saubere Pfanne geben (etwa 30 x 20 cm groß), diese nicht direkt über der Hitzequelle in die Mitte des Grills auf den heißen Rost setzen und etwa 3 Minuten gut aufheizen. Den gekühlten Teig in die Pfanne gießen und den Grill fest schließen. Den Yorkshire Pudding etwa 20 bis 30 Minuten grillen, bis er aufgebläht und schön braun ist (nicht zwischendurch nachsehen). Den Pudding in Viertel schneiden und sofort servieren.

HINWEIS: Wenn Sie gerade einen Braten gegrillt haben, ist Ihr Grill schon für die indirekte Methode vorbereitet. Wenn man einen Holzkohlegrill verwendet, muss man einfach noch 10 bis 12 frische Kohlen auf jeder Seite nachlegen.

KAPITEL 16

BEILAGEN: PICKLES, RELISHS, SALSAS UND KRAUTSALATE

„Hunger ist das beste Gewürz."
—BENJAMIN FRANKLIN

Zu jeder großen Aufführung gehören Diven und Refrains. Beim Grillen verhält es sich genauso. Das Fleisch oder die Meeresfrüchte heimsen den größten Applaus ein, aber es sind die Würzmittel wie Pickles, Relishs, Salsas und Krautsalate, die ein einfaches Solo auf die Ebene einer virtuosen Vorstellung erheben.

Pickles und Relishs spielen in der Welt des Barbecues eine große Rolle, denn ihre Textur und ihr Biss bieten einen exquisiten Kontrast zu dem Gegrillten. In diesem Kapitel finden Sie Rezepte für zentralamerikanische encurtidos (eingelegter Zwiebel-Mix), zentralasiatische torshi (eingelegtes Gemüse), feurige indonesische und malaysische Sambal und die Chutneys vom indischen Subkontinent.

Eine große Familie an Salsas stammt aus dem amerikanischen Kontinent: von mildem salsa criolla (Tomaten-Salsa) aus Argentinien, höllisch scharfem xni pec („Hundeschnauzen"-Salsa) aus Yucatan, bis zu rauchigem Apfelbananen-Salsa, gegrilltem Ananas-Salsa und Mango-Pfefferminz-Salsa aus den USA.

Außerdem darf beim Grillen der Krautsalat nicht fehlen. In diesem Kapitel finden Sie entsprechende verschiedene Rezepte, einschließlich eines wirklich scharfen Salats mit Chilischoten der Sorte Scotch Bonnet. Ich kann die Bravorufe jetzt schon hören.

AFGHANISTAN

ZENTRAL-ASIATISCHE PICKLES

TORSHI

ALS BEILAGE FÜR 12 PERSONEN

Torshi bezieht sich auf eine Reihe eingelegter Gemüse und ist in ganz Zentralasien zu finden; insbesondere in Afghanistan, dem Iran und Irak. Natürlich variieren die Rezepte von Land zu Land, aber das Grundrezept beinhaltet Karotten, Sellerie, Blumenkohl und Rüben oder Gurken, die in Essig, Salz und sev gundig (Schwarzkümmelsamen aus dem Nahen und Mittleren Osten) eingelegt werden. Kein zentralasiatisches Grillgericht wäre ohne eine oder mehrere Schalen torshi komplett.

Dieses Rezept für Sauergemüse ist mild; wenn Sie mehr Schärfe wünschen, fügen Sie zwei bis zwölf getrocknete rote Chilischoten hinzu.

VORBEREITUNGSZEIT
3 Tage für das Einlegen des Gemüses

SPEZIELLE AUSRÜSTUNG
1 großes verschließbares Glas (3 Liter oder größer), heiß ausgewaschen

FÜR DEN SUD
1 l Branntweinessig
100 g Salz
50 g Zucker, nach Bedarf mehr
1 TL Schwarzkümmelsamen (sev gundig; nach Wahl)
1 TL getrockneter Oregano
1 TL schwarze Pfefferkörner
½ TL Kurkumapulver

FÜR DAS GEMÜSE
1 Blumenkohl, in mundgerechte Röschen geschnitten
4 mittelgroße Karotten (etwa 250 g), geschält und in 2,5 cm große Stücke geschnitten
4 mittelgroße Stangen Staudensellerie, in 2,5 cm lange Stücke geschnitten
1 Rübe, geschält, der Länge nach halbiert und quer in gut 0,5 cm breite Scheiben geschnitten
1 mittelgroße Zwiebel, in gut 0,5 cm dicke Scheiben geschnitten
3 Knoblauchzehen, geschält

1. *Zubereitung des Suds:* Essig, Salz, Zucker, Schwarzkümmelsamen (optional), Oregano, Pfefferkörner, Kurkumapulver und 750 ml Wasser in ein großes Glas geben. Das Glas fest verschließen und schütteln, bis Zucker und Salz sich aufgelöst haben.

2. *Zubereitung des Gemüses:* Blumenkohlröschen, Karotten, Sellerie, Rübe, Zwiebel und Knoblauch in das Glas geben und umrühren. Mit Zucker abschmecken. Ein Stück Frischhaltefolie auf das Gemüse drücken, damit es vom Sud bedeckt bleibt. Das Gemüse bei Raumtemperatur oder im Kühlschrank für mindestens 3 Tage ziehen lassen. Torshi ist fest verschlossen für mehrere Wochen im Kühlschrank haltbar.

GEORGIEN

GEORGISCHE PICKLES

ALS BEILAGE FÜR 10 BIS 12 PERSONEN

Wann immer in Georgien gegrillt wird (beziehungsweise: wann immer in Georgien gegessen wird), findet man eine große Auswahl an Sauergemüse. Es gibt eingelegtes Gemüse, von dem man erwartet es zu finden, wie Gurken und Weißkohl, und Lebensmittel, die man nicht erwartet hätte, wie Kopfsalat und Wassermelone (Frucht und Schale). Georgische Pickles sind in Windeseile gemacht, müssen dann aber 3 Tage ziehen.

VORBEREITUNGSZEIT
3 Tage für das Einlegen des Gemüses und der Wassermelone

SPEZIELLE AUSRÜSTUNG
3 große verschließbare Gläser (1 Liter Fassungsvermögen), heiß ausgewaschen

FÜR DEN SUD
1250 ml Branntweinessig
5 EL Salz
5 EL Zucker, nach Bedarf mehr
8 Knoblauchzehen, geschält
8 frische Korianderstängel
8 Dillstängel
8 getrocknete scharfe Chilischoten

FÜR DAS GEMÜSE UND DIE WASSERMELONE
1 Kopf Eisbergsalat
500 g reife Eiertomaten
500 g Einlegegurken
1 Stück (500 g) Wassermelone mit Schale

1. *Zubereitung des Suds:* Den Essig mit dem Salz, Zucker und 750 ml Wasser in einem Topf (nicht aus Aluminium) auf großer Hitze zum Kochen bringen. Den Topf vom Herd nehmen, Knoblauch, Koriander, Dill und getrockneten roten Chili unterrühren. Auf Raumtemperatur abkühlen lassen; dies dauert etwa eine Stunde. Mit Zucker abschmecken.

2. *Zubereitung des Gemüses und der Wassermelone:* Den Eisbergsalat putzen und in 2,5 cm breite Schnitze schneiden. Die Tomaten und Einlegegurken unter fließend kaltem Wasser abspülen, abtropfen lassen, mit Küchenkrepp trocken tupfen, und jeweils 5 bis 6 Mal mit einer Gabel einstechen. Die Wassermelone mit Schale in 2,5 cm große Schnitze schneiden. Das Gemüse und die Wassermelone gleichmäßig auf die drei Gläser verteilen, und mit dem Sud bedecken. Ein Stück Frischhaltefolie auf die Oberfläche legen, damit das Gemüse und die Wassermelone bedeckt bleiben.

3. Die Gläser mindestens für 3 Tage in den Kühlschrank stellen. Sauergemüse ist dicht verschlossen mehrere Wochen gekühlt haltbar.

MEXIKO

KAROTTEN UND ANANAS-ESCABECHE

ALS BEILAGE
FÜR 8 BIS 10 PERSONEN

Escabeche ist der spanische Begriff für in Essig eingelegte Lebensmittel. Teils Relish, teils Pickle, teils Salsa ist dieses Sauergemüse aus Karotten und Ananas hundertprozentig köstlich. Reichen Sie es zu Putenfleisch. Mit einer Chilischote gewürzt erhalten Sie ein pikantes escabeche, sechs Chilischoten lassen es entflammen.

VORBEREITUNGSZEIT

Mindestens 6 Stunden für das Kaltstellen des escabeche

ZUTATEN

500 ml Reisessig
130 g Zucker
300 g gestiftelte Karotten (6 bis 8 mittelgroße Karotten)
1 bis 6 Serrano- oder Jalapeño-Chilischoten, quer in hauchdünne Scheiben geschnitten
500 g frische Ananas, gewürfelt
Salz und frisch gemahlener schwarzer Pfeffer
3 EL frischer Koriander, gehackt

1. Den Reisessig mit dem Zucker in einem großen flachen Topf auf großer Hitze zum Kochen bringen. Die Karotten hinzufügen, die Hitze reduzieren und 1 bis 2 Minuten weich kochen lassen. Den Chili hinzugeben und weitere 20 Sekunden köcheln lassen. Die Karotten und den Chili mit einem Schaumlöffel in eine hitzebeständige Servierschüssel geben.

2. Die Ananaswürfel in die kochende Essigmischung geben und 2 bis 4 Minuten weich kochen lassen. Die Ananas mit einem Schaumlöffel in die Servierschüssel geben. Das Gemüse und die Ananas mit dem Sud bedecken. Das escabeche mit Salz und schwarzem Pfeffer abschmecken.

3. Das escabeche auf Raumtemperatur abkühlen lassen, dann abgedeckt für mindestens 2 Stunden in den Kühlschrank stellen (siehe Hinweis).

4. Kurz vor dem Verzehr das escabeche erneut mit Salz und schwarzem Pfeffer abschmecken und den Koriander hinzugeben.

HINWEIS: Das escabeche kann bis zu diesem Punkt bis zu zwei Tage im Voraus zubereitet werden.

MITTELAMERIKA

SAUERGEMÜSE

ENCURTIDO

ALS BEILAGE
FÜR 8 BIS 10 PERSONEN

Encurtido gibt es in ganz Mittelamerika. Das Eingelegte ist ständige Beilage zu gegrillten Steaks und Würstchen, Reis und Bohnengerichten – und so ziemlich zu allem anderen auch. Hier fällt die Wahl auf die Habañero-Chilischote, eine mexikanische und mittelamerikanische Verwandte der karibischen Sorte Scotch Bonnet. Die beiden Sorten sind ohne weiteres austauschbar.

VORBEREITUNGSZEIT

Mindestens 1 Tag für das Einlegen des Gemüses

SPEZIELLE AUSRÜSTUNG

2 1-Liter-Gläser, heiß ausgewaschen

ZUTATEN

500 ml Branntweinessig
1 EL Salz, nach Belieben mehr
2 große weiße Zwiebeln, fein gehackt
120 g fein gewürfelte Karotten
½ mittelgroße grüne Paprikaschote, entkernt und fein

gewürfelt
- **½ mittelgroße rote Paprikaschote, entkernt und fein gewürfelt**
- **1 bis 3 frische Habañero-Chilischoten, in hauchdünne Scheiben geschnitten**
- **3 EL frischer Koriander, gehackt**
- **1 EL frischer Oregano, gehackt, oder 2 EL getrockneter Oregano**
- **8 schwarze Pfefferkörner**
- **2 Pimentkörner**

1. Den Essig und das Salz in einer Schüssel (nicht aus Aluminium) mit dem Schneebesen verrühren, bis sich das Salz aufgelöst hat. Zwiebeln, Karotten, grüne und rote Paprikaschote, Chili, Koriander, Oregano, Pfeffer- und Pimentkörner unterrühren. Mit Salz abschmecken. Das encurtido auf zwei 1-Liter-Gläser verteilen.

2. Das Gemüse mindestens 1 Tag bei Raumtemperatur ziehen lassen (siehe Hinweis).

HINWEIS: Encurtido hält sich mehrere Wochen im Kühlschrank (der Geschmack verstärkt sich mit der Zeit).

MALAYSIA

PENANG SCHALOTTEN-RELISH

CHUNG GAO JAI

ALS BEILAGE
FÜR 4 BIS 6 PERSONEN

Schalotten-Relish ist in Verbindung mit Grillgerichten überall bekannt. Ich habe diese Würzsaucen aus Gemüse in Marokko, Malaysia und der Türkei gekostet. Ein Grund für ihre Beliebtheit ist, dass die Schalotten einen milderen, feineren Geschmack haben als Zwiebeln. Dieses Relish stammt von der Insel Penang im Nordwesten Malaysias, wo es zu gegrilltem Rochen (Seite 342) gereicht wird. Es passt aber auch wunderbar zu allen anderen Fischgerichten und sogar zu Steaks. Ich muss Sie jedoch warnen: Diese Sauce hat Feuer in sich!

Sambal Oelek ist eine scharfe rote Chilipaste aus Indonesien und Malaysia und überall erhältlich. Es kann durch ungesüßte thailändische, vietnamesische rote Chilisaucen und chinesische Chilipasten ersetzt werden.

- **160 g dünn geschnittene Schalotten**
- **120 ml frisch gepresster Limettensaft, nach Bedarf mehr**
- **1½ TL Salz, nach Bedarf mehr**
- **1½ TL Zucker**
- **1 EL Sambal Oelek oder andere scharfe Chilipaste, nach Bedarf mehr**

Die Schalotten in eine Schüssel (nicht aus Aluminium) geben, Limettensaft, Salz, Zucker, Sambal Oelek sowie 60 ml Wasser hinzugeben und verrühren bis sich Zucker und Salz aufgelöst haben. Mit Limettensaft, Salz und Sambal Oelek abschmecken. Das Relish kann sofort verzehrt werden, schmeckt aber nach einer halben Stunde noch besser, da sich die Aromen mit der Zeit besser entfalten und verbinden können.

INDONESIEN

FEURIGES CHILI-SCHALOTTEN-RELISH

SAMBAL CHOBEK

ALS BEILAGE
FÜR 4 BIS 6 PERSONEN

Dieses Relish (oder Sambal, wie es in Indonesien genannt wird) wird durch ein scharfes Inferno aus Schalotten und roten Chilischoten charakterisiert. Chobek ist ein Mörser aus schwarzem Lavagestein, mit dem die Zutaten für ein Sambal traditionell in Java zermahlen werden. Es gibt eine große Auswahl an zu verwendenden Chilischoten: rote Jalapeño- oder Serrano-Chilischoten, thailändischer Chili oder Tabasco-Chili. Ich habe in Bezug auf die Menge optionale Angaben gemacht (ein Indonesier würde die ganzen fünfzehn Schoten nehmen). Über die ungewöhnliche Zutat Garnelenpaste möchte ich Ihnen noch etwas erzählen. In Indonesien nennt man sie trassi und in Malaysia belacan. Es handelt sich um eine stark riechende violett-braune Paste aus gesalzenen, fermentierten Garnelen, die sehr viel besser schmeckt, als sie riecht. Sollte keine Garnelenpaste erhältlich sein, kann sie durch asiatische Fischsauce ersetzt oder ganz weggelassen werden.

½ TL Garnelenpaste (optional)
5 bis 15 frische rote Chilischoten, entstielt und dünn geschnitten
4 Schalotten, grob gehackt
160 ml frisch gepresster Limettensaft, nach Bedarf mehr
2 TL Salz, nach Bedarf mehr

1. Die Garnelenpaste zu einer Kugel formen und auf das Ende eines Spießes oder einer Gabel stecken. Über das Feuer halten (im Holzkohle- oder Gasgrill), und 2 bis 4 Minuten leicht rösten, bis sie aromatisch riecht. Alternativ kann die Garnelenpaste auf ein Stück Aluminiumfolie gelegt und unter dem Rost getoastet werden.

2. Die Garnelenpaste mit dem Chili, den Schalotten, dem Limettensaft und dem Salz in einer Küchenmaschine zu einer groben Paste verarbeiten. Mit Limettensaft und Salz abschmecken. Das Sambal sollte sehr würzig sein. Sambal chobek ist dicht verschlossen mindestens 3 Tage im Kühlschrank haltbar.

MAROKKO

MAROKKANISCHES SCHALOTTEN-RELISH

ALS BEILAGE FÜR 4 PERSONEN

Dieses simple Relish wird traditionell zu marokkanischen Grillgerichten gereicht. Servieren Sie es mit einem der marokkanischen Lammgerichte aus dem Buch oder mit Rinder-Kebabs à la Bani Marine Street

80 g fein gehackte Schalotten
30 g fein gehackte, frische glatte Petersilie
2 EL Olivenöl extra vergine
2 EL frisch gepresster Zitronensaft, nach Bedarf mehr
½ TL Salz, nach Bedarf mehr
½ TL frisch gemahlener schwarzer Pfeffer, nach Bedarf mehr

Schalotten, Petersilie, Olivenöl und Zitronensaft in einer Schüssel vermengen. Salzen, pfeffern und erneut vermengen. Mit Zitronensaft, Salz und Pfeffer abschmecken. Das Relish schmeckt am besten, wenn es innerhalb von 2 Stunden serviert wird.

NICARAGUA

EINGELEGTE ZWIEBELN

CEBOLLITA

ALS BEILAGE FÜR 6 PERSONEN

In Nicaragua wird gegrilltes Fleisch grundsätzlich mit eingelegten Zwiebeln serviert. Dieses Rezept ist eines der einfachsten und schnellsten und passt perfekt zu jedem gegrillten Fleisch.

VORBEREITUNGSZEIT
6 bis 8 Stunden für das Einlegen der Zwiebeln

SPEZIELLE AUSRÜSTUNG
1 1-Liter-Glas, heiß ausgewaschen

ZUTATEN
250 ml weißer Branntweinessig
1½ TL Salz
½ TL Zucker
1 große weiße Zwiebel, in dünne Schnitze geschnitten
1 bis 2 frische Jalapeño-Chilischoten, in dünne Scheiben geschnitten

1. Den Essig, das Salz und den Zucker in eine Schüssel (nicht aus Aluminium) geben und mit dem Schneebesen verrühren, bis Salz und Zucker aufgelöst sind. Die Zwiebel und den Chili unterrühren. Ein Stück Frischhaltefolie direkt auf die Oberfläche legen, damit die Zwiebel mit dem Sud bedeckt bleibt.

2. Die Zwiebeln und den Chili bei Raumtemperatur 6 bis 8 Stunden ziehen lassen, dann in ein sauberes 1-Liter-Glas umfüllen. Das cebollita ist dicht verschlossen mehrere Wochen im Kühlschrank haltbar.

MEXIKO

ZWIEBEL-KORIANDER-RELISH

ALS BEILAGE
FÜR 6 BIS 8 PERSONEN

Dieses einfache Relish wird in Mexiko überall zu Barbacoa (Erläuterungen auf Seite 200), gegrilltem Fisch oder Fleisch gereicht. Ich mag die Art, wie das Relish einen dreifachen Angriff auf die Zunge startet: die Schärfe der Zwiebel, der pfeffrige Biss der Radieschen und die aromatische Schlagkraft des Korianders. Übrigens: Der Koriander hat eine neutralisierende Wirkung auf die Zwiebel und verhindert, dass der Atem nach dem Verzehr nach Zwiebel riecht.

1 Bund frischer Koriander
1 Bund Radieschen
1 süße, weiße Zwiebel, geschält

Den Koriander unter fließend kaltem Wasser abspülen, abtropfen lassen, mit Küchenkrepp trocken tupfen und die Blätter von den Stängeln zupfen. Die Radieschen putzen, waschen und in gut 0,5 cm große Würfel schneiden. Die Zwiebel auf die gleiche Größe würfeln. Den Koriander, die Radieschen und die Zwiebel in einer Schüssel mischen. Das Relish schmeckt innerhalb der ersten 2 Stunden nach der Zubereitung am besten.

TÜRKEI

ZWIEBEL-RELISH
MIT GRANATAPFELSIRUP

ALS BEILAGE
FÜR 4 BIS 6 PERSONEN

Dieses scharfe Relish gibt es in der ein oder anderen Form in vielen Kebabhäusern der Türkei und wird auch privat gern verzehrt. Eine vereinfachte Version beinhaltet nur Petersilie und Zwiebelscheiben. Dieses Relish ist etwas reichhaltiger und mit Sumach, Aleppo-Chili und Granatapfelsirup gewürzt. Ich habe dieses Relish das erste Mal bei einem Besuch der türkischen Koch-Ikone Ayfer Unsal probiert.

1 mittelgroße weiße Zwiebel, der Länge nach in dünne Scheiben geschnitten
1 mittelgroße rote Paprikaschote, entkernt und in dünne Streifen geschnitten
15 g grob gehackte, frische glatte Petersilie
1 EL Aleppo-Chiliflocken, oder süßes oder scharfes Paprikapulver
1 EL gemahlener Gewürzsumach (siehe Kasten auf Seite 248) oder 2 TL frisch gepresster Zitronensaft
1 EL Granatapfelsirup (siehe Seite 243)
Salz

Die Zwiebelscheiben, die Paprikaschotenstreifen, die Chiliflocken, den Gewürzsumach und den Granatapfelsirup in eine Schüssel geben und mit den Händen oder einem Holzlöffel mischen (das Vermengen mit den Händen macht die Zwiebel weicher). Das Relish 5 bis 10 Minuten ruhen lassen, dann mit Salz abschmecken. Sofort servieren.

GUAYANA

FEURIGES MANGO-RELISH

ALS BEILAGE
FÜR 8 PERSONEN

Dieses beliebte Würzmittel aus Guayana ist äußerst scharf und herrlich fruchtig. Im Original wird es mit grünen Mangos zubereitet, mir gefällt aber der Aprikosen- und Pfirsichgeschmack reifer Mangos. Verwenden Sie das Relish sparsam – es ist wirklich sehr scharf. Eine etwas weniger feurige Version erhalten Sie, wenn Sie die Samen der Scotch Bonnet-Chilischoten vor dem Pürieren entfernen. Servieren Sie dieses Relish zu allen einfach gegrillten Meeresfürchten, zu Geflügel und Fleisch.

500 g reife Mangos, geschält, entkernt und in knapp 2 cm große Würfel geschnitten
1 bis 4 Scotch Bonnet-Chilischoten oder mehr, falls erträglich, entstielt
4 Knoblauchzehen, zerdrückt
2 TL Salz, nach Bedarf mehr
2 TL Zucker
80 ml frisch gepresster Limettensaft, nach Bedarf mehr

Die Mango, den Chili, den Knoblauch, das Salz und den Zucker in einer Küchenmaschine zu einem groben Püree verarbeiten. Den Limettensaft und 2 EL Wasser hinzufügen und kurz vermengen. Bei Bedarf mehr Wasser hinzugeben. Das Relish sollte dickflüssig sein. Mit Salz und Limettensaft abschmecken. Das Relish hält sich abgedeckt mindestens 1 Woche im Kühlschrank.

SINGAPUR

ANANAS-ACHAR

ALS BEILAGE FÜR 6 PERSONEN

Achar ist eine dem Relish ähnliche Zubereitung aus Indien und Südostasien und beinhaltet häufig Früchte. Dieses Rezept stellt die kühlende Saftigkeit der Ananas dem Feuer der Chilischoten entgegen. Eine Zutat mag Sie vielleicht überraschen: Fischsauce. In ganz Südostasien wird dieses salzige Würzmittel mit Früchten kombiniert. Sie werden erstaunt darüber sein, wie das Salz in der Fischsauce die Süße der Ananas hervorbringt. Im Gegenzug absorbiert die Fruchtsäure den fischigen Geschmack der Sauce. Probieren Sie es aus, auch wenn Sie noch Zweifel hegen. Ich verspreche Ihnen, sie wird Ihnen schmecken. Zu diesem Rezept wurde ich durch ein Achar inspiriert, das ich in einer Gaststätte auf dem arabischen Markt in Singapur probierte.

1 EL asiatische Fischsauce, nach Bedarf mehr
1 EL frisch gepresster Limettensaft, nach Bedarf mehr
1 EL Zucker, nach Bedarf mehr
500 g frische gewürfelte Ananas
1 bis 3 scharfe asiatische rote oder grüne Chilischoten, entkernt und dünn geschnitten (die Samen nicht entfernen, wenn mehr Schärfe gewünscht ist)

Die Fischsauce, den Limettensaft und den Zucker in einer Schüssel verrühren, bis sich der Zucker aufgelöst hat. Die Ananaswürfel und die asiatischen Chilischoten unterrühren. Mit Fischsauce, Limettensaft und Zucker abschmecken. Das Achar sollte süß, fruchtig, scharf und etwas salzig sein. Sofort servieren.

INDONESIEN

GEMISCHTES GEMÜSE-ACHAR

ALS BEILAGE FÜR 6 PERSONEN

Dies ist ein weiteres Achar. Es kommt aus dem Ort Amandari auf Bali und ist außergewöhnlich erfrischend. Mir gefällt, wie die Süße des Zimts und des Sternanis der Schärfe der Schalotten und des Essigs entgegensteht.

VORBEREITUNGSZEIT

8 bis 10 Stunden für das Marinieren des Relish

FÜR DAS GEMÜSE

1 Gurke, geschält und entkernt (siehe Kasten auf Seite 454)
3 Karotten, geschält
1 mittelgroße rote Paprikaschote, entkernt
1 mittelgroße grüne Paprikaschote, entkernt
4 Schalotten, geschält

FÜR DIE MARINADE

320 ml weißer Branntweinessig
100 g Zucker
5 ganze Nelken
4 Zimtstangen (je 8 cm lang)
2 Sternanis
2 Scheiben (gut 0,5 cm dick) geschälter frischer Ingwer, mit der Seite eines Messers zerdrückt
Salz (optional)

1. *Zubereitung des Gemüses:* Gurke, Karotten und die rote und grüne Paprikaschote in 10 cm lange und gut 0,5 cm breite Streifen schneiden. Die Schalotten in dünne Scheiben schneiden. Das Gemüse in eine große Schüssel (nicht aus Aluminium) geben, vermengen und beiseitestellen.

2. *Zubereitung der Marinade:* Essig, Zucker, Nelken, Zimtstangen, Sternanis und Ingwer in einen kleinen Topf (nicht aus Aluminium) geben. Auf großer Hitze zum Kochen bringen. Die Temperatur reduzieren und etwa 10 Minuten köcheln lassen, bis die Marinade aromatisch duftet. Wenn gewünscht, mit Salz abschmecken. Die Marinade etwas abkühlen lassen, dann durch ein Sieb über das Gemüse gießen. Das Gemüse zum Marinieren 8 bis 10 Stunden abgedeckt in den Kühlschrank stellen, ab und zu umrühren. Dieses Achar ist abgedeckt 1 Woche im Kühlschrank haltbar.

Aufgespießt: Indonesische Grillgerichte

Indonesien ist ein Land überwältigender ethnischer Vielfältigkeit und 300 verschiedener Rassen und mehrerer Religionen. Ich besuchte zwei der bekanntesten der 12.000 Inseln des indonesischen Archipels – Java und Bali – und egal, wohin ich kam, gab es Saté (ausgesprochen: sah-TAY). Diese kleinen Fleischspieße sind der kulinarische Nenner der indonesischen Küche und werden zu jeder Tageszeit überall verkauft: von Garküchen bis zu prachtvollen Restaurants, als Imbiss oder Hauptmahlzeit, bei religiösen Festen, Sportereignissen und am Strand.

Sie sind einfach in der Zubereitung, unkompliziert zu essen, günstig, nahrhaft, unendlich in der Formen- und Geschmacksvielfalt und daher als Speise einfach perfekt. Es überrascht kaum, dass sich ihre Beliebtheit über die Grenzen Indonesiens hinaus erstreckt. Saté-Spieße sind integraler Bestandteil der thailändischen, malaysischen und singapurianischen Küche (satay ist die malaiische Schreibweise). Im vergangenen Jahrzehnt sind sie auch von amerikanischen Köchen mit Begeisterung aufgenommen worden.

Die Saté-Spieße sind von allerlei Missverständnissen umwoben, dazu gehört auch die Hauptzutat. Die meisten Nordamerikaner glauben, dass Saté ein kleiner (nach indonesischem Maßstab jedoch eher großer) Hähnchen- oder Rindfleisch-Spieß ist, der mit Erdnuss-Sauce serviert wird. In Indonesien hat man aber die Wahl zwischen Hunderten verschiedener Zubereitungen, von dem winzigen saté lalat (ein Rindfleisch- und Kokosnuss-Spieß, dessen Ausmaße so klein gehalten sind, dass er tatsächlich „Fliegen-Spieß“ genannt wird) bis zu saté buntel (ein Lammhackfleisch-Saté, der so groß ist, dass es vierer Spieße bedarf, um ihn zu halten).

Saté – oder das Grillen von Fleisch am Stock – scheint mit den arabischen Gewürzhändlern im 11. Jahrhundert auf der Insel Sumatra Einzug gehalten zu haben. Die Araber führten in der Region den Islam ein und möglicherweise auch die Zubereitung von Kebabs nach mittelöstlicher Art. Wissenschaftler, die diese Theorie unterstützen, argumentieren, dass Padang eine der ersten Städte Sumatras war, die den Islam annahmen. Saté padang ist und bleibt der beliebteste Fleischspieß Indonesiens (Natürlich ist der Gedanke, Fleisch am Spieß zu garen, so universell, dass die Idee auch in einer Zeit lange vor der Ankunft der Araber entstand sein kann).

Sollte der Saté-Spieß vom Kebab-Spieß inspiriert worden sein, so hat er doch schnell eine eigene Charakteristik entwickelt. Zunächst verringerte sich die Größe. Durchschnittliche saté ayam (Hähnchen-Saté) oder saté kambing (Lamm- oder Ziegen-Saté) haben die Ausmaße eines kleinen Fingers. Daher sind sie ein so perfekter Imbiss. Für einen Indonesier ist es nicht unüblich, zwanzig oder dreißig Spieße nacheinander zu verzehren und sich dabei noch nicht einmal zu überessen.

Laut Yuni Syafril, dem indonesischen Tourismusbeauftragten, stammt die Bezeichnung „saté“ von einem sumatrischen Wort ab, das „stecken“, „stechen“ oder „spießen“ bedeutet. Er erläutert weiter, dass man, wenn man wirklich ärgerlich auf jemanden ist, damit droht, denjenigen zu „satéen“. Diese Etymologie steht in der Welt des Grillens nicht allein da: „Jamaican jerk“ ist zum Beispiel nach dem Wort juk benannt, dass im örtlichen Dialekt „stechen“ bedeutet.

Nur das Beste

Herr Syafril war mein Führer in Djakarta, der Hauptstadt Indonesiens und größten Stadt auf Java. Er leistete seine Dienste mit der Gastfreundschaft, für die die Indonesier bekannt sind. An meinem ersten Abend dort nahm er mich zum indonesischen Äquivalent einer Kneipentour mit. Zuerst gingen wir auf die Jalan Sabang, eine laute Straße mit vielen Restaurants (einschließlich des berühmten Pandanger Restaurants „Natrabu“, ganz zu schweigen vom „Kentucky Fried Chicken“ und einem „Sizzler Steakhaus“). Unser Ziel war keine Gaststätte, sondern eine kleine Garküche auf einem mit einem Fahrrad gezogenen Holzkarren, die einem gertenschlanken Mann mit Schnurrbartansatz namens Nurul Phamid gehörte.

Wie sein Vater, der dort 1960 sein Geschäft eröffnete, beginnt Herr Phamid um 5 Uhr morgens mit der Arbeit und ruht nicht vor 3 Uhr morgens. Er verkauft saté ayam, das er im Schein einer Kerosinlampe zubereitet und grillt. Er verbringt die Nachmittage mit dem Fädeln von winzigen Stückchen Hähnchenschenkel, Leber, Haut und angebrüteten Küken auf Bambusspieße, die nicht viel größer sind als die strohigen Borsten eines Besens.

Wenn man bestellt, bereitet Herr Phamid die Marinade vor Ort zu. Er mischt Ketjap Manis (süße Sojasauce), Erdnuss-Sauce, einen Spritzer Limettensaft und gehackte Zwiebel auf einem Teller. Er tupft eine handvoll Spieße wie Pinsel in Farbe in diese Mischung und legt sie dann auf einen winzigen Holzkohlegrill. Etwas Luft mit einem Bambusfächer – dem wichtigsten Utensil in einer Saté-Garküche nach dem Grill – zugewedelt, und schon erwacht die Glut aus Kokosnussschalen zu neuem Leben. Die brutzelnden Spieße begießt er mit seiner Geheimzutat: gereinigtem Hähnchenfett. Einen Moment später sind sie bereit für den Verzehr.

Die Beilagen zu diesem großartigen Saté umfassten einen großen Klecks Erdnuss-Sauce und einen Löffel voll Sambal (scharfe Chilisauce), die in einer Schüssel vermischt wurden. Außerdem reichte er uns einen dampfenden Kuchen aus Klebreis, der lontong genannt wird und in einem Bananenblatt gekocht wird. Wir streuten über alles gebratene Schalotten. Die Kosten für dieses königliche Mahl betrugen 3.000 Rupien, etwa 25 Cent.

Nun zu Saté Pedang

Unser nächster Stopp führte uns zu dem hell erleuchteten, auf dem Gehweg gelegenen Restaurant „Gunung Sari“, nicht weit von Djakartas belebtem Distrikt Kota entfernt. Djakarta hat eine Tageszeitenwirtschaft: Wenn die über Tag geöffneten Geschäfte bei Nachtanbruch die Läden schließen, erwacht eine wahre Stadt an tragbaren Restaurants auf den Gehwegen vor den Läden. Manche, wie das „Gunung Sari“, sind recht aufwändig gestaltet. Es verfügt über Generatoren, fluoreszierendes Licht und weiße Resopaltische. Ich wagte einen Blick in einen enormen brodelnden Kessel auf einem Holzkohlefeuer und sah das nächste Gericht, das ich probieren würde: saté pedang.

Für die Zubereitung werden Rinderherzen, Zunge und Pansen mehrere Stunden in einer scharfen Brühe aus Ingwer, Galgant, Kurkuma, Knoblauch und Unmengen an schwarzem Pfeffer gekocht. Das gekochte Fleisch wird dann in winzige Würfel geschnitten, auf Spieße gefädelt und über einem Feuer aus Kokosnussschalen gegrillt. Mittlerweile wurde die Brühe mit Reismehl zu einer sehr stärkehaltigen Sauce angedickt. Die Fleischspieße und die Sauce werden auf Bananenblättern serviert. Sie lassen sich mit Eistee herunterspülen. Die verwendeten Eisstückchen stammten von einem riesigen Block Eis, der auf dem Gehweg bereit stand.

Ich muss zugeben, dass ich kein großer Anhänger von Herz oder Zunge bin. Zudem haben die Jahre als Restaurantprüfer dazu geführt, dass ich stärkehaltige Saucen ablehne. Aber das saté pedang des „Gunung Sari“ gehört mit zu den köstlichsten Dingen, die ich je gegessen habe. Ich verstand sofort, warum dieses improvisierte Restaurant so erfolgreiche Geschäfte macht.

In den Wochen, die ich auf Bali und Java verbrachte, habe ich eine erstaunliche Vielfalt an Saté-Spießen kennengelernt: saté buntel (Spieße aus Lammhackfleisch und Koriander) von der Größe einer Wurst, gereicht mit einer süß-sauren Tamarindensauce und saté kalong („Fliegender Fuchs“-Saté) aus süßem Rinderhack mit Knoblauch, das nach dem nachtaktiven Flughund benannt ist, der zur gleichen Zeit wie die Saté-Verkäufer in der Stadt Cirebon an der Nordküste Javas zu Aktivitäten erwacht. Eines Abends genoss ich ein Saté, von dem ich am wenigsten erwartet hätte, es in diesem streng muslimischen Land zu finden: saté babi manis (süßes Schweinefleisch-Saté). Ich aß es, logischerweise, im chinesischen Bezirk Djakartas. Auf Bali lernte ich viele meiner Lieblingsspeisen kennen wie saté lilit, eine würzige Fischmasse mit äußerst aromatischen Kaffir-Limettenblättern gewürzt und auf Zitronengrasstielen gegrillt.

Die Rezepte für diese Saté-Gerichte und andere finden Sie überall in diesem Buch – manche eignen sich besser als Vorspeise, manche als Hauptspeise und die meisten eignen sich für beides. Saté-Spieße sind das perfekte Lebensmittel für den heutigen Lebensstil: hochgradig an Geschmack, fettarm, großartig als Imbiss, für Gäste geeignet und schnell und leicht zuzubereiten. Außerdem isst man nur eine kleine Menge Fleisch im Vergleich zu dem dazu gereichten Gemüse.

MALAYSIA

MANGO-ACHAR

ALS BEILAGE FÜR 6 PERSONEN

Dies ist das dritte Rezept im Bunde, diesmal aus Malaysia. Für mich ist es wie ein südostasiatischer Krautsalat. Die Süße der Mango und der Kokosmilch bilden eine willkommene Beilage zu jedem Grillgericht, wie auch die Gegensätze süß und pikant, heiß und kalt. Wie gewohnt überlasse ich Ihnen die Wahl der Menge an Chilischoten. Mit einer Chilischote wird das Achar mild, sechs Chilischoten entzünden ein malaysisches Feuerwerk.

FÜR DIE SAUCE

120 ml Kokosmilch aus der Dose oder selbstgemacht (Seite 522)
60 ml weißer Branntweinessig
1 EL Zucker, nach Bedarf mehr
1 EL asiatische Fischsauce oder Sojasauce (siehe Hinweis)
2 TL frischer Ingwer, gehackt
1 Knoblauchzehe, gehackt
½ TL Salz, nach Bedarf mehr
½ TL frisch gemahlener schwarzer Pfeffer, nach Bedarf mehr

FÜR DAS RELISH

450 g reife Mangos, geschält, entkernt und in knapp 2 cm große Würfel geschnitten
¼ Kopf Weißkraut (230 g), in knapp 2 cm große Würfel geschnitten
2 Schalotten, dünn geschnitten
1 bis 6 scharfe Chilischoten wie thailändischer Chili oder Serrano-Chilischoten, entkernt und dünn geschnitten (die Samen nicht entfernen, wenn mehr Schärfe gewünscht ist)

1. *Zubereitung der Sauce:* Die Kokosmilch mit dem Essig, dem Zucker, der Fischsauce, dem Ingwer, dem Knoblauch, dem Salz und dem Pfeffer in einem kleinen Topf (nicht aus Aluminium) auf mittlerer Hitze zum Kochen bringen und rühren, bis sich Zucker und Salz aufgelöst haben. Die Sauce in eine Servierschüssel geben und auf Raumtemperatur abkühlen lassen.

2. *Zubereitung des Relishs:* Die Mango, das Weißkraut, die Schalotten und den Chili in die Sauce rühren. Mit Zucker, Salz und Pfeffer anschmecken. Die Zubereitung sollte etwas süß, etwas salzig und elektrifizierend würzig sein. Das Achar kann sofort serviert werden. Lässt man es 1 Stunde ziehen, schmeckt es aber noch besser.

HINWEIS: Im Original würde das Achar mit einer stark riechenden Garnelenpaste gewürzt. Ich habe hier Fischsauce angegeben, da sie einen ähnlichen Geschmack hat und leichter zu bekommen ist.

INDONESIEN

ZITRONENGRAS-SAMBAL

ALS BEILAGE FÜR 4 BIS 6 PERSONEN

Als Sambal werden die würzigen Pasten aus scharfen Chilischoten und aromatischem Gemüse (manchmal auch mit Meeresfrüchten) bezeichnet, die in Indonesien und Malaysia als Würzmittel gereicht werden. Eine oder mehrere kleine Portionen verschiedener Sambal-Zubereitungen werden auf den Tellerrand gegeben und mit Saté, gegrilltem Huhn oder Fisch serviert. Bei diesem Rezept wird geschmacksintensives frisches Zitronengras verwendet. Möchte man streng authentisch vorgehen, nimmt man frische Kurkuma, Palmzucker und Tamarinden-Wasser – alle in asiatischen Lebensmittelgeschäften erhältlich. An Stelle der frischen Zutaten können auch getrockneter Ingwer und Kurkumapulver, brauner Zucker statt Palmzucker und Zitronensaft statt Tamarinde verwendet werden.

6 Stiele frisches Zitronengras, geputzt und dünn geschnitten
2 bis 3 große Schalotten, grob gehackt
6 Knoblauchzehen, geschält
1 bis 3 thailändische Chilischoten oder Serrano-Chili, entkernt und grob gehackt (wenn mehr Schärfe gewünscht ist, die Samen nicht entfernen)
1 reife Eiertomate, in knapp 2 cm große Würfel geschnitten (mit Kernen)
1 EL frischer Ingwer, gehackt
1 EL frische Kurkuma, gehackt, oder zusätzlich 1 EL frischer Ingwer mit ½ TL Kurkumapulver gemischt
1 EL Palmzucker oder hellbrauner Zucker
2 EL Tamarinden-Wasser (Seite 241) oder frisch gepresster Zitronensaft
1 EL süße Sojasauce (Ketjap Manis) oder jeweils 1½ TL reguläre Sojasauce und Sirup
½ TL Salz, nach Bedarf mehr
½ TL frisch gemahlener schwarzer Pfeffer, nach Bedarf mehr
120 ml Erdnussöl

1. Zitronengras, Schalotten, Knoblauch, Chili, Tomate, Ingwer, Kurkuma und Palmzucker in einer Küchenmaschine zu einer groben Paste verarbeiten. Tamarinden-Wasser, süße Sojasauce, Salz und Pfeffer hinzugeben und unterarbeiten.

2. Das Erdnussöl in einem Wok oder einer Bratpfanne auf mittlerer Hitze erwärmen. Die Zitronengrasmischung hineingeben und etwa 10 Minuten unter Rühren mit einem Holzlöffel braten, bis die Masse leicht braun wird und stark duftet. Mit Salz und Pfeffer abschmecken. Das Sambal vor dem Servieren auf Raumtemperatur abkühlen lassen. Es ist im Glas dicht verschlossen mindestens 1 Woche im Kühlschrank haltbar.

INDONESIEN

TOMATE-ERDNUSS-SAMBAL

SAMBAL ACHAN

ALS BEILAGE
FÜR 4 BIS 6 PERSONEN

Dies ist ein etwas milderes Sambal aus dem indonesischen Repertoire – ein kremiges Würzmittel mit nussigem Geschmack dank der Erdnussbutter, aromatisch dank des pulverisierten und frischen Korianders und pikant durch den Limettensaft. Reichen Sie dieses Sambal zu den indonesischen Saté-Gerichten aus diesem Buch oder mit auf vietnamesische, thailändische oder malaysische Art Gegrilltem.

65 g Erdnussbutter mit Stückchen
60 ml frisch gepresster Limettensaft oder weißer Branntweinessig, nach Bedarf mehr
60 ml süße Sojasauce (Ketjap Manis) oder jeweils 2 EL reguläre Sojasauce und Zuckersirup, nach Bedarf mehr
2 bis 3 TL Sambal Oelek oder eine andere scharfe Chilipaste, nach Bedarf mehr
1 große reife Tomate, gehäutet und entkernt (siehe Kasten auf Seite 454), dann gewürfelt
2 Frühlingszwiebeln, weiße und grüne Anteile, geputzt und gehackt
3 EL frische Korianderblätter, gehackt
1 TL Korianderpulver
½ TL Salz
½ TL frisch gemahlener schwarzer Pfeffer

1. Die Erdnussbutter, den Limettensaft, die süße Sojasauce und das Sambal Oelek in einer kleinen Schüssel mit dem Schneebesen verrühren.

2. Die Tomate, die Frühlingszwiebeln, den Knoblauch, die Korianderblätter, das Korianderpulver, Salz und Pfeffer unterrühren. Mit Limettensaft, süßer Sojasauce und Sambal Oelek abschmecken. Es ist im Glas dicht verschlossen mindestens 1 Woche im Kühlschrank haltbar.

MAROKKO

TOMATEN-MARMELADE

ALS BEILAGE
FÜR 4 BIS 6 PERSONEN

Diese dickflüssige, würzige „Marmelade" schmeckt völlig anders, als alle anderen Zubereitungen aus Tomate, die man kennt. Sie ist süß, fruchtig, aromatisiert und ist Bestandteil des üppigen Angebots an Salaten, die vor jedem marokkanischen Mahl serviert werden. Ich reiche sie gern etwas konventioneller als Relish zu gegrilltes Fleisch.

8 reife Fleischtomaten (1500-1600 g)
100 g Zucker, nach Bedarf mehr
2 EL Pflanzenöl
2 EL Rotweinessig, nach Bedarf mehr
2 TL Zimtpulver, nach Bedarf mehr

1. Die Tomaten quer halbieren und die Samen über einer Schüssel vorsichtig aus den Hälften herausdrücken (sie können später für einen Fond oder eine Suppe verwendet werden). Die Tomaten grob reiben und in einen antihaftbeschichteten Topf geben.

2. Den Zucker, das Öl, den Weinessig und das Zimtpulver hinzugeben und auf großer Hitze zum Kochen bringen. Die Hitze reduzieren und die Masse 5 bis 10 Minuten unter gelegentlichem Rühren mit einem Holzlöffel köcheln lassen, bis sie dick und von marmeladenartiger Konsistenz ist. Mit Zucker, Weinessig und Zimt abschmecken. Die Tomatenmarmelade sollte süß und würzig sein. Die Marmelade in eine Schüssel geben und auf Raumtemperatur abkühlen lassen. Sie ist im Glas dicht verschlossen mindestens 1 Woche im Kühlschrank haltbar.

SRI LANKA

ANANAS-CHUTNEY

ALS BEILAGE FÜR 4 BIS 6 PERSONEN

Dies ist ein einfaches und schnelles Rezept für ein Ananas-Chutney, das in Sri Lanka häufig zu Hähnchen-Saté gereicht wird. Die Tamarinde gibt dem Chutney einen komplexen, rauchigen, süß-sauren Geschmack. Die besten Ergebnisse erzielen Sie, wenn Sie goldgelb gereifte Ananas verwenden. Sie sind süßer und haben mehr Geschmack als die konventionell angebotene harte grüne Sorte.

300 g frische Ananas, gewürfelt (mit Saft)
½ mittelgroße rote Paprikaschote, entkernt und in gut 0,5 cm große Würfel geschnitten
40 g dunkle oder braune Rosinen
1 bis 4 Serrano-Chilischoten oder anderer scharfer Chili, entkernt und fein gehackt
3 EL frischer Koriander, gehackt
120 ml Tamarinden-Wasser (Seite 241), oder 60 ml Balsamessig mit 1 EL hellbraunem Zucker
120 ml Ananassaft
60 ml Apfelessig
2 EL hellbrauner Zucker, nach Bedarf mehr
1 Zimtstange (8 cm)
3 weiße Kardamomsamen oder 1 TL gemahlener Kardamom
½ TL Sambal Oelek oder andere scharfe Chilipaste

1. Ananaswürfel, Paprikaschote, Rosinen, Chili, Koriander, Tamarinden-Wasser, Ananassaft, Apfelessig, braunen Zucker, Zimtstange, Kardamomsamen und Sambal Oelek in einen großen Topf (nicht aus Aluminium) geben und auf großer Hitze zum Kochen bringen. Das Chutney im offenen Topf etwa 5 Minuten köcheln lassen, bis die Ananas weich ist und das Chutney dickflüssig und aromatisch. Das Chutney vom Herd nehmen und mit hellbraunem Zucker abschmecken.

DAS ENTKERNEN VON TOMATEN UND SALATGURKEN

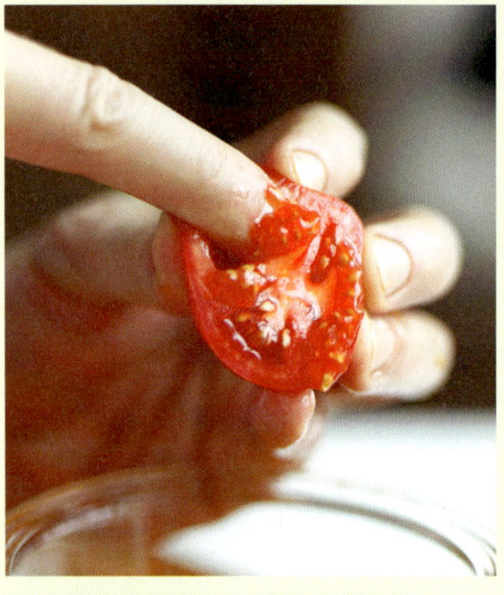

DAS ENTKERNEN EINER TOMATE:
Die frische oder gegrillte Tomate quer halbieren. Eine Hälfte in einer Hand etwas drücken und mit den Fingern der anderen Hand die Samen und die Flüssigkeit vorsichtig herausdrücken. Dabei kann man über einem auf eine Schüssel gestellten Sieb arbeiten. Mit dem Rücken eines Löffels die Tomatenmasse durch das Sieb streichen, und die Flüssigkeit auffangen. Die Tomatenflüssigkeit abdecken, kühl stellen und für Saucen, Suppen oder als Getränk verwenden.

DAS SCHÄLEN EINER SALATGURKE:
Die Gurkenschale der Länge nach mit einem Gemüseschäler abschälen, dabei jeweils 3 mm breite Schale stehen lassen. So erhalten Sie später bei dem Schneiden der Gurke in Scheiben ein attraktives grünweißes Muster am Rand.

DAS ENTKERNEN EINER GURKE:
Die Gurke der Länge nach halbieren. Die Samen mit einem Löffel herausschaben.

2. Das Chutney in eine Schüssel füllen und auf Raumtemperatur abkühlen lassen. Die Zimtstange vor dem Servieren entfernen. Das Chutney ist im Glas dicht verschlossen mehrere Wochen im Kühlschrank haltbar.

MEXIKO

GUACAMOLE AUF OAXACA-ART

ALS BEILAGE
FÜR 4 BIS 6 PERSONEN

Jeder kennt die Zubereitung aus pürierter Avocado namens Guacamole. Nicht ganz so bekannt ist die Tatsache, dass sie in Mexiko eher als Sauce und nicht als Dip gegessen wird. Die Rezepte variieren von Region zu Region. Guacamole ist leicht zuzubereiten. Wenn die verwendeten Früchte aber nicht reif sind (reif heißt hier, dass sie zu Mus werden, wenn man sie fallen lässt), wird die Guacamole nie den richtigen Geschmack haben. Dies ist die Version aus Oaxaca – perfekt als Sauce zu gegrilltem Fleisch.

2 reife Avocados
40 g gehackte Zwiebel
1 Knoblauchzehe, gehackt
1 bis 3 Serrrano- oder Jalapeño-Chilischoten, grob gehackt
60 ml frisch gepresster Limettensaft, nach Bedarf mehr
4 g frischer Koriander, gehackt
½ TL Salz, nach Bedarf mehr

1. Die Avocados schälen, den Kern entfernen und das Fruchtfleisch grob hacken.

2. Zwiebel, Knoblauch und Chili in einer Küchenmaschine fein hacken. Die Avocados hinzugeben und zu einer glatten Masse verarbeiten. Limettensaft, Koriander und Salz hinzufügen und vermengen. Mit Limettensaft und Salz abschmecken.

3. Die Guacamole in eine Schüssel füllen und sofort servieren.

MEXIKO

GEGRILLTE HABAÑERO-SALSA

DIREKTES GRILLEN
FÜR 8 PERSONEN

Der Habañero-Chili gehört zu den schärfsten Chilisorten der Welt. Das Grillen nimmt seine Schärfe und betont seinen rauchigen, fruchtigen Geschmack. Dennoch ist diese Salsa sehr scharf. Wenn Sie richtiges Höllenfeuer mögen, probieren Sie auch die „Hundeschnauzen“-Salsa auf Seite 459.

SPEZIELLE AUSRÜSTUNG

Gemüserost (optional)

ZUTATEN

12 bis 15 Habañero-Chilischoten oder Scotch Bonnet
1 kleine Zwiebel, längs halbiert
1 Knoblauchzehe, gehackt
60 ml frisch gepresster Bitterorangensaft (siehe Kasten auf Seite 186) oder frisch gepresster Limettensaft
60 ml regulärer frisch gepresster Orangensaft
½ TL Salz
¼ TL Zucker (nach Wahl)

1. Den Grill für direktes Garen auf hohe Temperatur vorbereiten.

2. Sobald die Temperatur erreicht ist, den Gemüserost (falls vorhanden) 5 Minuten vorwärmen, dann diesen Rost oder den Grillrost bürsten und ölen.

3. Die Habañero-Chilischoten und die Zwiebelhälften mit der angeschnitten Seite auf den heißen Rost legen und 3 bis 6 Minuten unter häufigem Wenden braun grillen (Die Schalen sollten schwarz, der Chili und die Zwiebel sollten aber nicht gegart sein). Die Chilis und die Zwiebel auf ein Schneidbrett heben und abkühlen lassen.

4. Die angekohlte Schale abkratzen, den Chili und die Zwiebelhälften fein hacken und in eine Servierschüssel geben. Knoblauch, Bitterorangensaft, regulären Orangensaft, Salz und Zucker (optional) unterrühren. Verwenden Sie diese Salsa sparsam, sie ist höllisch! Am besten schmeckt sie, wenn sie innerhalb von 3 Stunden nach der Zubereitung serviert wird.

GEGRILLTE ANANAS-SALSA | RECHTS

ARGENTINIEN

TOMATEN-SALSA

SALSA CRIOLLA

ALS BEILAGE
FÜR 6 BIS 8 PERSONEN

Diese farbenfrohe Salsa wird in Argentinien überall zu gegrilltem Fleisch gereicht. Das Rezept variiert von Restaurant zu Restaurant und Familie zu Familie. Manchmal besteht es nur aus gehackten Tomaten und Zwiebeln. Diese salsa criolla ist etwas aufwändiger und schmeckt hervorragend zu allem Gegrillten.

2 große reife Tomaten (etwa 500 g), entkernt (siehe Kasten auf Seite 454) und in gut 0,5 cm große Würfel geschnitten
1 süße Zwiebel, wie Vidalia oder Walla Walla, in gut 0,5 cm große Würfel geschnitten
1 mittelgroße grüne Paprikaschote, entkernt und in gut 0,5 cm große Würfel geschnitten
2 EL Olivenöl extra vergine
2 EL Rotweinessig, nach Bedarf mehr
3 EL frische glatte Petersilie, gehackt
1 TL getrockneter Oregano
Salz und frisch gemahlener schwarzer Pfeffer

Tomaten, Zwiebel, Paprikaschote, Olivenöl, Weinessig, Petersilie und Oregano in eine mittelgroße Schüssel (nicht aus Aluminium) geben und vermengen. Mit Salz, Pfeffer und Weinessig abschmecken. Die Salsa sollte gut gewürzt sein und kann bis zu 4 Stunden im Voraus zubereitet werden. Vor dem Servieren erneut mit Salz und Pfeffer abschmecken.

USA

DREI FRÜCHTE-SALSAS

ALS BEILAGE

Früchte-Salsas sind eine pure nordamerikanische Erfindung recht neueren Datums. In Amerika sind sie unverzichtbar geworden und passen perfekt zu gegrilltem Fleisch, Geflügel und Fisch. Außerdem sind sie gesund, da sie kaum oder gar kein Fett enthalten. Diese drei gehören zu meinen Favoriten. Wenn Sie erst die grundlegende Methode beherrschen, können Sie aus allen Arten von Früchten Salsa zubereiten.

GEGRILLTE ANANAS-SALSA

DIREKTES GRILLEN
FÜR 6 BIS 8 PERSONEN

Das Grillen verleiht der Ananas und der Paprika einen charakteristischen rauchigen Geschmack. Sollten Sie in Eile sein, kann auch auf das Grillen verzichtet werden. Reichen Sie die Ananas-Salsa zu gegrilltem Schweinefleisch.

1 reife Ananas
1 mittelgroße rote Paprikaschote
1 mittelgroße gelbe Paprikaschote
1 Poblano- oder mittelgroße grüne Paprikaschote
½ bis 1 Scotch Bonnet-Chilischote oder anderer scharfer Chili, entkernt und gehackt (wenn eine schärfere Salsa gewünscht ist, die Samen nicht entfernen)
1 EL kandierter Ingwer, gehackt
½ mittelgroße rote Zwiebel, fein gehackt
8 g frischer Koriander, gehackt
3 EL frisch gepresster Limettensaft, nach Bedarf mehr
1 EL hellbrauner Zucker, nach Bedarf mehr

1. Die Ananas schälen, der Länge nach halbieren und den Kern entfernen. Die Ananashälften der Länge nach vierteln, sodass 8 Stücke entstehen.

2. Den Grill für direktes Garen auf hohe Temperatur vorbereiten.

3. Sobald die Temperatur erreicht ist, den Grillrost bürsten und ölen. Ananasstücke, Paprikaschoten und Poblano auf den heißen Rost legen und 8 bis 12 Minuten grillen, bis sie auf allen Seiten schön schwarz sind. Dabei mit der Grillzange wenden. Das Gemüse und die Früchte zum Abkühlen in eine Schüssel geben.

4. Die abgekühlte Ananas in 2,5 cm große Würfel schneiden. Paprikaschoten und Poblano entkernen und in 2,5 cm große Würfel schneiden. Ananasstücke, Paprika- und Poblanostücke, Chili, kandierten Ingwer, Zwiebel, Koriander, Limettensaft und braunen Zucker in einer Servierschüssel vermengen. Mit Limettensaft und braunem Zucker abschmecken. Die Ananas-Salsa sollte gut gewürzt sein und innerhalb von 3 Stunden serviert werden.

RAUCHIGE APFELBANANEN-SALSA

FÜR 4 BIS 6 PERSONEN

Die Apfelbanane (auf Spanisch platano manzano) ist eine der köstlichsten exotischen Früchte, die in den USA je auf den Tisch kamen. Sie ist kleiner und schmaler in der Form und hat ein so wunderbares säuerliches Apfelaroma, dass Sie gewöhnliche Bananen dafür liegen lassen werden. Sie sind in Obstfachgeschäften und manchen großen Supermärkten erhältlich. Diese Salsa passt zu gegrillter Ente oder gegrilltem Hähnchen. Den rauchigen Geschmack steuern die Chipotle-Schoten bei.

1 bis 2 Chipotle-Schoten (siehe Hinweis)
4 Apfelbananen, geschält und gewürfelt (etwa 450 g) oder 2 große Bananen
½ mittelgroße rote Paprikaschote, entkernt und fein gehackt
½ Poblano oder mittelgroße grüne Paprikaschote, entkernt und fein gehackt
40 g fein gewürfelte rote Zwiebel
3 EL frische Pfefferminze, gehackt
3 EL frisch gepresster Orangensaft
2 EL frisch gepresster Limettensaft, nach Bedarf mehr
1 EL Honig, nach Bedarf mehr

1. Bei der Verwendung von getrockneten Chipotle-Schoten die Schoten 30 Minuten in warmem Wasser einweichen lassen. Die Chilischoten aus dem Wasser nehmen und mit Küchenkrepp trocken tupfen. Die Stiele und Samen entfernen und die Chilischoten hacken. Sollten Chipotle-Schoten aus der Dose verwendet werden, die Schoten einfach hacken (das Entfernen der Samen entfällt).

2. Chipotle-Schoten, Apfelbananen, Paprikaschoten, Poblano, Zwiebel, Pfefferminze, Orangensaft, Limettensaft und Honig in einer Servierschüssel vermengen. Mit Limettensaft und Honig abschmecken. Diese Salsa schmeckt innerhalb der ersten 3 Stunden nach der Zubereitung am besten.

HINWEIS: Chipotle-Chilischoten (geräucherte Jalapeño-Chilischoten) werden in getrockneter und konservierter Form angeboten (letztere schwimmen in einer Flüssigkeit namens adobo). Wenn getrocknete Chipotle-Schoten verwendet werden, müssen sie 30 Minuten in warmem Wasser eingeweicht werden. Bei Chipotle-Schoten aus der Dose entfällt das Einweichen. Nehmen Sie sie einfach aus der Dose und schneiden Sie sie klein.

MANGO-PFEFFERMINZ-SALSA

FÜR 4 BIS 6 PERSONEN

Beim Kauf von Mangos sollte man auf schwere, unbeschädigte Früchte achten. Lassen Sie sie bei Raumtemperatur reifen, bis sie weich sind und stark duften. Viele (nicht alle) Sorten werden rot, wenn sie reif sind, daher muss man die Reife aufgrund des Geruchs und der Festigkeit feststellen. Wenn Sie eine empfindliche Haut haben, sollten Sie bei der Handhabung von Mangos Gummihandschuhe tragen, denn der Pflanzensaft kann eine Reaktion ähnlich wie bei giftigem Efeu hervorrufen. Diese Salsa schmeckt auch mit anderen Früchten wie Pfirsichen, Nektarinen und Melonen, außerdem passt es hervorragend zu Geflügel und Meeresfrüchten. Die Zutaten können im Voraus zerkleinert werden; gemischt werden sollten sie allerdings erst 20 Minuten vor dem Servieren.

450 g reife Mangos
1 mittelgroße Salatgurke, geschält, entkernt und in gut 0,5 cm große Würfel geschnitten
80 g fein gehackte Frühlingszwiebeln, weiße und grüne Anteile
½ mittelgroße rote Paprikaschote, entkernt und in gut 0,5 cm große Würfel geschnitten
1 EL gehackter, kandierter Ingwer oder geschälter, frischer Ingwer
1 bis 3 Jalapeño-Chilischoten, entkernt und gehackt (wenn mehr Schärfe gewünscht ist, die Samen nicht entfernen)
6 g gehackte frische Pfefferminze
3 EL frisch gepresster Limettensaft, nach Bedarf mehr
2 EL hellbrauner Zucker, nach Bedarf mehr

1. Die Mangos schälen und entkernen. Das Fruchtfleisch in gut 0,5 cm große Würfel schneiden.

2. Gewürfelte Mango, Gurke, Frühlingszwiebeln, Paprikaschote, Ingwer, Chilischoten, Pfefferminze, Limettensaft und braunen Zucker in einer großen Servierschüssel vermengen. Mit Limettensaft und braunem Zucker abschmecken. Die Salsa sollte gut gewürzt sein und schmeckt innerhalb der ersten 3 Stunden nach der Zubereitung am besten.

MEXIKO

„HUNDE-SCHNAUZEN"-SALSA

XNI PEC

ALS BEILAGE
FÜR 4 BIS 6 PERSONEN

Die Salsa mit dem erfindungsreichsten Namen – xni pec (ausgesprochen: schnie pek) – ist auch eine der schärfsten. Xni ist das Wort der Maya für Hund, pec bedeutet Nase oder Schnauze. Warum sie so heißt, wird viel diskutiert. Die wahrscheinlichste Erklärung ist die, dass die Habañero-Chilischoten die Nase zum Laufen bringen, eine Tatsache, die ich ohne weiteres bezeugen kann – und eine Hundeschnauze ist ja immer feucht. Vielleicht hat es auch etwas mit dem kampflustigen Biss des Chilis zu tun. Ich habe die Menge der verwendeten Chilis Ihrer Wahl überlassen; in Yucatan würde man 8 Schoten nehmen (weniger Schärfe wird durch das Entfernen der Samen erreicht). Diese Salsa bietet aber nicht nur Feuer: Zwiebel, Tomate, Koriander und Bitterorangensaft schaffen ein komplexes Zusammenspiel von Aromen.

2 bis 8 Habanero-Chilischoten oder Scotch Bonnet, fein gehackt
1 große reife Tomate, in gut 0,5 cm große Würfel geschnitten (mit Kernen)
80 g fein gehackte weiße Zwiebel
3 EL frischer gehackter Koriander
3 EL frisch gepresster Bitterorangensaft (siehe Kasten auf Seite 186) oder 2 EL frisch gepresster Limettensaft mit 1 EL frischem Orangensaft, nach Bedarf mehr
½ TL Salz

Den Chili mit der gewürfelten Tomate und Zwiebel, dem Koriander, dem Bitterorangensaft und dem Salz in einer Servierschüssel vermengen. Mit Bitterorangensaft abschmecken. Die Salsa schmeckt am besten innerhalb der ersten 3 Stunden nach der Zubereitung.

INDIEN

ZWEI RAITAS

ALS BEILAGE

Raita ist ein kühlendes Würzmittel aus Joghurt, Gemüse oder Früchten sowie aromatischen Gewürzen und passt hervorragend zu den indischen Gerichten aus diesem Buch. Es lindert den Effekt der Chilis auf geplagte Gaumen. Die folgenden Raitas basieren auf traditionellen indischen Rezepten, in denen nach dem Abseihen des Joghurts verlangt wird. Sollten Sie in Eile sein, können Sie diesen Schritt auslassen, die Menge an Joghurt muss in dem Fall um 120 ml reduziert werden. Das Raita kann auch mit fettfreiem Joghurt hergestellt werden, dann ist es jedoch nicht so reichhaltig.

ANANAS-RAITA

FÜR 4 BIS 6 PERSONEN

VORBEREITUNGSZEIT
2 Stunden für das Abseihen des Joghurts (optional)

ZUTATEN
480 ml Vollmilchjoghurt (siehe Hinweis)
50 g Kreuzkümmelsamen
150 g fein gewürfelte reife Ananas
4½ TL frische Pfefferminze oder 2 TL getrocknete Pfefferminze
1 TL Schnelles Garam Masala (Seite 496)
Salz und frisch gemahlener schwarzer Pfeffer

1. Für das Abseihen des Joghurts ein Sieb mit einer doppelten Lage angefeuchtetem Käseleinen auslegen und auf eine Schüssel stellen. Den Joghurt hineingeben und im Kühlschrank 2 Stunden abtropfen lassen.

2. In der Zwischenzeit die Kreuzkümmelsamen in einem trockenen Topf auf mittlerer Hitze etwa 2 Minuten rösten, bis sie duften (keinen antihaftbeschichteten Topf verwenden).

3. Den abgeseihten Joghurt in eine Servierschüssel geben, und die gerösteten Kreuzkümmelsamen, die Ananaswürfel, die Pfefferminze und ½ TL Garam Masala unterrühren. Den restlichen ½ TL Garam Masala über das Raita geben und innerhalb von 4 Stunden servieren. Raita kann auf Raumtemperatur oder kalt gereicht werden.

HINWEIS: Wenn der Joghurt nicht abgeseiht wird, nur eine Menge von 360 ml verwenden.

TOMATEN-GURKEN-RAITA

FÜR 4 BIS 6 PERSONEN

VORBEREITUNGSZEIT

2 Stunden für das Abseihen des Joghurts (optional)

ZUTATEN

480 Vollmilchjoghurt (siehe Hinweis)
50 g Kreuzkümmelsamen
1 kleine oder ½ Salatgurke, geschält, entkernt (siehe Kasten auf Seite 454) und fein gewürfelt
1 mittelgroße reife Tomate, enthäutet, entkernt (siehe Kasten auf Seite 454) und fein gewürfelt
Salz und frisch gemahlener schwarzer Pfeffer

1. Für das Abseihen des Joghurts ein Sieb mit einer doppelten Lage angefeuchtetem Käseleinen auslegen und auf eine Schüssel stellen. Den Joghurt hineingeben und im Kühlschrank 2 Stunden abtropfen lassen.

2. In der Zwischenzeit die Kreuzkümmelsamen in einem trockenen Topf auf mittlerer Hitze etwa 2 Minuten rösten, bis sie duften (keinen antihaftbeschichteten Topf verwenden).

3. Den abgeseihten Joghurt in eine Servierschüssel geben und die gerösteten Kreuzkümmelsamen, die Gurken- und Tomatenwürfel hinzugeben und mit Salz und Pfeffer abschmecken. Das Raita innerhalb von 4 Stunden auf Raumtemperatur servieren.

HINWEIS: Wenn der Joghurt nicht abgeseiht wird, nur eine Menge von 360 ml verwenden.

DREI KRAUTSALATE

ALS BEILAGE

Zusammen erinnern die niederländischen Worte cole (Weißkraut) und slaw (Salat) an die Zeit in der Manhattan noch niederländische Kolonie war. Amelia Simmons erwähnt den Begriff „slaw" in dem ersten amerikanischen Kochbuch American Cookery, das 1796 veröffentlicht wurde. Hier sind einige Beispiele für milde und scharfe Krautsalate, die zu jedem Grillgericht gereicht werden können.

USA

GRUNDREZEPT FÜR KRAUTSALAT

FÜR 6 PERSONEN

Dies ist das Grundrezept für den milden und kremigen Krautsalat auf Mayonnaise-Basis, der überall in nordamerikanischen Grillrestaurants serviert wird. Die Mayonnaise kann auch durch fettarme oder fettfreie saure Sahne ersetzt werden.

FÜR DIE SAUCE

5 EL Mayonnaise
3 EL Apfelessig
1 EL Dijon-Senf
1 EL frisch gepresster Zitronensaft
2 TL Zucker, nach Bedarf mehr
1 Knoblauchzehe (optional), gehackt
2 TL Selleriesamen
Salz und frisch gemahlener schwarzer Pfeffer

FÜR DEN SALAT

500 g abgepackter, zerkleinerter Weißkohl (etwa ½ Kopf Weißkraut; siehe Hinweis)
2 mittelgroße Karotten, geschält und geraspelt oder gestiftelt (siehe Hinweis)
½ mittelgroße grüne Paprikaschote, entkernt und zerkleinert (optional; siehe Hinweis)
1 mittelgroße Stange Staudensellerie (optional), fein gehackt

1. *Zubereitung der Sauce*: Mayonnaise mit Apfelessig, Senf, Zitronensaft, Zucker, Knoblauch (optional) und Selleriesamen in einer kleinen Schüssel (nicht aus Aluminium) vermengen. Nach Belieben mit Salz, Pfeffer und Zucker abschmecken. Die Sauce sollte gut gewürzt sein.

2. *Zubereitung des Salats*: Weißkraut, Karotten, Paprikaschote und Sellerie (optional) in eine große Schüssel geben, die Sauce darüber geben und vermengen. Der Salat schmeckt innerhalb der ersten 4 Stunden nach der Zubereitung am besten. Vor dem Servieren mit Salz und Pfeffer nachwürzen.

HINWEIS: Die einfachste und schnellste Methode Weißkraut zu zerkleinern, ist das Schneiden mit einer Küchenmaschine. Die Karotten und Paprikaschote auf einer Reibe oder Raspel zerkleinern.

JAPAN

SHOGUN-SALAT

FÜR 4 BIS 6 PERSONEN

Ingwer, Reisessig und Sesamöl verleihen diesem Salat einen japanischen Akzent. Wasabi wird oft als japanischer Meerrettich beschrieben – dabei handelt es sich um die grüne Masse, die wie Zahnpasta aussieht und zu Sushi gereicht wird. Ich habe die Verwendung von Wasabi Ihrer Wahl überlassen: Es gibt dem Salat jedoch eine nette Schärfe. Napa ist ein länglicher asiatischer Kohlkopf. An seiner Stelle kann auch Wirsing oder Weißkraut verwendet werden. Wasabi, Reisessig und schwarze Sesamsamen sind in japanischen Lebensmittelgeschäften und manchen großen Supermärkten erhältlich.

FÜR DIE SAUCE

2 TL Wasabi-Pulver (optional)
1 Knoblauchzehe, gehackt
1 EL frischer Ingwer, geschält und gehackt
5 EL Reisessig, nach Bedarf mehr
2 EL Zucker, nach Bedarf mehr
½ TL Salz, nach Bedarf mehr
1 EL dunkles (asiatisches) Sesamöl
2 EL schwarze Sesamsamen oder 2 EL geröstete weiße Sesamsamen (siehe Kasten auf Seite 113)

FÜR DEN SALAT

250 g dünn geschnittener Napa-Kohl (etwa ½ kleiner Kohlkopf)
2 mittelgroße Karotten, geschält und geraspelt oder gestiftelt
½ mittelgroße rote Paprikaschote, entkernt und hauchdünn geschnitten
4 Frühlingszwiebeln, geputzt, weiße Anteile gehackt, grüne Anteile der Länge nach dünn geschnitten
30 g Kaiserschoten, oder Zuckererbsenschoten, geputzt und in dünne Scheiben geschnitten

1. *Zubereitung der Sauce*: Das Wasabi-Pulver (optional) mit 2 EL Wasser in einer großen Schüssel vermengen und 5 Minuten stehen lassen, bis es zu einer dicken Paste aufgequollen ist. Knoblauch, Ingwer, Reisessig, Zucker und Salz hinzugeben und mit dem Schneebesen verrühren, bis Zucker und Salz sich aufgelöst haben. Das Sesamöl und die Sesamsamen unterrühren.

2. *Zubereitung des Salats*: Das Weißkraut, die Karotten, die Paprikaschote, die Frühlingszwiebeln und die Kaiserschoten in die Sauce geben und vermengen. Der Salat schmeckt innerhalb der ersten 4 Stunden nach der Zubereitung am besten. Vor dem Servieren mit Reisessig, Zucker und Salz nachwürzen.

HAITI

KRAUTSALAT „HAÏTI“

PIKLIZ

FÜR 8 BIS 10 PERSONEN

Dies ist der bei weitem schärfste Krautsalat, den ich bei meinen Reisen auf der Suche nach Grillrezepten gefunden habe. Die Schärfe verdankt er der Chilisorte Dame Jeanne, einer haitischen Verwandten des Scotch Bonnet. Wie der Name schon vermuten lässt, handelt es sich bei pikliz um eine Art eingelegter Weißkohl. Die Wahl der Menge an Chilischoten überlassen ich Ihnen: 10 Chilischoten würden selbst einen Haitianer zufriedenstellen.

VORBEREITUNGSZEIT

24 Stunden für das Einlegen des Weißkrauts

FÜR DIE SAUCE

360 ml weißer Branntweinessig
360 ml frisch gepresster Bitterorangensaft (siehe Kasten auf Seite 186) oder 240 ml frisch gepresster Limettensaft mit 120 ml normaler Orangensaft
2 EL Salz
½ TL frisch gemahlener Pfeffer
3 ganze Nelken

FÜR DEN SALAT

500 g dünn geschnittenes Weißkraut oder Wirsing (etwa 1 kleiner Kohlkopf)
2 mittelgroße Karotten, geschält und geraspelt oder gestiftelt (siehe Hinweis)
2 mittelgroße Stange Staudensellerie, fein gehackt
1 große Zwiebel, dünn geschnitten
1 Bund Frühlingszwiebeln, weiße und grüne Anteile, fein gehackt
5 Knoblauchzehen, fein gehackt
2 bis 10 Scotch Bonnet oder Habanero-Chilischoten, entkernt und dünn geschnitten (wenn mehr Schärfe erwünscht ist, die Samen nicht entfernen)

1. *Zubereitung der Sauce*: Den Essig mit dem Bitterorangensaft, dem Salz, dem Pfeffer und dem Knoblauch in einem 2-Liter Krug oder einer großen Schüssel (nicht aus Aluminium) vermengen.

2. *Zubereitung des Salats*: Das Weißkraut, die Karotten, den Sellerie, die Zwiebel, die Frühlingszwiebeln, den Knoblauch und den Chili in die Salatsauce rühren. Den Krug mit Frischhaltefolie abdecken und für 24 Stunden in den Kühlschrank stellen; mehrmals umrühren. Der Salat kann bis zu einer Woche im Voraus zubereitet werden und kann dicht verschlossen im Kühlschrank aufbewahrt werden.

32 OZ
4 CUPS
16 OZ
2 CUPS

KAPITEL 17

SAUCEN

Vor nicht allzu langer Zeit war ich Juror bei der Internationalen Memphis im Mai Grill- und Kochweltmeisterschaft. Ich war geblendet von den kunstvoll zubereiteten Schweineschultern und erstaunt angesichts des durchdringenden Rauchgeschmacks der Rippchen. Was mir aber wirklich den Atem nahm, war die unglaubliche Vielfalt der Saucen.

„Wehe dem Koch, dessen Sauce keinen Pfiff hat."
—GEOFFREY CHAUCER

Saucen waren schon immer der Maßstab der Kochkunst eines Grillmeisters. In Nordamerika reichen sie von süßen Tomatensaucen in Kansas City bis hin zu den Essigsaucen in North Carolina und von den Senfsaucen im Süden North Carolinas bis zu den feurigen Salsas in Amerikas Südwesten.

Grillfreaks sind aber überall gleichermaßen genial. Ein Barbecue in Südamerika wäre ohne die Knoblauch-Petersiliensauce mit dem Namen Chimichurri genauso wenig vollständig, wie eins in Nordafrika ohne die Harissa mit ihren scharfen Peperoni. Die Spanier schwören auf die gerösteten, süßen, roten Paprikaschoten und Nüsse in ihrer Romesco-Sauce und in vielen anderen Teilen der Welt dominieren die Früchte das Grillen.

Dieses Kapitel ist voll gestopft mit Saucen, die ein wesentlicher Bestandteil der in diesem Buch vorgestellten Rezepte sind, und mit Saucen, die man geradezu als ökumenisch bezeichnen könnte, da sie zu den meisten Fleischsorten, Geflügel und Meeresfrüchten passen. Das wichtigste an einer Grillsauce ist aber, dass sie ein Gericht komplementiert und nicht überdeckt. In diesem Kapitel werden süße, saure, salzige, bittere und scharfe Aromen zu einem harmonischen Ganzen kombiniert mit dem Ziel, eine Sauce herzustellen, die schon vom Löffel (oder von der Fingerspitze) großartig schmeckt, aber eben noch besser zu gegrillten Speisen.

USA

EINFACHE BARBECUESAUCE

ALS BEILAGE
ERGIBT 600 - 750 ML

Bei einer guten Barbecuesauce hat man die Gelegenheit, Kontraste zu studieren: süß gegen sauer, fruchtig gegen rauchig, scharf gegen mild. Dies hier ist eine tolle Sauce für alle Zwecke, sehr geschmackvoll, aber nicht zu süß. Sie passt gut zu Geflügel, Schweinefleisch oder Rindfleisch. Das gehackte Gemüse gibt der Sauce eine grobe Konsistenz, wie ich sie bevorzuge. Mag man lieber cremige Saucen, püriert man die Zutaten mit einem Pürierstab.

3 EL Pflanzenöl
1 mittelgroße Zwiebel, fein gehackt
1 Knoblauchzehe, zerdrückt
¼ grüne Paprikaschote, Rippen und Kerne entfernt, fein gehackt
120 ml Ketchup
125 g Tomatensauce
3 EL Apfelessig, oder mehr
3 EL Worcestershire-Sauce
2 EL frischer Zitronensaft
2 EL Ananassaft (wahlweise)
1 TL scharfe Sauce nach Wahl, oder mehr
½ TL Raucharoma, oder 2 EL Bratenfett
2 EL Zuckersirup
3 EL brauner Zucker, oder mehr
2 EL Senf nach Wahl
1 TL Senfpulver
½ TL frisch gemahlener schwarzer Pfeffer

1. Das Öl in einem großen Topf bei mittlerer Hitze erwärmen. Zwiebel, Knoblauch und Paprika zufügen und etwa 4 Minuten glasig dünsten.

2. Ketchup, Tomatensauce, Apfelessig, Worcestershire-Sauce, Zitronensaft, Ananassaft (wenn verwendet), scharfe Sauce, Raucharoma, Zuckersirup, braunen Zucker, Senf und Senfpulver, schwarzen Pfeffer und 240 ml Wasser zufügen und zum Kochen bringen. Die Hitze auf niedrige Stufe stellen und die Sauce unbedeckt etwa 15 Minuten köcheln lassen, bis sie eindickt. Dabei immer wieder rühren, damit sie nicht anbrennt. Wenn die Sauce zu dick wird, etwas Wasser zufügen.

3. Die Barbecuesauce von der Kochstelle nehmen und abschmecken, nach Geschmack mit Salz, Apfelessig, scharfer Sauce und/oder braunem Zucker nachwürzen. Die Sauce sollte gut gewürzt sein.

4. Die Barbecuesauce in eine Schüssel füllen und warm oder zimmerwarm servieren. Die Sauce hält sich im Glas gut verschlossen im Kühlschrank einige Wochen.

USA

SENF-BARBECUESAUCE AUS CAROLINA

ALS BEILAGE
ERGIBT ETWA 360 ML

Barbecuesaucen aus Tomaten oder Ketchup beherrschen weite Teile des Landes. Aber in North Carolina (und auch in einigen Gegenden von South Carolina und Florida) ist Barbecue kein Barbecue, wenn nicht eine leuchtend gelbe Sauce aus Senf, Honig und Essig dazu gereicht wird. Wenn man nicht damit groß geworden ist, mag einen die Vorstellung allein abstoßen, aber auch wenn man bisher nur Tomatensauce kannte, wird man ganz schnell nach dieser Senf-Barbecuesauce süchtig.

Man kann einen handelsüblichen, günstigen Senf verwenden und befindet sich dabei in guter Gesellschaft. Aber ich bevorzuge den schärferen, delikateren Dijonsenf, besonders den „traditionellen" aus Frankreich importierten Senf. Achten Sie auf die Bezeichnung á l'ancienne auf dem Etikett.

125 g Senf nach Wahl
175 g Honig
55 g brauner Zucker
60 ml weißer Essig, oder mehr
Salz und frisch gemahlener schwarzer Pfeffer

1. Senf, Honig, braunen Zucker und Essig in einem Topf gut verrühren. Bei niedriger Hitze zum Köcheln bringen und etwa 5 Minuten unbedeckt leicht köcheln lassen, bis die Sauce aromatisch wird. Dabei gelegentlich rühren. Die Sauce von der Kochstelle nehmen und abschmecken, nach Bedarf mit Salz, Pfeffer und Essig nachwürzen.

2. Die Barbecuesauce in eine Schüssel füllen und warm oder zimmerwarm servieren. Die Sauce hält sich im Glas gut verschlossen im Kühlschrank einige Wochen.

USA

MARK MILITELLOS MANGO-BARBECUESAUCE

DIREKTES GRILLEN
ERGIBT ETWA 750 ML

Dies ist ein Rezept für eine Barbecuesauce auf Mangobasis mit geradezu explosiver Exotik. Gegrillte Paprikaschoten und Tomaten liefern den Rauch, während die Scotch Bonnet-Chilis das Feuer anfachen (Empfindliche Gemüter seien unbesorgt: Die Sauce ist zwar pikant, aber nicht höllisch scharf). Die Idee zu diesem Rezept habe ich von Mark Militello, einem Koch aus Florida, der sie zu gegrilltem Schwertfisch reicht. Ich kann mir eigentlich kein Gericht vorstellen, dass mit dieser Sauce nicht glänzen würde, aber sie passt besonders gut zu Fisch und Hähnchen.

SPEZIELLE AUSRÜSTUNG

60 g Räucherspäne, 1 Stunde in kaltem Wasser eingeweicht und abgetropft

ZUTATEN

1 mittelgroße grüne Paprikaschote
1 mittelgroße rote Paprikaschote
2 große reife Tomaten
1 große oder 2 kleine reife Mangos, geschält, entkernt und gewürfelt
110 g fein gehackte rote Zwiebel
1 EL zerdrückter Knoblauch
1 Scotch-Bonnet-Chili, entkernt und halbiert (für eine schärfere Sauce die Kerne nicht entfernen)
80 ml Apfelessig
110 g brauner Zucker
2 EL Zuckersirup
2 EL Dijonsenf
2 EL Tamarindensaft (Rezept Seite 241), oder gefrorenes Tamarindenpüree, aufgetaut, oder frischer Limettensaft
1 EL Sojasauce
1 Zimtstange (7,5 cm)
1½ TL frischer Thymian, oder ¾ TL getrockneter Thymian
1½ TL frischer Majoran, oder ¾ TL getrockneter Majoran
1 TL gemahlener Kümmel
Salz und frisch gemahlener schwarzer Pfeffer

1. Den Grill für direktes Grillen vorbereiten und gut aufheizen. Beim Gasgrill die Räucherspäne in die Räucherkammer geben.

2. Wenn der Grill aufgeheizt ist, beim Holzkohlegrill die Räucherspäne auf die Kohlen legen. Den Grillrost mit Öl einpinseln. Rote und grüne Paprika und Tomaten auf den heißen Rost legen und 12 bis 20 Minuten grillen, bis sie von allen Seiten verkohlt sind. Die Paprika und Tomaten auf ein Schneidbrett legen und abkühlen lassen.

3. Die verbrannte Haut von den Paprika und Tomaten gut abkratzen, das Gemüse halbieren, Rippen und Kerne entfernen und grob hacken. Paprika und Tomaten in einen großen Topf geben und Mango, Zwiebel, Knoblauch, Scotch Bonnet-Chili, Apfelessig, braunen Zucker, Zuckersirup, Senf, Tamarindensaft, Sojasauce, Zimtstange, Thymian, Majoran, Kümmel sowie 120 ml Wasser zufügen und ein wenig salzen und pfeffern. Die Sauce bei niedriger Hitze zum Köcheln bringen und unbedeckt unter gelegentlichem Rühren etwa 20 Minuten leicht köcheln lassen, bis

MARK MILITELLOS MANGO-BARBECUESAUCE

die Sauce schön aromatisch wird. Nach Bedarf Wasser zufügen, damit die Sauce dünnflüssig bleibt.

4. Die Zimtstange entsorgen, die Sauce in einer Küchenmaschine oder mit dem Pürierstab zu einem Püree verarbeiten. Um die Sauce besonders cremig zu machen, kann man sie noch durch ein feinmaschiges Sieb drücken. Mit Salz und Pfeffer abschmecken.

5. Die Sauce in eine Schüssel füllen und warm oder zimmerwarm servieren. Sie hält sich im Glas gut verschlossen im Kühlschrank einige Wochen.

USA

ESSIGSAUCE AUS NORTH CAROLINA

ALS BEILAGE
ERGIBT 600 ML

North Carolina hat im Reich des amerikanischen Barbecues einen ganz besonderen Platz. Anders als überall sonst im Land, wo man die Saucen auf Tomatenbasis bevorzugt, nimmt man hier lieber eine Mischung aus Essig und scharfem Chilipulver mit einem bisschen Zucker, um die größte Schärfe zu mildern. Das dazu gereichte Fleisch ist immer vom Schwein und zwar in feine Streifen oder Würfel, aber nie in Scheiben geschnitten. Wenn man dann Schweinefleisch und Essigsauce kombiniert, erhält man die leckerste Barbecuesauce, die je ein Brötchen gekrönt hat. Die Jalapeño-Schoten gehören streng genommen nicht dazu, aber ich mag ihre Schärfe.

360 ml Apfelessig
1 EL Zucker, oder mehr
1 EL scharfes rotes Chilipulver
1 kleine Zwiebel, in dünne Ringe geschnitten.
1 Jalapeño-Schote, entkernt und in feine Streifen geschnitten (für mehr Schärfe die Kerne nicht entfernen)
2 TL Salz, oder mehr
½ TL frisch gemahlener schwarzer Pfeffer

Apfelessig, Zucker, Chilipulver, Zwiebel, Jalapeño-Schote, Salz und schwarzen Pfeffer in einer Schüssel gut verrühren, bis sich Zucker und Salz aufgelöst haben. Abschmecken und nach Bedarf mit Salz und/oder Zucker nachwürzen. Die Sauce noch am gleichen Tag aufbrauchen, da man sie nicht gut verwahren kann.

KUBA

HONIG-GUAVEN-BARBECUESAUCE

ALS BEILAGE
ERGIBT ETWA 250 ML

Die Leser meiner früheren Bücher werden den Namen Elida Proenza wiedererkennen, eine gute Freundin und außergewöhnliche, kubanische Köchin. Elida bestätigt immer wieder eine allgemeingültige gastronomische Wahrheit: Jedermann kann mit vielen Zutaten ein leckeres Gericht zubereiten, aber nur ein wahres Talent kann eine unvergessliche Speise mit nur zwei oder drei Zutaten zaubern. Elida sah mir mit heimlicher Belustigung zu, wie ich einige dutzend Flaschen mit Gewürzen und Zutaten nebeneinander aufreihte, um mit Barbecuesaucen zu experimentieren. Als ich nicht hinsah, mischte sie Honig, Guavencreme und gewöhnliche Barbecuesauce zu einer exotisch fruchtigen Sauce, die in der Raichlen-Familie sofort zum Favoriten wurde. Sie schmeckt besonders gut zu Hähnchen- und Schweinefleisch.

Guavencreme ist ein dickes, aromatisches Gelee aus einer roten, tropischen Frucht, das man in spanischen Lebensmittelläden und einigen Supermärkten in Dosen kaufen kann. Die Creme hält sich geöffnet, mit Frischhaltefolie bedeckt, monatelang im Kühlschrank. Es ist auch nicht schlimm, wenn sich Kristalle oder Klümpchen bilden, der Zucker schmilzt wieder, wenn man die Creme in die heiße Sauce gibt.

85 g Honig
3 EL Guavencreme
160 ml handelsübliche Barbecuesauce (siehe Hinweis)
1 Spritzer frischer Zitronensaft (wahlweise)

1. Honig, Guavencreme und Barbecuesauce in einem kleinen Topf bei mittlerer Hitze zum Kochen bringen. Die Hitze reduzieren und die Sauce etwa 5 Minuten unter Rühren leicht köcheln lassen. Die Sauce ist fertig, wenn sich die gesamte Guavencreme aufgelöst hat. Wenn sie zu süß ist, 1 Spritzer Zitronensaft zugeben.

2. Die Sauce in eine Schüssel füllen und warm oder zimmerwarm servieren. Sie hält sich im Glas gut verschlossen im Kühlschrank einige Wochen.

HINWEIS: Das Gute an diesem Rezept ist, dass man wirklich jede handelsübliche Barbecuesauce verschiedener Marken verwenden kann, auch Saucen mit Essig oder Senf (wie z.B. Rezept Seite 464). Man könnte sogar noch weiter gehen und Pfirsich- oder Aprikosenkonfitüre statt Guavencreme verwenden – ja sogar Ingwermarmelade aus Australien.

Guave gibt der Sauce jedoch einen exotisch-fruchtigen Geschmack, der die Originalversion dieses Rezepts fast unschlagbar macht.

GEORGIEN

GEORGISCHE SAUCE AUS EINGELEGTEN PFLAUMEN

TKEMALI

ALS BEILAGE
ERGIBT ETWA 500 ML

Tkemali ist eine köstlich saure Tischsauce mit sauren Pflaumen sowie Koriander und Georgiens Antwort auf Ketchup. Der Name wird Tek-MA-lie ausgesprochen. Die Sauce wird von gegrillten Würstchen bis zu Fisch zu Allem gereicht. Da die dunkelroten Tkemali-Pflaumen sehr sauer sind, nehme ich lieber die großen, noch nicht ganz reifen, roten Pflaumen, die es hierzulande gibt. Sie eignen sich gut für dieses Rezept. Man kann auch anderes saures Obst nehmen, wie zum Beispiel Rhabarber (siehe Hinweis).

500 g noch nicht ganz reife, rote Pflaumen
3 EL frischer Zitronensaft oder Rotweinessig, oder mehr
1 EL natives Olivenöl extra vergine
1½ TL gemahlener Koriander
½ TL Salz, oder mehr
½ TL scharfes rotes Chilipulver, oder mehr
3 EL frischer Koriander oder Dill, gehackt

1. Einen großen Topf zur Hälfte mit Wasser füllen und bei mittlerer Hitze zum Kochen bringen. Die Pflaumen für eine Minute hinein geben, dann abschütten und unter fließend kaltem Wasser abspülen. Die Pflaumen häuten. Jede Pflaume einmal rundherum bis zum Stein einschneiden, die Hälften gegeneinander drehen und trennen. Mit einem Löffel den Stein herausnehmen. Die Pflaumenhälften nochmals halbieren.

2. Pflaumenviertel, Zitronensaft, Olivenöl, Knoblauch, Koriander, Salz, Chilipulver und 160 ml Wasser in einem kleinen Topf bei mittlerer Hitze zum Kochen bringen. Die Hitze reduzieren und etwa 5 Minuten zugedeckt köcheln lassen, bis die Pflaumen sehr weich sind. Die Pflaumenmischung in einer Küchenmaschine oder mit dem Pürierstab zu einem weichen Püree verarbeiten. Das Püree wieder in den Topf geben und den frischen Koriander unterrühren. Bei mittlerer Hitze zum Kochen bringen, die Hitze reduzieren und die Sauce etwa 5 Minuten köcheln lassen, bis noch ungefähr 500 ml übrig bleiben.

3. Die Sauce von der Kochstelle nehmen und abschmecken. Nach Bedarf mit Zitronensaft, Salz und/oder Chilipulver nachwürzen. Die Sauce sollte gut gewürzt sein. Die Sauce auf Zimmertemperatur abkühlen lassen. Dicht verschlossen hält sie sich im Kühlschrank mindestens 2 Wochen.

HINWEIS: Man kann eine Rhabarbersauce wie im Rezept beschrieben mit Schritt 2 beginnend zubereiten, indem man statt der Pflaumen 500 g frischen Rhabarber, geputzt und in Würfel geschnitten, verwendet. Dann braucht man jedoch mindestens einen EL Zucker mehr, um die Säure des Rhabarbers etwas auszugleichen.

Die vier Arten eines amerikanischen Barbecues

Niemand wird leugnen wollen, dass das Grillen eine vorwiegend nordamerikanische Delikatesse ist. Tatsächlich aber bekommt man, je nachdem wo man etwas bestellt, immer etwas ganz Anderes. Östlich des Mississippi bedeutet Grillen Schweinefleisch und westlich des mächtigen Flusses – besonders in Texas – eben Rindfleisch. Rippchen sind das Handwerkszeug der Grillmeister aus Kansas City und Schweineschulter bleibt immer noch das Lieblingsstück der Grillchefs in Carolina. Um das Ganze noch komplizierter zu machen, wird immer mehr Geflügel gereicht, um dem neuen Diätstreben der Amerikaner Genüge zu tun. Unterwegs auf dem Weg des amerikanischen Grillpfads findet man aber auch beträchtliche Überschneidungen in Bezug auf Fleischstücke, Saucen und Zubereitungsarten. Hier stelle ich Ihnen die wichtigsten regionalen Grillstile vor.

Carolina

In Carolina bedeutet Grillen Schweinefleisch, besonders Schweineschulter (auch dicke Schulter genannt). Manchmal wird das Fleisch mit einer Mischung aus Paprika, Salz, Zucker und anderen Gewürzen eingerieben. Aber genauso oft verzichten die Grillmeister auch auf die Gewürze. Die Schweineschultern werden sechs bis acht Stunden lang im Rauch von Eichen- oder Hickoryholz gegart, oder eben so lange, bis sie so zart sind, dass man das Fleisch mit den Fingern zerpflücken kann.

Und genau das tun die hiesigen Grillmeister auch, denn das ultimative Grillgericht in Carolina ist der „gerupfte Schweinebraten", ein gut geräucherter und außergewöhnlich zarter Schulterbraten, der von Hand in weiche Fleischstreifen zerpflückt wird. Andere Grillmeister (besonders in Restaurants) schneiden den Schulterbraten lieber mit einem Hackbeil klein. Aber sowohl das Zerpflücken als auch das Schneiden sind wichtig, denn dadurch können die Fleischstückchen die Sauce wie ein Schwamm aufsaugen. Anders als in anderen Landesteilen wird das gegrillte Fleisch in Carolina sehr selten in Scheiben geschnitten serviert.

Manche Köche pinseln das Fleisch während des Grillens mit einer Sauce auf Essiggrundlage ein, damit es schön saftig bleibt. Andere lassen es einfach ohne weitere kulinarische Kniffe lange im Rauch garen. Manchmal sind die Menschen aus Carolina so wild auf Schwein, dass sie ein ganzes Schwein am Spieß auf diese Weise grillen. Dieses zum Gemeindefest ausartende Grillfest nennen sie dann „Pignick".

Aber es gibt noch einen anderen Aspekt, durch den sich Carolina vom Rest des Landes unterscheidet, nämlich die Verwendung von Saucen. Die drei wichtigsten Arten sind alle ganz anders als die von den meisten Amerikanern als klassische Barbecuesauce bezeichnete süße, dickflüssige, rote Beilage. Im Nordosten von North Carolina (der Hauptstadt des Grillens nach Carolina Art) bevorzugen die Leute eine dünne, klare Sauce aus weißem Essig oder Apfelessig mit Salz, scharfem, rotem Chilipulver und ein wenig Zucker. Im westlichen Teil des Staates fügt man dieser Mischung oft noch Ketchup oder Tomatensauce hinzu. Das Resultat ist eine pfeffrige, scharfe, rote Sauce, die man sonst nirgendwo in den USA bekommt. In südlichen North Carolina und in South Carolina reicht man lieber eine grell-gelbe Sauce als Beilage, die aus Essig, einem Süßmacher (oft Zucker, Zuckersirup und Honig) und herkömmlichem Senf zubereitet wird. Dies ist die süßeste aller Grillsaucen nach Carolina-Art, obwohl sie eigentlich nicht besonders süß ist.

Üblicherweise isst man in Carolina das gegrillte Fleisch mit Krautsalat und Essigsauce zwischen zwei Brötchenhälften.

Memphis

In Memphis versteht man etwas vom Grillen. Diese Stadt in Tennessee am Ufer des Mississippi trägt einen der größten Grillwettbewerbe der Welt aus, nämlich die Internationale Memphis im Mai Grill- und Kochweltmeisterschaft, eine drei Tage dauernde Bier- und Grillorgie, bei der etwa dreihundert Teams aus dreißig Bundesstaaten und einem halben Dutzend Nationen um ein Preisgeld von zehntausenden Dollar kämpfen.

Man findet in Memphis zwar alle möglichen Fleischsorten und sogar Meeresfrüchte (die Einwohner behaupten gern, hier begänne das Mississippi-Delta), aber zwei Fleischstücke beherrschen hier doch das Geschehen: Schweineschulter und Rippchen. Der Schulterbraten wird im Rauch langsam wunderbar zart gegart und dann in dünne Scheiben geschnitten mit Barbecuesauce serviert. Doch eigentlich sind es die Rippchen, die Memphis vom Rest Amerikas unterscheiden.

Memphis ist die Heimat der trockenen Rippchen: Das ist ein Rippenspeer aus Baby Back Rippchen oder Sparerips, der dick mit einer Gewürzpulvermischung eingerieben, dann im Rauch gegart und kurz vor dem Servieren nochmals mit der Gewürzmischung besprenkelt wird. Meine Lieblingsrippchen sind die aus Charlie Vergos Restaurant „Rendezvous", ein unterirdisches Restaurant in der Unterstadt von Memphis. Vergos wendet die Hybridmethode zum Garen seiner Rippchen an; d.h., das Fleisch wird direkt über der Holzkohle gegrillt, wobei der Rost allerdings so hoch über den Kohlen liegt, dass man die Hitze schon fast als indirekt bezeichnen könnte.

Die mit Gewürzmischungen eingeriebenen Rippchen mag ich am liebsten. Die Mischung intensiviert den Geschmack und die Konsistenz des Fleisches, ohne das Aroma zu überdecken, wie es manche Grillsaucen tun.

Kansas City

Kansas City kämpft mit Memphis um die Vormachtstellung beim amerikanischen Barbecue. Es liegt am Missouri und prahlt damit, dass es dort mehr als 90 Grillrestaurants gibt, angefangen von „Imbissbuden" à la „Arthur Bryant" bis hin zu „richtigen Restaurants" mit Lampen im Tiffanystil. Die Bewohner von Kansas sind recht aufgeschlossen, wenn es ums Grillen geht. Wie ihre Brüder in Tennessee und Carolina lieben auch die Menschen in Kansas ihr Schweinefleisch – und ganz besonders Rippchen. Sie haben sogar ihre eigenen Namen entwickelt, um die feine Kunst des Rippchenkochens zu beschreiben.

Rippchen sind die knusprigen Abschnitte der Spareribs – fettig, knorpelig und köstlich. Die hohen Rippen sind die mageren, vorderen Abschnitte eines Rippenspeers und die kurzen Rippchen die kürzeren, fetteren, fleischhaltigeren, hinteren Abschnitte. Am saftigsten sind die Baby Back Rippchen, die der Wirbelsäule am nächsten liegen.

Die Leute aus Kansas sind aber so aufgeschlossen, dass sie auch die Vorliebe der Texaner für Rindfleisch teilen können. Da Kansas City bis zu den 1960er Jahren noch ein wichtiges Zentrum der Fleischverpackungsindustrie war, haben die Grillmeister hier schon immer ihre Bruststücke und weniger teuren Rindfleischstücke direkt von den Schlachthöfen bekommen. Auch in Kansas reibt man vor dem Grillen das Fleisch mit einer Gewürzmischung ein (eine Mischung aus Salz, Paprika und anderen Gewürzen), aber man verwendet keine Marinade während des Grillens. Das charakteristischste Merkmal der Grillkunst in Kansas ist aber wahrscheinlich die bedeutende Rolle, welche die Saucen hier spielen.

Die typische Sauce aus Kansas City ist dickflüssig und süß, eine komplexe Verbindung aus Ketchup oder Tomatensauce, braunem Zucker, Maissirup, Zuckersirup, Essig, Zwiebel, Knoblauch, scharfem Chilipulver, Raucharoma und manchmal sogar Apfelsaft. Die für Kansas typischste Sauce (und die am meisten verkaufte) ist die KC Masterpiece, die vom ehemaligen Kinderpsychiater Rich Davis entwickelte Sauce, der nun zum Grillmogul geworden ist. Jedoch wäre eine Liste der Grillsaucen von Kansas nicht komplett ohne die Sauce des „Arthur Bryant", einer scharfen, weißen, sachlichen (und überhaupt nicht süßen) Kombination aus Essig und Paprika.

Kansas City ist auch die Heimat einer Spezialität, die man sonst fast nirgendwo findet. Sie heißt „verbrannte Ecken" und besteht aus knusprigen, verkohlten Enden eines geräucherten Bruststücks. (Hüten Sie sich vor den verbrannten Ecken aus der Mitte eines Bruststücks – diese haben nicht den gleichen Fettgehalt, der die wahren verbrannten Ecken so schön schmackhaft macht). Die weltbesten, verbrannten Ecken werden im „Arthur Bryant" zubereitet, dem durch Calvin Trillin unsterblich gewordenen Imbisslokal.

Texas

Ich werde nie meine erste Kostprobe eines texanischen Barbecues vergessen – obwohl das schon mehr als dreißig Jahre her ist. Es war im Restaurant „Bodacious Barbecue" in Longview in Texas, und es handelte sich um Fleisch aus der Rinderbrust. Es war so rauchig wie eine Feuerstelle, so saftig wie ein Eintopf und so zart, dass ich es mit meinen Fingern zerrupfen konnte.

In Texas regiert das Rindfleisch (Wo sonst als in Fort Worth findet man eine monumentale Bronzestatue einer Stierherde?) Am liebsten verwendet man hier Brustfleisch und die Zubereitung ist denkbar einfach, denn sie besteht eigentlich nur aus Fleisch, Zeit und Holzrauch. Als Holz verwendet man vorwiegend Eiche. Die Zeit für ein richtig zubereitetes Stück Brustfleisch beträgt bis zu 18 Stunden im Grill, bis das Fleisch am Rand eine rosarote Färbung angenommen hat. Dies ist der sogenannte Rauchrand, der natürlicherweise entsteht, wenn Fleisch lange geräuchert wird. Die Texaner verwenden selten eine Gewürzmischung oder Marinade zum Einreiben.

Das Rindfleisch wird normalerweise in Scheiben geschnitten (nicht in Stücke) und eher auf einer Scheibe billigen, weichen, hellen Brots serviert statt auf Brötchen. Texanische Grillsaucen werden in der Regel aus Tomaten und Chilipulver hergestellt und sind ziemlich dünn, scharf und essigsauer. „Wir legen nicht viel Wert auf Zucker", sagt der Grillmeister des originalen „Sonny Bryan" in Dallas, dessen Sauce durch das Räuchern im Grill einen intensiven Rauchgeschmack erhält.

Heutzutage gibt es in Texas mehr als 3800 Grillstuben (behauptet die Gesellschaft texanischer Restaurants) und die meisten servieren Rippchen, Schweineschulter, Wurst, Puter und andere Fleischsorten. Um aber ein echtes texanisches Grillerlebnis zu erfahren, muss man Rinderbrust bestellen.

PHILIPPINEN

INGWER-PFLAUMEN-BARBECUESAUCE

ALS BEILAGE
ERGIBT ETWA 250 ML

Hier ist eine moderne, asiatische Barbecuesauce aus süß-scharfen Pflaumen, die vorzüglich zu Ente, Schweinefleisch und Rippchen schmeckt. Auf die Idee zu diesem Rezept hat mich Romy Dorotan, Eigentümer des Restaurants „Cendrillon" in New York City, gebracht und sie übertrifft bei weitem die chinesischen gezuckerten Pflaumensaucen in Flaschen. Zum Entsteinen schneidet man die Pflaume rundherum bis zum Stein ein, dreht die Hälften dann gegeneinander, trennt sie und holt mit einem Löffel den Stein aus der einen Hälfte heraus.

ca. 350 g reife Pflaumen (10 bis 15 Pflaumen), entsteint
1 EL frischer, geschälter Ingwer, gehackt
1 Stängel frisches Zitronengras, geputzt und fein gehackt, oder 1 Streifen Zitronenschale (5 x 1 cm), mit dem Gemüseschäler abgeschnitten
1 rote Chilischote, entkernt (für eine schärfere Sauce die Kerne nicht entfernen)
2 Frühlingszwiebeln, weiße und grüne Teile, geputzt und fein gehackt
1 große Knoblauchzehe, zerdrückt
2 EL Sojasauce, oder mehr
2 EL süße Sojasauce (Ketjap Manis), oder je 1 EL normale Sojasauce und Zuckersirup
2 EL Honig, oder mehr
1 EL Reisessig
2 TL frischer Zitronensaft, oder mehr

1. Pflaumen, Ingwer, Zitronengras, Chili, Frühlingszwiebeln, Knoblauch, Sojasauce, süße Sojasauce, Honig, Reisessig, Zitronensaft und 120 ml Wasser in einem Topf bei mittlerer Hitze zum Kochen bringen. Die Hitze reduzieren und die Sauce unbedeckt etwa 5 bis 10 Minuten köcheln lassen, bis die Pflaumen sehr weich sind. Die Pflaumenmischung in einer Küchenmaschine oder mit dem Pürierstab zu einem Püree verarbeiten und wieder in den Topf füllen. Abschmecken und nach Bedarf mit Sojasauce, Honig und/oder Zitronensaft nachwürzen. Die Sauce sollte süß, sauer und scharf sein. Wird die Sauce zu dick, mit ein wenig Wasser verdünnen.

2. Die Sauce in eine Schüssel füllen und warm oder zimmerwarm servieren. Sie hält sich im Glas gut verschlossen im Kühlschrank mindestens 1 Woche.

BANGLADESH

BENGALISCHE MANGO-TAMARINDEN-BARBECUESAUCE

ALS BEILAGE
ERGIBT ETWA 420 ML

Dieses Rezept basiert auf einer Sauce, die ich noch nie probiert hatte, bevor ich sie zubereitete. Aber der bengalische Taxifahrer beschrieb sie mir mit so viel Leidenschaft, dass ich mir ihren Geschmack gut vorstellen konnte. Die Sauce gehört zu den im indischen Subkontinent so beliebten Tamarinden-Chutneys. Sie schmeckt gut zu gegrilltem Fleisch, Geflügel und Fisch.

360 ml Tamarindensaft (siehe Seite 241), oder gefrorenes Tamarindenpüree, aufgetaut
160 g reife Mango, gewürfelt
1 mittelgroße Zwiebel, fein gehackt
1 Stück (7,5 x 5 cm) grüne Paprikaschote, Rippen und Kerne entfernt, fein gehackt
2 Serrano- oder Jalapeño-Schoten, entkernt und fein gehackt
1 EL frischer, geschälter Ingwer, gehackt
3 EL brauner Zucker, oder mehr
½ TL Salz, oder mehr
4 g frischer Koriander, gehackt
1 EL frischer Limettensaft

1. Tamarindensaft, Mango, Zwiebel, Paprika, Serrano-Schoten, Ingwer, braunen Zucker und Salz in einem Topf bei mittlerer Hitze zum Kochen bringen, die Hitze reduzieren und etwa 20 Minuten unter mehrmaligem Rühren köcheln lassen, bis Mango und Zwiebel weich sind. Den Koriander und Limettensaft unterrühren und den Topf von der Kochstelle nehmen.

2. Die Mangomischung in einer Küchenmaschine oder mit dem Pürierstab zu einem Püree verarbeiten. Abschmecken und nach Bedarf mit braunem Zucker und/oder Salz nachwürzen. Die Sauce sollte süß und sauer sein.

3. Die Sauce in kleine Schalen füllen und zimmerwarm servieren. Die Sauce hält sich im Glas gut verschlossen im Kühlschrank einige Tage.

VIETNAM

VIETNAMESISCHE APFEL-SHRIMPS-SAUCE

MAM NEM

ALS BEILAGE
ERGIBT ETWA 200 ML

Mam nem ist mit Sicherheit einer der exotischeren Dips aus dem vietnamesischen Saucenrepertoire. Trotz der merkwürdig anmutenden Kombination – Shrimps und Apfel – ist er äußerst schmackhaft und leicht zuzubereiten. Ich habe diese Sauce zum ersten Mal in Saigon gekostet, wo sie mit pürierter Ananas hergestellt wurde. Ich mag die unkomplizierte Süße des Apfelsafts. Mam nem passt zu jedem gegrillten Fisch oder Schweinefleisch.

1 EL Pflanzenöl
1 Knoblauchzehe, zerdrückt
120 g Shrimps, gepult und Därme entfernt (siehe Kasten Seite 361), dann sehr fein gehackt
2 EL asiatische Fischsauce, oder mehr
1 TL Sambal Oelek oder eine andere scharfe Chilipaste oder -sauce, oder mehr
120 ml ungesüßter Apfelsaft

1. Das Öl in einem kleinen Topf bei mittlerer Hitze erwärmen. Knoblauch zufügen und etwa 15 Sekunden dünsten, bis er duftet, aber noch nicht braun ist. Shrimps zufügen und unter Rühren 1 bis 2 Minuten dünsten, bis sie glasig werden. Fischsauce, Sambal Oelek und Apfelsaft unterrühren und zum Kochen bringen. Den Topf von der Kochstelle nehmen. Sauce abschmecken und nach Bedarf mit Fischsauce oder Sambal Oelek nachwürzen. Die Sauce sollte gut gewürzt sein.

2. Die mam nem Sauce in eine Schüssel füllen und auf Zimmertemperatur abkühlen lassen. Sie hält sich im Glas gut verschlossen im Kühlschrank mindestens 3 Tage. Vor dem Servieren wieder auf Zimmertemperatur erwärmen.

THAILAND

EINFACHE TAMARINDEN-BARBECUESAUCE

ALS BEILAGE
ERGIBT ETWA 240 ML

Bei den meisten nordamerikanischen Barbecuesaucen wetteifern die Süße von Zucker oder Zuckersirup mit der Schärfe von Essig und scharfen Saucen. Ein ähnlicher Kontrast zwischen süß und sauer besteht bei den thailändischen Barbecuesaucen. Die folgende Sauce, zu der ich durch eine im „Bahn Thai" Restaurant in Bangkok servierte Sauce inspiriert wurde, erhält ihr pikantes Aroma durch die Zugabe von Tamarinde. Sie schmeckt besonders gut zu gegrilltem Hähnchen oder Fisch. Ich überlasse Ihnen, wie viele Chilischoten Sie hineintun möchten.

60 ml Tamarindensaft (siehe Seite 241), oder gefrorenes Tamarindenpüree, aufgetaut
60 ml asiatische Fischsauce
50 g Zucker
2 große Schalotten, fein gehackt
1 bis 6 Thai-Chilis oder Serrano- oder Jalapeño-Schoten, entkernt und in feine Scheiben geschnitten (für mehr Schärfe die Kerne nicht entfernen)

Tamarindensaft, Fischsauce, Zucker und 2 EL Wasser in einer kleinen Schüssel gut verrühren, bis sich der Zucker aufgelöst hat. Die Schalotten und Chilis unterrühren. Sofort zimmerwarm servieren – zumindest aber noch am selben Tag verbrauchen.

SPANIEN

ROMESCO-SAUCE

DIREKTES GRILLEN
ERGIBT ETWA 500 ML

Die berühmteste Sauce Kataloniens namens romesco ist ein kräftig-aromatisches Püree aus Tomaten, Knoblauch sowie frischen und getrockneten Chilischoten, die immer zusammen mit zwei typisch katalanischen Dingen gereicht wird: geröstetem Brot und gemahlenen Mandeln. Ursprünglich wurden diese Zutaten in einem Ofen geröstet, um den Geschmack vor dem Pürieren zu intensivieren. Das hat mich auf die Idee einer noch wirksameren Methode der Geschmacksintensivierung gebracht, nämlich Gemüse und Brot auf dem Grill zu rösten. Die Katalanen benutzen getrocknete Chilis namens anorra, die hier aber schwer zu bekommen sind. Jedoch kann man auch mexikanische Ancho-Chili oder Pasilla-Chili als Ersatz nehmen (Im schlimmsten Fall nimmt man eben nur 2 EL Chilipulver). Romesco wird zu gegrilltem Fisch, Hähnchen und Fleisch gereicht. Ich esse sie aber auch gern pur mit dem Löffel.

SPEZIELLE AUSRÜSTUNG

Gemüsegrillrost (wahlweise)

ZUTATEN

3 getrocknete Anorra Chilis, oder 1 Ancho- oder Pasilla-Chili
1 kleine rote Paprikaschote
2 große oder 3 mittelgroße reife Tomaten
60 ml natives Olivenöl extra vergine, zusätzlich Öl zum Einpinseln
5 Knoblauchzehen, geschält
1 kleine Zwiebel, geviertelt
1 Scheibe helles Brot
3 EL ganze Mandeln, leicht geröstet (siehe Kasten Seite 113)
1 Lorbeerblatt
3 EL frische glatte Petersilie, fein gehackt
2 EL Rotweinessig, oder mehr
Salz und frisch gemahlener schwarzer Pfeffer

1. Die Chilischoten in eine Schüssel geben und etwa 30 Minuten in warmem Wasser einweichen lassen, bis sie weich und biegsam sind.

2. Die Chilischoten abtropfen lassen, dabei die Flüssigkeit auffangen und die Chilischoten mit Küchenpapier trocken tupfen. Für eine mildere Sauce die Kerne entfernen.

3. Den Grill für direktes Grillen vorbereiten und gut aufheizen.

4. Wenn der Grill aufgeheizt ist, den Gemüserost (wenn verwendet) 5 Minuten vorheizen und dann mit Öl einpinseln oder direkt den normalen Rost mit Öl einpinseln. Die Paprika und Tomaten mit Olivenöl einpinseln und insgesamt 10 bis 15 Minuten grillen, bis die Haut schön verkohlt ist. Knoblauch und Zwiebeln in eine kleine Schüssel geben und mit 1 EL Olivenöl verrühren. Dann auf den heißen Rost legen und 4 bis 8 Minuten grillen, bis sie überall schön braun sind und aromatisch riechen. Dabei mit einem Pfannenwender wenden. Die Brotschreibe 1 bis 2 Minuten pro Seite rösten, bis sie schön braun ist. Die eingeweichten und abgetropften Chilischoten etwa 20 Sekunden pro Seite grillen, bis sie kross ist und duftet. Das gegrillte Gemüse, das Brot und die Chilis auf eine Platte legen und abkühlen lassen.

5. Sehr stark verkohlte Hautstücke von Paprika und Tomaten abkratzen, die Rippen und Kerne aus der Paprika entfernen. Die Tomaten in einer Küchenmaschine oder mit einem Pürierstab zu einem cremigen Püree verarbeiten. Gegrillten Knoblauch, Zwiebel, Paprika, Brot, Chilis, Mandeln, Lorbeerblatt, Petersilie, Weinessig und die restlichen 3 EL Olivenöl zufügen. Die Sauce mit Salz und schwarzem Pfeffer würzen, zu einem cremigen Püree verarbeiten und so viel Chiliflüssigkeit zufügen, dass eine dickflüssige Sauce entsteht. Abschmecken und nach Bedarf mit Essig und/oder Salz nachwürzen.

6. Die Romesco-Sauce zimmerwarm servieren. Die Sauce hält sich im Glas gut verschlossen im Kühlschrank mindestens 3 Tage.

NICARAGUA

TOMATENSAUCE AUS NICARAGUA

SALSA MARINARA

ALS BEILAGE
ERGIBT 480 ML

Die Nicaraguaner nennen diese pikante Sauce salsa marinara, aber sie schmeckt ganz anders als die Pastasaucen, die ich bisher probierte. Sie ist eine der drei traditionellen Beilagen zu einem nicaraguanischen Grillgericht. Die zwei anderen sind Chimichurri, eine Sauce auf Petersiliengrundlage (Seite 477) und cebollita – eingelegte Zwiebeln (Seite 445). Die salsa marinara passt gut zu Steaks nach nicaraguanischer Art (Seite 147).

3 EL weißer Essig, oder mehr
3 EL Ketchup
3 reife Tomaten, gehäutet und entkernt (siehe Kasten Seite 454), dann fein gehackt
2 mittelgroße Zwiebeln, in dünne Scheiben geschnitten
½ mittelgroße grüne Paprikaschote, Rippen und Kerne entfernt und in dünne Streifen geschnitten
2 Knoblauchzehen, zerdrückt
3 EL frische glatte Petersilie, fein gehackt
1 bis 2 Jalapeño-Schoten, entkernt und in Würfel geschnitten
Salz und frisch gemahlener schwarzer Pfeffer

Essig, Ketchup und 120 ml Wasser in einem kleinen Topf bei mittlerer Hitze zum Kochen bringen. Tomaten, Zwiebeln, Paprika, Knoblauch, Petersilie und Jalapeño-Schoten zufügen. Die Hitze auf niedrige Stufe stellen und die Sauce etwa 5 bis 10 Minuten köcheln lassen, bis sie eindickt und duftet. Die Sauce von der Kochstelle nehmen und abschmecken, nach Bedarf mit Salz und schwarzem Pfeffer und eventuell mehr Essig nachwürzen. Die Sauce sollte gut gewürzt sein. Die Tomatensauce hält sich dicht verschlossen im Kühlschrank mindestens 3 Tage.

LIBANON

VERKOHLTE TOMATENSAUCE MIT GRANATAPFELSIRUP

KHASHKESH

DIREKTES GRILLEN
ERGIBT ETWA 250 ML

Khashkesh ist keine typische Tomatensauce – bei weitem nicht. Durch das Verkohlen der Tomaten erhält sie ein rauchiges Aroma, während der Granatapfelsirup ihr eine unerwartete Süße und Bitterkeit verleiht (Granatapfelsirup gibt es in asiatischen Lebensmittelläden, es steht jedoch auch ein Rezept dafür in diesem Buch).

1 große reife Tomate
1 Knoblauchzehe, zerdrückt
2 EL Granatapfelsirup (Seite 243), oder 1 EL Balsamico-Essig
¼ TL Cayennepfeffer, oder mehr
Salz und frisch gemahlener schwarzer Pfeffer

1. Den Grill für direktes Grillen vorbereiten und gut aufheizen.

2. Wenn der Grill aufgeheizt ist, den Grillrost mit Öl einpinseln, die Tomaten auf den heißen Rost legen und 8 bis 12 Minuten grillen, bis sie von allen Seiten verkohlt sind, dabei mit der Zange wenden. Die Tomaten zum Abkühlen auf eine Platte legen.

3. Die verkohlte Haut von den Tomaten kratzen. Tomaten zusammen mit Knoblauch, Granatapfelsirup und Cayennepfeffer in eine Küchenmaschine geben. Mit Salz und schwarzem Pfeffer würzen und zu einer groben Paste verarbeiten. Abschmecken und nach Bedarf mit Cayennepfeffer und/oder Salz nachwürzen. Die Sauce sollte gut gewürzt sein. Die khashkesh zimmerwarm servieren und innerhalb von 4 Stunden verbrauchen.

JAPAN

KLASSISCHE TERIYAKI-SAUCE

ALS BEILAGE
ERGIBT ETWA 360 ML

Viele Amerikaner denken, Teriyaki sei eine Marinade, dabei wird sie in der japanischen Küche eigentlich als eine Würz- oder Barbecuesauce verwendet, mit der man gegrilltes Fleisch oder Fisch einpinselt. Teri ist das japanische Wort für Glanz und yaki bedeutet gegrillt. Das Rezept ist sehr einfach und geprägt vom Einfluss des verstorbenen Shizuo Tsuji, dem Gründer der Ecole Technique Hôtelière Tsuji in Osaka und Autor des bahnbrechenden Buchs Japanese Cooking: A Simple Art.

120 ml dunkle Sojasauce
120 ml Sake oder trockener Sherry
120 ml Mirin (süßer Reiswein) oder süßer Sherry
2 EL Zucker

1. Sojasauce, Sake, Mirin und Zucker in einem kleinen Topf bei starker Hitze zum Kochen bringen. Die Hitze reduzieren und etwa 5 Minuten köcheln lassen, bis sich der Zucker aufgelöst hat und die Sauce dickflüssig und sirupartig wird.

2. Die Sauce von der Kochstelle nehmen und vor dem Servieren oder der Verwendung als Würzsauce abkühlen lassen. Die Teriyaki-Sauce hält sich im Glas gut verschlossen im Kühlschrank mindestens 2 Wochen.

INDONESIEN

INDONESISCHER KETCHUP

KETJAP MANIS

ALS BEILAGE
ERGIBT ETWA 750 ML

Fragen Sie im Land mit der viertgrößten Bevölkerung der Welt nach Ketchup und man reicht Ihnen höchstwahrscheinlich Ketjap Manis, eine dickflüssige, sirupartige, süß-scharfe Sojasauce. Auf den ersten Blick könnte sie der blutroten Sauce, die die meisten Amerikaner als Ketchup bezeichnen, nicht unähnlicher sein. Aber die zwei Würzmittel sind tatsächlich eng verwandt und stammen von einem gemeinsamen historischen Vorfahren ab.

Hier ist ein Rezept für eine selbstgemachte Ketjap Manis, die eine verblüffend leckere Beilage zu gegrilltem Fleisch und Fisch ist. Wenn man dann noch Ketjap Manis und geschmolzene Butter zu gleichen Teilen mischt, hat man eine fabelhafte Marinade zum Einreiben von gegrilltem Fisch. Der Bequemlichkeit halber habe ich die eigentlich zum Rezept gehörende Galgantwurzel und das Salam-Blatt (indonesischer Lorbeer) durch Ingwer und ein Lorbeerblatt ersetzt, da diese einfacher zu beschaffen sind. Wenn Sie aber Lust und Zeit haben, diese Zutaten in einem asiatischen Geschäft zu suchen, wird Ihre Ketjap Manis natürlich viel authentischer.

Ich habe in meinem ganzen Buch angegeben, dass man Ketjap Manis auch durch eine Mischung aus Sojasauce und Zuckersirup ersetzen kann. Wenn man jedoch die indonesische Grillkunst so liebt wie ich, dann lohnt sich die Mühe, echte Ketjap Manis zu kaufen oder selbst herzustellen.

480 ml Sojasauce
330 g brauner Zucker, oder mehr
160 ml Zuckersirup, oder mehr
2 Knoblauchzehen, mit der Seite eines Hackbeils flach gedrückt
2 Scheiben Ingwer oder frische Galgantwurzel (je 0,5 cm dick), geschält und mit der Seite eines Hackbeils flach gedrückt
2 ganze Sternanis, oder 1 TL Anislikör plus ½ TL Flüssigrauch
1 Lorbeerblatt oder Salam-Blatt
1 TL Koriandersamen

1. Sojasauce, braunen Zucker, Zuckersirup, Knoblauch, Ingwer, Sternanis, Lorbeerblatt und Koriandersamen in einem Topf bei mittlerer Hitze zum Kochen bringen und gut verrühren, bis sich der Zucker aufgelöst hat. Die Hitze reduzieren und 8 bis 12 Minuten unter Rühren köcheln lassen, bis die Ketjap Manis aromatisch duftet und leicht sirupartig wird. Abschmecken und nach Bedarf mit Zucker und/oder Zuckersirup nachwürzen. Die Ketjap Manis sollte recht süß sein.

2. Ketjap Manis durch ein Sieb in ein sauberes Glas füllen, verschließen und abkühlen lassen. Sie hält sich im Glas gut verschlossen im Kühlschrank einige Monate.

CHINA

HOISIN-CHILI-SAUCE

ALS BEILAGE
ERGIBT ETWA 240 ML

Diese Sauce ist so einfach und wird in einem riesigen Gebiet geliebt, zu dem auch China und Südostasien gehören. Sie besteht aus nur zwei Zutaten: Hoisin-Sauce (eine dunkle Sauce aus Sojabohnen) und Chilisauce. Für die letztere Zutat gibt es viele Möglichkeiten: Ich bevorzuge die thailändische Chilisauce, aber man kann jede gute, fertige Chilisauce nehmen. Den Anteil der Chilisauce kann man je nach Wunsch und Geschmack erhöhen oder reduzieren. Die Sauce passt gut zu Satés und anderen, asiatisch gegrillten Fleischgerichten.

160 ml Hoisin-Sauce
80 ml Chilisauce

Hoisin-Sauce und Chilisauce in einer Schüssel gut vermischen (siehe Hinweis). Die Sauce zum Anrichten auf kleine Schalen verteilen.

HINWEIS: Dekorativer wirkt es, wenn Sie die Hoisin-Sauce in kleine Schälchen löffeln und einen Spritzer oder einen Löffel Chilisauce in die Mitte geben. Dann beim Essen die Sauce mit den Spitzen der Essstäbchen mischen und die Sauce als Dip verwenden.

JAPAN

ZWEI BARBECUESAUCEN MIT MISO

ALS BEILAGE

Diese cremigen, süß-salzigen Saucen gehören zu den Glanzstücken der japanischen Grillkunst. Man findet sie sowohl in bescheidenen Yakitori-Lokalen als auch in eleganten Restaurants. Sie verdanken ihren intensiven Geschmack dem Miso, einer nahrhaften Paste aus fermentierten Sojabohnen und Getreide. Man kann den Geschmack von Miso eigentlich nicht genau beschreiben, aber stellen Sie sich den Salzgeschmack eines Brühwürfels gemischt mit Sahnekäse vor, dann bekommt man ungefähr eine Idee.

Miso gibt es in vielen Naturkostläden und japanischen Lebensmittelläden, aber auch in vielen Supermärkten. Im Kühlschrank hält er sich fast unbegrenzt lange. Hier sind zwei Rezepte für Barbecuesaucen mit Miso, die in Japan oft zum Grillen gereicht werden.

WEISSE MISO-BARBECUESAUCE

ERGIBT 360 ML

Weißer Miso (eigentlich ist er beige) ist der am weitesten verbreitete Miso und wird meist als Zutat in Suppen und Salatdressings verwendet. Er heißt in Japan shiromiso und wird aus Sojabohnen und Reis hergestellt, dadurch ist er relativ süß. Dieses Rezept bricht aber gleich mit zwei Traditionen: Erstens habe ich das übliche Eigelb durch Mayonnaise ersetzt, da die Sauce manchmal erwärmt, aber nicht gekocht wird und ich daher nicht so gerne rohes Eigelb verwende. Zweitens nehme ich Gemüsebrühe statt dashi (eine leichte Fischbrühe, die aus getrockneten Thunfischflocken und Seetang hergestellt wird). Puristen können natürlich zwei Eigelb und zwei EL dashi nehmen. Weiße Miso-Sauce schmeckt hervorragend zu gegrilltem Tofu und Gemüse.

280 g weißer Miso
2 EL Sake oder trockener Sherry
2 EL Mirin (süßer Reiswein), oder süßer Sherry
2 EL Zucker
2 EL Mayonnaise
2 EL Gemüsebrühe, dashi (siehe Hinweis oben), oder Wasser

1. Weißen Miso, Sake, Mirin, Zucker und Mayonnaise im Wasserbad zu einer weichen Masse verrühren und erwärmen. Nach und nach die Gemüsebrühe zugeben. Die Sauce über köchelndem Wasser etwa 5 Minuten kochen, bis sie dickflüssig und cremig ist. Dabei gelegentlich rühren. Aus dem Wasserbad nehmen und auf Raumtemperatur abkühlen lassen.

2. Die weiße Miso-Sauce in eine Schüssel füllen. Sie hält sich zugedeckt im Kühlschrank mindestens 3 Tage. Vor dem Servieren wieder auf Zimmertemperatur erwärmen.

ROTE MISO-BARBECUESAUCE

ERGIBT 360 ML

Roter Miso (eigentlich rotbraun) hat einen intensiven salzigen Geschmack und ist nicht ganz so süß wie weißer Miso. Er heißt in Japan aka-miso und wird aus Gerste, Sojabohnen und Reis hergestellt. Rote Miso-Sauce schmeckt besonders gut zu gegrilltem Gemüse und Lachs.

280 g roter Miso
2 EL Sake oder trockener Sherry
2 EL Mirin (süßer Reiswein), oder süßer Sherry
2 EL Zucker, oder mehr
2 EL Mayonnaise
2 EL Gemüsebrühe, dashi (siehe Hinweis bei Weißer Miso-Sauce), oder Wasser

1. Roten Miso, Sake, Mirin, Zucker und Mayonnaise im Wasserbad zu einer weichen Masse verrühren und erhitzen. Nach und nach die Gemüsebrühe zugeben. Die Sauce über köchelndem Wasser etwa 5 Minuten erwärmen, bis sie dickflüssig und cremig ist. Dabei gelegentlich rühren. Aus dem Wasserbad nehmen und auf Raumtemperatur abkühlen lassen. Abschmecken und nach Bedarf noch mehr Zucker hinein geben und diesen gut unterrühren.

2. Die rote Miso-Sauce in eine Schüssel füllen. Sie hält sich zugedeckt im Kühlschrank mindestens 3 Tage. Vor dem Servieren wieder auf Zimmertemperatur erwärmen.

THAILAND

THAILÄNDISCHE ERDNUSS-SAUCE

ALS BEILAGE
ERGIBT ETWA 250 ML

Erdnuss-Sauce ist eine traditionelle Beilage für südostasiatische Satés. Es gibt wahrscheinlich genauso viele verschiedene Rezepte wie es Straßenhändler gibt. Diese Version hier – mit Kokosmilch angereichert – könnte man in einer thailändischen Saté-Bude finden.

2 TL frischer geschälter Ingwer, gehackt
1 bis 2 Thai-Chilis oder Serrano- oder Jalapeño-Schoten, entkernt und gehackt (für eine schärfere Sauce die Kerne nicht entfernen)
1 Knoblauchzehe, zerdrückt
2 Frühlingszwiebeln, weiße und grüne Teile, geputzt und gehackt
85 g grobe Erdnussbutter
80 ml Kokosmilch, aus der Dose oder selbstgemacht (Seite 522), oder mehr
2 EL asiatische Fischsauce oder Sojasauce, oder mehr
1 EL frischer Limettensaft, oder mehr
2 TL Zucker, oder mehr
4 g frischer Koriander, gehackt (wahlweise)

1. Ingwer, Thai-Chilis, Knoblauch, Frühlingszwiebeln, Erdnussbutter, Kokosmilch, Fischsauce, Limettensaft, Zucker und Koriander (wenn verwendet) in einem kleinen Topf bei mittlerer Hitze unter Rühren zum Kochen bringen, dann die Hitze reduzieren und unbedeckt 5 bis 10 Minuten köcheln lassen, bis die Sauce duftet. Die Erdnuss-Sauce sollte dick sein, aber so, dass man sie noch gießen kann. Bei Bedarf mit etwas Kokosmilch verdünnen.

2. Die Sauce von der Kochstelle nehmen und abschmecken, nach Bedarf mit Fischsauce, Limettensaft und/oder Zucker nachwürzen. Die Sauce sollte gut gewürzt sein. Warm oder zimmerwarm servieren. Die Sauce hält sich im Glas gut verschlossen im Kühlschrank mindestens 3 Tage.

NIEDERLÄNDISCHE ANTILLEN

ERDNUSS-SAUCE VON DEN NIEDERLÄNDISCHEN ANTILLEN

PINDASAUS

ALS BEILAGE
ERGIBT 480 ML

Tamarinde verleiht dieser Erdnuss-Sauce eine fruchtige Bitterkeit, eine westindische Version der klassischen, indonesischen Sauce. Die Sauce wurde als Beilage zu den Hähnchen-Kebabs von den Niederländischen Antillen (Seite 73) entwickelt, aber sie schmeckt auch sehr gut zu jeder Art Saté und zu gegrilltem Hähnchen oder Fisch.

40 g fein gehackte Zwiebel
1 Knoblauchzehe, zerdrückt
1 TL Sambal Oelek oder eine andere Chilipaste oder -sauce
200 g cremige Erdnussbutter
60 ml Tamarindensaft (Seite 241), oder gefrorenes Tamarindenpüree, aufgetaut
2 EL süße Sojasauce (Ketjap Manis), oder je 1 EL normale Sojasauce und Zuckersirup, oder mehr
2 EL weißer Essig, oder mehr

1. Zwiebel, Knoblauch und Sambal Oelek mit Mörser und Stößel zu einer cremigen Paste verarbeiten. Wenn kein Mörser und Stößel vorhanden sind, diese Zutaten in einer Küchenmaschine oder mit dem Pürierstab pürieren. Die Mischung in einen Topf geben, Erdnussbutter, Tamarindensaft, süße Sojasauce, Essig und 180 ml Wasser unterrühren.

2. Die Mischung bei mittlerer Hitze zum Kochen bringen, die Hitze reduzieren und die Sauce etwa 5 Minuten köcheln lassen, bis sie dunkel ist und duftet. Bei Bedarf Wasser zufügen, bis die Sauce dickflüssig ist. Die Sauce von der Kochstelle nehmen und abschmecken, nach Bedarf mit süßer Sojasauce und/oder Essig nachwürzen. Die Sauce sollte gut gewürzt sein.

3. Die Erdnuss-Sauce warm oder zimmerwarm servieren. Sie hält sich im Glas gut verschlossen im Kühlschrank mindestens 3 Tage.

USA

JAKES BARBECUESAUCE MIT TÜRKISCHEM KAFFEE

ALS BEILAGE
ERGIBT ETWA 500 ML

Dies ist nicht irgendeine Barbecuesauce, wie man sie kaufen kann. Nicht mit solchen Zutaten wie Kardamom, Kaffee und Hoisin-Sauce. Das Rezept stammt von Jake, meinem Stiefsohn, der sie zu gegrilltem Zackenbarsch und Schweinefleisch oder Lamm reicht.

2 EL natives Olivenöl extra vergine
1 mittelgroße Zwiebel, fein gehackt
1 mittelgroße rote Paprikaschote, Rippen und Kerne entfernt, fein gehackt
3 Knoblauchzehen, zerdrückt
1 EL frischer, geschälter Ingwer, gehackt
360 ml aufgebrühter türkischer Kaffee oder Espresso
60 ml Hoisin-Sauce
2 EL Balsamico-Essig
1½ TL ungesüßtes Kakaopulver
2 TL gemahlener Kardamom
2 EL Honig, oder mehr
Salz und frisch gemahlener schwarzer Pfeffer

1. Das Olivenöl in einem großen Topf bei mittlerer Hitze erwärmen. Zwiebeln, Paprika, Knoblauch und Ingwer zufügen und etwa 5 Minuten glasig dünsten. Kaffee, Hoisin Sauce, Balsamico-Essig, Kakaopulver und Kardamom zufügen. Bei mehr Hitze aufkochen lassen.

2. Die Hitze wieder reduzieren und die Sauce unbedeckt etwa 10 Minuten köcheln lassen, bis sie dickflüssig wird. Dabei gelegentlich rühren. Wird die Sauce zu dick, etwas Wasser unterrühren. Die Sauce in einer Küchenmaschine oder mit dem Pürierstab pürieren, Honig zugeben, um der Sauce einen seidigen Schimmer zu verleihen. Abschmecken und nach Bedarf mit Salz und schwarzem Pfeffer und mehr Honig nachwürzen.

3. Die Sauce in eine Schüssel füllen und warm oder zimmerwarm servieren. Sie hält sich dicht verschlossen im Kühlschrank mehrere Wochen.

SÜDAMERIKA

GRUNDREZEPT CHIMICHURRI

ALS BEILAGE
ERGIBT ETWA 500 ML

Die traditionelle, südamerikanische Beilage zu gegrilltem Fleisch ist Chimichurri, eine Barbecuesauce, die sowohl am Straßenrand als auch in teueren Steakhäusern hoch im Norden Nicaraguas bis hin zum Süden in Chile und in jedem dazwischen liegenden, spanisch sprechenden Land verkauft wird. Es gibt keine zwei Chimichurri-Rezepte, die genau identisch wären, jedoch besteht das Grundrezept aus nur vier Zutaten: Petersilie, Knoblauch, Olivenöl und Salz. Dieses Rezept stammt von Marono Fraga, dem Besitzer des „Estancia del Puerto" in Montevideos buntem Mercado del Puerto (Markt am Hafen). Erschrecken Sie nicht vor der geradezu gigantisch anmutenden Menge Knoblauch. Die Petersilie neutralisiert den Atem wieder.

1 Bund frische, glatte Petersilie, entstielt
1 mittelgroße Karotte, geschält und in 2,5 cm große Stücke geschnitten
1 kleine Knolle Knoblauch, in Zehen zerteilt und geschält (8 bis 10 Zehen)
240 ml natives Olivenöl extra vergine
80 ml Weißweinessig oder destillierter Essig, oder mehr
1 TL Salz, oder mehr
1 TL getrockneter Oregano
½ TL scharfes rotes Chilipulver, oder mehr
½ TL frisch gemahlener schwarzer Pfeffer

1. Petersilie, Karotte und Knoblauch in einer Küchenmaschine in mehreren kurzen Stößen möglichst fein hacken.

2. Olivenöl, Weinessig, Salz, Oregano, Chilipulver, schwarzen Pfeffer und 60 ml Wasser darunter mischen. Abschmecken und nach Bedarf mit Essig, Salz oder Chilipulver nachwürzen. Die Chimichurri sollte gut gewürzt sein. Sie hält sich im Kühlschrank mehrere Tage (vor dem Servieren, dann eventuell nachwürzen), schmeckt aber am besten, wenn man sie kurz nach der Zubereitung serviert.

ARGENTINIEN

ROTE CHIMICHURRI

ALS BEILAGE
ERGIBT ETWA 360 ML

Eine echte Chimichurri ist eine knoblauchhaltige, grüne Sauce aus Olivenöl und frischer Petersilie. Es gibt jedoch viele Variationen in Argentinien und Uruguay, darunter die Rote Chimichurri – eine Spezialität des vornehmen Steakhauses „La Cabaña" in Buenos Aires. Diese Chimichurri unterscheidet sich von den anderen in zweierlei Hinsicht: Sie wird gekocht (die meisten werden aus rohen Zutaten hergestellt) und mit Anchovis und Thunfisch angereichert. Die Anchovis suggerieren eine Verwandtschaft mit den weltberühmten Steaksaucen A.1. und Worcestershire-Sauce, während der Thunfisch an eine italienische Thunfischsauce erinnert, die sehr gut zu kaltem, gebratenem Kalbfleisch oder gegrilltem Rindfleisch und Fisch schmeckt. Hier kommt eine Chimichurri, von der ich mir vorstelle, dass sie so auch im „La Cabaña" zubereitet würde.

120 ml natives Olivenöl extra vergine
½ mittelgroße rote Paprikaschote, Rippen und Kerne entfernt, in Würfel geschnitten
½ mittelgroße Karotte, geschält und in Würfel geschnitten
2 Frühlingszwiebeln, weiße und grüne Teile, geputzt und in Würfel geschnitten
¼ mittelgroße Zwiebel, in Würfel geschnitten
1 mittelgroße Stange Staudensellerie, gewürfelt
1 Knoblauchzehe, fein gehackt
3 EL in Wasser eingelegter Thunfisch, abgetropft
1 Anchovisfilet, abgetropft und gehackt
2 EL frische, glatte Petersilie, gehackt
2 TL Kapern, abgetropft
240 ml Tomatensauce
120 ml selbstgemachte Hühnerbrühe, oder Hühnerbrühe aus dem Glas, oder Wasser
60 g Tomatenmark
1 EL Rotweinessig, oder mehr
1 TL getrockneter Oregano
Salz und viel frisch gemahlener schwarzer Pfeffer

1. Das Olivenöl in einem Topf bei mittlerer Hitze erwärmen. Paprika, Karotte, Frühlingszwiebeln, Zwiebel, Sellerie und Knoblauch zugeben und etwa 5 Minuten weich dünsten, aber nicht bräunen.

2. Thunfisch, Anchovis, Petersilie, Kapern, Tomatensauce, Hühnerbrühe, Tomatenmark, Weinessig und Oregano unterrühren. Mit Salz und schwarzem Pfeffer würzen und etwa 10 Minuten unbedeckt kochen, bis die Sauce dickflüssig ist und duftet.

3. Die Sauce in einer Küchenmaschine oder mit dem Pürierstab zu einem Püree verarbeiten, dann wieder in den Topf umfüllen und bei mittlerer Hitze etwa 5 Minuten kochen. Die Chimichurri von der Kochstelle nehmen und abschmecken. Nach Bedarf mit Weinessig und/oder Salz nachwürzen. Die Sauce sollte gut gewürzt sein.

4. Die Chimichurri in eine Schüssel füllen und heiß oder zimmerwarm servieren. Die Sauce hält sich im Glas gut verschlossen im Kühlschrank mindestens 3 Tage.

ARGENTINIEN

„TROCKENE" CHIMICHURRI

ALS BEILAGE
ERGIBT ETWA 200 ML

Diese ist die einfachste Chimichurri: Olivenöl gewürzt mit getrockneten Kräutern und rotem Chilipulver. Ich habe sie das erste Mal in der „Estancia Cinacina" probiert, einem Pferdehof in Argentinien, der auch Barbecues und Reiterfeste für Touristen veranstaltet. Argentinische Lebensmittelläden verkaufen Fertigkräutermischungen für Chimichurri für diejenigen, die keine Zeit haben, frische Kräuter zu kaufen und vorzubereiten. Die Chimichurri über gegrilltes Rindfleisch gießen.

180 ml natives Olivenöl extra vergine
3 EL Rotweinessig
1 EL getrockneter Oregano
1 EL getrockneter Basilikum
2 TL süßes Paprikapulver
1 TL getrockneter Thymian
1 TL rotes, scharfes Chilipulver
½ TL grobkörniges Salz (z.B. Meersalz), oder mehr
½ TL frisch gemahlener schwarzer Pfeffer, oder mehr

Olivenöl, Weinessig, Oregano, Basilikum, Paprika, Thymian, Chilipulver, Salz und schwarzen Pfeffer in einer Schüssel gut verrühren. Abschmecken und nach Bedarf mit Salz und/oder schwarzem Pfeffer nachwürzen. Die Chimichurri hält sich dicht verschlossen im Kühlschrank mindestens 3 Tage.

Chimichurri Variationen

Es gibt Köche, die geriebene Zwiebel unter ihr Chimichurri mischen (eine kleine Zwiebel zum Grundrezept Chimichurri Seite 477 zufügen), und andere rühren noch 20 g gewürfelte rote Paprikaschote oder frische Peperoni hinzu.

VON OBEN IM UHRZEIGERSINN:
ROTE CHIMICHURRI | LINKS
GRUNDREZEPT CHIMICHURRI | SEITE 477
„TROCKENE" CHIMICHURRI | LINKS

PORTUGAL

SCHARFE PORTUGIESISCHE SAUCE

PIRI-PIRI

ALS BEILAGE
ERGIBT ETWA 360 ML

Die Portugiesen lernten die Chilischoten in ihrer ehemaligen Kolonie Brasilien lieben. Die hier verwendete Chili gehört zur Familie der Paprika, hat die Form einer Gewehrkugel und ist nur etwa 0,5 bis 1 cm lang. Jedoch straft ihre höllische Schärfe ihre Größe Lügen. Piri-Piri werden in Brasilien pimenta malagueta und in Angola gindungo genannt. Die Piri-Piri-Sauce ist zu einem unersetzbaren Bestandteil eines Barbecues in der portugiesisch sprechenden Welt geworden. Mit etwas Glück bekommt man vielleicht die Malagueta-Chili zu kaufen, ansonsten nimmt man frische oder eingelegte Cayenneschoten, Pequin Chilis aus Mexiko, Thai-Chilis oder zur Not auch Jalapeño-Schoten.

Die Sauce passt besonders gut zu gegrilltem Fisch und Hähnchen oder zu jedem Gericht, von dem Sie meinen, dass ihm ein Hauch iberischer Schärfe gut täte.

VORBEREITUNGSZEIT

Mindestens 3 Stunden zum Ziehenlassen der Sauce

SPEZIELLE AUSRÜSTUNG

Ein sauberes 1-Liter-Glas

ZUTATEN

- **6 bis 12 Malagueta-Chilis oder andere rote scharfe Chilischoten**
- **1 TL grobkörniges Salz (z.B. Meersalz), oder mehr**
- **80 ml Rotweinessig**
- **180 ml natives Olivenöl extra vergine**

1. Die Malagueta-Chilis in dünne Scheiben schneiden, mit Salz und Weinessig in ein sauberes 1-Liter-Glas mit Deckel füllen, verschließen und gut schütteln, bis sich das Salz aufgelöst hat. Olivenöl und 60 ml heißes Wasser zugeben und nochmals schütteln. Die Piri-Piri-Sauce an einem kühlen Ort mindestens 3 Stunden bis zu 2 Tage ziehen lassen.

2. Die Piri-Piri-Sauce abschmecken und nach Bedarf mit Salz nachwürzen. Die Sauce hält sich im Kühlschrank mehrere Wochen.

BRASILIEN

SCHARFE BAUERNSAUCE

MOLHO DA COMPANHA

ALS BEILAGE
ERGIBT ETWA 500 ML

Diese scharfe, an Salsa erinnernde Sauce wird überall in Brasilien zu gegrilltem Fleisch gereicht. Bei der hierfür verwendeten Chilisorte handelt es sich um die Malagueta-Chilischote, deren Schärfe in keinem Verhältnis zu ihrer geringen Größe steht. In brasilianischen Läden gibt es Malagueta-Chilis oft in Essig eingelegt in Flaschen zu kaufen, ansonsten kann man auch Thai-Chilis, Serrano- oder Jalapeño-Schoten oder sogar scharfes, rotes Chilipulver verwenden. In Brasilien löffelt man die Sauce über das gegrillte Fleisch und streut dann noch farofa darüber (geröstetes Maniokmehl – eine exotischere Version ist das Regenbogenmaniok von Seite 434).

- **1 mittelgroße Zwiebel, fein gehackt**
- **1 große, reife Tomate, fein gehackt**
- **½ grüne Paprikaschote, Rippen und Kerne entfernt, fein gehackt**
- **1 bis 6 Malagueta-Chilis, oder andere rote Chilischoten, zerdrückt**
- **3 EL natives Olivenöl extra vergine**
- **2 EL frischer Limettensaft**
- **1 EL Rotweinessig, oder mehr**
- **Salz und frisch gemahlener schwarzer Pfeffer**

Zwiebel, Tomate, Paprika, Malagueta-Chilis, Olivenöl, Limettensaft, Weinessig und 60 ml Wasser in einer kleinen Schüssel gut vermischen. Abschmecken und nach Bedarf mit Salz, schwarzem Pfeffer und Weinessig nachwürzen. Die Sauce sollte gut gewürzt sein. Die Sauce noch am selben Tag zimmerwarm servieren.

NORDAFRIKA

ZWEI HARISSAS

ALS BEILAGE

Harissa ist eine scharfe, nordafrikanische Sauce. Das Rezept ist recht breit angelegt und besteht aus einfachem, erwärmtem Tomatenpüree mit Zwiebeln und scharfem Paprika und verschiedenen Saucen, die mit eingelegten Zitronen und Cayennepfeffer gewürzt sind. Selbstgemachte Harissa ist recht außergewöhnlich und viel schmackhafter als die salzige Harissa in Dosen oder Tuben, die man in den entsprechenden Fachgeschäften bekommt.

EINE EINFACHE HARISSA

ERGIBT ETWA 360 ML

Hier ist eine schnelle und einfache Version der Harissa. Sie passt gut zu gegrilltem Lamm, Kebabs und anderen nordafrikanischen Fleischgerichten.

2 große reife Tomaten
1 kleine Zwiebel, oder 2 Schalotten, geschält
3 EL frische, glatte Petersilie, gehackt
1 EL scharfer Paprika, oder 1 TL Cayennepfeffer (siehe Hinweis), oder mehr
2 EL natives Olivenöl extra vergine
1 EL frischer Zitronensaft
Salz und frisch gemahlener schwarzer Pfeffer

1. Die Tomaten halbieren und die Kerne und Fruchtwasser vorsichtig über dem Spülbecken herausdrücken. Die Tomaten grob in eine Schüssel reiben, dabei die angeschnittene Seite nach unten halten und das Fleisch bis zur Haut abreiben, die Haut dann wegwerfen.

2. Die Zwiebel in die Schüssel reiben. Petersilie, Paprika, Olivenöl und Zitronensaft unterrühren. Harissa mit Salz und Pfeffer würzen und abschmecken. Sie sollte gut gewürzt sein. Harissa am besten sofort zimmerwarm servieren, spätestens aber 4 Stunden nach Zubereitung.

HINWEIS: Für eine mildere Harissa den scharfen Paprika oder Cayennepfeffer weglassen.

HARISSA MIT EINGELEGTEN ZITRONEN

ERGIBT ETWA 500 ML

Hier ist eine aufwändigere Version der Harissa mit frischen Chilis und eingelegten Zitronen. Eingelegte Zitronen – eine einzigartige Zutat in der marokkanischen Küche – sind eine Art Pickles aus frischen Zitronen und Salz. Man kann sie in afrikanischen und asiatischen Lebensmittelläden kaufen. Schon eine kleine Menge davon reicht für ein intensives Aroma.

4 bis 10 Peperoni, z.B. Jalapeño- oder Serrano-Schoten, entkernt (für eine schärfere Sauce die Kerne nicht entfernen)
3 Schalotten, in dünne Ringe geschnitten
2 Knoblauchzehen, grob gehackt
1 EL gehackte, eingelegte Zitronenschale
2 große reife Tomaten, entkernt und gehäutet (siehe Kasten Seite 454)
1 EL scharfer Paprika, oder 1 TL Cayennepfeffer
½ TL gemahlener Kümmel
3 EL Pflanzenöl
2 EL frischer Zitronensaft
Salz und frisch gemahlener schwarzer Pfeffer

1. Peperoni, Schalotten, Knoblauch, Zitrone und Tomaten mit Mörser und Stößel zu einem Püree verarbeiten, dann Paprika, Kümmel, Öl und Zitronensaft unterrühren. Wenn kein Mörser und Stößel vorhanden sind, alle Zutaten direkt in einer Küchenmaschine oder mit dem Pürierstab zu einem Püree verarbeiten. Harissa mit Salz und Pfeffer würzen und abschmecken; nicht zuviel salzen – die eingelegte Zitrone ist bereits ziemlich salzig. Die Harissa sollte scharf und würzig sein, aber die Schärfe darf nicht alles andere überdecken.

2. Harissa in eine Schüssel füllen und am besten sofort zimmerwarm servieren, spätestens aber 4 Stunden nach Zubereitung.

FRANZÖSISCHE ANTILLEN

„HUNDESAUCE“ VON DEN FRANZÖSISCHEN ANTILLEN

SAUCE CHIEN

ALS BEILAGE
ERGIBT ETWA 250 ML

Die „Hundesauce“ ist eine hoch-explosive Vinaigrette, die man überall auf den Französischen Antillen serviert. Woher kommt nur der seltsame Name? Eine Theorie besagt, dass „Hund“ sich auf den feurigen Biss der Chilis bezieht, eine andere, dass der Name davon kommt, dass es sich hier um eine bescheidene Sauce handelt, ohne Eigelb, Butter oder Sahne wie in den „vornehmeren“ französischen Saucen. Woher auch der Name stammt, die „Hundesauce“ ist als Beilage zu gegrilltem Fisch, Hähnchen und Gemüse nicht mehr wegzudenken.

2 Knoblauchzehen, zerdrückt
½ TL Salz, oder mehr
½ bis 2 Scotch Bonnet-Chilis, entkernt und gehackt (für eine schärfere Sauce die Kerne nicht entfernen)
1 Schalotte, gehackt
2 EL frischer Schnittlauch oder Grün von der Frühlingszwiebel, fein gehackt
2 EL frischer Koriander, fein gehackt
2 EL frische glatte Petersilie, fein gehackt
½ TL frischer Thymian, gehackt
3 EL frischer Limettensaft, oder mehr
Frisch gemahlener schwarzer Pfeffer
60 ml natives Olivenöl extra vergine
60 ml kochendes Wasser, oder mehr

1. Knoblauch und Salz mit Mörser und Stößel zu einem Püree verarbeiten, dann Scotch Bonnet-Chilis, Schalotte, Schnittlauch, Koriander, Petersilie, Thymian, Limettensaft und Pfeffer unterrühren. Olivenöl und so viel Wasser zugeben, bis eine weiche, dickflüssige Sauce entsteht oder alle Zutaten direkt in einer Küchenmaschine oder mit dem Pürierstab in kurzen Stößen zu einem groben Püree verarbeiten. Abschmecken und nach Bedarf mit Salz und/oder Limettensaft nachwürzen. Die Sauce sollte gut gewürzt sein.

2. Die „Hundesauce“ am besten sofort zimmerwarm servieren, spätestens aber 4 Stunden nach Zubereitung.

TRINIDAD UND TOBAGO

KNOBLAUCHSAUCE

ALS BEILAGE
ERGIBT 360 ML

Sie mögen vielleicht denken, dass die enorme Menge an Knoblauch in diesem Rezept die Sauce ungenießbar macht, doch Limettensaft und Salz mildern die Wirkung und machen sie mild und schmackhaft. Die Sauce wurde eigentlich als Beilage zu gegrilltem Hai und Brot kreiert (Seite 322), aber man kann sich nur schwer eine Grillspeise vorstellen, die von einem Löffel dieses Elixiers nicht profitieren würde.

8 Knoblauchzehen, grob gehackt
120 ml frischer Limettensaft, oder mehr
120 ml weißer Essig
1 EL Salz oder mehr

Knoblauch, Limettensaft, Essig, Salz und 120 ml Wasser mit einem Pürierstab zu einer cremig-weichen Masse verarbeiten. Abschmecken und nach Bedarf mit Limettensaft und/oder Salz nachwürzen. Die Sauce sollte gut gewürzt sein. Die Knoblauchsauce sofort servieren oder im Glas dicht verschlossen im Kühlschrank bis zu drei Tage aufbewahren. Vor dem Servieren wieder auf Zimmertemperatur erwärmen.

AFGHANISTAN

KORIANDERSAUCE

ALS BEILAGE
ERGIBT ETWA 250 ML

Koriandersauce ist eine scharfe, delikate Beilage, die man über gegrillte Kebabs, Koteletts und Hähnchenfleisch geben kann. Diese Version hier ist ein fester Bestandteil der afghanischen Küche. Ähnliche Saucen findet man aber auch weiter östlich in Indien und weiter westlich in Georgien. Mit Walnüssen kann man die Sauce gut andicken und binden.

1 Bund frischer Koriander, entstielt
3 Knoblauchzehen, grob gehackt
1 Jalapeño-Schote oder andere scharfe Chili, entkernt (für mehr Schärfe die Kerne nicht entfernen)

- 60 g Walnusskerne
- 80 ml frischer Zitronensaft oder weißer Essig, oder mehr
- 1 TL Salz, oder mehr
- ½ TL frisch gemahlener schwarzer Pfeffer
- ¼ TL gemahlener Kümmel (wahlweise)

1. Koriander, Knoblauch, Jalapeño und Walnüsse in einer Küchenmaschine oder mit dem Pürierstab mischen. Zitronensaft, Salz, schwarzen Pfeffer und Kümmel (wenn verwendet) zufügen und zu einer cremigen Paste verarbeiten. So viel Wasser zugeben, bis die Sauce dickflüssig wird (2 bis 4 EL).

2. Abschmecken und nach Bedarf mit Zitronensaft und Salz nachwürzen. Die Sauce sollte sehr gut gewürzt sein. Die Sauce sofort zimmerwarm servieren, spätestens aber 4 Stunden nach der Zubereitung.

SPANIEN

KATALANISCHE VINAIGRETTE

ALS BEILAGE
ERGIBT ETWA 250 ML

Dies ist eine von drei Saucen, die in Barcelona unweigerlich zu gegrilltem Fleisch und Fisch serviert werden (die anderen sind die Romesco-Sauce – Seite 472 und Aioli, eine einfache Knoblauchmayonnaise, ähnlich der französischen Knoblauchsauce). Wenn Sie glauben, dass eine Vinaigrette nicht so recht zu Steak passt, dann versuchen Sie mal diese mit Kapern, Schalotten und Pickles verfeinerte Version. Sie werden angenehm überrascht sein.

- 2 EL Rotweinessig
- ½TL Salz, oder mehr
- ½ TL frisch gemahlener schwarzer Pfeffer, oder mehr
- 120 ml natives Olivenöl extra vergine
- 1 große Schalotte, fein gehackt
- 1 kleines Teil Pickles, z.B. ein Cornichon, fein gehackt
- 1 reife Eiertomate, fein gehackt
- 1 EL Kapern, abgetropft und grob gehackt, wenn sie groß sind

1. Weinessig, Salz, Pfeffer und 2 EL heißes Wasser in einer kleinen Schüssel gut verrühren, bis sich das Salz aufgelöst hat. Olivenöl in einem dünnen Strahl unterrühren, bis sich eine geschmeidige Emulsion bildet. Schalotten, Pickles, Tomate und Kapern unterrühren.

2. Abschmecken und nach Bedarf mit Salz und/oder Pfeffer nachwürzen. Die Vinaigrette vor dem Servieren 10 Minuten bis 4 Stunden ziehen lassen. Steht die Vinaigrette dabei im Kühlschrank, vor dem Servieren wieder auf Zimmertemperatur erwärmen, gut rühren und eventuell nachwürzen.

THAILAND

ZITRONEN-HONIG-SAUCE MIT KNOBLAUCH

ALS BEILAGE
ERGIBT 360 ML

Süß, sauer, etwas scharf und ganz bestimmt delikat, diese Sauce vereint die Eigenschaften der thailändischen Küche. Streng genommen müsste man hier Korianderwurzel verwenden, die wie eine Mischung aus frischem Koriander und Petersilie schmeckt. In den entsprechenden Fachgeschäften wird der Koriander eventuell mit Wurzel verkauft, wenn nicht, nehmen Sie einfach die Korianderblätter und die Sauce wird trotzdem lecker. Lassen Sie sich nicht von der Menge Knoblauch und Chili abschrecken, Zitronensaft und Honig neutralisieren diese Zutaten wieder. Diese Sauce passt gut zu gegrilltem Hähnchen, Rind- oder Schweinefleisch und besonders gut zu Fisch.

- 8 bis 10 Knoblauchzehen, zerdrückt
- 3 bis 6 Thai-Chilis, Serrano-Schoten oder andere scharfe Chilis, entkernt und fein gehackt
- 3 EL frische Korianderwurzel oder Korianderblätter, gehackt
- 120 ml frischer Zitronensaft
- 120 ml asiatische Fischsauce, oder mehr
- 3 EL Honig, oder mehr

Knoblauch, Chilis, Koriander, Zitronensaft, Fischsauce und Honig in einer Schüssel gut verrühren. Abschmecken und nach Bedarf mit Fischsauce oder Honig nachwürzen. Die Sauce hält sich gekühlt bis zu 8 Stunden.

GROSSBRITANNIEN

SÜSS-SCHARFE MINZSAUCE

ALS BEILAGE
ERGIBT ETWA 250 ML

Die Minzsauce ist in Großbritannien und den Ländern des Commonwealth eine solch beliebte Beilage zu Lamm, dass es eine Unterlassungssünde wäre, sie hier nicht aufzuführen – obwohl besagte Sauce in der Regel zu gebratenem oder gekochtem Lamm gereicht wird und nicht zu gegrilltem. Um das traditionelle Rezept ein bisschen aufzufrischen, habe ich frische Minze und Scotch Bonnet-Chilis hinzugefügt.

180 ml Minzgelee
60 ml weißer Essig, oder mehr
1 Scotch Bonnet-Chili oder Habañero- oder Jalapeño-Schote, entkernt und gehackt (für eine schärfere Sauce die Kerne nicht entfernen)
3 EL frische Pfefferminzblätter, in feine Streifen geschnitten, oder 2 TL getrocknete Minze

Minzgelee, Essig und Scotch Bonnet-Chili in einem kleinen Topf vermischen und bei mittlerer Hitze zum Kochen bringen. Die Hitze reduzieren und unbedeckt etwa 5 Minuten köcheln lassen, bis eine dickflüssige, aromatische Sauce entsteht. Die Minzeblätter einrühren und weitere 1 bis 2 Minuten köcheln lassen. Die Sauce von der Kochstelle nehmen und etwas Essig zufügen, falls die Sauce noch zu süß ist. Wenn sie zu dick ist, etwas Wasser unterrühren. Die Minzsauce sofort servieren oder abkühlen lassen und im Glas dicht verschlossen bis zu drei Tage im Kühlschrank aufbewahren.

VIETNAM

EINFACHER VIETNAMESISCHER DIP

NUOC CHAM

ALS BEILAGE
ERGIBT ETWA 240 ML

Die Tischsauce Vietnams, nuoc cham, ist eine köstliche, topasfarbene, leicht süße, salzige und saure Sauce und obligatorische Beilage zu jedem vietnamesischen Grillgericht. Normalerweise gehören feine Karottenstreifen für die Farbgebung und Konsistenz in die Sauce, und wenn ich sage feine Streifen, dann meine ich Streifen so dünn wie ein Faden!

1 Stück Karotte (5 cm), geschält
2 EL Zucker, oder mehr
80 ml asiatische Fischsauce, oder mehr
60 ml frischer Limettensaft
2 EL Reisessig oder weißer Essig
1 kleine rote Chili, in dünne Streifen geschnitten, oder ¼ TL scharfes rotes Chilipulver
2 Knoblauchzehen, zerdrückt

1. Die Karotte mit einem Gemüsemesser längs in Scheiben scheiden, die Scheiben übereinander legen und mit einem scharfen, schlanken Messer längs in hauchdünne Streifen schneiden.

2. Zucker und 120 ml warmes Wasser in einer kleinen Schüssel gut verrühren, bis sich der Zucker ganz aufgelöst hat. Fischsauce, Limettensaft, Reisessig, Chili, Knoblauch und Karottenstreifen (siehe Hinweis) unterrühren. Abschmecken und nach Bedarf mit Zucker und/oder Fischsauce nachwürzen. Die Sauce sollte eine ausgewogene Mischung von salzig, scharf und süß sein.

3. Die Sauce sofort zimmerwarm servieren oder zumindest noch am selben Tag.

HINWEIS: Man kann die Zutaten auch miteinander vermischen, indem man sie in ein verschließbares Glas gibt und dieses kräftig schüttelt.

KOREA

DIP AUS APFELBIRNEN

ALS BEILAGE
ERGIBT ETWA 600 ML

Meine Leser kennen meine ungezügelte Begeisterung für die koreanische Küche – eine Küche, die, wie ich anmerken möchte, im Westen sehr unterschätzt wird. Diese Sauce spiegelt die koreanische Vorliebe für die Kombination von süßen, salzigen und nussigen Geschmacksrichtungen in einem einzigen Gericht wider. Sie passt gut zu koreanischen Fleischgerichten.

120 ml Sojasauce
120 ml Sake oder trockener Sherry
50 g Zucker
1 kleine Apfelbirne, geschält, entkernt und fein gehackt
4 Frühlingszwiebeln, weiße und grüne Teile, geputzt und fein gehackt
40 g fein gehackte Zwiebel
2 EL Sesamsamen, geröstet (siehe Kasten Seite 113)

Sojasauce, Sake, Zucker, Birne, Frühlingszwiebeln, Zwiebel und Sesamsamen in einer mittelgroßen Schüssel gut verrühren, bis sich der Zucker aufgelöst hat. Für jeden Gast ein Schälchen zum Dippen mit der Sauce füllen und sofort servieren.

VIETNAM

ERDNUSS-CHILI-DIP

ALS BEILAGE
ERGIBT 300 ML

Diese Sauce ist ein einfacher Dip nach dem Vorbild des vietnamesischen nuoc cham. Die Erdnüsse geben ihr die für Südostasien so typische Süße.

1 Stück Karotte (5 cm), geschält
2 Knoblauchzehen, grob gehackt
2 EL Zucker, oder mehr
60 ml asiatische Fischsauce, oder mehr
60 ml frischer Zitronensaft oder Limettensaft, oder mehr
2 EL Reiswein oder weißer Essig
1 bis 2 Jalapeño- oder Serrano-Schoten, entkernt und in dünne Scheiben geschnitten (für mehr Schärfe die Kerne nicht entfernen)
3 EL trocken geröstete Erdnüsse, gehackt

1. Die Karotte mit einem Gemüsemesser längs in Scheiben scheiden, die Scheiben übereinander legen und mit einem scharfen, schlanken Messer längs in hauchdünne Streifen schneiden.

2. Knoblauch und Zucker mit Stößel und Mörser zu einer feinen Paste verarbeiten oder mit dem Rückteil eines Holzlöffels auf dem Schüsselboden zerquetschen. Fischsauce, Zitronensaft, Reisessig, Karottenstreifen, Jalapeños, Erdnüsse und soviel Wasser (5 bis 6 EL) unterrühren, bis eine milde, weiche Sauce entsteht. Abschmecken und nach Bedarf mit Zucker, Fischsauce und/oder Zitronensaft nachwürzen. Die Sauce sollte ein wenig süß, ein wenig salzig und ein wenig sauer sein.

3. Die Sauce sofort zimmerwarm servieren – spätestens aber 4 Stunden nach Zubereitung.

JAVA

EINFACHER DIP AUS JAVA

ALS BEILAGE
FÜR 4 PERSONEN

Bei indonesischem Saté denken die meisten Leute an Erdnuss-Sauce. In Indonesien ist aber dieser einfache Dip hier mindestens genauso beliebt, wobei die Sauce am Tisch zubereitet und je nach Geschmack individuell mit Limettensaft, frittierten Schalotten und Chilis verfeinert wird. Süß-salzig, bitter-scharf, weich und doch knusprig, mit Stückchen frittierter Schalotten attackiert diese Sauce kühn die Geschmacksnerven. Und es versteht sich von selbst, dass die am Tisch zubereiteten und zusammengestellten Speisen einfach Spaß machen. Dieser Dip schmeckt zu jeder Art von Saté oder gegrilltem Fleisch.

240 ml Erdnussöl
1 große Schalotte, in dünne Spalten geschnitten
180 ml süße Sojasauce (Ketjap Manis), oder je 6 EL normale Sojasauce und Zuckersirup

2 bis 4 Thai-Chilis, Serrano-Schoten oder andere scharfe Chilis, entkernt und in dünne Scheiben geschnitten (für einen schärfere Sauce die Kerne nicht entfernen)
4 Zitronenecken, zum Servieren

1. Das Erdnussöl in einer kleinen Kasserolle bei mittlerer Hitze zum Sieden bringen (ca. 175 °C) und die Schalottenspalten darin etwa 30 Sekunden knusprig frittieren. Mit einem Seihlöffel die frittierten Schalotten herausnehmen und auf Küchenpapier trocknen lassen.

2. Die Sojasauce auf 4 Schälchen verteilen. Chilischeiben und frittierte Schalotten über jedes Schälchen streuen und einen großzügigen Spritzer Zitronensaft darüber geben. Die Sauce als Dip verwenden, beim Dippen vermischen sich die Zutaten.

THAILAND

TAMARINDEN-DIP

ALS BEILAGE
ERGIBT ETWA 250 ML

Tamarinde ist das süß-saure Fruchtfleisch einer tropischen Samenschote. Die Säure zieht einem den Mund zusammen und steht im deutlichen Gegensatz zu den Grillspeisen Südostasiens. Diese lebhafte Sauce passt gut zu Satés, aber belassen Sie es nicht dabei. Auch gegrillte Shrimps, Hähnchen, Schweinefleisch und sogar Hamburger erscheinen damit in neuem Glanze.

2 EL Erdnussöl
2 Knoblauchzehen, zerdrückt
2 Schalotten oder 1 kleine Zwiebel, gehackt
1 EL frischer, geschälter Ingwer, gehackt
1 bis 2 scharfe Chilis, entkernt und gehackt (für eine schärfere Sauce die Kerne nicht entfernen)
180 ml Tamarindensaft (siehe Seite 241), oder gefrorenes Tamarindenpüree, aufgetaut
60 ml asiatische Fischsauce, oder mehr
2 EL Zucker, oder mehr
2 EL frischer Koriander, gehackt oder mehr (wahlweise)

1. Das Erdnussöl in einem Wok oder einer großen Kasserolle bei starker Hitze erwärmen. Knoblauch, Schalotten, Ingwer und Chilis zufügen und etwa 30 Sekunden unter ständigem Rühren dünsten, aber nicht bräunen.

2. Tamarindensaft, Fischsauce und Zucker zufügen und bei mittlerer Hitze zum Kochen bringen. Die Hitze reduzieren und unbedeckt etwa 5 Minuten köcheln lassen, bis die Sauce leicht eindickt und sich die Aromen gut vermischt haben. Den Dip von der Kochstelle nehmen und abschmecken. Nach Bedarf mit Fischsauce und/oder Zucker nachwürzen. Der Dip sollte gut gewürzt sein. Den Koriander unterrühren (falls verwendet) und den Dip in Schälchen füllen. Den Dip auf Raumtemperatur abkühlen lassen und sofort servieren.

IM UHRZEIGERSINN VON OBEN:
ISRAELISCHE GEWÜRZMISCHUNG | SEITE 492
GEWÜRZMISCHUNG MEMPHIS | RECHTS
KRÄUTER DER PROVENÇE | SEITE 491
SCHARFES CHILI-SESAM-SALZ | SEITE 494

KAPITEL 18

GEWÜRZMISCHUNGEN

Eines der Geheimnisse internationaler Grillköche ist der gewiefte Einsatz von Gewürzmischungen, Marinaden, Gewürzbuttern und Saucen zum Begießen. Durch das Einreiben des Fleisches mit Gewürzmischungen vor dem Grillen wird es gebeizt und erhält Geschmack. In diesem Kapitel finden Sie die Rezepte von Gewürzmischungen aus aller Welt; von israelischem hawaij zu indischem Garam Masala, von puertoricanischem sazón bis zu gewürztem Salz nach Sechuan-Art.

„Wer genügend Gewürze hat, kann sein Fleisch würzen, wie es ihm beliebt."
—Englisches Sprichwort

Marinaden sind das Herzblut des Grillens, sie verleihen gewöhnlichem Fleisch, Geflügel und Fisch exotische oder heimische Aromen. Hier finden Sie die Rezepte einiger der weltbesten Gewürzmischungen, von dem pulsierenden Geschmack des mexikanischen adobo bis zu einer feurigen Marinade der Berber aus dem Atlas-Gebirge.

Die in diesem Kapitel vorgestellten Butterzubereitungen und Saucen zum Begießen sind dazu da, den einen Nachteil des Grillens auszugleichen – die Tendenz des Austrocknens. Wenn das Fleisch aber fleißig begossen wird, bleibt selbst das magerste Stück zart und saftig. Was den Geschmack angeht: Nun, die Japanische Knoblauchbutter, die Bourbon-Buttersauce und die Essig-Mopp-Sauce sorgen für saftiges Fleisch, das vor Geschmack sprüht.

Nutzen Sie diese Rezepte für Ihre individuellen Grillgerichte. Die Gewürzmischungen lassen die einfachste Speise aufleben.

USA

GEWÜRZMISCHUNG MEMPHIS

ERGIBT ETWA 8 EL

Ich bin nicht ganz sicher wo die Amerikaner zum ersten Mal Fleisch mit einer Gewürzmischung einrieben. Wenn ich mir einen Ort aussuchen könnte, würde ich auf Memphis tippen. Dort werden Gewürzmischungen häufig angewandt – oftmals bleiben deswegen Barbecue-Saucen und Mopp-Saucen auf der Strecke. Diese Gewürzmischung passt besonders gut zu im Rauch gerösteten Rippchen und Schweineschulter.

30 g süßes Paprikapulver
1 EL brauner Zucker
1 EL Kristallzucker
2 TL Salz
2 TL Natriumglutamat (wahlweise)
1 TL Selleriesalz
1 TL frisch gemahlener Pfeffer
1 bis 3 TL Cayennepfeffer
1 TL Senfpulver
1 TL Knoblauchpulver
1 TL Zwiebelpulver

Paprikapulver, braunen Zucker, Kristallzucker, Salz, Natriumglutamat (wahlweise), Selleriesalz, schwarzen Pfeffer, Cayennepfeffer, Senfpulver, Knoblauchpulver und Zwiebelpulver in ein Glas mit Schraubdeckel geben. Den Deckel aufschrauben und die Gewürze durch Schütteln mischen. Die Gewürzmischung ist kühl und dunkel gelagert für mindestens 6 Monate haltbar.

HINWEIS: Diese Gewürzmischung reicht für 4 bis 6 Stück Rippe.

USA

MIAMI SPICE

ERGIBT ETWA 16 EL

Diese Gewürzmischung kreierte ich anläßlich der Herausgabe meines Buches „Miami Spice". Diese Mischung verleiht Ihrem gegrillten Fleisch und gegrillten Meeresfrüchten etwas von dem Aroma Südfloridas. Chilipulver aus Scotch Bonnet oder Habañero ist in Fachgeschäften und bei Versandhäusern erhältlich.

5 EL grobes Meersalz
3 EL süßes Paprikapulver
3 EL frisch gemahlener schwarzer Pfeffer
2 EL Kreuzkümmelpulver
2 EL getrockneter Oregano
1 EL Chilipulver aus Scotch Bonnet oder Habañero-Chili

Salz, Paprikapulver, Pfeffer, Kreuzkümmelpulver, Oregano und Chilipulver in ein Glas mit Schraubdeckel geben. Den Deckel aufschrauben und die Gewürze durch Schütteln mischen. Die Gewürzmischung ist kühl und dunkel gelagert für mindestens 6 Monate haltbar.

HINWEIS: Die Mischung reicht für 3000-4000 g Geflügelfleisch oder Meeresfrüchte.

USA

GEWÜRZMISCHUNG CAJUN

ERGIBT ETWA 16 EL

Diese kräftige Mischung wurde aus einer Gewürzmischung entwickelt, die zum Anbrennen lassen im Topf verwendet wurde (diese Methode wurde in Cajun angewandt und bedeutet das Anbrennen von stark gewürzten Lebensmitteln in einem sehr heißen Topf). Die Gewürzmischung passt zu fast allen Meeresfrüchten und Fleischsorten. Das Fleisch muss spätestens 30 Minuten vor dem Grillen damit eingerieben werden.

75 g grobes Meersalz
2 EL Knoblauchpulver
2 EL Zwiebelpulver
2 EL getrockneter Thymian
2 EL getrockneter Oregano
2 EL süßes Paprikapulver
1 EL frisch gemahlener schwarzer Pfeffer
1 EL frisch gemahlener weißer Pfeffer
1 bis 3 TL Cayennepfeffer

Salz, Knoblauchpulver, Zwiebelpulver, Thymian, Oregano, Paprikapulver, schwarzen und weißen Pfeffer sowie Cayennepfeffer in ein Glas mit Schraubdeckel geben. Den Deckel aufschrauben und die Gewürze durch Schütteln mischen. Die Gewürzmischung ist kühl und dunkel gelagert für mindestens 6 Monate haltbar.

HINWEIS: Die Mischung reicht für 3000-4000 g Geflügelfleisch oder Meeresfrüchte.

USA

KREOLISCHE GEWÜRZMISCHUNG

ERGIBT ETWA 12 EL

Diese Gewürzmischung überzieht das Fleisch mit dem warmen Leuchten von Paprikapulver und Cayennepfeffer und stammt direkt aus der Seele der kreolischen Küche. Sie passt zu Meeresfrüchten (insbesondere Garnelen und Langusten) und Hähnchen.

3 EL süßes Paprikapulver
2 EL Salz
1 TL Knoblauchpulver
1 EL frisch gemahlener schwarzer Pfeffer
1 EL Zwiebelpulver
1 EL Cayennepfeffer
1 EL getrockneter Oregano
1 EL getrockneter Thymian

Paprikapulver, Salz, Knoblauchpulver, schwarzen Pfeffer, Zwiebelpulver, Cayennepfeffer, Oregano und Thymian in ein Glas mit Schraubdeckel geben. Den Deckel aufschrauben und die Gewürze durch Schütteln mischen. Die Gewürzmischung ist kühl und dunkel gelagert für mindestens 6 Monate haltbar.

HINWEIS: Die Mischung reicht für 2000 g Geflügelfleisch oder Meeresfrüchte.

FRANKREICH

GEWÜRZMISCHUNG NIÇOISE

FÜR LAMMFLEISCH UND STEAKS

ERGIBT ETWA 16 EL

Die Rue Pairolière im alten Stadtviertel Nizzas ist eine kleine gewundene Straße, in der sich Bäckereien, Olivengeschäfte und Gewürzhäuser aneinanderreihen. Die Gewürzmischung ist eine Spezialität aus dem „Maison d'Olive". Sie fiel mir aufgrund ihrer Farbe sowie ihres Dufts auf und bereichert jedes gegrillte Fleisch.

12 g getrocknete Petersilie
3 EL getrocknete Knoblauchflocken
3 EL zerrückte Koriandersamen oder 2 EL gemahlener Koriander
2 EL grobes Meersalz
2 EL zerdrückte schwarze Pfefferkörner
2 EL rote scharfe Chiliflocken

Getrocknete Petersilie, Knoblauchflocken, Koriandersamen, Salz, Pfefferkörner und rote Chiliflocken in ein Glas mit Schraubdeckel geben. Den Deckel aufschrauben und die Gewürze durch Schütteln mischen. Die Gewürzmischung ist kühl und dunkel gelagert für mindestens 6 Monate haltbar.

HINWEIS: Die Mischung reicht für 3000-4000 g Fleisch oder Meeresfrüchte.

MAROKKO

GEWÜRZMISCHUNG MARRAKESCH

ERGIBT ETWA 8 EL

Das „Herboriste de Paradis" ist ein Gewürzladen auf dem alten Markt in Marrakesch. Das kleine Geschäft wird von Majid Ouadouane betrieben und vermittelt die Geheimnisse und die Mystik des Gewürzhandels in Nordafrika. Hunderte der dort zum Verkauf angebotenen Gewürze und Gewürzmischungen lassen die Grenzen zwischen Küche, Kosmetik und Medizin verschmelzen. Die Gewürze umfassen gewöhnlichen Koriander und Kardamom, Talkum für die Herstellung von Kajal (Lidschatten) und spanische Fliege (ein angebliches Aphrodisiakum aus getrockneten Käfern). Herr Ouadouane schuf diese Gewürzmischung speziell für das Würzen von gegrilltem Lammfleisch. Etwas schneller geht es, wenn Sie auf das Rösten verzichten und im Handel erhältliche gemahlene Gewürze verwenden.

2½ EL Koriandersamen
2 EL Kreuzkümmelsamen
1 EL schwarze Pfefferkörner
½ TL Kardamomsamen oder 1 TL Kardamomkapseln
2 EL Ingwerpulver
2 EL grobes Meersalz (wahlweise)

1. Die Koriandersamen, die Kreuzkümmelsamen, die Pfefferkörner und die Kardamomsamen in einem trockenen Topf (kein antihaftbeschichteter Topf) auf mittlerer Hitze etwa 3 Minuten unter Schwenken des Topfes rösten, bis die Gewürze beginnen zu duften und leicht braun werden. Die gerösteten Gewürze zum Abkühlen in eine Schüssel geben.

2. Die gerösteten Gewürze in einer Gewürzmühle oder sauberen Kaffeemühle zu feinem Pulver mahlen. Das Pulver in eine Schüssel geben, und den Ingwer und das Salz (wahlweise) untermengen. Die Mischung ist in einem luftdicht verschließbaren Glas an einem kühlen und dunklen Ort mindestens 6 Monate haltbar.

HINWEIS: Die Mischung reicht für 2000 g Lammfleisch.

FRANKREICH

KRÄUTER DER PROVENÇE

ERGIBT ETWA 20 EL

Kräuter und Gewürze sind die Seele der provençalischen Küche. Wenn man durch diese sonnige Ecke Südwestfrankreichs reist, sieht man überall violette Lavendelfelder und Rosmarin so groß wie Büsche. Der Fenchel wächst wild im Überfluss am Straßenrand. Manchmal werden diese Kräuter frisch und separat verwendet, es kommt jedoch häufiger vor, dass sie getrocknet zu einer Mischung verbunden werden, die Kräuter der Provençe heißt.

Die Zusammensetzung variiert von Region zu Region und von Koch zu Koch, aber die Grundzutaten bestehen aus Rosmarin, Thymian, Majoran, Bohnenkraut, Basilikum und Lorbeerblatt mit einem süßen Hauch von Fenchel und Lavendel. Kräuter der Provençe sind überall erhältlich, häufig auch in dekorativen Gläsern zu überteuerten Preisen. Sie können Ihre eigene Mischung für viel weniger Geld auch leicht selbst machen. Diese duftende Kräutermischung veredelt das Aroma von gegrilltem Lammfleisch und Steaks und passt sogar zu Meeresfrüchten und Geflügel.

3 EL getrockneter Rosmarin
3 Lorbeerblätter
3 EL getrocknetes Basilikum
3 EL getrockneter Majoran
3 EL Sommer-Bohnenkraut
3 EL getrockneter Oregano
2 EL getrockneter Thymian
1 TL Fenchelsamen
1 TL getrockneter Lavendel
1 TL frisch gemahlener weißer Pfeffer
1 TL gemahlener Koriander

Die Rosmarin- und Lorbeerblätter mit den Händen in eine kleine Schüssel zu kleinen Stücken zerreiben. Basilikum, Majoran, Bohnenkraut, Oregano, Thymian, Fenchelsamen, Lavendel, weißen Pfeffer und Koriander unterrühren. Die Kräuter der Provençe sind in einem luftdicht verschließbaren Glas an einem kühlen und dunklen Ort mindestens 6 Monate haltbar.

HINWEIS: Die Mischung reicht für ca. 3500 g Fleisch, Geflügel oder Meeresfrüchte.

ISRAEL

ISRAELISCHE GEWÜRZMISCHUNG

HAWAIJ

ERGIBT ETWA 16 EL

Hawaij ist die nationale Gewürzmischung des Jemen. Jemenitische Juden brachten sie nach Israel, wo Israelis jeder Herkunft sie mit Begeisterung übernahmen. Dieses Rezept ist von meiner Freundin Lenore Skenazy, Autorin von Gastronomiebüchern und Redakteurin, deren Mann jemenitischer Jude ist. Wie das 5-Gewürze-Pulver der Chinesen oder die Kräuter der Provençe der Franzosen werden das Fleisch oder die Meeresfrüchte vor dem Grillen mit hawaij eingerieben. Außerdem würzt man damit auch Suppen und Eintöpfe. Es gibt sogar eine spezielle Version, die man in Kaffee gibt. Nordamerikaner neigen im Gegensatz zu Israelis dazu, Salz in ihre Gewürzmischungen zu tun. Mir gefällt die Abrundung des Geschmacks durch das Salz.

6 EL schwarze Pfefferkörner
5 EL Kreuzkümmelsamen
1 TL ganze Nelken
1 TL Kardamomsamen
3 EL Kurkumapulver
3 EL grobes Meersalz (wahlweise; siehe Hinweis)

1. Pfefferkörner, Kreuzkümmelsamen, Nelken und Kardamomsamen in einem trockenen Topf (kein antihaftbeschichteter Topf) auf mittlerer Hitze etwa 3 Minuten unter Schwenken des Topfs rösten, bis die Gewürze zu duften beginnen und leicht braun werden. Die gerösteten Gewürze zum Abkühlen in eine Schüssel geben.

2. Die gerösteten Gewürze, das Kurkumapulver und das Salz (wahlweise) in einer Gewürzmühle oder sauberen Kaffeemühle zu feinem Pulver mahlen. Die Mischung ist in einem luftdicht verschließbaren Glas an einem kühlen und dunklen Ort mindestens 6 Monate haltbar.

HINWEIS: Die Mischung reicht für 3000-4000 g Fleisch, Geflügel oder Meeresfrüchte.

ISRAEL

SCHNELLES HAWAIJ

ERGIBT ETWA 12 EL

Dies ist ein sehr schnell zubereitetes hawaij. Die Zutaten müssen nicht geröstet werden. Wenn Sie der Mischung Salz hinzufügen, erhalten Sie eine Gewürzmischung nach nordamerikanischer Art.

3 EL frisch gemahlener schwarzer Pfeffer
3 EL Kreuzkümmelpulver
3 EL Kurkumapulver
3 EL grobes Meersalz (wahlweise)
1 TL Kardamompulver

Pfeffer, Kreuzkümmel, Kurkuma, Salz (wahlweise) und Kardamompulver in ein Glas mit Schraubdeckel geben. Den Deckel luftdicht aufschrauben und die Gewürze durch Schütteln mischen. Die Gewürzmischung ist kühl und dunkel gelagert für mindestens 6 Monate haltbar.

HINWEIS: Die Mischung reicht für 2000-3000 g Geflügelfleisch oder Meeresfrüchte.

FRANKREICH

PROVENÇALISCHE KRÄUTERMISCHUNG
FÜR GEGRILLTEN FISCH

ERGIBT ETWA 8 EL

Die Bilderbuchstadt Isle Sur la Sorgue macht ihrem Beinamen „Venedig der Provençe" alle Ehre. Die Sorgue fließt durch sowie um das Stadtzentrum herum und sorgt so für breite Kaimauern und Terrassen am Flußufer. Sonntags (am Markttag) finden sich Verkäufer an den Mauern ein und bieten provençalische Lebensmittel und Kunsthandwerk an. Das folgende Rezept wurde durch die Gewürzhändler auf dem Markt inspiriert.

1 EL Fenchelsamen
20 g zerstoßene Koriandersamen oder 3 EL gemahlener Koriander
2 EL zerstoßene schwarze Pfefferkörner
2 EL rote scharfe Chiliflocken
2 EL grobes Meersalz
3 Lorbeerblätter, zerrieben

Fenchelsamen, Koriandersamen, Pfefferkörner, scharfe Chiliflocken, Salz und Lorbeerblätter in ein Glas mit Schraubdeckel geben. Den Deckel luftdicht aufschrauben und die Gewürze durch Schütteln mischen. Die Gewürzmischung ist kühl und dunkel gelagert für mindestens 6 Monate haltbar.

HINWEIS: Die Mischung reicht für 1500-2000 g Meeresfrüchte.

TUNESIEN

NORDAFRIKANISCHE GEWÜRZMISCHUNG
TABIL

ERGIBT ETWA 10 EL

Tabil ist eine einfache, kräftige, würzige und aromatische Gewürzmischung aus Tunesien. Es verleiht fast jeder Art von gegrilltem Fisch, Hähnchen oder Fleisch einen erdigen Geschmack.

2 EL Koriandersamen
2 EL Kreuzkümmelsamen
2 EL Kümmelsamen
2 EL rote scharfe Chiliflocken
2 EL grobes Meersalz

1. Koriander-, Kreuzkümmel- und Kümmelsamen in einem trockenen Topf (kein antihaftbeschichteter Topf) auf mittlerer Hitze etwa 3 Minuten unter Schwenken des Topfes rösten, bis die Gewürze beginnen zu duften und leicht braun werden. Die gerösteten Samen zum Abkühlen in eine Schüssel geben.

2. Die geröstete Mischung in eine Gewürzmühle oder saubere Kaffeemühle geben, die scharfen Chiliflocken und das Salz hinzufügen und zu einem feinen Pulver mahlen. Die Gewürzmischung ist in einem luftdicht verschlossenen Glas kühl und dunkel gelagert für mindestens 6 Monate haltbar.

HINWEIS: Die Mischung reicht für 1500-2000 g Fleisch, Geflügel oder Meeresfrüchte.

PUERTO RICO

SPANISCH-KARIBISCHES GEWÜRZSALZ
SAZON

ERGIBT ETWA 16 EL

Sazón ist ein Gewürzsalz, das nach Kreuzkümmel, Oregano und Knoblauch duftet. Es ist das allgegenwärtige Würzmittel Puerto Ricos. Kommerziell hergestellte Gewürzmischungen sind überall erhältlich, in den meisten ist aber viel Natriumglutamat. Dies ist eine selbstgemachte Variante mit viel Aroma. Die Gewürze werden im Ganzen benötigt (Pfefferkörner und Kreuzkümmelsamen) und müssen vor dem Mahlen geröstet werden. Schneller geht es mit fertig gemahlenem Pulver, das auch nicht mehr geröstet wird – die Gewürzmischung wird ebenso aromareich.

2 EL schwarze Pfefferkörner
2 EL Kreuzkümmelsamen
2 EL getrockneter Oregano
150 g grobes Meersalz
2 EL Knoblauchpulver

1. Die Pfefferkörner und Kreuzkümmelsamen in einem trockenen Topf (kein antihaftbeschichteter Topf) auf mittlerer Hitze etwa 3 Minuten unter Schwenken des Topfes rösten, bis die Gewürze beginnen zu duften und leicht braun werden. Die gerösteten Samen zum Abkühlen in eine Schüssel geben.

2. Die gerösteten Gewürze mit dem Oregano in eine Gewürzmühle oder saubere Kaffeemühle geben und zu feinem Pulver mahlen. Das Salz und das Knoblauchpulver hinzufügen. Das Gewürzsalz ist in einem luftdicht verschlossenen Glas kühl und dunkel gelagert für mindestens 6 Monate haltbar.

HINWEIS: Das Gewürzsalz reicht für 3000-4000 g Fleisch, Geflügel oder Meeresfrüchte.

KOREA

SCHARFES CHILI-SESAM-SALZ

ERGIBT ETWA 7 EL

Sesam ist eines der charakteristischen Aromen der koreanischen Küche. In diesem Rezept werden geröstete Sesamsamen mit Salz, Pfeffer und scharfen Chiliflocken zu einer ungewöhnlichen Würzmischung für gegrilltes Fleisch und gegrillte Meeresfrüchte verbunden.

3 EL weiße Sesamsamen
1 EL schwarze Sesamsamen (siehe Hinweise)
2 EL grobes Meersalz
2 TL zerstoßene schwarze Pfefferkörner
1 TL scharfe rote Chiliflocken (wahlweise)

1. Die weißen Sesamsamen in einem trockenen Topf (kein antihaftbeschichteter Topf) auf mittlerer Hitze etwa 3 Minuten unter Schwenken des Topfs rösten, bis die Samen leicht braun werden. Die gerösteten Sesamsamen zum Abkühlen in eine Schüssel geben.

2. Die schwarzen Sesamsamen, das Salz, den Pfeffer und die scharfen Chiliflocken (wahlweise) unter die gerösteten Sesamsamen rühren. Das Sesamsalz ist in einem luftdicht verschlossenen Glas kühl und dunkel gelagert für mindestens 6 Monate haltbar.

HINWEISE: Wenn schwarze Sesamsamen nicht erhältlich sind, die Menge der weißen Sesamsamen auf 4 EL erhöhen.

Das Salz reicht für etwa 1500 g Fleisch oder Meeresfrüchte.

INDIEN

GERÖSTETES GEWÜRZPULVER

GARAM MASALA

ERGIBT ETWA 10 EL

Garam Masala ist die universellste aller indischen Gewürzmischungen. Es gibt fast so viele Rezepte wie indische Köche. Kommerziell hergestellte Würzmischungen sind im Handel erhältlich, aber in den meisten indischen Haushalten und Restaurants wird die Mischung selbst hergestellt. Die dominanten Aromen des Garam Masala sind Kreuzkümmel, Koriander, schwarzer Pfeffer sowie grüner und schwarzer Kardamom. Schwarzer Kardamom ist eine lange, mandelförmige schwarze Fruchtkapsel mit einem reichhaltigen rauchigen Aroma. Ich habe die Verwendung zur Wahl gestellt, da es meist nur auf indischen Märkten oder im Versandhandel erhältlich ist. Es lohnt sich aber, danach auf die Suche zu gehen. Garam Masala ist eines der Hauptgewürze in indischen Marinaden. Bereiten Sie es monatlich auf Vorrat zu, und halten Sie immer etwas davon bereit.

3 EL Kreuzkümmelsamen
3 EL Koriandersamen
1 EL schwarze Pfefferkörner
2 TL grüne Kardamomkapseln
1 TL schwarze Kardamomkapseln (wahlweise)
2 EL Zimtpulver
½ Muskatnuss
2 Lorbeerblätter

½ TL Muskatblüte
¼ TL ganze Nelken
1 TL gemahlener Ingwer

1. Kreuzkümmelsamen, Koriandersamen, Pfefferkörner, grüne und schwarze Kardamomkapseln, Muskatnuss, Lorbeerblätter, Muskatblüte und Nelken in einem trockenen Topf (kein antihaftbeschichteter Topf) auf mittlerer Hitze etwa 3 Minuten unter Schwenken des Topfes rösten, bis die Gewürze duften und leicht braun werden. Die gerösteten Gewürze zum Abkühlen in eine Schüssel geben.

2. Die Gewürzmischung in einem Mörser, einer Gewürzmühle oder einer sauberen Kaffeemühle zu feinem Pulver mahlen. Das Pulver zusammen mit dem Zimt in ein Glas mit Schraubdeckel geben. Den Deckel luftdicht aufschrauben und die Gewürze durch Schütteln mischen. Garam Masala ist kühl und dunkel gelagert für mindestens 6 Monate haltbar.

HINWEIS: Die Gewürzmischung reicht für 1500-2000 g Fleisch, Geflügel oder Meeresfrüchte.

INDIEN

SCHNELLES GARAM MASALA

ERGIBT ETWA 7 EL

Wenn Sie wenig Zeit haben und die Gewürze nicht rösten und mahlen können, bereiten Sie ein schnelles Garam Masala nach der folgenden Methode zu.

2 EL gemahlener Kreuzkümmel
2 EL gemahlener Koriander
2 EL frisch gemahlener schwarzer Pfeffer
1 TL gemahlener Kardamom
1 TL gemahlener Ingwer
⅛ TL gemahlener Zimt
⅛ TL gemahlene Nelken
⅛ TL gemahlene Muskatnuss

Kreuzkümmel, Koriander, Pfeffer, Kardamom, Ingwer, Zimt, Nelken und Muskatnuss in ein Glas mit Schraubdeckel geben. Den Deckel luftdicht aufschrauben und die Gewürze durch Schütteln mischen. Das Garam Masala ist kühl und dunkel gelagert für mindestens 6 Monate haltbar.

HINWEIS: Die Gewürzmischung reicht für etwa 1500 g Fleisch, Geflügel oder Meeresfrüchte.

CHINA

GEWÜRZSALZ SECHUAN

ERGIBT ETWA 16 EL

Gewürzsalz gibt es nicht nur in Nordamerika. Die chinesische Version beinhaltet den Geschmack von schwarzen Pfefferkörnern und des explosiven Sechuan-Pfeffers. Der Sechuan-Pfeffer ist eigentlich gar kein Pfeffer, sondern eine rotbraune Beere von der Größe eines Pfefferkorns und wächst in der chinesischen Provinz Sechuan. Das Gewürz hat einen reinen, pinienartig hölzernen Geschmack, der in der Welt der Gewürze einzigartig ist (Ungeachtet des Namens ist Sechuan-Pfeffer nicht wirklich scharf). Das Gewürz ist im Fachhandel erhältlich. Das Rösten der Gewürze intensiviert das Aroma. Daher ist diese Gewürzmischung besonders für gegrilltes Hähnchen, junge Hähnchen und Garnelen geeignet.

150 g grobes Meersalz
35 g Sechuan-Pfeffer
3 EL schwarze Pfefferkörner

1. Das Salz, den Sechuan- und schwarzen Pfeffer in einem trockenen Topf (kein antihaftbeschichteter Topf) auf mittlerer Hitze etwa 3 bis 6 Minuten unter Schwenken des Topfs rösten, bis die Pfefferkörner eine dunkle Farbe annehmen und rauchen. Die gerösteten Gewürze zum Abkühlen in eine Schüssel geben.

2. Die Pfefferkornmischung in einer Gewürzmühle oder einer sauberen Kaffeemühle zu feinem Pulver mahlen. Die Gewürze können in einem luftdicht verschlossenen Glas kühl und dunkel gelagert mindestens 6 Monate aufbewahrt werden.

HINWEIS: Die Gewürzmischung reicht für 3000-4000 g Geflügel oder Meeresfrüchte.

FRANZÖSISCHE ANTILLEN

COLOMBO-PULVER

ERGIBT ETWA 16 EL

Colombo ist die Version des Currypulvers auf den Französischen Antillen. Was es unterscheidet, ist das Hinzufügen einer unerwarteten Zutat: gerösteter Reis. Der Reis fungiert als Gewürz und natürliches Dickungsmittel. Gerösteter Reis hat ein angenehm nussiges Aroma und ist einfacher zu mahlen.

45 g weißer Reis
25 g Kreuzkümmelsamen
20g Koriandersamen
1 TL Senfkörner, vorzugsweise schwarz (siehe Hinweise)
1 EL schwarze Pfefferkörner
1 EL Bockshornklee-Samen (wahlweise; siehe Hinweise)
1 TL ganze Nelken
60 g Kurkumapulver

1. Den Reis in einem trockenen Topf (kein antihaftbeschichteter Topf) auf mittlerer Hitze etwa 2 bis 3 Minuten unter Schwenken des Topfs rösten, bis er leicht braun wird. Den Reis zum Abkühlen in eine Schüssel geben.

2. Kreuzkümmelsamen, Koriandersamen, Senfkörner, Pfefferkörner, Bockshornklee-Samen (wahlweise) und Nelken in den Topf geben und unter Schwenken des Topfes etwa 3 Minuten rösten, bis die Gewürze duften und leicht geröstet sind. Zum Abkühlen in eine Schüssel geben.

3. Den Reis und die gerösteten Gewürze in einer Gewürzmühle oder einer sauberen Kaffeemühle zu feinem Pulver mahlen, dann das Kurkumapulver hinzufügen. Das Colombo-Pulver ist in einem luftdicht verschlossenen Glas an einem kühlen dunklen Ort mindestens 6 Monate haltbar.

HINWEISE: Schwarze Senfkörner sind schärfer als weiße, aber weiße Senfkörner lassen sich in der Not ebenso gut verwenden. Die kleinen, rechteckigen, braunen Bockshornkleesamen sind leicht, aber angenehm bitter. Beides ist in indischen Geschäften, im Fachhandel und in Bioläden erhältlich.

Die Gewürzmischung reicht für 3000-4000 g Fleisch, Geflügel oder Meeresfrüchte.

GRIECHENLAND

OREGANO-OLIVENÖL-WÜRZE

ERGIBT ETWA 250 ML

Dies ist eine einfache Gewürzmischung, die jedem gegrilltem Fleisch (insbesondere Lamm) oder Fisch ein griechisches Aroma verleiht. Die besten Ergebnisse erzielt man mit griechischem Oregano – er ist schärfer und pfefferminziger als italienischer oder mexikanischer Oregano. Sie finden ihn in griechischen Lebensmittelgeschäften. Das Olivenöl verleiht der Mischung einen aromareichen Glanz ohne klebrig zu sein.

100 g grobes Meersalz
25 g zerstoßene, schwarze Pfefferkörner
30 g grob zerriebener Oregano, vorzugsweise griechischer
2 EL getrockneter Dill
2 EL Olivenöl extra vergine

Das Salz, die Pfefferkörner, den Oregano, den Dill und das Olivenöl in einer Schüssel verrühren. Die Gewürze sollten mit Öl bedeckt sein, aber nicht aneinander kleben. Das Gewürzöl ist in einem luftdicht verschlossenen Glas an einem kühlen dunklen Ort mindestens 6 Monate haltbar.

HINWEIS: Die Menge reicht für 3000-4000 g Lamm oder Fisch.

JAMAIKA

JERK-MARINADE

ERGIBT ETWA 500 ML

Jerk ist ein traditionelles regionsbezogenes Gericht, das in die amerikanische Küche aufgenommen wurde. Dabei hat es viel von seiner Schärfe und seinem Aroma verloren und wird mit weniger Salz zubereitet. Dies ist ein Original-Rezept vom Ursprungsort des Jerk in Boston

HÜHNCHEN MIT JERK-MARINADE | SEITE 497

Beach, einer Stadt an der Nordküste Jamaikas. Schätzen Sie sich glücklich, wenn Sie über eine Küchenmaschine verfügen. In Boston Beach werden die Gewürze in einer Handmühle gemahlen. Marinieren Sie Hähnchenkeulen und -brust 3 Stunden in der Jerk-Marinade, Schweinefleisch 6 Stunden und Fischfilet oder Garnelen 1 Stunde.

4 bis 15 Scotch Bonnet-Chilischoten, entkernt (wenn mehr Schärfe gewünscht ist, die Samen nicht entfernen)
1 Bund Frühlingszwiebeln, weiße und grüne Anteile, geputzt und grob gehackt
2 Schalotten, halbiert
1 kleine Zwiebel, geviertelt
2 Knoblauchzehen, geschält
1 EL frischer Ingwer, geschält und gerieben
2 TL frischer Thymian, gehackt, oder 1 TL getrockneter Thymian
2 TL gemahlener Piment
3 EL Rapsöl
3 EL Sojasauce
3 EL frisch gepresster Limettensaft, nach Bedarf mehr
3 EL dunkelbrauner Zucker
2 EL Salz, nach Bedarf mehr
1 TL frisch gemahlener schwarzer Pfeffer

Chilischoten, Frühlingszwiebeln, Schalotten, Zwiebel, Knoblauch, Ingwer, Thymian, Piment, Öl, Sojasauce, Limettensaft, braunen Zucker, Salz und Pfeffer mit 240 ml Wasser in eine Küchenmaschine geben und zu einer glatten Masse verarbeiten. Mit Limettensaft und Salz abschmecken. Die Marinade ist dicht verschlossen bis zu 2 Wochen im Kühlschrank haltbar.

HINWEIS: Die Marinade reicht für ca. 2000 g Fleisch, Hähnchen oder Meeresfrüchte.

JAPAN

TERIYAKI-MARINADE

ERGIBT ETWA 360 ML

Diese süß-salzige Marinade ist der klassischen japanischen Teriyaki-Sauce nachempfunden. Ich koche die Marinade sicherheitshalber ab, nachdem das Fleisch oder die Meeresfrüchte daraus entnommen wurden und verwende sie zum Begießen.

2 Knoblauchzehen, gehackt
1 EL frischer Ingwer, geschält und gehackt
2 Frühlingszwiebeln, weiße und grüne Anteile, geputzt und dünn geschnitten
120 ml Tamari- oder Sojasauce
120 ml Mirin (süßer Reiswein) oder Cream Sherry
60 ml Sake oder trockener Sherry
55 g hellbrauner Zucker

Knoblauch, Ingwer, Frühlingszwiebeln, Tamari, Mirin, Sake und braunen Zucker in einer kleinen Schüssel mit dem Schneebesen verrühren, bis sich der Zucker aufgelöst hat. In dieser Mischung das Fleisch oder die Meeresfrüchte 1 Stunde marinieren, dann das Fleisch oder die Meeresfrüchte aus der Marinade nehmen.

Wenn sie als Glasur dienen soll, die Marinade durch ein Sieb in einen Topf gießen und etwa 5 Minuten kochen lassen, bis sie dick und sirupartig ist. Das Fleisch oder die Meeresfrüchte während der letzten 5 Minuten des Grillens mit der Glasur bestreichen. Nach dem Abkochen kann die Teriyaki-Marinade dicht verschlossen mindestens 1 Woche im Kühlschrank aufbewahrt werden.

HINWEIS: Die Marinade reicht für 1000 g Hähnchen oder Rindfleisch.

MEXIKO

GERÄUCHERTE CHILI-MARINADE

ADOBO

ERGIBT ETWA 250 ML

Adobo bezieht sich auf eine große Familie marinierter Fleischgerichte in der gesamten spanischsprechenden Welt. In Zentralmexiko beschreibt der Begriff eine scharfe Marinade aus Chipotle-Chili (geräucherte Jalapeño-Chilischoten). Chipotle ist im Handel in getrockneter und konservierter Form (in Tomatensauce) erhältlich.

Für dieses Rezept bevorzuge ich die Chilischoten aus der Dose. Sie sind in spezialisierten Lebensmittelläden zu bekommen. Marinieren Sie Meeresfrüchte 30 Minuten in dem adobo, ganze Hähnchen und Fleisch vier bis sechs Stunden. Die Marinade passt besonders gut zu Schweinefleisch.

Die Barbecue-Gasse: Mexikanische Grillgerichte

Für viele Amerikaner ist mexikanisches Essen gleichbedeutend mit tacos, burritos und enchiladas. Fans von Gegrilltem wird es aber freuen zu hören, dass Mexiko eine altehrwürdige, vielfältige und lebhafte Tradition des Kochens über offenem Feuer hat. Im Norden des Landes werden Steaks über Mesquite-Spänen geräuchert, auf der Yucatan-Halbinsel gibt es würzig gegrillten Fisch. Es gibt sogar eine Methode des indirekten Grillens in einem unterirdischen Ofen namens Barbacoa. Der Begriff hat je nach Landesteil eine andere Bedeutung. Im Norden wird Barbacoa mit Rindfleisch zubereitet, im Süden mit höllisch scharfem Ziegenfleisch und in Mexiko-Stadt mit Lamm, das in Agavenblätter gewickelt in einem mit Holz befeuerten Erdofen geröstet wird. Letzteres wird ohne Marinade, Gewürzmischung oder ausgefallene Aromen zubereitet – nur das Lammfleisch wird in dem Ofen butterzart gegart.

Mexiko hat auch viele interessante Gerichte zu bieten, die über direkter Hitze gegrillt werden. Denkt man nur an Oaxaca, die prächtige Kolonialstadt im zentralen Süden des Landes. Oaxaca ist für moles (komplexe, langsam gekochte Saucen mit Nüssen, Früchten und einer verwirrenden Anzahl an Chilischoten) bekannt. Außerdem ist Oaxaca das Zentrum des Grillens über offenem Feuer. Im Mercado 20 de Noviembre (Markthalle des 20. Novembers) gibt es eine sogenannte „Barbecue-Gasse"; dort kann man die besten direkt gegrillten mexikanischen Gerichte kosten.

Die „Gasse" findet man, indem man einfach der Nase zu den verrauchten Arkaden an der Ostseite des Marktes folgt. In den Arkaden selbst reiht sich Grillstand and Grillstand – die alle dicke Rauchschwaden in Richtung des Dachfensters senden. Für Neuankömmlinge ist die Prozedur des Bestellens etwas verwirrend, stellt aber sicher, dass alles, was man bestellt, heiß auf den Teller kommt. Wenn Sie die Arkaden besuchen, nehmen Sie sich etwas Zeit für die Gemüsestände rechts und links (Mir gefiel der erste Stand rechts, wo die zwei Verkäuferinnen Yolanda und Gloria arbeiten, die die Kunden bei der Entgegennahme der Bestellungen gern auf den Arm nehmen). Fragen Sie nach einem Bund Frühlingszwiebeln und ein paar Chiles de agua. Bei den Chilis handelt es sich um recht unschuldig aussehende Schoten, die aussehen wie amerikanische Cubanelle. Dort hört die Unschuld aber auf. Das Gemüse wird den Kunden in einem mit Papier ausgelegten Weidenkörbchen überreicht.

Gehen Sie dann durch die Arkaden. Auf der rechten und linken Seite befinden sich viele Fleischereien. Man kann zwischen vier oder fünf Fleischsorten wählen: carne de res (Rind), tazajo (getrocknetes Rindfleisch), cecino (geräuchertes Schweinefleisch), Chorizo (rote Würstchen) und seilartige Stränge Pansen. Das Fleisch wird in breite, flache Streifen geschnitten und auf Tischen angeboten. Es wird nicht gekühlt, aber der Rauch der Holzkohle fungiert wie ein Desinfektionsmittel.

Suchen Sie sich einen Stand aus (mir gefiel Stand Nr. 189) und zeigen Sie auf das Fleisch, das Sie haben möchten. Der Standbesitzer schneidet dann einige Streifen Rind, Schwein oder Pansen ab und wiegt sie. Stellen Sie sich dann eine Frau vor, die Ihnen die Frühlingszwiebeln und Chilis abnimmt und zwischen die Kohlen eines riesigen Grills legt, der aus einem mit Beton gefüllten Waschbottich besteht. Sie ist der asador (die Grillmeisterin) und grillt Ihr Gemüse und Fleisch auf einem Drahtrost direkt über den Kohlen, während Sie zuschauen. Während sie mit dem Grillen beschäftigt ist, kommt eine Tortilla-Verkäuferin, wählt die benötigte Anzahl an Tortillas und wärmt sie für Sie auf dem Grill an. Dann kommt eine weitere Dame, die Ihnen nett in winzige Plastikbeutel verpackten nopalito anbietet. Wenn Sie mit einem großen Geldschein bezahlen, stellt sie für die Herausgabe des Wechselgelds das Tablett auf ihrem Kopf ab.

Sobald das Fleisch und das Gemüse gar sind, legt die Grillmeisterin sie zurück in Ihren Korb. Sie gehen zum ersten Stand zurück, wo Yolanda Ihre Chilis entkernen und enthäuten wird, die verbrannten Stellen an den Frühlingszwiebeln abkratzt und beides in Limettensaft und Salz tränkt. Dann überreicht Ihnen Gloria Schalen mit Guacamole und Salsa Mexicana, deren Farben denen der mexikanischen Flagge entsprechen: grüne Serrano-Chili, weiße Zwiebeln und leuchtend rote Tomaten.

Nehmen Sie an einem der niedrigen Steintische Platz, die für alle gedacht sind, und lassen Sie das Fest beginnen. Carne asado wird gegessen, indem man einen Streifen Fleisch auf eine Tortilla legt, etwas gegrillte Zwiebel, Chili, Salsa und Guacamole darauf gibt. Die Tortilla aufrollen und in den Mund stecken. Sollten Sie sich etwas machohaft fühlen, können Sie die Chilischoten auch so essen. Andernfalls wickeln Sie sie mit den anderen Zutaten in eine Tortilla.

Eine Mahlzeit carne asado macht Spaß – man kommt mit den Verkäufern und anderen Gästen in Kontakt und genießt dabei einen feurigen Leckerbissen, an den man sich noch lange erinnern wird.

6 Chipotle aus der Dose mit 2 EL der Sauce
5 Knoblauchzehen, geschält
1 Streifen Orangenschale (5 cm lang, einen guten Zentimeter breit), mit einem Gemüseschäler abgehoben
240 ml frisch gepresster Bitterorangensaft (siehe Kasten auf Seite 186) oder 180 ml frisch gepressten Orangensaft und 160 ml Limettensaft
1 EL Tomatenmark
2 TL getrockneter Oregano
1 TL gemahlener Kreuzkümmel
2 EL Rotweinessig
1 TL Salz
½ TL frisch gemahlener schwarzer Pfeffer

1. Chipotle, Knoblauch, Orangenschale, Bitterorangensaft, Tomatenmark, Oregano, Kreuzkümmel, Weinessig, Salz und schwarzen Pfeffer in einem mittelgroßen Topf (nicht aus Aluminium) auf hoher Temperatur zum Kochen bringen. 5 bis 8 Minuten köcheln lassen bis die Menge auf die Hälfte reduziert ist.

2. Das adobo in eine Küchenmaschine geben und zu einer glatten Masse verarbeiten. Gekühlt und luftdicht im Glas verschlossen ist adobo mindestens 3 Tage haltbar.

HINWEIS: Die Menge reicht für 1500 g Fleisch oder Hähnchen.

BRASILIEN

BRASILIANISCHE LAMMFLEISCH-MARINADE

ERGIBT ETWA 500 ML

Bei dem Stichwort brasilianische Grillgerichte denkt man sofort an Rindfleisch, aber die legendäre Grill-Restaurantkette „Porcão", mit Niederlassungen in Rio, São Paulo und Miami, betreibt auch ein florierendes Geschäft mit Lammfleisch. Diese Marinade eignet sich wunderbar für ganze oder nach der Art eines Schmetterlingssteaks aufgeschnittene Lammkeulen (mit Knochen). Lassen Sie das Fleisch vor dem Grillen einen Tag abgedeckt marinieren.

1 mittelgroße Zwiebel, geviertelt
6 Knoblauchzehen, geschält
1 Bund Frühlingszwiebeln, weiße und grüne Anteile, geputzt
8 g Korianderblätter
2 Lorbeerblätter
1 TL Salz
1 TL frisch gemahlener schwarzer Pfeffer
120 ml trockener Weißwein
120 ml Olivenöl extra vergine

Zwiebel, Knoblauch, Frühlingszwiebeln, Koriander, Lorbeerblätter, Salz, Pfeffer, Weißwein und Olivenöl in einer Küchenmaschine zu einer groben Paste verarbeiten. Gekühlt und luftdicht verschlossen ist die Marinade mindestens 2 Tage haltbar.

HINWEIS: Die Menge ist ausreichend für 1500 g Lamm.

USA

BASILIKUM-MARINADE

ERGIBT ETWA 250 ML

Diese Basilikum-Marinade ist farbenfroh, duftend und hat einen intensiven Geschmack. Sie passt hervorragend zu Hähnchen oder Meeresfrüchten. Stellen Sie etwa ein Drittel der Sauce für das spätere Begießen des Fleisches bei Seite. Hähnchen sollten 2 Stunden darin mariniert werden, Meeresfrüchte eine Stunde.

80 ml Olivenöl extra vergine
80 ml frisch gepresster Zitronensaft
80 ml kochendes Wasser
3 Knoblauchzehen, geschält
1 großer Bund Basilikum, entstielt
1 TL Salz
1 TL frisch gemahlener schwarzer Pfeffer

Olivenöl, Zitronensaft, kochendes Wasser, Knoblauch, Basilikum, Salz und Pfeffer in einer Küchenmaschine zu einer glatten Masse verarbeiten. Gekühlt und luftdicht verschlossen ist die Marinade mindestens 3 Tage haltbar.

HINWEIS: Die Menge ist ausreichend für 1500 g Geflügel oder Fisch.

Ein Leitfaden der internationalen Chili- und Paprikasorten für Freunde des Grillens

Wo Rauch ist, ist auch Feuer, heißt es doch. Und wo Feuer ist, ist Hitze. Chili und Paprika sind beim Grillen unentbehrlich, ob gegrillt oder allein serviert. Man gibt sie in unzählige Marinaden, Beizen und Würzmischungen, oder man reicht sie eingelegt oder roh als Beilage zu Gegrilltem.

Wenn Sie eine empfindliche Haut haben, sollten Sie den direkten Kontakt mit Chilis meiden. Tragen Sie bei der Zubereitung Gummihandschuhe. Die schärfsten Teile der Chilischote sind die Samen und die Scheidewände im Innern. Wenn Sie die Schärfe nicht so gut vertragen, entfernen Sie Samen und Scheidewände, indem Sie die Schote halbieren und beides mit einem kleinen Löffel oder einem stumpfen Messer herauskratzen. Reiben Sie sich beim Arbeiten mit Chili niemals Augen, Nase oder Mund – die enthaltenen Öle verursachen ein Brennen an den empfindlichen Schleimhäuten. Waschen Sie Ihre Hände im Anschluss immer gründlich mit Wasser und Seife.

Hier ist ein Leitfaden über die Chili- und Paprikasorten, die auf dem Barbecue-Pfad häufig anzutreffen sind.

AJI AMARILLO: Wörtlich bedeutet es gelber Chili. Aji Amarillo ist ein scharfer, fleischiger, gelboranger peruanischer Chili, der zum Würzen von Kebabs zum Einsatz kommt. Es gibt ihn in Pulverform, als Paste und eingelegt.

BIRD PEPPER: Eine kleine (etwa 2,5 cm lange), konusförmige rote oder orangerote Chilischote. Bird Pepper ist mit dem Cayennepfeffer verwandt und wächst auf den Bahamas und in anderen karibischen Regionen. Roter Serrano oder Cayennepfeffer kann als Ersatz genommen werden.

CAYENNE: Ein kleiner (5 cm langer), feurig scharfer, roter Chili aus dem Golf von Mexiko und Guyana. Er wird hauptsächlich in Pulverform verwendet. Heute wird Cayennepfeffer in großen Teilen Afrikas, Indiens und Asien benutzt. Cayennepfeffer ist zwar sehr scharf, aber das Aroma ist recht einseitig.

CHIPOTLE: Geräucherte Jalapeño-Chilischoten. Chipotle ist integraler Bestandteil des mexikanischen adobo (eine geräucherte Chili-Marinade) und unzähliger Salsas. Chipotles gibt es in zwei Sorten: die kleine rote morena und die große braune grande. Die Sorte grande hat ein komplexeres Aroma. Chipotles sind getrocknet oder in einer sauren Orangen-Tomaten-Sauce in der Dose erhältlich. Konservierte Chipotle haben ein reichhaltigeres Aroma. Sie sind in Fachgeschäften erhältlich.

DE ARBOL: Ein langer (8 bis 10 cm), dünner getrockneter mexikanischer Chili mit moderater Schärfe. De Arbol wird für gegrillte Tomaten-Salsas verwendet, die in Nordmexiko als Beilage zu gegrilltem Rindfleisch gereicht werden.

GOAT PEPPER: Ein schrumpeliger, runder grüner Chili von etwa 4 cm Länge. In Geschmack und Schärfe entspricht er dem Scotch Bonnet und ist auf den Bahamas beliebt.

GUAJILLO: Ein langer, bräunlicher getrockneter Chili mit glatter Schale. Der mexikanische Guajillo ist aromareich, aber relativ mild. In Zentralmexiko wird er häufig zu Chilipulver verarbeitet und zum Marinieren von Schweinefleisch verwendet.

HABAÑERO: Ein glatter, eichelförmiger roter, gelber oder grüner Chili. Seine starke Schärfe gleicht der von Scotch Bonnet oder Manzano-Chili.

JALAPEÑO: Ein projektilförmiger grüner oder roter Chili, der überall erhältlich ist. Trotz seines Rufs, ist er als Chili relativ mild. Die Schärfe von Chili wird anhand der Skoville-Skale gemessen. Jalapeño liegt bei einem Wert von 5000. Vergleichen Sie das einmal mit den 200.000 des Habañero oder Scotch Bonnets. Die weniger bekannten Guero und Red Fresno Chilisorten können durch ihn ersetzt werden.

KOREANISCHER CHILI: Ein scharfer getrockneter

Chili, der in der koreanischen Küche unentbehrlich ist. Scharfe ungarische Paprika ist ein guter Ersatz.

PIMENTA MALAGUETA: Ein kleiner, gezahnter roter oder grüner Chili (gewöhnlich eingelegt oder getrocknet). Pimenta Malagueta wird für brasilianische Tafelsaucen benutzt.

POBLANO: Ein großer (bis 8 cm) dunkelgrüner, konusförmiger frischer Chili aus Mexiko. Poblano ähnelt im Geschmack der grünen Gemüsepaprika, ist aber schärfer und aromatischer. Sie eignen sich gut zum Füllen und Grillen. Die getrocknete Version nennt man Ancho.

SCOTCH BONNET: Diesen Chili, der aussieht wie eine chinesische Laterne, scharf zu nennen, wäre eine bodenlose Untertreibung. Scotch Bonnet hat etwa 50 Mal mehr Feuer als ein Jalapeño. Aber hinter der Schärfe verbirgt sich ein blumiger, fast fruchtiger Geschmack, der mich an Aprikosen erinnert. Der Habañero Mexikos, der jamaikanische Country Pepper, Haitis Dame Jeanne und Floridas Datil Pepper sind nah mit ihm verwandt und können ihn gut ersetzen. Scotch Bonnet ist ohne weiteres im Handel erhältlich.

SERRANO: Ein dünner, konusförmiger leuchtend grüner Chili, etwas kleiner und schärfer als Jalapeño. Serrano und Jalapeño sind austauschbar.

STIERHORNPAPRIKA: Sie sind überall beliebt und heißen unter anderem (bull's) horn pepper oder corno di toro. Der Geschmack ist angenehm und ähnelt dem einer Gemüsepaprika. Sie kann mild bis scharf sein. Die lange schmale Form macht die Stierhornpaprika ideal fürs Grillen. Sie kann einfach quer aufgespießt und von allen Seiten gegart werden, bis die Schale schwarz wird.

THAILÄNDISCHER CHILI: Über thailändischen Chili muss man ein oder zwei Dinge wissen: Der prik kee noo ist ein kleiner, gezahnter sehr scharfer Chili. Übersetzt bedeutet sein Name „Mäusekot". Der prik kee far ist ein dünner, hornförmiger grüner Chili, der extrem scharf, aber milder als sein Bruder ist.

MAROKKO

BERBER-MARINADE

ERGIBT ETWA 360 ML

Die Berber sind ein wildes, teppichwebendes Volk und leben im Atlasgebirge in Marokko. Sie würzen Lamm und anderes Fleisch mit dieser pfiffigen Paste, die typisch für nordafrikanische Gewürze ist. Bockshornklee hat rechteckige Samen von angenehm bitterem Geschmack – er ist u.a. in indischen Lebensmittelläden erhältlich. Ich habe diese Marinade schon erfolgreich für Thunfisch, Schweinefilet und Hüftsteak verwendet. Verteilen Sie die Berber-Marinade auf Fleisch, Geflügel oder Meeresfrüchten und stellen sie die Zubereitung zum Marinieren abgedeckt für 8 Stunden in den Kühlschrank. Eine kleine Menge dieser feurigen Mixtur reicht für ca. 1500 g Fleisch.

1 mittelgroße Zwiebel, fein gehackt
4 Knoblauchzehen, fein gehackt
2 EL frischer Ingwer, geschält und gehackt
3 EL mildes Paprikapulver
3 EL scharfes Paprikapulver
1 TL gemahlener Koriander
2 TL frisch gemahlener schwarzer Pfeffer
½ TL gemahlener Kardamom
1 TL scharfe rote Chiliflocken, nach Bedarf mehr
½ TL gemahlene Bockhornkleesamen (wahlweise)
¼ TL gemahlener Zimt
⅛ TL gemahlener Piment
1/8 TL gemahlene Nelken
4 TL Salz, nach Bedarf mehr
1 TL Honig oder Zucker
160 ml Olivenöl extra vergine
60 ml frisch gepresster Zitronensaft

Zwiebel, Knoblauchzehen, Ingwer, mildes und scharfes Paprikapulver, Koriander, schwarzer Pfeffer, Kardamom, scharfe Chiliflocken, Bockshornkleesamen (wahlweise), Zimt, Piment, Nelken und Salz in einer Küchenmaschine zu einer groben Paste verarbeiten. Honig, Olivenöl und Zitronensaft unterrühren. Alternativ können alle Zutaten auch direkt in der Küchenmaschine zu einer glatten Masse verarbeitet werden. Mit scharfen Chiliflocken und Salz abschmecken. Gekühlt und abgedeckt ist die Berber-Marinade 1 Woche haltbar.

HINWEIS: Die Menge reicht für 1000-1500 g Meeresfrüchte, Geflügel oder Fleisch.

PAPRIKA- & CHILISORTEN

Der Barbecue-Pfad rund um die Welt ist voller Chili-Fallen (bildlich gesprochen zumindest). Sie werden für Marinaden und Salsas gebraucht oder dünn geschnitten auf gegrillte Gerichte gegeben. Natürlich kann man sie auch pur gegrillt essen. Doch ohne die Teilnehmer zu kennen, kommt man nicht aus. Hier ist eine kleine Hilfestellung.

MANZANO-CHILI

SPITZPAPRIKA

GUAJILLO-CHILI

POBLANO-CHILI

SERRANO-CHILI

CAYENNEPFEFFER

ROTER FRESNO-CHILI

ANCHO-CHILI

HABANERO-CHILI

GÜERO-CHILI

FRANKREICH

WEISSWEIN-MARINADE FÜR MEERESFRÜCHTE

ERGIBT ETWA 180 ML

Dies ist eine einfache Weißwein-Marinade, die zu allen Meeresfrüchten passt. Wenn Sie es lieber etwas asiatisch haben möchten, ersetzen Sie das Olivenöl durch Sesamöl und nehmen Sie Sake oder Mirin statt des Weißweins. Meeresfrüchte abgedeckt 1 bis 2 Stunden im Kühlschrank marinieren lassen.

120 ml trockenen Weißwein oder weißen Wermut
60 ml Olivenöl extra vergine
3 EL frisch gepresster Zitronensaft
3 EL glatte Petersilie, gehackt
2 Zweige frischer Rosmarin oder 1 TL getrockneter Rosmarin
2 Lorbeerblätter
½ mittelgroße Zwiebel, dünn geschnitten
2 Knoblauchzehen, dünn geschnitten
1 TL Salz
½ TL frisch gemahlener schwarzer Pfeffer

Weißwein, Olivenöl, Zitronensaft, Petersilie, Rosmarin, Lorbeerblätter, Zwiebel, Knoblauch, Salz und Pfeffer in einer kleinen Schüssel mit dem Schneebesen verrühren. Verarbeiten Sie diese Marinade innerhalb einer Stunde nach der Zubereitung.

HINWEIS: Die Menge reicht für 1000 g Meeresfrüchte.

FRANKREICH

SECHS ZUBEREITUNGEN AUS BUTTER

ALS BEILAGE

Damals, im Zeitalter vor dem cholesterinbewussten Essen, war Butter am Grill und in der Küche eine unentbehrliche Zutat. Die Franzosen verfügen über eine altehrwürdige Tradition Fleisch mit einer Scheibe Kräuterbutter zu krönen. Die Butter schmilzt bei dem Kontakt mit dem heißen Fleisch oder Fisch, zerläuft darüber und macht die Speise aromatisch und zart. Dies kompensiert die Tendenz vieler Lebensmittel auszutrocknen, wenn sie gegrillt werden.

Gewürzbutter ist leicht herzustellen, und eine kleine Menge bringt Sie sicherlich nicht um. Die Butter wird schaumig geschlagen – die Franzosen nennen dies „en pommade" – und dann mit intensiven Aromen gewürzt. Die resultierende Masse wird in Frischhaltefolie oder Pergamentpapier zu einer dicken Rolle geformt. So kann sie im Kühlschrank oder in der Gefriertruhe gelagert werden. Bei Bedarf schneidet man einfach eine Scheibe ab und legt sie auf ein Stück gegrilltes Fleisch oder gegrillten Fisch.

Ich habe immer eine ganze Anzahl vorbereiteter Buttern im Kühlschrank vorrätig und kann so im Handumdrehen ein wunderbar gewürztes Gericht zubereiten. Hier sind sechs Rezepte für traditionelle Butterzubereitungen. Alle sind eine Woche im Kühlschrank und mindestens 2 Monate in der Gefriertruhe haltbar.

BUTTER MAITRE D'HOTEL

FÜR 6 BIS 8 PERSONEN

Dies ist eine moderne Version eines Klassikers unter den Kräuterbuttern – der perfekte Schmuck für gegrillten Lachs, Dorsch, Heilbutt oder Seezunge.

8 EL gesalzene weiche Butter
3 EL glatte Petersilie, gehackt
1 Knoblauchzehe, gehackt
½ TL abgeriebene Zitronenschale
2 TL frisch gepresster Zitronensaft
¼ TL frisch gemahlener weißer Pfeffer

1. Die Butter mit einem Mixer schaumig schlagen. Petersilie, Knoblauch, abgeriebene Zitronenschale, Zitronensaft und weißen Pfeffer unterrühren.

2. Die Butterzubereitung an den Rand eines Stücks Frischhaltefolie oder Pergamentpapiers legen und zu einer Rolle formen. Die Butter im Kühlschrank oder im Gefrierfach aufbewahren. Bei Bedarf 1 cm dicke Scheiben davon abschneiden.

ESCARGOT BUTTER

FÜR 6 BIS 8 PERSONEN

Knoblauch-Petersilie-Butter ist die klassische Beilage zu Schnecken, sie passt aber auch zu allen Meeresfrüchten. Ich streiche sie gern auf Brot und grille es anschließend.

8 EL gesalzene weiche Butter
3 EL glatte Petersilie, gehackt
3 Knoblauchzehe, gehackt
¼ TL frisch gemahlener weißer Pfeffer

1. Die Butter mit einem Mixer schaumig schlagen. Petersilie, Knoblauch und weißen Pfeffer unterrühren.

2. Die Butterzubereitung an den Rand eines Stücks Frischhaltefolie oder Pergamentpapiers legen und zu einer Rolle formen. Die Butter im Kühlschrank oder im Gefrierfach aufbewahren. Bei Bedarf 1 cm dicke Scheiben davon abschneiden.

ROQUEFORT-BUTTER

FÜR 6 BIS 8 PERSONEN

Der salzige Geschmack von Roquefort-Käse passt besonders gut zu gegrilltem Lamm- und Rindfleisch. Auf die gleiche Weise lässt sich auch Stilton- oder Gorgonzola-Butter zubereiten.

8 EL ungesalzene weiche Butter
60 g weicher Roquefort-Käse

1. Die Butter mit einem Mixer schaumig schlagen. Den Roquefort mit einem Löffel durch ein Sieb auf die Butter geben und verrühren.

2. Die Butterzubereitung an den Rand eines Stücks Frischhaltefolie oder Pergamentpapiers legen und zu einer Rolle formen. Die Butter im Kühlschrank oder im Gefrierfach aufbewahren. Bei Bedarf 1 cm dicke Scheiben davon abschneiden.

ANCHOVIS-BUTTER

FÜR 6 BIS 8 PERSONEN

Anchovis eignen sich hervorragend als Vorspeise, wie schon der englische Schriftsteller Thomas Flatman im 17. Jahrhundert bemerkte:

Wenn du schnell deinen Appetit anregen willst, iss tapfer einige Anchovis.

Anchovis-Butter passt gut zu gegrilltem Schwertfisch, Thunfisch und Steak.

6 bis 8 Anchovisfilets aus dem Glas, abgespült und abgetropft
8 EL ungesalzene weiche Butter
¼ TL frisch gemahlener schwarzer Pfeffer

1. Die Anchovisfilets in einem Mörser oder mit dem Rücken eines Holzlöffels in einer Schale zu einer Paste reiben. Butter und Pfeffer hinzugeben und schaumig rühren.

2. Die Butterzubereitung an den Rand eines Stücks Frischhaltefolie oder Pergamentpapiers legen und zu einer Rolle formen. Die Butter im Kühlschrank oder im Gefrierfach aufbewahren. Bei Bedarf 1 cm dicke Scheiben davon abschneiden.

CURRY-BUTTER

FÜR 6 BIS 8 PERSONEN

Curry-Butter ist leicht herzustellen. Sie passt hervorragend zu Meeresfrüchten. Frieren Sie etwas davon ein, so können Sie immer schnell ein leckeres Essen zubereiten.

8 EL gesalzene weiche Butter
3 EL gehackte Schalotten
1 Knoblauchzehe, gehackt
2 EL mildes Curry-Pulver

1. 2 EL der Butter in einem kleinen Topf auf mittlerer Hitze zerlassen. Die Schalotten, den Knoblauch und das Curry-Pulver hinzugeben und 3 Minuten unter Rühren dünsten, bis die Schalotten weich und glasig sind. Die Curry-Mischung ganz abkühlen lassen.

2. Die restliche Butter schaumig schlagen. Die Curry-Mischung hineinrühren.

VON OBEN IM UHRZEIGERSINN
ROQUEFORT-BUTTER • CURRY-BUTTER • ANCHOVIS-BUTTER | LINKS

3. Die Butterzubereitung an den Rand eines Stücks Frischhaltefolie oder Pergamentpapiers legen und zu einer Rolle formen. Die Butter im Kühlschrank oder im Gefrierfach aufbewahren. Bei Bedarf 1 cm dicke Scheiben davon abschneiden.

BUTTER MARCHAND DE VIN

FÜR 6 BIS 8 PERSONEN

Reduzierter Rotwein und Schalotten geben dieser Butter ihren Namen, der Weinhändler bedeutet. Die Butter schmeckt gut zu Steaks.

240 ml trockenen Rotwein
2 Schalotten, fein gehackt
8 EL gesalzene weiche Butter
3 EL glatte Petersilie, fein gehackt
¼ TL frisch gemahlener schwarzer Pfeffer

1. Wein und Schalotten in einem schweren Topf auf hoher Temperatur zum Kochen bringen. Etwa 7 Minuten köcheln lassen, bis die Flüssigkeit sirupartig ist und auf eine Menge von 3 bis 4 EL reduziert ist. Die Flüssigkeit völlig abkühlen lassen.

2. Die Butter schaumig schlagen. Die Weinzubereitung, die Petersilie und den Pfeffer unterrühren.

3. Die Butterzubereitung an den Rand eines Stücks Frischhaltefolie oder Pergamentpapiers legen und zu einer Rolle formen. Die Butter im Kühlschrank oder im Gefrierfach aufbewahren. Bei Bedarf 1 cm dicke Scheiben davon abschneiden.

JAPAN

JAPANISCHE KNOBLAUCHBUTTER

ERGIBT ETWA 10 EL

In diesem Rezept trifft der Osten auf den Westen – es handelt sich um eine japanische Buttersauce, die zum Begießen beim Grillen benutzt oder als Sauce zu gegrilltem Gemüse, Meeresfrüchten oder Fleisch gereicht werden kann.

5 EL ungesalzene Butter
3 EL Sojasauce
2 EL frisch gepresster Zitronensaft
1 Knoblauchzehe, gehackt

Die Butter in einem kleinen Topf auf mittlerer Hitze zerlassen. Die Sojasauce, den Zitronensaft und den Knoblauch hineinrühren und 3 Minuten köcheln lassen, bis der Knoblauch weich und die Sauce sämig ist. Die Butter ist abgedeckt im Kühlschrank mindestens 3 Tage haltbar. Die Butter vor dem Verzehr leicht erwärmen.

USA

BOURBON-BUTTERSAUCE

ERGIBT ETWA 500 ML

Dies ist eine süße mit Alkohol angereicherte Sauce aus Tennessee, die ideal zu gegrilltem Schweinefleisch passt. Sie erhalten eine karibische Version, wenn Sie statt des Bourbon Rum und statt des Cidres Ananassaft verwenden. Mit dieser Sauce wird gegrilltes oder geräuchertes Schweinefleisch begossen.

8 EL gesalzene Butter
240 ml Apfelcidre
55 g brauner Zucker
1 EL frisch gepresster Zitronensaft
½ TL Salz, bei Bedarf mehr
½ TL frisch gemahlener schwarzer Pfeffer
240 ml Bourbon

1. Die Butter in einem kleinen Topf auf mittlerer Hitze zerlassen. Cidre, braunen Zucker, Zitronensaft, Salz und Pfeffer hinzugeben. Die Temperatur erhöhen und zum Kochen bringen. Die Sauce etwa 5 Minuten köcheln lassen, bis sie leicht angedickt ist.

2. Den Topf vom Herd nehmen und den Bourbon unterrühren. Mit Salz abschmecken. Die Sauce ist abgedeckt mindestens 1 Woche im Kühlschrank haltbar. Vor dem Verzehr leicht erwärmen.

INDONESIEN

KETJAP BUTTER

ERGIBT ETWA 120 G

Ketjap Manis (gewürzte süße Sojasauce) ist Indonesiens traditionelle Tischsauce. Sie ist grundlegender Bestandteil von Marinaden und wird zu Saté-Spießen gereicht. Die Köche des berühmten Fischrestaurants „Sunda Kelapa" in Djakarta verwenden diese Ketjap Butter zum Begießen von gegrilltem Fisch und gegrillten Meeresfrüchten. Sollte Ketjap Manis nicht erhältlich sein oder Ihnen die Zeit für die Zubereitung fehlen, mischen Sie Sojasauce und Zuckersirup zu gleichen Teilen und geben Sie einen weiteren ½ TL gemahlenen Koriander hinzu.

4 EL ungesalzene Butter
60 ml Ketjap Manis, aus dem Handel oder selbstgemacht (Seite 474)

Die Butter in einem kleinen Topf auf mittlerer Hitze zerlassen. Das Ketjap Manis hineinrühren und etwa 2 Minuten köcheln lassen. Die Butter ist abgedeckt mindestens 3 Tage im Kühlschrank haltbar. Vor dem Verzehr leicht erwärmen.

USA

ESSIG-MOPP-SAUCE

ERGIBT ETWA 1500 ML

Mopp-Saucen zum Bestreichen sind integraler Bestandteil der langen, langsamen, rauchigen, indirekten Grillmethode. In North Carolina werden diese Saucen auf langsam röstende Schweineschultern gegeben. In Memphis verwendet man sie für Rippchen. Diese Saucen unterscheiden sich von Barbecue-Saucen insofern, als dass sie zum Kochen und nicht zum Servieren dienen (sie sind flüssiger und stärker gewürzt als Barbecue-Saucen). Im Gegensatz zu Barbecue-Saucen würden Sie diese Saucen nicht mit dem Löffel essen wollen.

Das traditionelle Werkzeug zum Bestreichen ist ein Wischmopp (natürlich eine sauberer, brandneuer) – daher der Name Mopp-Sauce. Grillfachgeschäfte bieten Miniatur-Barbecue-Mopps an, die zuhause beim Grillen eingesetzt werden können.

1000 ml Apfelessig
1 mittelgroße Zwiebel, dünn geschnitten
3 Jalapeño-Chilischoten, dünn geschnitten
4 TL grobes Meersalz
2 TL scharfe rote Chiliflocken
2 TL frisch gemahlener schwarzer Pfeffer

Apfelessig, Zwiebel, Jalapeño-Chilischote, Salz, scharfe Chiliflocken, schwarzen Pfeffer und 500 ml Wasser in eine Plastikschüssel geben. Das Salz unter Rühren auflösen. Die Mopp-Sauce ist abgedeckt im Kühlschrank mindestens 3 Tage haltbar.

MEXIKO

MEXIKANISCHE FISCHSAUCE ZUM BEGIESSEN

ERGIBT ETWA 120 G

Diese saure und salzige Sauce wird von den Köchen in Yucatan benutzt, um den Geschmack von fast allen gegrillten Meeresfrüchten zu verstärken. Wer es scharf mag, kann ein oder zwei in Scheiben geschnittene Habañero-Chilischoten hinzugeben. In Yucatan wird Bitterorangensaft verwendet (siehe Kasten auf Seite 186); sollte er nicht zur Hand sein, nehmen Sie Limettensaft.

120 ml frisch gepresster Bitterorangen- oder Limettensaft
2 TL Salz
2 Knoblauchzehen, gehackt

Den Bitterorangensaft mit dem Salz und dem Knoblauch in einer Schüssel verrühren, bis sich das Salz aufgelöst hat. Die Sauce ist abgedeckt im Kühlschrank mindestens 3 Tage haltbar.

ÜBER DEM FEUER GERÖSTETE ÄPFEL | RECHTS

KAPITEL 19

FEUER UND EIS: DESSERTS

Der Dichter Robert Frost schrieb: „Manche sagen, die Welt wird im Feuer enden, andere sagen, sie endet im Eis". Ich behaupte, dass ein Barbecue mit beidem enden sollte.

„Die Götter geben alles an denjenigen, der Zucker isst."
—Indisches Sprichwort

Nur weil der Hauptgang beendet ist, heißt das nicht, dass der Grill nun weggestellt werden muss. Diese Wahrheit hat auch der Bananenverkäufer aus Bangkok für sich entdeckt, der seine Früchte mit Kokosmilch bestreicht und über einem Feuer aus Kokosnüssen grillt. Und das weiß auch der französische Pâtissier, der mit einem Gasbrenner die obere Schicht seiner Crème Brûlée karamellisiert. Die starke Hitze eines Feuers wirkt Wunder beim Karamellisieren des Zuckers und verleiht diesem einen außergewöhnlich intensiven Geschmack. Sie finden in diesem Kapitel Rezepte für die crema catalana, für gegrillte Ananas, gegrillte Bananen, eine moderne Version der S'mores und andere Desserts, die mit Feuer zubereitet werden.

Und was das Eis betrifft, nun, viele Leute (auch ich) behaupten, dass ein Barbecue ohne Eiscreme einfach nicht vollständig ist. Außer Bier ist nichts so erfrischend für einen Grillmeister, der stundenlang das Feuer gehütet hat. Die Eisdesserts in diesem Kapitel reichen von kulfi (indischer Eiscreme) über faluda (einem persischen Sorbet aus Rosenwasser und Reisnudeln) bis zu frisch hergestellter Kokoseiscreme von Guadeloupe.

USA

ÜBER DEM FEUER GERÖSTETE ÄPFEL

INDIREKTES GRILLEN
FÜR 8 PERSONEN

Wenn man einmal das Konzept des indirekten Grillens beherrscht, kann man auf diese Weise so ziemlich alles zubereiten, was sonst im Ofen gebacken würde. Auch Bratäpfel. Warum aber sollte man das tun? Nun, Rauch hat den natürlichen Drang, sich mit Zucker zu verbinden, das weiß man von solch klassischen, auch mit Zucker gepökelten Speisen wie geräuchertem Lachs, Puter und Schinken. Der Rauch scheint auch besonders gut die herbstliche Süße der Äpfel hervorzuheben, die in diesem Rezept mit einer köstlichen Mischung aus braunem Zucker und Weizenschrotkräckern gefüllt werden, bevor sie auf den Grill kommen.

SPEZIELLE AUSRÜSTUNG

60 g Räucherspäne, vorzugsweise Apfelbaum oder Ahorn, 1 Stunde in Apfelessig oder kaltem Wasser eingeweicht, dann abgetropft

ZUTATEN

8 feste, süße Äpfel (z.B. Cortland oder Gala)
6 EL ungesalzene Butter, zimmerwarm
55 g brauner Zucker
40 g getrocknete Korinthen
25 g Weizenschrotkräcker, geröstetes Brot, zerbröselt, oder gemahlene Mandeln
½ TL gemahlener Zimt
¼ TL frisch geriebene Muskatnuss
1 TL Vanilleextrakt
4 Marshmallows, halbiert (wahlweise)

1. Ein Aluminiumbackblech leicht einfetten. Die Äpfel mit einem Apfelentkerner oder einem Melonenausstecher entkernen, dabei nicht bis unten durchschneiden, sondern die Äpfel nur aushöhlen.

2. Butter und Zucker in einer Schüssel schaumig rühren, Korinthen, zerbröselte Kräcker, Zimt, Muskatnuss und Vanilleextrakt unterrühren. Die Zuckermischung gleichmäßig verteilt in die Äpfel füllen und darauf dann je ein halbes Marshmallow legen (wenn verwendet). Die Äpfel auf das vorbereitete Backblech legen.

3. Den Grill für indirektes Grillen vorbereiten. Eine Tropfschale ist für dieses Rezept nicht erforderlich.

Für das Grillen auf dem Gasgrill die Räucherspäne in die Räucherkammer des Gasgrills legen und den Grill gut aufheizen; sobald sich Rauch entwickelt, die Hitze reduzieren.

Den Holzkohlegrill auf mittlere Hitze aufheizen.

4. Wenn der Grill aufgeheizt ist, die Räucherspäne auf die Kohlen des Holzkohlegrills legen. Das Backblech mit den Äpfeln nicht direkt über der Hitzequelle in die Mitte des Grills auf den heißen Rost setzen und den Grill schließen. Die Äpfel etwa 40 Minuten bis 1 Stunde im Rauch rösten, bis sie weich sind. Nach 40 Minuten nachsehen, ob die Marshmallows nicht zu braun werden, in diesem Fall die Äpfel mit Alufolie bedecken. Sofort servieren.

INDONESIEN

BALINESISCHE GEGRILLTE BANANEN IN KOKOSMILCHKARAMELL

DIREKTES GRILLEN
FÜR 6 PERSONEN

Dieses Rezept bezeichne ich gern als balinesisches Bananensplit. Stellen Sie sich eine rauchig gegrillte Banane mit Zuckerkruste vor, die in einer seidigen Karamellsauce aus Kokosmilch Zitronengras und Palmzucker serviert wird (Palmzucker ist ein malzartiger, aus Palmsaft hergestellter Süßstoff und im Geschmack dem braunen Zucker sehr ähnlich). Man kann die gegrillten Bananen mit dieser ungewöhnlichen Sauce begossen in einer Schüssel servieren oder, wenn man möchte, zusammen mit Eis, wie hier im Rezept vorgeschlagen.

Die Balinesen verwenden für ihr Gericht Fingerbananen, die etwa so lang sind wie ein Zeigefinger. Ich habe normale Bananen genommen, wenn Sie aber Finger- oder Apfelbananen (die einen leicht säuerlichen Apfelgeschmack haben) finden, dann nehmen Sie ruhig diese. Wählen Sie Bananen, die zwar reif, aber nicht zu weich sind.

FÜR DIE KARAMELLSAUCE

150 g Palmzucker oder brauner Zucker
500 ml Kokosmilch, aus der Dose oder selbstgemacht (Seite 522)
1 Zimtstange (7,5 cm)
1 Stängel Zitronengras, geputzt und mit der Seite eines Hackbeils flachgedrückt
2 TL Maisstärke

FÜR DIE BANANEN

6 feste, reife Bananen (á 15 cm lang)
250 ml Kokosmilch, aus der Dose oder selbstgemacht (Seite 522)
200 g Kristallzucker
1 Liter Vanilleeis (wahlweise) zum Servieren

1. Für die Karamellsauce den Palmzucker in einem hohen Topf (vorzugsweise beschichtet) bei mittlerer Hitze in 2 bis 3 Minuten unter ständigem Rühren mit dem Holzlöffel schmelzen. Den Zucker weitere 3 bis 5 Minuten erhitzen, bis er anfängt zu karamellisieren (bräunen), dabei sollte er goldbraun und nicht schokoladenbraun werden, da er sonst anbrennt und die Sauce bitter wird.

2. Den Topf sofort von der Kochstelle nehmen und 500 ml Kokosmilch einrühren (Vorsicht vor Spritzern). Den Topf wieder auf die Kochstelle setzen und die Kokosmilch zum Kochen bringen, bis sich der Zucker aufgelöst hat. Zimtstange und Zitronengras unterrühren. Die Hitze reduzieren und die Karamellsauce unbedeckt etwa 10 Minuten lang unter gelegentlichem Rühren köcheln lassen, bis sie dickflüssig wird und aromatisch duftet.

3. Die Maisstärke in 1 EL Wasser auflösen und unter die Karamellsauce rühren. 1 Minute köcheln lassen. Die Karamellsauce wird jetzt noch dicker. Sauce in eine Schüssel füllen und auf Raumtemperatur abkühlen lassen. Mit einer Zange die Zimtstange und Zitronengrasstängel herausnehmen. Die Sauce zugedeckt in den Kühlschrank stellen.

4. Die Bananen schälen und schräg in Viertel schneiden. 250 ml Kokosmilch und den Kristallzucker in getrennte Schüsseln füllen und neben den Grill stellen.

5. Den Grill für direktes Grillen vorbereiten und gut aufheizen.

6. Wenn der Grill aufgeheizt ist, den Grillrost mit Öl einpinseln. Die Bananenstücke erst in die Kokosmilch, dann in den Zucker tauchen und auf den heißen Rost legen. Die Bananen unter Wenden mit der Zange etwa 6 bis 8 Minuten grillen, bis sie schön braun sind.

7. Die gegrillten Bananenstücke auf Teller oder in eine Schüssel legen. Wenn man Eis dazu serviert, Eiskugeln in Schälchen geben und die Bananen darüber verteilen. Die Karamellsauce über die Bananen geben und sofort servieren.

USA

GEGRILLTE GEWÜRZ-ANANAS

DIREKTES GRILLEN
FÜR 8 BIS 10 PERSONEN

Amerikaner grillen normalerweise kein Obst. In anderen Teilen der Welt – besonders in Südostasien – werden Bananen und andere Früchte aber oft über glühenden Kohlen zum Nachtisch geröstet. Ganz besonders lecker sind gegrillte Ananas. Der verkohlte Geschmack verbindet sich gut mit der karamellisierten Süße der Früchte. Beim Kauf der Ananas müssen Sie auf Qualität achten: Kaufen Sie Ananas mit einer goldenen Schale, da sie saftiger und süßer sind als die grünschaligen Ananas.

1 reife Ananas
150 g Zucker
1 TL geriebene Limettenschale
1 TL gemahlener Zimt
1/8 TL geriebene Nelken
6 EL ungesalzene Butter, geschmolzen
120 ml dunkler Rum (wahlweise), zum Flambieren

1. Den blättrigen, oberen Teil der Ananas abschneiden, dann die Schale abschneiden. Die Frucht in 8 bis 10 gleichdicke Scheiben schneiden. Mit einem Ananasausstecher oder einem Gemüsemesser den Kern der Ananas aus jeder Scheibe herausschneiden.

2. Den Zucker in eine flache Schüssel füllen und Limettenschale, Zimt und Nelken unterrühren.

3. Den Grill für direktes Grillen vorbereiten und gut aufheizen.

4. Wenn der Grill aufgeheizt ist, den Grillrost mit Öl einpinseln. Die Ananasringe von beiden Seiten mit der geschmolzenen Butter einpinseln, dann die Ringe in die Zuckermischung tauchen. Überschüssigen Zucker leicht abschütteln und die Ringe auf den heißen Rost legen. Unter Wenden mit der Zange etwa 4 bis 6 Minuten pro Seite grillen, bis sie von beiden Seiten braun sind und brutzeln.

5. Die Ananasringe auf Teller oder eine Platte teilweise übereinander liegend anrichten. Wenn man den Rum verwendet, diesen auf einer Seite des Grills in einem kleinen feuerfesten Topf erwärmen, aber nicht zum Kochen bringen. Den Rum vom Grill nehmen und vorsichtig mit einem langen Streichholz anzünden. Den brennenden Rum vorsichtig über die Ananasringe gießen und sofort servieren.

USA

ÜBER DEM FEUER GERÖSTETE BANANENSPLITS

DIREKTES GRILLEN
FÜR 4 PERSONEN

Eine der Raichlenschen Grillregeln besagt, dass alles was roh, gebacken, frittiert oder sautiert gut schmeckt, gegrillt wahrscheinlich noch besser ist – zum Beispiel der klassische amerikanische Nachtisch Bananensplit. Durch das Grillen wird der Zucker in den Bananen karamellisiert, die Bananen erhalten einen rauchigen Karamellgeschmack, der durch die Ahornsirupmarinade noch verstärkt wird.

Es gibt zwei Arten, dieses Dessert zuzubereiten. Man kann die Bananen im Voraus grillen und marinieren und dann im „Eiscaféstil" als Bananensplit (kalt) servieren. Das heißt, man kann den Nachtisch gut vorbereiten. Oder man grillt die Bananen kurz vor dem Servieren, sodass man ein heiß-kaltes Dessert mit doppeltem Effekt hat. Beide Arten führen zu einem Bananensplit wie Sie es noch nie gegessen haben.

240 ml Ahornsirup
120 ml dunkler Rum
50 g Zucker
½ TL gemahlener Zimt
¼ TL frisch geriebene Muskatnuss
4 Bananen (siehe Hinweis), geschält
Kokosnusseiscreme (Seite 522), oder 1 Liter gekaufte Kokosnusseiscreme, in vier flachen Schälchen angerichtet
Gesüßte Sahne (nächstes Rezept)
20 g Kokosnussraspel, geröstet (siehe Kasten Seite 514))
2 EL Macadamianüsse, gehackt und geröstet (siehe Kasten Seite 113)

1. Ahornsirup, Rum, Zucker, Zimt und Muskatnuss in einer großen Schüssel gut verrühren, bis sich der Zucker aufgelöst hat.

2. Den Grill für direktes Grillen vorbereiten und gut aufheizen.

3. Wenn der Grill aufgeheizt ist, den Grillrost mit Öl einpinseln. Die Bananen von allen Seiten mit der Ahornsirupmischung einpinseln, auf den heißen Rost legen und unter Wenden mit der Zange etwa 6 bis 8 Minuten grillen, bis sie von allen Seiten schön braun sind. Dabei immer wider mit der Ahornsirupmischung einpinseln (etwa die Hälfte der Sirupmischung zum Servieren übriglassen).

Kokosnuss rösten

Zum Rösten der Kokosnuss den Ofen auf 200 °C vorheizen, die Kokosraspeln auf ein Backblech mit hohem Rand verteilen und im Ofen etwa 4 bis 6 Minuten rösten, bis sie hellbraun sind. Zwischendurch einmal rühren.

4. Die gegrillten Bananen auf ein Schneidbrett legen und mit schräger Schnittfläche halbieren. Je zwei Bananenhälften auf die Eiscreme geben und die restliche Ahornsirupmischung darüber verteilen. Die Sahne auf die Bananen geben und mit den gerösteten Kokosraspeln und Macadamianüssen bestreuen. Sofort servieren (siehe Hinweis).

HINWEIS: Reife oder fast reife Bananen verwenden, die aber noch etwas fest sind.

Serviert man die Bananensplits kalt, die heißen Bananen in die restliche Ahornsirupmischung geben und auf Raumtemperatur abkühlen lassen. Dann zugedeckt 3 Stunden in den Kühlschrank stellen, bevor man die Bananensplits anrichtet.

GESÜSSTE SCHLAGSAHNE

ERGIBT ETWA 360 ML

Sind Sie bereit, noch einen Schritt weiter zu gehen? Die selbst zubereitete Sahne ist viel besser als Sprühsahne und sogar einfach zu machen. Der Trick ist, vorher die Schüssel und Quirle zu kühlen – d.h. 30 Minuten in das Gefrierfach zu legen. Dann wird die Schlagsahne eigentlich immer schön fest.

240 ml (vollfette) Schlagsahne
3 EL feiner Zucker
½ TL Vanilleextrakt

1. Sahne in eine gekühlte Schüssel geben und mit den Quirlen des Mixers zuerst langsam, dann auf mittlerer Stufe und dann auf höchster Stufe etwa 5 Minuten lang schlagen.

2. Zucker und Vanilleextrakt zufügen und weitere 2 Minuten schlagen, bis die Sahne dick und fest ist. Nicht zuviel schlagen, da sie sich sonst trennt. Am besten verbraucht man die Sahne spätestens 30 Minuten nach Zubereitung.

USA

UPTOWN S'MORES

DIREKTES GRILLEN
FÜR 4 BIS 8 PERSONEN

Jeder, der einmal an einem Lagerfeueressen in einem Pfadfinderlager teilgenommen hat, kennt die S'mores. Das waren Sandwichs aus frisch gerösteten Marshmallows zwischen Weizenschrotkräckern und Schokoriegeln. Durch die heißen Marshmallows schmolz die Schokolade und ergoss sich über Gesicht und Finger. Sie waren so köstlich, dass man immer nach „s'more" (some more = noch mehr) schrie. Hier folgt ein S'more für Erwachsene mit Schokocookies und Zartbitterschokolade.

SPEZIELLE AUSRÜSTUNG

Pro Person 1 langer Metallspieß

ZUTATEN

8 große Marshmallows
8 dünne Vierecke (je 5 cm) gute Zartbitterschokolade
16 Schokocookies, vorzugsweise selbst gebacken

1. Je einen Marshmallow auf einen Spieß stecken und zur Seite legen.

2. Den Grill für direktes Grillen vorbereiten und gut aufheizen.

3. Wenn der Grill aufgeheizt ist, beim Holzkohlegrill vorsichtig den Grillrost abnehmen. Die Marshmallows etwa 2 bis 4 Minuten über der glühenden Asche oder möglichst nah über dem Grillrost des Gasgrills rösten, ohne diesen zu berühren. Die Marshmallows dabei immer wieder drehen, damit sie von allen Seiten gleichmäßig rösten. Manche Leute (auch ich) lassen die Marshmallows brennen und blasen sie dann aus.

4. Auf die Unterseite (flache Seite) eines Plätzchens ein Stück Schokolade legen. Ein heißes Marshmallow vom Spieß auf die Schokolade schieben. Ein zweites Plätzchen (mit der flachen Seite nach unten) auf das Marshmallow legen und so ein Sandwich bilden. Ein paar Sekunden warten, bis das heiße Marshmallow die Schokolade zum Schmelzen bringt, dann das S'more wie ein Sandwich essen. Noch nie hat Nostalgie so gut geschmeckt!

USA

ZITRONEN-INGWER CRÈME BRÛLÉE

DIREKTES FEUER
FÜR 6 PERSONEN

Dies ist ein Buch über das Kochen mit offenem Feuer, daher dachte ich mir, es sei angebracht, auch einige Variationen der Crème Brûlée (wörtlich übersetzt: verbrannte Creme) anzuführen. Obwohl sie erst seit kurzer Zeit so modern sind, gibt es die Desserts mit verbranntem Zucker schon sehr lange. Ursprünglich wurde der Zucker mit einem über dem Feuer erhitzten Schüreisen karamellisiert. Obwohl man den Zucker auch karamellisieren könnte, indem man die Brûlée in den Backofen mit Oberhitze setzt, gibt es heutzutage doch eine bessere Methode – den Gasbrenner. Auf diese Art bereite ich sie am liebsten zu – erstens, weil es zum Thema des Kochens mit offenem Feuer passt und dann natürlich, weil man hier eine sehr heiße, konzentrierte und kontrollierte Flamme hat, die den Zucker verbrennt, ohne die Vanillecreme darunter zu erwärmen. Auf Seite 516 finden Sie mehr über das Kochen mit dem Gasbrenner.

Die Crème Brûlée mit frischem Ingwer und Zitronenschale hat einen leicht asiatischen Akzent, der sie zu einem besonders erfrischenden Sommerdessert macht.

VORBEREITUNGSZEIT

Mindestens 6 Stunden zum Kühlen der Puddingcreme

SPEZIELLE AUSRÜSTUNG

Gasbrenner (wahlweise);
6 feuerfeste Crème Brûlée-Förmchen oder Auflaufförmchen

ZUTATEN

750 ml (vollfette) Schlagsahne
6 Scheiben (je 0,5 cm dick) frischer, geschälter Ingwer, mit der Seite eines Hackbeils flachgedrückt
6 Streifen Zitronenschale (á 5 x 1 cm), mit dem Gemüseschäler abgeschnitten
10 große Eigelb
70 g Kristallzucker
Etwa 70 g brauner Grümmelkandis, oder mehr Kristallzucker

1. Sahne, Ingwer und Zitronenschale in einem Topf bei mittlerer Hitze zum Kochen bringen. Die Sahne von der Kochstelle nehmen und auf Zimmertemperatur abkühlen lassen.

2. Den Ofen auf 150 °C vorheizen und einen großen Topf oder Kessel mit Wasser zum Kochen bringen.

3. Die Eigelb und Kristallzucker in einer großen Schüssel gut verrühren. Die abgekühlte Sahne in die Eigelbmischung rühren. Diese Puddingmischung in 6 Förmchen füllen. Eine große, flache Auflaufform etwa 1 cm hoch mit kochendem Wasser füllen. Die Crème Brûlée-Förmchen in die Auflaufform setzen.

4. Den Pudding etwa 45 Minuten bis 1 Stunde backen, bis er gerade fest wird. Zum Prüfen die Förmchen leicht schütteln, die Oberfläche sollte noch ein bisschen wackeln. Die Förmchen aus der Auflaufform holen und auf Raumtemperatur abkühlen lassen. Lose mit Frischhaltefolie bedecken und mindestens 6 Stunden oder über Nacht in den Kühlschrank stellen.

5. Vor dem Servieren auf jede Puddingschale eine dünne Schicht von 2 bis 3 TL des braunen Zuckers streuen. Einen Gasbrenner nach Herstellerangaben anzünden oder den Backofen mit Oberhitze vorheizen und das Gitter 5 bis 10 cm von der Hitzequelle entfernt einschieben.

6. Mit dem Gasbrenner die obere Zuckerschicht auf den Puddingschälchen wie auf Seite 516 beschrieben karamellisieren. Oder die Crème Brûlée Förmchen etwa 3 Minuten in den Ofen mit Oberhitze schieben, bis sich an der Oberfläche eine dicke, goldbraune Kruste gebildet hat. Gut aufpassen, dass der Zucker nicht verbrennt und die Förmchen eventuell verschieben, um den Zucker gleichmäßig zu karamellisieren. Sofort servieren.

KOCHEN MIT DEM GASBRENNER

Gut, es ist vielleicht kein Grillen, aber es ist Kochen mit offenem Feuer. Viele Köche und Grillmeister benutzen ein Werkzeug, das einst Werkstätten vorbehalten war, um ihren Speisen diesen Hauch von Verbranntem zu verleihen, nämlich den Gasbrenner. Der Gasbrenner erschien erstmalig in den 1970er Jahren in den Küchen, als französische Pâtisserie-Köche sie zum Bräunen der Meringues und Karamellisieren des Zuckers auf Puddingcremes, wie z.B. der Crème Brûlée, zu nutzen begannen.

Den Gasbrenner zu benutzen, scheint auf den ersten Blick etwas gewagt zu sein, aber als hochkonzentrierte, heiße Flamme gibt es nichts Besseres. Heutzutage kann man in Haushaltswarengeschäften spezielle Gasbrenner für den Küchenbedarf kaufen. Wenn Sie mit einem Gasbrenner arbeiten, beachten Sie bitte die folgenden Punkte.

- **Die Speisen immer auf hitzebeständige Backbleche oder Platten legen. Nie ein Gebäck flambieren, das auf einer Glasplatte oder einem Glasteller liegt.**
- **Das Backblech oder die Platte auf eine hitzefeste Arbeitsfläche stellen.**
- **Die Flamme entzünden und so einstellen, dass man einen gezielten, glühenden, rot-gelben Hitzekegel inmitten einer lavendelblauen Flamme erhält. In diesem Kegel konzentriert sich die eigentliche Hitze. Die Flamme 5 bis 7,5 cm über der Speise halten und immer wieder vor und zurück bewegen, um ein gleichmäßiges Bräunen zu erreichen.**

- **Denken Sie daran, dass Zucker und Meringue noch ein paar Sekunden, nachdem die Flamme entfernt wurde, weiterkochen. Also kurz vor dem erwünschten Flambierergebnis mit dem Brennen aufhören.**

USA

COCO LOCO BRÛLÉE

DIREKTES FEUER
FÜR 6 PERSONEN

Hier kommt eine Variation der klassischen Crème Brûlée, ein Dessert mit einem „Wow"-Effekt der höchsten Stufe – ein Schauspiel! Die Puddingcreme wird mit Kokosmilch und Kokoscreme gemacht und in einer halben Kokosnussschale serviert – eine Idee, die vom Koch Douglas Rodriguez des Restaurants „Patria" in New York City stammt.

Coco Loco Brûlée wird nicht wirklich gegrillt, aber hier wird offenes Feuer zum Karamellisieren des Zuckers verwendet. Ich mache das mit einem Gasbrenner, aber man kann das auch im Backofen machen. Verwahren Sie das Kokoswasser für Getränke (zum Beispiel Bahamian Sky Juice, Seite 55).

VORBEREITUNGSZEIT

Mindestens 4 Stunden zum Kühlen der Puddingcreme

SPEZIELLE AUSRÜSTUNG

Gasbrenner (wahlweise)

ZUTATEN

3 reife (harte) Kokosnüsse
500 ml (vollfette) Schlagsahne
180 ml Kokosmilch, aus der Dose oder selbstgemacht (Seite 522)
225 g gesüßte Kokosnusscreme aus der Dose
1 Vanilleschote, aufgeschlitzt
2 Streifen Zitronenschale (á 5 x 1 cm), mit dem Gemüseschäler abgeschnitten
Etwa 150 g Zucker
8 große Eigelb
2½ EL Maisstärke
2000 g zerstoßenes Eis

1. Die Kokosnüsse halbieren. Das geht am einfachsten, indem man die Kokosnuss mit dem „Auge" nach oben hält und dann wiederholt mit dem Rücken eines Hackbeils entlang einer imaginären Linie um den „Äquator" der Nuss klopft. Nach etwa 10 bis 20 Schlägen bricht die Nuss sauber in zwei Hälften. Über einer Schüssel mit Sieb arbeiten, um das Kokoswasser aufzufangen, das man später für Getränke verwenden kann. Die Innenseiten der Nusshälften mit Küchenpapier trocken tupfen. Die Nusshälften umgekehrt in eine Auflaufform legen und bis zum Füllen kühl stellen.

2. Sahne, Kokosmilch, Kokosnusscreme, Vanilleschote und Zitronenschale in einem Topf vermischen und langsam bei mittlerer Hitze in 6 bis 8 Minuten zum Kochen bringen. Von der Kochstelle nehmen und die Mischung 3 Minuten abkühlen lassen.

3. Die Eigelb und 100 g Zucker in einer hitzefesten Schüssel gut verrühren. Die Stärke einrühren. Die abgekühlte Sahnemischung in einem dünnen Strahl unterrühren. Diese Mischung in den Topf füllen und bei mittlerer Hitze langsam unter ständigem Rühren zum Köcheln bringen. Sobald der Pudding dickflüssig wird, 1 bis 2 Minuten leicht köcheln lassen. Nicht zu schnell zum Kochen bringen oder zu lange kochen, da sonst die Puddingcreme gerinnt. Den Topf von der Kochstelle nehmen und den Pudding auf Raumtemperatur abkühlen lassen. Die Vanilleschote und Zitronenschale herausnehmen.

4. Aus Alufolie 6 Ringe formen und die Kokosnusshälften darauf setzen. Die Puddingmischung in die Nussschalen füllen und mit dem Rücken eines Löffels glatt streichen. Den Pudding mindestens 4 Stunden oder über Nacht in den Kühlschrank stellen.

5. Vor dem Servieren auf jede Puddingschale eine dünne Schicht von 2 bis 3 TL des Zuckers streuen. Einen Gasbrenner nach Herstellerangaben anzünden oder den Backofen mit Oberhitze vorheizen und das Gitter so einschieben, dass die Kokosnüsse 5 bis 7,5 cm von der Hitzequelle entfernt sind.

6. Die mit Puddingcreme gefüllten Kokosnusshälften auf den Alufolienringen in eine Auflaufform setzen. Mit dem Gasbrenner die obere Zuckerschicht auf den Puddingschälchen wie auf Seite 516 beschrieben karamellisieren. Oder die Kokosnusshälften etwa 3 Minuten in den Ofen mit Oberhitze schieben, bis sich an der Oberfläche eine dicke, goldbraune Kruste gebildet hat. Gut aufpassen, dass der Zucker nicht verbrennt und die Auflaufform eventuell verschieben, um den Zucker gleichmäßig zu karamellisieren.

7. Das zerstoßene Eis auf 6 flache Dessertschalen verteilen und die Kokosnusshälften darauf setzen. Sofort servieren.

SPANIEN

KATALANISCHE CREME

CREMA CATALANA

DIREKTES FEUER
FÜR 6 PERSONEN

Crema catalana ist Spaniens Antwort auf Crème Brûlée, und welch köstliche Antwort noch dazu. Dieses Rezept stammt aus dem „Restaurant de les 7 Portes" in Barcelona, das bereits seit 1836 existiert.

VORBEREITUNGSZEIT

6 Stunden zum Kühlen der Puddingcreme

SPEZIELLE AUSRÜSTUNG

Gasbrenner (wahlweise)
6 feuerfeste Crème Brûlée-Förmchen oder Auflaufförmchen

ZUTATEN

500 ml Milch
250 ml (vollfette) Schlagsahne
6 Streifen frische Orangenschale (á 5 x 1 cm), mit dem Gemüseschäler abgeschnitten
6 Streifen frische Zitronenschale (á 5 x 1 cm), mit dem Gemüseschäler abgeschnitten
1 Zimtstange (7,5 cm)
Etwa 200 g Zucker
7 große Eigelb
2½ EL Weizenmehl Typ 405

1. Milch, Sahne, Orangen- und Zitronenschale und Zimtstange in einem Topf bei schwacher Hitze fast zum Kochen bringen. Die Milchmischung etwa 10 Minuten erhitzen, ohne sie zu kochen, dann auf Zimmertemperatur abkühlen lassen.

2. 150 g Zucker und die Eigelb in einer Schüssel schaumig rühren. Das Mehl unterrühren, dann die abgekühlte Milchmischung in einem dünnen Strahl unterrühren. Diese Puddingmischung in den Topf füllen und bei mittlerer Hitze langsam zum Köcheln bringen. Sobald die Mischung eindickt, 1 bis 2 Minuten leicht köcheln lassen. Nicht zu schnell oder zu stark kochen, da die Puddingmischung sonst gerinnt.

3. Die Puddingmischung sofort in 6 Crème Brûlée-Förmchen oder Auflaufförmchen füllen, auf Raumtemperatur abkühlen lassen und dann lose mit Frischhaltefolie bedeckt 6 Stunden in den Kühlschrank stellen.

4. Vor dem Servieren auf jede Puddingschale eine dünne Schicht von 2 bis 3 TL des braunen Zuckers streuen. Einen Gasbrenner nach Herstellerangaben anzünden oder den Backofen mit Oberhitze vorheizen und das Gitter 5 bis 10 cm von der Hitzequelle entfernt einschieben.

5. Mit dem Gasbrenner die obere Zuckerschicht auf den Puddingschälchen wie auf Seite 516 beschrieben karamellisieren. Oder die Förmchen etwa 3 Minuten in den Ofen mit Oberhitze schieben, bis sich an der Oberfläche eine dicke, goldbraune Kruste gebildet hat. Gut aufpassen, dass der Zucker nicht verbrennt und die Förmchen eventuell verschieben, um den Zucker gleichmäßig zu karamellisieren. Sofort servieren.

ARGENTINIEN

KARAMELLCREME

DULCE DE LECHE

FÜR 4 BIS 6 PERSONEN

Dieser dicke, süße, saucenartige Karamell ist das Nationaldessert Argentiniens. Man bekommt ihn in sehr vornehmen Restaurants und heimeligen Esslokalen, wo er sowohl über Obst als auch Kuchen oder Eis gegossen wird. Man kann ihn aber auch pur mit dem Löffel essen. Dulce de leche (wörtlich übersetzt: Milchsüße) ist nicht besonders schwer zuzubereiten, aber man muss gewissenhaft rühren, damit der Karamell nicht überkocht. Dafür hält er sich monatelang und schon eine kleine Menge davon hat eine große Wirkung.

1 Liter Vollmilch (siehe Hinweis)
270 g Zucker
1 Vanilleschote
½ TL Backpulver

1. Milch, Zucker, Vanilleschote und Backpulver in einem großen Topf bei starker Hitze zum Kochen bringen und rühren, bis sich der Zucker aufgelöst hat. Die Hitze reduzieren und die Milchmischung 30 bis 40 Minuten köcheln lassen. Dabei immer wieder mit einem Holzlöffel rühren, bis die Mischung dickflüssig wird, die Farbe von Karamell angenommen hat und auf etwa die Hälfte der Menge reduziert ist. Die Hitze dabei immer wieder anpassen, damit die Mischung gleichmäßig köchelt ohne überzukochen. Um zu prüfen, ob die Karamellmischung gut ist, einen

Barbecue aus dem Land der Morgenstille: Koreanische Grillgerichte

Als ich noch Junggeselle war und in Boston lebte, ging ich am liebsten in ein kleines Restaurant ganz in meiner Nähe mit einer schmalen, unscheinbaren Fassade, das „Korea Garden". Mindestens einmal pro Woche zog ich mich für eine verzweifelt ersehnte Portion mandoo (Rindfleischravioli mit viel Knoblauch), kimchi (feurig eingelegter Chinakohl) und bool kogi (süß-salzig gegrilltes Rindfleisch mit Sesam) in diese Oase der Ruhe und Wärme zurück.

In kulinarischen Angelegenheiten werden die Koreaner nur allzu leicht von ihren zwei gigantischen Nachbarn China und Japan in den Schatten gestellt. Die meisten Amerikaner kennen schon von klein an irgendwelche Aspekte der chinesischen Küche und auch sushi, Teriyaki und andere japanische Gerichte sind mittlerweile so populär geworden, dass sie schon einen guten Teil der nordamerikanischen Küche ausmachen. Aber viele Amerikaner hätten Schwierigkeiten, auch nur ein einziges koreanisches Gericht zu nennen.

Das ist schade, denn Korea bietet einige der raffiniertesten, anspruchsvollsten und gesündesten Speisen, die ich auf allen fünf Kontinenten gegessen habe: Gerichte mit einer überwältigenden Farbenpracht, Konsistenz und Aromen; Menus, die sparsam an Fleisch und Fisch sind, aber einen hohen Anteil an Getreide und Gemüse haben. Den koreanischen Speisen fehlt das Fettige, das für viele chinesische Gerichte so typisch ist, und dennoch sind die Aromen lebhafter als die strengen, disziplinierten japanischen Geschmacksrichtungen.

Als ich nach Korea reiste, war das Grillen aber wirklich so ziemlich das letzte, was mir in den Sinn kam. Es war Februar und der strenge Frost hatte das Wasser in den Gräben rund um Seouls Kyongbukkung Palast gefrieren lassen. Es war die Jahreszeit für deftige Suppen und Eintöpfe. Seltsamerweise aber wurde überall, wo ich hinging, gegrillt – in modernen Restaurants, heimeligen Esslokalen und Hinterhofgasthäusern. Dabei lernte ich, dass in Korea fast immer drinnen gegrillt wird und zwar das ganze Jahr. Die Koreaner versammeln sich mit demselben Eifer, demselben Hunger nach Wärme um ihren Tischgrill, mit dem sich auch Skifahrer in den alpinen Skihütten um ein Kaminfeuer scharen.

Diese Erkenntnis kam mir in einem Restaurant namens „Dae Won Gak". Nun, eigentlich ist die Bezeichnung Restaurant ein bisschen untertrieben. „Dae Won Gak" ist vielmehr ein Dorf mit etwa sechzig traditionellen, koreanischen Häusern, die auf einigen hundert Morgen Bergland verteilt die Stadt Seoul überblicken. Einige der Gebäude sind so groß, dass dort gut dreihundert Personen Platz haben, andere sind klein und intim und bieten gerade einmal zwei Personen Platz. Jedes Haus verfügt über die graziös geschwungenen Traufen, Keramikdachziegeln, geflochtenen Fußmatten und aufwändigen Holzarbeiten typischer koreanischer Häuser.

Ich setzte mich auf den Boden an einen kniehohen Tisch mit einem Keramikgrill in der Mitte. Unsere Kellnerin füllte ihn mit glühenden Kohlen und legte dann mit ihren Essstäbchen dünne Scheiben marinierten Rindfleischs und winzige Spieße mit Knoblauchzehen auf den gewölbten Rost über dem Grill. Rauch stieg in unsere Nasen und das Geräusch brutzelnden Fleischs klang in unseren Ohren, während bool kogi vor unseren Augen gegrillt wurde.

Bool kogi isst man eigentlich so ähnlich wie moo shu Schweinefleisch oder fajitas (obwohl es in den koreanischen Restaurants in den USA so normalerweise nicht serviert wird). Ich legte ein Stückchen Fleisch und eine gegrillte Knoblauchzehe auf ein Blatt Römersalat, rollte es zusammen, tunkte es in eine köstlich aromatische Sauce mit Apfelbirnen und steckte es dann in den Mund. Der Gegensatz von süß und salzig, scharf und fruchtig, von knackigem Gemüse und weichem, zartem Fleisch war so überwältigend und komplex wie die heiße kai ya kum Musik, die im Hintergrund spielte.

Um das Mahl abzurunden, gab es eine eindrucksvolle Auswahl an Beilagen: einen Salat aus würzigem Daikon-Rettich, einen Salat aus Zwiebeln und grünem Salat, einen nussigen Bohnensprossensalat, drei Sorten kimchi, Platten mit Salatblättern, Gurkenscheiben und Reis.

Koreanische gegrillte Rippchen

Die Koreaner haben aus den Hohen Rippen des Rinds ein Kunstwerk geschaffen, ein Gericht mit dem Namen kalbi kui (wörtlich übersetzt: gegrillte Rippchen). Ich hatte mein Rippchenerlebnis in einem der berühmtesten Restaurants von Seoul, dem „Samwon Garden". Ich war aber nicht allein: in diesem Restaurant haben etwa siebenhundert Menschen Platz und an einem geschäftigen Tag werden etwa zweitausend Gäste bedient. Samwon bedeutet auf Koreanisch „die drei höchsten Eigenschaften", erklärte mir der Restaurantmanager Herr Park. Die hier genannten drei sind Sauberkeit, Freundlichkeit und Geschmack. Und ich möchte noch eine vierte höchste Eigenschaft zufügen, die Unterhaltung, denn der „Samwon Garden" ist in der Tat eine Parklandschaft mit eigenem Teich, Berg und Wasserfällen.

Herr Park führte mich hinunter in eine makellose Küche, in der siebzig Köche rund um die Uhr arbeiten, um die vielen, dankbaren Mäuler oben zu stopfen. Ein ganzer Raum war der Zubereitung des kalbi geweiht. Das Restaurant beginnt mit einem ganzen Rippenteil vom Rind, das mit einer Bandsäge in 5 cm große Abschnitte zerteilt und dann in dünne Streifen geschnitten wird. Laut Herrn Park ist das kalbi kui eine relativ neue Errungenschaft der koreanischen Küche, denn es fand erstmals in den 1950er Jahren Einzug in die Restaurants, nicht in die Häuser. Wie bool kogi wird auch kalbi kui auf einem Grill in der Mitte des Tischs zubereitet und dann in Salatblätter gewickelt gegessen.

Wie die meisten koreanischen Speisen ist auch das Grillen auf einem einfachen Fundament aus Aromen gebaut: der salzigen Saftigkeit der Sojasauce, der Süße von Zucker oder Honig, dem nussigen Geschmack von Sesamöl und Sesamsamen. Die Schärfe von Knoblauch und Frühlingszwiebeln, ein Hauch von Ingwer und der Biss des Chilipulvers oder der Chilipaste setzen noch zusätzliche Akzente. In die Praxis übersetzt heißt das, man kann koreanische Speisen noch leichter in einer amerikanischen Küche zubereiten als zum Beispiel japanische oder chinesische. Man braucht nur wenige esoterische Zutaten oder kniffelige Zubereitungstechniken. Selbst mit einer relativ beschränkten Anzahl an Zutaten kreieren die Koreaner eine erstaunliche Palette an Aromen.

Löffel davon auf einen Teller geben, bleibt sie in einem Klecks auf dem Teller und zerläuft nicht an den Rändern, ist sie fertig. Die Vanilleschote mit der Zange herausnehmen und entsorgen.

2. Die Karamellcreme in eine Schüssel füllen und auf Zimmertemperatur abkühlen lassen. Man kann sie sofort essen oder zugedeckt in den Kühlschrank stellen, um sie kalt zu servieren.

HINWEIS: Man muss für die dulce de leche Vollmilch verwenden. Fettarme Milch brennt beim Kochen an.

INDIEN

MILCHREIS MIT KARDAMOM UND PISTAZIEN

KHEER

FÜR 6 PERSONEN

Eine Mahlzeit mit Tandoori oder Kebabs ohne kheer kann man sich nur schwer vorstellen. Kheer ist ein wunderbar cremiger Milchreis, der in Zentralasien und dem indischen Subkontinent sehr beliebt ist. Kardamom und Rosenwasser geben ihm sein exotisches, parfümiertes Aroma und die Milch, die so lange gekocht wird, bis nur noch die Hälfte übrig und der Geschmack konzentriert ist, liefert die Substanz.

2 Liter Vollmilch (siehe Hinweis)
12 grüne Kardamomschoten, zerstoßen und in ein Seihtuch gewickelt
45 g Basmati Reis
100 g Zucker
30 g fein gehackte, ungesalzene Pistazien, plus 2 EL zum Garnieren
40 g Mandelstifte
40 g Sultaninen
1 Prise Salz
1 EL Rosenwasser

1. Milch, Kardamom und Reis in einem großen Topf bei mittlerer Hitze langsam zum Kochen bringen. Die Hitze etwas reduzieren und etwa 30 Minuten köcheln lassen, dabei immer wieder mit einem Holzlöffel rühren, bis von der Milch nur noch etwa 1500 ml übrig sind. Den Kardamom herausholen und entsorgen.

2. Zucker, Pistazien, Mandeln, Sultaninen und Salz in die reduzierte Milch geben. Die Puddingmischung weitere 20 Minuten unter häufigem Rühren leicht köcheln lassen, bis der Reis sehr weich und die Puddingmischung eingedickt ist, Es sollten jetzt noch etwa 1350 ml übrig sein. Das Rosenwasser in den Milchreis rühren und 1 Minute kochen lassen.

3. Den Topf von der Kochstelle nehmen und den Milchreis auf Raumtemperatur abkühlen lassen. Den Reis auf 6 Schalen oder Weingläser verteilen. Am besten schmeckt der Reis zimmerwarm oder ganz leicht gekühlt. Kurz vor dem Servieren die restlichen 2 EL gehackte Pistazien über den Milchreis streuen.

HINWEIS: Man muss für den kheer Vollmilch verwenden. Fettarme Milch brennt beim Kochen an.

GUADELOUPE

KOKOSNUSS-EISCREME

FÜR 4 PERSONEN

Diese leckere Eiscreme kommt von Guadeloupes Strand Pointe des Châteaux, wo sie von Frauen unter Sonnenschirmen oder im Kofferraum ihrer Kombis von Hand gerührt wird. Am besten schmeckt sie, wenn man die selbstgemachte Kokosmilch verwendet. Man kann auch durchaus Kokosmilch in Dosen verwenden, aber keine Kokosnusscreme.

SPEZIELLE AUSRÜSTUNG

Eismaschine

ZUTATEN

500 ml Kokosmilch, selbstgemacht (Rezept Seite 522), oder in der Dose
140 g Zucker, oder mehr
1 TL Vanilleextrakt
½ TL Mandelaroma
1 TL geriebene Zitronenschale
½ TL gemahlener Zimt
¼ TL frisch gemahlene Muskatnuss

1. Kokosmilch, Zucker, Vanilleextrakt, Mandelaroma, Zitronenschale, Zimt und Muskatnuss in einer Schüssel gut verrühren, bis sich der Zucker aufgelöst hat. Abschmecken und nach Bedarf mit Zucker nachsüßen.

2. Die Kokosnussmischung in eine Eismaschine füllen und nach Herstellerangaben Eiscreme zubereiten.

KOKOSMILCH

ERGIBT 500 - 750 ML

Kokosmilch ist ein Grundnahrungsmittel, wenn es ums Grillen geht. Sie wird in Malaysia in Marinaden verwendet, in Brasilien für Saucen und überall auf der Welt aus Zutat für erfrischende Desserts. Kokosmilch wird auch in Dosen verkauft, aber es ist überhaupt nicht schwer, sie selbst herzustellen.

1 reife (harte) Kokosnuss
500 ml kochendes Wasser

1. Die Kokosnuss, wie im Kasten auf Seite 114 beschrieben, vorbereiten, die braune Haut entfernen und das Kokoswasser auffangen. Die großen Stücke in etwa 2,5 bis 5 cm große Stücke brechen.

2. Die Kokosnuss, das aufgefangene Kokoswasser und das kochende Wasser in einer Küchenmaschine etwa 3 Minuten pürieren. Eventuell in mehreren Portionen einfüllen, damit nichts überlaufen kann. Die Kokosnussmischung etwa 5 Minuten ziehen lassen, dann durch ein feinmaschiges Sieb oder durch ein mit mehreren Lagen

Seihtüchern ausgelegtes Sieb gießen. Die Seihtücher gut ausdrücken, um möglichst viel Milch herauszupressen. Die Kokosmilch hält sich zugedeckt im Kühlschrank bis zu 3 Tage. Sie kann auch bis zu einen Monat lang eingefroren werden.

ZENTRALASIEN

KARDAMOM-KARAMELL-EISCREME

KULFI

FÜR 4 BIS 6 PERSONEN

Gegrillte Speisen und Eiscreme sind die beiden Konstanten in der Welt des Grillens. Diese hier, kulfi, hat einen eindringlichen Geschmack, der irgendwo zwischen Malz und Karamell liegt – das Resultat langen, langsamen Köchelns der Milch, die dabei um etwa zwei Drittel reduziert wird. Dazu kommen noch die exotischen Aromen von Kardamom und Pistazien und schon hat man eine für das Grillrepertoire ungewöhnliche Eiscreme.

VORBEREITUNGSZEIT

2 Stunden zum Kühlen der Kulfi-Mischung

SPEZIELLE AUSRÜSTUNG

Eismaschine

ZUTATEN

- 2 Liter Vollmilch (siehe Hinweis)
- 6 grüne Kardamomschoten, zerstoßen und in ein Seihtuch gewickelt
- 100 g Zucker, oder mehr
- 3 EL gehackte Pistazien
- 3 EL gehackte, blanchierte Mandeln

1. Milch und Kardamom in einen großen Topf geben und bei mittlerer Hitze langsam zum Kochen bringen. Die Hitze reduzieren und die Milch unter mehrmaligem Rühren mit einem Holzlöffel etwa 1 Stunde köcheln lassen, bis nur noch etwa 750 ml übrig sind. Den Kardamom herausholen und wegwerfen.

2. Zucker, Pistazien und Mandeln einrühren und weitere 3 Minuten köcheln lassen. Die Mischung von der Kochstelle nehmen, abschmecken und nach Bedarf mit Zucker nachsüßen. Dann die Mischung auf Raumtemperatur abkühlen lassen, in eine Schüssel füllen und zugedeckt etwa 2 Stunden in den Kühlschrank stellen.

3. Die Eismischung in eine Eismaschine füllen und nach Herstellerangaben Eiscreme zubereiten.

HINWEIS: Man muss für den kulfi Vollmilch verwenden. Fettarme Milch brennt beim Kochen an.

IRAN

PERSISCHER LIMONEN-ROSENWASSER-EISBECHER MIT SAUERKIRSCHSIRUP

FALUDA

FÜR 8 PERSONEN

Eines der erfrischendsten Desserts eines Grillmenus ist die faluda (oder faludeh). Ich kostete sie zum ersten Mal in einem persischen Restaurant in New York.

Faluda gibt es aber auch in Afghanistan, wo sie mit frischem Bergschnee zubereitet wird. Sie gehört zur großen Familie der gefrorenen, asiatischen Desserts, zu denen auch der indische kulfi und das türkische sorpa (Sorbet) gehören. In der persischen Version hat man zusätzlich den eindringlichen Geschmack von Sauerkirschsirup und Rosenwasser. Aber die Zugabe von Reisnudeln macht faluda erst zu etwas Einmaligem, denn sie sorgen für eine wunderbar exotische und unerwartete Konsistenz.

Rosenwasser und Sauerkirschsirup gibt es in vielen entsprechenden Lebensmittelmärkten. Nehmen Sie außerdem dünne thailändische oder vietnamesische Reisnudeln.

VORBEREITUNGSZEIT

2 Stunden zum Kühlen des Rosenwassersirups

ZUTATEN

160 ml frischer Zitronensaft
160 ml Rosenwasser
300 g Zucker
1 Strang (30 g) Reisnudeln
1000 g zerstoßenes Eis
120 ml Sauerkirschsirup oder Grenadine

1. Zitronensaft, Rosenwasser und Zucker in einen Topf geben und bei mittlerer Hitze zum Kochen bringen. Etwa 5 Minuten unter ständigem Rühren kochen lassen, bis sich der Zucker aufgelöst hat. Den Topf von der Kochstelle nehmen und den Sirup auf Raumtemperatur abkühlen lassen, dann zugedeckt etwa 2 Stunden in den Kühlschrank stellen.

2. In der Zwischenzeit die Reisnudeln in kaltem Wasser 20 Minuten einweichen lassen.

3. 1 l Wasser in einem großen Topf zum Kochen bringen, die Nudeln durch ein Sieb abschütten, in das kochende Wasser geben und 3 bis 5 Minuten kochen lassen. Die Nudeln abschütten, unter fließend kaltem Wasser abspülen bis sie kalt sind, dann wieder abtropfen lassen. Mit einer Küchenschere die Nudeln in 2,5 cm lange Stücke schneiden.

4. Das zerstoßene Eis und den gekühlte Rosenwassersirup in einer Küchenmaschine stoßweise zu einem Eispüree verarbeiten. Die Rosenwassermischung in eine Schüssel füllen und die Reisnudeln unterrühren. Die Rosenwasser-Nudelmischung auf 8 Weingläser verteilen, je 1 EL Sauerkirschsirup darüber sprenkeln und sofort servieren. (siehe Hinweis)

HINWEIS: Man kann die faluda auch schon im Voraus zubereiten und dann in Papierbechern einfrieren. Vor dem Servieren 5 bis 10 Minuten erwärmen, dann zerstoßen, in dem man vorsichtig gegen die Seiten der Becher drückt, um die Eiskristalle aufzulockern. Die faluda in Weingläser füllen und mit Sauerkirschsirup besprenkeln.

SÜDOSTASIEN

FRUCHTKÜHLER

FÜR 6 PERSONEN

Dieses erfrischende Dessert ist eine Kreuzung von Milch-Shake und Dessert und wird in Ständen am Straßenrand sowie auf Märkten in ganz Südostasien verkauft. Man verwendet hier die gesüßte Kondensmilch, da sie in der tropischen Hitze nicht verdirbt. Bei den Früchten kann man nach Belieben variieren.

450 g Wassermelone, entkernt und gewürfelt
500 g frische Erdbeeren, gewürfelt, plus 6 kleine ganze Erdbeeren zum Verzieren
2 reife Bananen, geschält und gewürfelt
80 ml frischer Limettensaft, oder mehr
70 g Zucker, oder mehr
80 ml gesüßte Kondensmilch
1500 g zerstoßenes Eis

Wassermelone, Erdbeeren, Bananen, Limettensaft, Zucker, Kondensmilch und Eis in einer Küchenmaschine stoßweise zu einem weichen Püree verarbeiten. Abschmecken und nach Bedarf Limettensaft und/oder Zucker hinzufügen. Die Kühler in 6 große Gläser füllen, mit den ganzen Erdbeeren und Strohhalmen garnieren und sofort servieren.

KOREA

KOREANISCHER FRUCHTPUNSCH

FÜR 6 PERSONEN

Dieser kühle, sirupartige Nachtisch ist teils Getränk, teils Obstsalat und wird nach einem koreanischen Mahl als Erfrischung gereicht. Ich habe es schon mit allem möglichen Früchten zubereitet, angefangen von getrockneten Persimonen bis hin zu Jujubes (eine Dattelart). Die Zutaten können Sie nach ihren Vorstellungen variieren. Ich mag die Mischung aus harten Früchten – wie Apfelbirnen oder Äpfeln – weichen Früchten – wie Bananen oder Melonen – und Beeren, z.B. Erdbeeren und Blaubeeren.

500 g gemischtes Obst, gewürfelt oder in Scheiben geschnitten
140 g Zucker
4 Scheiben frischer geschälter Ingwer (je 1 cm dick), mit einem Hackbeil flachgedrückt
3 Streifen Zitronenschale (je 5 x 1 cm), mit dem Gemüseschäler abgeschnitten
2 Zimtstangen (á 7,5 cm)
2 EL Pinienkerne, leicht geröstet (siehe Kasten Seite 113)

1. Die Früchte mit 50 g Zucker in eine Schüssel geben, mischen und 15 Minuten ziehen lassen.

2. In der Zwischenzeit die restlichen 90 g Zucker, Ingwer, Zitronenschale, Zimtstangen und 1 l Wasser in einen Topf geben und bei starker Hitze zum Kochen bringen. Die Hitze reduzieren und etwa 5 Minuten köcheln lassen, bis die Masse aromatisch duftet und leicht sirupartig wird. Den Topf von der Kochstelle nehmen und den Sirup ganz abkühlen lassen.

3. Den Sirup durch ein Sieb über die Früchte gießen und vorsichtig unterrühren. Die Pinienkerne über das Obst streuen und sofort servieren. Ich reiche den Punsch gern in Glasschüsseln oder Cognacschwenkern. Es ist auch durchaus akzeptabel, das Glas an die Lippen zu führen, um den Sirup zu trinken.

UMRECHNUNGSTABELLE US-MASSE

Esslöffel und Unzen (US-AMERIKANISCHES SYSTEM)	**Gramm** (METRISCHES SYSTEM)
1 Prise = weniger als ⅛ Teelöffel (trocken)	0,5 Gramm
1 Spritzer = 3 Tropfen bis ¼ Teelöffel (flüssig)	1,25 Gramm
1 Teelöffel (flüssig)	5,0 Gramm
3 Teelöffel = 1 Esslöffel = ½ Unze	14,3 Gramm
2 Esslöffel = 1 Unze	28,35 Gramm
4 Esslöffel = 2 Unzen = ¼ Tasse	56,7 Gramm
8 Esslöffel = 4 Unzen = ½ Tasse (1 Stich Butter)	113,4 Gramm
8 Esslöffel (Mehl) = ca. 2 Unzen	72,0 Gramm
16 Esslöffel = 8 Unzen = 1 Tasse = ½ Pfund (US)	226,8 Gramm
32 Esslöffel = 16 Unzen = 2 Tassen = 1 Pfund (US)	453,6 Gramm oder 0,4536 Kilogramm
64 Esslöffel = 32 Unzen = 1 Quart = 2 Pfund (US)	907,0 Gramm oder 0,907 Kilogramm
1 Quart = (ungefähr 1 Liter)	

Temperaturen: °Fahrenheit (F) zu °Celsius (C)

−10 °F = −23,3 °C (Gefrierschrank)
0 °F = −17,7 °C
32 °F = 0 °C (Wasser gefriert)
50 °F = 10 °C
68 °F = 20 °C (Zimmertemperatur)
100 °F = 37,7 °C
150 °F = 65,5 °C
205 °F = 96,1 °C (Wasser köchelt)
212 °F = 100 °C (Wasser kocht)
300 °F = 148,8 °C
325 °F = 162,8 °C
350 °F = 177 °C (Backen)
375 °F = 190,5 °C
400 °F = 204,4°C (heißer Ofen)
425 °F = 218,3 °C
450 °F = 232 °C (sehr heißer Ofen)
475 °F = 246,1 °C
500 °F = 260 °C (Grillen)

Umrechnungsfaktoren

Unzen in Gramm: Unzenanzahl mit 28,3 multiplizieren, um Anzahl an Gramm zu erhalten

Gramm in Unzen: Grammanzahl mit 0,0353 multiplizieren, um Anzahl an Unzen zu erhalten

Pfund (US) in Gramm: Pfundanzahl mit 453,59 multiplizieren, um Anzahl an Gramm zu erhalten

Pfund (US) in Kilogramm: Pfundanzahl mit 0,45 multiplizieren, um Anzahl an Kilogramm zu erhalten

Unzen in Milliliter: Unzenanzahl mit 30 multiplizieren, um Anzahl an Milliliter zu erhalten

Tassen in Liter: Tassenanzahl mit 0,24 multiplizieren, um Anzahl an Liter zu erhalten

Fahrenheit in Celsius: von der Fahrenheitanzahl 32 abziehen, mit 5 multiplizieren, dann durch 9 dividieren, um Anzahl an Celsius zu erhalten

Celsius in Fahrenheit: Celsiusanzahl mit 9 multiplizieren, durch 5 dividieren, dann 32 addieren, um Anzahl an Fahrenheit zu erhalten

Inches/Zoll (US) in Zentimeter: Inchanzahl mit 2,54 multiplizieren, um Anzahl an Zentimetern zu erhalten

Zentimeter in Inches/Zoll (US): Zentimeteranzahl mit 0,39 multiplizieren, um Anzahl an Inches/Zoll (US) zu erhalten

GLOSSAR DER BESONDEREN ZUTATEN

Grillen ist die einfachste Kochtechnik auf der Welt, aber wenn Sie sich auf dem Grillpfad vorwärts bewegen, sollten Sie einige besondere Zutaten kennen. Hier erfahren Sie, welche dies sind.

ALEPPO-PFEFFER: eine rundliche, rötlich-braune Chilischote aus Syrien und dem Osten der Türkei, die gewöhnlich als Pulver oder in Flocken verkauft wird. Sie wird in einer Reihe von Zubereitungen benutzt – in diesem Buch vorwiegend in der Zwiebelsauce mit Melasse von Granatäpfeln. Der Aleppo-Pfeffer hat einen komplizierten Geschmack, der zugleich erdig, salzig, pikant, fruchtig und scharf ist. Das Gewürz ist in orientalischen Lebensmittelläden zu finden. Einen ähnlichen Geschmack kann man erzielen, indem man zu gleichen Teilen Chilipulver und scharfe rote Pfefferflocken mit einer Prise Salz und etwas Limonensaft vermischt.

AMBA: eine scharfe, sauer schmeckende Paste aus Indien, dem Nahen und Mittleren Osten. Amba ist das Hindu-Wort für Mango (denken Sie an Mango Pickles). Amba-Paste, deren Hauptzutaten Essig, Kurkuma (Gelbwurz) und Bockshornklee sind, ist das Gewürz für scharf Eingelegtes, das beim Grillen in Afghanistan, Irak und Israel ohne Ausnahme dazugehört.

ANNATTOSAMEN: harte, eckige, rostfarbene Samenkörner eines Orleansstrauches mit einem strengen, erdigen, Jod-ähnlichen Geschmack. Dieses Gewürz, das auch unter seinem spanischen Namen achiote bekannt ist, stammt aus dem tropischen Amerika. Annatto ist wichtiger Bestandteil der Speisen recado (Yucatan Gewürz-Paste) und tikin xik (marinierter Fisch nach Yucatan Art). Es gibt zwei Möglichkeiten diese harten Samenkörner zu benutzen: mit einem Zerkleinerungsgerät zermahlen oder in Bitterorangensaft (oder Wasser) legen, bis sie weich sind, anschließend zerkrümeln oder pürieren.

BOCKSHORNKLEESAMEN: ein rechteckiger hellbrauner Samen mit einem angenehm bitteren Geschmack. Bockshornklee wird in der indischen Küche gerne verwendet (wo man ihn als methi bezeichnet) sowie im Mittleren Osten (wo er unter dem Namen hilbeh bekannt ist).

CANDLENUT: eine wesentliche Zutat in balinesischen Pasten. Das Gewürz Candlenut schmeckt in etwa wie bittere Cashewkerne. Zu finden sind sie in asiatischen Märkten, die indonesische Zutaten verkaufen. Es gibt kein geschmacklich vergleichbares Gewürz im Westen, aber Macadamianüsse haben die richtige Konsistenz und vermitteln einen ähnlichen Geschmack im Mund.

CHAT MASALA: eine traditionelle indische Gewürzmischung, die für Salate und gegrillte, kalte Gerichte verwendet wird. Chat Masala erhält seinen typisch sauren, schwefeligen Geschmack durch die Beigabe eines schwefelhaltigen Minerals, das „schwarzes Salz" genannt wird.

CHILISCHOTEN: die einzelnen Chilisorten werden auf Seite 504 beschrieben.

EPAZOTE: ein erfrischendes, adstringierendes und stark aromatisches mexikanisches Kraut, dessen eigentümlicher Geschmack dem deutschen Namen alle Ehre macht: Wohlriechender Gänsefuß. Es ist in mexikanischen und spanischen Lebensmittelläden erhältlich.

FISCHSAUCE (nam pla auf Thai und nuoc mam auf Vietnamesisch): ein salziges Würzmittel aus eingelegten Anchovis. In Südostasien wird Fischsauce so verwendet wie die Sojasauce in Japan und China. Das Aroma kann etwas streng sein, aber der charakteristische Geschmack der Sauce verfeinert alles, womit die Sauce in Berührung kommt. Fischsauce ist in asiatischen Lebensmittelgeschäften und Supermärkten erhältlich. Die bessere Qualität wird in Glasflaschen, nicht in Plastikflaschen angeboten. Eine kleine Menge Fischsauce lässt sich durch Sojasauce ersetzten, aber der Geschmack wird nicht der gleiche sein.

GALGANT: eine Wurzel aus der Familie der Ingwergewächse mit einem pfeffrigen Aroma (Stellen Sie sich die Schärfe des Ingwers ohne dessen Süße vor). Galgant ist frisch in asiatischen Lebensmittelgeschäften erhältlich. Außerdem wird der Galgant in Pulverform geliefert. Das Pulver wird zuweilen unter dem Namen Laos angeboten. Einen guten Ersatz bildet frischer Ingwer mit frisch gemahlenem schwarzem Pfeffer gemischt.

GARAM MASALA: eine indische Gewürzmischung bestehend aus nicht weniger als 20 verschiedenen Gewürzen und Kräutern. Dazu gehören Kreuzkümmel, Koriander, grüne und schwarze Kardamomsamen, schwarzer Pfeffer und Lorbeerblätter. Auf Seite 494 finden Sie ein Rezept für die Zubereitung von Garam Masala. Kommerziell hergestelltes Garam Masala ist in indischen Lebensmittelgeschäften und Delikatessenläden erhältlich.

GARNELENPASTE: eine stark riechende Paste aus fermentierten Garnelen, die in der südostasiatischen Küche, speziell in Indonesien, wo sie trasi heißt und in Malaysia, wo sie den Namen belacan trägt, verwendet wird. Eine kleine erbsengroße Menge ist schon sehr ergiebig. Gewöhnlich wird etwas Garnelenpaste an das Ende eines Spießes angebracht und dann über dem Feuer geröstet. Sollte Ihr Grill während der Zubereitung nicht an sein, braten Sie die Paste kurz an oder erhitzen Sie sie auf einem Stück Aluminiumfolie unter dem Bratrost.

GRANATAPFELSIRUP: ein dickflüssiger, süß-saurer Sirup aus gekochtem Granatapfelsaft. In Zentralasien nennt man ihn narsharab. In der Türkei, dem Iran und den zentralasiatischen Republiken der ehemaligen Sowjetunion wird er auf gegrilltes Fleisch geträufelt. Er ist in speziellen Lebensmittelgeschäften erhältlich.

INGWER: Er ist überall erhältlich und wird am besten frisch verwendet. Wählen Sie Ingwerknollen, die schwer in der Hand liegen. Je dünner die Haut, desto besser. Vermeiden Sie den Kauf von alten, faserigen Ingwerwurzeln (die Fasern können Sie sehen, wenn Sie ein Stückchen abbrechen). Ingwer lässt sich gut in geriebener Form verarbeiten und einfrieren.

JOGHURT, ABGEHANGENER: Dies ist die Seele aller Marinaden aus dem Gebiet von der Türkei bis nach Bangladesh. In Indien wird Vollmilchjoghurt verwendet, der in einem Stück Käseleinen aufgehängt wird, damit die Molke abtropfen kann. Im Westen nimmt man dazu ein Sieb und angefeuchtetes Käseleinen oder Filterpapier. Bewahren Sie die Molke für die Zubereitung der Getränke aus dem Kapitel Durstlöscher auf.

KACHIRI-PULVER: ein saures Würzmittel aus einer kleinen, runden, getrockneten Frucht aus Rajasthan, das in der nordindischen Küche zum Marinieren verwendet wird.

KARDAMOM: ein Gewürz mit einem süßen, parfümierten Aroma, das häufig in Nordafrika, im Nahen Osten und in Indien verwendet wird. Es gibt zwei Sorten: eine grünliche Hülse, so groß wie eine Kaffeebohne, mit kleinen duftenden schwarzen Samen im Inneren. Der schwarze Kardamom hat die Größe eines Pflaumenkerns und hat einen rauchigen Geschmack. Den grünen Kardamom gibt es im Gewürzregal eines jeden Supermarktes; den schwarzen Kardamom gibt es in indischen Geschäften.

KETJAP MANIS: Diese dickflüssige süße Sojasauce ist in Indonesien als Saté-Sauce und Tischsauce sehr beliebt. Sie ist in asiatischen Lebensmittelgeschäften und Delikatessenläden erhältlich. Die Originalsauce können Sie nach dem Rezept auf Seite 474 zubereiten. Einen schnellen Ersatz erhalten Sie durch das Mischen von gewöhnlicher Sojasauce mit Zuckersirup zu gleichen Teilen.

KICHERERBSENMEHL (auch als Besan bekannt): ein feines, aromatisches Mehl, das aus gebratenen Kichererbsen hergestellt wird. Es hat in der Kochwelt einen einzigartigen, erdigen und nussartigen Geschmack. Besan wird sehr häufig beim Grillen verwendet, um Marinaden anzurühren und zu würzen. In Südfrankreich wird es auch eingesetzt, um einen Pfannkuchen zu backen – den socca, der gewöhnlich in einem mit Holzkohle befeuerten Backofen gebacken wird. In Nordafrika wird das Mehl verwendet, um eine Art Pommes Frites herzustellen.

KOKOSMILCH: eine kremige, weiße Flüssigkeit, die aus frisch geraspelter Kokosnuss gewonnen wird. (Entgegen der allgemeinen Meinung handelt es sich nicht um die weißliche Flüssigkeit in der Kokosnuss, denn das ist Kokoswasser). Kokosmilch wird in weiten Teilen Südostasiens, der Karibik und in Brasilien viel in der Küche verwendet. Auf Seite 522 finden Sie eine Anleitung zur Herstellung von Kokosmilch. Konservierte Kokosmilch eignet sich ebenfalls gut für die Rezepte in diesem Buch. Achten Sie bei dem Einkauf darauf, dass Sie ungesüßte Kokosmilch erwerben und meiden Sie Kokosnusscreme.

KORIANDER (auch als Korianderblatt und chinesische Petersilie bekannt): Diese scharfe Pflanze ist wahrscheinlich das Kraut, das weltweit am häufigsten zum Grillen verwendet wird. Die Blätter findet man in Soßen und in Marinaden. Sie werden von Malaysia bis nach Mexiko unzerkleinert auf gegrilltes Fleisch gestreut. Korianderwurzeln sind ganz wichtige Zutaten in thailändischen und malaysischen Gewürzpasten. Der Samen der Pflanze wird sehr häufig beim Grillen in Nordafrika und in Indien verwendet.

Koriander ist frisch in asiatischen, indischen und spanischen Lebensmittelgeschäften, Delikatessengeschäften und in Supermärkten erhältlich. Einen Ersatz gibt es für das frische Kraut nicht, und es lässt sich nicht besonders gut trocknen. Trotzdem kann in vielen Rezepten statt des Korianders Pfefferminze benutzt werden. Koriander gehört zu den Gewürzen, die man entweder mag oder nicht. Koriander schmeckt dem einen oder anderen etwas seifig, manche reagieren auch allergisch darauf.

KURKUMA: eine scharfe Verwandte des Ingwers mit orangefarbenem Fruchtfleisch. Kurkuma ist in asiatischen Lebensmittelläden zuweilen frisch erhältlich. Häufiger wird es in Supermärkten als Gewürzpulver angeboten. Frische Kurkumawurzel ist grundlegender Bestandteil indonesischer Gewürzpasten. Das Gewürz kann durch die Mischung von ½ TL Kurkumapulver mit 1 EL Ingwer ersetzt werden.

LAVASH: Diese großen, hauchdünnen Fladenbrote werden im Irak, im Iran und den kaukasischen Republiken der ehemaligen Sowjetunion (Aserbaidschan, Usbekistan, Turkmenistan, etc.) zu Gegrilltem gereicht. Zentralasiaten wickeln Lammfleisch in Lavash, so wie Mexikaner Rind- und Schweinfleisch auf Tortillas servieren. Sie finden das Brot in spezialisierten Lebensmittelgeschäften. Getrocknetes Lavash muss zunächst in Wasser eingeweicht werden. Pita-Brot ist ein guter Ersatz.

MIRIN: süßer japanischer Kochwein. Sollte er nicht erhältlich sein, stattdessen Cream Sherry, Sake oder Weißwein mit etwas Zucker oder Honig gesüßt verwenden.

MISO: eine sehr würzige und nahrhafte Paste aus Sojabohnen und Getreide. Die Japaner bereiten eine Barbecuesauce für gegrillten Tofu mit Aubergine aus einer Mischung von Miso, Mirin, Zucker und Eigelb zu. Miso gibt es in vielen Farben und Geschmacksrichtungen, am häufigsten wird beim Grillen aber weißer Miso verwendet. Sie finden Miso in asiatischen Lebensmittelgeschäften.

OLIVENÖL: Verwenden Sie zum Marinieren und Begießen nur das beste Olivenöl extra vergine (Olivenöl extra vergine hat den niedrigsten Fettsäuregehalt und den intensivsten Geschmack). In allen Ländern rund um das Mittelmeer wird Olivenöl hergestellt, und es variiert stark im Geschmack. Für spanische Grillgerichte nehme ich gern spanisches Olivenöl, für italienische italienisches und so weiter. Das beste Olivenöl kommt aus den Mittelmeerländern.

PALMZUCKER: ein hellbrauner Zucker aus dem Saft der Dattelpalme. Er wird in ganz Südostasien verwendet und hat einen leichten Geschmack nach Karamel und Ahornsirup. Er ist in asiatischen Lebensmittelgeschäften erhältlich. Andernfalls kann auch brauner Zucker verwendet werden.

PFEFFER: eines der unverzichtbaren Grillgewürze. In Nordamerika wird schwarzer Pfeffer bevorzugt. Asiaten und Europäer verwenden eher weißen Pfeffer. Natürlich geht nichts über das Aroma von frisch gemahlenen Pfefferkörnern, ich finde es nur unpraktisch, wenn ich beim Kochen nach einer Pfeffermühle greifen muss (da ich meist nasse Hände habe). Ich habe daher einen Kompromiss geschlossen und mahle alle paar Wochen etwas schwarzen und weißen Pfeffer vor, den ich dann in Gläsern aufbewahre. So hat man immer eine Prise zur Hand.

PIMENT: Die unreifen Früchte (Beeren) dieses Baumes auf den Antillen machen zu einem ganz wesentlichen Teil das besondere Jamaika-Aroma aus. Die beste Sorte kommt aus Jamaika: Auf westindischen Märkten kann man das Gewürz häufig finden. Es empfiehlt sich, das Gewürz als Beeren zu kaufen.

POMERANZE: eine Bitterorange, die aussieht wie eine Apfelsine (aber nicht so gleichmäßig in der Form) und schmeckt wie eine Limette. Auf spanisch heißt sie naranja agria. Bitterorangen werden in der Karibik und Zentralasien für Marinaden benutzt. Sie kann durch das Mischen von 3 Teilen frischem Limettensaft mit 1 Teil gewöhnlichem Orangensaft ersetzt werden.

SAFRAN: die duftenden, rostfarbenen Stempelfäden eines Krokusses, der u.a. in Spanien und Indien wächst. Safran ist elementares Würzmittel orientalischer Grillgerichte und wird zum Marinieren und Begießen des Fleischs benutzt. Für 500 g Safran werden 70.000 Stempelfäden benötigt (alle werden von Hand gepflückt), was den hohen Preis des Safran erklärt. Kaufen Sie immer die Safranfäden, nicht das Pulver (letzteres ist leichter zu verfälschen). Am besten kauft man kleine Mengen in Glasröhrchen, die luftdicht verschlossen und an einem dunklen Ort aufbewahrt werden sollten (Ich lagere Safranfäden im Kühlschrank). Er ist getrocknet mehrere Monate haltbar. Sollten Sie beim Öffnen des Glases feststellen, dass das Aroma fehlt, wurde der Safran zu lange gelagert. Safran lässt sich in einer Schüssel mit dem Ende eines Holzlöffels pulverisieren.

SAKE: japanischer Reiswein. Er findet sich als Zutat in Teriyaki-Sauce und wird traditionell zu japanischen Grillgerichten getrunken (Wenn Sie ganz traditionell vorgehen möchten, servieren Sie den Sake in einem Holzkästchen als Trinkgefäß und mit etwas Salz).

SALZ: das Gewürz für Grillgerichte überhaupt. In vielen Ländern wie zum Beispiel Argentinien und Brasilien ist es das einzige Gewürz zu gegrilltem Rindfleisch. Salz ist allerdings nicht gleich Salz. Ich verwende am liebsten grobes Meersalz. Die großen Kristalle sorgen dafür, dass es sich nicht ganz auflöst und hinterlassen so kleine salzige Stellen. Außerdem tragen die in dem Meersalz enthaltenen Mineralien zum Geschmack bei, und ich mag das Gefühl der groben Körner in meinen Händen.

SAMBAL OELEK: eine scharfe rote Chilipaste aus Indonesien. Es kann durch thailändische oder vietnamesische Chilipaste oder Ihre scharfe Lieblingssauce ersetzt werden.

SCHWARZE SESAMSAMEN: eine tief-schwarze Sorte von Sesamsamen, die in Japan als gomen bekannt sind. Als Ersatz für diese Samen können Sie getoastete weiße Sesamsamen verwenden.

SESAMÖL: ein dunkles, nussiges Öl, das aus gerösteten Sesamsamen gewonnen wird. In der koreanischen und japanischen Küche kommt es viel zur Anwendung. Sie finden es in asiatischen Lebensmittelgeschäften, in Bioläden und Reformhäusern (Kaufen Sie kein Sesamöl, das nicht aus Asien stammt, denn dann fehlt ihm der geröstete Sesamgeschmack).

SOJASAUCE: das Herzblut der chinesischen und japanischen Küche. Shoyu ist japanische Sojasauce aus Weizen und Sojabohnen. Tamari ist eine natürlich fermentierte japanische Sojasauce. Mir gefällt sie am besten, da sie einen reinen, eleganten Geschmack hat. Chinesische Sojasauce ist dickflüssiger und süßer als japanische. Zudem gibt es in China eine dickflüssige, süße, mit Pilzen (dem dunkelstreifigen Scheidling) aromatisierte Sojasauce.

STERNANIS: die getrocknete sternförmige Frucht eines kleinen immergrünen Baums, der im Südwesten Chinas und Vietnams wächst. Sein rauchiges, nach Lakritz schmeckendes Aroma ist ebenso einzigartig wie die achtzackigen Früchte. Sternanis gehört zur Familie der Magnoliengewächse und ist eines der Gewürze des chinesischen 5-Gewürze-Pulvers.

SUMACH: ein saures, dunkelrotes Pulver, das aus den Steinfrüchten des mittelöstlichen Gerbersumachs gewonnen wird. Es ist herb, schmeckt nach Zitrone und wird im Mittleren Osten, den Kaukasus-Republiken und Zentralasien zum Würzen von gegrilltem Fleisch und gegrillten Meeresfrüchten benutzt.

TAHINI: Der Begriff bezieht sich sowohl auf eine kreideartige Paste aus Sesamsamen und eine Sauce aus diesen Sesamsamen mit Zitronensaft und Wasser. Letzteres wird gerne zu auf libanesische und mittelöstliche Art gegrillten Meeresfrüchten gereicht. Tahini ist in spezialisierten Lebensmittelgeschäften, Bioläden, Reformhäusern und Supermärkten erhältlich. Lagern Sie Tahini bei Raumtemperatur. Rühren Sie es vor dem Servieren mit einer Gabel durch,

TAMARINDE/TAMARINDENWASSER: Die Tamarinde ist die lange, braune Hülse eines tropischen Baums mit gleichem Namen. Das süß-saure Fruchtfleisch schmeckt wie pürierte Pflaumen mit Zitronensaft gemischt. Tamarinde wird in Worcestershire-Sauce und A-1 Steaksauce verwendet. In der Karibik, in Indien und Südostasien ist sie als Gewürz weit verbreitet und bahnt sich langsam den Weg in andere Länder. Mit etwas Glück können Sie frische Tamarindenhülsen finden. In asiatischen und indischen Geschäften werden die reifen Schoten gepresst als kleine quadratische Blöcke angeboten.

TRAUBENSIRUP: ein herbes Süßmittel aus der Küche des Mittleren Ostens und des Irans (Träufeln Sie eine kleine Menge davon auf Kebabs oder Schweinekoteletts). Er ist in spezialisierten Lebensmittelgeschäften erhältlich.

UMEBOSHI/PFLAUMENPASTE: japanische eingelegte Früchte mit einem basilikumartigen Kraut namens shiso (Sesamblatt) gewürzt. Japanische Grillmeister bereiten eine pikante Umeboshi-Sauce zu und bestreichen damit gegrillten Reis oder gegrilltes Gemüse.

WEINBLÄTTER: Sie sind in Lake eingelegt im Handel erhältlich. Weinblätter werden in der Türkei und Georgien häufig für die Zubereitung von gegrilltem Fisch benötigt, der darin eingewickelt wird.

ZA'ATAR: eine mittelöstliche Gewürzmischung aus Gewürzsumach, wildem Majoran, gerösteten Sesamsamen und manchmal auch Thymian (Za'atar ist der arabische Begriff für wilden Majoran). In Israel und Jordanien überwiegt der Majoran, deswegen ist die Mischung dort grün. In Armenien und Syrien wird wahrscheinlich ein größerer Teil Sumach hinzugefügt, denn dort ist der za'atar rötlich. In anderen Ländern des Nahen Ostens werden Kichererbsen oder Getreide hinzugegeben, und die Gewürzmischung hat eine bräunliche Farbe.

ZITRONENGRAS: die Quintessenz aller südostasiatischen Gewürze für Marinaden und Gewürzpasten. Die Balinesen grillen eine Masse aus Garnelen an Zitronengrasstielen, die malaysischen Grillmeister benutzen die blättrigen Knospen beim Grillen als Pinsel.

Zitronengras sieht wie eine große Frühlingszwiebel aus. Die Knolle verjüngt sich zu schmalen, spitzen Blättern. Die oberen zwei Drittel der faserigen Stiele werden meist entfernt, ebenso die äußeren Häute der Knolle (Ich lege sie vor dem Grillen gern in Fisch oder Hähnchen). Der verbleibende Kern hat ein unvergessliches Zitronenaroma – ohne die Säure – das sehr gut zu Meeresfrüchten, Hähnchen und Rindfleisch passt.

Frisches Zitronengras ist in asiatischen Lebensmittelgeschäften und Supermärkten erhältlich. Getrocknetes Zitronengras wird häufig von Bioläden und Reformhäusern angeboten. Es gibt keinen wirklichen Ersatz für Zitronengras, aber frisch abgeriebene Zitronenschale (der die ätherischen Öle enthaltende äußere Teil der Schale) wäre besser als nichts. Beim Kauf von Zitronengras auf feste und schwere Stiele achten (Drücken Sie mit dem Daumennagel in den Ansatz des Stiels; er sollte sich feucht anfühlen). Zitronengras wird geputzt, indem das Wurzelende und die schmalen grünlichen Blätter abgeschnitten werden. Zurück bleibt ein kremfarbener Kern von 10 bis 15 cm Länge und 5 mm bis gut 1 cm Dicke.

REGISTER

G

I

J

L

N

S

T

Bezugsquellen für Grillsaucen, Gewürze und sonstige US-Lebensmittel:

Americanfood4u GmbH & Co. KG
www.americanfood4u.de

BBQshop 24
www.bbqshop24.com

BBQ-Scout GmbH
www.bbq-scout.de

BOS FOOD GmbH
www.bosfood.de

C.M.C. The Food Company GmbH
www.food-company.com
www.united-foods.de

Egedius Grillmanufaktur
www.grillkatalog.de

Landmann
www.landmann.com

Suncoast Peppers GmbH
www.pepperworld.com
The Great American Spice Company
www.americanspice.com

TOM's American Shop
www.american-food.com

Trendjumpers American Super Store
www.trendjumpers.de

United Lifestyle Hitchman & Peckham GbR
www.british-american-food.de